Edition Methusalem

Kristalle, Mond & Sterne

Die Weisheit der Urzeit
Eine einmalige Verbindung von Mystik und uraltem Wissen mit den neuesten Erkenntnissen der Naturwissenschaften von Heute

• Das Wissen aller spirituellen Ebenen •

Kristalle, Mond & Sterne

Methusalem,
heilende Kristalle,
Turalingam's, Moqui-Marbles
Heilsteine, Essenzen, Elixiere
Alternativ angewandte Medizin mit
Steinen, Kräutern und Ölen

Methusalem Verlags-Gesellschaft mbH
89231 Neu-Ulm

Gedruckt auf chlorfrei gebleichtem, säurefreiem Papier

Bilder: Methusalem Verlags mbH Neu-Ulm

Bilder: Bavaria Bildagentur, München.
Seite: 30, 46, 298, 343, 522, 539, 545, 571, 595, 600, 603, 644

1. Auflage August 1998

ISBN-Nr. 3-9804431-1-6

Druck und Bindung: Graphischer Großbetrieb Pössneck GmbH
Reproduktionen: reproteam siefert, Ulm

Copyright©
Methusalem Verlags-Gesellschaft mbH, Neu-Ulm
Alle Rechte, auch bezüglich Veröffentlichung und Übersetzung in Fremdsprachen sind nur dem Verlag vorbehalten. Kein Teil dieses Buches darf in irgendeiner Form kopiert, nachgedruckt, Micro-verfilmt oder nach einem anderen Verfahren, auch nicht auszugsweise oder in einer anderen Sprache, reproduziert, vervielfältigt oder verbreitet werden, ohne die schriftliche Genehmigung des Verlages.

Kristalle, Mond & Sterne

Dieses umfangreiche Nachschlagewerk beinhaltet alle wichtigen Informationen über Glückssteine, Therapiesteine, Heilsteine, Aszendenten, Astrologie, Mond und Biorhythmus in Verbindung mit seelischen Blockaden, Träumen, Gesundheit, Partnerschaft, Liebe, Ernährung, Zufriedenheit, Glück und Wohlbefinden. Sie erhalten sehr leicht einen umfassenden Einblick über die heilenden Energien von Steinen, Kristallen, Mond und Sternen. Ein umfangreicher, mehrjähriger Mondkalender sowie leicht nachvollziehbare Tabellen zur Berechnung Ihres persönlichen Aszendenten und Biorhythmus inklusive Organuhr, Mond-Diät und alles wissenswerte über das indianische Mond-Medizinrad und die Astronomie runden dieses umfangreiche Nachschlagewerk zu einem immerwährenden Begleiter ab.

Für alle Menschen, die herausgefunden haben, daß Liebe, Gesundheit und Glück die wahren Werte sind.

Ich gehöre:

_____

_____

_____

Widmung:

_____

_____

_____

_____

Zu diesem Buch

Dieses Buch ist eine ausführliche Ergänzung zur Edelstein-Therapie, welche von Methusalem im weltweit erfolgreichsten »Großen Lexikon der Heilsteine, Düfte und Kräuter« sehr ausführlich beschrieben wird. Überwiegend befaßt sich Methusalem mit seinem Team in diesem Nachschlagewerk sehr ausführlich mit den heilenden und harmonisierenden Energien von Kristallen, Mond und Sternen auf Geist, Körper und Seele. Umfangreiche Mondkalender, besonders in Bezug auf Gesundheit, Biorhythmus und Partnerschaft sowie übersichtliche Tabellen und Rechenbeispiele zur Ermittlung Ihres persönlichen Aszendenten und Biorhythmus runden dieses umfangreiche Nachschlagewerk für den alltäglichen Gebrauch ab. Dieses Buch soll Ihnen mit seinen leicht verständlichen Beschreibungen Jahrtausende alter Überlieferungen in Verbindung mit modernen Erfahrungen nicht nur ein »Lehrer« sein, sondern Ihnen viel mehr im praktischen Umgang mit Steinen, Träumen, Mond- und Biorhythmus wieder die Möglichkeit geben, um einerseits zu Ihrem eigenen Rhythmus zurückfinden zu können und um andererseits mehr Verständnis und Erkenntnis für Ihre eigenen Blockaden, Höhen und Tiefen und die Ihrer Familienangehörigen, Ihres Partners oder Eltern und Freunden zu erhalten. Darüberhinaus erfahren Sie, wie Sie sich mit Hilfe von Kristallen, Mond und Sternen ohne Umwege über komplizierte Ratschläge von sogenannten Experten, Wissenschaftlern oder Professoren selbst mit Hilfe der natürlichen kosmischen, universellen und schöpferischen Energien von Schmerzen, Ängsten, Schlafstörungen, Depressionen, Geschwüren, Partnerschaftsproblemen und unzähligen sogenannten Blockaden bzw. psychosomatischen Zivilisationsleiden, sozusagen aus eigener Kraft, befreien können.

Vorwort

Dieses Buch ist durch die Bemühungen unzähliger naturverbundener Menschen entstanden, die herausgefunden haben, daß Gesundheit, Zufriedenheit und Liebe überhaupt nicht schwierig oder kompliziert ist, wenn man sich direkt den kosmischen Kräften und natürlichen Heilern anvertraut. Gesund sein und glücklich werden ist demnach aus altüberlieferten Erfahrungen der Urvölker in Verbindung mit der Rückbesinnung der modernen Menschen zu neuen Werten ein einfacher Prozeß, der auch Ihr ganzes Leben positiv beeinflussen wird. Kristalle, Mond und Sterne spielen hierbei im Gegensatz zu den Umwegen über Schulmedizin, Psychologie, Chemie und engumrissenen Denkmustern durch Kirche, Politik und Wissenschaft eine wahre Rolle im körperlichen, seelischen und partnerschaftlichen Geschehen aller Menschen. Sie erhalten in diesem Buch Einblick über ein Stück traditionelles Wissen aus der Urzeit, was Ihnen in Verbindung mit Steinen, Mond und Sternen wieder den Weg zu Ihren persönlichen Höhen, Träumen, Tiefen, Stärken und Schwächen ebnen soll, um mit Hilfe unserer Natur wieder zu Gesundheit, Zufriedenheit und Liebe zurückfinden zu können.

Wer dieses Buch liest, sei sich dessen bewußt, daß er die nötigen Informationen erhalten wird, um die Grenzen zwischen den Epochen reiner Priesterlichkeit, anmaßender Wissenschaft und der Zerstörung unseres Planeten durch innere Blockaden durchschreiten wird.

Denn die Enderkenntnis liegt für Sie nicht da, wo Industrie, Kirche oder Politik sie gerne haben möchten, oder da, wo die Wissenschaftler noch hinwollen, sondern da, wo Sie sich selbst mittels Vernunft, Liebe, Vertrauen und Verstand durch eigene Verantwortung hinbegeben.

Über den Autor

Methusalem befaßt sich von klein auf mit den heilenden Energien der Sterne, Steine und Kristalle. Besonders im Heilstein-Bereich hat er mit Hilfe der Urvölker zu heilenden Praktiken zurückgefunden, welche in unserer modernen Gesellschaft zwar in Vergessenheit geraten sind, insgesamt jedoch in ihrer Tradition bis über hunderttausend Jahre zurückreichen und das Leben aller Pflanzen, Tiere und Menschen auf unserem Planeten mitbestimmen, steuern und in einem harmonischen Gleichgewicht halten. Methusalem lernte von den Ureinwohnern Australiens, Tibets, Chinas und Amerikas, daß die wahren heilenden Energien nicht in Statistik, Analyse und Wissenschaft zu finden sind, sondern lediglich in den urzeitlichen Energieströmen und Mysterien, welche uns immerwährend umgeben, lenken und leiten. Methusalem ging somit aus schulmedizinischer Sicht einen abgelegenen Weg. Im Sinne der Natur und im Gebrauch mit Steinen, Düften und Kräutern hat sich jedoch bestätigt, daß sich Methusalem's Weg, welcher Wohlbefinden, Gesundheit, Lebendigkeit, Liebe und Zufriedenheit nicht als eine eigenständige Wissenschaft, sondern als natürliches Ergebnis aus harmonisch aufeinander abgestimmten Energieströmen beschreibt, als erfolgreich erwiesen hat.

Die moderne Wissenschaft hat in Verbindung mit Wirtschaft, Politik, Kirche, Industrie und dogmatischer Schulbildung über einen großen Zeitraum erfolgreich zusammengearbeitet, und dadurch leider Natur, Umwelt und die Gesundheit der Menschen zugunsten von Profit und Wirtschaftswachstum zerstört. Zunehmend bemerken wir alle mehr oder weniger selbst, daß es nicht die Ärzte, Gentechniker, Atomphysiker oder Computerexperten und Statistiker sind, die uns lange Zeit weismachen wollten, heilen zu können und somit Gott spielen zu dürfen, sondern daß uns modernen Menschen ebenso wie jeder Blume oder Ameise auch, nur kosmische, universelle und schöpferische Energieströme zur Liebe führen und heilen können. Erst wenn wir uns darüber wieder bewußt werden und demnach aus Überzeugung, Überlieferung und Glauben wieder dazu bereit sind, die natürlichen Ströme in uns zirkulieren zu lassen, werden die körperlichen und seelischen Wunden aller Menschen unserer modernen Industrie-, Informations- und Wegwerfgesellschaft mit Hilfe von Kristallen, Mond und Sternen, zu Gunsten einer neuartigen Lebensanschauung, Wertschätzung und Denkweise, ausheilen können.

Denn die moderne schulmedizinische Wissenschaft vom Heilen wird niemals eine 1 Millionen Jahre alte Tradition überbieten können. Vor Jahren noch belächelt, stellt sich Methusalem's Erkenntnis über Steine und Sterne zunehmend als eine der wenigen wahren Heilungsmöglichkeiten heraus, die so einfach ist daß jeder Mensch sie versteht und die auch so günstig ist, daß jeder sie sich heute noch genauso leisten kann wie die Urvölker vor 10.000 Jahren auch. Denn weder Gesundheit noch Liebe oder Glück sind käuflich. Sie sind für jedes Lebewesen auf unserem Planeten von Natur aus im gleichen Maß vorhanden und umsonst. Sie stehen all jenen zur Verfügung, die darum bitten, die in Maßen nehmen, die Natur und all ihre Geschöpfe achten und auch von Herzen gerne dazu bereit sind in jenem Maße, wie sie nehmen auch wieder geben zu können. Als einer der wenigen unterlag Methusalem nicht dem Irrsinn Gesundheit, Liebe, Glück und Zufriedenheit ebenfalls beweisen und logisch begreifbar machen zu wollen, sondern er erkannte, daß die Spiritualität immer mystisch für uns Menschen bleiben wird, weil ihr Sinn nicht für die Auffassungsgabe unseres menschlichen Verstandes zugedacht ist, sondern nur ihre Energien und ihr Sein. Hieraus ergab sich für Methusalem die Erkenntnis seine kostbare Zeit nicht weiter für unnütze wissenschaftliche Beweise vertun zu wollen, sondern endlich daran zu glauben und das zu empfinden, was Natur, Mond und universelle Energien uns durch Steine, Sterne, Düfte und Kristalle geben und somit war die längst bitter nötige Brücke zwischen unserer modernen Gesellschaft und der Weisheit der Urzeit hergestellt.

in Liebe
Methusalem

Wichtig:

Wir möchten Ihnen mit diesem Buch nicht nahelegen, bei Erkrankungen auf den ärztlichen Rat zu verzichten. Dieser ist trotz allem sehr wichtig, da nur Ihr Heilpraktiker oder Arzt 100%ig feststellen kann, worunter Sie leiden. Erst, wenn Ihr Arzt Sie aufgeklärt hat, und Sie genau Ihre Diagnose kennen, möchten wir Ihnen mit Hilfe dieses Buches die Möglichkeiten eröffnen, den wahren Ursprung Ihrer Krankheiten in sich selbst suchen und finden zu können, um so mit Hilfe von ausgesuchten Heilsteinen, Therapiesteinen, Essenzen und Elixieren selbst zu Ihrer Heilung beitragen zu können. Die Entscheidung liegt dann bei Ihnen, ob Sie weiterhin zu chemischen Medikamenten mit all ihren Nebenwirkungen greifen, oder ob Sie sich auch natürlicher Heilmittel bedienen, ohne Nebenwirkungen. Der Erfolg kann also mit Heilsteinen und Therapiesteinen von Methusalem in Verbindung mit Mondkräften und dem Wissen über Ihren Biorhythmus nur positiv sein. Dies soll jedoch nicht heißen, daß wir die moderne Medizin verachten. Im Gegenteil, diese gehört zu uns modernen Menschen, wie die Alternativmedizin zur gesamten Menschheit. Wir wollen und können auf diese nicht gänzlich verzichten. Aber ein Großteil der chemischen Schulmedizin wird einfach durch die regelmäßige Vorsorge und Anwendung von Heilsteinen überflüssig. Ein sehr positiver Erfolg wäre es für Sie und gleichzeitig für unsere gesamte Umwelt doch schon, wenn Sie durch Heilsteine auf einen Teil der künstlichen Medikamente verzichten könnten oder erst gar nicht krank werden würden. Tausende von Versuchstieren könnten ihr Leben behalten und nicht nur Ihr Organismus wird es Ihnen danken, sondern auch Ihre Seele, Ihre Psyche, Ihr Körper und unsere Erde, welche all die natürlichen Heilmittel für uns bereit hält und im Gegenzug dazu nicht mehr mit soviel umweltbelastender Chemie verseucht werden würde.

Danksagung:

Dieses Buch ist durch die Bemühungen vieler naturverbundener Menschen entstanden, die am eigenen Leib erfahren haben, daß neben unserer modernen wissenschaftlichen Auffassung noch ein wahrer natürlicher Weg besteht, welcher zu Liebe und Gesundheit führt. Wir möchten uns auch ganz herzlich bei Methusalem für dieses liebevolle und umfangreiche Nachschlagewerk bedanken. Methusalem wünscht uns modernen Menschen auch im Namen seines Autorenteams und der Urvölker Australiens, Tibets, Chinas und Amerikas wieder mehr Frieden, Zärtlichkeit, Wärme, Achtung, Zufriedenheit, Fürsorge, Verständnis, Gesundheit, Romantik, Liebe und eine neue Wertigkeit im Umgang mit unserem Körper und unserer Seele gegenüber unseren Mitmenschen und der Natur.

Ganz besonders danken wir den Ureinwohnern Australiens, *Tirunga*, *Urijaki* und *Damju* so wie den beiden indianischen Schamaninnen »Hawk Women« und »Dancing Moon« welche uns ebenfalls mit ihrer Weisheit zu den spirituellen Energieströmen der Steine und Sterne in diesem Buch zu einer neuen Wertschätzung begleiten.

Ein besonderer Dank gilt natürlich auch meiner lieben Mama, »Smashy«, meiner lieben Frau Gisela und all den vielen lieben Kollegen vom Methusalem-Verlag in Neu-Ulm, die maßgeblich am Erscheinen dieses Buches beteiligt sind.

Inge, Carmen, Marianne, Christine, Ulrike, Tina, Manuel, Melanie, Petra, Rudi, Conny, Sonja, Irmgard, Stefan, Alexandra, Robert, Eberhard und den Elementen Kristallen, Mond und Sternen.

Inhalt

Zu diesem Buch 5
Vorwort 6
Über den Autor 7
Danksagung 9
Inhaltsverzeichnis 10
Alphabetische Übersicht der aufgeführten Heil-, Glücks- bzw. Therapiesteine 20
Zum Geleit 22

Kapitel 1 Kosmische Kräfte 31
Der Anfang vom Ende? 43
Gesellschaftliches Leid 45
Steht die Zukunft in den Sternen? 47

Kapitel 2 Grundlagen der Astrologie 51
Die neuen Erkenntnisse der Astrologie 51
Grundlagen der Astrologie 54
Die astrologischen Aspekte und der europäische Tierkreis 56
Der Aufbau des Tierkreises 57
Die vier Elemente 57
Die drei Modalitäten 57
Die beiden Polaritäten, Yin und Yang 58
Die zwölf Tierkreiszeichen 59
Abbildung des Tierkreises 60
Dekaden 61
Horoskope 62
Aszendenten 63
Das Horoskop 65
So berechnen Sie Ihren Aszendenten 66
• *1. Die Geburtsminute* 66
• *2. Geburtsort bzw. Ortszeit* 67

- *Tabelle 1:*
  Zur Berechnung der Ortszeit und Ermittlung Ihres Breitengrades 68
- *Tabelle 2:*
  Zur Korrektur von Sommerzeit 70
- *Tabelle 3:*
  Zur Ermittlung Ihrer eigentlichen Sternzeit 72
- *Tabelle 4:*
  Ermittlung Ihres persönlichen Aszendenten 75

Kapitel 3 Die Edelsteintherapie 78

Blockaden 78
Die Edelsteintherapie 83
Was haben Steine mit unserer Gesundheit zu tun? 85
Den Körper durch die Seele heilen 90
Was sind Heilsteine? 91
Warum sind Steine für unser Leben so wichtig? 92
Wie wirken Heilsteine bzw. Therapiesteine? 95
**Wozu dienen Glückssteine und wie unterscheiden sich diese
von Heilsteinen?** 96
Warum benötigen wir Therapiesteine? 96
Was genau sind Glückssteine? 100
Wie sind Glückssteine bzw. Therapiesteine zu verwenden? 101
Wie wähle ich den richtigen Therapiestein für mich aus? 101
Haben Heilsteine Nebenwirkungen? 102
Tödliche Tabletten 106
Heilstein-Essenzen 110
Heilstein-Elixiere 111

Kapitel 4 Kristalle und Blockaden 113

*Die Therapiesteine (Glückssteine) der einzelnen Tierkreiszeichen
und deren Wirkungen auf unser körperliches, psychisches und
seelisches Wohlbefinden* 113
*Auswahl geeigneter Therapiesteine, Glückssteine, Essenzen und
Elixiere für andere Menschen* 114
*Edelsteintherapie in Verbindung mit Heilstein-Essenzen und
Therapiesteinen bei Kindern* 116
Die Edelsteintherapie bei Kindern 122

Inhalt

Elektrosmog, Mobbing und andere negative Strahlen *124*

Übersicht der Therapiesteine (Glückssteine) nach weisheitlicher
Überlieferung und deren Wirkungen auf Körper, Geist und Seele *126*

Widder, 21. März bis 20. April **132**
    Widder / Rubin und Sternrubin .... *133 / 137*
    Widder / Roter Jaspis *139*
    Widder / Sonnenstein *141*

Stier, 21. April bis 20. Mai **143**
    Stier / Rosenquarz *144*
    Stier / Rhodonit *146*
    Stier / Achat *148*
    Stier / Rhodochrosit *150*
    Stier / Carneol, orange *152*

Zwillinge, 21. Mai bis 21. Juni **154**
    Zwillinge / Bernstein *155*
    Zwillinge / Citrin *157*
    Zwillinge / Goldtopas gelb *159*

Krebs, 22. Juni bis 22. Juli **162**
    Krebs / Chrysopras *163*
    Krebs / Smaragd *165*
    Krebs / Chrysokoll *167*
    Krebs / Peridot, Chrysolith oder Olivin *169*
    Krebs / Aventurin *171*

Löwe, 23. Juli bis 23. August **173**
    Löwe / Diamant *174*
    Löwe / Edeltopas *176*
    Löwe / Bergkristall *178*

Jungfrau, 24. August bis 23. September **181**
    Jungfrau / Tigerauge *182*
    Jungfrau / Goldtopas orange *185*
    Jungfrau / Naturcitrin *187*

Waage, 24. September bis 23. Oktober **190**
    Waage / Blauer Topas *191*
    Waage / Turmalin grün *193*

Inhalt

Waage / Schneeflockenobsidian *195*
Waage / Rauchquarz *197*
Waage / Jade, grün *199*

Skorpion, 24. Oktober bis 22. November **202**
Skorpion / Turmalin rot *203*
Skorpion / Hämatit *205*
Skorpion / Carneol rot *207*

Schütze, 23. November bis 21. Dezember **209**
Schütze / Tansanit *210*
Schütze / Lapislazuli *212*
Schütze / Sodalith *216*
Schütze / Chalcedon *218*
Schütze / Saphir, blau *220*

Steinbock, 22. Dezember bis 20. Januar **223**
Steinbock / Turmalin schwarz *224*
Steinbock / Onyx und Sardonyx *227*
Steinbock / Azurit-Malachit *229*
Steinbock / Moosachat *232*
Steinbock / Malachit *234*

Wassermann, 21. Januar bis 19. Februar **236**
Wassermann / Aquamarin blau und grün .... *237 / 238*
Wassermann / Wassersaphir oder Iolith *240*
Wassermann / Apatit blau *243*
Wassermann / Türkis *245*
Wassermann / Falkenauge *248*
Wassermann / Amazonit *250*

Fische, 20. Februar bis 20. März **252**
Fische / Sugilith *253*
Fische / Mondstein *256*
Fische / Opal *259*
Fische / Amethyst *262*
Fische / Fluorit *264*

Moqui-Marbles **267**

Das Echtheitszertifikat mit dem Indianerkopf 275
Turalingam's, die Amulettsteine der Ureinwohner Australiens 276
Edelsteintherapie und Heilstein-Essenzen für Kinder 284
Auswahl der passenden Therapiesteine und Essenzen für Kinder 284
Edelsteine, Heilsteine, Essenzen und Elixiere für Tiere 291
Heilstein-Essenzen, Mischungen und Elixiere für Pflanzen 294

Kapitel 5   Das Indianische Mond-Medizinrad ... 299

»Mutter Erde« 299
Mond der Erneuerung 307
Schneegans, 22. Dezember bis 20. Januar 307
- Rosa Kunzit 307
- Hiddenit 309
Mond der Ruhe und Reinigung 311
Otter, 21. Januar bis 19. Februar 311
- Azurit 312
Mond der großen Wende 314
Puma, 20. Februar bis 20. März 314
- Türkis 314
- Atlantisstein (Larimar) 317
Mond der keimenden Saat 319
Roter Habicht, 21. März bis 20. April 319
- Feueropal 319
- Labradorit 321
- Feuerachat 323
- Rote Koralle 325
Mond des Erwachens 327
Biber, 21. April bis 20. Mai 327
- Chrysokoll 327
- Rhodochrosit 328
- Rosa Andenopal 331
Mond der lauen Lüfte 333
Hirsch, 21. Mai bis 21. Juni 333

- Andenopal grün ... 333
- Moosachat ... 335

Mond der starken Sonne ... 337
Specht, 22. Juni bis 22. Juli ... 337
- Blutachat ... 337

Mond der reifenden Früchte ... 339
Stör, 23. Juli bis 23. August ... 339
- Granat ... 339

Mond der Ernte ... 341
Braunbär, 24. August bis 23. September ... 341
- Amethyst ... 341

Mond der ziehenden Vögel ... 343
Rabe, 24. September bis 23. Oktober ... 343
- Silber- bzw. Goldobsidian ... 344
- Apachentränen ... 345

Mond der Winterruhe ... 347
Schlange, 24. Oktober bis 22. November ... 347
- Andenopal blau ... 347
- Azurit-Malachit ... 349
- Malachit ... 351

Wintermond ... 353
Wapiti, 23. November bis 21. Dezember ... 353
- Versteinertes Mammutholz ... 353
- Regenbogenobsidian ... 355

Kapitel 6   Der Mond ... 359

Der Mond im seelischen Zyklus von Mann und Frau ... 366
Vitalität und unser Unterbewußtsein ... 372
Zunehmender und abnehmender Mond im körperlichen Kreislauf ... 380
Der Mond als Heiler ... 383
Wendepunkte des Mondes - Vollmond und Neumond ... 384
Eisprung und die Periode der Frau ... 386
Der Neumond ... 387

Der Mond reguliert den Appetit	392
Der Einfluß des Mondes auf Ernährung und Wohlbefinden	392
Der Einfluß des Mondes auf die Ernährung	394
Die Mond-Diät	**397**
Die beiden zu trennenden Grundnahrungsmittel	403
-1. Kohlehydrate	403
-2. Eiweiß	404
Die kombinierbaren bzw. neutralen Grundnahrungsmittel	405
Fette und Öle	405
- Milch	407
- Gemüse	407
- Pilze aller Art	408
- Obst und Früchte	408
Neutrale Lebensmittel	409
- Melonen, Ananas	409
- Bohnen und Hülsenfrüchte	409
- Nüsse und Kerne	410
Ernährungsübersicht nach der Mond-Diät	410
Die drei Ernährungssäulen nach der Mond-Diät	411 - 413
Der Einfluß der Tierkreiszeichen auf Befinden und Verdauung	414
Luft- Tage und der Fetthaushalt	414
Erd- Tage und der Salzhaushalt	414
Wasser- Tage und Kohlenhydrate	415
Feuer- Tage und Eiweißverdauung	415
Abnehmen - Fasten - Entschlacken	416
Nagelpflege, Haareschneiden	416
Wässern und Düngen von Pflanzen	416
Kristalle, Mond und Sterne	417
Der Mond in der Partnerschaft	**419 / 422**
Energielöcher, die Periode von Mann und Frau	419
Frauen weinen vor der Hochzeit, Männer nach der Scheidung	434
Die männliche Gesellschaft kennt insgeheim die Stärken der Frau	436

Inhalt

Kapitel 7   Der Mondkalender, Mondtagebuch ... 445
Zeichenerklärung 447
Beispiel zum Führen Ihres Mondkalenders 449
Mondkalender • Mondtagebuch 1998 - 2000 .... 450 - 521

Kapitel 8   Ihr Biorhythmus 523
Die drei hauptbiorhythmischen Energieströme 526
Körperlicher, geistiger und seelischer Rhythmus 527
Die Berechnung des Biorhythmus 534
Kalenderbeispiel 537

Kapitel 9   Die Organuhr 540
Im Rhythmus Ihrer Organe 540
Der Tagesrhythmus der Organe 543
Organuhr 544

Kapitel 10   Träume, Alpträume und Visionen ... 546
Träume 546
Alpträume 549
Der Mond in unseren Träumen 556
So deuten Sie Ihre Träume 556
So finden Sie zu den Botschaften Ihrer Träume 561
Tagträumerei und Phantasie 563

Kapitel 11   Wissenswertes aus der Astronomie ... 572
Unser Sonnensystem 572
- Die Sonne 574
Die vier inneren Planeten 576
- Der Merkur 576
- Die Venus - Morgenstern und Abendstern 578
- Die Erde 580
- Der Mars 582
- Die beiden äußeren Riesenplaneten 586
- Der Jupiter 586

- Der Saturn 588
Die Transsaturnischen Planeten 590
- Uranus 591
- Neptun 592
- Pluto 592
7-Jahres-Rhythmen und Schwarze Löcher 594

Kapitel 12   Von Asteroiden, Meteoriten und Kometen ... 596

Meteorite, Boten fremder Welten 597
Von Asteroiden und Kometen 598
Asteroidenwolken, tanzende Kobolde und andere Bewohner
des Universums 601
Was unterscheidet Meteorite von irdischen Gesteinen? 604
Halley und andere Kometen 608
Das Nördlinger Ries 610
Das Ende der Dinosaurier 612
Die mütterliche Gastfreundschaft der Erde 614
Der blaue Komet 618
- Blue-Moon, der blaue Komet 619
Die mystischen Kräfte kosmischer Steine 621
- Blue-Moon 621
- Eisenmeteorit 624
- Moldavit 626
- Tektit 628

Kapitel 13   Die Chakras 632

1. - 7. Chakra .... 635 - 643
Chakra - Fragebogen? 643

Kapitel 14   Der Meditationskreis 645

Berührung mit der Unendlichkeit 645
Yin und Yang 648

Kapitel 15   Funktionelle Störungen 649

- Übersicht über häufige funktionelle Störungen 649

- Im Kopf 649
- In den Augen 649
- Hals, Nase, Ohren 650
- Magen, Darm, Verdauung, Stoffwechsel 650
- Atmung 650
- Herz-Kreislauf 650
- Haut 651
- Muskulatur, Knochen 651
- Frauen 651
- Wetterfühligkeit 651
- Männer 652
- Allgemeinerscheinungen 652

Kapitel 16   Alphabetischer Index, Krankheiten ... 654
Alphabetische Übersicht über Heilwirkungen der Steine auf ihren Körper .. 655

Kapitel 17   Alphabetischer Index, Blockaden ... 661
Alphabetische Übersicht über seelische Blockaden 661

Nachwort 728
Wer überwacht die natürlichen Heilmittel? 729
Bezugsquellen zum Inhalt 730
Bezugsquellen von Steinen, Düften, Kräutern und Literatur 731
Weitere Werke aus dem Methusalem-Verlag 736
Das Große Lexikon der Heilsteine, Düfte und Kräuter 739
Vivian Gardier, naturreine ätherische Öle 740

Alphabetische Übersicht der aufgeführten Heil-, Glücks- bzw. Therapiesteine

Achat	148	Falkenauge	248
Amazonit	250	Feuerachat	323
Amethyst	262, 341	Feueropal	319
Amulettsteine	276	Fluorit	264
Andenopal, blau	347	Goldobsidian	344
Andenopal, grün	333	Goldtopas, orange	185
Andenopal, rosa	331	Goldtopas, gelb	159
Apachentränen	345	Granat, rot	339
Apatit, blau	243	Hämatit	205
Aquamarin, blau	237	Hiddenit	309
Aquamarin, grün	238	Iolith	240
Atlantisstein	317	Jade, grün	199
Aventurin	171	Kunzit, rosa	307
Azurit	312	Labradorit	321
Azurit-Malachit	229, 349	Lapislazuli	212
Bergkristall	178	Larimar	317
Bernstein	155	Malachit	234, 351
Blue-Moon	619, 621	Moldavit	626
Blutachat	337	Mondstein	256
Carneol, orange	152	Moosachat	232, 335
Carneol rot	207	Moqui-Marbles	267
Chalcedon	218	Naturcitrin	187
Chrysokoll	167, 327	Olivin	169
Chrysolith	169	Onyx	227
Chrysopras	163	Opal	259
Citrin	157	Peridot	169
Diamant	174	Rauchquarz	197
Edeltopas	176	Regenbogenfluorit	264
Eisenmeteorit	625	Regenbogenobsidian	355

Alphabetische Übersicht der aufgeführten Heil-, Glücks- bzw. Therapiesteine

Rhodochrosit 150, 328
Rhodonit 146
Rosenquarz 144
Rote Koralle 325
Roter Jaspis 139
Rubin 133
Saphir, blau 220
Sardonyx 227
Schneeflockenobsidian 195
Silberobsidian 344
Smaragd 165
Sodalith 216
Sonnenstein 141
Sternrubin 137
Sugilith 253
Tansanit 210
Tektit 628
Tigerauge 182
Topas, blau 191
Turalingam's 276
Türkis 245, 314
Turmalin, rot 203
Turmalin, schwarz 224
Turmalin, grün 193
Verst. Mammutholz 353
Wassersaphir 240

Zum Geleit...

Das Ziel dieses Buches besteht, im Gegensatz zu unzähligen anderen im Handel erhältlichen Büchern, nicht darin, Ihnen nun irgendwelche althergebrachten Methoden, neu verpackt, beibringen zu wollen, die Sie auf magische Weise wieder zu Liebe und Gesundheit zurückführen sollen, ohne dafür selbst großartig etwas unternehmen zu müssen, sondern darin, Ihnen die wahren Weisheiten, Fertigkeiten und spirituellen Aspekte des augenblicklichen Geschehens näher zu bringen, um sich in Ihrem Leben mit Hilfe der natürlichen Energien wieder besser zurechtfinden zu können.

Sicherlich besteht ein Großteil althergebrachter Weisheiten vor allem darin, andere Dimensionen und Bereiche, denen wir bisher Ablehnung, Skepsis und Ignoranz entgegengebracht haben, für uns neu zu entdecken und wieder akzeptieren zu lernen. Denn die spirituellen Energien sind genauso um uns herum vorhanden, wie materielle Energieströme auch. Wir sind jedoch kaum noch dazu in der Lage, sie spüren, sehen oder akzeptieren zu können, weil diese primär durch unsere inneren Chakras, Gefühle und intuitiven Empfindungen wahrgenommen werden und nur kaum mit dem logischen Verstand oder durch unsere äußeren Sinnesorgane empfunden werden können. Sie sind jedoch gleichzeitig, immerwährend und von Anfang an genauso real und wirksam um uns herum vorhanden, wie beispielsweise das Licht der Sonne auch. Einfach ausgedrückt, sind sie mit dem Funknetz zum Gebrauch unserer Handys vergleichbar. Erst wenn wir dem Handy, welches voller eigenständiger Technik steckt, mittels seiner »persönlichen« PIN-Nummer den Zugang zum Funknetz verschaffen, können wir damit auch mit allen anderen Teilnehmern telefonieren. Das unsichtbare Funknetz, welches Millionen von Handys verbindet, ist jedoch nicht erst dann vorhanden, wenn wir unserem Handy die richtige PIN-Nummer eingegeben haben, sondern auch dann, wenn unser Handy abgeschaltet ist. Genauso verhält sich dies auch mit den spirituellen, kosmischen und schöpferischen Energieströmen. Sie sind um uns herum vorhanden und bewirken unterbewußt unser Leben, Handeln, Denken und Fühlen und mit ein wenig Erkenntnis aus diesem Buch erhalten Sie auch, wie das Handy durch seine PIN-Nummer, bewußten Zugang zu den übergeordneten Kräften anderer Dimensionen, wobei der logische Verstand eine untergeordnete Nebenrolle spielt. Denn alles Lebendige besteht zwar aus irdischen Materialien, welche wir vereinfacht ausgedrückt als Elemente bezeichnen, alle Elemente dieser Erde zusammen ergeben jedoch noch längst kein Leben. Hierfür sind schöpferische Impulse notwendig, welche durch die Seele in die Chakras aller Lebewesen gelangen und diese von dort aus zum Leben erwecken. Heutzutage haben wir jedoch den Großteil aller spirituellen Aspekte zugunsten von materiellen Gesichtspunkten verdrängt und verloren, wobei dieser Verlust zunehmend bewußt von mehr Menschen als wahre Ursache für Leid, Lieblosigkeit, Unzufriedenheit und Krankheit wahrgenommen wird.

Der Sinn dieses Buches soll auch nicht darin bestehen, nun etwa so leben zu müssen, wie die Urmenschen, Indianer oder gar die Ureinwohner Australiens, um zu innerem Frieden zurückfinden zu können, sondern darin, ihnen eine Brücke zwischen unserer modernen Denkweise und den urzeitlichen, archaischen Gesetzen zu sein, die zu jeder Zeit und von jeder Generation neu auf das augenblickliche Geschehen interpretiert und angewendet werden müssen. Demnach soll Ihnen das Wissen in diesem Buch nicht irgendwelche Wege verflossener Generationen oder steinzeitlicher Gesinnungen vorleben, sondern Ihnen dabei behilflich sein, Ihren eigenen Zugang zu Ihrer Seele und zum Sinn Ihres Daseins im gegenwärtigen Leben herausfinden zu können. Die hierzu notwendigen Erkenntnisse erfordern nur sehr wenige Fähigkeiten über spirituelle Empfinden, welche ohnehin größtenteils in Ihnen selbst verborgen liegen und darauf warten, von Ihnen erkannt und geweckt zu werden. Der Weg hierzu ist jedoch in Gedanken der modernen Menschen ein schwieriges Unterfangen, da sie ganz im Gegensatz dazu von klein auf nicht mit natürlichen Rhythmen, Zyklen und Gesetzesmäßigkeiten, wie beispielsweise den Kräften von Kristallen, Mond und Sternen, betraut wurden, sondern eher mit aus dem engen Verstand weniger Wissenschaftler entsprungenem Wissen, das allenfalls dafür ausreichend ist, Maschinen steuern, Computer programmieren, Kreuzworträtsel lösen und TV-Quizes beantworten zu können. Dieses Wissen nützt uns allen jedoch nichts, wenn es um Antworten auf die Fragen unserer zunehmenden Krankheiten, Unzufriedenheiten, Lieblosigkeiten und das zunehmende Maß an zwischenmenschlichem Unverständnis, vor allem in der partnerschaftlichen Beziehung zwischen Mann und Frau, geht. Im Gegenteil, es hinterläßt in Verbindung mit Umweltgiften und Habgier einen gedanklichen Wissensmüll der sich in unzähligen Formen von Blockaden in unserem Innersten ablagert und hierbei nicht nur unsere Chakras und unsere Herzen verkalkt, sondern uns zunehmend auch von Gesundheit, Zufriedenheit, Glück und Liebe trennt. Dabei gehören Liebe, Vertrauen, Gesundheit und Zufriedenheit zu den Aspekten, die uns erst dann wieder zuteil werden, wenn wir einige wenige weisheitliche Dimensionen verstehen lernen. Anderst herum ausgedrückt sind Habgier, Eifersucht, Angst, Einsamkeit, Unzufriedenheit, Krankheit und alle weiteren, in diesem Buch beschriebenen Leiden, die unmittelbare Folge davon, wenn wir es nicht tun. Dies soll Ihnen in diesem Buch nicht nur oberflächlich sondern in jedem einzelnen Kapitel erneut bewußt gemacht werden. Die Natur lügt nicht, sondern jede Mißachtung führt ohne Umwege unmittelbar zu inneren Blockaden und somit zur Ursache aller uns bekannten und bisher noch unbekannten Leiden. Umso mehr Sie Ihr Leben wieder mit Hilfe von wahrem, unvergänglichem Wissen über die Energien von Steinen, Sternen und spirituellen Aspekten unter Kontrolle bekommen, indem Sie sich mit Hilfe von Steinen von Ihren Blockaden befreien und Ihr Dasein wieder verstärkt an natürlichen Rhythmen orientieren, umso mehr werden Ihre ureigensten inneren Selbstwertgefühle von Blockaden befreit und gestärkt. Von diesem Augenblick an wird es Ihnen wieder möglich sein, Verantwortung für sich selbst übernehmen zu können, um zunächst für sich selbst durch Linderung von Blockaden wieder in Ihre innere Mitte gelangen zu können, von der aus Sie ganz bewußt eine eigenständige, verantwortungsvolle, respektvolle und liebevolle Beziehung zu sich und somit auch zu Ihrer Umwelt aufbauen können. Bedenken Sie für Ihr Verständnis zusätzlich, daß das in diesem Buch beschriebene, weisheitliche Wissen immer und zu jeder Zeit für jede Generation eine eigene Gültigkeit besitzt und auf die augenblicklichen Geschehnisse angewendet werden muß. Von Kirchen, Professoren, Psychologen und Wissenschaftlern erfaßtes, erfundenes oder scheinbar bewiesenes Wissen ist im Gegensatz dazu so vergänglich wie jeder Tag, weil es nicht auf spirituellen und somit natürlichen Grundsätzen ruht, sondern auf materiellen, dogmatischen, nachträglich erfundenen Maßstäben aufbaut. Die Liebe z.B. ist spirituell, war und ist heute noch, genauso wie früher, für diejenigen, die sie empfinden, das größte Glück, egal ob sie zu Urzeiten lebten oder gerade verliebt sind. Materielles Wissen ist vergänglich, und was gestern noch gut war, ist heute veraltet. Die in diesem Buch beschriebene Denkweise soll jedoch nicht den Eindruck hervorrufen, etwa die Wissenschaft allgemein verurteilen zu wollen. Im Gegenteil, Umweltschutz, Chirurgie oder Krankheitsvorsorge durch Impfungen und unzählige weitere wissenschaftliche Experimente sind bestimmt als Segen für uns alle anzuerkennen. Die in diesem Buch deutlich beschriebene Kritik gilt ja auch nicht den Technikern die den Airbag oder Herzschrittmacher erforschen und erfinden, sondern jenen Professoren die glauben »Gott« spielen zu können oder in Reagenzgläsern Kinder züchten und unsere Lebensmittel gentechnisch vergiften zu dürfen. Hiervon betroffen ist vor allem das sogenannte studierte bzw. schulwissenschaftliche, psychologische, medizinische und pharmazeutische Wissen, welches dauernd neu aufgerollt und widerlegt wird und in einem Wirrwarr aus Uneinigkeit, Diskussionen und Formeln niemals an den Gehalt wahren Wissens gelangt. Denn die Wahrheit der Wissenschaft liegt ebenso wenig fest wie der »gute Geschmack«, die Liebe, der Sinn des Lebens, oder das, was »normal« sein soll. Anders ausgedrückt, wurden die Menschen noch vor 300 Jahren für die Behauptung, daß Seide von Raupen gesponnen werde, bestraft, weil jeder doch »**wußte**«, daß Seide von Engeln gemacht wird. Vor 500 Jahren noch »**wußten**« die Menschen, daß die Erde eine Scheibe ist und vor 1500 Jahren war die Wissenschaft so weit, endlich den Beweis dafür gefunden zu haben, daß die Sonne und das gesamte Universum um die Erde kreist.

Zum Geleit

Da wir unser bisheriges Leben meist alle damit verbracht haben, die uns allen fehlenden Gefühle, Liebe und Geborgenheit, lediglich in den uns von klein auf beigebrachtem Schulwissen und daraus abgeleiteten logischen statistischen und analytischen Wegen suchen zu wollen, erscheint für viele der Weg, welcher in diesem Buch in mehreren Kapiteln sehr ausführlich geschildert wird, als unsinnig. Wenn Sie ebenfalls dieser Auffassung sind, oder gar voller Liebe, Zufriedenheit und Gesundheit stecken, dann sollten Sie sich von Ihrem Weg auch nicht abbringen lassen. Wenn Sie aber, wie gleichzeitig mit Ihnen Millionen andere Menschen auch, bemerken daß materieller Komfort und sogar Reichtum nicht die wirkliche Erfüllung bringt, und spüren, daß in Ihrem augenblicklichen Dasein Dinge mit Ihnen geschehen, die Sie krank, unglücklich und einsam machen, dann sollten Sie die bevorstehende Reise durch die einzelnen Kapitel dieses Buches nicht scheuen, um auch die anderen Wege, welche sich dem engen Wissen unserer Schulweisheit entziehen, kennenlernen zu können. Allerdings sollten Sie sich auch darüber bewußt werden, daß der Erfolg für Sie, wie im materiellen Leben auch, nur dann eintreten kann, wenn Sie auch wirklich dazu bereit sind, mit Hilfe von energievollen Heilsteinen in die tiefsten und dunkelsten Winkel Ihres Herzens, nämlich in Ihre Blockaden, hinabsteigen zu wollen, um sich so von ihnen lösen zu können und um so wieder in die spirituellen Rhythmen Ihres Körpers und Ihrer Seele zu gelangen. Hierfür ist zusätzlich erforderlich, daß Sie auch ernsthaft dazu bereit sein müssen, etwas für sich selbst tun zu wollen, ehrlich zu sich selbst zu sein und vielleicht auch langjährige Vorstellungen und Gewohnheiten verändern zu wollen. Denn das in diesem Buch beschriebene Denken läßt sich nicht erkaufen, auswendig lernen, erbeten oder gar durch chemische Medikamente oder Drogen herleiten. Es wird Ihnen nur dann zuteil, wenn Sie sich Zeit und Energie für sich selbst nehmen, lernen, neben materiellen Aspekten gleichberechtigt, auch ohne Beweise oder Formeln, spirituelle Aspekte zuzulassen und auch indem Sie wieder dazu bereit sind, sich von einseitig materiellen Bedürfnissen zu Gunsten von mehr Liebe, Freizeit und Gelassenheit lösen zu wollen. Denn wenn Sie den Erfolg in Liebe und Gesundheit finden möchten, werden Sie sich unweigerlich von einigen materiellen Aspekten und Bedürfnissen lösen müssen. Sie werden ebenso wenig Gesundheit, Liebe und Glück gemeinsam mit Karriere, Macht und Reichtum vereinen können, wie sich Feuer nicht mit Wasser vermischen läßt. Allerdings können Sie, wenn Sie die in diesem Buch beschriebenen Phänomene zu Ihrem Schulwissen hinzufügen, sehr klar wahrnehmen und unterscheiden, wo sich die beiden Welten für Sie persönlich überschneiden und spürbar positiv ineinandergreifen um daher selbständiger für sich bestimmen zu können, worin Ihr persönliches Maß an spiritueller und materieller Erfüllung liegt.

Der in diesem Buch beschriebene Weg beruht daher nicht, wie jener der beiden Amtskirchen oder unzähliger Sekten, auf Erfahrungen eines einzelnen, fremden Anführers, Forschers oder »Gurus«, die als gut geheißen werden müssen, sondern auf Ihrem eigenen, ureigensten inneren, seelischen Gerüst, womit Sie sich ebenso, wie unzählige geheilte Menschen mit Ihnen, mit Hilfe ausgesuchter Heilsteine, in Ihre ganz persönliche und individuelle Gefühlswelt einlassen können, um sich nicht länger an anderer Menschen Wege orientieren zu müssen, sondern um zu Ihrem eigenen Weg finden zu können, von dessen Mittelpunkt aus, Ihrem Herzen, Sie Ihre positiven Gefühle liebevoll und respektvoll in sich und an Ihre Umwelt weiterleiten können.

Wenn Sie nun glauben, daß in diesem Buch überwiegend ein Weg zu materiellem Erfolg im Beruf, Reichtum und Schönheit beschrieben wird, so irren Sie sich, weil diese Eigenschaften ebenso simple Folgeerscheinungen aus dem in diesem Buch beschriebenen Wissen sind, wie Zufriedenheit und Gesundheit auch. Das hier beschriebene Ziel sollte jedoch niemals die Liebe oder der materielle Erfolg selbst sein, sondern lediglich das erkennen, lindern und heilen innerer Blockaden, die all jenen Eigenschaften im Wege stehen, die Sie sich insgeheim wünschen. Denn umso geringer die Verweildauer negativer Gedanken und Emotionen in Ihnen ist, die durch Blockaden ausgelöst werden, umso zufriedener, gesünder und liebevoller werden Sie und umso größer ist auch Ihr persönlicher Erfolg. Hierzu zählt natürlich auch beruflicher Erfolg, Schönheit, Beliebtheit und andere materielle Reize. Diese werden jedoch ebenfalls von Ihren inneren Blockaden verworfen, wie Ihr allgemeines Befinden auch. Egal, wie Sie sich mit der in diesem Buch beschriebenen Denkweise entscheiden werden, der Erfolg liegt zunächst einmal darin, mit Hilfe von ausgesuchten Heilsteinen den Glauben an sich selbst und an die natürlichen Heilungskräfte wiederzufinden. Dieser Weg führt einzigartig und allein nicht darüber, was irgendwelche »Gurus« aus Sekten, Amtskirchen, Wirtschaftspolitik oder Wissenschaft aus deren Sicht für richtig halten, sondern führt nur durch Ihr persönliches Unterbewußtsein hindurch. Denn es sind nicht die Blockaden Ihrer Mitmenschen, die Sie am Glück hindern, sondern zunächst einmal Ihre eigenen Blockaden, worüber Sie womöglich schon seit Ihrer Kindheit stolpern und deshalb innerlich verworfen, krank und unzufrieden werden. Diese Blockaden sind die Ursachen für Ihr persönliches Leid. Sicherlich stammen einige davon aus Ihrer Kindheit, weil sie Ihnen durch materielle Schulbildung in Verbindung mit der Erwartungshaltung darüber alles logisch erklären, oder kaufen zu können, anerzogen wurden. Dies hat auch dazu beigetragen, daß wir alle kaum noch Verantwortung für uns selbst übernehmen können, sondern für alles die Verantwortung und sogar die Schuld bei Gesellschaft, Wetter, Natur und Staat suchen, um somit Verantwortliche ausfindig machen zu können, die an all dem, worüber wir ständig klagen und jammern, Schuld sein sollen. Uns entgeht längst die Ursache unserer wirklichen Probleme, die wir in uns selbst tragen, jedoch möglichst weit von uns weisen oder leichtfertig als Pech oder böse Zufälle bezeichnen, weil wir unfähig dafür geworden sind, die wahren Zusammenhänge zwischen innigen Blockaden, Pech, Krankheit, Unglück oder aber auch Liebe und Glück erkennen zu können. Fehlt Ihnen die Erkenntnis hierzu, werden Sie niemals gesund oder zufrieden werden können, weil Sie nicht begriffen haben, daß Ihre eigenen Blockaden Sie am Glück behindern und all das Böse und Schmerzvolle in Ihren Körper und Ihren Geist hineinprojizieren, daß Sie wiederum spiegelbildlich in Form von Schmerzen, Mißerfolgen, Verbissenheit, Ängsten, Schuldzuweisungen oder Krankheiten körperlich, geistig und seelisch verspüren, ausstrahlen oder auf andere übertragen.

Lesen Sie sich daher die einzelnen Kapitel genau durch und lernen Sie verstehen, daß schulisches Wissen niemals ausreichen wird, um innere Zufriedenheit, Liebe oder gar Gesundheit und Heilung erlangen zu können, sondern erst wieder mit den versäumten spirituellen Künsten und Fertigkeiten vermischt werden muß, um inneren Ausgleich, welcher wiederum die Grundvoraussetzung für Gesundheit ist, herstellen zu können. Deshalb soll Ihnen dieses Buch nicht nur als Nachschlagewerk, sondern viel mehr als Arbeitsbuch dienen, um sich selbst wieder darüber bewußt zu werden, wo Ihre persönlichen Höhen, Tiefen und Rhythmen verlaufen. Diese steuern Ihr Leben, Ihr Dasein, Liebe und Gesundheit und werden nur durch den in Ihnen vorherrschenden materiellen Verstand, welcher an Logik, falsche Ernährung, Gier, wissenschaftliche Impressionen und typische, daraus folgende Blockaden gebunden ist, verdrängt.

Natürlich erfordert eine neue Denkweise ebenso Mut, wie das Umschulen in eine neue Berufsrichtung auch, denn etwas Althergebrachtes aufzugeben, oder etwas Vertrautes wegfegen zu wollen, um Neues zu wagen, um womöglich über die engen gesellschaftlichen Grenzen des gewöhnlichen Lebens hinaus in eine andere Welt übersinnlicher Wahrnehmungen eindringen zu können, erfordert Mut. Bedenken Sie zusätzlich, daß Sie sich, sobald Sie Ihre seelischen Zyklen oder Blockaden kennen, von Ihrem eingetretenen Lebenstrott und auch von anderen Menschen entfernen werden. Sie sind nun beispielsweise nicht mehr länger nur »everybodys Darling«, weil Sie sich zuvor andauernd für andere aufgeopfert haben, sondern entdecken Ihren eigenen Weg, welcher Sie zum erwachsenen, selbstbewußten, verantwortungsvollen, vernünftigen, zufriedeneren Menschen macht. Natürlich werden Sie sich Ihrer Umwelt gegenüber verändern, Sie werden wahrscheinlich auch einige

»Freunde« verlieren, weil Sie herausgefunden haben, daß Sie nur dieses eine Leben in der hiesigen Dimension haben und Ihre Zeit nicht mehr länger ungelebt und unzufrieden vertun wollen. Einige Ihrer Freunde oder Kollegen werden vielleicht nicht mehr länger nach Ihnen greifen können, wie zuvor nach dem Aschenputtel und daher vielleicht abfällige Bemerkungen über Ihr neues Selbstbewußtsein machen oder gar versuchen wollen, Sie vor anderen lächerlich zu machen. Meist sind es jedoch genau jene Menschen, welche ohnehin nicht mehr sie selbst sind, sondern von inneren Blockaden beherrscht werden, weder über sich selbst lachen können, noch Raum für Freude, Liebe und Glück in sich bergen und deshalb den äußeren Diktaten unserer modernen Zeit, wie z.b. Fernsehen, Mode und dem andauernden Wunsch nach Reichtum verfallen sind. Eben jene Menschen, die mit sich in ihrem eigenen Leben unzufrieden sind, sich andauernd irgendwelchen Gurus aus Sekten und Wissenschaft anvertrauen und von morgens bis abends meckern, jammern und heulen, weil sie mit den alltäglichen Situationen ihres Lebens nicht mehr zurechtkommen.

Dieses Buch soll Ihnen aber auch eine Möglichkeit geben, sich mit neuen Gedanken beladen nicht nur auf den Weg zu mehr Zufriedenheit machen zu können, sondern auch um Ihnen wieder die Möglichkeit zu geben, sich selbst für eine Zeit lang aus der Geschwindigkeit unserer modernen Zeit entziehen zu können. Denn wenn Sie sich beispielsweise mit Hilfe von Steinen an den Rhythmus des Mondes, Ihrer Phantasie, Gedanken oder Gefühlen orientieren, entziehen Sie sich hiermit gleichzeitig auch einem Stück weit der hiesigen, schnellebigen materiellen Welt, welche sich heute von Woche zu Woche so verändert, wie einst vor Jahren noch von Generation zu Generation. Bremsen Sie, und bestimmen Sie von nun ab Ihre eigene Reisegeschwindigkeit, mit der Sie im Augenblick von Gesellschaft, Staat, Wirtschaft, Mode und Wissenschaft durch Ihr Leben gehetzt werden, selbst, und lassen Sie nicht länger zu, daß Ihr Leben ungelebt oder von anderen gelebt in einem immer schnelleren Tempo an Ihnen vorbeifliegt. Verlangsamen Sie Ihr Tempo beispielsweise, indem Sie sich mit Hilfe von Kristallen und Steinen vermehrt in Tagträumerei, Phantasie, Meditation oder in die Rhythmen der einzelnen Mondphasen vertiefen.

Verwenden Sie den Inhalt dieses Buches als Grundgerüst und suchen Sie viel mehr nach dem esoterischen Sinn zwischen den einzelnen Zeilen, welcher mit den Worten unserer modernen, technisierten Sprache nur sehr begrenzt wiedergegeben werden kann. Lesen Sie dieses Buch in Etappen und versuchen Sie so oft wie möglich, eigene Erfahrungen in Ihr bereits bestehendes Wissen zu integrieren. Denn für uns alle sind dieselben spirituellen Energien vorhanden. Jedes Lebewesen nimmt sie jedoch gesondert auf und verwandelt diese zu seinen ganz persönlichen Mustern. Dies läßt sich mit dem Sehen von Farben oder dem Geschmack beim Essen vergleichen. Kein Mensch auf der Welt weiß, ob Sie die Farbe rot genauso sehen wie ich oder ob Ihnen Gulaschsuppe auch genauso schmeckt, wie mir. Anders herum ausgedrückt kann Ihnen niemand beschreiben, wie die Dinge schmecken. Sie müssen selbst ausprobieren, wie Gulaschsuppe schmeckt, um anschließend den Geschmack erkennen zu können. Und genauso verhält sich dies auch mit dem Inhalt dieses Buches. Finden Sie für sich selbst heraus, worin Ihre spirituellen, seelischen und organischen Rhythmen verlaufen und stellen Sie für sich selbst fest, wie weit Sie sich von den natürlichen Rhythmen durch materielle Lebensführung, vergiftete Lebensmittel, Pille oder Umweltzerstörung entfremdet haben. Beachten Sie zusätzlich, daß nichts Irdisches, Schöpferisches oder Mystisches wirklich schlecht ist, auch wenn wir es als noch so schädlich bezeichnen, solange wir die Dinge respektieren, wie sie sind. Nicht die Mondkräfte, Wasseradern oder Erdstrahlen sind demnach negativ, sondern die in uns modernen Menschen vorhandenen Blockaden lassen uns negativ auf die irdischen, natürlichen Energien reagieren. Werden Sie sich bewußt darüber, daß die Blockaden, welche in uns modernen Menschen durch einseitiges, materielles Denken, vergiftete Lebensmittel und eine synthetisierte, zerstörte Umwelt auskristallisieren wie Nierensteine, uns negativ und ängstlich auf die natürlichen Phänomene reagieren lassen.

Darüberhinaus soll Ihnen dieses umfangreiche Arbeitsbuch nicht nur dazu dienen, mehr Erkenntnis über Ihre eigenen Blockaden erlangen zu können, sondern auch dazu, verständnisvoller auf die Leiden und Blockaden anderer Menschen reagieren zu können. Denn Sie werden durch dieses Buch nicht nur mit Ihren eigenen inneren Blockaden konfrontiert, sondern erkennen z.B. auch bei Ihrem Partner, Kollegen oder im Freundeskreis, daß so manches augenblickliche Mißverständnis, eigentlich, so gar nicht gewollt war und aus simplen Blockaden hervorgegangen ist, ohne daß Ihr Gegenüber sich darüber bewußt war. Denn meist wissen Betroffene selbst nicht, weshalb sie augenblicklich vielleicht so aggressiv reagiert haben. Sie allerdings, Sie wissen es nun besser und können den Dingen von nun ab nicht nur verständnisvoller entgegentreten, sondern eventuell auch mit einem Geschenk in Form eines von Ihnen ausgewählten Therapiesteines von Methusalem und diesem Buch. Dies macht dieses Buch nicht nur für Sie und Ihre Mitmenschen so wertvoll, sondern auch für Heilpraktiker, Homöopathen, Duft- und Lichttherapeuten, Ärzte, Psychologen, Astrologen und alle Naturheilkundler, die herausgefunden haben, daß die Weisheit der Urzeit eine einzige unvergängliche Wahrheit ist.

Kapitel 1
Kosmische Kräfte

Der sichtbare Kosmos mit all seinen Planeten, Asteroiden, Sonnen und Sternen ist lediglich ein Teil des allumfassenden universellen Ozeans, welcher größtenteils aus Energie besteht. Die Planeten sind dabei im Großen das, was die Organe unseres Körpers im Kleinen darstellen. Wir bestehen jedoch genauso wenig nur aus Fleisch und Blut, wie der Kosmos nicht nur aus Sternen, sondern viel mehr auch aus Raum, worin die unsichtbaren, seelischen, schöpferischen und universellen Energieströme zirkulieren. In dem Augenblick, wenn alle universellen Energieströme aufeinandertreffen und sich vereinen, entsteht Geburt, Leben und alle Lebewesen in ihrer gesamten Vielfalt, welche wiederum Teil der gesamten Natur und somit auch Teil aller Dinge und Kräfte sind. Aus der Verbundenheit der universellen, kosmischen und schöpferischen Energieströme, die bis in unsere Herzen reichen, sprudelt demnach Lebendigkeit, Liebe, Persönlichkeit, Gesundheit und Glück.

Daraus ergibt sich auch ein neues Bewußtsein darüber, daß wir nicht in einem sterilen, stabilen Universum leben, sondern ein Staubkorn in einem riesigen, sich permanent verändernden Kosmos aus schöpferischen und universellen Kräften sind. Unser Universum besteht letztendlich aus reiner Energie, die sich in unzähligen Formen und Energieströmen entfaltet. Die schöpferischen, universellen und kosmischen Energieströme sind hierbei für die Schaffung aller Lebensformen und Gegenstände innerhalb unseres irdischen Ökosystems und auch außerhalb davon, zwischen Raum und Zeit verantwortlich. Die universellen Energieströme erheben irdische Substanzen durch kosmische Kräfte und schöpferische Energien zu unzähligen Erscheinungsformen aus Körpern, Licht, Steinen, Düften, Dingen und Mysterien. Alle existierenden Dinge bestehen letztendlich aus dieser Energie und demnach orientieren auch wir modernen Menschen uns letztendlich, wenn auch nur noch unterbewußt, an diesen Energieströmen, von denen wir kommen und zu denen wir auch wieder gehen. Von Geburt an sind wir für die Evolution und Erschaffung der Zukunft aller Dinge mitverantwortlich. Denn alle Dinge sind nicht nur Teil der universellen Energieströme, sondern auch Teil des Großen und Ganzen und somit fest miteinander verbunden. Deshalb reagieren universelle Energieströme auch auf die Gedanken, Gefühle und Entscheidungen aller Menschen und Lebewesen, so daß alle Dinge immer in einer gemeinsamen angepaßten Zeit leben, welche immer modern und harmonisch aufeinander abgestimmt ist. Daraus ergibt sich nicht nur, daß alle irdischen Geschöpfe von den universellen Energien beeinflußt werden, sondern auch, daß wir alle augenblicklich mit dem, was wir tun, den Lauf der Geschichte bzw. Evolution in eine bestimmte Richtung lenken, woran sich wiederum alle anderen Dinge und Energiesysteme orientieren.

Dies bedeutet, daß sich unsere Erde als Organ eines lebendigen, sich selbst regulierenden, intelligenten Organismus verhält, wobei sie selbst ein Teil des universellen Kosmos ist, wie andere Planeten auch. Die Menschen, Tiere, Pflanzen und Steine nehmen neben den irdischen Elementen Wasser, Luft, Erde, Feuer und Raum wiederum organische Funktionen ein, wobei alle Lebewesen miteinander, untereinander und voneinander abhängig sind und in einer gemeinsamen Evolution zu Reife, Vollkommenheit, Licht und Liebe streben und auch finden.

Diese harmonische Verbundenheit läßt sich bis in die kleinsten Zellen aller Lebewesen fortführen und letztendlich funktioniert unser Körper nicht anders als der gewaltige Makrokosmos auch. Hinzu kommt, daß unsere Erde ein Teil des universellen Ozeans ist, wir wiederum sind Teile der Erde und unsere Organe sind Teile von uns. Insgesamt sind wir somit ebenso mit den Sternen verbunden, wie mit den Gedanken aller Dinge, den Blüten oder den Lüften auch. In jedem Menschen, Tier, in jeder Pflanze oder Stein lebt demnach ein Teil der gesamten Realität des Universums. Denn wir sind nicht nur Teil einer größeren Ordnung, sondern auch untrennbar von ihr abhängig und mit ihr und allen anderen Dingen und Lebewesen, durch unsere Seele, verbunden.

Der Sinn aller Lebewesen, Sterne und Planeten besteht demnach aus einem spirituellen, seelischen und geistigen Wachstum, womit nicht nur Liebe und Zufriedenheit erreicht wird, sondern wodurch alle Lebewesen sich untereinander mit Liebe und Vollkommenheit bestäuben. Dies ist das Prinzip der universellen Evolution.

Da wir modernen Menschen die bewußte Verbindung zu den universellen Energieströmen und somit auch zum wahren Sinn unseres Daseins verloren haben, besteht die Möglichkeit, uns aus unserer materialistischen Denkweise heraus harmonisch weiterentwickeln zu können, leider nicht mehr im Erreichen von Liebe, Zufriedenheit und Gesundheit, sondern nur noch im Erreichen von materiellen Werten, durch Fortschritt, Karriere, Wissenschaft und Habgier.

Wir haben uns demnach selbst aus der Harmonie einst natürlicher Herrlichkeit herausgelöst und verlieren daher nicht nur täglich mehr die Verbindung zu den universellen Energieströmen, sondern parallel dazu breitet sich unter allen modernen Menschen neben Haß, Habgier, Lieblosigkeit, Arroganz, Brutalität und Angst ein mittlerweile unüberschaubares Netz aus Krankheiten, Allergien, Unzufriedenheiten und psychosomatischen Leiden aus, die durch Blockaden in den seelischen Strukturen ausgelöst werden. Denn die Seele verbindet unseren Geist und Körper mit dem schöpferischen und universellen Geschehen und überträgt das Schöpferische und Kosmische in alle Lebewesen und auch in uns Menschen. Blockieren wir die Seele von den universellen Energieströmen beispielsweise durch materielles Denken, durch Umweltzerstörung und durch Habgier, so vertrocknet die Seele in uns, wie die Rose von Jericho ohne Wasser. Gleichzeitig ist die Seele auch für unser körperliches bzw. psychisches und geistiges Gleichgewicht mitverantwortlich. Vertrocknet unsere Seele, so geraten auch unsere innerlichen Zustände zwischen Geist und Körper, Bewußtsein und Unterbewußtsein oder Liebe und Angst aus dem Lot und dies ist auch die Ursache dafür, daß wir alle wirr werden und den Halt zu unserer inneren Weitsicht, Vernunft und Spiritualität verlieren. Umso mehr wir unser Bewußtsein weiterhin an materielle Dinge binden und dadurch die Realität von Kristalle, Mond und Sternen bewußt verdrängen, umso mehr erleben wir unser Leben durch zunehmende Blockaden nur noch als Pedal einer automatischen Tretmühle aus Gier, Haß, Dauerstreß, Einsamkeit, Lieblosigkeit, Schmerzen, Geschwüren, Ängsten, Sinnlosigkeit, Krankheiten und vorzeitigem Tod.

Krankheit bedeutet demnach, wenn wir uns nicht in irgendwelchen Symptombildern verstricken zuerst einmal eine Unausgewogenheit der Seele aufgrund mangelnder kosmischer Energie. Da nichts auf der Erde ohne Ursache geschieht, gibt es auch nichts, wogegen die Natur nicht ein Gegenmittel entwickelt hat. Denn genauso wie die Bienen erschaffen wurden, um die Rosen zu bestäuben, wofür sie wiederum deren Nektar erhalten, um so wiederum ihre eigene Fortpflanzung sichern zu können, hat die Natur, um den Fortbestand der seelischen Strukturen der Menschen im irdischen Geschehen gewährleisten zu können, Heilsteine, Düfte und Kräuter erschaffen.

Dies verhält sich nicht anders, als beispielsweise in unseren körperlichen, geistigen und psychischen Bereichen auch, wo Mineralien und Spurenelemente einen Großteil der körperlichen Funktionen steuern. Turalingam´s (die Amulettsteine der Ureinwohner Australiens), Moqui-Marbles, Düfte, Heilsteine, Kristalle und Mineralien sind quasi die Bienen unserer Seele. Sie wurden erschaffen, um uns mit den kosmischen Energieströmen in Verbindung zu halten, worüber wir den nötigen universellen Stoffwechsel erfahren, welcher uns Menschen charakterlich, psychisch und geistig reifen läßt und mit Gesundheit und Liebe erfüllt.

Diese Energieströme bewegen sich durch uns hindurch und lenken unser Leben intuitiv, unterbewußt und teilweise auch bewußt in eine, dem gesamten System unterliegende, Richtung, die wir zu einem Großteil im Augenblick des Jetzt selbst mitbestimmen und somit auch bewußt in eine für uns positivere Richtung lenken können. Denn Gott hat uns das Gesicht gegeben, lachen müssen wir selbst.

Dies gelingt uns jedoch nur dann, wenn wir uns den universellen Energieströmen gegenüber nicht länger durch ein flaches, wissenschaftliches, logisches oder analytisches Denken blockieren, sondern wenn wir mit Hilfe von Therapiesteinen, Heilsteinen, Glückssteinen, Glauben und Willenskraft einfach wieder Teil der schöpferischen Energieströme werden und somit an die Quellen von Zufriedenheit, Liebe, Gesundheit, Erfüllung und Glück gelangen.

Alle Lebewesen sind mit den universellen Energieströmen verbunden und somit Teil einer allumfassenden Evolution, worin alle Dinge, Sterne, Tiere und Pflanzen ebenso wie wir Menschen unentbehrliche Glieder darstellen. Wir modernen Menschen haben uns jedoch selbst durch eine analytische bzw. wissenschaftliche Denkweise von diesen Energieströmen entfremdet. Dies spüren wir alle in einer steigenden inneren körperlichen und geistigen Anspannung und seelischen Abwehrhaltung, welche sich verstärkt durch Krankheiten, Ängste, Allergien und Sorgen ausdrückt. Denn durch zunehmende Entfremdung von den universellen Energieströmen wird in uns allen gleichzeitig eine emporkeimende kollektive Zersetzung des Körpers verursacht, die sich wiederum durch eine drastische Zunahme körperlicher und geistiger Leiden bemerkbar macht. Das daraus resultierende persönliche bzw. gesellschaftliche Leid spiegelt sich somit für jeden Menschen klar und deutlich in dem Maße wieder, wie stark er den universellen Energieströmen gegenüber blockiert ist und daher in einer künstlichen, materiellen, wissenschaftlich orientierten Geisteshaltung gefangen ist.

Wie bereits erwähnt, befinden wir uns mit unserer Erde in einem gewaltigen universellen Raum, worin materielle, universelle und schöpferische Energien zur gemeinsamen Evolution aller Lebewesen und Planeten beitragen. Der Einfluß von Sonne, Mond und Sternen ist daher genauso maßgeblich für alle irdischen Begebenheiten, wie die der Heilsteine für unser individuelles Wohlbefinden auch. Denn Heilsteine sind für uns Menschen das, was Bienen für die Rosen oder Monde für die Planeten sind. Sie dienen dem Ausgleich, der Fortpflanzung und der Harmonie, woraus Liebe und Gesundheit hervorgehen. Denn nur wenn wir unsere Blockaden mit Hilfe von Glückssteinen, Heilsteinen, Therapiesteinen, Turalingam´s, Moqui-Marbles und Düften lockern, und somit wieder den Zugang zu den universellen Energieströmen finden, erhalten wir neben Zufriedenheit, Evolution, Verständnis, Achtung, Aufmerksamkeit und Glück besonders die Liebe zurück, woran sich wiederum die zuvor aufgeführten Zustände und die Gesundheit orientieren.

Kapitel 1 - Kosmische Kräfte

Diese Energieströme bewirken die positiven Aspekte in unserem Leben. Denn die schöpferischen und universellen Energieströme sind positiv, gut und niemals böse oder schlecht. Sie streben zum Licht, zur Lebendigkeit, zur Einheit und zur Vollkommenheit. Dies zeigt sich durch den Fortpflanzungswillen, Überlebenswillen und das Bedürfnis nach Wachstum, was in allen irdischen Lebewesen keimt. Würde dies nicht so sein, würden weder Planeten noch Menschen oder Natur existieren. Verlieren wir zu diesen Energien den Halt, breitet sich in uns ein zunehmendes Maß an mittlerweile unzähligen psychosomatischen und körperlichen Schmerzen, Geschwüren, Leiden, Ängste, Allergien, Menstruationsstörungen, Sorgen, Sinnlosigkeit und innerer Leere in Verbindung mit der ganzen Vielzahl uns bekannten gesellschaftlichen Leiden aus.

Die universellen Energien, wozu beispielsweise auch die Kräfte der Sterne gehören, steuern uns über unsere Seele und sind direkt mit unseren Nervenzentren, den Chakras, verbunden. Diese gleichen wiederum Spiralen, welche sich um die energetischen Energiebestandteile in unserem Innersten drehen, wie unsere Erde um die Sonne. Hierbei verwandeln sie die verschiedenen Energiebestandteile der universellen und schöpferischen Energieströme, wie beispielsweise ein Fernsehapparat auch, die verschiedenen Frequenzen, in sichtbare, fühlbare, intuitive und visionelle Impulse. Die schöpferischen Energieströme einerseits und die kosmischen Energien der Sterne andererseits erhalten durch die Seele Zugang in unser Innerstes und vermischen sich in den Chakras durch die Kraft unserer Seele zu Leben und zu dem, was wir augenblicklich tun und sind. Nehmen wir unsere kosmischen und schöpferischen Energieströme ungehindert auf, so entfaltet sich in uns Gesundheit, Zufriedenheit, Liebe und Glück. Denn alle universellen Energien vereinen sich in den Herzen aller Lebewesen, von Geburt an, zu Paaren aus harmonisch aufeinanderabgestimmten Energiegegensätzen, die sich einander regulieren, steuern und zur Vollkommenheit bzw. zum Licht begleiten, was wir Menschen als Liebe empfinden. Die Energien auf unserer Erde und somit in allen Zellen, Räumen, Steinen und Blumen sind darauf ausgerichtet, zum Positiven, Friedvollen und Guten zu streben. Jede Wunde strebt wieder nach Vollkommenheit und Heilung, jedes Lebewesen nach Evolution und jede Pflanze zum Licht. In den universellen Energieströmen existiert daher nichts Böses, Unvollkommenes und zum Negativen strebendes. Würde dies nicht so sein, würde es in unserem Sonnensystem weder die Erde noch das auf ihr existierende, wunderbare Leben geben. Es gibt allerdings Systeme, wo die universellen Energieströme zum Ausgleich des Universums entgegengesetzt verlaufen, bzw. wo Negativität vorherrscht. Diese negativen Energiefelder existieren jedoch nicht als Planeten, Sonnen oder Milchstraßensysteme, weil diese ja von Wachstum, sprich von positiven, universellen Energien erschaffen werden, sondern nur in schwarzen Löchern, deren Energie so negativ ist, daß sie alles Positive verschlucken und erdrücken, indem sie nicht einmal mehr einen Gedanken aus Licht aus sich herauslassen.

Schwarze Löcher bzw. negative Energiezustände sind demnach im universellen Geschehen des großen Universums nichts anderes, als Blockaden im Kleinen die sich in uns in Form von bösen Gedanken, Ängsten, Aggressionen, Gewalt, Habgier oder Depressionen darstellen. Glücklicherweise befinden sich diese negativen Energiepotenziale weit weg von unserem Sonnensystem, so daß unsere Planeten und Sternzeichen positiv, kreativ und schöpferisch auf uns herabscheinen können.

Es ist demnach auch falsch zu glauben, daß die Sterne uns negativ beeinflussen. Denn die Sterne wirken positiv, harmonisch und allumfassend als Quelle der Liebe und des Guten. Es liegt weder im Interesse der Sterne, noch im Interesse von Mond, Sonne und Aszendenten, etwas Negatives, Unvollkommenes herbeisteuern zu wollen. Denn dies würde bedeuten, daß auch unsere Natur unvollkommen wäre und somit auch uns Menschen negativ benachteiligen würde.

Dies tut sie jedoch nicht. Wir alle, und auch die Natur, sind aus schöpferischer und spiritueller Sicht vollkommen, und unser Sinn besteht von Anfang an darin, uns zur Liebe und zum Licht zu orientieren, um so an der Vollkommenheit und Schönheit aller Dinge teilhaben zu können.

Allerdings haben die Menschen, im Gegensatz zu anderen Lebewesen, Geist, Gewissen, Verstand und die Vernunft zu ihrem Bewußtsein dazubekommen, während Blumen und Tiere in ihrem Bewußtsein intuitiv und instinktiv handeln. Menschen können daher nicht nur bewußte Entscheidungen treffen, sondern es ist auch ein Teil ihrer irdischen Aufgabe, sich bewußt mit den Gegensätzen des irdischen Daseins auseinanderzusetzen, um das Schlechte unterscheiden zu können um anschließend das Vernünftige und Gute zu tun.

Gehorchen die Menschen ihren inneren seelischen, intuitiven und spirituellen Stimmen, worüber die universellen Energieströme zu uns sprechen, dann erfährt jeder Mensch seine augenblickliche Aufgabe und weiß auch die Antwort zum Guten, zur Liebe, zur Gesundheit und zum Licht. Versperren sich die Menschen jedoch ihrem Gewissen und ihrer Vernunft und beginnen stattdessen, nach dem logischen Verstand zu handeln, treten jene Werte in den Vordergrund, welche in uns Habgier, Wissenschaft, Fortschritt, ständiges Wirtschaftswachstum, Haß, Eifersucht und Angst hervorrufen und auch Gesetze erforderlich machen. Denn Menschen, denen die natürlichen Werte verloren gehen, verlieren nicht nur ihre Gesundheit und die Fähigkeit zur harmonischen zwischenmenschlichen Begegnung durch Liebe und Vertrauen, sondern sie benötigen sogar Gesetze, welche ihnen erst schriftlich, in unzähligen, teilweise sinnlosen Paragraphen vorschreiben müssen, woraus Menschlichkeit, Nächstenliebe und Umweltschutz zu bestehen habe. Menschen, die nicht mehr auf ihre inneren »Stimmen« hören, weil sie den Zugang zu ihren seelischen Energieströmen verloren haben, sind auf äußere Stimmen angewiesen und lassen sich nicht nur von Werbung, Industrie, Kirche, Wissenschaft oder Politik steuern und beeinflussen, sondern sie glauben und tun auch, was diese Mächte ihnen sagen. Dies bestätigt sich nicht nur in modernen Strukturen, sondern leider auch darin, daß wir modernen Menschen beispielsweise Mord in legal einstufen, wenn er außerhalb eigener Grenzen auf Befehl irgendwelcher Beamter stattfindet und als illegal, wenn er nicht aus Befehl verübt wurde. Allerdings muß hierbei bemerkt werden, daß es nicht der Befehl ist, der mordet, sondern die unzähligen Menschen, welche mangels innerem Halt, beispielsweise aus Profitgier, dazu bereit sind, auf die Auslöser von Waffen zu drücken, in Versuchslaboren Tieren bei lebendigem Leib die Augen auszulöffeln, die Atombomben über den letzten Paradiesen unserer Erde tatsächlich zu zünden, Natur und Wälder zu zerstören oder das Gift manipulierter Gene bewußt in die Nahrungskette aller irdischen Lebewesen zu mischen. Somit schleicht sich in uns alle eine wahre, kollektive Schuld, die dem Einzelnen beispielsweise das Krebsgeschwür oder andere emporkeimende Leiden einbringt, ein. Denn in uns Menschen spiegelt sich nicht nur die positive Realität des gesamten Universums wider, sondern im Gegenzug dazu natürlich auch all das Negative, was wir modernen Menschen der Umwelt, und somit kollektiv wiederum uns selbst, antun. Somit schleichen sich in uns alle durch seelischen Verfall jene Blockaden wie Metastasen in den Charakter ein, welche uns von Liebe, Mitgefühl, Zufriedenheit und Gesundheit entfremden.

Es ist also töricht, zu behaupten oder gar glauben zu wollen, daß Sonne, Mond oder Sterne schlecht für uns stehen und somit schlechtes bewirken. Wir Menschen stehen schlecht und haben uns eine selbsterschaffene Scheinwelt aus Grausamkeit, Haß, Mord, Krieg, Zerstörung und Synthetisierung erschaffen, die unsere Energiezentren wie mit Schwermetallen und Umweltgiften einhüllt, so daß die positiven kosmischen Kräfte des Mondes oder unserer Tierkreiszeichen nicht mehr ausreichend in uns eindringen können und wir deshalb Schlechtes tun. Denn es sind nicht die Sterne, die Atombomben zünden, die Natur zerstören und sich untereinander durch Haß, Eifersucht und Habgier vergasen und ausbeuten, sondern es ist einzig und allein die entgleiste Gesinnung und Habgier der modernen, zivilisierten Menschen in Verbindung damit, dies willentlich tun zu wollen.

Wäre dies nicht so, müßten wir alle längst in unserem selbsterschaffenen Paradies glücklich sein. Wir haben Maschinen, die uns das Leben vereinfachen, in Europa herrscht kaum noch Krieg und die Medizin hat doch scheinbar längst alle Leiden katalogisiert und im Griff. Die Wissenschaft erringt einen Erfolg nach dem anderen, so daß wir uns bald unsere Kinder nach Wunsch aus dem Automaten lassen können, und wenn es statt blond doch braun sein sollte, können wir sie dort auch gleich wieder entsorgen, um es mit der Repro-Card auf Kredit noch mal zu versuchen.

Die Informationsgesellschaft steht vor der Tür und unsere Lebensmittel schmecken alle nur noch einheitlich, weil die Chemie für den Geschmack der Brezel genauso wie für die Instantsuppe oder das Aroma für den Hundekuchen aus demselben Labor stammt. Alles wird einfach und unkompliziert, weil uns Computer das Gewissen, das Vertrauen, die Vernunft und die Liebe abnehmen und sogar Sex geben sollen. Dann fällt auch der lästige Streit zwischen den Menschen untereinander weg. Jeder lebt sein Leben am PC und alle sind glücklich. Allerdings ist da noch etwas, was wir nicht austricksen, bestechen, besteuern, gentechnisch verändern, wegdiskutieren oder sezieren können. Nämlich die universellen, schöpferischen und kosmischen Energieströme selbst, welche die eigentliche Macht über uns haben.

Diese ziehen sich jedoch leider aus uns zurück und überlassen uns moderne Menschen zunehmend uns selbst. Denn die universellen Energieströme vergelten nicht Gleiches mit Gleichem, indem sie beispielsweise mit Atombomben zurückwerfen, sondern verlassen unsere seelischen Strukturen. Dies führt einerseits dazu, daß wir modernen Menschen alle krank werden, keine zwischenmenschlichen zufriedenen Partnerschaften mehr führen können und uns durch zunehmende Kinderlosigkeit selbst reduzieren, und andererseits dazu, daß die menschliche Gesinnung zunehmend in uns allen zu entgleisen beginnt. Die letzten natürlichen und ethischen Grenzen werden durch Genforschung, Atomversuche, Umweltzerstörung, Lebensmittelvergiftung oder perverse Massentierhaltung umgerannt, um der entgleisten menschlichen Gesinnung aus Wissenschaft, Wirtschaft, Politik und Habgier heraus freien Lauf lassen zu können. Dies bewirkt mehr oder weniger in allen modernen Menschen durch deutlich emporkeimende Ängste, Sorgen, Gewissensbisse, Krankheiten und Schmerzen ein bisher nie dagewesenes Leidenspotenzial, das täglich explosivere Ausmaße annimmt.

Zunehmend werden schon Kinder und junge Menschen von Allergien, Asthma, Neurodermitis, Migräne, Herz-Kreislauf-Störungen, Herzproblemen, Verdauungsstörungen, Drüsenleiden, Geschwüren, Krebs, Metastasen, Zysten,

Ängsten und Schmerzen befallen, welche früher eher selten und altersbedingt waren. Die schlimmsten Leiden, welche aus der zerstörerischen Gesinnung der modernen Menschen hervorgehen, sind jedoch neben ins uferlose ausartende, neue psychosomatische Schmerzen und Störungen, vor allem charakterliche Verzerrungen, die ein friedvolles, liebevolles und zufriedenes Miteinander unter den Menschen und besonders unter den Geschlechtern nicht mehr möglich machen. Die modernen Menschen krümmen sich zunehmend entweder vor Schmerzen, vor Ängsten, vor Sorgen, vor Haß oder vor Einsamkeit.

Gehen wir in unserer Not zum Arzt, spüren wir insgeheim zunehmend, daß er uns zwar aus wissenschaftlicher Sicht sagen kann, worunter wir leiden. Er kennt jedoch weder die Ursache, noch interessiert er sich für sie. Seine wissenschaftliche Auffassung besteht darin, aus analytischer und statistischer Sicht heraus so zu handeln, als seien wir Maschinen, welche mit einem bestimmten Tropfen Öl, sprich mit einem chemischen Einheits-Medikament wieder funktionsfähig werden.

Die moderne wissenschaftliche Medizin hat zwar große und spektakuläre Erfolge im Kampf gegen körperliche Krankheiten erzielt, worunter besonders die Entdeckungen zahlreicher Impfstoffe im letzten Jahrhundert erwähnt sein sollen, die wahren Ursachen der Leiden konnte sie jedoch bis heute genauso wenig lindern, wie das damit verbundene seelische Leid. Während die wahren Erfolge der schulwissenschaftlichen Medizin sich eigentlich auf Hygiene, Antibiotika und penizillinhaltige Vorsorge begrenzen, glaubte die Wissenschaft in den letzten 100 Jahren an ihrem Erfolg festhalten zu können, indem sie die ganze Welt und nicht zuletzt unsere Kinder, sezierte, um endlich die Ursache für Krankheit, Unzufriedenheit und Lieblosigkeit herausfinden zu können, womit sie sich selbst reich und alle anderen Menschen glücklich machen wollte. Mit steigender chemisch-technischer Therapie werden nun Millionen von Tonnen Tabletten und chemische Arzneien verabreicht, welche Milliardenumsätze bringen, die einerseits die Taschen der Aktionäre füllen und andererseits durch Steuern die Haushaltslöcher des Staates finanzieren.

Diese Gelder füllten schon zum Anfang unseres Jahrhunderts die Kriegskassen und reichten aus, um Europa und die Welt zweimal in Schutt und Asche legen zu können. Leider ist dieses klebrige Geld auch heute noch der Grund dafür, weshalb sich die Politik nicht von der Bevormundung der chemischen Pharma-Industrie und medizinischen Schulwissenschaft befreien kann. Stattdessen läßt sie es sogar noch mehr zu, daß durch umweltzerstörendes Vorgehen nicht nur die Natur, sondern auch unser Organismus zerstört wird. Pro

Medikament, das wirklich auf dem Markt landet, sind rund 10.000 chemische Versuchsreihen notwendig, woran rund 100.000 Tiere, Millionen Liter Wasser und Luft und neben Tausenden von Pflanzen auch Hunderte von armen Menschen in der 3. Welt leiden und sterben. Hinzu kommt, daß längst nicht mehr technischer Fortschritt und innovative Technik die führenden Wirtschaftsmotoren der westlichen Industrienationen sind, sondern die millionenfach aufschmerzenden Körper, Organe und Seelen der modernen Menschen selbst. Keine »Branche« erfährt so viel Zuwachs und Wachstum, wie die Gesundheitsbranche und das Bestattungsgewerbe durch zunehmende Krankheiten, Ängste, Schmerzen und den vorzeitigen Tod. Hieraus resultiert auch, daß sich alle politischen Gesinnungen nur über den Geldfluß einig werden wollen und daß ausgerechnet bei uns in Deutschland noch Medikamente zugelassen bleiben die nicht nur europaweit, sondern größtenteils auch weltweit, aufgrund ihrer giftigen Nebenwirkungen längst wieder verboten sind. Das heilige Kalb des Wirtschaftsmotors »Krankheit« bleibt indessen unantastbar. Im Gegenteil, künstliche Medikamente oder gentechnisch vergiftete Lebensmittel sollen weiter zum Wachstum dieser Branche beitragen, während Naturheilverfahren auf Geheiß der Pharmaindustrie und der Wissenschaft hin wieder zunehmend verdrängt und sogar verboten werden sollen. Denn unsere Politik lebt vom Wachstum, egal in welcher Richtung. Hinzu kommt, daß Menschen, welche sich beispielsweise durch Heilsteine wieder in einen harmonischeren Rhythmus ihres Daseins zurück begeben, sich somit automatisch auch ständig steigendem Tabletten-Konsum entziehen würden und somit Wirtschaftswachstum und Bruttosozialprodukt schmälern würden worauf die Macher der westlichen Industrienationen, auch auf den Schultern der Natur und der Menschen in der 3. Welt, ihren Reichtum errichten. Deshalb sind sie hierbei fehl am Platz. Und da die weitaus mehr Toten die nachweislich durch Nebenwirkungen chemischer Arzneimittel und Kunstfehler vorzeitig sterben als jährlich im Straßenverkehr umkommen nicht vorher noch durch einen Strafzettel zur Kasse gebeten werden können, weil sie ohnehin schon den größten Teil ihres Vermögens in sogenannte »Kassen« einbezahlen mußten, wird über sie nicht geredet wie z.B. über die vielen »unverantwortlich handelnden, vorsätzlich kriminellen Falschparker die den inneren Frieden unseres Landes aufs höchste zu gefährden scheinen«.

INTERVIEW MIT SPD-GESUNDHEITSEXPERTEN SCHMIDBAUER
Seehofer muß Kombi-Schmerzmittel verbieten

Sie sind auf dem Vormarsch: Kombi-Schmerzmittel mit mehreren Wirkstoffen. Im Interview mit unserem Redaktionsmitglied Bernhard Walker fordert der SPD-Abgeordnete Bernd Schmidbauer deren Verbot. Grund: Gefährliche Nebenwirkungen.

■ *Sie treten dafür ein, Schmerzmittel zu verbieten, die mehrere Wirkstoffe enthalten. Warum wollen Sie solche Medikamente vom Markt nehmen?*
HORST SCHMIDBAUER: Weil diese sogenannten Kombinationsschmerzmittel enorm gefährliche Nebenwirkungen auf die Menschen haben. Das ist wissenschaftlich zweifelsfrei nachgewiesen worden. Im Interesse des Gesundheitsschutzes der Bürger müssen diese Medikamente, die man ja rezeptfrei in der Apotheke kaufen kann, verboten werden. Bis es gelingt, dieses Verbot durchzusetzen, brauchen wir als eine erste Sofortmaßnahme die Rezeptpflicht für diese Medikamente. Dafür tritt auch das Bundesinstitut für Arzneimittel und Medizinprodukte ein.

■ *Wie sehen die gefährlichen Nebenwirkungen aus?*
SCHMIDBAUER: In Deutschland haben sich schon heute schätzungsweise 6000 bis 9000 Menschen ein schweres Nierenleiden zugezogen, weil sie über längere Zeit und regelmäßig Kombinationsschmerzmittel eingenommen haben. Diese erschreckende Tatsache hat die Fachgesellschaft der deutschen Nierenärzte immer wieder beklagt. Ich will, daß wir künftig das Leid verhindern, das schwer nierenkranke Menschen erleben müssen. Glücklicherweise lassen sich Schmerzen auch

Horst Schmidbauer: Minister Seehofer handelt verantwortungslos

dann gut behandeln, wenn man keine Kombinationsmittel mehr hat. Dafür bieten sich die sogenannten Monopräparate an, also die Schmerzmittel, die nur einen Wirkstoff haben. Umso schlimmer ist deshalb, daß Gesundheitsminister Horst Seehofer weder die Rezeptpflicht noch das Verbot will.

■ *Weshalb lehnt Seehofer das ab?*
SCHMIDBAUER: Er behauptet, daß die Datenlage nicht klar genug sei. Das ist aber Unsinn. Es gibt aufgrund von schwedischen, australischen und kanadischen Studien keinen Zweifel an der Gefährlichkeit der Kombinationsmittel. Für mich ist auch nicht entscheidend, wieviele Menschen sich auf diese Weise ein schweres Nierenleiden zugezogen haben. Jeder einzelne Fall ist schon ein Fall zuviel. Ich habe den Eindruck, daß Seehofer das Geschäft der Pharma-Industrie betreibt, die mit diesen Mitteln einen beachtlichen Umsatz erzielt. Daß er das Jahre nach dem Contergan-Skandal tut, halte ich für erschreckend.

■ *Warum?*
SCHMIDBAUER: Contergan war seinerzeit auch frei verkäuflich. Seither ist die Rechtslage ganz eindeutig: Das Gut der Gesundheit muß über den geschäftlichen Interessen der Hersteller liegen. Seehofer allerdings ignoriert diese Tatsache und mißachtet den Gesundheitsschutz der Bürger. Für einen Minister, der sich offiziell „Bundesminister für Gesundheit" nennt, ist das wahrlich ein starkes Stück. Man darf ja auch nicht vergessen, daß die Nierenerkrankungen nicht nur bei den Betroffenen großes Leid auslösen, was zweifellos der gravierendste Punkt ist. Wer schwer nierenkrank ist, braucht zudem eine Dialyse-Behandlung, die enorm teuer ist.

■ *Gibt es Zahlen über die Kosten?*
SCHMIDBAUER: Für 5000 Dialyse-Patienten muß die Solidargemeinschaft der Versicherten 1,6 Milliarden Mark im Jahr aufwenden. Auf der einen Seite zieht Seehofer den Bürgern über laufend steigende Zuzahlungen das Geld aus der Tasche. Auf der anderen Seite tut er nichts, um Milliardenkosten für Dialysen zu verhindern. Klarer kann man nicht beweisen, wie verantwortungslos der Minister handelt.

Erschreckende Wahrheit aus einer renommierten Süddeutschen Tageszeitung vom 28.03.1998. Gesundheitsexperten wollen nicht länger schweigen!

Wenn wir also die enorme kaufmännische Energie betrachten, welche mit der Schulmedizin verwachsen ist, leuchtet uns auch ein, weshalb Wissenschaftler und Schulmediziner seit ca. 100 Jahren versuchen, uns von den wahren heilenden Energien der Sterne und Steine ablenken zu wollen, indem sie unsere Aufmerksamkeit auf die Mittel ihrer künstlichen Medikamente lenken. Hinzu kommt, daß die Verfasser unserer Gesetze und unzähliger wissenschaftlicher Studien gleichzeitig meist auch Angehörige einer Regierung sind, die ihrerseits an der umfassenden Zerstörung der Welt ebenso maßgeblich beteiligt ist, wie an der körperlichen Ausbeutung der Bürger auch, um in beiden Fällen ordentlich davon profitieren und daran verdienen zu können.

Deshalb behaupten sie, daß die Kräfte der Sterne, ebenso wie die Energien der Steine, Einbildung und irrationaler Aberglaube seien, der einer handvoll mystischen Träumern entspringt, denen nicht einmal die einfachsten Grundsätze der traditionellen Schulwissenschaft geläufig zu sein scheinen. Denn aus wissenschaftlicher Sicht, und diese beinhaltet nun mal nur eine äußerst enge, logische, selbsterfundene, sogenannte statistische Sichtweise, die sich nicht auf ein natürliches Weltbild ausdehnt, sondern nur auf eine kleine, zurechtgewiesene Schachtel, ist Heilung nur dem wissenschaftlich orientiertem Mediziner möglich. Nur aus dieser eingeengten, selbstherrlichen Sichtweise heraus läßt sich die Vermutung vertreten, daß chemische Medikamente und Ärzte heilen können und demnach aus wissenschaftlicher Sicht für unseren Organismus hilfreich und gesund seien. Längst übersehen die Herren im weißen Kittel, daß die Nebenwirkungen ihrer Medikamente zu den eigentlichen Wirkungen geworden sind und längst nicht mehr in einem ethisch vertretbaren Verhältnis zur Krankheitsbehandlung selbst stehen. Hinzu kommt, daß nicht derjenige narrisch ist, der glaubt, liebt und mit Hilfe von Steinen und Sternen wieder zu dem zurückfinden möchte, was uns allen zunehmend fehlt, nämlich Zufriedenheit, Romantik, Liebe und zwischenmenschliche Wärme, sondern der, der glaubt, Liebe, Mysterien, Spiritualität, Unterbewußtsein, Psyche, Körper und Seele in einer wissenschaftlichen, logischen oder chemischen Formel beschreiben zu können. Denn weder Liebe noch Leben, Gesundheit, Treue, Eifersucht, Angst oder Krebsgeschwüre werden jemals für uns Menschen begreifbar, logisch und berechenbar sein.

Zu dieser Erkenntnis kamen bereits schon die Steinzeitmenschen, welche nachweislich, trotz primitiver Steinwerkzeuge, in der Chirurgie und in der Heilkunde wesentlich fortgeschrittener waren, als heutige Wissenschaftler, Chirurgen und Mediziner. Sie kannten beispielsweise natürliche Antibiotika bzw. Impfstoffe auf Heilstein- und Pflanzenbasis und waren sogar dazu in der Lage, Gehirne, Herzen, Nieren und Leber völlig ohne aufwendige Technik und Tierversuche mit einer anschließenden Überlebenschance von mehreren Jahrzehnten durchführen zu können. Ein weiterer Beweis hierfür ist ein über 7000 Jahre alter Schädel, der augenblicklich im Freiburger Museum für Ur- und Frühgeschichte zu bewundern ist. An ihm sind deutliche Spuren einer steinzeitlichen Gehirnoperation nach einem Unfall erkennbar. Die Verwachsungen der Kopfknochen weisen deutlich auf ein langes Leben nach der Operation hin. Aus dieser Tatsache heraus lassen sich auch die Überlieferungen aus der Australischen Weisheit der Urzeit belegen, woraus hervorgeht, daß die Urvölker in ihrem Wissen über Heilung und Gesundheit schon wesentlich weiter entwickelt waren als wir. Sie waren jedoch nicht dazu bereit, innere ethnische Schranken aus Habgier, Machtbedürfnissen oder Profitgier überspringen zu wollen, weil sie wußten, daß hierdurch die gesamte Natur verletzt, skalpiert und zerstört werden würde. Hätten die Urvölker zuvor aus Dummheit, Habgier, Arroganz, Perversion und ewigem Wissensdurst die selben Wege beschritten, wie unsere augenblickliche Kultur, gäbe es mit Sicherheit längst keine Lebewesen und auch keine Menschen mehr auf unserer Erde.

Der schulmedizinischen Wissenschaft fehlen längst die Erklärungen für die zunehmenden Leiden der Menschen. Ihre Wartezimmer sind jedoch trotzdem stets gefüllt, weil die Bürger sich von der Ärzteschaft noch einen letzten Halt erhoffen. Anstatt endlich auf die Mißstände unserer habgierigen Konsumgesellschaft und die damit verbundenen seelischen Folgen hinzuweisen, verabreichen gewissenlose Mediziner Chemie, Psychopharmaka und Antidepressiva in rauhen Mengen und nicht selten in Verbindung mit dem Vorwurf, daß die Menschen sich die Krankheiten und Schmerzen ohnehin alle nur einbilden. Gewissenhafte Ärzte hingegen werden von den staatlichen Krankenkassen und der Pharmaindustrie mundtot gemacht.

Der Anfang vom Ende?

Aus Quacksalbern wurden Herren über Leben und Tod, Schamanen hingegen wollten nie Herren über Leben und Tod sein, sondern nur Sachkundige heilender Steine, Düfte und Kräuter um mittels spiritueller Rituale durch seelische Impulse die schöpferische Heilung aktivieren und herbeiführen zu können.

Es ist keine 300 Jahre her, als die augenblicklich vorherrschende, schulmedizinische Wissenschaft noch genau jenen minderbemittelten Status hatte, den wir heute der Edelstein-Therapie oder der Pflanzenheilkunde beimessen. Damals war das Weltbild der Menschen nicht nur voller Götter, Geister und Dämonen, sondern das über Jahrtausende überlieferte Wissen über die heilenden Kräfte selbst in Verbindung mit Mondrhythmen, heilenden Steinen und Heilpflanzen war allerorts geläufig und jedem Menschen zugänglich. Alle Menschen, insbesondere Frauen, wußten jedoch sehr genau daß Heilung nicht nur durch heilende Steine oder durch Kräuter selbst erreicht werden konnte, sondern insgeheim viel mehr durch heilungsunterstützende Rituale, welche inwendige Barrieren aus dem Weg räumen sollten, um die göttliche Genesung überhaupt erst zulassen zu können. Den sachlichen Wissenschaftlern war genau dieses Verfahren in Verbindung mit Glauben, Mondrhythmen, Liebe und anderen meditativen Zuwendungen an die kosmischen Kräfte zu langwierig und aufwendig. Sie taten diese Rituale deshalb als lästigen Aberglauben ab und sannen danach, Heilung möglichst alleine, ohne kosmische Kräfte, ohne aufwendige Rituale und ohne spirituelle Fähigkeiten herbeiführen zu können. Hieraus begann sich eine vom wahren Heilungsprozeß unabhängige Wissenschaft zu entwickeln, deren Traumziel von nun ab darin bestand, möglichst gegen alle Leiden irgendwann eine einzige Einheitspille verwenden zu können. Erste wissenschaftliche Erfolge stellten sich alsbald mit hochgiftigen, quecksilberhaltigen Medikamenten ein, denen zu jener Zeitepoche ähnliche Hoffnungen engegengebracht wurden, wie dem Contergan, dem Penicillin oder der radioaktiven Bestrahlung in unserem Jahrhundert. Quecksilberhaltige Salben wurden zur damaligen Zeit beispielsweise gegen eitrige Wunden eingesetzt, die aufgrund des Quecksilbers auch zu heilen schienen. Allerdings heilte die Wunde nicht wirklich aus, sondern das chemische Gift tötete vorübergehend lediglich die eitererregenden Hautparasiten ab. Sobald die Salbe sich nach einigen Stunden durch Eindringen in die Haut oder durch waschen reduziert hatte, fing die Wunde jedoch von neuem zu eitern an, was den in der chemischen Schuldmedizin ersten, typischen Teufelskreis chemischer Medikamente und Tabletten auslöste. Hinzu kam, daß sich die Nebenwirkungen damaliger Medikamente, ebenso wie heute, wie Lauffeuer verbreiteten. Zuvor unbekanntes, ständiges Erbrechen, chronischer Durchfall, Haar- und Zahnausfall, schlimme Allergien, Nieren-, Magen- und Darmerkrankungen, sowie chronische Schmerzen, Herzrhythmusstörungen und eine erhöhte Anfälligkeit für Fieber- und Pesterreger begannen von nun ab nicht nur zum Alltagsbild der Menschen zu gehören, sondern raffte die Bevölkerung Europas dahin. Von nun ab glaubte die moderne Wissenschaft alles, was sie wollte, auch herausfinden, nachweisen und beweisen zu können. Sogenannte Quacksalber, was nichts anderes bedeutet, als quecksilberschmierende Mediziner, durchstreiften gemeinsam mit Gesandten der restlichen Wissenschaft und der Kirche den gesamten Kontinent, um zu forschen, zu vergiften, zu verbrennen und vor allem um die letzten Zeugen urzeitlicher Weisheiten eventuell des Heidentums beschuldigt, vernichten zu dürfen. Das altüberlieferte, wahre Wissen über das Heilen war jedoch unter Frauen noch viel verbreiteter als unter Männern, weil es zu jener Zeit Frauen waren, die sich nicht nur um Familie und Angehörige kümmerten, sondern auch um Kranke und deshalb für die heilenden Energien in Verbindung mit Steinen, Pflanzen, Mond und Sternen verantwortlich waren. Mit der Vernichtung von Millionen von Frauen, derer man sich als sogenannte »Hexen« entledigte, ging demnach nicht nur ein altüberliefertes, weisheitliches, spirituell-kulturelles Erbe aller Menschen in Europa verloren, sondern unter anderem wurde einer chemisch-aggressiven Pharma-Industrie ein Weg gebahnt, der sie einerseits mächtiger gemacht hat, als Kirche und Politik zusammen und der anderseits auch der Grundstein dafür war, daß im Namen der gesamten Wissenschaft die Natur und die Gesundheit aller Menschen mehr zerstört wurde, als von allen Feldherren und Priestern zuvor.

Gesellschaftliches Leid

Während unsere Wissenschaftler und Politiker uns noch vor Börsenkrach, Geschwindigkeitsüberschreitungen und den Nachteilen der Esoterik warnen, steht längst fest, daß wir, wenn wir noch ein wenig so weiter machen, an jenen Leiden zugrunde gehen werden, welche längst zum gesellschaftlichen Leid geworden sind. Längst ist der Zyklus all unserer Leiden und Schmerzen aus dem individuellen Maß persönlicher Erkrankungen hervorgetreten und betrifft nahezu 90% aller Menschen der westlichen Industrienationen.

Egal, ob wir von Depressionen, Existenzängsten, Einsamkeit, Krebs, Migräne, Allergien, Zwängen, Herz-Kreislauf-Störungen, Magenproblemen, Sorgen, Unzufriedenheit, oder Streß reden. Die Vielfalt der Leiden ist längst so groß und alltäglich geworden, daß schon Schulkinder die Leidenssymptome von Asthma, Schlaganfall, PMS oder Neurodermitis verspüren und mühelos definieren können. Längst sind die aufgeführten Leiden keine altersbedingten Krankheiten bzw. Abnutzungserscheinungen mehr, sondern haben sich bis weit in die Lebensjahre junger Menschen vorverlagert. Krankheiten, Schmerzen, sexuelle Unlust, partnerschaftliche Mißverständnisse, Kälte, Haß, Ängste, Zwänge, Sorgen, Eifersucht, Lieblosigkeit oder Kritiksucht einerseits und eine unsichtbare Kraft aus Habgier, Karriere und Streß andererseits hetzen uns durch das Leben wie Jockeys ihre Pferde auf der Trabrennbahn. Wir haben längst eigene Perspektiven und den wahren Sinn über unser Dasein verloren. Wir wissen nicht, ob die Engstirnigkeit unserer Bildungspolitik, Wissenschaft oder unser ständiger Drang nach Fortschritt uns durch den Alltag hetzen, oder ob es die Maschinen und Computer sind, welche nach uns piepsen und rufen, wie einst Herren nach ihren Sklaven. Längst stecken wir alle im Rhythmus dieser Maschinerie, treiben sie an und werden von ihr noch mehr angetrieben. Allerdings auf die Kosten von Zufriedenheit, Gesundheit, Romantik, Liebe und Glück. Das ergibt den Druck in unserer modernen Gesellschaft und das daraus resultierende gesellschaftliche Leid.

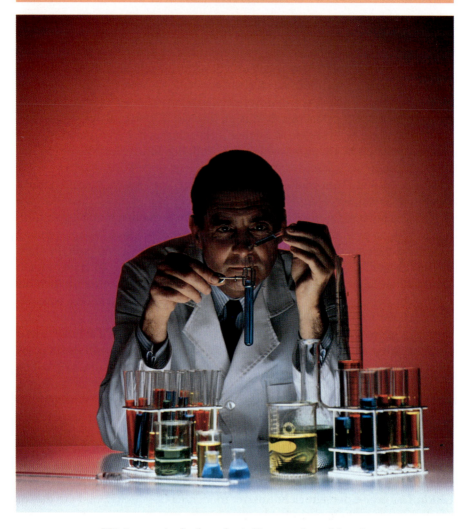

Hör'n se mir doch auf mit Ihrer ewigen Moral.
Blond, blauäugig, groß, intelligent, Junge oder Mädchen?

„Ich mix es Ihnen wie's im Buche steht. Ausgetragen wird's von einer Kuh. Sie brauchen sich dann selbst nicht zu bemühen, können Karriere machen oder weiter verdienen, damit sie nicht zum Sozialfall werden. Sie können sichs dann zum Termin abholen und wenn's Ihnen gefällt gleich mitnehmen und in Raten abstottern. Wenn nicht, lassen Sie's da, wir verwerten es für gentechnische Forschungszwecke und Sie lassen sich ein neues zusammenstellen - oder gleich zwei, falls wieder eins nichts wird."

Steht die Zukunft in den Sternen?

Ja, aber für die meisten von uns nicht sichtbar. Zukunft steht in den Sternen, genauso wie Gegenwart und Vergangenheit auch. Denn Zukunft ist ein dehnbarer Begriff, welcher nur aus einer eng umrissenen, sogenannten logischen Sichtweise heraus definierbar ist. In Wirklichkeit gibt es jedoch weder eine einheitliche Zukunft, noch eine Vergangenheit, weil diese Dimensionen, aus astrologischer und universeller Sicht heraus, relativ sind. Wir möchten Ihnen dies an einem kurzen Beispiel aufzeigen, das Ihnen auch erklären wird, daß Zukunft bereits jetzt oder auch in der Vergangenheit bestehen kann.

Die Zukunft ist demnach um uns herum genauso vorhanden, wie die Vergangenheit auch. Beide sind, wie erwähnt, ohne Anfang und ohne Ende und jedes Ende ist in einem gigantischen Gemisch aus Materie, Raum und Energie somit ein neuer Anfang, worin Zeitstrahlen in Form von Evolution in alle erdenklichen Richtungen verlaufen können. Im Kleinen läßt sich dies vielleicht so verdeutlichen:

Unsere Erde ist in verschiedene Zeitzonen unterteilt. Während für uns in Europa gerade der heutige Tag beginnt, leben die Menschen am anderen Ende der Welt noch im Gestern oder schon im Morgen. Noch deutlicher wird dies, wenn wir uns vorstellen, auf einer langen, geraden Straße zu laufen. In mehreren Stunden Vorsprung vor uns befindet sich ein anderer Wanderer. Er rastet und setzt sich dabei auf eine Bank. Für ihn besteht alles, was um ihn herum geschieht und was er tut aus Gegenwart. Die Vergangenheit ist für ihn der Abschnitt, auf dem wir uns augenblicklich befinden. Dieser ist wiederum unsere Gegenwart und die Bank, auf der der Wanderer vor uns augenblicklich sitzt, ist vielleicht ein ersehntes Ruheziel in unserer Zukunft. Stellen wir uns nun vor daß unser Vorgänger, dabei, als er sich von der morschen Bank erhebt, leider die morsche Lehne der Bank abbricht. Während er also in seiner Gegenwart erlebt, wie er aus Versehen die Lehne der morschen Bank abbricht, wird die Lehne dann, wenn wir die Bank erreicht haben, längst abgebrochen sein. Natürlich ist sie auch jetzt schon abgebrochen, wenn wir die Bank noch gar nicht erreicht haben, aber aus der Sicht unseres Vormannes und der Bank ist das, was wir als Gegenwart erst viel später sehen werden, bereits Vergangenheit. Und daher leben alle Lebewesen im kleinen wie im großen immer in verschiedenen Zeiten. Alle Zeitstrahlen sind jedoch miteinander ebenso verbunden, wie auch alle Lebewesen ein Teil unserer Natur sind. Sie vereinen sich immer miteinander dann, wenn Geschöpfe sich untereinander so nahe kommen, daß ihre Auren zu einem gemeinsamen Energiefeld aus augenblicklicher Gegenwart verschmelzen können. So verabreden sich beispielsweise zwei

Menschen zu einem bestimmten Zeitpunkt miteinander. Bis es zum Treffen kommt, verläuft die Gegenwart für beide in völlig getrennten Zeitstrahlen. Erst wenn beide Menschen sich treffen, verbinden sich auch ihre beiden mentalen Zeit-Auren zu einem gemeinsamen gegenwärtigen Energiefeld. Trennen sie sich wieder, beginnt mit dem Verlassen der gemeinsamen Aura für jeden, unabhängig vom anderen, wieder eine eigene Zeit.

Noch deutlicher wird Zukunft und Vergangenheit für uns, wenn wir nun verstehen, daß die Natur und die Menschen sich untereinander im Einzelnen zwar in verschiedenen Gegenwarts- und Vergangenheitsstufen befinden, sich insgesamt auf unserer Erde gegenüber dem Weltraum wiederum in einer gemeinsamen Zeit-Aura befinden, welche vielleicht aus der Sicht des Mondes, der Venus oder dem Mars heraus Vergangenheit ist. Diese Planeten kennen somit unsere Schicksale und teilen uns dies auch durch die Energien von Heilsteinen, Glückssteinen, Düften und Kristallen intuitiv durch unser Unterbewußtsein hindurch, beispielsweise in Form von Träumen, Gefühlen, Gedanken, Ideen, Visionen, Intuitionen, Ahnungen oder Deja-Vu-Erlebnissen, unterbewußt und sogar bewußt mit. In die Zukunft schauen zu können ist demnach genauso möglich, wie sich an Vergangenes zu erinnern. Allerdings ist uns modernen Menschen der Blick in die Zukunft ebenso wie in die Vergangenheit nur bis zu einem bestimmten, begrenzten Punkt möglich. Um diesen erreichen zu können, bedarf es einem hohen spirituellen Maß an Weisheit, Entspannung, Liebe, Gesundheit, Zufriedenheit und vor allem einer Loslösung von logischen und sogenannten wissenschaftlichen Denkmustern. Denn weder Zukunft noch Vergangenheit sind logische, statistische oder wissenschaftliche Dimensionen, sondern eine Verschmelzung aller schöpferischen, universellen, seelischen und kosmischen Energieströme zu einem harmonischen Weg aus Reife, Liebe und Evolution, den alle Lebewesen für sich im Augenblick der Gegenwart zu einem bestimmten Maß selbst mitbestimmen können.

Wir modernen Menschen kommen jedoch nicht einmal mit unserer Gegenwart zurecht, und jetzt wollen wir auch noch in die Zukunft blicken. Hier halten die Sterne in unserer Seele wohlweislich einen Riegel verschlossen, welcher sich erst über die Intuition hinaus dann öffnet, wenn wir die spirituellen und mystischen Energien wieder über die unseres logischen Verstandes stellen um somit nicht mehr länger nur materielle Wachstumszyklen erkennen und lösen zu können, sondern auch wieder dazu fähig werden, spirituelle Bedürfnisse akzeptieren und verarbeiten zu können. Erst dann finden wir zu einem höheren Maß an innerer Weitsichtigkeit, Toleranz, Achtung, Verständnis und Vertrauen, was wiederum der Schlüssel für wahre Liebe, Zufriedenheit,

Gesundheit und auch Weitsichtigkeit ist. Dies können jedoch nur sehr wenige Menschen von sich behaupten, denn wir alle haben uns mehr oder weniger über ein natürliches Maß hinaus mit materiellen Sorgen belastet. Spirituell erleuchtete Menschen, wie beispielsweise Medizinmänner, Medizinfrauen, Heiler, Heilerinnen, Schamanen oder gewissenhafte und ehrliche Wahrsager gehen jedoch in der Zukunft ebenso ein und aus, wie in der Vergangenheit auch. Da diese Menschen sehr rar und sehr ausgeglichen sind, kennen sie auch nicht das Mißtrauen dahingehend, daß es uns modernen, wissenschaftlich orientierten Industriemenschen gar nicht gut tut, ihre Zukunft gesagt zu bekommen. Allerdings wissen die Urvölker, daß ihr Tod auch unser Untergang ist und appellieren daher an uns moderne Menschen, damit wir uns noch rechtzeitig besinnen können. Sie überlassen uns daher zunehmend das, was sie selbst über Jahrtausende hindurch vor materieller Habgier bewahrte, nämlich ihr weisheitliches Wissen über die Kräfte der Mysterien und sogar ihre Heilsteine, Turalingam's, Moqui-Marbles, ätherischen Öle, Essenzen und Kristalle. Diese Menschen sind, wie bereits erwähnt, sehr rar und haben nichts mit den Wahrsagern und Kartenlegern auf der Straße oder dem Rummel zu tun. Denn weise Menschen wissen um sich selbst, kennen die Zukunft und auch die damit verbundene Verantwortung. Sie werden Fragenden diese nur sehr dosiert zukommen lassen, weil sie wissen, daß die meisten modernen Menschen ohnehin noch nicht mit dem Morgen umgehen können.

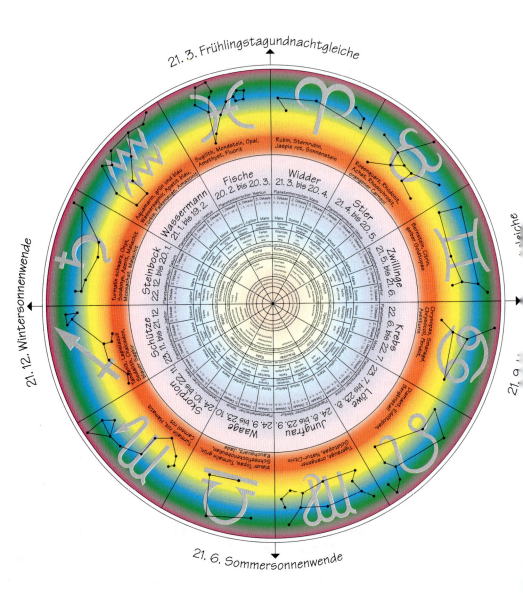

Dieser Tierkreis ist als großformatiges Poster im Methusalem Verlag erhältlich. Informationen hierzu finden Sie unter Bezugsquellen am Ende dieses Buches.

Kapitel 2

Grundlagen der Astrologie

Die neuen Erkenntnisse der Astrologie

Die hier aufgeführte Astrologie beruht auf einer wahren Astrologie, wie sie noch bis vor ca. 2000 Jahren üblich war und gelehrt wurde. Sie bezieht sich auf die Verzerrungen in uns Menschen selbst. Streß, falsche Wertvorstellungen, rein wissenschaftliche Schulbildung, Umweltzerstörung, verkehrte Ernährung, eine antizyklische Lebensweise gegenüber natürlichen Rhythmen, eine materielle Denkweise und die Zerstörung der Natur spiegeln sich zunehmend in jedem einzelnen von uns durch sogenannte Blockaden wider. Heilsteine, Therapiesteine und Glückssteine dienen daher nicht dazu, eventuelle kosmische Verwerfungen auszugleichen, sondern dazu, in uns selbst aufkeimende oder bereits vorhandene Blockaden zu lösen. Diese Blockaden etablieren sich auf den Energiebahnen zwischen Seele, Psyche und Körper und bewirken, wie Krebszellen, die Vielzahl aller uns bekannten und bisher auch noch unbekannten körperlichen, seelischen bzw. psychosomatischen Leiden. Umso weiter wir uns von der Natur und somit von den seelischen Zügen in uns selbst dahingehend entfremden, indem wir Erfolg nur noch im Erreichen von finanziellen und materiellen Werten sehen, und nicht mehr in Gesundheit, Liebe, Romantik oder Zufriedenheit, umso mehr Blockaden verbreiten sich in unserem Organismus. Diese verbreiten sich wie Krebsmetastasen und verursachen Geschwüre, Allergien, Migräne, Asthma, Neurodermitis, Ängste, Sorgen und viele, viele weitere Leiden, die insgesamt längst nicht mehr altersbedingt sind, sondern teilweise in mehrfacher Konzentration schon zum Alltagsbild der Kinder in unserer modernen Industriegesellschaft gehören.

Heilsteine lindern mit Hilfe von Mond und Sternen nicht jene Naturphänomene die wir modernen Menschen, weil sie uns ungelegen, unpässlich, unbekannt, unberechenbar oder einfach ausgedrückt, deshalb, weil sie uns nicht in den Kram passen, als böse Blockaden und Naturkatastrophen beschimpfen um einen Schuldigen zu haben, den wir glauben, dafür auch kurz und klein schlagen zu dürfen, nämlich die ureigenste Natur selbst, die uns alle nährt und ihre Gesetze, sondern sie lindern jene Blockaden, welche wir uns, aus wirrer menschlicher Sicht und moderner Arroganz, durch unsere bösen Streiche, beispielsweise durch unsere zerstörerische Gesinnung, in uns selbst pflanzen und hervorrufen. Nicht die Sterne führen demnach zu Blockaden und Verzerrungen, sondern die entartete, zerstörerische Gesinnung der modernen Menschen selbst handelt nicht mehr in Übereinstimmung mit den schöpferischen, seelischen und kosmischen Energieströmen. Im Gegensatz zur wahren, urzeitlichen Astrologie, welche mit der Umstellung des Weltbildes nahezu zeitgleich mit der Vermännlichung Gottes vor ca. 2000 Jahren verworfen wurde, geht unsere moderne Astrologie nicht von menschlich verschuldeten Verwerfungen aus, die uns gegenüber den positiven Energien der Sterne entfremden, sondern davon, daß uns die Sterne negativ beeinflussen und letztendlich sogar Schuld an unserem persönlichen Schicksal sein sollen. Die Sterne sind ebenso, wie alle anderen universellen und kosmischen Kräfte, die für uns Menschen bestimmt sind, positiv und gut. Sie würden uns niemals zu den egoistischen oder arroganten Wesen machen wollen, wie wir oft glauben, oder von Kirche und Wissenschaft gesagt bekommen. Denn die Blockaden in uns selbst bewirken die Abweichungen unserer Charakterbilder von den harmonischen Idealbildern der Natur und der Sterne. Dies lindert sich oft ein wenig, wenn wir in bestimmten Mondphasen verweilen oder uns unserem Tierkreiszeichen oder Geburtstag nähern. Hier beginnen die Kräfte unserer Sterne verstärkt in uns einzudringen und uns ein wenig von unseren Leiden zu befreien. Leider können wir diese positiven Energien ohne natürliche Hilfsmittel, wie z.B. ausgesuchte Heilsteine, in uns nicht mehr halten und fallen daher meist schon nach dem Verlassen unseres Tierkreiszeichens wieder in alte Blockaden und Verhaltensmuster zurück.

Therapiesteine bzw. Heilsteine sollten daher nicht unbedingt nur zum Geburtstag oder dann, wenn das eigene Tierkreiszeichen auf dem Kalender steht, getragen werden, denn hier benötigt jeder Mensch eigentlich am wenigsten zusätzliche Fürsorge durch natürliche Heilmittel, weil er hier den universellen und schöpferischen Kräften seiner persönlichen Sterne am nächsten steht. Er sollte sie viel mehr über das restliche Jahr bei sich tragen oder regelmäßig deren Energie durch Essenzen und Elixiere einnehmen, weil Blockaden und Stauungen sich in uns verstärken, umso mehr wir uns von unserem Tierkreiszeichen entfernen.

Die in diesem Buch aufgeführten Heilsteine sind seelische Therapiesteine, die in den verzerrten Charakter aller Menschen besonders gut eindringen und deshalb wiederholt aufkeimende typische Blockaden und funktionelle Leiden ausgleichen und heilen. Diese funktionellen Leiden sind wiederum für eine Vielzahl von Krankheiten verantwortlich, die sich in zahlreichen Symptomen, beispielsweise durch Verdauungsstörungen, Drüsenstörungen, Allergien und Schmerzen bemerkbar machen, und dann wenn sie einmal zum Krankheitssymptom geworden sind, kaum noch auf ihre Ursachen im psychischen Bereich zurückverfolgen lassen. (Lesen Sie hierüber mehr in der Übersicht über funktionelle Störungen in Kapitel 15 dieses Buches nach). Jeder Mensch kennt jedoch insgeheim seine Blockaden, auch dann, wenn er sie sich nicht gerne selbst eingesteht, und daher sollten Glückssteine bzw. Therapiesteine in Verbindung mit Heilsteinen immer verwendet und bei sich getragen werden, um schwerwiegende Krankheiten gar nicht erst entstehen zu lassen.

Daß die einzelnen Therapiesteine in diesem Buch zusätzlich auch besonderen Tierkreiszeichen zugeordnet wurden, heißt jedoch nicht, daß nicht auch andere Menschen unter bestimmten Steinen aufgeführten Störungen leiden können, sondern nur, daß die beschriebenen Blockaden in diesem Sternzeichen besonders häufig auftreten. Therapiesteine sollten deshalb bei vermehrtem Auftreten funktioneller Störungen und bei Blockaden von jedem verwendet werden und nicht nur von Menschen des ihnen zugeordneten Tierkreiszeichens.

Grundlagen der Astrologie

Die urzeitliche Astrologie basiert auf der Erkenntnis, daß alle Dinge im Universum und somit auch auf unserer Erde miteinander verbunden sind und sich gemeinsam mit Hilfe der kosmischen Energieströme zu Zufriedenheit, Liebe, Wachstum, Harmonie und Glück vereinen. Nicht die Frage, ob die Astrologie ein Aberglaube ist oder eine Wissenschaft, und auch nicht unser täglicher Blick zum Mond und zu den Sternen läßt uns zunehmend erahnen und fühlen, daß in uns ständig mehr geschieht, als unsere Wissenschaft uns weismachen möchte. Zunehmend achten wir alle mehr oder weniger verstärkt wieder darauf, wie wohltuend Steine und Sterne uns beeinflussen. Denn die Sterne sind maßgeblich genauso an unserer Entwicklung und Persönlichkeit beteiligt, wie die Natur, die Sonne, der Mond und die schöpferischen Kräfte auch. Die Sterne sind Teil der mystischen Energiequellen, welche in uns für das Empfinden der kosmischen und schöpferischen Energieströme verantwortlich sind. Die Planeten sind zwar nicht die schöpferische Energie selbst, weil sie ebenso von ihr erschaffen wurden, wie unsere Erde und wir Menschen auch. Sie sind eher wie die Hormone in unserem Körper für bestimmte Umwandlungsprozesse, von kosmischer Energie in Liebe, Persönlichkeit, Männlichkeit, Weiblichkeit und zwischenmenschliche Gefühle verantwortlich.

Die Funktionen der Astrologie selbst entziehen sich daher der eng umrissenen menschlichen Wissenschaft, weil sie nie logisch beweisbar sein werden, und deshalb für den Verstand von uns Menschen immer mystisch und somit unzugänglich bleiben. Letztendlich wiederholt sich im Inneren von uns Menschen, auch ohne, daß wir es verstehen oder begreifen, von ganz alleine, ebenso wie in allen Lebewesen unserer Erde, das große Ganze im Kleinen. Unser Organismus, unsere Psyche und unsere Seele ist demnach nicht nur mit den kosmischen Energieströmen verbunden, sondern erhält durch sie in harmonischen Rhythmen und Zyklen alle lebensnotwendigen Impulse, welche die irdische Natur als gemeinsames Ökosystem voranbringen. Aus dieser Erkenntnis heraus wird auch verständlich, weshalb sich bestimmte Charaktereigenschaften, Ereignisse und Persönlichkeiten im Leben aller Lebewesen wiederholen.

Die urzeitliche Astrologie ist demnach nichts anderes, als eine auf Jahrtausenden basierende Erkenntnis über sich wiederholende Eigenschaften zu bestimmten Mondphasen, Sonnentagen oder Tierkreiszeichen. Sie läßt sich mit Gott oder mit der Schöpfung selbst beschreibend vergleichen, allerdings nicht in der Form, wie wir modernen Menschen sie gerne sehen wollen, um uns einerseits selbst einen Freibrief über die Zerstörung der Erde zu erteilen und um uns andererseits aus der Eigenverantwortlichkeit entziehen zu können. Denn »Gott« und die Sterne, sowie das Gute oder das Böse existiert und funktioniert nicht in irgendwelchen fremden, weit entfernten Himmeln, wovon es uns steuert, sondern himmlisch und heilig sind alle Herzen und natürlichen Plätze, Körper und Räume auf Erden, woraus Lebendigkeit und Liebe erwächst. Das Göttliche und Schöpferische bezieht seine Energie zwar aus den universellen Energieströmen, beispielsweise des Mondes oder der Sterne, existiert jedoch in den Chakras und den Herzen jedes einzelnen Menschen oder Lebewesens selbst. Im Gegensatz zu anderen Lebewesen sind wir modernen Menschen leider hergegangen und haben das Gute, Liebevolle oder Göttliche zugunsten von materiellem Fortschritt, Macht und Reichtum aus unserer inneren Mitte heraus in irgendwelche Moderichtungen oder weit entfernten »Himmeln« verbannt. Das Ergebnis daraus kennen wir alle. Es offeriert sich in der ganzen Palette menschlicher Grausamkeit und Selbstzerstörung. Nicht nur die Natur, auch andere Menschen, insbesondere die Urvölker und Frauen mußten am eigenen Leib erfahren, was aus westlicher Sichtweise definierte Humanität und Christlichkeit wirklich bedeutet, nämlich Vergewaltigung, Vergasung, Folter, Verbrennung, Verstümmelung, Lustmorde, Tierquälerei, Umweltzerstörung, vergiftete Lebensmittel und nicht zum Schluß in Reagenzgläsern gezüchtete menschliche Wesen oder gezündete Atombomben über den letzten Paradiesen unserer Erde.

Wie bereits erwähnt beeinflussen uns jedoch nicht die Sterne negativ, sondern die moderne Gesinnung der industriellen, politischen, fortschrittlichen, gentechnischen, atomaren und wissenschaftlichen Vorgehensweise unserer Zeit. Schnellebigkeit, materielle Erziehung und materielle Werte, Umweltverschmutzung, genmanipulierte Lebensmittel und Retortenmenschen oder Atomversuche sind nur einige genannte negative Einflüsse, welche in uns nicht nur Habgier, Geschwüre, Ängste, Depressionen, Krankheiten und zwischenmenschlichen Haß verursachen, sondern auch die ins uferlose ausartende Palette seelischer Blockaden und damit verbundene psychosomatische und körperliche Krankheiten und persönliche bzw. gesellschaftliche Leiden.

Die astrologischen Aspekte und der europäische Tierkreis

Der europäische Tierkreis findet seinen Ursprung bereits in Urzeiten und wurde über viele tausend Jahre aus dem antiken Griechenland durch arabische und lateinische Übersetzungen im gesamten europäischen Raum, und auch in der sogenannten westlichen Welt, verbreitet. Auch andere Völker orientieren sich an einem in 12 Zeichen oder »Häusern« unterteilten Kreis, worin bestimmte Planeten unter dem Sonnenstand zu Sternzeichen bzw. zu sogenannten Tierkreiszeichen zusammengefaßt sind. Diese Abschnitte wurden in europäischen Überlieferungen als sogenannte Häuser bezeichnet und erhielten die Namen jener Sternbilder, die hauptsächlich im Hintergrund der Sonne stehen. Der Sonnenstand, den wir als Sternzeichen oder Tierkreiszeichen bezeichnen, bestimmt daher in Verbindung mit dem Aszendenten und weiteren Aspekten worunter insbesondere Himmelsgewölbe, Himmelsäquator, Dekaden, Mond, Sterne, und Ekliptik fallen, Art und Charakter der Menschen. Der Tierkreis ist demnach, im Gegensatz zum Aszendenten, das Sternzeichen, in dessen Mittelpunkt sich die Sonne zum Zeitpunkt der Geburt befindet. Nach altüberlieferter Auffassung und neuer Erkenntnis bewirkt das persönliche Tierkreiszeichen jedoch nicht negative Charakterverzerrungen, sondern ein positives Energiefeld, dem zwar alle Menschen gleichzeitig angeschlossen sind, mit dem jedoch die betroffenen Menschen durch den Zeitpunkt ihrer Geburt wie mit einem roten Faden besonders verwachsen sind. Der Tierkreis ist demnach keine feststehende Institution, die sich anhand bestimmter Charakterzüge in uns Menschen wiederholt, sondern ein Energiestrahl, welcher uns, wenn wir frei von Verwerfungen und Blockaden sind, mit der Gegenwart verbindet, und uns somit immer zur richtigen Entscheidung und Weisheit verhilft. Da wir modernen Menschen uns jedoch von den kosmischen Kräften entfremdet haben, fehlt uns zunehmend die Verbindung zu diesem Energiestrahl und deshalb können in uns Blockaden heranreifen, welche uns in Form von Krankheiten und Leiden negativ beeinflussen.

Der Aufbau des Tierkreises

1. Die 4 Elemente

Die 4 Elemente Feuer, Wasser, Luft und Erde sind mit den 4 Fixpunkten des Jahres verbunden. Dies sind neben der Sommer- und Wintersonnenwende und der Herbst- bzw. Frühjahrstagundnachtgleiche die wichtigsten Punkte, welche den Beginn einer folgenden Hauptjahreszeit bzw. einen neuen Sonnenstand markieren. Die Elemente sind irdisch und alles was auf unserem Planeten lebt, besteht nicht nur aus deren Substanz, sondern wird auch von ihnen ernährt und versorgt. Allerdings ergeben alle Elemente zusammengenommen noch längst kein Leben. Hierfür sind die schöpferischen Modalitäten verantwortlich, welche die universellen Energien in irdische Dimensionen einbringen, woraus körperliches und geistiges Leben erwacht.

Wintersonnenwende 21.12.
Sommersonnenwende 21.06.
Herbsttagundnachtgleiche 23.09.
Frühlingstagundnachtgleiche 21.03.

2. Die drei Modalitäten

Modalitäten sind, im Gegensatz zu den materiellen Bausteinen irdischer Natur, den Elementen, spirituelle Energien, welche auf schöpferischer, seelischer und geistiger Ebene für Liebe, Leben und natürliches Wachstum verantwortlich sind. Alle schöpferischen Prozesse beruhen, einfach ausgedrückt, auf drei Aspekten, die in der Astrologie den Modalitäten Kardinal, Fix und Veränderlich entsprechen. Daraus geht hervor, daß die Elemente nur von Bestand sein können, wenn die kosmischen Kräfte sie mit Energie versorgen **(Fix)**, schöpfen und erschaffen **(Kardinal)**, und wieder nehmen, damit Neues geboren werden kann, um die Evolution und den Lebenskreislauf aufrecht erhalten zu können **(Veränderlich)**. Die Ureinwohner Australiens unterscheiden diese Dimensionen in kosmische, universelle und schöpferische Energieströme, die dann, wenn sie in einem blockadenfreien Körper zu einer harmonischen Verbundenheit finden können, in allen Lebewesen zu Liebe, Leben und Gesundheit führen. Turalingam´s, die Amulettsteine der Ureinwohner Australiens, verkörpern diese Dreifaltigkeit, welche von europäischen Kirchen auch als Vater, Sohn und Heiliger Geist bezeichnet wird, in drei sich um den Turalingam (Amulettstein) kreuzenden Kraftlinien.

3. Die beiden Polaritäten

Die beiden Polaritäten beziehen sich auf die harmonisch aufeinander abgestimmten Paarbeziehungen, welche alle Dinge des irdischen Geschehens abgrenzen, steuern und beeinflussen. Alle Formen von Lebendigkeit bestehen aus irdischen Substanzen (Elementen) und spirituellen Energien (Modalitäten) und sind deshalb auf ein regelmäßiges Auf und Ab angewiesen, was den einzelnen Energiebestandteilen in eigens dafür vorgesehenen Rhythmen und Zyklen die Möglichkeit von Wachstum und Entspannung einräumt. Egal ob sich diese beiden primären Energieströme zu einer Maus oder einem Elefanten vereinen, die Instruktionen für alle Arten irdischen Lebens sind in einer einfachen, gleichen Sprache aus den beiden Polaritäten niedergeschrieben und vereinen sich durch kosmische Kräfte und irdische Elemente in feinsten, milliardenfachen Abstufungen zur unendlichen Vielfalt natürlichen Lebens auf unserem Planeten. Verbinden sich z.B. zwei Teilchen von unserem lebenswichtigen Sauerstoff durch ultraviolettes Sonnenlicht zu einer Gemeinsamkeit aus drei »Teilchen« so entsteht hieraus ein völlig neues Produkt, nämlich das hochgiftige Nervengas Ozon. Dies wurde jedoch nicht erschaffen um die Lebewesen der irdischen Natur zu vergiften, sondern um unsere Natur vor lebensbedrohlichen UV-Strahlen zu beschützen. Aus diesem Beispiel wird nicht nur ersichtlich wie fein die Abstufungen irdischer und kosmischer Elemente sein können um zwei, völlig verschiedene, neue Lebewesen hervorbringen zu können. Allerdings wird aus diesem Beispiel heraus auch sehr deutlich, wie schädlich es für uns Menschen ist, sich beispielsweise durch Chemie oder Gentechnik in die Launen und Kreationen der Natur oder gar der Schöpfung einmischen zu wollen, und uns wird auch bewußt wie nah z.B. Haut und Hautkrebs wirklich beieinander liegen. In allen Lebewesen ruhen, einfach ausgedrückt, letztendlich zwei entgegengesetzte Energieströme, welche wir als männlich und weiblich, bzw. Yin und Yang, bezeichnen können. Wo Vorteile sind, sind Nachteile, wo Ebbe ist, ist auf der anderen Seite Flut, Enttäuschungen sind immer genauso groß wie zuvor damit verbundene Erwartungen und das eine findet seine Entspannung im anderen. So wird verständlich, daß nichts im universellen Dasein geschieht, ohne gleichzeitig eine Gegenreaktion auszulösen. Daraus folgt auch, daß es weder Schicksal noch Zufälle gibt, sondern daß alle Dinge und Begebenheiten wiederum Folgen vorangegangener Begebenheiten sind und diese wiederum Folgen von Ursachen. Dies läßt sich bis zum Urknall zurückführen, worin alles um uns herum in einer gemeinsamen Evolution seinen Anfang gefunden hat und wiederum eine direkte Folge aus vorangegangenen Reaktionen, Ursachen und Folgen ist.

Die Polaritäten werden primär in männliche (Yin) und weibliche, (Yang) Prinzipien unterschieden. Die männlichen Energieströme tendieren dazu, sich verdichten oder zusammenziehen zu wollen und weibliche Energieströme dazu, sich öffnen oder gar auflösen zu wollen. Männer neigen aus diesem Urprinzip heraus bei Schmerzen, Ängsten, Problemen oder in der Partnerschaft z.b. eher dazu sich zurückziehen, hängen lassen, verkriechen oder gar mit der gesamten Familie abkapseln zu wollen, während Frauen eher dazu tendieren etwas unternehmen, sich mitteilen, öffnen, und aus sich herausgehen zu wollen. In milliardenfacher Abstufung dieser beiden sich gegenseitig beeinflussenden Energieströme entsteht auf bestimmten Energiebahnen und Frequenzen das Leben in all seiner Vielfalt, Schönheit und Form.

4. Die zwölf Tierkreiszeichen

Die Zahl zwölf entsteht einerseits aus der Unterteilung des Himmelsradius in zwölf Tierkreiszeichen á 30° = 360°. Zudem entsteht die Zahl zwölf jedoch aus den 4 Elementen der materiellen Grundbausteine Erde, Feuer, Wasser und Luft in Multiplikation mit den 3 schöpferischen Prinzipien (Modalitäten). Letztendlich beruht der Tierkreis auf den Gezeiten des Mondes, der Sonne und der Sterne in Verbindung mit der erkannten Notwendigkeit darüber, seine persönlichen Aktivitäten nach den Zyklen der Natur auszurichten. Der Tierkreis ist demnach mit seinen Sonnenphasen das, was wir im Kleinen als Uhr am Handgelenk tragen. Allerdings haben wir modernen Menschen unsere Uhren nicht mehr nach den natürlichen Rhythmen gestellt, sondern nach den materiellen Energieströmen des Geldes ausgerichtet. Wir modernen Menschen orientieren uns daher alle an künstlich erschaffenen Rhythmen und Zeiten, welche weit entfernt von unseren inneren Organen und seelischen Bedürfnissen verlaufen. Es ist daher wichtig, daß Sie sich wieder verstärkt an den Gezeiten der Natur selbst orientieren und sich die Mühe machen, beispielsweise nach heilenden Steinen und dem Mond Ausschau zu halten. Denn der Tierkreis respektiert in Verbindung mit Sternzeichen und Mondphasen unsere tatsächlichen inneren Rhythmen und dies ist wiederum notwendig, um der Gesundheit ein großes Stück näher kommen zu können.

Der Tierkreis

Wir haben Ihnen den Tierkreis nicht aus der Sicht der Erde oder eines Astrologen abgebildet sondern aus der Sicht eines Laien. Sie brauchen sich unser Abbild daher nicht, wie die meisten anderen Tierkreise, rückwärts, spiegelbildlich bzw. entgegengesetzt dem Uhrzeigersinn vorzustellen, sondern Sie können aus unserem Tierkreis sehr leicht alle wichtigen Eckpunkte (Aspekte) für Ihr augenblickliches Befinden ablesen. Bedenken Sie zusätzlich daß Tierkreise und Medizinräder keine feststehenden Institutionen sind, sondern ungefähre Beschreibungen darüber, welche Tierkreiszeichen und Elemente Sie zum Zeitpunkt Ihrer Geburt, bzw. zum heutigen Tag, besonders prägen und Sie im täglichen Leben in Verbindung mit Mondphasen in Ihren Launen, Gefühlen, Emotionen, Biorhythmen und Zyklen bevorzugt steuern und beeinflussen.

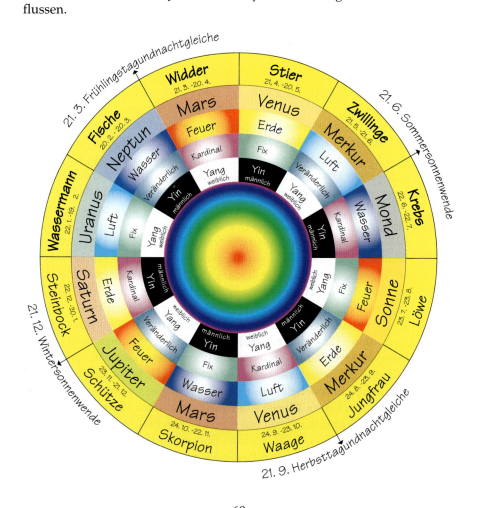

Dekaden

Dekaden sind eine noch feinere Untergliederung der einzelnen Tierkreiszeichen, um noch besser charakterliche Veränderungen im eigenen Sternbild durch Umwelteinflüsse und innere Blockaden ermitteln zu können. Das Wort Dekade stammt aus dem Griechischen, was soviel wie »zehn« bedeutet. Dekaden beschreiben demnach Zehnerabschnitte im Tierkreis. Da sich die einzelnen Tierkreiszeichen über 30° erstrecken, sind Dekaden demnach Unterteilungen der Tierkreiszeichen in 3 weitere Blöcke á ca. 10 Tage. Somit ist das Jahr nicht nur in 12 Tierkreiszeichen á ca. 30 Tage untergliedert, sondern anders ausgedrückt auch in 36 Dekaden á 10 Tage.

Da jedes Tierkreiszeichen demnach in 3 Dekaden á 10 Tage untergliedert ist, haben Sie zusätzlich die Möglichkeit, den Planetenherrscher bzw. den Aszendenten und das Tierkreiszeichen Ihres vorangegangenen Sternbildes mit in Ihre Persönlichkeitsberechnungen mit einbeziehen zu können. Dies sollten Sie besonders dann tun, wenn Sie in der 1. und 3. Dekade Ihres Tierkreiszeichens geboren wurden. Denn dann sind die Einflüsse der Planeten, Sterne und Aszendenten Ihres vorangegangenen oder nachfolgenden Tierkreiszeichens am stärksten.

Wurden Sie in der 2. Dekade geboren, stehen für Sie Ihre Sterne, Ihr Planetenherrscher und somit Ihr persönliches Tierkreiszeichen im Hoch bzw. in der Hoch-Zeit ihres Tierkreiszeichens. Die Hoch-Zeit selbst besagt, daß Sie von vorangehenden bzw. nachfolgenden Tierkreiszeichen weniger beeinflußt werden.

Um sich selbst von Charakterblockaden befreien zu können, ist deshalb auch unbedingt ratsam, bei den Therapiesteinen vorangegangener bzw. nachfolgender Tierkreiszeichen und in den Oppositionen um Hilfe zu suchen. Oppositionen sind Tierkreiszeichen, die aus dem auf Seite 60 abgebildeten Tierkreis als gegenüberliegende Tierkreiszeichen vom eigenen Sternzeichen ersichtlich sind. Studieren Sie demnach auch typische Charakterblockaden angrenzender Sternzeichen und Aszendenten. Verwenden Sie unbedingt auch andere Glückssteine als nur die aus Ihrem persönlichen Tierkreiszeichen, weil Charakter und Persönlichkeit zwar von Ihren Sternen besonders abhängig sind, insgesamt alle Menschen, Lebewesen, Steine und Sterne ein Gemeinschaftswerk aller kosmischen, universellen und schöpferischen Energieströme sind.

Horoskope

Horoskope dienen der Auskunft über den momentanen Zustand oder das augenblickliche Befinden einer Person. Sie deuten auf Blockaden hin und zeigen die Einwirkungen der Sterne auf unseren körperlichen und seelischen Rhythmus auf. Während Zeitungshoroskope dadurch, daß sie einem Mittelweg zugrunde liegen, »nur« eine Trefflichkeit von ca. 25% haben, sind genaue Horoskope, welche Geburtszeit, Aszendenten und Geburtsort in ihre Berechnungen mit einbeziehen, sehr zutreffend und genau. Diese Horoskope unterliegen dann oft nur noch einer geringen Abweichung von rund 10%. Diese wären jedoch auch vorhersagbar, wenn wir unsere seelischen Impulse in größerem Umfang durch Intuition, Träume und Ahnungen mit Hilfe von Heilsteinen, Düften und Kristallen mehr in unsere Berechnungen mit einbeziehen würden.

Denn unsere Seele ist spirituell und universell und steht durch die kosmischen Energieströme der Schöpfung mit der Zukunft ebenso in Verbindung wie mit der Vergangenheit. Allerdings überträgt sie ihre Informationen nur in sehr dosierten Einheiten beispielsweise durch Intuition, Deja-Vu-Erlebnisse, Ahnungen oder Träume aus dem Unterbewußtsein ins Bewußtsein. Therapiesteine, Heilsteine, Kristalle und Düfte verstärken diesbezüglich die seelischen Verbindungen zwischen der Zukunft und unserem Bewußtsein. Wir haben es somit selbst in der Hand, uns mit Hilfe von Glückssteinen und Kristallen in Verbindung mit dem altüberlieferten Wissen zu Mondzyklen und Biorhythmen wieder innerlich wie äußerlich bzw. körperlich und geistig konstruktiver, liebevoller, zufriedener, gesünder und glücklicher gegenüber augenblicklichen und kommenden Lebensaufgaben einstellen zu können.

Viele moderne Wissenschaftler tun sich jedoch mit einer ungefähren Trefflichkeit durch Horoskope, in Verbindung mit Heilsteinen, Mond und Sternen schwer, und weisen sie daher als unzureichend ab. Jedoch geben uns Horoskope, Mondzyklen und Biorhythmen wenigstens ein sicheres Geleit durch unser Tagesgeschehen in die Waagschale, während Wissenschaftler, um nur einen einzigen Charakterzug in uns definieren zu können, oft Jahrzehnte lang in unseren seelischen und geistigen Strukturen dahingehend herumstochern, indem sie nach irgendwelchen Erziehungsfehlern oder unverdauten Schicksalsschlägen suchen. Haben wir dann die Psychoanalyse überstanden, um zu wissen, daß irgendwelche Dinge uns zu verklemmten Bürgern gemacht haben, weil die wissenschaftliche Psychologie dies so definiert, ist es aus unserer Sicht doch viel vernünftiger, sich von vorne herein an denen zu orientieren, die es wirklich wissen und können, nämlich an Steinen, Mond und Sternen selbst.

Mit Hilfe von Glückssteinen, Therapiesteinen, Heilsteinen und Kristallen wird Ihnen in Verbindung mit Mondzyklen, Biorhythmen, Sternen und Aszendenten ein hoher Grad an Genauigkeit darüber zuteil, mit welchen kosmischen und universellen Energieströmen sie in naher Zukunft in Verbindung treten werden. Beachten Sie hierbei den Mondkalender in Verbindung mit Ihren persönlichen Notizen und verwenden Sie die aufgeführten Heilsteine und Kristalle. Sie erhalten dann quasi, wie für Ihren Urlaub auch, ein Wörterbuch oder eine Landkarte als spirituellen und mythologischen Reiseführer durch den Alltag Ihres Lebens. Dieses Buch und »Das große Lexikon der Heilsteine, Düfte und Kräuter« von Methusalem, sollen Ihnen als mythologischer und spiritueller Begleiter für Ihr Leben als Reise durch Raum, Evolution und Zeit dienen, um immer in ausreichendem Kontakt mit Harmonie, Liebe und Gesundheit verbunden sein zu können.

Aszendenten

Aszendenten sind andere Sternzeichen und Tierkreiszeichen, welche uns beeinflussen. Sie wirken vom Tage der Geburt an auf uns und dehnen unseren Charakter in eine abgeneigte oder gewandelte Richtung aus. Zeit, Ort, Planeten, Wetter, Eltern, Erbanlagen und viele weitere Tausend Dinge bewirken den ersten Eindruck im Leben, worauf wir uns entwickeln und unser gesamtes Handeln, Fühlen und Denken aufbauen. Die Planeten, Tierkreiszeichen und Aszendenten sind hieran jedoch besonders beteiligt und formen unsere Persönlichkeit schon ab dem 6. Lebensmonat im Mutterleib maßgeblich, wobei die Sterne zum Zeitpunkt unserer Geburt einen krönenden Abschluß bewirken, der unsere persönlichen Grundmuster manifestiert und uns den Sinn unseres Daseins in Form einer übergeordneten Aufgabe und Persönlichkeit in die Wiege legt. Aszendenten sind also für unsere Persönlichkeit genauso mitverantwortlich, wie unser Tierkreiszeichen selbst. Wir sind ein Gemeinschaftswerk aller Sterne, welche uns von der Zeugung ab steuern und uns mit der Geburt unwiderruflich prägen. Dabei spielt es keine Rolle, wieviel oder wie wenig ein Aszendent uns von unserem reinen Charakterzug unseres Sternzeichens abändert, sondern vielmehr, daß wir ihn in unsere Beobachtungen mit einbeziehen. Denn der Aszendent ist genauso maßgeblich an unserer Persönlichkeit beteiligt, wie die weibliche und die männliche Eizelle auch. Es ist Unsinn zu sagen, daß das Kind von der Mutter geprägt wird, weil es im Mutterleib heranwächst. Es würde ohne die männliche Eizelle nicht heranwachsen und das männliche Ei ist daher genauso an der Entwicklung des Kindes beteiligt, wie der Aszendent am Charakter des Menschen.

Daher ist es genau so töricht ständig nach dem Maß forschen zu wollen, das der Aszendent an unserem Erscheinungsbild hat, wie danach zu sinnen welchen Anteil ein Elternteil an der Persönlichkeitsentfaltung eines Kindes hat. Denn wir sehen es ja an uns. Wichtig ist jedoch, daß wir auch die Glückssteine unseres Aszendenten berücksichtigen, um unsere Blockaden erkennen und heilen zu können.

Da unsere Erde sich dreht, erleben wir die Sternzeichen in Dekaden. Alle Tierkreiszeichen sind, wie bereits beschrieben, daher in 3 Dekaden á ca. 10 Tage unterteilt. Dekaden geben Aufschluß darüber, wie stark das eigentliche Tierkreiszeichen auf uns wirkt und uns für unser Leben formt. Die 2. Dekade ist das Hoch eines jeden Sternzeichens. Menschen, welche in der 2. Dekade eines Sternzeichens geboren wurden, sind meist mit den typischen Charaktermerkmalen ihres Tierkreiszeichens fest verbunden. Dies bestätigt sich auch darin, daß jene Menschen weltweit sehr ähnliche Charakterzüge aufweisen und viel weniger von typischen Grundmustern der Sterne abweichen, als in der 1. oder 3. Dekade Geborene. Denn die erste Dekade sowie die 3. Dekade lassen schon Veränderungen und Überlagerungen des vorigen oder nachfolgenden Sternzeichens fühlen. In der 1. und 3. Dekade greifen auch die Aszendenten am stärksten in das Charakterbild des eigentlichen Tierkreiszeichens ein. Im Gegensatz dazu sind Menschen, die in der Hoch-Zeit, der 2. Dekade, eines Tierkreiszeichens geboren wurden, Blockaden gegenüber noch am widerstandsfähigsten und lassen sich charakterlich weniger von negativen Blockaden und äußeren Einflüssen beeinflussen oder verwerfen.

Natürlich sind auch weitere Komponenten zur Erstellung eines Horoskopes möglich. Die wichtigste Voraussetzung für die genaue Bestimmung Ihres Horoskopes ist jedoch Ihr Sonnenstand bzw. Tierkreiszeichen und Ihr Aszendent. Der Aszendent ist das Tierkreiszeichen, welches zum Zeitpunkt Ihrer Geburt am östlichen Horizont aufgeht und somit das Tierkreiszeichen, das unter dem Einfluß der Sonne zum Zeitpunkt Ihrer Geburt direkt über Ihnen steht, maßgeblich beeinflußt. Durch die Erdumdrehung wiederholen sich die Einflüsse aller zwölf Tierkreiszeichen innerhalb eines Tages um die Erde, so daß alle zwei Stunden ein neuer Aszendent am östlichen Horizont aufgeht. Im Gegensatz dazu wiederholt sich der Sonnenstand, sprich das persönliche Tierkreiszeichen nur einmal im Jahr. Der Sonnenstand ist nicht, wie der Aszendent, von der Umdrehung der Erde um die eigene Achse abhängig, sondern von der Umdrehung der Erde um die Sonne. Wer sich in seiner Geburtszeit nur um einige wenige Minuten irrt, könnte demnach schon einen anderen Aszendenten errechnen.

Das Horoskop

Die Sterne prägen maßgeblich Charakter und Persönlichkeit. In der 1. und 3. Dekade greifen vorangegangene und folgende Tierkreiszeichen in unseren Charakter ein und verursachen daher eine von der Hoch-Zeit des Sternzeichens abgewandelte neue, jedoch niemals schlechtere Persönlichkeit. Das Tierkreiszeichen, in dem wir geboren werden, ist die Planetenkonstellation, welche quasi über der Sonne steht und ihre gesamte Energie gemeinsam mit der Sonnenkraft zum Zeitpunkt der Geburt in uns hineinscheint. Unser Tierkreiszeichen ist demnach auch das Sternbild, dem wir durch die Umlaufbahn der Erde um die Sonne zum Zeitpunkt unserer Geburt am nächsten sind. Diese Sterne prägen uns maßgeblich. Allerdings sind neben allen anderen Planetenkonstellationen und kosmischen Energien besonders die Aszendenten für unseren Charakter mitverantwortlich. Denn der Aszendent verändert den ursprünglichen Charakter des Tierkreiszeichens während unserer Geburtsminute. Daher ist es wichtig, nicht nur sein Tierkreiszeichen, seinen persönlichen Planetenherrscher und die Dekade zu kennen, in der man geboren wurde, sondern auch seinen persönlichen Aszendenten und dessen Heilsteine.

Der Aszendent gehört daher neben dem persönlichen Tierkreiszeichen zur wichtigsten Grundlage des persönlichen Charakterbildes. Er ist das Sternzeichen, welches durch die Erdumdrehung zur Zeit unserer Geburt am östlichen Horizont aufgeht und somit in unser Tierkreiszeichen hineinscheint und uns dahingehend verändert, indem wir nach der Geburt zu einem unverwechselbaren und einzigartigen Geschöpf werden, nämlich zu dem, was wir sind.

Da die meisten Menschen ihr Tierkreiszeichen, ihren Planetenherrscher und auch die Dekade (je 10 Tage vom Beginn des Sternzeichens ab) kennen, bedarf es zur Ermittlung des persönlichen Aszendenten einige Berechnungen, die wir Ihnen im folgenden leicht nachvollziehbar darstellen werden.

Wenn Sie sich anschließend um Ihren persönlichen Glücksstein bzw. Therapiestein bemühen, sollten Sie unbedingt auch die Glückssteine Ihres Aszendenten mitberücksichtigen. Denn oft reicht so manche charakterliche Blockade bereits schon in dessen Einflußbereich hinein, und läßt sich somit durch dessen Energie heilen. Suchen Sie demnach nicht nur in Ihrem eigenen Sternzeichen nach augenblicklichen Steinen, sondern auch in anderen, eventuell gegenüberliegenden Sternzeichen (Oppositionen) und besonders auch unter den Therapiesteinen Ihres Aszendenten.

So berechnen Sie Ihren Aszendenten

Für die Berechnung Ihres Aszendenten ist Ihr genaues Geburtsdatum, Ihre Geburtsminute und auch die genaue Ortszeit zum Augenblick Ihrer Geburt erforderlich.

1. Die Geburtsminute

Die Geburtsminute gibt genau an, wann wir aus dem Mutterleib heraus das Licht der Welt erblickten. Schon eine Ungenauigkeit von wenigen Minuten kann einen anderen Aszendenten vermitteln. Dabei ist es gar nicht schwer, an die genauen Daten seiner Geburt zu gelangen. Fragen Sie Ihre Eltern, schauen Sie in Ihrem Geburtsschein oder im Familienalbum nach. Auch Kliniken, Standesämter und Einwohnermeldeämter registrieren diese Daten seit längerem sehr genau. Fehlt Ihnen die Geburtsminute, kann leider nur ein Stundenhoroskop oder Tageshoroskop erstellt werden, welches zwar dennoch wesentlich genauer ist als jedes Zeitungshoroskop, jedoch niemals so trefflich wie ihr wirklich persönliches Horoskop, da der Augenblick der Geburt den Menschen einmalig und individuell für sein gesamtes Leben prägt.

Von dieser Konstellation hängt es auch ab, daß Menschen, welche scheinbar so gleich sind wie Zwillinge, trotzdem im Charakter grundverschieden sind. Entweder trennen sie verschiedene Geburtsminuten voneinander oder verschiedene Orte. Ein Verrücken des Gebärstuhles kann unter Umständen hierbei schon einen anderen Geburtsort bedeuten. Allein schon, daß ein Kind um wenige Minuten früher und das andere später geboren wird, läßt beide in verschiedenen Charakterbildern heranwachsen. Und wie unterschiedlich sogar Zwillinge sein können, werden ihnen alle Menschen, welche mit ihnen zu tun haben, bestätigen. Geringfügige Veränderungen von Zeit und Ort prägen einen ganz anderen Menschen.

Um Ihren Aszendenten genau ermitteln zu können, ist etwas Zusätzliches notwendig, nämlich die Angleichung Ihrer Geburtszeit in eine wirkliche Zeit, die von Sommerzeiten und Zeitumstellungen bereinigt wurde und unter Berücksichtigung des Längengrades Ihres Geburtsortes die eigentliche Geburtszeit wiedergibt. Denn wir modernen Menschen leben in einer selbsterschaffenen Zeit aus Zeitzonen und Sommerzeiten. Die Planeten scheinen jedoch immer gleichmäßig auf uns, egal ob wir dazu zwölf Uhr oder 14 Uhr sagen. Daher ist es wichtig, unsere Geburtszeit einer tatsächlichen Uhrzeit anzupassen, um so den richtigen Aszendenten ermitteln zu können. Tun wir dies nicht, so würden wir uns über beschriebene typische Charakterzüge wundern, die so gar nicht mit uns übereinstimmen. Dies wird jedoch spätestens dann verständlich, wenn wir wissen, daß durch die Erdumdrehung alle zwei Stunden ein neuer Aszendent am östlichen Horizont aufgeht. Würden wir daher unsere Geburtszeit nicht korrigieren, so würden wir beispielsweise Krebs als unserem Aszendenten vermuten, während vielleicht längst der Löwe vorherrschte.

Haben Sie Ihren Aszendenten richtig ermittelt, werden Ihnen unter den typischen Blockaden der aufgeführten Therapiesteine Ihres Aszendenten, ebenfalls wie bei den Wirkungen der Therapiesteine Ihres eigenen Tierkreiszeichens und ihrer Oppositionen so manche Charakterzüge und Blockaden an Ihnen und Ihren Angehörigen wie Schuppen von den Augen fallen.

2. Geburtsort bzw. Ortszeit

Neben dem Geburtsdatum und der möglichst genauen Bestimmung Ihrer Geburtsminute und dem Geburtsort ist es zusätzlich erforderlich, daß Sie auch die geographische Ortszeit in Breitengraden für Ihren Geburtsort ermitteln. Hierfür haben wir Ihnen in **Tabelle 1** die zugehörigen Breitengrade für Ihren Geburtsort aufgeführt.

Da verschiedene Zeitzonen, sowie Sommerzeit und Winterzeit, Ihren Geburtsort von der eigentlichen Sternenzeit entfremden, müssen Sie für Ihren Geburtsort Zeitkorrekturen vornehmen, um so genau bestimmen zu können, welcher Aszendent zur Zeit Ihrer Geburt in Sie hineinschien. Dies hört sich kompliziert an, ist jedoch anhand der folgenden Tabellen zur Ermittlung Ihres Aszendenten sehr einfach.

Sollten Sie Ihren Geburtsort nicht unter den in Tabelle 1 angeführten Städten vorfinden, dann entnehmen Sie die Korrektur zur Bestimmung Ihrer Ortszeit bitte der Ihrem Geburtsort nächstgelegenen Großstadt. In Minuten haben wir Ihnen durch Plus (+) oder Minus (-) angegeben, ob Sie die angegebene Zeit zu Ihrer Geburtszeit addieren oder abziehen müssen.

Eine weitere Korrektur Ihrer Geburtszeit ist zusätzlich erforderlich, wenn Sie an einem Tag geboren wurden, an dem Sommerzeit galt. Um dies ermitteln zu können, haben wir Ihnen in **Tabelle 2** aufgeführt, von wann bis wann in Deutschland, Österreich und der Schweiz, Sommerzeit galt und welche Zeit Sie demnach von Ihrer Geburtszeit abziehen müssen. Am Ende von **Tabelle 2** haben wir Ihnen freie Zeilen eingedruckt damit sie für sich die Sommerzeit-Termine der nächsten Jahre eintragen können.

Tabelle 1:

Zur Berechnung der Ortszeit und Ermittlung Ihres Breitengrades

Addieren (+) Sie die in dieser Tabelle angegebenen Minuten zu Ihrer Geburtszeit hinzu oder ziehen Sie diese Minuten (-) ab. Sie erhalten somit die tatsächliche Uhrzeit bzw. die genaue Ortszeit zum Zeitpunkt Ihrer Geburt.

z.B.: Sie wurden am 20.07.65 um 14.15 in Stuttgart geboren. Die Geburtszeit ist 14.15 Uhr und die Zeitkorrektur für Stuttgart beträgt - 23 Minuten. Im folgenden haben wir die Beispielrechnung in allen Tabellen schraffiert.

Ort	Breite	Min.	Ort	Breite	Min.
Aachen	51°	- 36 Min.	Emmerich	52°	- 35 Min.
Augsburg	48°	- 16 Min.	Essen	51°	- 32 Min.
Baden-Baden	49°	- 27 Min.	Flensburg	55°	- 22 Min.
Bamberg	50°	- 16 Min.	Frankfurt/M.	50°	- 25 Min.
Basel	48°	- 30 Min.	Freiburg	48°	- 29 Min.
Berlin	53°	- 6 Min.	Garmisch	47°	- 16 Min.
Bern	47°	- 29 Min.	Genf	46°	- 35 Min.
Bielefeld	52°	- 26 Min.	Göttingen	51°	- 20 Min.
Bonn	51°	- 31 Min.	Graz	47°	+ 2 Min.
Braunschweig	52°	- 18 Min.	Halle	52°	- 12 Min.
Bregenz	47°	- 21 Min.	Hamburg	54°	- 20 Min.
Bremen	53°	- 25 Min.	Hannover	52°	- 21 Min.
Breslau	51°	+ 8 Min.	Heidelberg	49°	- 25 Min.
Chemnitz	51°	- 8 Min.	Hof	50°	- 12 Min.
Danzig	54°	+ 15 Min.	Innsbruck	47°	- 14 Min.
Donaueschingen	48°	- 26 Min.	Jena	51°	- 14 Min.
Dortmund	52°	- 30 Min.	Kaiserslautern	49°	- 29 Min.
Dresden	51°	- 5 Min.	Karlsruhe	49°	- 26 Min.
Düsseldorf	51°	- 33 Min.	Kassel	51°	- 22 Min.
Duisburg	51°	- 33 Min.	Kiel	54°	- 20 Min.

Fortsetzung nächste Seite

Fortsetzung Tabelle 1:
Zur Berechnung der Ortszeit und Ermittlung Ihres Breitengrades

Ort	Breite	Min.	Ort	Breite	Min.
Klagenfurt	47°	- 3 Min.	Osnabrück	52°	- 28 Min.
Koblenz	50°	- 26 Min.	Passau	49°	- 6 Min.
Köln	51°	- 32 Min.	Regensburg	49°	- 12 Min.
Königsberg	55°	+ 22 Min.	Rostock	54°	- 12 Min.
Konstanz	48°	- 23 Min.	Saarbrücken	49°	- 32 Min.
Lausanne	46°	- 33 Min.	Salzburg	48°	- 8 Min.
Leipzig	51°	- 10 Min.	St. Gallen	47°	- 22 Min.
Lienz	47°	- 9 Min.	Straßburg	49°	- 29 Min.
Lindau	47°	- 21 Min.	Stuttgart	49°	- 23 Min.
Linz/Donau	48°	- 3 Min.	Trier	50°	- 33 Min.
Lübeck	54°	- 17 Min.	Tübingen	49°	- 24 Min.
Luxemburg	50°	- 35 Min.	Ulm	48°	- 20 Min.
Luzern	47°	- 27 Min.	Villach	47°	- 4 Min.
Magdeburg	52°	- 13 Min.	Weimar	51°	- 15 Min.
Mainz	50°	- 27 Min.	Westerland/S.	55°	- 27 Min.
Mannheim	49°	- 26 Min.	Wien	48°	+ 6 Min.
München	48°	- 14 Min.	Wiesbaden	50°	- 27 Min.
Münster	52°	- 30 Min.	Würzburg	50°	- 20 Min.
Nürnberg	49°	- 16 Min.	Wuppertal	51°	- 31 Min.
Oldenburg	53°	- 27 Min.	Oldenburg	53°	- 27 Min.

Sollte Ihr Geburtsort nicht in dieser Tabelle erscheinen, so ist die nächstgelegene Großstadt für Sie maßgeblich.

Tabelle 2:

Zur Korrektur von Sommerzeit

In dieser Tabelle erfahren Sie, ob Ihr Geburtstag in der Sommerzeit lag. Wir haben Ihnen diesbezüglich genau aufgeschrieben, von wann bis wann die Sommerzeit ging. Lag Ihr Geburtstag an einem Tag in der Sommerzeit, ziehen Sie bitte eine Stunde von Ihrer Geburtszeit ab. Doppelte Sommerzeit bedeutet, daß Sie zwei Stunden von Ihrer eigentlichen Geburtszeit abziehen müssen. **z.B.:** Sie wurden am 20.07.65 geboren. Da es zwischen 1949 und 1980 in Deutschland keine Sommerzeit gab, ist demnach auch keine Korrektur erforderlich. **(Im Frühjahr wird die Uhr eine Stunde vorgestellt und im Herbst eine Stunde zurück).**

30. April 1916, 23 Uhr	bis	1. Oktober 1916, 1 Uhr
16. April 1917, 2 Uhr	bis	17. September 1917, 3 Uhr
15. April 1918, 2 Uhr	bis	16. September 1918, 3 Uhr
1. April 1940, 2 Uhr	bis	2. November 1942, 3 Uhr
29. März 1943, 2 Uhr	bis	3. Oktober 1943, 3 Uhr
3. April 1944, 2 Uhr	bis	2 Oktober 1944, 3 Uhr
2. April 1945, 2 Uhr	bis	16. September 1945, 2 Uhr
14. April 1946, 2 Uhr	bis	7. Oktober 1946, 3 Uhr
11. Mai 1946, 3 Uhr	bis	29. Juni 1946, 3 Uhr doppelte Sommerzeit!
6. April 1947, 3 Uhr	bis	5. Oktober 1947, 3 Uhr
18. April 1948, 2 Uhr	bis	3. Oktober 1948, 3 Uhr
10. April 1949, 2 Uhr	bis	2. Oktober 1949, 3 Uhr

Zusätzlich gab es in Berlin und in den neuen Bundesländern doppelte Sommerzeit vom 24. Mai 1945, 2 Uhr bis 24. September 1945, 3 Uhr und vom 24. September 1945, 3 Uhr bis 18. November 1948, 3 Uhr, einfache Sommerzeit, 1949 begann dort die Sommerzeit am 10. April, 3 Uhr.

Österreich:
1916 bis 1918 gleiche Sommerzeit wie in Deutschland, zusätzlich :

28. April 1919, 2 Uhr	bis	29. September 1919, 3 Uhr
5. April 1920, 2 Uhr	bis	13. September 1920, 3 Uhr

Fortsetzung nächste Seite

Kapitel 2 - Grundlagen der Astrologie

Fortsetzung Tabelle 2, zur Korrektur der Sommerzeit

1940 bis 1944 gleiche Sommerzeit			
2. April 1945, 2 Uhr	bis	18. November 1945, 3 Uhr	
1946 bis 1948 gleiche Sommerzeit			
Schweiz:			
3. Juni 1916, 2 Uhr	bis	30. September 1916, 0 Uhr	
5. Mai 1941, 2 Uhr	bis	6. Oktober 1941, 0 Uhr	
4. Mai 1942, 2 Uhr	bis	5. Oktober 1942, 0 Uhr	

Seit 1980 gelten in Deutschland, Österreich und der Schweiz folgende Sommerzeiten:

28. März 1980, 2 Uhr	bis	28. September 1980, 3 Uhr
29. März 1981, 2 Uhr	bis	27. September 1981, 3 Uhr
28. März 1982, 2 Uhr	bis	26. September 1982, 3 Uhr
17. März 1983, 2 Uhr	bis	25. September 1983, 3 Uhr
25. März 1984, 2 Uhr	bis	30. September 1984, 3 Uhr
31. März 1985, 2 Uhr	bis	29. September 1985, 3 Uhr
30. März 1986, 2 Uhr	bis	28. September 1986, 3 Uhr
29. März 1987, 2 Uhr	bis	27. September 1987, 3 Uhr
27. März 1988, 2 Uhr	bis	25. September 1988, 3 Uhr
26. März 1989, 2 Uhr	bis	24. September 1989, 3 Uhr
25. März 1990, 2 Uhr	bis	30. September 1990, 3 Uhr
31. März 1991, 2 Uhr	bis	29. September 1991, 3 Uhr
29. März 1992, 2 Uhr	bis	27. September 1992, 3 Uhr
28. März 1993, 2 Uhr	bis	26. September 1993, 3 Uhr
27. März 1994, 2 Uhr	bis	25. September 1994, 3 Uhr
26. März 1995, 2 Uhr	bis	24. September 1995, 3 Uhr
31. März 1996, 2 Uhr	bis	26. Oktober 1996, 3 Uhr
30. März 1997, 2 Uhr	bis	26. Oktober 1997, 3 Uhr
29. März 1998, 2 Uhr	bis	25. Oktober 1997, 3 Uhr

Sollte Ihr Geburtstag unter eine dieser Zeiten fallen, so müssen Sie eine Stunde abziehen, bei doppelter Sommerzeit zwei Stunden.

Notieren Sie sich in den leeren Zeilen die Sommerzeiten der nächsten Jahre.

Tabelle 3:

Zur Ermittlung Ihrer eigentlichen Sternzeit

Wenn Sie in Tabelle 1 und 2 die genaue Ortszeit Ihrer Geburt ermittelt haben, müssen Sie in dieser Sternzeit-Tabelle die für Ihren Geburtstermin angegebene Sternzeit heraussuchen. Z.B. beträgt die Sternzeit am 20. Juli 19 Stunden und 50 Minuten (19.50). Diese ermittelte Zeit addieren Sie zu Ihrer zuvor errechneten Ortszeit hinzu. Zählen Sie von 1 bis 24 Uhr und beginnen Sie, wenn es über 24 Uhr hinausgeht wieder neu. In **Tabelle 4** finden Sie nun mit Hilfe des in **Tabelle 1** genannten Breitengrades für Ihren Geburtsort Ihren persönlichen Aszendenten.

Tag	Januar Uhrzeit	Februar Uhrzeit	März Uhrzeit	April Uhrzeit	Mai Uhrzeit	Juni Uhrzeit
1	6.37	8.40	10.34	12.36	14.35	16.37
2	6.41	8.44	10.38	12.40	14.38	16.41
3	6.45	8.48	10.42	12.44	14.42	16.45
4	6.49	8.52	10.46	12.48	14.46	16.49
5	6.53	8.55	10.50	12.52	14.50	16.52
6	6.57	8.59	10.54	12.56	14.54	16.56
7	7.01	9.03	10.58	13.00	14.58	17.00
8	7.05	9.07	11.02	13.04	15.02	17.04
9	7.09	9.11	11.06	13.08	15.06	17.08
10	7.13	9.15	11.10	13.12	15.10	17.12
11	7.17	9.19	11.13	13.16	15.14	17.16
12	7.21	9.23	11.17	13.20	15.18	17.20
13	7.25	9.27	11.21	13.24	15.22	17.24
14	7.29	9.31	11.25	13.27	15.26	17.28
15	7.33	9.35	11.29	13.31	15.30	17.32
16	7.37	9.39	11.33	13.35	15.34	17.36
17	7.41	9.43	11.27	13.39	15.38	17.40
18	7.45	9.47	11.41	13.43	15.42	17.44
19	7.48	9.51	11.45	13.47	15.45	17.48
20	7.52	9.55	11.49	13.51	15.49	17.52
Fortsetzung nächste Seite						

Fortsetzung Tabelle 3
zur Ermittlung Ihrer eigentlichen Sternzeit

Tag	Januar Uhrzeit	Februar Uhrzeit	März Uhrzeit	April Uhrzeit	Mai Uhrzeit	Juni Uhrzeit
21	7.56	9.59	11.53	13.55	15.53	17.56
22	8.00	10.02	11.57	13.59	15.57	18.00
23	8.04	10.06	12.01	14.03	16.01	18.03
24	8.08	10.10	12.05	14.07	16.05	18.07
25	8.12	10.14	12.09	14.11	16.09	18.11
26	8.16	10.18	12.13	14.15	16.13	18.15
27	8.20	10.22	12.17	14.19	16.17	18.19
28	8.24	10.26	12.20	14.23	16.21	18.23
29	8.28	10.30	12.24	14.27	16.25	18.27
30	8.32		12.28	14.31	16.29	18.31
31	8.36		12.32		16.33	

Tag	Juli Uhrzeit	August Uhrzeit	Sept Uhrzeit	Oktober Uhrzeit	Nov. Uhrzeit	Dez. Uhrzeit
1	18.35	20.37	22.39	0.38	2.40	4.38
2	18.39	20.41	22.43	0.42	2.44	4.42
3	18.43	20.45	22.47	0.46	2.48	4.46
4	18.47	20.49	22.51	0.50	2.52	4.50
5	18.51	20.53	22.55	0.54	2.56	4.54
6	18.55	20.57	22.59	0.57	3.00	4.58
7	18.59	21.01	23.03	1.01	3.04	5.02
8	19.03	21.05	23.07	1.05	3.08	5.06
9	19.07	21.09	23.11	1.09	3.11	5.10
10	19.10	21.13	23.15	1.13	3.15	5.14
11	19.14	21.17	23.19	1.17	3.19	5.18
12	19.18	21.21	23.23	1.21	3.23	5.22
13	19.22	21.25	23.27	1.25	3.27	5.26
14	19.26	21.29	23.31	1.29	3.31	5.29

Fortsetzung nächste Seite

Tag	Juli Uhrzeit	August Uhrzeit	Sept. Uhrzeit	Oktober Uhrzeit	Nov. Uhrzeit	Dez. Uhrzeit
	Fortsetzung Tabelle 3 zur Ermittlung Ihrer eigentlichen Sternzeit					
15	19.30	21.32	23.35	1.33	3.35	5.33
16	19.34	21.36	23.39	1.37	3.39	5.37
17	19.38	21.40	23.43	1.41	3.43	5.41
18	19.42	21.44	23.46	1.45	3.47	5.45
19	19.46	21.48	23.50	1.49	3.51	5.49
20	19.50	21.52	23.54	1.53	3.55	5.53
21	19.54	21.56	23.58	1.57	3.59	5.57
22	19.58	22.00	0.02	2.01	4.03	6.01
23	20.02	22.04	0.06	2.04	4.07	6.05
24	20.06	22.08	0.10	2.08	4.11	6.09
25	20.10	22.12	0.14	2.12	4.15	6.13
26	20.14	22.16	0.18	2.16	4.19	6.17
27	20.18	22.20	0.22	2.20	4.22	6.21
28	20.21	22.24	0.26	2.24	4.26	6.25
29	20.25	22.28	0.30	2.28	4.30	6.29
30	20.29	22.32	0.34	2.32	4.34	6.33
31	20.33	22.36		2.36		6.36

Tabelle 4:

Zur Ermittlung Ihres persönlichen Aszendenten

In dieser Tabelle finden Sie nun mit Hilfe des in Tabelle 1 genannten Breitengrades Ihres Geburtsortes unter der ermittelten Sternzeit Ihren persönlichen Aszendenten.

Aszendent	47° Uhrzeit	48° Uhrzeit	49° Uhrzeit
Widder	18.01-19.01	18.01-18.59	18.01-18.57
Stier	19.02-20.19	19.00-20.15	18.58-20.11
Zwillinge	20.20-20.10	20.16-22.05	20.12-22.00
Krebs	22.11- 0.35	22.06- 0.33	22.01- 0.33
Löwe	0.36- 3.18	0.34- 3.16	0.31- 3.14
Jungfrau	3.19- 6.00	3.17- 6.00	3.15- 6.00
Waage	6.01- 8.41	6.01- 8.43	6.01- 8.45
Skorpion	8.42-11.23	8.44-11.27	**8.46-11.31**
Schütze	11.24-13.50	11.28-13.55	11.32-14.00
Steinbock	13.51-15.41	13.56-15.45	14.01-15.48
Wassermann	15.42-16.58	15.46-17.00	15.49-17.02
Fische	16.59-18.00	17.01-18.00	17.03-18.00
Aszendent	**50° Uhrzeit**	**51° Uhrzeit**	**52° Uhrzeit**
Widder	18.01-18.55	18.01-18.53	18.01-18.51
Stier	18.56-20.07	18.54-20.03	18.52-19.59
Zwillinge	20.08-21.55	20.04-21.51	20.00-21.45
Krebs	21.56- 0.25	21.52- 0.20	21.46- 0.15
Löwe	0.26- 3.12	0.21- 3.10	0.16- 3.08
Jungfrau	3.13- 6.00	3.11- 6.00	3.09- 6.00
Waage	6.01- 8.47	6.01- 8.49	6.01- 8.52
Skorpion	8.48-11.35	8.50-11.39	8.53-11.43
Schütze	11.36-14.05	11.40-14.10	11.44-14.15
Steinbock	14.06-15.52	14.11-15.56	14.16-16.01
Wassermann	15.53-17.04	15.57-17.06	16.02-17.09
Fische	17.05-18.00	17.07-18.00	17.10-18.00
Fortsetzung nächste Seite			

Fortsetzung Tabelle 4
Zur Ermittlung Ihres persönlichen Aszendenten

Aszendent	53° Uhrzeit	54° Uhrzeit	55° Uhrzeit
Widder	18.01-18.49	18.01-18.46	18.01-18.44
Stier	18.50-19.55	18.47-19.50	18.45-19.47
Zwillinge	19.56-21.39	19.51-21.33	19.48-21.30
Krebs	21.40- 0.12	21.34- 0.07	21.31- 0.04
Löwe	0.13- 3.06	0.08- 3.04	0.05- 3.01
Jungfrau	3.07- 6.00	3.05- 6.00	3.02- 5.56
Waage	6.01- 8.54	6.01- 8.56	5.57- 8.45
Skorpion	8.55-11.47	8.57-11.52	8.55-11.49
Schütze	11.48-14.20	11.53-14.26	11.50-14.22
Steinbock	14.21-16.06	14.27-16.10	14.23-16.07
Wassermann	16.07-17.11	16.11-17.14	16.08-17.10
Fische	17.12-18.00	17.15-18.00	17.11-18.00

Beispiel: Geb. am 20. Juli, 14.15 Uhr　　　　　Krebs

		Uhrzeit
	Beispiel: Sie wurden am 20.07.1965 um 14.15 in Stuttgart geboren	14 Uhr, 15 Min.
1.	**Tabelle 1:** Stuttgart liegt beim 49. Breitengrad und bedarf daher einer Zeitkorrektur Ihrer Geburtszeit um minus 23 Minuten	- 23 Minuten
2.	**Tabelle 2:** 1965 gab es keine Sommerzeit und daher muß diesbezüglich keine Zeitkorrektur vorgenommen werden.	—
	= Ortszeit Ergebnis = Ihre persönliche Ortszeit der Sterne für den Geburtsort Stuttgart	13 Uhr, 52 Min.
	Nun lesen Sie in Tabelle 3, unter Sternzeit, nach, wieviel Stunden Sie zu Ihrer bisher ermittelten Ortszeit addieren müssen.	
3.	**Tabelle 3:** Sternzeit: Unter dem 20. Juli finden Sie 19 Stunden und 50 Minuten. Diese addieren Sie zur Ortszeit hinzu.	+ 19 Std. 50 Min.
	= Sternzeit Ergebnis = Ihre persönliche Sternzeit	9 Uhr, 42 Min.
4.	**Tabelle 4:** **Aszendent** für die Sternzeit 9.42 Uhr ist bei einem aus Tabelle 1 ermittelten Breitengrad von 49° für Stuttgart nach Tabelle 4 demnach Skorpion	**Aszendent** **Skorpion**

Kapitel 3

Die Edelsteintherapie

Blockaden erkennen, lindern und mit Hilfe von Heilsteinen, Therapiesteinen und Kristallen heilen können

Blockaden

Blockaden sind zwischen seelischen, psychischen, geistigen und körperlichen Energiebahnen festsitzende Geschwüre, welche entweder einzelne psychische Vorgänge negativ beeinflussen oder sogar die gesamte Persönlichkeit verzerren. Spiegelbildlich lassen sich seelische Blockaden wie mit Aids oder Krebs im körperlichen Bereich vergleichen. Hierbei legen bösartige, wuchernde Gewebe nach und nach einzelne organische Funktionen und letztendlich die gesamte körperliche Funktion lahm und genau dies wird spiegelbildlich im geistigen, mentalen, psychischen und seelischen Bereich durch sogenannte Blockaden ausgelöst. Allerdings glauben wir modernen Menschen nur das, was wir messen oder bewußt nachvollziehen können und daher schenken wir dem sichtbaren Krebsgeschwür wesentlich mehr Aufmerksamkeit, als den seelischen Blockaden, welche jedoch die Ursache für alle körperlichen und sogenannten psychosomatischen Leiden sind. Diese Blockaden werden nur zu einem verschwindend geringen Teil durch natürliche Einflüsse ausgelöst, und primär durch unnatürliche Begebenheiten verursacht. Diese weiten sich in jedem von uns in dem Maße aus, wie wir uns von natürlichen Energieströmen entfremden. Geistig-seelische Blockaden, welche uns nicht nur von den natürlichen, schöpferischen Energieströmen entfremden, sondern uns inwendig auch aus dem Gleichgewicht bringen, sind somit wiederum die Ursachen für alle körperlichen und somatischen Leiden, Schmerzen, Depressionen und Ängste und somit die Hauptursache der gesellschaftlichen Leiden aller modernen Menschen. Denn Blockaden verzerren den Charakter und die Persönlichkeit, verwerfen die Chakras, töten die Liebe, entzaubern die Gefühle und führen dann, wenn sie nicht geheilt und erkannt werden, durch unzählige Mechanismen sogar zum vorzeitigen Tod. Typische Anzeichen für emporkeimende Blockaden sind beispielsweise innere Empfinden über ein mangelndes Selbstbewußtsein bzw. Selbstvertrauen woran sich zahlreiche weitere Blockaden wie Krebs-Metastasen, anreihen. Andauernde schlechte Laune, innere Unzufriedenheit und das inwendige Bedrücken darüber keine richtige Freude oder Liebe mehr empfinden zu können, nagende Eifersucht, Probleme dabei sich anderen gegenüber ausdrücken und mitteilen zu können, sexuelle Unlust, Antriebslosigkeit, Selbstmitleid, Konzentrationsstörungen und ein zunehmender Verlust von Reinlichkeits- und Schönheits-Empfinden sich selbst gegenüber deuten häufig in Verbindung mit Alpträumen, Ängsten, partnerschaftlichen Mißverständnissen, Mißtrauen, Depressionen und unzähligen weiteren Kombinationsmöglichkeiten seelischer Mangelempfinden auf innere Blockaden hin. Andauernd provozierter Streit der einem hinterher leid tut, undefinierbare Schmerzen, Unterleibsbeschwerden oder Verdauungsstörungen sind ebenso typische Folgen welche aus seelischen Blockaden hervorgehen. Dies kann sehr schleichend, über viele Jahre von statten gehen, aber auch plötzlich, von einem Augenblick zum anderen, indem Betroffene von einer inneren Blockade plötzlich so ergriffen werden, daß sie selbst davon überrascht sind wie sie reagieren, empfinden, oder sich erleben. Besonders trügerisch sind Blockaden auch deshalb, weil sie häufig ein völlig verdrehtes Wirklichkeitsempfinden vortäuschen wonach Betroffene ihr zerstörerisches Verhalten sich selbst und anderen gegenüber sogar als einzig richtig und vernünftig rechtfertigen und empfinden. Manche Blockaden treiben durch ihre Eigenart beispielsweise den Puls in die Höhe und verursachen somit unter anderem typische Herz-Kreislauf-Beschwerden, andere wiederum schwächen das Immunsystem oder sorgen dafür, daß Betroffene beispielsweise andauernd Streit provozieren. Letztendlich sterben wir modernen Menschen meist alle vorzeitig am organischen Versagen. Die negative Energie hierzu stammt jedoch aus zuvor vorhandenen negativen Blockaden. Blockaden haben unzählige Möglichkeiten, um sich in den Vordergrund unseres Bewußtseins projizieren zu können. So verursacht die eine beispielsweise beim einen eine Allergie, während sie beim anderen zu Habgier und Aggressionen führt, woraus sich wiederum weitere, unzählige Kombinationsmöglichkeiten zu sogenannten psychosomatischen und funktionellen Störungen ergeben.

Blockaden werden nicht durch Viren verursacht, wie beispielsweise zahlreiche Leiden im körperlichen Bereich, sondern durch eine unausgewogene, einseitige, materielle Lebensführung, die durch Überbewertung unseres Verstandes und gleichzeitige Unterbewertung natürlicher, mystischer, seelischer, schöpferischer und universeller Energien in Verbindung mit vergifteten Lebensmitteln, Umweltzerstörung, Chemie, Wirtschaftswachstum um jeden Preis und andauerndem technischen Fortschritt ausgelöst werden.

Blockaden können jedoch ebenso erkannt werden, wie ein zu hoher Blutdruck gemessen werden kann. Allerdings sind hierfür keine technischen

Instrumente oder wissenschaftlichen Formeln erforderlich, sondern Intuition, Ehrlichkeit zu sich selbst und das in diesem Buch beschriebene Wissen über die typischsten Blockaden, welche in ihrer Eigenschaft bereits seit der Zeit bekannt sind, seitdem Menschen nach materiellen Gütern, Besitz, Macht, Reichtum und Eigentum streben. Sie finden daher die Überlieferungen zu den in diesem Buch beschriebenen Blockaden nicht nur bei den Indianern, Tibetanern, Chinesen oder Ureinwohnern Australiens, sondern auch in buddhistischen, heidnischen, und allen vorchristlichen Überlieferungen. In der gesamten Härte ihres Ausmaßes sind uns die erwähnten Blockaden jedoch erst seit einigen Jahrzehnten bekannt.

Blockaden sind in all ihren Formen und Gesichtern die Ursachen für all unsere modernen, sogenannten psychosomatischen, seelischen, zivilisationsbedingten und körperlichen Leiden. Unsere einseitig geschulte, wissenschaftlich orientierte, moderne Denkweise in Verbindung damit, seelische Leiden mit chemischen oder genischen Keulen behandeln zu wollen ist wiederum in Verbindung mit Umweltzerstörung und vergifteten Lebensmitteln der Auslöser für die feinstofflichen Blockaden im Inneren unserer Persönlichkeit. Wenn Sie sich von Ihren Blockaden und somit gleichzeitig auch von Ihren körperlichen Leiden befreien möchten, bedarf es zunächst einer neuen Denkweise, welche beispielsweise Erfolg nicht mehr länger nur in Karriere, Macht, technischem Fortschritt und Wirtschaftswachstum definiert, sondern auch wieder in Liebe, Gesundheit und Zufriedenheit. Denn Menschen, die Macht haben und viel Geld, sind meist einsam und nicht wirklich reich. Menschen welche hingegen gesund sind, verliebt und zufrieden, sind nicht arm. Bedenken Sie zusätzlich, daß Blockaden sehr negative Energiewirbel sind, welche durch unsere antizyklische, naturfremde Lebensweise genährt werden und somit täglich ein Stück mehr in uns heranwachsen. Anfangs bilden Blockaden typische charakterliche Verzerrungen und Verhaltensmuster, welche unsere persönliche Entfaltung, Wohlbefinden, Zufriedenheit und sogar die Liebe beeinträchtigen. In zunehmender Verhärtung verteilen sich diese Blockaden und erstarren aus negativen Impulsen, Gedanken und Gefühlen heraus einerseits zu Ängsten, Depressionen, Todessehnsüchten oder Selbstmordgedanken und andererseits zu realen Geschwüren und Metastasen, welche wir in Form von Schmerzen und Krankheiten im organischen Gewebe verspüren und sogar fühlen, sehen und mitverfolgen können. Hierbei ist zu beachten, daß Betroffene, in denen sich bereits Blockaden angesiedelt haben, und dies dürfte aufgrund äußerer Umstände bei den meisten unter uns der Fall sein, bis zum ersten Ausbruch nicht ahnen oder damit rechnen, daß Ihnen »so etwas« widerfahren könnte. Je länger dieser Prozeß dauert desto schwerer ist er umkehrbar und umso mehr wird die gesamte Persönlichkeit mit all ihren charakterlichen Nuancen von negativen Mächten, Depressionen, Unzufriedenheiten, Aggressionen, Lieblosigkeiten und Schmerzen überwuchert. Bildlich gesehen läßt sich dies mit Kalk vergleichen, der sich aufgelöst im Wasser befindet. Lassen Sie z.B. ein Glas mit kalkhaltigem Wasser für einige Tage stehen, werden Sie beobachten können wie der Kalk das Glas mit einer rauhen, unangenehemen Oberfläche überzieht und trübt. Und genauso verhält sich dies auch mit unseren seelischen Blockaden. Sie sind bis zu einem gewissen Zeitpunkt feinstofflich, und unsichtbar, wie der Kalk im Wasser, und werden nur durch innere Mangelempfinden, Ängste, Depressionen und zahlreiche funktionelle Störungen wahrgenommen. Irgendwann ist jedoch der Sättigungsgrad innerer Überlastung erreicht und die Blockaden beginnen sich, wie der Kalk am Glas, zu verhärten, und in unseren seelischen, organischen und psychischen Strukturen zu Geschwüren und starken funktionellen Störungen abzusetzen. Da wir im Vorfeld häufig nicht auf unsere Blockaden eingegangen sind, als sie sozusagen noch flüssig waren, weil wir entweder nicht an die Kraft der Steine glaubten, uns zu sicher fühlten oder zu sorglos mit unseren inneren Empfindungen umgesprungen sind und diese somit sogar verdrängt haben oder zusätzlich forcierten, ist es nun bitter notwendig, ausgesuchte Heilsteine zu gebrauchen und unbedingt die persönliche Denkweise zu verändern, damit den Blockaden weiterer Nährboden entzogen wird. Heilende Steine spielen diesbezüglich nicht nur deshalb eine übergeordnete Rolle, weil sie abgesandte Energiebündel unserer Natur sind, sondern auch, weil ihre feinfaserigen, hochenergetischen Kräfte uns direkt mit den kristallinen Strukturen anderer Dimensionen verbinden. Dies macht Steine und Kristalle für uns Menschen so wertvoll und auch der größte Skeptiker wird mit ihnen Vorlieb nehmen müssen, wenn er entweder zum Göttlichen in sich selbst oder zu den heilenden und schöpferischen Potenzialen spiritueller Dimensionen gelangen möchte. Denn ebenso wie unsere Seele die Verbindung zwischen dem Universum und unserem Geist herstellt, verschaffen uns heilende Steine eine bewußte Verbindung zu unseren unterbewußten Gefühlsstrukturen und Chakras, woraus sich über Intuition, Gedanken, Wünsche, Phantasien und Träume die Wege in alle bewußten, unterbewußten und sogar ungewußten Dimensionen der Schöpfung erreichen lassen.

Dieses Buch soll Ihnen ein Ratgeber über die wahren Ursachen ihrer eigenen Krankheiten und denen Ihres Partners und Ihrer Kinder sein, indem Sie die Blockaden erkennen, welche fast zu 100% für Ihren augenblicklichen gesundheitlichen Zustand bzw. für Ihre Krankheiten verantwortlich sind, weil sie entweder über viele Jahre übersehen oder durch Fahrlässigkeit, Unwissenheit, Karriere oder Doppelbelastung verdrängt wurden. Hinzu kommt, daß nur Menschen die gelernt haben ihre Blockaden erkennen, und damit umgehen zu können, aus den eigenen Kinderschuhen hinaus zu einem wirklichen »Erwachsenen« aufsteigen können. Gelingt dies nicht, verhalten sie sich ein Leben lang unsicher, unbeholfen oder hörig, eben wie kleine Kinder, auf der Suche nach Sinn, Antworten, Wissen, Logik, Geborgenheit und Aufmerksamkeit.

Hierfür ist jedoch eines notwendig: Nämlich die Wahrheit zu sich selbst. Nur wer dazu bereit ist, sein Bewußtsein für sich selbst und gegenüber den eigenen intuitiven Stimmen zu öffnen, wird mit Hilfe von wahren Heilsteinen, Therapiesteinen, Düften, Essenzen und Kristallen auch bewußt zu dem Ort in sich selbst gelangen können, wo sich konträr verlaufende Energieströme zu Blockaden bzw. zu seelischen Krebsgeschwüren angereichert haben. Wer glaubt, sich Gesundheit, Liebe und Wohlbefinden in einer wissenschaftlich geführten Apotheke mit Hilfe von chemischen Einheitsmedikamenten einfach kaufen zu können, mag vielleicht das aus der Blockade hervorgehende Symptom, sprich das Alarmsignal beispielsweise in Form von Fieber oder Schmerzen augenblicklich besiegen und austricksen können. Auf Dauer sucht sich die Blockade jedoch ein neues Ventil und bedient sich hierbei der gesamten Palette aller uns bekannter, möglicher und auch bisher noch unbekannter körperlichen und geistigen Leiden.

Der Ansatz einer heilenden Therapie besteht aus weisheitlichen Überlieferungen der Urvölker, jedoch nicht darin, nur das Geschwür oder den Schmerz selbst besiegen zu wollen, sondern auch darin, die Ursache herausfinden zu können, um diese mit Hilfe von Kristallen, Heilstein-Essenzen, Düften oder Kräutern erkennen, verstehen, lindern und heilen zu können. Denn schulwissenschaftliche Medizin vollbringt bei uns Menschen genau das, was kein vernünftiger Bürger beispielsweise im Notfall einer Brandkatastrophe tun würde. Wenn es brennt, wird er mit Hilfe von Wasser versuchen, den Brandherd, sprich die ursächliche Energie finden und löschen zu können, um somit den gesamten Brand schnell unter Kontrolle zu bringen. Im Krankheitsfall eigener körperlicher und psychischer Organe und Strukturen geht die moderne Wissenschaft jedoch den Weg, den wir im Sinne der Brandbekämpfung als dumm und unverantwortlich bezeichnen würden. Sie sucht ebenso wenig wie wir selbst, nicht nach der Ursache einer Krankheit, sprich nach dem Brandherd in Form einer Blockade, sondern bedient sich leichtfertig chemischer Medikamente und voreilig angeordneter Operationen und Amputationen, um das Leid lindern zu können. Diese Vorgehensweise verhält sich im Vergleich zum Brand genauso, wie wenn wir anstatt mit Wasser das Feuer zu bekämpfen, lieber den Feuermelder abschalten oder gar ganz entfernen. Dies würden wir modernen Menschen natürlich im Falle eines Feuers nicht tun, weil hierbei »wertvolle« materielle Güter zu Schaden kommen könnten - da sind wir vernünftig - und weshalb verhalten wir uns dann, wenn es um das Wohlbefinden unserer körperlichen, seelischen und geistigen Strukturen geht, oder um das Wohl unserer Kinder, so töricht und dumm?

Dies soll jedoch nicht heißen, daß Sie ganz auf den ärztlichen Rat verzichten sollen. Er ist für uns moderne Menschen genauso unumgänglich wie unser Biorhythmus oder die Mondphasen auch. Allerdings sollten Sie wesentlich kritischer gegenüber chemischen Medikamenten oder eilig herbeigeführten schulwissenschaftlichen Meinungen sein und eine wissenschaftliche Therapie niemals ohne Heilstein-Essenzen, Moqui-Marbles, Heilsteine und Therapiesteine absolvieren, weil nur diese aus natürlicher Sicht heraus dazu erschaffen wurden, und dazu in der Lage sind, innere Blockaden, Krankheitsursachen und Krankheiten durch ihre heilungsunterstützenden Kräfte in Verbindung mit kosmischen, universellen und schöpferischen Energieströmen wirklich lindern und heilen zu können.

Natürlich sind diese Blockaden längst auch unseren Wissenschaftlern geläufig und bekannt. Da sie diese jedoch bisher noch nicht in einer Einheitsformel beschreiben können, tun sie so, als ob sie als Ursache für alle körperlichen und geistigen Leiden nicht in Frage kommen, um sich mit Hilfe chemischer Arzneimittel auf die daraus entstandenen Krankheiten einschießen zu können. Sigmund Freud (1856 - 1939) z.B. bezeichnete sie als störende innere Kinder oder als böse innere Egos, die es in Schach zu halten, auszumerzen oder zu überwinden gilt. Hierzu müsse sich der Patient jedoch einer intensiven Psychoanalyse unterziehen, die das in ihm vorherrschende, »böse innere Kind« ausfindig macht und gezielt deformiert oder ausmerzt. Wie allen Wissenschaftlern, fiel es auch dem Schachteldenker Freud, schwer, zugeben zu können, daß die erforderliche Therapie niemals in der wissenschaftlichen Analyse einer Blockade liegt, sondern lediglich im Erkennen der Blockade als solche, um sie mit Hilfe von Glauben, weisheitlichem Wissen, schöpferischen Energieströmen, seelischen Impulsen und den Energien von heilenden Steinen herausspülen, lindern und heilen zu können. Denn sich in der Innenwelt einer Blockade analytisch zurechtfinden zu wollen, ist grenzenlos anmaßend und genauso utopisch, wie den Verlauf einer partnerschaftlichen Liebesbeziehung oder den eines Wirbelsturmes vorhersagen zu wollen.

Die Edelstein-Therapie

Die Edelstein-Therapie gehört in Verbindung mit der überlieferten Astrologie, Aromatherapie, Kräuterheilkunde und den Mondrhythmen zu den unumstrittensten Heilmethoden der Menschheit. Heil sein heißt, sich körperlich, geistig und seelisch in einer harmonischen Beziehung zur Erde, zur

Natur, zur Umwelt und zu den kosmischen, universellen und schöpferischen Kräften zu befinden. Heil, gesund und glücklich sein ist demnach ein Ergebnis aus harmonischen, bewußten und unterbewußten Abläufen in unserem Organismus mit der Natur. Gesund sind wir dann, wenn unsere Seele alle Möglichkeiten auf unseren inneren Energiebahnen ausschöpfen kann, um unseren gesamten Organismus, Geist und Psyche mit ausreichend Liebe versorgen zu können. Denn nur da, wo Liebe ist, ist auch Gesundheit, Zufriedenheit und Glück. Wird das harmonische Zusammenspiel aus schöpferischen Kräften, kosmischen Energien und seelischen Impulsen durch Blockaden gestört, reduziert sich in zunehmendem Maße von Stauungen und Blockaden auch die Liebe. Die Liebe ist die stärkste und energievollste Emotion, die wir Menschen bewußt wahrnehmen können. Wo die Liebe durch Blockaden zerstört wird, sprießen unzählige weitere Blockaden aus dem geschwächten Energiesystem unserer Chakras hervor und bewirken weitere Stauungen, Reibungen, Verzerrungen und Energieverluste, welche wir schon sehr bald als Streß, Ängste, Sorgen, Krankheiten, Schmerzen und typische funktionelle Störungen empfinden. Diese Blockaden breiten sich dann wie Geschwüre und Metastasen nicht nur ruckartig in den psychischen und seelischen Energiebahnen aus, wobei sie charakterbedingte Verhaltensverzerrungen hervorrufen, sondern beeinflussen schon sehr bald unser gesamtes körperliches Befinden. Dies empfinden wir anfänglich beispielsweise als Verdauungsstörungen, Drüsenleiden, Herz-Kreislauf-Beschwerden, Asthma, Neurodermitis, Allergien, Krebs, Schmerzen und unzählige weitere körperliche und psychosomatische Leiden, welche insgesamt nur einen Sinn haben: Nämlich uns über den Raubbau an unseren psychisch-seelischen Strukturen aufmerksam machen zu wollen, den wir unserem Organismus in Folge von genvergifteten Lebensmitteln, moderner materieller Lebensführung, Dauerstreß, Habgier, Karrieredruck und künstlichen Medikamenten zumuten.

Die Edelstein-Therapie, welche sich in Verbindung mit Astrologie, Mondtherapie und anderen altüberlieferten Heilmethoden zwischen Religion und Wissenschaft etabliert, ist daher Teil des Mittelweges, den wir durch Umdenken alle mehr oder weniger finden müssen, wenn wir körperlich, geistig und psychisch überleben möchten. Die Edelstein-Therapie ist seit Gedenken der Menschheit fester Bestandteil der Naturmedizin und trägt durch die verbindenden Energien von Heilsteinen und Kristallen zum verstärkten heilenden und schöpferischen Energiefluß in uns bei, welcher Ängste, Krankheiten, Geschwüre, Sorgen, Schmerzen, Aggressionen, Haß, Eifersucht, Überheblichkeit, Habgier und alle körperlichen, psychosomatischen und geistigen Leiden lindert und uns stattdessen wieder mit mehr Liebe, Zufriedenheit, Gesundheit, Freude, Vertrauen, Achtung, Verständnis und Glück erfüllt.

Nur natürliche Heilmittel sind seit der Entstehung der Erde in Verbindung mit einer gemeinsamen Evolution nicht nur den Pflanzen und Tieren hilfreich, heilsam und zugänglich, sondern auch den Menschen, um deren Existenz, Wohlbefinden, Evolution und schöpferische Verbundenheit zu allen irdischen Kräften und kosmischen bzw. universellen Energien zu unterstützen. Denn nicht nur der Kosmos beruht auf einer harmonischen Verbundenheit zwischen allen Sternen und Planeten, sondern auch wir Menschen werden nur in einem körperlichen und seelischen Gleichgewicht aus der Realität des gesamten Universums heraus, welches fest in eine übernatürliche Evolution integriert ist, gemeinsam mit den Steinen, Tieren, Pflanzen, Elementen, Mond und Sternen überleben können. Daß Steine hierbei eine übergeordnete Rolle spielen merken wir kleinen Kindern an die zu Steinen immer einen ganz besonderen Bezug zu haben scheinen. Denn Steine wecken in Ihnen ein spontanes, unverblümtes Urvertrauen das uns Erwachsenen wegerzogen wurde. Dieses Urvertrauen bewirkt, daß sich Kinder von klein auf viel mehr zu Steinen hingezogen fühlen als wir Erwachsenen, weil sie auf die wohltuenden Energien von Kristallen und Steinen noch viel sensibler reagieren. Instinktiv und intuitiv suchen kleine Kinder daher den Kontakt zu Steinen nicht nur um ihrer Seele unterbewußt den Zugang zum Schöpferischen ermöglichen zu können, sondern noch viel mehr um persönliche Defizite ausgleichen zu können.

Was haben Steine mit unserer Gesundheit zu tun?

Ausgesuchte Heilsteine, Therapiesteine, Essenzen und Kristalle sind für das körperlich-seelische Gleichgewicht der Menschen das, was beispielsweise Bienen für die Rosen sind. Sie befreien uns von Blockaden und reinigen die Energiebahnen, wonach sich wieder ein seelischer Stoffwechsel mit universellen und schöpferischen Energien aufbauen kann. Erst wenn der seelische Energiefluß wieder mit der Schöpfung vereint ist, läßt sich wieder Zufriedenheit, Verständnis, Liebe, Glück, Freude, Gesundheit und auch Heilung erreichen. Denn keinem Arzt, Wissenschaftler oder Professor auf unserem Planeten ist es bisher gelungen, wirklich Heilen zu können. Denn Heilen können nur die heilenden Energien selbst, ob Sie es glauben oder nicht. Die moderne Schulmedizin versucht die Heilung zwar ebenso zu unterstützen, wie die Urvölker dies mit Heilsteinen, Düften und Kräutern auch tun, ob das Gewebe letztendlich wieder ausheilt, steht jedoch sprichwörtlich in den Sternen. Allerdings hat die Natur auf Erden für alle Lebewesen, Unausgewogenheiten und Lebensformen spezifische spirituelle Helfer erschaffen, die ihnen das Leben, die Fortpflanzung und die Gesundheit dauerhaft zuteil werden lassen sollen.

So hat die Natur beispielsweise für die Pflanzen die Insekten erschaffen. Jede Blume oder Baumart wird demnach nahezu von einer eigenen Insektenart betreut. Die Bienen beispielsweise sind für die Rosen erschaffen worden, um deren Fortpflanzung, Erblühen und Wohlergehen zu ermöglichen. Genauso verhält sich das auch für uns Menschen. Uns wurden die heilenden Energiesteine, Amulettsteine, Moqui-Marbles und Heilsteine neben Düften und Kräutern gegeben, um uns innerlich von Blockaden zu befreien und um mit deren Hilfe dauerhaft am universellen schöpferischen bzw. heilenden Energiefluß teilhaben zu können, denn man lebt nicht nur vom Brot allein.

Wissenschaftlich orientierte Schulmediziner tun sich jedoch schwer damit, daran glauben zu können, daß Steine unser Leben ebenso steuern, wie die kosmischen Kräfte der Sterne auch. Denn sie haben nur für ihre eigene, auswendig gelernte, enge Sichtweise, worin »Glauben nichts Wissen« bedeutet, Verständnis und daher fehlen ihnen allen auch eine Erklärung für die umfangreichen, aus enger und strenger wissenschaftlicher Sicht nicht erklärbaren Ausnahmen. Beim näheren Hinschauen stellen wir jedoch erstaunt fest, daß die Ausnahme in der schulmedizinischen Wissenschaft die eigentliche Regel bzw. Erkenntnis zu sein scheint und daß auch die Wissenschaft nur an das glaubt, was sie sagt. Allerdings mit einem Unterschied: Um sich in einer aus wissenschaftlicher Sicht logischen Welt zurechtfinden zu können, mußten die Wissenschaftler zuvor die wahre Welt aus Kristallen, Mond, universellen Energien, Schöpfung, Natur und Sternen für sich nicht nur ausschließen, sondern auch entzaubern, verbrennen, rohden, vergasen, vergiften oder zerstören, um sich so in selbsterfundenen Grenzen einschließen zu können. Auf den Punkt gebracht verhalten sich Wissenschaftler, Professoren oder »analytische« Steinheilkundler eigentlich wie Falschspieler mit lauter durch Sechsen gezinkten Würfeln, um sich dann beim Spiel über den Sieg über die Natur erfreuen zu können. Zunehmend bemerken die leidgeprüften Menschen, chronisch Kranke und Leidende doch, daß nicht Chemie, Psychopharmaka und schulwissenschaftliches Allerlei zum Glück führen, sondern, daß da noch ein wahres Spielfeld, ein anderer Weg verborgen liegen muß, welcher anstatt zu körperlichem und seelischem Verfall zu Liebe, Zufriedenheit und Harmonie führt. Ein Weg, der nicht wissenschaftlich logisch beweisbar ist, jedoch die Natur und alle irdischen Geschöpfe, inklusive Kristalle, Mond und Sterne über Milliarden von Jahren in eine gemeinsame Evolution aus Liebe, Weisheit, Wachstum, Harmonie, Vollkommenheit und Reife geführt hat. Leider sind die modernen Menschen von dem Augenblick an von diesem Weg abgekommen, als sie damit begonnen haben, die Mysterien, schöpferischen Energien, Natur, zwischenmenschlichen Gefühlen, Spiritualität, Glauben, Vertrauen, Gesundheit und sogar die Liebe selbst mit unsinnigen statistischen und analytischen

Einheitsformeln beweisbar, erklärbar, errechenbar und künstlich herstellbar machen zu wollen, um die natürlichen Gefühle, Bedürfnisse und Gedanken in logische und mathematische Gleichungen pressen zu können. Denn dies war notwendig, um den Großteil der Menschen aus dem natürlichen Gleichgewicht herauslösen zu können, um hierdurch Wettbewerb, Technisierung, materiellen Fortschritt und Profit in Form von Reichtum und Macht, zum Vorteil nur weniger, erreichen zu können. In den Genuß der eigentlichen Dinge kommen wir jedoch nur, wenn wir uns aus diesen künstlichen Mechanismen wieder herauslösen und wieder akzeptieren lernen, daß die heilenden Steine ihre Energien ebenso wenig für sich selbst produzieren, wie unsere Bauchspeicheldrüse das Insulin. Aus dieser Sichtweise heraus wird es vielleicht verständlicher, weshalb die heilenden Steine eine starke und deutliche Wirkung auf den Körper und die Seele der Menschen ausüben. Denn die Energien der Steine dringen in unseren feinstofflichen Kreislauf bis zu unseren Organen einerseits vor (Heilsteine), und bis tief in die Psyche unserer Energiezentren andererseits vor (Therapiesteine). So fungieren sie als Heilmittel, »Herzschrittmacher« und zugleich auch als Transmitter zwischen unseren psychisch-körperlichen bzw. geistig-seelischen Energieströmen. Nicht das Geld steuert unseren Körper, sondern die universellen Kräfte steuern mit Hilfe von Mineralien, Spurenelementen, Kristallen und deren Energien das gesamte körperliche und seelische Auf und Ab von uns Menschen und der Natur. Sie bewirken daß mit Hilfe von Steinen auch unsere Persönlichkeit wieder mehr in Übereinstimmung mit unseren wahren seelischen Bedürfnissen handeln kann um uns gleichzeitig auch wieder mehr mit den universellen, kosmischen und schöpferischen Energien verbinden zu können.

Hinzu kommt, daß aus wissenschaftlicher Sicht nur das als erwiesen angesehen wird, was sich irgendwelche Wissenschaftler selbst aufgeschrieben haben und daher aus keiner anderen Sichtweise als aus ihrer eigenen als erwiesen ansehen, für allgemein verbindlich betrachten und somit glauben, ihre Irrtümer auch allen anderen Lebewesen unseres Planeten aufzwingen zu dürfen. Dabei übersieht der moderne analytische Steinheilkundler, ebenso wie der schulwissenschaftliche Mediziner längst, daß auch er nach dem Gebrauch von synthetischen, chemischen Arzneimitteln im Nachhinein, wie bei Heilsteinen auch, niemals wissen wird, ob nun wirklich seine Medizin geholfen hat oder ob die Krankheit nicht auch ohne Medikamente, durch den puren Einfluß der schöpferischen Energieströme selbst, gelindert und geheilt worden ist. Eines unterscheidet das schulmedizinische Vorgehen jedoch vom Gebrauch natürlicher Heilmittel, insbesondere von Heilsteinen, Therapiesteinen und Moqui-Marbles, nämlich die Nebenwirkungen. Im Gegensatz zu ausgesuchten Heilsteinen hinterlassen alle chemischen Substanzen, die als Ersatzheilmittel verwendet werden, körperliche, geistige und psychosomatische Nebenwirkungen, welche wiederum die Auslöser unzähliger Blockaden sind.

Natürlich hat dies auch die Industrie erkannt und daher bestehen alle chemischen Arzneimittel mehr oder weniger aus entfremdeten mineralogischen oder pflanzlichen Energiebestandteilen. Allerdings mit einem Nachteil. Die natürlichen Inhaltsstoffe wurden so zerstört und verändert, daß sie oft keinerlei ursprüngliche bzw. natürliche Wirkungen mehr aufweisen, um sie, aus wissenschaftlicher Sicht, als marktfähige neue, patentierbare, selbsterfundene, teure Medikamente verkaufen zu können. Denn die Pharmaindustrie will in erster Linie Gewinne erwirtschaften und nicht heilen. Um die heilenden Energien der Naturheilmittel jedoch in eine verkaufsfördernde Arznei verpacken zu können, mußte sie mit Giften und Genen angereichert werden, welche, gelinde ausgedrückt, Nebenwirkungen haben. Längst stellt sich jedoch vermehrt die Frage, ob die von Pharma-Konzernen ursächlich angestrebte einheitliche Heilanzeige nicht die eigentliche Nebenwirkung ist und die als Nebenwirkung deklarierten Begleiterscheinungen letztendlich die wahren Wirkungen chemischer Medikamente sind. Hinzu kommt, daß Sie nicht immer der Vollständigkeit auf Packungsbeilagen beschriebener Nebenwirkungen vertrauen sollten, weil Sie niemals wissen, wie viele Wirkungen Ihnen, wie beim Castor-Transport auch, zwar nicht immer vorsätzlich verschwiegen werden, aber Ihnen, weil sie die Wissenschaft noch nicht als erwiesen ansieht, nicht mitgeteilt werden. Nicht mitgeteilte Nebenwirkungen sind jedoch genauso vorhandene Nebenwirkungen, wie beschriebene Nebenwirkungen auch. Hinzu kommt, daß es leider ebenso viele Anbieter von nur scheinbaren Heilsteinen aus rein wissenschaftlicher, analytischer Betrachtung heraus gibt, wie Pharma-Konzerne.

Denn Heilsteine sind ein ebenso übergeordneter Begriff, wie Insekten auch. Die Rose würde jedoch aussterben, wenn die Natur versuchen würde, sie mit Ameisen oder Kakerlaken bestäuben zu wollen und genauso verhält sich dies auch mit den Heilsteinen. Nur bestimmte, ausgesuchte Heilsteine, Heilstein-Essenzen, Heilstein-Elixiere und Therapiesteine haben die gewünschten Energien und bringen den heilenden Erfolg. Deshalb achten Methusalem und Vivian Gardier in Abstimmung der chinesischen Mönche »7 Weise« und zahlreicher Ureinwohner Australiens und Amerikas selbstlos, unter großen Opfern darauf, daß alle Heilsteine, Düfte und Kräuter, welche bei Methusalem erhältlich sind, der Natur so schonend und gewissenhaft wie möglich entnommen werden, um ihre unverfälschten Wirkungen erhalten zu können.

Denn Heilsteine sind ebenso wenig gleich Heilsteine, wie alle Menschen nicht gleiche Menschen sind. Das heißt, die Wirkungen der Heilsteine schwanken und können daher nur durch große Sorgfalt und Reinheit in ihren spezifischen Eigenschaften vorbestimmt werden. Allerdings gibt es dafür genauso wenig eine Garantie, wie beispielsweise für die Liebe. Dafür gibt es auch dann, wenn reine und unverfälschte Steine genommen werden, keine negativen Nebenwirkungen.

Die Sensibilität, die hierbei den Steinen entgegengebracht werden muß, ist häufig der Grund dafür, daß viele Menschen aus Bequemlichkeit heraus doch zu chemischen Mitteln greifen. Denn wer beschäftigt sich schon gerne mit sich selbst und ist ehrlich gegenüber seiner eigenen inneren Stimme, wenn Heilung scheinbar doch auch ohne das persönliche Zutun durch einfache chemische Medikamente für wenig Geld erreicht werden kann. Denn der wahre Heilweg beispielsweise durch Steine selbst ist oft langwierig, weil er sich nicht nur um die Linderung der Leiden selbst bemüht, sondern in unserem Organismus nach den Ursachen sucht. Dabei werden tief in uns liegende, häufig bewußt verdrängte Gefühle in unser Bewußtsein zurücktransformiert, was die meisten Menschen als entblößend, peinlich und unangenehm empfinden. Dies sind meist Blockaden, welche sich irgendwo auf unendlich langen Energiebahnen eingenistet haben. Oft benötigt die Energie des Steines viele Tage oder gar Monate, um diese Blockaden finden und auflösen zu können, um somit wieder Harmonie und kosmische Verbundenheit herstellen zu können, was letztendlich wiederum die heilenden Energieströme in unserem Organismus selbst beflügelt.

Mit chemischen und künstlichen Medikamenten läßt sich zwar eine vorübergehende Schmerzlinderung durch lokale Betäubung oder Vergiftung erreichen, indem das Problem als Symptom nicht mehr wahrgenommen wird. Da die Ursache nicht gelindert wurde, wird das Leid schon nach kurzer Zeit in verstärkter Hinsicht entweder am selben Schwachpunkt, woanders oder als gänzlich neues Krankheitsbild erneut in den bewußten Vordergrund drängen.

Da die modernen Menschen Heilung bereits als ihre wissenschaftliche Errungenschaft betrachten, die für Geld ohne lange Wartezeiten zu haben ist, sinnen sie häufig auch verstärkt nach chemischen Medikamenten, die schnell wirken und einfach bzw. standardisiert gegen jedes Leid eingenommen werden können. Die Menschen haben jedoch hierbei für sich im Gegensatz zu ihren Autos, vergessen, daß standardisierte Einheitsmedikamente nur Sinn machen würden, wenn wir auch standardisierte Einheitsmenschen wären. Wenn wir beispielsweise schon jetzt serienmäßige, genmanipulierte Einheitsmenschen wären, wonach die Informationsgesellschaft in Verbindung mit der Wissenschaft sucht, wäre eine Vereinheitlichung chemischer Medikamente, wie wir sie heute schon haben, bestimmt sinnvoll.

Da wir jedoch noch Menschen sind, Lebewesen, Fleisch, Geist, Seele und Blut, und somit noch Teile der Natur, kann eine heilungsunterstützende Maßnahme nur durch Verwendung von Heilsteinen, Düften und Kräutern in einer dem Individuum angepaßten bzw. persönlich zusammengestellten Form erfolgreich sein. Die Indianer, Australier, Chinesen und andere Urvölker zogen hierfür sogar noch zusätzlich die Sterne, den Mond und die Elemente hinzu. Eine Sichtweise, welche so auch noch von Paracelsus und Kepler vertreten wurde.

Den Körper durch die Seele heilen

Würden wir mehr unsere Heilsteine verwenden, weil diese in uns tiefliegende Blockaden auflösen und uns somit auch wieder sensibler, intuitiver und vernünftiger gegenüber den universellen und schöpferischen Energien reagieren lassen, würden wir recht schnell wieder den Kontakt zu den Sternen bzw. zum Großen und Ganzen erhalten. Denn die feinen Energien ausgesuchter Therapiesteine und Kristalle beschwingen unsere Seele und verhelfen ihr zu einem allumfassenden Hochgefühl innerer und äußerer Verbundenheit. Dies überträgt sich in Form von Liebe und Zufriedenheit, durch die Chakras hindurch, nicht nur bis an die entlegensten Zellen unserer Organe, sondern durch Geist und Psyche hindurch auch in das Bewußtsein von wo aus auch unser Denken und unser Empfinden anderen Menschen und der Natur gegenüber positiv beeinflußt wird. Heilsteine, Therapiesteine, Düfte, Kräuter und Kristalle befreien uns somit von Habgier, Ängsten, Schmerzen und Gewinnsucht, die durch Blockaden verursacht werden, denen wir häufig oft schon chronisch, auch nachts im Schlaf, unterliegen. Sie verhelfen uns wieder zu einem geordneteren Bio-Rhythmus und darüberhinaus wieder zu mehr Verbundenheit mit den kosmischen Energieströmen zwischen der Schöpfung und unserer Seele einerseits und zwischen Seele, Psyche und Körper andererseits. So können wir auf die Höhen und Tiefen in unserem Alltag ohne chemische Medikamente reagieren und erhalten hierdurch nicht nur mehr Seelenfrieden und Gelassenheit zurück, sondern auch mehr Harmonie, Liebe und Verständnis in all unseren Beziehungen, zu unseren Mitmenschen, der Natur und den inneren Gefühlen unserer ganz persönlichen Empfinden und spirituellen Verbindung zum Kosmos selbst.

Glückssteine bzw. Therapiesteine und Heilsteine tragen ganz besonders zum Heilen und zum Wohlergehen bei. Sie beeinflussen jedoch nicht die Sonne oder den Mond, sondern uns selbst. Dies geschieht jedoch nicht auf einer rein logisch, wissenschaftlich nachvollziehbaren Ebene, sondern vollzieht sich in jedem einzelnen unter uns in dem Maß wie er selbst dazu bereit ist sich den spirituellen, universellen Energien heilender Steine hingeben zu wollen. Um so mehr Sie sich den mystischen Kräften von ganzem Herzen hingeben und anvertrauen, um so mehr wird in Ihrem Inneren etwas positives ausgelöst werden, was, wie die Sonne, Licht in einen dunklen Raum bringt, wenn Sie die Fenster öffnen. Das Licht lichtet die Dunkelheit genauso wie die heilenden Energien ausgesuchter Therapiesteine, eventuell in Verbindung mit Düften und Kräutern, Ihre Blockaden. Hinzu kommt, daß Heilsteine unsere Nervenbahnen und Energiezentren (Chakras) nicht nur mit universellen Energien versorgen, sondern durch ihre positiven Frequenzen und Farbimpulse auch reinigen und befreien, und somit nicht nur unsere Chakras, sondern auch unseren gesamten Organismus den heilenden Energien gegenüber wieder offener und empfänglicher machen. Sie öffnen unser Herz somit wieder mehr für unsere Sterne, Gedanken, Gefühle und für die schönen Dinge des Lebens. (Informationen hierzu finden Sie auch im Großen Lexikon der Heilsteine, Düfte und Kräuter von Methusalem)

Was sind Heilsteine?

Heilsteine sind ausgesuchte Edelsteine oder Kristalle, welche ihre Energien und Wirkungen in einer harmonischen, dem menschlichen Organismus zugänglichen Form versprühen. Nicht alle Steine eignen sich daher für die Edelstein-Therapie, ebenso wie nicht alle Energien positiv für uns Menschen sind. Wie bereits erwähnt, sind Heilsteine als Überbegriff zu erkennen, wobei es nicht bei der Wissenschaft liegt, die für uns Menschen wohltuenden Kristalle zu bezeichnen, sondern in der Erfahrung aller Menschen selbst, welche durch eigene Erkenntnisse an Leib und Seele herausgefunden haben, welche Steine, wie die Schmetterlinge oder Bienen für die Rosen, für uns Menschen gut sind. Kein Wissenschaftler kann je analytisch das beweisen, was Millionen von Menschen in vielen Generationen erkannt haben und überlieferten. Die Edelstein-Therapie und die Auswahl spezieller heilender Steine zur Linderung bestimmter Krankheiten und psychisch-seelischer Leiden ist somit ein kollektives Erbe der Menschheit, was die Errungenschaften moderner Medizin bei weitem übersteigt. Sie ist daher unumstrittener Bestandteil unseres Unterbewußtseins, welches sich intuitiv zunehmend wieder in unser Bewußtsein projiziert. Daher kommt es auch, daß alle Urvölker die gleichen Heilwirkungen der Steine erkannt haben, während sich die moderne Wissenschaft bisher noch nicht einmal über die Wirkungen und Nebenwirkungen ihrer chemischen Substanzen einig werden konnte. Die Indianer erkannten demnach aus ihrer Erfahrung nahezu identische Wirkungen der heilenden Steine und Kristalle, wie die Chinesen, Tibetaner, Majas oder die Ureinwohner Australiens am anderen Ende der Welt auch.

Da wir modernen Menschen jedoch durch den Druck unserer modernen Zeit längst blockiert bzw. von unserer natürlichen Gesinnung entseelt oder entfremdet wurden, weil wir von klein auf lernen müssen, nur das anzuerkennen, was man sieht, anfassen oder zusammenrechnen kann und was aus logischer, eng umrissener, wissenschaftlicher Denkweise heraus beweisbar zu sein scheint, haben wir längst verlernt, auf die intuitiven Gefühle unseres Unterbewußtseins zu achten, um die unterbewußte Sprache von Körper, Geist, Psyche und Seele verstehen zu können.

Da wir intuitiv jedoch nicht mehr in der Lage sind, auf unsere inneren Stimmen zu hören, können wir auch nicht mehr feststellen, wo die Ursachen unserer Leiden sind und welche Leidenssymptome welche Ursachen haben. Deshalb sind wir auf Ärzte angewiesen, welche uns durch ihre Diagnose genau sagen, worunter wir leiden. Diese sind für uns ebenso unumgänglich, wie die Schamanen für die Urvölker.

Dank Methusalem gelangen wir durch die Erfahrungen der Urvölker und Hunderttausender genesener Menschen wieder in den Genuß heilender Energien, edler Kristalle und Steine. Methusalem orientiert sich diesbezüglich nicht an Tierversuchen und logischen bzw. chemischen Formeln, weil diese alle auf einer von nur einigen Menschen selbst erfundenen Denkweise beruhen, sondern an den natürlichen Energien und den Erkenntnissen der Urvölker dieser Erde, selbst. Methusalem hat seine Erkenntnisse über die Edelsteine und Kristalle in jahrzehntelanger Arbeit mit Hilfe der Urvölker und vieler Tausend geheilter Menschen aufgeschrieben und somit ein international gebräuchliches Lexikon über die heilenden Energien von Steinen, Düften und Kräutern und auch dieses Buch erschaffen.

Warum sind Steine für unser Leben so wichtig?

Weil unsere Körper aus Urgesteinen und Kristallen heraus entstanden sind. Wir Menschen haben, ebenso wie Tiere und Pflanzen, zu Steinen in all ihren Formen und Farben eine besondere Beziehung. Dies nicht nur, weil wir primär von Mineralien und Spurenelementen leben, sondern weil unsere gesamte Umwelt aus den kristallinen Strukturen und Schwingungsmustern der Edelsteine und Kristalle heraus entstanden ist. Denn Steine und Kristalle waren die ersten Lebewesen auf unserem Planeten und in Form von Gesteinen und Kristallen wird das Leben von unserem Planeten eines Tages, so wie es gekommen ist, auch wieder in andere Galaxien verschwinden. Leider haben wir modernen Menschen uns von den natürlichen Heilmitteln genauso entfremdet, wie von der Natur selbst. Intuitiv wissen wir jedoch noch tief in uns selbst, daß es bestimmte Steine, Düfte, Kräuter und Kristalle sind, welche uns mit den universellen Energieströmen verbinden, ebenso wie Erwachsene häufig noch unbewußt einen ganz besonderen Bezug zu einem bestimmten Lieblingsspielzeug, Geschenk oder Ereignis aus ihrer Kindheit haben.

Alle Lebewesen und auch wir Menschen reagieren und handeln in unserem Körper auf die Signale, welche unsere Seele uns durch Geist, Psyche, Organe und Gedanken vermittelt. Unsere Psyche wird zusätzlich durch unsere Energiezentren (Chakras) gesteuert, welche ihre Anstöße und Impulse wiederum von den universellen und kosmischen Energieströmen erhalten. Ebenso wie in jedem Frühjahr die Bäume wieder frische Blätter bekommen, empfinden wir beispielsweise im seelischen Gleichgewicht ebenso das Bedürfnis zu Liebe, Zuneigung und Fortpflanzung. Diese Energie wird durch unsere Seele in den Chakras mit den Wahrnehmungen unserer Psyche vermischt und vertraut gemacht und mit Hilfe von Steinen, Hormonen, Mineralstoffen und Spurenelementen an Organe, Körper und die Muskulatur weitergegeben.

Das Wichtigste ist jedoch zu wissen, daß alles im Leben nach Harmonie und somit nach Gewicht und Gegengewicht strebt. Alles besteht aus Geben und Nehmen, sich verbinden und voneinander lösen, anziehen und loslassen. In den zarten und abgewandelten Beziehungen zwischen diesen Polen findet unser Leben statt. Umso mehr wir uns den Heilsteinen und Therapiesteinen anvertrauen, umso mehr erreichen wir auch den schmalen Pfad zwischen diesen Zuständen, worauf sich Liebe, Vertrauen, Zufriedenheit, Achtung, Aufmerksamkeit, Schönheit, Toleranz und Verständnis zu einem hohen Maß an Weisheit, Gesundheit und Glück vereinen. Damit Steine, Mond und Sterne in uns ein ausreichendes Gleichgewicht herstellen können, um so das nötige Maß an Halt erreichen zu können, den wir für diesen Mittelweg benötigen, wurde jeder Organismus mit Energiezentren bzw. Chakras ausgestattet. Diese sind im Prinzip wie Öfen, welche z.B. biologische Energie in Wärmeenergie verwandeln. Jeder Ofen hat jedoch Regler, damit nicht die ganze Energie auf einmal in den Ofen strömt und somit entweder den Ofen erstickt oder in einer plötzlichen Explosion auf einmal verpufft.

Diese Regler werden primär von den Sternen, vom Mond und den universellen Energieströmen gesteuert und bewirken, daß alle Lebewesen auf unserem Planeten, egal ob sie zu Kristallen, Tieren, Menschen oder Blumen heranwachsen sollen, immer den selben, einfachen Instruktionen einer einzigen, gleichen, allzeit gültigen, schöpferischen Sprache gehorchen. Da wir jedoch längst den universellen Energien gegenüber mehr oder weniger blockiert sind, tun wir Menschen unterbewußt eigentlich nichts anderes als die Sterne auch, wenn sie aus dem Gleichgewicht kommen. Sie fangen sich weitere Monde ein, welche ihre Energie wieder ausgleichen sollen, oder suchen sich neue Lebensbahnen, um somit wieder ein Gleichgewicht auf ihren Umlaufbahnen erreichen zu können. Alle natürlichen Lebewesen handeln so. So begeben sie sich in Zeiten großer Not zu bestimmten Plätzen, um dort mit Hilfe bestimmter Energiequellen ihre Unausgewogenheiten kurieren zu können. Dies trifft intuitiv, wenn auch nur noch sehr verkümmert, noch genauso für uns modernen Menschen zu. Auch wir verspüren innerlich noch einen sogenannten 6. Sinn, worüber wir mit Hilfe von Kristallen, ausgesuchten Therapiesteinen und ein wenig Übung spirituelle und sogar übersinnliche Fähigkeiten entwickeln, um Informationen, Hoffnung und heilende Impulse empfangen zu können, welche sich unseren gewöhnlichen Sinnen von Hören, Riechen, Sehen, Fühlen und logischem Denken entziehen.

Wir modernen Menschen suchen zwar unterbewußt noch ebenfalls danach, jedoch haben wir es in den letzten zweihundert Jahren verlernt und verdrängt, die natürlichen Heilmittel anerkennen und verwenden zu können, und den natürlichen Ausgleich verstärkt chemischen Bindemitteln, Psychopharmaka oder noch einfacher ausgedrückt, unserem engen, analytischen und wissenschaftlichen Verstand überlassen. Dieser sucht jedoch nicht nach den natürlichen, subjektiven »Monden« bzw. Glückssteinen, Therapiesteinen und Heilsteinen, welche uns, wie die Sterne auch, ausgleichen können, sondern nach materiellen, logischen, analytischen, statistischen oder chemischen Hilfestellungen, welche uns jedoch niemals reinigen und heilen werden, sondern uns in Form von weiteren psychischen, seelischen und körperlichen Metastasen und Blockaden den schöpferischen und kosmischen Energieströmen gegenüber noch mehr entfremden.

Ein Lotto-Gewinn jedoch macht uns genauso wenig gesund, wie liebe Gedanken einen Elektromotor nicht zum laufen bringen. Anders ausgedrückt gelangen nur diejenigen in den Genuß feinstofflicher Kommunikationsebenen von Steinen, Mond und Sternen, die auch dazu bereit sind, deren Signale empfangen zu wollen. Denn spirituelle Impulse sind, wie bereits erwähnt, wie Radiowellen unsichtbar um uns herum vorhanden und werden nur für diejenigen sichtbar, die sich darum bemühen, indem sie ihre Antennen dementsprechend ausrichten. Steine und Kristalle spielen für uns Menschen hierbei eine ebenso übergeordnete Rolle, wie für die Elektronik auch (Schwingquarze, Piezoelektrische Kristalle etc.) und ebenso wie Radiowellen für uns alle nur hörbar werden, wenn wir dafür passende Geräte einschalten, werden zahlreiche spirituelle Energien in uns nur aktiv, wenn wir sie mit Hilfe von Steinen und Kristallen bewußt in unsere inneren Chakras hineinlenken. In ähnlicher Weise kommunizierten unsere Vorfahren, ebenso wie auch heute noch Schamanen und Medizinmänner, Tiere und Pflanzen, mittels Gedanken, Gefühlen und anderen austauschbaren, mentalen Energieströmen mit Hilfe von Kristallen, Moqui-Marbles oder Turalingam´s miteinander, ohne dabei Worte zu gebrauchen. Uns modernen Menschen fehlt leider zunmehmend die Fähigkeit, unsere natürlichen »Monde« selbst finden zu können. Dies sind, und das wissen wir auch aus alten Überlieferungen, Heilsteine, Therapiesteine, Kristalle, Kräuter und ätherische Öle. Moqui-Marbles, Amulettsteine, Elixiere und Heilsteine sind für uns Menschen besonders heilend, reinigend, ausgleichend und harmonisierend. Sie schwingen in der für uns Menschen zugänglichsten Frequenz aus einer schöpferischen Gesinnung heraus, die gleichzeitig von unserer Seele und den Organen verstanden wird. Kein anderes Naturheilmittel weist in Verbindung mit ätherischen Ölen und Kräutern eine so positive und zugleich heilende Frequenz auf, wie heilende Steine, Glückssteine, Therapiesteine, Heilstein-Essenzen, Moqui-Marbles, Turalingam´s und Kristalle.

Wie wirken Heilsteine bzw. Therapiesteine?

Heilsteine können einzeln oder in Kombination mit anderen Heilsteinen, Düften, Kräutern und Kristallen verwendet werden. Der Einsatz kann kurzfristig oder längerfristig sein. Die Wirkungsweise heilender Steine liegt in den feinstofflichen Bereichen unserer seelisch-psychisch-physischen Energiebahnen unseres Körpers, verbunden mit den schöpferischen und universellen Energieströmen der Natur, Erde, Mond und Sterne. Die Energien ausgesuchter Heilsteine dringen einerseits metaphysikalisch durch Frequenzen, Resonanzen, Licht, Farben, Schwingungen und Impulse in uns ein und durchfluten uns andererseits bewußt oder unterbewußt mit für uns unsichtbaren Energieströmen. Ebenso wie beispielsweise die Liebe selbst nicht sichtbar oder gar meßbar ist, jedoch wenn wir lieben spürbar vorhanden ist, und in Form von Zuneigung, Küssen, Zärtlichkeiten und Glück auch äußerlich sichtbar wird, sind die heilenden Energien ausgesuchter Heilsteine primär nur fühlbar und innerlich wahrnehmbar. Damit wir die in Kristallen und Steinen innewohnenden Energiebündel trotzdem voneinander unterscheiden können, wie die Blüten von verschiedenen Blumen, haben die schöpferischen Strukturen sich einer bemerkenswerten Vielfalt von kristallinen Strukturen und Farben bedient, um so unsere Aufmerksamkeit auf sich lenken zu können. Therapiesteine lindern durch moderne Lebensführung hervorgerufene Blockaden, füllen unsere entleerten Chakras wieder mit natürlicher Energie auf und vermitteln unserem Bewußtsein mehr Einsicht über uns selbst und darüber, worum es im Leben wirklich geht. So erreichen wir, daß mit Hilfe von Heilsteinen, Düften und Kristallen bestimmte Blockaden aus dem Inneren unserer seelischen Strukturen herausgelöst und ins Bewußtsein transferiert werden, worüber überlebenswichtige Veränderungen herbeigeführt werden können. Die Edelstein-Therapie dient der Stabilisierung, Heilung und Reinigung unserer seelischen bzw. psychischen und körperlichen Strukturen, um Leiden, Ängste, Schmerzen und Erkrankungen vorbeugen, lindern und heilen zu können. Heilsteine, Therapiesteine, Glückssteine und Kristalle sollten daher in Verbindung aller Leiden, immer auch unterstützend, vorbeugend und schützend parallel zur schulmedizinischen Versorgung mitverwendet werden.

Wozu dienen Glückssteine und wie unterscheiden sich diese von Heilsteinen?

Sie unterscheiden sich nicht von Heilsteinen, weil sie ihre heilenden Eigenschaften, die ausführlich im Großen Lexikon der Heilsteine, Düfte und Kräuter beschrieben sind, auch als sogenannte Glückssteine beinhalten. Zusätzlich weisen Heilsteine neben heilenden Kräften auf unseren Organismus auch bestimmte psychische Heilwirkungen auf Geist und Seele auf, womit sie mit Hilfe universeller Energien spezifische Blockaden lösen. Um persönliche Heilsteine in Bezug auf das Horoskop besser unterscheiden zu können, spricht man bei Heilsteinen, die aus astrologischer und psychischer Sicht verwendet werden, von Glückssteinen bzw. Therapiesteinen. Therapiesteine verbinden uns mit den universellen und kosmischen Energieströmen. So hat ein Therapiestein individuell für jedes Tierkreiszeichen sehr verbindende und eröffnende Eigenschaften zum Universum, was wiederum den positiven Zugang zu den persönlichen Quellen von Liebe und Glück ermöglicht.

Warum benötigen wir Therapiesteine?

Wir modernen Menschen haben uns nicht nur von der Natur entfremdet, sondern auch von den universellen und schöpferischen Energieströmen. Dies bedeutet jedoch nicht, daß wir uns den kosmischen Kräften schon ganz entzogen haben, sondern unsere Leiden sind viel mehr eine spiegelbildliche Abfolge dessen, wie wir alle die Natur zerstören und uns gleichzeitig von ihr entfremden. Jede bewußte und kollektive Zerstörung löst in jedem einzelnen von uns seelische Gegenreaktionen aus, die sich in kürzester Zeit zu körperlichen und geistigen Leiden, Geschwüren, Ängsten und Blockaden summieren. Hieraus resultiert auch die zunehmende innere Panik, Unzufriedenheit, Angst und Verzweiflung die uns alle nach neuen Werten Ausschau halten läßt. Heilende Steine spielen diesbezüglich eine übergeordnete Rolle, weil sie uns wieder mit unseren ureigensten Bedürfnissen betraut machen, uns die Augen für unsere wahre Wertigkeit öffnen und uns auf mystische Weise mit einer urgeborgenen Heimeligkeit, Energie und Liebe verbinden.

Da die Sterne in Verbindung mit Aszendenten und schöpferischen Energien in jedem Menschen ein unwiderrufliches Grundschema aus Charakter und Persönlichkeit erschaffen, wirken sich die Entzugserscheinungen durch zunehmende Entfremdung von der Natur und den schöpferischen Energieströmen bei den verschiedenen Menschen auch verschieden stark aus. Dies ist oft der Grund dafür, weshalb Menschen oft lange mit einer Blockade umherrangeln und versuchen, mit ihr mehr schlecht als recht zurechtzukommen, weil sie durch unzureichende moralische, wissenschaftliche, kirchliche und staatliche Erziehungsmethoden nur gelernt haben, die Folgen von innerlichen Unausgewogenheiten möglichst in ihr Unterbewußtsein zu verdrängen. Ist jedoch ein bestimmtes Maß überschritten, beginnen innere negative Blockaden in den Vordergrund zu drängen. Dies bewirkt wiederum, daß weitere, tiefliegende Blockaden entblößt werden und somit zu massiven Stolpersteinen heranwachsen können, die wir als charakterliche Verzerrungen, Ängste, Depressionen und Schmerzen verspüren.

Da sich die Erde nicht nur um sich selbst, sondern auch auf einer elliptischen Bahn um die Sonne dreht, dreht sie sich auch alle zwei bis drei Tage einem neuen Sternzeichen zu. Dieser Wandel verursacht die Launen der Menschen. Kommt die Erde in die größte Nähe des persönlichen Sternzeichens oder Aszendenten, können die Menschen die Maske oder den Schleier, der ihre Hemmungen und Blockaden überdecken soll, nicht mehr festhalten und deshalb entblößen sich viele Menschen oft sporadisch oder besonders dann, wenn ihr Sternzeichen, Neumond oder der Vollmond vorherrscht, als depressiv, herrisch, arrogant oder launisch. Hierfür sind jedoch nicht die Sterne oder gar die kosmischen Kräfte verantwortlich, sondern wiederum die Blockaden, die wir uns durch Umweltverschmutzung, Streß, Habgier und Entfremdung von der Natur durch Loslösen von Steinen und Planeten selbst zugefügt haben.

Dies heißt jedoch nicht, daß Menschen mit anderen Tierkreiszeichen an den typischen Symptomen eines Tierkreiszeichens, dem sie nicht angehören, nicht auch leiden können, sondern ist einfach ein Resultat daraus, daß die modernen Menschen dann, wenn sie in die Nähe ihres persönlichen Tierkreiszeichens oder in bestimmte Mondphasen gelangen, überwiegend, wie zu Urzeiten auch, von bestimmten universellen schöpferischen und seelischen

Energieströmen beeinflußt werden. Dies führt allerdings auch dazu, daß sich die natürlichen Energien in Verbindung mit seelischen Kräften verstärkt an den eingenisteten Blockaden zu brechen beginnen, was wir als sogenannte launenhafte, wetterfühlige und schmerzliche Verzerrungen empfinden. Allerdings sind hierfür nicht etwa, wie häufig fälschlicherweise behauptet, die kosmischen Kräfte von Mond und Sternen verantwortlich, sondern die Blockaden im Innersten unseres Herzens.

Denn es sind weder Wind, Sonne, Mond oder Wetter, die für die sogenannte Wetterfühligkeit verantwortlich sind, sondern innen liegende Blockaden, welche bewirken, daß Ihre Psyche nicht mehr auf die natürlich bedingten Wetterveränderungen eingehen kann und deshalb kurzschlußähnliche Reflektionen, wie z.B. Depressionen, Schmerzen, Aggressionen oder Herzinfarkte auslöst. Das Wetter ist ein ureigenes, natürliches Phänomen, wie z.B. die Liebe auch und kann nicht krank machen. Oder glauben Sie wirklich, daß ausgerechnet die Natur und das Wetter, das unseren Planeten so einzigartig lebendig macht, Schuld an Ihren Schmerzen sein soll? Klima und Wetter sind bereits Teil unserer Umwelt, seitdem es unseren Planeten gibt und nun wollen wir den ureigensten »Gärtner« des Lebens als Schuldigen für unsere Leiden anklagen? Nun wird es aber höchste Zeit, sich um die wahren Ursachen zu bemühen, nämlich um Ihre eigenen Blockaden, welche Sie von innen heraus körperlich und geistig regieren.

Blockaden verhalten sich ähnlich wie Flüsse, die durch Staustufen, welche ebenfalls Blockaden darstellen, aufgestaut werden. Denn der Energiefluß des Wassers ist gestört. Werden diese Blockaden nach größeren Regenfällen, die sich aus astrologischer Sicht mit dem Näherkommen bestimmter Mondphasen oder universeller Energien des eigenen Sternzeichens vergleichen lassen, nicht durch Therapiesteine reguliert oder sogar beseitigt, so tritt der gesamte Fluß an Schwachstellen über die Ufer und überschwemmt große Landgebiete, wie dies beispielsweise 1997 in Brandenburg an der Oder der Fall war. Im Großen geschah hier nichts anderes, als auf den Energiebahnen unserer Psyche im Kleinen. Die überschwemmten Gebiete im organischen Bereich sind mit funktionellen Störungen, Zysten, Geschwüren, Krebs, Verdauungsstörungen, Herz-Kreislauf-Störungen und unzähligen anderen körperlichen und geistigen Leiden vergleichbar. Deshalb reagieren viele Menschen in den Dekaden der Mondphasen oder ihrer Sternzeichen oft besonders heftig auf ihre Blockaden, die sie sonst mehr oder weniger in ihr Unterbewußtsein verdrängen. Allerdings tragen sie die Blockaden ihrer persönlichen Störungen oft auch neben den Blockaden, die typisch für andere Sternzeichen sind, mit sich herum.

Deshalb sollten Sie nicht nur Ihre persönlichen Glückssteine, Heilsteine und Therapiesteine verwenden, und beispielsweise als Kette bei sich tragen, sondern auch jene anderer Planeten, Aszendenten und Sternzeichen, die Sie ebenfalls als wohltuend für sich erkannt haben. Sie werden zwar von anderen Tierkreiszeichen nicht so stark gesteuert, wie von Ihrem eigenen, jedoch genauso, wie wir alle vom Mond beeinflußt werden und nicht nur der Krebs, der ihn in seinem Tierkreiszeichen als Planetenherrscher hat, werden wir alle mehr oder weniger auch von allen Sternen und Steinen gleichzeitig beeinflußt.

Um sich also besser von inneren Blockaden befreien zu können, sollten Sie primär Ihre persönlichen Therapiesteine und die Ihres Aszendenten oder Planetenherrschers, unter Berücksichtigung Ihrer persönlichen Mondphasen und Biorhythmen, verwenden. Kombinieren Sie Ihre persönlichen Therapiesteine mit anderen Therapiesteinen und Heilsteinen aus diesem Buch und dem großen Lexikon der Heilsteine, Düfte und Kräuter zu Ketten, Essenzen oder Elixieren, so erhalten Sie wohltuende und heilende Hilfen, die Sie vor Geschwüren, Ängsten, Hemmungen, Minderwertigkeitsgefühlen, Allergien, Neurodermitis, Migräne, Menstruationsstörungen, Herz-Kreislauf-Störungen, Drüsenleiden, partnerschaftlichen Mißverständnissen oder sogar vor Unfällen, Einsamkeit und vielen weiteren zivilisationsbedingten Leiden beschützen, heilen und bewahren.

Ein besonderer Tip hierbei ist, sich eine Kette aus den persönlichen Glückssteinen seines Tierkreiszeichens, Planetenherrschers und Aszendenten unter besonderen Berechnungen kombinieren zu lassen. Schauen Sie unbedingt auch auf die Glückssteine Ihres gegenüberliegenden Sternzeichens (Oppositionen). Sie finden dies unter Abb.: Der Tierkreis auf Seite 60. Meist befinden sich in unseren Oppositionen die Antworten auf die Therapiesteine, die uns fehlen, weil sich gegenüberliegende Sternzeichen und Planetenbilder häufig in ihren Charaktereigenschaften unterstützen, harmonisieren, ergänzen und ausgleichen.

Um sich eine astrologische Kette erstellen lassen zu können, haben wir Ihnen in **Kapitel 4** alle Therapiesteine und die dazugehörigen Blockaden mit einer Nummer versehen. Anhand dieser Nummer können Sie leicht Ihre augenblicklichen persönlichen Blockaden erfassen und sich aus den von Ihnen ermittelten Heilsteinen und Glückssteinen persönliche Ketten, Elixiere und Essenzen kombinieren oder zusammenstellen lassen. Um Ihnen dies zu erleichtern, hat Ihnen Methusalem einen Fragebogen ausgearbeitet, den Sie gratis beim Methusalem-Verlag anfordern können. Informationen hierzu finden Sie unter »Bezugsquellen« am Ende dieses Buches.

Was genau sind Glückssteine?

Jeder Mensch wird im Augenblick seiner Geburt von einer bestimmten Konstellation von Sternen und Mondphasen geprägt. Sein Sternzeichen, Planetenherrscher und Aszendent prägt den Charakter eines jeden Menschen wie ein genetischer Code unwiderruflich zum Grundbild seiner Persönlichkeit. Auf diesem Code, welchen die Sterne wiederum in bestimmten Steinen und natürlichen Gesetzen und Phänomenen verschlüsseln, baut sich unser gesamtes Leben auf. Die Sterne unterstützen unser Denken, Handeln und Fühlen auch weiterhin, jedoch ist die Geburt das Maß aller Dinge, wovon unsere irdische Entwicklung ausgeht. Sie schließt den vorangegangenen Entwicklungsprozeß im Mutterleib durch Abnabeln ab und die Geburt bewirkt im Beisein der Planeten den Übergang der Seele von der vorgeburtlichen Lebensphase zum Leben nach der Geburt. Die persönlichen Monatssteine bzw. Therapiesteine (Glückssteine) sind also, wie die persönlichen Erbanlagen auch, wie ein genetischer Code, welcher die Kräfte der Sterne für jeden Menschen individuell und einzigartig in einer bestimmten Konstellation integriert und erschließt.

Glückssteine bzw. Therapiesteine und Heilsteine können zusätzlich durch die Steine Ihres Aszendenten, Tierkreiszeichens und jene Ihres Planetenherrschers zu wirkungsvollen Ketten kombiniert werden.

Dies zu ermitteln würde jedoch den Rahmen dieses Buches sprengen, weil er nur für jeden Menschen individuell vorhersagbar ist. Auch das Kombinieren von Gold- und Silberkugeln für Sonne und Mondphasen ist eine Bemessenssache, welche nicht verallgemeinert werden kann, und auch von Ihrem Biorhythmus abhängig ist.

Fordern Sie diesbezüglich bei Interesse den Gratis-Fragebogen von Methusalem beim Methusalem-Verlag in Neu-Ulm an. Auf Ihre Rücksendung hin wird Ihnen dann ein Angebot für Ihre persönliche Stellarkette unter Berücksichtigung Ihrer Glückssteine, Tierkreiszeichen, Aszendenten, Planetenherrscher und anderer heilender Energiebringer unterbreitet. Nähere Angaben hierzu finden Sie in der Gratisbroschüre von Methusalem. Weitere Informationen hierzu finden Sie unter Bezugsquellen am Ende dieses Buches.

Wie sind Glückssteine bzw. Therapiesteine zu verwenden?

Glückssteine bzw. Therapiesteine sind ausgesuchte Heilsteine, die von allen Menschen gegen die aufgeführten Leiden und Blockaden verwendet werden können. Sie wurden durch Jahrtausende lange Erkenntnisse auch bestimmten Tierkreiszeichen zugeordnet, weil sich bestimmte Blockaden aufgrund schöpferischer Schwankungen in Bezug auf Mondphasen und kosmischen Kräften in bestimmten Menschen verstärkt einnisten können, bzw. bestimmte Menschen besonders anfällig für typische Blockaden sind.

Mit Hilfe der aufgeführten Glücks- bzw. Therapiesteine können Sie nun auf Sie zutreffende Blockaden erkennen, lindern und heilen. Die genauen Beschreibungen zu den charakteristischen Eigenschaften der einzelnen Blockaden sollen jedoch nicht den Eindruck vermitteln, nun Psychiater sein zu müssen, um etwas dagegen tun zu können, sondern sollen Ihnen einfach Ihre persönlichen Schwächen und Verzerrungen bewußt machen. Mit Hilfe dieses Buches erkennen Sie nun Ihre Blockaden und mit Hilfe der ausgewählten Therapiesteine haben Sie auf einmal die Kraft, nicht mehr das tun zu müssen, was Ihre Blockaden von Ihnen verlangen, sondern das, was Ihre Seele und Ihre wahre Persönlichkeit wünscht. Nicht das Wissen über psychologische Gründe und Ursachen einer Blockade ist maßgeblich für die Edelstein-Therapie, sondern einfach, daß Sie augenblicklich für sich erkennen, daß gerade eine Blockade dabei ist, von Ihnen Besitz ergreifen zu wollen. Mit Hilfe von Therapiesteinen haben Sie nun den Vorteil, wieder eigene, vernünftige Wege gehen zu können, worauf sich Liebe, Zufriedenheit, Gesundheit und Selbstverwirklichung aufbauen lassen. Denn seine Blockaden erkennen und heilen können heißt nicht seine Persönlichkeit verändern zu müssen, sondern Erwachsen zu werden.

Wie wähle ich den richtigen Therapiestein für mich aus?

Es gibt keine allgemeine Methode, um den besten Stein für sich selbst herausfinden zu können, da Sie innerlich anders empfinden, als andere Menschen oder ich. Der Weg zum richtigen Therapiestein beginnt jedoch zunächst da, wo Sie sicher sein können, reine, energievolle und unverfälschte Therapiesteine erhalten zu können. (Informationen hierzu finden Sie am Ende dieses Buches). Die weitere Auswahl führt dann durch Ihre inneren Empfinden, beispielsweise durch ein Kribbeln im Bauch oder auf der Haut, durch spontanes

Zugreifen, Erwärmung, Sympathie oder über andere magische Anziehungspunkte, welche ähnliche innere Empfinden auslösen, wie beispielsweise Verliebtheit oder Geborgenheit auch. Öffnen Sie sich, und Ihre unterbewußten Empfinden werden sich mit den richtigen Steinen austauschen und sich mittels metaphysischer Energien, Licht, Farben und anderer spiritueller Energieströme vereinen wollen. Respektieren Sie dies und denken Sie manchmal lieber weniger darüber nach, weshalb Ihnen nun der eine Stein mehr sympathisch ist, als ein anderer. Denn der eine wurde vielleicht von Ihrer Seele auf Sie aufmerksam gemacht und möchte nun zu Ihnen, um Ihre Herzprobleme oder Magengeschwüre zu lindern und es wäre schade, wenn er durch Ihren Verstand oder Geldbeutel daran gehindert werden würde. Das wichtigste an diesen Signalen ist, daß sie schnell zugreifen, um Ihrem Verstand keine Zeit dafür zu lassen, sich einmischen zu können. Denn er wird versuchen, die Dinge logisch gestalten und erklären zu wollen. Leider verlieren Sie dadurch sofort den spirituellen Energiestrahl zu dem Stein, der Verbindung zu Ihnen aufgenommen hat und zurück bleibt meist nur noch ein logisches Ratespiel, was sich an rationalen Gesichtspunkten Ihres Verstandes orientiert. Wichtig ist, hierbei zu erfahren, daß alle Heilsteine, welche von Methusalem weitergegeben werden, in ihrer Preisbildung auf einem unkostendeckenden Faktor beruhen, welcher letztendlich nicht nur dazu beiträgt, daß die Steine der Natur ohne Gewalt, Rodung, Kinderarbeit, Ausbeutung oder gar Sprengung entnommen werden, sondern dazu daß sie größtenteils auch direkt von den Urvölkern bezogen werden. Hierdurch wird erreicht, daß positive spirituelle Energien in die Herzen der modernen Menschen einfließen können, während hierbei gleichzeitig materielle Energien an die Völker der 3. Welt und in die Reservate der Urvölker abtransportiert werden. (Informationen hierzu finden Sie ebenfalls am Ende dieses Buches.)

Haben Heilsteine Nebenwirkungen?

Ja, alles was eine Wirkung hat, hat nach den kosmischen und spirituellen Gesetzesmäßigkeiten immer auch eine Nebenwirkung. Alle Dinge in unserem Universum und somit auch in unserem irdischen Gefüge bestehen aus mindestens zwei unterschiedlichen, aufeinander abgestimmten, gegensätzlichen Kräften, welche wir als männlich oder weiblich, Yin und Yang oder als Tag und Nacht bezeichnen können. Keine Sache in unserem Universum kann demnach nur eine einzige Sache bewirken, ohne dabei nicht auch eine andere Sache, sprich eine Gegenwirkung, zu verursachen.

Der Unterschied der Nebenwirkungen im Energiebereich von Therapiesteinen im Gegensatz zu künstlichen Arzneimitteln liegt jedoch darin, daß natürliche Heilsteine von uns Menschen gesucht, ersucht und mit Hilfe von altüberliefertem Wissen in Verbindung mit Mondphasen und Biorhythmus verwendet werden müssen. Die Nebenwirkungen der Edelsteine sind demnach auch keine richtigen Nebenwirkungen, sondern mehr eine Überwindung von uns selbst zu mehr Offenheit, Sensibilität und Erkenntnis gegenüber eigenen Blockaden und Schwächen. Hinzu kommt, daß wir an uns arbeiten müssen und auch die Erkenntnis dazu benötigen, daß Heilsteine und Therapiesteine Schlüsselfunktionen für unsere körperlichen und seelischen Strukturen in sich tragen, um die schöpferischen Energieströme ausreichender durch uns zirkulieren lassen zu können. Heilen wird uns letztendlich nicht der Stein selbst, sondern der durch ihn ausgelöste Impuls erneuter schöpferischer, heilender und universeller Energie.

Sich also einen Heilstein zu kaufen und vom ihm verlangen zu wollen, nun geheilt zu werden, ist demnach genauso töricht, wie die Konstellationen der Sterne für die Atomversuche der Menschen verantwortlich machen zu wollen. Wir modernen Menschen müssen, um wirklich wieder mehr Liebe, Glück und Heilung erhalten zu können, mit Hilfe der Steine zuerst einmal wieder unsere selbst auferlegten Blockaden auflösen und uns von negativen körperlichen bzw. seelischen Metastasen befreien. Darüberhinaus müssen wir wieder erkennen, daß die Glaubensenergie in uns selbst ein Großteil jener Energien ist, welche uns mit den kosmischen und schöpferischen Kräften verbindet. Denn nicht derjenige der an die Kraft der Steine, Düfte, Kristalle, Mond und Schöpfung glaubt wird leiden, sondern derjenige, der behauptet, nicht glauben zu können, nichts glaubt, was in seinen Augen nicht bewiesen ist und Glauben mit unzulänglichem Aberglauben verwechselt, wird geistig, körperlich, psychisch und seelisch zerfallen. Denn die Glaubensenergie verbindet in uns die Kräfte von Mond und Kristallen zu Heilung, Schöpfung, Erneuerung, Gesundheit und Liebe. Nur so können die heilenden Energieströme wieder in uns eindringen und zirkulieren. Anschließend müssen wir endlich wieder erkennen, daß Wohlbefinden und Heilung nicht in sichtbaren, logischen oder faßbaren Formeln zu suchen oder zu finden ist, sondern nur in Verbundenheit mit den schöpferischen und kosmischen Kräften. Diese Verbundenheit wird jedoch nur durch Weisheit, Glauben, Vernunft, Liebe, Intuition, Spiritualität und Vertrauen erreicht und niemals übers Internet, durch technischen Fortschritt, Wissenschaft, Habgier, Genforschung, Logik, Statistik oder Atomversuche.

Diese Arbeit an uns selbst, die auch allen Tieren und Pflanzen obliegt, ist die Nebenwirkung der heilenden Steine, welche die Urvölker und alle anderen Geschöpfe unseres Planeten jedoch nicht als negative Nebenwirkungen oder unangenehme Arbeit ansehen, sondern als den eigentlichen Sinn unseres

Lebens selbst bezeichnen. Hinzu kommt, daß spirituelle Reichtümer ebenso durch persönliche Anstrengung erworben werden müssen, wie materielle Reichtümer auch. Denn ehrlich zu sich selbst zu sein bringt Reife, Erkenntnis, Weisheit, Seelenfrieden, Harmonie und Freude für sich selbst und für alle irdischen und spirituellen Beziehungen. Menschen, welche den Sinn ihres Daseins als gemeinsames Glied mit Pflanzen, Tieren, Steinen und Sternen erkannt haben, zum Guten streben und sich auch darüber bewußt werden, daß Liebe nur in liebenswerten Menschen dauerhaft verweilt, werden nicht diskriminieren, töten, Atombomben zünden, Kriege verursachen, Wälder roden, Tiere ausstopfen und Menschen künstlich herstellen oder Lebensmittel und Medikamente gentechnisch so verändern wollen, daß der »Contergan-Supergau« uns allen in kurzer Zeit erst noch so richtig bevorsteht, sondern nur so viel nehmen, wie sie wirklich zum Leben benötigen und auch im Stande sind, wieder geben zu können. Aus dieser spirituellen Bewußtseinshaltung heraus ergibt sich auch ein Sinn über die Aufgabe des Daseins unserer Seele als Einheit im menschlichen Körper auf unserer Erde.

Da den modernen Menschen Spiritualität, Liebe, Gesundheit und Zufriedenheit einst nicht genug war, begannen sie damit, die urzeitlichen Strukturen im Laufe relativ kurzer Zeit durch logische, wissenschaftliche, chemische, gentechnische, analytische und fortschrittliche Maßnahmen ersetzen zu wollen und mit Beginn der Vermännlichung Gottes gewaltsam zu verdrehen. Später kamen Pille, Chemie und wirtschaftliches Wachstum hinzu. Genforschung, Atompilze, Wissenschaft und Computer rundeten die menschliche Entwicklung zu niederen, grausamen, gewaltvollen, herrschsüchtigen, einsamen, kranken, lieblosen und unzufriedenen Wesen ab.

Die einstige Naturverbundenheit wurde verpönt, bestraft oder von den Kirchen aus den Körpern der Menschen herausgebrannt. Anschließend sollte das hieraus resultierende und explosionsartig zunehmende Leid der modernen Menschen durch chemische Einheitsmedikamente gelindert werden. Um der Wirtschaft möglichst lange als Arbeitskraft und Konsument erhalten bleiben zu können, war es jedoch schädlich, wenn Menschen den Sinn in ihrem Leben, anstatt in Karriere, Arbeit oder Habgier plötzlich wieder in Liebe, Gesundheit und Zufriedenheit sehen. Denn Menschen, welche auf ihre innere Stimme und ihre seelischen Impulse hören, durchschauen auf einmal den gesellschaftlichen und politischen Betrug und beginnen sich wieder verstärkt der Gesundheit, Zufriedenheit und der Liebe zuzuwenden und letztendlich um den Willen des reinen Überlebens dem gesellschaftlichen Druck zu entziehen, um somit Fortschritt nicht mehr länger in Chemie, Wissenschaft und Reichtum definieren zu wollen, sondern wieder in Liebe und Zufriedenheit, wobei der tägliche Erwerb nicht mehr die übergeordnete Funktion einnimmt, wie augenblicklich noch in unserer modernen Industriegesellschaft, sondern nur noch eine Funktion als Mittel zum Zweck. Nämlich jene kümmerliche Funktion, der wir augenblicklich der Liebe, Gesundheit, Partnerschaft oder Zufriedenheit beimessen. Um sich vor dieser neuen Gesinnung der modernen Menschen zu schützen, haben die »Herren« mittels Waffengewalt Steuern und Abgaben erschaffen, die je nach Wohlstand so erhöht oder gesenkt wurden, daß die Bürger sich an materiellen Wirtschaftsgütern zwar mehr leisten konnten, insgesamt jedoch so knapp bemessen wurden, daß sie den größten Teil ihres Lebens für Steuern, Mieten und Staat arbeiten mußten und dabei zunehmend ihre Ehen, Körper, Seelen und Gesundheit ruinierten und verkauften. Unter dem Deckmantel von Kirchen, Regierung oder Staat, welcher längst nicht mehr das Volk selbst, sondern nur noch eine handvoll sogenannter Obrigkeit verkörpert, wurden verschiedene Rechtssysteme erschaffen, welche einerseits das mafia-typische Vorgehen Krimineller unter Strafe stellte, um andererseits, ungestört, selbst ein Vielfaches von dem aus dem Erwerb seiner Bürger erpressen zu können.

Um jedoch standardisierte Menschen erzeugen zu können, mußten patentierbare Heilmittel, ohne Rücksicht auf die Gesundheit der Menschen oder die Natur, erfunden werden. Allerdings liegen die Wirkungen dieser künstlichen Heilmittel nicht etwa wie jene der Naturheilmittel in rein positiven Wirkungen für Körper und Seele und im negativen Bereich lediglich darin, daß wir uns beispielsweise mit Hilfe dieses Buches und der darin erwähnten Überlieferungen selbst um das Erkennen unserer Blockaden, Krankheiten und Mondrhythmen bemühen müssen, sondern darin, daß chemische Produkte steigende Börsenkurse, Vergiftung und Umweltzerstörung hervorrufen und erst gar nicht nach den Ursachen, Rhythmen oder Blockaden fragen, sondern töten oder betäuben, was zu betäuben ist. Die Nebenwirkungen künstlicher Präparate stehen demnach teilweise auf der Packungsbeilage und teilweise auch nicht, weil sie aus wissenschaftlicher Sicht zwar giftig, jedoch statistisch noch nicht erwiesen sind, wie z.B. die hohe Kinderbehinderten- bzw. Sterblichkeitsrate in der Nähe anliegender Überlandleitungen, Sendemasten oder die hohe Krebsrate in der Nähe angrenzender Atomkraftwerke. Studien aus den Vereinigten Staaten belegen längst das was insgeheim jeder wußte. Denn knapp 90% aller vorzeitigen Todesfälle lassen sich direkt auf Umweltverschmutzung, giftige Nebenwirkungen chemischer Arzneimittel und genvergifteter Lebensmittel zurückführen. Auch in Deutschland läßt sich die schreckliche Wahrheit nicht länger verschleiern.

ARZNEIMITTEL / Untersuchung über fatale Folgen

Tödliche Tabletten

Jährlich sterben 8000 Menschen durch Nebenwirkungen

Etwa 8000 Menschen in Deutschland sterben nach Angaben der Arzneimittelkommission der Bundesärztekammer jährlich an den Nebenwirkungen von Medikamenten.

WIESBADEN ■ Darüberhinaus erkranken 50 000 bis 100 000 Patienten schwer, sagte gestern der Geschäftsführer der Arzneimittelkommission, Karl-Heinz Munter. Bei einer Milliarde Verordnungen von Arzneimitteln im Jahr sei das Risiko von Nebenwirkungen damit zwar relativ gering: „Aber für jeden einzelnen Patienten, den es betrifft, ist es natürlich nicht zu wünschen, solche Nebenwirkungen zu erleiden", sagte Munter.

Leichte Nebenwirkungen seien in der Regel bekannt und schon auf dem Beipackzettel vermerkt, aber schwere Nebenwirkungen würden häufig erst durch das Auftreten beim Patienten entdeckt.

Munter forderte, das Angebot an Arzneimitteln in Deutschland zu verringern. Bei 40 000 verschiedenen Präparaten müsse sich der Arzt mit einem „Dschungel von Arzneimitteln auseinandersetzen". Außerdem werde die angewandte Arzneimittellehre in der neuen Ausbildungsordnung für Mediziner nicht ausreichend berücksichtigt.

Vor wenigen Tagen hatte bereits eine US-Studie auf das Risiko von Nebenwirkungen bei ganz normal und korrekt von Ärzten verschriebenen Medikamenten aufmerksam gemacht. Mehr als zwei Millionen Amerikaner erkranken demnach ernsthaft an Nebenwirkungen; 106 000 sterben daran.

Die Untersuchung ist die größte und vollständigste, die bisher auf diesem Gebiet in Zusammenarbeit von mehreren Hochschulen und medizinischen Instituten in den USA angefertigt wurde. Das Journal of the American Medical Association, das die Studie veröffentlichte, lobte die Untersuchung, weil sie anders als bisher nur Fälle geprüft hat, in denen Medikamente korrekt eingenommen wurden. Frühere Studien hatten auch Nebenwirkungen registriert, die durch unsachgemäße Verschreibung oder falsche Dosierung entstanden waren. Jetzt soll untersucht werden, welche Arzneien in ihren Nebenwirkungen besonders risikoreich sind. dpa/on

Erschreckender Bericht aus einer renommierten Süddeutschen Tageszeitung vom 18.04.1998. Die Wahrheit läßt sich nicht länger verleugnen!

Hilf Dir selbst, dann hilft Dir Gott

Es gibt keinen ehrlichen, einfachen, problemlosen, schnellen Weg, um zu den Rhythmen des Mondes, zu Gesundheit und Liebe zurückfinden zu können, ohne sich ernsthaft darum zu bemühen. Doch irgendein Opfer müssen Sie bringen, wenn Sie zurück in den Rhythmus von Körper, Seele, Liebe und Gesundheit gelangen möchten. Von alleine verändert sich in allen natürlichen Strukturen genauso wenig, wie unsere Waschmaschine sich die schmutzige Wäsche nicht von selbst in der Wohnung zusammensuchen wird oder anders ausgedrückt, »hilf Dir selbst, dann hift Dir Gott«. Denn Sie können unzählige Weisheiten aus den Worten und zwischen den Zeilen dieses Buches erlernen. Allerdings ist es nicht möglich, all diese Informationen ohne Ihr eigenes Zutun, indem Sie die Dinge in die Realität umsetzen, auch wirklich verstehen zu können. Die schöpferischen Energien haben uns nicht nur den Verstand gegeben, sondern auch Liebe, Vernunft, Verständnis, Intuition, Vertrauen und die Achtung vor der Natur und wenn wir diese Instrumente gemeinsam als Einheit gebrauchen, um unsere Visionen in gute Taten umzusetzen, finden wir zu einem neuen Lebensinhalt, welcher Reichtum nicht mehr ausschließlich nur in Geld, Schmuck, Immobilien oder Macht definiert, sondern wieder in Liebe, Familie, Gesundheit, Zufriedenheit und Glück. Leider müssen wir das Bewußtsein hierfür wieder ebenso künstlich erlernen, wie das Schwimmen. Unsere Vorfahren hingegen erweiterten ihr Bewußtsein, ebenso wie die Urvölker auch heute noch, auf natürliche Weise durch Steine und Kristalle um immer empfänglich für den Zugang sinnlicher, natürlicher und spiritueller Informationen aus der hiesigen Natur, dem Jenseits und den schöpferischen Räumen aller Dinge bleiben zu können. Denn aus schöpferischer Sicht besteht der Sinn unseres Lebens in Selbstfindung und Selbstverwirklichung unter Rücksicht auf die Umwelt. Diese Rücksicht steckt wiederum aus Liebe, Achtung, Zufriedenheit, Nächstenliebe und Verständnis die ethischen Grenzen eines jeden Lebewesens ab. Der Sinn unseres Daseins besteht demnach nicht aus Arbeit, Karriere und vorzeitigem Tod. Wir Menschen wurden nicht erschaffen, um Hand in Hand mit Maschinen zum Reichtum weniger Päpste, Könige oder Industrieller beizutragen, sondern uns obliegt allen ein unwiderruflicher Sinn im irdischen Geschehen, der viel mehr darin besteht, unsere Seele mit Hilfe von Geist, Phantasie, Intuition und Körper durch die irdischen Dimensionen des Lebens zu begleiten, wofür die Seele uns wiederum im Gegenzug dazu mit Liebe, Zufriedenheit, Glück und Weisheit erfüllt. Es dürfte demnach nicht zuviel verlangt sein, sich einige Minuten pro Tag für den eigentlichen Sinn unseres Daseins »opfern« zu wollen, um somit wieder Zeit für sich selbst abzuzwacken, um nicht reicher, sondern zufriedener, gesünder und liebevoller zu werden.

Wichtig:

Wenn Sie sich entschlossen haben, selbst wieder mehr für sich und Ihre Gesundheit tun zu wollen, bedenken Sie bitte, daß die Edelstein-Therapie niemals eine analytische, eigenständige Therapieform ist, sondern eine Therapie, welche uns im Rahmen von Spiritualität, natürlichen Energieströmen, schöpferischen Kräften, Weisheit, Reife und Selbsterkenntnis in Verbindung mit ätherischen Ölen, Mondphasen und Biorhythmen wieder zu Zufriedenheit, Gesundheit und Liebe zurückführt. Umso entschlossener Sie sind, und umso ehrlicher Sie mit Hilfe der folgenden Beschreibungen über ihre persönlichen Blockaden, zu Therapiesteinen und ihren Mondrhythmen zurückfinden, umso schneller finden Sie auch wieder aus dem Leidenskreislauf unserer modernen Gesellschaft heraus.

Bedenken Sie zusätzlich daß der in diesem Buch beschriebene weisheitliche Weg nicht, wie gewohnt, durch äußere Kanäle zum Glück führt, sondern durch einen inneren Pfad, der nur von Ihnen selbst begangen werden kann. Dies unterscheidet die Weisheit der Urzeit auch von den Dogmen der Amtskirchen, Sekten, Wissenschaftlern und Psychologen die Ihnen allesamt meist einen äußeren bzw. »Ihren Weg« zum Glück, gegen Entgelt oder Steuern verkaufen möchten. Es bringt jedoch nichts, die Wege anderer, außenstehender, fremder Menschen für sich anwenden zu wollen, sondern nur der Weg den Sie selbst durch Ihr eigenes Inneres hindurch beschreiten führt zu den schöpferischen Energien die wir als Nirwana, Erleuchtung, Gott, Himmel oder wie auch immer, bezeichnen können. Mißtrauen Sie daher zunächst einmal all denen, die von sich behaupten, eine wissenschaftlich fundierte Methode erfunden zu haben oder anzuwenden, die zum Glück führt und verabschieden Sie sich endlich von dem Irrglauben, daß es jemals eine wissenschaftlich fundierte, bewiesene Gebrauchsanweisung für persönliches Glück und Liebe geben wird. Denn hiernach suchen alle Wissenschaftler, Könige und Päpste seitdem die Menschen gelernt haben, habgierig empfinden, täuschen und denken zu können. Diese Illusion ist der Motor für die gesamte Zerstörung unseres Planeten, für Kriege und Gehirnwäsche mit dem Resultat, der »Glückspille« ebenso wenig näher gekommen zu sein, wie den Energien der Liebe, der Seele, der Heilung oder der Schöpfung. Denn Liebe und Glück sind so vielfältig, wie alle Gedanken, Gefühle und die Sterne zusammen und werden vom kleinen Menschenverstand niemals auf den Nenner einer einzigen Formel gebracht werden können, weil wir keine »Götter« sind!

Wäre dies anderst, wären unsere Wissenschaftler, Gentechniker, Kirchenräte, Psychologen und Schulmediziner doch allesamt glücklich. Ob sie es wirklich sind können nur sie selbst wahr beantworten, fest steht jedoch daß sie offensichtlich meist alle genauso einsam, unzufrieden, unglücklich, geschieden oder krebskrank sind, wie Sie auch weil die vielgepriesenen wissenschaftlichen Untersuchungen nicht einmal ihnen das Glück sondern eher das selbe Leid gebracht haben, das sie sich von jenen Menschen nicht länger durch blauäugiges Vertrauen auf wissenschaftliche Erkenntnisse (Contergan), Psychologie oder gar durch Sekten hineininterpretieren lassen sollten.

Die Urvölker wußten dies und kannten jeder für sich den Zugang zur eigenen Seele. Dieser persönliche Zugang zum Glück, zur Gesundheit und zur Liebe mußte allerdings mit Hilfe von ausgesuchten Steinen, positiven Gedanken und dem Glauben daran, aufrecht erhalten werden. Hierin sahen die Urvölker jedoch keine Mühe, sondern den wahren Sinn ihres Daseins. Wir hingegen müssen uns diesen vernachlässigten Weg durch unzählige Blockaden hindurch zurück erobern, um zunächst wieder zu uns selbst finden zu können, und, um im Anschluß daran mit Hilfe von Steinen wieder erkennen zu können, daß alles Gute, Himmel, Gott, Glück, Schönheit, Gesundheit und Liebe nicht in irgendwelchen äußeren, materiellen Werten verborgen liegen, sondern im Innersten von uns selbst. Es läßt sich nicht kaufen oder herbeten, sondern wird für Sie erst wieder dann zur segenbringenden Aura, wenn es aus Ihrem Innersten selbst, in Körper und Seele und in Ihre Umgebung heraus leuchtet.

Es gibt keinen anderen Weg außer den weisheitlichen Weg den wir Ihnen in diesem Buch beschrieben haben. Nur Sie selbst können durch eigene Entschlossenheit und Ehrlichkeit zu sich selbst, mit Hilfe von Steinen, Mond und Sternen und dem wahren inneren Glauben daran, daß deren Energien für Sie auch dann positiv wirken, wenn sie nicht wissenschaftlich bewiesen sind zu dem persönlichen Glück finden, wonach Sie suchen und das Sie sich wünschen, indem Sie sich selbst von inneren Blockaden, Ängsten und Leiden befreien, die Sie von innen heraus an einer selbstständigen, liebevollen, friedvollen, vernünftigen und partnerschaftlichen Lebensentfaltung behindern.

Sie sollten hierbei bestimmte Heilsteine und Therapiesteine für sich auch dann verwenden, wenn eine Blockade nur auszugsweise oder teilweise für Sie zutrifft. Denn Blockaden gehen oft nahtlos ineinander über oder beginnen in einer Blockade und enden in einer ganz anderen. Häufig wechseln sich Blockaden in ihren typischen Erscheinungsbildern und Rhythmen mehrmals täglich ab, treten spontan auf oder halten über Jahre an. Blockaden stauen und spalten die seelischen Energieströme und trennen uns vom schöpferischen und universellen Geschehen, oft ohne daß wir es merken. Umso mehr Blockaden sich wie Pocken in unseren körperlichen, psychischen und organischen Strukturen ansiedeln oder gar unsere Energiezentren (Chakras) beeinträchtigen und blockieren, umso mehr verlieren wir den Halt zu Liebe, Gesundheit und Zufriedenheit. Die Liebe selbst ist die mächtigste Emotion, welche alle negativen Emotionen aufwiegt. Umso mehr die Liebe in ihrem Energie-fluß durch Blockaden verzerrt wird, umso schwächer und haltloser wird sie und umso mehr drängen Depressionen, Schmerzen, Haß, Eifersucht, Aggressionen, Gewalt, Unverständnis, Wut und Habgier aus sich einem permanent vergrößernden tiefen schwarzen Loch klaffender Angst in unser Bewußtsein. Denn die pure Angst selbst ist mit allen anderen negativen Gefühlen und Emotionen der Gegenspieler der Liebe. Umso mehr die Liebe durch Blockaden verdrängt wird, umso mehr werden wir durch negative Emotionen, Ängste, Schmerzen, Krankheiten und von Habgier beherrscht. Wir haben Ihnen in diesem Buch das Gerüst der bekanntesten Blockaden hervorgehoben, worin nahezu 90% aller modernen, uns bekannten Leiden Ihren Ursprung finden. Verwenden Sie demnach alle Therapiesteine, in deren Blockaden Sie sich widerspiegeln.

Fragen Sie nicht länger nach dem Beweis, dem Wie oder Warum, und suchen Sie auch nicht länger den Rat in geschwollenen wissenschaftlichen Erläuterungen und Formeln sondern beginnen Sie von ganzem Herzen an die Energie Ihrer Steine zu glauben und auf sie zu vertrauen. Sie werden sehen und fühlen, wie sich für Sie neue Ebenen, Dimensionen und Strukturen eröffnen, die für Sie bisher aufgrund logischer und wissenschaftlicher Schranken nur außerhalb der kleinen, engen Schublade existierten, in der wir modernen Menschen durchs Leben gehetzt werden.

Achten Sie darauf, reine, hochwertige und unverfälschte Therapiesteine für sich zu verwenden. Umso klarer, schöner oder farbintensiver ausgesuchte, unverfälschte und der Natur auf schonendste Art entnommene Heilsteine sind, umso stärker sind auch ihre Wirkungen. Heilsteine, bzw. Therapiesteine sollten möglichst direkt auf den Chakras aufgelegt werden, in Form von Essenzen und Elixieren eingenommen oder mit Hilfe von Ketten oder dem Lederband nahe am Hals oder über der Brust getragen werden.

Heilstein-Essenzen

Damit Sie Ihre wohltuende und heilende Edelstein-Therapie abrunden können, möchten wir die Original-Edelstein-Essenzen »Rote Erde« von Methusalem in diesem Buch nicht unerwähnt lassen.

Heilstein-Essenzen »Rote Erde« von Methusalem werden ausschließlich am Ayers Rock in Australien unter sorgfältigsten Klima-Bedingungen mit reinsten Heilsteinen und bestem Wasser einer einzigartigen Quelle hergestellt. Das hierzu verwendete Quellwasser stammt ausschließlich aus einer unterirdischen Quelle am Ayers Rock, deren Zugang nur den Ureinwohnern Australiens vorbehalten ist. In diesem Quellwasser vereinen sich mit der Hilfe von Sonnenlicht, wie in allen Lebewesen oder in den Blättern der Pflanzen auch universelle Energieströme mit irdischen Kräften zu einer wohltuenden Essenz aus Liebe, Gesundheit, Bewußtsein, heilenden Energien, Vitalität und Geist. Dieses Quellwasser wird wegen seinem hohen spirituellen Energiegehalt von den Ureinwohnern Australiens als »Rote Erde« bezeichnet, weil sie der Auffassung sind, daß früher der gesamte australische Kontinent von diesem Wasser bedeckt war, woraus sich alles Leben im irdischen Geschehen erschöpfte. Erst als alle Lebewesen auf der Erde ihren festen Platz eingenommen hatten, sickerte das Wasser zurück in die Quelle, woraus es seitdem nur noch in geringen Mengen sprudelt. Zurück blieb ein rotes Land, welches unseren Planeten durch den Ayers Rock als Nabel der Mutter Erde mit den schöpferischen und kosmischen Energieströmen verbindet.

In Verbindung mit Heilsteinen, Therapiesteinen, Glückssteinen und Kristallen verbinden sich die schöpferischen und universellen Energieströme mit diesem Wasser zu einer wohltuenden und heilenden Essenz für Körper, Geist und Seele.

Heilstein-Essenzen sind energievolle Konzentrate bestimmter Therapiesteine, welche den feinstofflichen Mikrokosmos bestimmter Blockaden auflösen. Sie sollten daher unter der in diesem Buch angegebenen Nummer dann verwendet werden, wenn die Blockade größtenteils auf Sie zutrifft. Da wir alle zunehmend von mehreren Blockaden betroffen sind, bzw. sich Blockaden in ihren negativen Wirkungen untereinander überlagern, empfiehlt es sich, mehrere Essenzen zu wohltuenden Elixieren zu vermischen.

Jeder Therapiestein in diesem Buch ist daher mit einer Bezugsnummer für die Original-Edelstein-Essenz »Rote Erde« von Methusalem versehen. In der Broschüre »Glückssteine, Essenzen, Elixiere« von Methusalem finden Sie unter »Edelstein-Essenzen« eine Aufstellung, die es Ihnen erleichtert, bei Methusalem oder im verantwortungsvollen Fachhandel, Ihre persönlichen Heilsteine, Glückssteine, Essenzen und Elixiere zum Heilen Ihrer Blockaden mit genauer Beschreibung und Zertifikat von Methusalem erhalten zu können. Informationen hierzu finden Sie am Ende dieses Buches.

Heilstein-Elixiere

Im Gegensatz zu reinen Edelstein-Essenzen sind Heilstein-Elixiere sorgfältig auf Ihren Körper oder Ihren Bio-Rhythmus abgestimmte Kompositionen mehrerer verschiedener Edelsteinessenzen in einem. Sie lindern demnach nicht nur psychische Leiden, sondern sind bereits sehr wohltuende, umfassende Heilmittel gegen körperliche und psychosomatische Krankheiten und deren Ursachen. Da die meisten körperlichen Leiden auf nur wenige bestimmte Ursachen zurückzuführen sind, empfehlen wir Ihnen, sich selbst anhand der Nummern unter den Beschreibungen der Therapiesteine Ihre eigene, individuelle Kombination (Elixier) zu mischen, oder noch besser, sich mit Hilfe von Methusalem in Verbindung mit bestimmten Heil- und Therapiesteinen mit dem Quellwasser »Rote Erde« mischen zu lassen.

Natürlich können Sie sich alle Ihre Essenzen und Elixiere auch selbst zusammenstellen. Bei Methusalem erhalten Sie ein eigens hierfür hergestelltes, neutrales Bergkristall-Wasser das schon fast als Bergkristall-Geist bezeichnet werden kann. Es reift unter Verwendung eigens hierfür ausgesuchter, prismatischer Kristallspitzen nach der altbewährten Sonnen-Mondmethode heran und wird so zu einem besonders sanften, und harmonievollen, jedoch zugleich auch energievollen Träger positiver universeller Kräfte, das dem Ur-Wasser »Rote Erde« kaum nachsteht.

Fordern Sie hierzu eine übersichtliche Informationsbroschüre direkt bei Methusalem an. Diese enthält nicht nur praktische Hinweise zur Anwendung von Essenzen und Elixieren, sondern auch alles Wissenswerte über Herstellung und Dosierung in Verbindung mit Heilsteinen und Kristallen.

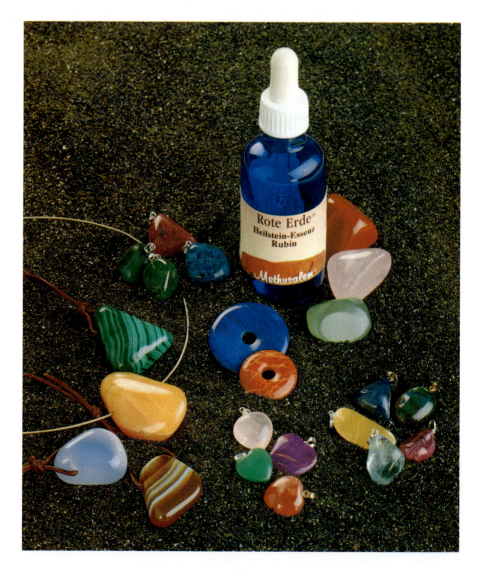

Kapitel 4

Kristalle und Blockaden

Die Therapiesteine (Glückssteine) der einzelnen Tierkreiszeichen und deren Wirkungen auf unser körperliches, psychisches und seelisches Befinden

Wie bereits erwähnt, wurden die einzelnen Therapiesteine bestimmten Tierkreiszeichen zugeordnet, weil sich bestimmte charakterliche Verhärtungen und negative Verhaltensmuster, welche durch Blockaden ausgelöst werden, bei ihnen besonders häufig wiederholen. Dies bedeutet jedoch nicht, daß die aufgeführten Blockaden bei Menschen in anderen Tierkreiszeichen nicht auch vorhanden sein können, sondern lediglich, daß sie in bestimmten Tierkreiszeichen verstärkt hervortreten. Sie sollten daher unbedingt alle Therapiesteine verwenden, in deren Blockaden Sie sich entweder ganz oder teilweise widerspiegeln, damit bereits verdrängte Symptome oder noch nicht erkannte Leiden oder Blockaden rechtzeitig vorgebeugt, gelindert und geheilt werden können. Denn die materiellen bzw. wirtschaftlichen, umweltzerstörerischen, gentechnischen und chemischen Einflüsse unserer modernen Gesellschaft hinterlassen in den verschiedenen Charakterfasern aller Menschen zahlreiche, häufig wiederkehrende, typische Blockaden, welche bereits seit Tausenden von Jahren mit Beginn der Abwendung der Menschen von der Natur, in ihrer Eigenart beschrieben wurden. Da der Raubbau und die Gesinnung der Menschen sich jedoch seit vielen Tausend Jahren ausbreitet, verhärten sich zunehmend auch bestimmte Blockaden unter den modernen Menschen, welche, weil man sich deren Parallelen und Ursachen nicht erklären konnte, den Sternen, dem Wetter, dem Mond, Hexen oder schwarzen Katzen zugeschoben wurden. Daß die Sterne am zunehmenden Leid der Menschen beteiligt sein sollen, ist jedoch Unsinn. Im Gegenteil, die positiven schöpferischen Energieströme kommen ohne die Hilfe von Therapiesteinen aufgrund selbst auferlegter hartnäckiger Blockaden nicht mehr an die inneren seelischen Strukturen von uns modernen Menschen heran, um uns zufrieden und wieder gesund machen zu können. Daher ist es nicht nur töricht, sondern auch dumm, zu behaupten oder gar zu glauben, daß die Sterne Schuld an unserem Schicksal sind. Dies wäre genauso, wenn wir behaupten würden, das Auto sei Schuld, wenn es nicht mehr fährt, weil wir nicht mehr zum Tanken gehen.

Wir haben Ihnen daher in diesem Buch unter den einzelnen Therapiesteinen und Tierkreiszeichen typische Blockaden genau aufgeschrieben. Jetzt haben Sie die Möglichkeit, für sich persönlich, ganz ohne schulmedizinischen psychologischen Rat Ihre Blockaden selbst erkennen zu können. Sie können nun endlich erkennen, daß es sich bei bestimmten psychischen unangenehmen Verhaltensmustern nicht um Ihren eigentlichen Charakter handelt, sondern um emporkeimende Blockaden, welche Sie zunehmend negativ bevormunden und beeinflussen. Mit Hilfe Ihrer Therapiesteine haben Sie nun erstmals die Möglichkeit, in typischen, negativen Situationen vorzeitig erkennen zu können, daß das nicht Sie sind, was gerade unangenehm oder launisch an Ihrem Körper, Ihren Nerven oder Verhalten zerrt, sondern eine Blockade, die sich gerade Platz verschaffen möchte. Ihr Therapiestein oder dessen Essenz bewirkt nun, daß Sie nicht mehr hilflos irgendwelchen wirren Blockaden ausgeliefert sind, sondern sich wieder zu dem entschließen können, was Sie wirklich wünschen, wollen oder sind und nicht mehr zu dem, was Ihre Blockade von Ihnen verlangt.

Lesen Sie sich alle aufgeführten Blockaden genau durch und nehmen Sie auch andere, aus Ihrer Sicht für Sie notwendige Therapiesteine zu sich. Denn sie haben keine Nebenwirkungen.

Auswahl geeigneter Therapiesteine, Glückssteine, Essenzen und Elixiere für andere Menschen

Häufig erkennen Außenstehende, Verwandte, Freunde, Kollegen oder Angehörige zutreffende Blockaden bei anderen Menschen viel besser als bei sich selbst. Dies kommt daher, weil wir modernen Menschen von klein auf nur gelernt bekommen, uns extern zu orientieren, das heißt, uns nicht primär um uns selbst und um eigene Belange zu bemühen, sondern mehr um die Belange anderer Menschen, Maschinen, Gesellschaften oder Computer. Hieraus resultiert, daß wir modernen Menschen kaum noch dazu in der Lage sind, auf unsere körperlichen, seelischen und organischen intuitiven Stimmen, Gefühle und Bedürfnisse hören und eingehen zu können, sondern Verantwortung und Schuld bei Gott und der bösen Welt zu suchen, nur nicht bei uns selbst. Da betroffene Menschen dann, wenn sie innerlich zusätzlich von Blockaden beherrscht werden, meist sehr forsch, abweisend, gekränkt, peinlich berührt oder entblößt reagieren, wenn sie auf eigene Schwächen oder Blockaden angesprochen werden, weil sie nicht wissen, daß nicht sie so sind, wie sie sich augenblicklich geben, sondern eine Blockade das augenblickliche Verhalten hervorruft, empfiehlt es sich, Betroffenen dieses Buch und eventuell einige von Ihnen für sie ausgesuchte Therapiesteine und Essenzen oder Elixiere zukommen zu lassen.

Im stillen Kämmerchen fällt es Betroffenen viel leichter, mit Hilfe von Steinen offener gegenüber sich selbst zu sein und sich selbst Blockaden und negative Verhaltensmuster eingestehen zu können, um weitere Therapiesteine oder Essenzen zu verwenden. Hinzu kommt, daß Heilsteine und Therapiesteine nicht nur von Blockaden lösen und somit die Persönlichkeit parallel von bereits auftretenden organischen Erkrankungen und Geschwüren befreien, sondern daß sie auch ein gesteigertes unterbewußtes Interesse gegenüber anderen Heilsteinen, in Verbindung mit Mond und Biorhythmus hervorrufen, was der Anfang für ein harmonievolleres und zufriedeneres Leben ist.

Aber auch umgekehrt sollten Sie dann, wenn Ihnen nahestehende Angehörige, zu denen Sie Vertrauen haben, und bei denen Sie wissen, daß sie es gut mit Ihnen meinen, so typische Aussagen, wie beispielsweise: »mit dir kann man nicht diskutieren; du hast doch immer recht; dir kann man auch gar nichts recht machen; immer gibst du anderen recht; du opferst dich auf; dir schenkt doch auch keiner was; immer muß alles nach deiner Pfeife tanzen; oder du kannst nicht verlieren«, sehr zu Herzen nehmen und nicht als Beleidigung oder Kränkung abtun oder zurückweisen. Fassen Sie diese Äußerungen als wirklich freundschaftliche Signale darüber auf, daß Sie sich augenblicklich in Blockaden befinden und andere Menschen dabei sind, sich von Ihnen zurückziehen zu wollen. Üben Sie diesbezüglich also keine Kritik und versuchen Sie auch nicht, sich verteidigen oder rechtfertigen zu wollen, denn damit würden Sie innerlich nur Ihre Blockaden bestätigen und somit noch tiefer in Ihr Unterbewußtsein verdrängen. Hinterfragen Sie sich stattdessen selbst und sprechen Sie Angehörige nochmals auf die Äußerungen Ihnen gegenüber an. Vorausgesetzt, daß Sie Vertrauen zu den betroffenen Menschen haben, wird Ihnen wohl kaum jemand so offen und ehrlich sagen, worunter Sie wirklich leiden. Nehmen Sie dieses umfangreiche Buch und bei bereits auftretenden körperlichen und organischen Beschwerden unbedingt auch »**Das Große Lexikon der Heilsteine, Düfte und Kräuter**« **von Methusalem** zur Hand. Nutzen Sie Ihre Chance und zögern Sie nicht. Verändern Sie mit Hilfe von Kristallen, Mond und Sternen Ihr Leben.

Edelsteintherapie in Verbindung mit Heilstein-Essenzen und Therapiesteinen bei Kindern

Kinder brauchen besonders viel Aufmerksamkeit, Zuwendung, Liebe, Geborgenheit, Pflege und den besonderen Schutz ihrer Eltern, um sich entwickeln und entfalten zu können. Dabei ist zu beachten, daß Kinder keine kleinen Erwachsenen sind, worauf sich die Lebenserfahrungen erwachsener Menschen einfach übertragen lassen, sondern Kinder sind kleine spirituelle Wesen mit einer eigenständigen Persönlichkeit, eigenen Bedürfnissen und Regeln, um ihre schöpferische Berufung auf Erden erkennen und erfüllen zu können. Und hierin liegt auch ein großes Problem unserer modernen Gesellschaft verborgen. Der moderne, wissenschaftlich orientierte Mensch bedenkt nicht mehr, daß in Kindern immer die Endstufe der gesamten seelischen, geistigen und psychischen Konsistenz der bisherigen Entwicklung des Universums ruht, weil in ihnen immer das gesamte Maß der bisherigen Evolution hineingeboren wird. Kinder benötigen daher, um ihre psychischen, geistigen und seelischen Aufgaben erkennen und auch verwirklichen zu können, keine althergebrachten Erziehungsmuster geistig einseitig unausgereifter, materialistisch orientierter Erwachsener, sondern lediglich eine körperliche, geistige und seelische Hilfestellung, um nach der Pubertät selbst zur vernünftigen Erfüllung ihres Lebens als Glied von Gesellschaft und Natur beitragen und finden zu können. Der wahre Lebenssinn liegt aus natürlicher Sicht heraus keineswegs in Karriere, Habgier oder technischem Fortschritt, sondern in seelischer Erfüllung, Gesundheit, Zufriedenheit, Familie und Liebe, wobei der materielle Erwerb lediglich eine zweckgebundene, untergeordnete Rolle einnimmt. Leider hat unsere Gesellschaft diese natürliche Gewichtung zwischen materieller Erfüllung und wahrer Liebe nicht nur verkehrt, sondern zugunsten von Wirtschaft, Wissenschaft und Profitgier zweckentfremdet und daher keine Zeit mehr für ihre Kinder. Kinder dienen höchstens noch als abwechslungsreiche Bereicherung, Steuervergünstigung oder gar als notwendiges Übel, welches von den mürbenden, tristen und sinnlosen Begebenheiten unseres materiellen Alltags noch als Überbleibsel einst natürlicher Harmonie ablenken sollen. Diese Verkehrung des natürlichen Segens, der in allen Lebewesen für Erfüllung, Zufriedenheit, Evolution, Fortbestand und Liebe mitverantwortlich ist, führte jedoch nicht nur unter den Erwachsenen vorangegangener Generationen zu tiefgründigen seelischen Blockaden, Geschwüren und körperlichem Verfall, sondern vor allem auch bei Kindern. Hierin liegt beispielsweise auch die Ursache für den zunehmenden, stillen Widerstand der meisten Mädchen naturwissenschaftlichen Schulfächern gegenüber verborgen. Sie interessieren sich keineswegs weniger für die Natur als Jungen. Die sterile, realitätsfremde, verklemmte, vermännlichte, materielle Denkweise in Verbindung mit unsinnigen Formeln beispielsweise darüber, aus wieviel Atomen Wasser bestehen soll, läßt Mädchen, die die Welt viel mehr mit den Augen sehen, wie sie wirklich ist, an naturwissenschaftlichem Lernstoff, so wie er unseren Kindern vorgesetzt wird, die Lust verlieren. Denn sie wissen insgeheim meist viel früher als Jungen, daß das Leben in all seinen Formen ohnehin nicht durch schwachsinnige Formeln zu bestehen ist. Hinzu kommt, daß es weder chemische Formeln sind, wonach sich Kinder sehnen, noch althergebrachte Erziehungsmuster, deren höchster Wert noch auf Hörigkeit, Folgsamkeit und Anpassung beruht, sondern nach spirituellen Eigenschaften, wie z.B. Liebe, Vertrauen, Aufmerksamkeit und Verständnis. Werden diese spirituellen Verbindungen zugunsten von technischem Fachwissen und unsinnigen Formeln verdrängt, folgt hieraus nicht nur das, was wir unserer Jugend wiederum ankreiden, nämlich Gewalt, Perspektivlosigkeit, Extremismus, Sinnlosigkeit, Ängste und Kriminalität, sondern auch der vorherrschende Generationskonflikt, der den familiären Zusammenhalt unmöglich macht und sogar zerstört. Eigentlich spiegelt sich in unseren Kindern die wahre kalte Welt unserer selbstproduzierten gesellschaftlichen Fehlentwicklung wider.

Da erwachsene Menschen heute viel besser mit dem Auto oder PC umgehen können, fällt es ihnen nicht nur schwer, sich zwischenmenschlich harmonievoll verständigen zu können, sondern besonders in punkto Kindererziehung und Kinderpflege mangelt es häufig an Erkenntnis, Fürsorge, Verständnis, Aufmerksamkeit, Zeit, Zuwendung und Liebe.

Früher wurde das urzeitliche Wissen über Heilstein-Essenzen, Kristalle, Mond und Sterne ebenso wie das über spirituelle Gedanken, Intuition, Gefühle und seelische Empfinden in Bezug auf Erziehung, Gesundheit und Krankheit nicht nur überliefert und persönlich von Mensch zu Mensch weitergegeben, sondern auch um die Erkenntnisse einer gesamten Generation erweitert. Somit waren Erwachsene psychisch und geistig immer dazu in der Lage, ihren Kindern nicht nur Mathematik, Chemie und Maschinenkunde beibringen zu müssen, um materiell überleben zu können, sondern vor allem auch zwischenmenschliche Verständigungsformen und ein gesteigertes Wertempfinden gegenüber Vernunft, Vertrauen, Verständnis, Toleranz, Achtung, Liebe und der gesamten Natur unseres Planeten. Dies führte zu einer gemeinsamen, harmonievollen Evolution unter den Menschen auch in Verbindung mit Steinen, Tieren und Pflanzen. Dieser natürliche Mechanismus wurde spätestens im Mittelalter von der katholischen Kirche vollends zerschlagen und später von Industrialisierung, Technisierung und Materialismus abgelöst. Heute stecken wir genau diese Energie, welche einst von beiden Geschlechtern dazu verwendet wurde, um harmonievoll in einer erfüllenden Partnerschaft zu Fortpflanzung, Zufriedenheit und Liebe finden zu können, in wissenschaftliche, wirtschaftspolitische, analytische, gentechnische und profitorientierte Maßnahmen, neben denen die wahren menschlichen Bedürfnisse und Werte verkümmern. In unseren gewaltsam veränderten, geistigen Strukturen, welche uns moderne Menschen zu karrieregeilen, pflichtbewußten und gehorsamen Dienern einer kleinen privilegierten Gesellschaft korrupter industrieller, kirchlicher und politischer Drahtzieher und deren unüberschaubaren Heeren aus Computern, Apparaten, Wissenschaftlern, Modediktatoren, Radarfallen, Soldaten und Steuern machen, werden wir am wirklichen Leben vorbeigehetzt. Hinzu kommt, daß unsere Kinder heute noch weniger, als zuvor schon wir Erwachsenen, nicht mit Liebe, Gesundheit, Biorhythmus, Mondphasen oder beispielsweise den universellen Strukturen vertraut gemacht werden, um wieder Verantwortung und Vertrauen zu sich selbst, ihren Mitmenschen und der Natur erlernen und empfinden zu können, sondern mit technischem Fortschritt, Wissenschaft, Cyber-Sex und Gewalt welche auf die Lehrpläne des ausgehenden 18. Jahrhunderts aufgepfropft wurden, worin Nächstenliebe noch als patriotisches, technisches Verständnis definiert wird und nur einen verpönten Platz neben Industrialisierung, Gehorsam, Pflichterfüllung und Kriegslust einnimmt. Seit dieser Zeit wurden die wahren Energien der Mysterien an einen Platz verwiesen, der von einem vermännlichten, christlichen Gott in irgendwelchen weit entfernten Himmeln und einem Teufel in tiefer Ferne bewacht wird. Mord, Vergewaltigung, Habgier, Vergasung, Umweltzerstörung und eine in wissenschaftliche Formeln gedrängte Weltanschauung aus männlicher Sicht trägt jedoch nicht im Himmel oder der Hölle, sondern im irdischen Geschehen nicht nur dazu bei, daß alle natürlichen Lebensräume zerstört werden und Frauen diskriminiert werden, sondern auch dazu, daß eine einst wundervolle Harmonie aus schöpferischen Energien, Liebe und Gesundheit in Kriege, Atompilze, Überproduktionen, Menschenhandel, Tierquälerei, Massenvernichtung und chemisch hergestellte Kinder, Tiere und Lebensmittel verkehrt wurde. Die Schwerpunkte der Lehrpläne unserer Gesellschaft liegen beispielsweise nicht, wie jene der Indianer oder Ureinwohner Australiens, auf zwischenmenschlicher Verständigung in Verbindung mit Mondrhythmus, Biorhythmus, Steinen, Sternen und Liebe und darin, daß alles Gute und Göttliche, sowie alles Schlechte in jedem einzelnen Menschen selbst verborgen liegt. Denn nur wer gelernt hat, das Gute vom Schlechten in sich selbst durch eigene Urteilsfähigkeit anhand von Vernunft, Vertrauen, Verständnis, Achtung und Liebe unterscheiden zu können, um letztendlich das Gute zu tun, wird zu einem aus den Gedanken des gesamten Universums hervorgehenden Energiestromes heraus reifen, erwachsenen, liebevollen, vertrauensvollen, gesunden und zufriedenen Menschen heranwachsen können, einem göttlichen Wesen auf Erden.

Leider sind viele Erwachsene hiervon noch weit entfernt und kaum noch dazu in der Lage, um aus eigener intuitiver, unterbewußter oder gar bewußter Kraft heraus auf das urzeitliche Wissen, woran sich nicht nur die Natur, sondern auch unser Planet in Verbindung mit Sonne, Mond und Sternen orientiert, zurückgreifen zu können. Im Gegenteil, das was uns über Jahrzehnte langer Schulzeit eingetrichtert wurde, erweist sich im späteren Leben auf einmal als seelischer Wissensmüll, den es nun gilt, wieder mit Hilfe von genau jenen Psychiatern und Psychologen, die zuvor daran beteiligt waren, die Lehrpläne unserer Zeit zu entwerfen, zu beseitigen. Doch nun heißt das Ganze nicht mehr »Schulwissen« oder »Schlüssel zur beruflichen Karriere«, sondern »Schmerzen aus der Kindheit« oder »das schlechte innere Kind«, das auf einmal analysiert, oder aus psychologischer Sicht gesehen, ungeschehen gemacht oder sogar getötet werden soll.

»Grotesk«

Der sich dahinter verbergende Wirtschaftszweig sorgt auch dafür, daß generell gezielte Zweifel an der Weisheit der Urzeit oder der Esoterik in Umlauf gebracht werden. Denn hierbei geht es um die Finanzen all jener, die von Ihrem Leid profitieren und sich zunehmend die so sicher geglaubten Felle davonschwimmen sehen. Deshalb verbünden sich die Amtskirchen, wie schon einmal in diesem Jahrhundert, mit Wissenschaft, Politik und der pharmazeutischen Industrie, um eine gemeinsame lästige Konkurrenz, nämlich Spiritualität, Nächstenliebe und Esoterik erneut anprangern zu können. Wieder übersehen sie dabei, daß sie selbst aus einer kleinen jüdischen Sekte hervorgegangen sind, und seitdem Europa mit Krieg, Grausamkeit und Gewalt überschütten. Scheinbar befürchten sie abermals, wie zuvor im Mittelalter, durch die geistige und spirituelle Überlegenheit der Frau, an Einfluß, Macht und Kirchensteuer verlieren zu können. Dieser Habgier fielen bis vor rund 300 Jahren europaweit rund 10 Mio. Frauen kläglich, durch Folter, Hexenhammer, und Verbrennung zum Opfer! Denn erleuchtete, selbstverantwortliche, von inneren Blockaden befreite, vernünftige Bürger haben das vielgepriesene Himmelreich Gottes längst im Hier und Jetzt, und dazu auch noch im eigenen Körper gefunden und dies bedeutet für die Verfechter von Liebe, Glück und Orgasmus durch Pillen oder Ablaß in allen Reihen finanziellen Aderlaß, weil die »Jünger« ausbleiben, die nicht mehr länger dazu bereit sind, den Schwindel weder finanziell noch mit ihrem Leben unterstützen zu wollen. Hierbei sei aufrichtig an all jene gedacht, die bedingt durch einen Irrglauben in den Selbstmord gingen, oder die bedingt durch den gesellschaftspolitischen Betrug noch »rechtzeitig« bevor sie rentenberechtigt wurden, an einem Herzinfarkt starben, oder all jene, die durch die Nebenwirkungen chemischer Arzneimittel oder gentechnisch verseuchter Lebensmittel vorzeitig das Zeitliche segneten.

Wir modernen Menschen müssen uns das Wissen über das wirklich Göttliche, Übernatürliche, Schöpferische, Spirituelle oder Universelle ebenso wieder selbst beschaffen, wie das Wissen über die wahren Ursachen unserer Einsamkeit, Krankheiten, Leiden, partnerschaftlichen Mißverständnisse, Ängste und die Erziehung unserer Kinder auch. Und das ist gar nicht so einfach, weil nahezu alle Kurse oder Bücher darüber auf einer eng umrissenen Wissenschaft beruhen, deren Substanz von Analytikern, Statistikern und Chemiekonzernen einerseits, und von psychologischen Einheitsformeln aus den Lehren des letzten Jahrhunderts andererseits, gespeist wird. Aus dieser eng umrissenen Tatsache heraus resultiert auch, daß unsere Kinder auch heute noch, möglichst schon von klein auf, mittels sturer, gesetzlich vorgekauter und auferlegter Wissensvermittlung in ein enges Korsett aus nur wenigen Schulnoten und überflüssigem Wissensmüll gepreßt werden, der aus wirtschaftspolitischer Sicht heraus definiert schlicht der Schlüssel zu Karriere und Erfolg sein soll. Dieser einseitig betrachtete Erziehungsschlüssel führt jedoch nicht zu Zufriedenheit und Glück, sondern macht unkreativ und unselbständig, um möglichst schnell, mundgerecht an Maschinen, Computer oder Fließbänder herangeführt zu werden. Lediglich aus wirtschaftspolitischer Sichtweise heraus besteht demnach ein Sinn, und auch der Ertrag, unserer augenblicklichen sogenannten erziehungspolitischen Einheitserziehung und Auswendiglernerei, womit unzähliger, abstrakter Müll eingetrichtert wird, welcher sich dann, wenn unsere Jugend den Schritt in die Eigenständigkeit wagt, als längst überholt und größtenteils auch als unnützer Ballast herausstellt. Der wahre Sinn elterlicher Erziehung besteht jedoch nicht nur darin, Kinder um jeden Preis an Profitdenken und Wirtschaftswachstum heranzuführen, sondern vielmehr auch darin, ihnen eine vertrauensvolle Stütze zu sein, um ihnen mit Hilfe spiritueller Weisheit die Möglichkeit zu geben, sich spätestens nach der Pubertät zu einem selbstbewußten, liebevollen, selbständig denkenden und vernünftig handelnden Menschen entfalten zu können, um so nicht nur den sogenannten wirtschaftspolitischen Ernst des Lebens meistern zu müssen, sondern um sich selbst ein Leben aus größtmöglicher Zufriedenheit, Liebe und Gesundheit aufbauen zu können. Hierin besteht nicht nur ihre elterliche Aufgabe, sondern sogar ihre elterliche Pflicht. Denn Sie sind Eltern und keine Wirtschaftspolitiker und deshalb auch dazu verpflichtet, alle Begebenheiten und Anforderungen für die Entfaltung Ihres Kindes in Betracht zu ziehen. Fallen Sie daher Ihren eigenen Kindern nicht länger in den Rücken, sondern überdenken Sie Ihre persönliche Denkweise und bieten Sie Ihren Kindern auch die Möglichkeit an, sich geistig, seelisch und körperlich gleichzeitig materiell, spirituell und umweltbewußt in verschiedenen Richtungen entfalten zu können, um sich daraus eine eigene, reife, vertrauensvolle, vernünftige, zufriedene und liebevolle Persönlichkeit und Umwelt zimmern zu können. Denn nur eine gute bzw. vernünftige Denkweise in den Köpfen der folgenden Generation beschützt uns alle und die Natur vor den Übergriffen aus Gewalt, Gentechnik, Atomversuchen, Krieg, Habgier und andauerndem Wirtschaftswachstum zugunsten nur weniger Industriekonzerne und politisch Verantwortlicher, die ihren Reichtum nicht nur auf unserem Rücken errichten, indem sie uns beispielsweise nach Lust und Laune Einkommen, Rechte und Renten kürzen, sondern auch auf dem Rest der augenblicklichen Weltbevölkerung, die hierdurch in verheerende Armut gedrängt wird. Denn nur vernünftige Menschen können abschätzen, welche wissenschaftlichen und wirtschaftlichen Bereiche nützlich oder sinnlos sind und bewahren unsere Gesellschaft, und auch unseren gesamten Planeten, nicht nur vor dem eigenen Strick, an dem wir alle zunehmend zu baumeln beginnen, sondern auch vor Hitler's, Gaddafi's, Contergan, Menschen- und Tierquälerei, Genforschung, Kriegen und Umweltzerstörung.

Übrigens finden diese weisheitlichen Auffassungen aus der Urzeit augenblicklich sogar Gehör in unseren Kultusministerien, welche nun zum Beginn des 3. Jahrtausends n.Chr. selbst erkannt haben, daß nicht irgendwelche unsinnigen Rechtschreibreformen für die Entwicklung junger Menschen maßgeblich sind, sondern daß die bisher staatlich angeordnete Auswendiglernerei zugunsten von mehr Kreativität und Selbständigkeit durch freieres Arbeiten und Denken reduziert werden muß. Dies allerdings nur in sogenannten Seminar-Sonderkursen einiger Gymnasien. Alle anderen Kinder müssen nach wie vor erlernen, über welchen Balken Ludwig der 14. gesch... hat oder aus wieviel Atomen oder Molekülen stärkemodifizierter Einheitsmüll besteht.

In Verbindung mit Fortschritt, Umweltzerstörung und zunehmender Entfremdung von der Natur rutschen jedoch nicht nur alle Erwachsenen immer tiefer in einen permanenten Strudel aus Krankheit, Schmerz, Angst und Leid, sondern unsere Kinder sind meist schon von klein auf einem unnatürlichen überhöhten Maß von Chemie, Dauerstreß und Zyklusverzerrungen zugunsten von materialistischen Industriebedürfnissen ausgeliefert, welche schon von klein auf schlimmste seelische Blockaden verursachen.

Dies äußert sich in zahlreichen Blockaden, welche nicht nur bei Erwachsenen die Ursache für unzählige Erkrankungen und Schmerzen sind, sondern auch bei Kindern. Leider sind die kindlich - seelischen Strukturen noch sehr zart und weich und daher besonders anfällig für Metastasen und psychische Geschwüre, welche aufgrund unnatürlicher Umweltbedingungen zu Verhaltensstörungen, Ticks, Ängsten, Alpträumen, Nägelkauen, Einnässen, Persönlichkeitsverlusten, Hemmungen, Aggressionen und hieraus resultierenden unzähligen Leiden führen, welche sich bei Kindern bevorzugt durch Neurodermitis, Hautallergien, Asthma, Magersucht, Konzentrationsstörungen, Entwicklungsstörungen, Lernschwierigkeiten und organische Fehlentwicklungen bemerkbar machen.

Die Edelstein-Therapie bei Kindern

Wenn Sie dieses Buch bis zu dieser Stelle gelesen haben, stellt sich für Sie die Frage, wie mit Hilfe von Heilsteinen und Essenzen geheilt werden kann, kaum noch, weil sich Ihr Bewußtsein aus einer einstigen analytischen Sichtweise heraus gelöst hat und Sie nun dazu in der Lage sind, nicht nur die Blockaden Ihres persönlichen Leides klar erkennen zu können, sondern auch verstehen, daß der körperliche und seelische Zustand Ihres Kindes ebenfalls einer gesamten Persönlichkeit unterliegt. Aus dieser Bewußtseinserweiterung heraus braucht Ihnen Ihr Baby nicht erst zu sagen, worunter es leidet, sondern Sie erkennen dies deutlich an den Gefühlen und Signalen, die Ihr Baby oder Kind Ihnen unmittelbar durch sein Verhalten zeigt. Ihr Kind wird Ihnen also nicht sagen, daß es auf den neuen Partner oder das neugeborene Geschwisterchen eifersüchtig ist, sondern wird bei jeder Gelegenheit versuchen, es bedrängen zu wollen, um so von Ihnen mehr Zuwendung und Aufmerksamkeit auf sich lenken zu können.

Mit Hilfe der vollständigen Beschreibungen vorherrschender Blockaden in diesem Buch finden Sie auch sehr schnell heraus, unter welchen Blockaden Ihr Kind leidet. Bedenken Sie hierbei bitte immer, daß Blockaden auch bei Kindern immer durch Vernachlässigung, Einsamkeit, Streß, Umweltzerstörung, materielle Lebensführung, partnerschaftliche Mißverständnisse in Verbindung mit gentechnisch vergifteten Lebensmitteln, Elektrosmog, Habgier, Dauerstreß, technischem Fortschritt, Atomversuchen und chemischen Inhaltsstoffen von Arzneien in Medikamenten, Kleidung oder Möbeln ausgelöst werden und niemals durch den Mond, die Natur oder die Sterne. Seine Kinder mit Hilfe von Heilsteinen von Blockaden befreien zu wollen, heißt demnach immer auch, etwas gegen die eigenen Blockaden, und somit gegen die eigene, unnatürliche

Lebensführung in Verbindung mit Umweltzerstörung zu unternehmen und somit einen persönlichen Umdenkprozeß herbeizuführen, welcher nicht mehr länger der Anfang vom Ende ist, sondern der Grundstein für einen kollektiven Neubeginn menschlicher Entwicklung, welche gemeinsam mit Natur, Kristallen, Mond und Sternen wieder zurück auf den Weg von Gesundheit, Zufriedenheit, Liebe und Glück führt.

Hieraus resultiert auch, daß typische elterliche Blockaden aufgrund der starken energetischen Verbindungen mit ihren Kindern oft identisch mit kindlichen Blockaden sind, und sich daher schon sehr früh in unseren Kindern einnisten und widerspiegeln. Dies verursacht einen Leidensmechanismus, der bewirkt, daß typische Erwachsenenkrankheiten sich nahezu identisch bis in die frühkindliche Phase unserer Kinder vorverlagert haben. Daher ist es ratsam, gleiche Therapiesteine und Essenzen zur gleichen Zeit mit seinem Baby oder den Kindern einzunehmen oder zu verwenden. Kinder reagieren häufig viel schneller und besser auf Heilstein-Essenzen und Elixiere als Erwachsene, weil ihre seelischen Strukturen noch dehnbarer, weicher und flexibler sind. Das heißt, daß Blockaden sich in Kindern nicht nur leichter festsetzen können, sondern im Gegenzug dazu auch wesentlich leichter geheilt werden können, als bei Erwachsenen. Häufig sind Kinder schon nach wenigen Tagen oder Wochen von einer Blockade befreit, während Erwachsene durch verstärkte mentale Widerstände, die größtenteils durch eine logische oder wissenschaftliche Denkweise hervorgerufen werden, oft Monate oder gar Jahre benötigen. Kinder hingegen haben aufgrund ihrer intuitiven Fähigkeiten kaum Mühe, die für sich selbst richtigen Essenzen oder Heilsteine herausfinden zu können. Kinder verspüren auch deutlich, wann ihre Eltern in ihr seelisches Tief rutschen oder von einer typischen Blockade erfaßt werden und wann es für ihre Eltern oder sie selbst an der Zeit ist, ihre »Tropfen« in Form von Edelstein-Essenzen, Elixieren oder Therapiesteinen zu verwenden. Kinder sollten daher von klein auf mit der Edelstein-Therapie, noch bevor sie durch eine logisch-wissenschaftlich-analytische Denkweise blockiert, zugemauert und auf eine materielle Welt hinerzogen werden, betraut werden.

Elektrosmog, Mobbing, negative Strahlen von Computern, Atomkraftwerken, Gebäuden oder Funk- und Radiowellen

Gegen unsere inneren Blockaden können wir mit Hilfe von Steinen, Mond und Kristallen selbst etwas unternehmen. Schwieriger wird dies auf permanent von außen auf uns einströmende negative Energien anderer Menschen (Mobbing), Elektrizität oder durch genvergiftete Lebensmittel, welche einen beträchtlichen Anteil an zahlreichen weit verbreiteten seelischen Blockaden haben, weil unsere körperlichen und seelischen Strukturen im Gegensatz zu natürlichen Einflüssen hierzu in der kurzen Zeit unserer modernen Lebensführung keine Schutzmechanismen entwickeln konnten. Wir modernen Menschen befinden uns demnach mit einem Bein in der Steinzeit und mit dem anderen in der Informationsgesellschaft, worin Nächstenliebe, Verständnis, Achtung, Würde, Gesundheit, Zufriedenheit und Glück längst in eine vermenschlichte Grausamkeit aus Krankheit, Leid, Angst, Zerstörung, Habgier, technischen Fortschritt und analytischer Wissenschaft verwandelt wurde. Nur unser moderner Verstand befindet sich demnach in der Moderne, während alle anderen körperlichen, geistigen, psychischen und seelischen Strukturen und Funktionen insgeheim noch ebenso mit der Natur, der Mystik, der Mondenergie, Spiritualität oder Schöpfung verbunden sind, wie vor Tausenden von Jahren auch. Insgesamt fühlen, reagieren und empfinden wir körperlich und geistig nicht anders, als beispielsweise die Ureinwohner Australiens auch, denen wir nachsagen, noch in der Steinzeit zu leben. All unsere Organe, Chakras, seelischen Strukturen und Drüsen leben noch längst nicht da, wo unser moderner Verstand sie gerne hinsetzen möchte, sondern noch da, wo uns die schöpferischen Energieströme einst erschaffen haben. Denn wenn wir all das Materielle um uns herum ablegen, entblößen sich unter uns modernen Menschen nackte, sensible, gefühlvolle, organische Wesen natürlicher Vollkommenheit und keine Maschinen oder gar Apparate.

Es empfiehlt sich daher, auch im Haushalt und besonders im Schlafbereich etwas gegen die einzelnen negativen Strahlen, welche durch unsere moderne Bequemlichkeit und Lebensführung hervorgerufen werden, zu unternehmen. Schützen Sie sich und Ihre Angehörigen deshalb nicht nur mit Heilsteinen und Therapiesteinen in der Tasche, an einer Kette oder am Lederband, sondern schirmen Sie auch Ihre Wohnung großräumig durch Steine und Kristalle von negativen Strahlen ab. Hierfür eignen sich besonders Piezoelektrische Laserkristalle und Schwingquarze, runde Kupferplatten und Kupferkugeln aus Naturkupfer, Hämatitkugeln, Amethystdrusen, Achatscheiben, Bergkristallkugeln, Rosenquarzkugeln, Siliziumstücke und Ornamentsteine aus zahlreichen, strahlenabsorbierenden Edelsteinen. Hierunter fallen auch *Hali-med.*® -Salzkristalllampen, welche sich seit Jahren durch ihre nachweislich positiven Wirkungen auf die Atemluft, und somit auf unsere gesamte Gesundheit, nicht nur im medizinisch-therapeutischen Bereich als natürliche Heiler durchsetzen, sondern auch im privaten Haushalt. *Hali-med.*® -Salzkristalle werden durch reine Handarbeit aus 260 Millionen Jahre alten Salzstöcken so schonend wie möglich herausgelöst. Dies garantiert, daß das empfindliche, jedoch zum Heilen so wertvolle, Salz-Kristall-Gitter unversehrt bleibt. Dieses empfindliche Kristall-Gitter wirkt wie ein Luftfilter und befreit die Atemluft von negativen Ionen und anderen krankmachenden Bestandteilen. Alleine hierdurch erfreuen sich Salzkristalllampen seit vielen tausend Jahren größter Beliebtheit, was ausgesuchte Salzkristalle einst zu den wertvollsten Handelsgütern machte. Sorgfältig geschürfte Salzkristalle lindern durch Verbesserung der Atemluft nicht nur Asthma, Heuschnupfen, Bronchialkatarrh, chronische Atemwegsbeschwerden, Allergien und Hautausschläge, sondern filtern auch jene Bestandteile aus der Raumluft heraus, die wir als sogenannte unangenehme, drückende, geladene »Atmosphäre« empfinden. Lesen Sie hierzu unbedingt auch die genauen Beschreibungen im großen Lexikon der Heilsteine, Düfte und Kräuter nach und beachten Sie die Hinweise zu den Bezugsquellen am Ende dieses Buches.

Übersicht der Therapiesteine (Glückssteine) nach weisheitlicher Überlieferung und deren Wirkungen auf Körper, Geist und Seele

Die beschriebenen Monatssteine und Therapiesteine bzw. Glückssteine sind nach astrologischen Erfahrungen den Planeten und Sternzeichen zugeordnete Heilsteine. Die Überlieferungen hierfür reichen bis weit in die Menschheitsgeschichte zurück. Noch bis ins späte Mittelalter erfreuten sich Heilsteine, Therapiesteine und Glückssteine noch größter Beliebtheit. Neben den Göttern verehrten die meisten Menschen Edelsteine, um körperliche Schönheit, Liebe, Gesundheit und Glück nicht dem Zufall zu überlassen. Nahezu alle Kulturen entwickelten ihre Orakel und Horoskope. Leider sind nur einige davon vollständig bis in unsere heutige Zeit überliefert worden.

Da die einzelnen Völker aus gänzlich verschiedenen Lebensräumen stammen und auch den Himmel mit all seinen Sternen aus den Blickwinkeln zum Teil verschiedener Kontinente sahen, wurden die Wirkungen der Heilsteine zwar einheitlich erkannt, die Horoskope selbst haben sich jedoch unterschiedlich entwickelt. Nicht nur die Symbole sind verschieden, sondern auch die zugeordneten Monatssteine und Glückssteine. Aus dieser Tatsache heraus ergeben sich auch die verschiedenen Abweichungen der Horoskope. Sie sollten sich also für ein bestimmtes Horoskop entscheiden. Die bekanntesten Horoskope sind die **ägyptisch-griechisch-römische (europäische) Überlieferung**, das **Indianische Medizinrad** und das **Chinesische Horoskop**. Wir haben Ihnen im folgenden die typischen Blockaden in Verbindung mit dem europäischen Horoskop ausführlich hervorgehoben, da wir der Ansicht sind, daß dieses Horoskop unserem Lebensraum, Charakter und unserer Weltanschauung am nächsten kommt. Der Europäische Tierkreis beginnt nach griechisch-römischer Überlieferung mit dem 1. Haus in der Frühlingstagundnachtgleiche im Sternzeichen des Widders. Er untergliedert sich in 12 Tierkreiszeichen oder 12 sogenannte »Häuser« und orientiert sich im Gegensatz zum indianischen Mond-Medizinrad nicht an den Mondphasen sondern am Sonnenstand und ist somit ein Sonnenhoroskop. Im nächsten Kapitel finden Sie zusätzlich auch alle Therapiesteine nach dem Indianischen Mond-Medizinrad. Diese sind nicht nur farbig abgebildet, sondern werden mit Hilfe liebevoller Unterstützung der beiden Schamaninnen *Hawk Woman* und *Dancing Moon* sehr detailliert und ausführlich beschrieben. Wir bezeichnen im hiesigen Buch die ägyptisch-griechisch-römische Überlieferung als die europäische Überlieferung. Die überlieferten Glückssteine haben neben ihren heilenden Wirkungen auf Organe und Körper zudem sehr lindernde und heilende Eigenschaften auf typische weitverbreitete psychosomatische und seelische Blockaden und werden daher, wie zuvor deutlich beschrieben, im weiteren als Therapiesteine bezeichnet.

Blockaden sind, wie bereits erwähnt, Unausgewogenheiten im Nervensystem, welche sich auf den Energiebahnen von Körper, Psyche, Geist und Seele wie bösartige Krebsmetastasen ausbreiten und unser Denken, Handeln und Fühlen charakterlich, körperlich und seelisch negativ sehr schmerzlich verzerren. Die aufgeführten Blockaden sind in ihrer Urart bereits schon den Indianern, Tibetanern, Buddhisten, Chinesen und Australiern bekannt und wurden schon vom römischen Kaiser Augustus oder von Äsop sowie von Buddha, Plinius, Jesus, Platon, Paracelsus oder Bach in Fabeln und Gleichnissen beschrieben, die das blockierte Verhalten der Menschen nicht verdammen, sondern spiegelbildlich aufzeigen und widergeben, so wie in diesem Buch auch. In ihrer urförmlichen Verbindung mit Heilsteinen und Kristallen werden sie von Methusalem erstmalig in diesem Werk genau und ausführlich nach der weisheitlichen Tradition der Ureinwohner Australiens beschrieben. Wir können an den Parallelen aus vorchristlichen Überlieferungen feststellen, daß sich die menschlichen Blockaden in ihrer Art kaum verändert haben, jedoch in ihrer Intensität wesentlich intensiver, aggressiver, hartnäckiger und verhärteter geworden sind. Die zunehmende Entfremdung von der Natur in Verbindung mit Profitdenken, chemisch-wissenschaftlicher Schulmedizin, Umweltzerstörung, Genforschung, analytischer Heilkunde, materieller Lebensweise, Elektrosmog und Atomversuchen, bewirkt eine ständig ansteigende Zahl seelischer und geistiger Krankheiten, welche parallel mit zunehmender Entfremdung von der natürlichen Lebensführung in unseren körperlichen und seelischen Strukturen für Dauerdruck, Streß, Verstimmungen und Blockaden sorgen, welche voraussichtlich im Rahmen der bevorstehenden sogenannten Informationsgesellschaft zu einem bisher nie dagewesenen Leid unter den modernen Menschen führen werden.

Wichtig:

Bitte bedenken Sie nochmals, daß durch chemische, fortschrittliche, gentechnische und umweltzerstörende Lebensweise hervorgerufene innere Blockaden die wahren Ursachen aller körperlichen und psychosomatischen Leiden sind. Wir haben Ihnen daher die einzelnen Blockaden so genau wie möglich charakterisiert und Ihnen unter dem Heilstein bzw. Therapiestein aufgeführt, der sie am besten lindert und heilt. Blockaden bewirken, daß unsere seelischen Energieströme nicht mehr ungehindert zwischen Chakras, Geist und Körper zirkulieren können. Dies führt unweigerlich zu Stauungen, und bewirkt, je nachdem wo sich diese ansiedeln, eine unzählige Artenvielfalt von

Ängsten, Schmerzen, Sorgen, Geschwüren und psychosomatischen Leiden. Es ist demnach falsch, etwas gegen die Angst oder den Schmerz unternehmen zu wollen, ohne die Ursache, sprich die Blockade zu lösen.

Es ist allerdings auch genauso falsch, verbohrt nach der Ursache der seelischen Blockade selbst weiterfahnden zu wollen, weil dieser Weg wiederum aus moderner, schulwissenschaftlicher, psychologischer Sichtweise heraus dazu führen soll, seine Probleme bewältigen zu können. Glauben Sie mir, es gibt Ursachen für Blockaden, wie Sand am Meer, wovon moderne Lebensführung, technischer Fortschritt, Umweltzerstörung, Elektrosmog, genverseuchte Lebensmittel, Atomversuche, Pille, chemische Medizin und eine logisch-analytische materielle Denkweise den hauptsächlichen Anteil tragen. Aber auch die Auswirkungen von Blockaden im organischen Bereich sind niemals logisch oder wissenschaftlich erfaßbar oder nachvollziebar, weil jede Blockade zwar mit einzelnen spezifischen Energiebahnen unserer Seele und Psyche verwuchert ist und daher typische Verhaltensweisen verursacht, insgesamt sind Blockaden jedoch somatisch immer auch mit allen Organen unserer biologischen Strukturen verbunden und können daher in unzähligen Kombinationsmöglichkeiten in den Zellen, Organen, Geweben oder Drüsen durch Krankheiten, Funktionsstörungen, Schmerzen, Geschwüre oder Krebs in den Vordergrund drängen. Hieraus resultiert auch die Erfolglosigkeit unserer modernen, schulwissenschaftlichen Medizin in punkto Heilung bei uns Menschen selbst im Gegensatz zu unseren Autos. Denn Technik läßt sich logisch erfassen und alle Fehler lassen sich immer auf eine Ursache zurückverfolgen. Die Natur aller irdischen, kosmischen oder natürlichen Geschöpfe hingegen ist so komplex und vielfältig, daß weder Blockaden noch die damit verbundenen körperlichen Leiden aus unserer kleinen, engen, menschlich logischen bzw. analytischen Sichtweise heraus definitiv auf einen bestimmten Auslöser zurückgeführt werden können. Denn nicht nur unendlich viele Wege konzentrieren sich, ähnlich wie im Kino das Licht auf der Leinwand zu konkreten Bildern, um Blockaden Gestalt werden zu lassen, sondern es führen auch unendlich viele Wege und Kombinationsmöglichkeiten aus Blockaden durch unsere psychosomatischen, körperlichen, geistigen und psychischen Bereiche heraus zum feinstofflichen Organismus all unserer Organe und Drüsen. Während sich der eine beispielsweise aus einer Blockade heraus, die Konfliktscheue hervorruft, fügt und bleibt, um keine weiteren Konflikte auszulösen, geht der andere aus dem selben Grund und zieht sich zurück, weil er den Konflikt ebenfalls scheut. Der eine leidet vielleicht aus dieser Blockade heraus an Asthma oder Schuppenflechte und der andere an Magengeschwüren, Schuldgefühlen oder Verdauungsstörungen. Was jedoch gleich bleibt, ist die Blockade selbst und hierfür soll Ihnen dieses Buch mit Hilfe von Kristallen, Mond und Sternen und dem großen Lexikon der Heilsteine, Düfte und Kräuter von Methusalem eine natürliche Brücke zu mehr Gesundheit sein.

Diesbezüglich teilen sich, wie überall in der Psychosomatik, der widersprüchlichen, von Theorie und Analysen bestimmten modernen menschlichen Schulmedizin, die Meinungen der Wissenschaftler und Professoren. Während die einen (Psychologen) glaubend machen wollen, daß alle Menschen nur zu eingebildeten seelischen Krüppeln geworden sind, weil sie als Kinder von ihren Eltern einmal schief angeschaut wurden, tun die anderen (Allgemeinmediziner und Pharmakonzerne etc.) so, als ob überhaupt keine Ursachen für unsere Leiden in Form seelischer Blockaden bestehen. Beide Lager können jedoch nicht verstehen, daß es unzählige spirituelle Faktoren sind, die zu seelischen Unausgewogenheiten führen und dann, wenn sie sich einmal zu einer Blockade verhärtet haben, nie wieder einzeln erklärt oder definiert werden können. Die seelische Blockade selbst ist eine Konzentration negativer Stauungen, die sich wie mit Arterienverkalkung im organischen Bereich vergleichen läßt, unterbewußt und bewußt Gestalt angenommen hat und unser innerliches und äußerliches Erscheinungsbild verzerrt. Unzählige negative Energieströme bringen eine Blockade zustande und diese Blockaden haben wiederum unzählige Möglichkeiten, durch organische Schmerzen und Leiden auf seelische Unausgewogenheiten aufmerksam machen zu können. Hieraus resultiert auch, daß alle Menschen mit nur relativ wenigen, überwiegend vorherrschenden gleichen Blockaden, trotzdem unvorhersagbar an unzähligen körperlichen Leiden erkranken. Der einzige Weg für uns alle ist jedoch, sich insgeheim die Blockade selbst einzugestehen und nicht die Verantwortung beispielsweise in Form von Schuldzuweisung an seine Eltern, negative Lebensumstände, Politik, Kirche oder schlechtes Wetter abgeben zu wollen oder sich gar mit Hilfe von chemischen Medikamenten aus der Verantwortung sich selbst gegenüber zu entziehen. Nur im Eingeständnis der Blockade selbst liegt der Schlüssel zu Liebe und Gesundheit, unabhängig davon, wo sie herkommt und was für Leiden sie auslöst. Denn was ihre Blockaden verursacht hat, ist Vergangenheit, nicht mehr nachvollziehbar und läßt sich niemals wieder rückgängig machen. Nur im Jetzt, in diesem Augenblick können Sie, indem Sie ehrlich zu sich selbst sind, mit Hilfe von ausgesuchten Heilsteinen, Therapiesteinen, Kräutern, Düften und Kristallen Ihre Blockaden lösen und zu einem neuen Lebensinhalt finden. Lösen Sie mit Hilfe von Steinen die Blockade, so lösen sich auch die damit verbundenen Leiden und Schmerzen auf.

Tief in sich drin kennt jeder Mensch seine Blockaden und somit die Ursachen der aus ihr resultierenden charakterlichen, körperlichen, organischen und psychischen Verzerrungen. Sobald Sie sich, wie bereits deutlich beschrieben, wieder die Zeit für sich selbst nehmen, um Ihre Gedanken bewußt auf innerliche Blockaden lenken zu können, wird Ihnen mit Hilfe dieses Buches bewußt, worunter Sie wirklich leiden. Von nun ab haben Sie jedoch die Möglichkeit, mit Hilfe von Kristallen, Mond und Sternen viel mehr für sich selbst tun zu können, als zuvor. Unterstützen Sie daher unbedingt auch jede schulwissenschaftliche Therapiemaßnahme mit heilenden Steinen und Kristallen, um nicht nur zu Liebe und Gesundheit zurückfinden zu können, sondern um sich auch vor den negativen Nebenwirkungen chemischer Medikamente zu beschützen.

Blockaden haben die Eigenschaft, daß sie uns in bestimmten Situationen oder Abständen in typischen Bildern und wiederholenden unangenehmen Verhaltensmustern negativ gegen unseren Willen beeinflussen und steuern. Ein einmaliges Ärgernis oder eine Fehlentscheidung ist demnach noch längst keine Blockade. Erst wenn bestimmte Dinge Sie wiederholt in Ihrer persönlichen, körperlichen, seelischen und geistigen Entfaltung unangenehm stören, sollten Sie unbedingt Heilsteine, Therapiesteine bzw. Glückssteine zur Therapie verwenden, damit sich diese Verhaltensmuster nicht zu weiteren Blockaden verhärten können, bzw. damit bereits vorhandene Blockaden gelindert, gelöst und geheilt werden können.

Dies kann unter Umständen viele Monate oder sogar Jahre dauern. Denn eine Schwalbe und ein einziger Tag bringt ebenso wenig den Sommer, wie ein Kristall in der Regel nicht von Heute auf Morgen heilt. Verwenden Sie Steine daher nicht nur erst dann, wenn Sie das Gefühl und Bedürfnis dafür empfinden, sondern schon bevor es zu irgendwelchen Anzeichen und Blockaden kommt. Bedenken Sie, daß anfangs noch schwache Blockaden, über die wir uns oft als Charakterschwäche hinwegsetzen, im Laufe der Jahre verhärten und jene verbissenen, brutalen, arroganten, depressiven, spießigen, kranken oder vorzeitig alternden Menschen aus uns machen, zu denen wir alle niemals werden wollten.

Hinzu kommt, daß Blockaden oft über viele Jahre im Verborgenen schlummern. Es ist demnach töricht, glauben zu wollen, daß immer nur die Anderen von diesen Blockaden betroffen sind, man selbst jedoch mehr oder weniger gesund und verschont bleibt. Viele Blockaden, und dies wußte schon Gajus Julius Caesar vor rund 2.100 Jahren, haben die Eigenschaft, über viele Jahre unbemerkt im Verborgenen zu keimen und eine scheinbare Unbetroffenheit vermuten zu lassen, um dann umso empfindlicher zuschlagen zu können.

Wichtig:

Bitte beachten Sie, daß sich die Jahrtausende alte Überlieferungen über Krankheiten und seelische Blockaden, wie sie in den folgenden Kapiteln dieses Buches und im Großen Lexikon der Heilsteine, Düfte und Kräuter von Methusalem sehr ausführlich beschrieben und dargestellt werden, lediglich nur auf die Naturheilmittel beziehen, die auch als solche von Methusalem anerkannt, überprüft und zertifiziert werden. Denn eine unabhängige Literatur, die das eine nicht im Zusammenhang mit dem anderen beschreibt, würde ihr Ziel genauso verfehlen, wie eine Pharma-Industrie ohne ärztliche Beratung. Natürlich haben auch andere, nicht von Methusalem stammende Steine, Düfte und Kräuter heilende Wirkungen bzw. Nebenwirkungen. Diese sollten Sie sich allerdings von Ihrem Heilpraktiker erläutern und bestätigen lassen. Denn Heilsteine sind ebenso wenig gleich Heilsteine, wie nicht alle Pflanzen immer gleichzeitig auch Heilpflanzen sind. Jahrtausende alte Überlieferungen und Hunderttausende von geheilten Menschen haben durch ihre Erfahrungen zu den in diesem Buch aufgeführten Weisheiten darüber geführt, daß eine heilende Therapie mit Steinen nur dann von Erfolg sein kann, wenn die verwendeten Naturheilmittel auch bestimmte, beschriebene Eigenschaften aufweisen. Dieses Buch erhebt natürlich keinen Anspruch auf Vollständigkeit, weil es nicht »Gott« ist. Es kann Ihnen daher nur das beschreiben, was wir von Buddhisten, von Methusalem, Vivian Gardier, den chinesischen Mönchen »7 Weisen«, den beiden Schamaninnen *Hawk Woman* und *Dancing Moon*, den Ureinwohnern Australiens und vielen weiteren, unabhängigen, ehrlichen, geheilten Menschen in Verbindung damit in Erfahrung bringen konnten, was sie durch sorgfältig ausgewählte Heilsteine, Therapiesteine, Essenzen, Düfte, Kräuter und Elixiere am eigenen Leib erfahren haben.

Da wir kein Buch über alle Naturheilmittel der Welt schreiben können, haben wir uns in diesem Nachschlagewerk ausdrücklich darauf beschränkt, über die heilenden Kräfte von Therapiesteinen und Elixieren zu berichten, die augenblicklich auch in der überlieferten und erforderlichen Qualität bei Methusalem, mit Original-Zertifikat erhältlich sind. Mehr Informationen hierzu finden Sie unter »Bezugsquellen« am Ende dieses Buches.

Widder, 21. März bis 20. April

Farbe: Rot **Planetenherrscher:** Mars **Element:** Wasser

Dominante Planeten in den einzelnen Dekaden:
1. Dekade, 21.03. bis 30.03.: Mars
2. Dekade, 31.03. bis 09.04.: Sonne
3. Dekade, 10.04. bis 20.04.: Venus

Polarität:
weiblich, Yang

1. Haus

Das Tierkreiszeichen des *Widders* stellt das 1.Haus im europäischen Tierkreis dar. Seine Kräfte werden durch **Rubine, Sternrubine, Rote Jaspise** und **Sonnenstein** gestärkt. Die zugeordneten ätherischen Öle sind **Cassie, Cistrose** und **Blutorange** und in der Opposition des Widders befindet sich das 7.Haus der *Waage*.

Widdergeborene sind meist Menschen von starker Dynamik, welche impulsiv, spontan und voller Lebenskraft auf beiden Beinen im Leben stehen. Kreativität, tatkräftiges Handeln und Spontaneität zeichnen den Widder besonders dahingehend aus, indem er Widerstände, die sich ihm in den Weg stellen, übersichtlich und durch möglichst unkomplizierte Vorgehensweisen zu lösen vermag. Widder lieben den direkten Weg zum Ziel und nehmen dafür auch gerne so manches Risiko auf sich. Sie sind gegenwartsbezogene Menschen und suchen ihren Halt häufig in Wissen und Zeitgeist.

Die Stärken des Widders sind neben Idealismus, Flexibilität und Anpassungsfähigkeit gegenüber Neuem eine rasche Auffassungsgabe und schnelle Entschlußkraft, die dazu beiträgt, daß sich Widder nur selten in veralteten Rollenverhalten und Verhaltensmustern wiederfinden. Sein Sinn für naheliegende, einfache Lösungen macht den Widder zum beliebten Kollegen und Partner.

Widder / Rubin und Sternrubin

Rubine lindern Streßblockaden, welche sich durch zunehmende Unruhe, Konzentrationsschwäche, Müdigkeit, Schlafstörungen, Erschöpfung, Leistungsabfall und Angstzustände, oft in Verbindung mit Magenbeschwerden, Kopfdruck, Herz-Kreislauf-Störungen und Stoffwechselproblemen bemerkbar machen. Oft finden diese Blockaden ihre Ursachen schon in der Kindheit oder der Schulzeit. Sie werden primär durch eine ungesunde, materielle und sogenannte logische Wissensvermittlung hervorgerufen und sind quasi die Nebenwirkung unserer modernen Lehrpläne und materiellen Wertvorstellungen, welche aus mangelnder Liebe, Fürsorge, Achtung, Verständnis und mangelnder Zwischenmenschlichkeit hervorgehen. Denn unsere Seele benötigt, um reifen zu können, spirituelle, universelle und schöpferische Energie, welche sie in Liebe und Gesundheit verwandeln kann. Im Gegensatz dazu werden die Kinder unserer modernen Gesellschaft nur einseitig mit Logik, Geschichte und wissenschaftlichem Müll bepackt, der sich wie eine einseitige Ernährung auf die seelischen Bedürfnisse auswirkt. Deshalb beginnen bereits schon Kinder an den Folgen einst Erwachsenen vorbehaltenen Blockaden, zu leiden. Diese Blockaden dehnen sich zunehmend im Nervensystem der Betroffenen, ähnlich wie Arterienverkalkung, aus und brechen meist unvorhergesehen und unverhofft durch, indem sie ganze körperliche und seelische Abschnitte lähmen oder blockieren.

Die Blockade beginnt meist damit, sich selbst ehrgeizige und anspruchsvolle, überhöhte materielle Ziele setzen zu wollen, um zu hohen eigenen gesellschaftlichen Ansprüchen oder den Wünschen und Vorstellungen der Eltern gerecht werden zu können. Unter zunehmender materieller Lebensführung in Verbindung mit Karriere, Verdienst, Pflichtbewußtsein, Wirtschaftswachstum und Habgier wächst die Blockade heran. Sie dringt bei Betroffenen durch typische Signale, wie beispielsweise nie Zeit zu haben, übersteigertes Leistungsstreben, andauernde Eile, Streß und andauerndes reden über Beruf, Karriere, Geldanlage und Erfolg in Verbindung mit innerer Anspannung darüber, die Zähne zusammenbeißen und durchhalten zu wollen, um alle seine Ziele zu erreichen, in den Vordergrund. Parallel hierzu beginnen die betroffenen Menschen aus dieser Blockade heraus auch körperlich zu leiden, sich falsch zu ernähren, stark zu rauchen oder regelmäßig Alkohol, Vitamintabletten und Schlaftabletten zu nehmen. Die Betroffenen beginnen sich nur noch auf wenige übergeordnete Ziele, wie beispielsweise den Hausbau oder die Beförderung zu konzentrieren und vernachlässigen häufig über Jahre Partner, Angehörige, Familie, Freunde und Mitmenschen, weil es ihnen schwer fällt, auch nur eines dieser Ziele aufgeben zu können. Für ihre Karriere ist ihnen jedoch jedes Mittel recht, auch wenn sie ihre Kinder dafür nur noch alle 14 Tage sehen können. Von ihren Angehörigen erwarten die Betroffenen absolute Loyalität und mindestens dieselbe Entbehrung und Aufopferung, welche sie zum Geschehen beisteuern. Werden Betroffene in dieser Blockade vom Partner beispielsweise auf steigende Unzufriedenheit wegen Mangel an Liebe, Zuwendung, Geborgenheit oder Zärtlichkeit aufmerksam gemacht, lenken Betroffene meist sofort auf den hohen materiellen Lebensstandard ab und betonen, daß man, um sich dies hier alles leisten zu können, insbesondere Zweitwagen, eigenes Haus oder Urlaub eben mehr Geld verdienen müsse. In zunehmender Blockade beginnen die Betroffenen oft massiv Raubbau durch Überarbeitung und Überanstrengung an Körper und Seele zu betreiben. Sie werden sich jedoch auch bei großer Erschöpfung vorher lieber auf die Zunge beißen, bevor sie Schwäche zeigen und kämpfen häufig aus falschem Stolz heraus krankhaft bis zur Erschöpfung weiter, denn ihnen sitzt der Ehrgeiz im Nacken, was nicht nur zu starken Verspannungen in der Nackenmuskulatur und zu starken Kopf- und Rückenschmerzen führt, sondern auch die Konzentration und die Leistungsfähigkeit verzerrt. Zunehmend entwickelt sich ein Lebensstil in permanenter Anspannung, ohne Entspannung. Dauerstreß und Burn-Out sind die Folge.

Rubine lindern auch Erschöpfungszustände, welche durch andauernden Raubbau, Überarbeitung und Überanstrengung am eigenen Körper hervorgerufen werden. In dieser Blockade finden die Betroffenen weder Maß noch Ziel und tendieren dazu, sich andauernd neue Pflichten, Ziele und Aufgaben auferlegen zu wollen, obwohl sie augenblickliche Dinge noch nicht abgeschlossen oder erledigt haben und längst überarbeitet, überfordert und gestreßt sind. Sie sind aus dieser Blockade heraus jedoch nicht dazu bereit, sich auch nur von einer ihrer Pflichten und Aufgaben lösen zu wollen, weil sie niemals zugeben würden, an den Grenzen ihrer Leistungsfähigkeit angelangt zu sein. Betroffene Menschen dieser Blockade entwickeln oft eine Tunnelvision, erleben ihren Alltag wie hinter Scheuklappen und treiben somit oft über viele Jahre permanent Raubbau an ihren körperlichen und seelischen Kräften, muten sich immer zuviel zu und verfangen sich dann häufig in einem Strudel aus Kämpfernatur, Karriere und übertriebener, selbstauferlegter, tugendhafter Pflichterfüllung, welche dazu führt, daß alle schönen, lebenswerten und liebenswürdigen Dinge anhand von Durchhalteparolen verdrängt werden. Das Leben scheint aus dieser Blockade heraus nur noch wie ein Tunnel zu sein und aus wenigen Dingen zu bestehen, die oft unter großem Nachdruck unermüdlich in eigener Sache, wie beispielsweise in Karriere, verfolgt werden. Die Betroffenen konzentrieren sich oft fanatisch auf nur sehr wenige Ziele, ohne dabei Rücksicht auf sich, ihre Gesundheit, den Partner oder die Familie zu nehmen. Innerlich fühlen die Betroffenen sich körperlich und geistig zwar gestreßt, ausgebrannt und erschöpft, aufgeben, ausruhen oder Pause machen würden sie jedoch nie, weil sie keine Müdigkeit vorschützen wollen und als sogenannte zuverlässige Persönlichkeit Pflichttreue und Pflichterfüllung als ihre wichtigste Tugend sehen. Die Lebensbewältigung scheint ihnen ohne Pflichterfüllung, Aufopferung und Dauerstreß sogar sinnlos und leer. Daher finden die Betroffenen immer wieder irgendeinen Ausweg oder eine Ausrede, um ihre Angehörigen oder sich selbst dahingehend zu belügen, indem sie sich vormachen, daß wenn der Monat rum ist, eine bestimmte Aufgabe erledigt ist, oder der Sommer kommt, alles anders sein wird und somit auch wieder mehr Zeit für Ruhe und Familie bleibt. In Wirklichkeit fühlen sie sich jedoch unnütz und unzufrieden, wenn sie ihren übertriebenen, durch diese Blockade hervorgerufenen Pflichtgefühlen nicht durch Aufopferung für sich oder für andere, wie beispielsweise im Urlaub, ausreichend nachkommen können. Die Pflicht ruft und die Kollegen können immer auf sie zählen. So kämpfen Betroffene trotz bereits deutlich erkennbarer körperlicher Schwächen und chronischer Erschöpfung bis zum Herzinfarkt, Schlaganfall oder völligen Zusammenbruch. Dies trifft besonders dann ein, wenn Betroffene Rückschläge, Fehlschläge und Mißerfolge registrieren, in denen negative Gefühle aufkeimen oder wenn keine ausreichenden Erholungsphasen folgen. Chronische Spannungszustände platzen auf und bewirken neben Herzinfarkt, Magengeschwüren und Schlaganfällen leider oft auch, daß vernachlässigte Partner die Scheidung einreichen und den vorzeitigen Tod. In der Vergangenheit hat sich bewiesen, daß Menschen aus dieser Blockade ohne Hilfe von Rubinen oder Rubin-Essenz alleine kaum noch herausfinden können, weil sie, anstatt sich Ruhe zu gönnen, aus Ungeduld meist noch bevor sie eine Sache abgeschlossen haben, sich schon wieder in einer neuen verbeißen und somit für sie das Spiel von vorne beginnt. Rubine verhelfen Betroffenen, ihre Aufmerksamkeit wieder verstärkt auf die natürlichen, schönen und liebenswürdigen Dinge ihrer Umgebung lenken zu können, die weder mit Geld noch durch Titel zu erreichen sind. Rubine lindern die Blockade und verursachen somit, daß Betroffene wieder mehr Rücksicht auf sich selbst nehmen, besser mit eigenen Kräften haushalten können und somit wieder die wahren, lebensnotwendigen Dinge für Gesundheit, Liebe und Glück erkennen und besser unterscheiden können. Rubine verhelfen auch aus tiefen Erschöpfungszuständen und Burn-Out-Mechanismen heraus. Sie erfrischen die körperlichen, geistigen und seelischen Strukturen wieder mit frischer kosmischer Energie.

Leider wird diese weitverbreitete Blockade von Betroffenen erst dann ernst genommen und erkannt, wenn es für viele zu spät ist, nämlich dann, wenn Körper und Seele dem Verstand durch massive Störungen, insbesondere durch Krankheiten, Burn-Out, Trennungen, Schmerzen und Leiden den Dienst verweigern, um endlich zur längst überfälligen Ruhe finden zu können. Denn nach dem Schlaganfall oder Herzinfarkt geht auf einmal alles mit mehr Ruhe. Schade, daß wir modernen Menschen erst durch diese Lektionen lernen, wovor Körper und Seele uns anhand von Schmerzen, kleineren Leiden und funktionellen Störungen über viele Jahre im Voraus warnen. (Beschreibungen hierzu finden Sie in Kapitel 14 dieses Buches)

Kinder: Kinder geben sich aus dieser Blockade heraus sehr ruhig, angespannt, schreckhaft, verschlossen, abgegrenzt und leiden häufig an Kontaktstörungen und Berührungsängsten. Die Blockade bewirkt, daß Kinder aufgrund überhöhter materieller Anforderungen durch Erwachsene ihre kindlichen Entwicklungsphasen nicht eine nach der andern erleben und abschließen können. Hierdurch staut sich in der kindlichen Psyche ein überhöhter Dauerdruck an, welcher sich aus dieser Blockade heraus weniger durch Aggressionen entlädt, sondern mehr durch innere Stauungen und Verwerfungen der eigenen Selbstwertgefühle und Selbstheilungskräfte. Kinder kommen zunehmend mit neuen, ungewohnten Anforderungen und Lebensphasen nicht mehr zurecht. Dabei deuten sie Angehörigen gegenüber nur sehr zögerlich an, bestimmte Dinge aus der Welt schaffen zu wollen, ohne jedoch konkret über ihre Sorgen und Ängste reden zu können. Über viele Jahre so in sich Hineingefressenes entlädt sich bei Betroffenen aus dieser Blockade heraus durch andauernde Hautausschläge und Infektionserkrankungen. Betroffene Kinder leiden daher häufig an Akne, Pickeln, unreiner Haut, Schuppenflechte, Ekzemen, starken Juckreizen, Schuppen, Kindermigräne und Neurodermitis. Häufig drängt diese Blockade mit der biologischen Reife der Kinder mit Beginn der Pubertät besonders hartnäckig in den Vordergrund.

Essenz-Nr. 1/10 **Therapiestein / Glücksstein-Nr. 110**

Sternrubin

Sternrubine sind für jene Menschen sehr hilfreich, bei denen sich die Blockade auf deren geistige Entfaltung ausbreitet. Menschen, welche viel geistig arbeiten und sich über einen längeren Zeitraum mit komplizierten technischen oder wissenschaftlichen Problemen befassen, oder vor wichtigen Examen oder Prüfungen stehen, sollten daher unbedingt Sternrubine verwenden, um somit der Gefahr vorbeugen zu können, daß die Blockade ausgerechnet während der Prüfung, Sitzung oder Konferenz in den Vordergrund drängt und die Betroffenen somit in ein schwarzes Loch aus Versagensängsten oder Prüfungsängsten fallen läßt. Oft schlummern diese Blockaden im Unterbewußtsein und können nur durch ein unterschwelliges Gefühl ständiger Müdigkeit, Schwächlichkeit, Depressivität, Stimmungslabilität, Übersensibilität, Urlaubsreife, dem heimlichen Wunsch, nur noch schlafen zu wollen, um seine Ruhe zu haben oder nicht mehr zu können und am Ende seiner Kräfte zu sein, erkannt werden und bewirken häufig einen sporadischen psychosomatischen Mechanismus, der nicht nur Geschwüre, Ängste, Allergieschübe, Magen-Darm-Krankheiten und Schlafstörungen hervorruft, sondern auch depressive Ängste beispielsweise darüber, sein Leben sinnlos zu vertun. Die Frage nach dem Sinn des Lebens quält Betroffene aus dieser Blockade heraus oft in Verbindung mit Angst vor dem Tod, älter zu werden oder sterben zu müssen so stark, daß Überdruß in Verbindung mit Verbitterung oder Selbsttötungsgedanken mehr und mehr zum alltäglichen Erscheinungsbild werden. Betroffene fühlen sich dann oft sogar fehl am Platz, nicht genug vorbereitet, körperlich erschöpft, ungeliebt, energielos, ausgelaugt und müde. Studenten, Absolventen und andere Betroffene verfangen sich zunehmend in panischen Reaktionen, verbieten sich auf einmal jeglichen Lebensgenuß, verfangen oder verbeißen sich in unwesentlichen Lernstoff aus Furcht, etwas übersehen zu können. Sie geraten somit in einen Strudel aus Angst, Furcht, Dauerstreß und eine depressive, gereizte Stimmungslage. Da Betroffene aus eigener Kraft diese Blockaden nur sehr schwer überschauen können, sollten Sie unbedingt Sternrubine bei sich tragen und regelmäßig Sternrubin-Essenz trinken. Leider ist es jedoch so, daß erst akute Erkrankungen, Schmerzen, Ängste und Trennungen als Folge der Blockade in den Vordergrund treten müssen, um die Betroffenen zum Nachdenken zu animieren. Sternrubine verhelfen den Betroffenen dazu, in Ruhephasen wieder besser abschalten zu können, um sich wirklich zu erholen, sich mehr Ruhe zu gönnen und ihr Augenmerk wieder verstärkt auf die schönen, musischen, bedeutungsvollen und wirklich wichtigen Dinge richten zu können. Sternrubine bringen mehr Aufmerksamkeit, Achtung und Verständnis den Mitmenschen und der Natur gegenüber und vor allem auch wieder die Fähigkeit, alle Dinge von verschiedenen Seiten sehen, verstehen und erkennen zu können.

Kinder: Diese Blockade nistet sich in Kindern häufig schon von klein auf ein und kommt mit Beginn der Pubertät zum Ausdruck. Die Ursache dieser Blockade liegt weniger darin, daß Kinder zum Nachteil von Zwischenmenschlichkeit, Liebe und Verständnis zu einseitig wissenschaftlich, technisch oder materiell erzogen werden, wie dies in der zuvor genannten Rubin-Blockade der Fall ist, sondern daß unsere Gesellschaft trotz allem noch ein sehr eingeschränktes, spießiges, prüdes und verklemmtes Verhalten der Sexualität gegenüber vertritt. Dies überträgt sich auf Kinder von klein auf und bewirkt, daß junge Menschen sehr verunsichert werden. In der Pubertät reifen Bewußtsein und Körper zur sexuellen Reife heran. Betroffene Kinder reagieren auf ihre körperliche Veränderung aus dieser Blockade heraus äußerst verklemmt, schamhaft, unsicher und peinlich berührt. Viele Kinder wünschen sich sogar, daß die Dinge nicht geschehen und alles so bleibt, wie es zuvor war. Doch die Natur läßt sich nicht aufhalten. Die Sehnsucht nach partnerschaftlicher Liebe, Sexualität, Selbständigkeit und Reife erwacht. Betroffene Kinder werden durch diese Blockade jedoch innerlich in ihrer Entwicklung gehemmt. Dies äußert sich durch innere Verklemmungen und Ängste, insbesondere Prüfungsängste und Versagensängste, welche häufig in Form von Akne, Pickel, Ekzeme und Ausschläge im Gesicht und am Dekolleté zum Vorschein kommen und auf zurückgehaltene, verdrängte und unterdrückte Wünsche, Bedürfnisse und Sorgen hinweisen.

Essenz-Nr. 1/40   **Glücksstein / Therapiestein-Nr. 140**

Spezifische Heilwirkungen auf Organe und Körper: Auszug aus dem Großen Lexikon der Heilsteine, Düfte und Kräuter von Methusalem.
Änämie, Sauerstoffunterversorgung des Gehirns, Bluthochdruck, Herzerkrankungen, Thrombose, Adernverkalkung, Menstruationsbeschwerden, Übergewicht, Stärkung des Immunsystems, Müdigkeitserscheinungen, Schlafsucht.

Wie pflege ich einen Rubin?
Rubine sollten ein- bis zweimal im Monat unter fließendem, lauwarmem Wasser oder über Nacht in einer trockenen Schale mit Hämatit-Trommelsteinen gereinigt und entladen werden. Ketten sollten immer in einer trockenen Schale mit Hämatit-Trommelsteinen entladen werden. Nach dem Entladen sollte der Rubin für ca. zwei Stunden an der Sonne, einer Bergkristall-Gruppe oder in einer trockenen Schale mit klaren Bergkristall-Trommelsteinen aufgeladen werden.

Widder / Roter Jaspis

Rote Jaspise lindern Blockaden, welche dazu führen, daß Betroffene nicht abschalten können, sondern andauernd von sich wiederholenden, ungewollten Gedanken und Sorgen heimgesucht werden. Diese Blockade führt häufig dazu, daß sich irgendwelche Ereignisse und Erlebnisse in Form von Sorgen durch unaufhörlich kreisende Gedanken nagend im Gemüt festsetzen. Die Blockade wird dahingehend aktiv, indem sich die betroffenen Menschen von bestimmten Gedanken scheinbar aus eigener Kraft heraus nicht mehr selbständig befreien können und daher in Bewußtseinsebenen auf einer Stelle verharren, welche Selbstgespräche, Ängste und Schlaflosigkeit hervorrufen. Andauernd kreisen die Gedanken immer wiederkehrend um einen Punkt. Grübelnd spielen sich stundenlang oder tagelang dieselben unangenehmen Situationen vor den Augen der Betroffenen ab, wobei sie in unerwünschten Gedanken darüber verharren, was sie hätten tun können, anders machen sollen oder sagen müssen, um beispielsweise nicht in die aus ihrer Sicht peinliche Situation hineingeraten zu sein. In Folge dieser Blockade leiden die Betroffenen auch oft verstärkt daran, daß sich fast unaufhörlich immer dieselben Probleme kratzend in ihr Bewußtsein hineinkreisen, ohne die Gedankenströme abstellen zu können oder zu einer Lösung zu kommen. Geistesabwesend verharren die Betroffenen dann in ihrer Welt, hören nicht mehr, daß sie angesprochen werden und leiden aufgrund quälender Gedanken nicht nur an Einschlafschwierigkeiten, sondern auch an permanenten Schlafstörungen, schlaflosen Nächten, Schweißausbrüchen und regelmäßigem, frühmorgendlichem Erwachen, wobei sich der kreisende, sorgenvolle Gedankenstrudel sofort wieder fortsetzt. Rote Jaspise lindern diese Blockaden und stoppen kreisende Gedankenströme. Sie bewirken, daß Betroffene ihre Probleme wieder der Reihe nach verarbeiten können und somit von innerlichem Druck und ständig quälenden, erneuten, zwingenden Gedankenzugängen beschützt und befreit werden. Betroffene finden somit aus dieser Blockade heraus wieder zu kontrollierten Gedankenfolgen und zu einem höheren Maß an innerer Ruhe. Rote Jaspise bewirken, daß Betroffene wieder freier im Kopf werden, ihre Gedanken wieder ordnen, verarbeiten und auch abschalten können, sich besser auf das Wesentliche konzentrieren können und somit gedanklich, körperlich und geistig wieder zu Entspannung und Ruhe finden. Rote Jaspise sind daher auch für die gedankliche Befreiung und Loslösung aus Burn-Out-Mechanismen und Mobbing sehr hilfreich. Der rote Jaspis öffnet das Bewußtsein wieder dahingehend, daß Dinge, die in der Vergangenheit geschehen sind, nur akzeptiert und in die Gegenwart als Wachstum und Reife integriert werden können, ohne sie je wieder ungeschehen machen zu können oder sie jemals verändern zu können. So verhilft der rote Jaspis dazu, daß Betroffene ihre Gedankenkraft wieder auf die vielen schönen Dinge ihrer Gegenwart lenken können, ohne sich erneut an irgendwelchen Einzelereignissen zu verbeißen.

Kinder: Betroffene Kinder können sich nur schwer konzentrieren, kommen gedanklich nicht zur Ruhe und leiden schon in jungen Jahren an Schlafstörungen, Schlaflosigkeit, Nachtwandeln und starken Alpträumen. Sie können Romanhelden und sagenhafte Märchenfiguren aus Literatur und Fernsehen bis ins fortgeschrittene Alter nicht von der Realität unterscheiden und werden daher häufig noch bis weit nach der Pubertät von nächtlichen Angstbildern, bösen Menschen, Geistern oder Schatten verfolgt.

Essenz-Nr. 1/20   **Glücksstein / Therapiestein-Nr. 120**

Spezifische Heilwirkungen auf Organe und Körper: Auszug aus dem Großen Lexikon der Heilsteine, Düfte und Kräuter.
Nasenbluten, Geschwüre, Magenerkrankungen, Völlegefühl, Brechreiz, Blähungen, Verdauungsprobleme, Übergewicht, Entschlackung, Blasenbeschwerden, Darmerkrankungen.

Wie pflege ich einen roten Jaspis?
Rote Jaspise sollten regelmäßig über Nacht in einer trockenen Schale mit Hämatit-Trommelsteinen gereinigt und entladen werden. Laden Sie den roten Jaspis über Nacht in einer Schale mit trockenen, klaren Bergkristall-Trommelsteinen auf.

Widder / Sonnenstein

Sonnenstein verhilft aus Blockaden heraus, welche eine erhöhte innerliche und äußerliche Ungeduld, auch in Begleitung mit unkontrollierten Emotionsausbrüchen und Reizbarkeit, hervorrufen. Die Blockade bewirkt, daß Betroffene innerlich durch geistige und psychische Spannungen einem überhöhten Tempo unterliegen, womit weder der eigene körperliche Kreislauf, noch Kollegen und Angehörige klarkommen. Sie stehen quasi unter Dauerstreß, können nicht warten, sind ungeduldig, nervös, kribbelig, zappelig, übereilig und alles soll möglichst schnell und reibungslos vonstatten gehen. Betroffene dieser Blockade reden, denken und essen meist sehr hastig, sind ungeduldig und können keine 5 Minuten auf etwas warten oder stillsitzen. In zunehmender Verhärtung dieser Blockade nehmen sich Betroffene oft das Recht heraus, mit anderen, normal reagierenden und arbeitenden Menschen sehr forsch, kritikvoll und undiplomatisch verfahren zu wollen, indem sie beispielsweise behaupten, in deren Umgebung noch wahnsinnig zu werden, genervt zu sein, oder indem sie aus Ungeduld heraus anderen gegenüber kurz angebunden sind und nicht nur Dinge aus der Hand nehmen, um sie selbst fertigstellen zu wollen, sondern auch, indem sie anderen das Wort aus dem Mund nehmen oder indem sie sich in deren Arbeit oder Privatsphäre einmischen, um sie durch kurze Floskeln, wie beispielsweise »mach schon«, »ruck zuck«, oder »Tempo, Tempo« zur Eile antreiben zu wollen. Sie sind aus dieser Blockade heraus dann häufig gereizt, oberflächlich, sprunghaft, nervös, gönnen sich kaum Ruhe und versprühen Druck, Streß und Hektik. Oft treffen sie Hals über Kopf hitzköpfige Entscheidungen, welche sie anschließend bereuen. Menschen in dieser Blockade sind häufig sehr impulsiv, intolerant, kleinlich und aufbrausend bestimmten Manieren und Lebensgewohnheiten anderer Menschen gegenüber. Innerlich und äußerlich sichtbare Dauerstreß-Erscheinungen in Verbindung mit der typischen Ausrede »keine Zeit zu haben«, nicht nichts tun zu können oder alles perfekt machen zu wollen sind weitere deutliche Merkmale dieser Blockade. Die Betroffenen entscheiden und arbeiten am liebsten alleine, unter eigenen Ideen und unabhängig von anderen Menschen. Denn sie glauben, alles besser und schneller zu können und bevor sie sich mit anderen herumärgern, machen sie es lieber gleich selbst. Sonnenstein verhilft den Betroffenen aus dieser schwierigen Blockade heraus wieder zu mehr innerem Gleichgewicht, Ruhe, Geduld, Mitgefühl, mehr Liebe und mehr Verständnis gegenüber den Gefühlen und Bedürfnissen ihrer Mitmenschen. Mit abnehmender Kraft der Blockade empfinden die Betroffenen auf einmal wieder selbst das Bedürfnis, sich wieder verstärkt Zeit für Freunde, Partner, Familienangehörige und die schönen Dinge des Lebens nehmen zu wollen. Dies trifft auch dann zu, wenn diese Blockade durch vorübergehende Streßsituationen, wie beispielsweise Scheidung, Überarbeitung, Mehrfachbelastung, Tod eines Angehörigen oder schwere Krankheit quasi durch »dichtmachen« hervorgerufen wird.

Kinder: Betroffene Kinder geben sich aus dieser Blockade heraus sehr reizbar, unkameradschaftlich gegenüber anderen Kindern und Geschwistern, nervös, hektisch, zappelig, ungeduldig und neigen zu Wutanfällen, wenn etwas gegen ihren Willen verläuft oder wenn sie müde sind. Sonnenstein verhilft auch den Eltern zu mehr Geduld, um der andauernden Versuchung widerstehen zu können, lieber andauernd alles selbst für ihre Kinder tun zu wollen, als abwarten zu können, bis es seine Dinge selbst erledigt hat.

Essenz-Nr. 1/30   **Glücksstein / Therapiestein-Nr. 130**

Spezifische Heilwirkungen auf Organe und Körper: Auszug aus dem Großen Lexikon der Heilsteine, Düfte und Kräuter von Methusalem.
Schlafstörungen, Schlaganfall, Bluthochdruck, Arteriosklerose, Durchblutungsstörungen, Bronchialerkrankungen, Bronchialkatarrh, Asthma, Gelenk- und Knochenerkrankungen, Gicht, Stoffwechselerkrankungen.

Wie pflege ich einen Sonnenstein?
Der Sonnenstein sollte einmal im Monat unter fließendem, lauwarmen Wasser oder in einer trockenen Schale mit Hämatit-Trommelsteinen gereinigt und entladen werden. Ketten sollten über Nacht in einer trockenen Schale mit Hämatit-Trommelsteinen entladen werden. Aufladen sollten Sie den Sonnenstein einmal im Monat an der Sonne oder in einer Schale mit trockenen Bergkristall-Trommelsteinen.

Stier, 21. April bis 20. Mai

Farbe: Rosa, orange **Planetenherrscher:** Venus **Element:** Erde

Dominante Planeten in den einzelnen Dekaden: **Polarität:**
1. Dekade, 21.04. bis 30.04.: Merkur
2. Dekade, 01.05. bis 10.05.: Mond
3. Dekade, 11.05. bis 20.05.: Saturn

männlich, Yin

2. Haus

Das Tierkreiszeichen des *Stieres* stellt das 2.Haus im europäischen Tierkreis dar. Seine Kräfte werden durch *Rosenquarz, Rhodonit, Achat, Rhodochrosit* und *orangene Carneole* gestärkt. Die zugeordneten ätherischen Öle sind *Eichenmoos, Myrte* und *Neroli* und in der Opposition des *Stieres* befindet sich das 8.Haus des *Skorpion*.

Stiere sind meist sinnliche Menschen, welche den Hang zur Natürlichkeit und zur Schönheit den Dingen gegenüber nie verlieren. Trotz umfangreichem Wissensstand, worauf Stiere insgeheim viel Wert legen, lassen sie sich letztendlich in prekären Situationen doch lieber von ihren Gefühlen und von ihrer Intuition leiten. Stiere verbinden auf eine sehr bewußte Art reale Dinge mit der Schönheit und Spiritualität des Lebens. Dies macht sie häufig zu erfolgreichen, freundlichen, geselligen und naturverbundenen Menschen zugleich. Allerdings lieben Stiere ein bestimmtes Maß an Sicherheit, Bodenständigkeit und Vertrauen, was sich durch Treue und Zuverlässigkeit auch in Beziehungen und Freundschaften widerspiegelt.

Die Stärken der Stiere sind Geduld, ein ausgeprägtes Harmonieempfinden und eine verständnisvolle, soziale Einstellung, was meist dazu führt, daß Stiere zu jeder Zeit gerngesehene, taktvolle und friedvolle Menschen sind. Darüberhinaus werden sie auch besonders von Menschen geschätzt, die innerlich aufgewühlt, ratlos und verzweifelt sind. Denn Stiere haben nicht gleich für alles ein Patentrezept oder eine passende Antwort, sondern viel mehr auch Verständnis, Mitgefühl und ein offenes Ohr.

Da Stiere sich gerne ein Fundament erschaffen, worauf sie eine gewisse Selbstsicherheit errichten, treffen Blockaden leider häufig jene Energiebahnen, die ausgerechnet das Fundament der Betroffenen brüchig werden lassen. Dann neigen Betroffene dazu, in konservativen und traditionellen Rollenbildern, die der Vergangenheit angehören, zu verharren. Dies steigert sich häufig zu einem erhöhten Bedürfnis von Besitzstandswahrung gegenüber längst überholten

Dingen und einer erhöhten Bequemlichkeit, die nicht selten in Sturheit gegenüber Neuem und Ungewohntem mündet. Dies führt häufig auch dazu, daß Betroffene aus dieser Blockade heraus nicht nur sehr nachtragend und pessimistisch reagieren, sondern bei zunehmender Stärke dieser Blockade sogar von starken Trennungsängsten, Eifersüchten und Selbstzweifeln geplagt werden, was wiederum zu Depressionen, Melancholie, Menstruationsstörungen, Migräne, Schlafstörungen, undefinierbaren Kopf- oder Rückenschmerzen und Ängsten führt.

Stier / Rosenquarz

Rosenquarz lindert die zuvor aufgeführte Blockade, welche oft über viele Jahre wie ein Schleier im Unterbewußtsein weilt, und eines Tages plötzlich, meist durch bestimmte Ereignisse, wie beispielsweise Enttäuschungen, Mißerfolge, Kündigung oder Trennung stark in den Vordergrund drängt. Dann drängt diese Blockade sehr sporadisch in den Vordergrund und verursacht starke Selbstzweifel und Pessimismus. Die Betroffenen beginnen sich aus dieser Blockade heraus andauernd übertrieben mit ihrem eigenen Unglück oder Schicksal zu beschäftigen und fühlen sich benachteiligt und permanent irgendwie von allen Seiten mehr oder weniger ungerecht behandelt. Betroffene verlieren aus dieser Blockade heraus zunehmend die Fähigkeit, Ursache und Schuld voneinander unterscheiden zu können. Meist erleichtern sich Betroffene von der Last, sich den eigenen Problemen und alltäglichen Aufgaben selbst stellen zu müssen, indem sie allen anderen, Gott oder den Umständen eine Schuld am eigenen Mißbefinden zuschieben. Ständige Schuldzuweisungen darüber, daß man nur, weil andere Schuld sind, so unglücklich und unzufrieden ist, in Verbindung mit quälendem Selbstmitleid darüber, weshalb es immer »mich« so böse trifft, bestimmen den Alltag. Häufig zweifeln die Betroffenen in dieser

Kapitel 4 - Kristalle und Blockaden

Blockade auch daran, jemals wieder das Vertrauen zu jemandem aufbauen zu können oder geben sich unter Selbstmitleid als ungeliebtes Opfer widriger Umstände aus, indem sie oft den Eindruck vermitteln, scheinbar alles Negative und vor allem das Pech magisch anzuziehen. Unzufrieden mit sich und der Welt, sind sie häufig mutlos, verbittert und fühlen sich vom Schicksal benachteiligt. In Verbindung mit dem Gefühl, daß es anderen Menschen viel besser geht, weil sie scheinbar alles geschenkt oder in den Schoß gelegt bekommen, versprühen Betroffene häufig Neid und Mißgunst. Alle Menschen um sie herum scheinen glücklich zu sein, nur man selbst ist es nicht und daran ist nur er, sie oder es Schuld. Neues ignorieren Betroffene dieser Blockade meist sehr skeptisch, oder lehnen es trotzig, verzweifelt, jammernd, schmollend, klagend oder unversöhnlich aus Mangel an Glauben und Vertrauen ab. Sie fürchten sich übermäßig vor neuer Pein, Versagen, Enttäuschung oder Rückschlägen und lassen sich deshalb oft vorzeitig entmutigen, indem sie unter starken Selbstzweifeln nach einem wackligen Ausweg suchen, der ihnen aus ihrer Sicht dazu verhilft, die neue Herausforderung ablehnen zu können oder gar nicht erst antreten zu müssen.

Rosenquarze heben die Stimmung und den Mut der Betroffenen. Sie lindern die Blockade und bewirken so, daß betroffene Menschen wieder besser dazu in der Lage sind, mit allen alltäglichen Konflikten, Anforderungen und Begegnungen durch eine positivere Lebenseinstellung und mehr Eigenverantwortlichkeit leben zu können. Die Energie des Rosenquarz verteilt sich dahingehend im Unterbewußtsein der betroffenen Menschen, indem sie die Aufmerksamkeit wieder auf die beiden Seiten aller Dinge lenken können. Dies führt dazu, daß die Betroffenen wieder deutlich erkennen, daß alle negativen Dinge auch mit positiven Eigenschaften behaftet sind. In Verbindung mit Positivität und Optimismus bewirkt der Rosenquarz eine Bewußtseinserweiterung, worin Entmutigungen, Enttäuschungen und Mißerfolge nicht mehr andauernd als persönliche Rückschläge gewertet werden, sondern als Teil persönlicher Reife und Evolution.

Kinder: Betroffene Kinder geben sich aus dieser Blockade heraus oft sehr wehleidig, uneinsichtig, schmollend, dickköpfig und fühlen sich von Geschwistern, Eltern, Lehrern oder Kameraden grundsätzlich absichtlich benachteiligt und ungerecht behandelt. Betroffene Kinder suchen Fehler niemals bei sich, sondern immer in irgendwelchen Ausreden, Ausflüchten und bei anderen.

Essenz-Nr. 2/10   **Glücksstein / Therapiestein-Nr. 210**

Spezifische Heilwirkungen auf Organe und Körper: Auszug aus dem Großen Lexikon der Heilsteine, Düfte und Kräuter von Methusalem
Thrombose, Herzinfarkt, Blutreinigung, Anämie, Leukämie, Vitalität, Fruchtbarkeit, rheumatisch bedingte Schmerzen, Depressionen, Schlafstörungen, Computerstrahlung, Herzerkrankungen, Bluterkrankungen, Geschlechtskrankheiten, Multiple Sklerose.

Wie pflege ich einen Rosenquarz?
Rosenquarze sollten ein- bis zweimal im Monat unter fließendem, lauwarmen Wasser oder über Nacht in einer trockenen Schale mit Hämatit-Trommelsteinen entladen werden. Anschließend sollte der Rosenquarz für einige Stunden in einer trockenen Schale mit klaren Bergkristall- und Amethyst-Trommelsteinen aufgeladen werden.

Stier / Rhodonit

Rhodonit lindert Blockaden, die den Genesungsvorgang und Reifeprozeß blockieren und eine innere Fehlschaltung auslösen, die dazu führt, daß Betroffene glauben, Liebe und Aufmerksamkeit nur durch Krankheit und Mitleid hervorrufen zu können. Die Blockade bewirkt häufig, daß als überwunden geglaubte Krankheiten ständig in Form von Rückfällen neu aufleben. Diese Blockade betrifft besonders Menschen, die sich verstärkt nach Zuneigung, Zuwendung und Aufmerksamkeit sehnen und aus der Blockade heraus daran glauben, dies nur durch Leid oder durch Krankheit von ihren Mitmenschen erhalten zu können. Äußerlich vermittelt diese Blockade Angehörigen oft den Eindruck, daß der Betroffene möglichst schnell wieder gesund werden möchte. Innerlich hängen die Betroffenen jedoch insgeheim der Krankheit sehr wehleidig als Zweck für mehr Aufmerksamkeit, Zuwendung, Mitleid und

Fürsorge nach. Psychosomatisch erreichen Betroffene in dieser Blockade demnach auch genau das Gegenteil von Heilung. Denn psychosomatische Krankheiten sind eine spiegelbildliche Folge tiefliegender seelischer Blockaden, welche an einer übermüdeten Körperstelle als Schmerz oder Leid in den Vordergrund drängen. Sie werden deshalb häufig von Rückfällen heimgesucht oder geraten, wie unter Hiobsbotschaften, von einem Leid zum anderen, das sie förmlich anzuziehen scheint. Denn der innere Heilungswunsch selbst bewirkt in Verbindung mit schöpferischen, körperlichen und seelischen Energieströmen Genesung und Heilung. Bleibt diese Energie aus, so ist es für Betroffene sehr schwer, wieder gesund werden zu können, weil ihnen der innerliche Wunsch und Glaube dazu fehlt. Rhodonit verhilft aus diesem inneren Konflikt heraus wieder zur Einsicht darüber, daß durch Krankheit und Mitleid erzwungene Aufmerksamkeit häufig für viele der Einstieg zu chronischen Leiden und auch Alkohol- bzw. Tablettenabhängigkeit ist. Rhodonit, stärkt diesbezüglich psychisch-labile Menschen dahingehend, indem er aus den Blockaden heraushilft, die den Betroffenen quasi das Gefühl vermitteln, nur dann geachtet und geliebt zu werden, wenn sie durch Krankheit und Leid eine erhöhte Aufmerksamkeit verdient zu haben glauben.

Essenz-Nr. 2/20   **Glücksstein / Therapiestein-Nr. 220**

Spezifische Heilwirkungen auf Organe und Körper: Auszug aus dem Großen Lexikon der Heilsteine, Düfte und Kräuter von Methusalem.
Bronchien, asthmatische Erkrankungen, Knochenfestigung, Schwerhörigkeit, stärkt das Nervensystem, aktiviert den Stoffwechsel, Gehirn, Rückenmark, stärkt die Widerstandskraft gegen allergische Reaktionen.

Wie pflege ich einen Rhodonit?

Der Rhodonit sollte ein- bis zweimal im Monat unter fließendem, lauwarmen Wasser und über Nacht in Hämatit-Trommelsteinen gereinigt und entladen werden. Ketten sollten immer in einer trockenen Schale mit Hämatit-Trommelsteinen über Nacht entladen werden. Das Aufladen in einer trockenen Schale mit Amethyst- und Bergkristall-Trommelsteinen ist für den Rhodonit notwendig und sollte mindestens einmal im Monat über Nacht geschehen.

Stier / Achat

Achate sind für all diejenigen bestimmt, deren Blockaden zu chronischem innerem Groll, Verbitterung, Mißtrauen und Unglückseligkeit führen. Diese Blockaden äußern sich häufig dadurch, indem die betroffenen Menschen andauernd das unwohle Gefühl empfinden, daß ihnen von anderen Menschen, vom Leben, vom Wetter oder vom Schicksal übel mitgespielt wird. Betroffene fühlen sich als hoffnungsloses Opfer ihrem Schicksal ausgeliefert, jammern ständig, schimpfen und beklagen sich viel. Ihre Lebensphilosophie beschäftigt sich dann zunehmend unter Selbstmitleid und Mißtrauen nur noch mit den negativen Dingen des Alltages und mit der Frage, weshalb gerade sie soviel Leid ertragen müssen. Betroffene fühlen sich häufig von anderen ungerecht behandelt oder benachteiligt und im Leben kategorisch vom Pech verfolgt. Dies begann aus ihrer Sicht bereits mit irgendeinem Ereignis in der Kindheit, woran sich bis heute nichts geändert hat und ein Pech nach dem anderen aneinanderreiht. Ihr Leben besteht aus ihrer Sicht heraus nur noch aus negativen Dingen, wobei Freude, Glück und Liebe nur anderen Menschen vorbehalten zu sein scheint, die nicht so ein böses Schicksal in die Wiege gelegt bekommen haben. Häufig führt diese Blockade auch dazu, daß sich die Betroffenen nicht mal mehr an den schönen Dingen ihres Alltags oder an den Freuden anderer Menschen erfreuen können. In immerwährender Negativität und Nörgelei versuchen sie sogar bewußt, in der Freude ihrer Mitmenschen herumzustochern, indem sie nicht selten zu kategorischen Miesmachern und Spielverderbern werden. In zunehmender Verhärtung der Blockade erfüllt sich das Gemüt der Betroffenen mit einem erhöhten Maß an innerlicher Wut in Form von Groll und Mißgunst, die gerade dann zum Überschäumen neigt, wenn andere Mitmenschen besonderes Glück zu haben scheinen. Dann verderben Betroffene aus dieser Blockade heraus nicht nur die gute Stimmung, sondern versuchen auch, durch Angstmacherei, ständiges Warnen und stetige Kritik und

Schwarzmalerei die Stimmung zufriedener Mitmenschen zu kippen. Letztendlich verfallen die Betroffenen in starke innere Verbitterung und in Selbstmitleid, das sie durch andauerndes Klagen, schmollen, motzen und jammern, oft in Verbindung mit unzähligen funktionellen und organischen Störungen zum Ausdruck bringen. Statt die Dinge klar zu stellen oder zu verändern, stecken Betroffene ihre ganze Kraft in ein wehleidiges, mitleiderregendes Lamentieren und Klagen. Besonders in Beziehungskrisen und bei Meinungsverschiedenheiten stoßen diese Blockaden meist besonders bitter auf, indem Betroffene sich als noch ärmeres Opfer sehen das nichts sagen darf und statt dessen lieber Rotz und Wasser heult. Betroffene sehen im Leben immer nur die negativen Dinge und übersehen dabei die Kehrseite aller Dinge, die aus Positivem, Gutem, Glück oder Liebe besteht. Achate, insbesondere Botswana-Achate, rosa Achate und Aprikosen-Achate verhelfen den Betroffenen aus dieser Blockade wieder dahingehend heraus, indem sie von quälendem Selbstmitleid befreien und somit eine positivere Grundeinstellung und Selbstverantwortung bewirken, welche dazu befähigt die volle Verantwortung für ihr Handeln und auch für ihre Unterlassungen übernehmen zu können, ohne länger alles auf andere abwälzen zu wollen. Nur dann wird aus dem andauernden Opfer irgendwelcher Dinge wieder ein Meister seines Lebens.

Kinder: Kinder geben sich aus dieser Blockade heraus häufig sehr launisch, quengelig, weinen viel, schmollen ständig, reagieren auf neugeborene Geschwister oder neue Partner aggressiv und beleidigt, essen nicht, was sie geboten bekommen und weinen schon früh morgens nach dem Aufstehen. Sie wirken desinteressiert, blaß und erschöpft, ziehen sich am liebsten von allen anderen zurück und machen immer einen traurigen, müden, unausgeschlafenen, kränklichen Eindruck.

Essenz-Nr. 2/30 **Glücksstein / Therapiestein-Nr. 230**

Spezifische Heilwirkungen auf Organe und Körper: Auszug aus dem Großen Lexikon der Heilsteine, Düfte und Kräuter von Methusalem Hautkrankheiten, Ekzeme, Hirnhautentzündung, Sehschwäche, Nierenentzündungen, Nierenkoliken, Nierensteine, Meniskus, Kniegelenksentzündungen, Gelenkergüsse, Knorpelverletzungen, Verstauchungen, Verrenkungen, Darmerkrankungen, Darmträgheit, Darmverschluß, Verstopfung.

Wie pflege ich einen Achat?

Achate sollten einmal im Monat unter fließendem, lauwarmem Wasser oder über Nacht in einer trockenen Schale mit Hämatit-Trommelsteinen gereinigt und entladen werden. Alle Achate laden sich in der Nacht in einer trockenen Schale mit Bergkristall-Trommelsteinen wieder sehr positiv auf.

Stier / Rhodochrosit

Rhodochrosit lindert Blockaden, die den Betroffenen mit Teilnahmslosigkeit, Resignation und Interessenlosigkeit gegenüber dem Leben bedrücken. Dies bewirkt häufig, daß die betroffenen Menschen auf alles, was ihnen alltäglich begegnet, lustlos, motivationslos, aus einer oft apathischen, resignativen, zweiflerischen Erwartungshaltung heraus reagieren und dadurch scheinbar einen Schritt vorwärts und anschließend immer gleich wieder zwei zurück gehen und somit immer mehr in einen Strudel aus Zweifel und Mutlosigkeit gelangen. Insgeheim hoffen sie, daß ihnen andere hier und da unter die Arme greifen, letztendlich gehen sie jedoch davon aus, daß sie doch kein Glück haben werden, daß ohnehin alles schief geht und sie im Leben nie mehr zu dem finden werden, wovon sie immer geträumt haben. Menschen, welche unter dieser Blockade leiden, verharren oft über lange Zeit in längst vergangenen Rollenverhalten, Melancholie, Liebeskummer und Moralvorstellungen. Sie meiden Veränderungen, lehnen Neues zunächst hartnäckig aus Prinzip depremiert ab und versuchen dann zweifelnd den Gegenstand ihrer Lebensphilosophie aufgrund andauernder Skepsis, Pessimismus und Bedenken in längst vergangenen Denkmodellen, Moralvorstellungen und Wertempfinden zu begründen. In Erzählungen betonen sie immer, was für Chancen sie in ihrer Vergangenheit hatten, wie dumm sie früher waren, welche Rücksicht sie zugunsten anderer nehmen mußten oder wie benachteiligt ihre Kindheit in Anbetracht der heutigen Jugend war. Leider versuchen Betroffene aus dieser Blockade heraus auch im späteren Leben ihren eigenen Kindern den eigenen Weg zu verbauen, indem sie glauben, ihnen etwas Gutes damit zu tun, sie unbedingt aufs Gymnasium, zum Ballett-Unterricht, in die Klavier-Stunde und zum Nachhilfeunterricht gleichzeitig zu zwingen. Aus den Augen der Betroffenen sollen wenigstens ihre Kinder die Chancen erhalten, die sie scheinbar selbst nie bekommen haben, um etwas aus sich machen zu können.

In zunehmender Verhärtung dieser Blockade wird eine verstärkte Passivität erreicht, woraus hervorgeht, daß die Betroffenen für sich immer das schlechteste erwarten, schon vorher enttäuscht sind und häufig sogar jede Mühe scheuen, um sich vorteilhaft zu kleiden oder um sich selbst noch irgendetwas Gutes tun zu wollen. Häufig verpassen sie deshalb nicht nur gute Gelegenheiten, sondern oft auch den Anschluß und beginnen, alles pessimistisch, skeptisch und ablehnend zu bewerten. Für sie ist alles schon vorher gelaufen, zu Ende oder zu spät. Letztendlich resignieren Betroffene aus dieser Blockade heraus entmutigt, in der Vorstellung, daß alles eben so schlimm sei, und sie mit ihrem schweren Schicksal eben mehr schlecht als recht ihr Leben zu Ende führen müssen. Ihre letzte Hoffnung liegt oft darin, daß es wenigstens ihren Kindern, Enkelkindern oder Angehörigen irgendwann einmal besser gehen soll, als ihnen.

Rhodochrosit verhilft den Betroffenen aus diesem blockierten Gemütszustand heraus wieder zu mehr Ausdauer, Durchhaltevermögen, Optimismus und einer Aktivierung der Selbstbestimmung gegenüber eigenen alltäglichen Bedürfnissen. Er befreit aus Melancholie, Angst vor weiteren Fehlschlägen, Kontaktängsten, absoluter Teilnahmslosigkeit, Lustlosigkeit und energischer Verdrängung eigener Wünsche und Bedürfnisse. Rhodochrosit hebt die Stimmung und gibt den Mut, um selbst wieder durchstarten und Anschluß finden zu können. Er reaktiviert somit wieder Interesse, Lebenslust, Gegenwartsbezogenheit, Offenheit und Flexibilität und stärkt wieder den Glauben daran, daß die Dinge gelingen und daß es für jedes Problem auch eine Lösung gibt.

Kinder: Kinder geben sich aus dieser Blockade heraus schnell wütend, wenn nicht gleich alles auf Anhieb gelingt oder ziehen sich häufig entmutigt und scheinbar gelangweilt zurück. Sie verlieren schnell das Interesse, haben wenig Ausdauer und bringen aus Ungeduld oder Wut typischerweise ihre eigenen Bauklotz-Konstruktionen immer selbst zum Einsturz.

Essenz-Nr. 2/40   **Glücksstein / Therapiestein-Nr. 240**

Spezifische Heilwirkungen auf Organe und Körper: Auszug aus dem Großen Lexikon der Heilsteine, Düfte und Kräuter von Methusalem.
Verdauungsbeschwerden, Diabetes, Herz, Haut, Pickel, Akne, Pigmentanreicherungen, Falten, Hautkrebs, Nieren, Entschlackung, Vitalität, Magen, Darm, Geschlechtsorgane.

Wie pflege ich einen Rhodochrosit?
Rhodochrosit sollte regelmäßig ein- bis zweimal im Monat unter fließendem, lauwarmem Wasser oder in einer trockenen Schale mit Hämatit-Trommelsteinen entladen werden. Ketten sollten in einer trockenen Schale mit kleinen

Hämatit-Trommelsteinen über Nacht entladen werden. Die Schwingungen des Rhodochrosits sind sehr fein und lassen sich über Nacht in Verbindung mit Madagaskar-Rosenquarz in einer trockenen Schale mit Bergkristall-Trommelsteinen sehr positiv aufladen.

Stier / Carneol orange

Orangene Carneole lindern Blockaden, welche dazu führen, daß Menschen feste Vorstellungen nicht für eigene Belange, sondern darüber, was für andere Menschen das Beste sein könnte, entwickeln und dazu tendieren, andere nicht nur bevormunden, sondern viel mehr auch bemuttern zu wollen. Sie werden aus dieser Blockade heraus daran gehindert, eigene Wege zu gehen, bleiben unselbstständig und können sich, wenn überhaupt, oft nur hinterlistig oder durch unterschwellige Aggressionen durchsetzen. Betroffene geben sich dabei sehr liebevoll und freundlich, übertreiben jedoch anderen gegenüber ihre Fürsorglichkeit dahingehend, indem sie sich bewußt in deren Privatangelegenheiten einzumischen beginnen, um letztendlich gebraucht zu werden, um so mehr Zuwendung und Aufmerksamkeit zu erhalten. Aus Sucht, gebraucht zu werden, fühlen sich die Betroffenen erst dann glücklich und zufrieden, wenn fast ihr gesamter Alltag dafür aufgeopfert und verplant ist, anderen Menschen irgendwie einen nützlichen Gefallen erweisen zu können. Dieses scheinbar liebevolle Vorgehen wird anfangs zwar von vielen Menschen besonders dann gerne angenommen, wenn es beispielsweise um die Beaufsichtigung der Kinder oder um Behördengänge und andere zeitaufwendige, unangenehme, vertrauensvolle Erledigungen geht. Mit der Zeit lösen Betroffene dieser Blockade durch ihre besitzergreifende und einmischende Persönlichkeitshaltung eine zunehmende Ablehnung in ihrer Umgebung, verbunden mit Widerstand bei ihren Mitmenschen, aus. Dann reagieren

Betroffene häufig enttäuscht darüber, daß andere nicht genügend dankbar demgegenüber sind, was man alles für sie getan hat, egoistisch, eingeschnappt und versuchen somit bei anderen Menschen wiederum, Mitleid und Schuldgefühle zu erwecken, indem sie sich krank melden, weinen und andauernd beteuern, es doch nur gut gemeint zu haben, oder das Beste zu wollen. Häufig geben Freunde und Familienangehörige Betroffenen mit dieser Blockade aus Mitleid nach, worin wiederum der taktische Erfolg der Betroffenen liegt und somit der Kreislauf um verstärkte Zuwendung von neuem beginnt. Fühlen sich die Betroffenen dieser Blockade gänzlich zurückgewiesen, ungebraucht und in ihrer bemutternden Fürsorge abgelehnt, fallen sie häufig in ein tiefes Loch aus niemand - mag - mich - Depressionen, Unverständnis, Selbstmordvorstellungen, Wahnvorstellungen, Selbstmitleid, Krankheit und Einsamkeit.

Orangene Carneole verhelfen Menschen aus dieser Blockade heraus wieder zur wahren Liebe und zu mehr Feingefühl zurück, ohne andauernd Gegenleistungen dafür durch Dankbarkeit und damit erzwungene Aufmerksamkeit einfordern zu wollen. Orangene Carneole empfehlen sich besonders für Kinder, welche unablässig am Rockzipfel ihrer Mutter hängen, klammern und sehr besitzergreifend und sogar eifersüchtig reagieren, wenn die Mutter ihre Zuneigung auch Geschwistern und anderen Menschen gegenüber kund tut oder wenn andere Kinder mit ihrem Spielzeug spielen.

Kinder: Kinder sind aus dieser Blockade heraus schnell beleidigt, eifersüchtig, fühlen sich andauernd vernachlässigt und erwarten pausenlos Trost, Aufmerksamkeit, Zuwendung und Anteilnahme der Eltern, insbesondere der Mutter.

Essenz-Nr. 2/50 **Glücksstein / Therapiestein-Nr. 250**

Spezifische Heilwirkungen auf Organe und Körper: Auszug aus dem Großen Lexikon der Heilsteine, Düfte und Kräuter von Methusalem.
Bluterkrankungen, Blutstauungen, Blutzucker, Blutvergiftung, Nasenbluten, kalte Füße, Pickel, Flechten, faltige Alterserscheinungen der Haut, Blutdruck, Verdauungsprobleme, Darmerkrankungen, Nieren-, Leber- und Gallenleiden, Parodontose, Zahnfleischbluten, Mundfäulnis, Schlaflosigkeit, Niedergeschlagenheit.

Wie pflege ich einen Carneol?
Der Carneol sollte mindestens einmal im Monat unter fließendem, lauwarmem Wasser und öfter über Nacht in einer trockenen Schale mit Hämatit-Trommelsteinen gereinigt und entladen werden. Ketten sollten nur in einer trockenen Schale mit Hämatit-Trommelsteinen entladen werden. Aufladen

sollten Sie den Carneol an der Sonne, in einer Bergkristall-Gruppe oder in einer trockenen Schale mit Bergkristall-Trommelsteinen.

Zwillinge, 21. Mai bis 21. Juni

Farben: gelb, orange **Planetenherrscher:** Merkur **Element:** Luft

Dominante Planeten in den einzelnen Dekaden: **Polarität:**
1. Dekade, 21.05. bis 30.05.: Jupiter
2. Dekade, 31.05. bis 10.06.: Mars weiblich, Yang
3. Dekade, 11.06. bis 21.06.: Sonne **3. Haus**

Das Tierkreiszeichen des *Zwillings* stellt das 3.Haus im europäischen Tierkreis dar. Seine Kräfte werden durch *Bernstein, Citrin,* und *gelben Goldtopas* gestärkt. Die zugeordneten ätherischen Öle sind *Ginster, Lavandin* und *Peru-Balsam* und in der Opposition der *Zwillinge* befindet sich das 9.Haus des *Schützen.*

Zwillinge sind meist sehr lebendige, temperamentvolle und vitale Menschen. Sie lieben das Neue, sind wißbegierig, sensationslustig und weltoffen. Häufig belegen Zwillinge ein vielseitiges Spektrum an Interessen, Hobbys und Neigungen. Die Tugend der Zwillinge liegt mit Sicherheit größtenteils in ihrer Kontaktfreudigkeit, im partnerschaftlichen Verständnis und in ihrer fröhlichen, offenen Kommunikationsbereitschaft.

Die Stärken der Zwillinge liegen neben einer schnellen Auffassungsgabe und körperlichen und geistigen Wendigkeit in großer Interessenvielfalt. Sie gehören zu den wenigen Menschen, welche aufgrund ihres Charakters dazu in der Lage sind, unterschiedliche Standpunkte und Meinungen kritiklos hinnehmen und akzeptieren zu können, ohne durch ihr Verhalten unbedingt andere Menschen verändern zu wollen. Zwillinge sind meist ehrliche, objektive, neutrale und unvoreingenommene Menschen, wenn es um Auseinandersetzungen oder einen freundschaftlichen Rat geht.

Zwillinge / Bernstein

Bernsteine lindern Blockaden, die ein hohes Maß an innerer Unsicherheit und mangelndes Selbstvertrauen hervorrufen, und häufig von starken Minderwertigkeitsgefühlen begleitet werden. Oft ruhen diese Blockaden im Verborgenen und keimen in plötzlichen, unvorhergesehenen Lebenssituationen auf. Die betroffenen Menschen fühlen sich dann plötzlich entweder durch die Anwesenheit einer bestimmten Person, in Menschenansammlungen, durch Anwesenheit irgendwelcher Autoritätspersonen oder durch dominante anwesende Menschen innerlich sehr bedrängt und gehemmt, indem sie nicht wagen, ihre Meinung zu äußern oder spontan zu handeln, weil sie sich plötzlich unsicher, unfähig, ängstlich, gehemmt und minderwertig fühlen. Bei jeder Gelegenheit suchen sie dann Kontakt zu irgendwelchen ihnen bekannten anwesenden Personen, um so quasi Halt oder Rat darüber zu erhalten, wie sie sich verhalten sollen oder um bei anderen zu sehen, wie man es richtig macht. Diese Blockade hat häufig jedoch zwei Gesichter. Die eine Seite ist die völlige Enthaltsamkeit durch starke Minderwertigkeitsgefühle, indem die Betroffenen von andauernden Ängsten darüber geplagt werden, etwas Falsches sagen oder tun zu können, oder sich blamieren zu können und zurückziehen. Die andere Seite ist die, seine Minderwertigkeitsgefühle dahingehend überdecken zu wollen, indem sich die Betroffenen betont ehrgeizig und wißbegierig geben, indem sie über alles genauestens informiert sind oder Bescheid wissen wollen, sich Rat und Bestätigung von Autoritätspersonen einholen, um deren Meinung sein zu können, mitreden zu können oder indem sie sich sogar, und das ist besonders häufig bei Kindern in dieser Blockade der Fall, Verhaltensweisen, Gestik und Ausdrucksform anderer zu eigen machen, die ihnen bei anderen, ihnen vorbildlich erscheinenden Menschen, imponieren. Betroffene dieser Blockade ordnen sich meist willig unter, nehmen kritiklos alles hin, glauben nur was andere sagen und sind vor allem im Umgang mit fremden

Leuten oder in neuen Lebenssituationen schüchtern, stark gehemmt und ängstlich. Bernstein verhilft aus dieser Blockade dahingehend heraus, indem die Betroffenen wieder mehr Selbstbewußtsein, Selbstsicherheit, Selbstwertigkeit und Selbständigkeit erhalten und somit wieder beginnen, mehr nach ihren eigenen Gefühlen, Interessen und inneren Bedürfnissen und Stimmen zu handeln. Bernstein verhilft demnach wieder dazu, daß Betroffene sich selbst wieder mehr zutrauen, um eine eigene Meinung bemühen, einen eigenen Stil charakterisieren und wieder mehr auf die eigenen Intuitionen, Fähigkeiten und Stärken vertrauen können. Darüberhinaus verhilft Bernstein dazu, innere Hemmungen überwinden zu können, sich selbst wieder mehr zuzutrauen und auch selbstbewußter zum eigenen Erfolg stehen zu können.

Kinder: Kinder geben sich aus dieser Blockade heraus oft sehr schüchtern, verängstigt, unterwürfig und unsicher, was besonders in der Gegenwart von Fremden zum Ausdruck kommt. Gleichzeitig neigen sie häufig auch dazu, Verhaltensweisen, Gestik und Ausdrucksformen anderer Menschen nachahmen zu wollen. Sie suchen im externen Familienbereich bevorzugt nach Vorbildern und Idealen und versperren sich zunehmend der inneren familiären Stabilität. Betroffene Kinder sind aus dieser Blockade heraus für Verführungen durch Kriminalität, Drogen, Sekten oder durch extreme Ideologien besonders anfällig. Bernstein vermittelt wieder das nötige Selbstvertrauen, gibt mehr Zutrauen zu den eigenen Fähigkeiten und auch Familienangehörigen und Eltern gegenüber und lindert auch Versagensängste und unangenehme Schmerzen beim Zahnen.

Essenz-Nr. 3/10   **Glücksstein / Therapiestein-Nr. 310**

Spezifische Heilwirkungen auf Organe und Körper: Auszug aus dem Großen Lexikon der Heilsteine, Düfte und Kräuter von Methusalem
Hauterkrankungen, Allergien, Ekzeme, Pickel, Pusteln, Warzen, Schuppenbildung und Flechten, Heuschnupfen, Pollenallergien, Entzündungen im Mund, Schmerzen beim Zahnen, Muskel- und Knochenerkrankungen, Arthritis, Rheuma, Gicht, Arthrose, Grippe, Schilddrüse.

Wie pflege ich einen Bernstein?
Bernstein sollte wöchentlich unter fließendem, lauwarmem Wasser entladen werden. An der Sonne sollte Bernstein nur in den Morgenstunden oder am Nachmittag aufgeladen werden, da es in der starken Mittagssonne zu Überladungen kommen kann. Bernstein-Ketten sollten über Nacht in einer trockenen Schale mit Hämatit-Trommelsteinen entladen und gereinigt werden. Diese laden sich an einer Bergkristall-Gruppe oder in einer Schale mit trockenen Bergkristall-Trommelsteinen wieder sehr schnell auf.

Zwillinge / Citrin

Eine typische Blockade, die vom Citrin gelindert wird, ist ein verstärktes ehrgeizig dominierendes Verhalten, was dazu führt, daß die Betroffenen unbedingt kompromißlos ihre eigene Meinung und ihren Willen durchsetzen wollen, indem sie davon überzeugt sind, selbst besser zu wissen, was für andere gut ist. Häufig neigen die Betroffenen zu der Annahme, daß sie selbst fehlerfrei seien und daher auch kompetent dazu sind, anderen rechthaberisch und bevormundend ihre Ansichten und Wünsche anweisend aufdrängen zu können. Nicht selten setzen sie sich dann rücksichtslos, vorlaut, ohne Diskussion oder Widerrede, über die Auffassung anderer Menschen hinweg, um die Führungsposition übernehmen zu können. Oft gehen sie dabei nicht nur rücksichtslos, sondern auch bevormundend, schnippisch und sehr direkt vor, indem sie sich sogar in das Leben anderer Menschen einmischen, über deren Persönlichkeit vor anderen spotten, oder sich über deren Intimsphäre bewußt hinwegsetzen. Sie neigen dazu, sich in jeder Hinsicht herrisch, besserwisserisch und rechthaberisch zu geben, wobei sie ihre Position oft durch lautstarke Argumente, Drohgebärden und nicht selten mit unnachgiebiger Zielstrebigkeit und Rücksichtslosigkeit untermauern, was zur typischen Auffahrermentalität in Verbindung mit Lichthupe führt. In der Familie, vor Publikum oder auch unter Kollegen neigen die betroffenen Menschen dazu, sich nicht nur profilieren zu wollen, sondern sich unbedingt auch vor anderen ins rechte Licht zu rücken, indem sie unmißverständlich dazu neigen, anderen ihre Ansichten und guten Ideen aufdrücken zu wollen, ohne Platz für Rücksprachen, Rückfragen oder andere Meinungen zu lassen. Bereinigende Gespräche bzw. Diskussionen um ihren Standpunkt lehnen sie kategorisch, beispielsweise solange ab, solange andere noch ihre Füße unter ihren Tisch stellen und lassen sich somit erst gar nicht auf irgendwelche Dinge ein, die eine andere Sichtweise als die ihrige ebenfalls als vernünftig akzeptieren würde. Diese

Blockaden nisten sich häufig in den betroffenen Menschen schon von klein auf ein. Citrine bewirken einen Ausgleich der betroffenen Blockade dahingehend, indem sie dominierende Persönlichkeitszüge zu weicheren Charakterstrukturen lindern, damit die betroffenen Menschen wieder umgänglicher, verständnisvoller, toleranter und achtsamer anderen Menschen und deren Meinungen und Ansichten gegenüber werden. Citrine machen diesbezüglich auch wieder aufgeschlossener, kompromißbereiter und rücksichtsvoller gegenüber Mitmenschen und der Natur. Betroffene dieser Blockade lassen dann wieder Diskussionen zu und werden dazu angeregt, sich verstärkt anstatt andauernd über anderer Leute Probleme, mal wieder mit sich selbst auseinandersetzen zu können. So verlieren die Betroffenen auch den oft über Jahre angestauten innerlichen Druck, so daß körperliche Schmerzen, Bluthochdruck, Herz-Kreislauf-Beschwerden, Verdauungsstörungen, Schlafstörungen und viele weitere, typische Leiden, die mit dieser Blockade verbunden sind, nachlassen.

Kinder: Kinder, welche von dieser Blockade betroffen werden, werden innerlich daran gehindert, lernen und erkennen zu können, wie man Konflikte angeht und Kompromisse schließt. Kompromißlos und intolerant versuchen sie stets mit besonderem Nachdruck oder sogar mit Gewalt, wie beispielsweise langem Luftanhalten, alles bestimmen und ihren Willen durchsetzen zu wollen, indem sie Tadel und berechtigte Zurechtweisung kategorisch ablehnen und ignorieren. Sie geben sich bevorzugt herrschsüchtig, grob und fordernd als Raufbolde. Ihre Vorbilder sind häufig die Fernsehgrößen aus unzähligen Serien oder dem Sport.

Essenz-Nr. 3/20 **Glücksstein / Therapiestein-Nr. 320**

Spezifische Heilwirkungen auf Organe und Körper: Auszug aus dem Großen Lexikon der Heilsteine, Düfte und Kräuter von Methusalem.
Diabetes, Drüsenerkrankungen, Vitalität, Zuckerkrankheit, Verdauung, Blinddarmentzündungen, Unterleibsbeschwerden, Magenentzündungen, Geschwüre, Haarwuchs, Schuppen, Schuppenflechte.

Wie pflege ich einen Citrin?
Das Entladen des gebrannten Citrins sollte einmal im Monat erfolgen. Citrine mögen es, wenn sie über Nacht in einer Amethyst-Druse oder in einer trockenen Schale mit Amethyst- und Bergkristall-Trommelsteinen aufgeladen werden. Ketten sollten über Nacht in einer trockenen Schale mit Hämatit und Amethyst-Trommelsteinen gereinigt und regeneriert werden.

Zwillinge / Goldtopas gelb

Gelbe Goldtopase lindern Blockaden, welche dazu führen, daß Betroffene trotz guter Möglichkeiten und Talente entweder aus ihrem zufriedenen Alltag herausgerissen werden, oder in keine befriedigende Tätigkeit hineinfinden können und stattdessen in regelmäßigen Abständen von starken Unsicherheitsgefühlen darüber geplagt werden, wie es weiter gehen soll oder für was oder welche Richtung sie sich entscheiden sollen. Diese Blockade kann sporadisch alle paar Tage, Monate oder auch in typischen langanhaltenden Phasen alle zwei, drei, fünf oder sieben Jahre auftreten. Die Blockade tritt meist in Intervallen in den Vordergrund, das heißt, sie zieht sich oft über einen längeren Zeitraum aus dem Unterbewußtsein zurück, um plötzlich wieder in den Vordergrund zu drängen. Solange die Blockade nicht aktiv ist, geben sich die Betroffenen sehr zielorientiert, zufrieden, familiär und entschlußfreudig. Sobald die Blockade aufkeimt, sind die Betroffenen auf einmal, wie umgewandelt, zu keinem klaren Entschluß mehr in der Lage und neigen sogar zu panischen Kurzschlußhandlungen, wie beispielsweise sich plötzlich scheiden lassen, auswandern oder mit dem Fahrrad durch die Wüste fahren zu wollen. Betroffene geben sich dann meist sehr unzufrieden, weil sie weder den Sinn ihres Daseins kennen, noch eine klare Zielvorstellung darüber haben, worin die Erfüllung ihres Lebens besteht. Fortwährend befinden sie sich auf der Suche nach irgendeinem Sinn oder einer erfüllenden Aufgabe, indem sie nicht selten Wohnorte, Arbeitsstätten und Partner wechseln, und ständig unerledigte Dinge liegen lassen, um etwas Neues anfangen zu können, weil sie immer unter der Unsicherheit leiden, für sich nicht das richtige gefunden zu haben. Sie suchen daher oft ziellos, orientierungslos und frustriert nach irgendwelchen Glücksmomenten und Luftschlössern, die irgendwo existieren sollen und werden daher von einer anhaltenden, tiefen Unzufriedenheit geplagt, welche ihnen die Sichtweise darüber versperrt, daß das Gute nicht in irgendwelchen himmlischen Gefilden, sondern in jedem Augenblick unseres inneren Daseins besteht. Diese Blockade manifestiert sich häufig schon in früher Jugend dahingehend, indem sich Betroffene trotz guter Kenntnisse und qualifizierter Fähigkeiten zu keinem bestimmten Beruf oder anderen persönlichen Zielvorstellungen durchringen oder festlegen können. Sie neigen dann sogar dazu, um nicht in der Luft zu hängen, aus Frust, Unzufriedenheit oder Langeweile, unpassende berufliche oder private Verhältnisse in Kauf zu nehmen. Betroffene vergeuden dann ihre Zeit mit irgendwelchen, gerade zufällig greifbaren Studien, Jobs oder Ausbildungen, die sie von vorne herein eigentlich ablehnen und nur als Zeitvertreib oder Trittbrett zu irgendwelchen undefinierbaren Traumschlössern ansehen. Denn ihr innerlicher Ehrgeiz besteht aus dieser Blockade heraus darin, irgendetwas ganz besonderes tun oder leisten zu wollen, wobei für den Betroffenen noch nicht einmal fest steht, woraus das Besondere bestehen soll. Gelbliche Goldtopase verhelfen betroffenen Menschen aus dieser Blockade heraus wieder zu realen und klar definierbaren Vorstellungen und Zielen. So empfangen die Menschen aus ihrem Inneren wieder eine klare Zielvorstellung darüber, worin ihre Berufung und ihre Selbstverwirklichung besteht. Diese Blockade tritt auch besonders häufig während der Pubertät und in den Wechseljahren in den Vordergrund und kann sich sehr nachteilig für die Betroffenen in der Entwicklung und Umsetzung von Fähigkeiten auswirken, wenn keine Gegenmaßnahmen durch gelbliche Goldtopase vorgenommen werden, weil je nach Intensität oft die schönsten Jahre sinnlos vergeudet werden.

Kinder: Kinder, welche von dieser Blockade betroffen werden, neigen häufig dazu, viele verschiedene Dinge gleichzeitig anfangen zu wollen, für alles ein oberflächliches Interesse zu haben und daher kaum Ausdauer und Stehvermögen aufbringen zu können, sondern alles schnell wieder aus der Hand zu legen. Unzufriedenheit über sich selbst, Phlegmatismus und Oberflächlichkeit in Verbindung mit Schlamperei und Unzuverlässigkeit sind die Folge.

Essenz-Nr. 3/30   **Glücksstein / Therapiestein-Nr. 330**

Spezifische Heilwirkungen auf Organe und Körper: Auszug aus dem Großen Lexikon der Heilsteine, Düfte und Kräuter von Methusalem.
Kreislaufschwäche, niedriger Blutdruck, Herzinnenhaut-Entzündungen, Herzmuskel, Entzündungen, Zwergwuchs, Riesenwuchs, Kropf, Glotzaugen, Schrumpfleber, Leberentzündungen, Herzasthma, Schlaflosigkeit, Atemnot, Bronchitis, Erkältungskrankheiten, Infektionen der oberen Luftwege

Wie pflege ich einen Goldtopas?

Topase sollten ein- bis zweimal im Monat unter fließendem, lauwarmem Wasser oder in einer trockenen Schale mit Hämatit-Trommelsteinen entladen werden. Ketten sollten in einer trockenen Schale mit Hämatit-Trommelsteinen über Nacht gereinigt und entladen werden. Wir empfehlen Ihnen, Topase nie an der Sonne aufzuladen, da die Kraft der Sonne vielen Topasen ihre Farbe entzieht. Laden Sie Topase daher immer nur über Nacht in einer Bergkristall-Gruppe, oder in einer trockenen Schale mit Bergkristall-Trommelsteinen auf.

Krebs, 22. Juni bis 22. Juli

Farbe: grün **Planetenherrscher:** Mond **Element:** Wasser

Dominante Planeten in den einzelnen Dekaden: **Polarität:**
1. Dekade, 22.06. bis 01.07.: Venus   männlich, Yin
2. Dekade, 02.07. bis 11.07.: Merkur
3. Dekade, 12.07. bis 22.07.: Mond   **4. Haus**

Das Tierkreiszeichen des *Krebses* stellt das 4.Haus im europäischen Tierkreis dar. Seine Kräfte werden durch *Chrysopras, Smaragd, Chrysokoll, Peridot* und *Aventurin* gestärkt. Die zugeordneten ätherischen Öle sind *Davana, Geranium-Bourbon* und *Patchouli* und in der Opposition des *Krebses* befindet sich das 10.Haus des *Steinbocks*.

Krebs-Menschen sind sehr emotional mit ihrer Umwelt und mit ihren Mitmenschen verbundene Gefühlsmenschen, welche allgemein viel mehr von Empfindungen, Phantasien und Intuitionen geleitet werden, als von engumrissenen, rationalen Gesichtspunkten. Sie tragen in sich ein ausgewogenes Bedürfnis nach Liebe, Sympathie, Zärtlichkeit, Romantik und Schönheit. Krebs-Menschen leben bewußt gefühlsorientiert und daher gehört den schönen Dingen ihr Herz. Sie setzen sich nur sehr ungern gegenüber anderen mit Ellenbogen durch, weil sie viel mehr an einer friedvollen Gesinnung zwischen den Menschen interessiert sind.

Krebse sind meist phantasievolle, einfühlsame und kreative Menschen, die sich auch gut in das Erleben ihrer Mitmenschen einfühlen können. Viel Mitgefühl, Fürsorglichkeit und das versprühen von Geborgenheit macht Krebse zu Menschen, die primär ihr Handeln nicht von Statistiken abhängig machen, sondern viel mehr von vernünftigen Empfindungen aus ihrer seelischen Mitte heraus.

Krebs / Chrysopras

Durch zunehmende unnatürliche Lebensweise werden in vielen Menschen innere Blockaden ausgelöst, die sich durch starke Gefühlsschwankungen und ein permanentes schlechtes Gewissen ankündigen, und nicht selten in Gefühlstyrannei und launisches Verhalten ausarten können. Betroffene Menschen in dieser Blockade reagieren überempfindlich und verletzlich, was häufig dazu führt, daß sie ihren Tagesablauf in scheinbar träumerischer Unaufmerksamkeit, Zerstreutheit und gedankenloser Verwirrung einerseits, oder durch Schlafmangel hervorgerufene Aggressionen andererseits, ausleben. Durch starke Gefühlsschwankungen hervorgerufene Sorgen bewirken bei den Betroffenen häufig lang anhaltende Gewissensbisse, Einschlafschwierigkeiten, Schlafstörungen oder regelmäßiges frühmorgendliches Erwachen, weil sie sich von vielen Sorgen, Problemen und Erlebnissen des Alltags auch nachts nicht trennen können und somit häufig an chronischer Übermüdung, Unausgeschlafenheit, Zerstreutheit und Unzufriedenheit leiden. Dies führt häufig zu unberechenbaren Stimmungsschwankungen vom ausgeglichen, fröhlich sein einerseits, zu plötzlicher scheinbar grundloser Schwermütigkeit und sogar Depression mit Todessehnsüchten andererseits. Bei Vollmond und Neumond kommt es häufig zu einer verstärkten Wahrnehmung gegenüber irgendwelchen Nebensächlichkeiten, woraus auf einmal verstärkte Unzufriedenheiten wachsen, die zu starken Sorgen, Niedergeschlagenheit und Depressionen führen. Aus diesen Blockaden heraus schieben die Betroffenen dann genau das, worüber ihre Gedanken in unzähligen schlaflosen Nächten mürbend kreisen am nächsten Tag doch wieder vor sich her und lassen belastende Dinge somit erneut unerledigt. Denn den Betroffenen fehlt durch diese Blockade auch der Mut und der Wille, anstatt vor unangenehmen Dingen weiterhin zu flüchten, sie endlich anpacken, verändern und erledigen zu können. Mit der Zeit stehen die Betroffenen vor einem unerledigten Berg Arbeit, Post oder unbezahlten Strafzetteln. Phlegmatisch finden sie zu keinem Anfang und keinem Ziel. Aufgrund einer übersensiblen emotionalen Gesinnung, neigen Betroffene in dieser Blockade häufig auch dazu, sich nicht nur verstärkt um andere Meinungen und Angelegenheiten sorgen zu wollen, sondern auch in heftige Depressionen, beispielsweise in Form von verstärkten Schuldgefühlen, oft in Verbindung mit starkem Pessimismus, Zuflucht in Drogen oder Alkohol zu suchen. Chrysoprase lindern andauernde Sorgen, Depressionen und starke Gefühlsschwankungen, welche sich oft durch kreisende Gedanken in der Psyche einnisten und nicht nur Schlafstörungen, Alpträume und ein schlechtes Gedächtnis verursachen, sondern häufig auch tagsüber dazu beitragen, daß Betroffene sich nicht ausreichend auf ihre Arbeit und das Wesentliche konzentrieren können. Chrysopras befreit von dieser Blockade und bewirkt, daß Betroffene ihre alltäglichen Aufgaben und Pflichten wieder entschlossener angehen, aufarbeiten, bewältigen und lösen können. Chrysopras lindert Realitätsflucht und Naivität und bewirkt, daß Betroffene sich mit den alltäglichen Begebenheiten wieder besser zurechtfinden, unternehmungslustiger werden und somit ihre Wünsche, Träume, Aufgaben und Ziele wieder kreativer und entschlossener angehen wollen und auch können.

Kinder: Kinder geben sich aus dieser Blockade heraus häufig sehr verträumt und unkonzentriert, schlafen viel und bringen auch für besondere alltägliche Begebenheiten kaum noch ein wirkliches Interesse auf. Eltern haben Schwierigkeiten, ihren Sprößling mit irgendetwas erfreuen oder begeistern zu können, denn diese neigen viel lieber dazu, all ihre freie Zeit vor dem Fernseher verbringen zu wollen. Dies führt zu weiteren Überforderungsmechanismen junger Menschen durch ein permanentes Überangebot an unterschwelliger Grausamkeit, Sexualität und Gewalt in Werbung, Film und Fernsehen, was die bereits vorhandene Lustlosigkeit und Interessenlosigkeit am alltäglichen Geschehen zusätzlich abstumpft.

Essenz-Nr. 4/10   **Glücksstein / Therapiestein-Nr. 410**

Spezifische Heilwirkungen auf Organe und Körper: Auszug aus dem Großen Lexikon der Heilsteine, Düfte und Kräuter von Methusalem
Herzkranzgefäße, Sauerstoffmangel und Durchblutungsstörungen in der Herzmuskulatur, Bluthochdruck, Angina Pectoris, Herzinfarkt, Schlaganfall, Arterienverkalkung, Hoden, Prostata, Eileiter, Eierstöcke, Potenzsteigerung.

Wie pflege ich einen Chrysopras?
Der Chrysopras sollte schon vor dem Gebrauch und bei Gebrauch einmal wöchentlich unter fließendem, lauwarmem Wasser oder in einer trockenen Schale mit Hämatit-Trommelsteinen entladen werden. Zum Aufladen sollte

Chrysopras über Nacht in einer klaren Bergkristall-Gruppe oder in einer trockenen Schale mit Bergkristall-Trommelsteinen ruhen. Ketten sollten über Nacht in einer trockenen Schale mit Bergkristall-Trommelsteinen entladen und gereinigt werden.

Krebs / Smaragd

Smaragde lindern Blockaden, welche zu verstärkten Unaufmerksamkeiten und Phantasien führen, die den Halt der Betroffenen zur Realität lindern. Verstärkte Konzentrationslosigkeit, Tagträumerei in Verbindung mit irgendwelchen Phantasiegebilden oft auch aus Angst und Furcht, bewirken, daß die Betroffenen zunehmend ihre Augen vor der Realität verschließen, um sich so dem alltäglichen Geschehen durch Wirklichkeitsflucht entziehen zu können. In diesen Blockaden geben sich Betroffene oft kurz angebunden und oberflächlich, indem sie beispielsweise zuhören, ohne wirklich hinzuhören und sogleich Gesprochenes um sich herum sofort wieder vergessen. Diese Blockaden dringen bevorzugt in sonnenschwachen Wintermonaten in den Vordergrund und bewirken, daß betroffene Menschen in irgendwelchen Erinnerungen und Phantasien verharren oder andauernd von besseren Zeiten träumen. Diese Blockade stellt gewissermaßen die Flucht in die eigene Mitte dar und bewirkt, daß Betroffene die Verbindung zur Realität verlieren, indem sie unterschwellig in Phantasie verharren, welche sie in der Realität verdrängen. Mit der Zeit beginnen Betroffene, sich in innigen, uneingestandenen emotionalen Lücken zu verfangen und verharren in phantasievollen Gegenwelten, um dort unabhängig hiesiger Tatsachen ihre eigenen Helden, Kämpfer oder Vorbilder sein zu können. Allerdings hindert die Blockade die Betroffenen daran, ihre Phantasie als eine alternative Möglichkeit nutzen zu können, um Informationen, Gedanken, Anforderungen und Bedürfnisse kreativ hinterfragen, ordnen und durchspielen zu können, um sie anschließend bewußt zum Nutzen ihres Alltags gebrauchen zu können. Die Gegenwart interessiert sie dann wenig. Sie können sich auf nichts richtig und schon gar nicht auf ihre Arbeit konzentrieren und finden sich an besonders trüben Wintertagen kaum in ihrer Umwelt zurecht. Dies führt nicht nur zu Abgehobenheit und Melancholie, indem sich Betroffene verstärkt zurückziehen wollen, um unter Selbstmitleid an einem zurückgezogenen Ort über die »böse Welt« nachdenken zu können, sondern oft auch zu vermehrter Schwerfälligkeit gegenüber dem alltäglichen Geschehen. Sie beginnen, sich häufig zu verspäten, vergessen und verschlafen ihre Termine, sind gedanklich abwesend und schwärmen nur noch vom letzten oder bevorstehenden Urlaub in exotischen Gefilden unter Palmen und Strand. Betroffene Menschen dieser Blockade erleben die damit verbundene aufkeimende Melancholie häufig schon mit den ersten nebelverhangenen Herbsttagen. Sie können sich dann häufig nicht mehr richtig auf die alltäglichen Begebenheiten konzentrieren, was nicht nur zu einer allgemeinen Vernachlässigung, oft in Verbindung mit Unpünktlichkeit, Schlamperei und Tagträumerei, führt, sondern oft eine über Monate andauernde Warteposition verursacht, worin die Betroffenen hoffen, daß sich die Dinge irgendwie schon von selbst lösen werden, sie irgendwann ihre große Liebe treffen oder 6 Richtige im Lotto haben. Smaragde lindern diese Blockade und auch die typisch damit verbundene Winterdepression. Sie machen wieder realistischer, unternehmungslustiger, konzentrierter, entschlossener und optimistischer. Sie lindern auch chronische Tendenzen zu Halluzinationen, Geistesabwesenheit, Schizophrenie, Müdigkeit, Erschöpfung, Schlafstörungen und Realitätsflucht.

Kinder: Kinder, welche von dieser Blockade betroffen werden, sind oft sehr ängstlich, schreckhaft und scheinen oft unter starken Selbstgesprächen in einer eigenen Welt zu leben. Auf alltägliche Dinge und schulische Aufgaben können sie sich nur schwer konzentrieren.

Essenz-Nr. 4/20   **Glücksstein / Therapiestein-Nr. 420**

Spezifische Heilwirkungen auf Organe und Körper: Auszug aus dem Großen Lexikon der Heilsteine, Düfte und Kräuter von Methusalem.
Verdauung, Anämie, Leukämie, Pickel, Krampfadern, Hautfalten, Herzinfarkt, Hämorrhoiden, Arterienverkalkung, Leberzirrhose.

Wie pflege ich einen Smaragd?
Smaragd sollte einmal im Monat unter fließendem, lauwarmem Wasser oder über Nacht in einer trockenen Schale mit Hämatit-Trommelsteinen gereinigt und entladen werden. Laden Sie jedoch Smaragde nur für sehr kurze Zeit an der Morgen- oder Abendsonne, oder über Nacht in einer Schale mit klarsten Bergkristall-Trommelsteinen auf.

Krebs / Chrysokoll

Chrysokolle verhelfen aus Blockaden heraus, welche sich durch Labilität und aufkeimende Ungeduld bemerkbar machen. Hauptsächlich bewirken diese Blockaden eine steigende innere Unruhe, Sprunghaftigkeit und Ungeduld. Dies überträgt sich meist auch direkt durch andauernde Gereiztheit, spitze Bemerkungen, Kritikfreudigkeit, Arroganz, Streitbereitschaft und emporkeimende Intoleranz gegenüber den Reaktionen und Meinungen anderer Menschen. Die Sprunghaftigkeit bewirkt häufig, daß einerseits sich in den Kopf gesetzte Wünsche sehr zielbewußt verfolgt werden können, indem die Betroffenen auch dann nicht von ihren Erwartungen ablassen, wenn längst erste deutliche Erschöpfungszustände erkennbar werden. Ist ein bestimmter Punkt erreicht, so kommt es aus dieser Blockade heraus meist so, daß die Betroffenen ihr zuvor asketisch anvisiertes Ziel plötzlich unerledigt aufgeben, um anschließend etwas Neues, völlig anderes zu beginnen. Angehörige verwirrt dies sehr, denn worüber die Betroffenen zuvor noch hellauf begeistert waren, wird auf einmal kein Wort mehr verloren. So bleiben viele Dinge unerledigt, was sich häufig auch mitten in einer Situation auswirken kann. Da verläßt den Betroffenen plötzlich die Lust, er unterbricht das Spiel und geht. Betroffene Menschen in dieser Blockade beteuern oft, viele Eisen im Feuer zu haben und sehr vertrauensvoll, verantwortungsbewußt und verläßlich zu sein. Wenn es jedoch darauf ankommt, sind gerade sie meist unzuverlässig, klopfen Sprüche, haben ausgerechnet jetzt keine Zeit oder lassen sich vorübergehend nicht mehr blicken. Der Chrysokoll lindert diese Blockade und macht die Betroffenen wieder ausgeglichener, verständnisvoller, ruhiger und besonnener, so daß wieder mehr Zeit für klare Entscheidungen, Entspannung und Liebe bleibt. Chrysokolle sind für Betroffene in dieser Blockade auch deshalb sehr wichtig, weil sie ehrliche Kritik am Raubbau ihrer Kräfte und gutgemeinte Ratschläge von engen Freunden und Angehörigen sofort als provokative

Bevormundung gegenüber ihrer Persönlichkeit aufnehmen und daher sehr aufbrausend und forsch reagieren, indem sie zurückkritisieren, sich zu rechtfertigen versuchen oder sich sogar gänzlich zurückziehen, um in einem selbstbestimmten hohen, aufreibenden Tempo das angehen zu wollen, was sie sich neu in den Kopf gesetzt haben. Leider neigen Betroffene aus dieser Blockade heraus häufig an aus ihrer Sicht unerträglichen Situationen, in denen sie sich nicht mehr zu helfen wissen und deshalb zum Zuschlagen neigen, worunter häufig engste Familienangehörige und vor allem Kinder leiden. Betroffene können durch diese Blockade nicht mehr erkennen, daß Prügel und Gewalt letztendlich ein Ventil eigener Schwächen, Unsicherheiten, Emotionen und Konflikte sind. Chrysokolle lindern auch für diese Blockade typische, stichflammenartige Gefühlsausbrüche, die beispielsweise in Verbindung mit Wut, Jähzorn, Eifersucht und Arroganz besonders dann emporkeimen, wenn die Blockade dabei ist, die Persönlichkeit der Betroffenen einzuschnüren. Chrysokolle vermitteln mehr Geduld und ein übersichtlicheres Zeitgefühl in Verbindung mit der Fähigkeit, mit seiner Zeit pünktlicher und sorgfältiger umgehen zu können. Chrysokoll stärkt das Verantwortungsbewußtsein und bewirkt nicht nur, wieder konzentrierter bei der Sache sein zu können, um die Dinge zu Ende zu bringen, sondern auch wieder zu seinem Wort zu stehen.

Kinder: Kinder leiden aus dieser Blockade heraus verstärkt an den Unzulänglichkeiten ihrer Eltern und werden häufig selbst von der Blockade betroffen, welche dazu führt, daß sie keine eigenen Grenzen zwischen ihrer inneren und der äußeren Welt entwickeln, abstecken und auch einhalten können und somit beispielsweise auch Schwierigkeiten damit haben, Dein und Mein respektieren und unterscheiden zu können. Kinder benötigen neben viel Aufmerksamkeit, Liebe und Zuwendung auch eine gewisse Ordnung, woraus sie Achtung, Würde, Vertrauen und Gerechtigkeit herleiten können. Können Kinder diese Ordnung in Verbindung mit einem ausgewogenen Verhältnis zu Aggression durch diese Blockade nicht aufbauen, neigen sie häufig schon von klein auf zu Halluzinationen, Gewalt und Kriminalität und suchen ihre Vorbilder leider verstärkt in Gewaltlektüre und Aktion-TV, ohne unterscheiden zu können, daß es sich hierbei nicht um nachzuahmende Vorbilder, sondern um die Phantasie Erwachsener handelt.

Essenz-Nr. 4/30   **Glücksstein / Therapiestein-Nr. 430**

Spezifische Heilwirkungen auf Organe und Körper: Auszug aus dem Großen Lexikon der Heilsteine, Düfte und Kräuter von Methusalem.
Rheuma, Rückenschmerzen, Wirbelsäulenverkrümmungen und falscher Knochenbau, Schnittwunden, Schürfwunden, Brandwunden, Fehlgeburten, Krampfadern, Übergewicht, Schwangerschafts-Wassersucht, Schilddrüsen.

Wie pflege ich einen Chrysokoll?

Chrysokoll sollte einmal monatlich unter fließendem, lauwarmem Wasser oder über Nacht in einer trockenen Schale mit Hämatit-Trommelsteinen entladen werden. Laden Sie ihn einmal im Monat über Nacht in einem Kreis aus Türkis, Malachit und Azurit auf. Ketten sollten einmal im Monat über Nacht in einer trockenen Schale mit klaren Bergkristall-Trommelsteinen aufgeladen werden.

Krebs / Peridot, Chrysolith oder Olivin

Peridot lindert Blockaden, die in Verbindung von Melancholie und emporkeimenden Depressionen eine innere Unruhe hervorrufen, und sich dann bevorzugt, oft in Form von Schwermut, Weltschmerz und anhaltender Trauer, über vergangene Zeiten auswirken. Tritt die Blockade besonders hartnäckig in den Vordergrund, vermittelt sie zusätzlich starke emporkeimende Zukunftsängste, die scheinbar aus einem inneren, tiefen schwarzen Loch emporquellen und zusätzliche Unsicherheiten, Unzufriedenheiten, Gereiztheit und vor allem scheinbare Ungeliebtheit vermitteln. In dieser Zeit empfinden die Betroffenen dann häufig sehr pessimistisch und negativ. Sie glauben, allen anderen Menschen scheint es besser zu gehen und nur sie werden gemieden, benachteiligt, übersehen oder bewußt umgangen. In diesen Tagen wechseln die Betroffenen oft sehr launisch ihre Position zwischen geistiger Anwesenheit und Zurückgezogenheit auch dahingehend, indem sie einerseits versuchen, anderen genüber offen ihr Herz auszuschütten, um sich nur wenig später wieder in ihrer eigenen Welt abzuschotten. Die Betroffenen neigen in diesen Blockaden häufig auch zur verstärkten Kritiksucht einerseits und Intoleranz andererseits, indem sie kategorisch alles Neue ablehnen oder nach Ausreden suchen, um nicht mit anderen Menschen reden oder mithalten zu müssen. Am

Telefon lassen sie sich dann in dieser Zeit bevorzugt verleugnen oder öffnen nicht die Tür. Auf Partys oder Familienfesten kommt es bei betroffenen Menschen aus dieser Blockade heraus, bevorzugt unter Alkoholeinfluß, zu starken moralischen Gefühlsausbrüchen, Weinkrämpfen oder zu Endzeitstimmung. Geläster, Gemobbe über Mitmenschen hinter deren Rücken und andauerndes, zynisches Herziehen über Kollegen, Freunde oder Partner, wobei das Fähnchen andauernd in den Wind gedreht wird, sind ebenfalls typische Merkmale aus dieser Blockade. In zunehmender Verhärtung verlieren die Betroffenen all ihren Ehrgeiz, Willen, Glauben und lassen sich ziel- und motivationslos dahintreiben. Betroffene fühlen sich dann aus dieser Blockade heraus von eigenen Gefühlen wie abgeschnitten und fügen sich klaglos und resignativ ihrem Schicksal gegenüber, indem sie sich traurig, demotiviert, gleichgültig und teilnahmslos mit allem so abfinden und zufrieden geben, wie es ist. Der Peridot verhilft aus diesem Stimmungstief heraus in eine gleichmäßigere und ausgewogenere Lebensführung. Betroffene empfinden das Befreien von dieser Blockade durch Peridot häufig sehr deutlich, indem sie das Gefühl haben, von einer Minute auf die andere unsichtbare Fesseln oder Gewichte verloren zu haben.

Kinder: Kinder tun aus dieser Blockade heraus brav das, was man ihnen sagt. Sie neigen dazu, andauernd kuscheln, schmusen und fremdeln zu wollen. Leider führt diese übertriebene Zutraulichkeit häufig dazu, daß betroffene Kinder aus dieser Blockade heraus mißbraucht und ausgenutzt werden.

Essenz-Nr. 4/40   **Glücksstein / Therapiestein-Nr. 440**

Spezifische Heilwirkungen auf Organe und Körper: Auszug aus dem Großen Lexikon der Heilsteine, Düfte und Kräuter von Methusalem
Thymusdrüse, Akne, Pickel, Ekzeme, Flechten, kräftigt die Nägel, Haarsprödigkeit, Herpes, Windpocken, Geschlechtskrankheiten, Gürtelrose, Wetterfühligkeit.

Wie pflege ich einen Peridot?

Peridot sollte unter fließendem lauwarmen Wasser oder einmal im Monat über Nacht in einer trockenen Schale mit Hämatit-Trommelsteinen entladen werden. Ketten sollten nicht mit Wasser entladen werden. Regelmäßiges Aufladen an der Sonne oder in einer trockenen Schale mit Bergkristall-Trommelsteinen ist für den Peridot sehr wichtig.

Krebs / Aventurin

Aventurine lindern Blockaden, welche sich häufig im Anhang an eine Winterdepression im Gemüt verbreiten und dazu führen, daß die betroffenen Menschen auf einmal dazu tendieren, sehr egoistisch, wenn nicht sogar fanatisch an dem festhalten zu wollen, was sie sich kurzfristig in ihren Phantasien ausgemalt haben. Dann kann alles auf einmal nicht schnell genug gehen, um in kürzester Zeit Unmögliches möglich machen zu wollen. Oft verbeißen sich die betroffenen Menschen dann in hitzköpfigen Ansichten und Zielen, die sie scheinbar für alles andere um sich herum blind machen, indem sie glauben, für nichts anderes mehr Zeit zu haben. Daher leiden die betroffenen Menschen, in solchen Blockaden, welche sich in den Frühlingsmonaten verstärkt wiederholen, an zunehmenden Sorgen, Schmerzen, Ängsten, Erschöpfungszuständen und Schlafstörungen, die sich besonders in den frühen Morgenstunden durch vorzeitiges Erwachen, verbunden mit Einschlafstörungen oder stundenlangem Wachliegen bemerkbar machen. Aventurin bringt mehr Licht ins Gemüt und bewirkt, daß Betroffene aus dieser Blockade heraus wieder den Draht zwischen Phantasie und Realität erreichen können und sich somit nicht andauernd durch hitzköpfiges Handeln da neue Sorgen verschaffen, wo zuvor keine waren. Aventurin verhilft auch dazu, daß durch mehr Weitsichtigkeit, Kreativität und positive Empfindungen alltägliche Begebenheiten besser geordnet und nutzbar gemacht werden können. Er führt auch zu einer lebensoffeneren Einstellung und zur Stimmungsaufhellung, wodurch andauerndes sich Sorgen und stundenlanges Nachdenken über eine Sache einer wiederkehrenden Fröhlichkeit weichen kann.

Kinder: Kinder reagieren aus dieser Blockade heraus häufig sehr uneinsichtig, dickköpfig und jähzornig. Sie leiden aus dieser Blockade heraus daran, alltägliche Veränderungen nicht flexibel hinnehmen und verarbeiten zu können und tendieren dazu, wenn etwas nicht nach ihrem Kopf verläuft, völlig ungehalten, verstört und wütend zu reagieren. Betroffene Kinder richten ihre Wut aus dieser Blockade heraus jedoch meist gegen sich selbst, indem sie sich selbst schlagen, kratzen, verletzen, beißen, verbrennen oder sich in Gesicht, Wangen und Hände kneifen.

Essenz-Nr. 4/50 **Glücksstein / Therapiestein-Nr. 450**

Spezifische Heilwirkungen auf Organe und Körper: Auszug aus dem Großen Lexikon der Heilsteine, Düfte und Kräuter von Methusalem.
Hautallergien, Akne, Pickel, Haarausfall, Haarspliss, Schuppen, Schuppenflechte, Überanstrengung der Augen, Rückenschmerzen.

Wie pflege ich einen Aventurin?

Aventurin sollte ein- bis zweimal im Monat unter fließendem, lauwarmem Wasser oder über Nacht in einer trockenen Schale mit Hämatit-Trommelsteinen entladen werden. Unter der Sonne oder in einer trockenen Schale mit Bergkristall-Trommelsteinen läßt er sich leicht wieder aufladen. Aventurin-Ketten sollten einmal im Monat über Nacht in einer trockenen Schale mit Hämatit- und Bergkristall-Trommelsteinen aufgeladen werden.

Löwe, 23. Juli bis 23. August

Farbe: Weiß   **Planetenherrscher**: Sonne   **Element**: Feuer

Dominante Planeten in den einzelnen Dekaden: **Polarität:**
1. Dekade, 23.07. bis 01.08.: Saturn   weiblich, Yang
2. Dekade, 02.08. bis 12.08.: Jupiter
3. Dekade, 13.08. bis 23.08.: Mars   **5. Haus**

Das Tierkreiszeichen des *Löwen* stellt das 5.Haus im europäischen Tierkreis dar. Seine Kräfte werden durch *Diamanten*, *Edeltopase*, und *Bergkristalle* gestärkt. Die zugeordneten ätherischen Öle sind *Elemi*, *Eukalyptus*, und *Litsea Cubeba* und in der Opposition des *Löwen* befindet sich das 11.Haus des *Wassermanns*.

Löwen sind lebensfrohe Menschen, welche sich durch große Eigenständigkeit, Willensstärke und Lebenskraft auszeichnen. Sie bestimmen ihren Alltag meist aus dem Zentrum ihrer inneren Mitte heraus und lassen sich nur sehr ungerne irgendwelchen Vorschriften, Normen und wissenschaftlichen Prinzipien, beispielsweise durch Statistiken unterwerfen. Löwen stehen meist mit beiden Beinen sehr selbstbewußt im Leben, handeln impulsiv, selbständig und zielsicher ohne lange um die Dinge herumreden zu wollen.

Die Stärken der Löwen sind neben einem ausgeprägten Selbstbewußtsein insbesondere ein hohes Maß an Selbstverantwortung, Unabhängigkeit und Spontaneität. Löwen bevorzugen die faire Selbstbestimmung, welche häufig besonders dann in den Vorschein tritt, wenn er mit einem hohen Maß an Vertrauen und Verantwortung gegenüber Kollegen, Familienmitgliedern und Menschen betraut wird.

Löwe / Diamant

Diamanten lindern Blockaden jener Menschen, welche sich scheinbar schon von klein auf strengen ethischen Grundsätzen, traditionellen Rollenverhalten, unrealistischen Moralvorstellungen und konservativen Prinzipien unterordnen mußten. Gelangen Betroffene in eine unvorhergesehene und unvorbereitete, spontane Situation, fühlen sie sich plötzlich aufgrund dieser einengenden Blockade sehr bedrängt, peinlich berührt und gehemmt, was oft dazu führt, daß sie auf einmal keinen klaren Gedanken mehr fassen können oder keinen Ton mehr hervorbringen. Werden sie plötzlich angeredet, scheint ihnen alles bisher gewußte zu entfallen, so daß sie auf einmal nicht mal mehr das wissen, was sie zuvor mühelos hätten definieren können. Diese Blockade dringt leider häufig bei mündlichen Prüfungen, Bewerbungsgesprächen oder sogar dann in den Vordergrund, wenn sie von jemandem nach der Uhrzeit oder nach einer Straße gefragt werden. Die Blockade äußert sich in plötzlicher Verwirrung, Lampenfieber und Unsicherheit, oft so stark, daß scheinbar kein klarer Gedanke mehr gefaßt werden kann. Plötzlich fehlt dann der Faden, der Name fällt nicht mehr ein und nur ein wirres, oft zusammenhangloses Gefasel kommt über die Lippen. Im Nachhinein ärgern sich die Betroffenen dann darüber, dies oder jenes nicht gesagt oder getan zu haben, sich nicht zu Wort gemeldet zu haben und ihnen fällt dann, wenn die Blockade nachläßt, plötzlich Entfallenes wieder wie Schuppen von den Augen. Aber auch Pein und Unsicherheit darüber, was für einen blöden Eindruck man hinterlassen haben muß, quälen die Betroffenen oft tagelang. Diamanten verhelfen den Betroffenen aus diesen belastenden, sporadisch emporkeimenden, gemeinen Blockaden heraus, welche sich oft nicht nur durch entfallenes Wissen, sondern auch in Verbindung mit starken Schweißausbrüchen, Hemmungen, Berührungsängsten, Erröten, Stottern oder durch nuschelndes Gerede bemerkbar machen.

Kapitel 4 - Kristalle und Blockaden

Dies trifft auch für Kinder zu, bei denen sich die Blockade aufgrund von heutzutage vermehrter emotionaler Vernachlässigung schon in jungen Jahren rasant ausbreiten kann. Denn Kinder sind besonders anfällig für gestörte Beziehungen im zwischenmenschlichen Bereich. Diese Blockade beeinträchtigt im typischen Verlauf das Lernverhalten der Kinder. Daumenlutschen, Nägelkauen, Zuckungen an Gliedmaßen oder Augen, Schlafstörungen, Neurodermitis, Einnässen, Stottern oder übertriebene Ängstlichkeiten in Verbindung mit Lernschwierigkeiten und Schulangst sind typische Auswirkungen dieser Blockade. Dies führt leider oft bei Kindern und Jugendlichen zu sozialen Anpassungsstörungen, die sich häufig in Überaktivität, beispielsweise durch Zappelei, nicht still sitzen können, lang anhaltende Trotzphasen und Kontaktscheue, verbunden mit überschäumenden Reaktionen in Anwesenheit Fremder auswirken. Diamanten lindern diese Blockaden und vermitteln nicht nur Kindern gegenüber, sondern auch Erwachsenen, ein verstärktes familiäres Bewußtsein in Verbindung mit mehr Gemeinsamkeit, Vertrauen, Aufmerksamkeit, Liebe und Zuwendung. Spannungen im familiären bzw. zwischenmenschlichen Bereich lassen dann ebenso nach, wie Schulangst und Lernschwierigkeiten.

Kinder: Kinder, welche von dieser Blockade betroffen sind, werden im Lernverhalten beeinträchtigt und neigen häufig zu Daumenlutschen, Bettnässen, nervösen Zuckungen, Stottern, Hautreizungen und Neurodermitis. Darüberhinaus fällt es ihnen schwer, klar und deutlich sprechen zu lernen, sich auszudrücken oder Kontakte herzustellen. Kinder suchen sich aus dieser Blockade heraus häufig materielle Ersatzkameraden in Spielzeug und Kuscheltieren, welche sie über das normale Maß eines Lieblingsspielzeuges hinaus überbewerten und mehr lieben als Eltern oder Geschwister.

Essenz-Nr. 5/10   **Glücksstein / Therapiestein-Nr. 510**

Spezifische Heilwirkungen auf Organe und Körper: Auszug aus dem Großen Lexikon der Heilsteine, Düfte und Kräuter von Methusalem.
Nierensteine, Gallensteine, Magenerkrankungen, Knochen- und Drüsenerkrankungen, Kopfschmerzen, Rücken- und Gliederschmerzen, Bandscheibenprobleme, Gicht, Leukämie, Drüsenerkrankungen, Epilepsie, Gleichgewichtsstörungen, Senilität, Hirnhautentzündung, Verkalkung, Gehirnblutungen, Schlaganfall, Lähmungen.

Wie pflege ich einen Diamanten?

Es bedarf für diesen Stein weder ein Aufladen noch ein Entladen, da wir in unserem kurzen Leben nie die Zeit hätten, diesen Edelstein auch nur annähernd zu schwächen. Denn solange der Diamant ein Kristall ist, besteht er aus reinster Energie.

Löwe / Edeltopas

Edeltopase lindern Blockaden, die sich häufig morgens, unmittelbar nach dem Erwachen, im Gemüt verbreiten und das Unsicherheitsgefühl vermitteln, den Anforderungen des Tages nicht gewachsen sein zu können. Da die Blockade oft zum chronischen Zustand wird, haben die Menschen oft über viele Jahre ein morgendliches Niedergeschlagenheitsgefühl im Bauch, das sich fortlaufend als typisches Montagmorgengefühl fest in ihrem Leben etabliert und sie massiv daran hindert, in die Startlöcher zu kommen. Geistige Trägheit, Selbstzweifel, Melancholie und ein typischer Schleier vor Augen oder im Gemüt definiert diese Blockade, häufig in Verbindung mit dem Gefühl, Blei in den Knochen zu haben. Das alltägliche Geschehen scheint aus fehlendem Schwung, oft nur noch in Verbindung mit Tabletten und Alkohol, verbunden mit Zweifeln an den eigenen Kräften, zum Kampf um jede Minute zu werden. Allein der Gedanke an Arbeit macht schlapp und müde und nur unter größter Überwindung können sich die Betroffenen zum Aufstehen bewegen. Ohne Kaffee geht gar nichts. Die Zeit wird zunehmend zur Ewigkeit. Für die Körperpflege und das Anziehen benötigen Betroffene oft Stunden und der Haushalt läßt sich nur noch mit größter Mühe und Überwindung bewältigen. Sie haben keine Lust, überhaupt etwas Neues anzufangen oder beginnen zu können. Die Betroffenen glauben, zunehmend schwächer und ausgelaugter zu werden, beginnen ihre aufgetragenen Aufgaben launisch und muffig von einem Haufen zum anderen umzustapeln, oder sich durch starken Kaffee, starkes Rauchen oder sogenannte Energiedrinks und Aufputschmittel sporadisch aus eventuellen Schuldgefühlen heraus doch noch zu einer Erledigung ihrer Aufgaben entschließen bzw. überwinden zu können. Alles scheint die Betroffenen aus dieser Blockade heraus zu überfordern und ihnen zuviel zu sein. Im Privatbereich ziehen sie sich möglichst aus dem gesamten Verantwortungsrahmen zurück, indem sie Überarbeitung und mentale Erschöpfung zum Vorwand machen. Allein der Gedanke an zusätzliche Aufgaben bzw. der Blick zum unerledigten Haufen Arbeit löst in betroffenen Menschen größte Erschöpfungszustände, Lethargie und eine depressive Lustlosigkeit aus, die in einen immer leereren Energietiefstand zu führen scheint. Letztendlich werden aus anfänglich unguten Tagen aufgrund dieser seelischen Blockade durch Ermüdung und Erschöpfung Wochen und Monate, wobei die Betroffenen morgens müder zu sein scheinen, als abends. Dies drückt sich nicht nur durch körperliche Niedergeschlagenheit, sondern häufig auch durch ein starkes Brennen in den Augen, Kopfdruck, Migräne, Bindegewebsschwäche oder mit dem typischen Schleier vor dem Gesicht aus.

Diese Blockade lichtet sich für manche häufig ein wenig dann, wenn sie aus ihrer Alltagsroutine herausgerissen werden. Häufig sind sie dann bis spät in die Nacht munter, lesen viel oder schauen bis morgens Fernsehen, um nur durch Alkohol oder Schlafmittel wieder zur Ruhe finden zu können. Da der Tag jedoch auch für sie nur 24 Stunden hat, verfallen sie spätestens nach dem kommenden morgendlichen Weckruf wieder in ihren alten melancholischen Zustand zurück. Edeltopase verhelfen dazu, daß die Betroffenen wieder lebhafter in ihrer geistigen Kreativität werden, um sich den Anforderungen des Alltags wieder gewachsen zu fühlen. Edeltopase vermitteln wieder mehr geistige Frische und die Kraft dafür, stark genug zu sein, um neben den alltäglichen Pflichten auch noch persönliche Dinge wahrnehmen zu können.

Kinder: Auch Kinder geben sich aus dieser Blockade heraus sehr phlegmatisch und schieben andauernd ihre Aufgaben lustlos und mürrisch vor sich her. Abends sind sie häufig aufgedreht und wollen nicht ins Bett und morgens sind sie grätig, mufflig und wollen nicht aufstehen.

Essenz-Nr. 5/20   **Glücksstein / Therapiestein-Nr. 520**

Spezifische Heilwirkungen auf Organe und Körper: Auszug aus dem Großen Lexikon der Heilsteine, Düfte und Kräuter von Methusalem.
Magenschmerzen, Magenblutungen, Magengeschwüre, Hormonschwankungen, Depressionen, Gicht, Übelkeit, Brechreiz, Aufstoßen, Übergewicht.

Wie pflege ich einen Edeltopas?

Topase sollten ein- bis zweimal im Monat unter fließendem, lauwarmem Wasser oder über Nacht in einer trockenen Schale mit Hämatit-Trommelsteinen entladen werden. Ketten sollten in einer trockenen Schale mit Hämatit-Trommelsteinen über Nacht gereinigt und entladen werden. Wir empfehlen Ihnen, Topase nie an der Sonne aufzuladen, da die Kraft der Sonne vielen Topasen ihre Farbe entzieht. Laden Sie Topase daher immer nur über Nacht in einer klaren Bergkristall-Gruppe oder in einer trockenen Schale mit klaren Bergkristall-Trommelsteinen auf.

Löwe / Bergkristall

Bergkristall verhilft aus Blockaden heraus, welche sich häufig als Folge unverkrafteter seelischer und geistiger Erschütterungen einnisten. Betroffene haben vor der Blockade meist etwas traumatisches oder schockierendes erlebt und bisher nicht verarbeitet oder verkraftet. Unfälle, Feuer, Brustamputationen, Fehlgeburt, Trennung oder Tod von geliebten Partnern, Mißbrauch oder Scheidung und vorzeitiger Tod der Eltern in der Kindheit sind die häufigsten Auslöser dieser Blockade. Andauernd wiederkehrende Alpträume und negative Erinnerungen in Verbindung mit Kummer vermittelt den Betroffenen selbst und auch Mitmenschen den Eindruck, als ob alles erst gestern geschehen ist. Wiederholend erzählen die Betroffenen von ihrem Trauma und beteuern, dies alles noch nicht verkraftet zu haben oder verstehen zu können. Die Blockade hindert die Betroffenen oft über viele Jahre daran, Geschehenes verarbeiten und bewältigen zu können und vermittelt ihnen somit ein dauerhaftes Verlustgefühl in Verbindung mit der ständigen Angst, Sorge und Unsicherheit darüber, wohl nie wieder richtig lachen, lieben, vertrauen, gesund werden, oder glücklich sein zu können, und für immer geschockt, einsam und verletzt zu bleiben. Betroffenen fällt es aus dieser Blockade heraus schwer, sich zwischenmenschlich für Kontakt und Hingabe entscheiden zu können. Sie leiden oft ein ganzes Leben lang darunter, sich emotional nicht auf andere Menschen, insbesondere auf ihren Partner einlassen zu können, Distanz wahren und sich zurückziehen zu wollen, weil die Blockade ihnen innerlich ein Unsicherheitsgefühl über Kontakt und Nähe in Verbindung mit andauernder Angst, wieder verletzt zu werden vermittelt, und dazu führt, daß sich Betroffene dann, wenn andere Menschen ernsthaftes Interesse an ihnen zeigen, ängstlich, panisch und scheu zurückziehen wollen, um ungreifbar zu bleiben. Leider schlägt sich diese Blockade besonders stark im erotischen bzw. sexuellen Bereich nieder. Hierbei bewirkt sie sporadischen Rückzug nach anfänglich starker Begeisterung, Lustlosigkeit, Sexualstörungen und Gefühlskälte, insbesondere verbunden damit, dem Partner keine Gefühle, wie beispielsweise »ich liebe Dich« äußern zu können. Bergkristall löst die Blockade und aktiviert die Selbstheilungskräfte in Verbindung mit besserer Schock- und Schmerzbewältigung. Bergkristall sorgt dafür, daß die Betroffen auch außerordentliche Erlebnisse, Enttäuschungen und traumatische Ereignisse wieder besser verarbeiten und umsichtiger in ihr Leben integrieren können, so daß Wunden nicht über viele Jahre bluten und zu Blockaden bzw. Alpträumen, Ängsten und Schlafstörungen werden, sondern endlich narbenfrei verheilen können. Darüberhinaus vermittelt Bergkristall wieder die Fähigkeit zu mehr Liebe, Offenherzigkeit, Zärtlichkeit und Hingabe und bewirkt, daß betroffene Menschen wieder mehr Balance zwischen Nähe und Distanz halten können.

Dies trifft auch für akute Schockzustände zu, welche plötzlich durch schlimme Nachrichten, Untreue, den Verlust eines geliebten Menschen oder den Schreck nach einem Unfall zu starker Bedrängnis und starken psychischen Erschütterungen führen. Bergkristall hilft auch bei Ohnmacht und Nervenzusammenbruch, indem er unmittelbar danach den natürlichen Heilungsprozeß in Gang setzt und voneinander getrennte Energiebahnen wieder harmonisch miteinander verbindet. So kann in erster Not ein lang anhaltendes Koma vermieden werden. Bergkristall bewahrt diesbezüglich auch vor unmittelbaren Schockfolgen, wie beispielsweise fehlenden Körpergefühlen, Lähmungen, Hör- und Sehstörungen, Haarausfall, Verlust des Erinnerungsvermögens Hautausschläge, Sprachstörungen, Schluckbeschwerden, Gleichgewichtsstörungen, Lähmungen, Verdauungsstörungen oder Stottern und stumm vor Schreck zu sein. Dies trifft auch für physische Schocks, beispielsweise durch Unfall, wie z.B. Schleudertrauma, Gehirnerschütterung, Brüche, Infarkte, Hirnquetschungen, Verbrennungen, starke Unterkühlung oder bei Blutverlust zu. Die heilenden Energien der Bergkristalle vervielfachen sich mit zunehmender Klarheit des Kristalls. Klarste Kristalle, Schmeichelsteine oder Kugeln bestehen nahezu aus reinster Energie.

Kinder: Kinder leiden durch diese Blockade häufig über viele Jahre an unverarbeiteten Enttäuschungen, Schockerlebnissen oder Kummer. Häufig drückt sich diese Blockade durch starke Platzangst, Ablösungsprobleme, Schuldgefühle oder die übertriebene Angst, die Eltern zu verlieren, aus, indem sich betroffene Kinder, als Nesthäkchen häufig bis ins fortgeschrittene Alter, bevorzugt in »Mamas Hotel« etablieren. Hinzu kommt, daß Kinder und Jugendliche von dieser Blockade daran gehindert werden, allmählich unabhängiger und somit selbstständig werden zu können. Die Unfähigkeit eine altersgemäße Selbstständigkeit erreichen zu können bewirkt nicht nur daß Betroffenen andauernd die grundlegendsten Dinge nachgetragen werden müssen, sondern auch, daß ihnen ein eigenständiges erwachsenes Potential selbständigen Denken und Handelns kaum möglich ist. Betroffene sind daher aus dieser Blockade heraus meist auf andere angewiesen die ihnen sagen was zu tun oder zu lassen ist oder wie die Dinge erledigt werden sollen, weil sie ohne fremde Vorgaben völlig hilflos sind. Bergkristall vermittelt betroffenen Kindern, Jugendlichen, und auch Erwachsenen mehr Selbstvertrauen und verhilft wieder zur Fähigkeit mehr Verantwortung für sich selbst übernehmen zu können. Denn die beste Art etwas zu erledigen ist, es entweder selbst zu tun, oder die Verantwortung dafür zu übernehmen daß es andere richtig tun, und nicht die Art von anderen zu erwarten die Verantwortung über einen selbst zu übernehmen. Unverdaute Schockerlebnisse sind übrigens eine Ursache vieler weiterer Blockaden. Es empfiehlt sich daher, Bergkristall und Bergkristall-Essenz nicht nur seinen Kindern regelmäßig zu verabreichen, sondern bevorzugt auch in Verbindung mit anderen Therapiesteinen und Essenzen zu verwenden.

Essenz-Nr. 5/30   **Glücksstein / Therapiestein-Nr. 530**

Spezifische Heilwirkungen auf Organe und Körper: Auszug aus dem Großen Lexikon der Heilsteine, Düfte und Kräuter von Methusalem.
Bluthochdruck, Angina-Pectoris, Reinigung der Adern, Magen-, Darm- und Verdauungsprobleme, Fettstoffwechsel, Entschlackung, Übergewicht, Leukämie, Blutdruck, Kopfschmerzen, Rückenschmerzen, Gliederschmerzen, Bandscheibenprobleme, Augenleiden, Kurzsichtigkeit, Augentränen, Augenstar, Hautkrankheiten, Unterleibsbeschwerden, Menstruationsbeschwerden, krebsartige Wucherungen.

Wie pflege ich einen Bergkristall?

Bergkristall sollte einmal im Monat unter fließendem, lauwarmem Wasser oder über Nacht in einer trockenen Schale mit Hämatit-Trommelsteinen entladen werden. Das Aufladen an der Sonne oder über Nacht in einer Kristall-Gruppe oder in einer trockenen Schale mit Bergkristall-Trommelsteinen tut dem Bergkristall sehr gut. Bergkristall-Ketten sollten über Nacht in einer trockenen Schale mit Hämatit-Trommelsteinen gereinigt und entladen werden.

Jungfrau, 24. August bis 23. September

Farben: Gelb, orange   **Planetenherrscher:** Merkur   **Element:** Erde

Dominante Planeten in den einzelnen Dekaden:
1. Dekade, 24.08. bis 02.09.: Sonne
2. Dekade, 03.09. bis 12.09.: Venus
3. Dekade, 13.09. bis 23.09.: Merkur

Polarität:
männlich, Yin

6. Haus

Das Tierkreiszeichen der *Jungfrau* stellt das 6.Haus im europäischen Tierkreis dar. Ihre Kräfte werden durch *Tigeraugen, orangene Goldtopase* und *Naturcitrine* gestärkt. Die zugeordneten ätherischen Öle sind *Douglasie, Heu* und *Rose* und in der Opposition der *Jungfrau* befindet sich das 12.Haus der *Fische*.

Jungfrau-geborene Menschen sind eher zurückhaltende Menschen, welche nüchtern und bedächtig an einer nächstliegenden Tatsache orientiert sind. Sie werden eher von kritischer Distanz und vorsorglicher Skepsis geprägt, um nicht auf dem Eis des weltlichen und wirtschaftlichen Geschehens auszurutschen. Unbekannte, unvorhersehbare Dinge, die für sie nur schwer einschätzbar oder abwägbar sind, rufen in der Jungfrau eher ängstliche Gefühle hervor. Sie überlegen sich vorher die Zusammenhänge und benötigen daher oft etwas mehr Zeit, um ihrer Begeisterung oder Kritik Ausdruck verleihen zu können. Insgesamt übt sich die Jungfrau eher in einer taktvollen Bescheidenheit, wobei sie genau zwischen nützlichem und lebensnotwendigem oder gar schädlichem unterscheidet. Jungfrauen nehmen bewußt am umweltlichen Geschehen, insbesondere gegenüber der Natur teil und neigen auch verstärkt dazu, sich gesund und bewußt ernähren zu wollen.

Die Stärken der Jungfrau sind zweifelsohne eine große Sachkenntnis verbunden mit Aufgabentreue und einer präzisen und treuen Vorgehensweise, worauf man sich immer verlassen kann. Trotzdem schafft es die Jungfrau, nicht nur sachliche bzw. logische oder analytische Wege zu finden, sondern immer auch die nötige Sensibilität, Vernunft, Rücksicht und Nächstenliebe walten zu lassen.

Die typischen Schwächen der Jungfrau sind neben häufig emporkeimender Existenzangst beispielsweise durch Zerstörung der natürlichen Lebensräume oder durch persönliche Einengung naher Angehöriger auch ein damit verbundener Mangel an Vertrauen. Werden Jungfrauen in die Ecke gedrängt, erhärten sich häufig Stauungen in ihnen zu Blockaden, welche dazu führen, daß sie persönliche Wünsche zugunsten anderer oder um der Bequemlichkeit und des Friedens willens hinten anstellen bzw. verdrängen.

Jungfrau / Tigerauge

Sich nicht ausreichend behaupten zu können, ohne gleich die Ellenbogen benützen zu müssen, ist eine typische Blockade unserer Zeit, weil wir modernen Menschen von klein auf gelehrt bekommen, nur das zu tun, was Lehrer, Wissenschaftler, Chemiekonzerne, Mediengiganten oder Werbung uns sagen. Die betroffenen Menschen, insbesondere Frauen, geben sich aus dieser Blockade heraus meist freundlich und hilfsbereit, insgeheim verdrängen sie dabei verstärkt eigene Wünsche und Bedürfnisse. Die Blockade führt dazu, daß die Betroffenen unter persönlichen Entbehrungen dazu neigen, folgsam und brav anderen Menschen gegenüber alles recht machen zu wollen. Sie können nicht nein sagen, lassen sich leicht beeinflussen und nehmen daher in einer aufopfernden Form der Hilfsbereitschaft viel mehr Dinge auf sich, als sie tragen können. Häufig ist diese Blockade die Ursache dafür, daß Frauen sich in unserer modernen Gesellschaft unter den ungleichen Begebenheiten in Verbindung mit Doppel- und Mehrfachbelastung unterdrücken lassen. Denn betroffene Menschen mit dieser Blockade nehmen nicht nur bereitwillig mehr auf sich, als sie eigentlich tragen können, sondern bieten sich förmlich um Hilfe und zum Gefallen an und lassen sich leicht zu Dingen überreden, die sie eigentlich gar nicht wollen, jedoch trotzdem tun, um andere nicht zu enttäuschen oder zu verletzen. Leider werden sie deshalb oft ausgenutzt und zum Aschenputtel oder zum seelischen Fußabtreter. Aus Gutmütigkeit und Schwäche heraus, nicht nein sagen zu können, geben die betroffenen Menschen oft viel mehr, als sie haben. Dies führt leider häufig auch dazu, daß sie von anderen ausgenutzt werden, indem sie sich für so manchen Gefallen völlig aufarbeiten, überfordern und verzetteln und dabei ihre eigenen Gefühle, Bedürfnisse und Wünsche so aus den Augen verlieren, daß das eigene Lebensziel total vernachlässigt wird. Der Tiefpunkt dieser Blockade ist häufig dann erreicht, wenn die betroffenen Menschen sich beginnen, über ihre eigene Aufopferung und übertriebene Hilfsbereitschaft zu ärgern, weil sie feststellen, daß ihre Gutmütigkeit häufig schon zur Selbstverständlichkeit oder gar zu Hörigkeit geworden ist und kaum noch geschätzt wird. Bis zu diesem Punkt kann es ohne Tigerauge jedoch viele Jahre dauern.

Tigeraugen verhelfen jenen Menschen, die unter den zuvor aufgeführten Blockaden leiden, wieder dazu, sich wieder selbst bestimmen und besser durchsetzen zu können, um nicht durch Aufopferung und Hörigkeit, sondern durch Selbstbewußtsein, Selbstvertrauen und Kompetenz an die Achtung und Anerkennung ihrer Mitmenschen zu gelangen, ohne daß dabei die positiven und angenehmen Charakterzüge verworfen werden. Denn unsere inneren Selbstwertgefühle müssen im Leben immens viele Schläge und auch Rückschläge verkraften. Dies bewirkt leider bei vielen Menschen bedingt durch Blockaden nicht nur eine zunehmende Ellenbogen-Mentalität sondern auch das gegenteilige Bedürfnis dazu andauernd »Everybodies Darling« sein zu wollen. Während die einen aus dieser Blockade heraus eher zu einem übertriebenen Maß an Selbstvertrauen und Arroganz neigen, werden die anderen durch mangelndes Selbstvertrauen an der Erledigung ihrer persönlichen Pflichten und alltäglichen Aufgaben nicht nur gehindert, sondern verfangen sich häufig sogar in einem Sog aus Selbstzweifeln und Existenzängsten woraus nicht selten sich selbsterfüllende, negative Prophezeihungen werden. Tigeraugen verhelfen nicht nur zu einem vernünftigen Maß aus Vertrauen und Selbstvertrauen sondern stärken auch den inneren Glauben daran eigene Fähigkeiten erkennen und seine Ziele erreichen zu können. Sie vermitteln mehr Entscheidungskraft darüber ja sagen zu können, jedoch auch im richtigen Augenblick nein zu sagen. So können sich Betroffene wieder verstärkt ihren wirklichen Aufgaben im Leben zuwenden, indem sie beginnen, ihren eigenen Willen zu entwickeln, sich zu wehren und mehr für sich selbst zu sorgen. Somit öffnet sich ein Weg zur eigenen Persönlichkeitsentfaltung und Selbstverwirklichung, ohne ständig unter der Sorge leiden zu müssen, andere enttäuscht zu haben oder nicht genug Anerkennung zu finden, wenn sie nein sagen und sich somit nicht länger anderen zuliebe aufopfern.

Kinder: Kinder in dieser Blockade lassen sich von anderen Kindern leicht ausnutzen, unterdrücken, geben sich übertrieben rücksichtsvoll, tun ständig das, was alle von ihnen verlangen und sind häufig leider typische Opfer von sogenannten Mutproben. Sie werden aus dieser Blockade heraus mit starken Unsicherheitsgefühlen und Ungewißheit über ihre eigenen Grenzen und Fähigkeiten konfrontiert. Dies führt oft dazu, daß Kinder zunehmend unfähig sind, typische Konflikte ihrer Kinderzeit selbst lösen zu können, weil sie sich andauernd in zu vielen Details, Ängsten und Sorgen aus der Erwachsenen-Welt verfangen. Eigentlich ruht diese Blockade auf der Tatsache, daß unseren Kindern von klein auf anstatt von kinderseelenbedingter »Nahrung« eine übertriebene unnatürliche Hörigkeit, Genauigkeit und Achtsamkeit gegenüber technischen, geschichtlichen, schematischen oder logischen Abläufen eingetrichtert und abverlangt wird. Dies mag für die wirtschaftliche Gewinnmaximierung und Qualitätssicherung im Arbeitsprozess unzählige Vorteile mit sich bringen. Für die Aspekte des wahren Lebens sind analytische Detailkrämereien jedoch eher hinderlich weil sie das Gesamtbild des wirklichen Lebens in die Maße eines engen Schuhkartons verwerfen und somit von den wahren Lebensaspekten, Bedürfnissen und Gefühlen ablenken. Diese Blockaden bewirken besonders in den Übergangsphasen zwischen Kindheit und Pubertät, häufig verstärkte Gefühle innerer Sinnlosigkeit und Lebensüberdruß, oft in Verbindung mit Selbstmordgedanken. Auseinandersetzungen mit der Familie werden aufgrund dieser Blockade häufig so unerträglich, daß von allen Beteiligten die schnellstmögliche Trennung herbeigesehnt wird.

Essenz-Nr. 6/10   **Glücksstein / Therapiestein-Nr. 610**

Spezifische Heilwirkungen auf Organe und Körper: Auszug aus dem Großen Lexikon der Heilsteine, Düfte und Kräuter von Methusalem.
Migräne, Kopfschmerzen, Schizophrenie, Epilepsie, Paranoia, Krampfanfälle, Bewußtseinsverlust, Größenwahn, Verfolgungswahn, Nervenentzündungen, Nervenverkalkungen, Sehnenscheidenentzündung, Knochenverdickungen, Knocheneiterungen, Scheuermann'sche Krankheit, Hexenschuß, Gelenkrheumatismus, Wirbelsäulenrheumatismus, Kniegelenksentzündungen.

Wie pflege ich ein Tigerauge?

Tigerauge sollte ein- bis zweimal im Monat unter fließendem, lauwarmem Wasser oder über Nacht in einer trockenen Schale mit Hämatit-Trommelsteinen entladen und gereinigt werden. Nach dem Entladen empfiehlt es sich, Tigerauge für zwei bis drei Stunden an der Sonne, einer Bergkristall-Gruppe oder in einer trockenen Schale mit Bergkristall-Trommelsteinen aufzuladen. Ketten sollten ein- bis zweimal im Monat über Nacht in einer trockenen Schale mit Hämatit-Trommelsteinen entladen werden.

Jungfrau / Goldtopas orange

Goldtopase, insbesondere orangene Goldtopase lindern und heilen Blockaden, welche die Offenherzigkeit und Ehrlichkeit blockieren und somit zu gesteigerter, krankhafter Mißgunst, Neid, Haß und Eifersucht führen. Diese Emotionen werden durch diese Blockade zu verzehrenden und immerwährendem Mißtrauen und Gereiztheit gesteigert, was häufig zu unangenehmen Gefühlsausbrüchen und langanhaltender Grübelei führt. Wechselseitige Unzufriedenheiten, Neid und Haßgefühle, aber auch Eifersucht und Schadenfreude sind häufige Merkmale, unter denen die betroffenen Menschen in dieser Blockade dann durch Schmollen, im Verborgenen oder offensichtlich für andere erkennbar, leiden. Manche verdrängen und unterdrücken dabei ihre aufkeimende Unzufriedenheit oder Wut beispielsweise nach innen, indem sie sich verdächtigt oder hintergangen fühlen und andere lassen ihren Emotionen nach außen hin freien Lauf, indem sie andere mit Anschuldigungen und Mißtrauen überhäufen oder sogar ihre Selbstkontrolle dahingehend verlieren, indem sie durch Wutanfälle und Jähzorn ihrem inneren Druck nachgeben. Dies zeichnet sich dann häufig durch Frustration, Ungeduld, Intoleranz, Aggressivität, Unehrlichkeit und Spitzwinkligkeit verdächtigten Personen oder dem Partner gegenüber, oft auch in Verbindung mit Ärger und Unzufriedenheit über sich selbst, aus.

Orangene Goldtopase verhelfen betroffenen Menschen aus dieser Blockade heraus wieder zu mehr Verständnis gegenüber den Gefühlen anderer und auch wieder zu mehr Vertrauen und Toleranz dahingehend, indem sie sich von ganzem Herzen auch wieder für den Erfolg anderer freuen können, besonders dann, wenn es ihnen selbst augenblicklich nicht so gut geht. Hinzu kommt, daß der orange Goldtopas den betroffenen Menschen in dieser Blockade wieder mehr Energie einflößt, welche zu mehr Selbstvertrauen,

Offenheit, Herzlichkeit, Großzügigkeit, Selbstbewußtsein und einem ausgewogeneren Verhältnis zur Aggression führt. Dies lindert wiederum auch krankhaftes Mißtrauen, Neid, Eifersucht, Haß und unterschwellige Aggressivität.

Kinder: Betroffene Kinder geben sich aus dieser Blockade heraus oft jähzornig und aggressiv und werden innerlich daran gehindert, erlernen, erkennen und unterscheiden zu können, wie man sich einfühlend, achtsam und mitmenschlich verhält. Sie schreien, randalieren, entziehen sich der Zärtlichkeit und Fürsorge der Eltern, sind grob, werfen mit ihren Spielsachen und schlagen häufig andere Kinder. Hinzu kommt, daß gerade jene Kinder die eigentlich intelligent und zu guten Leistungen fähig wären, häufig daran gehindert werden, ihre Fähigkeiten verwirklichen zu können, weil sie, aus dieser Blockade heraus, zu impulsivem, unüberlegtem und hitzköpfigem Handeln neigen.

Essenz-Nr. 6/20   **Glücksstein / Therapiestein-Nr. 620**

Spezifische Heilwirkungen auf Organe und Körper: Auszug aus dem Großen Lexikon der Heilsteine, Düfte und Kräuter von Methusalem.
Kreislaufschwäche, niedriger Blutdruck, Herzinnenhaut-Entzündungen, Herzmuskel, Entzündungen, Zwergwuchs, Riesenwuchs, Kropf, Glotzaugen, Schrumpfleber, Leberentzündungen, Herzasthma, Schlaflosigkeit, Atemnot, Bronchitis, Erkältungskrankheiten, Infektionen der oberen Luftwege

Wie pflege ich einen Goldtopas?
Topase sollten ein- bis zweimal im Monat unter fließendem, lauwarmen Wasser oder über Nacht in einer trockenen Schale mit Hämatit-Trommelsteinen entladen werden. Ketten sollten in einer trockenen Schale mit Hämatit-Trommelsteinen über Nacht gereinigt und entladen werden. Wir empfehlen Ihnen, Topase nie an der Sonne aufzuladen, da die Kraft der Sonne vielen Topasen ihre Farbe entzieht. Laden Sie Topase daher immer nur über Nacht in einer Bergkristall-Gruppe oder in einer trockenen Schale mit Bergkristall-Trommelsteinen auf.

Jungfrau / Naturcitrin

Naturcitrine, lindern Blockaden, welche in Verbindung mit einem anhaltenden schlechten Gewissen und Selbstvorwürfen, chronische Schuldgefühle verursachen. Oft werden die Betroffenen von diesen Schuldgefühlen schon seit Jahren geplagt. Sie kommen nicht aus dem Strudel heraus, sich andauernd für die Fehler anderer verantwortlich zu fühlen. Fortlaufend nehmen sie für alle und alles eine persönliche Schuld auf sich, auch dann wenn sie in keinster Weise dafür verantwortlich sind und fühlen sich ständig innerlich dazu genötigt, sich vor anderen, für sich selbst, für ihre Frage und auch für Dinge, die nicht in ihrem persönlichen Einflußbereich liegen, zu entschuldigen. Innerlich werden sie unentwegt von Gewissensbissen und Selbstvorwürfen geplagt, auch dann, wenn sie sich nichts haben zu Schulden kommen lassen, suchen sie trotzdem die Fehler durch Versagen bei sich. Sie verwenden hierfür oft neben entschuldigenden Formulierungen eine demütigende, sich selbst abwertende Unterhaltungsform in Verbindung mit sichtbaren, ängstlichen oder unterwürfigen Gesten und Ausdrucksformen. Sie beginnen jeden Satz mit »aber«, »nur« oder »eigentlich« und werden nach jedem Gespräch von einem schlechten Gewissen darüber geplagt, ob sie ihrem Gegenüber nicht irgendwie weh getan haben könnten, oder ihm nicht ausreichend geholfen haben. In verstärkten Blockaden kommt es häufig so, daß die Betroffenen sich selbst oft viel mehr Anforderungen auferlegen, als sie von anderen erwarten und fühlen sich anschließend selbst schuldig und minderwertig, wenn sie nicht alle ihre selbst auferlegten Erwartungen erfüllen können. Dies führt häufig sogar soweit, daß Betroffene zunehmend glauben überhaupt nichts mehr richtig und niemandem mehr etwas recht machen zu können. Auch wenn sie bestimmte Dinge schon mehr als gut erledigt haben, keimt in ihnen immer noch ein schlechtes Gewissen in Verbindung mit Unzufriedenheit über die eigene Leistung darüber, daß sie die Dinge hätten noch besser machen können, wenn beispielsweise die Gesundheit oder das Wetter besser gewesen wäre. Anderen gegenüber haben die Betroffenen oft Hemmungen und Schuldgefühle, ihre Meinung deutlich zu vertreten und Lob bzw. Dank und Geschenke nehmen sie nur unter größter Überwindung mit der Entschuldigung an, daß doch alles selbstverständlich sei, keine Ursache habe und dies doch gar nicht verdient zu haben. Letztendlich entschuldigen sich die Betroffenen für alles und alle und darüber, daß sie geboren wurden. Naturcitrin verleiht den Betroffenen wieder die Kraft, um aus dieser oft jahrelangen Blockade herausfinden zu können, indem er bewirkt, daß Betroffene wieder dazu in der Lage sind die volle Verantwortung für eigene Fehler tragen zu können. Darüber hinaus führt dieser energievolle Therapiestein wieder zur Erkenntnis, daß Fehler immer auch ein Teil des eigenen Weges sind und somit als Meilensteine der eigenen Persönlichkeit akzeptiert werden müssen, um beispielsweise anstatt von andauernder Schuld und Versagen endlich Reue und Erkenntnis empfinden zu können. So werden die Betroffenen von chronischen Schuldgefühlen befreit und gelangen zur inneren Erkenntnis sich den Lasten anderer nur dann anzunehmen, wenn dies Rücksicht, Nächstenliebe und echte Fürsorge erfordert. Sobald sich die Blockade löst, beginnen die betroffenen Menschen, sich auf einmal wieder über eigene kleine Dinge des Lebens zu freuen, sich wieder selbst etwas zu gönnen und eine freiere Lebensgestaltung, frei von Schuldgefühlen, Selbstvorwürfen, permanentem schlechten Gewissen und dauernder Unzufriedenheit über das, was sie leisten, zu realisieren.

Kinder: Kinder schotten sich aus dieser Blockade heraus meist von anderen ab, lernen übereifrig und zu gewissenhaft und sind trotz guter Schulnoten immer unzufrieden mit ihren Leistungen. Denn die Blockade blockiert die Einsicht der Kinder darüber, daß sie primär für sich selbst lernen und nicht zum Wohl ihrer Eltern oder Geschwister. Da Kinder heute verstärkt anstatt mit Geborgenheit, Liebe und Vertrauen viel mehr mit Konkurrenz, Wettbewerb, Herausforderung und Überlegenheit konfrontiert werden, neigen sie dazu, auch ihre menschliche Persönlichkeit nicht an zwischenmenschlichen Qualitäten messen zu wollen, sondern an materiellen Leistungen, wofür sie einen Lohn in Form von Zuwendung oder guten Noten erwarten. Bleibt dieses aus, verfallen Betroffene meist sofort in starke Minderwertigkeitsgefühle, Schuldgefühle, Ungeliebtheitsgefühle und Leistungshemmungen.

Essenz-Nr. 6/30   **Glücksstein / Therapiestein-Nr. 630**

Spezifische Heilwirkungen auf Organe und Körper: Auszug aus dem Großen Lexikon der Heilsteine, Düfte und Kräuter von Methusalem.
Diabetes, Drüsenerkrankungen, Vitalität, Zuckerkrankheit, Verdauung, Blinddarmentzündungen, Unterleibsbeschwerden, Magenentzündungen, Geschwüre, Haarwuchs, Schuppen, Schuppenflechte.

Wie pflege ich einen Citrin?

Den Naturcitrin sollten Sie unmittelbar nach Gebrauch unter lauwarmem Wasser oder einmal im Monat über Nacht in einer trockenen Schale mit Hämatit-Trommelsteinen entladen. Sie sollten anschließend in einer Amethyst-Druse oder in einer trockenen Schale mit Bergkristall-Trommelsteinen aufgeladen werden.

Waage, 24. September bis 23. Oktober

Farbe: grün **Planetenherrscher:** Venus **Element:** Luft

Dominante Planeten in den einzelnen Dekaden:
1. Dekade, 24.09. bis 02.10.: Mond
2. Dekade, 03.10. bis 12.10.: Saturn
3. Dekade, 13.10. bis 23.10.: Jupiter

Polarität:
weiblich, Yang

7. Haus

Das Tierkreiszeichen der *Waage* stellt das 7.Haus im europäischen Tierkreis dar. Ihre Kräfte werden durch *blaue Topase, grüne Turmaline, Schneeflockenobsidian, Rauchquarz* und *grüne Jade* gestärkt. Die zugeordneten ätherischen Öle sind *Narde, Petit-Grain* und *Ylang-Ylang* und in der Opposition der *Waage* befindet sich das 1.Haus des *Widder*.

Waage-Geborene sind Menschen, denen Ausgleich und Harmonie eigentlich schon von den Sternen in die Wiege gelegt wurde. Sie sind überwiegend von einer ruhigen Wesensart beseelt, lieben harmonische zwischenmenschliche Umgangsformen und sind nicht nur anpassungsbereit, sondern auch anpassungswillig dahingehend, indem sie es vorziehen Reibereien und Konflikten aus dem Weg zu gehen, um emotional nicht aus dem Gleichgewicht zu kommen. Das tiefste Bedürfnis der Waage selbst besteht neben Ausgeglichenheit in einem hervorgehobenen Harmoniebedürfnis, worin Konflikte keinen Halt finden. Waagen sind sehr kontaktfreudige Menschen, die auf Gemeinsamkeit, Partnerschaft und Gemeinschaft eingestimmt sind. Ihr Wesen ist meist heiter und freundlich und in ihrer Gesinnung überwiegt immer der Hang zu Versöhnung, Verständnis, Liebe, Harmonie und Gerechtigkeit.

Die Stärken der Waage-Geborenen liegen daher mit Sicherheit in der Fähigkeit, Interessenkonflikte und Gegensätze in der Familie oder in der partnerschaftlichen Beziehung ausgleichen zu können, indem sie unter Wahrung von Toleranz, Achtung, Ausgewogenheit, Fairness und Gerechtigkeit häufig schnell zu einer vernünftigen und gerechten Lösung finden.

Leider neigt die Waage, um der Harmonie willen, in Blockaden oft dazu, ihre Individualität zugunsten anderer Menschen zurückzustellen. Dringt diese Blockade in den Vordergrund, ergibt sich daraus eine oft über viele Jahre andauernde Entschlußproblematik, welche sich durch starke Entscheidungsschwierigkeiten auswirkt. In dieser Position neigt die Waage dazu, scheinbar unangenehmen Dingen und Spannungen gerne aus dem Weg zu gehen, um in einer abwartenden Hoffnungshaltung darüber zu verharren, daß die Dinge sich in Kürze schon von selbst lösen werden.

Waage / Blauer Topas

Blaue Topase lindern Blockaden jener Menschen, die sichtlich Schwierigkeiten damit haben, aus den Lektionen ihrer Vergangenheit lernen zu können. In der Blockade fallen sie immer wieder auf bestimmte Verhaltensmuster oder Situationen herein, weil sie kaum dazu in der Lage sind, aus den Erfahrungen und Fehlschlägen ihres Lebens zu lernen. So wiederholen sie ständig die gleichen Fehler, was häufig nicht nur zu Einsamkeit und Mißbrauch durch andere führt, sondern auch zu Verschuldung und lethargischer Gleichgültigkeit. Die Blockade bewirkt jedoch eher, daß die Betroffenen unfähig zu sein scheinen, aus ihrer Vergangenheit und Lebenserfahrung lernen zu können, indem sie keine Lehren und Erkenntnisse für ihr weiteres Leben daraus ziehen. So geraten Betroffene dauernd in dieselbe Misere und kommen auch nicht auf die Idee, aus den Erfahrungen anderer Menschen lernen zu wollen. Sie vergessen andauernd Wesentliches und holen sich zum wiederholten Male Blasen in denselben Schuhen, vergessen dauernd den Schlüssel oder fahren zum wiederholten Male doch wieder an den Urlaubsort, von dem sie sich jedes Jahr schwören, das letzte Mal hiergewesen zu sein. In zunehmender Verhärtung führt diese Blockade auch zu einer allgemeinen Oberflächlichkeit, woraus Betroffene sich auf einmal nicht mehr an das erinnern können, was sie gesagt, getan oder besprochen haben. Namen und Termine können sie sich nicht mehr merken und bekannte Menschen scheinen ihnen plötzlich fremd, weil sie augenblicklich nicht wissen, wo sie sie hinstecken sollen. Gut gemeinte und ehrliche Ratschläge schlagen sie gerne in den Wind, indem sie naiv an etwas glauben, was längst vorbei ist oder indem sie behaupten, längst alles zu wissen oder mit ihren Gedanken schon viel weiter zu sein und dabei gar nicht merken, daß sie schon wieder in dasselbe Loch rutschen. In dieser Blockade orientieren sich die Betroffenen, häufig auch bedingt durch Versagensängste oder mangelnde Erkenntnis darüber daß gelegentliche Fehlschläge genauso zum Leben gehören wie schlechtes Wetter auch, bevorzugt an irgendwelchen veralteten Mustern, moralischen Werten und Regeln. Häufig werfen sie, weil sie bemerken, daß sie doch wieder dabei sind, denselben Fehler zu begehen, aus innerer Unruhe und Hast heraus vorzeitig die Flinte ins Korn, und geben sich voreilig neuen Erfahrungen hin, ohne ihre alten Erlebnisse verarbeitet zu haben. Dies hindert Betroffene oft über viele Jahre an ihrer Selbstfindung und Selbstverwirklichung und leider auch daran, die wirklich wichtigen Dinge des Lebens erkennen, verarbeiten und erledigen zu können. Leider bewirkt diese Blockade auch, daß innere Genesungsprozesse nicht richtig in Gang kommen können oder daß ernsthafte, wiederkehrende Erkrankungen und Träume nicht als Warnsignale der Seele erkannt werden, sondern daß auch nach der Genesung wieder dieselben Fehler bzw. derselbe Raubbau an Psyche und Körper fortgesetzt wird, so daß der nächste Schlaganfall, Migräneanfall oder Akneschub eigentlich vorhersehbar ist. Blaue Topase verhelfen aus dieser Blockade heraus wieder zu mehr Aufmerksamkeit, Tiefgründigkeit und Lernbereitschaft vergangenen Dingen gegenüber der Gegenwart. Mit Hilfe von blauen Topasen lernen die Betroffenen wieder, aus dem bisher Erlebten, ihre innere Gedankenwelt besser mit der Gegenwart koordinieren zu können und schaffen es auch, dies besser in ihr Bewußtsein integrieren zu können. Dadurch wird erreicht, daß Betroffene auch wieder zur Erkenntnis darüber zurückfinden daß wir alle nicht fehlerfrei sind, jedoch aus eigenen Fehlern lernen können um nicht immer wieder dieselben Fehler zu wiederholen. Besonders Kinder, die aus irgendwelchen vorangegangenen Enttäuschungen dabei sind, eine sture, naive innere Haltung gegenüber der Gegenwart aufzubauen, und somit die Lust am Lernen verlieren oder bereits verloren haben, sollten ebenfalls mit blauen Topasen von dieser Blockade befreit werden.

Kinder: Kinder mit dieser Blockade neigen zu starken Lern- und Konzentrationsschwierigkeiten, sind häufig sehr verspielt, wirken zurückgeblieben, neigen permanent zu Ausreden und Flüchtigkeitsfehlern und bringen nur selten zu Ende was sie angefangen haben. Selbst noch im fortgeschrittenen Alter befassen sie sich noch bevorzugt mit typischem Kinderkram, weil sie aus den Kinderschuhen nicht herauskommen.

Essenz-Nr. 7/10 **Glücksstein / Therapiestein-Nr. 710**

Spezifische Heilwirkungen auf Organe und Körper: Auszug aus dem Großen Lexikon der Heilsteine, Düfte und Kräuter von Methusalem.

Halsschmerzen, Hals-Nasen-Rachen-Entzündungen, Schilddrüsenvergrößerungen, Kropf, Angina, Mandelentzündungen, Scharlach, Thrombose, Hämorrhoiden, Krampfadern.

Wie pflege ich einen blauen Topas?

Topase sollten ein- bis zweimal im Monat unter fließendem, lauwarmen Wasser oder über Nacht in einer trockenen Schale mit Hämatit-Trommelsteinen entladen werden. Ketten sollten immer in einer trockenen Schale mit Hämatit-Trommelsteinen über Nacht gereinigt und entladen werden. Laden Sie Topase immer nur über Nacht in einer Bergkristall-Gruppe oder in einer trockenen Schale mit Bergkristall-Trommelsteinen auf.

Eine Blockade, die besonders häufig auftritt, ist das Verharren in strengen und unflexiblen Verhaltensmustern, welche die Persönlichkeit und den Charakter vom Lebensfluß entfremden, indem Betroffene krampfhaft, diszipliniert, ja sogar schon fast fanatisch an irgendwelchen Idealen, Verhaltensnormen, starren gesellschaftlichen Regeln oder elterlichen Grundsätzen festhalten und diese im eigenen Leben wiederholen. In dieser Blockade erwarten die Betroffenen häufig von sich selbst eine übertriebene, 150%ige Vollkommenheit, Genauigkeit, Perfektion und Reinlichkeit, indem sie unkonventionellere Menschen kritisieren, bevormunden oder häufig mit dem Satz »das tut man nicht« belehren wollen. Häufig führt diese Blockade auch dazu, daß sich betroffene Menschen gerne durch beispielhaftes Benehmen in den Vordergrund stellen, um so andere Menschen darauf hinzuweisen, wie man sich zu benehmen hat. Betroffene neigen auch verstärkt dazu, äußerst stur, streng, diszipliniert und selbstgerecht zu reagieren, indem sie anderen dauernd anhand zitierter Benimmregeln und Verhaltensregeln bevormundend und belehrend ins Wort fallen und sogar versuchen, irgendwelche Aufgaben anderer an sich reißen und erledigen zu wollen. Trifft der Betroffene dann auf Ablehnung, weil andere Menschen aus ihrer Sicht ihr Leben selbst gestalten wollen, kommt es häufig zu starken Spannungen, Reibereien, Streitereien und sogar zu einer depressiven Niedergeschlagenheit, was oft zu weiteren, selbstauferlegten Zwängen führt. So krallen sich Betroffene oft verbissen an irgendwelchen Diäten, Modeempfehlungen, Pflegeserien oder Reinigungsfimmeln fest, um so ihrer selbsterschaffenen Welt gerecht werden zu können. Oft sinnen sie krampfhaft darüber nach, wie wohl ihr Vater, Lehrer oder ihre Mutter in dieser Situation reagiert hätten. Grüne Turmaline verhelfen den Betroffenen wieder dazu, ihre Waagschalen nicht mehr länger in einer blockierten Stellung halten zu müssen, sondern wieder frei beweglich werden zu lassen um daher nicht mehr den ständigen Druck in sich zu verspüren, alles vorbildlicher und besser machen zu wollen als andere, um somit ihr Verhalten nicht länger aus innerem Druck, Zwang und Unzufriedenheit heraus auf andere übertragen oder aufzwingen zu wollen. Hieraus ergibt sich mehr Lebensfreude, Frieden, Freiwilligkeit und Harmonie. Mit zunehmender Lösung der Blockade durch grüne Turmaline bricht der Panzer aus sturen Prinzipien und Moralvorstellungen zugunsten wiederkehrender Gelassenheit, Spontaneität, Flexibilität, geistiger Unbeschwertheit, Spiritualität und Beweglichkeit auf. Dies führt auch aus einem oft mit dieser Blockade einhergehenden theoretischen Lebensgefüge heraus, was Betroffene häufig über viele Jahre daran hindert ihre guten Gedanken und Ideen in die Tat umsetzen zu können. Grüne Turmaline verbinden die theoretischen, kreativen und praktischen Fähigkeiten eines Menschen um nicht nur Denken, sondern den eigenen Fähigkeiten entsprechend auch handeln zu können, um Ideen und Entscheidungen in die Tat umzusetzen. Betroffene erkennen auf einmal, in welchen selbst auferlegten Zwängen sie einen Großteil ihres Lebens verbracht haben und erhalten wieder mehr Lebenslust, Humor und innere Freiheit als Gegengewicht zu Geiz, Normen, Schemen, Moral und Verzicht.

Kinder: Kinder geben sich aus dieser Blockade heraus meist sehr zuverlässig, altklug, besserwisserisch, übertrieben ehrgeizig und setzen sich häufig selbst durch unflexible Denkweise in Verbindung mit überhöhten Ansprüchen unter Druck, welche sie an den Moralvorstellungen und Wünschen ihrer Eltern, Großeltern oder anderer Erwachsener orientieren. Leider verläßt sie aus dieser Blockade heraus der Ehrgeiz und der Spaß an einer Sache, immer sofort dann, wenn Eltern oder Lehrer ihre Aufmerksamkeit von ihnen lassen oder auf andere Dinge lenken.

Essenz-Nr. 7/20 **Glücksstein / Therapiestein-Nr. 720**

Spezifische Heilwirkungen auf Organe und Körper: Auszug aus dem Großen Lexikon der Heilsteine, Düfte und Kräuter von Methusalem.
Tuberkulose, Blutarmut, Blutvergiftung, Leukämie, Schlaganfall, Herzinfarkt, Fieber, Grippe, Übergewicht, Wasseransammlungen, Arthritis, Parkinsonsche Krankheit, Multiple Sklerose, Blutkrebs, Leberkrebs, Epilepsien, Gleichgewichtsstörungen, Magersucht.

Wie pflege ich einen grünen Turmalin?

Turmaline sollten regelmäßig unter fließendem, lauwarmen Wasser oder über Nacht in einer trockenen Schale mit Hämatit-Trommelsteinen gereinigt und entladen werden. Ketten sollten Sie einmal im Monat über Nacht in einer trockenen Schale mit Hämatit-Trommelsteinen reinigen und entladen. Grüne Turmaline sollten einmal im Monat in einer Amethyst-Druse, an der Sonne oder in einer trockenen Schale mit Bergkristall-Trommelsteinen aufgeladen werden.

Waage / Schneeflockenobsidian

Eine häufige, weitverbreitete Blockade äußert sich durch ein übertriebenes, körperliches und seelisches Unreinheitsgefühl gegenüber sich selbst, seiner näheren Umgebung oder gegenüber eng verbundenen Mitmenschen. Dieses Gefühl wirkt sich nicht nur durch ein krankhaftes Verlangen nach Sauberkeit anhand starker Reinlichkeitszwänge, Putzfimmel und übertriebener körperlicher Waschzwänge aus, sondern auch in übertriebenen Ordnungsidealen und pedantischer, pingeliger Detailkrämerei. Andauernd herrscht bei Betroffenen eine unterbewußte Angst und Unsicherheit darüber vor, sich irgendwo anstecken zu können oder nicht sauber genug zu sein. Im fortgeschrittenen Stadium neigen Betroffene häufig dazu, sich sogar unwohl vor sich selbst zu fühlen, nur noch von ihren eigenen Tellern essen zu wollen und sogar ungehalten und aggressiv darauf zu reagieren, wenn Besuch und Angehörige ihre Toilette benutzen möchten. Unterbewußt verbreitet sich diese Blockade, indem sich die Betroffenen nicht nur vor Nahrungsmitteln ekeln, sondern auch vor natürlichen Körperfunktionen, wie beispielsweise vor Sexualität oder vor Krankheiten und dem Aussehen anderer Menschen. Von dieser Blockade betroffene Menschen neigen häufig sogar dazu, sich selbst wegen ihres Aussehens, ihrer Gewohnheiten oder Fettleibigkeit zu hassen und ihre gesamte Fürsorglichkeit und Weltsicht auf irgendwelche kleinen, pingeligen Details konzentrieren zu wollen, wie beispielsweise einem heruntergefallenen Stück Asche im Auto. Im privaten Wohnbereich ist alles steril, möglichst symmetrisch, musterhaft und wie aus dem Ei gepellt. Betroffene nehmen alles sehr genau und benötigen eine übertriebene Ordnung, um sich wohlfühlen zu können. Aus dieser Blockade heraus kommt es häufig sogar vor, daß Betroffene noch während des Essens beginnen, unter den Tellern Anwesender den Tisch säubern zu wollen, andauernd frisches Geschirr bringen, beginnen lautstark Staub zu saugen oder andauernd die Teppichfransen zu kämmen. Letztendlich entgeht den Menschen mit dieser Blockade das Wesentliche im Leben, weil sie sich nur noch auf wenige Perspektiven ihres Bewußtseins konzentrieren können. Sie verheddern sich in kleinsten Details und sind kaum noch dazu in der Lage vor lauter Bäumen den Wald erkennen zu können. Schneeflockenobsidiane verhelfen den betroffenen Menschen wieder aus den Fängen dieser Blockaden heraus. Sie lösen zwanghafte Gedanken aus dem Inneren und verschaffen wieder Sinn für übergeordnete Zusammenhänge, was wiederum dazu führt, daß sich das Bewußtsein der Betroffenen von ständigen Zwangsgefühlen des Verunreinigtseins, Waschzwängen, Reinigungszwängen und andauernden Ängsten, beispielsweise vor verdorbenen Speisen, Unordnung, Bakterien und Insekten befreit. So kann mit Hilfe von Schneeflockenobsidian wieder ein freieres, von übertriebenen Reinheitsvorstellungen entlastetes und angemesseneres Verhalten gegenüber sich selbst und der Umwelt empfunden werden. Betroffene verlieren dann häufig auch durch diese Blockaden hervorgerufene Leiden, wie z.B. Allergien, Lippenherpes Hautausschläge, ständige Ekelgefühle, Neurodermitis, Flechten, Akne, Pickel oder Warzen, die psychosomatisch bevorzugt in chronischer Form jene Menschen befallen, welche durch Blockaden an innerlichen Zwängen und Ekelgefühlen in Verbindung mit krankhafter Reinlichkeit und Putzfimmeln leiden.

Kinder: Kinder entwickeln aus dieser Blockade heraus oft eine übertriebene Ablehnung gegenüber Mitmenschen und verabscheuen häufig sich selbst, andere oder die Natur. Sie stochern aus dieser Blockade heraus Zuhause angewidert im Essen herum, sind schlampig oder empfinden starken Ekel, wenn sie sich oder andere bluten sehen. Außer Haus geben sie sich oft übertrieben ordentlich, höflich und modebewußt und achten sehr auf ihr Äußeres, oft ohne Rücksicht auf den Geldbeutel.

Essenz-Nr. 7/30   **Glücksstein / Therapiestein-Nr. 730**

Spezifische Heilwirkungen auf Organe und Körper: Auszug aus dem Großen Lexikon der Heilsteine, Düfte und Kräuter von Methusalem.
Hepatitis, Windpocken, Herpes, Grippe, Masern, Arteriosklerose, niedriger Blutdruck, kalte Füße.

Wie pflege ich einen Schneeflockenobsidian?
Obsidiane sollten regelmäßig unter fließendem, lauwarmen Wasser oder einmal im Monat über Nacht in einer trockenen Schale mit Hämatit-Trommelsteinen entladen werden. Bei Ketten empfehlen wir das Entladen über Nacht in einer trockenen Schale mit Hämatit-Trommelsteinen. Sie sollten an der Sonne oder über Nacht in einer Bergkristall-Gruppe oder in einer trockenen Schale mit klaren Bergkristall-Trommelsteinen aufgeladen werden.

Waage / Rauchquarz

Rauchquarze lindern Blockaden, die sich durch Zwänge in Verbindung mit Furcht, Angst, starker Selbstdisziplin und Unsicherheit zugleich auswirken. Hier bewirkt die Blockade eine überbetonte Furcht in Verbindung mit andauernden Zwängen und Ängsten darüber, unbedingt etwas bestimmtes tun oder leisten zu müssen oder irgendetwas falsch gemacht oder vergessen zu haben.

Zwanghafte Gedanken daran, unbedingt etwas fertigstellen oder erledigen zu müssen oder daß der Schlauch an der Waschmaschine gerissen sein könnte, plagt sie dann so lange, bis Betroffene dem Zwang zum wiederholten Male nachgeben und andauernd kontrollieren, ob auch wirklich alles in Ordnung ist. Sobald sich Betroffene dieser Blockade vom ordnungsgemäßen Zustand überzeugt haben, werden sie bereits von neuen Zweifeln darüber befallen, was oft dazu führt, daß betroffene Menschen aus dieser Blockade heraus unzählige Male dieselbe Sache kontrollieren müssen, um dann irgendwann erschöpft und unruhig einschlafen zu können. Dies macht betroffene Menschen aus dieser Blockade heraus zu ungemütlichen, verkrampften, nervösen Zeitgenossen, typischen Workaholikern oder auch zu Spielsüchtigen und Stehlsüchtigen (Kleptomanen). Putzfimmel, Kontrollzwang, Waschzwang, zwanghaftes Mißtrauen dem gegenüber, ob die Tür auch wirklich verschlossen ist oder der Herd und das Bügeleisen wirklich abgeschaltet sind oder andauerndes Händewaschen bedrängt die betroffenen Menschen nicht nur tagsüber, sondern häufig auch in der Nacht. Rauchquarze lindern diese Blockade dahingehend, indem sie Betroffene entkrampfen, so daß sie wieder ungezwungener und selbstsicherer mit sich und ihrer näheren Umgebung verfahren können.

Kinder: Kinder neigen aus dieser Blockade heraus wieder zum Einnässen, obwohl sie schon lange trocken sind und verhalten sich den Eltern gegenüber plötzlich fremd. Sie verpassen den Anschluß in der Schule, bleiben sitzen und fallen durch zunehmende Aggressionshandlungen anderen gegenüber, dann wenn ihnen diese zu nahe kommen, durch schlagen, beißen und kratzen, auf. Betroffene Kinder beginnen sich aus dieser Blockade heraus abwesend in sich selbst zurückziehen zu wollen.

Essenz-Nr. 7/40   **Glücksstein / Therapiestein-Nr. 740**

Spezifische Heilwirkungen auf Organe und Körper: Auszug aus dem Großen Lexikon der Heilsteine, Düfte und Kräuter von Methusalem.
Muskelerkrankungen, Muskelschwund, Bindegewebserkrankungen, Zellulitis, Unterleibserkrankungen, Nieren, Nebennieren, Bauchspeicheldrüse, Entschlackung, Neurosen, Ängste, Depressionen, Streßerscheinungen.

Wie pflege ich einen Rauchquarz?
Rauchquarze sollten ein- bis zweimal im Monat unter fließendem, lauwarmen Wasser oder über Nacht in einer trockenen Schale mit Hämatit-Trommelsteinen entladen werden. Reinigen Sie Rauchquarzketten ein- bis zweimal im Monat über Nacht in einer trockenen Schale mit Hämatit- oder Bergkristall-

Trommelsteinen. Der Rauchquarz sollte über Nacht in einer Rauchquarz- oder Bergkristall-Gruppe aufgeladen werden.

Waage / Jade grün

Jade lindert Blockaden, welche Betroffene trotz neuer Entscheidungen aus unerklärlichen Gründen daran hindern, ihre Entscheidungen und Zielvorstellungen wirklich in die Tat umsetzen zu können. Dies führt dazu, daß betroffene Menschen sich oft über viele Jahre durch Entscheidungsschwäche, Willensschwäche und innere Zerrissenheit in starken Lebenskrisen befinden und in alten Gewohnheiten verharren, wobei sie überwiegend das Gefühl haben, in der Luft zu hängen, nicht mehr zu wissen, wie es weitergehen soll und im alltäglichen Leben scheinbar keine Kraft mehr haben, um weitere klare Entscheidungen durchsetzen zu können, weil sie sich moralisch zu vielen Dingen gegenüber verpflichtet fühlen. Betroffene sind innerlich sehr unruhig und unausgeglichen. Ihre Stimmung schwankt andauernd zwischen mehreren Möglichkeiten oder Wünschen hin und her und sie wechseln oft stündlich ihre Ansichten, ohne sich für ihre Mitmenschen verläßlich zu einer klaren Entscheidung durchringen zu können. Der Kern dieser Blockade liegt jedoch mehr in der Umsetzung bestimmter Vorhaben und Zielvorstellungen. Betroffene führen zunehmend ein theoretisches, vorbildliches Dasein, wobei sie den Eindruck vermitteln, daß alles in bester Ordnung sei. Sobald sie jedoch gefordert sind, haben sie plötzlich größte Schwierigkeiten dabei, sich selbst treu bleiben zu können. Plötzlich fehlt ihnen der Mut und die Entschlossenheit zum entscheidenden Schritt der Verwirklichung ihrer Vorstellungen. Trotz des starken Wunsches, sich von belastenden Dingen befreien zu wollen verkehren Betroffene, wenn es darauf ankommt, auf einmal zugunsten von Rücksicht, gesellschaftlichen Normen, Ruf oder moralischen Verpflichtungen ihre

Ansichten und suchen verzweifelt Bestätigung bei irgendwelchen Skeptikern, um ihr Nicht-Tun vor sich und vor anderen rechtfertigen zu können. In Verhärtung dieser Blockade sind Betroffene sehr unzufrieden mit sich selbst und ihrer Umgebung. Sie schimpfen hinterrücks über den Partner, die Arbeit, den Chef, ihr Auto, Kinder und Gott und die Welt. Theoretisch können sie alles besser und sie wissen auch, was das Vernünftigste und Beste für sie ist, allerdings fehlt ihnen aus dieser Blockade heraus der Mumm, um ihre Entscheidungen in die Tat umzusetzen, um somit ihr Leben wirklich positiv verändern zu können. Jade verhilft nicht nur zu mehr Mut und Entschlossenheit, sondern auch dazu, mit Änderungen oder Trennungen innerlich abschließen zu können, um sich von alten Gewohnheiten zu lösen, um nicht mehr länger hoffnungsvoll im Banne irgendwelcher vorangegangener Ereignisse oder Partnerschaften zu verharren. Jade verhilft zu mehr innerer Balance, Entschlußkraft, Entscheidungsfähigkeit und wieder zum roten Faden in Bezug auf Sinn und Selbstverwirklichung zurück. Besonders Jugendliche in der Pubertät leiden oft an dieser Blockade, die sie vor fast unüberwindliche Entscheidungsprobleme bezüglich Zukunft und Berufswahl stellen. Aber auch Menschen im mittleren Alter, in der Midlife-Crisis oder in den Wechseljahren geraten oft in diese Blockade. Sie wissen dann zwar, daß sich etwas gravierendes in ihrem Leben verändert, finden jedoch innerlich nicht den richtigen Ansatzpunkt bzw. den Absprung aus ihren bisherigen negativen Gewohnheiten und Verhaltensmustern. Häufig verbringen Betroffene, bedingt durch diese Blockade, jahrelang damit über unzählige Projekte nachzugrübeln ohne sich für einen ihres Lebens dominierenden Weg entschließen zu können, oder erwarten vom Leben und anderen Tips und Zeichen darüber was sie tun sollen. Betroffene dieser Blockade sind daher nicht nur jahrelang innerlich sehr unausgeglichen, sondern auch sprunghaft, unkonzentriert und unschlüssig. Viele Betroffene in dieser Blockade schaffen oft über Jahre nicht den Absprung, weil sie sich nicht von vorangegangenen Lebensphasen trennen können, und daher oft krampfhaft beispielsweise an der Jugend festhalten, oder in unzufriedenen Partnerschaften mit Küssen und Schlägen verharren, die jedem Außenstehenden als unhaltbar erscheinen. Betroffene dieser Blockade ziehen lieber die belastende Situation des augenblicklichen Leidensweges einem Neubeginn oder einer Trennung vor. Typisch ist auch, daß wenn Betroffene auf ihr Leid angesprochen werden, sie automatisch umschwenken und genau das, worüber sie sich gerade noch beklagt haben, entschuldigen, verzeihen und auf einmal anhand von fadenscheinigen Argumenten in den Himmel loben oder sogar behaupten, ohne das was sie quält, eigentlich überhaupt nicht mehr leben zu können. Jade befreit vom Schatten der Vergangenheit und verhilft wieder zu einer klaren Lebenseinstellung und mehr Standfestigkeit gegenüber neuen Lebensabschnitten, insbesondere nach Berufswechsel, Trennung, Umzug, Menopause. Auch Menschen, welche aus dieser Blockade heraus innerlich starke Hemmungen dabei empfinden, Beziehungen eingehen zu können weil sie beispielsweise Angst davor haben Fehler zu machen oder davor, sich zu sehr zu binden, sollten unbedingt Jade bei sich tragen. Diese verhilft, insbesondere in Verbindung mit Moqui-Marbles oder Turalingam's, aus typisch oberflächlichen, kurzlebigen Beziehungskisten heraus, zur Fähigkeit und zur Reife, sich verantwortlich auf den Partner und dessen Gefühle einlassen zu können. Jade erweitert auch das Bewußtsein dahingehend, daß beispielsweise mit den Wechseljahren das Leben nicht vorbei ist, sondern ein neuer Abschnitt beginnt, und man nicht länger immer nur weiß, was man will, sondern es auch tut.

Kinder: Kinder, welche von dieser Blockade betroffen werden, leiden oft sehr lange an einem Klassenwechsel, Schulwechsel, Umzug oder Tod eines nahen Angehörigen und drücken dies häufig nicht nur durch starke Lernschwierigkeiten und innere Unzufriedenheit aus, sondern auch durch wachstumsbedingte Anpassungsschwierigkeiten und ein gestörtes Verhalten zu anderen Familienmitgliedern oder zum Essen. Jade ist auch sehr hilfreich beim laufen lernen, sprechen lernen und in den Entwicklungsstufen der Trotzphasen und der Pubertät.

Essenz-Nr. 7/50 **Glücksstein / Therapiestein-Nr. 750**

Spezifische Heilwirkungen auf Organe und Körper: Auszug aus dem Großen Lexikon der Heilsteine, Düfte und Kräuter von Methusalem.
Nierenkoliken, Nierensteine, Vitalität, Bluthochdruck, Einschlafschwierigkeiten, Schilddrüse, Verbrennungen, Sonnenbrand, Lebensmittel-, Pilz und Salmonellenvergiftung, Magenverstimmung, Übelkeit.

Wie pflege ich die Jade?

Jade sollte unter fließendem, lauwarmen Wasser dann gereinigt werden, wenn sich ihre Oberfläche trübt oder sie sich nur noch langsam beim Auflegen auf den Körper erwärmt. Aufladen sollten Sie die Jade über Nacht in einer trockenen Schale mit Amethyst-Trommelsteinen oder in einer Amethyst-Druse.

Skorpion, 24. Oktober bis 22. November

Farbe: Rot, rötlich **Planetenherrscher:** Pluto und Mars **Element:** Wasser

Dominante Planeten in den einzelnen Dekaden: **Polarität:**
1. Dekade, 24.10. bis 02.11.: Mars
2. Dekade, 03.11. bis 12.11.: Sonne männlich, Yin
3. Dekade, 13.11. bis 22.11.: Venus **8. Haus**

Das Tierkreiszeichen des *Skorpions* stellt das 8.Haus im europäischen Tierkreis dar. Seine Kräfte werden durch *rote Turmaline, Hämatit,* und *rote Carneole* gestärkt. Die zugeordneten ätherischen Öle sind *Lavendel, Tonka* und *Weihrauch* und in der Opposition des *Skorpions* befindet sich das 2.Haus des *Stieres*.

Skorpion-Geborene sind meist hintergründige und zugleich auch tiefgründige Menschen, welche oft nicht einfach zu durchschauen sind. Meist sind Skorpione sehr aufrichtige Menschen, welche ihr Glück und ihre Zukunft selbst bestimmen möchten. Sie haben Ausdauer und sind jederzeit aufgeschlossen, auch für die Sorgen anderer. Ihre innigen Privatangelegenheiten gehen jedoch kaum jemanden etwas an. Ihre Selbstbeherrschung und ihr Selbstbewußtsein ist bewundernswert. Sie gehen ihren Lebensweg nach eigenen Gefühlen und Entscheidungen. Skorpione sind Menschen, die kaum daran interessiert sind, anderen offen ihre Beweggründe mitteilen zu wollen, geschweige denn um Rat zu bitten. Sie entscheiden sich innerlich und wenn sie ihre Entscheidung getroffen haben, sind sie sehr zielstrebig, verläßlich und treu.

Häufige Blockaden der Skorpione spiegeln sich in mangelnder Flexibilität, großer Verletzlichkeit und auch Selbstmitleid wider, was Skorpione oft über einen längeren Zeitraum daran hindert, sich mit ihren eigenen Schwächen auseinandersetzen zu wollen. Sie neigen dann dazu, Gefühle zu verdrängen und sind dabei sehr empfindlich und leicht gekränkt. Dann fällt es ihnen auch schwer zu vergessen und zu verzeihen.

Skorpion / Turmalin rot

Rote Turmaline lindern Ängste, die über ein natürliches Maß an Besorgnis um andere hinausgehen. Fortlaufend werden Betroffene in dieser Blockade von angstvollen Sorgen um andere darüber geplagt, daß ihren Angehörigen, Kindern oder Ehepartnern etwas Schlimmes zustoßen könnte. Übertriebene Sorgen um das Wohlergehen anderer in Verbindung mit ständiger Angst und Furcht, daß etwas Schlimmes passieren könnte, oder daß ihre Kinder krank werden, weil sie sich nicht warm genug angezogen haben oder in Unfälle mit dem Fahrrad verwickelt werden könnten, mürbt die Betroffenen solange, bis ihre Angehörigen wieder wohlbehalten um sie herum versammelt sind. Besonders dann, wenn Angehörige nicht pünktlich nach Hause kommen, malen sich Betroffene dieser Blockade sofort die schrecklichsten Situationen aus, was oft zum überbehüten der eigenen Kinder führt. Sich selbst stellen Betroffene dabei in den Hintergrund und nehmen weder auf sich noch auf ihre Gesundheit Rücksicht. Sie opfern sich durch sorgenvolle Gedanken und Fürsorge für andere auf und interessieren sich letztendlich nur noch für die Gesundheit, Sicherheit und Zufriedenheit von Angehörigen oder Kollegen. Sofort sind sie zu jedem Gefallen bereit, bringen ständig Blumen oder Pralinen für andere mit und erfüllen anderen auch Gefallen, ohne daß sie darum gebeten oder dazu aufgefordert wurden. Oft nimmt die Sorge der Fürsorglichkeit um andere die gesamte Vorstellungskraft der Betroffenen ein, was sich durch häufig wiederkehrende Alpträume bemerkbar macht. Diese Blockade resultiert oft auch aus einer ursprünglichen Angst heraus, allein sein zu müssen, nicht gebraucht zu werden oder verlassen zu werden. Betroffene suchen daher oft übertrieben nach Nähe, Zuwendung, Gebrauchtsein, Liebe und Zärtlichkeit und sehnen sich nach einer engen Partnerbindung, wobei sie dazu bereit sind, für den Partner unter Aufgabe eigener Bedürfnisse alles zu tun, von den Augen abzulesen oder sogar für ihn sterben zu wollen. Wenn der

Haussegen schief hängt, lassen sich die Betroffenen nichts anmerken und schwärmen von Zufriedenheit und Glück. Aus Angst vor Trennung und Ablehnung fürchten sie befreiende, klärende Gespräche, ziehen sich zurück und weinen sich lieber nachts allein die Kissen naß. Eifersucht und Trennungsangst, in Verbindung mit ständigem Mißtrauen dem Partner gegenüber, bestimmen den Alltag der Betroffenen in zunehmender Verhärtung dieser Blockade. Dies bewirkt leider genau das Gegenteil von dem, was die Betroffenen sich innerlich wünschen, nämlich Nähe, Wärme, Geborgenheit, Liebe und Vertrauen. Rote Turmaline verhelfen den Betroffenen wieder optimistischer zu denken, sich selbst auch wieder mehr zu achten und ständig kreisende, sorgenvolle Gedanken aus Angst, daß ihren Angehörigen etwas passieren könnte, daß sie betrogen oder nochmal verlassen werden könnten, zu lindern. Rote Turmaline verhelfen zu einem eigenständigeren Leben, was auch wieder mehr Toleranz der Lebenshaltung gegenüber anderen bedeutet. Rote Turmaline lindern andauernde, übertriebene Besorgnis um andere und bewirken auch eine eigenständigere und abgenabeltere Lebensführung, unabhängig von Eltern oder verflossenen Partnern.

Kinder: Bei Kindern wirkt sich diese Blockade oft dahingehend aus, indem sie bis ins fortgeschrittene Alter noch am Rockzipfel der Eltern hängen und sofort in Panik, Heimweh, Ängste und starke Schuldgefühle verfallen, wenn sie nur kurze Zeit allein gelassen werden oder von ihren Eltern getrennt sind. Diese Blockade bewirkt häufig eine sehr starke, einseitige Fixierung entweder zu Vater, Mutter oder anderen Bezugspersonen und führt dazu, daß betroffene Jugendliche unbewußt und gegen ihren Willen den Vorstellungen ihrer Eltern nacheifern und mit den Verhaltensweisen ihres Elternhauses behaftet bleiben, sich später genauso wie ihre Eltern verhalten und sich oft bis ins fortgeschrittene Alter nicht aus dem Nest elterlicher Verbundenheit herauslösen, verselbstständigen und abnabeln können.

Essenz-Nr. 8/10   **Glücksstein / Therapiestein-Nr. 810**

Spezifische Heilwirkungen auf Organe und Körper: Auszug aus dem Großen Lexikon der Heilsteine, Düfte und Kräuter von Methusalem.
Hämorrhoiden, Unfruchtbarkeit, Menstruationsbeschwerden, Bluterkrankungen, Blutkrebs, Arterienverkalkung, Arthritis, reguliert den Vitamin- und Blutzuckerspiegel, Blähungen.

Wie pflege ich einen roten Turmalin?
Turmaline sollten regelmäßig unter fließendem, lauwarmen Wasser oder in einer trockenen Schale mit Hämatit-Trommelsteinen gereinigt und entladen

werden. Ketten sollten Sie einmal im Monat über Nacht in einer trockenen Schale aus gemischten Hämatit- und Bergkristall-Trommelsteinen reinigen und entladen. Turmaline sollten in einer Amethyst-Druse oder in einer trockenen Schale mit Bergkristall-Trommelsteinen aufgeladen werden.

Skorpion / Hämatit

Hämatit lindert Blockaden, welche die betroffenen Menschen mit einer nahezu schwärmenden Sehnsucht an vergangene Lebensumstände binden, egal ob sie positiv oder negativ verlaufen sind. Ihre Gedanken kreisen dann grübelnd wehmütig unentwegt um Ereignisse, Beziehungen, Erinnerungen, Fehler oder verpaßte Gelegenheiten in der Vergangenheit, wovon sich die Betroffenen nicht lösen können. Häufig verbringen Betroffene oft Tage und Jahre voller Sehnsucht und Heimweh nachtrauernd an eine gute alte Zeit oder wünschen sich, in Erinnerungen schwelgend, daß die Verhältnisse wieder so sein könnten, wie sie früher waren oder alles doch nochmal von vorne beginnen zu können. Typisch für diese Blockade ist auch, daß betroffene Menschen sich weder von althergebrachten Werten noch von irgendwelchen Sachen aus der Vergangenheit trennen können und stark nachtragend sind. Häufig können sie sich bis ins kleinste Detail an Menschen oder vergangene Situationen in fernster Vergangenheit erinnern, an der Gegenwart haben sie jedoch oft nur ein oberflächliches Interesse, weil sie sich andauernd mit Vergangenem beschäftigen. In Gesprächen kommen sie meist immer schwärmerisch auf frühere Zeiten zu sprechen, als er oder sie noch lebte, die Sommer noch warm waren, die Natur noch gesund und das Leben noch in Ordnung. Begleitet wird diese Blockade oft auch von nostalgischen Hobbys und starker Sammelleidenschaft, wie z.B. dem Sammeln von Antiquitäten, Kriegsabzeichen, alten Teddy-Bären oder altem Blechspielzeug. Typisch ist häufig auch, daß Betroffene nichts wegwerfen können. Sie hängen an allem und aller Stauraum ist mit irgendwelchem Gerümpel, der ihnen stark am Herzen liegt, vollgepackt. In zunehmender Verhärtung der Blockade ziehen sich Betroffene oft wie Einsiedler aus ihrem sozialen Umfeld und der Gegenwart zurück und vereinsamen. Die Blockade ruft oft auch ein depressives Desinteresse an der Gegenwart hervor. Hämatit hilft aus diesen Blockaden heraus, indem er bewirkt, daß Betroffene die Dinge ihrer Vergangenheit wieder verarbeiten können, wieder lernen loszulassen, um somit wieder in eine gegenwärtigere Lebenssituation im Hier und Jetzt hineinfinden zu können, um aus vergangenen Erfahrungen zu lernen, jedoch nicht länger daran festhalten zu müssen.

Hämatit lindert auch Schmerzen und Blockaden, die durch Schock, wie beispielsweise durch den Tod eines geliebten Angehörigen oder durch Trennung oder Krankheit hervorgerufen werden. Dabei verhelfen diese Steine dem Betroffenen in der schwierigen Zeit, sich an die schönen Dinge in der Vergangenheit erinnern zu können, vermitteln jedoch gleichzeitig auch wieder die Verbindung zur Gegenwart, denn nur hier geht das Leben weiter. Besonders dann, wenn starke Ängste, Schlafstörungen, Trauer und unangenehme oder schmerzliche Erinnerungen emporkeimen, sollte Hämatit verwendet werden, um durch unglückliche und traumatische Erlebnisse ausgelöste Blockaden lindern, ausgleichen und heilen zu können.

Kinder: Betroffene Kinder und Jugendliche neigen aus dieser Blockade heraus zu starkem Heimweh nach der vertrauten Umgebung und können sich nicht mal für einen Augenblick von ihrer Familie trennen. Es fällt ihnen sichtlich schwer, negative Lebenserfahrungen, wie beispielsweise einmal ausgelacht worden zu sein, verarbeiten zu können und dies löst oft in der Schule größte Unsicherheiten, Hemmungen und Schulängste in Verbindung mit Konzentrationsschwächen und Lernschwierigkeiten aus.

Essenz-Nr. 8/20   **Glücksstein / Therapiestein-Nr. 820**

Spezifische Heilwirkungen auf Organe und Körper: Auszug aus dem Großen Lexikon der Heilsteine, Düfte und Kräuter von Methusalem.
Blutarmut, Leukämie, Krampfadern, Blutstauungen, Gefäßverengungen, Menstruationsstörungen, Entstrahlung, Mondsucht.

Wie pflege ich einen Hämatit?
Entladen Sie Hämatit in einer Glasschale aufgefüllt mit fingernagelgroßen, klaren Bergkristall-Trommelsteinchen. Diese entziehen dem Hämatit die schlechten Strahlen, welche sich in den Hunderten von Bergkristall-Trom-

melsteinchen totlaufen. Gleichzeitig erhält der Hämatit durch die Bergkristalle wieder neue Energie.

Skorpion / Carneol rot

Carneole, insbesondere blutrote Carneole, lindern plötzlich emporkeimende Blockaden, welche sporadische Überforderungsgefühle, oft in Verbindung mit Erschöpfung, hervorrufen. Diese wirken sich oft plötzlich dahingehend aus, indem die Betroffenen in alltäglichen bevorstehenden Aufgaben eine nahezu unüberwindbare Belastung sehen, die sie aus eigener Kraft heraus scheinbar nicht mehr überwinden können. Obwohl die Betroffenen eigentlich den Weitblick, Reife, ausreichendes Wissen und sogar die Kraft zur Bewältigung der Aufgabe hätten, sacken sie plötzlich in ein Loch aus Überforderungsgefühlen, Erschöpfung, Mutlosigkeit und sogar Faulheit. In dieser Blockade fühlen sich die Betroffenen plötzlich von irgendwelchen Lasten überrollt und überfordert, indem sie das Gefühl haben, daß die ganze Verantwortung nur an ihnen hängt und ihnen über den Kopf wächst. Sie glauben plötzlich, ihren Aufgaben nicht mehr gewachsen zu sein und zweifeln deshalb plötzlich an ihren Fähigkeiten, an ihrem Wissen oder ihrem Können. Am liebsten würden sie alles an den Nagel hängen und auswandern. Letztendlich weiten sich diese Blockaden oft dahingehend aus, indem die Betroffenen allgemein nicht mehr wissen, wo sie überhaupt noch anfangen sollen, weil sie zuvor bereitwillig oft zuviele Aufgaben übernommen haben, so daß sie jetzt kaum noch atmen können. Diese Blockade baut sich häufig über viele Jahre dahingehend auf, indem sich Betroffene aus verstärktem Ehrgeiz und Selbstüberschätzung heraus selbst in unzählige verantwortungsvolle und unentbehrliche Situationen und Tätigkeiten hineinmanövriert haben, um so aus zu starken Verantwortungsgefühlen heraus Schlüsselpositionen übernehmen zu können. Der Kreislauf in dieser Blockade schließt sich meist durch sporadisch auftretende Ängste und Sorgen darüber, daß ihnen die Verantwortung längst über den Kopf gewachsen ist, nicht rechtzeitig fertig zu werden bzw. sich der Verantwortung aus moralischer Verpflichtung heraus nicht mehr entziehen zu können. Leider verdrängen die Betroffenen körperliche und seelische Hilferufe und auch gutgemeinte Ratschläge aus ihrer Familie, und steuern deshalb direkt auf den Höhepunkt der Blockade, den Black-Out, Burn-Out oder den Herzinfarkt zu. Rote Carneole helfen den Betroffenen Streß abbauen, um extreme, psychische und körperliche Belastungssituationen möglichst unbeschadet überstehen zu können, indem sie sich selbst auferlegten Zwängen entziehen um sich wieder mehr Verschnaufpausen zu gönnen. Diese Blockade sollte als klare Warnung innerlicher seelischer Strukturen an unseren Verstand gewertet werden, der oft übersieht, daß das Leben nicht nur aus Karriere, Fortschritt, Macht und Geld besteht. Rote Carneole verhelfen diesbezüglich wieder zu mehr Ausgeglichenheit und Abgrenzung zwischen persönlichen, tiefgründigen, seelischen Bedürfnissen und der Identifikation mit beruflichen, materiellen Aufgaben.

Kinder: Bei Kindern wirkt sich diese Blockade häufig dahingehend aus, indem sie das Zutrauen zu Angehörigen und in die eigenen Fähigkeiten und Leistungen verlieren und somit häufig unter Black Out und Panik vor Prüfungen und alltäglichen Situationen leiden. Betroffene, meist Kinder, neigen aus dieser Blockade heraus meist dazu, sofort aufgeben zu wollen, wenn sich die Dinge nicht nach ihren Vorstellungen entwickeln oder der erste Versuch erfolglos war. Kleinste Frustrationen oder geringste Anlässe reichen aus um Betroffene am Weitermachen zu hindern. Rote Carneole verhelfen besonders Kindern zu einem ausgewogeneren Maß an Ausdauer und Standfestigkeit und zur Erkenntnis, daß dauerhafter Erfolg meist immer auch aus zuvor gemachten Enttäuschungen und Mißerfolgen hervorgeht.

Essenz-Nr. 8/30　　　　　　　　**Glücksstein / Therapiestein-Nr. 830**

Spezifische Heilwirkungen auf Organe und Körper: Auszug aus dem Großen Lexikon der Heilsteine, Düfte und Kräuter von Methusalem.
Hautkrankheiten, Ekzeme, Hirnhautentzündung, Sehschwäche, Nierenentzündungen, Nierenkoliken, Nierensteine, Meniskus, Kniegelenkentzündungen, Gelenkergüsse, Knorpelverletzungen, Verstauchungen, Verrenkungen, Darmerkrankungen, Darmträgheit, Darmverschluß, Verstopfung.

Wie pflege ich einen Carneol?

Der Carneol sollte mindestens einmal im Monat unter fließendem, lauwarmem Wasser oder über Nacht in einer trockenen Schale mit Hämatit-Trommelsteinen gereinigt und entladen werden. Ketten sollten über Nacht in einer trockenen Schale mit Hämatit-Trommelsteinen entladen werden. Aufladen sollten Sie den Carneol an der Sonne oder in einer Schale mit trockenen, klaren Bergkristall-Trommelsteinen.

Schütze, 23. November bis 21. Dezember

Farbe: Blau **Planetenherrscher:** Jupiter **Element:** Feuer

Dominante Planeten in den einzelnen Dekaden: **Polarität:**
1. Dekade, 23.11. bis 01.12.: Merkur weiblich, Yang
2. Dekade, 02.12. bis 11.12.: Mond
3. Dekade, 12.12. bis 21.12.: Saturn **9. Haus**

Das Tierkreiszeichen des *Schützen* stellt das 9.Haus im europäischen Tierkreis dar. Seine Kräfte werden durch *Tansanit, Lapislazuli, Sodalith, Chalcedon* und *blaue Saphire* gestärkt. Die zugeordneten ätherischen Öle sind *Bergamotte, Calamus* und *Mimose* und in der Opposition des *Schützen* befindet sich das 3.Haus der *Zwillinge*.

Schütze-Menschen sind meist zielstrebige, ausdrucksstarke, impulsive und eigendynamische Menschen, welche die Herausforderung lieben. Sie streben nach oben, weil sie sich in untergeordneten Stellen nicht wohl fühlen und obwohl ihr Instinkt ihnen meist den richtigen Weg weist, benötigen sie trotz allem recht hochgesteckte Ziele, um ihren Ehrgeiz daran messen zu können. Schütze-Geborene sind meist von starker Willenskraft und Selbstbestimmung geprägt, allerdings immer in Verbindung mit einer Aufgabe oder Perspektive, für die sie sich begeistern können und wofür es sich aus ihrer Sicht zu kämpfen lohnt.

Die Stärken des Schützen sind eine optimistische Lebenseinstellung in Verbindung mit Einsichtigkeit, Toleranz und Verständnis für andere Menschen und deren Auffassungen. Schützen neigen dazu, Frieden stiften und andere versöhnen zu wollen.

Schütze / Tansanit

Tansanit verhilft aus Blockaden heraus, die sich durch scheinbar plötzliche aufkeimende, hoffnungslose Verzweiflung, in Verbindung mit innerer Ausweglosigkeit, ausbreiten. Die Betroffenen verspüren dann eine zunehmende tiefgründige innere Sinnlosigkeit über ihr Dasein und sind häufig so desorientiert und traurig, daß sie nicht nur abwesend und depressiv wirken, sondern sich häufig auch krank, elend und verlassen fühlen. Starke innere Unruhe, Beklemmung, völlige Appetitlosigkeit, Verlassenheitsgefühle oder das Gefühl, in einem Käfig gefangen zu sein, runden diese Blockade, oft auch in Verbindung mit plötzlich auftretenden Weinkrämpfen, ab. Zunehmend glauben die Betroffenen, die Grenzen der Erträglichkeit ihres Schicksals erreicht zu haben, kurz vor dem Zusammenbruch zu stehen und nicht mehr weiter zu wissen. Sie glauben, den Boden unter den Füßen entzogen bekommen zu haben und andauernd erneut vor irgendwelchen Trümmern ihres Lebens zu stehen. Im Tief dieser Blockade empfinden Betroffene ihre Situation als so erbärmlich, daß sie sich sogar wünschen, nicht geboren worden zu sein, lieber tot zu sein oder nochmal von vorne anfangen zu können. Alles war umsonst! Völlig verzweifelt fühlen sie sich innerlich leer und verloren, wissen nicht mehr weiter und glauben, keinen Ausweg aus ihrer aussichtslosen Situation mehr finden zu können. Sie können nicht mehr und fühlen sich von allen guten Geistern allein gelassen. Diese Blockade dehnt sich besonders häufig in den Herbst- und Wintermonaten zu einer lang anhaltenden Resignation aus, die innerlich betrübt und scheinbar keinerlei Freude mehr zuläßt. Oft sind aber auch Enttäuschungen, Trennungen oder alltägliche Schicksalsschläge die Auslöser für diese Blockade. Tansanit verhilft wieder zu mehr Hoffnung und bewirkt, daß Betroffene wieder den Glauben zu sich selbst und zum Guten und Schönen im Leben zurückgewinnen können. Sie vermitteln den längst ersehnten Lichtblick, worauf ein neuer Lebensabschnitt geplant und ein Neubeginn errichtet werden kann, bzw. worin ein Ende eines leidvollen Weges ersichtlich wird. Tansanit vermittelt Betroffenen trotz tiefer Verzweiflung und Hoffnungslosigkeit wieder eine neue Lebensperspektive, mehr Lebensmut und mehr Bereitschaft zur geistigen Wandlung und Spiritualität, woraus sich ein höheres Bewußtsein und mehr seelisches Gleichgewicht ergibt.

Kinder: Bei Kindern wirkt sich diese Blockade häufig gespalten aus einerseits entweder durch stille Trauer aufgrund innerer Verzweiflungsgefühle aus, oder andererseits durch ein permanent aggressives, bockiges Verhalten gegenüber Geschwistern und Eltern. Häufig wechseln sich diese beiden Gefühlsebenen launisch miteinander ab, so daß Angehörige niemals sicher sein können, woran sie gerade sind. Körperliche und psychosomatische funktionelle Störungen, wie beispielsweise Kopfdruck, Migräne, Sehstörungen, Ohrensausen, Kloßgefühle im Hals, Blähungen, Übelkeit, Asthma, rot und blaß werden, Eßstörungen, Heißhunger, Speisenunverträglichkeit, Verstopfung, zugeschnürte Atmung, Beklemmung, Ausschlag, Schuppen, Allergien, Bläschen im Mund oder an den Lippen, Regelstörungen oder Hemmungen beim Harnlassen in öffentlichen Toiletten sind nur wenige typische Leiden aus dieser Blockade, die nicht nur Erwachsene, sondern in verstärkter Form auch Kinder betreffen.

Essenz-Nr. 9/10   **Glücksstein / Therapiestein-Nr. 910**

Spezifische Heilwirkungen auf Organe und Körper: Auszug aus dem Großen Lexikon der Heilsteine, Düfte und Kräuter von Methusalem.
Gehirnschwund, Gedächtnisschwund, Augenkrankheiten, Augenstar, Kurzsichtigkeit, Gehörlosigkeit, Schwerhörigkeit, Taubstummheit, Kopfschmerzen, Konzentrationslosigkeit, Migräne, Depressionen.

Wie pflege ich einen Tansanit?
Tansanit sollte regelmäßig unter fließendem, lauwarmem Wasser oder einmal im Monat über Nacht in einer trockenen Schale mit Hämatit-Trommelsteinen gereinigt und entladen werden. Ketten sollten niemals unter Wasser entladen werden. Laden Sie Tansanit über Nacht in einer Schale mit klaren Bergkristall-Trommelsteinen auf.

Schütze / Lapislazuli

Eine weitverbreitete Blockade, die nicht nur Schützen betrifft, äußert sich in einer Maske, hinter der sich die Betroffenen wie hinter einer Fassade aus vorgeschobener Sorglosigkeit, Selbstsicherheit, Zufriedenheit und Fröhlichkeit verbergen. Betroffene leiden aus dieser Blockade heraus daran, zwar vielseitig interessiert zu sein, jedoch nicht als Einheit sondern eher entweder rein äußerlich oder innerlich. Im Umgang mit anderen tun sie sich sehr schwer, weil sie sich entweder einerseits zu aufgedreht, fröhlich und temperamentvoll geben oder andererseits zu uninteressiert, unflexibel und unspontan. Betroffene leiden sehr an dieser Blockade, welche sich wie eine Mauer zwischen die innere Welt und der Welt stellt, wie sich Betroffene nach außen hin geben. Betroffene verlieren daher den Halt zur Realität und zur eigenen Persönlichkeit. Ihr größter Wunsch besteht aus dieser Blockade heraus oft darin, einmal Schauspieler, Modell oder Clown werden zu wollen, um insgeheim Halt in irgendwelchen Rollen oder vorgefertigten Persönlichkeitsbildern finden zu können. Nach außen hin geben sich die Betroffenen meist übertrieben lebhaft, fröhlich und aktiv, indem sie ihre Ängstlichkeiten, Sorgen, Mißstände, quälenden Gedanken und Unruhen gegenüber ihren Mitmenschen meisterhaft nach innen verdrängen. Besonders materielle Sorgen, Geldsorgen, Berufsschwierigkeiten oder aber auch familiäre Spannungen oder partnerschaftliche Probleme werden von den Betroffenen so geschickt hinter einer Fassade aus Schönwettermalerei versteckt, daß oft nur engste Vertraute und Verwandte ihr wahres Gesicht kennen. Im Laufe der Jahre hat diese Blockade in den betroffenen Menschen ein verzerrtes Charakterbett geprägt, welches nach außen auch dann noch ein glückliches, zufriedenes und sorgloses Dasein vorgaukelt, wenn den Betroffenen eigentlich längst schon das Wasser bis zum Hals steht. Trotz allem können Betroffene sich aus dieser Blockade heraus nicht dazu überwinden, um Hilfe zu bitten oder sich mit ihren Gefühlen anderen anvertrauen zu können. Nichts scheint ihnen unangenehmer und peinlicher zu sein, als sich hinter ihrer Fassade entblößt zu sehen. Ihr Alltag baut darauf auf, nach außen hin immer einen guten Eindruck hinterlassen zu wollen und möglichst schon im Vorfeld Gesprächsthemen und Konflikten, die auf ihre Privatangelegenheiten abzielen, geschickt aus dem Weg zu gehen. Diese Blockade ist oft so stark, daß sogar engste Familienangehörige und Verwandte die wahren Probleme des Betroffenen nicht kennen, sondern nur mit seinem künstlichen äußeren Gesicht konfrontiert werden. Da die Betroffenen sich lieber auf die Zunge beißen würden, bevor sie sich anderen Menschen mit ihren wahren Sorgen anvertrauen, leiden sie innerlich oft so stark, daß sie auch dann, wenn sie entlarvt wurden, alles abstreiten oder sogar noch weiter lügen. Aufkeimende Geschwüre, innerer Druck, Herz-Kreislauf-Probleme, Verdauungsstörungen, Allergien, häufiges Völlegefühl, Leberleiden, Übelkeit, Magersucht, Freßsucht, Alkoholismus, Tablettenmißbrauch, Allergien, Akne und unterschwellige Aggressionen in alltäglichen Situationen deuten darauf hin, daß die Menschen hinter ihrer Rüstung unter großem Druck stehen und am liebsten aus ihrer Haut fahren würden. Lapislazuli lindert diesbezüglich das weitere Verdrängen von Ängsten, Unzufriedenheiten und Sorgen. Denn Menschen, die ihre Probleme nicht lösen, sondern grundsätzlich auf die lange Bank schieben, ignorieren, nach innen verdrängen, verheimlichen, oder andauernd versuchen, mit Witzen und Sprüchen überspielen zu wollen, stauen in sich über viele Jahre einen hohen Druck an, welcher sich unberechenbar durch Wutausbrüche, Schlaganfälle, Herzinfarkte oder Kreislaufbeschwerden befreit. Hinzu kommt, daß Betroffene aus dieser Blockade heraus typischerweise nie Zeit haben oder nie mit ihrer Arbeit rechtzeitig fertig werden, weil sie alles bis zur letzten Minute vor sich herschieben indem betroffene Schüler beispielsweise erst am Vorabend damit beginnen ihre schriftlichen Arbeiten für die morgige Prüfung erledigen zu wollen. Lapislazuli macht wieder offener, mutiger und befreit von der Blockade, die sich wie eine Maske oder Mauer zwischen die innere und äußere Welt der Betroffenen schiebt und ein Gefälle verursacht, welches scheinbar zwei verschiedene Gesichter hervorbringt.

Lapislazuli fördert den Energiefluß zwischen den dimensionalen Ebenen des Fühlens und Denkens und bewirkt so, daß die Betroffenen wieder einen besseren Zugang zu ihren persönlichen Gefühlsstrukturen erhalten, um sich auch anderen gegenüber wieder von ihrer wahren Seite zeigen und öffnen zu können. Dies betrifft auch die oft mit der Blockade verbundene Angst vor dem Alleinsein in Verbindung mit Konfliktscheue und andauernden Kompromissen. Häufig flüchten Betroffene von einer ablenkenden Aktivität, wie beispielsweise Extremsport, Liebesromane mit Happy End, Kneipenbummel oder Fernsehen in eine andere, und werden so zum Hans Dampf in allen Gassen. Sie sind für alles ausgebucht und haben nie richtig Zeit für sich selbst oder ihre Familie, sondern sind ständig auf dem Sprung oder auf der Flucht. Dies führt dazu, daß sich Betroffene aus dieser Blockade heraus auf den ersten Blick sehr aufgeschlossen, lebhaft, interessant und verführerisch geben, womit sie im Grunde genommen innere Zwistigkeiten und Scheue überdecken. Insgeheim dient das Verhalten jedoch mehr der Abwehr von Nähe, wobei Betroffene sich dann, wenn Mitmenschen ernsthaftes Interesse an ihnen zeigen und auch Aufmerksamkeit einfordern, panisch, sporadisch und ungreifbar zurückziehen. Ihr eigentliches Problem besteht jedoch in einer Blockade, welche die innerliche Kommunikation zwischen dem Unterbewußtsein, dem Bewußtsein, Geist, Seele und der Psyche stört und somit dazu beiträgt, daß die Betroffenen aufgrund großer Empfindsamkeit, Empfindlichkeit und starker Harmoniebedürftigkeit ihre Probleme nicht mehr bewältigen bzw. verarbeiten und lösen können, sondern unterdrücken und verdrängen. Über viele Jahre haben die betroffenen Menschen häufig so viel in sich hineingefressen und weggesteckt, daß jede Ruhe oder jedes Alleinsein, das sich nicht mit irgendeiner ablenkenden Aktivität vertreiben läßt, zwangsläufig sofort zum Emporquellen von verdrängten Ängsten, Sorgen und Emotionen führt, und somit die betroffenen Menschen mit sich selbst und den wahren Bedürfnissen und Schmerzen ihrer Seele konfrontiert. Deshalb hängen die betroffenen Menschen oft bis nachts vor irgendwelchen Aufgaben im Büro, am Stammtisch oder an ihren vielen ergatterten Aufgaben und Ämtern oder an der Flasche, um ihre Sorgen zu ertränken und geben sich oft überall als lustige, sorgenfreie Stimmungsmacher aus, um so Interesse bei ihren Mitmenschen zu erwecken, um dadurch andauernd der Situation des Alleinseins entfliehen zu können, denn das Alleinsein mit sich selbst scheint ihr größter Feind zu sein. Schlafstörungen aus Beklemmung, Alpträume, Nägelkauen, Zysten, Hautreizungen und nächtliches Zähneknirschen sind nur einige typische Begleiterscheinungen dieser weitverbreiteten Blockade. Lapislazuli verhilft aus dieser Blockade heraus wieder zu mehr Ausgeglichenheit, Aufrichtigkeit, Offenheit und wahrer Fröhlichkeit. Er lindert auch krankhafte Schamhaftigkeit vor Mißerfolgen, Konflikten und Ängste vor Niederlagen, die betroffene Menschen oft als überpeinlich empfinden. Lapislazuli verhilft zur Erkenntnis darüber, daß Persönlichkeit und Selbstverwirklichung nur da reifen können, wo Menschen dazu in der Lage sind, sich allen alltäglichen Aufgaben zu stellen, sich mit Konflikten auseinandersetzen und alltägliche Anforderungen nicht verdrängen, sondern lösen zu können. So lernen die Betroffenen, wieder über ihren Schatten zu springen, und auch wieder über sich und eigene Sorgen lachen zu können, indem ihnen bewußt wird, wie relativ unwichtig die meisten Sorgen sind, wenn man die Dinge aus einer übergeordneten Perspektive betrachtet.

Kinder: Bei Kindern bewirkt diese Blockade ein andauerndes spaßiges herumalbern, besonders vor Fremden oder ein stark profilierendes angeberisches Verhalten vor anderen Kindern und Erwachsenen. Betroffene sind aus dieser Blockade heraus leicht ablenkbar, innerlich unruhig, fühlen sich leicht durch Geplauder oder dem Tun anderer Familienangehöriger gestört und leiden häufig unter unzähligen kleinen Wehwehchen. Sie geben sich häufig unter anderen Menschen ganz anders als Zuhause und Eltern fallen oft aus allen Wolken, wenn sie von anderen über ihre Kinder berichtet bekommen. Denn entweder geben sie sich ängstlich, schamhaftig und gehemmt oder als Klassenkasper oder Pausenclown.

Essenz-Nr. 9/20   **Glücksstein / Therapiestein-Nr. 920**

Spezifische Heilwirkungen auf Organe und Körper: Auszug aus dem Großen Lexikon der Heilsteine, Düfte und Kräuter von Methusalem.
Kopfschmerzen, Neuralgien, Gliederschmerzen, Hautkrankheiten, Ausschläge, Ekzeme, Sonnenbrand, Insektenstiche, Bluthochdruck, Bluterkrankungen, Angina Pectoris, Herzinfarkt, Schlaganfall, Regelbeschwerden, Multiple Sklerose.

Wie pflege ich einen Lapislazuli?
Lapislazuli sollte einmal im Monat über Nacht in einer Schale mit Hämatit-Trommelsteinen entladen werden. Sie können ihn an der Sonne aufladen. Kräftiger wird er jedoch aufgeladen, wenn er über Nacht in eine trockene Schale mit Bergkristall-Trommelsteinen gelegt wird. Ketten sollten einmal im Monat über Nacht in einer trockenen Schale mit Hämatit-Trommelsteinen entladen und gereinigt und ebenfalls in einer trockenen Schale mit Bergkristall-Trommelsteinen aufgeladen werden.

Schütze / Sodalith

Sodalith lindert eine ähnliche Blockade wie Lapislazuli, die ebenfalls besonders verbreitet ist. Diese Blockade äußert sich in der Unfähigkeit, sich anderen Menschen gegenüber öffnen zu können. Deshalb fällt es den Betroffenen schwer, mit Mitmenschen in Kontakt zu kommen. Sie verbergen ihre inneren Nöte und Sorgen lieber hinter einer Fassade aus innerer Unruhe und vorgeschobener Sorglosigkeit, Fröhlichkeit und Freundlichkeit. Aus dieser Blockade heraus sind die Betroffenen deshalb oft nicht nur sehr nervös, sondern auch gehemmt, ängstlich und zurückhaltend. Ihre Sorge gilt primär der Angst, etwas von ihrer Persönlichkeit preisgeben zu müssen, was sie als Schwäche ansehen und daher kategorisch vor anderen Menschen verbergen möchten, denn wie's da drinnen aussieht geht niemanden etwas an. Auch wenn ihnen Menschen sehr offenherzig und sympathisch scheinen, können sie sich kaum dazu überwinden, sich ihnen gegenüber öffnen oder anvertrauen zu können, um so die trennende Kluft zwischen ihrem Inneren und ihrem Äußeren einerseits, und zwischen sich und ihren Mitmenschen andererseits, überwinden zu können. Dies bewirkt häufig, daß Betroffene oft viele Jahre lang unzufrieden, mürrisch, unglücklich und einsam sind, und von anderen hinter vorgehaltener Hand als »Komischer Kauz« betitelt werden. Nur selten suchen sie Kontaktprobleme bei sich, um so ihrer Einsamkeit entgehen zu können, indem sie über ihren Schatten springen, um so wieder den Kontakt zur Außenwelt herstellen zu können. Sodalith lindert diese Blockade und befreit demnach auch von einem eigenbrötlerischen, mürrischen und dickköpfigen Vorgehen, das oft auch von verstärkter Kritiksucht Neuem gegenüber begleitet wird.

Kinder: Kinder geben sich aus dieser Blockade heraus oft übertrieben als jemand anderes aus. Sie spielen andauernd den Ritter oder Prinzen oder versuchen gar in die Rolle des anderen Geschlechts hineinschlüpfen zu wollen. Sie können aus dieser Blockade heraus keine eigene Persönlichkeit entwickeln und werden daher leider oft ausgenutzt oder sogar sexuell mißbraucht. Leider tendieren sie aus dieser Blockade heraus dazu, sich auch noch selbst die Schuld für angetanes Unrecht geben zu wollen, und entwickeln nach sexuellem Mißbrauch paradoxerweise sogar häufig typische Schuldgefühle, welche wiederum die Ursache dafür sind, daß Kinder sich verschließen. Dies führt dazu, daß betroffene Kinder häufig über viele Jahre über den Mißbrauch schweigen, keine Hilfe suchen, äußerst ängstlich sind und aus dieser Blockade heraus sogar aufhören sich effektiv zur Wehr setzen zu wollen.

Essenz-Nr. 9/30   **Glücksstein / Therapiestein-Nr. 930**

Spezifische Heilwirkungen auf Organe und Körper:
Auszug aus dem Großen Lexikon der Heilsteine, Düfte und Kräuter von Methusalem.
Diabetes, Bluthochdruck, harmonisiert die Drüsen, aktiviert die Bauchspeicheldrüse, Nervenberuhigung, stärkt gegen Anfälligkeiten von Infektionskrankheiten und Entzündungen.

Wie pflege ich einen Sodalith?
Sodalith sollte einmal in der Woche unter fließendem, lauwarmem Wasser oder über Nacht in einer trockenen Schale mit Hämatit-Trommelsteinen gereinigt werden. Ketten sollten immer in einer trockenen Schale mit Hämatit-Trommelsteinen entladen werden. Aufladen sollten Sie den Sodalith an einer Bergkristall-Gruppe oder in einer trockenen Schale mit Bergkristall-Trommelsteinen.

Schütze / Chalcedon

Chalcedon verhilft aus Blockaden heraus, welche schon nahezu ein gänzlich intolerantes Verhalten hervorrufen. Aus dieser Blockade heraus geben sich Betroffene häufig sehr rechthaberisch, dominierend, arrogant und können sich wie besessen rücksichtslos für ihre gerade aktuellen Wünsche, fixen Ideen und Prinzipien begeistern. Sie versuchen andauernd andere Menschen von ihrer Meinung zu überzeugen, indem sie selbst davon überzeugt sind, daß nur ihre Sache eine gute Sache ist, und schlüpfen dabei gerne in die Gestalt eines andauernden missionarischen Besserwissers und fanatischen Weltverbesserers, der nicht nur alles besser weiß, sondern auch alles besser kann und kategorisch durch Floskeln, wie beispielsweise »ja, aber« signalisiert, eigentlich gar nicht an einer Einigung interessiert zu sein, sondern mehr daran, anderen Menschen übereifrig seine Meinung aufdrängen zu wollen. Betroffene haben meist immer das letzte Wort und neigen auch dazu, ewig auf einem Thema herumzureiten, um andere aus ihrer Sicht so lange zu ihrem Glück zu zwingen, bis diese nachgeben. Sie selbst scheinen keinerlei Fehler und Schwächen zu haben und reagieren sogar sehr ungehalten, gereizt und wütend auf Ablehnung oder gut gemeinte Ratschläge anderer, weil sie hierin sofort einen persönlichen Angriff, eine Bevormundung oder Ungerechtigkeit vermuten. Chalcedone lindern dieses Verhalten und befreien auch von unflexiblen und verbissenen Geisteshaltungen. Chalcedon befreit von geistigen Zwängen, einseitiger Sichtweise, festgefahrenen Ideen und längst überholten Rollenverhalten, Moralvorstellungen und Meinungsbildern. Er verhilft somit wieder zu mehr Toleranz und Respekt dem Willen anderer Menschen gegenüber und lindert auch den andauernden Drang, alle Menschen von der eigenen Meinung oder Idee überzeugen zu wollen, oder andauernd für eine bessere Welt vor den Türen anderer Menschen zu kehren.

Betroffene **Kinder** dieser Blockade wirken oft altklug, überaktiv, angespannt, verspannt, frustriert und nervös. Sie wollen nicht ins Bett gehen, neigen zu Ticks, wie beispielsweise ständigem Schnalzen, Grimassen schneiden, dauerndem Haare eindrehen und stottern, oder dazu, andauernd nein sagen zu wollen und Gegenteiliges zu tun.

Essenz-Nr. 9/40   **Glücksstein / Therapiestein-Nr. 940**

Spezifische Heilwirkungen auf Organe und Körper: Auszug aus dem Großen Lexikon der Heilsteine, Düfte und Kräuter von Methusalem.
Fieber, eitrige Wunden, Krampfadern, Leukämie, Rachen-, Hals- und Kehlkopferkrankungen, Sprachfehler, Stottern, Stimmbandüberreizungen, Stimmlosigkeit, Heiserkeit, Kratzen im Hals, Kehlkopfschwellungen, Bronchialerkrankungen, Unterleibserkrankungen, Arterienverkalkung, Lungenerkrankungen.

Wie pflege ich einen Chalcedon?
Reinigen Sie den Chalcedon einmal im Monat unter fließendem, lauwarmem Wasser oder über Nacht in einer trockenen Schale mit Hämatit-Trommelsteinen. Ketten sollten über Nacht in einer trockenen Schale mit Hämatit-Trommelsteinen gereinigt und entladen werden. Wir empfehlen Ihnen das Aufladen von Chalcedon über Nacht in einer Amethyst-Gruppe, Druse oder in einer trockenen Schale mit klaren Amethyst-Trommelsteinen.

Schütze / blauer Saphir

Blaue Saphire lindern Blockaden jener Menschen, denen durch Stauungen in psychischen und seelischen Strukturen die zwischenmenschlichen Wir-Gefühle unterbunden und sogar verloren gehen. Die betroffenen Menschen reden dann oft auch im engsten Kreis ihrer Angehörigen nur von sich oder über sich und ignorieren sogar gänzlich den Anteil anderer am familiären Glück oder an irgendwelchen Arbeiten oder Begebenheiten. In zunehmender Verhärtung dieser Blockade tendieren Betroffene häufig sogar verstärkt dazu, sich von gemeinsamen Gesprächen und Vergnügungen aufgrund starker innerer Widerstände und Hemmungen zurückziehen zu wollen, um andere nicht mit ihren Problemen zu behelligen, möglichst unabhängig zu sein oder um alles möglichst selbst machen zu können. In zunehmender Verhärtung dieser Blockade empfinden Betroffene starke innere Widerstände im Umgang mit anderen Menschen, reden knapp nur noch über das Nötigste und werden somit zunehmend zu einem stillen Beobachter, dem jedoch nichts entgeht. Dies bewirkt häufig den Eindruck von Hochmut, Hochnäsigkeit oder Überheblichkeit. In Wirklichkeit leiden Betroffene aus dieser Blockade heraus an überhöhter Schamhaftigkeit verbunden mit der Unfähigkeit darüber, sich für andere Menschen öffnen zu können. Sie können sich aus dieser Blockade heraus emotional nicht auf andere oder ihren Partner und dessen Wünsche einlassen, stellen einseitig nur ihre Wünsche und Anforderungen in den Vordergrund oder sind nicht dazu in der Lage, gemeinsam mit ihrem Partner Bedürfnisse und Wünsche austauschen zu können, weil sie oft selbst nicht wissen wie es in ihnen aussieht. Dieses Verhalten führt dazu, daß die meisten Partner sich schon nach relativ kurzen Beziehungsphasen von den Betroffenen abwenden, weil sie sich nicht wirklich geliebt und gewollt fühlen. Im Laufe der Zeit wachsen aus dieser Blockade, dann, wenn Betroffene häufiger verlassen, gekränkt oder verletzt werden und diese Blockade nicht durch blaue

Saphire gelindert wird, wirkliche innere Starrheit, Überheblichkeit, Arroganz, Hartherzigkeit, Haß, tiefe Depressionen und übertriebener Stolz heraus, was Betroffene erst recht zu einsamen Kämpfern, Einzelgängern und Außenseitern macht. »Ich verlaß Dich« oder »Geh doch wenn es Dir nicht mehr paßt« sind typische Redewendungen, welche durch diese Blockade hervorgerufen werden. Oft glauben und behaupten sie dann besser, fehlerloser und anders als andere zu sein und deshalb nicht verstanden zu werden. Diese Blockade dringt oft sogar so sporadisch in den Vordergrund, daß Angehörige plötzlich wie aus dem Nichts heraus vor den Kopf gestoßen, oder ignoriert werden, indem mit ihnen z.B. tagelang nicht mehr geredet wird. Auch mit bestimmten Menschen wollen die Betroffenen plötzlich aus irgendwelchen fadenscheinigen Gründen heraus nichts mehr zu tun haben, geben sich mürrisch, launisch, schmollend, reserviert oder sogar gänzlich verschlossen und ziehen sich sogar zurück, indem sie sich ihren Mitmenschen gegenüber überheblich, unabhängig und sehr beschäftigt geben oder sogar sehr mißtrauisch reagieren, wenn andere sich um ihr persönliches Wohlergehen erkundigen.

Blaue Saphire, insbesondere blaue Sternsaphire lindern diese, sich heute zunehmend verbreitende Blockade, indem sie bestimmte seelische Strukturen mit mehr universeller Energie durchfluten, was wiederum dazu führt, daß jene Blockaden, welche die zwischenmenschlichen »Wir-Gefühle« und »Wir-Bedürfnisse« blockieren, aus dem seelischen Gewebe herausgespült werden können. So werden Betroffene durch blaue Saphire wieder offenherziger, kommunikationsbereiter und aus Ich-Menschen, Egoisten und Egozentrikern, denen Wir-Gefühle bisher Fremdwörter waren, werden verständnisvollere, offenere, liebevollere, umgänglichere, zärtlichere und partnerschaftsbezogenere Menschen. Blaue Saphire lindern Bindungsängste und erschaffen durch das Fundament erneuter Wir-Gefühle die Grundlage zur Bindungsfähigkeit, welche für eine glückliche Liebesbeziehung benötigt wird.

Kinder: Bei Kindern bewirkt diese Blockade eine zunehmende Unfähigkeit sich auf freundschaftliche oder familäre Bindungen einlassen zu können. Sie reagieren auf Kontakt und Nähe oft durch starke Unsicherheitsgefühle, Kontaktängste und Hemmungen. Betroffene neigen verstärkt dazu, sich abkapseln zu wollen, pflegen kaum Freundschaften und ziehen sich am liebsten in ihre eigene Welt aus Computer, TV oder Power Rangers zurück. Kinder haben aus dieser Blockade heraus Schwierigkeiten dabei, mit anderen Kindern Kontakt aufnehmen zu können oder sich in einer anderen als der häuslichen Umgebung zurechtfinden zu können. Dies engt wiederum die geistige und seelische Beweglichkeit Betroffener ein, was dazu führt, daß bereits Kinder kaum noch dazu in der Lage sind, sich auf die Rechte und Bedürf-nisse anderer Menschen einstellen zu können, dauernd anecken, zu Querulantentum und Kriminalität neigen, gemieden werden und somit häufig nicht nur zu Einzelgängern werden, sondern auch zu einsamen Menschen.

Essenz-Nr. 9/50   **Glücksstein / Therapiestein-Nr. 950**

Spezifische Heilwirkungen auf Organe und Körper: Auszug aus dem Großen Lexikon der Heilsteine, Düfte und Kräuter von Methusalem.
Tumore, Koliken, Geschwüre, Wucherungen, Verdauungsprobleme, Sodbrennen, Schluckauf, Magengeruch, Meningitis, Ausschläge, Ekzeme, Juckreiz, Haarausfall, Schuppenflechte, Haarspliss, spröde Fingernägel, Gicht, Gliederschmerzen, Bluthochdruck.

Wie pflege ich einen Saphir?
Saphir sollte einmal in der Woche unter fließendem, lauwarmem Wasser oder einmal im Monat über Nacht in einer trockenen Schale mit Hämatit-Trommelsteinen gereinigt und entladen werden. Aufladen sollten Sie den Saphir an einer Bergkristall-Stufe oder in einer trockenen Schale mit Bergkristall-Trommelsteinen.

Steinbock, 22. Dezember bis 20. Januar

Farbe: Grün, schwarz **Planet:** Saturn **Element:** Erde

Dominante Planeten in den einzelnen Dekaden:
1. Dekade, 22.12. bis 31.12.: Jupiter
2. Dekade, 01.01. bis 09.01.: Mars
3. Dekade, 10.01. bis 20.01.: Sonne

Polarität:
männlich, Yin

10. Haus

Das Tierkreiszeichen des *Steinbocks* stellt das 10.Haus im europäischen Tierkreis dar. Seine Kräfte werden durch *schwarze Turmaline, Onyx, Sardonyx, Azurit-Malachit, Moosachat* und *Malachit* gestärkt. Die zugeordneten ätherischen Öle sind *Ravensara, Rosenholz* und *Ysop* und in der Opposition des *Steinbocks* befindet sich das 4.Haus des *Krebses*.

Steinbock-Geborene sind meist Menschen, bei denen Leistung, Ehrgeiz und Disziplin an vorderster Stelle stehen. Sie sind meist sehr motiviert, lieben Verantwortung und versuchen nach oben zu kommen. Dabei hat der Steinbock primär reale Ziele vor Augen, die er nicht nur deutlich einschätzen kann, sondern die er durch sein Zutun auch wirklich erreichen kann. Er sichert seinen Erfolg mit Gründlichkeit ab und verzichtet auf irgendwelche Luftschlösser, auch dann, wenn sie sehr verlockend scheinen oder ihm eine vorübergehende Erleichterung symbolisieren.

Steinbock / Turmalin schwarz

Schwarze Turmaline lindern Blockaden, welche eine Welt voller Angst vor unzähligen bestimmten Dingen, wie beispielsweise vor Krankheiten, Unfällen, Einbrechern, Einsamkeit, vor Hunden, Geld zu verlieren, vor dem Zahnarzt, vor Krieg, vor dem Fliegen, vor der Zukunft, davor Freunde zu verlieren oder dem Tod hervorrufen. Betroffene Menschen leiden aus dieser Blockade heraus an übermäßigen Sorgen und Ängsten und ärgern sich über ihr körperliches Unwohlsein und andauernde körperliche und geistige Unannehmlichkeiten und besonders darüber, ständig krank zu sein. Betroffene können aus dieser Blockade heraus nicht glauben, daß keine körperlichen Gründe für ihre Beschwerden vorliegen und lassen sich daher andauernd untersuchen. Ständig leben die Betroffenen hypochondrisch mit der Angst krank zu sein oder vom Leben benachteiligt zu werden. Diese Ängste übertragen sich charakteristisch häufig ganz unterschiedlich auf die betroffenen Menschen. Häufig zeigt sich diese Blockade als übersteigerte alltägliche Angst, Anspannung Überempfindlichkeit und Unsicherheit gegenüber unzähligen Begebenheiten im Alltagsleben. Übertriebene Angst, eingebildete Krankheit und Scheu vor Menschen, vor Kommunikation, Konflikten, Kritik oder vor Autoritätspersonen bewirken eine nervöse Zurückhaltung im Hintergrund, was nicht selten von starken Schweißausbrüchen, plötzlichem Erröten, Kloß im Hals, Stammeln, Verlegenheitslachen, Stottern, Flüstern und starker Nervosität begleitet wird. Betroffene wissen plötzlich nicht mehr, was sie sagen oder tun wollten. Im fortgeschrittenen Stadium meiden Betroffene dann oft gesellschaftliche Ereignisse, weil sie befürchten, übersehen und ausgelacht zu werden, nicht die passende Kleidung zu haben oder kritisiert und eingeschüchtert zu werden. Aus Lampenfieber geben sie häufig kurzfristig an, daß ihnen schlecht sei oder daß sie nicht mit wollen, weil ihnen ein bestimmtes Ereignis oder eine Person den Abend verdirbt. Betroffene reagieren überemp-

Kapitel 4 - Kristalle und Blockaden

findlich, scheu, furchtsam, übertrieben schreckhaft oder sehr schüchtern auf ihre Umgebung und ziehen sich gehemmt aus Angst und Selbstunsicherheit lieber als Heimchen in ihr Schneckenhaus zurück. In der Öffentlichkeit zeigen sie sich häufig sehr überempfindlich gegenüber Lärm, Geruch, Kälte, Wetter oder rauhere Mitmenschen, indem sie in Gegenwart von fremden Menschen verlegen, rot, konfus und nervös werden und beispielsweise aus Angst, Unsicherheit und Hemmungen heraus leicht ins Schwitzen kommen oder falsche Anschuldigungen kritiklos hinnehmen und ohne Widerrede auf sich beruhen lassen. Betroffene schieben unangenehme Dinge häufig vor sich her, haben Angst davor, alleine zu sein und suchen deshalb trotz starker innerer Widerstände Anschluß an gesellschaftliche Ereignisse. Zuvor versuchen sie jedoch, jeden Schritt genauestens einzuplanen, legen möglichst die Sitzordnung und ihren Tagesablauf genauestens fest und reagieren sehr gehemmt, ängstlich, unsicher, unbeholfen und wütend, wenn etwas nicht so klappt, wie sie es gedacht haben oder anders kommt, als sie geplant haben. Dies verleiht Betroffenen häufig ein krampfhaftes, steifes und unflexibles Auftreten, das beim steifen Tanzen in Verbindung mit Schritte zählen besonders deutlich wird. Schwarze Turmaline lindern die Blockade und verleihen den Betroffenen wieder den Mut, ihre Ängste und Angstzustände furchtloser überwinden zu können, indem sie ihnen ihre allgemeine Furcht vor alltäglichen Dingen nehmen. Denn Ängste und Angstblockaden verschwinden nur sehr schwer von alleine, sondern werden, wenn sie nicht durch Heilstein-Therapie in Verbindung mit mehr Offenheit anderen Menschen gegenüber gelindert werden, schlimmer. Schwarze Turmaline lindern auch übertriebene Schreckhaftigkeit und panisches Verhalten besonders dann, wenn Betroffene plötzlich in unvorhergesehene Situationen geraten, vor denen sie sich insgeheim fürchten oder genieren. Für solche Situationen empfiehlt es sich vorsorglich immer einen walnußgroßen schwarzen Turmalin, Blue-Moon oder Turalingam bei sich zu tragen und beide Steine in emporsteigenden Angstsituationen fest mit beiden Händen zu umschließen. Dies lindert die Angstgefühle und verhindert panikmachende Phantasievorstellungen welche häufig in genau jenen Situationen für drastische Angstwirbel, häufig in Verbindung mit Schweißausbrüchen und Herzrasen, sorgen. Stellen sie sich mit Hilfe der zuvor genannten Therapiesteine Angstsituationen und halten sie beide Steine solange umschlossen, bis die Angst nachläßt. Diese Therapie eignet sich auch hervorragend für jene Menschen, welche sich durch eine gezielte Angsttherapie bewußt jenen Situationen aussetzen, die ihnen Unbehaglichkeit, starke Ängste und Hemmungen bereiten, um hiergegen »immun« werden zu können. Schwarze Turmaline verschaffen auch eine tiefreichende Beruhigung und mehr Verständnis gegenüber der eigenen Sensibilität. Sie bewirken einen inneren Ausgleich, wodurch diese Blockade aufgelöst werden kann, welche panikmachende, chronische Ängste, Hemmungen und andauernde Unsicherheitsgefühle verursacht. Schwarze Turmaline stärken das Selbstbewußtsein und geben mehr Selbstvertrauen.

Kinder: Diese Blockade löst bei Kindern häufig übertriebene Ängste vor Gewittern, bösen Geistern oder Tieren aus und ruft auch unzählige Hemmungen vor alltäglichen Begebenheiten, oft in Verbindung mit Erröten, Nervosität, Schweißausbrüchen, Beklemmungsgefühlen, Bauchweh, Stottern oder Einnässen hervor. Typisch ist, daß Kinder aus dieser Blockade heraus plötzlich beginnen sich vor zuvor routinierten Begebenheiten zu schämen, zu ängstigen, zu genieren und zu fürchten. Zuvor unbefangene Kinder werden auf einmal sehr schreckhaft, ängstlich, gehemmt und zurückhaltend. Schlafstörungen, innere Unruhe, Schreckhaftigkeit und Alpträume runden diese Blockade oft in Verbindung mit Schlafwandeln ab. Diese Blockade wächst oft in Kindern besonders schnell heran und verzerrt sie oft in kürzester Zeit zu ängstlichen, unselbständigen Wesen. Die wichtigste Hilfe in dieser Blockade ist, ihrem Kind schwarze Turmaline und deren Essenz in Verbindung mit Turalingam's anzubieten. Nach ca. 3 bis 4 Monaten ist die Blockade schwammig geworden und nun haben Sie die Möglichkeit, Ihr Kind liebevoll auf seine Sorgen und Ängste anzusprechen. Mit Hilfe von schwarzen Turmalinen wird es dazu neigen, Ihnen ihr Herz ausschütten zu wollen.

Essenz-Nr. 10/10 **Glücksstein / Therapiestein-Nr. 1010**

Spezifische Heilwirkungen auf Organe und Körper: Auszug aus dem Großen Lexikon der Heilsteine, Düfte und Kräuter von Methusalem.
Muskelschwund, Knochenentzündungen, Gelenksentzündungen, Muskelrisse, Muskelkater, Muskeldystophie, Muskelverkrampfungen, Zittern, Epilepsien, Herzerkrankungen, Orientierungslosigkeit, Legasthenie, Juckreiz, Gürtelrose, Haut- und Gesichtslähmungen, Arthritis, Strahlenkrankheiten, Sonnenbrand, Wetterfühligkeit.

Wie pflege ich einen schwarzen Turmalin?
Schwarze Turmaline sollten regelmäßig einmal im Monat unter fließendem, lauwarmem Wasser oder in einer trockenen Schale mit Hämatit-Trommelsteinen gereinigt und entladen werden. Ketten sollten Sie einmal im Monat über Nacht in einer trockenen Schale aus gemischten Hämatit- und Bergkristall-Trommelsteinen reinigen und entladen. Schwarze Turmaline sollten in einer Amethyst-Druse oder in einer trockenen Schale mit Amethyst-Trommelsteinen aufgeladen werden.

Steinbock / Onyx und Sardonyx

Onyx und Sardonyx lindern ängstliche Zwangsgedanken, Sorgen und Befürchtungen, welche sich wie kreisende Gedankenstrudel in die Psyche der Betroffenen hineinfressen und bewirken, daß letztendlich an nichts anderes mehr gedacht werden kann, als an ein und dasselbe Thema oder Schicksal. Häufig konzentrieren sich diese Zwangsgedanken auf etwas Bestimmtes. Insgesamt bewirken diese ängstlichen, kreisenden und immer wiederkehrenden Gedankenströme jedoch, daß die Betroffenen auch in anderen Lebensbereichen keinen klaren Kopf bzw. klaren Gedanken mehr fassen können. Sie sind daher insgesamt sehr schüchtern, furchtsam und werden andauernd von irgendwelchen Ängstlichkeiten und Unsicherheiten in allen Lebensbereichen geplagt. Dies bewirkt, daß die Betroffenen ihre Reaktionen insgesamt nur noch aus irgendwelchen ängstlichen Hintergründen heraus entscheiden, ohne die vielen schönen Dinge des alltäglichen Geschehens in ihr Leben mit einbeziehen zu können. Andauernd können neue Ängste aufbrechen, welche aus dieser Blockade heraus nicht nur zu phobischem, hysterischem Verhalten führen können, sondern auch zu starken Gewaltausbrüchen. Onyx und Sardonyx lindern oft monatelang anhaltende, chronische oder immer wiederkehrende Ängste in Verbindung mit kreisenden Zwangsgedanken und verhelfen somit wieder zu mehr Ruhe, Optimismus und Konzentration dem eigentlichen Alltag gegenüber. So erreichen sie mit Hilfe von Onyx und Sardonyx, welche möglichst gemeinsam verwendet werden sollten, wieder mehr Bewußtsein für die schönen Dinge im Leben, was dazu führt, daß ängstliche Zwangsgedanken immer dünner und oberflächlicher werden und letztendlich ganz ausbleiben.

Kinder: Kinder geben sich aus dieser Blockade heraus sehr scheu und ängstlich darüber, von der Mutter allein gelassen zu werden und neigen dazu, noch bis ins fortgeschrittene Alter im Ehebett, bei Licht oder mit offener Tür schlafen zu wollen. Besonders typisch für diese Blockade ist, daß Kinder zu fremdeln beginnen, plötzlich reifer, ernsthafter und strenger wirken, kaum noch lachen und sich im Gegensatz zu anderen Kindern für Dinge begeistern, zu denen ihnen innerlich noch das Verständnis fehlt.

Essenz-Nr. 10/20   **Glücksstein / Therapiestein-Nr. 1020**

Spezifische Heilwirkungen auf Organe und Körper: Auszug aus dem Großen Lexikon der Heilsteine, Düfte und Kräuter von Methusalem.

Pilze, Entzündungen, Sonnenbrand, Wundlaufen, Fußpilz, eitrige Wunden, Hautausschläge, kalte Füße, Blutstauungen, Verkalkungen, Raucherbein, Krampfadern, Augenleiden, Gehörlosigkeit, Ohrenschmerzen, Wetterfühligkeit, Apathie, Lungen- und Kehlkopfkatarrhe, Gelbsucht, Leberentzündung, Schrumpfleber, neuroser Schnupfen.

Wie pflege ich einen Onyx / Sardonyx?

Onyx sollte regelmäßig unter fließendem, lauwarmen Wasser oder in einer trockenen Schale mit Hämatit-Trommelsteinen gereinigt werden. Ketten sollten einmal im Monat über Nacht in einer trockenen Schale mit Hämatit-Trommelsteinen entladen und gereinigt werden. Laden Sie den Onyx anschließend in einer Bergkristall-Gruppe oder in einer trockenen Schale mit Bergkristall-Trommelsteinen auf.

Steinbock / Azurit-Malachit

Azurit-Malachit lindert Blockaden, welche dazu führen, daß sich Menschen wie Kletten unentwegt an andere herandrängen, ohne dessen körperliche Distanz und Intimsphäre zu wahren. Sie sind aus dieser Blockade heraus sehr selbstbezogen und neigen dazu, sich zu jeder Gelegenheit überall einmischen zu wollen, um sich irgendwie durch Ich-bezogene Gespräche in den Vordergrund zu drängeln, um so auch dann an die Aufmerksamkeit ihrer Mitmenschen gelangen zu können, wenn sie selbst das Thema überhaupt nicht verstehen. Sie versuchen, durch andauerndes plaudern, auch unter Verwendung von Händen und Füßen, dabei zu sein und sehr intensiv mit anderen Menschen über sich und eigene Probleme reden zu wollen. Oft schrecken die Betroffenen in dieser Blockade auch nicht davor zurück, andere andauernd festhalten, berühren oder anstupsen zu wollen. Die Blockade bewirkt zudem, daß die Betroffenen meist nur über sich selbst, ihre Familie und ihre nähere Umgebung reden, während ihnen die Gabe des Zuhörens scheinbar gänzlich blockiert zu sein scheint. Beiträge von anderen Mitmenschen zum Thema werden nur oberflächlich angehört, abgehandelt und niedergebügelt, um sofort wieder mit selbstbezogenen Dingen in den Vordergrund drängen zu können. Persönliche Erlebnisse und Krankheiten können dann oft Nachmittage füllen und werden sporadisch bei jeder Zusammenkunft fast Wort für Wort aufs Neue wiederholt. Andere Gesprächspartner haben bei diesen Menschen kaum eine Möglichkeit, etwas aus ihrer Sicht zur Konversation beitragen zu können, denn die betroffenen Menschen scheinen nur für sich und ihre Probleme einen Kanal zu haben, indem sie andere Menschen und deren Argumente oft gänzlich überspielen. Gelingt stärkeren Mitmenschen doch ein Durchdringen, dienen deren Ausführungen letztendlich doch nur dazu, von den blockierten Menschen als erneutes Stichwort aufgeschnappt zu werden, um vorlaut wieder energisch von sich und eigenen Erlebnissen oder Leiden zu neuen

Geschichten über sich selbst überschwenken zu können. Egozentrisch versuchen Betroffene aus dieser Blockade heraus nicht nur Aufmerksamkeit zu erregen, sondern auch immer das Wort zu führen, oder gewisse Dinge, um sich interessanter zu machen, zu übertreiben. Azurit-Malachit verhilft Betroffenen dazu, wieder aus ihrer Selbstsucht herausfinden zu können, indem sie auch anderer Menschen Begebenheiten und Bedürfnisse zur Kenntnis nehmen und auch wieder für die Probleme anderer Menschen Interesse und ein offenes Ohr haben. Azurit-Malachit lindert somit auch das mit der Blockade verbundene gesteigerte Geltungsbedürfnis in Verbindung mit dem andauernden Drang nach permanenter Nähe, Aufmerksamkeit und Publikum.

Dies trifft auch für jene verstärkte Aufdringlichkeit zu, die durch diese Blockade oft durch Furcht vor Einsamkeit und Unaufmerksamkeit hervorgerufen wird, was dazu führt, daß sich Betroffene oft wie Clowns oder bedürftige Kleinkinder benehmen, um sich so immer in den Mittelpunkt des Geschehens zu drängen. Menschen, die sich vor Einsamkeit und Ablehnung fürchten, neigen verstärkt dazu, sich anderen aufdrängen, anbieten oder durch andauernde Geschwätzigkeit auf sich aufmerksam machen zu wollen bzw. andere an sich binden zu wollen. Doch hiermit erreichen die Betroffenen genau das Gegenteil und bewirken, daß andere Menschen sich von ihnen zurückziehen oder mit ihnen kaum noch etwas zu tun haben möchten. Azurit-Malachit lindert diese Blockaden und macht die Betroffenen unabhängiger von andauernd erkämpfter Aufmerksamkeit. Er verhilft dazu, sich nicht nur in der Aufmerksamkeit von anderen Menschen geborgen fühlen zu können, sondern sich wieder wohler in der eigenen Haut zu fühlen. Dies setzt jedoch voraus, daß Betroffene ein höheres Selbstbewußtsein und Selbstwertgefühl, auch in Verbindung damit, alleine sein zu können, was ebenfalls durch Azurit-Malachit erreicht wird, erhalten. Kinder, insbesondere Einzelkinder, Heimkinder, Internatkinder oder Schlüsselkinder, welche schon in jungen Jahren sich selbst überlassen waren, oder aufgrund elterlicher Abwesenheit emotional vernachlässigt wurden, rutschen oft schon sehr früh in diese Blockade hinein und sollten daher schon von klein auf eine Azurit-Malachit Therapie erhalten.

Kinder: Kinder wollen aus dieser Blockade heraus ständig im Mittelpunkt stehen und zeigen wenig Mitgefühl mit anderen Kameraden oder Tieren. Sie spielen andauernd entweder den Verletzten, die beleidigte Leberwurst oder den Klassenkasper und den Pausenclown. Sie haben sichtlich Schwierigkeiten damit, sich einordnen zu können und reagieren auf Geschwister häufig sehr eifersüchtig und futterneidisch. Besonders dann, wenn sich äußere und familiäre Änderungen ergeben, empfinden Kinder aus dieser Blockade heraus starke Verlustängste, Unsicherheiten, Konzentrationsprobleme und weitere emporkeimende Ängste. Sie können sich dann in Neues nicht eingewöhnen und fürchten sich übermäßig vor Trennungen und dem Verlust der Eltern.

Essenz-Nr. 10/30   **Glücksstein / Therapiestein-Nr. 1030**

Spezifische Heilwirkungen auf Organe und Körper: Auszug aus dem Großen Lexikon der Heilsteine, Düfte und Kräuter von Methusalem. Magengeschwüre, Nieren- und Gallensteine, Lebererkrankungen, Strahlenschäden, krebsartige Tumore.

Wie pflege ich einen Azurit-Malachit?
Dieser Stein sollte einmal im Monat in einer trockenen Schale mit Hämatit-Trommelsteinen entladen werden. Azurit-Malachit sollte nicht an der Sonne, sondern einmal im Monat über Nacht an einer Bergkristall-Gruppe oder in einer trockenen Schale mit Bergkristall-Trommelsteinen aufgeladen werden.

Steinbock / Moosachat

Moosachate lindern Blockaden, welche bei betroffenen Menschen unvorhersehbare und nahezu unberechenbare Stimmungsschwankungen in Verbindung mit Selbstmitleid, Lustlosigkeit, tiefer Traurigkeit und Schwermütigkeit hervorrufen. Betroffene fühlen sich plötzlich ohne erkennbare Ursache sehr schwermütig, blockiert und vom normalen Leben wie ausgeschlossen, abgeschnitten oder getrennt. Diese Blockaden lauern häufig im Verborgenen und treten unvorhergesehen plötzlich dann in den Vordergrund, wenn sie durch irgendeine Bemerkung oder ein falsches Wort ausgelöst werden. Dann verlieren sich die Betroffenen plötzlich aus der Fassung, indem sie schmollen, beleidigt sind, traurig, bedrückt, zerschlagen oder unbedingt hier und jetzt etwas austragen möchten, was eigentlich längst der Vergangenheit angehört. Diese Unberechenbarkeit bewirkt, daß Angehörige häufig den Kontakt nur noch auf das Mindeste begrenzen oder ihnen bekannte Auslöser absolut zu vermeiden versuchen, indem sie diese zu Tabuthemem erklären. Bei Zusammenkünften warnen sich Angehörige untereinander, indem sie sich mitteilen, welche Worte oder Erlebnisse den anwesenden Menschen mit dieser Blockade so provozieren, daß von einer Minute auf die andere die Stimmung hin ist. Moosachate verhelfen dazu, wieder selbstsicherer, ausgeglichener und fröhlicher zu werden. Sie bewirken primär, daß die Betroffenen ihre Stimmungen wieder dahingehend bewußter steuern können, indem ihnen klar wird, daß längst vergangene Dinge irgendwann einmal verziehen und vergessen sein sollten. Dies bewirkt neue Gelassenheit, Reife, Weitsichtigkeit, inneren Ausgleich, wahre Größe und lindert ewige Nachtragerei.

Kinder: Kinder leiden aus dieser Blockade heraus ebenso wie Erwachsene und neigen zu verstärkter Überempfindlichkeit, weinen sofort, wenn man ihnen etwas sagt und müssen andauernd mit Samthandschuhen angefaßt werden.

Essenz-Nr. 10/40   **Glücksstein / Therapiestein-Nr. 1040**

Spezifische Heilwirkungen auf Organe und Körper: Auszug aus dem Großen Lexikon der Heilsteine, Düfte und Kräuter von Methusalem.
Diabetes, stärkt die filternden Eigenschaften der Nieren, Milz und der Lymphe auf das Blut, reguliert den Wasserhaushalt im gesamten Organismus, regt die Funktion von Nieren, Blase und Darm an.

Wie pflege ich einen Moosachat?
Moosachate sollten regelmäßig nach Gebrauch unter fließendem, lauwarmem Wasser oder über Nacht in einer trockenen Schale mit Hämatit-Trommelsteinen entladen und gereinigt werden. Das Aufladen des Moosachats in einer trockenen Schale mit Bergkristall-Trommelsteinen oder in einer Bergkristall-Gruppe ist mindestens einmal im Monat zu empfehlen. Ketten sollten über Nacht in einer trockenen Schale mit Hämatit-Trommelsteinen entladen und ebenfalls in Bergkristall-Trommelsteinen aufgeladen werden.

Steinbock / Malachit

Malachit lindert Blockaden, die sich wie schwarze, dunkle Wolken sporadisch in Form von Niedergeschlagenheit, Traurigkeit, Melancholie oder depressiven Verstimmungen plötzlich, ohne erkennbare Ursache, wie ein schweres Tuch auf das Gemüt des Betroffenen niedersenken, und ihm die Lebensfreude erdrücken. Diese Zustände drängen sich oft durch Schwermütigkeit, Ziellosigkeit, Niedergeschlagenheit, Hilflosigkeit, Nutzlosigkeit, Wertlosigkeit und Weltschmerz in Verbindung mit andauernden Grübeleien, Schlafstörungen, Konzentrationsschwächen, Appetitlosigkeit, Kopfdruck, Migräne und unzähligen weiteren Leiden und Schmerzen ohne erkennbare Ursache in den Alltag der Betroffenen und rufen plötzlich tiefe Traurigkeit, Erschöpfung, Bedrückung oder Lustlosigkeit in Verbindung damit hervor, am liebsten im Bett liegen bleiben, heulen oder gar sterben zu wollen. Die Betroffenen haben das Gefühl, in einem finsteren Loch zu stecken und befinden sich in tiefer Traurigkeit, worunter für sie das schöne Leben von schwarzen Wolken bedeckt ist. Leider betrifft diese Blockade besonders jene Menschen, welche oft beteuern, alles zu haben, was man zum Glücklichsein benötigt, gesund zu sein und in einer glücklichen Beziehung zu leben. Trotz erklärter Zufriedenheit fühlen sie sich jedoch innerlich stark bedrückt, unzufrieden, unglücklich und leer und können nicht verstehen, weshalb sie immer wieder in diese Formen depressiver Niedergeschlagenheit hineinrutschen, obwohl aus ihrer Sicht keinerlei Ursache dafür besteht. Dieses Stimmungstief kann sich oft über mehrere Wochen, Monate oder sogar Jahre erstrecken, bis es plötzlich, meist über Nacht, so wie es gekommen ist, verschwindet. Malachit verhilft aus diesen Blockaden dahingehend heraus, indem er bedrückende und melancholische Gefühlswirbel lindert und somit depressive Niedergeschlagenheit, Pessimismus und Angst wieder mit Freude, Optimismus, innerer Klarheit, Heiterkeit, Stabilität und Liebe ausgleicht. Er vertreibt die finsteren Wolken der Melancholie und hebt die Lebensfreude. Die Betroffenen fühlen sich somit oft von einem Augenblick auf den anderen oder über Nacht durch den Malachit aus einem tiefen schwarzen Loch befreit und verspüren deutlich wie innere Lebendigkeitsgefühle zurückkehren. Malachit lindert auch die häufig mit dieser Blockade verbundene chronische Angst vor dem Ausbrechen der nächsten Depression, weil sie mit Hilfe von Malachit nun dazu in der Lage sind, die Blockade lindern und besser kontrollieren zu können und ihr deshalb nicht mehr hilflos ausgeliefert sind.

Kinder: Betroffene Kinder verhalten sich aus dieser Blockade heraus sehr ernst, angespannt, freudlos, melancholisch und haben wenig Lust zum Lachen oder Spielen.

Essenz-Nr. 10/50   **Glücksstein / Therapiestein-Nr. 1050**

Spezifische Heilwirkungen auf Organe und Körper: Auszug aus dem Großen Lexikon der Heilsteine, Düfte und Kräuter von Methusalem.
Entschlackung, Rheuma, Bandscheiben- und Gelenkentzündungen, Parkinsonsche Krankheit, Asthma, Lungenentzündung, Leukämie, Geschwüre, Infektionen, Mangeldurchblutung, Bluthochdruck, Grippe, Fieber, Angina, Koliken, Nervenzerrungen, Hexenschuß, Ischiasbeschwerden.

Wie pflege ich einen Malachit?
Malachit sollte, in einem Taschentuch eingerollt, einmal im Monat über Nacht in einer trockenen Schale mit Hämatit-Trommelsteinen entladen werden. Er lädt sich am besten wieder in einer Bergkistall-Gruppe oder in einer trockenen Schale mit Bergkristall-Trommelsteinen auf.

Wassermann, 21. Januar bis 19. Februar

Farbe: blau bis grün **Planetenherrscher:** Uranus **Element:** Luft

Dominante Planeten in den einzelnen Dekaden: **Polarität:**
1. Dekade, 21.01. bis 29.01.: Venus
2. Dekade, 30.01. bis 08.02.: Merkur weiblich, Yang
3. Dekade, 09.02. bis 19.02.: Mond **11. Haus**

Das Tierkreiszeichen des *Wassermanns* stellt das 11.Haus im europäischen Tierkreis dar. Seine Kräfte werden durch *grüne und blaue Aquamarine, Wassersaphire, blauen Apatit, Türkis, Falkenauge* und *Amazonit* gestärkt. Die zugeordneten ätherischen Öle sind *Sandelholz, Vetiver* und *Linaloe* und in der Opposition des *Wassermanns* befindet sich das 5.Haus des *Löwen*.

Wassermann-Geborene Menschen sind meist von großer Freiheitsliebe, Unabhängigkeit und Weitsichtigkeit geprägt. Sie sind häufig diejenigen, die gerne ausgetretene Pfade verlassen, um nach neuen Erkenntnissen zu suchen. Ihr Bewußtsein ist daher mehr auf Veränderung und Evolution ausgelegt und nur kaum in Routine oder veralteten Schemen Zuhause. Wassermänner lieben ein sporades, überraschendes und unvorhergesehenes Leben mit viel Schwung und Spannung. Sie möchten aktiv am Leben teilnehmen und benötigen daher Abwechslung im Beruf, wechselnde Aktivitäten im Privatleben und im familiären Beisammensein.

Die Stärken der Wassermänner liegen meist darin, daß sie ihr Bewußtsein aus der Enge althergebrachter Normen herauslösen, um so Teil des Ganzen werden zu können. Sie sind sehr kontaktfreudig und weltoffen und halten nur sehr selten an der Vergangenheit fest.

Wassermann / Aquamarin blau und grün

Blaue Aquamarine verhelfen dem Wassermann und auch allen anderen Menschen, die unter dieser typischen Blockade leiden, welche sich durch innere Zerrissenheit und Unentschiedenheit bemerkbar macht, heraus. Diese Blockade macht sich verstärkt dadurch bemerkbar, indem Betroffene ernsthafte Schwierigkeiten dabei empfinden, sich zwischen zwei Alternativen entscheiden zu können, weil sie allen und jedem gerecht werden wollen. Immer, wenn sie vor die Wahl zweier Dinge oder Anforderungen gestellt werden, kommt damit gleichzeitig ein fast unlösbares Problem darüber auf sie zu, daß sie sich nicht entscheiden können und nicht wissen, ob sie ja oder nein sagen sollen. Denn sie möchten möglichst überall dabei sein, nichts versäumen, auf allen Hochzeiten gleichzeitig tanzen und allen und jedem unbedingt gerecht werden. Dies wirkt sich bereits in so alltäglichen und banalen Dingen aus, wie beispielsweise dem täglichen Einkauf. Betroffene leiden dann unter dauernden Stimmungsschwankungen, Launen und fühlen sich ständig zwischen ihren Wünschen hin- und hergerissen, indem sie sich beispielsweise im Detail einer Sache so verfangen, daß sie letztendlich nicht mehr wissen, was sie überhaupt noch wollten. Abwechselnd erscheint ihnen das eine und dann wieder das andere für richtig, und wenn sie sich zu einer aus ihrer augenblicklichen Sicht positiven Seite durchgerungen haben, suchen sie auch schon wieder nach den Nachteilen, wechseln ihre Meinung bei geringstem Einfluß von außen und vergeuden durch das andauernde Hin und Her nicht nur all ihre Energie, sondern auch ihr Leben. Betroffene können sich dann beispielsweise zwischen zwei Paar Schuhen aus ihrer eigenen Urteilsfähigkeit heraus nicht entscheiden und benötigen den Rat anderer, insbesondere von Modezeitschriften, Werbung oder Freunden um sich darüber schlüssig zu werden, was sie wollen oder was gefällt. Schulkinder streichen dann beispielsweise wiederholt das Richtige durch, um das Falsche hinzuschreiben. Betroffene suchen andauernd aus innerer Kritik heraus nach Bestätigung in Literatur oder durch Experten und legen betont Wert auf das Label moderner Kleidung und auf die Meinung irgendwelcher Wissenschaftler. Häufig treten diese Blockaden sogar so stark in den Vordergrund, daß die Betroffenen auch noch nach einer mühsam errungenen Entscheidung hartnäckige aufkeimende Zweifel verspüren, was wiederum oft dazu führt, daß sie die Ware doch wieder umtauschen wollen, um sie sich dann am nächsten Tag wieder zu holen. Diese Hin- und Hergerissenheit stellt für Menschen, welche unter dieser Blockade leiden, eine schwere Belastung dar. Sie fürchten sich zunehmend vor Entscheidungen oder vor Situationen, die eine Entscheidung von ihnen fordert. Blaue Aquamarine verhelfen den Betroffenen aus den festgefahrenen Strukturen dieser Blockaden auch dahingehend heraus, indem sich Betroffene auch wieder mit anderen Menschen über ihre Schwierigkeiten unterhalten können. Blaue Aquamarine versorgen die Betroffenen mit jener Energie, welche sie für eine objektive Entschlußfähigkeit benötigen, um aus einer festgefahrenen Position heraus wieder klar für sich entscheiden zu können, wo für sie die Prioritäten liegen und was sie wirklich wollen. Blaue Aquamarine lassen wieder ein klares Gespür der eigenen Intuition gegenüber erkennen und auch wieder verstärkt auf eigene Gedanken, Meinungsinhalte, Wünsche und Bedürfnisse vertrauen. Sie helfen Betroffenen wieder zu mehr Entschlußkraft, innerem Gleichgewicht, einer eigenen Meinungsfindung und auch wieder dazu, konsequent zu dem stehen zu können, was sie persönlich für richtig halten.

Kinder: Kinder sind aus dieser Blockade heraus häufig sehr labil, sprunghaft, unkonzentriert, unzuverlässig und neigen zu unvollständigen Erzählungen und sogar zu Lügen. Sie verstummen, werden nervös, ängstlich und apathisch, schlagen wie aus dem Nichts heraus plötzlich aggressiv um sich und verpassen in der Schule zunehmend den Anschluß. Die Blockade bewirkt leider auch, daß Kinder innerlich daran gehindert werden, Vertrauen zu sich selbst, ihren Eltern oder ihrer Umgebung aufbauen zu können. Notlügen, Schule schwänzen, Müßiggang oder mehr woanders zu sein als zu Hause, sind typische Anzeichen für diese Blockade bei Kindern.

Essenz-Nr. 11/10   **Glücksstein / Therapiestein-Nr. 1110**

Grünliche Aquamarine lindern ebenfalls Blockaden, welche für starke Stimmungsschwankungen verantwortlich sind. Allerdings verleihen sie weniger wie blaue Aquamarine eine stärkere Entschlußbereitschaft, sondern lindern in den Betroffenen häufige, zwischen Wünschen und Pflichten hin- und herspringende Gedanken und Emotionen, die es den Betroffenen erschweren, sich klar für eine bestimmte Lebensrichtung, beispielsweise in den Urlaub fahren oder nicht, entscheiden zu können. Dies äußert sich häufig durch starke Stimmungsschwankungen in Form von weinen und lachen, emporkeimender Freude mit anschließender tiefer Trauer oder launischem, unausgeglichenem Verhalten, oft in Verbindung mit Selbstmordgedanken. Menschen, welche diese Unausgewogenheit in sich fühlen, haben nicht nur das Problem, sich nicht mehr ausreichend auf eine Sache konzentrieren zu können, sondern sie hüpfen gedanklich hin und her und wissen letztendlich überhaupt nicht mehr, was sie eigentlich sollen, wollen oder den ganzen Tag gemacht haben. Andauernd ändern sie ihre eigene Meinung, möchten überall dabei sein und nichts versäumen. Sie reden oft um den heißen Brei herum, kommen vom Hundertsten ins Tausendste und verzetteln sich in unzähligen Dingen um nicht beim Wort genommen zu werden, weil sie sich unmöglich entscheiden können. Nervenkrisen, Gereiztheit und Unzuverlässigkeit sind neben innerer Wankelmütigkeit und Unentschlossenheit häufige Merkmale, welche auf diese Blockaden, oft in Verbindung mit andauernder Wehleidigkeit über irgendwelche Wehwehchen heute hier, morgen da, hinweisen. Grünliche Aquamarine verhelfen Betroffenen aus diesen Blockaden heraus wieder zu mehr Entschlossenheit, innerer Stabilität und Konzentration. Grünliche Aquamarine öffnen das Bewußtsein wieder dahingehend, daß mehrere Möglichkeiten zwar zum Ziel führen können, jedoch auch dem Denken entsprechend gehandelt werden muß um seine Ideen und Wünsche in die Tat umsetzen zu können. Dies gilt besonders auch für die eigene Entscheidungsfindung wofür beide Aquamarine eine übergeordnete Rolle spielen. Denn nicht viel theoretisches Wissen und ein hoher Intelligenz-Quotient trägt zur Eigenständigkeit und zur Selbtverwirklichung bei, sondern erst die Fähigkeit Entscheidungen dementsprechend vernünftig in die Tat umsetzen zu können, bringt voran, erweitert sämtliche Lebensbereiche, den geistigen Horizont und führt zu dem was Schamanen, Buddha oder auch die Ureinwohner Australiens als Erfahrenheit, Reife, Weitsichtigkeit oder als Weisheit bezeichnen.

Kinder: Kinder fühlen sich aus dieser Blockade heraus sehr einsam, unsicher und ungeliebt. Sie neigen dazu, über Hoffnungslosigkeit, Versagensängste oder über Schuldgefühle zu klagen, und empfinden ihre sinkenden schulischen Leistungen als unlösbares Lebensproblem, welches nicht selten mit Todesgedanken und Selbsttötungsdrohungen verbunden ist.

Essenz-Nr. 11/20   **Glücksstein / Therapiestein-Nr. 1120**

Spezifische Heilwirkungen auf Organe und Körper: Auszug aus dem Großen Lexikon der Heilsteine, Düfte und Kräuter von Methusalem.
Asthma, Bronchitis, Lungenerkrankungen, Hals- und Gliederschmerzen, Erkältungen, Katarrhe, Stimmband- bzw. Kehlkopfentzündungen, Hautallergien, Pickel, Bluterkrankungen, Stoffwechselstörungen, Senilität, Knochensprödigkeit, Arterienverkalkung, Vergeßlichkeit, Krämpfe, Zittern.

Wie pflege ich einen Aquamarin?

Aquamarin sollte je nach Bedarf öfter unter fließendem, lauwarmen Wasser oder einmal im Monat über Nacht in einer trockenen Schale mit Hämatit-Trommelsteinen entladen werden. Nach häufigem Gebrauch sollte er unter der Sonne oder in einer trockenen Schale mit Bergkristall-Trommelsteinen aufgeladen werden. Ketten sollten in einer trockenen Schale mit Hämatit- und Aquamarin-Trommelsteinen über Nacht gereinigt und entladen werden.

Wassermann / Wassersaphir oder Iolith

Wassersaphir oder Iolith verhilft aus Blockaden heraus, welche den betroffenen Menschen ihr Selbstvertrauen nehmen und durch emporkeimende Minderwertigkeitsgefühle sogar ganz entziehen. Dies bewirkt oft, daß sich die Betroffenen selbst von sich aus in den Hintergrund verziehen, um anderen Menschen, nicht aus wahrer Größe, sondern viel mehr aus falscher Bescheidenheit, wegen mangelnden Selbstwertgefühlen, auch dann den Vortritt zu überlassen, wenn diese weitaus geringere Fähigkeiten und Kenntnisse aufweisen. Leider verpassen die betroffenen Menschen durch Hemmungen und blockiertes Selbstvertrauen die besten Gelegenheiten des alltäglichen Lebens. Kommt eine solche Gelegenheit auf sie zu, werden sie auf einmal von einer tiefgründigen Schamhaftigkeit, Versagensangst in Verbindung mit Unsicherheit und geringer Selbsteinschätzung geplagt. In diesen Situationen neigen sie dann dazu, plötzlich den Mut zu verlieren und vor anderen offene Zweifel an sich, ihrer Persönlichkeit, Tüchtigkeit, Begabung oder Fähigkeit zu äußern. Plötzlich finden sie, daß andere besser oder schöner aussehen oder geeigneter sind und lassen es lieber ganz sein, bevor sie etwas falsch machen oder nicht schaffen. Oft werden sie im Emporkeimen dieser Blockade auch von ständigen Ängsten und steigender Furcht vor Mißerfolgen und Fehlschlägen

Kapitel 4 - Kristalle und Blockaden

verfolgt, was sich oft in Verbindung mit Stottern, Übelkeit, Erröten, Appetitlosigkeit, Völlegefühl und Magenschmerzen äußert. Betroffene geben sich aus dieser Blockade heraus sehr demütig, entschuldigen sich andauernd, danken anderen Menschen ständig für alles, werten ihre Fähigkeiten vor anderen ab oder sind peinlich berührt, wenn sie Lob erhalten. Wassersaphire verhelfen dazu, daß mangelnde Selbstwertgefühle, Ängstlichkeiten und mangelndes Selbstvertrauen gelindert wird, indem die betroffenen Menschen dadurch, daß diese Steine wieder mehr Vertauen in die eigene Kraft und Fähigkeit der Betroffenen lenken, sich selbst wieder mehr zutrauen können. Wassersaphire machen entschlossener und selbstbewußter und verhelfen wieder zu mehr Überzeugung gegenüber den eigenen Fähigkeiten und Stärken. Sie lindern Ängste und Unsicherheiten vor unvorhersehbaren Erfahrungen und bewirken so, daß sich die Menschen wieder dem Lebensstrom hingeben, um sich selbst verwirklichen zu können. Dies mag anfangs wie ein Sprung ins kalte Wasser sein, doch mit Hilfe der Wassersaphire erhalten die Betroffenen die Kraft zur Erkenntnis darüber zurück, daß nur wer wagt auch reifer wird und gewinnt.

Diese Blockaden erweitern sich häufig auch zu starken Minderwertigkeitsgefühlen, Hemmungen und Kontaktängsten. Die betroffenen Menschen fühlen sich dann häufig weniger Wert oder schlechter, dümmer, ungebildeter und unfähiger als andere Menschen und meiden deshalb nicht nur die Gesellschaft, sondern auch unvorhergesehene Situationen. Oft bewirkt diese Blockade, daß die betroffenen Menschen sich einen dünnen, schlagfertigen Wortschatz aneignen, der oft einen arroganten und selbstsicheren Eindruck vermittelt. Nach kurzer Zeit jedoch ist dieses Schutzschild verbraucht, weil Außenstehende die Betroffenen als Schwätzer oder Schaumschläger durchschaut haben, was wiederum dazu führt, daß betroffene Menschen mit dieser Blockade schon nach kurzer Zeit unter Vorgabe irgendwelcher Vorwände, Schmerzen oder Termine, das Weite suchen. Diese Blockade weist sich häufig auch dahingehend aus, indem die Betroffenen sich oft so unsicher fühlen, daß sie einen ständigen Begleiter zum Einkaufen, für Behördengänge oder andere alltägliche Situationen suchen. Leider wird auch diese Masche von Angehörigen schnell durchschaut, weil sich Menschen in dieser Blockade wiederum kaum zu gegenseitiger Fürsorge, Dankbarkeit oder Herzlichkeit durchringen oder sich arrangieren können. Angehörige fühlen sich dann häufig ausgenutzt und konfrontieren betroffene Menschen dieser Blockade oft damit, ihnen nur für bestimmte Dinge gut genug zu sein. Wassersaphire verhelfen nicht nur aus dieser Blockade heraus, sondern bewirken auch, daß wieder mehr wahre Zwischenmenschlichkeit, Offenherzigkeit und Liebe fließen kann. Die Betroffenen werden wieder kontaktfreudiger und selbstbewußter, weil sie Minderwertigkeitsgefühle und Hemmungen verlieren. Dies betrifft häufig auch Schulkinder, welche sich durch Unsicherheiten oder Hänselei als Versager fühlen und schon sehr früh in diese Blockade hineinrutschen können.

Kinder: Diese Blockade bewirkt bei Kindern, daß sich Betroffene in relativ kurzer Zeit wie umgekrempelt auffallend ruhig, gehemmt, gekränkt und zurückhaltend verhalten. Leider bewirkt diese Blockade bei Kindern auch Sprachstörungen, Lese- und Rechtschreibschwächen in Verbindung mit Stottern. Kinder verstehen Gelesenes oft nicht, weil ihnen aus dieser Blockade heraus das Verständnis für den Sinn zwischen den Zeilen verworfen wird und sie sich daher, oft unter größter Anstrengung, eventuell unter Auslassen von Worten und Silben, mehr mit dem Lesen selbst beschäftigen als mit dem Sinn des Inhaltes. Leistungsverzerrungen und Probleme mit Klassenkameraden wechseln sich aus dieser Blockade heraus, häufig in Verbindung mit Übelkeit, Bauchschmerzen und Schule schwänzen, ab.

Essenz-Nr. 11/30   **Glücksstein / Therapiestein-Nr. 1130**

Spezifische Heilwirkungen auf Organe und Körper: Auszug aus dem Großen Lexikon der Heilsteine, Düfte und Kräuter von Methusalem.
Verdauungsstörungen, Blähungen, Völlegefühl, häufiges Erbrechen, Sodbrennen, Darmkatarrh, Darmverengungen, Darmverschluß, Magen- und Darmkrebs, Bluthochdruck, Krampfadern, Ödeme.

Wie pflege ich einen Wassersaphir?
Wassersaphir sollte einmal in der Woche unter fließendem, lauwarmem Wasser oder über Nacht in einer trockenen Schale mit Hämatit-Trommelsteinen gereinigt und entladen werden. Ketten sollten immer in einer trockenen Schale mit Hämatit-Trommelsteinen entladen werden. Das Aufladen sollte nicht länger als ein bis zwei Stunden an einer Bergkristall-Gruppe, in einer trockenen Schale mit Bergkristall-Trommelsteinen oder in einer Amethyst-Druse geschehen.

Wassermann / Apatit blau

Blauer Apatit lindert Blockaden, welche zur Verzweiflung aus chronischer Angst und anhaltenden inneren Bedrohtheitsgefühlen führen. Diese Blockaden bewirken einen dauerhaften Stau im Nervensystem bzw. zwischen den Chakras und führen zu einer oft über viele Jahre andauernden Panikbereitschaft, Verzweiflung und Verwirrung, welche letztendlich die gesamte Persönlichkeit blockiert und in tiefgründige, heftige, unerklärliche, diffuse Ängstlichkeiten, beispielsweise vor Krankheiten, Einsamkeit, Krebs, dem Tod, dem Altern, bösen Menschen, Alpträumen oder vor Unfällen führt. Betroffene werden zunehmend von unbewußten Angstvorstellungen, Sorgen, Phobien und Panikstörungen gefangen genommen und empfinden laufend ein ungutes Gefühl, etwa darüber, daß andere oder sie selbst in Gefahr sind, andere auf sie einen bedrohlichen Eindruck machen, der Partner zum Feind wird, die Umwelt zum Wolfsrudel, hören Stimmen, fühlen sich in der eigenen Wohnung bedroht und kennen oft nicht mehr die Grenze zwischen Vision, Alptraum und Realität. Betroffene Menschen in dieser Situation können kaum noch einen klaren Gedanken fassen, sind verzweifelt, mißtrauisch und haben oft jeglichen Mut und Antrieb zum Weiterleben verloren. Angst über etwas zu reden, allgemeine Unbehaglichkeit, besonders in der Öffentlichkeit, Wahnideen, zunehmende Ängste darüber die Kontrolle zu verlieren, das Haus zu verlassen, daß etwas mit dem eigenen Körper oder Verstand nicht in Ordnung ist, die ständige Furcht darüber von anderen Menschen kontrolliert, beobachtet oder bedroht zu werden, Selbstmordgedanken, eine insgeheime Furcht vor Unheil in Verbindung mit starkem Verfolgungswahn, persönliche Vernachlässigung mangels Pflege und Hygiene, Alkohol- und Drogenmißbrauch und ein verstärktes Mißtrauen ausgerechnet den Menschen gegenüber, die es wirklich gut mit einem meinen, begleiten diese Blockade. Um so länger diese

Blockade durch Apatit, eventuell in Verbindung mit Schwarzem Turmalin unbehandelt bleibt um so mehr wird sie zusätzlich von Nervosität, Unruhe, Konzentrationsstörungen, Migräne, Leere im Kopf, Reizbarkeit, diffuse Niedergeschlagenheit, Muskelverspannungen, Zittern, Herzrasen, Schwindel, Schweißausbrüche, Magen-Darm-Beschwerden, Gallenleiden, Atembeschwerden, Druck- und Beklemmungsgefühlen, Einschlafschwierigkeiten oder seelischer Anspannung und Isolation begleitet. Diese Blockade bewirkt neben unzähligen weiteren funktionellen Leiden insbesondere eine Realitätsentfremdung was leider nicht nur dazu führt daß Betroffene in all ihren Mitmenschen eine wachsende Bedrohung sehen, sondern umgekehrt leider auch, daß sie von ihnen gemieden werden. In zunehmender Verhärtung dieser Blockade sind Betroffene kaum noch dazu in der Lage Liebe, Freude, Zufriedenheit und Glück empfinden zu können sondern verfangen sich in einem übermächtigen Strudel aus Einsamkeit, Ängsten und negativen Empfindungen woran sich nicht selten Selbstmordgedanken anknüpfen. Leider werden zunehmend immer mehr Kinder von dieser Blockade betroffen. Sie fürchten sich dann sehr stark vor dem Alleinsein, vor Enge, vor vielen Menschen, vor dem alleine Schlafen, vor Dunkelheit oder vor schlechten Träumen und bösen Geistern. Blaue Apatite lösen diese Blockaden und verhelfen somit aus dem Strudel dauernder Ängste heraus wieder zu einer neuen Perspektive, mehr Lebenslust und zur Überwindung von unerklärlicher Furcht, Angst, Angst vor der Angst und scheinbar drohendem bevorstehendem Unheil. Apatit eignet sich in Verbindung mit Schwarzem Turmalin auch hervorragend zur Unterstützung von Angsttherapien. Lesen Sie sich diesbezüglich unbedingt auch die Beschreibungen zum Schwarzen Turmalin durch.

Kinder: Kinder fürchten sich aus dieser Blockade heraus vor Dunkelheit, alleine in der Wohnung zu sein, wollen nicht alleine schlafen, neigen dazu, immer die Tür einen Spalt weit offen haben zu wollen und zu starken Alpträumen.

Essenz-Nr. 11/40   **Glücksstein / Therapiestein-Nr. 1140**

Spezifische Heilwirkungen auf Organe und Körper: Auszug aus dem Großen Lexikon der Heilsteine, Düfte und Kräuter von Methusalem.
Übergewicht, Verdauung, Streß, Nervenanspannungen, grippale Infekte, Erkältungen, Schnupfen, Husten, Heiserkeit, Stottern.

Wie pflege ich einen Apatit?
Apatit sollte einmal im Monat unter fließendem, lauwarmen Wasser oder über Nacht in einer trockenen Schale mit Hämatit-Trommelsteinen gereinigt und entladen werden. Apatit kann gerne in die Sonne gelegt werden, lädt sich

jedoch über Nacht in einer Bergkristall-Gruppe oder in einer trockenen Schale mit Bergkristall-Trommelsteinen wesentlich besser auf.

Wassermann / Türkis

Türkise lindern Blockaden, welche bei Betroffenen eine überaus intolerante, kritische und abneigende Haltung gegenüber ihren Mitmenschen und der Umwelt hervorrufen. Betroffene beurteilen ihre Mitmenschen prinzipiell nach den eigenen Maßstäben und übersehen dabei, daß andere Menschen eigene Wünsche und Bedürfnisse haben. Sie scheinen jegliche Charme-, Taktgefühle, Mitgefühle und Einfühlungsvermögen durch diese Blockade verloren zu haben. Hinzu kommt häufig, daß Betroffene scheinbar nicht mehr dazu in der Lage sind, sich um ihre eigenen Probleme und Belange kümmern zu können, sondern andauernd versuchen, sich stur in anderer Leute Interessen, Angelegenheiten und Ansichten einmischen zu wollen. Dies geschieht nicht selten, in Form von vorgefertigten Meinungen, an den Haaren herbeigezogenen Vorurteilen, hartnäckiger Kritik und Intoleranz. Dabei neigen Betroffene meist dazu, ihre persönliche Meinung als vorbildhaft darstellen zu wollen, indem sie das Verhalten anderer Menschen andauernd kritisieren und häufig sogar als kurzsichtig, unwissend, lästig oder sogar dumm abtun. Dies geschieht aus dieser Blockade heraus entweder hinten herum, indem über Gewohnheiten und Eigenarten anderer Menschen gelästert, gemobbt und übel hergezogen wird, oder direkt, indem ohne Toleranz und Einfühlungsvermögen offene, bevormundende Kritik an den Gefühlen und Ansichten anderer, insbesondere Schwächerer oder Untergebener geübt wird. Besonders typisch für diese Blockade ist, daß den Betroffenen scheinbare Fehler, Behinderungen oder Handicaps an anderen Menschen sofort ins Auge fallen, auf denen sie dann verständnislos herumreiten oder herumlästern, indem sie versuchen, andere durch Vorurteile und Detailkrämerei oft pedantisch und lautstark in ihrer Meinung korrigieren und bedrängen zu wollen. In zunehmender Verhärtung dieser Blockade empfinden und geben sich die Betroffenen häufig sogar als überdurchschnittlich modern und tolerant, aber genau jenes Verhalten des Kollegen oder Nachbarn geht ihnen nun wirklich doch zu weit. Typisch ist auch, daß Betroffene grundsätzlich immer und zu allem etwas zu bemeckern, kritisieren oder zu bemängeln haben. Egal, wie Angehörige oder Kollegen es drehen oder wenden, es ist schlecht und immer falsch. Auslöser für heftige Kritik können häufig schon Sprachgewohnheiten, Gesten oder verschiedene Geschmäcker der Menschen untereinander sein, welche von den Betroffenen sofort aggressiv aufgefaßt und als Aufhänger verwendet werden, um daraus spitzzüngige Kritik, Vorurteile und Ablehnung formen zu können. In zunehmender Verhärtung dieser Blockade wird für Außenstehende die eigentliche Hilflosigkeit der Betroffenen sichtbar. Sie können sich nicht mehr in andere Menschen hineinversetzen, weil ihre eigenen Gefühle blockiert sind und versuchen, in all ihren Entscheidungen aus Buchhalter-Mentalität heraus, nach Vorschrift, Logik, Statistik oder Schema »F« verfahren zu wollen. Sie haben zunehmend Schwierigkeiten, am Ball bleiben zu können, verpassen den Anschluß, wirken altmodisch, senil, haben Schwierigkeiten, sich an andere Kollegen oder neue Situationen anpassen zu können und isolieren sich dadurch in der Familie oder unter Kollegen durch andauernde Pedanterie, Prüdität, Konservativität und an den Haaren herbeigezogenen pedantischen, engstirnigen und unflexiblen Reaktionen, welche von starker geistiger und körperlicher Anspannung, Überlastung und innerer Steifheit begleitet werden, selbst.

Türkise verhelfen den betroffenen Menschen aus dieser Blockade heraus zu mehr Mitgefühl, Toleranz und Einfühlungsvermögen. Daraus ergibt sich, daß sich Betroffene wieder bewußter um ihre eigenen Belange bemühen, indem sie sich nicht länger über andere Menschen und deren Eigenarten ärgern oder aufregen und nur sich selbst als Perfektionisten sehen, sondern indem sie einfach anerkennen, daß alle Dinge ihre verschiedenen Seiten haben und somit auch alle Menschen ein Recht auf verschiedene Ansichten und Meinungen. Türkise lindern die innere Konfrontationsbereitschaft und bereiten eine großzügigere Akzeptanz- und Toleranzbreite, worin sich weniger Bewertung und Verurteilung zugunsten von mehr Mitgefühl, Liebe, Achtung, Fürsorge und Verständnis ausbreiten kann. Dies lindert auch den innerlichen Druck in Verbindung mit angestauter Wut, welche aus dieser Blockade heraus oft bevorzugt an Menschen abgelassen wird, die mit der Ursache überhaupt nichts zu tun haben, jedoch trotzdem als Blitzableiter herhalten müssen. Denn typisch für diese Blockade ist auch, daß die betroffenen Menschen ihre Wut verstärkt an den falschen, insbesondere wehrlosen Opfern ablassen. Türkise lindern den innerlichen Druck und die Steifheit der betroffenen Menschen, was gleichzeitig auch wieder dazu führt, mehr Verständnis für andere Menschen aufbringen zu können.

Kinder: Kinder geben sich aus dieser Blockade heraus altklug, intolerant, besserwisserisch, sind vorlaut und nörgeln an allem Fremden und Neuen herum. Türkis vermittelt auch den Eltern mehr Toleranz gegenüber ihren Kindern.

Essenz-Nr. 11/50   **Glücksstein / Therapiestein-Nr. 1150**

Spezifische Heilwirkungen auf Organe und Körper: Auszug aus dem Großen Lexikon der Heilsteine, Düfte und Kräuter von Methusalem.
Ablagerungen, Verkalkungen, Verhärtungen, Bänderrisse, Sehnenrisse, Halserkrankungen, Entzündungen und Infektionen der Atemwege, Wolfsrachen, Hasenscharte, Knochenweichheit, Stottern, Magersucht, Freßsucht, Mißbildungen der Zähne, Karies, Parodontose.

Wie pflege ich einen Türkis?
Türkise sollten grundsätzlich einmal im Monat über Nacht in einer Schale mit Hämatit-Trommelsteinen entladen werden. Erkennen Sie Verfärbungen an Ihrem Türkis, so sollten Sie diesen unbedingt sofort entladen und reinigen. Türkise sollten in Verbindung mit Bergkristall-Trommelsteinen und einigen Kupfernuggets aufgeladen werden.

Wassermann / Falkenauge

Falkenauge lindert Blockaden jener Menschen, welche an ihrer eigenen Lebenseinstellung in regelmäßigen Abständen massiv zu zweifeln beginnen und somit unter zunehmender Ziellosigkeit leiden. Betroffene Menschen dieser Blockaden, welche allgemein verstärkt im Herbst und Winter auftreten, verfangen sich in einer bleiernen Aussichtslosigkeit und Hoffnungslosigkeit gegenüber dem Alltag, woraus sie oft von einer Minute auf die andere nicht mehr weiter wissen und dadurch völlig benebelt und verzweifelt sind. Sie sind allem gegenüber abgeneigt, skeptisch, entmutigt und sofort enttäuscht, wenn nicht alles auf Anhieb so funktioniert, wie sie es sich vorgestellt haben. Mißerfolge und Rückschläge hauen sie total um. Ohne Falkenauge finden die Betroffenen oft über viele Tage oder gar Wochen und Monate nicht aus diesen gestauten Gefühlsstrukturen heraus und beginnen, sich in dieser Blockade zunehmend im Kreis zu drehen. Alles scheint sinnlos zu sein und keinen Zweck mehr zu haben. Depressionen, Unzufriedenheit, Verzweiflung, Aussichtslosigkeit, oft verbunden mit Drogen, Tabletten oder Alkohol oder mit verstärkt aufkeimenden, undefinierbaren Kopf-, Rücken-, Glieder- und Weltschmerzen, vor allem Migräne, Depressionen und Verlassenheitsgefühle begleiten diese Blockade. Erschöpft hoffen die Betroffenen auf ein Wunder oder suchen meist Hilfe bei vertrauten Menschen, Pfarrern oder Ärzten, indem sie sich andauernd bei ihnen ausweinen und sich ihnen als arme Wesen mitteilen. Häufig scheint es so, als ob die Betroffenen ihr Leben überhaupt nicht mehr verändern wollen, sondern ihr Selbstmitleid sogar zu genießen scheinen. Dauernd reden sie von denselben Enttäuschungen und klagen oft stundenlang am Telefon einem Bekannten nach dem anderen ihr Leid, um Mitleid für ihr armes Ich erwecken zu können. Die Betroffenen glauben, die einzigsten zu sein, denen es so schlecht geht. Gut gemeinte Ratschläge lehnen sie jedoch aus dieser Blockade heraus meist skeptisch ab, indem sie behaupten, doch längst schon alles andere erfolglos ausprobiert zu haben und eben ein hoffnungsloser Fall zu sein. Nur in Verbindung mit großer Überredung lassen sich Betroffene, ohne jedoch selbst Hoffnung zu haben, nur anderen zuliebe, beispielsweise zu diesem Buch oder zu ihren Heilsteinen überreden. Nicht selten begleiten Endzeitstimmung und sogar Selbstmordgedanken die Spitze dieser Blockade.

Falkenauge verhilft den betroffenen Menschen aus dieser Blockade heraus und vermittelt den Betroffenen wieder neue Hoffnung und einen roten Faden fürs Leben bzw. eine Perspektive, woran sie sich wieder festhalten und orientieren können. Mit Hilfe von Falkenauge gelangen die Betroffenen schnell wieder zum Wendepunkt der Blockade zurück in den Lebensstrom, um sich somit wieder entschlossener, ehrgeiziger, optimistischer, selbstsicherer und aktiver am Leben und allen alltäglichen Herausforderungen beteiligen zu können.

Kinder: Kinder wirken aus dieser Blockade heraus überlebhaft, ungeduldig, zappelig und fallen durch plötzlich emporkeimende Wutausbrüche auf. Sie können sich nur schlecht auf eine Sache konzentrieren und bringen Angefangenes nicht zu Ende. Kinder sind aus dieser Blockade heraus schnell ablenkbar, wechseln laufend von einem Thema zum anderen und sind ständig in hektischer Bewegung, können nicht still sitzen oder abwarten bis sie an der Reihe sind und reden permanent dazwischen, wenn andere sich unterhalten. Laufend geraten die Betroffenen in irgendwelche Konflikte mit anderen Menschen, können sich nicht einfügen, haben Schwierigkeiten dabei, Dein und Mein unterscheiden zu können und sind andauernd aus Hektik und Unaufmerksamkeit heraus durch Unfälle körperlich verletzt.

Essenz-Nr. 11/60   **Glücksstein / Therapiestein-Nr. 1160**

Spezifische Heilwirkungen auf Organe und Körper: Auszug aus dem Großen Lexikon der Heilsteine, Düfte und Kräuter von Methusalem.
Kurzsichtigkeit, Augenverletzungen, Hornhautentzündungen, Überanstrengung der Augen, Kopfschmerzen, Migräne, Atembeschwerden, asthmatische Erkrankungen.

Wie pflege ich ein Falkenauge?
Falkenauge sollte über Nacht in einer trockenen Schale mit Hämatit-Trommelsteinen gereinigt und entladen werden. Auch Ketten sollten auf diesem Wege gereinigt und entladen werden. Falkenauge lädt sich am besten einmal im Monat über Nacht in einer Kombination aus Bergkristall und Tigerauge-Trommelsteinen auf.

Wassermann / Amazonit

Amazonite sind Steine, welche primär Blockaden lindern, die aus tugendhaften, sympathischen, maßvollen Kämpfernaturen fanatische, arbeitswütige und verbissene Charaktere machen. Die Betroffenen beißen sich dann häufig unter Arbeitswut und Mißachtung ihrer körperlichen und geistigen Ruhebedürftigkeit an bestimmten Dingen dahingehend fest, indem sie fast schon eine unmenschliche Ausdauer und Dickköpfigkeit an den Tag legen. Die Blockade führt auch dazu, daß Betroffene dazu neigen, all ihre Aktivitäten zugunsten einer einzigen Sache aufgeben zu wollen und alle anderen Begebenheiten des alltäglichen Lebens aus übermäßigem Verantwortungsgefühl in Form von selbstauferlegtem Leistungszwang und Dauerstreß zu ersticken. Oft ignorieren sie dabei Schmerzen, Müdigkeit und längst fällige Ruhe zugunsten irgendwelcher überbewerteter Pflichten und Pflichtgefühle. Stellen sie dann insgeheim selbst fest, daß sie keine Kraft mehr haben, weil sie entweder für andere Menschen zu viel Verantwortung und Last mittragen, oder über Jahre ihre natürlichen Ruheimpulse ignoriert und verdrängt haben, neigen sie oft trotzdem dazu, tapfer weitermachen zu wollen, um keine Müdigkeit vorzuschützen oder Schwäche sichtbar werden zu lassen. Im Gegenteil! Anstatt sich Ruhe zu gönnen, prahlen die Betroffenen mit dieser Blockade oft damit, niemals krank zu sein, weil sie dafür keine Zeit haben oder sich das überhaupt nicht leisten können. Amazonit verhilft den Betroffenen aus dieser Blockade heraus wieder zur Erkenntnis darüber, daß Bewunderung und Anerkennung nicht nur dadurch erreicht wird, indem man sich ausdauernd, zuverlässig und selbstlos für andere aufopfert, oder indem man sich selbst nicht unterkriegen läßt, sondern indem man sein Augenmerk wieder auf die spirituellen, wichtigen und schönen Dinge des Lebens lenkt, worin nicht der Kämpfer zu Liebe und Zufriedenheit findet, sondern nur derjenige, der weitsichtig mit seiner Gesundheit und seinen Kräften haushaltet. Amazonit hilft betroffenen Menschen aus dieser Blockade heraus, indem er ihnen wieder mehr Rücksicht und Achtung sich selbst gegenüber vermittelt, woraus eine innere Entspannung folgt, welche dazu führt, daß Betroffene mit ihren Kräften besser haushalten können um die alltäglichen Dinge des Lebens nicht mehr so eng, verbissen und ernsthaft zu sehen. Amazonit verhilft auch dazu, vorübergehende Doppelbelastungen unbeschadet und souveräner durchstehen zu können, sich bei Zeiten die nötige Ruhe zu gönnen und vor allem wieder zu erkennen wann es genug ist, sich von einer Sache zum richtigen Zeitpunkt zu lösen. Amazonit verhilft dazu, daß Betroffene sich nicht länger an Problemen verbeißen, die entweder augenblicklich noch unlösbar sind oder schon längst gelöst wurden. Er befreit von der inneren Tendenz sich von bestimmten Dingen nicht lösen zu wollen und verhilft somit, daß Betroffene sich nicht länger verbissen im Kreis drehen.

Kinder mit dieser Blockade sind häufig sehr ehrgeizig und eigenbrötlerisch und lassen sich nur sehr ungerne von anderen etwas zeigen, sagen oder helfen. Sie glauben, schon vorher alles besser zu können oder zu wissen.

Elixier-Nr. 11/70　　　　　**Glücksstein / Therapiestein-Nr. 1170**

Spezifische Heilwirkungen auf Organe und Körper: Auszug aus dem Großen Lexikon der Heilsteine, Düfte und Kräuter von Methusalem.
Herzbeschwerden, Nervenberuhigend, lindert Krämpfe und Verspannungen, lindert Schmerzen bei starken, chronischen oder migränehaften Kopfschmerzen.

Wie pflege ich einen Amazonit?
Amazonit sollte unter fließendem, lauwarmem Wasser gereinigt und entladen werden. Ketten sollten mindestens einmal im Monat über Nacht in einer trockenen Schale mit Hämatit-Trommelsteinen entladen werden und anschließend entweder an der Sonne oder in einer Schale mit Bergkristall-Trommelsteinen aufgeladen werden.

Fische, 20. Februar bis 20. März

Farbe: violett, blau, opalfarben **Planetenherrscher:** Neptun
Element: Wasser

Dominante Planeten in den einzelnen Dekaden: **Polarität:**
1. Dekade, 20.02. bis 29.02.: Saturn
2. Dekade, 01.03. bis 10.03.: Jupiter männlich, Yin
3. Dekade, 11.03. bis 20.03.: Mars **12. Haus**

Das Tierkreiszeichen der *Fische* stellt das 12.Haus im europäischen Tierkreis dar. Ihre Kräfte werden durch *Sugilith, Mondsteine, Opale, Amethyste* und *Fluorit* gestärkt. Die zugeordneten ätherischen Öle sind *Tuberose, Verbena* und *Latschenkiefer* und in der Opposition der *Fische* befindet sich das 6.Haus der *Jungfrau*.

Fische-Menschen sind eher sensible, zurückhaltende und friedfertige Menschen, die nicht durch Äußerlichkeiten imponieren oder in den Vordergrund drängen möchten. Oft sind sie sogar ein wenig schüchtern, jedoch trotzdem zielbewußt. Stille Wasser gründen bekanntlich tief und dies trifft besonders häufig auf Fische-Geborene zu. Sie bergen in sich häufig einen versteckten Ehrgeiz, der sie, wenn sie klare Ziele vor Augen sehen, zu starken Kraftanstrengungen befähigt. Fische sind meist sehr geradlinige Menschen, die kaum Vorurteile kennen. Um sich entfalten zu können, suchen sich Fische ein harmonisches Umfeld, worin Verständnis, Liebe, Aufmerksamkeit und Gemeinsamkeit eine große Rolle spielen.

Die Stärken der Fische liegen in ihrer tiefen Feinfühligkeit der Natur und allen Mitmenschen gegenüber verborgen, was dazu führt, daß sie Probleme oft schon weit im voraus erahnen, um so manchem Konflikt vorausschauend entgegenwirken zu können. Da Fische die Harmonie lieben, sind sie aus reiner Liebe auch gerne dazu bereit, um des Friedens willen nachzugeben oder auf eigene Belange tugendhaft verzichten zu können, wenn dies mit Glück und Freude anderer Mitmenschen oder Kollegen verbunden ist. Allerdings kennen Fische auch die Grenzen. Sie sind zwar gerne bereit zu geben, jedoch nur in so weit, wie sie dies auch freiwillig von Herzen gerne tun wollen. Auferlegtem Druck gehen sie kategorisch aus dem Weg und Menschen, die mehr nehmen wollen als sie bereit sind zu geben, brauchen sich nicht zu wundern, wenn besonders Fische den Kontakt zu ihnen abbrechen.

Fische / Sugilith

Blockaden entwickeln sich häufig schon sehr früh. Der Ursprung reicht oft in die frühkindliche Zeit oder sogar in die vorgeburtliche Phase zurück. Die häufigsten Auslöser sind, wie bereits deutlich beschrieben, eine unnatürliche Lebensführung, in Verbindung mit genvergifteten Lebensmitteln, Arzneimitteln und umweltzerstörenden Maßnahmen, woraus sich wiederum Vernachlässigung, Lieblosigkeit und Unverständnis, beispielsweise Kindern gegenüber, ergibt.

Sugilith lindert und befreit von einer sehr verbreiteten Blockade, welche oft schon in der vorgeburtlichen Zeit im Mutterleib oder in früher Kindheit durch starke Enttäuschungen, Ablehnungen, Unverständnis und Vernachlässigung seitens der Eltern oder älterer Geschwister in den seelischen Strukturen zu keimen beginnt. Der pure Gedanke darüber, ob das Kind erwünscht ist oder nicht überträgt sich beispielsweise schon im Mutterleib auf das Ungeborene, und zerstört unzählige seelische Strukturen des Ur-Vertrauens, was die kindliche Seele mit den mütterlichen Energiezentren verbindet. Sind die urvertraulichen Strukturen des Kindes nicht stabil genug bzw. wird es im Kindesalter wiederholt vernachlässigt, nicht respektiert, nicht verstanden, nicht ordentlich und zärtlich gepflegt, geliebt, gewärmt, getröstet oder gefüttert oder gar mißhandelt und abgelehnt, bilden sich Blockaden im seelischen Gewebe, welche bewirken, daß die Energiebahnen des Vertrauens nicht mehr weiterwachsen und der junge Mensch somit niemals Vertrauen, Selbstvertrauen und innere Sicherheit erlernen, aufbauen oder empfinden kann. Krankhaftes Mißtrauen, innere Angst und Unruhe, mangelndes Selbstvertrauen, Jähzorn, Ärger, Trennungsangst, Wut, Eifersucht und Haß ziehen sich in Verbindung von Hartherzigkeit, Eßstörungen, Allergien und Krankheiten aufgrund dieser Blockade wie ein roter Faden durchs Leben und verzerren den

Charakter der Betroffenen vorübergehend oder oft ein ganzes Leben lang. Das Problem dieser Blockade ist jedoch sehr zweischneidig. Denn Menschen, welche kein Vertrauen zu sich und anderen aufbauen und empfinden können, werden auch niemals reine Liebe empfinden können, sondern Liebe immer von irgendwelchen Normen, Anforderungen, Vorstellungen und Besitzansprüchen abhängig machen wollen. Haß, Neid, Mißtrauen, Rache, Eifersucht und Ärger nagen daher oft ein Leben lang an Magen und Herz, weil die Betroffenen oft in permanenter Angst darüber leben, sich ihrer Liebe nicht sicher sein zu können oder betrogen und verlassen zu werden.

Besonders die Eifersucht quillt aus dieser Blockade in nahezu alle Bereiche des alltäglichen Geschehens. In jeder Begegnung sehen die Betroffenen eine Bedrohung und hegen Vermutungen von Gefahr, die aus ihrer Sicht zum Verlust des geliebten Partners führt. Die Betroffenen sehnen sich nach Liebe, wie alle Menschen. Da ihnen, wie bereits erwähnt, jedoch das Fundament, sprich das Vertrauen in Form von Selbstvertrauen und Urvertrauen dazu fehlt, können sie, solange diese Blockade besteht, nur eine krankhafte Liebe anderen Menschen gegenüber empfinden, welche sich nicht am universellen Energiestrom selbst orientiert, sondern mehr an Besitz und Eigentum. Diese Haltung spiegelt jedoch auch häufig eine gesellschaftliche Blockade wider, welche sich mit der materiellen Habgier und Erwartungshaltung unserer Zeit vergleichen läßt und sich in krankhafter Eifersucht sozusagen in Form emotionaler Habsucht widerspiegelt. Anstatt Liebe geben und auch fließen lassen zu können, versuchen die Betroffenen aus dieser Blockade heraus, die Liebe des anderen festhalten, besitzen oder einsperren zu wollen und sich geizig und eifersüchtig, aus Angst sie zu verlieren, an ihr festzuklammern. Sie zerstören aus dieser Blockade heraus das, was nur unter Freiheit erblüht, wächst und lebt, nämlich die wahre Liebe selbst. Und sie ist es, welche durch Sugilith, eventuell in Verbindung mit Rubin, Moqui-Marbles und Turalingam's wieder zum Leben erweckt wird. Denn Haß, Neid, Habsucht, Rache und krankhafte Eifersucht lassen sich niemals durch erneuten Haß, materielle Güter, Blutvergießen oder Treuebeweise besiegen, sondern nur durch frei zirkulierende Gefühle aus reiner Liebe und wahrem Vertrauen in einem liebenswürdigen Charakter. Denn Liebe benötigt zum Leben die Freiheit selbst und die Freiheit aller Gedanken, Gefühle und Emotionen in Verbindung mit der Freiheit, die sich auf Vertrauen und Liebenswürdigkeit stützt.

Sugilith lindert diese Blockade und bewirkt, daß bei Betroffenen die seelischen Energiebahnen, die einst durch Schockereignisse, Enttäuschungen oder Vernachlässigung im Vertauen oder Urvertrauen zerrissen oder am Wachstum gestört wurden, nun wieder weiterwachsen und zusammenwachsen können.

Sobald dies geschehen ist, bildet sich wieder ein zartes Fundament aus Vertrauen, worauf wahre Liebe gedeihen kann.

Darüberhinaus lindert Sugilith auch Blockaden, die bei Betroffenen gefühlsmäßige Verwirrungen hervorrufen. Dies äußert sich häufig in bedingungsloser Liebe, emotionaler Abhängigkeit von anderen Menschen, andauernden Neid- und Haßgefühlen über bestimmte Verwandte oder Bekannte, aufbrausender Wut, Mißgunst, Unzufriedenheit, Jähzorn, starker Eifersucht und chronischer Furcht in Verbindung mit Mißtrauen darüber, von anderen Mitmenschen ohnehin nur belogen, hintergangen oder betrogen zu werden. Betroffene dieser Blockade regen sich schnell auf, ärgern sich häufig über sich und andere und sind meist unzufrieden, schadenfreudig, ungerecht, rachsüchtig und aggressiv. In zunehmender Verhärtung dieser Blockade schrecken sie nicht vor übler Nachrede, Vorurteilen, blindlings erfundenen Behauptungen, bösartigen Spekulationen über andere und gezielten Mobbing-Manövern zurück. Pessimismus, Lustlosigkeit, ärgerliche Unruhe und Unzufriedenheit mit sich und der Welt begleitet diese Blockade. Ihr Mißtrauen breitet sich häufig grundlos darüber aus, daß Bekannte, Familienangehörige oder Kollegen sie ohnehin nur benachteiligen, ausbooten oder aus dem Weg räumen möchten. Sugilith lindert andauernde innere Unzufriedenheit und bewirkt, daß Betroffene dieser Blockade wieder zu neuen Gefühlen und Perspektiven finden. Hinzu kommt, daß Sugilith, besonders in Verbindung mit Turalingam´s (echten Australischen Amulettsteinen) und Moqui-Marbles diejenigen Energiebahnen in uns von Blockaden befreien, welche unsere eigene Liebenswürdigkeit verwerfen. Denn um wahre Liebe erhalten und auch empfinden zu können, muß sich jeder Mensch zuvor innerlich selbst darum verdient machen. Sugilith bewirkt auch, daß Aggressionen und Mißtrauen besser verarbeitet werden und somit nicht mehr so aufbrausend emporschäumen können, wie zuvor. Besonders bei Kindern lindert der Sugilith aus dieser Blockade hervorgehende Eifersuchtsgefühle in Verbindung mit Trotzanfällen oder Schreikrämpfen, Luftanhalten oder Kopf auf den Boden schlagen.

Kinder: Kinder in dieser Blockade geben sich sehr gereizt, aggressiv, zornig und jähzornig. Sie schlagen oft um sich, schreien viel, werfen mit ihren Spielsachen oder tyrannisieren andere Kinder. Sugilith lindert verstärkte Aggressivität und Wutausbrüche, welche oft in Verbindung mit Trotzreaktionen, starker Reizbarkeit und Eifersucht in den Vordergrund drängen.

Essenz-Nr. 12/10   **Glücksstein / Therapiestein-Nr. 1210**

Spezifische Heilwirkungen auf Organe und Körper: Auszug aus dem Großen Lexikon der Heilsteine, Düfte und Kräuter von Methusalem.

Knochenmarkserkrankungen, Lähmungen, Schlaganfall, Herzinfarkt, Rücken- und Knochenquetschungen, Gehirnerkrankungen, Gehirnerschütterungen, Neurosen, Zwangsvorstellungen, Platzangst, Reinigungsfimmel, Krebs, Aids.

Wie pflege ich einen Sugilith?
Sugilith sollte einmal im Monat über Nacht in einer trockenen Schale mit Hämatit-Trommelsteinen entladen werden. Sugilith ist ein so energievoller Stein, daß unser Leben nicht ausreichen würde, um ihm seine Kraft entziehen zu können. Möchten Sie Ihrem Sugilith jedoch etwas Gutes tun, so legen Sie ihn über die klaren Spitzen einer Bergkristall-Gruppe.

Fische / Mondstein

Mondstein lindert Blockaden, welche sich durch extreme Angstzustände, Panik und innerliche Terrorgefühle in das Bewußtsein betroffener Menschen einbringen. In dieser Blockade geraten die Betroffenen in tiefe Angst, Hysterie und pure Panik aus scheinbar unbegründeten Situationen heraus. Sie sind plötzlich sehr verängstigt, zittern am ganzen Körper und empfinden eine tiefe, furchtbare Angst beispielsweise beim Einkaufen, in der Straßenbahn oder im Supermarkt. Oftmals ist die Panikschwelle aufgrund der Blockade schon so niedrig, daß der bloße Gedanke an eine Reise, Unfall oder Krankheit traumatisierende Ängste, Schrecken und Wahnvorstellungen hervorrufen kann. Nur in wenigen Fällen kennen die Betroffenen die Ursache. Vergangene, unverarbeitete Schockereignisse, beispielsweise durch Unfalltod eines nahen Angehörigen, Unfälle oder Erstickungsanfälle, erlebte Todesangst oder Naturkatastrophen sind oft die Auslöser für plötzliches Herzrasen, Atembeschwerden, Durchfall, Übelkeit oder feuchte Hände. Diese Blockade ruft mehr oder weniger einen Kurzschluß im Nervensystem hervor, wodurch unvorhergesehen schlagartig blankes Entsetzen, Horror, Verfolgungswahn, Todesangst und innerliche Panik ausgelöst wird. Plötzliche Todesangst, Schweißausbrüche, Herzklopfen, Streßerscheinungen, Asthmaanfälle, Hektik oder das Hören von Stimmen und schreiendes Aufschrecken aus Alpträumen begleiten häufig diese Blockade. Der Mondstein lindert diesbezüglich nicht nur plötzlich auftretende oder vorübergehende Kurzschlüsse im Nervensystem und damit verbundene Angst- bzw. Panikattacken unter Erwachsenen und Kindern, sondern auch damit verbundene Schlafstörungen, Alpträume, Furcht, Panik und überhöhte Schreckhaftigkeit. Darüberhinaus stärkt der Mondstein das schwache Nervenkostüm der Betroffenen und lindert somit auch die kurzschlußartige Panikbereitschaft der Nervenenden in Verbindung mit starker Schreckhaftigkeit und dem dauernd wiederkehrenden Gefühl, wie gelähmt zu sein. Mondstein verschafft mehr Ruhe und Überblick in allen Lebenslagen und ordnet die Energieströme zwischen Seele, Geist und Körper.

Darüberhinaus dient Mondstein auch als sicherer Weisungsstein, um sich selbst wieder verstärkt in den Rhythmus des Mondes einbringen zu können. Mondstein erhöht das Bewußtsein über die Notwendigkeit darüber, unsere alltäglichen Aktivitäten wieder verstärkt nach den Zyklen und Phasen des Mondes und der Natur ausrichten zu wollen, und verbindet die körperlichen und seelischen Strukturen wieder mit den universellen Energieströmen des Mondes, was nicht nur zu mehr innerer Ruhe und Ausgeglichenheit führt, sondern auch zu mehr Harmonie im körperlichen Zyklus von Mann und Frau. Mit Hilfe von Mondsteinen wird noch deutlicher, wie viele Bereiche des Lebens in Wirklichkeit durch innere und äußere natürliche Rhythmen zyklisch geordnet sind. Auch Beziehungen folgen insgeheim, auch heute noch ebenso wie vor 1 Million Jahren, den Gesetzesmäßigkeiten von seelischen Reinigungszyklen, Mondphasen und inneren Energieströmen, wonach sich nicht nur unser Leben richtet, sondern auch die partnerschaftliche Beziehung und sogar die Liebe selbst. Beide Geschlechter fühlen dies unabhängig voneinander als wohltuend, beruhigend und sehr positiv im organischen Zusammenspiel des Körpers. Frauen verspüren ein deutliches Nachlassen von Menstruationsstörungen oder Zyklusbeschwerden, die primär durch Entfremdung des körperlichen Rhythmus vom eigentlichen Mondrhythmus durch Pille, Chemie und eine künstlich erzeugte Lebensführung hervorgerufen werden. Insbesondere blaue und bunte Mondsteine verbinden die seelischen Reinigungszyklen von Mann und Frau mit mehr Verständnis, Achtung, Fürsorge, Liebe und mehr gegenseitiger Geborgenheit. Sie vermitteln den Geschlechtern wieder mehr Einsicht und Verständnis für die unterschiedlichen seelischen Reinigungsphasen von Mann und Frau und den daraus resultierenden unterschiedlichen Bedürfnissen. Dies bewirkt, daß die Geschlechter nicht mehr länger aneinander vorbeireden oder unverstanden aneinander reiben. Diesen Mondmechanismus haben wir Ihnen deutlich im Mond-Teil dieses Buches unter »Der Mond in der Partnerschaft« beschrieben. Mit Hilfe von Mondstein gelangen Sie noch besser in eine neue Beziehungsstruktur aus Liebe, Gesundheit, Zufriedenheit und Glück.

Kinder: Bei Kindern wirkt sich diese Blockade oft durch scheinbar grundlos emporkeimende panische Ängste und Alpträume, oft verbunden mit Weinkrämpfen, Schreikrämpfen, Nachtwandeln, ängstlichem Anklammern und einem apathischen, wie versteinerten Verhalten gegenüber ihrer Umwelt aus.

Essenz-Nr. 12/20   **Glücksstein / Therapiestein-Nr. 1220**

Spezifische Heilwirkungen auf Organe und Körper: Auszug aus dem Großen Lexikon der Heilsteine, Düfte und Kräuter von Methusalem.
Harmonisierung des Hormonhaushaltes, Schilddrüse, Milz, Bauchspeicheldrüse, Lymphdrüse, Diabetes, erleichtert die Menstruation, seelische Schwankungen in den Wechseljahren, Blutreinigung.

Wie pflege ich einen Mondstein?
Mondstein sollte regelmäßig nach Gebrauch unter fließendem, lauwarmem Wasser oder über Nacht in einer trockenen Schale mit Hämatit-Trommelsteinen gereinigt werden. Ketten und Anhänger empfehlen wir immer in einer trockenen Schale mit Hämatit-Trommelsteinen einmal im Monat, über Nacht zu entladen. Mondstein saugt sich über Nacht unter dem Mond mit der energiereichen Kraft des Mondes voll.

Fische / Opal

Opale lindern jene Blockaden welche bewirken, daß Betroffene ihrer eigenen inneren Stimme, Intuition und Urteilsfähigkeit nicht mehr vertrauen, sondern sogar grundsätzlich mißtrauen. Betroffene neigen aus dieser Blockade heraus andauernd dazu, bereits getroffene Entscheidungen durch innere Zweifel und Schuldgefühle rückgängig machen zu wollen, und deshalb andauernd den Rat und die Bestätigung anderer Menschen zu suchen, und nur noch auf das zu hören oder zu vertrauen, was ihnen von anderen Menschen durch deren Meinung, Mode oder Werbung eingeredet, oder mitgeteilt wird. Aus Selbstzweifeln heraus benötigen sie daher auch immer den Rat und die Meinung anderer Menschen, um sich auf diese Weise ein Gefühl von Bestätigung und Sicherheit zu verschaffen. Weil sie diesbezüglich ständig auf Ratschläge augenblicklich anwesender Menschen reagieren, kommt es nicht nur so, daß sie andauernd durch nervende Zwischenfragen und Vergleiche verhindern, daß andere ausreden können, sondern auch, daß wenn ihnen im nächsten Augenblick jemand etwas anderes sagt, sie ihre Meinung ändern, anpassen und sozusagen von einer Diät zur anderen springen. So hetzen Betroffene von einem Seminar zum anderen, immer auf der Suche nach einem neuen geistigen oder esoterischen Kick. Letztendlich sind sie aus dieser Blockade heraus so abhängig von äußeren Reizen daß sie keinerlei innere Ruhe und Zufriedenheit mehr finden können. Diese Blockade bewirkt, daß die Betroffenen den inneren Standpunkt ihrer eigenen Meinung, Intuition und Selbstwertigkeit verlieren und somit zum Spielball von Werbung, Industrie und Mitmenschen werden, indem sie sich andauernd durch Ansichten und Ideen anderer Menschen beeinflussen lassen, die ihnen gerade irgendetwas erzählen, raten oder empfehlen. Häufig zweifeln sie dann auch von ihnen zuvor erledigte Dinge im Nachhinein stark an, indem sie dauernd glauben, doch dumm oder falsch gehandelt zu haben oder die Dinge anders hätten tun sollen. Diese Blockade kann, wenn sie nicht durch Opale gelindert wird, sogar so stark werden, daß die betroffenen Menschen gänzlich den Halt zu sich selbst verlieren. Aus dieser Situation heraus fällt es den Betroffenen dann immer schwerer, überhaupt noch eine eigene Meinung vertreten zu können. Andauernd zitieren sie irgendwelche Statistiken, Zeitungsmeldungen, Forschungsergebnisse oder was Der oder Die gesagt hat und übersehen dabei die wahren Bedürfnisse und Wünsche ihres Körpers und ihrer Seele. Sie erkennen nicht mehr, daß das Leben nicht nur aus Wissenschaft, technischem Fortschritt und dem besteht, was andere sagen und tun, sondern viel mehr aus dem, was jeder Mensch eigenverantwortlich selbst zu seiner Selbstverwirklichung beiträgt. Fehlt ihnen für etwas eine Erklärung, wie dies beispielsweise in neuen Situationen der Fall ist, versuchen sich die Betroffenen, möglichst rasch zurückzuziehen, um schnell irgendwo nachlesen zu können, oder um Freunde und Bekannte indirekt oder direkt um deren Meinung und Rat zu bitten, um sich daran orientieren zu können. Sie selbst fühlen sich nicht sicher, befugt, zuständig, kompetent und intelligent genug, um in sich selbst eine eigene Meinung hervorbringen zu wollen oder zu können. Letztendlich verfangen sich die Betroffenen in einem Netz aus irgendwelchen fremden Ratschlägen, unfähig noch eigene Entscheidungen treffen zu können oder nach eigenen Bedürfnissen zu leben. So haben sie beispielsweise nie für ihr Alter vorgesorgt, weil sie sich nie sicher waren, und sich für keine bestimmte Anlageform entscheiden konnten. Sie orientieren sich an ihrer Umwelt oder der Wissenschaft und wenn die heute sagt, daß Zucker schädlich ist, nehmen sie Saccharin zum Süßen. Sagt ihnen jemand, daß Saccharin schädlich sei, nehmen sie Cyklamat. Nach einigen Tagen hören sie aus irgendeiner Ecke, daß dies eventuell krebserregend sei und Asparton der glücklich machende Süßstoff ist, und nehmen den. Doch dann lesen sie in der Zeitung, daß Zucker doch nicht so schädlich ist, und der Kreislauf beginnt für sie mit dem Zucker, wie in allen anderen Lebenslagen, andauernd von Neuem. Ihre persönlichen Bedürfnisse und inneren Wünsche scheinen den Betroffenen letztendlich unwichtig zu sein, was sich leider auch stark in der Gesundheit, besonders in leichtfertigem Tablettenkonsum, ungesunder Ernährung oder körperlicher, andauernder Überarbeitung, auswirkt. Jeder fremde Mensch oder materielle Gegenstand scheint in den Augen der Betroffenen durch diese Blockade mehr Zuwendung und Daseinsberechtigung verdient zu haben, als eigene Bedürfnisse, Gesundheit und die Gefühle ihrer engsten Mitmenschen. Hinzu kommt, daß betroffene Menschen aus dieser Blockade heraus niemals anzweifeln würden was andere sagen oder was geschrieben steht. Wenn sie beispielsweise auf einer Cremedose lesen »ohne Konservierungsstoffe« glauben sie dies blindlings, weil sie nicht mehr dazu in der Lage sind aus eigener Urteilsfähigkeit heraus selbst erkennen zu können, daß alle Dinge auf unserem Planeten einem natürlichen

Verfall unterliegen, der bei Lebensmitteln oder Kosmetika sogar besonders schnell vonstatten geht. Dieser kann nur durch chemische, gentechnische, atomare oder gar giftige Konservierungsstoffe aufgehalten werden. Fehlen demnach laut Aufdruck oder Packungsbeilage diese sogenannten Konservierungsstoffe sollte jeder vernünftige Mensch davon ausgehen daß gerade jene Lebensmittel oder Kosmetika zahlreiche weitere Stoffe enthalten müssen die in ihrer Wirksamkeit weit über das Maß herkömmlicher Konservierungsstoffe hinausgehen, so, daß aufgrund gentechnischer oder atomarer Bestrahlung nicht einmal mehr Konservierungsstoffe notwendig werden, weil sich ohnehin kein »vernünftiger Schimmelpilz oder Fäulniserreger« über diese Produkte hermachen würde, ohne dies anschließend mit seiner Gesundheit oder gar dem Leben einbüßen zu müssen. Dies ist auch der Grund dafür, daß Erdbeeren, Gurken, Paprika oder Tomaten ebenso wie abgepacktes Brot heutzutage, auch ungekühlt, malerisch schön und lange haltbar bleibt, während sie noch vor einigen Jahren nach wenigen Stunden, naturbedingt, fleckig wurden. Heute hält sich der einst so empfindliche Paprika ebenso wie das Vollkornbrot völlig »ohne Konservierungsstoffe« leicht und locker 14 Tage ungekühlt auf der Ablage in der Küche und scheint dabei sogar noch frischer und schöner zu werden. - Hauptsache es steht drauf - was für sie aus ihrer Sicht wichtig ist, ob dies auch wahr, dran oder drin ist, ist augenblicklich wissenschaftlich vielleicht noch nicht erwiesen, kann von ihnen jedoch leicht an ihrer körperlichen Gesundheit oder ihren Allergien bemessen werden. Opale verhelfen den Betroffenen aus dieser Blockade heraus und stärken ihr Selbstbewußtsein, Selbstvertrauen und auch Selbstliebe und schaffen somit wieder mehr Vertrauen in ihre eigene Meinung, Lebenskraft und Intuition. So senkt sich das Mißtrauen in die eigene Meinungsbildung und Urteilsfähigkeit zugunsten von mehr eigener Gewissheit und Intuition. Opal bewirkt, daß betroffene Menschen ihr Augenmerk wieder mehr auf die tatsächlichen Vorgänge in sich selbst, in der Natur und ihrer Umgebung lenken, indem sie sich beispielsweise über das in diesem Buch gewonnene Wissen hinaus wieder eine eigene Meinung bilden können.

Kinder: Kinder mit dieser Blockade sind sehr unsicher, unselbständig und neigen dazu, andauernd wiederholt dieselben Dinge zu fragen oder Erwachsene und ihnen vorbildlich erscheinende Personen nachahmen zu wollen. In Klassenarbeiten neigen sie dazu, wiederholt das Richtige durchzustreichen, um das Falsche hinzuschreiben und umgekehrt. Kinder geben sich aus dieser Blockade heraus sehr unselbständig und neigen schon von klein auf dazu, sich irgendwelchen familienexternen Gruppen, Banden und später radikalen politischen Vereinigungen oder Sekten anschließen zu wollen. Sie zitieren, glauben und tun leichtgläubig und naiv, was andere ihnen sagen und widersprechen paradoxerweise dem Rat der Eltern.

Essenz-Nr. 12/30   **Glücksstein / Therapiestein-Nr. 1230**

Spezifische Heilwirkungen auf Organe und Körper: Auszug aus dem Großen Lexikon der Heilsteine, Düfte und Kräuter von Methusalem.
Verdauung, Anämie, Leukämie, Pickel, Krampfadern, Hautfalten, Herzinfarkt, Hämorrhoiden, Arterienverkalkung, Leberzirrhose.

Wie pflege ich einen Opal?
Opale sollten regelmäßig unter fließendem, lauwarmem Wasser entladen und sogar über Nacht in einer Schale mit Wasser aufbewahrt werden. Ketten sollten einmal im Monat in einer trockenen Schale mit Hämatit- und Bergkristall-Trommelsteinen über Nacht entladen werden. Laden Sie Opalketten anschließend für einige Stunden in einer Bergkristall-Gruppe oder in einer trockenen Schale mit Bergkristall-Trommelsteinen auf und besprühen Sie auch Ketten einmal im Monat mit etwas Wasser.

Fische / Amethyst

Amethyste lindern Blockaden, welche eine oft Jahre überdauernde geistige Hörigkeit in Verbindung mit Selbstunterwerfung und sogar Selbstvergewaltigung verursachen. Dies trifft oft auf Menschen zu, die nahezu ihr gesamtes Selbstvertrauen zu sich selbst und ihrer Persönlichkeit durch diese Blockade verloren haben und sich daher oft extrem hörig an Religionen, Sekten, altüberlieferten Werten, Lehren oder Markenartikeln, Moralvorstellungen, Partnern oder mit bestimmten materiell assoziierten Gegenständen umgeben. Die betroffenen Menschen neigen häufig nicht nur dazu, andauernd eine persönliche Selbstbestätigung darin zu suchen, indem sie ihre Meinung irgendwelchen Autoritäten oder Wissenschaftlern angleichen, sondern auch daran, zu glauben, ihre Minderwertigkeitsgefühle durch eine totale Aufopferung für andere ausgleichen zu können. Oft verhärtet sich diese Blockade im Gemüt der betroffenen Menschen sogar so stark, daß sie dazu bereit sind, sich für ihre »Gurus« aufzuopfern, zu erniedrigen, zu prostituieren, zu verschulden oder gar sich selbst zu töten. Kaufrausch, mehr Schein als Sein und sich mit teuren Autos, Prestige-Objekten und Markenbekleidung zu schmücken, welche ihnen trotz Überschuldung noch ein äußerlich gehobenes Label von Selbstvertrauen und Wertigkeit vermitteln sollen, runden diese Blockade im alltäglichen Leben zu einem Teufelskreis ab, der ähnliche Auswirkungen hat, wie beispielsweise die Spielsucht auch. Amethyste verhelfen aus Blockaden geistiger und materieller Hörigkeit und Abhängigkeit gegenüber anderen Menschen, Sachen und auch Drogen heraus. Sie lindern Leichtgläubigkeit, Naivität Selbstzweifel, innere Verunsicherung und führen somit wieder zu einem natürlicheren, selbstbewußteren und unabhängigeren Lebensweg zurück, worauf sich wieder ein stärkeres Selbstwertgefühl etablieren läßt. Amethyste lindern auch Abhängigkeiten gegenüber Alkohol, Drogen und Glücksspiel.

Kinder: Besonders Kindern verleiht der Amethyst ein gerechtes Urteilsvermögen, regt die Phantasie an und inspiriert die Fähigkeit, zwischen wahren und falschen Freunden besser unterscheiden zu können. Amethyst bewahrt vor Lernschwierigkeiten und Prüfungsangst. Amethyst-Drusen bescheren durch ihre Ausstrahlung mehr familiäre Wärme, Zusammengehörigkeit, Geborgenheit und Verständnis.

Essenz-Nr. 12/40   **Glücksstein / Therapiestein-Nr. 1240**

Spezifische Heilwirkungen auf Organe und Körper: Auszug aus dem Großen Lexikon der Heilsteine, Düfte und Kräuter von Methusalem.
Migräne, streßbedingte Verspannungen, Alpträume, Wutausbrüche, Hysterie, Stottern, Epilepsien, Hautausschläge, Hautreizungen, Pickel, Mitesser, Herpes, Schuppenflechte, Insektenstiche.

Wie pflege ich einen Amethyst?
Der Amethyst sollte einmal im Monat unter fließendem, lauwarmem Wasser oder über Nacht in einer trockenen Schale mit Hämatit-Trommelsteinen entladen und gereinigt werden. Ketten empfehlen wir einmal im Monat über Nacht in einer trockenen Schale mit Hämatit-Trommelsteinen zu entladen. Er sollte in einer Gruppe oder Druse aus Amethyst-Kristallen aufgeladen werden.

Fische / Regenbogen-Fluorit

Regenbogen-Fluorit dient besonders zur Lockerung jener Blockaden, die sich in Angst davor auswirken, nicht loslassen zu können, überzuschnappen, verrückt oder wahnsinnig zu werden und zu verzweifeln, weil Betroffene überlastet sind und deshalb kurz vor einem Herzinfarkt oder Nervenzusammenbruch stehen. Die größte Furcht der Betroffenen besteht jedoch darin, im Augenblick mangelnder Selbstkontrolle sich oder ihren Angehörigen etwas Schreckliches antun zu können, weil sie sich aus ihrer unerträglichen Situation heraus oft selbst nicht mehr anders zu helfen wissen, als durch zuschlagen. Innerlich verspüren die Betroffenen einen starken Druck und langanhaltende, aggressive Impulse, die nicht selten zu Aggressionsausbrüchen und Wutanfällen führen. Plötzlich verspürt der Betroffene oft durch Nichtigkeiten ausgelöste emporkeimende Wut, welche sich nicht selten in einem zerstörerischen Anfall als Ventil für gestaute Emotionen, auch in Verbindung mit Jähzorn auf die Wohnungseinrichtung und leider oft auch auf Familienmitglieder, Kollegen oder gerade Anwesende überträgt. Über einen längeren Zeitraum fühlen sich die Betroffenen bedingt durch inneren Druck, Aggressionen und Beklemmungsgefühlen wie auf einem Pulverfaß, und wünschen sich, daß die Dinge anders wären, wie sie sind oder Dinge tun zu können, die mit Entspannung oder extremer Ablenkung, wie beispielsweise beim Extremsport oder mit Auswandern, zu tun haben. Oft ist diese Blockade mit einer lang vorhergehenden Phase aus Überarbeitung und Niedergeschlagenheit verbunden, welche den Betroffenen scheinbar stündlich zunehmend das Gefühl steigender Furcht, Angst und Panik vermittelt, völlig ausgebrannt und erschöpft zu sein und kurz vor einem Nervenzusammenbruch, Herzinfarkt bzw. vor dem Wahnsinn zu stehen, die Kontrolle über sich zu verlieren, auszurasten oder noch verrückt zu werden. Fluorit, insbesondere der Regenbogenfluorit lindert diese Blockade besonders bei akuten Überspannungen, Wahnideen, Zwangsvorstellungen, zwanghafter Nervosität wie beispielsweise dauerndem hin- und hergehen wie im Käfig, und Selbstbeobachtungszwängen. Er gibt positive Energie zurück und befreit vor unkontrollierten, kurzschlußartigen, und hysterischen Wutausbrüchen oder plötzlichem eingeschnappt sein. Trotz angestautem, innerlichem Druck, Gereiztheit und unterschwelliger Aggressivität suchen die Betroffenen in dieser Blockade trotzdem verstärkte Nähe und Zuwendung zum Partner und engen Familienangehörigen. Da sich diese jedoch aufgrund des aggressiven, realitätsfremden und wirren Verhaltens von Betroffenen eher zurückziehen, beginnt für Menschen mit dieser Blockade eine Spirale fortschreitender Selbstisolation und Einsamkeit. Dies führt wiederum aus dieser Blockade heraus zum verstärkten Mechanismus Angehörige geschäftlich und privat erst recht kontrollieren, bewachen und umklammern zu wollen, so daß denen kaum noch freie Zeit zum Atmen für sich selbst bleibt. Kinder neigen in dieser Blockade ebenfalls zum verstärkten Klammern an die Mutter. Auf Zurückweisungen wird dann häufig durch plötzliche, unkontrollierte Wutausbrüche, beispielsweise indem sie sich auf den Boden werfen, oder mit dem Kopf an die Wand hauen, reagiert. Fluorit stärkt die Selbstkontrolle und senkt die Angst und den inneren Druck auch parallel mit selbstauferlegtem Leistungsdruck, welcher nicht selten die Ursache für diese Blockade ist. Fluorit bringt wieder mehr Ruhe und Gelassenheit und auch die Fähigkeit, sich innerlich von unzähligen alltäglichen Dingen, welche zuvor die Auslöser für überschäumende Wut waren, befreien und lösen zu können und somit am Leben wieder viel positiver, zufriedener, cooler und bewußter teilhaben zu können.

Kinder: Kinder neigen aus dieser Blockade heraus, aufgrund lang aufgestauter Gefühle, welche oft durch Unverständnis durch Erwachsene hervorgerufen werden, zu inneren Spannungen, Alpträumen, Nägelkauen, Stottern, Neurodermitis, Bettnässen und sogenannten Ticks. Ticks sind unkontrolliert auftretende Bewegungen, Äußerungen oder Zuckungen, die von betroffenen Kindern aus dieser Blockade heraus nicht mehr bewußt kontrolliert und gesteuert werden können, weil sie direkt mit den Impulsen der Blockade selbst verbunden sind. Sogenannte Ticks sind demnach, ebenso psychosomatische Leiden, die von Blockaden ausgelöst werden, wie Aggressionen oder Bauchweh auch. Andauerndes Blinzeln, Kopf- und Schulterzucken, Fingerschnippen, Nasebohren, Bettzipfelkauen oder Haaredrehen, um sich schlagen oder andauerndem Antippen anderer Menschen beim Reden sind äußerst quälend und störend für die Betroffenen selbst und für deren Umwelt. Leider werden solche Ticks häufig nicht als Symptome bestimmter Blockaden erkannt, sondern leider oft als Marotte oder fälschlicherweise sogar als geistige Schwäche tituliert, womit sich Kinder scheinbar in den Mittelpunkt des Geschehens einbringen möchten.

Essenz-Nr. 12/50 **Glücksstein / Therapiestein-Nr. 1250**

Spezifische Heilwirkungen auf Organe und Körper: Auszug aus dem Großen Lexikon der Heilsteine, Düfte und Kräuter von Methusalem.
Entschlackung, Karies, Zahnfleischentzündungen, Mundfäulnis, Knochenerkrankungen, Arthritis, Arthrose, Osteoporose, Geisteskrankheiten, Verwirrungen, Kopfschmerzen, Migräne.

Wie pflege ich einen Flourit?
Fluorit sollte regelmäßig einmal pro Woche unter fließendem, lauwarmem Wasser oder in einer trockenen Schale mit Hämatit-Trommelsteinen entladen und gereinigt werden. Das Aufladen in einer Bergkristall-Gruppe oder in einer trockenen Schale mit Bergkristall-Trommelsteinen tut dem Fluorit sehr gut. Ketten sollten über Nacht in einer trockenen Schale mit Hämatit-, Fluorit- und Bergkristall-Trommelsteinen gereinigt und entladen werden und ebenfalls über Nacht an einer Bergkristall-Gruppe oder in einer trockenen Schale mit Bergkristall-Trommelsteinen aufgeladen werden.

Moqui-Marbles®

Das Geheimnis der Moqui-Marbles®

In den Vereinigten Staaten erfreuen sich Moqui-Marbles schon seit Jahren größter Beliebtheit und auch wir in Europa verspüren immer mehr den Drang zu diesen sagenumwobenen Energiesteinen. Für alle Menschen, welche die Moqui-Marbles bereits pflegen und hüten, ist es wunderbar zu sehen und zu fühlen, wie gelöst und befreit sie in deren Umgebung werden. Viele Menschen, welche sich den Moqui-Marbles besonders liebevoll widmen, erfahren neben den ausgleichenden und heilenden Eigenschaften dieser Steine durch streicheln sogar ein regelrechtes Tanzen der Steine in ihren Händen. Während des Tanzes vertreiben die Moquis alles Böse und verleihen ihrem Träger ein Höchstmaß an Zufriedenheit und Glück. Hinzu kommt, daß Moqui-Marbles Sie zusätzlich dabei unterstützen, Ihre Sinne auszuweiten, um so an die unzähligen Dinge gelangen zu können, die weit über das herkömmliche Maß dessen hinausgehen, was Ihnen durch Ihre normalen Sinne zugänglich wird. In Verbindung mit Moqui-Marbles gelangen Sie noch tiefer in den spirituellen Gehalt innerer Ströme anderer Kristalle und Therapiesteine. Dies erleichtert Ihnen zusätzlich die Empfängnis von mehr Inspiration, Heilung und Verständnis und bewirkt auch, daß Ihnen Rat, Ideen und Lösungen für alltägliche Probleme in einem höheren Maße als zuvor zufließen. Menschen, welche geübt und befreit im Umgang mit Heilsteinen und Edelsteinen sind, können mit Hilfe der Moquis ihre positiven Kräfte auch auf ihre Mitmenschen und Freunde übertragen. Diesen gelingt es dann besonders erfolgreich auch sehr persönliche Heilsteine oder Moqui-Marble-Paare für ihre Mitmenschen auszusuchen. Viele schildern die Energien der Moquis wie folgt: »Man braucht sich nur etwas zu entspannen, und schon beginnt sich unser Kreislauf und unsere Energie auf die Frequenz der Moquis einzuschwingen«. Allerdings ist hierbei zu beachten, daß es schließlich Sie sind, der etwas von den Steinen haben möchte und nicht umgekehrt. Die Steine nehmen sich ohne Ihr Zutun wiederum das von Ihnen, wovon Sie sich augenblicklich lösen möchten. Der Erfolg wird sich dann demnach für Sie auch nur dann einstellen können, wenn Sie die Steine nicht mit innerem Nachdruck überfordern oder gar deren Kräfte willentlich herbeiführen wollen, sondern indem Sie die Sache eher spielerisch, ohne zwanghafte Anstrengung angehen. Denn Erwartung, Wille, Unverständnis, Vorurteile und bewußte Anforderungen errichten einen inneren Wall, welcher verhindert, daß sich Ihre inneren Ströme mit den Energien der Steine austauschen können. Wir alle kennen die esoterischen Gesetzesmäßigkeiten, welche klar vermitteln, daß sich Dinge, welche willentlich unter großem Nachdruck herbeigesehnt werden, ins gegenteilige verkehren und nicht in Erfüllung gelangen. Wer unbedingt schlafen möchte, bleibt wach, andauernd suchende Singles bleiben ewig einsam und wer alles für seine Gesundheit tut, wird krank. Umso unbekümmerter Sie den Steinen gegenüber begegnen, indem Sie diese beispielsweise bei sich tragen, umso stärker sprudeln die positiven Wirkungen aus deren mystischen Energiequellen und umso mehr neues Wissen, Zufriedenheit, Liebe und Freude kann in Sie eindringen und von Ihnen auch spürbar empfunden werden. Wie bei allen Lebewesen gibt es auch bei den Moquis männliche und weibliche Steine. Die männlichen Steine sind rauher und haben ein Ufo-förmiges Aussehen. Die weiblichen Steine sind runder und haben eine samtartigere Oberflächenstruktur. Der gravierende Unterschied zu anderen Steinen liegt jedoch darin, daß die männlichen Moquis rechtsdrehende und die weiblichen Moquis linksdrehende Energieflüsse aufweisen. Hierdurch sind die Paare, trotz großer Ähnlichkeit der Steine, sehr gut auseinanderzuhalten. Nehmen Sie je einen Moqui in die linke und in die rechte Hand und führen Sie Ihre Hände auf Höhe des Herzens vor sich zusammen. Haben Sie ein Pärchen, so werden sie spüren, daß Ihre beiden Ellenbogen gleichzeitig vom Körper weggedrückt oder an Ihren Körper angedrückt werden. Haben Sie zwei gleichgeschlechtliche Steine, so wird ein Ellenbogen weg- und der andere an Ihren Körper angedrückt. Männliche Steine sollten immer auf der schwächeren Körperstelle oder erkrankten Körperstelle aufgelegt werden. Auf der gegenüberliegenden Seite verwenden Sie dann das Weibchen. Zur Stärkung des gemeinsamen partnerschaftlichen Energiefeldes sollte darauf geachtet werden, daß Frauen möglichst männliche Steine und Männer weibliche Steine bei sich tragen. Über Nacht soll das Moqui-Paar unbedingt wieder zusammengeführt werden. Bei den Moqui-Marbles gibt es auch Zwitter-Steine. Es können auch zwei Männchen oder zwei Weibchen miteinander kombiniert werden. Diese Kombination drückt sich bei Bedarf der Moquis in starker Sympathie von uns für gewisse Pärchen aus. Sobald der Energiekreis durch den zweiten Stein geschlossen wird, verspüren wir einen starken Energiefluß durch Geist, Körper und Seele. Moqui-Marbles sind zwar nicht magnetisch in dem Sinne, wie wir in unserer logischen Welt Magnetismus und Anziehungskraft beschreiben, sie sind aber trotzdem polar, das heißt, sie haben, wie unsere Erde auch, positive und negative Pole bzw. Energiezonen. Menschen und Tiere sind auch nicht magnetisch, sie ziehen sich aber trotzdem an oder stoßen sich ab. Und genauso ist das auch bei den Moqui-Marbles. Da Moquis Lebewesen sind, sollten sie diese auch wie Lebewesen behandeln. Moquis sollten nie unbeachtet in einer dunklen Ecke oder gar in einer abgeschlossenen Schatulle aufbewahrt werden. Wie jeder von uns benötigen auch sie Liebe, Zuwendung und vor allem Zärtlichkeit, Berührung und Licht. Moquis, welche dies nicht erhalten, zerfallen schon nach kurzer Zeit zu Staub. Sie beginnen sich aufzulösen und verlieren ihre Energie. Moqui-Marbles lieben die Gesellschaft anderer Edelsteine und Kristalle und mögen die wärmende Morgensonne. So oft wie möglich sollten sie ihre Moqui-Marbles auch zum Spaziergang an der frischen Luft bei sich tragen. Legen sie ihre Moqui-Marbles so oft wie möglich an das energiereiche Licht von Abendrot und Vollmond. Häufig wird beobachtet, daß sich die Positionen der Moqui-Marbles nach einer Vollmondnacht verändert haben. Moqui-Marbles, welche nicht liebevoll behandelt werden, sind auch schon oft über die feinen Lichtstrahlen des Mondes auf Nimmerwiedersehen verschwunden.

Durch streicheln werden die sensiblen Energiezentren der Moqui-Marbles aktiviert und erwachen dadurch zum Leben. Erst wenn wir das Herz der Moqui-Marbles spürbar fühlen, können wir sicher sein, daß der Fortbestand dieser Kraftsteine gesichert ist. Von nun ab sollten wir uns regelmäßig um unsere Moqui-Marbles kümmern, denn die Moquis bewirken als Dank für uns Menschen nun ganz besondere Kräfte. Sie erzeugen, wenn wir sie erst einmal als Paare zu uns genommen haben, ein phantastisches Energiefeld für unsere Aura, Chakras und den gesamten Organismus. Ihre Kraft wirkt dabei nicht nur reinigend auf Körper und Seele, sondern dringt auch sehr ausgleichend in uns ein. Dadurch, daß Moqui-Marbles besonders lebendige Steine sind, brauchen wir uns für die Kraft dieser Steine nicht besonders vorzubereiten. Die Moqui-Marbles wirken auf uns, ob wir dies wollen oder nicht. Sie führen in uns zueinander, was zusammengehört und durchfluten unseren Organismus mit reinster Energie. Menschen, welche längere Zeit mit den Moqui-Marbles arbeiten oder diese gar regelmäßig bei sich tragen, erfahren im Laufe der Zeit eine Verjüngung ihres Zellgewebes, der Haut und der Organe. Viele Menschen, besonders auch ältere Menschen, berichten, wie die Indianer, von den verjüngenden Eigenschaften der Moqui-Marbles. Denn Moqui-Marbles verbinden unsere inneren Energieströme noch intensiver mit den schöpferischen Kräften und befreien uns durch ihre harmonische Energiezirkulation auch von typischen Stauungen und Blockaden, welche die Eigenschaft haben, sich, wie Kalk am Heizstab der Waschmaschine, in unseren Energiebahnen und Chakras ablagern zu wollen. Diese Blockaden beschleunigen den inneren Verfall und somit den Alterungsprozeß. Sie sind daher nicht nur für zahlreiche vorzeitige Alterserscheinungen mitverantwortlich, sondern leider oft auch für den vorzeitigen Tod. Moqui-Marbles dringen nicht, wie andere Energiesteine und Heilsteine, gezielt und konzentriert in die Auren bestimmter Organe ein, sondern sie verursachen insgesamt einen Energiefluß für unseren Körper in höchstem Ausmaß. Während einige Menschen mit Begeisterung über ihre »Freunde« berichten, sind andere Menschen diesbezüglich sehr verschwiegen und hüten die Kräfte, welche sie durch die Moqui-Marbles erfahren, wie ein Geheimnis. Wir wissen jedoch, daß viele große Menschen, welche durch Erfindungen und Fürsorge viel Gutes für die Menschheit erbracht haben, durch ein Pärchen Moqui-Marbles in ihren großen Taten gestärkt und animiert wurden. Die Kräfte der Moqui-Marbles sind bei den Indianern seit Urzeiten bekannt und werden bei allen Indianerstämmen Nordamerikas geschätzt. Das Geheimnis der Fundstellen der Moqui-Marbles wird von den Indianern wie ein Schatz gehütet. Viel später, erst um 1970 herum, begannen die Moqui-Marbles ihre Aufmerksamkeit auch auf alle anderen Menschen ihrer Umgebung zu entfalten. Sie lenkten ihre Energien auch auf alle anderen Menschen und hofften, daß sie von ihnen durch streicheln und Zuneigung aus ihrem Dauerschlaf befreit werden, um, wie die Indianer auch, ein bewußteres Leben in der hiesigen Dimension irdischer Natur führen zu können.

Woher kommt der Name Moqui?

Moqui-Marble kommt aus dem Indianischen und bedeutet soviel wie treuer Liebling. Die Indianer im Westen der Vereinigten Staaten, Utah und Arizona, hüten auch heute noch die Geheimnisse der Fundstellen. Erstaunlicherweise werden die Moquis nur an wenigen kleinen, runden Erdformationen gefunden, welche dem Erdmittelpunkt sehr nah sind. Bei längerem Hinsehen kann man beobachten, wie die Moqui-Marbles geboren werden, teilweise sogar pärchenweise.

Diese Energiesteine sind den Indianern schon viele Tausend Jahre bekannt. Sie haben den Indianern von jeher nicht nur Frieden beschert, sondern auch ein Überleben im rauhen amerikanischen Westen gesichert. Oft werden diese Steine auch als geborene Steine bezeichnet und jede indianische Familie besitzt auch heute noch ein solches Paar, welches alles Böse fernhält und vor falschen

Kapitel 4 - Kristalle und Blockaden

Freunden bewahrt. Darüberhinaus beschützen die Moqui-Marbles vor Feuer, Seuchen, Hochwasser und Blitzschlag. Sie beschenken die gesamte Familie und all ihre Angehörigen mit mehr Fruchtbarkeit, Glück und Lebensenergie. Moqui-Marbles vermitteln mehr Verständnis in der Partnerschaft und bewirken gleichzeitig mehr kosmische, spirituelle und seelische Übereinkunft mit eigenen unterbewußten Strukturen in Verbindung mit unseren Mitmenschen, der Natur und den schöpferischen Energieströmen. Weil die Indianer mit den Moqui-Marbles so eng in einer Beziehung leben wie mit anderen Familienmitgliedern auch, tauften sie diese auf Moqui-Marbles, was soviel bedeutet wie »treue Lieblinge«.

Moqui-Marbles sind große Energiebringer, deren Kraft auch darin liegt, tiefgründige körperliche, seelische und psychische Energieströme, die durch Unfälle, Schock oder durch Blockaden voneinander getrennt wurden, schnell wieder zusammenwachsen zu lassen. Moqui-Marbles bringen unverzüglich die heilenden Energieströme in Schwung und tragen somit zur sofortigen Erlebnisbewältigung, Hoffnung und Genesung bei. Dies bewahrt davor, daß der Lebenswille, Sinn des Lebens oder der Lebensmut nicht verloren geht und lindert das Risiko, daß Blutgerinnsel oder Herz- und Schockblockaden sich verhärten können und somit Lähmungen, Geschwüre, Ohnmacht, Bewußtseinsverzerrungen, Koma und langanhaltende Lähmungen und traumatische Erschütterungen verursacht werden. Moqui-Marbles sollten als Paare oder Essenz nicht nur in Verbindung mit anderen Heilsteinen und Therapiesteinen verwendet werden, um wiederum deren Vorankommen durch die filzigen Energiegeflechte unserer Psyche hindurch zu bestimmten Blockaden unterstützend zu erleichtern, sondern grundsätzlich immer auch dann, wenn wir körperlich, psychisch und seelisch durch Unfälle, Schock, schlechte Nachrichten, plötzliche Krankheiten, Tod eines geliebten Angehörigen, Trennung, Terror, Bedrohung, Erpressung, schwere innere und äußere Verletzungen, Verbrennungen, Operationen, Amputationen, Narkose, Entbindung, Totgeburt, Fehlgeburt, Scheidung, Streit, Dauerstreß, Überlastung, starke Erregungszustände, Nervenzusammenbruch oder als Zeuge eines schlimmen Unfalls in arge Bedrängnis kommen oder glauben, an einem Punkt angekommen zu sein, an dem es nicht mehr weiter geht oder alles sinnlos erscheint, wie beispielsweise in tiefen Depressionen, bei Trennungen, schweren Krankheiten, Burn-Out oder als Mobbing-Opfer. Moqui-Marbles haben nicht nur bei uns, sondern besonders auch im amerikanischen Westen, in Asien und Australien unzähligen Menschen und Tieren nicht nur das Leben gerettet, sondern auch vor typischen, langanhaltenden Folgeerscheinungen nach Unfällen, Schlaganfällen, Herz-Kreislauf-Störungen, Hirnschlägen oder Schock, wie beispielsweise Lähmungen, Erblindung, Amputationen, geistige Verwirrung, Bewußtseinsstörungen, Wahnideen, Stimmen hören, Verwirrtheit, Verfolgungswahn, Beziehungswahn, Querschnittslähmung, Wahnvorstellungen, Schwachsinn oder dem Verlust des Erinnerungsvermögens bewahrt.

Moqui-Marbles verhindern, daß das Bewußtsein vom Unterbewußtsein auf Dauer getrennt bleibt und somit der seelische Energiestrom zwischen Psyche und Körper einerseits und zwischen Chakras, Geist und Seele andererseits, getrennt bleibt, was zu starken Persönlichkeitsverzerrungen, Behinderungen, Charakterveränderungen und sogar häufig zum vorzeitigen Tod führen kann.

Die energiereichen Schwingungen und Kräfte der Moqui-Marbles sind mit den Kräften außerirdischer Steine zu vergleichen. Nur Eisenmeteoriten, Tektite, Blue-Moon und Moldavite weisen ähnlich hohe Frequenzen auf. Mit diesen Steinen lassen sich Moqui-Marbles auch besonders gut kombinieren. Wohl daher, weil Meteorite, Tektite und Moldavite einst das Herz vergangener Planeten waren, welche auf die Erde niederfielen, um auf ihr Erholung und Ruhe zu finden. Moqui-Marbles sind ein Teil des Herzens unserer Erde, welche vermutlich seit ihrer Entstehung vorhanden sind. Wie alle Lebewesen nicht ohne Herz leben könnten, so könnte die Erde nicht ohne diese Energiesteine existieren. Auf mysteriöse und geheimnisvolle Art dringt die Kraft und die ganze Energie der Moqui-Marbles auch in uns Menschen ein, weil auch wir ein Teil der Natur sind. Die Moqui-Marbles wirken hierbei nicht nur als Energie-Transmitter, sondern auch als Informationssteine und Katalysator. Sie verbinden die Gegensätze in Harmonie miteinander, so z.B. Himmel mit der Erde und das Land mit dem Wasser. Durch moderne Denkweise ausgelöste Blockaden, welche wiederum Habgier, Aggressivität, Geltungssucht, Größenwahn und andere schlechte menschliche Eigenschaften verursachen, werden durch Moqui-Marbles in Verbindung mit anderen Therapiesteinen, Glückssteinen und Heilsteinen gelindert. Würden mehr Menschen auf die Kraft der Moqui-Marbles vertrauen oder Moqui-Marbles bei sich tragen, so hätte das Böse keine Chance mehr und auch Hunger, Krieg, Tierquälerei und Völkermord würden längst der Vergangenheit angehören.

Mit irdischen Heilsteinen und Edelsteinen vertragen sich Moqui-Marbles besonders gut. Sie beschleunigen und verstärken sogar deren heilende Eigenschaften. In Verbindung mit anderen Heilsteinen sind nicht nur die pulsierenden Schwingungen der Moquis stärker spürbar, woran wir erkennen können, daß Moquis auch Freude empfinden, sondern wir fühlen auch sehr schnell, wie andere Heilsteine stärker schwingen. Es wird sogar beobachtet, daß Kristalle, wenn sie über längere Zeit mit Moqui-Marbles zusammen sind, Risse verlieren, weiter wachsen und sogar eine gesündere und kräftigere Far-

Kapitel 4 - Kristalle und Blockaden

be erhalten. In Zeiten, die besonders schwierig für die Lebewesen auf der Erde sind, weil die Erde in zu hohem Maße von uns modernen Menschen belastet wird, ist das Hervortreten von Moqui-Marbles durch die Erdoberfläche häufiger zu beobachten. Hieran können wir auch die Liebe der Moqui-Marbles zum Leben aller Tiere und Pflanzen und besonders zu uns Menschen erkennen. Leute, welche sich den Moqui-Marbles in Verbindung mit Therapiesteinen oder Heilsteinen besonders intensiv anvertrauen, können auch spirituelle Nachrichten und Botschaften aus dem Jenseits empfangen. Sie lösen die Grenzen zwischen den spirituellen und physikalischen Dimensionen und lassen sich daher auch bevorzugt in Verbindung mit Dream-Catchern für die Traumdeutung verwenden. Wir sind überzeugt davon, daß Moqui-Marbles die Zukunft der Menschheit und der Erde kennen. Eigenartigerweise suchen die Moqui-Marbles viel mehr Kontakt zu uns Menschen, wenn harte Zeiten bevorstehen. Überlieferungen belegen, daß die Griechen ein kleines Inselvolk kannten, welches mit Steinen sprach. Wir vermuten, daß dieses Volk das Geheimnis der lebenden Steine kannte und nicht ausreichend respektierte. So mußte dieser kleine Staat (Atlantis) aufgrund der Übermütigkeit und Habgier seiner Einwohner untergehen. Nur ein kleiner blauer Stein, der Atlantisstein (Larimar), blieb zur Erinnerung an dieses Land übrig. Nun gesellen sich die Moqui-Marbles vermehrt zu uns, was uns zum Umdenken und Nachdenken animieren sollte. In Amerika sind Moqui-Marbles längst gefragte und treue Freunde.

Wir möchten unseren Ausführungen bezüglich dem Überleben der modernen Menschen nun nicht weiter folgen, sondern an die Vernunft jedes einzelnen Lesers selbst appellieren. Die Natur, die Erde und alle Lebewesen, auch die Moqui-Marbles und Kristalle, gehören in einen sensiblen Kreislauf. Die Moqui-Marbles sind Übermittler und geben uns mehr Energie, Wohlbefinden und Gesundheit. Sie fordern als Gegenleistung von uns Menschen jedoch mehr Achtung und Respekt im Umgang mit der Natur. Wir vermuten, daß die Moqui-Marbles aufgrund der Umweltverschmutzung nun verstärkt zum Vorschein kommen werden, um noch mehr Verbindung mit uns modernen Menschen aufnehmen zu können.

Moqui-Marbles bestehen alle aus einer geheimnisvollen Legierung von Metallen, wie z.B. aus Eisen, Mangan, Titan und Paladium. Die Härte der Moqui-Marbles beträgt erstaunlicherweise 7,4. Erstaunlicherweise deshalb, weil die zuvor aufgeführten Metalle meist nur eine Härte zwischen 4 und 6 haben. Die Härte 7,4 ist allerdings notwendig, um durch das Gestein der Erdkruste stoßen zu können. Diese hat eine Härte, welche um 7 herum liegt.

Essenz-Nr. 13/10   **Therapiestein / Heilstein-Nr. 1310**

Wie pflegen wir Moqui-Marbles und wie dringen sie am besten in uns ein?

Moqui-Marbles sind subjektive Energiesteine. Sie werden durch Streicheln und durch Tragen in ihrer Intensität verstärkt. Körperwärme, Zuneigung, Zärtlichkeit und Licht aktivieren die Energiezentren der Moqui-Marbles und stellen ein Gleichgewicht zwischen den polaren Eigenschaften der Paare her. Erst wenn das Gleichgewicht Ihrer Moqui-Marbles hergestellt ist, wird der Energiefluß in einem spirituellen Kreislauf auch durch uns hindurch geschlossen werden. Moqui-Marbles werden dabei in den Händen gehalten und anfangs spüren wir pulsierende Energiestöße durch unseren Körper. Wenn das Moqui-Marble-Paar voll aktiviert ist, spüren wir einen fließenden, warmen und sehr wohltuenden Energieschub durch unseren Organismus. Männliche Steine, oder bei nur weiblichen oder nur männlichen Paaren, sollte der schwerere immer auf die schwächere oder erkrankte Körperhälfte gelegt werden. Wird dann der andere Partner hinzugenommen, so verspüren Sie die reine Energie. Sie fließt durch unseren gesamten Körper und dringt über die Nervenenden bis zu den Zellen vor. So erhält jede einzelne Zelle mehr Energie und ein höheres Maß an zellulärem Bewußtsein, um sich und umliegendes Gewebe ohne langwierige Rückkopplung mit dem Gehirn, aus eigener Kraft heraus, verjüngen und heilen zu können. Moqui-Marbles erzeugen hierbei eine physische und spirituelle Einigkeit für Körper, Geist und Seele. Das Moqui-Marble-Paar löst Stauungen und Blockaden und versorgt uns mit mehr Licht und Lebensfreude. Sie erzeugen durch ihr Energiefeld nicht nur ein tieferes Gefühl von mehr Nächstenliebe und Zusammengehörigkeit unter den Menschen, sondern sie dringen genauso harmonievoll auch in Tiere und Pflanzen ein. Sollte also ihr Blumenstock den Kopf etwas hängen lassen, oder sich ihr Kätzchen nicht wohl fühlen, so zögern Sie nicht, auch ihnen die Kraft Ihrer Moqui-Marbles zukommen zu lassen.

Sie können Moquis mit der Zahnbürste unter fließendem, lauwarmem Wasser reinigen und brauchen diese nicht zu entladen, wenn Sie sie paarweise verwenden. Einzeln sollten Moquis mit Hilfe eines Partner-Marbles, möglichst anderen Geschlechts, entladen werden. Denn Moqui-Marbles sind, ähnlich wie wir Menschen auch, auf gegenseitige emotionale Fürsorge angewiesen. Oft finden Moqui-Marbles hierbei in eine unvergängliche Partnerschaft. Aufladen der Moqui-Marbles durch Licht und Streicheln ist sehr wichtig. Tragen Sie nur einen Moqui-Marble bei sich, so empfiehlt es sich, diesen abends unbedingt über Nacht zum Ruhen zum Partner zu legen.

Leider gibt es jedoch im Verhältnis nur sehr wenige echte Moqui-Marbles, welche von indianischen Familien an uns moderne Menschen weitergegeben werden. Denn es ist sehr wichtig für die inneren positiven Energien dieser Steine, wirklich von der Natur geboren worden zu sein, und nicht etwa schon vorher durch Grabung oder Sprengung den natürlichen Gesteinsschichten im Erdinneren entnommen worden zu sein. Denn die Zerstörung der natürlichen Geburtsstätten dieser energievollen Heilsteine durch gewissenlose Händler hat ähnlich gravierende Folgen, wie die Zerstörung der Wälder, Gewässer und Meere auch. Denn durch künstliche Geburt entrissene Steine beinhalten nach indianischen Überlieferungen genau das Gegenteil von Liebe, Heilung, Seelenfrieden und Harmonie. Trotzdem kennen die Indianer die Notwendigkeit, diese energievollen Heilsteine unter den leidenden Menschen der westlichen Industrienationen gerecht verteilen zu wollen. Daher haben zahlreiche indianische Völker beschlossen, diese verantwortungsvolle Aufgabe jemandem zu überlassen, dem sie nicht nur vertrauen, sondern der aus ethischer Gesinnung heraus auch dazu bereit ist, sich für das Recht unserer Erde und der Indianer einzusetzen. Moqui-Marbles sind daher gesetzlich geschützt und unter den oben genannten Voraussetzungen nur bei Methusalem erhältlich.

Da wir jedoch feststellen müssen, daß scheinbar gewissenlose Kaufleute verstärkt versuchen, den Indianern ihre heilenden Moqui-Marbles zu stehlen, um sie mit gefälschten Zertifikaten oder gar ohne Zertifikat gewinnbringend zu verkaufen, möchten wir Sie im Namen der Natur darum bitten, vom Kauf dieser Steine abzusehen und sich bei Methusalem in Neu-Ulm um den Bestand wahrer, echter und energievoller Paare zu erkundigen.

Achtung:

Nur mit Original-Zertifikat von Methusalem, in Verbindung mit der amtlichen Registrierungsnummer und dem rechtlich geschützten Indianerkopf, können Sie sicher sein, ein Original-Moqui-Marble-Paar zu erhalten, welches aktiv ist, rein und unverfälscht. Geben Sie sich nicht mit Kopien zufrieden, sondern bestehen Sie auf ein Original-Zertifikat mit Original-Stempel, Unterschrift und Namen von Methusalem. Es handelt sich um lebende Energiesteine!

Turalingam's, die echten Amulettsteine Australiens

Auszug aus der Weisheit der Urzeit
»Tirungas Offenbarung«

Die Australischen Ureinwohner leben, anders als unsere Gesellschaft, seit Jahrtausenden im Einklang mit der Natur. Ihre Kulturen bekämpfen sich nicht in blutigen Kriegen und zerstören auch nicht die Umwelt, in der sie leben. Wir bezeichnen sie als »Wilde«, dabei sind sie uns doch so weit voraus!

Geschichtliches:

Als James Cook im 17. Jahrhundert Australien für England in Besitz nahm, nahm die alte Welt wenig Notiz von der Kultur und der Anwesenheit der Ureinwohner dieses Landes. Bodenschätze und Platz für Strafgefangene galten den Interessen der von Revolution und Macht getriebenen englischen Regierung. So kam es leider erst um 1900 dazu, daß Australien eine eigenständige Regierung unter dem der englischen Krone unterstellten Commonwealth of Australia erhielt, welche auch den Ureinwohnern eigene Rechte einräumte. Nahezu bis heute reden die Wissenschaftler von Steinzeitmenschen, wenn sie über die Ureinwohner Australiens berichten. Leider erkennen wir erst zum

Kapitel 4 - Kristalle und Blockaden

Ende des 20. Jahrhunderts, daß die Aborigines keineswegs »wilde, kulturlose Steinzeitmenschen« sind, sondern womöglich die ältesten menschlichen Völker, deren Kultur und Tradition in lückenlosen Überlieferungen bis zum Beginn der Schöpfung zurückreicht. Nur wenige Völker schafften es dabei, wie die Aborigines, über Jahrtausende hinweg, den menschlichen Drang nach Macht und Fortschritt in jenem Maß zu halten, um weder Kultur noch Natur zu zerstören. Die weißen Wissenschaftler interessierten sich jedoch nicht für das Wissen der Ureinwohner, sondern bewerteten sie nach ihren Waffen. Menschen, welche keine Waffen hatten, um sich blutig niederzumetzeln, zu verstümmeln und zu töten, waren jedoch keine richtigen Menschen im Sinne eines materiell orientierten »ordentlichen« Empfindens von Recht und Eigentum. So haben die Politiker über viele Jahre tatenlos zugesehen, wie die Ureinwohner und deren Kultur durch die Interessen christlicher Unternehmen langsam abgeschlachtet wurde. Leider entging uns modernen Menschen hierdurch nicht nur ein Großteil der Weisheit der Urvölker, sondern wir übersahen über viele hundert Jahre den Turalingam als Bindeglied, das die Aborigines benutzten, um sich von Gier und Macht zu lösen, um so wieder zu mehr Zufriedenheit, Ruhe und Liebe finden zu können. Ein Stein, welcher uns nicht nur gegenüber der Natur mehr Verständnis vermittelt, sondern auch unsere Beziehungen und Partnerschaften wieder mit mehr Romantik, Geborgenheit und Liebe erfüllt, aber auch mit mehr Zivilcourage gegenüber umweltzerstörenden Maßnahmen, Tierquälerei und Raubbau.

Wenn abends die Sonne untergeht, beginnt der Ayers Rock zu leuchten wie eine glühende Kohle. Die Ureinwohner Australiens verehren den Riesenfelsen als Uluru, was soviel bedeutet wie Heiliger Stein der Mutter Erde. Nachts, wenn es ganz dunkel ist, und auch kein Mondlicht die Nacht erhellt, werden die Turalingam´s »geboren«. Die Aborigines bezeichnen daher die Turalingam´s als die Kinder des Uluru, welche die Verbindung aller Lebewesen zur Natur und den Kräften der Schöpfung herstellen sollen. Die Ureinwohner Australiens verehren ihre Turalingam´s wegen ihrer, der menschlichen Seele sehr ähnlichen Kräfte, als kleine Tempel innewohnender Seelen und sehen in ihnen ein irdisches, sichtbares Verbindungsstück zwischen der Erde, der Mutter Natur und den schöpferischen Kräften des Kosmos. Diese Dreifaltigkeit wird auch durch die magischen Linien, welche die Turalingam´s umgeben, zum Ausdruck gebracht. Turalingam´s werden in den Familien der Ureinwohner sehr geschätzt und geliebt. Sie werden bei Bedarf gestreichelt und entfalten so ihre emotionalen Kräfte. Über Generationen hinweg gaben diese Steine mehr und mehr ihre Kraftlinien frei. Diese sich immer in Dreifaltigkeit kreuzenden Linien um den Stein herum bescheren ihrem Träger mehr Harmonie mit der Erde und den körperlichen und geistigen Kräften. Turalingam´s schützen vor Gefahren und schenken mehr Verständnis, Zuneigung, Liebe und Achtung in der Partnerschaft.

Damju, eine weise Schamanin der Ureinwohner Australiens auf der Suche nach Turalingam's. Damju ist 106 Jahre alt!

Schöpferische Kräfte?

Die Aborigines schafften es wie kaum ein anderes Volk, die natürlichen Kräfte mit eigener Harmonie und Fürsorglichkeit zu verbinden. Sie schöpften ihre Energie dafür aus Steinen, welche um den Riesenfels Ayers Rock in Australien gefunden wurden. Diese vermitteln ihnen die Kraft, die sie benötigen, um friedvoll miteinander zu leben und immer respektvoll mit der Natur umgehen zu können. Sie erkannten, daß Zufriedenheit, Liebe und Glück nur im anhaltenden Gleichgewicht aus einer gemeinsamen Dreifaltigkeit von Natur, Mensch und Schöpfung zu erreichen ist. Mit Hilfe ihrer magischen Steine fanden die Aborigines zu einem völlig entgegengesetzten Wertempfinden als jenes, zu dem wir gefunden haben. Sie suchten den Grund für ihre Unzufriedenheit nicht in Defiziten der Wissenschaft, sondern begannen darüber nachzudenken, was jeder einzelne für seine Zufriedenheit, das Wohl seiner Familie und die Natur selbst tun kann. Mit Hilfe ihrer Turalingam´s kam es so, daß die Aborigines bereits vor vielen Tausend Jahren erkannt haben, daß nicht nur eine übergeordnete, schöpferische Energie für alles lebendige, mystische oder kosmische verantwortlich ist, sondern noch viel mehr das schöpferische selbst was jeder kleinsten Zelle innewohnt. So fanden die Ureinwohner heraus, daß das Glück ebenso wie die Liebe oder die Evolution in jedem von uns selbst seinen Ursprung findet. Die Erfüllung der Grundbedürfnisse von Liebe und Geborgenheit verbraucht nahezu alle emotionalen Energien. Wir alle streben nach nichts so stark, als nach Zweisamkeit und Harmonie. Trotzdem scheinen wir einander nicht mehr zu verstehen und nichts so sehr zu mißachten und zu zerstören, als das, was wir eigentlich am meisten brauchen, nämlich Liebe, Geborgenheit und das Gefühl von Sicherheit in einer friedvollen Umwelt. Dies sind die Basisbedürfnisse, auf die sich alle anderen Emotionen und Wünsche aufbauen. Wir hingegen verspüren alle zunehmend das beklemmende Gefühl von wachsender Unzufriedenheit, Einsamkeit und innerer Leere, weil wir unsere Energie für irgendwelche Wissenschaften oder Ersatzgötter in Form von Karrieresucht oder Modehörigkeit nahezu völlig aufopfern. Dennoch bemerken immer mehr Menschen daß materielle Güter nicht glücklich machen, und verspüren verstärkt am eigenen Körper, daß ihnen irgendwelche Dinge fehlen.

Was bedeutet Verständnis?

Wer sich selbst nicht versteht, versteht auch seinen Partner nicht. Menschen, welche sich in ihrer Beziehung nicht verstanden und geliebt fühlen, sind nicht im Stande, Verständnis und Liebe zu geben. Sie sind nicht dazu in der Lage, über die Familie hinaus Achtung und Respekt gegenüber anderen Menschen und der Natur zu entwickeln. Der Unruheherd liegt einfach darin, daß wir nicht mehr mit den elementarsten Dingen unseres Lebens umgehen können - nämlich mit den Gefühlen, Gedanken und Emotionen des Lebens selbst.

Menschen, die in ihrem Grundbedürfnis nach zwischenmenschlicher Nähe und Liebe nicht befriedigt sind, können kaum andere körperliche und geistige Bedürfnisse wahrnehmen. Als Ersatz streben sie nach Fortschritt, Wissenschaft und materiellen Zielen. Vereinsamung, Gewalt, Mißbrauch, Drogen, Habgier, Umweltzerstörung und Kriminalität sind jene Folgen, welche Streß, Sorgen, Angst, Ärger, Wut und die damit verbundenen organischen und psychosomatischen Leiden auslösen.

Nachdem unsere Industrie- und Wegwerfgesellschaft die Natur nahezu völlig zerstört hat, scheinen letztendlich wir Menschen an der Reihe zu sein. Unsere Seele ist von Fortschritt und Gewalt zerkratzt. In jedem einzelnen von uns beginnt Unzufriedenheit und Einsamkeit zu nagen. Dies betrifft uns genauso wie unsere Angehörigen und Mitmenschen. Ängste, Allergien, psychosomatische Leiden und viel mehr körperliche Erkrankungen als die Menschen noch vor hundert Jahren ertragen mußten, sind die Folge. Wir vereinsamen, Paare trennen sich wie nie zuvor und begründen dies mit der Verschiedenheit der Geschlechter. Wissenschaftler suchen die Antworten in Hormonen und Genen, welche sie zu verändern versuchen. Die Antworten liegen jedoch nicht darin, daß unsere Hormone und die natürlichen Begebenheiten letztendlich sogar Schuld an unserem Unglück zu sein scheinen, sondern darin, daß wir nicht mehr in der Lage sind, unsere wahren Gefühle und Bedürfnisse zu erkennen und als Teil eines natürlichen Kreislaufes zu respektieren

Ergreifen Sie die »Chance« und verwenden Sie den Stein der Ureinwohner Australiens, welcher Ihnen das näher bringt, was Ihnen, wenn Sie ehrlich zu sich selbst sind, am meisten fehlt.

Die Aborigines erkannten das Leid, welches mit der Zerstörung der Umwelt verbunden ist und haben mit Hilfe der Turalingam´s ihre Lebensgewohnheiten noch rechtzeitig in einen harmonischen Rhythmus gebracht. Sie leiden daher kaum an den uns quälenden Zivilisationskrankheiten, kennen jedoch deren Ursachen. Turalingam´s werden daher von den Ureinwohnern des 5. Kontinents geliebt und wie Familienmitglieder geschätzt und verehrt.

Turalingam´s bewirken für uns das, was sie auch für die Ureinwohner Australiens vollbracht haben, nämlich uns wieder intensiver mit den natürlichen Dingen verbinden zu können. Sie werden uns durch Methusalem von den Aborigines übergeben, damit auch wir die Dreifaltigkeit unserer weitreichenden Beziehungen zwischen Natur, uns Menschen und allen Lebewesen wieder verständlicher empfinden können. Denn die Entfremdung von einer natürlichen Umwelt und die daraus resultierende Lieblosigkeit ist die Ursache der meisten Krankheiten. Turalingam´s verhelfen uns wieder zu der Fähigkeit zurück einander näher zu kommen, und besser zu verstehen. Sie helfen uns über die Blockaden hinweg, welche jeden einzelnen von uns in einem Leidenskreis aus Einsamkeit, Schmerzen und innerer Leere gefangen halten.

Die Ureinwohner Australiens erkannten schon vor vielen Tausend Jahren, daß wir Menschen ohne die Hilfe der Natur nicht in der Lage sind, uns dauerhaft auf zufriedenen Wegen bewegen zu können. Sie bedienten sich daher der verborgenen Kräfte der Urzeit im Turalingam und zahlreichen anderen in diesem Buch und im Großen Lexikon der Heilsteine, Düfte und Kräuter beschriebenen Heil- und Therapiesteinen. Kräfte, welche rein, unverfälscht und universell unsere Emotionen und Gefühle zurechtrücken und darüberhinaus eine Vielzahl von anderen körperlichen und psychosomatischen Leiden lindern und heilen.

Kapitel 4 - Kristalle und Blockaden

Heilwirkungen auf den Körper:

Turalingam´s bewahren ihren Träger vor dem größten Unheil. Krebs und Aids können durch das Tragen dieser Steine vorgebeugt, gelindert, ja sogar geheilt werden. Sie reinigen das Blut und regulieren die Produktion von Hormonen in den Drüsen. Turalingam´s verleihen dem Körper während des Tragens mehr Widerstandskraft und Vitalität. Als Turalingam-Wasser oder Tee bewahrt dieses unsere Haut vor Sprödigkeit und Austrocknen. Runzeln, Falten und allergische Überreaktionen der Haut lassen sich häufig auf Unterversorgung des Gewebes zurückführen. Die verschiedenen Hautschichten werden durch Turalingam´s gestärkt und frühzeitigen Alterserscheinungen wird vorgebeugt. Der Turalingam kräftigt die Hautmuskulatur und bewahrt ganz besonders das Bindehautgewebe und die Hautoberfläche vor Erkrankungen, Ausschlägen und Ekzemen. Der Turalingam sollte bei allen Hauttherapien, auch in Verbindung mit anderen Heilsteinen, als Grundstein verwendet werden. Unter dem Kopfkissen, oder auf der Haut getragen, beruhigt dieser Stein das zentrale und vegetative Nervensystem und heilt neben Hauterkrankungen auch nervöse Erkrankungen an der Magenschleimhaut, Migräne und sogenannte wetterbedingte Gliederschmerzen. Der Turalingam harmonisiert über die vegetativen Lebensnerven die Funktionen im Stoffwechsel und Kreislauf. Auch für Haustiere, wie z.b. Hunde und Katzen haben sich Turalingam´s als kräftige Heilsteine bewährt.

Heilwirkungen auf die Seele:

Turalingam´s bewahren ihren Träger vor Depressionen, Zorn und Wutausbrüchen. Sie schenken inneres Gleichgewicht, Freude und Harmonie, und wandeln negative Eigenschaften in positive Schwingungen um. Turalingam´s fördern Blockaden ans Tageslicht, die uns bisher unterbewußt, oft über viele Jahre quälten, und heilen verhärtete bzw. vernarbte Energieebenen aus, die von Blockaden befallen waren und durch das Lösen durch andere Heilsteine narbige Reste hinterlassen haben. Dies führt nicht nur zu einem sorgenfreieren, zufriedeneren, gesünderen und ungehemmteren Lebenswandel, sondern bewirkt auch, daß die einzelnen Chakras wieder deutlicher miteinander kommunizieren können. Turalingam´s übernehmen eine übergeordnete Funktion für die innere Wahrheitsfindung gegenüber Blockaden und sind auch für die Traumdeutung und die Persönlichkeitsfindung sehr hilfreich, weil sie einerseits einen sehr sensiblen Zugang zum Unterbewußtsein verschaffen und andererseits dafür sorgen, daß intuitive, geistige, psychische, körperliche oder seelische Botschaften besser in unser Bewußtsein aufsteigen können, um sie als Traumdeutung und für unsere persönliche Weiterentwicklung nutzen zu können. Dies macht Turalingam´s für die Traumdeutung so wertvoll. Sie sorgen dafür, daß wir uns an für uns wichtige Botschaften aus Träumen, Alpträumen, Deja-Vu-Erlebnissen und Visionen besser erinnern können, um uns intensiver mit den Botschaften auseinanderzusetzen, die diese mystischen Begebenheiten für unser Leben beinhalten. Darüberhinaus sind Turalingam´s sehr intensiv inspirierende Heil- und Therapiesteine, die zu sehr persönlichen und lebendigen Kraftsteinen aufleben. Dies macht sich auch sehr deutlich im Sexualchakra bemerkbar. Durch die reinigenden, bzw. befreienden Kräfte von Turalingam´s werden gleichzeitig auch die Ursachen für sexuelle Unlust und Potenzstörungen gelindert. Denn die Ursache für diese Leiden liegt in unzähligen Blockaden verborgen, die allesamt wie Blei auf das unterste Chakra, das Sexualchakra, drücken. Hieraus resultiert ein innerer psychosomatischer Druck, der sich besonders deutlich auf die sexuellen Lustempfinden, die vom ersten Chakra gesteuert werden, auswirkt. Turalingam´s lindern diese Blockaden und bewirken so, daß Betroffene wieder mehr sexuelle Lust und Erotik empfinden können. Mit steigendem Selbstvertrauen steht dann auch der Erektion nichts mehr im Wege, im Gegenteil, es funktioniert wieder. Turalingam´s werden zu treuen Freunden und möchten auch gerne wie Freunde behandelt werden. Lieben Sie Ihren Turalingam, streicheln diesen und baden ihn zwischendurch in lauwarmem Wasser, so wird er Ihnen ein treuer Freund für Ihr ganzes Leben. Diese Freundschaft drückt sich auch besonders deutlich dahingehend aus, indem Turalingam´s auf Nebenwirkungen chemischer Arzneimittel, gentechnisch verseuchter Lebensmittel und unzähligen künstlichen Geschmacksverstärkern, welche sich zunehmend in unserem Organismus ablagern, sehr reinigende Eigenschaften haben. Nicht jeder Mensch kann sich von heute auf morgen von chemischen Arzneimitteln, Psychopharmaka oder Päckchensuppen befreien, allerdings kann er mit Hilfe von Turalingam´s und Turalingam-Essenz ganz entschieden gegen deren Nebenwirkungen ankämpfen. Denn Turalingam´s unterstützen im Organismus die körpereigenen Abwehrkräfte gegenüber chemischen Fremdstoffen und öffnen unser inneres, zelluläres Bewußtsein auch für die unzähligen Ablagerungen, die durch chemische Medikamente, Drogen, Nikotin oder giftige Nahrungsmittel zurückbleiben und von nun ab besser ausgeschwemmt werden können. Dies macht Turalingam´s zu besonderen Schutzsteinen vor Krebs, Geschwüren, Zysten und alle anderen, durch chemische Nebenwirkungen ausgelöste Leiden. Während der Meditation erreichen Sie mit diesem Stein ein besonders tiefes Eindringen in Ihre Chakras. Als Harmoniestein kann der Turalingam mit allen anderen Heilsteinen verwendet werden.

Wie pflege ich meinen Turalingam?

Bei regelmäßigem Gebrauch sollte der Turalingam einmal im Monat unter fließendem lauwarmem Wasser gereinigt und entladen werden. Für ein Bad an der Sonne zeigt sich der Turalingam sehr dankbar.

Achtung!

Sie erhalten echte Australische Turalingam´s nur bei Methusalem. Hier wird Ihnen die Echtheit und der Erwerb dieses Steines direkt von den Aborigines, Kakadus und Ulurus, um den Ayers Rock Australiens, garantiert. Die Ureinwohner widmen Ihnen diesen mit Liebe. Im Gegensatz zu unzähligen anderen, als Turalingam´s bezeichnete Heilsteine, Donnereier und Sternachate, stammen echte Turalingam´s tatsächlich direkt nur von den Ureinwohnern Australiens. Diese werden nun nicht länger unter dem vielseitig verwendbaren, sinnbildlich aus dem Sprachgebrauch der Ureinwohner übersetzten Begriff »Amulettsteine« weitergegeben, weil sich dahinter eher sogenannte Donnereier oder Sternachate aus einem komerziellen Abbau Ost-Australiens eingebürgert haben, sondern unter ihrem richtigen, geschützten Eigennamen »Turalingam´s«.

Nur mit Original-Zertifikat von Methusalem können Sie sicher sein, einen echten Turalingam erhalten zu haben, welcher aktiv ist, rein und unverfälscht. Geben Sie sich nicht mit Kopien oder sogenannten Sternachaten zufrieden, sondern bestehen Sie auf dieses farbige Original-Zertifikat mit Original-Stempel, Registriernummer und Gewicht. Es handelt sich um kräftige Energiesteine, welche ihre Wirkungen in die Gegenrichtung umkehren, wenn sie gewaltsam aus ihren Familien gerissen werden. Diese Steine sind »Lebewesen« vom Roten Center um den Heiligen Riesenfelsen, Uluru, Ayers Rock, Australien.

Hinzu kommt, daß sich die in diesem Buch beschriebenen Energien der Steine ebenso wie jene Beschreibungen aus dem »Großen Lexikon der Heilsteine, Düfte und Kräuter« nur auf die tatsächlichen Kultsteine der Indianer oder Ureinwohner Australiens beziehen und nicht auf anderswo gefundene oder ähnlich erscheinende Donnereier oder Sternachate die fälschlicherweise als die echten Amulett- oder Kultsteine der Ureinwohner Australiens ausgegeben werden. Deren Energien sollten Sie sich von Ihrem Heilpraktiker oder von demjenigen genau beschreiben lassen, der sie Ihnen anbietet und verkaufen möchte. Nähere Informationen hierzu finden Sie unter »Bezugsquellen« am Ende dieses Buches

Edelstein-Therapie und Heilstein-Essenzen für Kinder

Wie bereits erwähnt, eignet sich die Edelstein-Therapie auch besonders gut für Kinder, weil sie noch viel spontaner auf die natürlichen Mittel reagieren. Therapiesteine und Heilstein-Essenzen sind natürlichste, altüberlieferte Heilmittel, welche sozusagen von Haus aus für das körperliche und seelische Wohlbefinden von uns Menschen zugedacht wurden, und größtenteils aus den Energien bestehen, woraus wir alle bestehen.

Therapiesteine, Heilsteine, Essenzen und Elixiere wirken daher nicht nur auf Erwachsene sehr heilend, sondern auch für Kinder, weil deren Gemütszustände noch nicht verhärtet oder gar verkalkt sind. Negative Nebenwirkungen haben Sie bei Ihren Kindern genauso wenig zu befürchten, wie bei sich selbst, weil diese Mittel zwar Blockaden lösen, aber nicht, wie chemische Medikamente, neue Blockaden durch gleichzeitige Nebenwirkungen erschaffen. Ein zuvor temperamentvolles Kind wird demnach niemals durch Steine oder Heilstein-Essenzen zu einem zurückgezogenen, phlegmatischen Kind werden, wie dies beispielsweise durch schulmedizinische Psychopharmaka der Fall ist.

Alle Therapieformen sollten, besonders bei Kindern, mit Hilfe von Heilsteinen, Therapiesteinen und Essenzen, unterstützt werden. Moqui-Marbles und Turalingam´s unterstützen zusätzlich die Empfänglichkeit der seelischen Strukturen für die Energien natürlicher Heilmittel und somit die Heilung selbst.

Auswahl der passenden Therapiesteine und Essenzen für Kinder

Sie finden für sich ebenso wie für Ihre Kinder die passenden Therapiesteine durch die genauen Beschreibungen in diesem Buch oder im Großen Lexikon der Heilsteine, Düfte und Kräuter von Methusalem, heraus. In diesem Nachschlagewerk haben wir Ihnen zusätzlich die Auswirkungen bestimmter Blockaden auf Kinder sehr ausführlich beschrieben. Im folgenden möchten wir Ihnen einige erfolgreiche Mischungen (Elixiere) empfehlen, die in der Hausapotheke einer kinderreichen Familie niemals fehlen sollten. Wir haben Ihnen diese Elixiere »sehr rund« ausgestattet, um möglichst einem großen Störbereich Ihres Kindes gerecht werden zu können. Die Inhalte können daher Energien von beschriebenen Therapiesteinen enthalten, die nicht auf die Blockaden oder die augenblickliche Situation Ihres Kindes zutreffen. Dies ist jedoch ebenso unerheblich, wie unter Erwachsenen auch, weil essenzielle Energien von Steinen nur da aktiv werden können, wo sich Ihnen eine spezifische Blockade in den Weg stellt. Enthält unsere Essenz beispielsweise einen Therapiestein, worüber Sie im Blockaden-Teil dieses Buches gelesen haben, daß er auch sogenannte »Ticks«, wie beispielsweise andauerndem Schnalzen, Schnippen, ständigem Wiederholen gleicher Redewendungen, Räuspern oder dauerndem die Haare durch die Finger zwirbeln lindert, und Ihr Kind hat keinen solchen »Tick«, dann spielt die beinhaltete Energie dagegen auch keine Rolle und löst auch keine Ticks aus.

Sie unterstützen alle folgenden Therapien zusätzlich durch Ketten, Glückssteine, Kristalle, Heilsteine, ätherische Öle oder Kräuter.

Die in den folgenden Tabellen angegebenen Nummern beziehen sich auf die Bezugsnummern der therapeutischen Naturheilmittel von Methusalem, welche unter jeder Blockaden-Beschreibung aufgeführt sind. In der Spalte »Essenz« finden Sie die Essenz-Nummer und in der »Stein«-Spalte eine Bezugsnummer für einen Therapiestein von Methusalem.

1. **Elixier für unruhige Kinder, welche quengelig sind, viel schreien und weinen.**
   Ein Elixier, welches diese Blockade lindert, beinhaltet aus unserer Erfahrung folgende essenzielle Anteile von Therapiesteinen.
   Wir haben Ihnen in Klammer die Original Heilstein-Essenz-Nummer von Methusalem aufgeführt. Sie können jedoch auch das fertige Elixier als Mischung aus allen Essenzen bei Methusalem oder im Fachhandel unter folgender Nummer erwerben: 100.336. Weitere Informationen hierzu finden Sie am Ende dieses Buches unter: »Bezugsquellen« oder im Großen Lexikon der Heilsteine, Düfte und Kräuter von Methusalem.

Beschreibung	Therapiestein	Bezugsnummern für die:	
		Essenz	Stein
Schmerzen beim Zahnen	Bernstein	3/10	310
Wenn Ihr Kind versucht, mit seinem Verhalten Druck ausüben zu wollen, um so mehr Aufmerksamkeit und Zuwendung zu erzwingen	Carneol orange	2/50	250

Beschreibung	Therapiestein	Bezugsnummern für die:	
		Essenz	Stein
Wenn Ihr Kind sich überbetont entweder nur auf Mutter, Vater oder andere Bezugspersonen fixiert und hierdurch den zwischenmenschlichen Kontakt zu anderen Familienangehörigen vernachlässigt oder darauf gar ablehnend reagiert.	Turmalin rot	8/10	810
Wenn Ihr Kind häufig aus unerklärlichen Gründen zornig ist oder schreit	Sugilith	12/10	1210
Wenn Sie den Eindruck haben, daß Ihr Kind häufig verzweifelt ist	Tansanit	9/10	910
Wenn Ihr Kind häufig allgemein sehr ungeduldig ist	Sonnenstein	1/30	130
Gegen Ängste vor Dunkelheit	Apatit blau	11/40	1140
Gegen Ängste vor dem Alleinsein, Gewitter oder Geistern	Turmalin schwarz	10/10	
Bezugsnummer für dieses Elixier von Methusalem		**100.336**	

2. **Für Kinder in körperlichen und geistigen Reifephasen, wie beispielsweise Trotzalter oder Pubertät.**

   Diese Phasen sind für die psychische, geistige und seelische Entwicklung Ihres Kindes maßgeblich und erfordern viel Verständnis und Geduld von den Eltern. Wir haben Ihnen daher zwei verschiedene Elixiere kombiniert. Eines für **Eltern (100.330)** und eines für **Kinder. (100.337)**

Beschreibung	Therapiestein	Bezugsnummern für die:	
		Essenz	Stein
1. Für die Eltern: Elixier-Nr.	100.330		
Für mehr Toleranz und Verständnis gegenüber dem Kind	Türkis	11/50	1150
Für mehr Zuwendung, Gelassenheit, Vertrauen und Liebe	Sugilith	12/10	1210
Für mehr Geduld und Ausdauer	Sonnenstein	1/30	130
2. Für das Kind:			
Lindert Aggressivität, Impulsivität und Lieblosigkeit	Sugilith	12/10	1210

Beschreibung	Therapiestein	Bezugsnummern für die:	
		Essenz	Stein
Lindert Sprunghaftigkeit, Hektik und Ungeduld	Sonnenstein	1/30	130
Lindert das ständige Bedürfnis, alles besser wissen, besser können oder bestimmen zu wollen	Citrin	3/20	320
Lindert die übersteigerte Freude daran, immer das Gegenteilige tun zu wollen oder nein sagen zu wollen	Chalcedon	9/40	940
Die Bezugsnummer von Methusalem für dieses Elixier ist		100.337	

3. Für Kindergarten- und Schulanfänger

Kindergarten- oder Schulanfang bedeuten nicht nur einen Neuanfang, Umstellung und Anpassung, sondern auch eine vorübergehende Lösung vom Elternhaus. Hierfür empfehlen wir Ihnen folgende Kompositionen:

Beschreibung	Therapiestein	Bezugsnummern für die:	
		Essenz	Stein
Um den Übergang zu neuen Lebensphasen in Verbindung mit Verselbständlichung in neuen Lebensabschnitten zu erleichtern	Jade	7/50	750
Um das Selbstvertrauen zu stärken	Bernstein	3/10	310
Um die Angst vor Neuem zu nehmen	Turmalin schwarz und Onyx	10/10 10/20	1010 1020
Um eine positive Erwartungshaltung und Lebenseinstellung zu erreichen	Rhodochrosit	2/40	240
Um den Loslösungsprozeß und das Loslassen von Bezugspersonen, Geschwistern und Eltern zu erleichtern	Turmalin rot	8/10	810
Gegen übertriebenes Heimweh nach Zuhause, vergangenen Wohnorten, Kameraden oder einer einstigen vertrauten Umgebung	Hämatit	8/20	820
Die Bezugsnummer für dieses Elixier von Methusalem ist		100.338	

4. Elixier gegen Prüfungsängste, Hemmungen und Versagensängste

Beschreibung	Therapiestein	Bezugsnummern für die:	
		Essenz	Stein
Lindert streßbedingte Prüfungsangst und inneren Prüfungsstreß	Carneol rot	8/30	830
Verstärkt das Vertrauen in die eigenen Kenntnisse und Fähigkeiten	Bernstein	3/10	310
Lindert unbegründete Ängste, etwas nicht zu schaffen, Versagensängste	Turmalin schwarz	10/10	1010
Lindert und bewahrt vor einer pessimistischen, negativen Erwartungshaltung	Rhodochrosit	2/40	240
Stärkt das Selbstvertrauen und bewahrt vor Unsicherheiten gegenüber negativen vergangenen Prüfungssituationen	Hämatit	8/20	820
Wenn zu starker Ehrgeiz und Perfektionismus daran hindern, Prüfungen ordentlich und gut abschließen zu können, weil der Zeitplan durch tiefste Detailkrämerei nicht eingehalten wird	Turmalin grün	7/20	720
Die Bezugsnummer für dieses Elixier von Methusalem ist		100.339	

5. Für unruhige und aggressive Kinder:

Innere Unruhe und Aggressionen bestimmen schon heute den Alltag von Kindern mehr denn je. Diese Blockaden betreffen jedoch gleichzeitig Eltern wie Kinder. Wir haben Ihnen daher diesbezüglich zwei verschiedene Elixiere komponiert.

Beschreibung	Therapiestein	Bezugsnummern für die:	
		Essenz	Stein
Für Eltern:			
Um die Toleranzschwelle auszudehnen	Türkis	11/50	1150

Kapitel 4 - Kristalle und Blockaden

Beschreibung	Therapiestein	Bezugsnummern für die:	
		Essenz	Stein
Lindert Wut, Ärger und chronische Gereiztheit	Sugilith	12/10	1210
Vermittelt mehr Verständnis, Ruhe und Geduld	Sonnenstein	1/30	130
Lindert das unterschwellige Gefühl, mit seinem Kind vom Schicksal besonders gestraft worden zu sein	Rosenquarz	2/10	210
Vermittelt ausreichend innere Energie, um dem Kind liebevoller, achtsamer und verständnisvoller entgegentreten zu können	Rubin	1/10	110
Die Bezugsnummer für dieses Elixier von Methusalem ist		**100.340**	
Für das Kind:			
Wenn Ihr Kind häufig bockig und abweisend ist und überall den Kasper oder Pausenclown spielt	Lapislazuli	9/20	920
Wenn Ihr Kind sehr schreckhaft ist	Turmalin schwarz	10/10	1010
Wenn Ihr Kind häufig unter panischen Ängsten leidet	Mondstein	12/20	1220
Gegen Versagergefühle und Versagensängste	Bernstein	3/10	310
Lindert unterschwellige Verzweiflung, welche meist chronisch vorhanden ist und einen Auslöser für weitere Blockaden darstellt. Diese Blockade ist sehr schwer von Außenstehenden zu beurteilen und daher sollte Tansanit grundsätzlich bei Kindern verwendet werden.	Tansanit	9/10	910
Gegen innere Unruhe	Sonnenstein	1/30	130
Lindert starke Reizbarkeit, Aggressivität, Brutalität und Wut	Sugilith	12/10	1210

Beschreibung	Therapiestein	Bezugsnummern für die:	
		Essenz	Stein
Lindert Dickköpfigkeit und Schwierigkeiten, sich unter anderen Familienangehörigen einordnen zu können	Azurit-Malachit	10/30	1030
Lindert angestaute Gefühle, innere Spannungen und Druck, welcher häufig zu Aggressionsspitzen führt.	Fluorit	12/50	1250
Die Bezugsnummer für dieses Elixier von Methusalem ist		**100.341**	

6. Lernschwierigkeiten

Lernschwierigkeiten finden ihre Ursache in vielen Blockaden und lassen sich fast immer auf psychosomatische Stauungen zurückführen.

Beschreibung	Therapiestein	Bezugsnummern für die:	
		Essenz	Stein
Lindern Lernschwierigkeiten, Mangel an Erkenntnis und Erfahrung in allen Fällen. Hinzu sollten Sie folgende Essenzen auswählen und ergänzen	Blaue Topase	7/10	710
Wenn Ihr Kind sehr leicht ablenkbar ist	Lapislazuli	9/20	920
Wenn Ihr Kind häufig unkonzentriert und verträumt ist	Chrysopras	4/10	410
Wenn Sie spüren, daß sich Ihr Kind andauernd verzettelt	Schneeflockenobsidian	7/30	730
Wenn sich Ihr Kind durch zu wenig Ausdauer leicht entmutigen läßt und dazu neigt, vorzeitig aufzugeben	Rhodochrosit	2/40	240
Wenn Ihr Kind dazu neigt, andauernd durch Unsicherheit beispielsweise das Richtige durchzustreichen um das Falsche hinzuschreiben oder zu sagen	Opal	12/30	1230

Beschreibung	Therapiestein	Bezugsnummern für die:	
		Essenz	Stein
Wenn Ihr Kind auf Sie einen phlegmatischen Eindruck macht, indem es beispielsweise alles lustlos vor sich herschiebt oder lange braucht, um mit seinen Aufgaben zu beginnen	Edeltopas	5/20	520
Wenn Ihr Kind häufig schwindelt, zu Flüchtigkeitsfehlern neigt oder andauernd für Unerledigtes eine flüchtige Ausrede hat	Sonnenstein	1/30	130
Wenn Ihr Kind Angst oder Versagensangst vor Klassenarbeiten, Prüfungen oder den Schulkameraden hat	Bernstein	3/10	310
Wenn Ihr Kind auf Sie einen erschöpften, unkonzentrierten, übermüdeten unausgeschlafenen Eindruck macht	Rubin	1/10	110
Wenn Sie den Eindruck haben, daß Ihr Kind häufig labil, sprunghaft, uninteressiert und oberflächlich ist	Aquamarin blau	11/10	1110
Die Bezugsnummer für dieses Elixier von Methusalem ist		**100.342**	

Edelsteine, Heilsteine, Essenzen und Elixiere für Tiere

Tiere reagieren auf Edelsteine und Heilsteine noch viel sensitiver als Kinder oder gar Babys, weil sie im Gegensatz zu uns modernen Menschen noch unblockiert fest mit den kosmischen, universellen und schöpferischen Energieströmen verbunden sind, und ihr Leben nicht an künstlich erschaffenen Rhythmen und Werten orientieren. Im Gegensatz zu uns Menschen müssen Tiere nicht erst wieder neu erlernen, worin die heilenden Eigenschaften der einzelnen Steine und Kristalle liegen, sondern sie sind von Beginn der Evolution an ebenso mit den natürlichen Heilmitteln vertraut, wie mit kosmischen Kräften, Mondrhythmen, schöpferischen Energieströmen, Natur oder Magnetfeldern auch, und orientieren sich an ihnen ebenso wie die Vögel, die in den Süden fliegen. Da Haustiere leider kaum noch die Möglichkeit dazu haben, sich die für sie notwendigen Heilsteine selbst suchen zu können oder sich in deren Nähe begeben zu können, weil sie bei uns Menschen mehr oder weniger eingesperrt leben, kommt es nicht nur so, daß sie zunehmend auch an den selben Krankheiten wie wir modernen Menschen erkranken, sondern auch von uns Menschen mit Heilsteinen und Kristallen bedient, umsorgt und betreut werden müssen. Um den richtigen Heilstein bzw. Therapiestein für Tiere herausfinden zu können, ist ebenfalls eigene Intuition, unter Berücksichtigung des seelischen Gesamtzustandes Ihres Tieres maßgeblich, welcher sich durch ähnliche oder gar gleiche Blockaden wie bei Menschen zum Ausdruck bringt. Hinzu kommt, daß Tiere häufig noch viel stärker an seelischen Blockaden und Metastasen leiden, weil sie von uns Menschen aus Egoismus, Eigennutz und Spaß heraus nicht nur bestialisch überzüchtet oder gefoltert werden, sondern zu Millionen ein Leben in irgendwelchen sterilen Haushalten fristen müssen, in denen sie weder Gras noch angemessene Zärtlichkeit, Liebe, Aufmerksamkeit und Sex durch Artgenossen erhalten, noch Wind, Sonne oder eine abwechslungsreiche Ernährung bekommen, sondern ein Leben in Gefangenschaft verbringen. Davon abgesehen, daß Menschen, welche anderen Lebewesen aus den vorliegenden niederen Beweggründen nach dem Leben trachten oder ihnen ein aus schöpferischer Sicht unwürdiges Dasein aufzwingen, sich nicht nur selbst mit wahrer Schuld beladen, welche sich früher oder später durch gewaltige Blockaden, Krebsgeschwüre, Zysten, Krankheiten, Geschwüre oder Lebenskrisen widerspiegeln wird, sondern sich bereits selbst in komplizierten Blockaden verfangen haben bzw. selbst voller Ängste und Komplexe stecken, um zu solchen Grausamkeiten fähig und dazu bereit sein zu können. Dennoch sollten Sie Ihren Haustieren wenigstens heilende Steine bescheren, um deren seelisches Leid wenigstens ein bißchen einschränken zu können. Beobachten Sie demnach das Verhalten Ihres Tieres und Sie werden sehen, welche Blockade Ihren »Liebling« belastet. Bedenken Sie hierbei ebenfalls, daß sich ähnlich wie zwischen Eltern und Kindern, Blockaden auch bei Tieren widerspiegeln, das heißt, daß Menschen und Tiere aufgrund ihrer geistigen und seelischen Verwandtheit und körperlichen Gleichheit häufig an derselben Blockade leiden.

»Hören« Sie also auf das Verhalten Ihres Haustieres und Sie können mit Hilfe Ihrer Intuition sehr genau bestimmen, unter welcher Blockade es leidet. Ergänzen Sie Therapiesteine und Elixiere zusätzlich mit den Heilsteinen aus dem Großen Lexikon der Heilsteine, Düfte und Kräuter von Methusalem, um Ihre Edelstein-Therapie abrunden zu können. Gehen Sie niemals mit Ihrem Haustier zum Arzt oder Heilpraktiker, ohne Ihrem Liebling zuvor einige Tropfen Bergkristall-Essenz (Essenz-Nr. 5/30), Moqui-Marbles oder Moqui-Marble-Essenz (Essenz-Nr. 13/10) gegen Schock und traumatische Schockereignisse verabreicht zu haben.

Im Folgenden einige Beispiele, um die richtige Essenz für Ihren Liebling herausfinden zu können:

Kapitel 4 - Kristalle und Blockaden

Verhaltensmerkmal Ihres Tieres	Therapiestein	Essenz-Nr.
Ihr Hund bellt und knurrt andauernd zeigt sich sogar bissig	Schwarzer Turmalin,	10/10
– weil er Angst hat	Onyx,	10/20
	Mondstein	12/20
– weil er sich bedroht fühlt, mißtrauisch ist und Sie andauernd beschützen möchte	Sugilith	12/10
– weil er sich in seinen Revieransprüchen bedroht fühlt und verteidigen möchte	Citrin	3/20
Ihr Hund bellt, knurrt und zeigt sich sogar bissig	Sugilith	12/10
– weil er unter der Anwesenheit oder Brutalität eines anderen Tieres oder Menschen leidet, die ihn bedrohen, schlagen, einsperren oder vernachlässigen oder dies in der Vergangenheit getan haben	Tigerauge, Schwarzer Turmalin Onyx	6/10 10/10 10/20
Bezugsnummer für dieses Elixier von Methusalem:		**100.221**
Ihr Hund ist aggressiv	Sugilith	12/10
Ihr Hund weicht Ihnen nicht von der Seite und winselt sehr traurig, wenn Sie sich von ihm weg bewegen oder das Haus verlassen	Carneol orange	2/50
Ihre Katze läßt sich auf einmal nicht mehr gerne streicheln, krallt nach Ihnen	Sugilith	12/10
Ihre Katze flüchtet vor Ihnen, gibt sich stark, unnahbar und unabhängig, obwohl sie eigentlich Zärtlichkeit braucht	Lapislazuli	9/20
Ihre Katze gibt sich stolz, verkriecht sich den ganzen Tag und wird dann aktiv, wenn Sie schlafen wollen	Saphir blau	9/50
Ihr Tier dreht sich apathisch im Kreis, schüttelt andauernd den Kopf oder rennt von einer Ecke in die andere, beißt sich andauernd in den Schwanz, schabt sich die Haut auf und verhält sich verwirrt	Moqui-Marbles, Sugilith, Rubin	13/10 12/10 1/10
Ihr Hund oder Ihre Katze ist stark eifersüchtig auf andere Familienmitglieder oder Haustiere	Chrysokoll Sugilith Goldtopas orange	4/30 12/10 6/20
Ihr Hund oder Ihre Katze ist extrem futterneidisch	Azurit-Malachit	10/30
Bezugsnummer für dieses Elixier von Methusalem:		**100.222**

Sie können Therapiesteine Tieren beispielsweise als Kette um den Hals hängen, am Halsband befestigen oder als Essenz oder Elixier ins Futter oder Trinkwasser träufeln. Bei größeren Tieren, wie beispielsweise Ponys oder Pferden, empfiehlt es sich, mehrere Tropfen auf ein Stück Zucker zu träufeln und ca. 10ml, 5 mal über den Tag verteilt, zu verabreichen.

Nach Unfällen, Bissen, Brüchen, Erbrechen, Fieber, Ausschlägen oder Zeckenbissen sollten Sie grundsätzlich auf die Heilsteine und Therapiesteine zurückgreifen, die sehr ausführlich im Großen Lexikon der Heilsteine, Düfte und Kräuter, sowie in diesem Buch beschrieben sind.

Heilstein-Essenzen, Mischungen und Elixiere für Pflanzen

Pflanzen sind ebenso auf die natürlichen Energien angewiesen, wie wir Menschen und alle Tiere auch. Hinzu kommt, daß Pflanzen nicht nur aus Mineralien, Kristallen, Wasser und Spurenelementen bestehen, wie wir Menschen auch, sondern größtenteils sogar aus Licht und reinster Energie, welche sich in Verbindung mit Steinen und Sternen wie Magneten an den einzelnen Mondphasen und Jahreszeiten orientieren. Pflanzen daher mit chemischen Düngemitteln beglücken zu wollen, ruft größte Strapazen in ihnen hervor, und, wie bei uns Menschen auch, durch Nebenwirkungen viel mehr Leid und Tod als die Wirkungen Positives versprechen. Das Beste, was Sie für Ihre Pflanzen tun können, ist eine regelmäßige energiereiche Düngung unter Berücksichtigung der Mondphasen mit Edelsteinen, Kristallen oder Elixieren. Hierbei sollten Sie auf einige wenige wohl abgestimmte Mischungen von Methusalem zurückgreifen, weil es für uns moderne Menschen nahezu unmöglich ist, den Charakter von Pflanzen noch verstehen zu können. Hinzu kommt, daß wir modernen Menschen der Natur und somit auch den Pflanzen gegenüber innerlich zu blockiert und zu weit entfernt von der natürlichen Realität sind, um die Sprache der Pflanzen überhaupt noch verstehen zu können. Trotzdem geben uns Pflanzen anhand von eindeutigen Verhaltensmustern klare Signale, welche wir als Hilferufe verstehen sollten, weil Pflanzen in unseren modernen Haushalten, ebenso wie Tiere, kaum noch die Chance dazu haben, mit ihren Wurzeln, Düften, Blüten, Stielen oder Blättern selbstständig Hilfe durch andere Lebewesen anfordern zu können oder direkt mit natürlichen Heilmitteln im Erdreich verschmelzen zu können. Wir Menschen sind daher aus ethischer Gesinnung heraus sogar dazu verpflichtet, uns nach dem Befinden unserer Pflanzen zu erkundigen und dafür zu sorgen, daß sie nicht nur ausreichend Licht, Erde und Wasser haben. Denn hiervon leben

Pflanzen genauso wenig wie der Mensch vom Brot allein. Sie benötigen ebenfalls Mineralien, Liebe, schöpferische Energie und kosmische Kräfte, um lieben, wachsen, erblühen und überleben zu können.

Pflanzen haben Gefühle, Ängste und Sorgen, wie Tiere und wir Menschen auch. Sie leiden unter Durchblutungsstörungen, Mineralstoffmangel, Geschwüren oder Ungeziefer und unterscheiden sich diesbezüglich kaum von anderen Lebewesen. Grundsätzlich sollten Sie für Ihre Pflanzen Düngemischungen bzw. Elixiere verwenden, welche in ihrer Substanz auf Bergkristall und Moqui-Marbles aufbauen. Im folgenden haben wir Ihnen einige Kombinationen ausgearbeitet, die Ihren Pflanzen sehr hilfreich sind.

Streuen Sie Düngemischungen in den Blumentopf oder träufeln Sie ca. 10 Tropfen Stein-Essenz oder Elixier direkt in den Topf. Wenn Sie Heilstein-Essenzen im Gießwasser verwenden, sollten Sie ca. 10ml Essenz oder Elixier auf 2 l Wasser geben. Besonders wohltuend für Pflanzen ist, wenn Sie diese direkt mit wohltuenden Essenzen und Elixieren besprühen. Das Gießwasser wird zur herrlichen Wohltat für Ihre Pflanzen, wenn Sie eine Einheit Düngemischung von Methusalem in die Kanne streuen und gemeinsam mit dem Wasser für mehrere Tage abstehen lassen. Tauschen Sie die Mischung alle 3 bis 4 Monate aus.

1. Heilstein-Essenzen für Blumen, Pflanzen Samen und Setzlinge

Verhaltensmerkmal Ihrer Pflanzen	Therapiestein	Essenz-Nr.
Um die harte Samenschale leichter durchbrechen zu können	Citrin	3/20
Fördert Zellaufbau, Wachstum und verschafft die nötige Energie, um den Weg durchs Erdreich hindurch zum Licht finden zu können. Er gibt müden, schlaffen und kranken Pflanzen, welche Blätter und Blüten hängen lassen, neue Kraft.	Edeltopas	5/20
Verhilft dazu, daß frisch gespießte Pflänzchen sich augenblicklich schnell zurechtfinden und trotz Keimungserschöpfung genügend Kraft zum Weiterwachsen aufbringen können.	Rubin	1/10
Gegen chemische, menschlich bedingte, gentechnische und industrielle Verschmutzung von Luft, Wasser und Boden und andere schädliche Umwelteinflüsse. Lindert auch Ungezieferbefall und vertreibt Läuse und Schädlinge	Moqui-Marbles	13/10

Verhaltensmerkmal Ihrer Pflanzen	Therapie-stein	Essenz-Nr.
Sollte verwendet werden, wenn Sie spüren, daß Ihre Pflanze dabei ist, neue Blüten, Ableger und Triebe hervorbringen zu wollen. Jade verhilft zu einem besseren Übergang unter verschiedenen Wachstumsphasen und auch unter den Jahreszeiten. Jade sollte auch verwendet werden, wenn Sie Ihre Pflanzen umtopfen oder von einer gewohnten Stelle zu einem anderen Ort rücken.	Jade	7/50
Wenn Ihre Pflanze auf Sie einen matten, leidenden Eindruck erweckt und Sie das Gefühl haben, daß sie dabei ist, abzusterben	Rosenquarz, Falkenauge	2/10 11/60
Die Bezugsnummer für dieses Elixier von Methusalem		**100.110**

Viele Menschen wissen selbst,
daß sie unglücklich sind.

Aber noch mehr Menschen wissen nicht,
daß sie nur durch Linderung
ihrer Blockaden wieder
glücklich werden können.

Albert Schweitzer

Kapitel 5

Das Indianische Mond-Medizinrad

»Mutter Erde«
Von den beiden Schamaninnen »Hawk Woman« und »Dancing Moon«

Dieses Buch soll dazu dienen, uns von unseren materiellen Grundsätzen zu lockern, um eine neue, längst notwendige spirituellere Denkweise zulassen zu können, welche weder auf vergangenen Moralvorstellungen aufbaut, noch nach Erfüllung in der Zukunft sucht, sondern die uns Menschen wieder dazu animiert, die volle Verantwortung für uns selbst und unser Tun im Hier und Jetzt übernehmen zu können. Natürlich übernehmen wir täglich genügend Verantwortung, allerdings nicht zum Wohl eigener inniger seelischer Empfinden oder der Natur, sondern viel mehr nur zum Wohl irgendwelcher Apparate, welche uns durchs Leben hetzen. Das Mond-Medizinrad stellt, ebenso wie der Europäische Tierkreis oder die Weisheit der Urzeit, einen unmittelbaren Zugang zu den spirituellen Wegen des Friedens her, welche dann, wenn wir sie nur ein Stück weit mit Hilfe von Mondphasen und Kristallen bewußt verfolgen, wieder zurück zu Liebe, Zufriedenheit, Glück und Gesundheit führen. Das Mond-Medizinrad ist, ebenso wie andere indianische Medizinräder, etwas Gewaltiges, Unvergängliches, Allumfassendes, das für alle Menschen immer und zu jeder Zeit dieselbe Gültigkeit besitzt und allen Lebewesen der irdischen Natur mit derselben Intelligenz und denselben Rechten betraut, wie uns Menschen auch. Es verhilft uns Menschen, ebenso wie der Instinkt den Tiere, zu einem friedvollen Miteinander, um mittels wenigster Gesetze zum wahren Sinn des Lebens finden zu können.

Das in den Medizinrädern verschlüsselte Wissen beruht nur auf wenigen, denkbar einfachen Gesetzesmäßigkeiten, und läßt sich, wie alle esoterischen Dinge im irdischen und universellen Geschehen, mit einfachsten Worten beschreiben. Sobald wir diese einfachen Regeln respektieren und bewußt in unser tägliches Handeln integrieren, werden wir nicht nur zu neuen Wegen und Denkmustern finden, sondern wir werden uns selbst in unserer hiesigen Umwelt eine neue Gegenwart als Maß neuer Lebensqualität erschaffen können, die nicht mehr länger ausschließlich nur am materiellen Erfolg festhält, sondern wieder mehr an Liebe, Partnerschaft, Gesundheit und Glück. Natürlich benötigen wir auch Geld um materiell überleben zu können, wir benötigen jedoch noch viel mehr Liebe, Zärtlichkeit, Vertrauen, Sexualität und Zufriedenheit, um körperlich, geistig und seelisch gesund und fit bleiben zu können. Und in einer Schnittmenge dieser beiden verschiedenen Weltanschauungen liegen die Geheimnisse weisheitlicher Überlieferungen ebenso verborgen, wie im Mond-Medizinrad oder den Lehren Buddhas. Denn für die Urvölker, welche über 100.000 Jahre friedvoll miteinander umgehen, ist die Entgleisung der Gesinnung der modernen Menschen nichts Außergewöhnliches oder gar Neues, weil auch unter ihresgleichen immer wieder Trends in diese Richtung zu verspüren waren. Was den Urvölkern allerdings neu, dumm und unverständlich erscheint, ist, daß wir modernen Menschen nicht aus unseren Fehlern lernen und uns stattdessen von Generation zu Generation immer noch weiter von der Natur entfremden. Obwohl wir alle wissen, daß etwas nicht mehr stimmt, bzw. daß es so nicht mehr länger weitergehen kann, weil wir uns alle zunehmend vor Ängsten, Krankheiten, Schmerzen und Einsamkeit krümmen, suchen wir trotzdem, wie die Lemminge, den Halt da, wo das Unheil seinen Ursprung hat.

Sicherlich werden die modernen Menschen nicht von heute auf morgen erkennen können, wie man sich als gleichberechtigtes Lebewesen auf der Erde fühlt und verhält, ohne anderen Lebewesen oder der Natur länger schaden zufügen zu müssen. Sie können sich mit Hilfe von Steinen jedoch über zahlreiche ihrer Blockaden bewußt werden und versuchen, den Samen eines Gedankens in sich zu säen, der während des Aufkeimens Ihr Bewußtsein durchströmt. Dieser Gedanke ist der Grundgedanke aller Orakel, Medizinräder oder der Weisheit selbst. Er ist der Auslöser zur esoterischen Ursache des heiligen Pfades, welcher alle natürlichen Völker und Lebewesen wie ein roter Faden in all ihren Handlungen, Ideen und Taten beflügelt, korrigiert, bremst oder aktiviert. Denn alle Dinge beginnen zunächst mit einem Gedanken, einer Idee oder Vision. Nicht umsonst werden unsere Kinder von klein auf durch sogenannte Schulbildung mit den heimlichen Gedanken der materiellen Lebensführung vertraut gemacht, denn aus materiellen Gedanken folgen materielle Visionen, Egoismus und letztendlich das große Ausmaß unseres materiellen Daseins, das in symbolischer Selbstverwirklichung längst nicht mehr an Nächstenliebe oder Güte gebunden ist, sondern an Wirtschaftswachstum, Profitgier und all das, was man sich kaufen oder leisten kann. Die uns von klein auf vermittelten Visionen bauen, genau entgegengesetzt den schöpferischen Grundgedanken, auf der heimlichen Botschaft auf, daß das Geld der eigentliche Charakter aller Dinge ist, welcher alles bezahlt, rechtfertigt oder entschuldigt. Aus dieser Position heraus besteht längst kein einziges Recht mehr, sondern unzählige, selbst aufgeschriebene Rechte der Menschen und der Natur werden über Nacht zu Unrecht und umgekehrt. Vergewaltigung und Mord werden zu Kavaliersdelikten während Schwarzarbeit, Steuerhinterziehung, Beamtenbeleidigung oder Sachbeschädigung zu schlimmeren Verbrechen hochstilisiert werden als Kindesmißhandlung. Unmittelbar nach dem Geld folgt in der Hierarchie der modernen Menschen eine männliche Gottheit, die Kraft irgendwelcher Männer, Liebe, Sexualität oder Glück auf irgendwelche späteren Zeitpunkte verlegt. Anschließend folgt der Mann, das Auto, die Frau, Kinder, Hund und Katze und letztendlich folgt, gemeinsam mit der Natur und anderen irdischen Geschöpfen, das körperliche und seelische Wohlempfinden, allerdings nur solange es kein Geld kostet, umsonst ist, Profit verspricht oder irgendwie nützlich ist.

Die Urvölker wissen, wie wichtig es ist, seinen Kindern von klein auf einen vielseitigen Nährboden anzubieten, um ihre körperlichen und geistigen Aktivitäten entfalten zu können. Hierbei achten sie jedoch darauf, daß ihren Kindern weniger das Wissen beigebracht wird, wonach sie sich oder irgendwelche Vorfahren im eigenen Leben orientiert haben, sondern eine Botschaft, welche darauf beruht, daß weisheitliches Wissen nur von Weisheit ist, wenn es auch zu jeder Zeit und an jedem Ort modern ist und unabhängig von den Erfahrungen der Eltern vom Prinzip her immer wieder neu gebraucht und angewandt werden kann. Hinzu kommt ein Bewußtsein darüber, daß es die Pflicht eines jeden Menschen ist, sich wie ein Kamerad als Teil der Natur zu verhalten und dies auch in jedem Augenblick erneut tun zu wollen. Die Indianer sagen, daß wenn man dieses Wissen nicht hat, man glaubt, alle Schriften dieser Welt studieren und auswendig lernen zu müssen, um erleuchtet und weise werden zu können. Kennt man die wenigen Worte des weisheitlichen Wissens und lernt mit Hilfe von Kristallen, Mond und Sternen damit umzugehen, werden Liebe, Glück und innere Freude die Ernte dafür sein. Das im Folgenden zitierte Wissen mag sich vielleicht banal anhören, ist jedoch der Schlüssel zum Glück. Es eröffnet auch uns modernen Menschen wieder eine neue Art und Denkweise, den irdischen Dingen begegnen zu wollen und versetzt uns von einem Augenblick in den anderen aus einer Warteposition heraus in die aktive Position, unser Leben wieder selbst bestimmen zu wollen und auch zu können. Von diesem Augenblick an spüren wir deutlich selbst wieder, wie einfach die Heilung unserer Mutter Erde und somit auch von uns selbst ist, und empfinden beispielsweise Schuldgefühle dabei, wenn wir unseren Organismus weiterhin aus Bequemlichkeit heraus bewußt mit genvergifteten Lebensmitteln belasten oder das Fleisch chemisch ernährter und bestialisch gequälter Tiere essen.

Das hierzu erforderliche Wissen beruht zunächst einmal auf der Erkenntnis, daß wir ein Teil unserer Natur sind und daß alle natürlichen Geschöpfe um uns herum dasselbe Recht auf Leben, Liebe, Anerkennung, Dasein und Lebensraum haben, wie wir selbst auch. Die Weisheit lehrt, daß jeder Mensch sich seinen Fähigkeiten zufolge entfalten darf wie er möchte, solange er dabei der Natur und anderen Geschöpfen keinen Schaden zufügt, sie nicht gewaltsam bedrängt oder bezwingt, nicht mehr nimmt als er zum Überleben braucht oder im Stande ist, wieder geben zu können. Das hierfür erforderliche Verständnis und die innere Rücksicht ist leider längst durch unzählige Blockaden verworfen, wodurch die Achtung anderen Menschen, der Natur und vor allem unserem eigenen seelischen und körperlichen Befinden gegenüber, genauso zerbröckelt, wie Nächstenliebe und Vertrauen und letztendlich auch das Wichtigste, wonach wir insgeheim alle streben, nämlich nach Partnerschaft, Wärme, Geborgenheit, Liebe, Gesundheit, Zufriedenheit und Glück.

Hawk Woman und *Dancing Moon* wünschen uns mit diesen Zeilen von ganzem Herzen, daß mehr Menschen unter uns die Vorgänge unseres Planeten nicht mehr länger in Frage stellen oder bewiesen haben wollen, sondern endlich wieder damit beginnen, die Mysterien einfach nur so hinnehmen und akzeptieren zu können, wie sie sind. Auch sie versuchen uns, zwischen den vielen Zeilen dieses Buches, gemeinsam mit den Ureinwohnern Australiens, Tibets und Chinas, eine Botschaft über ein Verständnis dessen zu vermitteln, das wir benötigen, um selbst erkennen zu können, wie wir wieder zufriedener leben oder sogar überleben können.

Das Indianische Mond-Medizinrad

Nach dem indianischen Mond-Medizinrad, welches keine feste Institution ist, sondern eher eine überlieferte Interpretation aus über 20.000 verschiedenen Medizinrädern, Orakeln und weisheitlichen Überlieferungen nahezu aller Urvölker, unterliegen die Entwicklungsstufen aller Menschen zahlreichen Rhythmen, welche von Mondphasen, Planeten und Sternen ebenso gesteuert werden, wie von den Tieren und Pflanzen unserer Natur auch. Das Mond-Medizinrad verschafft, im Gegensatz zur Meditation oder dem Gebet, weniger eine Verbindung zu den übergeordneten Energien des Jenseits, als viel mehr zu den Kräften der irdischen Natur. Diese Verbindung wird, im Gegensatz zu unserer Astrologie, nicht als Tierkreis, sondern als Rad bezeichnet, und beschreibt weniger den Grundcharakter eines Menschen, wie in unseren astrologischen Überlieferungen, sondern drückt viel mehr die verschiedenen Eigenschaften und Aufgaben jedes Menschen im ursächlichen Zusammenhang mit der Natur, den Elementen, dem Mond und den Sternen aus. Der Tierkreis, welcher unser astrologisches Gerüst bildet, wird für die Indianer durch das Medizinrad dargestellt. Das Mond-Medizinrad beschreibt daher keinen kosmischen Verlauf irgendwelcher Planeten, sondern bezieht den Betrachter mit Hilfe von Steinen und Mondphasen in das augenblickliche Geschehen des Hier und Jetzt und in die Nahe Zukunft ein. Denn nur in der Gegenwart spielt sich unser Leben ab. Und genau in dieser augenblicklichen Gegenwart liegt die Freiheit jedes einzelnen Menschen sich für etwas Gutes oder Schlechtes entscheiden zu können. Anhand eines roten Fadens aus dem Gedanken, immer in Harmonie mit der Erde und der Natur leben zu wollen, und nicht gegen sie, gelangen alle Menschen zu innerer Reife, Ruhe, Weisheit und Frieden. Schon die Indianer wußten, ebenso wie auch die Griechen, Römer oder Chinesen, daß wir im Leben verschiedene Reifestufen und Entwicklungsphasen durchleben, wobei uns der Mond, die Sterne, die Natur durch Mondphasen und Biorhythmen bestimmte Phasen und Abschnitte vorgeben, die uns leiten und begleiten. Unter dem Kreis, welcher ohne Anfang und Ende ist, ohne oben und unten, finden wir demnach auch immer zur richtigen Möglichkeit, uns entwickeln und entfalten zu können, ohne andere Lebewesen bedrängen zu müssen. Alle Völker vor uns wußten jedoch auch, daß eine Ablösung von der Natur und dem Kreislauf vom Mond und den Sternen den gesamten Lebensrhythmus verwirft und zudem das persönliche, körperliche, geistige und seelische Wachstum zerstört. Mit anderen Worten: Je mehr wir uns vom natürlichen Kreislauf entfernen, desto stärker werden unsere körperlichen und geistigen Leiden. Die Indianer kannten ebenfalls den Zusammenhang zwischen Natur, Geburt, Leben, Liebe, Mond und Sterne und respektieren diesen auch heute noch. Die Weisheit des Medizinrads liegt, ebenso wie die Weisheit der Urzeit auch, darin, mit Hilfe von Steinen zu den inneren »Mondphasen« in uns selbst gelangen zu können, um einerseits mit Hilfe des gesamten Universums eigene Schwächen, Ängste und Sorgen, sprich seine Blockaden, erkennen, herausfinden, lösen, lindern und heilen zu können und andererseits darin, immer den roten Faden zum heiligen Weg verfolgen zu können, um in größtmöglicher Harmonie und Ausgeglichenheit nach den universellen Rhythmen von Geben und Nehmen leben zu können. Jede volle Mondphase stellt im Medizinrad eine neue Reifephase dar, welche einen weiteren Lebensschritt erst dann ermöglicht, wenn alle zuvor vorhandenen Probleme erkannt und vollständig gelöst wurden. So wußten die Indianer schon genauso wie die Griechen und Römer, daß ein gelöstes Problem 100 Freuden mit sich bringt, während ein ungelöstes Problem 100 weitere Sorgen erschafft. Das Mond-Medizinrad stellt also einen symbolischen Reifeprozeß dar, welcher dazu verhilft, sich mit Hilfe der Natur selbst besser kennenzulernen, und respektvoller mit allen anderen Lebewesen umgehen zu können, um somit selbst durch Nächstenliebe und Geben und weniger durch Nehmen zu Liebe, Zufriedenheit und Glück finden zu können. Denn alle Lebewesen erhalten, empfangen und nehmen von der Natur nicht nur solange sie jung sind. Kinder empfinden besonders großes Glück dabei, wenn sie bekommen. Erwachsene hingegen sollten dazu im Stande sein, in all ihren Lebensbereichen ein ausgewogenes Verhältnis zwischen Geben und Nehmen empfinden und herbeiführen zu können. Allerdings bedeutet erwachsen sein, auch wieder etwas zuvor in der Kindheit erhaltenes an die Mutter Natur und an seine Eltern zurückzugeben, um einen Kreislauf zu vollenden. Deshalb erfüllt uns Erwachsene das Geben von Herzen, beispielsweise durch schenken oder eigene Kinder, mit Glück. Denn der leichte Überhang vom Geben liegt in der Grundnatur eines jeden Erwachsenen, um der Natur in Form von Geben ein ganzes Leben lang das zurückgeben zu können, was er beispielsweise in seiner Kindheit von ihr erhalten hat. Aus dem inneren Mechanismus erwachsener Wesen, immer ein klein wenig mehr geben als nehmen zu wollen, wird nicht nur die Mutterrolle bestärkt, sondern alle Lebewesen finden durch diesen weisheitlichen Mechanismus zu Vollkommenheit und Liebe und finden zum Licht. Das Wissen in diesem Buch vermittelt uns die Kraft, die wir benötigen, um die beschriebene neue Denkweise in unserem Geiste aufblühen lassen zu können. Die Indianer verstehen ihr Mond-Medizinrad deshalb als Sprachrohr der Sterne, Steine, Monde, Pflanzen und Tiere zu sich selbst und umgekehrt.

Im Prinzip ist das indianische Mond-Medizinrad, ebenso wie das Wissen über die Urzeit der Ureinwohner Australiens oder das Wissen über den Tierkreis, ein einziges Wissen, was die Instruktionen für alle Arten von Leben im irdischen Gefüge beinhaltet, das in einer einzigen, gleichen, sehr einfach verständlichen Sprache niedergeschrieben ist und für alle Lebewesen dieselbe Gültigkeit besitzt. Es schränkt somit vom Geiste her das Böse im Menschen ein und bewirkt Gutes. Allerdings müssen wir modernen Menschen uns mit Hilfe von natürlichen Heilern wieder bewußt zu den Instruktionen des wahren Lebens bekennen, um wieder zu mehr Liebe, Menschlichkeit und zu mehr Verständnis untereinander und unserer Umwelt gegenüber zurückfinden zu können. Dieser Weg führt nur über die spirituellen Energieströme der Schöpfung selbst und niemals über Logik, Wissenschaft oder gar analytisch praktizierte Astrologie oder Steinheilkunde. Denn all diese festen Denkweisen erfordern wiederum festgelegte Schemen und Prinzipien und genau hiervon müssen wir uns lösen, um uns nicht länger selbst von den großen Quellen schöpferischer Energien abzuschneiden. Denn in der Natur existiert nichts festes, schematisches oder eckiges, sondern alle Dinge sind fließend, flexibel und harmonisch miteinander verbunden. Egal ob wir den Frühlingsanfang im Kalender festschreiben oder nicht, es wird jedes Jahr erst dann Frühling, wenn die gesamte Natur hierzu bereit ist und nicht dann, wenn wir modernen Menschen uns ausgerechnet haben, daß unsere gentechnisch hergestellten Mega-Perls zur Aussaat gelangen müssen, um den bestmöglichen Profit erzielen zu können.

Das weisheitliche Wissen dieses Buches beschreibt in seiner Vollkommenheit und Einfachheit in einer gemeinsamen Sprache eine größtmögliche Verbundenheit und Harmonie für alle Lebewesen der Natur. Anders herum führen alle Wege, welche dieses übergeordnete Prinzip ignorieren, verletzen oder gar ausschließen, immer zu jenen Blockaden, Verhaltensmustern und Leiden, denen ebenfalls ein Großteil dieses Buches gewidmet ist, weil wir modernen Menschen uns schon viel zu lange der Natur gegenüber verschlossen haben. Umso länger Sie sich demnach weiterhin den natürlichen Kräften, Rhythmen und Zyklen verschließen, umso mehr werden Sie krank, unglücklich, depressiv und einsam. Während Ihnen in der zuvor genannten spirituellen Welt in Verbindung mit natürlichen Rhythmen alle Wege des Schönen und Guten geöffnet werden, führen die Wege unseres modernen materiellen Denkens nur zu wenigen noch niederen Scheidepunkten, welche sich in nur wenigen Leiden, Ängsten und Sorgen ausdrücken lassen.

Die Indianischen Völker kennen demnach nicht nur die heilenden Kräfte der Steine, sondern auch deren Wirkungen auf die Seele, Psyche und den Körper, was wiederum im Großen Lexikon der Heilsteine, Düfte und Kräuter von Methusalem ausführlich beschrieben wird. Da die Indianer ihr Leben viel mehr den Steinen und Sternen anvertrauen, als wir modernen Menschen dies tun, gehören sie auch heute noch zu den wenigen glücklichen, zufriedenen und gesunden Menschen.

Sie als Leser werden, ebenso wie wir feststellen, daß die Therapiesteine nach dem Indianischen Mond-Medizinrad ähnliche Wirkungen auf Blockaden aufweisen. Allerdings sind die astrologischen Eigenschaften nach dem Indianischen Horoskop weniger den Sternen, als viel mehr den einzelnen Mondphasen unterworfen, was sich schlicht und einfach aus der starken indianischen Verbundenheit zum Mond ergibt. Daher ist das Indianische Mond-Medizinrad nicht als Widerspruch zur Europäischen Überlieferung zu sehen, weil die unterschiedlichen Steinbeschreibungen sich einfach aus der Tatsache ergeben, daß alle Dinge zu verschiedenen Zeiten an verschiedenen Orten anders wirken, sondern eher als Ergänzung, die hinsichtlich zum Großen und Ganzen eine verfeinerte Definition kosmischer Kräfte im irdischen Geschehen beschreibt. Daraus ergibt sich beispielsweise auch, daß der Türkis in Indianischen Gefilden unter den dortigen Bedingungen andere Kräfte für die Menschen entfaltet, als bei uns oder anders ausgedrückt, daß die Wirkung des Türkis im Indianischen Horoskop beispielsweise mit den Wirkungen des Carneol in der Europäischen Überlieferung vergleichbar sind, weil die Indianer weniger die Sterne als viel mehr den Mond und dessen Phasen zum Gerüst für ihre Horoskope verwenden.

Wir haben Ihnen in diesem Buch zusätzlich die wichtigsten Glückssteine aus dem Indianischen Medizinrad aufgeführt, da diese weniger in den einzelnen Tierkreiszeichen, Dekaden und Oppositionen ihre besten Kräfte versprühen, sondern unschätzbare Dienste in unserer Orientierung hinsichtlich den Mondphasen selbst beinhalten. Die Glückssteine nach Europäischer Überlieferung sind zwar für uns viel trefflicher in ihren astrologischen Wirkungen, mondbedingt haben Sie mit Hilfe dieses Buches jedoch auch zusätzlich die Möglichkeit, die energievollen Kraftsteine der Indianer als zusätzliche spirituelle Helfer für sich verwenden zu können.

Wir möchten uns an dieser Stelle nochmals ganz herzlich bei den beiden Schamaninnen, *Hawk Woman* und *Dancing Moon* für ihre liebevolle Unterstützung und Interpretation der hier aufgeführten Blockaden und Therapiesteine nach dem Indianischen Mond-Medizinrad bedanken. Sie widmen uns hiermit, im Namen aller Indianischen Völker, ein Stück jener Weisheit, welche uns modernen Menschen von Habgier, Wissenschaft, Fortschritt, Macht und Materialismus befreien sollen, damit in uns allen endlich wieder die Energieströme der Liebe zirkulieren können, woraus in uns wieder eine längst ersehnte Zufriedenheit und Gesundheit keimen kann.

Bitte beachten Sie:
Die ähnlichen Heilwirkungen der Glückssteine auf charakterliche Blockaden beweisen letztendlich die wahren Wirkungen der Steine, welche seit Tausenden von Jahren überliefert wurden und somit einer einzigen Wahrheit und einem Ursprung entstammen. Die beiden Schamaninnen *Hawk Woman* und *Dancing Moon* beschreiben die aus indianischer Sicht definierten Therapiesteine so genau wie möglich und appelieren gleichzeitig an uns moderne Menschen.

Natürlich bleiben die Heilwirkungen der zuvor aufgeführten Therapiesteine auf Blockaden, davon unberührt. Egal, in welchem Tierkreiszeichen oder in welcher Mondphase Sie Ihre Blockaden erkennen, wird der dazugehörige Therapiestein Sie von dieser Störung befreien. Aus astrologischer Sicht empfiehlt es sich jedoch, um an den wahren Energiegehalt Ihrer Sterne gelangen zu können, sich an dem Horoskop zu orientieren, das Ihnen zum Zeitpunkt Ihrer Geburt Ihre Sternkonstellation am deutlichsten beschreibt und nicht das, was beispielsweise zu Ihrer hiesigen Geburtsminute die Sternkonstellation in China beschreibt. Da das indianische Mond-Medizinrad im Gegensatz zum chinesischen Horoskop kein anderes Horoskop ist, sondern eher als mondbedingte Ergänzung zum Europäischen Tierkreis angesehen werden kann, können Sie die darin beschriebenen Therapiesteine auch bedenkenlos mit allen anderen Heilsteinen kombinieren.

Das Indianische Mond-Medizinrad

Das indianische Mond-Medizinrad beginnt nicht, wie der Europäische Tierkreis, mit der Frühlingstagundnachtgleiche, mit dem Sternzeichen des Widders, sondern am 22. Dezember mit dem Mond der Erneuerung. Es orientiert sich im Gegensatz zum europäischen Tierkreis nicht am Stand der Sonne, sondern an den Mondphasen und stellt somit ein Mond-Horoskop dar. Die 4 Jahreszeiten werden im Mond-Medizinrad anhand je 3 aufeinanderfolgender Nord-, Ost-, Süd-, und Westmondphasen beschrieben. Der Nordmond entspricht dem Winter, der Ostmond dem Frühling, der Südmond dem Sommer und der Westmond dem Herbst. Um sich Ihrer Blockaden bewußter werden zu können, empfiehlt es sich auch, den Eigenschaften der Oppositionen eine besondere Aufmerksamkeit zukommen zulassen.

Mond der Erneuerung
Schneegans, 22. Dezember bis 20. Januar

Der Mond der Erneuerung ist die 1. Mondphase des Jahres. Sie gehört zur Jahreszeit des Nordmondes und wird in ihren Kräften durch *Kunzit* und *Hiddenit* bestärkt. Die zugeordneten Heilpflanzen sind Arnika und Birke, die Farben sind silbrig-grün, rosa und weiß und in der Opposition dieser Mondphase befindet sich der *Specht*.

rosa Kunzit

Rosa Kunzit ist ein unermüdlicher Licht- und Energiebringer, der von den Indianern für unzählige Gelegenheiten verwendet wird. Er lindert Blockaden, die ein hohes inneres seelisches Durcheinander auslösen, das beispielsweise durch starke körperliche Verletzungen und geistige Schockzustände verursacht wurde. Diese können beispielsweise durch plötzliche Unfälle, Krankheiten, Tod oder durch Trennungen und Untreue ausgelöst werden. Kunzit lindert insbesondere auch starke Unsicherheiten, Ängste und plötzliche Panikgefühle. Blockaden, welche sich innerlich entweder durch zu hohe selbstauferlegte Erwartungen und Ziele an sich selbst oder auch durch Druck von anderen entwickeln, führen mit der Zeit zu seelischem Streß und Dauerhaften inneren Anspannungen, die meist von größten innerlichen Schmerzen begleitet werden. Kunzit lindert diese Blockaden und befreit einerseits auch von einer asketischen Unterwürfigkeit irgendwelchen anderen Menschen oder sogar Sachen gegenüber, und andererseits vor Selbstüberschätzung und Selbstzerstörung, die durch zu starke Ehrgeizgefühle, Minderwertigkeitsgefühle und Verlustängste ausgelöst werden. So lindert er innere Spannungen, Streß, Ängste und Schockzustände. Kunzit wurde von den Indianern grundsätzlich für alle Notfälle verwendet, welche körperliche und geistige Erschütterungen hervorrufen. Kunzite sorgen dafür, daß die innerlichen Strukturen schnell wieder ins Lot kommen und somit der Heilungsprozeß mit Hilfe anderer Heilsteine durch Befreiung von Blockaden schneller einsetzen kann.

Essenz-Nr. SG 10   **Therapiestein-Nr. SG 110**

Spezifische Heilwirkungen: Auszug aus dem Großen Lexikon der Heilsteine, Düfte und Kräuter von Methusalem.
Schilddrüse, Verkrampfungen, Verspannungen, Bluthochdruck, Gicht, Arthritis, logisches Denkvermögen, Intelligenz, Hemmungen, Ängste, Suchterkrankungen.

Wie pflege ich einen Kunzit?
Da Kunzit ein sehr kräftiger Stein ist, empfiehlt es sich, diesen regelmäßig vor Gebrauch unter fließendem, lauwarmem Wasser oder in einer trockenen Schale mit Hämatit-Trommelsteinen zu reinigen und zu entladen. Aufladen können Sie den Kunzit am besten, wenn Sie ihn während einer Nacht zusammen mit klaren Bergkristall-Spitzen in einer Schale mit Mineralwasser ruhen lassen.

Schneegans, Hiddenit, 22.12. bis 20.1

Hiddenit lindert Blockaden jener Menschen, welche die Bedürfnisse anderer stets vor ihre eigenen setzen. Diese Blockade spiegelt sich nicht nur in einem typischen Helfer-Syndrom wieder, wobei Betroffene auch dann andauernd danach trachten, die Koffer anderer tragen zu wollen, wenn diese sie auch sehr gut alleine tragen können und möchten, sondern auch in chronischer Enthaltsamkeit gegenüber den eigenen Wünschen und Bedürfnissen. Dies führt dazu, daß Betroffene in typische Verhaltensmuster verfallen die den eigenen Charakter dazu animieren, anderen Menschen gegenüber alles entschuldigen, recht machen oder verzeihen zu wollen. Übermäßiges Verständnis macht die eigenen Grenzen gegenüber anderen Menschen häufig sogar so durchlässig, daß Betroffene aus dieser Blockade heraus dazu neigen, im noch so schlechten Verhalten anderer ihnen gegenüber immer noch etwas Positives oder Entschuldigendes finden zu wollen, auch dann, wenn Mitmenschen längst massiv damit beginnen, Betroffenen auf der Nase herumzutanzen. Letztendlich akzeptieren sie das Wetter, die Kindheit, Schulbildung, Alter, Größe, Gewicht oder Geburtsort und sogar andere, oft abenteuerlich an den Haaren herbeigezogene Argumente als ausreichende Entschuldigung, um Verständnis entgegenbringen zu können. Hiddenit lindert diese Blockaden, welche ein andauerndes inneres Bedürfnis von gebraucht werden vermitteln, was nicht selten zu Hypochondrie bzw. eingebildeten Schmerzen, Krankheiten und Leiden führt, um somit wiederum Aufmerksamkeit und Mitleid anderer an sich binden zu können. Darüberhinaus bewirkt Hiddenit auch, daß die eigene Intimsphäre besser gegen Wünsche und Übergriffe anderer Menschen abgegrenzt, vertreten und gestärkt werden kann. Hiddenit verhilft auch dazu, daß Betroffene nicht länger »Ja« sagen, wenn sie eigentlich »Nein« meinen und verschafft mehr Einblick und Vertrauen in eigene Stärken, um besser für sich selbst sorgen zu können, ohne sich länger alles gefallen zu lassen, vor Mitleid zu vergehen oder sich gegen eigene Bedürfnisse für andere aufzuopfern. Nur so bleiben betroffene Menschen nicht länger »Everybody's Fußabstreifer«, weil sie wieder erkennen, daß auch ihre eigenen Bedürfnisse wichtig sind und daß alles, was für sie richtig erscheint, nur dann beruhigend ist, wenn es auch im Einklang mit den eigenen Bedürfnissen aus Körper, Psyche und Seele besteht.

Hinzu kommt, daß Hiddenit ein ausgesprochener Herzensstein ist. Immer wenn verstärkte Gedankenströme, verdrängte Bedürfnisse und vermehrte Emotionen die Energiebahnen der Chakras und des Körpers durchkreuzen, unterliegt auch unser Herz einer erhöhten Belastung. Wir sollten gerade in unserer von Umweltgiften und Streß reichlich versehenen Zeit nicht damit sparen, unser Herz und die damit verbundenen seelischen Energiezentren täglich durch Hiddenit und andere Therapiesteine zu beruhigen.

Dies trifft insbesondere auch auf Menschen zu, die durch andere Blockaden dazu neigen, viel mehr geben zu wollen, als sie bekommen, nehmen oder verantworten können. Diese übertriebene Selbstlosigkeit führt jedoch nicht nur zur Erschöpfung und Abgespanntheit, sondern letztendlich auch zu tiefgründigen Unausgewogenheiten, welche sich sehr oft durch chronische Kopfschmerzen, Migräne und alle Arten von Unterleibsschmerzen, Zyklusbeschwerden, Geschwüren und Krebs bemerkbar machen. Hiddenit erwärmt gefrorene und erstarrte Herzen und bewirkt somit, daß die seelischen Energieströme nicht nur den Geist wieder ausreichender mit Liebe versorgen, sondern auch wieder verstärkt bis in die entlegensten Gefäße unseres Organismus gelangen können. Hierdurch empfinden Betroffene wieder die wahre Liebe anderer und erhalten auch wieder die Fähigkeit, diese in sich, ohne Schuldgefühle, aufnehmen und zirkulieren lassen zu können. Der Liebeskreislauf kann somit wieder beginnen, was die Betroffenen aus ihrer erstarrten Haltung befreit. Dies spiegelt sich nicht nur durch weniger Egoismus und besitzanspruchsvolles Denken wider, sondern in einer liebevolleren, verständnisvolleren und offeneren Art gegenüber Familienmitgliedern, Partnern und Mitmenschen. Hiddenit eignet sich auch sehr gut für Menschen, welche unter traumatischen Kindheitserinnerungen leiden und aufgrund dessen in bestimmten Situationen von Hemmungen, Komplexen, Selbstaufgabe und Gefühlskälte, wie von einem Kokon, eingefangen werden.

Essenz-Nr. SG/20   **Glücksstein-Nr. SG20**

Spezifische Heilwirkungen: Auszug aus dem Großen Lexikon der Heilsteine, Düfte und Kräuter von Methusalem.
Epilepsien, Krämpfe, Durchblutungsstörungen, Corona-Sklerose, Gicht, brennende Füße und Hände.

Wie pflege ich einen Hiddenit?

Hiddenit sollte mindestens einmal in der Woche unter fließendem, lauwarmem Wasser oder über Nacht in einer trockenen Schale mit Hämatit-Trommelsteinen entladen und gereinigt werden. Wir empfehlen Ihnen, den Hiddenit einmal im Monat in einem Glas mit Wasser und klaren Bergkristall-Spitzen über Nacht aufzuladen.

Mond der Ruhe und Reinigung
Otter, 21. Januar bis 19. Februar

Der Mond der Ruhe und Reinigung ist die 2. Mondphase des Jahres. Sie gehört zur Jahreszeit des Nordmondes und wird in ihren Kräften durch *Azurit* bestärkt. Die zugeordneten Heilpflanzen sind *Zinnkraut* und *Wacholder*, die Farbe ist silber und blau und in der Opposition dieser Mondphase befindet sich der *Stör*.

Nahezu alle Urvölker richteten sich unmittelbar nach dem 2. Vollmond des Mondjahres von Beginn der abnehmenden Mondphase an auf ein 7-tägiges Heilfasten ein. Denn im körperlichen Gewebe hat sich über die Wintermonate bedingt durch mangelnde Bewegung und ballaststoffarme, fettreiche Ernährung Unrat in Form von faulenden Schlacken und Fettpolstern angesammelt, welche im Frühjahr wieder ausgeschwemmt werden sollten. Die Mond-Diät der Reinigung beginnt mit dem 2. Vollmond. Vom Vollmondtag an wird bis einschließlich zum Abend des darauffolgenden ersten, abnehmenden Mond-Tages an nur noch Obst und Gemüse gegessen. Ab dem Morgen des nächsten, zweiten abnehmenden Mondtages folgen sechs aufeinanderfolgende Heilfastentage an denen nur Mineralwasser, verdünnte Fruchtsäfte, Heilstein-Elixiere, Buttermilch, Brühen, Suppen und ausgesuchte Kräutertee's getrunken werden. Ab dem siebten Tag beenden Sie mit Hilfe eines Moqui-Marble-Paares oder Blue-Moon ihre Heilfastenkur durch ein zeremonielles »Fastenbrechen« mit dem Essen von Brot. Denn das stellt Ihren gereinigten Organismus in einer sehr sanften und gut verträglichen Form wieder auf feste Ernährung um, und bewahrt gleichzeitig vor Verstopfung und Durchfall. Wir empfehlen Ihnen, Ihre Mond-Diät der Reinigung durch besondere Teemischungen der chinesischen Mönche »*7 Weise*« die in ihrer Zusammensetzung auf den Erkenntnissen zahlreicher Urvölker beruhen, zu unterstützen. Heilsteine und Elixiere aus Rhodonit und Rhodochrosit verstärken die Willenskraft um besser durchhalten zu können, Baumquarz lindert starke Hungergefühle und Wassersaphire lindern in Verbindung mit Carneol Darmträgheit und Krampfadern. Informationen zu Mond-Tee, Reinigungstee, Emotions-

Tee, Heilsteinen, Elixieren und zur Mond-Diät selbst erfahren Sie im nächsten Kapitel dieses Buches.

Azurit

Azurit lindert Blockaden, die sich wie Unkraut im Inneren unseres Körpers verbreiten und dazu führen, daß einst freundliche, liebenswürdige, zuvorkommende und taktvolle Menschen mit der Zeit zu unangenehmen, mürrischen, arroganten, überheblichen, besserwisserischen und streitlustigen Zeitgenossen werden. Angehörige erkennen Betroffene dann häufig kaum wieder und wundern sich darüber, wie ein Mensch sich nur so zum Nachteil verändern kann. Allerdings beruht diese Blockade, die sich in vielen verschiedenen Gesichtern äußert, meist nur auf einer oder zwei Grundursachen, die im Unterbewußtsein oft viele Jahre an den Nervenzentren der betroffenen Menschen nagen. Azurit verhilft demnach nicht unmittelbar die Symptome zu lindern, sondern verhilft den betroffenen Menschen, sich über die Eigenschaften bewußt werden zu können, mit denen sie unzufrieden sind, um sie an dieser Stelle mit Liebe, Zufriedenheit und Freude erfüllen zu können. Menschen, welche beispielsweise dazu neigen, leicht die Beherrschung zu verlieren, sollten ebenfalls Azurit bei sich tragen.

Azurit empfiehlt sich auch für Blockaden, die eine erhöhte innerliche Anspannung verursachen, wodurch die betroffenen Menschen schon bei kleinsten Verzögerungen oder unvorhergesehenen Anforderungen massiv unter Druck, Hetze, Streß und sogar völlig aus dem Gleichgewicht geraten. Betroffene Menschen verlieren, bedingt durch diese Blockade, den Halt zum Inneren ihrer selbst und somit auch zu ihren inneren psychischen und seelischen Strukturen. Sie können sich überhaupt nicht mehr richtig konzentrieren, werden hitzköpfig, panisch und verursachen unnötig viele Fehler. In zunehmender Verhärtung dieser Blockade verlieren Betroffene oft die Fähigkeit, sich gegen Hektik, Chaos, unwesentliche Dinge und fremde Anforderungen abgrenzen zu können. Völlig überfordert geraten sie dann häufig in Panik, fühlen sich ausgebrannt, überlastet und aus der Bahn geworfen und verspüren das innere Bedürfnis, sich verkriechen oder unsichtbar machen zu wollen. Dies bewirkt wiederum, daß Betroffene häufig in einen Tunnel aus Hektik und Chaos gelangen, der letztendlich nur noch dazu dient, sich fieberhaft an irgendwelchen, weit entfernten Zielen orientieren zu wollen. Azurit lindert diese Blockade, macht umsichtiger, flexibler und geduldiger und lindert innerliche Zerrungen und Druckerscheinungen, die wir als Streß bezeichnen. Er verhilft auch dazu, besser und gelassener mit plötzlichen, unvorhergesehenen Anforderungen umgehen zu können, und die eigene Mitte nicht ständig aus den Augen zu verlieren.

Essenz-Nr. OT 10   **Therapiestein-Nr. OT 110**

Spezifische Heilwirkungen: Auszug aus dem Großen Lexikon der Heilsteine, Düfte und Kräuter von Methusalem.
Knochenwuchs, Kreislauf, Fehlentwicklungen der Wirbelsäule, innere Blockaden, mangelnde Konzentration, Wundheilung.

Wie pflege ich einen Azurit?

Azurit bedarf wirklicher Pflege und sollte am besten einmal im Monat, über Nacht in einer Schale mit kleinen Hämatit-Trommelsteinen entladen werden. Da dunkelblaue Azurite wahre Energiebündel sind, brauchen sie nicht an der Sonne aufgeladen werden. Helle Azurite sollten jedoch an der Sonne oder über Nacht an einer Bergkristall-Gruppe oder in einer trockenen Schale mit Bergkristall-Trommelsteinen aufgeladen werden, da ihre Energie etwas schwächer ist.

Der Mond der großen Wende
Puma, 20. Februar bis 20. März

Der Mond der großen Wende ist die 3. Mondphase des Jahres. Sie gehört zur Jahreszeit des Nordmondes und wird in ihren Kräften durch *Türkis* und *Larimar* bestärkt. Die zugeordneten Heilpflanzen sind *Spitzwegerich* und *Schafgarbe,* die Farbe ist blaugrün und in der Opposition dieser Mondphase befindet sich der *Braunbär.*

Türkis

Türkise gehören zu den heiligsten Steinen der Indianer. Diese wußten beispielsweise, daß der Türkis eine unmittelbare Verbindung vom Himmel zu den irdischen Gewässern verschafft. Die Indianer verehren ihn daher als besonderen Schutz- und Heilstein und glauben, daß der Türkis, besonders in Verbindung mit Silber und Roter Koralle, seine Kräfte entfaltet. Deshalb werden die beiden Steine in Verbindung mit Silber überwiegend auch heute noch bei allen Indianischen Völkern zu Schmuck verarbeitet. Türkis hat zusätzlich die Eigenschaft, alles Böse vom Körper fernzuhalten und vor einem unnatürlichen Tod zu schützen. Er verfärbt sich bei bevorstehenden, schweren Krankheiten und nahenden Schicksalsschlägen, indem er sich so als treuer Warner und Schutzstein sichtbar bemerkbar macht.

Die Dinge des Lebens sind so einfach, daß sogar jede Ameise sie verstehen kann. Türkise verhelfen aus verwirrenden Blockaden und komplizierten, materiell gehaltenen Denkmustern heraus wieder zurück, um die einfachen und schönen Dinge des Lebens erkennen und verstehen zu können. Wir modernen Menschen tendieren aus unerklärlichen Gründen andauernd dazu, uns von den einfachen Dingen der Natur und des Lebens selbst durch Chemie, Wissenschaft und einen selbstauferlegten Fortschritt zu entfremden, indem wir uns eine eigene Welt aus Gesetzen, Regeln, Moral und Verordnungen erschaffen, die schon lange nichts mehr mit den wahren Werten und dem eigentlichen Sinn unseres Daseins zu tun hat. Längst hat sich im Laufe der Zeit aus unseren künstlich erschaffenen Werten eine völlig verdrehte Weltanschauung entwickelt, die Erfolg und Selbstverwirklichung nicht mehr in Liebe, Gesundheit, Partnerschaft, Familie, Zufriedenheit und Glück definiert, sondern in Fortschritt, Wissenschaft, Karriere, Macht und Reichtum, woraus sich Haß, Angst, Habgier, Lieblosigkeit, unzählige Krankheiten und Krieg entwickeln. Ebenso, wie wir modernen Menschen nun die künstlichen, materiellen und wissenschaftlichen Werte zum eigentlichen Sinn des Daseins küren, verdrängen wir die wahren und einfachen Dinge des Lebens. In unserer materiellen Welt entgeht uns längst Sympathie, Schönheit, Erotik, Liebe und Gesundheit, nicht weil wir sie nicht mehr wollen, sondern weil wir glauben, daß all die kleinen und schönen Dinge erst wissenschaftlich erwiesen sein müssen, bzw. materiell wertvoll, bezahlbar, nützlich und gewinnbringend, um somit aus wirtschaftlicher oder kaufmännischer Sicht heraus erstrebenswert zu sein.

Diese Blockade steckt mehr oder weniger in uns allen, weil sie uns von klein auf anerzogen wird. Sie scheint allerdings bei Männern ausgeprägter in den Vordergrund zu drängen, als bei Frauen. Betroffene verspüren bedingt durch diese Blockade ein andauerndes inneres Bedürfnis dafür, alles Mystische und Natürliche von Grund auf erforschen, erklären, beschreiben oder logisch darstellen zu wollen, um als Realisten anerkannt zu werden. Sie glauben nur daran, was sie sehen oder anfassen können oder was zuvor von irgendwelchen Professoren aus deren Sicht aufgeschrieben wurde, um sie anschließend, auch noch nach Jahrhunderten, ehrerbietigst zitieren zu können. Betroffene ignorieren aus dieser Blockade heraus kategorisch das Spirituelle und glauben, alles berechnen oder erklären zu können. Deshalb fehlt Männern häufig auch der Sinn für Romantik, Liebe, Märchen und Happy End. Denn während sich Männer noch bevorzugt mit Autos und Maschinen befassen und den blauäugigen, sentimentalen Nachbarn als abgehobenen Träumer beschimpfen, haben sich Frauen längst in ihn verliebt und reichen die Scheidung ein. Denn gute Mathematiker, Techniker oder Manager sind noch lange keine guten, liebevollen und verständnisvollen Partner, Väter oder Liebhaber, und Frauen fällt es häufig schwer, die Welt länger nur durch das Mikroskop einer eng umrissenen Männerlogik, welche die Natur zerstört und die Liebe beweisbar machen möchte, als realistisch anerkennen zu können.

Betroffene sehen nicht mehr den wahren Sinn im Leben und können die wohltuenden Energien, welche uns durchströmen, wenn wir z.B. mit unseren Kindern spielen oder im Wald spazieren gehen, nicht mehr erkennen, sondern empfinden es sogar als lästig, stressig oder gar langweilig, wenn sie mit sich oder der Natur alleine sind. Längst erscheint es den modernen Menschen viel mehr als positiv, den Wald abzuhacken oder unseren Kindern so schnell wie möglich ein wissenschaftlich-technisch orientiertes Wissen aufzuzwängen, woraus sie nicht als reife, erwachsene Menschen hervorgehen, die mit der Einfachheit des Lebens ebenso gut zurechtkommen können, wie jede Ameise auch, weil sie beispielsweise die verschiedenen Sprachen zwischen Mann und Frau beherschen oder die instinktiven seelischen Stimmen ihres Körpers verstehen können, sondern woraus sie sich entweder Heerweise vor die Fließbänder unserer Zeit spannen lassen oder als gebrochene, unterbemittelte Erwachsene hervorgehen, die am liebsten ihr Leben lang mit Autos und Maschinen spielen und besser wissen, wie man sich mit Automaten, Computern und Maschinen harmonisch auseinandersetzt, um nicht zu vereinsamen. Türkise sind daher für uns moderne Menschen eine ganz persönliche Hilfe, die wir alle von den Indianern annehmen sollten.

Essenz-Nr. PU 10   **Therapiestein-Nr. PU 110**

Spezifische Heilwirkungen: Auszug aus dem Großen Lexikon der Heilsteine, Düfte und Kräuter von Methusalem.
Ablagerungen, Verkalkungen, Verhärtungen, Bänderrisse, Sehnenrisse, Halserkrankungen, Entzündungen und Infektionen der Atemwege, Wolfsrachen, Hasenscharte, Knochenweichheit, Stottern, Magersucht, Freßsucht, Mißbildungen der Zähne, Karies, Parodontose.

Wie pflege ich einen Türkis?

Türkise sollten grundsätzlich einmal im Monat über Nacht in einer Schale mit Hämatit-Trommelsteinen entladen werden. Erkennen Sie Verfärbungen an Ihrem Türkis, so sollten Sie diesen unbedingt sofort entladen und reinigen. Türkise sollten in Verbindung mit Bergkristall-Trommelsteinen und einigen Kupfer-Nuggets aufgeladen werden.

Puma / Atlantisstein (Larimar), 20.2. bis 20.3.

Atlantisstein gehört zu den heiligsten Steinen der Indianer Nord-, Mittel- und Südamerikas. Diese verehren diesen Stein auch heute noch als den Stein überlieferter Weisheit. Atlantisstein wird daher von nahezu allen indianischen Völkern als starker Schmuck- und Heilstein geschätzt.

Atlantisstein verhilft nach Indianischer Mythologie jenen Menschen aus Blockaden heraus, welche sich zunehmend geistig und emotional gegenüber ihren Mitmenschen verschließen. Menschen in dieser Blockade neigen dazu, alles Neue erst einmal zu kritisieren oder sich gegenüber neuen Ansichten, Umstellungen und neuen Bekanntschaften kaum und wenn dann nur aus einer äußerst verkrampften Sichtweise heraus öffnen zu können. Sie hängen oft in veralteten Zeiten herum, weil sie Auseinandersetzungen mit der Gegenwart meiden, da sie innerlich kaum dazu in der Lage sind, neue Erkenntnisse annehmen zu können. Aus Indianischer Sicht betrifft dies besonders die modernen Menschen. Sie halten sich alle mehr oder weniger immer an veralteten Normen, Gesetzen und Moralvorstellungen fest, und hängen schon fast nostalgisch an der Vergangenheit. Ihnen entgeht somit die Gegenwart und das Jetzt, und somit verpassen die modernen Menschen körperlich und seelisch den Anschluß zur Evolution. Krankheiten, Ängste und die ganze Palette aller psychosomatischen Allergien und Leiden sind die Folgen, welche dadurch hervorgerufen werden, daß die modernen Menschen zunehmend beginnen, psychisch die Augen vor der Gegenwart zu schließen, und anstatt sich selbst in die Gegenwart zu integrieren, lieber ihren Maschinen und Apparaten den Vortritt zur Zukunft ermöglichen. Dies führt jedoch zu einem technischen Fortschritt, dem unsere Organe, Partnerschaften und unsere Gesundheit nicht mehr standhalten können, weil sich die Computer und Maschinen nicht mehr an der Fühl- und Arbeitsgeschwindigkeit der Menschen orientieren, sondern längst wir Menschen diejenigen sind, welche zunehmend den Apparaten an »Leinen« hinterherhinken oder nachhetzen.

Atlantisstein lindert diese Blockade und sorgt somit wieder für mehr Aufgeschlossenheit gegenüber den natürlichen Werten. Er hebt die geistige Beweglichkeit und macht allgemein interessierter und kontaktfreudiger und lindert somit geistige Verschlossenheit, Zurückgezogenheit, Einsamkeit und Hörigkeit gegenüber dem materiellen Fortschritt. Nur so schaffen wir modernen Menschen wieder den Zugang zu den wahren Werten, welche weder in der Vergangenheit noch in der Technik liegen, sondern einzig und allein in augenblicklicher Gesundheit, Liebe, Freude und im Glück.

Essenz-Nr. PU 20   **Therapiestein-Nr. PU 120**

Spezifische Heilwirkungen: Auszug aus dem Großen Lexikon der Heilsteine, Düfte und Kräuter von Methusalem.
Knochenerweichungen, Knochenmißbildungen, Knochensprödigkeit, Knochen- und Gelenksentzündungen, Ischiasbeschwerden, Hexenschuß, Allergien, Gelenkrheumatismus, Gliederschmerzen.

Wie pflege ich einen Atlantisstein?

Atlantisstein stammt im Gegensatz zum Larimar aus einer altertümlichen, karibischen Quelle die auch heute noch ausnahmslos von indianischen Familienangehörigen besucht wird. Larimar unterscheidet sich vom Atlantisstein lediglich dahingehend daß er anderen Fundstellen durch modernste Bergbautechnik entnommen wird. Bei Atlantissteinen handelt es sich um rechtlich geschützte Steine die nur von Methusalem mit Originalzertifikat weitergegeben werden. Atlantisstein sollte regelmäßig unter fließendem, lauwarmen Wasser oder über Nacht in einer trockenen Schale mit Hämatit-Trommelsteinen entladen und gereinigt werden. Stellen Sie farbige Verfärbungen fest, so sollten Sie ihn unbedingt wöchentlich reinigen, da er im Augenblick ganz besondere Dienste für Sie erarbeitet. Atlantisstein lädt sich sehr positiv an der Sonne oder in einer trockenen Schale mit Bergkristall-Trommelsteinen auf.

Mond der keimenden Saat
Roter Habicht, 21. März bis 20. April

Der Mond der keimenden Saat ist die 4. Mondphase des Jahres. Sie gehört zur Jahreszeit des Ostmondes und wird in ihren Kräften durch den *Feueropal, Labradorit, Feuerachat* und *rote Koralle* bestärkt. Die zugeordneten Heilpflanzen sind *Löwenzahn* und *Schlehe*, die Farben sind rot, orange und gelb und in der Opposition dieser Mondphase befindet sich der *Rabe*.

Feueropal

Bei den Indianern wird der Feueropal genauso geschätzt wie der Feuerachat. Beide Steine sehen sich sehr ähnlich und sind nur am helleren Rot des Feueropals zu unterscheiden. Der Feueropal wird auch heute noch bei den Indianern als Symbol innigster Liebe verehrt. Durch das Tragen auf dem Körper als Kette oder Anhängerchen verleiht dieser die Kraft, kommende Gefahren rechtzeitig abwenden zu können, und vor allem falsche und neidische Freunde, die einem durch Mobbing das Leben zur Hölle machen können, zu erkennen.

Feueropale lindern überschäumende Eifersucht. Eifersucht ist zunächst ein ganz natürliches Merkmal und keine Blockade. Sie kündigt sich dann an, wenn Menschen das innere Gefühl empfinden, daß ihnen etwas Lebensnotwendiges oder Existenzielles vorenthalten oder gar entzogen werden soll. Die Liebe ist die stärkste Emotion im Leben aller Lebewesen und demnach ist der Verlust der Liebe immer mit innerlichen Schmerzen, welche wir unter anderem als Eifersucht empfinden, verbunden. Viele Menschen werden jedoch von Blockaden beherrscht, die aus der natürlichen Eifersucht ein chronisches

Drama machen, was dazu führt, daß sie übertrieben und unbegründet fast krankhaft ununterbrochen Angst davor haben, jemanden verlieren zu können. Feueropale lindern andauernde Bedrohtheitsgefühle, Verlustängste und krankhafte, chronische Eifersucht, auch in Verbindung mit übermäßigen Liebesbedürfnissen und dem andauernden, verstärkten Wunsch nach Zuwendung, Aufmerksamkeit und Begleitung, was oft die Ursache von Eifersucht ist.

Darüberhinaus lindern Feueropale auch jene Blockaden, welche Betroffenen andauernd das innere Gefühl vermitteln, sich am geliebten Partner festbeißen und festklammern zu müssen, um so mit ihm eins, zufrieden und glücklich werden zu können. Betroffene überidentifizieren sich aus dieser Blockade heraus mit ihrem geliebten Partner, indem sie dazu neigen, ihre eigenständige Persönlichkeit und Eigenständigkeit zugunsten des Partners, Vereines oder Hobbys völlig aufzugeben, um in anderer Menschen Persönlichkeit aufgehen zu können. Klettenhafte Anhänglichkeit in Verbindung mit zerrenden Verlustängsten, andauerndem Mißtrauensempfinden und Unselbständigkeit in Verbindung mit der andauernden Unsicherheit darüber, wirklich noch gebraucht und geliebt zu werden, begleiten diese Blockade. Feueropale lindern diese Blockade und verhelfen zu mehr Eigenständigkeit zurück. Sie sind sehr tröstlich bei Liebeskummer und helfen Verlassenen, den Expartner in liebevoller Verbundenheit, ohne Haß, loslassen zu können, um sich durch mehr emotionale Unabhängigkeit wieder eine eigene Selbständigkeit, mehr Selbstvertrauen und Selbstbewußtsein errichten zu können.

Essenz-Nr. RH 10   **Therapiestein-Nr. RH 110**

Spezifische Heilwirkungen: Auszug aus dem Großen Lexikon der Heilsteine, Düfte und Kräuter von Methusalem.
Schwächeanfälle, Kreislaufschwäche, Schwindelanfälle, Herzinnenhautentzündungen, Herzklappenfehler, Herz- und Kreislauferkrankungen.

Wie pflege ich einen Feueropal?

Feueropale sollten in einem Glas mit Wasser aufbewahrt werden, damit sie sich ständig reinigen und aufladen können. Feueropale sind sehr sensible Steine, welche bei zu starken Anforderungen trüb werden oder gar zerspringen. Gönnen Sie diesem Stein Ruhe und genug Zeit, um sich wieder zu erholen. Niemals sollten Sie den Feueropal an der Sonne aufladen, da diese ihm die Persönlichkeit entzieht.

Roter Habicht / Labradorit, 21.3. bis 20.4

Labradorit fördert und stärkt einerseits den Gedankenstrom und die seelische Verbundenheit zu den kosmischen Energieströmen, und andererseits den Zugang zu den inneren Quellen eigener Kraft. Werden die primären Gedankenströme, welche die eigene innere Mitte durchströmen, von Blockaden verworfen, geraten Betroffene häufig in ein inneres Durcheinander, woraus sich kleinste Streitereien und Meinungsverschiedenheiten mit Kollegen oder Angehörigen zu schier unlösbaren Problemen aufbäumen. Betroffene verlieren hierdurch mehr und mehr den Bezug zu den eigentlich wichtigen Dingen bzw. den inneren Halt und beginnen zusehends, niedergeschlagener, bedrückter und mutloser von einer emotionalen Krise in die andere zu rutschen. Depressionen, Ängste und Sorgen sind häufige Begleiter dieser Blockade. Menschen mit einem ausgeprägten Harmoniebedürfnis sind leider besonders anfällig für diese Blockade, welche sich häufig schon nach nur wenigen Worten, die von Betroffenen peinlichst auf die Goldwaage gelegt werden, in den Vordergrund stellt. Laufen die Dinge nicht so, wie Betroffene sich das vorstellen, verlieren sie häufig nicht nur nach geringsten Widerständen den Mut, sondern ziehen sich beleidigt, weinerlich, bedrückt, niedergeschlagen oder ratlos zurück, um oft tagelang kein Wort mehr mit den aus ihren Augen Schuldigen wechseln zu müssen. Labradorit stärkt die innere Willenskraft und hebt somit wieder den inneren Kämpfer hervor. Dies jedoch nicht, um nach Waffen greifen zu wollen, sondern einfach, indem betroffene Menschen aus eigener Verantwortung heraus ihrem Leben wieder entschlossener entgegentreten, um ihrer persönlichen Berufung in Form von Selbstverwirklichung besser gerecht werden zu können. Labradorit verleiht inneren Emotionen und Gefühlen mehr Widerstandsfähigkeit, Klarheit und aber auch Dehnbarkeit, was dazu führt, daß Betroffene sich wieder aus dominierenden, unflexiblen und starren Lebensbildern herauslösen können, um so einerseits mehr Reife und andererseits neue Perspektiven auf allen materiellen und spirituellen Ebenen erreichen zu können. Mit Linderung dieser Blockade erhalten Betroffene wieder mehr Gelassenheit, die man z.B. braucht, um allen Dingen im Leben ihre angemessene Zeit einzuräumen und um zum richtigen Zeitpunkt loslassen zu können, um sich neuen Wünschen, Zielen und Aufgaben zu widmen. Labradorit erschließt wieder die wahren inneren Kräfte und ermöglicht somit, den Krisen des Lebens durch mehr Vertrauen zu sich selbst und in die eigenen Kräfte begegnen zu können. Somit gelingt Betroffenen wieder verstärkt, in die augenblicklichen Energieströme der Gegenwart eintauchen zu können, um so die Zeichen des eigenen Körpers und der Seele nicht länger zu verdrängen oder zu ignorieren, sondern zu akzeptieren und zu erkennen.

Essenz-Nr. RH 20   **Therapiestein-Nr. RH 120**

Spezifische Heilwirkungen: Auszug aus dem Großen Lexikon der Heilsteine, Düfte und Kräuter von Methusalem.
Knochenerkrankungen, Wirbelsäulenverkrümmungen, Knochenschmerzen, Gicht, Rheumaerkrankungen, Kindesmißhandlung.

Wie pflege ich einen Labradorit?

Labradorit sollte nach Gebrauch unter fließendem, lauwarmem Wasser oder einmal im Monat über Nacht in einer trockenen Schale mit Hämatit-Trommelsteinen entladen und gereinigt werden. Stellen Sie fest, daß seine Oberfläche trüb wird, so empfehlen wir Ihnen, den Labradorit für einen oder zwei Tage in einer Schale mit Mineralwasser an der Sonne ruhen zu lassen. Hierdurch reinigt sich der Labradorit von negativen Kräften und lädt sich gleichzeitig an den Mineralien und Sonnenstrahlen wieder auf.

Roter Habicht / Feuerachat, 21.3. bis 20.4

Feuerachate wurden nahezu von allen Indianischen Völkern und insbesondere von deren Schamanen am Hals getragen, um so die Visionen der spirituellen Energieströme besser empfangen zu können. Denn Feuerachate lindern die nach Logik und Wissenschaft strebenden Gedanken der Menschen und verstärken gleichzeitig die intuitiven Empfindungen, den mystischen und spirituellen Energieströmen gegenüber. Feuerachate verhelfen dazu, sich besser darüber im Klaren zu werden, daß unser Leben einen festen Sinn hat und daß alle Dinge, die uns im Leben begegnen oder widerfahren, sich nicht ohne Grund ereignen, sondern auf Weisungen der kosmischen Energieströme. Feuerachate öffnen die Augen für dieses Bewußtsein, um so alle Dinge der Gegenwart rechtzeitig und sicherer entscheiden oder herbeiführen zu können. Diesbezüglich ist jedoch Intuition und Selbstvertrauen erforderlich, was mit Hilfe des Feuerachates wieder dazu führt, daß die modernen Menschen nicht mehr länger nur den kollektiv aufgezwungenen Zielen der Industrie oder des Fortschritts nachhetzen, sondern wieder verstärkt auf die individuellen Zeichen und Bedürfnisse ihres eigenen Körpers und der darin befindlichen Seele hören. Feuerachate sind daher unentbehrliche Heilsteine für alle seelischen und körperlichen Leiden, die als psychosomatische Leiden bezeichnet werden.

Darüberhinaus lindern Feuerachate auch Blockaden, die Betroffene innerlich sehr unsicher machen und sogar massiv an der Wahrheitsfindung behindern. Betroffene neigen aus dieser Blockade heraus grundsätzlich und grundlos zum Übertreiben oder gar zum Lügen, um sich so aus ihrer Sicht besser fühlen und darstellen zu können. Da betroffene Mitmenschen anfangs überhaupt nicht mit einer solchen Gesinnung rechnen, weil betroffene Menschen bedingt durch diese Blockade häufig sehr geschickt Wahrheit mit Unwahrheit vermischen, wiegen sich Betroffene oft über einen längeren Zeitraum in Sicherheit. Mit der Zeit verstricken sie sich jedoch in einem kaum mehr zu überblickenden Netz aus Übertreibungen, Halbwahrheiten und Lügen, das an allen Ecken und Enden zu bröckeln beginnt. Letztendlich wissen Betroffene selbst nicht mehr, was sie wann wem in welchem Zusammenhang erzählt haben und beginnen sogar, zuvor felsenfest Behauptetes abzustreiten, oder als böse Behauptung anderer zu verdrehen. Insgeheim fürchten sich betroffene Menschen, durch zugesagte Vereinbarungen in die Pflicht genommen zu werden, weil sie fürchten, entlarvt zu werden und neigen deshalb nicht selten dazu, andere Menschen durch falsche Behauptungen in Mißkredit und in die Irre führen zu wollen, um selbst einen kurzweiligen Vorteil daraus ziehen zu können. In zunehmender Verhärtung dieser Blockade verfangen sich Betroffene in unzähligen tragischen Konflikten mit Partnern, Familienangehörigen und Kollegen, welche ihnen nicht nur Vertrauensverluste und Isolation einbringen, sondern auch so weitreichende Folgeprobleme, wie z.B. Scheidung, Trennung, Einsamkeit und Kündigung. Feuerachate verhelfen diesbezüglich wieder zu mehr Gewissenhaftigkeit, Ehrlichkeit, Aufrichtigkeit und Mut, um endlich zu dem stehen zu können, was sie selbst verantworten können und sind. Feuerachate verschaffen einen eigenen inneren Eindruck über die persönliche Niederträchtigkeit andauernder Unwahrheit, indem sie eine tiefgreifendere Verbindung zu den Stimmen des eigenen Gewissens herbeiführen. Feuerachate verhelfen auch dazu, eigene Fehler erkennen, zugeben und einsehen zu können.

Essenz-Nr. RH 30   **Therapiestein-Nr. RH 130**

Spezifische Heilwirkungen: Auszug aus dem Großen Lexikon der Heilsteine, Düfte und Kräuter von Methusalem.
Krampfadern, Impotenz, Frigidität, Hormonschwankungen, Atemstillstand, plötzlicher Kindstod, Milchschorf, schuppige Hauterkrankungen.

Wie pflege ich einen Feuerachat?
Feuerachat sollte vor jedem Gebrauch unter fließendem, lauwarmem Wasser oder in einer trockenen Schale mit Hämatit-Trommelsteinen entladen und gereinigt werden. Da der Feuerachat ein sehr kräftiger Stein ist, bedarf es bei Ermüdungserscheinungen des Steins einer langen Aufladezeit an der Sonne oder über Nacht in einer Bergkristall-Gruppe oder in einer trockenen Schale mit Bergkristall-Trommelsteinen.

Roter Habicht / Rote Koralle, 21.3. bis 20.4

Aus Indianischen Überlieferungen geht hervor, daß rote Korallen göttliche Blutspritzer auf Erden seien, welche eine unmittelbare Verbindung zwischen Liebe und Gesundheit herbeiführen. Rote Korallen dienen in der Indianischen Mythologie dem Lösen von Blockaden, welche sich als hinderlich gegenüber der partnerschaftlichen Verständigung auswirken. Menschen, welche von diesen Blockaden betroffen werden, leiden häufig an Einsamkeit und Existenzängsten, weil ihnen von klein auf bestimmte Verhaltensmuster und Anforderungen an Sexualität und Partnerschaft aufgezwungen wurden, denen eigentlich kein Partner gerecht werden kann. Innerlich leiden Betroffene daher oft sehr an Einsamkeit, Angst vor Intimität und Sexualität und äußerlich klagen sie darüber, nie den richtigen Partner finden zu können. Diese Blockade kann durch körperlichen Mißbrauch ebenso ausgelöst werden, wie durch zu hohe emotionale Anforderungen, Demütigung oder seelische Vergewaltigung. Sie bewirkt überwiegend, daß das persönliche Verhältnis zwischen Liebe, Nähe, Zärtlichkeit und Sexualität aus dem Gleichgewicht kommt. Betroffene erleiden bedingt durch diese Blockade oft wechselseitige Schauer emotionaler Schwankungen von überstarken Sehnsüchten nach Liebe, Nähe, Geborgenheit und Zärtlichkeit, möglichst ohne Sexualität einerseits und starker sexueller Begierde, reiner Sexualität ohne Hingabe oder Liebe und extremen Sexualpraktiken andererseits. Anfänglich äußert sich diese Blockade mit einer starken inneren Verklemmtheit und Gehemmtheit gegenüber Intimität und Sexualität, was häufig dazu führt, sexuelle Nähe mehr oder weniger als Pflichtakt, möglichst nur im Dunkeln zulassen zu können. Rote Koralle hilft Betroffenen dabei, sich anderen Menschen gegenüber wieder behutsam öffnen zu können und verhilft somit wieder zu einer Verbindung zwischen Liebe und Sexualität, um aus dieser Waagschale heraus Liebe und Zärtlichkeit mit Intimität und Sexualität zur schönsten Gemeinsamkeit auf Erden vereinen zu können.

Rote Koralle lindert auch eine typische Nebenblockade, die Betroffene mit hartnäckig umkämpften Vorstellungen vom sogenannten Traumtyp bedrängt. Betroffene lernen mit Hilfe der roten Koralle wieder erkennen und verstehen, daß alle Menschen, sie selbst eingeschlossen, Traum-Menschen sind, wenn der eigene Körper oder die Liebe nicht durch hohe Anforderungen, Schuld, Bevormundung, Rechthaberei, Rücksichtslosigkeit oder Arroganz eingeengt wird, sondern wenn freie Liebes-Energieströme fließen können. Wahre Liebe ist nämlich nicht mit dem Verstand gekoppelt, sondern mit Gefühlen, Intuition, dem Unterbewußtsein und den kosmischen Energieströmen. Rote Korallen stellen wieder eine Verbindung zu den positiven und schönen Dingen des Lebens her und verschaffen ein feineres Gefühl dafür, wo sich Menschen einem gegenüber öffnen möchten, wo Sympathie ist und wo sich Raum für gegenseitige wahre Liebe, Zufriedenheit, Schönheit und Glück auftut.

Essenz-Nr. RH 40 **Therapiestein-Nr. RH 140**

Spezifische Heilwirkungen: Auszug aus dem Großen Lexikon der Heilsteine, Düfte und Kräuter von Methusalem.
Röteln, Infektions- und Bluterkrankungen, gesundes Wachstum, geistige Zurückgebliebenheit, Unfälle, Belästigungen, falsche Freunde, schwarze Magie, Bluterkrankungen, Blutarmut, Kreislaufbeschwerden, Durchblutungsstörungen, Bluthochdruck, Anämie, Menstruationsbeschwerden, Unfruchtbarkeit.

Wie pflege ich eine rote Koralle?
Korallen sollten einmal im Monat über Nacht in einer Schale mit klarem Salzwasser ruhen. Erkennen Sie Verfärbungen, so lassen Sie Ihre Korallen über Nacht in einer Schale mit Meersalzwasser ruhen. Aus dieser Meersalzlösung schöpft die Koralle wieder neue Kraft. Korallen regenerieren sich gleichzeitig am Salz und brauchen daher nicht mehr zusätzlich aufgeladen zu werden.

Mond des Erwachens
Biber, 21. April bis 20. Mai

Der Mond des Erwachens ist die 5. Mondphase des Jahres. Sie gehört zur Jahreszeit des Ostmondes und wird in ihren Kräften durch *Chrysokoll, Rhodochrosit* und *rosa Andenopal* bestärkt. Die zugeordneten Heilpflanzen sind *Bibernelle* und *Pfefferminze*, und die Farben sind blaugrün und rosa. In der Opposition dieser Mondphase befindet sich die *Schlange*.

Chrysokoll

Chrysokolle dienen den Indianern neben Moqui-Marbles als heilungsunterstützende Energiesteine. Die Indianischen Völker waren nicht so anmaßend wie die moderne Wissenschaft unserer Kultur, sondern sie wußten, daß Heilung selbst insgeheim ein mystischer Zauber ist, der letztendlich nur durch kosmische und schöpferische Energieströme hervorgerufen werden kann. Chrysokolle verhelfen dazu, die inneren Energiebahnen von den Blockaden zu befreien, welche sich als hinderlich gegenüber den kosmischen Energieströmen auswirken. Chrysokolle werden daher immer dann verwendet, wenn Menschen erschöpft sind, krank, sich in tiefer Trauer befinden oder an Verletzungen, Entzündungen und Schock zu leiden haben. Chrysokolle verstärken dem gegenüber die inneren Heilungsenergien und Glaubensenergieströme, welche als Grundvoraussetzung dafür dienen, daß Heilung in uns selbst mit Hilfe der kosmischen Energien überhaupt stattfinden kann. Diese Wirkungen werden durch den zunehmenden Mond und besonders durch Moqui-Marbles und Turalingam's verstärkt. So werden Betroffene von Hoffnung, Vertrauen und neuem Lebensmut durchströmt, der wiederum ebenfalls dafür verantwortlich ist, daß die heilenden Energien ungebremst an die erkrankten Körperstellen gelangen können.

Essenz-Nr. Bl 10 **Therapiestein-Nr. Bl 110**

Spezifische Heilwirkungen: Auszug aus dem Großen Lexikon der Heilsteine, Düfte und Kräuter von Methusalem.
Rheuma, Rückenschmerzen, Wirbelsäulenverkrümmungen und falscher Knochenbau, Schnittwunden, Schürfwunden, Brandwunden, Fehlgeburten, Krampfadern, Übergewicht, Schwangerschafts-Wassersucht, Schilddrüsen.

Wie pflege ich einen Chrysokoll?
Chrysokoll sollte einmal monatlich unter fließendem, lauwarmem Wasser oder in einer trockenen Schale mit Hämatit-Trommelsteinen entladen werden. Er sollte einmal im Monat über Nacht in einem Kreis aus Türkis, Malachit und Azurit aufgeladen werden. Ketten einmal im Monat über Nacht in einer trockenen Schale mit Bergkristall-Trommelsteinen entladen.

Biber / Rhodochrosit, 21.4. bis 20.5.

Rhodochrosit ist ein Stein, welcher seinen eigentlichen Wert in den indianischen Überlieferungen findet. Erst 1950 wurde der Rhodochrosit auch bei uns als Edelstein anerkannt und verarbeitet. Die Indianer verehren den Rhodochrosit, wie andere Völker den Rubin, als Stein der Liebe und des Herzens. Diesbezüglich lindert der Rhodochrosit Blockaden, welche sich schon nach kurzer Zeit in Form von Liebeskummer und Partnerschaftsproblemen bemerkbar machen. Die Liebe selbst ist, im Gegensatz zur Eifersucht und zur Angst, die höchste Emotion aller Menschen, welche nur dann wahr und rein empfunden werden kann, wenn wir ausreichend mit den universellen Energieströmen verbunden sind. Läßt diese Verbindung nach, so empfinden wir dies als Unsicherheit, Liebeskummer, Depression, Angst, Krankheit oder

Kapitel 5 - Das Indianische Mond-Medizinrad

Eifersucht. Leider ist es so, daß betroffene Menschen mit zunehmender Entfremdung von den kosmischen Energieströmen auch dazu neigen, Liebe verlangen, kaufen oder besitzen zu wollen, was sich wiederum auf den Partner überträgt, der oft zum scheinbaren Eigentum aus der Sicht jener Menschen zu werden scheint, die Liebe aus dieser Blockade heraus mit materiellen Gesichtspunkten vermischen und somit nicht mehr dazu in der Lage sind, ohne Anforderungen, Schuld und Erwartungen lieben zu können. Sobald die Blockade sich verstärkt, beginnen Betroffene entweder andauernd mehr Liebe zu fordern, als sie selbst bereit sind geben zu wollen oder, haben umgekehrt andauernd das unterschwellige Gefühl, viel mehr zu geben, als sie erhalten. Daraus folgt nicht nur Achtlosigkeit dem Partner gegenüber, sondern auch ein Macho-Gehabe, Eifersucht, zunehmende unterschwellige Aggression und Kummer. Denn wer etwas begehrt, will dies auch besitzen und wird unglücklich, wenn ihm dies nicht gelingt. Ein viel verzwigtes System aus nahezu unzähligen Möglichkeiten und Taktiken, sich die Liebe vom geliebten Mitmenschen besorgen zu wollen ist die Folge. Bevormundung, Schuldzuweisung, Eifersucht, Liebeskummer, Angst vor dem Alleinsein, Trennungsängste und Existenzängste in Verbindung mit Depressionen, Gewalt, Respektlosigkeit, verlorene Achtung, nachlassende Gemeinsamkeit, nachlassender Humor, und Intimität, sowie Drohungen und zunehmende körperliche Distanzierung sind nur einige typische Anzeichen aus dieser Blockade. Rhodochrosit lindert diese Blockade und somit auch die andauernde Erwartungshaltung gegenüber dem Partner und anderen Mitmenschen, was wieder dazu führt, daß sich andere, insbesondere der Partner, nicht mehr länger dazu bedrängt oder genötigt fühlt, Liebe, Aufmerksamkeit und Zuwendung geben oder sich rechtfertigen zu müssen, sondern dazu, Liebe wieder aus freien Stücken heraus geben zu können, woraus sich eine neue, gemeinsame, partnerschaftliche Beziehung aufbauen läßt.

Dies trifft auch für Menschen zu, bei denen diese Blockade einen starken Hang zu materiellen Dingen, Besitz und materieller Sicherheit hegt. Betroffene Menschen geizen nicht nur mit sich selbst und ihren Gefühlen, sondern vor allem auch mit dem, was sie besitzen. Sie werden zunehmend geiziger, besitzergreifender und können nicht geben oder gar teilen, sondern sitzen auf ihrem Geld und behalten auch möglichst alles Persönliche für sich. Sie wirken daher oft verstockt und unnahbar. Ihr größter Traum scheint ein größeres Auto oder ein eigenes Haus zu sein, wobei Liebe, Partnerschaft, Freundschaft und sogar die Gesundheit eine eher abseitige Nebenrolle spielen. Im Gegenteil, Betroffene sehen andauernd in anderen Menschen irgendwelche Neider, die es nur auf ihr Geld abgesehen haben und neigen dazu, sich abkapseln und verbarrikadieren zu wollen. Macht und Reichtum scheint aus dieser Blockade heraus der einzigste Sinn des Lebens zu sein. Rhodochrosit lindert diese Blockade und verhilft auch dazu, daß Betroffene wieder zu mehr Großzügigkeit und Liebenswürdigkeit zurückfinden können, um die wahren Schätze des Lebens zu entdecken. Er verhilft auch dazu, daß Betroffene wieder erkennen lernen, daß ihnen im Leben immer nur so viel Liebe und Freude zuteil wird, wie sie selbst bereit sind, zu geben. Die Inkas fanden diesen Stein erstmals in den Silberminen von San Luis, Argentinien, und tauften ihn wegen seiner schützenden Eigenschaften für das partnerschaftliche Glück als die Rose der Edelsteine, nämlich Inkarose.

Essenz-Nr. Bl 20   **Therapiestein-Nr. Bl 120**

Spezifische Heilwirkungen: Auszug aus dem Großen Lexikon der Heilsteine, Düfte und Kräuter von Methusalem.
Verdauungsbeschwerden, Diabetes, Herz, Haut, Pickel, Akne, Pigmentanreicherungen, Falten, Hautkrebs, Nieren, Entschlackung, Vitalität, Magen, Darm, Geschlechtsorgane.

Wie pflege ich einen Rhodochrosit?
Rhodochrosit sollte regelmäßig ein- bis zweimal im Monat unter fließendem, lauwarmem Wasser oder über Nacht in einer trockenen Schale mit Hämatit-Trommelsteinen entladen werden. Ketten sollten immer über Nacht in einer trockenen Schale mit kleinen Hämatit-Trommelsteinen entladen werden. Die Schwingungen des Rhodochrosits sind sehr fein und lassen sich über Nacht in Verbindung mit Madagaskar-Rosenquarz in einer trockenen Schale mit Bergkristall-Trommelsteinen sehr positiv aufladen.

Biber / Rosa Andenopal, 21.4. bis 20.5.

Die Indianervölker in Südamerika, insbesondere die Inkas und die Azteken, sahen in diesem Stein ein Auge ihrer Götter, welches diese beim Verlassen der Erde zurückgelassen haben. Immer wenn Uneinigkeit unter den Stämmen herrschte wurde von den gewaltigen Anden dieser Hoffnungsstein freigegeben. Er sollte alle seine Finder daran erinnern, daß die Menschen, die Tiere und die Natur in Harmonie zusammengehören. In Peru wird dieser Stein auch heute noch als starker Schutz- und Heilstein verehrt und häufig zu Schmuck verarbeitet.

Rosa Andenopale lindern eine Blockade, die ihre Wurzeln bereits in früher Kindheit findet und chronische Hoffnungslosigkeit in Verbindung mit verstärktem Pessimismus hervorruft. Betroffene verfangen sich bedingt durch diese Blockade schon nach kleinsten Mißerfolgen und Niederlagen in plötzlicher Mutlosigkeit und verlieren, oft begleitet durch ein Achselzucken, die Fähigkeit, den eigentlichen übergeordneten Sinn eines Mißerfolges sehen, verstehen, respektieren oder erkennen zu können. Denn Mißerfolge sind subjektive Meinungsinhalte, die immer aus zwei verschiedenen Sichtweisen bestehen. Mißerfolge existieren demnach überwiegend nur in der blockierten Einstellung eines Menschen, der nicht mehr dazu in der Lage ist, die gleichzeitig vorhandenen positiven Seiten eines Ereignisses erkennen zu können und somit für sich als negativ empfindet. Denn alle Dinge geschehen nicht aus Zufall, sondern aus einem wohlbedachten Sinn einer übergeordneten, intelligenten Energie. Rosa Andenopale erweitern unseren Horizont dahingehend, indem sie verstärkt wieder erkennen lassen, daß alle Dinge immer aus zwei verschiedenen Seiten bestehen. Sie führen Betroffene wieder an die positiven Seiten überwiegend negativ bewerteter Eigenschaften heran. So erkennen Betroffene durch rosa Andenopale augenblicklich, worin der positive Gedanke im gerade noch so schmerzlichen Mißerfolg oder Schicksalsschlag zu finden ist. Denn wo Türen zu gehen, gehen Türen auf. Rosa Andenopale verhelfen dazu, für sich selbst schneller auswerten und erkennen zu können, worin die zweite Seite und somit die gegenüberliegende, positive Seite aller negativen Dinge zu suchen ist. Hieraus ergibt sich eine positivere Auffassung und eine neue spirituellere Lebenseinstellung, die viel mehr Weitsicht ermöglicht, als unsere Schulbildung oder Wissenschaft uns beibringen kann.

Dies trifft auch für Menschen zu, die sich durch andauernde Übungen oder Literatur krampfhaft geistig und spirituell entfalten möchten. Betroffene rennen aus dieser Blockade heraus von einem Seminar zum anderen, um endlich zur wohlersehnten Reife, Ruhe oder Liebe finden zu können. Bedingt durch diese Blockade können sie nicht den wahren Zugang zur Weisheit und den Eingang hierzu in sich selbst finden und erkennen. Sie glauben daran, daß das segenbringende in äußeren Werten bzw. Tausendundeiner Lehre verborgen liegt und übersehen dabei, daß der Sinn aller wahren Weisheiten in dem besteht, Gott und die Welt in sich selbst so zuzulassen und zu akzeptieren, wie sie sind, um Zeit und Energie dafür zu haben, sich mit seinen eigenen Problemen befassen zu können, um so den persönlichen Zugang zum eigenen Glück zu finden. Stattdessen orientieren sich Betroffene andauernd an den Erfahrungen, Erkenntnissen und Lehren anderer und versäumen es, den Absprung zum eigenen Weg finden zu können. Betroffene eifern aus dieser Blockade heraus andauernd neuen, fremden Philosophien nach, geraten unter starken inneren Druck und erreichen damit genau das Gegenteil von dem, was Buddha, Spiritualität, Esoterik oder die Weisheit der Urzeit eigentlich beschreiben und erklären. Umso mehr sich Betroffene konzentrieren, meditieren oder anstrengen, umso mehr verschließen sich ihnen die inneren Wege des Glücks. Rosa Andenopale stärken die Sinne für wesentliche Dinge und befreien von selbstauferlegtem Streß und Leistungsdruck. Sie stärken den Mut, um nicht länger anderer Menschen Wege nachverfolgen zu wollen, sondern um endlich den eigenen inneren Zugang zu Liebe, Gesundheit und Glück finden zu können.

Essenz-Nr. Bl 30 **Therapiestein-Nr. Bl 130**

Spezifische Heilwirkungen: Auszug aus dem Großen Lexikon der Heilsteine, Düfte und Kräuter von Methusalem.
Virusinfektionen, Milben, Würmer, Haarwachstum, erhöhte Allergiebereitschaft, seelische Leiden, Konzentration.

Wie pflege ich einen rosa Andenopal?
Rosa Andenopale sollten regelmäßig unter fließendem lauwarmem Wasser oder über Nacht in einer trockenen Schale mit Hämatit-Trommelsteinen entladen werden.

Mond der lauen Lüfte
Hirsch, 21. Mai bis 21. Juni

Der Mond der lauen Lüfte ist die 6. Mondphase des Jahres. Sie gehört zur Jahreszeit des Ostmondes und wird in ihren Kräften durch *grünen Andenopal* und *Moosachat* bestärkt. Die zugeordneten Heilpflanzen sind *Melisse* und *Linde*, die Farbe ist grün und in der Opposition dieser Mondphase befindet sich das *Wapiti*.

Andenopal grün

Grüne Andenopale gelten in der indianischen Mythologie als besondere Talismane für reisende und nachtaktive Menschen. Dies bezieht sich jedoch nicht nur auf körperliche Aktivitäten, sondern ganz besonders auch auf mentale und geistige Aktivitäten, die sich zwischen Realität und Spiritualität in Form von Visionen und Träumen ereignen. Um erwachsen und reif werden zu können, bedarf es nicht nur einer seelischen Verbindung zu den kosmischen Energieströmen selbst, sondern auch einem reifen Bewußtsein, das die mystischen Begebenheiten der irdischen Natur nicht ausschließt. Der Sinn des Lebens in all seiner Fülle, Liebe, Gesundheit und Zufriedenheit erfüllt sich jedoch nicht von selbst, sondern nur, wenn wir Menschen bewußt etwas dafür tun. Leider werden wir durch eine materielle Denkweise, Ausbeutung und durch Blockaden daran gehindert, unser Leben verwirklichen zu können. Daraus resultiert, daß wir alle mehr oder weniger in einen Strudel aus Krankheit und Angst verfallen. Grüne Andenopale befreien uns von diesen Blockaden und bewirken somit, daß wir modernen Menschen endlich wieder das natürlich Schöne erkennen und lieben lernen können und auch wieder zulassen, indem wir uns aus innerer Überzeugung heraus wieder verstärkt zu den Steinen und Sternen bekennen.

Grüne Andenopale verhelfen auch dazu, uns selbstzerstörerische Gewohnheiten und Denkweisen ehrlicher eingestehen zu können, um uns mit Hilfe von Therapiesteinen davon lösen zu können. Grüne Andenopale verstärken die Willenskraft, um die eigentlichen inneren Bedürfnisse wieder wahrzunehmen und geben auch Kraft, um neidischen Mitmenschen und anderen, mit einer neuen Denkweise verbundenen »Nebenwirkungen« entschlossener entgegentreten zu können. Dies trifft auch für Raucherentwöhnung und dem Lösen von Drogen und anderen Abhängigkeiten zu. Denn neue Wege sind niemals die einfacheren, letztendlich jedoch meist die segenbringenderen und besseren.

Essenz-Nr. HI 10   **Therapiestein-Nr. HI 110**

Spezifische Heilwirkungen: Auszug aus dem Großen Lexikon der Heilsteine, Düfte und Kräuter von Methusalem.
Atemschwierigkeiten, Hautausschläge, Hautreizungen, Heuschnupfen, Kehlkopferkrankungen, Stimmritzenkrämpfe, Sängerknötchen, Stimmverlust.

Wie pflege ich einen grünen Andenopal?
Grüne Andenopale sollten regelmäßig ein- bis zweimal im Monat unter fließendem, lauwarmem Wasser oder in einer trockenen Schale mit Hämatit-Trommelsteinen entladen werden. Anschließend sollten Sie über Nacht in einer Bergkristall-Gruppe oder in einer trockenen Schale mit Bergkristall-Trommelsteinen aufgeladen werden.

Hirsch / Moosachat, 21.5. bis 21.6.

Moosachate lindern aus indianischer Überlieferung heraus Blockaden, die unsere innere Mitte und somit unser Herz vor dem Nachfließen frischer universeller Energien blockieren und somit bewirken, daß sich ein Schleier aus Melancholie und Depressionen über unserem Gemüt verbreiten kann. Das Herz und die Liebe in uns ist das einzigste, dem wir wirklich vertrauen können. Sie sind für uns, unsere Organe und unsere Seele ein Leben lang da. Aus unseren Herzen sprudelt die Liebe und das Glück, wie aus den Quellen der Erde das lebensnotwendige Wasser. Dies geschieht jedoch nur, wenn wir mit Hilfe von Moosachaten unsere Herzen den kosmischen Energieströmen gegenüber anvertrauen und öffnen, damit es mit reiner Liebe erfüllt werden kann. Erst dann sprudelt diese Liebe auch als reine Liebe in unsere Psyche und alle Organe, und befreit uns somit von Haß, Wut, Geiz, Habgier, Angst, Eifersucht und dem so typischen schwarzen Tuch über unserem Gemüt. Umso mehr wir dazu in der Lage sind, unsere benötigte Lebensenergie direkt von den kosmischen Kräften selbst aufnehmen und festhalten zu können, umso weniger sind wir auf die Aufmerksamkeit unserer Mitmenschen oder auf Macht und Reichtum angewiesen und umso weniger verschwenden wir unseren Alltag einerseits damit, andauernd bei unseren Angehörigen um Liebesenergie, Zuwendung und Aufmerksamkeit kämpfen oder streiten zu wollen, indem wir beispielsweise versuchen, unseren Partner zu bevormunden, zu verändern, zu manipulieren oder Besitzansprüche, Forderungen und Schuldzuweisungen zu erstellen und andererseits indem wir uns selbst aufgeben, um unser Leben an anderen Menschen, Werbung oder veralteten Moralvorstellungen zu orientieren. Sobald wir nicht mehr um die höchste aller Energien, nämlich um die Liebe, um die sich unser gesamtes Leben in all seinem Tun und Bestreben dreht, bei unseren Mitmenschen erkämpfen oder erstreiten müssen, weil wir durch den Moosachat wieder selbst mit ausreichend Liebesenergie

aus dem universellen Kosmos versorgt werden um Liebe geben zu können, erhält unser Leben seinen eigentlichen Sinn. Von diesem Augenblick an können wir unser Leben endlich dahingehend gestalten, reine Liebe empfinden, versprühen, ausleben und geben zu können ohne andere Menschen dafür verantwortlich machen zu wollen. Eine alte Indianische Weisheit besagt:
»Wehe dem, der sich die Liebe erstreitet, kauft oder erkämpft, er trägt Schuld daran, daß die Welt schließlich an Haß und Angst zugrunde geht.«

Essenz-Nr. HI 20   **Therapiestein-Nr. HI 120**

Spezifische Heilwirkungen: Auszug aus dem Großen Lexikon der Heilsteine, Düfte und Kräuter von Methusalem.
Diabetes, stärkt die filternden Eigenschaften der Nieren, Milz und der Lymphe auf das Blut, reguliert den Wasserhaushalt im gesamten Organismus, regt die Funktion von Nieren, Blase und Darm an.

Wie pflege ich einen Moosachat?

Der Moosachat sollte regelmäßig nach Gebrauch unter fließendem, lauwarmem Wasser oder in einer trockenen Schale mit Hämatit-Trommelsteinen entladen und gereinigt werden. Das Aufladen des Moosachats in einer trockenen Schale mit Bergkristall-Trommelsteinen oder in einer Bergkristall-Gruppe ist mindestens einmal im Monat zu empfehlen. Ketten sollten über Nacht in einer trockenen Schale mit Hämatit-Trommelsteinen entladen und ebenfalls in Bergkristall-Trommelsteinen aufgeladen werden.

Mond der starken Sonne
Specht, 22. Juni bis 22. Juli

Der Mond der starken Sonne ist die 7. Mondphase des Jahres. Sie gehört zur Jahreszeit des Südmondes und wird in ihren Kräften durch *Blutachat* bestärkt. Die zugeordneten Heilpflanzen sind die *Rose* und das *Gänsefingerkraut*, die Farbe ist rot und in der Opposition dieser Mondphase befindet sich die *Schneegans*.

Blutachat

Aus Indianischer Überlieferung verhilft der Blutachat zu mehr zwischenmenschlichem Verständnis. Die Menschen werden, wie alle Dinge im Leben, von zwei sich ausgleichenden Kräften gesteuert. Männliche und weibliche Eigenschaften vereinen sich mondbedingt in den Energiezentren der Menschen zu Liebe und Gesundheit. Nur Partner, welche in sich selbst ausreichend Energie speichern können und dadurch ausgeglichen sind, sind auch dazu in der Lage, harmonievolle Partnerschaften eingehen zu können, welche nicht schon nach kurzer Zeit aufgrund zwischenmenschlicher Verständigungsprobleme in typischen Trennungsmechanismen enden. Blutachate lindern Blockaden, welche darauf abzielen, den Partner zu einem festen, statuenhaften Bestandteil des eigenen Lebens machen zu wollen. Achtung, Respekt, Verständnis und Anerkennung verlieren sich aus dieser Blockade heraus häufig in besitzergreifenden Gefühlsstrukturen, welche einerseits danach streben, daß betroffene Menschen letztendlich vom Partner erwarten, all ihre Wünsche und Gefühle von den Augen abgelesen zu bekommen und andererseits dazu führen, daß Betroffene sofort dann, wenn der geliebte Partner außerplanmäßig handelt, innere Gefühle von starkem Mißtrauen, oft in

Verbindung mit Wut, Angst und Eifersucht, empfinden. Früher oder später wird einer oder werden beide Partner hierdurch erschöpft, was zu typischen Streitereien und Haarspaltereien um Kleinigkeiten führt. Letztendlich glaubt der betroffene und blockierte Partner, den anderen durch Schuldzuweisungen und Vorurteile für die Ursachen seiner Probleme verantwortlich machen zu können. Dies endet wiederum darin, daß er glaubt, sich die falsche Person zum Partner ausgewählt zu haben. Blutachate verhelfen aus dieser Blockade heraus wieder zur Erkenntnis, daß meist nicht der Partner falsch ist, sondern die an ihn gebundenen und gefesselten Bedürfnisse, Anforderungen und Wertvorstellungen. Sobald sich diese Blockade lindert, lindern sich auch Schuldzuweisungen und das Bedürfnis, den Partner andauernd korrigieren, bevormunden oder verändern zu müssen.

Dies trifft auch für Blockaden zu, die Betroffene allgemein unter Kollegen und besonders in der Partnerschaft daran hindern, sich mit ihrem Partner verständnisvoll und gerecht auseinandersetzen zu können. Denn dies setzt nicht nur Weisheit und Reife voraus, sondern sollte eine Grundvoraussetzung eines jeden erwachsenen Menschen sein. Betroffene Menschen verhalten sich bedingt durch diese Blockade jedoch noch eher wie kleine Kinder, indem sie bereits vor kleinsten Konflikten scheu, schmollend und unbeholfen davonrennen. Betroffene haben meist von klein auf nie gelernt, für jemanden, etwas, oder sich selbst kämpfen zu müssen, weil ihnen immer alles nachgetragen oder abgenommen wurde. Hieraus erwachsen Blockaden, die bewirken, daß Betroffene sich auch im späteren Leben weigern, die alltäglichen Herausforderungen annehmen zu können. Sie kommen bedingt durch diese Blockade nicht aus ihren Kinderschuhen heraus und vermeiden daher jegliche Art der Kritik und Auseinandersetzung, möglichst durch Flucht in Tränen, Schmollen, Selbstmitleid oder durch ablehnende Floskeln, wie z.B.: »Mit Dir kann man darüber nicht reden, das verstehst Du nicht, sinnlos Dir das erklären zu wollen, ich weiß, daß ich blöd bin oder natürlich bin ich wieder an allem Schuld.« Blutachate verhelfen betroffenen Menschen dazu, nicht länger den Kopf in den Sand stecken zu wollen oder alles auf einen Zeitpunkt aufzuschieben, an dem sie sich dann mittels eines großen Krachs entscheiden müssen, sondern verhilft dazu, sich den alltäglichen Standpunkten des Lebens unter Kollegen und in der Partnerschaft laufend stellen zu können, ohne länger hilflos reagieren zu müssen. Blutachate lindern in Verbindung mit anderen Heilsteinen, typische mit dieser Blockade verbundene Allergien, Hautkrankheiten, Schuppenflechte und sogar Neurodermitis und verleihen den notwendigen Mut, um sich den alltäglichen Anforderungen und Aufgaben stellen zu können. Blutachate tragen auch dazu bei, daß Betroffene wieder eigene Visionen des Lebens erkennen können, um sich bewußt für deren Verwirklichung einzusetzen.

Essenz-Nr. SP 10   **Therapiestein-Nr. SP 110**

Spezifische Heilwirkungen: Auszug aus dem Großen Lexikon der Heilsteine, Düfte und Kräuter von Methusalem.
Allergiebereitschaft des Organismus, Reizungen der Schleimhäute, Atembeschwerden, Stärkung des Immunsystems.

Wie pflege ich einen Blutachat?
Blutachat sollte einmal im Monat unter fließendem, lauwarmem Wasser oder in einer trockenen Schale mit Hämatit-Trommelsteinen entladen und gereinigt werden. Anschließend sollte er über Nacht in einer Bergkristall-Gruppe oder in einer trockenen Schale mit Bergkristall-Trommelsteinen wieder aufgeladen werden.

Mond der reifenden Früchte
Stör, 23. Juli bis 23. August

Der Mond der reifenden Früchte ist die 8. Mondphase des Jahres. Sie gehört zur Jahreszeit des Südmondes und wird in ihren Kräften durch *Granat* bestärkt. Die zugeordneten Heilpflanzen sind *Himbeeren* und *Holunder*, die Farbe ist dunkelrot und in der Opposition dieser Mondphase befindet sich der *Otter*.

Granat

Rote Granate wirken Blockaden auf emotionaler Ebene entgegen, die häufig zu Behinderungen, Depressionen, Trübsinn, Hoffnungslosigkeit und Pessimismus führen. Granate verhelfen somit zu vermehrten seelischen und psychischen Energieströmen, was wiederum zu mehr Ordnung in den Chakras und somit zu mehr Zufriedenheit, Gesundheit und Liebenswürdigkeit führt. Menschen, die von Ängsten, Sorgen, Schlafstörungen und undefinierbaren Schmerzen, besonders im Kopf und im Rücken geplagt werden, sollten stets Granat bei sich tragen oder als Essenz trinken. Er verhilft aus tiefen Gefühlsblockaden heraus, die sich nicht nur als Ängste, Hemmungen, Neurodermitis, Trostlosigkeit oder Depressionen bemerkbar machen, sondern die auch das Gefühl von Nutzlosigkeit, Wertlosigkeit und Ungeliebtheit vermitteln. Häufig sind diese Blockaden auf bestimmte Enttäuschungen und Schicksalsschläge zurückzuführen. Granate lindern diese Blockaden, die oft sporadisch in bestimmten Situationen auftauchen oder sogar zu starken Panikattacken führen können. Um nicht den Halt zu verlieren, eignen sich Granate auch ganz besonders in schweren Krisensituationen, wie beispielsweise bei Trennungen, Tod eines geliebten Menschen, Trauer, starken Krankheiten und Unfällen. Besonders nachts verhelfen Granate zu mehr Ruhe und einem tieferen Schlaf. Sie lindern Wut und Trauer, um wieder positive Energieströme zirkulieren lassen zu können. Dies trifft auch für Menschen zu, die sich plötzlich in einer immens schwierigen Lebenslage, Krise, schweren Krankheit oder Behinderung nach einem Unfall wiederfinden und nicht mehr wissen wie es weiter gehen soll. Rote Granate verschaffen wieder einen festen Boden unter den Füßen und verhelfen in Verbindung mit Moqui-Marbles zu einem neuen Sinn. Sie lassen offene Türen erkennen, um Krisen als neue Herausforderungen ansehen zu können.

Essenz-Nr. ST 10 **Therapiestein-Nr. ST 110**

Spezifische Heilwirkungen: Auszug aus dem Großen Lexikon der Heilsteine, Düfte und Kräuter von Methusalem.
Blutarmut, Leukämie, Niedergeschlagenheit, Syphilis, Tripper, Verkrümmung der Wirbelsäule, Arthritis, Rheuma, Furunkel, Gehirnerkrankungen, Gedächtnisschwäche.

Wie pflege ich einen Granat?

Der Granat sollte regelmäßig unter fließendem, lauwarmem Wasser oder in einer trockenen Schale mit Hämatit-Trommelsteinen entladen und gereinigt werden. Das Aufladen des Granats in einer trockenen Schale mit Bergkristall-Trommelsteinen oder in einer Bergkristall-Gruppe ist mindestens einmal im Monat zu empfehlen.

Mond der Ernte
Braunbär, 24. August bis 23. September

Der Mond der Ernte ist die 9. Mondphase des Jahres. Sie gehört zur Jahreszeit des Südmondes und wird in ihren Kräften durch *Amethyst* bestärkt. Die zugeordneten Heilpflanzen sind die *Bärentraube* und der *Hopfen*, die Farben sind purpur und violett und in der Opposition dieser Mondphase befindet sich der *Puma*.

Amethyst

Amethyste lindern, aus indianischer Überlieferung heraus, Blockaden, die die feinstofflichen Kanäle der Intuition und des inneren Sehvermögens gegenüber der Umwelt, den Sternen, Steinen und dem Mitmenschen zugunsten von Hörigkeit gegenüber anderen Menschen, Industrie, Wissenschaft, Medizin und Chemie verwerfen. Häufig sind die betroffenen Menschen in Klarheit und Weitsicht sogar so eingeengt, daß sie keinen eigenen Gedanken mehr zu Ende denken können und stattdessen, trotz Wissen und intellektueller Begabung, ohne den Druck anderer die Motivation verlieren und besonders dann, wenn sie auf sich selbst gestellt sind, plötzlich nicht mehr wissen, wie man selbstständig denkt, lenkt oder arbeitet. Betroffene orientieren sich haltlos an irgendwelchen Äußerlichkeiten und befinden sich daher in einer Tunnelvision, die kein eigenes, selbstbewußtes oder spirituelles Dasein mehr zuläßt, sondern lediglich die organische Grundversorgung des Körpers gewährleistet. So verfangen sich Betroffene häufig über viele Jahre in irgendwelchen theoretischen, materiellen Erfolgsstrategien und Erfolgszwängen, die letztendlich dazu führen, sich nur noch für Karriere, Macht und Geld aufopfern zu wollen. Körperliche Gefühle, Emotionen und seelische Bedürfnisse scheinen hierbei sogar hinderlich zu sein und werden deshalb ignoriert, vernachlässigt und verdrängt, was wiederum zu einem zerstörerischen Raubbau am eigenen Körper führt. Andauernd simuliert diese Blockade Betroffenen neue Zielvisionen vor Augen, die dazu führen, daß Betroffene sich immer schneller und erfolgsorientierter von der Wirklichkeit entfremden und in eine materielle Scheinwelt hineinhetzen, in deren Sackgassen meist viele Ängste, Hemmungen, Krankheiten, Trennungen, Geschwüre oder Neurosen und nicht selten sogar der vorzeitige Tod wartet. Diese Blockade macht sich anfangs durch starken inneren Druck, emotionale Steifheit und Verklemmung, sexuelle Unlust, allgemeine Verdrossenheit und typische Muskelverspannungen im Schulter-, Bauch- und Nackenbereich bemerkbar und führt fast immer, wenn sie nicht erkannt wird und mit Amethyst, eventuell in Verbindung mit Turalingam´s oder Moqui-Marbles behoben wird, zu Burn Out, Unfällen, Herz-Kreislauf-Beschwerden oder Schlaganfällen und ist meist spätestens dann die Ursache für den plötzlichen Tod, z.B. dann wenn Betroffene in Rente gehen. Amethyst bestärkt die innere Entschlossenheit, Motivation und Selbständigkeit und bewirkt somit, daß Betroffene auch ohne fremde Hilfestellung wieder zu mehr Motivation zurückfinden können. Besonders in Verbindung mit Moqui-Marbles ermöglicht der Amethyst, daß Betroffene ihre eigenen Emotionen nicht länger verdrängen und deshalb innerlich verkrampfen. Sie befreien von zu hohen, selbst auferlegten Anforderungen und lösen besonders als Badezusatz verkrampfte Emotionen, Schlafstörungen und hohe innere Verspannungen.

Essenz-Nr. BB 10 **Therapiestein-Nr. BB 110**

Spezifische Heilwirkungen: Auszug aus dem Großen Lexikon der Heilsteine, Düfte und Kräuter von Methusalem.
Migräne, streßbedingte Verspannungen, Alpträume, Wutausbrüche, Hysterie, Stottern, Epilepsien, Hautausschläge, Hautreizungen, Pickel, Mitesser, Herpes, Schuppenflechte, Insektenstiche.

Wie pflege ich einen Amethyst?
Der Amethyst sollte einmal im Monat unter fließendem, lauwarmem Wasser oder in einer trockenen Schale mit Hämatit-Trommelsteinen entladen und gereinigt werden. Ketten empfehlen wir einmal im Monat über Nacht in einer trockenen Schale mit Hämatit-Trommelsteinen zu entladen. Danach sollte er in einer Gruppe oder Druse aus Amethyst-Kristallen aufgeladen werden.

Mond der ziehenden Vögel
Rabe, 24. September bis 23. Oktober

Der Mond der ziehenden Vögel ist die 10. Mondphase des Jahres. Sie gehört zur Jahreszeit des Westmondes und wird in ihren Kräften durch *Silberobsidian* bzw. *Goldobsidian* und *Apachentränen* bestärkt. Die zugeordneten Heilpflanzen sind *Johanniskraut* und *Baldrian*, die Farben sind dunkelbraun, silbrig und schwarz und in der Opposition dieser Mondphase befindet sich der *rote Habicht*.

Bei den Indianern Mexikos und Mittelamerikas wurde der Obsidian als wichtiger Schutzstein verehrt, welcher alles schlechte vom Körper seines Trägers fernhalte. Der Regenbogenobsidian wurde vor allem von den Indianern Mexikos geschätzt, weil diese glaubten, daß ihre Götter, wenn sie persönlich auf die Erde kamen, in einem leuchtenden Regenbogenobsidian wohnten. Der Silber- bzw. Goldobsidian ist allen indianischen Völkern bekannt und diente als Stein der Fruchtbarkeit. Die Spuren des Obsidian lassen sich bis weit in die Geschichte der Menschheit zurückverfolgen. Noch heute erfreut sich der Obsidian großer Beliebtheit.

Rabe / Silber- bzw. Goldobsidian
Rabe, 24.9. bis 23.10.

Silber- bzw. Goldobsidiane dienen bei allen Indianischen Völkern aufgrund ihrer mondähnlichen Energien der körperlichen Verbundenheit und Vereinigung. Menschen, die unausgewogen, labil, launisch und leicht aus der Ruhe zu bringen sind, sofort gereizt reagieren oder in Tränen ausbrechen, haben den Zugang zur inneren Einheit und Gleichmäßigkeit verloren und leiden daher bedingt durch unzählige emotionale Konflikte und Komplexe unter starker innerer Unruhe, Nervosität, Zerstreutheit, Zappeligkeit, Ziellosigkeit und Zerrissenheit. Diese Blockaden drücken sich häufig nicht nur in übertriebenen Schamgefühlen aus, sondern auch durch Sexualstörungen, Erektionsstörungen, Frigidität, sexuelle Unlust und in starken Magenbeschwerden, weil die stetig steigenden emotionalen Belastungen nicht mehr ausreichend verarbeitet werden können und daher beispielsweise auf den Magen schlagen. Schizophrenie, Zwänge und Hysterie in Verbindung mit extremer Unruhe und tiefen emotionalen Beklemmungen, Hyperaktivitäten und Schlafstörungen beherrschen oft das Tun und die Persönlichkeit. Silber- bzw. Goldobsidiane lockern blockierte, gestaute und emotional bedrängte Beklemmungszustände zwischen psychischen, körperlichen und seelischen Strukturen. Sie öffnen somit wieder das Herz, heben die Stimmung und fördern die Lebensgeister. Besonders Kinder leiden heutzutage an dieser Blockade, weil sie die stetig steigenden Anforderungen und emotionalen Belastungen in der Familie und der Schule nicht mehr ausreichend verarbeiten können. Innere Spannungen führen zu nächtlichen Alpträumen, Ängsten, Bettnässen und Allergien. Silber- bzw. Goldobsidiane verhelfen nach Indianischer Überlieferung aus diesen Blockaden heraus und lindern Schlafstörungen, innere und äußere Unruhe. Sie fördern die vollständige Verarbeitung von Konflikten, um emotional wieder ruhiger und stabiler werden zu können.

Essenz-Nr. RA 10 **Therapiestein-Nr. RA 110**

Spezifische Heilwirkungen: Auszug aus dem Großen Lexikon der Heilsteine, Düfte und Kräuter von Methusalem.
Angst, Furcht, heftige Depressionen, Parkinsonsche Krankheit, Zittern, Lähmungserscheinungen.

Wie pflege ich einen Silber- bzw. Goldobsidian?
Obsidiane sollten einmal im Monat unter fließendem, lauwarmem Wasser oder in einer trockenen Schale mit Hämatit-Trommelsteinen entladen und gereinigt werden. Ketten empfehlen wir einmal im Monat über Nacht in einer trockenen Schale mit Hämatit-Trommelsteinen zu entladen. Alle Obsidiane mögen das direkte Aufladen an der Sonne oder über Nacht in einer Bergkristall-Gruppe oder in einer trockenen Schale mit Bergkristall-Trommelsteinen.

Rabe / Apachentränen, 24.9. bis 23.10.

Apachentränen lindern Blockaden, die sich wie Metastasen über unzählige Organe, Energiebahnen und die Haut durch unseren gesamten Körper hindurch verteilen. Diese Blockaden verweilen oft über viele Jahre im Verborgenen und sind dazu in der Lage, wie ein Schwamm, unzählige verdrängte Emotionen aufnehmen zu können. Eines Tages sind sie jedoch, wie Zecken, mit seelischem Unrat überfüllt und platzen. Meistens platzen diese Blockaden mehrfach und bewirken ruckartige körperliche und psychische Veränderungen. Alterserscheinungen, Konzentrationsstörungen, Schmerzen und plötzliche Geschwüre sind typische Anzeichen dieser Blockaden. Menschen, die unter diesen Blockaden leiden, erfreuen sich, trotz jahrelangem Raubbau an körperlichen und geistigen Kräften, durch seelische Vernachlässigung, Extremsport, starkem Rauchen, Alkohol und ungesunder Ernährung, einer scheinbar unverwüstlichen Gesundheit. Oft werden sie von Mitmenschen wegen ihrer Robustizität beneidet. Die blockierten Menschen selbst spüren zwar oft intuitiv, daß sich in ihnen Dinge zusammenbrauen, welche Verdauungsstörungen, Aggressionen, Unzufriedenheit und einen erhöhten Körperdruck verursachen. Sie verdrängen dies jedoch, indem sie blauäugig daran festhalten, körperlich doch fit zu sein und daß ihnen schon nichts passieren wird. Plötzlich tritt jedoch irgendein Auslöser in ihr Leben, der bewirkt, daß viele dieser kleinen Blockaden auf einmal aufbrechen und sich wie Hiobsbotschaften und Metastasen oder Karzinome im gesamten Organismus und der Seele verteilen. Oft ist es für die Betroffenen dann leider zu spät, um den Folgen noch ausweichen zu können. Apachentränen vermitteln noch rechtzeitig mehr Einsicht gegenüber irgendwelchen materiellen Grundsätzen und umweltzerstörenden, ehrgeizigen Lebenszielen und besonders auch darüber, daß sich Betroffene nicht gleich persönlich angegriffen fühlen, wenn sie von lieben Mitmenschen auf diese Blockaden hingewiesen werden.

Dies trifft auch für Menschen zu, bei denen diese Blockade eine andauernde Bereitschaft zu Angeberei, Profilierung, Streitlust und Gewaltbereitschaft hervorruft. Betroffene sind aus dieser Blockade heraus nahezu unfähig, Streit aus dem Weg gehen zu können und sehen in jeder Situation eine versteckte Provokation, von der sie sich herausgefordert, bedroht oder irgendwie negativ angemacht fühlen. Deshalb befinden sich Betroffene nicht nur andauernd im Streit mit Familienangehörigen, Nachbarn und Kollegen, sondern sie lassen auch keine Gelegenheit aus, um Anzeige zu erstatten oder als echter Raufbold ihre Stärke unter Beweis stellen zu können. Diese Blockade kommt während des Autofahrens besonders stark zum Vorschein und verwandelt urplötzlich zuvor vernünftige, liebenswürdige Menschen, in selbstsüchtige, selbstmörderische oder aggressive Einzelkämpfer, die keinerlei Rücksicht mehr auf sich oder andere nehmen. Apachentränen lindern diese Blockaden und verhelfen Betroffenen zu mehr innerer Ruhe und Ausgeglichenheit, um sich nicht länger herausgefordert fühlen zu müssen, sondern um mehr Rücksicht und Vernunft walten lassen zu können, ohne sich gleich beleidigt, unterlegen oder im Stolz verletzt zu fühlen.

Essenz-Nr. RA 20   **Therapiestein-Nr. RA 120**

Spezifische Heilwirkungen: Auszug aus dem Großen Lexikon der Heilsteine, Düfte und Kräuter von Methusalem.
Apathie, Verdauungs-, Magen- und Darmstörungen, Magengeschwüre, Magenreizungen, Magenschleimhautentzündungen, chronische Magenkatarrhe, Magenkrämpfe, Darmträgheit, Herzinfarkt, Sonnenbrand, Hautkrebs.

Wie pflege ich eine Apachenträne?

Apachenträne sollten einmal im Monat unter fließendem, lauwarmem Wasser oder in einer trockenen Schale mit Hämatit-Trommelsteinen entladen und gereinigt werden. Besonders intensiv ist ihre Wirkung, wenn diese regelmäßig in einer Bergkristall-Gruppe oder in einer trockenen Schale mit Bergkristall-Trommelsteinen aufgeladen werden.

Mond der Winterruhe
Schlange, 24. Oktober bis 22. November

Der Mond der Winterruhe ist die 11. Mondphase des Jahres. Sie gehört zur Jahreszeit des Westmondes und wird in ihren Kräften durch *blauen Andenopal*, *Malachit* und *Azurit-Malachit* bestärkt. Die zugeordneten Heilpflanzen sind *Eibisch* und *Frauenmantel*, die Farben sind blau und grün und in der Opposition dieser Mondphase befindet sich der *Biber*.

Andenopal blau

Blaue Andenopale beeinflussen und stärken das Herz mit neuer kosmischer Energie. Das Herz ist das körperliche Gegenstück zum Geist und als solches auch direkt mit geistigen Emotionen verbunden. Geistige Aktivitäten drücken sich daher auch in schwankenden Herz-Kreislauf-Tätigkeiten aus. Befinden sich Blockaden auf den Energiebahnen geistiger Emotionen zum Herzen und umgekehrt, bewirkt dies einerseits bedrängte Gefühle, was wiederum zu einem erhöhten innerlichen Druck (Bluthochdruck) führt. Auf körperlicher Ebene spiegeln sich diese Emotionen in Herz-Rhythmus-Störungen und anderen Herz-Kreislauf-Erkrankungen wider. Blaue Andenopale lindern Gefühlsstauungen, die zu innerer Wut und zu Aggressionen führen, welche zusätzlich die Empfängnis der Liebe und die Liebenswürdigkeit von den universellen Energieströmen verwerfen. Daraus ergibt sich, daß Betroffene den Halt zur Liebe und zum Vertrauen gänzlich zu verlieren scheinen, indem sich in ihnen Zorn, Wut und Aggressivität verbreitet, die sie oft auch in Form von Arroganz, Intoleranz, Besserwisserei, Kritiksucht, Herrschsucht, Eifersucht, Schuldzuweisung und Streit nach außen versprühen. Blaue Andenopale lindern diese Verhärtungen, die auch als Hartherzigkeit und als gebrochenes oder steinernes Herz bezeichnet werden. Sie verhelfen aus Verbitterung und Einsamkeit heraus auch wieder dazu, sich ihren Mitmenschen gegenüber mehr zu öffnen, um so wieder mehr zwischenmenschliche Wärme, Zuwendung, Liebe und Zärtlichkeit zulassen zu können.

Dies trifft auch für Menschen zu, bei denen diese Blockade aus schwierigen, konfliktgeladenen Problemen zu den Eltern hervorgeht. Betroffene konnten entweder beiden Eltern oder einem Elternteil nie etwas recht machen, um ihre eigenen Fähigkeiten ausloten und einschätzen zu können, oder fühlten sich von klein auf unverstanden, ungeliebt, in die Ecke gedrängt, vernachlässigt und allein gelassen. Diese Blockade geht oft aus mangelnder Wärme, Trennung der Eltern oder dem vorzeitigen Verlust eines Elternteils durch Tod hervor und bewirkt mangelnde Hingabefähigkeit, Schuldgefühle oder Probleme dabei, sich lösen oder anderen vergeben zu können. Diese Blockade äußert sich in vielerlei Gesichtern, wobei Haß oder abgöttische Liebe gegenüber Vater oder Mutter über den Tod hinaus die markantesten Merkmale sind. Blaue Andenopale lindern diese Blockade und verhelfen dazu, wieder eine Mitte zwischen Klammern und Loslassen finden zu können, um erwachsen zu werden und um endlich zum eigenen Lebensweg in eine eigene Partnerschaft zu finden. Blaue Andenopale befreien Betroffene und auch deren Angehörige von dem ständigen Phantom irgendwelcher Väter oder Mütter, und lindern auch eine aus dieser Blockade hervorgehende abgöttische Liebe und Hörigkeit gegenüber verstorbenen Elternteilen, sowie Haß, Aggressionen und andauernde Unterwürfigkeit, Hörigkeit und dem typischen Phänomen sich vor seinen Eltern klein machen zu wollen. Blaue Andenopale verschaffen mehr Ausgewogenheit und Sicherheit gegenüber den eigenen Ich-Kräften und verhelfen neben einer Aussöhnung mit den Eltern zur persönlichen Identifikation mit dem eigenen Ich im Hier und Jetzt.

Essenz-Nr. SL 10 **Therapiestein-Nr. SL 110**

Spezifische Heilwirkungen: Auszug aus dem Großen Lexikon der Heilsteine, Düfte und Kräuter von Methusalem.
Atembeschwerden, Hautausschläge, Hautreizungen, Heuschnupfen, Kehlkopferkrankungen, Stimmritzenkrämpfe, Sängerknötchen, Stimmverlust.

Wie pflege ich einen blauen Andenopal?
Blaue Andenopale sollten regelmäßig ein- bis zweimal im Monat unter fließendem, lauwarmem Wasser oder in einer trockenen Schale mit Hämatit-Trommelsteinen entladen werden. Anschließend sollten Sie ihn über Nacht für mehrere Stunden in einer Bergkristall-Gruppe oder in einer trockenen Schale mit Bergkristall-Trommelsteinen aufladen.

Schlange / Azurit-Malachit, 24.10. bis 22.11.

Azurit-Malachit öffnet nach indianischer Überlieferung die Augen gegenüber den vielen kleinen Dingen im Leben, welche letztendlich oft die wahren Dinge sind, die das Leben nicht nur lebenswert machen, sondern auch Großes bewirken. Insbesondere befreit Azurit-Malachit von den Blockaden, welche Betroffenen die Ansicht vermitteln, daß das eigene organische und seelische Leben unendlich sei, und kaum zu zerstören ist. Die betroffenen Menschen gehen in dieser Blockade mit ihrem Körper, ebenso wie mit der Natur, um, als ob es für die Gesundheit Ersatz gäbe. Sie glauben daran, daß von Krankheit und Verfall immer nur die anderen betroffen werden und sie verschont bleiben. Das Leben ist ebenso eine Polarität wie der Tod auch, und beide sind demnach unzertrennlich miteinander verbunden. Alle Menschen haben jedoch von Geburt an einen Sinn in ihrem Leben zu erfüllen, der sie kollektiv mit dem Großen und Ganzen verbindet, worin jeder seinen Beitrag zu leisten hat.

Umso bewußter sich die Menschen dem wahren Sinn ihres irdischen Daseins hingeben, ohne ihre Mitmenschen und die Natur dabei zu zerstören, umso mehr wird ihnen Zufriedenheit, Gesundheit und Liebe zuteil. Menschen, welche aufgrund von Blockaden nicht das Leben selbst als Erfolg werten, sondern nur das Erreichen materieller Ziele, vegetieren am eigentlichen Leben vorbei. Früher oder später werden sie innerlich von dieser Blockade eingeholt werden, was dazu führt, daß die Betroffenen plötzlich an tiefer innerer Leere und Sinnlosigkeit bezüglich ihres Daseins zu leiden beginnen. Sie stellen auf einmal fest, daß sie ihr Leben nicht leben, sondern eigentlich für irgendwelche materiellen Dinge vertun. Ein ungelebtes, bzw. unerfülltes Leben führt jedoch, besonders ab dem mittleren Alter, zu Furcht, Angst und innerer Unzufriedenheit, woraus sich Ängste vor dem Alter und besonders vor dem Tod ergeben. Denn alle Lebewesen haben in ihrem Leben die Zeit und die Aufgabe, sich ausreichend zu verwirklichen, um ihre Seele in eine höhere Dimension zu begleiten. Mit dem körperlichen Tod stirbt jedoch nicht die Seele, sondern sie steigt wiederum in eine weitere höhere Dimension auf, um in ein anderes Lebewesen neu hineingeboren werden zu können. Verweigern wir unserer Seele im jetzigen Leben durch ein falsches Wertempfinden diesen irdischen Werdegang, wird daraus ein qualvoller Alltag und häufig sogar der vorzeitige Tod, weil die Seele sich einen verantwortungsbewußteren Wirt sucht. Diese Blockaden drücken sich häufig schon in jungen Menschen dahingehend aus, indem die Betroffenen Tod als etwas Ekliges oder sogar Beschämendes betrachten. Sie fühlen sich oft schuldig, zornig, frustriert und enttäuscht, wenn jemand aus der näheren Bekanntschaft verstirbt. Denn den modernen Menschen wurde nur ein wissenschaftlicher Teil des Ganzen beigebracht, woraus nicht hervorgeht, daß gebären, leben und sterben Teil eines universellen Kreislaufes sind.

Essenz-Nr. SL 20   **Therapiestein-Nr. SL 120**

Spezifische Heilwirkungen: Auszug aus dem Großen Lexikon der Heilsteine, Düfte und Kräuter von Methusalem.
Magengeschwüre, Nieren- und Gallensteine, Lebererkrankungen, Strahlenschäden, krebsartige Tumore.

Wie pflege ich einen Azurit-Malachit?

Dieser Stein sollte nur in einer trockenen Schale mit Hämatit-Trommelsteinen entladen werden. Dies jedoch erst dann, wenn Sie spüren, daß er sich beim Tragen am Körper nur noch schwach erwärmt oder gar verfärbt. Der Azurit-Malachit sollte nicht an der Sonne, sondern einmal im Monat über Nacht an einer Bergkristall-Gruppe oder in einer trockenen Schale mit Bergkristall-Trommelsteinen aufgeladen werden.

Schlange / Malachit, 24.10. bis 22.11.

Malachit lindert aus Indianischer Überlieferung jene Blockaden, welche sich dahingehend bemerkbar machen, indem das körperliche und emotionale Abwehrsystem betroffener Menschen zerstört und durchbrochen wird. Körperlich deutet sich dies beispielsweise durch eine erhöhte Allergiebereitschaft und Infektionsbereitschaft in Form von andauernden Geschwüren, Koliken, Neurodermitis, Schuppenflechten, Pilzen und Krebsleiden an. Geistig haben Betroffene das Gefühl, augenblicklich von allem erschlagen zu werden. Alles scheint ungebremst über sie hereinzustürzen und sie mit emotionalem Unrat anderer Menschen zu füllen, mit dem sie nicht mehr umgehen können. Um durchatmen zu können, verdrängen die Betroffenen dann ihre eigenen Bedürfnisse und verleugnen sich häufig sogar selbst. Tiefe innere Unzufriedenheit, Zerrissenheit, Schlafstörungen, Atemnot und Alpträume begleiten diese Blockade meist auch in Verbindung mit totaler Erschöpfung, Ausgebranntheit und dem Gefühl, nicht mehr zu können, zu ersticken, erdrückt zu werden und mit seinen Kräften am Ende zu sein. Der Malachit befreit von diesen Blockaden, so daß die Betroffenen sich wieder klar über sich selbst und eigene Wünsche und Belange werden. Sie finden somit aus dem Strudel heraus, sich andauernd anderen Menschen andienen zu müssen oder sich gegen ihren Willen den Willen anderer aufzwingen zu lassen. Malachit verleiht mehr emotionale Stärke, erfrischt Geist und Seele und baut wieder ein stärkeres körperliches und vor allem mentales Abwehrsystem auf.

Essenz-Nr. SL 30   **Therapiestein-Nr. SL 130**

Spezifische Heilwirkungen: Auszug aus dem Großen Lexikon der Heilsteine, Düfte und Kräuter von Methusalem.
Entschlackung, Rheuma, Bandscheiben- und Gelenkentzündungen,

Parkinsonsche Krankheit, Asthma, Lungenentzündung, Leukämie, Geschwüre, Infektionen, Mangeldurchblutung, Bluthochdruck, Grippe, Fieber, Angina, Koliken, Nervenzerrungen, Hexenschuß, Ischiasbeschwerden.

Wie pflege ich einen Malachit?

Malachit sollte, in einem Taschentuch eingerollt, über Nacht in einer trockenen Schale mit Hämatit-Trommelsteinen entladen werden. Aufladen sollten Sie ihn in einer Bergkristall-Gruppe oder in einer trockenen Schale mit Bergkristall-Trommelsteinen.

Wintermond
Wapiti, 23. November bis 21. Dezember

Der Wintermond ist die 12. Mondphase des Jahres. Sie gehört zur Jahreszeit des Westmondes und wird in ihren Kräften durch *versteinertes Mammutholz* und *Regenbogenobsidian* bestärkt. Die zugeordneten Heilpflanzen sind *Bärlapp* und *Quecke*, die Farben sind rot, orange und schwarz und in der Opposition dieser Mondphase befindet sich der *Hirsch*.

Versteinertes Mammutholz

Versteinertes Mammutholz verhilft aus Blockaden heraus, die Menschen innerlich dazu drängen, in ihrem Fühlen, Denken und Handeln grundsätzlich intolerant und ablehnend gegenüber ihrer Umwelt zu reagieren. Die betroffenen Menschen befinden sich aufgrund dieser Blockade oft in einer, über Jahre andauernden, permanenten Abwehrhaltung gegenüber Mitmenschen und der Umwelt, was sich häufig auch durch permanente, verletzende Kritiksucht und Miesmacherei äußert. Betroffene wissen letztendlich nicht einmal mehr selbst, welchen Standpunkt sie haben, weil sie meist versuchen, grundsätzlich alles in ihrer Umgebung negativ zu beeinflussen, zu kritisieren, abzulehnen oder in Frage zu stellen. Allergien, Geschwüre, Verdauungsstörungen und Herz-Kreislauf-Probleme begleiten häufig diese Blockaden.

Diese Blockade tritt meist in wellenartigen Zyklen in Erscheinung, wobei die Betroffenen sich manchmal bewußt großzügig, äußerst liebenswürdig, verständnisvoll und einsichtig zeigen, was von Mitmenschen häufig als besondere Freude, mit einem roten Herzchen im Kalender, empfunden wird.

Doch schon nach kurzer Zeit werden sie wieder von den Wogen ihrer Blockade erfaßt und erstarren erneut in Intoleranz, permanenter Kritiksucht, ablehnender Haltung oder in einem ewigen Kreislauf, andere beeinflussen, belehren oder bevormunden zu wollen, wodurch oft der Eindruck vermittelt wird, daß Betroffene selbst nicht in der Lage sind, das auf den Punkt bringen zu können, was sie wirklich stört. Stundenlang können Betroffene bedingt durch diese Blockade um den heißen Brei herumstreiten, weil sie häufig blind für ihr widersprüchliches Verhalten sind und daher beginnen, ihren Mitmenschen, ohne dies zu merken, zunehmend auf die Nerven zu gehen und sich im Ton zu vergreifen, weil diese das ewige kritisieren, beleidigen, bemäckern, verbessern wollen und das Geschimpfe irgendwann einmal satt haben. Erst dann, wenn andere sich beleidigt zurückziehen, werden Betroffene aufmerksam auf ihre Blockaden, können jedoch erst durch versteinertes Mammutholz erkennen, daß ihnen das öfters passiert und daß ihr Verhalten sehr verletzend auf andere Menschen wirkt. Versteinertes Mammutholz verhilft aus diesen Blockaden heraus wieder zu mehr Aufgeschlossenheit und Offenheit und bringt wieder mehr Herzlichkeit, Gefühle, Achtung und Wertschätzung in die persönlichen Ausdrucksformen von Ton und Sprache und bewirkt somit eine liebevollere Verständigung. Somit finden die betroffenen Menschen wieder zu mehr freundschaftlicher Zusammenarbeit, Teamwork und einer positiveren Geisteshaltung gegenüber den schönen Dingen, der Liebe, Gemeinsamkeit und Partnerschaft.

Hinzu kommt, daß versteinertes Mammutholz aus verhärteten Gefühlsstrukturen heraushilft, die sich häufig bei Menschen einnisten, bei denen enttäuschte Liebe in Haß umgeschlagen ist. Die Betroffenen geben sich dann gehaßten Menschen gegenüber sehr aggressiv und gehässig, weil sie Zuwendung, Aufmerksamkeit und Liebe nicht mehr auf dem Weg erhalten, den sie sich von bestimmten Personen erhoffen oder erwarten. Versteinertes Mammutholz ist daher auch für Menschen wichtig, die sich häufig in Familienproblemen zu verantworten haben. Dies trifft besonders auch für Kinder zu, deren Eltern sich trennen oder für Erwachsene, wenn die Kinder das Elternhaus verlassen. Versteinertes Mammutholz verhindert starke Enttäuschungen und fördert das Loslassen, indem es mehr Verständnis gegenüber dem Kreislauf der Welt vermittelt.

Essenz-Nr. WA 10   **Therapiestein-Nr. WA 110**

Spezifische Heilwirkungen: Auszug aus dem Großen Lexikon der Heilsteine, Düfte und Kräuter von Methusalem.
Knochenschwund, Knochenerweichungen, Knocheneiterungen, Rachitis, Gelenkerkrankungen, rheumatische Verkrampfungen, Arthrose, Arthritis,

Gicht, Arterienverkalkungen, Thrombose, Herzinfarkt, Krampfadern, empfindliche Zahnhälse, Karies.

Wie pflege ich versteinertes Mammutholz?
Versteinertes Mammutholz sollte nach dem Gebrauch unter fließendem, lauwarmem Wasser oder in einer trockenen Schale mit Hämatit-Trommelsteinen entladen und gereinigt werden. Kleinere Stücke sollten nach dem Entladen für ca. eine halbe Stunde an der Sonne aufgeladen werden. Größere Stücke, wie z.B. Buchstützen oder Tischplatten brauchen nicht gereinigt werden, da unser Leben nie ausreichen würde, um diesen Stücken auch nur annähernd die Energie zu entziehen.

Wapiti / Regenbogenobsidian, 23.11. bis 21.12.

Regenbogenobsidiane verstärken die seelischen Verbindungen zum universellen Ozean. Nur Menschen, die ausreichend mit den kosmischen Kräften verbunden sind, empfinden Liebe, Zufriedenheit und Gesundheit. Da die Verbundenheit zum Mond und zur Natur jedoch Teil der menschlichen Aufgabe ist, worum jeder einzelne sich im Leben, im Gegensatz zu Pflanzen und Tieren, mit Hilfe von Steinen, Düften und Kräutern, selbst zu bemühen hat, lösen sich die universellen Verbindungen, wenn dies nicht geschieht. Umso mehr sich die modernen Menschen den künstlichen materiellen Dingen hingeben, weil es ihnen einfacher erscheint, Glück, Gesundheit und Liebe durch chemische Täuschungsmanöver oder durch Geld kaufen zu wollen, verlieren viele moderne Menschen zunehmend die universelle Verbundenheit. Daraus folgt jedoch nicht nur eine innere Leere und Sinnlosigkeit, sondern auch die gesamte, uns bisher bekannte und noch unbekannte Palette an körperlichen, seelischen und psychosomatischen Leiden. Diese werden um so intensiver, um so mehr sich die Liebe und die universellen Energieströme aus unserem Herzen und unseren seelischen Strukturen zurückziehen und somit in uns ein Vakuum hinterlassen, worin sich Ängste, Hemmungen, Schmerzen und Habgier zu tummeln beginnen. Regenbogenobsidiane dienen daher in Verbindung mit Turalingam´s und Moqui-Marbles als primäre Verbindungssteine zu den universellen Energieströmen selbst, um Zufriedenheit und Glück besser erkennen und auch erreichen zu können.

Regenbogenobsidiane sind in Verbindung mit Blue Moon auch hervorragende Schutzsteine vor Menschen, die Tränen, Krankheit, Schmerzen und Ängste zur Schau tragen oder sogar als Waffen einsetzen, um hierdurch bei anderen durch Mobbing oder emotionale Erpressung, Schuldgefühle hervorzurufen. Geht Betroffenen etwas gegen den Strich, werden sie sofort traurig, geben sich verstoßen, unverstanden, unfair behandelt, verfallen in Tränen und Schmerzen oder werden krank, um sich unpäßlichen Situationen nicht stellen zu müssen. »Du weißt doch, daß ich mich nicht aufregen soll, du machst mich krank« oder »du bist Schuld« sind typische Äußerungen, die Betroffene bedingt durch diese Blockade von sich geben, um andere manipulieren zu können. Allerdings gehören zu emotionaler Erpressung immer zwei. Nämlich derjenige, der beispielsweise die Krankheit als Waffe benutzt und derjenige, der sich Schuldgefühle einreden läßt und sich somit emotional erpressen läßt. Regenbogenobsidiane in Verbindung mit Blue-Moon verhelfen Betroffenen aus dieser Blockade heraus und bewirken, sich von nun ab alltäglichen Problemen als erwachsene Menschen stellen zu können. Sie verhelfen auch Menschen, die anfällig für Schuldgefühle sind, zu einer stärkeren emotionalen Aura, die ihnen deutlicher signalisiert, daß sie augenblicklich von einem Tat-Kranken ausgenutzt werden. Regenbogenobsidiane verhelfen zur Kraft, um dem widersprechen und sich dem widersetzen zu können. Die Erkenntnis darüber, von anderen Menschen emotional erpreßt und ausgenutzt zu werden, ist eine wichtige Erkenntnis, die vorhanden sein muß, um auf Tat-Kranke nicht länger mit Schuldgefühlen zu reagieren, sondern durch Selbstbewußtsein. Beide Steine verleihen den Betroffenen, Tätern und Opfern, den Mut, um sich aus der emotionalen Abhängigkeit herauslösen zu können und geben auch ausreichend Kraft für anschließende Konsequenzen. Denn häufig verbergen sich in dieser Blockade auf beiden Seiten Ängste vor neuen Wegen, die längst hätten beschritten werden müssen.

Essenz-Nr. WA 20   **Therapiestein-Nr. WA 120**

Spezifische Heilwirkungen: Auszug aus dem Großen Lexikon der Heilsteine, Düfte und Kräuter von Methusalem.

Krebserkrankungen, Geschwüre, Aids, Bluterneuerung, Magen, Darm, Bauchspeicheldrüse, Gallenblase, Leber, Milz, Speiseröhre.

Wie pflege ich einen Regenbogenobsidian?

Regenbogenobsidiane sollten einmal im Monat unter fließendem, lauwarmem Wasser oder in einer trockenen Schale mit Hämatit-Trommelsteinen entladen und gereinigt werden. Ketten empfehlen wir einmal im Monat über Nacht in einer trockenen Schale mit Hämatit-Trommelsteinen zu entladen. Alle Obsidiane mögen das direkte Aufladen an der Sonne oder über Nacht in einer Bergkristall-Gruppe oder in einer trockenen Schale mit Bergkristall-Trommelsteinen.

Kapitel 6

Der Mond

Vorweg ...

Die in diesem Mondteil und den folgenden Kapiteln sehr umfangreich, deutlich und teilweise auch wiederholend beschriebenen Eigenschaften zu Wohlbefinden, Ernährung und Partnerschaft beziehen sich auf einst natürliche Begebenheiten, von denen wir modernen Menschen uns zivilisationsbedingt, hauptverantwortlich durch Pille, chemisch vergiftete Ernährung und eine selbst erfundene, antizyklische Denkweise weit entfernt haben. Sehen Sie daher die in diesem Buch beschriebenen Mondphasen und mondbedingten Reinigungszyklen als Hilfestellung darüber an, was mit Ihnen durch mondbedingte Energien geschieht. Zu welchem Zeitpunkt sich die Rhythmen jedoch für Sie in Form von Hochphasen und Tiefphasen wiederholen, bleibt ein offenes Geheimnis, dem Sie selbst auf die Spur kommen müssen. Es lohnt sich jedoch, sich die Mühe dafür zu machen und somit für sich selbst herauszufinden, wann sich kritische Tage wiederholen oder Ihnen fröhliche Tage bevorstehen. Erfahren Sie aufgrund Ihrer persönlichen Ergänzungen und Notizen im Mondkalender Näheres über Ihren ganz persönlichen Rhythmus, welcher Ihnen Auskunft über Empfinden, Befinden, Partnerschaft und Ernährung gibt.

Der Mond

Der Mond dürfte mit Sicherheit seit Gedenken der Menschheit neben dem Interesse zur Sonne und den anderen Planeten im Mittelpunkt der Neugier nahezu aller Völker stehen. Sein besonderes Interesse galt ihm spätestens dann, als die Menschen feststellten, daß er mehr oder weniger sichtbar war, zu- oder abnehmend und daß unzählige Rhythmen im irdischen Geschehen und Empfinden aller Menschen von bestimmten Mondphasen abhängig sind. So begannen sich die Menschen schon vor Tausenden von Jahren mehr mit dem Mond zu beschäftigen, ihn zu verehren und seine Kräfte zu erkunden. Lange Zeit wußten die Menschen nicht, daß der Mond nicht von selbst scheint, und wenn er sich trotzend vor die Sonne stellte um diese zu verfinstern, wurden ihm Opfer gebracht, damit er diese wieder ungestört zur Erde leuchten läßt.

Im Laufe vieler Tausend Jahre konnten die Menschen von Generation zu Generation zunehmend bewußter erkennen, daß die meisten natürlichen Phänomene und Naturgesetze, wie beispielsweise Ebbe und Flut, Klima, Wetter, Schwangerschaft, Geburt, Liebe, zwischenmenschliches Verständnis, Gesundheit sowie die körperlichen und seelischen Wachstumsphasen insgeheim von den Kräften des Mondes und dessen Phasen gesteuert werden. Die Erfahrungen der Menschen verfeinerten sich und im Gegensatz zu Pflanzen und Tieren konnten sie alsbald sehr bewußt darüber befinden, daß neben Sonne, Sternen und den Elementen insbesondere der Mond mit der irdischen Natur und all ihren Geschöpfen eine sonderbare Partnerschaft teilt.

Der Mond gibt uns auch heute noch größte Rätsel auf. Er kreist in einer nahezu runden Bahn in rund 28 (27,32) Tagen um unsere Erde, ohne sich dabei, wie die meisten anderen Planeten, um sich selbst zu drehen. So kommt es, daß wir den Mond nur von der einen, uns zugewandten Seite, her kennen, während uns seine Rückseite für immer verborgen bleibt. Die Masse des Mondes ist im Verhältnis zur Erdmasse viel größer als die von Monden anderer Planeten ihrem Heimatstern gegenüber. Die Entstehung des Mondes ist bis heute ungeklärt und hinkt wissenschaftlichen Theorien nach, wonach der Mond gleichzeitig mit der Erde als Doppelplanet entstanden sein soll, ein herausgebrochenes Teil der Erde ist, oder aus Teilung der Erde durch Kollision mit einem Riesenmeteoriten, hervorgegangen sein soll. Alle wissenschaftlichen Theorien sind jedoch genauso widersprüchlich und fraglich, wie die moderne Wissenschaft selbst. Denn warum soll sich etwas aus einer Urmasse ohne Ursache plötzlich herauslösen, wie kann der Mond aus der Erde heraus gebrochen sein, ohne »Narben« und andere oberflächliche Veränderungen zu hinterlassen, und ob ein Meteorit mit so gigantischer Größe die Erde nicht eher in Fetzen gerissen hätte, als in zwei saubere, runde Teile, bleibt ebenfalls fraglich. Nach den Überlieferungen zahlreicher Urvölker hat sich der Mond auf seinem langen Weg durch Raum und Zeit zur Erde gesellt, um dieser ein ausgleichender Partner zu sein. In Sympathie geschah durch die Energien aus Liebe zwischen Mond und Erde eigentlich nichts anderes, als zwischen Mann und Frau auf der Erde und in der irdischen Natur auch.

Als Mond und Erde sich zu einem »Liebespaar« vereinigt hatten, nahm auch die Schöpfung und die Evolution im irdischen Geschehen ihren Lauf. Im Kleinen wiederholte sich in allen Lebewesen der irdischen Natur das Prinzip einer wunderbaren Entwicklung aus Liebe, Harmonie, Vollkommenheit und Vereinigung. Alle Lebewesen, Tiere und Pflanzen, orientierten sich an den natürlichen Rhythmen und fanden in unserer Natur, worin das eine mit dem anderen harmoniert, zur Vollkommenheit. Sie orientierten sich in ihrem unterbewußten, instinktiven, intuitiven oder bewußten Tun nicht nur an den irdischen Elementen, sondern auch am Mondstand und wurden von dessen Perioden in ihrer Entwicklung zu einer einzigartigen Vollkommenheit geführt.

Leider haben wir modernen Menschen in nur wenigen Hundert Jahren durch wissenschaftliche Erklärungen, technischen Fortschritt und logische Vorgehensweise die feinen psychosomatischen und seelischen Strukturen im Inneren unseres Organismus zerstört. Was sich die Menschen in vielen Hunderttausend Jahren zuvor angeeignet hatten, nämlich das Wissen über die Kräfte des Mondes, der Steine und Sterne, wurde ins Abergläubische verkehrt und sogar verdrängt. Die Orientierung der Menschen an natürlichen Rhythmen und Zyklen, wie sie beispielsweise auch heute noch von den Urvölkern angewendet wird, wurde als steinzeitlich abgetan. Dabei übersehen wir modernen Menschen, daß wir uns in Bezug auf Liebe, zwischenmenschliches Verständnis und Gesundheit ebenso steinzeitlich verhalten, wie die Urvölker in ihrer Umgehensweise mit materiellem Fortschritt und Technik. Letztendlich stehen wir vor einer Entscheidung darüber, ob wir uns aus maschineller Sichtweise nur einiger weniger Wissenschaftler und Professoren heraus weiterhin als modern bezeichnen wollen, während gleichzeitig unsere körperlichen, seelischen und geistigen Strukturen veröden und weit hinter den Fähigkeiten naturverbundener Völker zurückbleiben. Denn aus der Sicht der Ureinwohner Australiens, Indianer, Tibetaner oder der alten Chinesen gilt nicht der Umgang mit Logik und Technik als fortschrittlich, sondern wie gut ein Mensch mit Liebe, Verständnis, Glauben, Achtung, Gesundheit und den eigenen körperlichen und geistigen Fähigkeiten, Rhythmen und Zyklen umgehen kann, um harmonievoll mit der Natur und allen anderen Geschöpfen auf unserer Erde zu Zufriedenheit, Evolution, Reife und Selbstverwirklichung finden zu können. Dennoch blieb für uns alle trotz sogenannter moderner Lebensführung etwas aus der Steinzeit zurück, woran wir uns alle auch heute noch genauso orientieren, wie schon die Menschen vor 10.000 Jahren. Nämlich der Kalender selbst. Er zeigt auf, wann die großen und kleinen Lichter am Himmel erscheinen und gibt Auskunft darüber, wann der Neumond zum Vollmond wird, über die Mondphasen und über den Stand der Sonne. Früheste Kalender, welche weit bis in die Steinzeit zurückreichen, stellen bereits detailgenau Mondphasen dar und beschreiben diese in ihren Wirkungen auf uns Menschen, insbesondere auf Ernährung und Partnerschaft. Hierzu gehören jedoch nicht nur erste Kalender, welche in Form von Höhlenmalerei überliefert wurden, sondern auch so monumentale Kalender, wie beispielsweise die magischen Steinkreise auf den Osterinseln oder Stonehenge, womit die Kraft von Himmel und Erde deutlicher sichtbar, und miteinander verbunden werden soll. Der Hauptsinn von Kalendern bestand jedoch schon zu Urzeiten darin, allen Menschen gleichzeitig die Möglichkeit darüber einzurichten, ihr Leben nach den Zyklen der Natur auch dann ausrichten zu können, wenn der Himmel bedeckt war. So konnten die Menschen unabhängig vom Stand der Sonne oder vom Mond täglich erkennen, in welcher Jahreszeit oder Mondphase sie sich augenblicklich befinden, um sich so besser an den Gezeiten der Sterne, welche gleichzeitig auch mit den Gezeiten unserer inneren Energieströme übereinstimmen, orientieren zu können. Der Kalender, insbesondere der Mondkalender, wurde über Jahrtausende überliefert und bisher von keinem Gentechniker, Atomwissenschaftler oder schulmedizinischen Professor wie die Kräfte des Mondes selbst in Frage gestellt. Im Gegenteil, sie alle leben, ebenso wie wir, stillschweigend eigentlich noch nach dem Kalender, welcher letztendlich durch steinzeitliche Überlieferungen und Erkenntnisse aus den Mondphasen hervorgegangen ist.

Der Mond greift in unser irdisches Geschehen viel mehr ein, als wir bereit sind, zu glauben. Die Mondkräfte gehören ebenfalls, wie die Kräfte der Sonne und anderer Planeten zu den kosmischen Energien, welche sich in Verbindung mit den irdischen Elementen, universellen Kräften und schöpferischen Energieströmen zu Evolution, Liebe und Leben vereinen. Der Mond ist zwar bei weitem nicht so groß wie beispielsweise Jupiter, dafür ist er auch nicht rund 600 Mio. km von uns entfernt, sondern lediglich nur 385 Tausend, also etwas mehr als unsere Autos in ihrem »Leben« an Kilometern zurücklegen. Mit dem Fahrrad würde Eddy Fitzgerald laut dem Guiness Buch der Rekorde in nur 20 Jahren von der Erde zum Mond radeln können, während er zum Jupiter rund 320.000 Jahre unterwegs wäre. So kommt es, daß der Mond unsere Natur maßgeblich nicht nur in einem harmonischen Auf und Ab, wie beispielsweise in Form von Ebbe und Flut beeinflußt, sondern auch alle Lebewesen und insbesondere uns Menschen in nahezu allen natürlichen, biologischen und seelischen Abläufen und Zyklen durch innere Gezeiten steuert. Typisch für den Mond sind seine für uns sichtbaren zunehmenden und abnehmenden Phasen. Ähnlich wie die verschiedenen Jahreszeiten uns durch den Sonnenstand prägen und verändern, steuern die Mondphasen unsere inneren Strukturen durch eine besondere Beziehung zu den Mondzeiten. Denn diese sind durch ihre zunehmenden und abnehmenden Phasen, und nur wenige Stunden andauernden Neu- und Vollmondphasen charakteristisch und maßgeblich für viele Veränderungen und Phänomene auf unserer Erde und im Biorhythmus der Natur und aller Menschen verantwortlich.

Die einzelnen Mondphasen machen sich durch besondere Anzeichen im Befinden aller Lebewesen bemerkbar. Sie bestimmen, im Gegensatz zum Vollmond oder Neumond, nicht nur das charakterliche, sondern noch viel mehr das biorhythmische und gesundheitliche Gleichgewicht eines Menschen. Gleichzeitig bewirkt der Mond in seiner zunehmenden Phase nicht nur mehr Vitalität im irdischen Geschehen aller Lebewesen, sondern projiziert mehr von seinen immensen Urkräften in alle Zellen, Organe und seelischen Räume der irdischen Natur, was sich nicht nur in unerklärlichen Phänomenen, Gefühlen, Gedanken, Träumen, Phantasien und Emotionen bemerkbar macht, sondern auch in tobenden Wettern und hohen Flutwellen. In abnehmenden Mondphasen dreht sich dieses Spiel um und gleicht sich somit wieder aus, indem die Erde dem Mond mehr Energie zukommen läßt, als er ihr gibt. Allerdings sind diese energetischen Veränderungen auf dem Mond nicht so deutlich sichtbar, wie bei uns auf der Erde, da der Mond keine Ozeane, Atmosphäre oder Lebewesen beherbergt. Dieses Wechselspiel macht sich auf der Erde nicht nur in zahllosen natürlichen und organischen Phänomenen, Naturgesetzen und Lebensabläufen bemerkbar, sondern insbesondere auch im Zyklus von Mann und Frau. Ebenso wie unser Körper beispielsweise durch Menstruation oder Entschlackung einem rhythmischen Reinigungsprozeß unterworfen ist, welcher bei Frauen auch sichtbar ist, sind alle Lebewesen auch geistigen Reinigungsphasen, wie beispielsweise dem Schlafen und Träumen, und seelischen Reinigungszyklen unterworfen. Aus diesen Zyklen geht auch hervor, daß sich alles im Leben aller Lebewesen um Veränderung, spirituelles Wachstum und Reife dreht, was wiederum durch rhythmische, aufeinanderfolgende Hoch- und Tiefphasen, die vom Mond gesteuert werden, erreicht wird. Hieran sind nicht nur alle natürlichen Aktivitäten und Abläufe gebunden, sondern auch unser Biorhythmus ist auf diesen Phasen manifestiert.

Die Seele aller Lebewesen verbindet Geist und Körper mit den universellen und kosmischen Energieströmen. Sie ist in einen Zyklus integriert, der unter normalen Voraussetzungen ein Höchstmaß an innerer Harmonie, Heilung, Liebe und universeller Energiezufuhr für uns Menschen ermöglicht. Die universellen Energien werden mit Hilfe der Seele in unseren Energiezentren bzw. Chakras zu Liebe, Zufriedenheit, Gesundheit, Heilung, Verständnis, Glaubensenergie, Spiritualität, Weisheit und Glück umgewandelt. Hierbei fallen, ebenso wie bei allen Prozessen worin Energie verwandelt wird, gleichzeitig auch sogenannte Schlacken und Nebenenergien an, welche wir beispielsweise ausatmen, ausschwitzen oder bedingt durch seelische Reinigungszyklen wiederum in den Raum universellen Unbewußtseins abgeben. Unsere Seele ist an diesen Umwandlungsprozessen maßgeblich beteiligt und unterliegt ebenso, wie alle Dinge in der irdischen Natur oder im gesamten Weltraum, bestimmten Rhythmen in Form von Hochphasen, Tiefphasen und Reinigungsphasen, um uns von seelischem, psychosomatischem und geistigem Ballast zu befreien. Die Seele ruht sich nicht täglich durch schlafen aus, wie beispielsweise der organische Körper, sondern ist einem vierwöchigen Rhythmus unterworfen, der von den kosmischen Energieströmen, insbesondere von den Mondphasen, abhängig ist und gesteuert wird. Dieser Rhythmus bestimmt beispielsweise auch die verschiedenen seelischen Reinigungsperioden von Mann und Frau und bewirkt nicht zuletzt die tiefgründige Qualität seelischer Entschlackung von emotionalem Müll aus unseren inneren Strukturen in den universellen Ozean des Kosmos, worin dieser zu neuer positiver Lebensenergie umgewandelt wird. Denn verbrauchte Emotionen sind beispielsweise wie verbrauchte Atemluft auch, für andere Geschöpfe, Dimensionen oder Planeten das, was beispielsweise für uns Menschen der von Pflanzen als Rückstand ausgeatmete Sauerstoff ist. Unverbrauchte Gedanken, Emotionen und unbefriedigte seelische Wünsche und Bedürfnisse werden dann, wenn sie nicht ausreichend bearbeitet, verarbeitet und entschlackt werden, sehr schnell zu inneren Verhärtungen, Blockaden, Ängsten und den uns allen schon mehr oder weniger bekannten typischen funktionellen Störungen, welche die Vorboten von Krankheiten, psychosomatischen Leiden, geistigen Störungen, Ängsten und Krebsgeschwüren sind.

Um darüberhinaus noch ein wenig mehr auf die heilenden Energien des Mondes eingehen zu können, sind zusätzlich noch einige wenige Erkenntnisse darüber zu beachten, daß der Mond ebenso wenig alleine heilt, wie Ihr Herz nicht von alleine krank wird. Der Mond steuert und regiert jedoch durch seine Phasen und Impulse einen Großteil unserer inneren und geistigen Ströme, welche wiederum, wie zuvor schon deutlich beschrieben, unsere organischen Funktionen und alle psychischen Impulse hervorrufen. Einfacher ausgedrückt verbirgt sich hinter allen sichtbaren, fühlbaren und spürbaren Leiden eine ursächliche, geistige und seelische Leidenskomponente, welche einerseits daraus resultiert, daß wir uns bewußt der gesamten Fülle unseres Lebens zugunsten von nur wenigen materiellen Aspekten verschließen und andererseits daraus, daß wir die wenigen Aspekte, die wir noch mit Liebe, Leben und Freude verbinden, wiederum in gänzlich veränderte Rhythmen hineinzwängen.

Allerdings müssen alle Kapitel in diesem Buch Beachtung finden und in Verbindung mit Ihren eigenen Erkenntnissen im Auf und Ab der Mondphasen in die Tat umgesetzt werden. Denn kein Mensch wird ein Leben lang kerngesund bleiben, weil ein bestimmtes Maß an Krankheit ebenso zu Reifheit und Weisheit beiträgt, wie unzählige andere Lektionen des Lebens auch. Im Gegenteil, unser Organismus ist geistig, psychisch, körperlich und seelisch nicht nur auf die harmonischen Schwankungen universeller Energien ausgelegt, sondern sogar auf sie angewiesen. Unsere Organe sind daher auf eine körperliche Spitzenbelastung ebenso ausgelegt, wie auf Ruhe auch, und unser Geist kann in

Verbindung von Gedanken und Visionen nur reifen, wenn er zwischendurch über ein alltägliches Maß hinaus gefordert wird, um so wiederum an neue innere und äußere Grenzen gelangen zu können, die sozusagen unseren Horizont erweitern und die dann, wenn wir uns an natürlichen Rhythmen orientieren, die äußerst dehnbar sind, zu Selbstverwirklichung und Zufriedenheit führen. Denn wir können das Leben in seiner ganzen Fülle nur erfahren, wenn wir uns aus unserer einseitigen Denkweise herauslösen, um uns in Verbindung mit den natürlichen Rhythmen wieder für alle Seiten des Lebens öffnen zu können. Dann werden wir auch erkennen, daß alles aus Kommen und Gehen besteht und die Geburt ebenso zum Leben gehört, wie ein gewisses Maß an Krankheit oder der Tod auch, denn alles gehört zusammen, dazu und ist untrennbar miteinander verbunden. In diesem Buch soll es auch nicht darum gehen, zum ewigen Leben auf Erden gelangen zu können, sondern darum, das über alle Stränge hinausgeschnellte Maß an persönlichem Leid in Verbindung mit Lähmungen, Geschwüren, Krebsleiden und unzähligen Ängsten bzw. psychosomatischen Schmerzen wieder auf ein natürlicheres Maß reduzieren zu können. Und wenn Sie dies mit Hilfe dieses Buches schaffen, wurde Ihnen bereits mehr geholfen, als Sie eigentlich erwarten können. Denn das ursächliche Maß an Krankheit, welches sich in natürlichen Rhythmen und Rahmen bewegt, beinhaltet nicht das zerstörerische Maß heutiger zivilisationsbedingter Leiden, sondern hinterläßt sogar unzählige positive Eindrücke im Inneren unserer Chakras, ähnlich wie Impfungen, die uns gegen bestimmte Erreger widerstandsfähiger machen.

Allerdings kann uns niemand und schon gar nicht die Wissenschaft gegen alle Krankheiten, Erreger oder gar gegen Trennungen, Einsamkeit, Ängste oder Unfälle immun machen. Wir Menschen sind alle zu jeder Zeit dem selben Maß an umweltbedingten, materiellen und spirituellen Impulsen und Krankheitserregern in Form von Viren und Schicksalsschlägen ausgeliefert, wie unser Nachbar auch. Allerdings liegt es an jedem selbst und im Umgang mit seinen Gefühlen, seelischen Empfindungen, körperlichen Bedürfnissen und Gedanken in Verbindung mit natürlichen Heilmitteln und Mondphasen, ob die uns alle gleichzeitig umgebenden Schadstoffe gerade bei ihnen den Krebs oder das Magengeschwür auslösen oder nicht. Sicherlich haben Sie sich schon oft gefragt, weshalb es gerade bestimmte Menschen so trifft, obwohl gerade die scheinbar doch immer alles für ihre Gesundheit getan haben. Die Antwort liegt in den Kapiteln dieses Buches verborgen und läßt sich damit umschreiben, daß es eben ein himmelhoher Unterschied ist, aus wissenschaftlicher Sicht oder vom Verstand aus, alles für sich und seinen Organismus zu tun oder ihn wirklich lieben, verstehen und in den Bahnen erblühen zu lassen, die die natürlichen Rhythmen uns vorgeben.

Wie zuvor erwähnt, soll die Botschaft dieses Buches nicht sein, nun vom einen Extrem in ein anderes umzuschwenken, sondern einen neuen Mittelweg für sich selbst zu erschließen, welcher ein Höchstmaß an seelischer und geistiger Verwirklichung in Verbindung mit den materiellen Anforderungen unserer modernen Zeit zuläßt, damit Ihr Körper und auch Ihre Psyche nicht mehr länger zum inneren Kriegsschauplatz unterdrückter spiritueller und überbewerteter materieller bzw. finanzieller Energieströme und Anforderungen wird. Und hierbei soll Ihnen das wechselnde Mondlicht in Verbindung mit Kristallen und Therapiesteinen nicht nur ein Heiler, sondern auch ein Helfer dafür sein, Ihr Leben und Ihr alltägliches Verhalten wieder besser unter Kontrolle bekommen zu können, um einerseits wieder mehr Einsichten, Weisheiten und Inspirationen für Ihren weiteren Lebensweg erhalten zu können, und um andererseits wieder mehr Zugang zu sich selbst und zu Ihren eigenen inneren Strömen und Kräften zu erhalten, welche beispielsweise Ihre Gesundheit maßgeblich zurechtrücken, heilen und verbessern.

Und wenn Sie dies berücksichtigen, bedarf es eigentlich kaum weitere Einzelheiten über die heilenden Kräfte der Mondphasen und des Mondes selbst. Wir haben Ihnen im Folgenden trotzdem noch einige Gesetzesmäßigkeiten aufgeführt, welche in ihrer Eigenschaft zwar sehr verbreitet sind, jedoch auf Sie zutreffen können, so wie wir es beschrieben haben, zeitlich versetzt oder auch nicht. Finden und orientieren Sie sich unbedingt wieder an Ihren eigenen Rhythmen, denn hierin liegen die Geheimnisse der Gesundheit und der Liebe ebenso verborgen wie im Licht der Sonne oder in den Kräften des Mondes und der Steine. Denn heilende Kräfte selbst gelangen wie Nußschalen auf göttlichen, schöpferischen und universellen Wellen natürlicher Gezeiten und Rhythmen in Ihr Inneres, um dort heilend tätig werden zu können und wenn Sie sich nicht täglich bewußt um sie bemühen, verschwinden sie, ebenso wie beispielsweise die Liebe auch.

Der Mond im seelischen Zyklus von Mann und Frau

Der Mond beeinflußt und steuert alle Lebewesen der irdischen Natur. Wir alle orientieren uns nicht nur bewußt an einem Kalender, der letztendlich nach den Mondphasen entworfen wurde, sondern viel mehr auch unterbewußt, unbewußt, seelisch und organisch mit all unseren Gefühlen, Emotionen und Funktionen insgeheim immer noch an einem universellen Energiestrom aus kosmischen Kräften, schöpferischen Energien, irdischen Impulsen und Mondphasen ob uns das in den Kram paßt oder nicht. Diese Kräfte bewirken auch das körperliche und geistige Auf und Ab aller Lebewesen, Ebbe und Flut, den Zyklus von Mann und Frau, Geburt, das Wetter und unzählige weitere wissenschaftlich nicht erklärbare Phänomene des alltäglichen Geschehens, welche letztendlich den gesamten Raum unseres Daseins bestimmen und auch einnehmen. Denn wir Menschen sind ebenso Teil eines fortwährenden, dehnbaren Energiestromes kollektiver Evolution, woran die Wissenschaft für den Augenblick der Gegenwart in dem wir leben durch ihre analytischen, formalen und logischen Gesichtspunkte überwiegend nur blockierende und zerstörende Anteile hat. Im Gegenteil, wenn wir uns über unser Dasein nur annähernd bewußter würden, würden wir alle sehr schnell dahinter kommen, daß alle Dinge in unserem irdischen Geschehen nicht wissenschaftlich ablaufen, und daß es auf die Fragen warum, wieso, weshalb wir beispielsweise so denken, fühlen oder lieben, uns sympathisch sind oder nicht, niemals eine wissenschaftliche Erklärung geben kann, sondern nur einen Energiestrom unter dessen Regie wir alle unser Leben zu einem Großteil selbst mitbestimmen und verwirklichen können. Und hierin liegt ein weiteres Geheimniss der Mysterien verborgen, welches uns dann zuteil wird, wenn wir beginnen die Dinge wieder in ihrer Einfachheit hinnehmen, glauben und akzeptieren zu lernen. Denn sich nach dem Sinn der Liebe oder nach dem Ursprung des Lebens kundig machen zu wollen, danach zu forschen oder darüber streiten zu wollen, bringt Krankheit, Haß, Trennung und Leid. Die Dinge in ihrer natürlichen Einfachheit hinnehmen, und lediglich daran zu glauben bringt einen neuen Stand innerer Reife, von dem aus sich die wahren Werte des Lebens ohne vorige Verwirrung durch wissenschaftliche Komplikationen, Formeln und Widersprüche direkt ansteuern und erreichen lassen. Allerdings wirken sich die universellen Energieströme und insbesondere die Mondkräfte auf die Geschlechter aller Lebewesen verschiedenartig aus. Denn männliche Organismen werden beispielsweise von Testosteron beeinflußt, was auf die einzelnen Mondphasen genau entgegengesetzt reagiert, als das in allen weiblichen Wesen vorherrschende Östrogen. Hieraus resultiert auch die Weisheit der Ureinwohner Australiens oder der Indianer darüber, daß Frauen im Gegensatz zur modernen, schulmedizinischen Definition keine kleinwüchsigen, unvollkommenen Männer sind, sondern völlig eigenständige Wesen mit einer eigenen Persönlichkeit, Gefühlswelt und völlig unterschiedlichen Bedürfnissen und Wünschen. Die indianischen Völker wußten dies ebenso gut, wie die alten Chinesen oder die Ureinwohner Australiens auch. Sie gebrauchen daher seit Urzeiten rituelle Energiesteine, um einerseits mit den für das eigene Geschlecht bestimmten kosmischen Mondkräften verbundener zu bleiben und um andererseits mehr Verständnis für die Gefühle, Emotionen und Bedürfnisse des anderen Geschlechts erhalten zu können. Die Indianer verwenden hierfür Moqui-Marbles und die Ureinwohner Australiens Turalingam´s. Die Erkenntnis darüber trägt auch dazu bei, daß die Naturheilkunde, wie sie von den Urvölkern angewandt wird, im Gegensatz zur sogenannten modernen Wissenschaft und Schulmedizin, niemals eine vermännlichte Einheitsform beinhaltet, sondern bereits seit Hunderttausenden von Jahren auf der Erkenntnis aufbaut, daß Mann und Frau zwar äußerlich Menschen, innerlich jedoch völlig verschiedene Geschöpfe sind. Um die beiden Geschlechter, wie einst Erde und Mond vereinen zu können, hat sich aus der Harmonie aller schöpferischen und kosmischen Energien heraus eine Emotion gebildet und im irdischen Geschehen aller Lebewesen verbreitet, die wir alle kennen und Liebe nennen. Die Liebe vereint die Gedanken und die unterschiedlichen emotionalen Energieströme, Bedürfnisse und Gefühle von Mann und Frau und erhebt sie zur geheimnisvollsten, schönsten und stärksten Emotion im Bewußtsein aller irdischen Wesen.

Die Ureinwohner Australiens sprechen sogar bei Mann und Frau von verschiedenen Wesen, welche sich einer entgegengesetzten Denkweise, wie eben Sonne und Mond auch, bedienen und verschiedene Sprachen sprechen. So sprechen die Ureinwohner Australiens davon, daß Frauen »frauisch« reden und Männer »männisch«. Es ist daher das wichtigste Bestreben der Ureinwohner Australiens und aller anderen Urvölker, ihren Kindern von klein auf die Fähigkeit darüber zu erlernen, sich in der Sprache des anderen Geschlechtes verständlich machen zu können, um selbst auch die Sprache des anderen Geschlechtes und der Natur verständlich umsetzen, verstehen und auffassen zu können. Dieser Weg führt über die Liebe, woraus sich wiederum Verständnis, Vertrauen, Vernunft, Toleranz und Achtung herleiten läßt und die Weisheit darüber ist mit Sicherheit ein Hauptgrund dafür, daß sich beispielsweise die Ureinwohner Australiens niemals in blutigen Kriegen Jahrhunderte lang bekämpften, verstümmelten, bevormundeten, vergasten, verbrannten, versklavten, diskriminierten oder gegenseitig zu unterdrücken oder beherrschen versuchten.

Die Seele spielt in der Liebe eine übergeordnete Rolle. Denn sie ist es, welche uns alle mit den universellen Energieströmen verbindet. Sie übersetzt die schöpferischen und kosmischen Impulse in unseren Chakras, Organen und Drüsen zu unbewußten und bewußten Impulsen, welche die Liebe für uns durch Gefühle, Hormone, Gedanken und Emotionen überhaupt erst spürbar machen und bewirkt beispielsweise auch, daß wir uns nur noch zu einem bestimmten Partner hingezogen fühlen.

Allerdings benötigt die Seele hierfür ebenso Energie wie Muskeln das Eiweiß, um ihren Aufgaben gerecht werden zu können. Diese Energie nimmt sie während eigens dafür vorgesehenen Reinigungszyklen geschlechtsspezifisch zu den Vollmond- bzw. Neumondphasen aus den schöpferischen und universellen Energieströmen auf. In diesen Phasen reinigt und regeneriert sich unsere Seele mit Hilfe der Mondkräfte ebenso, wie Geist und Körper sich im Schlaf erholen. Unsere Seele unterliegt hierbei keinem 24stündigen Rhythmus, sondern einem 28tägigen Zyklus, einer gesamten Mondphase, welche in 14 zunehmende und 14 abnehmende Tage unterteilt ist und sich oft auch sehr sporadisch von einer Minute auf die andere ins Gegenteilige verkehren kann. Der seelische Zyklus beginnt für weibliche Organismen mit dem Vollmond und für männliche mit dem Neumond.

Da die seelische Reinigung immer auch psychische Schwankungen mit sich bringt, weil wir Menschen in dieser Zeit des Zyklus einen vorübergehenden haltlosen Zustand erreichen, hat die Schöpfung die seelischen Zyklen der Geschlechter untereinander in Abständen von zwei Wochen bestimmt. Der weibliche Zyklus unterliegt somit den unmittelbaren Energien des Vollmondes. Die Kraft des Vollmondes löst demnach im weiblichen Organismus den seelischen Reinigungszyklus aus. Da Menschen in diesen seelischen Reinigungsphasen ein erhöhtes Maß an Fürsorge, Aufmerksamkeit, Geborgenheit, Vertrauen, Verständnis, Schutz, Hingabe, Sicherheit, Liebe und Zuwendung benötigen, haben geheimnisvolle, schöpferische Kräfte den männlichen seelischen Reinigungsprozeß auf die Neumondphase verlegt. Somit wurde wiederum ein hohes Maß an natürlicher Harmonie zwischen den Geschlechtern aller Lebewesen und den beiden Seiten aller Mysterien erreicht, was dazu führt, daß sich die Menschen untereinander, wenn sie in ihr seelisches Reinigungsloch fallen, umsorgen und auffangen können. Denn wenn das eine Geschlecht seinem seelischen Reinigungstief unterliegt, um sich seelisch regenerieren zu können, befindet sich das andere im seelischen Hoch und dies ist notwendig, um dem Partner, der gerade sein Tief erreicht, ausreichend mit Liebe, Fürsorge, Verständnis, Geborgenheit, Wärme, Schutz und Zuwendung versorgen zu können. Dieses Prinzip der beiden Seiten aller Dinge spiegelt sich in allen Geschöpfen, Organen, natürlichen Ereignissen, Mysterien und Lebewesen unserer irdischen Natur ebenso wider, wie im Verhalten und Empfinden aller Menschen. Wo Positives ist, ist auch Negatives. Alle Lebewesen finden in der Vereinigung männlicher und weiblicher Emotionen ihr größtes Glück und auch Tag und Nacht oder Ebbe und Flut sind letztendlich Resultate aus einem harmonischen Auf und Ab unkomplizierter schöpferischer Energieströme, welche von jeder Ameise verstanden und befolgt werden können. Die versetzten Reinigungszyklen unter den Geschlechtern sind notwendig, um Liebe, Gesundheit und Zufriedenheit beider Partner, der Familie und nicht zuletzt in der Gesellschaft aufrecht erhalten zu können.

Hierin besteht der Sinn aller Partnerschaften des irdischen Geschehens. Denn harmonische Paarbildungen sind ein universelles und schöpferisches Prinzip, in dem sich die Geschlechter nicht nur einander unterstützen, ergänzen, umsorgen und anziehen, sondern in deren Gemeinschaft bzw. Partnerschaft ein Weg zu Liebe, Zufriedenheit und Glück für die meisten Geschöpfe auf unserem Planeten überhaupt erst möglich wird.

Die Urvölker wissen dies auch heute noch und sehen es daher als eine übergeordnete Aufgabe an, ihren Kindern schon von klein auf all das Wissen über Mondphasen, Liebe, Gesundheit und zwischenmenschliches Verständnis, besonders auch zwischen Mann und Frau, beibringen zu wollen. Erst viel später, nach der Pubertät, werden Kinder dann mit dem materiellen Wissen, um selbständig überleben zu können, betraut. Im Gegensatz dazu werden unsere Kinder von klein auf mit wissenschaftlichem und geschichtlichem Müll bepackt, der insgeheim eigentlich nur dazu dienlich ist, um materielle Beziehungen beispielsweise mit Computern, Maschinen und Apparaten eingehen zu können, denen heute bereits wesentlich mehr Fürsorge und Verständnis entgegengebracht wird, als dem Leben, der Gesundheit, dem Partner oder der Liebe selbst. Das Wissen über das wahre Leben, wie beispielsweise über die beiden verschiedenen seelischen Reinigungszyklen und Empfinden von Mann und Frau in den einzelnen Mondphasen, wird unserer Jugend wohlweislich ebenso vorenthalten, wie zuvor schon durch Kirchen und verfälschte Religionen den Generationen unserer Eltern und Urgroßeltern. Ohne dieses Wissen und die Fähigkeit sich wieder an den universellen Energieströmen orientieren zu können, werden wir modernen Menschen jedoch alle zu dem, was wir mehr oder weniger schon sind, nämlich zu kranken, einsamen und ängstlichen Wesen, welche sich selbst in ihrer fortschrittlichen, modernen Welt siechend gegen die natürlichen Kräfte voranquälen, um in einer selbst erschaffenen, sterilen, chemischen, gefühllosen Scheinwelt aus Zerstörung, Habgier, Fließbändern und Haß überhaupt noch überleben zu können.

Leider haben wir modernen Menschen uns durch Habgier, Chemie, Pille, Fortschritt, Gentechnik, Umweltzerstörung, Atomversuche und durch die Entfremdung unserer inneren Werte von den einstigen natürlichen Energieströmen und somit vom ursprünglichen Zyklus wahrer natürlicher Begebenheiten und Rhythmen vorsätzlich entfremdet. Unser Leben gleicht zunehmend einer Hetzjagd von Unzufriedenheit, Krankheit, Lieblosigkeit, Habgier, Einsamkeit, Angst und Synthetisierung in Verbindung damit, daß wir in Panik ständig nach neuen Lösungen für unsere täglich neu entwickelten Probleme und bösen Streichen suchen. Längst haben wir uns durch unsere Vorgehensweise zwar nicht körperlich, jedoch geistig und besonders vom Verstand her von den einstigen natürlichen Rhythmen so weit entfremdet, daß wir nur noch überleben können, indem wir andauernd nach neuen Lösungen für unsere selbst erschaffenen Probleme suchen, woraus sich neue Probleme ergeben, die wiederum gelöst werden müssen. Allerdings scheint der moderne weiße Mann zu übersehen, daß das, was wir als Fortschritt und Wachstum bezeichnen, letztendlich nur noch aus Linderung selbst erfundener Probleme besteht und uns alle zunehmend tiefer in einen Abgrund aus Angst, Krebs, Krankheit und Verfall führt. Diese, aus unserer Sicht, moderne Lebensführung, welche von den Urvölkern als steinzeitlich bezeichnet wird, führt unter anderem insbesondere auch dazu, daß sich die Partner untereinander nicht mehr liebevoll umsorgen und verstehen können, wenn sie sich in ihren seelischen Reinigungsphasen befinden, sondern bewirkt zunehmend, daß die Geschlechter mehr oder weniger den innerlichen Halt verlieren und sporadisch oder gar gleichzeitig in ihre Reinigungslöcher rutschen und dort immer schon ein Stück länger, als die Generationen zuvor verharren. Im Gegensatz zu Frauen haben sich Männer in den letzten 4000 Jahren zugunsten von Machtbedürfnissen, Habgier, Wissenschaft, Fortschritt und Logik noch wesentlich weiter von ihren einst natürlichen seelischen Rhythmen entfremdet. Zerstörung, Vergewaltigung, Kriege, Atomversuche und nicht zuletzt die Zerstörung der Umwelt aus Profitgier sind in Verbindung mit zunehmender, verfrühter Sterblichkeit nur einige Folgen aus der Verzerrung dem Mond und anderen natürlichen Rhythmen gegenüber. Zunehmend driften nicht nur die inneren biorhythmischen Energieströme der einzelnen Menschen selbst, sondern auch die verschiedenen Reinigungszyklen der Geschlechter aufgrund der zuvor genannten Ursachen aus der einst vorbestimmten Mondphase in die Richtung der Mondphase des anderen Geschlechtes ab. Dies führt leider verstärkt dazu, daß sich die Geschlechter zunehmend unverständlich und mißverständlich aufeinander zubewegen, aneinander reiben und anstatt miteinander harmonieren, sich gegenseitig konfrontieren. Neben unzähligen körperlichen und psychosomatischen Leiden lassen sich besonders die zunehmenden Trennungsraten aller Ehen und die vermehrte Kinderlosigkeit auf diese Zyklusverzerrungen zurückführen.

Streitereien, Unzufriedenheiten, Eifersucht, Existenzängste, Arroganz, Bevormundung und zunehmende, undefinierbare Schmerzen und psychosomatische Leiden gehen aus diesen künstlichen Zyklusverzerrungen unter den modernen Menschen hervor. Einsamkeit, zwischenmenschliches Unverständnis, Trennungen und Generationskonflikte sind weitere Auswirkungen dieser künstlich erschaffenen Perioden, in die wir von Chemiekonzernen, Schulwissenschaft, technischem Fortschritt, korrupter Erziehungspolitik und Kirche hineingezwängt werden. Hinzu kommt, daß die seelische Reinigung selbst unter diesen Umständen nicht mehr ausreichend stattfinden kann, was wiederum dazu führt, daß sich Paare untereinander nicht mehr verstehen, weil die Partner scheinbar verschiedene Sprachen zu sprechen scheinen und sich deshalb häufig schon nach kurzer Zeit in typischen Trennungsmechanismen verfangen. Lieblosigkeit, Krankheit, Unzufriedenheit, Schmerzen und Angst sind nur wenige direkte Folgen, die neben der ganzen Palette körperlicher und psychosomatischer Leiden aus den Zyklusverzerrungen dem einstigen Mondrhythmus gegenüber zwischen Mann und Frau hervorgehen. Während beispielsweise Bäume und Pflanzen in ihrem körperlichen Zyklus den einzelnen Jahreszeiten bzw. in ihrem seelischen Rhythmus der Abfolge eines Kalenderjahres unterworfen sind, unterliegen menschliche Organismen einem 24stündigen organischen Rhythmus und einem seelischen Rhythmus von rund 28 Tagen (einer Mondphase). Doch nicht nur an den Gezeiten der Meere können wir deutlich erkennen, bemessen und abschätzen, welche immensen Energieströme die Zyklen aller Lebewesen steuern. Wer einmal versucht hat, zwei Tage ohne Schlaf auszukommen oder sich von einem geliebten Menschen trennen mußte, weiß um die immensen Kräfte natürlicher Energien, welche in unzähligen Feinheiten und Abstimmungen unser Leben bestimmen. Schmerzen sind in unserem körperlichen Bereich ebenso die Folge von Mißachtung der kosmischen Energieströme, Mondphasen und Biorhythmen, wie beispielsweise zerbrochene Deiche bei Sturmfluten und Hochwasser auch. Dieses Phänomen erklärt ein wenig die Wechselwirkungen des Mondes mit der Erde und deren Einflüsse auf uns Menschen.

Vitalität und unser Unterbewußtsein

Der Mond schließt mit Hilfe der Seele den Kreislauf zwischen den Chakras und bewirkt gemeinsam mit anderen kosmischen und schöpferischen Kräften den Energiefluß unseres Unterbewußtseins, dem wiederum auch Heilung und Liebe angeschlossen sind. Leider sind die meisten Menschen jedoch durch den uns anerzogenen logischen Verstand vom Unterbewußtsein mehr oder weniger getrennt und daher im eigenen Lebenskreislauf durch die bewußte Verbannung der Sterne und der kosmischen Energieströme aus einer wissenschaftlichen Sichtweise heraus sehr eingeschränkt. Denn 99% aller Ursachen für Krankheiten, Unzufriedenheiten, Haßgefühle, Ängste und Schmerzen sind nicht in den Organen unseres Körpers zu suchen, sondern in Blockaden die durch falsch ausgelegte Denkmuster, Pille, genverseuchte Lebensmittel und eine zerstörte Umwelt entstanden sind und somit nicht nur weitere Blockaden auslösen, sondern auch Konkurrenzdenken, Habgier und Machtbedürfnisse verursachen. Hieraus ergeben sich jene Zerrungen, die wir als Ängste,

Kapitel 6 - Der Mond

Sorgen, Wechseljahrbeschwerden, Migräne, Menstruationsstörungen, Kopf- und Gliederschmerzen, Einsamkeit, Kinderlosigkeit, Krankheiten, Aggressionen, Eifersucht, Depressionen und viele weitere Leiden, funktionelle Störungen und Schmerzen empfinden.

Das Unterbewußtsein stellt gemeinsam mit der Glaubenskraft, mit Gefühlen, Gedanken und Phantasie die Verbindung von einem Chakra zum anderen her und verbindet unsere Seele über die Energiezentren mit unseren intuitiven Sinnen und den Sternen. Die Rhythmen für die Resonanz unseres Unterbewußtseins werden primär vom Mond gesteuert und sorgen somit für den ungestörten und pausenlosen Umwandlungsprozeß von kosmischer Energie in psychische Energie. So durchflutet unser Unterbewußtsein uns mit den für uns bestimmten Gefühlen und Gedanken für jeden Augenblick in unserem Leben. Plötzliche Eingebungen, Erleuchtungen, Träume, Tagträume, Phantasie, Intuition und jede augenblickliche Reaktion wird durch die Seele über die Energiezentren dem Unterbewußtsein zugeführt, welches sich wiederum blitzschnell mit unseren inneren Stimmen, Gefühlen, Gedanken, verschiedenen Bewußtseinszuständen, Geist und den äußeren Sinnesorganen austauscht und somit die Dinge an Gehirn, Organe und Drüsen weiterleitet. Denn unsere normalen Sinnesorgane dienen uns lediglich der Orientierung im irdischen Geschehen. Die Inspiration zum Leben, Weiterdenken oder Träumen selbst wird durch übergeordnete Positionen in uns eingebracht.

Die hierfür erforderliche vitale Energie wird uns hauptsächlich durch das energiereiche Licht der Sonne gegeben, woraus unsere Chakras, insbesondere das Sonnengeflecht, die erforderliche Vitalität absorbiert. Denn das Sonnenlicht besteht nicht nur aus Helligkeit oder Wärme, sondern beinhaltet die für alle Lebewesen auf unserem Planeten erforderlichen Energiebestandteile, woraus jedes Geschöpf sein persönliches Maß an Vitalität und Lebendigkeit aufnimmt. Denn alle Gefühle, Bedürfnisse, Träume, Bewußtseinszustände oder gar die Liebe sind zunächst einmal ruhende Energiewolken, welche erst durch die im Licht verborgene Vitalität die nötigen Impulse erhalten, um beispielsweise in Form von Gedanken über unzählige Energiebahnen von einem Chakra zum anderen, zu den Organen, Drüsen oder Sinnen transportiert zu werden. Hierfür ist Vitalität erforderlich, welche neben den kosmischen, schöpferischen, spirituellen und universellen Kräften insbesondere dafür verantwortlich ist, daß alle lebendigen Dinge nicht nur zum Licht, zur Vollkommenheit oder zur Liebe und Einheit streben wollen, sondern es auch tun und dorthin gelangen können. Denn die universellen Energien geben uns die Phantasien, die uns das gesamte Maß aller Möglichkeiten und Wünsche sichtbar machen und eröffnen. Unsere inneren Sinne geben uns die Möglichkeit, die Dinge die unseren Wünschen im Wege stehen erkennen und verarbeiten zu können und die Vitalität gibt uns die Kraft, um Erträumtes, Erwünschtes und Erfahrenes zu einer neuen Wirklichkeit in der Gegenwart zusammenfügen und in die Tat umsetzen zu können. Vitalität ist demnach für alle unterbewußten, sogenannten vegetativen, organischen Funktionen genauso mit verantwortlich, wie für geistiges und körperliches Wachstum auch. Würde die Vitalität, welche uns allen als energetischer Bestandteil im Licht der Sonne zukommt, ausbleiben, würden wir gemeinsam mit allen anderen organischen Lebewesen auf unserem Planeten aussterben. Vitalität ist daher nicht nur tagsüber erforderlich, sondern auch nachts, wenn wir schlafen, weil unsere Organe, Seele und bestimmte Sinne zu unterschiedlichen Zeitpunkten aktiv sind. Um hierfür auch nachts die nötige Vitalität erhalten zu können, hat die Schöpfung ein Phänomen erschaffen, welches das Leben auf unserem Planeten überhaupt erst möglich macht, nämlich einen Mond, welcher nicht nur eigene Energiebestandteile in unsere Organismen hineinleuchtet, sondern uns nachts, wie ein Spiegel, das Licht der Sonne in zunehmenden und abnehmenden Phasen zur Erde bringt. So erhalten wir auch nachts die nötige Vitalität, um funktionieren und existieren zu können. An den Mondphasen wiederum liegt es auch, daß wir organisch und biorhythmisch gesehen, um den Vollmond herum aktiver sind als bei Neumond, an dem uns allen für einige wenige Stunden ein spürbares Mindestmaß an Vitalität zuteil wird. Allerdings finden diese Phasen geringer Vitalitätsunterversorgung nur selten statt, weil die Neumondstunden oft noch in den sonnigen Tag, Morgen oder Abend hineinreichen. Hinzu kommt, daß die funkelnden Sterne uns ebenfalls jenes Maß an nächtlicher Vitalität zukommen lassen, das uns in Neumondphasen fehlt.

Aus dieser Tatsache heraus wird uns auch bewußt, weshalb jeder funkelnde Stern am Himmel, an den Gezeiten der Natur genauso wie an den Gezeiten im inneren aller Lebewesen mitbeteiligt ist, wie die Sonne und der Mond auch. Denn natürliches Licht, egal aus welcher Quelle es stammt, beinhaltet immer jenes mystische Maß an Energie, das wir beispielsweise als Vitalität bezeichnen können. Jeder Himmelskörper sendet daher ebenso, wie die Sonne oder der Mond nicht nur eigene Impulse durch den Raum, sondern auch ein ganz besonderes Licht, dem die göttlichen Impulse des Lebens innewohnen und dort, wo sie auftreffen, die Welt mit neuem Leben, Liebe und Wachstum erfüllen.

Alle Menschen, welche innerlich das Gleichgewicht gegenüber den Monphasen verloren haben, leiden an Schlafstörungen, Schmerzen, Ängsten und unzähligen psychosomatischen bzw. funktionellen Störungen, deren Ursachen in einem durch Blockaden verzerrten Lebenswandel den natürlichen Zyklen und Mondphasen gegenüber liegen, was sich durch die Seele und das

Unterbewußtsein hindurch in Körper, Geist und Psyche überträgt. Ist beispielsweise der kosmische Energiestrom des Mondes in unser Inneres blockiert oder verzerrt, so ist auch das Unterbewußtsein blockiert. Denn es handelt nicht bewußt durch Logik und Verstand, sondern reagiert auf die auslösenden Reize und Anweisungen des Mondes, der Steine, Düfte, Sterne, Natur und der kosmischen Energieströme. Das Unterbewußtsein spricht mit der inneren Stimme der Intuition durch Gedanken, Träume, Deja-Vu-Erlebnissen, Glauben, Vernunft, Gefühle, Bedürfnisse, Wünsche und besonders der Liebe zu uns. Allerdings liegt es auch in unserer Urpflicht, auf die inneren Impulse unseres Unterbewußtseins zu hören und die darin verschlüsselten seelischen Impulse auch verstehen zu können und berücksichtigen zu wollen. Denn hierin liegt nicht nur ein irdischer Sinn unseres Daseins verborgen, sondern auch der Schlüssel zu Liebe, Gesundheit und Glück. Solange wir uns jedoch weiterhin an sogenannten wissenschaftlichen oder logischen Gedanken orientieren, die uns nicht durch eigene, innere seelische Impulse vorgegeben werden, sondern den externen Meinungsbildern eingeengter Wissenschaftlern entspringen, solange werden wir auch zunehmend daran erkranken, woran unsere gesamte Zivilisation leidet. Um diese Leiden aufzählen zu können, würde der Raum dieses Buches längst nicht mehr ausreichen. Am besten erkennen Sie jedoch an sich selbst, wie weit Sie schon in den Strudel unserer sogenannten zivilisierten Welt eingetaucht sind.

Auch der Drang nach Nächstenliebe und beispielsweise der Mut, das eigene Leben einzusetzen, um andere Menschen vor Unheil zu bewahren, entspringt dem inneren Bedürfnis, »Gutes« tun zu wollen und somit auch dem Unterbewußtsein. Leider werden wir modernen Menschen heute zunehmend durch logisches und analytisches Denken im seelischen Energiebereich blockiert. Allgemeine Rücksichtslosigkeit und Abgestumpftheit, welche oft dazu führt, daß die meisten Menschen beispielsweise tatenlos zusehen, wenn andere ertrinken oder verbluten, sind typische Beweise hierfür. Auf der anderen Seite erfahren augenblicklich unzählige Menschen, welche sich mit Hilfe von Therapiesteinen wieder verstärkt an den natürlichen Mondphasen orientieren, sich öffnen und somit auch ihr Unterbewußtsein wieder aktivieren, wie sie auf einmal von plagenden Leiden erlöst werden und dafür wieder von mehr Zufriedenheit, Liebe, Glück und Gesundheit erfüllt werden. Blinde können auf einmal wieder sehen, steife Leute lernen gehen und Todkranke werden über Nacht wieder gesund. Das Unterbewußtsein läßt uns relativ, reaktiv und reflektiv handeln und verleiht uns den inneren Drang den natürlichen Energieströmen gehorchen zu wollen, um den universellen und göttlichen Kräften zu Folge nach Liebe, Zufriedenheit, Gesundheit und Glück streben zu können. Es ist beispielsweise Ihr Unterbewußtsein, was Sie bewußt zu diesem Buch und somit unterbewußt auch zu mir und allen anderen Menschen geführt hat, welche an diesem Buch beteiligt sind.

Dieser Harmonie haben wir modernen Menschen jedoch im Laufe der letzten tausend Jahre einen übermäßigen Verstand aus Logik, Wissenschaft und geradlinigem, analytischem Schachteldenken entgegengesetzt. Wir haben daher unseren Verstand zugunsten von Wirtschaftswachstum und Profit aus einer einstigen gleichwertigen Verbundenheit aus Liebe, Vernunft, Glauben, Vertrauen und Spiritualität herausgelöst und einseitig so stark trainiert, überzüchtet und hervorgehoben, daß er uns längst in eine selbst auferlegte Abhängigkeit hinein zerrt, welche ihre Befriedigung nicht mehr in einem ausgewogenen Verhältnis aus Liebe, Gesundheit, Zufriedenheit, Vertrauen, Verständnis, Achtung, Vernunft und Glück findet, sondern nur noch in eng umrissenen, materiellen, mathematischen oder technischen Fortschrittsbildern, welche uns zu Reichtum, Wissenschaft, Wirtschaft, Statistik und einer schulmedizinischen Vorgehensweise drängen und uns somit in selbst auferlegten Normen und Mustern wie in einem Schuhkarton gefangen halten.

Hinzu kommt, daß wir modernen Menschen Wachstum, Wohlstand, Selbstverwirklichung und Zufriedenheit nicht mehr in Liebe, Familie, Partnerschaft, Gesundheit und Glück definieren, wobei der materielle Erwerb eine überlebensbedingte Nebenrolle spielt, sondern umgekehrt, nur noch in Karriere, Reichtum und technischem Fortschritt. Die wahren Dinge selbst, wie beispielsweise Liebe, Wärme, Romantik und Partnerschaft, finden hierbei kaum noch Beachtung oder wurden längst auf bezahlbare Dinge, wie das Auto oder Schmuck übertragen, denen längst mehr Zuwendung und Aufmerksamkeit zuteil wird, als unseren Kindern, Partnern, Angehörigen, Eltern und Organen.

Der Mond spielt, wie bereits erwähnt, im Verhalten aller Menschen eine übergeordnete Rolle. Allerdings stellen wir fest, daß wir längst nicht mehr positiv auf die Kräfte des Mondes reagieren, sondern ähnlich wie unsere Natur auf chemische Überdüngung, negativ. Dies geschieht jedoch nicht, weil der Mond uns, wie uns Kirche oder Wissenschaft weismachen wollen, scheinbar negativ beeinflußt, sondern weil wir uns selbst durch unsere industrialisierte Vorgehensweise künstlich neue Rhythmen erschaffen und auferlegt haben, welche mit den natürlichen Rhythmen nicht mehr übereinstimmen. Dies läßt sich vereinfacht wie mit dem Betanken unserer Autos mit Alkohol anstatt mit Benzin oder Diesel vergleichen. Der Motor würde stottern, schlagen, klopfen, schnaufen und durch seine unregelmäßigen Laufphasen Getriebe, Kupplung, Antrieb und nicht zuletzt sich selbst zerstören. Im Vergleich dazu zerstört die uneingeschränkte Zufuhr von Chemie und das einseitige materielle Streben nach Profit in Verbindung mit Umweltzerstörung ebenso unsere inneren Strukturen, wie der falsche Kraftstoff den Motor. Wir modernen Menschen bringen uns durch unser dummes, antizyklisches Verhalten zunehmend selbst aus dem Gleichgewicht und verfallen daher in nur wenigen typischen Blockaden und den daraus resultierenden Zivilisationsleiden, von denen nicht nur wir Erwachsenen betroffen sind, sondern auch schon unsere Kinder. Leider ist dieses antizyklische Verhalten der modernen Menschen gegenüber Mondzyklen, Biorhythmen und Naturheilmitteln in Bezug auf die eigene Gesundheit schon so verbreitet, daß wir uns im Gegensatz zu unseren seelischen und körperlichen Befinden so abweisend und grausam verhalten, wie wir es unseren Autos oder Maschinen niemals zumuten würden.

Weitere Ursachen dafür, daß wir uns den Mondphasen, natürlichen Phänomenen, Naturgesetzen oder Naturheilmitteln gegenüber in immer rasanteren Schritten abwenden sind innere Blockaden, welche nicht nur aus genverseuchten, chemisch vergifteten Lebensmitteln, Atomversuchen, Elektrosmog und einseitigen wissenschaftlichen Denkmustern hervorgehen, sondern auch aus dem Gebrauch von unzähligen Vitamintabletten, chemischen Nahrungsmittelergänzungspräparaten, chemischen Arzneimitteln und der Pille. Die Pille ist einerseits, aus wissenschaftlicher und bequemer Sicht heraus, natürlich mit unzähligen Vorteilen verbunden. Die Vorteile sind jedoch aufgrund esoterischer Gesetze immer nur genauso groß, wie die damit verbundenen Nachteile. Die Pille bewirkt, daß Frauen ihren Zyklus nicht mehr durch die Mondenergie zugewiesen bekommen, sondern aufgrund einer chemischen Keule einem neuen Zyklus unterworfen werden, welcher zahlreiche seelische und psychosomatische Zerrungen hervorruft. Neben Menstruationsbeschwerden, PMS, Zyklusstörungen, Schwangerschaftsstörungen, Fehlgeburten, Kinderlosigkeit, Krebsgeschwüren und Zysten werden diese Zerrungen, welche den Zyklus vom eigentlichen Rhythmus entfremden häufig auch durch tiefe Depressionen, Ängste, Migräne, Unterleibsbeschwerden, Aggressionen oder Minderwertigkeitsgefühle und dem vorzeitigen Tod zum Ausdruck gebracht. Um dies ausgleichen zu können, bedarf es sehr energievoller Heilsteine, welche die innerliche Harmonie zu den eigentlichen Mondphasen wieder herstellen. Hierfür empfehlen uns die Urvölker **Moqui-Marbles, Turalingam´s, ausgesuchte Therapiesteine, Heilsteine und Essenzen** daraus, weil sie aus schöpferischer Sicht hierfür erschaffen wurden und genau jene Energie für uns Menschen bereitstellen, die wir benötigen, um uns wieder mit den kosmischen und schöpferischen Energieströmen vereinen zu können. Dies spüren wir besonders auch dann, wenn die Mondkräfte mit Hilfe von Naturheilmitteln, die mit unserem seelischen Empfinden gekoppelten Energieströme wieder zusammengeführt haben, als innerliche Entspannung, Heilung und Liebe. Diese Entspannung kommt jedoch bei uns modernen Menschen kaum noch zustande, weil innere Verwerfungen und Blockaden uns von den natürlichen Rhythmen zurückhalten und blockieren.

Daher kommt es, daß wir modernen Menschen in uns oft typische Schlafstörungen, Ängste, Schmerzen, Sorgen, Depressionen oder Aggressionen empfinden, wenn der Mond in bestimmte Phasen übergeht. Denn zu bestimmten Mondphasen werden nicht nur spezifische seelische Impulse ausgelöst, sondern unser Unterbewußtsein wird mit bestimmten Energiefrequenzen bestäubt, um eigens dadurch ausgelöste Nachrichten aus Chakras, Geist, Körper und Psyche in unser Bewußtsein projizieren zu können. Leider empfinden wir modernen Menschen diese Botschaften nicht mehr als innere Aufforderung darüber, uns ehrlich mit uns selbst auseinandersetzen zu wollen, sondern eher als unangenehme innere Launen, weil wir uns aus Sachzwängen und festgefahrenen, scheinbar bequemeren Denkmustern zu Gunsten äußerer, technischer oder fremder Bedürfnisse nicht mehr trennen möchten. Unsere inneren Strukturen verzeihen uns dies jedoch nur bis zu einem bestimmten Grad, welcher zunehmend schon im jungen Alter erreicht wird. Dann werden wir krank! Sind wir spätestens jetzt nicht dazu in der Lage, um mit Hilfe von Steinen, Mond und Sternen innehalten zu können, um nach helfenden und heilenden Energien zu suchen, um uns wieder den natürlichen Rhythmen zuzuwenden, sondern suchen wir, wie heute üblich, die Hilfe bei Chemie oder die Schuld bei unseren Eltern, bösen Viren, Nachbarn oder dem Wetter, dann steht uns ein leidvoller Weg bevor, der sich daraus ergibt, daß sich unsere Seele zunehmend von uns zu lösen beginnt. Dies empfinden wir wiederum als Schmerzen, Ängste, Lieblosigkeit, Haß, Neid und alle damit verbundenen persönlichen und gesellschaftlichen Leiden. Therapiesteine (Glückssteine) und Heilsteine lösen diese innerlichen Blockaden und bewirken somit mehr Selbsthilfe, Harmonie, Liebe und Gesundheit. Im nächsten Kapitel haben wir Ihnen deshalb einen umfangreichen Mondkalender eingedruckt, woraus die verschiedenen Mondphasen deutlich hervorgehen. So wird es für Sie noch einfacher, für sich selbst herausfinden zu können, zu welchem Tag bzw. zu welcher Mondphase Sie besonders empfindlich sind, und daher unbedingt auf Ihre Therapiesteine zurückgreifen sollten. Denn nur wenn Sie selbst etwas für sich tun, sich mit Ihren Blockaden befassen und sich mit Hilfe von Steinen und Düften zum richtigen Zeitpunkt um inneres Gehör bemühen, werden die schöpferischen Energien in Ihnen wieder das heilen und verbinden können, was in Ihnen wieder zu Liebe, Vertrauen, Heilung und Gesundheit führt. Informationen zu Heilsteinen, Düften, Kräutern, Tees und Kristallen selbst finden Sie unter »Bezugsquellen« am Ende dieses Buches.

Kapitel 6 - Der Mond

Bevor wir auf die Wirkungen der einzelnen Mondphasen eingehen, ist jedoch sehr wichtig, daß Sie folgendes beachten:

Die Wirkungen des Mondes haben in ihren einzelnen Phasen zwar gleiche Kräfte auf uns Menschen, die Kräfte selbst wirken sich jedoch insbesondere auf die Geschlechter verschiedenartig aus, bzw. rufen in Mann und Frau unterschiedliche Reaktionen hervor. Dies läßt sich mit dem Zeigerstand einer Uhr vergleichen, denn die Uhr bewegt nur die Zeiger, die Zeit dazu interpretieren wir und so ist dies auch mit den schöpferischen Impulsen der Mondenergien. So schlagen beispielsweise, wie bereits erwähnt, die Herzen aller Menschen um die Vollmondphase herum schneller, als bei Neumond. Dies bewirkt jedoch im weiblichen Organismus der Frau ein gesteigertes Harmonie- und Geborgenheitsbedürfnis, während Männer sich in dieser Zeit lieber verstärkt um Sport, Arbeit, Zurückgezogenheit oder Karriere bemühen. Dieses Beispiel trifft für unzählige, zwischen den Geschlechtern unterschiedliche Phänomene zu. Hinzu kommt, daß der Mond die drei biorhythmischen Hauptenergieströme, welche in sich selbst wiederum von unzähligen weiteren Aspekten gesteuert werden, regiert. Hieraus resultiert auch, daß wir Menschen einfach ausgedrückt an drei unterschiedlichen Energiestrahlen durchs Leben treiben, wobei der seelische Zyklus, welcher beispielsweise für Liebe und Partnerschaft verantwortlich ist, in anderen Bahnen verläuft, als beispielsweise der körperliche Rhythmus, welcher Verdauung, Drüsenfunktion und Ernährung steuert. Dies erfordert einige Kenntnisse über unseren Biorhythmus, welchen wir Ihnen in diesem Buch in Kapitel 8 sehr einfach beschrieben haben und eine zusätzliche Erkenntnis darüber, daß unsere inneren Empfinden keine feststehenden Institutionen sind, welche gemeinsam im Auf und Ab der Mysterien treiben, sondern unabhängig voneinander in verschiedenen Rhythmen schwingen. Das bedeutet, daß Sie sich beispielsweise körperlich in der augenblicklichen Mondphase im Hoch befinden können, während Sie zwischenmenschlich oder partnerschaftlich gerade in das Tief Ihres seelischen Reinigungszyklus hineinrutschen. Wer dies respektiert und auch verstehen lernt, wird mit Hilfe der umfangreichen Informationen über die Mondphasen und die heilenden Steine in diesem Buch wieder zu jenem Wissen zurückfinden, das den Urvölkern und Schamanen auch heute noch bekannt ist. Denn Partnerschaft und Liebe beruhen, ebenso wie Ernährung, Wohlbefinden und Gesundheit, nicht auf wissenschaftlichen Formeln, Statistiken und psychologischen Analysen, sondern auf nur wenigen Weisheiten aus der Urzeit, die so einfach sind, daß jede Ameise sie versteht. Denn wären die Dinge wirklich so kompliziert, wie wir Menschen sie machen, gäbe es mit Sicherheit kein Leben, keine Steine, keine Sonne, keinen Mond und keine Sterne.

Zunehmender und abnehmender Mond im körperlichen Kreislauf

In zunehmender Phase wirkt der Mond auf uns und unser Handeln sehr energiebringend und aktivierend. Unser Organismus ist auf Erhebung, Energieaufnahme und Wachstum eingestellt. Unsere Drüsen erhöhen ihre gesamten Funktionen, neue Energiereserven werden angelegt und der gesamte Organismus ist nun auf Aufbau ausgerichtet. Dies drückt sich nicht zuletzt auch dadurch aus, daß wir in zunehmenden Mondphasen oft sporadisch ein bis zwei Pfund zulegen, ohne jedoch Fett anzusetzen oder daß die Herzen aller Lebewesen in zunehmenden Mondphasen schneller schlagen, als in abnehmenden Phasen. Um die Vollmondphase herum schlagen sie demnach am schnellsten und um die Neumondphase herum am langsamsten. Die zunehmende Mondphase ist für uns die Phase des Lernens und des steigenden Temperamentes. Der zunehmende Mond weckt Unternehmungslust, Appetit, Ehrgeiz und Zielstrebigkeit. In dieser Zeit planen und bewegen wir viele Dinge, sind optimistisch und verändern oft innerhalb kurzer Zeit unser Leben. Je mehr wir uns dem Vollmond nähern, desto stärker werden diese Eigenschaften, Wünsche und Bedürfnisse.

Im **zunehmenden Mond** werden die meisten Ehen geschlossen und Ja-Worte gegeben, Wünsche erfüllt, Kinder geboren und spontan Dinge getan, welche Geist und Körper intuitiv persönlich fühlbar gut tun. Die gesundheitliche Situation ist in Folge vom **zunehmenden Mond** stabiler, Organe und Geist sind auf Verwirklichung eingestellt und Mangelerscheinungen werden besonders gut durch kosmische Kräfte und Energien ausgeglichen. Die **zunehmende Mondphase** ist auch jene Phase, welche die Menschen zusammenführt, Heißhunger macht und beispielsweise bewirkt, daß wir den plötzlichen Drang verspüren, längst vergessene Freunde oder Bekannte wiedersehen zu wollen, sie zu besuchen, anzurufen oder ihnen sogar plötzlich zu begegnen. In **zunehmenden Mondphasen** baut sich häufig eine Überaktivität von Temperament, Romantik und Erotik auf, was leider dann, wenn innere Blockaden vorliegen, zu Aggressionen und zum Raubbau an eigenen Kräften und Reserven führen kann. In **zunehmenden Mondphasen** fällt beispielsweise das Abnehmen schwer, weil unser gesamter Organismus auf das Aufnehmen von Energie eingestellt ist. Daher ist es in dieser Phase, im Gegensatz zur abnehmenden Phase, kaum möglich, beispielsweise den bewußten Drang weniger Essen oder gar fasten zu wollen, nachgehen zu können. Blutdruck, Herzschlag und Puls steigen bei allen Lebewesen oft stark an und Medikamente, Drogen, Alkohol oder Tabletten wirken oft doppelt so schnell. So kommt es, daß viele Menschen sich wundern, beispielsweise nach nur geringen Mengen Alkohol schon betrunken zu sein oder nach nur einer Tasse Kaffee schon zittrig zu werden.

Trotz zunehmender Abwehrbereitschaft und Widerstandsfähigkeit unseres Immunsystems nimmt unser Körper allerdings auch Bakterien, wenn sie einmal die verstärkte Abwehr der **zunehmenden Mondphase** durchbrochen haben, intensiver auf, und daher liegen die Ursachen für so manche ernste Erkrankung indirekt am **zunehmenden Mond**. Dies gleicht sich jedoch in anderen Mondphasen ebenso aus, wie die in zunehmenden Mondphasen zugelegten Pfunde. Im Zeitpunkt der Mondphase liegt auch die Stärke der auszubrechenden Krankheit verborgen. War die Ansteckung beispielsweise am Anfang der **zunehmenden Phase**, bricht die Krankheit nicht so stark aus, verschleppt sich jedoch länger, weil der Körper fast noch 14 Tage lang die Bakterien hält und in sich trägt. Ist die Ansteckung später, so sind es nur noch wenige Tage bis zum **abnehmenden Mond**, worin sich der Körper leichter tut, sich zu reinigen, zu entgiften und von krankmachenden Bakterien befreien zu können.

Hier muß jedoch etwas unterschieden werden, was sehr wichtig ist. Der Körper heilt besser bei **zunehmendem Mond** und reinigt sich besser bei **abnehmendem Mond**. Alle Erkrankungen welche mit Wachstum, ausheilen und zusammenwachsen verbunden sind, wie z.B. Verletzungen, Schnitte, Quetschungen, Risse, Brüche, Verbrennungen oder nach Operationen und Amputationen heilen wesentlich besser in **zunehmenden Mondphasen** aus. Alle Leiden welche mit körperlicher Entgiftung zu tun haben und beispielsweise durch Fieber, Koliken, Steinbildung, Eiterherde, Geschwüre, Entzündungen, Katharre oder Infektionen ausgelöst werden, heilen wesentlich besser in **abnehmenden Mondphasen** aus. Die Abwehrkräfte sind bei **zunehmendem Mond** viel stärker, als bei **abnehmendem Mond**, dafür ist jedoch die Erkrankungsphase selbst, wenn sie die stärkere Abwehr überwunden hat, und sich in uns ausbreitet, bei **zunehmendem Mond** länger, weil unser Körper mit Bakterien, welche es geschafft haben in dieser Phase in uns einzudringen, nicht so abweisend umgehen kann, wie bei **abnehmendem Mond**. In **abnehmender Phase** ist dies genau umgekehrt. Die Abwehr ist durchlässiger um den Körper von Rückständen, Schlacken und Verunreinigungen zu befreien. Dadurch dringen Bakterien leichter ein. Diese werden jedoch in dieser Phase durch den verstärkten Reinigungsmechanismus stärker bekämpft und auch leichter besiegt. Pickel, Akne und andere äußerlich sichtbare Abwehrreaktionen kommen daher bei **abnehmendem Mond** viel eher und auffälliger zum Vorschein, weil Schlacken zu dieser Zeit vermehrt aus dem Körper herausgeschwemmt werden. Auch Diäten, Blutreinigungstees oder das Abgewöhnen vom Rauchen und anderen Abhängigkeiten fällt viel leichter während des **abnehmenden Mondes**.

Je nachdem, wie weit der **zunehmende Mond** vor dem Vollmond und somit vor seinem Wendepunkt steht, ist es ratsam operative Eingriffe, solange sie sich um einige Tage verschieben lassen, noch in der **zunehmenden Phase** vornehmen zu lassen, weil unser Körper den Eingriff so viel eher verkraftet und akzeptiert. Auch die Narbenbildung ist schwächer und die Wundheilung verläuft wesentlich positiver. In **zunehmender Mondphase** verhalten sich die meisten Menschen heilungswilliger. Auch energiespendende Heilsteine können ihre heilenden Kräfte viel umfangreicher in unseren Organismus einbringen. Lindernde bzw. reinigende und entschlackende Heilsteine wirken im Gegensatz dazu besser in **abnehmenden Phasen**. Depressionen, Migräne und Gliederschmerzen finden sich kaum in zunehmenden Phasen. Jedoch sind leider Wasseransammlungen in Beinen und Geweben bei **zunehmendem Mond** oft viel stärker spürbar und schwerer auszuschwemmen als bei **abnehmendem Mond**.

Der **zunehmende Mond** trägt seine Sichel rechts und ist nach links geöffnet. Er wird also von links her »voll«. Nach einer alten Regel läßt sich dies durch ein Z im Mond, welches die **zunehmende** Seite schließt, verdeutlichen. **Abnehmende Mondphasen** verhalten sich umgekehrt. Lernerfolge und auch das Gedächtnis bauen sich bei **zunehmendem Mond** viel stärker auf. Wir lernen einfacher und behalten die Dinge wesentlich besser, als in **abnehmenden Mondphasen**, wo uns häufig manch noch so einfacher Stoff nicht in den Kopf will. Dafür sind Erinnerungsvermögen, Prüfungen und andere Dinge, wo es darum geht, sich an Gelerntes zu erinnern, abzufragen oder wieder aus dem Gedächtnis zu holen, während **abnehmender Phasen** viel einfacher als bei **zunehmendem Mond**. Dies trifft auch für die alltägliche Arbeit zu und macht sich beispielsweise morgens bemerkbar, indem viele Menschen bei zunehmendem Mond nicht so richtig wissen, womit sie eigentlich beginnen sollen oder wo ihnen heute der Kopf steht. In abnehmenden Phasen ist dies meist umgekehrt, da sprudelt oft schon morgens Energie, Freude und Esprit und körperliche oder geistige Dinge gehen einfacher von der Hand. Insgesamt wird man feststellen, daß, egal ob körperlich oder geistig gearbeitet wird, der **zunehmende Mond** mehr Erkenntnis, Lernbereitschaft, Kreativität und Aufnahmefähigkeit bewirkt und bei **abnehmendem Mond** die Dinge für uns wieder überschaulicher, praktischer und einfacher in die Praxis zurückgelangen. Der **zunehmende Mond** bewirkt viel Bewegung in uns selbst. Man wächst innerlich, körperlich, spirituell und geistig mehr im **zunehmenden Mond** und nach dem Wendepunkt, mit **abnehmendem Mond** werden die Dinge wieder vermehrt nach außen projiziert und erfolgreicher angewandt. In der Partnerschaft welche weniger dem körperlichen sondern vielmehr dem seelischen Zyklus unterliegt, verlaufen die Dinge im Gegensatz zu körperlichen oder geistigen Rhythmen oft völlig entgegengesetzt. So knüpfen beispielsweise Männer Kontakte und zwischenmenschliche Beziehungen viel leichter und hemmungsloser bei **zunehmendem Mond**, während sie sich bei **abnehmendem Mond** lieber mit sich selbst beschäftigen und die Ruhe suchen. Frauen hingegen sind in **abnehmenden Mondphasen** offener für neue Bekanntschaften und suchen eher in **zunehmenden Mondphasen** nach Geborgenheit, Verständnis, Ruhe, Liebe, Romantik und vermehrter Zuwendung.

Der Mond als Heiler

Während operative, physische Eingriffe, also Brüche, Schnitte und Amputationen viel besser in **zunehmenden Mondphasen** heilen, weil dieser sehr stark und nahezu narbenfrei das verbindet, was zusammengehört, vergrößert der **abnehmende Mond** die Heilungschancen bei seelischen Blockaden, mentalen Erschütterungen, Schock und Ängsten. Aber auch Vergiftungen und Allergien und deren erforderliche operative bzw. therapeutische Eingriffe sollten daher bei **abnehmendem Mond** getätigt werden, da unser Körper sich hier leichter vom Geschwür trennt und demzufolge auch nicht so stark blutet. Dies betrifft besonders auch Probleme und seelische Blockaden, welche mit Hilfe von Glückssteinen, Therapiesteinen, Heilsteinen, Moqui-Marbles, Turalingam's, Essenzen und Elixieren besser gelöst und herausgeschwemmt werden können. Der **abnehmende Mond** unterstützt die Energien der heilenden Steine, Düfte, Essenzen und Kräuter beim entgiften, reinigen und heilen des Körpers, des Geistes und der Seele von Krankheiten und seelischen Blockaden und bewirkt sogar, daß wir viele unserer Probleme intuitiv und bewußt besser an der Ursache erkennen und anpacken können.

Allerdings tun sich die Mondkräfte ohne Hilfe von irdischen Elementen, wie beispielsweise Heilsteinen, Düften und Kräutern, in Bezug auf jene Blockaden die durch moderne Lebensführung verursacht werden ebenso schwer, wie ein Magnet, der Wasser ziehen soll. Denn die Blockaden, die wir uns selbst erschaffen haben, entziehen sich in ihrer Eigenschaft dem natürlichen Gefüge ebenso, wie genvergiftete Lebensmittel unserer Verdauung und sind daher für die positiven Energien des Mondes nicht mehr wie Eisen für den Magneten, sondern fremd und unhaltbar. Dies bewirkt die zunehmende Verhärtung und Blockierung unserer inneren seelischen Strukturen. Deshalb ist unsere Seele heute mehr denn je auf irdische, natürliche Heilmittel in Form von Heilsteinen, Moqui-Marbles, Turalingam's, Düfte und Kräuter angewiesen. Diäten und Kuren, besonders in Verbindung mit Heilstein-Essenzen, Kräutern und ätherischen Ölen bieten sich daher bei **abnehmendem Mond** besonders gut an. Auch die Ausführung geistiger Arbeiten, Prüfungen und andere dispositive Tätigkeiten sind bei **abnehmendem Mond** viel effektiver und erfolgreicher, weil wir leichter an unsere kreativen Gedanken, Phantasien, Reserven und an unser Gedächtnis gelangen. Viele Menschen setzen meist bei **abnehmendem Mond** das um, was sie sich während der **zunehmenden Phase** kreativ ausgedacht haben. Wir alle, insbesondere Künstler oder Schriftsteller und andere kreative und schöpferisch tätige Menschen kennen diese Phasen, an denen einige Tage lang nichts geht und dann plötzlich, wenn der tote Punkt überwunden ist, Gedanken und Ideen wieder nur so zu sprudeln beginnen, sehr genau. Täglich kennen wir alle die Situation, daß wir in einem Augenblick lieber etwas auf die lange Bank zu schieben versuchen, weil uns die Konzentration, Sicherheit oder Energie dazu fehlt, und dann auf einmal kippt die Stimmung und man erledigt plötzlich mit großer Begeisterung genau das was gerade noch unlösbar schien. Der **abnehmende Mond** dient der körperlichen und geistigen Reinigung und sollte daher zum Abnehmen, Reinigen, Entschlacken und besonders zur Entgiftung unseres Organismus in Verbindung mit Glückssteinen, Therapiesteinen, Heilsteinen, Essenzen, Elixieren und Kräutern unterstützend berücksichtigt werden.

Wendepunkte des Mondes, Vollmond und Neumond

Die beiden Wendepunkte des Mondes markieren besonders deutlich die wechselseitigen seelischen und körperlichen Empfinden von Mann und Frau. Sie verkehren die inneren Gezeiten von emotionaler Ebbe in Flut und umgekehrt und verwandeln somit unsere Gedankenströme, Bedürfnisse, Drüsenfunktionen und inneren Empfinden binnen weniger Tage oder gar von einer Minute auf die andere in gegensätzliche Pole welche zudem zwischen Mann und Frau wiederum in entgegengesetzten Richtungen verlaufen. Diese zwischen den Geschlechtern konträr verlaufenden Energieströme lassen sich mit dem Auf und Ab der Gezeiten der Weltmeere vergleichen und sind deshalb, weil wir modernen Menschen nie gelernt haben damit verständnisvoll umgehen zu können, eines der partnerschaftlichen Hauptprobleme unserer modernen Zeit. Denn das andauernde Gefühl vom Partner nicht ausreichend verstanden zu werden und unterschiedliche Sprachen zu sprechen geht einfach aus der Tatsache hervor, daß wir modernen Menschen andauernd versuchen die Gedanken des Partners nach eigenen logischen Belangen und Empfinden nachzuvollziehen oder beurteilen zu wollen. Wer allerdings respektieren lernt, daß es nichts bringt außer Schmerz, Haß, Eifersucht und Streit wenn man länger gegen die zwischenmenschlichen emotionalen Gezeiten zwischen den Geschlechtern ankämpft und zudem auch noch akzeptieren lernt, daß sich alle emotionalen Empfinden welche sich augenblicklich mondbedingt mit der Flut des Mannes verbinden, niemals mit jenen Empfinden vereinen lassen, welche gerade die Ebbe der Frau begleiten, wird alleine durch mehr Verständnis in eine neue Bewußtseinsebene emporsteigen, welche nicht länger von andauerndem Streit, Zwist und Unzufriedenheit bestimmt wird sondern von Toleranz, Verständnis ,Liebe, Romantik, Erotik, Gesundheit und Vertrauen.

Männer verspüren demnach, besonders im unteren Wendepunkt zum Neumond hin, aufgrund ihres seelischen Reinigungszyklusses, der von den Mondphasen gesteuert wird, verstärktes Selbstmitleid, Depressionen, Passivität, Unverständnis gegenüber Frauen und Melancholie. Der obere Wendepunkt, bzw. der Vollmond, bewirkt bei ihnen, im Gegensatz zum Neumond Aktivität, Zuwendung und Erotik. Vollmond und Neumond stellen einen Wendepunkt im Kreislauf und Biorhythmus aller Menschen dar. Insbesondere der Vollmond bereitet besonders Frauen häufig schlaflose Nächte, Alpträume, Hitzewallungen, Unsicherheit und aufsteigende Ängste. Dies entsteht jedoch nicht durch den Mond und die Energien die er in uns frei setzt, welche an für sich sehr lustvoll, temperamentvoll, wohltuend und fröhlich stimmend sind, sondern durch die Blockaden, welche unsere seelischen Strukturen, Emotionen und Gedanken daran hindern, mit den Mondkräften positiv umgehen zu können. Denn weil wir den wohltuenden, natürlichen Energien gegenüber innerlich mehr oder weniger blockiert sind, verspüren wir anstatt Liebe und Freude längst Aggressionen, Wut, Schmerzen und Ängste. Deshalb bringen Wendepunkte der Mondphasen für uns moderne Menschen häufig sehr wechselseitige Gefühle mit sich. Hiervon sind Männer ebenso betroffen, wie Frauen, weil beide Geschlechter zu den beiden Wendepunkten (Frauen an Vollmond/Männer an Neumond) ihren seelischen Tiefpunkt bzw. seelischen Reinigungspunkt haben. Demnach empfinden Frauen, im Gegensatz zu Männern, wie bereits zuvor deutlich beschrieben, nicht in der Neumondphase, sondern in der Vollmondphase depressive und melancholische Verstimmungen. Die Vollmond-Tage werden von vielen Frauen als durchwachsener Höhepunkt ihrer Gefühle empfunden. Sie beflügeln wiederum bei Männern Erotik und sexuelle Begierde und bei Frauen eigentlich eher gegenteilig das Bedürfnis nach Geborgenheit, Romantik, Verständnis, Zärtlichkeit, Wertschätzung, Sicherheit und verschaffen nur für unblockierte Menschen ein Hochgefühl in Liebe, Zufriedenheit und Glück. Jedoch ziehen an den Wendepunkten immer auch die entgegengesetzten Energien der bevorstehenden Mondphase auf, welche eine 14tägige Änderung der körperlichen und geistigen Aktivitäten durch gegenteilige Energieströme hervorruft.

Eisprung und die Periode der Frau

Früher, als die Menschen noch natürlicher waren, wurde vom Vollmond im Übergang zur abnehmenden Mondphase die Menstruation der Frau ausgelöst, was nichts anderes ist, als eine körperliche Reinigung durch die Gebärmutter. Die körperliche und seelische Regel der Frau, bzw. der monatliche Zyklus, wird vom Mond gesteuert und dauert demnach rund 28 Tage im seelischen Bereich und 23 Tage im körperlichen Bereich (Lesen Sie hierzu die Informationen über den Biorhythmus in Kapitel 8 nach). Die knapp aufeinanderfolgenden Wechseltage dieser beiden Rhythmen bewirken, daß sich durch unsere antizyklische Lebensweise der körperliche Rhythmus sehr oft mit dem seelischen Rhythmus überschneidet. Der Mond steuert den regelmäßigen Zyklus und die monatliche Blutung, die den Mondphasen im körperlichen Rhythmus unterliegt. Der körperliche Zyklus der Frau beginnt mit dem Vollmond. Unter Einfluß des abnehmenden Mondes reifen die Eibläschen heran. Etwa nach 14 Tagen ist eines reif, während die anderen nicht mehr weiter wachsen. Der reife Follikel platzt unter der Energie des Neumondes, wodurch der Eisprung ausgelöst wird. In der darauffolgenden, zunehmenden Mondphase der nächsten zwei Wochen wandert das Ei durch den Eileiter in Richtung Gebärmutter. Gleichzeitig wachsen Gelbkörper und Eibläschen heran und stimulieren die Schleimhaut der Gebärmutter, so daß eine Befruchtung stattfinden kann und sich die befruchtete Eizelle auch einnisten kann. Nistet sich kein befruchtetes Ei in der Gebärmutter ein, so kommt es kurz vor dem Vollmond dazu, daß die Schleimhaut der Gebärmutter zerfällt und mit dem Vollmond abgestoßen wird. Es kommt zur Menstruation. Da wir modernen Menschen uns jedoch von den natürlichen Impulsen der kosmischen Kräfte durch Beruf, Streß, Medikamente, Hormonpräparate, Pille, Potenzpille und Chemie von der Natur abgrenzen und entfremden, sind die einst wohltuenden und positiven Energien für uns aufgrund von Blockaden nur noch als verzerrte Überbleibsel einstiger Harmonie spürbar. Besonders Frauen kennen die Leiden und Schmerzen durch Blockaden, welche durch moderne Lebensführung ausgelöst werden. Nicht nur Frauen, sondern wir alle verspüren zunehmend die Folgen unserer modernen Gesinnung und Umweltzerstörung am eigenen Körper durch Zyklus-Beschwerden, Kinderlosigkeit, prämenstruelle Leiden, starke Krämpfe, Übelkeit, unregelmäßige Blutungen, Schmerzen, Ängste, Herzinfarkte, Neurodermitis, Migräne, Allergien, Asthma, Krebs, Sorgen, sexuelle Unlust, Aggressionen, Kopfschmerzen, Rückenschmerzen, sogenannte Wetterfühligkeit und unzählige weitere Krankheiten und Leiden, wobei das zunehmende Unverständnis unter den Geschlechtern und die Vereinsamung der Menschen untereinander zu den gravierendsten gehören. Doch der Mond ist stärker und egal wie viele Hormone wir uns reinpfeifen, wir alle werden uns wieder den natürlichen Mondrhythmen hingeben müssen, wenn wir überleben wollen.

Der Neumond

Der Neumond ist oft ähnlich gekennzeichnet wie der Vollmond. Er bewirkt für viele ein Durcheinander in den Gefühlen und Emotionen. Während der Vollmond in seinem Höhepunkt dem Unterbewußtsein und der Phantasie vieler Menschen so viel Schub verleiht, daß diese in starken Alpträumen, Ängsten und schlaflosen Nächten sogar an die Oberfläche des Bewußtseins gelangen, bewirkt der Neumond eher ein Reinigen und Entlasten von Komplikationen und Problemen. Während der Vollmond uns unsere Ängste und Sorgen regelrecht zur Verarbeitung ins Bewußtsein drückt, saugt der Neumond diese ab und bewirkt Beruhigung und Entspannung. Daher kommt es, daß vor und während dem Vollmond Alpträume, schlaflose Nächte und Nachtwandeln viel häufiger sind, als bei Neumond. Der Vollmond zeigt uns dadurch jedoch an, wie unausgeglichen, aufgewühlt, ängstlich und gestreßt wir in Wirklichkeit sind. Denn nicht der Mond macht uns die Träume, sondern er hebt uns lediglich unsere eigenen Probleme ins Bewußtsein, damit wir diese mit Hilfe von Turalingam's, Moqui-Marbles, Glückssteinen, Therapiesteinen, Heilsteinen, Elixieren und Düften in der bevorstehenden abnehmenden Mondphase besser verarbeiten, herausspülen und lösen können. Denn aus zunehmender Reife und Weisheit in Verbindung mit Liebe und Zufriedenheit besteht der Sinn unseres irdischen Daseins. Die Neumond-Tage bewirken, im Gegensatz zum Vollmond, den seelischen Tiefpunkt im männlichen Zyklus. Der Neumond-Tag eignet sich allgemein besonders gut als Fastentag mit mindestens 2 - 3 l Flüssigkeit. Dies läßt sich hervorragend durch ein Elixier aus Bergkristall-Jaspis-Magnesit (Elixier-Nr. 100.229) oder einen erlesenen Reinigungstee, der in Südchina ansässigen Mönche und traditionellen Teebauern »7 Weise«, bei Methusalem erhältlich, unterstützen. Sauber, rein und von Blockaden befreit lassen sich viele Wünsche und Vorhaben in der bevorstehenden, zunehmenden Mondphase besser vorbereiten und zum Erfolg führen. Am Neumond-Tag entwirren sich für viele oft die langwierigsten Probleme. Wo gestern noch Sorgen waren ist plötzlich die Welt wieder in Ordnung. Ängste erklären sich und viele Beziehungsprobleme kommen während dieser Tage besonders wohltuend zu einer tiefgründigen, fairen Aussprache und und stehen dann, wenn sie nicht verschwiegen oder verdrängt werden, sondern noch in der Neumondphase geklärt werden, vor einer größeren Chance gegenseitiger Einigung und Versöhnung. Zwischenmenschliche Probleme und andere Sorgen sollten daher mit Hilfe von Therapiesteinen, Essenzen und Elixieren bis spätestens zum Neumondtag besprochen werden, damit sie im bevorstehenden zunehmenden Mond innerlich positiv verarbeitet und bewältigt werden können. Werden sie erst in der zunehmenden Phase oder sogar gar nicht besprochen, entsteht viel Eifersucht, Haß, Unverständnis und sogar oft Wut und Gewalt. Auch die Vollmondphase eignet sich für diese Themen. Die abnehmende Mondphase bringt dann die Bereitschaft zu einer inneren Reinigung, regt mit Hilfe von Glückssteinen und Heilsteinen zum Nachdenken und zum Loslösen von Vorurteilen, unflexiblem Rollenverhalten, sturen Moralvorstellungen und anderen, durch Blockaden ausgelöste, Eigenschaften an. Dies bewirkt, daß sich die Betroffenen gegenseitig mehr durch Zwischenmenschlichkeit, Achtung, Verständnis, Fürsorge, Zufriedenheit und Wärme entlasten, als sie sich durch Kritik, Arroganz oder Gewalt belasten.

Nutzen Sie daher die Mondenergien der Wendepunkte, besonders des Neumondes, um sich Ihrem Partner in offenen Gesprächen mitzuteilen. Hoffen Sie nicht länger darauf daß Ihnen Ihr Partner Ihre Wünsche von den Augen ablesen wird sondern teilen Sie ihm offen mit was Ihnen fehlt, wovon Sie träumen, was Sie vermissen und was Sie sich für Ihre Beziehung wünschen. Bedenken Sie immer, daß Ihnen Ihr Partner Ihre Wünsche nur dann erfüllen kann, wenn er sie kennt. Reden Sie bevorzugt vorm Neumond miteinander weil Frauen sich da im seelischen Hoch befinden und sich Männer kurz vor ihrer emotionalen Tiefphase (Sie werden sich verständnisvoller um einander bemühen und weniger miteinander streiten). Haben Sie allerdings auch dafür Verständnis daß Ihr Partner Ihre Wünsche ebensowenig von heute auf morgen erlernen, alle auf einmal behalten und erfüllen kann, wie Sie das **1 X 1** um logische Gedankeninhalte kombinieren zu können auch nicht in einer Nacht erlernt haben. Legen Sie auch größten Wert darauf Ihre persönlichen, unbefriedigten Bedürfnisse nicht länger in Anforderungen und Bedingungen verpacken zu wollen, sondern formulieren Sie sie in Wünsche. Ihr Partner hat dann die Möglichkeit von sich aus ohne Druck darüber befinden zu können was er bereit ist zu geben. Es fällt viel leichter, jemandem Wünsche zu erfüllen, als dessen Anforderungen nachgeben zu müssen. Anderer Menschen Wünsche zu erfüllen löst im Innersten der meisten Menschen ein sehr angenehmes Gefühl aus Glück und Freude aus. Denn erfüllte Wünsche bringen Glück für denjenigen der sie erfüllt und auch für den der sie erfüllt bekommt. Anforderungen hingegen verschaffen immer Gegendruck, innere emotionale Widerstände, Blockaden, Ärger, Streit, Haß, Eifersucht, Unverständnis und Gewalt was sich wiederum meist unmittelbar auch als schmerzliche Folge auf Magen, Verdauung, Haut, Unterleib oder Herz- Kreislauf widerspiegelt. Behalten Sie demnach Ihre Wünsche nicht länger für sich sondern teilen Sie sich Ihrem Partner mit. Sagen Sie Ihm, daß Sie sich beispielsweise öfters Blumen und mehr Nähe von ihm wünschen, mehr gemeinsame Zeit miteinander verbringen wollen und mit ihm auch öfter über Ihre Probleme reden möchten. Sagen Sie Ihrem Partner auch wenn er anderer Meinung ist, daß Valentinstag oder Ihr Hochzeitstag für Sie nicht nur irgendwelche kommerziellen Tage sind sondern Tage an denen Sie sich besonders viel gemeinsame Zeit mit Ihrem Partner wünschen. Lassen Sie sich nicht mehr auf uferlose Diskussionen darüber ein ob es nun richtig oder falsch ist, sich Blumen zu wünschen oder Ihren Hochzeitstag mehr feiern zu wollen, sondern wünschen Sie sich von Ihrem Partner in Ihren Wünschen respektiert und akzeptiert zu werden ohne daraus länger eine wissenschaftliche, politische oder logische Polemik machen zu müssen. Denn Wünsche sind innerste Bedürfnisse der Seele welche nur dann hinterfragt und bezweifelt werden sollten wenn deren Erfüllung unmoralisch, ethisch nicht vertretbar oder nur in Verbindung mit Schaden für andere Menschen oder die Natur möglich ist. Moqui-Marbles, Turalingam's und Blue- Moon versprühen die hierfür erforderlichen Energien besonders intensiv und bewirken bevorzugt, besonders dann, wenn sie in der Partnerschaft von beiden Partnern gleichzeitig getragen werden, das erforderliche Maß an Mitgefühl und Verständnis das benötigt wird um den Partner emotional besser verstehen und respektieren zu können.

Der Neumond-Tag selbst ist häufig für viele ein ruhiger Tag, an dem oft alles läuft wie am Schnürchen. Man ist konzentriert und nimmt viele Dinge sehr gelassen. Aufregung findet am Neumond und den beiden Tagen davor oder danach kaum statt. Der Neumond verschafft ein hohes Maß an innerlicher Ruhe und Rücksicht. Während die meisten Menschen diesen Tag sehr ausgeglichen erleben, und Männer sich häufig bevorzugt zurückziehen, erfahren blockierte Menschen jedoch häufig Melancholie, Depressionen und den Drang zum Alkohol. Dies trifft häufig auf Männer zu, weil sie bei Neumond ihrem seelischen Reinigungstief unterliegen. Das Gefühl immer nur zu geben und nie etwas zu bekommen, nur für andere da zu sein oder nicht geliebt, verstanden, akzeptiert, geachtet oder gebraucht zu werden, ist an diesen Tagen für Männer dann häufig oft in Form von Sentimentalität besonders intensiv.

Vollmond und Neumond stellen also einen Wandel dar, welcher nicht nur in der Natur der Frau spürbar ist, sondern in jedem von uns eine Änderung von Lust und Laune hervorruft. Besonders die drei Tage vor und nach dem Vollmond bzw. Neumond können dabei für viele von uns oft sehr intensiv sein. Unfälle passieren an diesen Tagen häufiger, weil viele Menschen unüberlegter und spontaner handeln. Aber auch viele voreilige Versprechungen und so mancher leichtfertige Liebesschwur wird in dieser Zeit abgegeben. Dieses typische Verhalten resultiert jedoch ebenso wie alle anderen negativen Phänomene unserer menschlichen Gesinnung nicht aus den positiv wirkenden Mondphasen, sondern beispielsweise aus dem Trend, in immer kürzerer Zeit schnellere und größere Ziele erreichen zu wollen. Der hierbei durch Blockaden hervorgerufene, innere Dauerdruck läßt uns unüberlegt, unvernünftig oder gar dumm handeln, was wiederum zu den uns allen bekannten Streßerscheinungen, Unfällen und Krankheiten führt.

Während des Vollmondes fällt es dafür beispielsweise auch vielen Menschen schwer, sich entscheiden zu können. Viele warten ab, suchen nach Rat und zum Ende des Vollmondes bzw. Neumondes verspüren viele Menschen häufig einen Schleier vor Augen, welcher sie scheinbar ohne erkennbare Ursache niedergeschlagen und lustlos stimmt. Jedoch haben nicht nur Frauen ihre »Tage«, sondern auch Männer. Alle Menschen kennen diese Tage, wo einfach keine Lust vorhanden ist, weder zu Erotik, noch zur Arbeit. Je nachdem, wie hartnäckig Ihre inneren Blockaden sind, können Ihre »Tage« zu den Wendepunkten bestimmter Mondphasen besonders intensiv hervortreten. Daher ist es für jeden selbst sehr wichtig, herauszufinden wie blockiert er selbst ist und worin seine persönlichen Blockaden bestehen. Der einfachste Weg hierzu ist, seine persönlichen Blockaden mit Hilfe dieses Buches herauszufinden und in bestimmten Situationen nach dem Mond zu suchen. Wenn Sie also im Augenblick eine unerklärliche Veränderung oder Unzufriedenheit an sich oder Ihrem Partner verspüren, schauen Sie doch einfach einmal zum Himmel oder bei Bewölkung in den Mondkalender dieses Buches. Und Sie werden häufig überrascht feststellen, wie die einzelnen Mondphasen auch auf Sie wirken. Sie können dann anhand des Mondkalenders Ihren persönlichen Mondrhythmus bzw. Biorhythmus bestimmen, welcher es Ihnen leichter macht, bestimmte Blockaden besser erkennen, vorhersagen und mit Ihren Therapiesteinen lindern und heilen zu können. Sie gelangen dadurch zu mehr Harmonie mit den Mondrhythmen und zu mehr Übereinstimmung mit Ihrer persönlichen Selbsterkenntnis, worauf sich ein zufriedeneres, liebevolleres und gesünderes Leben aufbauen läßt und hierin liegt auch das Geheimnis im Umgang mit den Mondphasen verborgen. Sie brauchen nun nicht Ihr Leben von einem Extrem in das andere zu verkehren, um wieder zufriedener oder gesünder werden zu können, sondern allein die Wahrheit zu sich selbst bringt Sie mit Hilfe von Steinen wieder verstärkt in natürliche Rhythmen zurück. Sobald Sie nicht mehr nur materielle Gesichtspunkte zulassen, sondern vor allem auch spirituelle Energien respektieren, werden Sie Ihren inneren Strukturen ein höheres Maß an Ausgewogenheit zuteil werden lassen, was Sie schon sehr schnell als wohltuende, innere Entlastung und Entspannung verspüren werden. Allerdings sollten Sie damit beginnen, bevor sich Ihr Partner von Ihnen trennt oder Sie durch einen Schlaganfall an den Rollstuhl gefesselt werden.

Denn es ist kein Fehler, zu wissen, wann man seine Stärken und Schwächen hat, sondern ein Fehler sich gegen sie zu entscheiden.

Hierbei möchten wir jedoch nochmals betonen, daß weder Mond noch Sterne negative Kräfte auf uns ausüben, da die kosmischen Energien in unserem Sonnensystem immer positiv und gut sind. Unfälle, Hektik und Streit hingegen werden nicht durch den Mond verursacht, sondern durch die Blockaden, die wir Menschen uns durch unsere dummen Streiche selbst auferlegen, indem wir uns zunehmend von den kosmischen Energieströmen entfremden. Die Vorgehensweise der modernen Menschen löst Ängste, Haß, Hektik und Aggressionen aus und verursacht somit nicht nur Unfälle, sondern auch Krankheiten, Kriege und alle uns bekannten körperlichen und seelischen Leiden. Dies verhält sich in unserem körperlichen und seelischen Geschehen nicht anders, als in der gesamten Natur aller Lebewesen, Pflanzen, Steine und Sterne auch. Aufgrund massiver Veränderungen der einstigen Strukturen durch den Raubbau der modernen Menschen häufen sich Naturkatastrophen, Überschwemmungen, Dürren, Erdbeben, Stürme, Lawinen und Brände ebenso, wie sich im innerlichen Gefüge von uns Menschen Ängste, Krankheiten, Krebsgeschwüre, Allergien oder Sorgen und viele weitere sogenannte psychosomatische Leiden verstärken. Denn was sich in der Natur als Naturkatastrophe auswirkt, spiegelt sich im Kleinen beispielsweise als Verdauungsstörung, Herzinfarkt, Angst oder Krebs in unserem Organismus wider. Und jede Tierart, Pflanzenart oder jeder Quadratmeter Natur, den wir plündern, zerstören, vergiften, roden oder ausrotten, spiegelt sich in uns Menschen als zunehmendes, weiteres Leid wider.

Der Mond reguliert den Appetit

Ebenso spüren wir die Mondphasen auch beim Essen. Während des zunehmenden Mondes verspüren wir oft starken Appetit und Heißhunger auf Süßes, Schokolade oder andere leckere Dinge und scheinen oft kaum satt zu werden. Bei abnehmendem Mond kommt es häufig vor, daß wir oft schon von kleinen Mengen satt sind, und sich ein Völlegefühl manchmal schon nach kleinsten Mahlzeiten einstellt. Fette und schwere Dinge schlagen bei abnehmendem Mond viel häufiger auf den Magen. Das Lösen von Abhängigkeiten in zwischenmenschlichen Beziehungen oder von Alkohol, Drogen oder Tabletten, sollte zum Beginn der abnehmenden Mondphase begonnen werden, da diese Phase, im Gegensatz zum zunehmenden Mond, besser befreit und somit den Körper von vorne herein auf ein niedrigeres »Nachfrage-Niveau« stellt, das zur schnelleren Entwöhnung führt. Hierin liegt auch die Ursache dafür verborgen, daß vielgelobte Kalorientabellen ihre Wirkungen oft völlig verfehlen. Denn es gibt unzählige Menschen, die zehn Tafeln Schokolade am Tag essen können und dabei trotzdem schlank bleiben, während andere nur beim bloßen Gedanken an Süßes dick zu werden scheinen. Kein Wunder, denn unsere vielgepriesenen Kalorientabellen basieren ja auch nicht auf der Art von Energieverwertung wie sie in unserem Organismus tatsächlich stattfindet, sondern darauf wieviel Energie dabei entsteht, wenn bestimmte Lebensmittel durch anzünden über einer Flamme verbrannt werden. In unserem Bauch brennt jedoch kein Flämmchen das nach und nach alles gegessene verbrennt, sondern funktioniert ein wundervoller Mechanismus den wir als Verdauung und Stoffwechsel bezeichnen.

Der Einfluß des Mondes auf Ernährung und Wohlbefinden

Wie bereits erwähnt, verhält sich der Mond für uns alle zwar mehr oder weniger gleich, insgeheim wirken sich seine Kräfte für jeden von uns im Rahmen des Biorhythmus individuell und persönlich aus. Um Ursachen von regelmäßig wiederkehrenden Schmerzen, Unwohlbefinden und Leiden herausfinden zu können, sollten Sie sich beispielsweise über Verdauungsstörungen, Völlegefühl, Blähungen, Schleier vor Augen, Kopfdruck, Migräne, Depressionen, zittrige Hände, Gliederschmerzen, Melancholie, Magendruck, Herz-Kreislauf-Probleme, PMS, Schlafstörungen, Alpträume und andere regelmäßig wiederkehrende Leiden Notizen in diesem Mondkalender machen, um an diesen Tagen deutlich hervorkeimende Blockaden mit Heilsteinen, Düften, Kristallen oder Essenzen und Elixieren vorhersehen, lindern und heilen zu können.

Der Mond spielt nicht nur bei der Verdauung eine übergeordnete Rolle, sondern reguliert auch unseren gesamten Stoffwechsel in Verbindung mit Wasser, Mineralien, Salzen, Vitaminen und Spurenelementen geschlechtsspezifisch für Mann und Frau durch seine zunehmenden und abnehmenden Phasen. Der Mond steuert in Verbindung mit den anderen schöpferischen Energien und Planeten somit die inneren Gezeiten unseres Organismus, die wir beispielsweise als Biorhythmus oder innere Organuhren bezeichnen. Im Kleinen spiegeln sich somit die Gezeiten des großen Kosmos ebenso in jedem einzelnen Lebewesen und nicht zuletzt in jeder einzelnen Zelle wider. Dem Wasser obliegt hierbei in den organischen Bereichen eine ähnliche Trägerfunktion, wie den Gedanken und Hormonen zwischen Geist und Psyche und bedarf daher einer besonderen Beachtung.

Denn wir Menschen bestehen nicht nur zu ca. 90% aus Wasser, sondern Wasser hat auch eine optimale Trägerfunktion. Es transportiert in Form von Blut und Lymphflüssigkeit nicht nur Nährstoffe und Sauerstoff, sondern auch mondtypische Energien bis an die entlegensten Nervenenden und Zellen unseres Organismus, der Psyche und des Gehirns. Denn Wasser hat auf die Anziehung von Mondkräften ebenso spezifische Eigenschaften wie Eisenspäne auf einen Magneten und wird beispielsweise durch die Beimengung der Hormone Östrogen und Testosteron im Blut und in der Lymphflüssigkeit zum geschlechtsspezifischen Transporteur von Mondenergien im Kreislauf aller irdischen Lebewesen. In Anbetracht zu Ebbe und Flut wird aus dieser Tatsache heraus auch die Sensibilität aller Lebewesen, Tiere, Pflanzen und natürlich auch von uns Menschen dem Mond gegenüber besonders deutlich. Denn wie in der Natur und allen Ozeanen im Großen, zirkulieren Wasser und Körperflüssigkeiten in uns ebenso hin und her, wie Ebbe und Flut und leiten somit einen Großteil der universellen Mondenergien direkt an unsere Organe, Drüsen und Energiezentren weiter. Deshalb ist es nicht nur ratsam sondern auch notwendig, sich mit Hilfe von Therapiesteinen, Heilsteinen, Essenzen, Düften und Kräutern an den hauptsächlichen Funktionen der Mondphasen und den einzelnen Tierkreiszeichen zu orientieren, um so die Funktionen von Verdauung und Stoffwechsel bewußt positiv beeinflussen zu können. Umso mehr wir uns einfach wieder an den Mondphasen orientieren, umso ausgeglichener wird auch unser Biorhythmus und umso mehr schwinden all jene Leiden, welche durch Blockaden in uns ausgelöst werden. Diese äußern sich anfänglich in regelmäßig wiederkehrenden, unerklärlichen Schmerzen und typischen funktionellen Störungen, wie beispielsweise **Verdauungsstörungen, Mineralstoffmangel, zu niedriger oder zu hoher Blutdruck, Nervenentzündungen, Krämpfe, Immunschwäche, zittrige und kalte Hände und Beine, Pickel, sexuelle Unlust, Sehschwäche, Schwindelanfälle, Schuppen, Herzrhyth-**

musstörungen, Verstopfung, trockene Haut, Akne, Darmkrämpfe, sprödes, trockenes oder fettiges Haar, brüchige Fingernägel, Risse in Lippen und Mundwinkeln, Lippenbläschen, Haarausfall, Atembeschwerden oder Konzentrationsstörungen und sind typische Anzeichen und Warnsignale für bevorstehende schwerwiegendere Erkrankungen, Geschwüre, Schmerzen und Infarkte. Wir haben Ihnen deshalb diesbezüglich im folgenden Mondkalender auch die Tierkreiszeichen eingetragen, welche augenblicklich in Verbindung mit den Mondphasen ebenso auf Ihren Organismus, Stoffwechsel, Verdauung, Lymphsystem und Wohlbefinden Einfluß nehmen. In der Spalte für Notizen haben wir Ihnen die primären organischen Verdauungstätigkeiten und Stoffwechselfunktionen in Bezug auf Eiweiß, Salz, Fett und Kohlenhydrate als Anhaltspunkte für Ihr Befinden eingedruckt und für Sie in der »m + w«-Spalte geschlechtsspezifisch unter Verwendung von » + « für eher positiv oder » - « für eher negativ vorausgesagt. An eher positiven Tagen sollten Sie verstärkt die aufgeführten Grundnahrungsmittel zu sich nehmen und an eher negativen Tagen auf andere Grundnahrungsmittel ausweichen. Wasser-Tage in abnehmenden Mondphasen eignen sich diesbezüglich hervorragend zum Entschlacken, indem Sie z.B. an diesen Tagen viel trinken und bevorzugt nur Suppen und Brühen zu sich nehmen. Befolgen Sie diesen natürlichen Rhythmus in Verbindung mit den Mondphasen, dann haben Sie einen weiteren wichtigen Schritt zu mehr Gesundheit und Wohlbefinden getan.

Diesbezüglich möchten wir Ihnen einige wichtige überlieferte Ratschläge zur Ernährung nicht vorenthalten, welche auf langjähriger Erfahrung von Methusalem, Vivian Gardier, den chinesischen Mönchen und Teebauern »7 Weise« sowie auf den Überlieferungen der indianischen und australischen Urvölker, Tibetaner, Buddhisten und Tausender zufriedenerer und geheilter Menschen beruhen.

Der Einfluß des Mondes auf die Ernährung

Folgende Angaben beziehen sich auf die wichtigsten Lebensbausteine in unserer täglichen Ernährung. Um diese allerdings gebrauchen und für sich selbst anwenden zu können, bedarf es einer zusätzlichen Erkenntnis darüber, daß wir uns nicht nur zunehmend durch chemisch und atomar vergiftete Lebensmittel ernähren, sondern uns auch mit unserer sogenannten modernen, zivilisierten Ernährung antizyklisch unserem Organismus, Biorhythmus und nicht zuletzt den Mondphasen gegenüber verhalten. Denn unsere moderne

Kapitel 6 - Der Mond

Ernährung beruht nicht auf den wahren inneren Bedürfnissen unserer Drüsen und Organe, welche insgesamt auch heute noch genauso funktionieren, wie vor einer Million Jahren, sondern auf einer unserem modernen Verstand entsprungenen Einbildung darüber, was gesund für uns sein soll. Dabei sind die augenblicklichen Essensgewohnheiten lediglich ein Teil unserer sogenannten Kultur, welche sich andauernd verändert. Sie sollten diese traditionelle Überlieferung aus Ihrer persönlichen Haltung heraus für sich persönlich genauso kritisch hinterfragen, wie die augenblicklich vorherrschende Denkweise über chemische Arzneimittel oder gengezüchtete Kinder auch. Denn Sie sind genauso wenig an die augenblicklich vorherrschende Ernährungsweise gebunden, wie die Bürger zur Zeit Ludwig des 14., die sich weigerten, mit Honig gesüßten Vogelmist als Delikatesse anerkennen zu wollen. Unsere moderne, sogenannte ausgewogene Ernährung beruht daher, wie so viele Dinge in unserer modernen Zeit, auf einer engen Denkweise, die ohne Rücksicht auf die wahren Bedürfnisse unseres Körpers darauf ausgelegt ist, selbst so komplexe Dinge wie die Ernährung mittels Regeln, Normen, Statistiken, Geboten und Verboten, möglichst auf den Inhalt eines Tellers begrenzen zu wollen. Auf diesem sollen dann möglichst symmetrisch angeordnet alle Nährstoffe gleichzeitig vorhanden sein. Hierin besteht jedoch einer der größten Fehler, den wir unserem Organismus zumuten können. Denn unser Organismus ist wahlweise nur darauf ausgelegt, in bestimmten Zyklen und Mondphasen nacheinander einzelne Grundnahrungsmittel aufnehmen und verdauen zu können. Vermischen wir beispielsweise die Grundnahrungsmittel Eiweiß und Kohlenhydrate gleichzeitig in unserer täglichen Ernährung während einer Mahlzeit auf unseren Tellern, sucht sich unsere Verdauung bedingt durch die vorherrschende Mondphase sehr mühevoll den augenblicklich zu verdauenden Hauptbestandteil der Nahrung aus. Hierdurch wird eine innere Unentschlossenheit und Unruhe ausgelöst, die sich in Form von Blähungen, Völlegefühle, Sodbrennen, Magendruck, Übelkeit, Verstopfung oder dem typischen Stein im Bauch nach dem Essen auswirkt. Hat unser Organismus die nach dem heutigen Mondstand zu verdauenden Grundnahrungsmittel mühevoll aus dem restlichen Nahrungsbrei anderer Grundnahrungsmittel getrennt, verbleibt der Rest meist noch lange unverdaut in Magen und Darm und beginnt dort nicht selten, viele Tage, vor sich hin zu faulen, was wiederum typische Fäulnisdispepsien, Blähungen, Gallenleiden, Leberleiden, Nierenleiden, Steinbildung und sogar Unterleibskrebs und Darmkrebs auslösen kann. Nun kommt ein weiteres, sehr großes Problem auf unsere Verdauung zu, nämlich erneuter Hunger. Stellen Sie sich vor, Ihr Körper ist augenblicklich mondbedingt auf die Aufnahme von Kohlenhydraten ausgelegt. Im zuvor aufgenommenen Frühstück hat er bereits unter größter Mühe die mit anderen Grundnahrungsmitteln vermengten Kohlenhydrate herausgelöst und verdaut. Da heute jedoch ein Kohlenhydrat-Tag ist, wird Ihr Organismus Hunger signalisieren, obwohl Magen und Darm noch voller unverdauter Fette und Eiweiße vollgestopft sind. Sie essen! Womöglich genauso wie zuvor wieder ein Gemisch aus allen Grundnahrungsmitteln. Das Spiel beginnt für Ihren Organismus von neuem. Bis die Mondphase für die in Ihrem Organismus verbleibenden, augenblicklich schwer verdaulichen, Nährstoffe gelangt, sind diese meist längst unverdaubar, verfault und sogar giftig. Daraus folgt, daß unser Organismus aufgrund unserer modernen Ernährung mit der eigentlichen Versorgung des Organismus nicht mehr ausreichend nachkommen kann. Ernste Mangelerscheinungen die durch chemische Vitamin - Pillen ausgeglichen werden sollen, spielen daher im Befinden aller modernen Menschen eine übergeordnete Rolle. Hinzu kommt, daß unser Organismus nicht nur mit ausreichender Versorgung, sondern auch mit der Entlastung von unverdautem Essens-Müll Probleme bekommt. Denn genau dieser läßt sich kaum noch durch die Gedärme transportieren, sondern wird zunehmend in verfügbaren Freiräumen, wie z.B. den Darmzotten, Bauch, unter der Haut, in Adern oder Fettpolstern verstaut oder mühevoll durch die Poren in Verbindung mit unangenehmen Schweiß- und Körpergerüchen, ausgeschieden. Übelriechender Atem, massive Stoffwechselprobleme, Arterienverkalkung, Krampfadern, Herz-Kreislauf-Störungen, Hämorrhoiden oder wechselweise Durchfall und zu harter Stuhl weisen deutlich, oft in Verbindung mit unreiner Haut, Gewichtsproblemen, Haarausfall und unzähligen weiteren funktionellen Störungen, auf dieses Problem hin. Ein Thema, das auch in neuester Zeit von zahlreichen Wissenschaftlern genauso erkannt wurde und deshalb zum Inhalt unzähliger Studien wurde, welche letztendlich zu den Erkenntnissen über die Trennkost-Diät geführt haben.

Allerdings wurden die augenblicklich kursierenden, sogenannten ernährungswissenschaftlich fundierten Trennkost-Diäten von der wahren Mond-Diät, wie sie von den Urvölkern beschrieben wird, entfremdet, verfälscht und sogar so verkompliziert, daß daraus eine für die gesunde Ernährung völlig ungeeignete Diät wurde. Denn nur analytisch vorgehende Wissenschaftler bringen es fertig, Fruchtsäfte, Sekt, Wein oder sogar das sogenannte Eiweiß von Eiern, das im Gegensatz zum Eigelb kaum Eiweiß enthält, zu Eiweißprodukten kreieren zu wollen und wirkliche Eiweiß-Lieferanten zu sogenannten neutralen Nahrungsmitteln zu machen. Dabei sind es gerade die sogenannten, in der wissenschaftlich beschriebenen Trennkost-Diät erwähnten, neutralen Nahrungsmittel, die in Verbindung mit Fleisch oder Brot zu Verdauungsstörungen, Blähungen, Völlegefühlen, Sodbrennen oder Durchfall führen. Natürliche Ernährung, welche die natürlichen Ernährungsbausteine Eiweiß und Kohlenhydrate voneinander trennt und möglichst naturbelassen läßt, hat auch nichts mit wissenschaftlich fundierten PH-Werten oder Säuregehalten zu tun. Denn um Verdauungssäfte und Magensäure bemüht sich unser Organismus selbst und er tut dies nicht nur, seitdem unsere Wissenschaftler die Ernährung als Grundstock zum Wohlbefinden erkannt haben, sondern bereits, seitdem es Lebewesen auf unserem Planeten gibt, sehr gut. Natürliche Ernährung hat weniger mit Logik als viel mehr mit Natur und einer damit verbundenen Denkweise darüber zu tun, unserem Organismus die Nahrung, gut zerkaut, möglichst so beizubringen, wie unsere Vorfahren diese in der Natur vorfanden. Fleisch war nicht paniert und die Menschen mußten sich überwiegend mit einfachsten Speisen, entweder mit Brot oder Fleisch, sprich entweder mit Kohlenhydraten, Früchten oder nur mit Eiweiß zufrieden geben. Denn nur an wenigen Festtagen standen gleichzeitig mehrere Grundnahrungsmittel zur Verfügung. Eine Ernährungsweise, die auch heute noch, nicht nur unter den Urvölkern vorherrscht, sondern nahezu von 90% der Weltbevölkerung, insbesondere in Südamerika, Asien und Afrika, berücksichtigt wird. Stoffwechselstörungen, Allergien, Krebs oder Übergewicht sind hier kaum bekannt. Diese natürliche Tatsache verkehrt sich jedoch sofort von dem Augenblick an ins Gegenteilige, sobald sogenannte wissenschaftliche oder zivilisierte Denkmodelle und Essensgewohnheiten durch Werbung, Kulturschock, Bekehrung und Cola ihren wirtschaftlichen Einfluß durchsetzen. Dabei sind die Dinge so einfach, daß sich alle wissenschaftlichen Untersuchungen ersparen lassen, wenn folgendes berücksichtigt wird:

Die Mond-Diät

Bedenken Sie, daß unser Organismus einem steinzeitlichen Rhythmus angeschlossen ist, welcher durch spirituelle Energieströme, wie beispielsweise den Mondphasen gesteuert wird und daher niemals den modernen Gesichtspunkten unserer zivilisierten Wissenschaft unterzuordnen ist. Bedenken Sie hierbei zusätzlich, daß unser Organismus in sich noch in natürlichen Verhaltensmustern fungiert, die darauf ausgerichtet sind, bestimmte Grundnahrungsmittel unabhängig voneinander verdauen zu können. Denn keinem Lebewesen in unserer Natur ist es bis auf nur sehr wenige Ausnahmen möglich, aus Überfluß heraus oder jahreszeitbedingt gleichzeitig immer alle Grundnahrungsmittel erhalten und während einer Mahlzeit vorfinden zu können. Die Urvölker gingen nur zur Jagd, wenn keinerlei Gemüsesorten reif waren. Beeren und Tomaten konnten nicht importiert oder tiefgekühlt werden und wenn die Jäger vom Fischen heim kamen, gab es Fisch und nicht gleichzeitig Kartoffeln oder Reis dazu. Deshalb ist auch unsere Verdauung noch darauf ausgerichtet, die einzelnen Grundnahrungsmittel, insbesondere Eiweiß und Kohlenhydrate möglichst einzeln und unvermischt aufnehmen und verdauen zu können. Orientieren Sie sich daher nicht länger an den falschen Eßzwängen unserer sogenannten zivilisierten Gesellschaft, sondern horchen Sie lieber einmal auf Ihre inneren Bedürfnisse und orientieren Sie sich an den Angaben zu den Mondphasen im Mondkalender. Dehnen Sie Ihre täglichen Eßgewohnheiten über Ihren Tellerrand hinaus auf eine vierwöchige Ernährungsphase aus. Essen Sie das, wonach Ihnen gerade ist, eventuell auch mehrere Tage hintereinander. Sollten Sie demnach an manchen Tagen nur Gemüse mögen und ein anderes Mal Heißhunger auf Fleisch verspüren, dann hat das nichts mit einseitiger Ernährung zu tun, sondern mit Rücksicht auf Ihre inneren Bedürfnisse in Verbindung mit Mondphasen und Biorhythmus. Denn im Laufe einer Mondphase erhält Ihr Körper so trotzdem alles, was er zum richtigen Zeitpunkt braucht. Reduzieren Sie unbedingt Ihre Gemische aus möglichst allen Grundnahrungsmitteln (Eiweiß, Kohlenhydrate, Fette, Vitamine) auf Ihrem Teller während einer Mahlzeit, denn die hieraus resultierenden unverdaulichen Gemische vergiften den Organismus und sind die Ursache für Übergewicht, Zellulite, Krampfadern, Fettpolster und unzählige funktionelle bzw. organische Störungen, wovon Zuckerkrankheit, Knochensprödigkeit, schlechte Zähne, Senilität, Nierenbeschwerden, Leberleiden oder Nieren- und Gallensteine zu den typischsten Anzeichen falscher Ernährung zählen. Lassen Sie daher die Kartoffeln weg, wenn Sie Fleisch haben, kombinieren Sie ruhig verschiedene Kohlenhydrate miteinander, wie beispielsweise Brot, Reis und Kartoffeln. Nehmen Sie möglichst niemals die beiden Grundnahrungsmittel in einer Mahlzeit zu sich und trennen Sie diese beim Essen. Essen Sie beispielsweise entweder das Schnitzel vorher ganz und erst dann die Nudeln oder andere Beilagen und umgekehrt. Verzichten Sie unbedingt, je nach Mondstand, entweder auf das Schnitzel (Eiweiß), die Beilagen (Kohlenhydrate) oder den Salat (Vitamine)...

Sollten Sie sich dennoch beispielsweise für Schnitzel und Salat entschieden haben, so essen Sie den Salat entweder vorher oder danach, jedoch niemals gleichzeitig mit dem Fleisch. Berücksichtigen Sie hierbei zusätzlich, daß Sie bei zunehmendem Mond oft mehr essen können und bei abnehmendem Mond schneller satt sind und respektieren Sie beispielsweise an typischen Wassertagen Ihren gesteigerten Appetit auf Suppe, dann können Sie Ihre Ernährung sehr leicht anhand dieser einfachen Grundregeln ohne sogenannte aufwendige Diäten verändern, Ihr Wohlbefinden erhöhen und Ihr Gewicht reduzieren. Beachten Sie noch etwas:

Nehmen Sie sich Zeit zum Essen und kauen Sie Ihre Mahlzeiten gut durch. Verzichten Sie lieber auf für den heutigen Mondstand für Sie ungeeignete Ernährung und warten Sie lieber, bis Sie Ihren inneren Bedürfnissen gerecht werden können. Denn ungetrennte und sogenannte Fast-Food Kost ist viel schädlicher für Sie, als einmal eine längere Wartezeit beispielsweise mondbedingt mit Obst überbrücken zu müssen. Gehen Sie unbedingt dann auf die Toilette, wenn Ihr Körper Ihnen dies signalisiert. Kein Termin kann bedeutender für Sie sein, als das Bedürfnis Ihres eigenen Körpers, sich von Ballast befreien zu wollen. Daß Sie eventuell glauben, im Augenblick wichtigeres erledigen zu müssen oder sich nicht trauen, weil die Umgebung Ihnen ungeeignet erscheint, liegt weder an Ihnen noch an Ihrem Körper, sondern hierfür sind die einzelnen Blockaden verantwortlich, die wir Ihnen in diesem Buch sehr ausführlich beschrieben haben. Diesbezüglich werden Ihnen die Zusammenhänge vielleicht noch deutlicher werden und Sie erkennen die Notwendigkeit, sich mit Hilfe von Therapiesteinen, Essenzen oder Düften unbedingt von Blockaden zu befreien. Denn diese beeinträchtigen ebenso unsere Verdauung, wie den Stoffwechsel und sind durch Mithilfe unserer sogenannten modernen zivilisierten Denkweise leider zu massiven Gegenspielern von Mond, Biorhythmus, Liebe, Gesundheit, Spiritualität, Intuition und innerem Wohlbefinden geworden.

Vermischen Sie beim Essen niemals die Grundnahrungsmittel!

Hierbei ist allerdings zu beachten, daß es sich bei der Mond-Diät nicht darum handelt, natürlich vorkommende Gemische vermeiden, verdrängen oder gar voneinander trennen zu müssen sondern darum, die beiden hauptsächlichen, natürlich vorkommenden Grundnahrungsmittel-Gruppen (Eiweiß und Kohlenhydrate) nicht zusätzlich durch eine uns aufgezwungene oder anerzogene Essensgewohnheit, die noch aus dem Überfluß des Wirtschaftswunders stammt, zu vermischen oder zu verrühren. Denn die Natur hat uns die meisten Grundnahrungsmittel bereits in einer so natürlichen Form aus verschiedenen Grundnahrungmitteln zusammengestellt, daß die meisten natürlich vorkommenden Lebensmittel, egal ob wir sie roh essen, gekocht oder gebraten, auf einer harmonisch, auf unsere Verdauung abgestimmten, Vermengung von Fetten, Kohlenhydraten, Vitaminen, Mineralien und Eiweißen beruhen und uns somit bestens ernähren. Diese Nahrungsmittel stellen die eigentliche neutrale Gruppe dar und sind aus natürlicher Sicht heraus bevorzugt, möglichst naturbelassen oder schonend gegart, zu essen. Darüberhinaus sollten Sie für Ihre persönliche Ernährung niemals nach festen Normen und Formeln suchen, sondern sich im Rahmen Ihrer persönlichen inneren Bedürfnisse lediglich dem Lauf der Mondphasen bewußter hingeben. Denn Ernährung ist kein Manifest, sondern immer so persönlich, wie der Geschmack oder die Liebe auch. Essen ist nicht nur Ernährung, sondern soll auch schmecken und Spaß machen und der persönliche Rahmen hierfür liegt zum einen darin, was Sie Ihrem Körper anbieten und zum anderen darin, wie und wann Sie das tun. Denn nichts funktioniert auf Dauer allein durch wissenschaftliche Formeln und Regeln, sondern, wie alles im natürlichen Geschehen, durch pesönliche Rücksicht auf innere Empfinden in Verbindung mit natürlichen Rhythmen und Zyklen.

In den folgenden Beschreibungen haben wir Ihnen die natürlichste Ernährungsform, welche die Grundlage der Mond-Diät ist, aufgeführt. Denn die Urvölker waren allesamt daran interessiert, sich mit Hilfe von Mondphasen und natürlichen Nahrungsbestandteilen so sparsam und verträglich zu ernähren wie möglich. Sie vergeudeten ihr schönes Leben nicht damit, alles natürliche zuerst einmal mittels unsinnigen Experimenten und Forschungen hinterfragen zu wollen, um letztendlich doch zu dem zurückzufinden, was die Natur bot, sondern sie orientierten sich von Anfang an an den weisheitlich überlieferten Eßgewohnheiten, die wir deshalb, weil sie in Verbindung zu den Mondphasen steht, als Mond-Diät bezeichnen. Diese besagt, wie bereits erwähnt, daß die beiden Grundnahrungsmittel Eiweiß und Kohlenhydrate strikt während einer Mahlzeit voneinander zu trennen sind und entweder kohlenhydratstarke oder stark eiweißhaltige Nährstoffe nur mit Nahrungsmitteln aus der neutralen Gruppe zu ergänzen sind. Versuchen Sie sich hierbei möglichst nur in einer Ernährungs - Säule zu bewegen und vermischen Sie so wenig wie möglich diese Nahrungsmittel mit einer anderen Säule während einer Mahlzeit. Beziehen Sie auch die im Mondkalender eingedruckten, sternzeichenbedingten Feuer-, Erd-, Luft- oder Wasser-Tage in Bezug auf Eiweiß, Fett oder Kohlenhydratverträglichkeit in Ihren Ernährungsplan mit ein. Umso mehr Säulen Sie während einer Mahlzeit vermischen, umso mehr belasten Sie Ihren Magen, Kreislauf, Verdauung und den gesamten Stoffwechsel. Am gesündesten ernähren Sie sich demnach, wenn Sie Ihre Mahlzeiten aus Lebensmitteln einer Säule zusammenstellen. Da diese Art der Ernährung vielen vielleicht zu fad erscheint, besteht die Möglichkeit, die beiden Grundnahrungsmittel - Säulen, Kohlehydrate oder Eiweiß, mit Nahrungsmitteln aus der sogenannten neutralen Gruppe der mittleren Säule zu ergänzen. Allerdings mit Einschränkungen bei Nüssen, Hülsenfrüchten, Melonen, Wurst, Konserven und Instant-Produkten. Eine einfache Eselsbrücke, um sich in der natürlichen Trennkost in Bezug auf Kombinationen zurechtfinden zu können, besteht in der Frage danach, was beispielsweise in der Natur zusammen vorkommt, gemeinsam reift oder miteinander gedeiht. Beispielsweise gedeihen Kartoffeln als starke Kohlenhydrat-Lieferanten gerne neben anderen Gemüsesorten. Sie wachsen jedoch nicht neben »Joghurt« und sind auch nicht tierischer Bestandteil. Sollten Sie also kombinieren wollen, hinterfragen Sie jegliche Kombinationsmöglichkeit durch diesen Weg und trennen Sie von vorne herein grundsätzlich Dinge voneinander, die von Natur aus niemals miteinander wachsen oder gemeinsam erschaffen wurden.

Die Grundnährstoffe:

Zu den eigentlichen Grundnahrungsmitteln zählen Eiweiß, Fette und Kohlenhydrate, wobei in der mondbedingten Ernährung grob zwischen überwiegend eiweißhaltiger und überwiegend kohlenhydrathaltiger Ernährung während einer Mahlzeit unterschieden wird, weil Eiweiß einer völlig entgegengesetzten Verdauungskombination bedarf, als Kohlenhydrate. Im Grunde genommen verhält sich Eiweiß mit Kohlenhydraten wie Fett mit Wasser. Fette vermischen sich nicht mit Wasser und lassen sich nur durch chemische Keulen und Spülmittel damit verbinden. Diese chemische Keule die sich auch in sogenannten Konservierungsstoffen, Geschmacksverstärkern und hinter sogenannten E- Nummern verbirgt, fehlt unserem natürlichen Organismus und deshalb ist er auf Trennkost angewiesen. Eiweiß und Kohlenhydrate stellen demnach die beiden Hauptgruppen natürlicher Ernährung dar, die ohnehin bereits von Natur aus in einer natürlichen Form mit Vitaminen, Fetten und Mineralstoffen vermischt und kombiniert sind. Nahrungsmittel, welche insgesamt, von Natur aus überwiegend aus harmonisch aufeinander abgestimmten Kombinationen mehrerer Grundnahrungsmittel bestehen, sind daher sehr empfehlenswert, weil unser Organismus von Grund auf für die Verdauung dieser natürlichen Gemische erschaffen wurde. Sie verhalten sich demnach neutral, wie z.B. die meisten Gemüsesorten oder auch Milch. Produkte hingegen, die in der Natur zwar vorkommen, jedoch erst künstlich durch Menschenhand zu Konzentraten, Essenzen, reinen Ölen oder Fetten gepreßt oder hergestellt werden, sollten möglichst gemieden oder nur sehr sparsam angewendet werden. Denn nicht das durch natürliche Kombination vorliegende Fett am Schnitzel lähmt die Verdauung, sondern unzählige zusätzliche, hochkonzentrierte Bratenfette in Verbindung mit Eiweiß und Kohlenhydraten als Pannade, erheben das Verlangen nach einem Verdauungsschnaps. Dies gilt auch für reine Obst- und Gemüsesäfte. Sie sollten möglichst mit Wasser verdünnt getrunken werden, weil diese Säfte in einem Glas oft die 10 fache Menge an Ballaststoffen, Zucker oder Vitaminen enthalten als die ursprünglichen Früchte. Diese Konzentration ist weder natürlich noch in dieser geballten Form ohne negative Folgen verdaulich. Durchfall, Blähungen, saurer Magen oder Übelkeit sind oft die Folgen von konzentrierten Fruchtsäften. Dies trifft auch für sogenannte Diät - Pillen, Vitaminkapseln und andere chemische Nahrungsmittel - Ergänzungsstoffe zu, deren Bestandteile oft die 10.000 fache Menge einst natürlich vorkommender Nährstoffe enthalten. Hinzu kommt, daß die Grundnahrungsmittel allesamt aus Kohlenstoff, Wasserstoff und Sauerstoff, sprich aus Erde, Wasser und Luft bestehen, wobei chemische Geschmacksverstärker und atomare, synthetische oder gentechnische Haltbarkeitsmacher nichts verloren haben. Achten Sie daher unbedingt auf eine natürliche, vollwertige, schonende Ernährung ohne chemische Zusätze oder Bindemittel und erkundigen Sie sich unbedingt auch danach, ob Ihre Lebensmittel gentechnisch manipuliert oder atomar bestrahlt sind. Denn egal was Ihnen die Wissenschaftler oder Ernährungspolitiker wissend machen möchten, bedenken Sie immer, daß nicht diese, sondern »Sie«, »Ihre« Gesundheit, »Ihre« Familie und »Ihre« Kinder und Angehörigen ebenso die Leidtragenden sein werden, wie nach Contergan auch. Allerdings sind die gentechnisch-biologisch veränderten Stoffe heute so raffiniert, daß die negativen Folgen nicht mehr schon nach 9 Monaten sichtbar werden, sondern wahrscheinlich erst nach 9 oder gar 19 Jahren. Auf irgendwelche geistigen, organischen oder inneren Beschwerden hin, wie z.B. BSE wird man Ihnen dann jedoch vorwerfen, daß diese wohl aus Ihrem ungesunden Lebenswandel hervorgegangen sein müssen. Übrigens beweisen langjährige Untersuchungen längst, daß chemische Lebensmittel mit größter Wahrscheinlichkeit über deren langwierige Umwege durch Blockaden für mehr als 60% aller vorzeitigen Todesfälle verantwortlich sind. Auch Fleisch sollte in Ihrer Ernährung lediglich eine untergeordnete Nebenrolle spielen, weil unser Organismus von Natur aus viel mehr auf pflanzliche Ernährung ausgelegt ist. Hinzu kommt, daß heutiges Fleisch nicht nur gentechnisch verseucht ist, sondern aus der natürlichen Nahrungskette heraus auf einem nicht mehr vertretbaren Luxus beruht, den wir modernen Menschen uns nicht mehr länger leisten dürfen. Denn um ein einziges Kilo Fleisch wachsen lassen zu können, werden fast 100kg Getreide benötigt. Anders herum ausgedrückt könnten hiervon im Gegensatz zu einem kg Fleisch 100 Menschen je 1kg Reis essen oder 1000 Menschen könnten mit 100g Reis am Tag mehr als satt werden. Ein Phänomen, welches die Natur dahingehend reguliert, indem sie Fleisch-Essern, wie z.B. Löwen, Krokodilen oder Schlangen, nach jeder Mahlzeit eine mehrtägige, bis zu 30-tägige Fastenzeit auferlegt, um diesen natürlichen Energieverbrauch wieder ausgleichen zu können. Anders herum können Sie sich nun auch besser vorstellen, mit welchen Abfällen und chemisch-gentechnisch angereicherten Giftstoffen unsere Tiere behandelt und gefüttert werden müssen, um 1kg Fleisch bei vorigem Einsatz von 100kg Futter für durchschnittlich ca. 9,- DM verkaufen zu können. Von diesem Preis, den Sie an der Ladentheke bezahlen, gehen wiederum rund 60% direkte und indirekte Steuern ab. Den restlichen Betrag teilen sich Händler, Großhändler, Spediteure, Schlachthäuser, Züchter und die chemische Industrie. Der nach allen Gewinnen und Steuern bereinigte Rest beläuft sich auf weniger als 1,- DM Einsatz, den die 100kg Futter kosten dürfen. Kennen Sie ein natürliches Futter, was pro 100kg nur 1,- DM kostet ? Gülle ist teurer ! Hinzu kommt, daß fast 70% der heutigen, weltweiten Getreide- und Reisernten zum Füttern von Geflügel und Vieh aufgebracht werden müssen damit einige wenige Menschen der reichen Industrienationen ständig Fleisch zu Spottpreisen vorfinden können, während die restliche Weltbevölkerung am Hungertuch nagt.

Die beiden zu trennenden Grundnahrungsmittel, Kohlenhydrate und Eiweiß

1. Kohlenhydrate

Kohlenhydrate entstehen in Pflanzen durch Zusammenwirken von Blattgrün und Sonnenlicht, woraus Stärke und pflanzliche Substanzen erwachsen. Kohlenhydrate werden teilweise in Form von Ballaststoffen zur Förderung der Verdauung verwertet und sind zum anderen die bedeutendsten Zucker- bzw. Energielieferanten, um Bewegung, Denken, Wachstum und alle täglichen Lebensfunktionen inklusive zusätzlicher Leistungen im Sport, am Arbeitsplatz oder im »Bett« überhaupt erst ermöglichen zu können. Die wichtigsten Kohlenhydrat-Lieferanten sind Getreide-Erzeugnisse, Kartoffeln, Zucker, Hülsenfrüchte und Gemüse. Ist der Kohlenhydrat-Haushalt gestört, stellen sich schnell Müdigkeit, Niedergeschlagenheit, sexuelle Unlust, Kraftlosigkeit oder sogar Sinnlosigkeit als deutliche Vorboten von unzähligen funktionellen Störungen, psychosomatischen Leiden und Depressionen ein.

Kohlenhydratreiche Nährstoffe sind:

- Alle Sorten von Getreide, wie z.B. Mais, Hafer, Weizen, Gerste, Roggen usw.
- Alle Sorten von Mehlerzeugnissen, wie z.B. Backwaren, Corn-Flakes, Smacks, Brötchen, Kuchen, Torten, Teigwaren oder Nudeln.
- Alle Sorten von stärkehaltigen Gemüsen, wie z.B. Kartoffeln aller Art, Mais, Reis, Grünkohl, Artischocken, Karotten, Kürbis, Rettich oder Rote Bete
- Zucker, Schokolade, Süßigkeiten oder Pralinen

Vergleichen Sie hierzu die linke, bzw. »GRÜNE« Grundsäule der folgenden Ernährungstabelle

2. Eiweiß

Eiweiße bedürfen im Gegensatz zu Kohlenhydraten eine völlig unterschiedliche Beschaffenheit der Verdauungssäfte und der Verdauung selbst. Dies macht die Trennkost erforderlich. Im Gegensatz zu Kohlenhydraten liefern überwiegend eiweißhaltige Lebensmittel keine Energie, sondern lebensnotwendige Grundstoffe, woraus körpereigene Organe, Muskeln, Enzyme, Hormone und Immunstoffe aufgebaut werden. Unzählige lebensnotwendige Eiweiße müssen dem Organismus durch die Nahrung in Form einer ausgesuchten, möglichst von Kohlenhydraten getrennten Ernährung zugeführt werden, weil er diese nicht von selbst aufbauen kann. Werden diese Eiweiße dem Körper nicht in einer von Kohlenhydraten befreiten Kost zugeführt, zerstört genau die Mischung an Magensäure, welche die Kohlenhydrate verdauen soll, bei ungetrennter Kost die wertvollen Eiweiß-Bausteine bzw. Aminosäuren und umgekehrt, und verwandelt diese zu übelriechendem, faulendem inneren Müll. Deutlich erkennbare Störungen durch Eiweißüber- bzw. Unterversorgung sind zahlreiche undefinierbare innere Schmerzen, Krämpfe, Immunschwäche, andauerndes Kränkeln, organische Versagen und zahlreiche funktionelle Störungen.

Überwiegend eiweißhaltige Nährstoffe sind:

- Alle Sorten von Fleisch, Geflügel, Wild
- Alle Sorten von Fisch, Meeresfrüchte und Krustentiere
- Alle gereiften Käsesorten, die bis 45% Fett i.Tr. haben
- Alle Milchprodukte, Joghurt, Kefir, Sahne, Quark die unter 40% Fett liegen
- Alle Frischkäse-Zubereitungen, die bis 45% Fett i.Tr. liegen
- Tofu, alle Sojaprodukte
- Hühnereigelb und alle Produkte daraus. Denn nicht im Eiweiß befindet sich das eigentliche Eiweiß, sondern im Eigelb.

Vergleichen Sie hierzu die rechte, bzw. »ROTE« Grundsäule der folgenden Ernährungstabelle

Die kombinierbaren bzw. neutralen Grundnahrungsmittel der mittleren, bzw. gelben und orangenen Ernährungs - Säule

Diese Grundnahrungsmittel eignen sich entweder sehr gut zum Kombinieren mit einer Säule der beiden zu trennenden Grundnahrungsmittel oder sind aufgrund ihrer Beschaffenheit sogar so hochwertige Grundnahrungsmittel, worin alle lebensnotwendigen Stoffe in einer harmonisch für unseren Organismus abgestimmten Form enthalten sind, wie z.B. Hülsenfrüchte oder Nüsse aller Art.

Die kombinierbaren Lebensmittel

1. Fette und Öle

Fette und Öle sind wertvolle Vitamin- und Energielieferanten, welche von unserem Organismus fast zu 100% aufgenommen und verdaut werden, was auch an den hohen Kalorienzahlen ersichtlich ist. Denn Fette und Öle liefern doppelt soviel Energie, wie Kohlenhydrate oder Eiweiß und benötigen daher entweder länger bis sie verdaut werden oder sie verhindern an sogenannten eher positiven (+) Luft-Tagen die Verdauung von Kohlenhydraten oder Eiweißen, da unser Organismus die augenblicklich notwendige Energie bevorzugt aus Fetten aufnimmt. Das Resultat hieraus ist, daß Kohlenhydrate und andere Nährstoffe unverdaut bleiben und innerlich zu faulen beginnen. Umgekehrt gelangen Fette und Öle an eher positiven (+) Erd-, Wasser- und Feuer-Tagen oft unverdaut in die Freiräume unseres Organismus, worin sie zu Fettpolstern, Falten und Fettreserven angesammelt werden, weil mondbedingt an diesen Tagen bevorzugt andere Grundnahrungsmittel aufgenommen werden.

Fette transportieren eine Vielzahl von Vitaminen, Mineralstoffen und Geschmacksstoffen und sind daher für unsere körperliche, nervliche, psychische und seelische Leistungsfähigkeit ebenso mitverantwortlich, wie für Konzentration, Angst und Streßbewältigung auch. Fette sind in nahezu allen natürlichen Nahrungsmitteln mehr oder weniger ausreichend in einer Kombination vorhanden, mit der unser Organismus bestens umgehen kann. Dies hat leider auch die chemische Lebensmittel-Industrie erkannt, welche unzählige gentechnische und künstliche Geschmacksstoffe auf dem Rücken von Fetten in zahlreiche Lebensmittel hineinpumpt, um aus minderwertigstem Müll doch noch wohlschmeckende Produkte erzeugen zu können. Abgesehen davon ist es kaum ratsam, die tägliche Ernährung durch weitere Fette anreichern zu wollen, da unseren abgestorbenen, ausgelaugten oder gentechnisch gezüchteten Lebensmitteln in Verbindung mit versteckten Fetten bereits unzählige E-Nummern und Geschmacksverstärker beigemengt worden sind, welche insbesondere Wurst, Dauerwurst, Konserven, Kuchen, Tiefkühlmenüs und Fertigprodukte zu völlig trennkost-ungeeigneten Lebensmitteln machen.

Ungesättigte Fette und Öle haben sehr ähnliche Verdauungseigenschaften wie Kohlenhydrate und sollten daher eher mit dieser Gruppe als mit Eiweißprodukten kombiniert werden. Hinzu kommt, daß Pflanzen wiederum die Lieferanten für zahlreiche, ungesättigte Fette und Öle sind, wie z.b. Margarine, Weizenkeimöl oder Nußöl. Gesättigte Öle und Fette, wie z.b. Butter oder Schmalz eignen sich aufgrund ihrer Beschaffenheit eher zur Kombination mit Produkten aus der Eiweiß - Säule.

Die Verdaulichkeit von Fetten hängt von der Art und Beschaffenheit beinhalteter Fettsäuren ab. Die Kombination beinhalteter Fettsäuren ist auch ausschlaggebend dafür, ob sich Fette mit anderen Nahrungsmitteln zur Kombination eignen oder nicht. Denn zahlreiche, sogenannte gesättigte Fette, sind so zäh, daß sie möglichst gemieden werden sollten, weil sie zum einen nur sehr schwer verdaulich sind und zum anderen, besonders dann, wenn sie ungetrennt verzehrt werden, unverdaut in den Fettdepots unseres Körpers und im Unterhautgewebe eingelagert werden. **Als gesättigte Fette werden alle starren, dickflüssigen oder streichfähigen Fette, wie z.B. Butter, Kokosfett, Margarine, Mayonnaise, Schmalz, Talg und überwiegend tierische Fette bezeichnet.**

Ungesättigte bzw. mehrfach ungesättigte, sogenannte essenzielle Öle bestehen meist aus pflanzlichen Rohstoffen. Sie sind nicht nur sehr gut als Kombination zu anderen Nahrungsmitteln geeignet, weil sie sehr leicht verdaulich sind, sondern unterstützen zudem den Zellstoffwechsel und die Zellatmung, was ihnen krebsvorbeugende Eigenschaften einbringt. Hinzu kommt, daß gesündere, ungesättigte Fette meist ohnehin schon natürlicher Bestandteil von Pflanzen und Kohlenhydraten sind, während gesättigte Fettsäuren eher den eiweißhaltigen, tierischen Nahrungsmitteln anlasten. Allerdings erhebt nicht nur die Herkunft und die Beschaffenheit ein mehrfach ungesättigtes Öl zum gesunden Lebensmittel, sondern auch die Art der Gewinnung. Denn nur sorgfältigst gewonnene, unraffinierte, kaltgepreßte Öle aus Pflanzen biologisch kontrollierter Anbaugebiete erfüllen die Kriterien für naturbelassene, gesunde Lebensmittel.

Gesättigte Fette:

Gesättigte Fette sind, im Gegensatz zu ungesättigten, flüssigen Ölen, für unseren Organismus sehr schwer verdaulich. Sie sind überwiegend Bestandteile aus tierischen Produkten und eignen sich, wenn es wirklich sein muß, eher zum Kombinieren mit eiweißhaltigen Grundnahrungsmitteln.

Dies sind alle tierischen Öle und Fette mit Ausnahme weniger, seltener Fischöle, **wie z.B.:**

- **Butter, Kräuterbutter, Schmalz, Talg.**

Aber auch folgende pflanzliche Fette zählen zu den eher schweren, gesättigten Fetten und sollten aus gesundheitlichen und verdauungsbedingten Gründen eher gemieden bzw. niemals in Kombination mit Eiweißen verzehrt werden.

- **Palmkernfett, Kokosfett, Frittier- und Bratenfett, Kakaobutter, Schokolade, Mayonnaise, Remoulade.**

Ungesättigte Fette:

Ungesättigte Öle eignen sich hervorragend zum Kombinieren mit den Grundnahrungsmitteln aus der Kohlenhydrat-Säule und sind auch sehr gut zum Kombinieren mit allen Lebensmitteln aus der mittleren Säule geeignet.

- **Kaltgepreßte Speiseöle, Sonnenblumenöl, Weizenkeimöl, Leinöl, Nußöl, Distelöl, Olivenöl usw.**

Milch:

Milch zählt zu den gut kombinierbaren Grundnahrungsmitteln die ohne weiteres mit Kohlenhydraten, Eiweißen oder sogar mit beiden gleichzeitig kombiniert werden kann.

- **alle Milchsorten, Frischmilch, H-Milch, Kondensmilch**

Gemüse:

Gemüse stellt, bis auf wenige Ausnahmen von stärkehaltigen Gemüsen, welche sich in der Kohlenhydrat-Tabelle befinden, die neutralste Gruppe zum Kombinieren mit nahezu allen Speisen dar. Beachten Sie allerdings, daß Sie Gemüse nicht gleichzeitig mit Kohlenhydraten und Eiweiß kombinieren, sondern entweder mit Kohlenhydraten oder mit Lebensmitteln aus der Eiweiß - Säule.

- Alle Sorten von Gemüse, außer Kartoffeln, Reis, Mais, Grünkohl, Artischocken, Karotten, Kürbis, Rettich oder Rote Beete, eignen sich zur Kombination mit Lebensmitteln aus der Kohlenhydrat-Säule oder der Eiweiß-Säule. Gemüse aller Art sollten nicht mit Pilzen, Melonen, Nüssen, Bohnen und Hülsenfrüchten kombiniert werden.

Pilze aller Art:

Pilze sollten nur in Maßen gegessen werden, da sie zum Teil sehr schwer verdaulich sind. Getrennt gegessen benötigen Pilze bis zu 48 Stunden, um den Weg durch unsere Verdauung finden zu können. Ungetrennt faulen Pilze nicht selten bis zu 4 Tagen in unseren Gedärmen vor sich hin. Wenn Sie Pilze kombinieren wollen, fügen Sie diese niemals Gemüsen, Salaten oder kohlenhydratreicher Ernährung zu, sondern kombinieren Sie diese eher mit eiweißhaltiger Ernährung, weil die körpereigenen Verdauungssäfte für Eiweißverdauung auch Pilze am besten verdauen.

Obst und Früchte:

Obst und Früchte sind allesamt sehr wertvolle Nahrungslieferanten. Sie beinhalten wichtige Ballaststoffe, wertvolle Fruchtsäuren, Vitamine und Kohlenhydrate. Früchte aller Art eignen sich daher überwiegend zur Kombination mit Vertretern aus der kohlenhydratreichen Ernährung. Sie sollten möglichst nicht mit eiweißhaltiger Kost vermischt werden.

- Alle Arten von Früchten, Beeren und Obst, außer Trockenfrüchte, Melonen, Ananas

Grundnahrungsmittel, die unabhängig von anderen Nahrungsmitteln gegessen werden sollten, sogenannte neutrale Lebensmittel

Vergleichen Sie hierzu die mittlere,
bzw. »ORANGENE« Ebene der folgenden Ernährungstabelle

Folgende Grundnahrungsmittel widersprechen dem Trennkostgedanken, weil sie bereits von Natur aus, aus einer sehr hohen Kombination mehrerer verschiedener Grundnahrungsmittel bestehen. Sie sind äußerst reich an Vitaminen, Mineralien, Eiweiß und Kohlenhydraten, so, daß es eigentlich schade wäre, diese natürlichen Gesundheitslieferanten durch abwegige Essensgewohnheiten kombinieren oder verändern zu wollen. Hierzu zählen Bohnen, Melonen, Ananas und Hülsenfrüchte, sowie Nüsse und Kerne.

Melonen, Ananas:

Melonen und Ananas stellen in sich sehr komplizierte Wasser-Kohlenhydrat-Verbindungen dar, die dem menschlichen Organismus nur sehr schwer zugänglich sind, weil sie mehr Energie bedürfen um verdaut werden zu können als sie liefern. Es empfiehlt sich daher, Melonen aller Art und Ananas niemals mit anderen Lebensmitteln zu kombinieren, sondern nur separat zu verzehren.

Bohnen und Hülsenfrüchte:

Bohnen und Hülsenfrüchte stellen eigentlich eine eigene, sehr ausgewogene, natürliche Ernährungszusammensetzung dar. Sie beinhalten gleichzeitig eine ausgewogene Anzahl aller Lebensmittel auf hohem Niveau und sind deshalb für die menschliche Verdauung nur dann geeignet, wenn sie nicht mit anderen Lebensmitteln vermischt werden. Kombiniert mit anderen Lebensmitteln führen Bohnen und Hülsenfrüchte meist zu starken Blähungen, Fäulnisdispepsien, Sodbrennen oder übelriechendem Aufstoßen. Diese Gruppe natürlicher Nahrungsmittel sind wichtige Nährstoff-, Mineralstoff-, Eiweiß- und Energielieferanten in einem, welche nicht mit anderen Nahrungsmitteln vermischt werden sollten. Nur so hat unsere Verdauung die Möglichkeit, diese wertvollen Nahrungsmittel möglichst ohne unangenehme Folgen verdauen zu können.

- Alle Arten von Bohnen, Erbsen und Linsen

Nüsse und Kerne:

Nüsse und Kerne verhalten sich ebenso wie Hülsenfrüchte. Sie sind von Natur aus abgerundete Grundnahrungsmittel auf hohem Niveau und daher zum vermischen mit anderen Nahrungmitteln kaum geeignet.

- Alle Arten von Nüssen, Sonnenblumenkerne, Mandeln usw.

Ernährungsübersicht nach der Mond - Diät

Prägen Sie sich die drei Säulen der folgenden Ernährungs - Tabelle gut ein. Denn Ernährung ist natürlich und wie alles Natürliche auch sehr einfach wenn man sich an nur wenigen Gesetzesmäßigkeiten orientiert. Kein Lebewesen auf unserem Planeten, außer wir modernen Menschen, benötigt Kalorientabellen und komplizierte Essensregeln um sich gesund ernähren zu können. Kennen Sie die drei Säulen, fällt es Ihnen nicht nur leicht Ihre täglichen Mahlzeiten besser und gesünder auswählen zu können, sondern Sie brauchen auch im Restaurant nicht auf ein gutes Essen zu verzichten.

Um die drei Ernährungs - Säulen auf den folgenden Seiten einfacher von einander unterscheiden zu können haben wir Ihnen die verschiedenen Ernährungs - Ebenen farblich unterschieden.

Kohlenhydrat-Säule
beinhaltet alle Nahrungsmittel, die überwiegend
den Kohlenhydraten zuzurechnen sind

•

Alle Getreidesorten
wie z.B. Hafer, Weizen, Gerste, Grünkern,
Graupen, Vollmehl, Buchweizen, Grütze, Roggen usw.

•

Müsli ohne Nüsse

•

Stärke-Gemüse
wie z.B. Kartoffeln aller Art, Grünkohl, Reis, Mais,
Artischocken, Karotten, Kürbis, Rote Beete, Sellerie, Kraut

•

Früchte mit hohem Fruchtzucker-Anteil
wie z.B. Bananen, Datteln, Feigen
und alle Trockenfrüchte

•

alle Mehlerzeugnisse, Nudeln und Backwaren
wie z.B. Brötchen, Brot, Pizza-Teig, Kuchen,
Torten, Teigwaren, Nudeln, Corn Flakes, Smacks usw.

•

Süßigkeiten
wie z.B. Zucker, Traubenzucker, Bonbons, Nutella usw.

•

Alle Biersorten, Brottrunk

•

Honig

Kombinierbare Lebensmittel

Gemüse
Alle Gemüsesorten, die nicht in der Kohlenhydrat-Spalte aufgeführt sind und deren Säfte daraus.

Alle Früchte und Beeren
die nicht in der Kohlenhydrat-Spalte aufgeführt sind, und deren Säfte daraus.

Milch, Frischmilch, H-Milch

Alle Milchprodukte
die über 45% Fett i.Tr. liegen oder Quark über 20% Fett

Fette und Öle
Alle tierischen Öle, wie z.B. Butter, Schmalz, Talg. Alle pflanzlichen Öle, wie z.B. Margarine, Kernöle, Brat- und Frittierfette, Mayonnaise, Remoulade

Pilze aller Art

Wasser, Tee, Kaffee, Kakao

Neutrale Lebensmittel
Möglichst separat verzehren

Nüsse und Kerne, Hülsenfrüchte

Melonen, Ananas

ungeeignete Lebensmittel
atomar- oder gentechnisch bestrahlte Lebensmittel, Wurstwaren, chemisch hergestellte Fleischbrühen und Extrakte daraus, sowie alle Nahrungsmittel die künstliche Geschmacksverstärker, chemische Konservierungsstoffe und sogenannte E- Nummern enthalten, sind nur schwer in die Kombinationslinien der Trennkost einzubeziehen, und zudem schwer verdaulich oder sogar schädlich

Eiweiß-Säule

beinhaltet alle Lebensmittel, die überwiegend aus Eiweiß bestehen

•

Alle Sorten von Fleisch, Fisch, Geflügel, Wild, Meeresfrüchte und Krustentiere

•

Alle Sorten von gereiftem Käse, die bis 45% Fett i.Tr. haben

•

Alle Milchprodukte, wie z.B. Joghurt, Kefir, Buttermilch, Sahne und Quark bis max. 40% Fett

•

Alle Frischkäsesorten, die unter 45% Fett i.Tr. liegen

•

Tofu und Sojaprodukte

•

Eier

Die einzelnen Tierkreiszeichen beeinflussen in Verbindung mit den Mondphasen zusätzlich die Verdauung

Die nachfolgend aufgeführten Aspekte spielen in der Mond-Diät bzw. der täglichen Verträglichkeit von bestimmten Grundnahrungsmitteln ebenfalls eine übergeordnete Rolle und sollten daher schon im Vorfeld für die tägliche Ernährung berücksichtigt werden. Sie bleiben hierdurch schlank und tragen selbst den größtmöglichen Teil zu Ihrer organischen Gesundheit bei.

1. Luft-Tage und der Fetthaushalt

Luft-Tage sind Tage, an denen der Mond im Sternzeichen von **Zwillinge, Waage** oder **Wassermann** steht. Diese Sternzeichen sind dem Element »Luft« zugeordnet. Diese Tage bewirken für Frauen in Bezug auf die Fettverdauung in **zunehmenden Mondphasen** eine eher positive **(+)** Fettverträglichkeit und für Männer eine eher negative **(-)** Fettverträglichkeit.
Bei **abnehmendem Mond** ist dies genau umgekehrt. Da haben Männer an Luft-Tagen eine bessere Fettverdaulichkeit **(+)** als Frauen **(-)**.

2. Erd-Tage und der Salzhaushalt

Der Salzhaushalt dient als Überbegriff für den gesamten körperlichen Stoffwechsel von Mineralien, Vitaminen und lebenswichtigen Spurenelementen. Mineralstoffe, Vitamine und Spurenelemente sind lebenswichtige Grundbausteine für unseren gesamten Organismus. Nicht nur die Menge, die wir unserem Körper durch eine abwechslungsreiche Ernährung zukommen lassen ist ausschlaggebend für unser Wohlbefinden, sondern auch die Fähigkeit unseres Organismus, diese ausreichend aufnehmen und gleichmäßig an Zellen, Organe und alle anderen körperlichen und geistigen Strukturen weiterleiten zu können. Denn es sind Mineralien, die Geist und Psyche miteinander verbinden, unserem Organismus Festigkeit verleihen und mit Hilfe von kosmischen Energien Leib und Seele zusammenhalten. Hierbei spielt der Mond in seinen zunehmenden und abnehmenden Phasen für die Geschlechter, in Verbindung mit den Tierkreiszeichen, Therapiesteinen und Sternen ebenfalls eine übergeordnete Rolle. Denn er steuert den Salzhaushalt in Verbindung mit Vitaminen, Mineralien und Spurenelementen so, daß Kalzium, Magnesium, Natrium, Kalium, Phosphor, Eisen, Zink, Jod oder Chrom und alle anderen lebensnotwendigen Mineralstoffe und Spurenelemente zu einer harmonischen Energiegewinnung, Nervenfunktion, sowie zu Wachstum und Verdauung beitragen können. Erd-Tage sind Tage, an denen der Mond im Sternzeichen von **Stier**, **Jungfrau** oder **Steinbock** steht. Diese Sternzeichen sind dem Element »Erde« zugeordnet. Diese Tage wirken für Frauen in **zunehmenden Mondphasen** auf die Verdaulichkeit und Verwertung von Salzen, Mineralstoffen, Vitaminen und Spurenelementen eher positiv **(+)** und für Männer eher negativ **(-)**. In abnehmenden Mondphasen ist dies genau umgekehrt. Da haben Männer eine bessere Verträglichkeit von Salzen **(+)** als Frauen **(-)**. An diesen Tagen sollte beispielsweise separat, je nach Geschlecht und Mondstand, individuell mit Salz nachgewürzt werden, oder bevorzugt Gemüse und Salat gegessen werden.

3. *Wasser-Tage und Kohlenhydrate*

Eine ganz besondere Rolle spielt das Wasser in unserem Körper. Wir bestehen zu rund 90% aus Wasser, welches mit Hilfe von Stärke, Kohlenhydraten und anderen lebensnotwendigen Mineralien und Spurenelementen zu Organen, Muskeln, Nerven und allen anderen Bestandteilen unseres Organismus geformt wird. Damit unsere Gewebe sich nicht wieder zu Wasser verflüssigen, sondern ein Leben lang ihre Gestalt und Funktion bewahren, sind unter anderem Stärke in Form von Kohlenhydraten notwendig. An Wasser-Tagen ist es daher ratsam mindestens ca. 2-3 Liter Flüssigkeit, bevorzugt in Form von Mineralwasser, Fruchtsäften oder Tee, am besten in Verbindung mit ausgesuchten Edelstein-Essenzen oder Elixieren zu trinken. Wasser-Tage sind Tage, an denen der Mond im Sternzeichen von **Krebs**, **Skorpion** oder **Fische** steht. Diese Sternzeichen sind dem Element »Wasser« zugeordnet. Diese Tage wirken für Frauen in Bezug auf die Verdauung von Kohlenhydraten in **zunehmenden Mondphasen** eher positiv **(+)** und für Männer eher negativ **(-)**. Bei abnehmendem Mond ist dies genau umgekehrt. Da haben männliche Organismen eine bessere Verwertung **(+)** von Kohlenhydraten als weibliche **(-)**.

4. *Feuer-Tage und Eiweiß-Verdauung*

Abgesehen von Wasser, Stärke, Knochen und Mineralien bestehen wir Menschen zum größten Teil aus Eiweiß. Die Versorgung all unserer Organe, Nervenfasern, Chakras und Energiezentren mit ausreichend Eiweiß ist daher eine ebenso wichtige Funktion, wie die Regelung des

Wasserhaushaltes in Verbindung mit Mineralien oder Vitaminen auch. Feuer-Tage sind Tage, an denen der Mond im Sternzeichen von **Widder, Löwe** und **Schütze** anzutreffen ist. Diesen Sternzeichen ist das Element »Feuer« zugeordnet. Dies wirkt sich bei zunehmenden Mondphasen in Bezug auf die Verdauung von Eiweiß im weiblichen Organismus eher positiv (+), und für Männer eher negativ (-) aus. Bei abnehmendem Mond ist das genau umgekehrt. Da haben Männer eine bessere Verdaulichkeit von Eiweißen (+) als Frauen (-).

5. Abnehmen – Fasten – Entschlacken

Der Beginn einer Diät eignet sich am Besten vom ersten abnehmenden Mond-Tag nach Vollmond an, im Verlauf mit den Mondphasen. Auch wenn Sie aus Ihrem Verstand heraus augenblicklich den starken Wunsch hegen, weniger essen oder gar fasten zu wollen, dürfte Ihnen die Überwindung hierzu in zunehmenden Mondphasen einschließlich dem Vollmond wohl kaum gelingen. Verlegen Sie Fastenphasen daher unbedingt in abnehmende Mondphasen, da Ihnen die Enthaltsamkeit in dieser Phase aus inneren Beweggründen und Strömen heraus gegeben wird. Anstatt sich in zunehmenden Mondphasen mit ungebändigtem Appetit in Verbindung mit Schuldgefühlen zu plagen, gönnen Sie doch einfach Ihrem Organismus was er wünscht und entziehen Sie ihm dies wieder dann, wenn er dazu bereit ist, geben und weniger aufnehmen zu wollen.

6. Nagelpflege / Haareschneiden:

Die Strapazen für Haare und Fingernägel sind weitaus geringer, wenn sie möglichst in abnehmenden Mondphasen zwischen Vollmond und Neumond geschnitten werden. Sie werden dann weniger spröde, störrisch und verlieren nicht an Halt, Geschmeidigkeit und Glanz.

7. Wässern und düngen von Pflanzen:

Pflanzen sollten vorwiegend in zunehmenden Mondphasen an Wassertagen (**Krebs, Skorpion** oder **Fische**) gegossen und gedüngt werden. Um den Vollmond herum ist ihre Aufnahmebereitschaft von Nährstoffen am größten. Das Zurückschneiden von Blumen und Pflanzen sollte in abnehmenden Mondphasen bis vor Neumond vorgenommen werden und auch beendet sein. Pflanzen sollten niemals in zunehmenden Mondphasen oder gar an Vollmond geschnitten werden.

Der Einfluß des Mondstandes auf die Ernährung ist, wie erwähnt, primär natürlich eine persönliche Veranlagung, die wiederum zu einem Großteil vom Geschlecht und anderen universellen Energieströmen abhängig ist, jedoch zwischen Mann und Frau ebenso verschieden ist, wie Ebbe und Flut. Wir haben Ihnen daher in unserem Kalender nicht nur pauschal angegeben, ob Sie an bestimmten Tagen entweder eine gute oder schlechte Fettverträglichkeit haben, weil Ihnen das außer Verwirrung nicht viel bringt, sondern aus langjähriger Erfahrung aufgezeigt, ob der männliche oder weibliche Organismus an bestimmten Tagen in den verschiedenen Mondphasen einer eher guten (+) oder schlechten (-) Verdaulichkeit bestimmter Grundnahrungsmittel unterliegt.

Kristalle, Mond und Sterne

Der Mond wirkt also ebenso intensiv auf unsere Seele und unseren Organismus, wie die Sterne und Steine auch. Er bewirkt wegen seiner Größe und seiner Nähe zur Erde ständige Veränderungen im Verhalten der Natur, der Tiere und Menschen. Während seines 2-3tägigen Aufenthalts in den einzelnen Tierkreiszeichen nimmt er auch besonders intensiv Einfluß auf jeden Charakter. Viele Menschen und besonders die Tiere, spüren die einzelnen Mondphasen und deren Übergänge in die Tierkreiszeichen sehr deutlich. Diese Übergänge werden von den Tieren und der Natur als innerliche Uhren und Kalender empfunden, wonach sie sich in ihrem Leben orientieren. So weiß das Eichhörnchen rechtzeitig auch an warmen Herbsttagen, daß der Winter bevorsteht, die Vögel fliegen in den Süden längst bevor der erste Schnee fällt und die Laubbäume verlieren auch an warmen Herbsttagen ihre Blätter. Wir Menschen sind jedoch nicht mehr so sensibel wie die Tiere und die Natur mit den Wechselwirkungen des Mondes und der Planeten verbunden. Daher spüren viele von uns die einzelnen Mondphasen und deren Wechsel in ein anderes Tierkreiszeichen leider nicht mehr als wohltuende, heilende oder aphrodisierende Energieströme, sondern wegen verstärkter innerlicher Blockaden viel mehr durch Gliederschmerzen, Kopfschmerzen, Schlafstörungen, Ängste, ziehen oder reißen im Gewebe oder, wie bereits erwähnt, dem Schleier vor Augen und Migräne welche typische Phänomene aus dieser Veränderung sind. Wirkliche Heilung besteht für uns alle also nicht in weiterem wissenschaftlichem Fortschritt, sondern wieder in der Rückbesinnung und Angleichung unserer seelischen, physischen, psychischen und organischen Befinden an natürliche Rhythmen und Zyklen. Nicht nur Hypokrates, Ptolemäus und andere Mediziner und Astronomen wußten um die Kräfte des Mondes, der Steine und Sterne, sondern sie waren bis vor wenigen hundert Jahren auch noch fester Bestandteil der Wissenschaft, Religion und Medizin. So galt viele Jahrtausende als Grundlage, keine Operationen durchzuführen oder Heilmittel zu verabreichen, wenn die Mondphasen oder Sterne dem widersprachen. Sehr früh bemerkten die Menschen, daß Sonne, Mond und Sterne die Natur und uns selbst viel fester im Griff haben, als viele zu glauben wagten. So sind es nicht nur die alltäglichen Dinge, die vom Mond beeinflußt werden, sondern auch so wichtige und persönliche Dinge wie beispielsweise unser Charakter, Liebe, Zufriedenheit und Gesundheit. Ganz besonders wirken die Sterne und der Mond auch auf das Wachstum und die Entwicklung der Embryos im Mutterleib mit. Genauso wie sie das schubweise Heranwachsen all unserer Organe bewirken, steuern sie auch unser Leben und die Natur. Egal, ob wir deren Kräfte nun als göttlich, mystisch, kosmisch oder übernatürlich bezeichnen, sie sind unwidersprüchlich vorhanden. Der Mond ist also nicht nur astronomisch, sondern auch astrologisch gesehen ein sehr starker Planet, welcher in jedem Tierkreiszeichen und Lebewesen ständig seine besonderen Spuren hinterläßt.

Allerdings ist es nicht nur auf den Mond zurückzuführen, daß wir bestimmte Tage und Stunden so unterschiedlich erleben. Der Mond spielt hierbei zwar eine große Rolle, insgesamt beruhen alle lebensbedingten Ereignisse jedoch auf einem harmonischen Wechselspiel aller universellen Energien und Planeten. Die Kräfte des Mondes in Verbindung mit den anderen Sternen verstärken sich für jeden von uns jedoch um ein Vielfaches in bestimmten Konstellationen. Allerdings weist die Mondbahn in Verbindung mit den einzelnen Sternzeichen und Planetenherrschern der einzelnen Tierkreiszeichen veränderte Wirkungen auf. So wirkt der Mond z.B. im Krebs, welcher ohnehin dem Mond unterliegt, ganz anders als im Widder oder anders ausgedrückt, in Männern anders als in Frauen.

Es gibt Milliarden von Möglichkeiten, womit die Sterne uns in Verbindung mit den kosmischen und schöpferischen Energieströmen erschaffen und in der ganzen Palette natürlicher Vielfalt vollenden. Daher sollten wir auch nicht länger darüber nachdenken, welche Sterne oder Kräfte uns weshalb wie oder warum so gemacht haben, sondern uns lieber um das bemühen, was wir Menschen wirklich beeinflussen und positiv verändern können. Nämlich uns selbst, unsere Denkweise, Ernährung und unsere Blockaden. Egal, wie die Schöpfung uns erschaffen hat, alles hat seinen übergeordneten Sinn. Blockaden hingegen zerstören den einstigen Sinn und verursachen alle unsere körperlichen und geistigen Leiden. Anstatt die Sterne für unser negatives Schicksal verantwortlich machen zu wollen sollten wir uns lieber um uns selbst und um die Ursachen unserer wahren Leiden bemühen. Denn sich mit Hilfe von Naturheilmitteln in Verbindung mit dem Wissen über die Mondphasen selbst von innerlichen Blockaden zu lösen und zu befreien, bringt Liebe, Glück, Gesundheit und Zufriedenheit. Eine Logik in die Gedanken der Kristalle, Düfte, Sterne und Mysterien hineininterpretieren zu wollen, erschafft neue Blockaden und neues Leid.

Der Mond in der Partnerschaft

Energielöcher, die Periode von Mann und Frau

Wie bereits erwähnt, unterliegen alle männlichen und weiblichen Geschöpfe auf unserem Planeten unterschiedlichen, regelmäßig wiederkehrenden körperlichen und seelischen Regenerations- bzw. Reinigungszyklen. Im Rhythmus einer Mondphase von 4 Wochen erleben daher Männer und Frauen in versetzten Abständen mit der Neumondphase und der Vollmondphase unterschiedliche Hochphasen und Tiefphasen, was damit zusammenhängt, daß die Seele für eine kurze Zeit ihre Überwachungs- und Steuerungsfunktion zwischen Organen, Geist und Psyche aussetzt, um sich selbst ausgleichen, reinigen und regenerieren zu können. Dies läßt sich mit dem täglichen Schlafen vergleichen. Denn im Schlaf finden Geist, Körper, Psyche und alle Organe zu Ruhe und Erneuerung. Die Seele hingegen ist nachts genauso aktiv, wie tagsüber auch, was wir beispielsweise am Träumen oder Tagträumen bemerken. Im Gegensatz zu unseren Organen unterliegt die Seele nicht einem 24stündigen Rhythmus, sondern einer 4-wöchigen Auf- und Abphase, welche sich im Prinzip ähnlich wie unser Biorhythmus verhält. In diesem seelischen Rhythmus selbst bestätigt sich auch ein Sinn heterosexueller Beziehungen, welche nicht nur auf den paarigen Gegensätzlichkeiten von Mann und Frau als harmonische Einheit aufbauen, sondern auch eine weisheitliche und fürsorgliche Schutzfunktion beinhalten, die auf der Tatsache beruht, daß Mann und Frau um 14 Tage versetzten körperlichen und seelischen Rhythmen unterliegen. Der ursprüngliche Sinn und somit auch das größte innere Bedürfnis aller Menschen liegt demnach darin, und daran hat sich bis heute nichts geändert, in einer romantischen Liebesbeziehung füreinander da sein zu können, um sich fürsorglich, liebevoll, vertrauensvoll und verständnisvoll durch die Perioden des Lebens zu begleiten. Damit dies möglich war, einigten sich die schöpferischen Energien darauf, daß Frauen gemeinsam mit dem Vollmond ihre seelische Reinigung erfahren, und Männer ca. 14 Tage davor oder danach, um den Neumond herum. Das heißt, wenn Männer in ihrem seelischen Tief angelangt sind, ist die Frau auf dem Höhepunkt ihrer Periode und hat genügend Kraft, ihren Partner in seine »Höhle« abtauchen lassen zu können, ohne dabei wütend oder verletzt zu sein, um ihn dann anschließend wieder verständnisvoll, anerkennend, zustimmend und ermutigend mit offenen Armen empfangen zu können. Kommt 14 Tage später die Frau in den Tiefpunkt ihres Zyklus, bzw. in ihr seelisches Tief, befindet sich der Mann im Hoch und hat wiederum genügend Energie, um seiner Partnerin eventuell mit Kerzenlicht und Blumen einen romantischen Abend zu bescheren und ihr ausgiebig dabei zuhören zu können, was sie belastet, sorgt oder bewegt, ohne hierbei gleich den inneren Nachdruck zu empfinden, all ihre Sorgen lösen zu müssen und deshalb seiner männlichen Natur entsprechend andauernd typische männliche Lösungsvorschläge unterbreiten zu wollen. Denn durch viel Mitgefühl, Verständnis, Achtung, Liebe und interessiertes Zuhören findet die Seele der Frau am besten zu Entspannung, Reinigung, Selbstfindung, Glück und somit durch das seelische Tief ihrer »Tage«.

Wie bereits erwähnt, ist hierbei zu berücksichtigen, daß die beiden seelischen Reinigungsphasen von Mann und Frau völlig entgegengesetzten Energieströmen gehorchen und deshalb beiden Geschlechtern solange als unverständlich begegnen, solange die Geschlechter die beiden verschiedenen Rhythmen nicht kennen, akzeptieren und einfach nur so hinnehmen können, wie sie sind.

Der männliche Charakter wird sich bedingt durch Hormone, Körpersäfte und seelische Reinigungsimpulse während der seelischen Reinigung immer vom weltlichen und insbesondere auch vom partnerschaftlichen Geschehen aus in seine »Höhle« zurückziehen wollen. Während seine Seele sich regeneriert, möchte er nicht gestört werden und möglichst alleine sein, um sich so für die kommende Hochphase und für neue Aufgaben rüsten zu können. Frauen hingegen suchen gerade in ihrem seelischen Tief nach Verständnis, emotionaler Gemeinsamkeit, Zärtlichkeit, Nähe, Zuwendung und wünschen sich in diesem Augenblick nichts Sehnlicheres als einen Partner, der ihnen das sichere Gefühl vermittelt, etwas ganz Besonderes für ihn zu sein, der sie innig liebt und der ihr aufmerksam zuhört, um sich unter seinem Mitgefühl all ihre Probleme von der Seele reden zu können. Natürlich möchten sich auch Männer ab und zu ihre Probleme von der Seele reden, dies meist jedoch erst dann, wenn sie von ihrer Partnerin verlassen werden oder Alkohol getrunken haben. Für Frauen ist sich mitteilen jedoch ein unerläßliches seelisches und charakterbedingtes Grundbedürfnis, wovon nicht nur Selbstbewußtsein und Selbstfindung abhängig sind, sondern auch der Gehalt der gesamten Partnerschaft. Diese beiden unterschiedlichen Bedürfnisse unter den Geschlechtern wären an für sich kein Problem, wenn wir uns noch in natürlichen Rhythmen befinden würden. Vor allem Unwissenheit und die seelischen Verzerrungen aus einst hierfür vorgesehenen Mondphasen bewirken eines der größten Probleme unserer Zeit.

Kapitel 6 - Der Mond

Hinzu kommt, daß die modernen Menschen die Funktionen der Mondphasen auf die Geschlechter nicht nur verlernt haben, sondern von klein auf aus wissenschaftlicher Sichtweise heraus sogar daran gehindert werden, ihren Alltag in Harmonie mit ihren seelischen Rhythmen und Zyklen verwirklichen zu können. Hieraus ergibt sich nicht nur die Zwistigkeit darüber, daß wir modernen Menschen mit unseren seelischen Reinigungsphasen aus den einst hierfür vorgesehenen Mondphasen noch weiter wegdriften und somit häufig schon in den Reinigungsprozeß unseres Partners rutschen, welcher im Augenblick seiner »Tage« jedoch alles andere von uns benötigt, als mit unseren eigenen seelischen Reinigungsmechanismen konfrontiert zu werden und umgekehrt. Zusätzlich konfrontieren wir unseren Partner aufgrund seines natürlichen Verhaltens hingegen unserer eigenen Vorstellungen und aus Unwissenheit heraus sogar mit Wut oder Ärger darüber, daß er sich scheinbar so aufdringlich oder abwesend verhält. Denn wenn seelische Reinigungsphasen ineinanderrutschen, resultiert hieraus immer dann, wenn Partner nicht um die natürlichen Verhaltensweisen wissen, eine starke emotionale Enttäuschung, welche starke Unverstandenheitsgefühle auslöst und sogar die Liebe jedesmal erneut strapaziert und sogar zerbröckelt. Denn seelische Reinigungsphasen wiederholen sich mondbedingt alle vier Wochen und zahlreiche Paare geraten aus dieser Tatsache heraus schon nach wenigen Monaten in einem schmerzvollen Teufelskreis aneinander, der oft sogar für viele, aus Enttäuschung heraus, eine eigentlich ungewollte Trennung bewirkt. Für langjährige Partnerschaften ergeben sich aus diesen Zyklusverzerrungen ebenfalls starke innere Spannungsfelder, die nicht nur den Biorhythmus verwerfen, sondern in Verbindung mit Schmerzen, Leiden und Ängsten auch das gesamte körperliche, geistige und seelische Gleichgewicht zerstören.

Männer und Frauen haben auch heute noch, wie vor 1 Million Jahren, ihre Periode. Allerdings ist sie nicht mehr um 14 Tage zwischen Vollmond und Neumond versetzt, sondern leider oft schon durch die in diesem Buch ausführlich beschriebenen Blockaden und körperlich-seelischen Metastasen so aus den einstigen natürlichen Rhythmen geraten, daß die Partner zunehmend gleichzeitig in den seelischen Reinigunsprozeß rutschen. Dies ist die Ursache für unzählige zivilisationsbedingte Leiden und bewirkt zunehmend die typischen Verständigungsprobleme und Spannungen zwischen Mann und Frau. Wie zuvor beschrieben, befinden sich die Geschlechter während ihres Reinigunsprozesses in einem Energieloch. Hierbei ist zu beachten, daß beide Geschlechter in ihren Hoch- und Tiefphasen unterschiedliche Arten von Fürsorge benötigen, weil die emotionalen Bedürfnisse der männlichen Hochphase entgegengesetzt weiblicher Empfinden verlaufen. Auch wenn in heutigen Beziehungen oft das Geld zum Hauptproblem hochstilisiert wird, liegen die wahren Probleme in der Partnerschaft viel mehr in mangelnder gegenseitiger emotionaler Erfüllung. Denn die emotionalen Wünsche von Männern und Frauen haben sich nicht, wie fälschlicherweise oft behauptet, in den letzten 50 Jahren verändert, sondern sie sind schon vom Anfang männlicher und weiblicher Schöpfung an, seelisch bedingt, auf eine unterschiedliche Befriedigung ausgelegt worden. Im Tolerieren und Akzeptieren besteht demnach der größte Gehalt der Weisheit urzeitlicher Überlieferungen, die uns dann, wenn wir sie in ihrer Einfachheit hinnehmen und berücksichtigen, dem partnerschaftlichen Verständnis der einzelnen Geschlechter wieder näher bringen.

Und hierfür scheinen Frauen oft schon wesentlich offener zu sein als Männer, die hierin eher noch eine neue Art von Konfrontation sehen, als eine erneute Möglichkeit zwischenmenschlicher Zweisamkeit. Dabei ist es dumm, andauernd erneut darauf abzielen zu wollen, daß die Welt sich in den letzten Jahrzehnten drastisch verändert hat und sich somit auch die emotionalen Bedürfnisse und Wünsche der Geschlechter verändert haben. Diese Arten von generationsbedingten Veränderungen begleiten jede Generation auf ihre Art. Die wahren Probleme der heutigen partnerschaftlichen Beziehung liegen auch nicht darin, daß Frauen häufig in der Regel für sich selbst aufkommen können, sondern in nur wenigen Unwissenheiten über den zwischenmenschlichen Umgang durch mangelndes Verständnis über die beiden verschiedenen Sprachen von Mann und Frau. Diese verschiedenen Ausdrucksformen ruhen jedoch nur auf wenigen Gesichtspunkten der Weisheit, die in ihrer Einfachheit zwar sehr schnell erkannt und verstanden werden können, jedoch genauso geübt und trainiert werden müssen, wie das logische 1 X 1 auch.

Der Mond in der Partnerschaft

Bevor wir Ihnen erläutern, welchen Anteil der Mond an unserer Partnerschaft hat, wollen wir Ihnen kurz nochmal die wenigen Hauptmerkmale männlicher und weiblicher Energieströme erläutern. Über das Wissen dieser wenigen unterschiedlichen Empfinden zwischen Mann und Frau lassen sich fast alle partnerschaftlichen Probleme aufdecken, erkennen, lindern und lösen. Umgekehrt finden aber auch fast alle Probleme in der Partnerschaft, wenn die folgenden weisheitlichen Regeln nicht ausreichend akzeptiert und verstanden werden, in diesem magischen Zirkel ihren Ursprung.

Die beiden seelischen Reinigungsphasen von Mann und Frau bedienen sich unterschiedlicher Mechanismen, welche in ihrer emotionalen Richtung von uns Menschen nicht verändert werden können, sondern einfach verstanden und akzeptiert werden müssen. Dies ist besonders dann sehr wichtig, wenn die seelischen Reinigungsphasen der Partner sich bedingt durch Pille, Blockaden oder genvergiftete Lebensmittel im Laufe einer Partnerschaft aus den einst dafür vorgesehenen Phasen herauslösen, aufeinander zudriften oder sogar in die kritischen Tage der seelischen Reinigungsperiode des Partners gelangen. Der Mann wird sich in seinem seelischen Tief immer zurückziehen wollen und auch müssen, denn auch er kann sich den Kräften, welche die Kontinente auf unserem Planeten verschieben, nicht widersetzen. Die Frau hingegen wird im Gegensatz dazu immer verstärkt die Nähe und die Kommunikation suchen und auch sie wird den Kräften nicht widerstehen können, welche die Weltmeere von einer Seite unseres Planeten auf die andere hieven. Hinzu kommt, daß Männer ihre Partnerin, wenn sie sie wirklich lieben, immer so vorfinden möchten, wie sie war, als sie sich kennengelernt haben. Männer neigen deshalb auch in der Partnerschaft, in der sie sich wohlfühlen eher dazu, sich in ihrem trauten Heim oder in sich selbst zurückziehen zu wollen. Deshalb tendieren Männer auch gerne dazu, ihre Partnerin vom weltlichen Geschehen zurückhalten zu wollen. Frauen neigen im Gegensatz zur männlichen Auffassung jedoch lieber dazu, aus sich herausgehen zu wollen, um sich gemeinsam mit ihrem Partner verstärkt in das weltliche Geschehen einzubringen und soziale Kontakte knüpfen zu können. Männer neigen deshalb auch nicht dazu, ihre Partnerin verändern zu wollen, und haben deshalb oft auch unangenehme Schwierigkeiten damit, akzeptieren zu können, daß Frauen sich auf ihre Art ebenso verändern und entfalten möchten, wie sie selbst. Andererseits neigen Frauen oft dazu, aus Liebe heraus ihren Partner in dessen Art sich verwirklichen zu wollen, zu unterstützen. Hierbei sind sie gerne auch dazu bereit, eigene Bedürfnisse hinten anzustellen, um sich in denen ihres Partners zu verlieren. Sie erkennen und fördern in der Partnerschaft, in der sie sich wohl und wichtig fühlen, in der es ihnen gut geht, sie lieben, verstanden, gebraucht und und geliebt werden, die Stärken ihres Partners, sind stolz darauf und neigen aus ihrer Art, Liebe zu geben, nicht nur dazu, sich für ihren Partner aufopfern zu wollen, sondern auch dazu, ihren Partner aus ihrer Sicht positiv verändern, bestärken, unterstützen oder verbessern zu wollen. Hierbei meinen sie es besonders gut. Männer hingegen fühlen sich häufig dann empfindlich getroffen, weil sie hieraus oft das Gefühl hegen, missioniert, bevormundet oder verändert zu werden, denn sie benötigen, hingegen zu Frauen, erst zweitrangig das sichere Gefühl, geliebt und verstanden zu werden und sehnen sich vorrangig viel mehr nach Vertrauen, danach für ihre Partnerin der Held zu sein, kompetent und für alles was sie leisten, von ihrer Partnerin dankbar bewundert und anerkannt zu werden. Kritik verletzt Sie sehr.

Wie bereits erwähnt, unterliegen Männer und Frauen unterschiedlichen emotionalen Reinigungsphasen, die es nicht zu diskutieren, sondern nur zu akzeptieren gilt. Wir können zwar unzählige Dinge an uns selbst oder unserem Partner ändern, den übergeordneten Charakterzug seiner seelischen Reinigungsperiode werden wir jedoch niemals verändern können. Denn dieser ist aus natürlicher Sicht heraus ebenso fest mit den universellen und schöpferischen Abläufen verbunden, wie die Gezeiten der Meere oder Tag und Nacht auch. Wir können die Erde nicht anhalten - und die Dinge verändern zu wollen bringt genauso viel Leid, wie sich gegen sie zu entscheiden oder sie nicht ausreichend akzeptieren zu können. Dabei sind die natürlichen Rhythmen zwischen Mann und Frau, welche wir in unserer Verzweiflung häufig sogar als zwei völlig verschiedene Sprachen bezeichnen, so einfach und leicht, wie alle anderen natürlichen Rhythmen auch. Kompliziert werden die Dinge für uns alle erst dann, wenn wir versuchen, wissenschaftliche, logische, analytische oder gar psychische Befangen in diese einfachen natürlichen Rhythmen hineininterpretieren zu wollen.

Da beide Partner, Mann und Frau, zwei verschiedene Auffassungen von gegenseitiger Fürsorge haben, und die modernen Menschen niemals gelernt haben wie einfach die Dinge sind wenn man sie versteht, ist ein weiteres Hauptproblem der modernen Menschen einfach das Unwissen und Unverständnis darüber, daß die Geschlechter alle 4 Wochen in einen seelischen Rhythmus mit unterschiedlichen emotionalen Bedürfnissen verfallen, sprich ihre Tage oder seelische Periode bekommen. Der Fehler, den die modernen Menschen, zudem geschlechtsspezifisch begehen, ist einfach der, daß sie ihrem Partner nicht die nötige Fürsorge zu der Zeit geben können, zu der er sie braucht, sondern daß sie versuchen, den Partner aus ihrer Sicht heraus genauso behandeln zu wollen, als sei er gleichgeschlechtlich. Denn unseren Partner so behandeln zu wollen, wie wir selbst behandelt werden möchten, trägt entschieden zum Unverständnis in der Partnerschaft bei, woraus eine wachsende Unzufriedenheit resultiert, welche sich oft in typischen Unverstandenheitsgefühlen, Blockaden und Trennungsmechanismen äußert. Obwohl beide Partner sich umeinander bemühen und Liebe geben, haben sie trotzdem zunehmend das unterschwellige Gefühl, nicht mehr ausreichend geliebt zu werden, andauernd mehr zu geben und viel weniger dafür zurückzubekommen, weil sie dem Partner nicht das geben, was er bedarf, sondern das, was sie selbst gerne hätten und umgekehrt.

Daraus folgt beispielsweise, daß Männer glauben, wenn ihre Partnerin in ihren Menstruationszyklus rutscht, der meist auch das seelische Energieloch darstellt, am liebsten auch, wie sie, in Ruhe oder alleine gelassen werden möchte, weil sie dies aus ihrer Sicht heraus für richtig halten. Denn Männer wollen an ihren »Tagen« am liebsten in Ruhe gelassen werden und glauben aus ihrer Sicht heraus, auch ihrer Partnerin etwas Gutes damit zu tun, wenn sie sie belehren, alleine lassen, ihr sagen, daß doch alles kein Problem sei, sie sich die Dinge doch nicht so zu Herzen nehmen soll, sie sich doch wieder nur künstlich aufrege, ihr nicht richtig zuhören, sie ihr vorwerfen, sich da Probleme zu machen, wo doch gar keine sind und ihr weitere, aus ihrer männlichen Sicht heraus, clevere Lösungsvorschläge unterbreiten. Der Frau bricht das Herz, weil sie augenblicklich nichts mehr braucht, als Gemeinsamkeit, Verständnis, Geborgenheit, Liebe, Romantik, Fürsorge, Zärtlichkeit und Nähe, was Frauen allgemein durch liebevolles Umsorgen und vernachlässigte Frauen eher durch verstärktes besorgtes Hinterfragen erreichen möchten. Hiermit wollen Frauen ihren Partner niemals provozieren, sondern sie versuchen, ein Gespräch in Gang zu bringen, um reden und um sich somit mitteilen zu können. Denn Frauen brauchen nicht nur einen Partner, der sie liebt, der sie schön und toll findet, sondern auch einen Partner, der sie respektiert, achtet, versteht, der ihnen auch sagt, daß er sie liebt, der zuhören kann und der ihnen sein aufrichtiges Mitgefühl entgegenbringt, um sich verstanden, geliebt und geborgen fühlen zu können. Stößt sie hierbei auf Ablehnung, fühlt sich eine Frau ignoriert, verletzt, weggeworfen, unwichtig und ungeliebt wie ein alter Kleiderschrank.

Männer hingegen benötigen Abstand, Ruhe, Anerkennung, Akzeptanz, Vertrauen und möglichst wenig Zuwendung, während sie sich in ihrem Energieloch befinden. Ihnen reicht oft die pure Anwesenheit ihrer Partnerin aus und bis sie ihr Energietief überstanden haben, wollen sie sich meist emotional zurückziehen, das heißt, daß sie häufig sogar allergisch auf irgendwelche Fragen ihrer Partnerin reagieren oder sogar ganz alleine sein wollen. Haben sie ihr seelisches Tief nach wenigen Stunden überwunden, tauchen sie meist wie aus dem Nichts heraus wieder auf, als wäre nichts gewesen und erhoffen sich nun Fürsorge, Wärme, Zärtlichkeit und Verständnis von ihrer Partnerin. Anstatt sich zu freuen, daß die seelische Reinigungsperiode ihres Partners schon vorbei ist, ist die Frau nun oft wütend über das Verhalten ihres Partners, weil sie ihrerseits nie so reagiert hätte, und sehr lange auf das ersehnte Zusammensein hat warten müssen. Häufig sind Frauen aus Unwissenheit heraus sogar so verletzt, daß sie sich ebenfalls zurückziehen, um ihren Partner durch Schweigen oder Abwesenheit ebenso empfindlich bestrafen zu wollen, wie sie dies empfinden, weil sie nicht wissen, daß er nicht mit ihr reden konnte, sondern glauben, daß er nicht mit ihr reden wollte.

Umgekehrt verhält es sich jedoch so, daß die Frau glaubt, wenn der Mann in seinem »Loch« steckt, ihn besorgt bemuttern, aus ihrer Sicht liebevoll befragen und umsorgen zu müssen, weil das ja aus ihrer Sicht der Weg zu Liebe, Fürsorge und Glück ist. Für den Mann, der gerade dabei ist, sich mondbedingt in sein seelisches Energieloch zurückziehen zu wollen, gibt es jedoch jetzt nichts Unangenehmeres. Er fühlt sich bevormundet und kontrolliert. Er braucht eine kurze Auszeit, seine seelische Ruhe. Beide Partner haben aus dieser Unwissenheit heraus zunehmend das Gefühl, nur zu Geben und dafür nicht ausreichend anerkannt, geliebt, verstanden, gewürdigt oder gebraucht zu werden. In Wirklichkeit geben beide Partner ausreichend Liebe, jedoch leider nicht in einer dem anderen Geschlecht verständlichen Form. Hieraus resultiert eine sich ständig erweiternde Kluft zwischen den modernen Paaren, welche die Partner zunehmend voneinander entfremdet und trennt und füreinander trotz Liebe zunehmend fremd, unromantisch und unerreichbar macht. Typisches verstummen in der Partnerschaft, Eifersucht, das Gefühl, für seinen Partner nicht mehr interessant oder der Mittelpunkt zu sein, ihn womöglich zu langweilen, die gegenseitige Achtung voreinander zu verlieren und nicht mehr miteinander zu reden, deutet meist auf diese typische Beziehungsfalle hin.

Weil die wenigsten modernen Menschen diesen einfachen Rhythmus kennen und das Verhalten dazu ebenso wenig gelernt haben, wie den richtigen Umgang mit psychischen und seelischen Blockaden als Ursache für alle körperlichen und geistigen Leiden, kommt noch ein weiteres Problem auf sie zu und dies trägt ebenfalls zum Unverständnis zwischen den modernen Paaren bei, nämlich der Glaube daran, daß Liebe und Partnerschaft automatisch funktionieren. Gewiß entzieht sich die Liebe anfangs unseren inneren Vorstellungen und Ansichten, weil sie viel stärker ist, als unser Verstand, indem sie beispielsweise da zu keimen beginnt, wo sie nährbaren Boden vorfindet. Dieser unterscheidet nicht in arm oder reich, sondern befindet sich wiederum nur da, wo sich Menschen liebenswürdig verhalten und auch dazu bereit sind, wahre Liebe geben und empfinden zu können. Während die gegenseitige Bestäubung mit Liebe ein ebenso göttliches Phänomen ist, wie die Empfängnis des Lebens selbst, liegen Wachstum und weiteres Gedeihen der Liebe nicht nur in den Händen von Hormonen oder Göttern, sondern viel mehr auch in den Händen unserer bewußten Pflege. Dies wird primär durch Verständnis, gegenseitige emotionale Fürsorge, Vertrauen und Romantik erreicht. Besonders die Romantik ist neben dem Vertrauen, emotionaler Verständigung und der Sexualität der wichtigste Nährboden, worauf Liebe dauerhaft gedeihen kann. Die Romantik bewahrt vor eingefahrenem Alltagstrott, vor Routine, vor Achtlosigkeit und Unverständnis und somit vor dem Absterben der Liebe selbst. Hinzu kommt allerdings, daß beide Partner täglich etwas zum gemeinsamen Gedeihen der Liebe beitragen müssen. Die drei magischen Worte »Ich liebe Dich« spielen hierbei für Frauen eine ebenso übergeordnete Rolle, wie das Wort »Danke« für Männer. Komplimente, Blumen, regelmäßig gemeinsam verbrachte Zeit zu zweit und unzählige weitere Dinge, die den Alltag versüßen, gehören hierbei ebenso dazu, wie gemeinsame Familienfeste, Geburtstage und vor allem der Hochzeitstag. Allerdings glauben die modernen Menschen, bedingt durch Konsum, zwei Stunden Hollywood-Romantik und Wegwerfdenken, daß es einfacher ist, sich einen neuen Partner zu suchen, als vernachlässigte, romantische Gefühle neu aufleben zu lassen - es ist ja auch einfacher, eine Schmerztablette zu schlucken, als sich über die Ursachen seiner Schmerzen bewußt zu werden. Und genau dies müssen wir modernen Menschen, wenn auch sehr erschwert, im Laufe unseres Lebens nachlernen, weil unsere eigentliche Lernzeit in der Kindheit größtenteils zum Erlernen wissenschaftlichen, logischen und geschichtlichen Mülls entfremdet wurde, welcher überwiegend sogar bereits wieder veraltet war, als wir von der Schule ins Leben entlassen wurden. Die wirklich wichtigen Dinge im Leben mühevoll nachlernen zu müssen, fällt vielen sehr schwer. Im Grunde genommen ist es genauso schwer, wie einem erwachsenen Analphabeten Lesen und Schreiben beibringen zu wollen. Dies können wir alle nicht nur in unserer eigenen Beziehung beobachten, in der wir modernen Menschen uns wie Erstklässler vor dem 1 X 1 verhalten, sondern auch im partnerschaftlichen Miteinander unserer Freunde, Nachbarn und Kollegen.

Liebe kann demnach ein Leben lang lebendig bleiben, wenn man weiß, wie sie zu hegen und zu pflegen ist. Allerdings müssen wir dies erst wieder genauso erlernen, wie den Umgang mit wissenschaftlichen und wirtschaftlichen Werten, denen wir leider einen Großteil jener Aufmerksamkeit zukommen lassen, welcher einst eigentlich für unsere partnerschaftlichen Gefühle vorbehalten war. Ein Schlüssel hierzu liegt darin, daß wir modernen Menschen nicht mehr akzeptieren, glauben und respektieren, daß »Ebbe« und »Flut« in den Geschlechtern gegensätzlich verlaufen und wir deshalb das Verhalten des anderen Geschlechts mit unserem eigenen vergleichen und gleichsetzen wollen. Naturgemäß stoßen wir dabei auf die natürlichen Gegenenergien. Männer haben aus dieser Tatsache heraus beispielsweise oft Angst, aus ihrer Auszeit heraus zur Partnerin zurückfinden zu können. Denn Männer benötigen nicht wie Frauen während ihrer Periode Fürsorge und Zuwendung, sondern erst dann wenn sie nach einigen Stunden aus ihrer Auszeit herausgefunden haben. Für sie ist dann alles so, als ob nichts war. Frauen hingegen fühlen sich, wenn ihnen das Wissen und das Verständnis dafür fehlt, mißverstanden und verlassen. Sie fühlen sich durch den emotionalen Rückzug ihres Partners im Vertrauen gebrochen, verletzt und nicht mehr richtig geliebt, und versuchen, den Partner zur Rede zu stellen. Dieser ist sich jedoch keiner Schuld bewußt, und fürchtet so mehr und mehr die Partnerin. Frauen hingegen fühlen sich unglücklich und unverstanden, denn sie haben aus ihrer Sicht doch all die Zuwendung gegeben, die sie auch gerne gehabt hätten.

Im Gegensatz dazu reagieren Männer auf die seelische Tiefphase der Frau häufig mit Unverständnis, Schweigen und Abwesenheit und erwidern oft erst den Kontakt, wenn Frauen ihrerseits wieder mehr Kommunikation signalisieren. Sie glauben, ihrer Partnerin etwas Gutes damit zu tun, wenn sie sie unbehelligt lassen, ihr in ihrer emotionalen Tiefphase Vorwürfe machen, schlaue Ratschläge geben, sie belehren oder gar alleine lassen, wie sie es unter Freunden auch tun oder sogar von ihnen erwarten. Dies wiederum kränkt Frauen und gibt ihnen das Gefühl, herabgewürdigt, ignoriert oder unverstanden zu sein und nicht geliebt zu werden. Hinzu kommt, daß Frauen während ihrer Tiefphase Fürsorge und Verständnis benötigen und nicht erst, wie Männer, danach. Weibliche Seelen regenerieren sich, im Gegensatz zur männlichen Seele, durch sich mitteilen, Gemeinsamkeit, Reden, einander zuhören, Zärtlichkeit und emotionale Nähe. Frauen reden sich daher viel mehr ihren Frust buchstäblich von der Seele, bzw. die weibliche Seele entschlackt sich zu einem großen Maß durch emotionale Fürsorge, Verständigung und Kommunikation. Die männliche Seele hingegen entschlackt sich durch Ruhe und Einsamkeit sprichwörtlich dabei, indem Männer beispielsweise dazu tendieren, stundenlang vor dem Fernseher verbringen zu wollen, der heute das einstige Lagerfeuer ersetzt, oder indem sie stundenlang wie einsame Wölfe um die Häuser ziehen. Fehlende Toleranz, mangelndes Wissen und Verständnis der meisten zivilisierten Menschen darüber, daß Mann und Frau in wenigen bestimmten Punkten völlig unterschiedlich empfinden und einfach ausgedrückt genau das bedürfen, was dem eigenen Geschlecht als störend erscheint, ist die Hauptursache dafür, daß wir einander nicht mehr verstehen und vereinsamen. Diese Fehler bewirken bei Frauen wie bei Männern zunehmende Sorgen, Unzufriedenheit und Ängste und treiben Trennungsmechanismen in die Beziehung.

Mann und Frau sind so verschieden, wie Ebbe und Flut oder Tag und Nacht. Und sie wären sich womöglich bis heute nicht begegnet, wenn nicht der Mond die beiden universellen Energieströme mit Hilfe der Natur und der kosmischen bzw. göttlichen und schöpferischen Kräfte vereinigt hätte. Leider wurden wir modernen Menschen von klein auf durch einseitige Bildungspolitik in Form von Logik, Wissenschaft, technischem Fortschritt, Gentechnologie, Habgier und Umweltzerstörung zu Lasten von Liebe und dem Wissen über zwischenmenschliche Gefühle und Bedürfnisse beschnitten und somit nicht ohne Grund aus der einstigen natürlichen Vollkommenheit herausgelöst, was insbesondere dazu führt, daß sich die Geschlechter untereinander kaum noch verstehen können, sondern einander aufreiben.

Der hinter dem bildungspolitischen Sinn versteckte wahre wirtschaftliche Sinn, dem nicht nur die Generation unserer Eltern, sondern auch wir und die Generation unserer Kinder aufsitzen, wie Schmetterlinge dem Sonnentau (fleischfressende Pflanzen), besteht schlicht und einfach darin, wirtschaftliches Wachstum erreichen zu wollen, egal in welche Richtung oder um welchen Preis. Da die Inlandsnachfrage vor einigen Jahrzehnten drastisch nachließ, weil die Bürger mit allem nur erdenklichen Konsum vollgestopft waren bis unters Dach, wurde beispielsweise die Volljährigkeit von 21 auf 18 Jahre herabgesetzt. Dies hatte zur Folge, daß sich auf einmal eine ganze Generation um 3 Jahre schneller und früher verschuldete, von zu Hause auszog, neue Wohnungen bezog, ins Wirtschaftsleben eintrat, den Führerschein machte, Wohnung, Fernseher, Waschmaschine, Möbel und Autos kaufte und somit einen neuen Wirtschaftsboom auslöste, dessen Güter zusätzlich auch noch in Billiglohnländern produziert wurden. Dieser Boom ebbte Anfang der 80er Jahre, auch bedingt durch die habgierige Steuerpolitik unseres Staates, ab und machte neue Pläne erforderlich, welche sich diesmal einerseits auf die partnerschaftliche Beziehung selbst durch unterschwellige Benachteiligungen der Frau auswirkten. Andererseits war nichts so leicht, als die jungen Erwachsenen jener Generation zu weiteren partnerschaftlichen Mißverständnissen anstacheln zu können, die von klein auf ohnehin nur logische Werte, materielles Denken, wissenschaftliche Hörigkeit, Cyber-Sex und ein erotisierendes Verständnis in Verbindung mit Maschinen und Computern beigebracht bekommen haben. Unter dem Vorwand, daß Mann und Frau ohnehin Mißverständnisse der Natur seien, und deshalb nicht zusammenpassen, war es ein Leichtes, die letzten sozialen Verbindungen in unserem Land zu zerschlagen, um hieraus ein Heer aus Singles hervorgehen zu lassen, die alle, im Gegensatz zu intakten Familien und partnerschaftlichen Beziehungen, spätestens nach der Scheidung mindestens eine weitere Wohnung mit einer neuen Einrichtung, ein weiteres Auto, Fernseher, Küche, Sofa usw. benötigten. Das sich hinter den propagierten Zahlen steigenden Wirtschaftswachstums verbergende gesellschaftliche Leid entspricht genau den damit verbundenen, drastisch angestiegenen, Scheidungsraten!

»Dies konnte jedoch nur bei Menschen erreicht werden, welche ohnehin von klein auf zu materiell empfindenden Wesen und zu Gehorsam erzogen worden sind und nur deshalb dazu bereit sind, ohne Rücksicht auf Gefühle, Partnerschaft, Liebe und Gesundheit »Ihre« materielle Pflicht zu erfüllen.«

Eine Vision, die Ihnen zu denken geben sollte:

Die Teilung wird weitergehen. Der Preis unseres habgierigen Wirtschaftswachstums durch zerrissene soziale Netze, Vereinsamung, eine Single-Gesellschaft, Arbeitslosigkeit, allgemeine Unzufriedenheit und ein bisher noch nie dagewesenes Maß an Krankheiten muß bezahlt werden und deshalb wird die Teilung unserer Gesellschaft im bevorstehenden Informationszeitalter nicht stehen bleiben können. Nachdem der Reihe nach nun die Großfamilie, die Familie, das soziale Netz und die partnerschaftliche Beziehung zerhackt wurde, sind nun die psychischen, organischen und seelischen Strukturen der einzelnen Menschen selbst an der Reihe, um als Endlagerstätten für Konsum, Gift und gentechnischen Müll herhalten zu müssen. Genvergiftete Lebensmittel, künstliche Arzneimittel und Computerwelten werden nicht nur unsere Gefühle und Orgasmen steuern, sondern uns auch den Vorstellungen steigenden Wirtschaftswachstums entsprechend als Konsumenten so abhören, beeinflussen und manipulieren, daß unsere Wirtschaft trotz gesellschaftlichen Verfalls ein ständiges Wachstum verzeichnen kann, um wenigstens die partnerschaftlichen Beziehungen der Apparate und der Industrie erfüllen und aufrecht erhalten zu können.

Wie bereits erwähnt, sind Mann und Frau kaum noch dazu in der Lage, die verschiedenen Sprachen unter den Geschlechtern verstehen, respektieren und in ein gemeinsames Prinzip integrieren zu können, sondern reden mehr oder weniger aneinander vorbei und geraten deshalb oft schon nach kurzen Partnerschaftsphasen in typische Trennungsmechanismen. Leider suchen Millionen von Menschen aus Verzweiflung heraus Trost und Rat bei sogenannten Psychologen, Wahrsagern oder Therapeuten, die, wenn man genau hinsieht, trotz ihres schlauen Schulwissens genauso einsam, krank, depressiv, unzufrieden und unglücklich sind, wie die meisten Menschen unserer modernen Gesellschaft. Andere wiederum suchen Rat in Literatur, welche aus analytischer oder statistischer Sicht heraus in nur wenigen Schritten kurz und knapp beschreiben will, wie man scheinbar Freunde gewinnt, richtig liebt, einen Orgasmus erhält oder nie wieder traurig ist. Nur wenige haben erkannt, daß der Weg selbst das Ziel ist und von Kristallen, Mond und Sternen geebnet und begleitet wird. Leider erkennen Millionen moderner Menschen, erst nachdem sie beginnen, sich durch Allergien, Schmerzen und vor Ängsten zu krümmen und am eigenen Leib deutlich verspüren, daß es so nicht weitergehen kann, daß da noch ein wahrer, natürlicher Weg in den Sternen steht, der zur wahren Liebe, Zufriedenheit und Gesundheit führt. Um die einfachen Regeln des partnerschaftlichen Miteinanders wieder besser anwenden und verstehen zu können, bedienen sich zunehmend Millionen von Menschen in Australien und den USA mit Hilfe von diesem Buch, dem weisheitlichen Wissen der Ureinwohner Australiens und anderer Urvölker, um somit wieder direkt mit den Mysterien, Elementen, Kristallen, Mond und Sternen in Verbindung treten zu können. Im diesem Buch finden Sie anhand Ihrer eigenen Aufzeichnungen heraus, ob der Mond im Augenblick auf den seelischen Reinigungsprozeß des Mannes oder der Frau zuläuft oder welches Geschlecht sich gerade in einer zunehmenden oder abnehmenden Phase befindet. So können Sie anhand Ihrer persönlichen Notizen im hiesigen Mond-Tagebuch sehr genau herausfinden, wann sich Ihre Stärken und Schwächen und die ihres Partners wiederholen, und wie einfach der zwischenmenschliche Kontakt ist, wenn man von statistischen, analytischen oder schulwissenschaftlichen Regeln Abstand nimmt und einfach Natur, Steine, Mond und Sterne so respektiert und akzeptiert, wie sie in uns wirken und wie sie sind.

Stellen Sie für sich anhand der täglichen Phasen Ihres Mondkalenders fest, ob sich Ihre Höhen und Tiefen bzw. Stärken und Schwächen wirklich noch an den natürlichen Wendepunkten des Mondes wiederholen oder ob Ihr persönlicher Rhythmus sich eventuell in anderen Mondphasen manifestiert hat.

Wenn Sie sich beispielsweise an diese einfachen Regeln halten, daß Frauen und Männer zwei unterschiedlichen seelischen Reinigungszyklen unterliegen, und dabei auch noch berücksichtigen, daß beide Geschlechter unterschiedliche Reinigungs- bzw. Fürsorgebedürfnisse haben, werden sie von heute auf morgen dem Glück viel näher kommen, als Sie glauben. Früher steigerten Sie sich womöglich zu dieser Zeit mit Ihrem Partner in Wut, verstärkten Meinungsaustausch, Eifersucht und Aggressionen, was wiederum zu Depressionen, Unverstandenheitsgefühlen, Sorgen, inneren Verletzungen und Trennungen führte, weil Sie sich aus Unwissenheit gegen die Zyklen verhielten.

Ab heute können Sie anhand Ihrer persönlichen Notizen sehr leicht selbst nachvollziehen, ob Sie sich oder Ihr Partner augenblicklich im Tief oder Hoch befinden, und ob Sie den heutigen Kegelabend aus Rücksicht Ihrem Partner gegenüber lieber verschieben um ihrem Partner eine emotionale Stütze sein zu können, weil Sie aus Ihrem Mondkalender wissen, daß mondbedingt sein emotionales Reinigunstief, indem er Sie besonders braucht, bevorsteht. Sie selbst können Ihrem Partner jedoch ebenfalls schon im Vorfeld mitteilen, daß Sie gerade dabei sind sich in Ihre Höhle zurückziehen zu wollen, oder umgekehrt, heute besonders viel Liebe, Verständnis und Mitgefühl benötigen, weil Ihr Tief bevorsteht.

Sobald Sie sich mit Hilfe von ausgesuchten Therapiesteinen wieder bewußter über Ihre persönlichen Hoch- und Tiefphasen und die Ihres Partners werden und umgekehrt er sich auch bewußter über Ihre emotionalen Bedürfnisse, läßt sich eine neue Wertigkeit in Ihrer Partnerschaft erreichen, wovon auch alle anderen zwischenmenschlichen Belange und Bedürfnisse von beiden Partnern in einem neuen Licht gesehen werden. Diskutieren und streiten Sie also nicht länger über Grundsätzlichkeiten, die Sie ohnehin nicht verändern können und halten Sie auch nicht länger daran fest, die scheinbaren Fehlverhalten Ihres Partners aufrechnen zu wollen, sondern nehmen Sie hin, daß Ihr Partner genausowenig seine persönlichen Rhythmen umgehen kann wie Sie. Anstatt sich aufgrund falscher Anforderungen, Erwartungen und Bedingungen länger gegenseitig zu frustrieren, zu verletzen, bevormunden, verärgern oder verändern zu wollen, sollten Sie nun endlich den Streit beilegen, und unter Wahrung der natürlichen Energieströme und unter Wertschätzung und Achtung Ihrem Partner gegenüber endlich dazu übergehen, die Andersartigkeit Ihres Partners in diesen, nur wenigen Dingen, hinnehmen und akzeptieren zu lernen. Hinzu kommt, daß nicht nur die seelischen Reinigungsperioden unter den Geschlechtern zum Problem geworden sind, sondern auch der zwischenmenschliche Umgang der Partner während der zunehmenden und abnehmenden Mondphasen selbst. Denn diese Phasen dienen sowohl dem weiblichen als auch dem männlichen Wachstum, um weitere Ebenen gemeinsamer Verbundenheit, Erotik und Vertrautheit erreichen zu können. Leider werden diese Phasen und somit der partnerschaftliche Alltag nicht mehr dafür genutzt, um gemeinsames Glück zelebrieren und empfinden zu können, sondern werden leider oft zu weiteren Phasen erneuten Unverständnisses aufgebauscht, woraus mittels Bedingungen, Vorurteilen, Bevormundung, Schweigen oder den Partner verändern zu wollen, erneute Spannungsfelder hervorgehen. Denn vom Partner bestimmte Verhaltensweisen fordern oder erwarten zu wollen oder gar vor Bedingungen zu stellen, die wir eigentlich von uns selbst erwarten, bringt größte Probleme mit sich. Lernen Sie den Partner den Sie lieben so zu akzeptieren, wie er ist, denn er ist nicht besser oder schlechter als Millionen anderer Partner auch, sondern nur anders. Glauben Sie nicht, daß Sie mit einem neuen Partner glücklicher werden, solange Sie sich selbst nicht über die wenigen Rhythmen und Zyklen natürlicher Begebenheiten im Klaren sind und diese akzeptieren können, wie sie sind.

Bedenken Sie von nun ab, daß Ihr Partner seine »Tage« bekommt, ob Sie wollen oder nicht und halten Sie daran fest, daß es nichts bringt, ihm genau diese natürliche Begebenheit länger zum Vorwurf machen zu wollen. Erkennen Sie als Frau an, daß Ihr Partner sich nicht nur in seinem seelischen Reinigungstief alle 4 Wochen verstärkt zurückzieht, sondern hierzu auch im alltäglichen Geschehen neigt. Er wird jedoch schon nach kurzer Zeit, wie verwandelt, aus seiner »Höhle« zu der Partnerin zurückkehren, die ihn mit offenen Armen empfängt. Umso mehr Sie ihn nach seiner Rückkehr für sein natürliches Verhalten durch emotionale Ablehnung bestrafen, umso mehr wird er nach anderen offenen Armen Ausschau halten. Umgekehrt sollten Sie als Mann respektieren, daß Ihre Frau nicht nur bevorzugt zu ihrem seelischen Reinigungstief, sondern auch im alltäglichen Geschehen emotionale Nähe sucht und sich da glücklich, geliebt und geborgen fühlt, wo sie angehört, verstanden, respektiert und geliebt wird und nicht da, wo ihr andauernd mitgeteilt wird, daß sie hysterisch sei, launisch oder von Ihnen in ihren Problemen ignoriert wird. Genauso wie Sie sich als Mann wünschen, in Ihre »Höhle« abtauchen zu können, ohne dabei ein schlechtes Gewissen haben zu müssen und dann, wenn Sie wieder aus ihr rauskommen, von Ihrer Liebsten mit offenen Armen empfangen werden möchten, genauso wünscht sich Ihre Partnerin von Ihnen täglich Komplimente, Romantik, von Ihnen angehört, gebraucht, geliebt und in ihren Problemen verstanden und respektiert zu werden, ohne sich von Ihnen andauernd gutgemeinte oder gar egoistische Ratschläge anhören zu müssen oder gar alleine gelassen zu werden.

Der Widerstand, den Sie als Mann leisten, wenn Ihre Partnerin sich um ein Gespräch mit Ihnen bemüht, verletzt ihre Partnerin genauso, wie wenn Ihre Partnerin Ihnen dabei Widerstand entgegenbringt, wenn Sie aus Ihrer »Höhle« kommend zu ihr zurück möchten. Geschieht dies regelmäßig, beginnen beide Partner ihre Bedürfnisse zu unterdrücken, sich voneinander zu distanzieren und mehr oder weniger emotionslos nebeneinander herzuleben. - Das große Schweigen beginnt. -

Die Geschlechter rechnen genau jene Punkte unterbewußt untereinander auf und umso mehr Sie sich als Mann den Gesprächen Ihrer Partnerin verweigern, umso öfter wird Ihre Partnerin ihre Arme Ihnen gegenüber verschlossen halten, wenn Sie aus Ihrer »Höhle« kommen und umso größer wird das Spannungsfeld in allen Bereichen Ihrer Partnerschaft. Respektieren Sie dies nicht nur während der mondbedingten seelischen Reinigungsphase selbst, sondern unbedingt auch im alltäglichen Umgang mit Ihrem Partner. Auf den Punkt gebracht resultiert hieraus das Geheimnis liebevoller Beziehungen.

»Frauen weinen vor der Hochzeit, Männer nach der Scheidung«

Bedenken Sie als Frau zusätzlich, daß Ihr Partner sich auch im Alltag dann, wenn er den ganzen Tag berufliche Probleme bewältigt hat, abends kurz hinter der Zeitung, vor der Sportschau oder den Nachrichten zurückziehen möchte, um so neue Energie tanken zu können. Er wird sich kurz in derselben Höhle zurückziehen wollen, in die er sich auch in seiner seelischen Reinigungsperiode begibt. Bedenken Sie zusätzlich, daß Männer Streß nicht nur durch Ruhe und Einsamkeit abbauen oder indem sie versuchen, ihre Probleme zu verdrängen oder zu vergessen, sondern auch indem sie Streß nach Dringlichkeit analysieren und das an oberste Stelle setzen, wovon ihres Erachtens nach am meisten Streß für sie ausgeht. Da von Ihnen als Partnerin oder den Kindern, aus männlicher Sicht heraus, keine Bedrohung ausgeht und Männer eher dazu neigen, ihre Prioritäten nach Bedrohlichkeit, Schwierigkeit oder unangenehmen Dingen setzen zu wollen, um sich dann mit all ihrer Energie auf das Dringlichste konzentrieren zu können tendieren Männer z.B. auch eher dazu sich im häuslichen Bereich zurückziehen oder sogar einmullen zu wollen. Hat er für sich festgelegt, worin augenblicklich die wichtigste Aufgabe besteht, neigen Männer dazu, ihre gesamte Energie nur für diese eine Sache einsetzen zu wollen und hierbei alle anderen Verpflichtungen weit hinten anzustellen oder sogar zu vernachlässigen. Männer glauben aus dieser Tatsache heraus bereits dadurch, daß sie heute eventuell wieder einen erfolgreichen Arbeitstag bewältigt haben, sprich ihr Hauptproblem gelöst haben, mehr als genug getan zu haben. Aus ihrer Sicht haben sie das auch, denn sie haben ihre erste Priorität gewissenhaft erledigt und sich nach ihrem persönlichen Befinden nach nun Ruhe und Ausgleich verdient. Die Urvölker erklären dieses Phänomen einfach damit, daß Männer zu Urzeiten für die Jagd zuständig waren, welche dann, wenn es wirklich darum ging, beispielsweise einen riesigen Bären oder ein Mammut erlegen zu wollen, immens viel körpereigene Energie aufbringen mußten, um erfolgreich sein zu können. Bis ein Jäger jedoch erfolgreich sein konnte, war zuvor stundenlanges Abwarten, ruhiges Dasitzen, beobachten und sorgfältiges Energiehaushalten erforderlich. Dies mag vielleicht beruflich zahlreiche Vorteile mit sich bringen, privat jedoch führt diese Art von Streßbewältigung dazu, daß von Männern gerne so wichtige Dinge wie der Hochzeitstag, gemeinsamer Haushalt, Kinder, Geburtstage und andere partnerschaftliche Verpflichtungen leichtfertig übergangen werden. Hieraus resultiert auch, daß Männer sich für ein bestimmtes Problem nahezu aufopfern können und hierbei leider alles andere um sich herum vergessen oder vernachlässigen. Sie meinen dies jedoch nicht böse, sondern drücken hierdurch ihre besondere Wertschätzung ihrer Familie und vor allem der Partnerin gegenüber aus, der sie ihr ganzes Vertrauen schenken, um zu dieser, aus ihrer Sicht wichtigen Aufgabe, überhaupt erst fähig sein zu können. Denn hinter einem erfolgreichen Mann steht immer auch eine starke Frau.

Bedenken Sie als Mann, daß Ihre Frau Streß völlig anders bewältigt, als Sie. Frauen würden sich niemals nur auf ein Kernproblem so stark konzentrieren, wie Männer dies tun und hierbei eventuell die Bedürfnisse und Termine ihrer Angehörigen verdrängen oder gar vergessen. Im Gegenteil, Frauen werden sich ihre Probleme noch deutlicher vor Augen führen und versuchen, allen Problemen mehr oder weniger gleichzeitig, ohne dabei die Belange ihres Partners außer Acht zu lassen, bewältigen und gerecht zu werden. Frauen unterscheiden ihre Probleme nicht in Rängen, wonach sie sich dann mit all ihren Kräften um die Lösung jener Probleme bemühen, welche die ersten Plätze belegen, um nachrangige Anforderungen eventuell auch mal unter den Tisch fallen zu lassen, wie Männer dies unbewußt oft gerne tun, sondern Frauen sehen all ihre Probleme als gleichrangig an. Es widerspricht demnach entschieden ihrer inneren Natur, sich bestimmte Probleme, beispielsweise aus Zeitmangel oder Mehrfachbelastung heraus, herauspicken zu müssen, ohne sich auch um alle anderen Anliegen gewissenhaft bemühen zu können. Denn Frauen sind aus urzeitlicher Sicht darauf spezialisiert, ohne festes Schema durch Flexibilität sporadisch den verschiedenen Anforderungen des Tages beizukommen, um so all ihren Pflichten und Aufgaben zu jeder Zeit gerecht werden zu können. Im Gegensatz zu Männern, welche dazu tendieren, ihren Alltag in einem festen Schema bewältigen zu wollen, empfinden Frauen sogar Enge und Beklommenheit dabei, sich 8 Stunden lang nur für eine Aufgabe aufopfern zu müssen. Im Gegenteil, es widerstrebt dem inneren Empfinden einer Frau insgeheim sogar so sehr, sich um des reinen Überlebens willens in dieser artgerecht typischen Männerrolle zurechtfinden zu müssen. Viele Frauen schlüpfen hierbei gezwungenermaßen sogar gänzlich in diese Rolle, um unabhängig sein zu können und um geachtet und geschätzt zu werden, weil die vielen verbleibenden natürlichen Rollen der Frau von der hiesigen Männerwelt nur schwerlich anerkannt und geringfügig eingeschätzt werden. Viele Frauen beginnen sich nun, ebenfalls wie Männer, verstärkt auf eine berufliche Sache zu konzentrieren, hart zu arbeiten, schemenhaft und logisch zu denken - sie bleiben jedoch trotzdem Frauen. Die emotionalen Bedürfnisse von Frauen werden daher nicht wie jene der Männer tagsüber durch die Arbeit erfüllt, sondern bleiben größtenteils unbefriedigt und sogar unerfüllt. Hieraus resultiert auch mehr als jemals zuvor das gestiegene Bedürfnis der Frauen, sich besonders in ihrer Partnerschaft emotional stärkeren Halt suchen zu wollen, indem Frauen noch stärker versuchen, mit ihrem Partner reden oder kuscheln zu wollen. Denn im Gegensatz zu Männern haben sich Frauen während der Arbeit nicht 8 Stunden lang mehr oder weniger selbst erfüllt, sondern einen Job von vielen getan und benötigen daher von ihrem Partner mehr Zuwendung, Aufmerksamkeit und Mitgefühl, um somit zu ihrem eigenen Gleichgewicht, zur inneren Ruhe, Glück und Zufriedenheit zurückfinden zu können. Sich aus männlicher Sicht heraus leichtfertig über die ureigensten seelischen Grundbedürfnisse Ihrer Partnerin hinwegsetzen zu wollen, ist unfair und auch der Hauptgrund dafür, daß nahezu 80% aller Scheidungen von Frauen eingereicht werden. Aus dieser Tatsache heraus ergeben sich nicht nur zunehmende emotional bedingte Probleme für Frauen im Beruf, welche sich beispielsweise verstärkt durch sogenanntes Mobbing widerspiegeln. Dies stellt eigentlich nichts anderes dar, als ein gegenseitiges sich Luft in alle Richtungen machen zu wollen. Hinzu kommen neben typischen Burn-Out-Mechanismen unzählige weitere innere Blockaden, welche häufig die Ursachen für undefinierbare Schmerzen, Migräne, Unterleibsbeschwerden, Menstruationsstörungen, Krebs, Zysten und viele weitere organische, funktionelle und psychosomatische Leiden und insbesondere auch für den zunehmenden typischen Herzinfarkt unter Frauen im mittleren Alter sind.

Die männliche Gesellschaft kennt insgeheim die Stärken der Frau

Frauen neigen nicht dazu, sich nach getaner beruflicher Arbeit erst einmal zurücklehnen oder im Sessel zurechtkuscheln zu wollen, sondern sie verspüren schon den ganzen Tag, daß sie augenblicklich beispielsweise die Kinder vernachlässigen, noch Blumen für den Geburtstag kaufen wollen, Kuchen backen, Essen kochen, einkaufen und daß der Haushalt auch noch zu erledigen ist. Da Frauen all diese Dinge als genauso wichtig ansehen wie die berufliche Tätigkeit auch, und deshalb z.B. auch niemals ihren Partner vernachlässigen würden, stauen sich in ihnen oft über viele Jahre Blockaden an, welche sich besonders bei Frauen durch Mehrfachbelastung in Migräne, Herz- Kreislaufprobleme und Burn-Out-Mechanismen auswirken. Leider kennt die männliche Gesellschaft insgeheim die universell auferlegte Stärke der Frau, welche ihr heutzutage leider als Schwäche ausgelegt wird und ruht sich eigentlich auf dieser natürlichen Stärke der Frau aus. Denn Männer können sich aus dieser Tatsache heraus einfach sicher sein, daß die Kinder versorgt werden und der Haushalt auch ohne ihr Zutun erledigt wird. Allerdings übersehen sie hierbei, daß die dauerhafte Mehrfachbelastung der Frau ebenfalls ihre Grenzen hat. Denn neben Jagd und Familie haben sich in unserer modernen Zeit unzählige weitere Rollen entwickelt, welche durch die moderne Schnelllebigkeit unserer Zeit nicht mehr als feste Rollen verteilt werden können, sondern auch in der Partnerschaft nur noch gemeinsam gelöst werden können.

Um dieses Ungleichgewicht wieder einigermaßen auszugleichen, müssen beide Geschlechter ihren Beitrag zusteuern. Alledings soll hierbei zusätzlich mehr an die Männer appelliert werden, welche sich von ihrer einstigen natürlichen Rolle, die zu Urzeiten in Jagd und anschließender Ruhe lag, im Gegensatz zur Frau, kaum haben abbringen lassen. Die Jagd wurde durch den Beruf ersetzt, wobei Männer ähnlich befriedigende Gefühle empfinden, wie einst auf der Jagd. Die anschließende Ruhe wurde von ihnen überwiegend beibehalten, was Männern in Beziehungen auch ein eher unbekümmertes, bequemes Zufriedenheitsgefühl gibt. Frauen hingegen mußten sich um 360° verstellen, und zudem noch 150% mehr Leistung erbringen, um als gleichwertig anerkannt zu werden. Sie finden allerdings nicht durch ein stummes Dasein zur Erfüllung und Zufriedenheit, sondern durch verstärkte gemeinsame Aktivitäten und Gespräche. Sie sind es daher, die sich nun nicht mehr länger mit der emotionalen Faulheit der Männer zufrieden geben wollen, denn jetzt sind sie kein Eigentum mehr, nicht mehr abhängig vom Mann als Versorger, haben eigene Rechte, können zwischen verschiedenen Lebensaufgaben selbstständig ihre persönlichen Ziele definieren und auswählen und sind sogar seit wenigen Jahrzehnten auch in Deutschland stimmberechtigt, um aktiv am politischen Geschehen teilhaben zu können. Eigentlich wird der sachliche Unterschied zwischen dem was Männer und Frauen machen immer kleiner, jedoch genau dies scheint das große emotionale Problem der Männergesellschaft zu sein was sich häufig dadurch ausdrückt, daß hinter jeder erfolgreichen Frau mindestens eine Hand voll Männer hängt die ihr den Erfolg nicht gönnen, bzw. ihr den Weg erschweren oder geistlose Gleichberechtigungsgesetze erfinden. Jetzt liegt es an den Männern, aufzuholen und den Frauen auf ihrem neuen Weg entgegenzukommen, ihre Rolle neu zu gestalten, die Sprache der Frau wieder zu erlernen, Frauen wieder verstehen und respektieren zu lernen und ihnen wieder das zurückzugeben, was sie über Generationen von ihnen durch Unterdrückung und Bevormundung forderten, nämlich emotionale Nähe, Erotik, Liebe und Verständnis. Denn Frauen von heute wollen sich nicht länger von Männern irgendwelche Rollen aufzwingen lassen, sondern endlich als Persönlichkeit respektiert und wahrgenommen werden.

Wahre Beziehungsarbeit beginnt demnach nicht erst in der Partnerschaft selbst, sondern bereits von dem Augenblick an, von dem ein Partner durch eigenständiges Umdenken damit beginnt die natürlichen Kräfte und Mechanismen des Mondes, der Steine und Sterne zunächst einmal für sich selbst erkennen, achten und akzeptieren zu können. Aus dieser neuen Erkenntnis heraus wird auch die Fähigkeit erlangt die universellen Kräfte, die den Partner charakteristisch steuern, akzeptieren zu können und somit den Partner auch so hinnehmen zu können wie die schöpferischen Kräfte ihn erschaffen haben, ihn steuern, kurz gesagt »so wie er ist«. Von dem Augenblick an erlangen Sie die Fähigkeit die natürlichen Phänomene erkennen, für sich und ihre Partnerschaft umzusetzen und Vergangenes loslassen oder verzeihen zu können. Ihre Partnerschaft besteht dann nicht mehr länger aus Kampf, Macht, Erwartung oder Abhängigkeit, sondern aus einem gemeinsamen harmonievollen Weg der Sie beide in einem liebevollen Auf un Ab durchs Leben führt. Moqui-Marbles und Turalingam's fördern in Verbindung mit anderen Therapiesteinen zusätzlich die beidseitige Motivation zum Umdenken in der partnerschaftlichen Beziehung und bewirken auch, daß beide Partner nicht länger darüber grübeln was der andere falsch macht oder von einem erwarten könnte, sondern erwecken den Blick dafür was Sie von sich aus anders machen oder von Herzen gerne geben können. Sie öffnen die Augen beider Partner auch dafür, daß eine Partnerschaft nicht länger aus einem Gemisch augenblicklich vorherrschender fester Rollenverhalten und Erwartungen zum Glück führt, sondern daß einzigartig und allein das akzeptieren des Partners, so wie er ist, der wichtigste Schlüssel zum Glück ist. Im Gegensatz zu unseren modernen Auffassungen gegenüber partnerschaftlichen Beziehungen welche insgeheim immer noch auf materiellen Idealen, gesellschaftlichen Rollenverhalten, Sicherheitsgedanken und auf Erwartung beruhen, bildet die Ehe nach weisheitlicher Auffassung der Urvölker lediglich einen heiligen Schutzkreis worin sich beide Partner nach ihren persönlichen Wünschen und Bedürfnissen individuell entfalten können um sich hieraus ein ganz persönliches Glücksmuster zu errichten, was zunächst einmal völlig frei von gesellschaftlichen Anforderungen und Erwartungen ist. Denn die Kunst eine Beziehung ein Leben lang aufrecht erhalten zu können liegt in der geistigen Fähigkeit dem anderen zu erlauben anderst sein zu dürfen um ihn als Bereicherung für das eigene Leben ansehen zu können und nicht darin den Partner nach eigenem Bemessen zurechtstutzen und verändern zu wollen. Hieran werden auch die Unzähligen wissenschaftlichen Forschungsergebnisse in Verbindung mit einheitlichen, psychologischen Beziehungstricks nichts verändern, die allesamt nur eines gemeinsam haben, nämlich nicht zu funktionieren, weil es ebenso viele verschiedene Beziehungsmuster gibt, wie es Beziehungen gibt und sich die Liebe nicht verallgemeinern oder logisch - statistisch erfassen läßt. Wenn Sie die zuvor genannten Weisheiten über die partnerschaftliche Beziehung hinnehmen, akzeptieren und respektieren, Ihre persönlichen Blockaden erkennen, lindern und heilen und zudem auch noch berücksichtigen, daß in jedem Mann immer auch eine Frau steckt und umgekehrt in jeder Frau auch männliche Energieströme zirkulieren, die mondbedingt völlig unterschiedliche Empfinden auslösen wird es Ihnen wieder möglich sein, für sich und Ihre Partnerschaft, das gegenseitige Maß herausfinden zu können, worin sich Geben und Nehmen für Sie ausgleichen. In diesem Schritt liegt übrigens auch der

Same für den heiligen Pfad menschlicher Zufriedenheit verborgen, der nicht irgendwo beginnt, sondern in einem selbst. Dieser Same findet in der Liebe und in der Partnerschaft nicht nur zur größten Blüte und Erfüllung sondern auch seine größte Aufgabe, Herausforderung und Bewährung. Denn Menschen die sich selbst lieben, achten und kennen sind auch dazu in der Lage ihren Partner achten und lieben zu können und ihre Kinder mit den Quellen des Vertrauens, der Liebe und des Guten vertraut machen zu können. Viele Menschen die friedvolle, harmonievolle Beziehungen eingehen können ergeben letztendlich eine zufriedene Gesellschaft die ihre Werte in Nächstenliebe zu anderen Menschen und der Natur sucht und nicht mehr länger das Geld als größten Wert anhimmelt, sondern Liebe und Licht. Natürlich werden die materiellen Werte hierdurch nicht wegfallen können, sie werden jedoch jenen unterdrückten Rang einnehmen den wir augenblicklich unserem Körper, unserer Gesundheit, Gefühlen, Partnern, Kindern und der Liebe zugestehen. Dies macht nicht arm, jedoch zufrieden, gesund und glücklich. Ein Phänomen das wir alle auf unseren Urlaubsfahrten in sogenannte »Ärmere Länder« kennengelernt haben, wo die Menschen trotz Armut viel lustiger, fröhlicher und zufriedener sind. Würden mehr Menschen zurück zu den weisheitlichen Überlieferungen dieses Buches finden und sich daran orientieren gäbe es weniger Leid auf unserem Planeten und die beiden gesetzlichen Amtskirchen die uns allen diese Gefühle ebenso »zurückverkaufen« wollen wie wirtschaftsorientierte Sekten auch, wären überflüssig.

Ist es es Ihnen augenblicklich noch nicht möglich, eine glückliche Beziehung führen oder eingehen zu können fehlt Ihnen noch ein entschiedener Schritt zum Erwachsensein und zur Reife der Ihnen bisher durch innere Blockaden verworfen wird. Versäumen Sie es weiterhin, diese Blockaden durch die in diesem Buch aufgeführten Therapiesteine in Verbindung mit den Mondphasen zu lindern, werden Sie ein ewiges Opfer Ihrer eigenen Unwissenheit bleiben, was Sie in allen Ihren Beziehungen immer wieder erneut mit Eifersucht, Lügen, Krankheit, Haß, Angst, Selbstsucht, Schwäche, Boshaftigkeit und sogar mit Depressionen, Trennung, Wut, Hysterie und Unzufriedenheit strafen wird.

Gott gibt die Nüsse, aber er beißt sie nicht auf

Um den Mond und all seine Wirkungen auf uns wirklich verstehen und begreifen zu können, müßten wir eigentlich »Gott« sein. Dies sind wir natürlich nicht. Wir können Ihnen daher niemals alle Wirkungen des Mondes verdeutlichen, weil sich diese auch niemals logisch oder wissenschaftlich verhalten, sondern für jeden für uns so individuell und persönlich sind, wie Liebe, Träume oder das Leben selbst. Das heißt, daß unsere körperlichen, geistigen und seelischen Strukturen in Wahrheit noch genauso steinzeitlich funktionieren, wie jene der Ureinwohner Australiens auch. Nicht unsere ureigensten, inneren, seelischen Empfinden nach Geborgenheit und Liebe stehen uns demnach auf dem Weg zum »Glück« im Weg, sondern unsere Unfähigkeit sie akzeptieren und damit umgehen zu können. Aus diesem Grund tendieren wir leider dazu, die ureigensten männlichen und weiblichen Energien konstruktiv wegdiskutieren zu wollen. Die moderne Wissenschaft kann jedoch forschen, logisch reimen oder diskutieren so viel sie will, sie kann die uralten inneren Bedürfnisse und Strukturen vielleicht vom Verstand her so beeinflussen, daß wir sie mit der Vorsilbe »man tut dies oder jenes, oder auch nicht« nachplappern können, innerlich erzeugt dies jedoch nur Blockaden, denn die Natur richtet sich nicht nach unseren Laborergebnissen und wissenschaftlichen Formeln aus, auch dann nicht, wenn wir Menschen sie als gut oder bewiesen ersehen. An jedem Menschen selbst liegt es jedoch, in wie weit er von den in diesem Buch ausführlich beschriebenen Therapiesteinen und Mondzyklen Gebrauch macht, seinen körperlichen, seelischen und geistigen Rhythmus selbst besser kennenlernt und somit wieder die Fähigkeit erlangt, sich von durch moderne, gentechnisierte Lebensführung selbst auferlegten oder aufgezwungenen Blockaden lösen und befreien zu können. Hunderttausende von Ehen bzw. Partnerschaften würden beispielsweise nicht so sinnlos in die Brüche gehen, wenn beide Partner nur annähernd um die natürlichen Gesetztesmäßigkeiten von Kristallen, Mond und Sternen wüßten, und somit einfach tolerieren und akzeptieren würden, daß Mann und Frau die verschiedenen Mondphasen unterschiedlich durchleben und ausleben. Hieraus ergäbe sich eine Bewußtseinserweiterung, welche zu mehr Frieden, Achtung, Toleranz, Verständnis, Gesundheit, Zufriedenheit, Gemeinsamkeit, Liebe und Glück zurückführen würde.

Bitte beachten Sie jedoch nochmals, daß sich die beschriebenen seelischen Tiefphasen im Leben aller modernen Menschen von den einstigen Vollmond- bzw. Neumondphasen entfremdet und verzerrt haben. Pille, Umweltverschmutzung, genmanipulierte Arznei- und Nahrungsmittel und viele andere, unseren Körper und die Seele belastende Maßnahmen, haben uns moderne Menschen jedoch häufig schon so weit von den einstigen natürlichen Rhythmen entfremdet, daß längst nicht mehr die vorgesehenen beiden Wochen zwischen dem seelischen Reinigungszyklus von Mann und Frau verbleiben, sondern oft schon gänzlich neue Rhythmen vorherrschen. Und diese gilt es für sich persönlich herauszufinden. Der Biorhythmus bzw. die Mondphasen werden heute zunehmend für jeden von uns zur Gratwanderung um Partnerschaft, Gesundheit und Wohlbefinden. Es ist deshalb umso ratsamer, seinen persönlichen Rhythmus möglichst schnell herauszufinden und kennenzulernen. Machen Sie sich diesen Mondkalender anhand Ihrer persönlichen Notizen in Verbindung mit dem umfangreichen Wissen aus diesem Buch zum Tagebuch Ihrer Launen, Höhen, Leiden, Schmerzen, Ängste und Tiefen Ihres alltäglichen Befindens und dem Ihres Partners und Sie werden mit diesem Buch schon in kurzer Zeit ein persönliches Tagebuch und Nachschlagewerk in Ihren Händen halten, woraus für Sie schon im Vorfeld sehr deutlich und zuverlässig hervor geht, wann sich für Sie eine Krise in Ihrer Partnerschaft, für Ihren Partner, Sie selbst oder Ihre Gesundheit anbahnt. Allerdings wissen Sie nun aufgrund der umfangreichen Beschreibungen von Methusalem, wie Sie sich zu verhalten haben. Sie haben nun die Möglichkeit, anstatt wiederholt das Falsche, endlich das Richtige tun zu können. Am größten ist das Risiko auf Unverständnis, Intoleranz, Gewalt, Schmerzen, Migräne und andere körperliche und psychosomatische Leiden dann, wenn Ihr Reinigungszyklus mit dem Ihres Partners so nah aufeinanderrutscht, daß Sie sich gegenseitig nicht mehr ausreichend verstehen, unterstützen und umsorgen können, sondern einander provozieren und aneinander reiben. Doch dem können Sie nun entgegenwirken und kritische Tage sogar mit Hilfe Ihres persönlich geführten Mondkalenders vorhersagen. Denn die Rhythmen wiederholen sich ebenso wie Ebbe und Flut und umso mehr Sie Ihre Aufmerksamkeit aus schulwissenschaftlichen Denkmustern befreien und somit Ihrer inneren Wahrnehmung mehr Eigenständigkeit und vor allem Respekt entgegenbringen, umso deutlicher werden Ihnen die täglichen Lebenswege bewußt und auch bis zu einem viel weiteren Punkt als bisher gewohnt in die Zukunft vorausgesagt. Sie können anhand dieses Kalenders beispielsweise heute schon vorherbestimmen, zu welchem Tag Sie Ihr nächstes Fest veranstalten, oder unter welchen Anforderungen für Sie die nächste Party zum freudigen Ereignis wird. Sie wissen bereits im Voraus, welches Essen Ihnen in den nächsten Tagen bekommt, ob Sie lieber Gemüse essen oder Fleisch, ohne erneut Angst haben zu müssen, daß gerade das Essen für Sie zum typischen Spielverderber wird, weil Völlegefühle und Blähungen Ihnen wieder den Abend verderben. Genauso verhält sich dies auch für Ihre Partnerschaft.

Bitte beachten Sie nochmals, daß Frauen ihren Tiefpunkt im seelischen Reinigungszyklus ca. unmittelbar vor bis wenige Tage nach dem Vollmond haben. Männer hingegen haben ihr seelisches Tief ca. drei Tage vor bis drei Tage nach dem Neumond. Männer haben demnach zum Vollmond ihr seelisches Hoch, weil ihre Seele sich innerhalb eines 28-Tages-Rhythmus erst zum Neumond regeneriert. Bei Frauen ist dies umgekehrt. Ihre Seele regeneriert und reinigt sich um die Vollmondphase herum. Integrieren Sie das in diesem Buch erfahrene Wissen über Blockaden, Steine, Mond und Bio-Rhythmus in ihr alltägliches Geschehen und respektieren bzw. achten und akzeptieren Sie einfach die unterschiedlichen Verhaltensweisen der Geschlechter, so werden Sie schnell wieder zu mehr Liebe, Zufriedenheit, Gesundheit und zwischenmenschlicher Harmonie zurückfinden. Wichtig ist, daß Sie sich an den in diesem Buch beschriebenen Mondphasen nur grob orientieren und anhand Ihrer persönlichen Notizen für sich selbst und Ihren Partner herausfinden, um wieviel Tage sich Ihr augenblicklicher, tatsächlicher, persönlicher Rhythmus vom eigentlichen natürlichen Mondrhythmus durch moderne Lebensführung entfremdet hat. Hieraus ergibt sich, daß gegenseitige Tiefphasen nicht mehr in einem gegenüberliegenden, harmonischen, partnerschaftlichen Wechselspiel zwischen Mann und Frau stattfinden, sondern leider oft zu gleichen Zeitpunkten auftreten. Anhand Ihrer persönlichen Notizen finden Sie sehr schnell Ihren persönlichen Rhythmus heraus. Es bedarf allerdings Ihren aktiven Bemühungen, Wahrheit zu sich selbst, und persönlichen Willen in Verbindung mit positiver Glaubensenenergie an Kristalle, Mond und Sterne, damit Sie sich regelmäßig wiederholende Launen, Ängste, Unverstandenheitsgefühle, Depressionen, Krankheiten oder Schmerzen ehrlich in Ihrem Mondkalender notieren. Beachten Sie hierbei auch noch die körperlichen Zeichen Ihrer Organe und Ihres Biorhythmus, dann finden Sie mit Hilfe der Steine, Düfte, Kräuter und Kristalle, völlig ohne Psychologie oder Chemie, zurück in den universellen Energiefluß von Leben, Liebe, Gesundheit, Zufriedenheit und Glück. Schon nach kurzer Zeit werden Sie, ohne zu wissen wie heute der Mond steht, oder welche Mondphase Ihren augenblicklichen seelischen und organischen Rhythmus beeinflußt, sich ebenso unwohl fühlen, wie ohne Uhr. Mit etwas Routine wird das Wissen über Steine, Blockaden, Mond und Sterne Ihr Leben so positiv verändern, daß Sie sich schon nach kurzer Zeit ärgern werden, Ihr bisheriges Leben so harmonielos, unzufrieden und unwissend vertan zu haben. So geht es nicht nur mir und allen anderen Menschen, welche an diesem Buch mitgewirkt haben, sondern auch Tausenden von Menschen, welche uns dies durch ihre Post bestätigen.

Verwenden Sie, um Ihren Notizen Ausdruck verleihen zu können, folgende Symbole:

Frau = ♀   Mann = ♂

(++) = seelisches Hoch   (--) = seelisches Tief

(+) = eher positiv   (-) = eher negativ

Verfangen Sie sich nicht in irgendwelchen Details, sondern lassen Sie Ihre körperlichen und seelischen Rhythmen zu. Denn das Leben, die Liebe oder die Gesundheit spielen sich immer in natürlichen Rhythmen aus Höhen und Tiefen ab und sind harmonische Schwingungen natürlicher Energieströme. Bedenken Sie, daß Sie nicht Ihren Organismus oder Ihre Persönlichkeit verändern wollen, sondern sich mit Hilfe von Steinen lediglich von Blockaden und einer festgefahrenen Denkweise befreien wollen. Befreien Sie somit sich selbst von dem, was Sie belastet und nicht von dem, was Sie in Wirklichkeit steuert oder was Sie sind.

Um noch detaillierter an den Rhythmus Ihrer Phasen gelangen zu können, haben wir Ihnen im Mondkalender zusätzlich zu den einzelnen Tierkreiszeichen, welche ebenfalls für charakteristische Lebensumstände verantwortlich sind, die genaue Uhrzeit von Vollmond und Neumond notiert. Sie können somit anhand der Uhrzeit noch genauer feststellen, ob Sie Ihren Tiefpunkt bereits überwunden haben oder ob Sie gerade von Ihrer Hochphase in Richtung Tiefphase gehen.

An sich wiederholenden Mondphasen bzw. an Mondtagen, an denen Sie nach Ihren eigenen Notizen feststellen, daß gleiche seelische Vorzeichen, wie beispielsweise (++) mit (++) bzw. (--) mit (--) in Ihrem Verhalten mit dem Ihres Partners zusammentreffen, sind typische Partnerschaftskonflikte und Konfrontationen zwischen Mann und Frau vorhersagbar und mit dem Wissen über die Kräfte von Kristallen, Mond und Sternen auch verständlich. Jetzt können Sie jedoch etwas dagegen unternehmen. Nehmen Sie sich Ihre Heilsteine, Therapiesteine (Glückssteine) und weihen Sie unbedingt auch Ihren Partner mit in die Geschehnisse, Mysterien, Energien und Kräfte von Kristallen, Mond und Sternen ein. Denn es macht Spaß, bringt Verständnis, Weisheit, Zufriedenheit, Glück, Gesundheit, Liebe und ein klein wenig den Einblick hinter die Kulissen der Mysterien, Sterne und Temperamente.

Die Weisheit ist strahlend und unvergänglich.
Wer sie liebt,
dem gibt sie sich schnell zu erkennen.
Sie läßt sich finden von dem,
der sie sucht.
Sie kommt denen zuvor,
die nach ihr verlangen.
Wer am Morgen früh aufsteht,
um ihr zu begegnen,
dem macht sie es leicht:
Sie sitzt schon vor seiner Tür.
Wer über sie nachdenkt,
besitzt vollendete Klugheit,
und wer ihretwegen einen Mondkalender führt
wird rasch all seine Sorgen los.

Auszug aus der Weisheit der Urzeit Australiens

Kapitel 7

Der Mondkalender, Mondtagebuch

Im folgenden Mondkalender haben wir Ihnen unter Berücksichtigung der einzelnen Tierkreiszeichen besonders die täglichen Mondphasen selbst hervorgehoben. Sie haben durch diesen Mondkalender erstmals die Möglichkeit, das umfangreiche, über Jahrtausende gültige Wissen über Kristalle, Mond und Sterne in Verbindung mit Liebe und Gesundheit für sich persönlich anwenden zu können. Sie erfahren so in Verbindung mit Ihren persönlichen Therapiesteinen, Planeten und Aszendenten mehr über sich selbst, Ihren persönlichen Rhythmus bzw. Zyklus, Stärken, Schwächen und Charaktereigenschaften. Schon nach kurzer Zeit können Sie anhand Ihrer Notizen deutlich erkennen, wie Ihr persönlicher Rhythmus verläuft und zu welchen Mondphasen bzw. Sternzeichen in Ihnen verborgene Blockaden in regelmäßigen Abständen in den Vordergrund drängen. Anhand des Buches »Das große Lexikon der Heilsteine, Düfte und Kräuter« fällt es Ihnen noch leichter, die richtigen Heilsteine, Essenzen und Elixiere für sich herausfinden und zur richtigen Mondphase anwenden zu können.

Diese »Arbeit« wird leider oft aus zeitlichen oder bequemlichen Gründen zugunsten von Tabletten oder Chemie gemieden oder gar gänzlich verdrängt. Anstatt die Herausforderung unserer inneren Stimmen endlich anzunehmen, vermeiden wir möglichst den Kontakt mit unseren inneren Bedürfnissen und geben uns entweder mit der Erklärung zufrieden, daß eben alles so ist, wie es ist und wir selbst daran ohnehin nichts verändern können oder wir neigen dazu, unseren Eltern, Vorfahren, Politikern oder der Industrie die Schuld für unser gesamtes Schicksal geben zu wollen. Dabei besteht in der Tätigkeit uns geistig mit uns selbst auseinanderzusetzen der Zugang zum spirituellen Weg, den wir benötigen, um unsere einseitige Denkweise und Lebensweise ausgleichen zu können. In dieser Tätigkeit besteht demnach ein natürliches Potenzial unserer menschlichen Aufgabe und Reife, was unser Bewußtsein mit Sinn und Weisheit mit dem irdischen Dasein unserer Seele vertraut macht. Da das Leben für jeden von uns nicht wissenschaftlich oder statistisch ist, sondern so individuell wie jeder neue Tag, sollten Sie die beschriebenen Energieströme über die Mondphasen und Blockaden in diesem Buch für sich als Anhaltspunkt verwenden und durch ihre persönlichen Gefühle, Gedanken, Launen und Emotionen anhand von Notizen zum persönlichen Nachschlagewerk für ihr Leben erweitern, um wieder zu Liebe, Harmonie, Gesundheit, Zufriedenheit, Erotik und Glück zurückfinden zu können.

Beginnen Sie Ihre Aufzeichnungen am besten in Verbindung mit Ihrem Biorhythmus oder mit persönlichen, emotionalen positiven oder negativen Ereignissen im Alltag. Suchen Sie hierbei nicht nach bestimmten Regeln, sondern beginnen Sie mit so alltäglichen Dingen, wie z.b.: Heute ging alles schief, habe Verdauungsprobleme, hab mich mit Kollegen oder Familienangehörigen gestritten, bin gereizt, usw. Mit der Zeit verfeinert sich Ihr Kalender durch Ihre persönlichen Notizen zum treuen Begleiter für Gesundheit, Liebe und Wohlbefinden. Nach einigen Monaten kennen Sie auf einmal Ihre kritischen Mondphasen und Mondtage vor allem auch Ihren persönlichen Biorhythmus und seelischen Zyklus in Verbindung mit sich wiederholenden Blockaden. An den täglichen Mondphasen können Sie in Verbindung mit den einzelnen Tierkreiszeichen täglich für sich kritische Tage, wie beispielsweise die Schamanen der Indianer auch, voraussagen und Ihr Leben wieder mehr an den Rhythmen und Zyklen seelischer, geistiger und kosmischer Impulse orientieren. Zögern Sie nicht! Verwenden Sie, um Ihre Notizen auch während der Arbeitszeit oder unterwegs machen zu können, den handlichen Mondkalender oder das durchweg farbig illustrierte Taschenbuch »Selbsthilfe durch Kristalle, Mond & Sterne - Vergiß uns nicht«, »Mond & Biorhythmus« und »Das große Lexikon der Heilsteine, Düfte und Kräuter« von Methusalem. Informationen hierzu finden Sie am Ende dieses Buches.

Vergessen Sie nicht, auch Geburtstage, Gedenktage und Aszendenten von sich und ihren Angehörigen in Ihrem Mondkalender einzutragen.

Mondkalender • Mondtagebuch
1998 - 2000

Zeichenerklärung verwendeter Symbole

Widder	♈	Steinbock	♑
Stier	♉	Wassermann	♒
Zwillinge	♊	Fische	♓
Krebs	♋	Seelisches Hoch	(++)
Löwe	♌	Seelisches Tief	(--)
Jungfrau	♍	eher positiver Verlauf	(+)
Waage	♎	eher negativer Verlauf	(-)
Skorpion	♏	Frau	♀
Schütze	♐	Mann	♂

Um genauer zwischen körperlichen und partnerschaftlichen Problemen differenzieren zu können, haben wir Ihnen in diesem Mondkalender unter »**Partnerschaft**« und unter »**M + W**« (männlich + weiblich) zwei Spalten eingerichtet, woraus sich für Sie geschlechtsspezifisch eine größere Übersicht ergibt. Haben Sie beispielsweise heute Verdauungsstörungen oder wiederholend schlecht geträumt, so vermerken Sie diese Notizen in der Spalte »M + W« unter Verwendung von (+) oder (-) für eher positiv oder eher negativ unter dem Buchstaben, der Ihr Geschlecht abkürzt. Haben Sie sich mit Ihrem Partner gestritten, sollten Sie dies in der Partnerschaftsspalte unter der geschlechtlichen Bezeichnung Ihres Partners oder für sich (♀ = weiblich; ♂ = männlich) unter Verwendung von (+) oder (-)vermerken. Fühlen Sie Energielöcher und sich wiederholende seelische Blockaden, so vermerken Sie diese ebenfalls in der Partnerschaftsspalte anhand der Symbole (+) oder (-) und machen sich hierzu kurze persönliche Notizen in der Spalte »Notizen, vergiß uns nicht«. Mit der Zeit erkennen Sie dann sehr deutlich und genau, zu welchen Mondphasen, Aszendenten oder Tierkreiszeichen für Sie in Bezug auf Partnerschaft, Liebe, Verdauung oder Träume kritische Tage sind oder Ihnen bevorstehen.

Beispiel zum Führen Ihres Mondkalenders

Erläuterung zu den einzelnen Spalten von links:

Spalte 1: **Datum, Wochentag**

Spalte 2: **Tierkreiszeichen**: In dieser Spalte finden Sie die Tierkreiszeichen oder Aszendenten, welche in der augenblicklichen Mondphase in Sie hineinleuchten. Diese sind wichtig, um für sich noch besser herausfinden zu können, an welchen Tagen sich für Sie kritische Tage wiederholen. Diese sind darüberhinaus sehr wichtig, um Ihre Ernährung besser planen zu können.

Spalte 3: **Tägliche Mondphase**

Spalte 4: **Partnerschaft**: In dieser Spalte sollten Sie den Notizen, die Sie in der letzten Spalte eintragen, mit kurzen Symbolen über Ihr persönliches seelisches Befinden, über Ihre Partnerschaft oder Partner und Angehörige Ausdruck verleihen. Verwenden Sie die zuvor genannten Zeichen für eher positiv **(+)** oder eher negativ **(-)** bzw. **(++)** für seelisches Hoch oder **(--)** für seelisches Tief. Setzen Sie die Zeichen für sich unter dem Symbol Ihres Geschlechtes, oder wenn es sich um Ihren Partner handelt unter das Symbol dessen Geschlechts. (♀ = weiblich, ♂ = männlich)

Spalte 5: **m + w (männlich + weiblich)**: In dieser Spalte sollten Sie durch **(+)** oder **(-)** für eher positiv oder eher negativ alle Begebenheiten vermerken, die Ihren Biorhythmus, Gesundheit oder Verdauung betreffen. Setzen Sie Ihre Zeichen unter **m**, wenn Sie ein Mann sind und unter **w**, wenn Sie eine Frau sind.

Spalte 6: **Notizen, Tagebuch:** Vermerken Sie in dieser Spalte die Notizen aus Ihrem täglichen Leben und unterscheiden Sie diese in der Partnerschaftsspalte oder in der **m + w** - Spalte. Verleihen Sie in den zuvor genannten Spalten möglichst nur unter Gebrauch der zuvor genannten wenige Symbole Ausdruck. Tragen Sie in dieser Spalte anhand kurzer persönlicher Notizen auch alles Wissenswertes über Geburtstage, Gedanken, Aszendenten und Liebe von sich und Ihren Angehörigen ein.

Nach kurzer Zeit werden Sie sehen, wie sich für Sie bestimmte Situationen, Launen, Blockaden, Partnerschaftsprobleme oder Verdauungsstörungen in bestimmten Mondphasen zu bestimmten Mond-, Tagen oder Tierkreiszeichen in regelmäßigen Abständen von 2 oder 4 Wochen wiederholen. Ebenso wie die Urvölker oder Schamanen haben Sie von nun ab selbst die Möglichkeit Ihre Höhen und Tiefen vorhersagen oder vorhersehen zu können und sich vorher darauf einzurichten. Ihr Leben wird sich verändern. Und dies unterscheidet dieses Buch in Verbindung mit den dazugehörigen Taschenbüchern und Mondkalendern von allen anderen Werken, welche im Gegensatz hierzu dazu neigen, Ihnen vorgefertigte, standardisierte Lösungen anbieten zu wollen. Denn Heilung und Zufriedenheit beginnt nicht irgendwo, sondern in der Wahrheit und Erkenntnis mit uns selbst.

Beispiel zum Führen Ihres Mondkalenders

Januar 1998   Vergiß uns nicht

Datum/ Tag	Tier- kreis- zeichen	Mond- phase	Partner- schaft ♀ ♂	m w	Notizen: persönliche Notizen zu Partnerschaft, Gesundheit, Geburtstagen, Aszendenten und Liebe
1. D	♒	🌙	(-·-) (-·-)	- +	*Haben gestritten, wie vor 4 Wochen* Fettverträglichkeit
2. F	♒	🌙	(-)	- +	*deprimiert Mama Geburtstag, 19.ºº* Fettverträglichkeit
3. S	♓	🌙	(-)	- +	*Blähungen, Schnitzel mit Pommes u. Salat* Kohlehydrate
4. S	♓	🌙	(-) (+)	- +	*nie hat er Zeit für mich* Kohlehydrate
5. M	♑	🌙	(-)	- +	*kaum geschlafen, schlecht geträumt* Eiweißverdauung

Am obigen Beispiel können Sie für sich ablesen, daß z.B. diese zunehmende Mondphase oder die Sternzeichen Wassermann und Fische, oder beides für Sie auch in folgenden Phasen kritische Tage bedeuten können. An sich wiederholenden Phasen können Sie anhand Ihrer Tagebucheinträge (Notizen) im folgenden Mondkalender schon im voraus erkennen, an was für Tagen für Sie oder Ihren Partner kritische oder gute Tage bevorstehen.

Januar 1998　　　　　　　　　　Vergiß uns nicht

Datum/Tag	Tierkreiszeichen	Mondphase	Partnerschaft ♀ ♂	m w	Notizen: persönliche Notizen zu Partnerschaft, Gesundheit, Geburtstagen, Aszendenten und Liebe
1. D	♒	🌒		− +	Fettverträglichkeit
2. F	♒	🌒		− +	Fettverträglichkeit
3. S	♓	🌒		− +	Kohlehydrate
4. S	♓	🌒		− +	Kohlehydrate
5. M	♈	🌒		− +	Eiweißverdauung
6. D	♈	🌒		− +	Eiweißverdauung
7. M	♉	🌓		− +	Salzhaushalt
8. D	♉	🌓		− +	Salzhaushalt
9. F	♊	🌔		− +	Kohlehydrate
10. S	♊	🌔			
11. S	♊	🌔			
12. M 18.26	♏	🌕			
13. D	♏	🌖			
14. M	♌	🌖			
15. D	♌	🌖		+ −	Eiweißverdauung

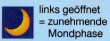 links geöffnet = zunehmende Mondphase　　 rechts geöffnet = abnehmende Mondphase　　Vollmond　　 Neumond

Vergiß uns nicht — Januar 1998

Datum/Tag	Tierkreiszeichen	Mondphase	Partnerschaft ♀ ♂	m w	Notizen: persönliche Notizen zu Partnerschaft, Gesundheit, Geburtstagen, Aszendenten und Liebe
16. F	♍	🌘		+ −	Salzhaushalt
17. S	♍	🌘		+ −	Salzhaushalt
18. S	♍	🌘		+ −	Salzhaushalt
19. M	♎	🌘		+ −	Fettverträglichkeit
20. D	♎	🌘		+ −	Fettverträglichkeit
21. M	♏	🌘		+ −	Kohlehydrate
22. D	♏	🌘		+ −	Kohlehydrate
23. F	♏	🌘		+ −	Kohlehydrate
24. S	♐	🌘		+ −	Kohlehydrate
25. S	♐	🌘		+ −	Eiweißverdauung
26. M	♑	🌘		+ −	Eiweißverdauung
27. D	♑	🌑			
28. M 06.58	♒	●			
29. D	♒	🌒			
30. F	♓	🌒			
31. S	♓	🌒		− +	Kohlehydrate

Februar 1998 — Vergiß uns nicht

Datum/Tag	Tierkreiszeichen	Mondphase	Partnerschaft ♀ ♂	m w	Notizen: persönliche Notizen zu Partnerschaft, Gesundheit, Geburtstagen, Aszendenten und Liebe
1. S	♑	🌒		− +	Eiweißverdauung
2. M	♑	🌒		− +	Eiweißverdauung
3. D	♉	🌒		− +	Salzhaushalt
4. M	♉	🌒		− +	Salzhaushalt
5. D	♉	🌒		− +	Salzhaushalt
6. F	♊	🌒		− +	Fettverträglichkeit
7. S	♊	🌓		− +	Kohlehydrate
8. S	♏	🌔		− +	Kohlehydrate
9. M	♏	🌔			
10. D	♌	🌕			
11. M 11.25	♌	🌕			
12. D	♌	🌖			
13. F	♍	🌖			
14. S	♍	🌖		+ −	Salzhaushalt
15. S	♎	🌖		+ −	Fettverträglichkeit

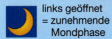 links geöffnet = zunehmende Mondphase

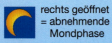 rechts geöffnet = abnehmende Mondphase

 Vollmond

 Neumond

Vergiß uns nicht

Februar 1998

Datum/Tag	Tierkreiszeichen	Mondphase	Partnerschaft ♀ ♂	m w	Notizen: persönliche Notizen zu Partnerschaft, Gesundheit, Geburtstagen, Aszendenten und Liebe
16. M	♎	🌒		+ −	Fettverträglichkeit
17. D	♎	🌒		+ −	Fettverträglichkeit
18. M	♏	🌒		+ −	Kohlehydrate
19. D	♏	🌒		+ −	Kohlehydrate
20. F	♐	🌒		+ −	Eiweißverdauung
21. S	♐	🌒		+ −	Eiweißverdauung
22. S	♑	🌒		+ −	Salzhaushalt
23. M	♑	🌒		+ −	Salzhaushalt
24. D	♑	🌒			
25. M	♒	🌒			
26. D 18.23	♒	🌑			
27. F	♓	🌒			
28. S	♓	🌒			

März 1998 — Vergiß uns nicht

Datum/Tag	Tierkreiszeichen	Mondphase	Partnerschaft ♀ ♂	m w	Notizen: persönliche Notizen zu Partnerschaft, Gesundheit, Geburtstagen, Aszendenten und Liebe
1. S	♈	🌒		− +	Eiweißverdauung
2. M	♈	🌒		− +	Eiweißverdauung
3. D	♉	🌒		− +	Salzhaushalt
4. M	♉	🌒		− +	Salzhaushalt
5. D	♊	🌒		− +	Fettverträglichkeit
6. F	♊	🌒		− +	Fettverträglichkeit
7. S	♏	🌒		− +	Kohlehydrate
8. S	♏	🌒		− +	Kohlehydrate
9. M	♌	🌓		− +	Eiweißverdauung
10. D	♌	🌔		− +	Eiweißverdauung
11. M	♌	🌔			
12. D	♍	🌔			
13. F 05.34	♍	🌕			
14. S	♎	🌖			
15. S	♎	🌖			

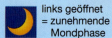 links geöffnet = zunehmende Mondphase

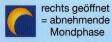 rechts geöffnet = abnehmende Mondphase

 Vollmond

 Neumond

Vergiß uns nicht März 1998

Datum/Tag	Tierkreiszeichen	Mondphase	Partnerschaft ♀ ♂	m w	Notizen: persönliche Notizen zu Partnerschaft, Gesundheit, Geburtstagen, Aszendenten und Liebe
16. M	♎			+ −	Fettverträglichkeit
17. D	♏			+ −	Kohlehydrate
18. M	♏			+ −	Kohlehydrate
19. D	♐			+ −	Eiweißverdauung
20. F	♐			+ −	Eiweißverdauung
21. S	♐			+ −	Eiweißverdauung
22. S	♑			+ −	Salzhaushalt
23. M	♑			+ −	Salzhaushalt
24. D	♒			+ −	Fettverträglichkeit
25. M	♒			+ −	Fettverträglichkeit
26. D	♓				
27. F	♓				
28. S 04.13	♈				
29. S	♈				
30. M	♉				
31. D	♉			− +	Salzhaushalt

April 1998　　　　　　　　　　Vergiß uns nicht

Datum/Tag	Tierkreiszeichen	Mondphase	Partnerschaft ♀ ♂	m w	Notizen: persönliche Notizen zu Partnerschaft, Gesundheit, Geburtstagen, Aszendenten und Liebe
1. M	♊	🌒		− +	Fettverträglichkeit
2. D	♊	🌒		− +	Fettverträglichkeit
3. F	♏	🌒		− +	Kohlehydrate
4. S	♏	🌒		− +	Kohlehydrate
5. S	♏	🌒		− +	Kohlehydrate
6. M	♌	🌓		− +	Eiweißverdauung
7. D	♌	🌓		− +	Eiweißverdauung
8. M	♍	🌔		− +	Salzhaushalt
9. D	♍	🌔			
10. F	♍	🌕			
11. S 23.22	♎	🌕			
12. S	♎	🌖			
13. M	♏	🌖			
14. D	♏	🌖		+ −	Kohlehydrate
15. M	♏	🌖		+ −	EKohlehydrate

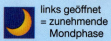 links geöffnet = zunehmende Mondphase

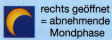 rechts geöffnet = abnehmende Mondphase

 Vollmond

 Neumond

# Kapitel 7 - Der Mondkalender

Vergiß uns nicht   April 1998

Datum/Tag	Tierkreiszeichen	Mondphase	Partnerschaft ♀ ♂	m w	Notizen: persönliche Notizen zu Partnerschaft, Gesundheit, Geburtstagen, Aszendenten und Liebe
16. D	♐	🌒		+ −	Eiweißverdauung
17. F	♐	🌒		+ −	Eiweißverdauung
18. S	♑	🌒		+ −	Salzhaushalt
19. S	♑	🌒		+ −	Salzhaushalt
20. M	♒	🌒		+ −	Fettverträglichkeit
21. D	♒	🌒		+ −	Fettverträglichkeit
22. M	♓	🌒		+ −	Kohlehydrate
23. D	♓	🌒		+ −	Kohlehydrate
24. F	♓	🌒			
25. S	♈	🌒			
26. S 12.43	♈	●			
27. M	♉	🌘			
28. D	♉	🌘			
29. M	♊	🌘		− +	Fettverträglichkeit
30. D	♊	🌘		− +	Fettverträglichkeit

Mai 1998　　　　　　　　　　　　　　　Vergiß uns nicht

Datum/Tag	Tierkreiszeichen	Mondphase	Partnerschaft ♀ ♂	m w	Notizen: persönliche Notizen zu Partnerschaft, Gesundheit, Geburtstagen, Aszendenten und Liebe
1. F	Skorpion	🌙		− +	Kohlehydrate
2. S	Skorpion	🌙		− +	Kohlehydrate
3. S	Löwe	🌙		− +	Eiweißverdauung
4. M	Löwe	🌙		− +	Eiweißverdauung
5. D	Wassermann	🌙		− +	Salzhaushalt
6. M	Wassermann	🌙		− +	Salzhaushalt
7. D	Wassermann	🌙		− +	Salzhaushalt
8. F	Waage	🌙		− +	Fettverträglichkeit
9. S	Waage	🌙			
10. S	Skorpion	🌙			
11. M 15.27	Skorpion	🌕			
12. D	Skorpion	🌙			
13. M	Schütze	🌙			
14. D	Schütze	🌙		+ −	Eiweißverdauung
15. F	Steinbock	🌙		+ −	Salzhaushalt

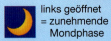 links geöffnet = zunehmende Mondphase
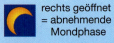 rechts geöffnet = abnehmende Mondphase
 Vollmond
 Neumond

Vergiß uns nicht Mai 1998

Datum/Tag	Tier-kreis-zeichen	Mond-phase	Partner-schaft ♀ ♂	m w	Notizen: persönliche Notizen zu Partnerschaft, Gesundheit, Geburtstagen, Aszendenten und Liebe
16. S	Steinbock	🌒		+ −	Salzhaushalt
17. S	Steinbock	🌒		+ −	Salzhaushalt
18. M	Wassermann	🌒		+ −	Fettverträglichkeit
19. D	Wassermann	🌒		+ −	Fettverträglichkeit
20. M	Fische	🌒		+ −	Kohlehydrate
21. D	Fische	🌒		+ −	Kohlehydrate
22. F	Widder	🌒		+ −	Eiweißverdauung
23. S	Widder	🌒		+ −	Eiweißverdauung
24. S	Stier	🌒			
25. M 20.34	Stier	☀			
26. D	Zwillinge	🌘			
27. M	Zwillinge	🌘			
28. D	Skorpion	🌘			
29. F	Skorpion	🌘		− +	Kohlehydrate
30. S	Löwe	🌘		− +	Eiweißverdauung
31. S	Löwe	🌘		− +	Eiweißverdauung

Juni 1998 Vergiß uns nicht

Datum/Tag	Tierkreiszeichen	Mondphase	Partnerschaft ♀ ♂	m w	Notizen: persönliche Notizen zu Partnerschaft, Gesundheit, Geburtstagen, Aszendenten und Liebe
1. M	Löwe			− +	Eiweißverdauung
2. D	Jungfrau			− +	Salzhaushalt
3. M	Jungfrau			− +	Salzhaushalt
4. D	Waage			− +	Fettverträglichkeit
5. F	Waage			− +	Fettverträglichkeit
6. S	Waage			− +	Fettverträglichkeit
7. S	Skorpion			− +	Kohlehydrate
8. M	Skorpion				
9. D	Schütze				
10. M 5.17	Schütze				
11. D	Steinbock				
12. F	Steinbock				
13. S	Steinbock			+ −	Salzhaushalt
14. S	Wassermann			+ −	Fettverträglichkeit
15. M	Wassermann			+ −	Fettverträglichkeit

 links geöffnet = zunehmende Mondphase

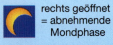 rechts geöffnet = abnehmende Mondphase

 Vollmond

 Neumond

Vergiß uns nicht   Juni 1998

Datum/Tag	Tierkreiszeichen	Mondphase	Partnerschaft ♀ ♂	m w	Notizen: persönliche Notizen zu Partnerschaft, Gesundheit, Geburtstagen, Aszendenten und Liebe
16. D	♓	🌒		+ −	Kohlehydrate
17. M	♓	🌒		+ −	Kohlehydrate
18. D	♈	🌒		+ −	Eiweißverdauung
19. F	♈	🌒		+ −	Eiweißverdauung
20. S	♉	🌒		+ −	Eiweißverdauung
21. S	♉	🌒		+ −	Salzhaushalt
22. M	♊	🌒			
23. D	♊	🌒			
24. M 04.53	♏	🌕			
25. D	♏	🌘			
26. F	♏	🌘			
27. S	♌	🌘		− +	Eiweißverdauung
28. S	♌	🌘		− +	Eiweißverdauung
29. M	♍	🌘		− +	Salzhaushalt
30. D	♍	🌘		− +	Salzhaushalt

Juli 1998 — Vergiß uns nicht

Datum/Tag	Tierkreiszeichen	Mondphase	Partnerschaft ♀ ♂	m w	Notizen: persönliche Notizen zu Partnerschaft, Gesundheit, Geburtstagen, Aszendenten und Liebe
1. M	♎	🌙		− +	Fettverträglichkeit
2. D	♎	🌙		− +	Fettverträglichkeit
3. F	♎	🌙		− +	Fettverträglichkeit
4. S	♏	🌙		− +	Kohlehydrate
5. S	♏	🌙		− +	Kohlehydrate
6. M	♐	🌙		− +	Eiweißverdauung
7. D	♐	🌙			
8. M	♐	🌙			
9. D 16.58	♑	🌙			
10. F	♑	🌙			
11. S	♒	🌙			
12. S	♒	🌙		+ −	Fettverträglichkeit
13. M	♓	🌙		+ −	Kohlehydrate
14. D	♓	🌙		+ −	Kohlehydrate
15. M	♈	🌙		+ −	Eiweißverdauung

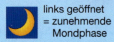 links geöffnet = zunehmende Mondphase

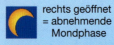 rechts geöffnet = abnehmende Mondphase

 Vollmond

 Neumond

# Vergiß uns nicht — Juli 1998

Datum/Tag	Tierkreiszeichen	Mondphase	Partnerschaft ♀ ♂	m w	Notizen: persönliche Notizen zu Partnerschaft, Gesundheit, Geburtstagen, Aszendenten und Liebe
16. D	Widder	🌙		+ −	Eiweißverdauung
17. F	Stier	🌙		+ −	Salzhaushalt
18. S	Stier	🌙		+ −	Salzhaushalt
19. S	Stier	🌙		+ −	Salzhaushalt
20. M	Zwillinge	🌙		+ −	Fettverträglichkeit
21. D	Zwillinge	🌙			
22. M	Skorpion	🌙			
23. D 14.47	Skorpion	☀			
24. F	Löwe	🌙			
25. S	Löwe	🌙			
26. S	Jungfrau	🌙		− +	Salzhaushalt
27. M	Jungfrau	🌙		− +	Salzhaushalt
28. D	Jungfrau	🌙		− +	Salzhaushalt
29. M	Waage	🌙		− +	Fettverträglichkeit
30. D	Waage	🌙		− +	Fettverträglichkeit
31. F	Skorpion	🌙		− +	Kohlehydrate

August 1998   Vergiß uns nicht

Datum/Tag	Tierkreiszeichen	Mondphase	Partnerschaft ♀ ♂	m	w	Notizen: persönliche Notizen zu Partnerschaft, Gesundheit, Geburtstagen, Aszendenten und Liebe
1. S	Skorpion			−	+	Kohlehydrate
2. S	Skorpion			−	+	Kohlehydrate
3. M	Schütze			−	+	Eiweißverdauung
4. D	Schütze			−	+	Eiweißverdauung
5. M	Steinbock			−	+	Salzhaushalt
6. D	Steinbock					
7. F	Wassermann					
8. S 03.07	Wassermann					
9. S	Wassermann					
10. M	Fische					
11. D	Fische			+	−	Kohlehydrate
12. M	Widder			+	−	Eiweißverdauung
13. D	Widder			+	−	Eiweißverdauung
14. F	Stier			+	−	Salzhaushalt
15. S	Stier			+	−	Salzhaushalt

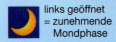 links geöffnet = zunehmende Mondphase
 rechts geöffnet = abnehmende Mondphase
 Vollmond
 Neumond

Vergiß uns nicht — August 1998

Kapitel 7 - Der Mondkalender

Datum/Tag	Tierkreiszeichen	Mondphase	Partnerschaft ♀ ♂	m w	Notizen: persönliche Notizen zu Partnerschaft, Gesundheit, Geburtstagen, Aszendenten und Liebe
16. S	Zwillinge	🌒		+ −	Fettverträglichkeit
17. M	Zwillinge	🌒		+ −	Fettverträglichkeit
18. D	Skorpion	🌒		+ −	Kohlehydrate
19. M	Skorpion	🌒		+ −	Kohlehydrate
20. D	Löwe	🌒			
21. F	Löwe	🌒			
22. S 03.03	Löwe	☀			
23. S	Jungfrau	🌘			
24. M	Jungfrau	🌘			
25. D	Waage	🌘		− +	Fettverträglichkeit
26. M	Waage	🌘		− +	Fettverträglichkeit
27. D	Waage	🌘		− +	Fettverträglichkeit
28. F	Skorpion	🌘		− +	Kohlehydrate
29. S	Skorpion	🌘		− +	Kohlehydrate
30. S	Schütze	🌘		− +	Eiweißverdauung
31. M	Schütze	🌘		− +	Eiweißverdauung

September 1998   Vergiß uns nicht

Datum/Tag	Tierkreiszeichen	Mondphase	Partnerschaft ♀ ♂	m w	Notizen: persönliche Notizen zu Partnerschaft, Gesundheit, Geburtstagen, Aszendenten und Liebe
1. D	🏹	🌒		− +	Eiweißverdauung
2. M	🐐	🌒		− +	Salzhaushalt
3. D	🐐	🌒		− +	Salzhaushalt
4. F	💧	🌒			
5. S	💧	🌒			
6. S 12.17	🐟	🌕			
7. M	🐟	🌖			
8. D	🐏	🌖			
9. M	🐏	🌖		+ −	Eiweißverdauung
10. D	🐂	🌖		+ −	Salzhaushalt
11. F	🐂	🌖		+ −	Salzhaushalt
12. S	👬	🌗		+ −	Fettverträglichkeit
13. S	👬	🌗		+ −	Fettverträglichkeit
14. M	🦂	🌘		+ −	Kohlehydrate
15. D	🦂	🌘		+ −	Kohlehydrate

 links geöffnet = zunehmende Mondphase
 rechts geöffnet = abnehmende Mondphase
 Vollmond
 Neumond

Vergiß uns nicht — September 1998

Datum/Tag	Tierkreis-zeichen	Mond-phase	Partnerschaft ♀ ♂	m	w	Notizen: persönliche Notizen zu Partnerschaft, Gesundheit, Geburtstagen, Aszendenten und Liebe
16. M	Skorpion	🌒		+	−	Kohlehydrate
17. D	Löwe	🌒		+	−	Eiweißverdauung
18. F	Löwe	🌒				
19. S	Jungfrau	🌒				
20. S 18.04	Jungfrau	🌕				
21. M	Waage	🌘				
22. D	Waage	🌘				
23. M	Waage	🌘		−	+	Fettverträglichkeit
24. D	Skorpion	🌘		−	+	Kohlehydrate
25. F	Skorpion	🌘		−	+	Kohlehydrate
26. S	Schütze	🌘		−	+	Eiweißverdauung
27. S	Schütze	🌘		−	+	Eiweißverdauung
28. M	Schütze	🌘		−	+	Eiweißverdauung
29. D	Steinbock	🌘		−	+	Salzhaushalt
30. M	Steinbock	🌘		−	+	Salzhaushalt

Oktober 1998　　　　　　　　Vergiß uns nicht

Datum/Tag	Tierkreiszeichen	Mondphase	Partnerschaft ♀　♂	m w	Notizen: persönliche Notizen zu Partnerschaft, Gesundheit, Geburtstagen, Aszendenten und Liebe
1. D	♊			− +	Fettverträglichkeit
2. F	♊			− +	Fettverträglichkeit
3. S	♓				
4. S	♓				
5. M 21.10	♈				
6. D	♈				
7. M	♉				
8. D	♉			+ −	Salzhaushalt
9. F	♊			+ −	Fettverträglichkeit
10. S	♊			+ −	Fettverträglichkeit
11. S	♊			+ −	Fettverträglichkeit
12. M	♏			+ −	Kohlehydrate
13. D	♏			+ −	Kohlehydrate
14. M	♌			+ −	Eiweißverdauung
15. D	♌			+ −	Eiweißverdauung

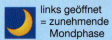 links geöffnet = zunehmende Mondphase
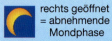 rechts geöffnet = abnehmende Mondphase
 Vollmond
 Neumond

Vergiß uns nicht   Oktober 1998

Datum/Tag	Tierkreiszeichen	Mondphase	Partnerschaft ♀ ♂	m w	Notizen: persönliche Notizen zu Partnerschaft, Gesundheit, Geburtstagen, Aszendenten und Liebe
16. F				+ −	Salzhaushalt
17. S				+ −	Salzhaushalt
18. S					
19. M					
20. D 11.09					
21. M					
22. D					
23. F				− +	Kohlehydrate
24. S				− +	Eiweißverdauung
25. S				− +	Eiweißverdauung
26. M				− +	Salzhaushalt
27. D				− +	Salzhaushalt
28. M				− +	Salzhaushalt
29. D				− +	Fettverträglichkeit
30. F				− +	Fettverträglichkeit
31. S				− +	Kohlehydrate

November 1998   Vergiß uns nicht

Datum/Tag	Tierkreiszeichen	Mondphase	Partnerschaft ♀ ♂	m w	Notizen: persönliche Notizen zu Partnerschaft, Gesundheit, Geburtstagen, Aszendenten und Liebe
1. S	♓			− +	Kohlehydrate
2. M	♑				
3. D	♑				
4. M 06.19	♉				
5. D	♉				
6. F	♊				
7. S	♊			+ −	Fettverträglichkeit
8. S	♏			+ −	Kohlehydrate
9. M	♏			+ −	Kohlehydrate
10. D	♌			+ −	Eiweißverdauung
11. M	♌			+ −	Eiweißverdauung
12. D	♍			+ −	Salzhaushalt
13. F	♍			+ −	Salzhaushalt
14. S	♍			+ −	Salzhaushalt
15. S	♎			+ −	Fettverträglichkeit

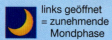 links geöffnet = zunehmende Mondphase

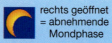 rechts geöffnet = abnehmende Mondphase

 Vollmond

 Neumond

Vergiß uns nicht   November 1998

Datum/Tag	Tierkreiszeichen	Mondphase	Partnerschaft ♀ ♂	m w	Notizen: persönliche Notizen zu Partnerschaft, Gesundheit, Geburtstagen, Aszendenten und Liebe
16. M	♎	🌒		+ −	Fettverträglichkeit
17. D	♏	🌒			
18. M	♏	🌒			
19. D 05.24	♏	●			
20. F	♐	🌒			
21. S	♐	🌒			
22. S	♑	🌒		− +	Salzhaushalt
23. M	♑	🌒		− +	Salzhaushalt
24. D	♑	🌒		− +	Salzhaushalt
25. M	♒	🌓		− +	Fettverträglichkeit
26. D	♒	🌓		− +	Fettverträglichkeit
27. F	♓	🌓		− +	Kohlehydrate
28. S	♓	🌔		− +	Kohlehydrate
29. S	♈	🌔		− +	Eiweißverdauung
30. M	♈	🌔		− +	Eiweißverdauung

Dezember 1998 — Vergiß uns nicht

Datum/Tag	Tierkreiszeichen	Mondphase	Partnerschaft ♀ ♂	m w	Notizen: persönliche Notizen zu Partnerschaft, Gesundheit, Geburtstagen, Aszendenten und Liebe
1. D					
2. M					
3. D 16.21					
4. F					
5. S					
6. S				+ −	Kohlehydrate
7. M				+ −	Eiweißverdauung
8. D				+ −	Eiweißverdauung
9. M				+ −	Eiweißverdauung
10. D				+ −	Salzhaushalt
11. F				+ −	Salzhaushalt
12. S				+ −	Fettverträglichkeit
13. S				+ −	Fettverträglichkeit
14. M				+ −	Fettverträglichkeit
15. D				+ −	Kohlehydrate

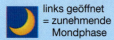 links geöffnet = zunehmende Mondphase

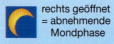 rechts geöffnet = abnehmende Mondphase

 Vollmond

 Neumond

Vergiß uns nicht — Dezember 1998

Datum/Tag	Tierkreiszeichen	Mondphase	Partnerschaft ♀ ♂	m	w	Notizen: persönliche Notizen zu Partnerschaft, Gesundheit, Geburtstagen, Aszendenten und Liebe
16. M	Skorpion	🌘				
17. D	Schütze	🌘				
18. F 23.43	Schütze	☀				
19. S	Schütze	🌒				
20. S	Steinbock	🌒				
21. M	Steinbock	🌒		−	+	Salzhaushalt
22. D	Wassermann	🌒		−	+	Fettverträglichkeit
23. M	Wassermann	🌒		−	+	Fettverträglichkeit
24. D	Fische	🌒		−	+	Kohlehydrate
25. F	Fische	🌒		−	+	Kohlehydrate
26. S	Fische	🌓		−	+	Kohlehydrate
27. S	Widder	🌓		−	+	Eiweißverdauung
28. M	Widder	🌔		−	+	Eiweißverdauung
29. D	Stier	🌔		−	+	Salzhaushalt
30. M	Stier	🌔		−	+	Salzhaushalt
31. D	Zwillinge	🌔				

Januar 1999   Vergiß uns nicht

Datum/Tag	Tierkreiszeichen	Mondphase	Partnerschaft ♀ ♂	m w	Notizen: persönliche Notizen zu Partnerschaft, Gesundheit, Geburtstagen, Aszendenten und Liebe
1. F	♊				
2. S 02.50	♏				
3. S	♏				
4. M	♌				
5. D	♌			+ −	Eiweißverdauung
6. M	♍			+ −	Salzhaushalt
7. D	♍			+ −	Salzhaushalt
8. F	♍			+ −	Salzhaushalt
9. S	♎			+ −	Fettverträglichkeit
10. S	♎			+ −	Fettverträglichkeit
11. M	♏			+ −	Kohlehydrate
12. D	♏			+ −	Kohlehydrate
13. M	♏			+ −	Kohlehydrate
14. D	♐			+ −	Eiweißverdauung
15. F	♐				

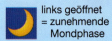 links geöffnet = zunehmende Mondphase

 rechts geöffnet = abnehmende Mondphase

 Vollmond   Neumond

> # Vergiß uns nicht   Januar 1999

Datum/Tag	Tierkreiszeichen	Mondphase	Partnerschaft ♀ ♂	m w	Notizen: persönliche Notizen zu Partnerschaft, Gesundheit, Geburtstagen, Aszendenten und Liebe
16. S	Steinbock	🌒			
17. S 16.44	Steinbock	🌑			
18. M	Wassermann	🌒			
19. D	Wassermann	🌒			
20. M	Wassermann	🌒		- +	Fettverträglichkeit
21. D	Fische	🌒		- +	Kohlehydrate
22. F	Fische	🌒		- +	Kohlehydrate
23. S	Widder	🌓		- +	Eiweißverdauung
24. S	Widder	🌓		- +	Eiweißverdauung
25. M	Stier	🌔		- +	Salzhaushalt
26. D	Stier	🌔		- +	Salzhaushalt
27. M	Zwillinge	🌔		- +	Fettverträglichkeit
28. D	Zwillinge	🌔		- +	Fettverträglichkeit
29. F	Skorpion	🌕			
30. S	Skorpion	🌕			
31. S 17.10	Löwe	🌕			

Februar 1999 — Vergiß uns nicht

Datum/Tag	Tierkreiszeichen	Mondphase	Partnerschaft ♀ ♂	m w	Notizen: persönliche Notizen zu Partnerschaft, Gesundheit, Geburtstagen, Aszendenten und Liebe
1. M	Löwe				
2. D	Löwe				
3. M	Jungfrau			+ −	Salzhaushalt
4. D	Jungfrau			+ −	Salzhaushalt
5. F	Waage			+ −	Fettverträglichkeit
6. S	Waage			+ −	Fettverträglichkeit
7. S	Skorpion			+ −	Kohlehydrate
8. M	Skorpion			+ −	Kohlehydrate
9. D	Skorpion			+ −	Kohlehydrate
10. M	Schütze			+ −	Eiweißverdauung
11. D	Schütze			+ −	Eiweißverdauung
12. F	Steinbock			+ −	Salzhaushalt
13. S	Steinbock			+ −	Salzhaushalt
14. S	Steinbock				
15. M	Wassermann				

 links geöffnet = zunehmende Mondphase

 rechts geöffnet = abnehmende Mondphase

 Vollmond

 Neumond

Kapitel 7 - Der Mondkalender 477

Vergiß uns nicht Februar 1999

Datum/Tag	Tierkreiszeichen	Mondphase	Partnerschaft ♀ ♂	m w	Notizen: persönliche Notizen zu Partnerschaft, Gesundheit, Geburtstagen, Aszendenten und Liebe
16. D 07.35					
17. M					
18. D					
19. F				− +	Eiweißverdauung
20. S				− +	Eiweißverdauung
21. S				− +	Salzhaushalt
22. M				− +	Salzhaushalt
23. D				− +	Fettverträglichkeit
24. M				− +	Fettverträglichkeit
25. D				− +	Kohlehydrate
26. F				− +	Kohlehydrate
27. S				− +	Kohlehydrate
28. S					

März 1999   Vergiß uns nicht

Datum/Tag	Tier-kreis-zeichen	Mond-phase	Partner-schaft ♀ ♂	m w	Notizen: persönliche Notizen zu Partnerschaft, Gesundheit, Geburtstagen, Aszendenten und Liebe
1. M	Löwe	🌖			
2. D 08.00	Jungfrau	🌖			
3. M	Jungfrau	🌖			
4. D	Waage	🌗			
5. F	Waage	🌗		+ −	Fettverträglichkeit
6. S	Waage	🌗		+ −	Fettverträglichkeit
7. S	Skorpion	🌘		+ −	Kohlehydrate
8. M	Skorpion	🌘		+ −	Kohlehydrate
9. D	Schütze	🌘		+ −	Eiweißverdauung
10. M	Schütze	🌘		+ −	Eiweißverdauung
11. D	Schütze	🌘		+ −	Eiweißverdauung
12. F	Steinbock	🌘		+ −	Salzhaushalt
13. S	Steinbock	🌘		+ −	Salzhaushalt
14. S	Wassermann	🌘		+ −	Fettverträglichkeit
15. M	Wassermann	🌘			

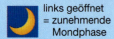 links geöffnet = zunehmende Mondphase
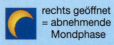 rechts geöffnet = abnehmende Mondphase
 Vollmond
 Neumond

Vergiß uns nicht   März 1999

Datum/Tag	Tierkreiszeichen	Mondphase	Partnerschaft ♀ ♂	m w	Notizen: persönliche Notizen zu Partnerschaft, Gesundheit, Geburtstagen, Aszendenten und Liebe
16. D	♒	🌒			
17. M 19.44	♒	🌕			
18. D	♒	🌒			
19. F	♓	🌒			
20. S	♓	🌒		− +	Eiweißverdauung
21. S	♈	🌒		− +	Salzhaushalt
22. M	♈	🌒		− +	Salzhaushalt
23. D	♊	🌒		− +	Fettverträglichkeit
24. M	♊	🌓		− +	Fettverträglichkeit
25. D	♏	🌓		− +	Kohlehydrate
26. F	♏	🌓		− +	Kohlehydrate
27. S	♌	🌔		− +	Eiweißverdauung
28. S	♌	🌔		− +	Eiweißverdauung
29. M	♒	🌔			
30. D	♒	🌔			
31. M 23.50	♒	🌔			

April 1999   Vergiß uns nicht

Datum/Tag	Tierkreiszeichen	Mondphase	Partnerschaft ♀ ♂	m w	Notizen: persönliche Notizen zu Partnerschaft, Gesundheit, Geburtstagen, Aszendenten und Liebe
1. D	♎				
2. F	♎				
3. S	♏			+ −	Kohlehydrate
4. S	♏			+ −	Kohlehydrate
5. M	♏			+ −	Kohlehydrate
6. D	♐			+ −	Eiweißverdauung
7. M	♐			+ −	Eiweißverdauung
8. D	♑			+ −	Salzhaushalt
9. F	♑			+ −	Salzhaushalt
10. S	♑			+ −	Salzhaushalt
11. S	♒			+ −	Fettverträglichkeit
12. M	♒			+ −	Fettverträglichkeit
13. D	♓			+ −	Kohlehydrate
14. M	♓				
15. D	♈				

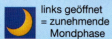 links geöffnet = zunehmende Mondphase

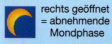 rechts geöffnet = abnehmende Mondphase

 Vollmond

 Neumond

Vergiß uns nicht

April 1999

Datum/Tag	Tierkreiszeichen	Mondphase	Partnerschaft ♀ ♂	m w	Notizen: persönliche Notizen zu Partnerschaft, Gesundheit, Geburtstagen, Aszendenten und Liebe
16. F 05.21	Widder				
17. S	Stier				
18. S	Stier				
19. M	Zwillinge			− +	Fettverträglichkeit
20. D	Zwillinge			− +	Fettverträglichkeit
21. M	Krebs			− +	Kohlehydrate
22. D	Krebs			− +	Kohlehydrate
23. F	Löwe			− +	Eiweißverdauung
24. S	Löwe			− +	Eiweißverdauung
25. S	Jungfrau			− +	Salzhaushalt
26. M	Jungfrau			− +	Salzhaushalt
27. D	Jungfrau			− +	Salzhaushalt
28. M	Waage				
29. D	Waage				
30. F 15.55	Skorpion				

Mai 1999 Vergiß uns nicht

Datum/Tag	Tierkreiszeichen	Mondphase	Partnerschaft ♀ ♂	m w	Notizen: persönliche Notizen zu Partnerschaft, Gesundheit, Geburtstagen, Aszendenten und Liebe
1. S	🦂	🌔			
2. S	🦂	🌔			
3. M	♐	🌔		+ –	Eiweißverdauung
4. D	♐	🌔		+ –	Eiweißverdauung
5. M	♑	🌒		+ –	Salzhaushalt
6. D	♑	🌒		+ –	Salzhaushalt
7. F	♑	🌒		+ –	Salzhaushalt
8. S	♒	🌒		+ –	Fettverträglichkeit
9. S	♒	🌒		+ –	Fettverträglichkeit
10. M	♓	🌒		+ –	Kohlehydrate
11. D	♓	🌒		+ –	Kohlehydrate
12. M	♈	🌒		+ –	Eiweißverdauung
13. D	♈	🌒			
14. F	♉	🌒			
15. S 13.05	♉	●			

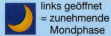 links geöffnet = zunehmende Mondphase
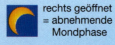 rechts geöffnet = abnehmende Mondphase
 Vollmond
 Neumond

Vergiß uns nicht　　　　　　　　　　　Mai 1999

Datum/Tag	Tierkreiszeichen	Mondphase	Partnerschaft ♀ ♂	m w	Notizen: persönliche Notizen zu Partnerschaft, Gesundheit, Geburtstagen, Aszendenten und Liebe
16. S	♊				
17. M	♊				
18. D	♏			− +	Kohlehydrate
19. M	♏			− +	Kohlehydrate
20. D	♌			− +	Eiweißverdauung
21. F	♌			− +	Eiweißverdauung
22. S	♌			− +	Eiweißverdauung
23. S	♍			− +	Salzhaushalt
24. M	♍			− +	Salzhaushalt
25. D	♎			− +	Fettverträglichkeit
26. M	♎			− +	Fettverträglichkeit
27. D	♎			− +	Fettverträglichkeit
28. F	♏				
29. S	♏				
30. S 07.40	♐				
31. M	♐				

Juni 1999 — Vergiß uns nicht

Datum/Tag	Tierkreiszeichen	Mondphase	Partnerschaft ♀ ♂	m w	Notizen: persönliche Notizen zu Partnerschaft, Gesundheit, Geburtstagen, Aszendenten und Liebe
1. D	Schütze	🌒			
2. M	Steinbock	🌒		+ −	Salzhaushalt
3. D	Steinbock	🌒		+ −	Salzhaushalt
4. F	Wassermann	🌒		+ −	Fettverträglichkeit
5. S	Wassermann	🌒		+ −	Fettverträglichkeit
6. S	Fische	🌒		+ −	Kohlehydrate
7. M	Fische	🌒		+ −	Kohlehydrate
8. D	Fische	🌒		+ −	Kohlehydrate
9. M	Widder	🌒		+ −	Eiweißverdauung
10. D	Widder	🌒		+ −	Eiweißverdauung
11. F	Stier	🌒			
12. S	Stier	🌒			
13. S 20.04	Zwillinge	● Neumond			
14. M	Zwillinge	🌒			
15. D	Skorpion	🌒			

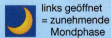 links geöffnet = zunehmende Mondphase

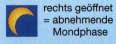 rechts geöffnet = abnehmende Mondphase

 Vollmond

 Neumond

Vergiß uns nicht   Juni 1999

Datum/ Tag	Tierkreiszeichen	Mondphase	Partnerschaft ♀ ♂	m w	Notizen: persönliche Notizen zu Partnerschaft, Gesundheit, Geburtstagen, Aszendenten und Liebe
16. M	♏			− +	Kohlehydrate
17. D	♌			− +	Eiweißverdauung
18. F	♌			− +	Eiweißverdauung
19. S	♍			− +	Salzhaushalt
20. S	♍			− +	Salzhaushalt
21. M	♎			− +	Fettverträglichkeit
22. D	♎			− +	Fettverträglichkeit
23. M	♎			− +	Fettverträglichkeit
24. D	♏			− +	Kohlehydrate
25. F	♏			− +	Kohlehydrate
26. S	♐				
27. S	♐				
28. M 22.35	♐				
29. D	♑				
30. M	♑				

Juli 1999 — Vergiß uns nicht

Datum/Tag	Tierkreiszeichen	Mondphase	Partnerschaft ♀ ♂	m w	Notizen: persönliche Notizen zu Partnerschaft, Gesundheit, Geburtstagen, Aszendenten und Liebe
1. D	♒	🌒		+ −	Fettverträglichkeit
2. F	♒	🌒		+ −	Fettverträglichkeit
3. S	♒	🌒		+ −	Fettverträglichkeit
4. S	♓	🌒		+ −	Kohlehydrate
5. M	♓	🌒		+ −	Kohlehydrate
6. D	♈	🌒		+ −	Eiweißverdauung
7. M	♈	🌒		+ −	Eiweißverdauung
8. D	♉	🌒		+ −	Salzhaushalt
9. F	♉	🌒		+ −	Salzhaushalt
10. S	♊	🌒		+ −	Fettverträglichkeit
11. S	♊	🌒			
12. M	♏	🌘			
13. D 03.25	♏	🌑			
14. M	♌	🌘			
15. D	♌	🌘			

 links geöffnet = zunehmende Mondphase

 rechts geöffnet = abnehmende Mondphase

 Vollmond

 Neumond

Vergiß uns nicht   Juli 1999

Datum/Tag	Tierkreiszeichen	Mondphase	Partnerschaft ♀ ♂	m w	Notizen: persönliche Notizen zu Partnerschaft, Gesundheit, Geburtstagen, Aszendenten und Liebe
16. F	♍	🌒		− +	Salzhaushalt
17. S	♍	🌒		− +	Salzhaushalt
18. S	♍	🌒		− +	Fettverträglichkeit
19. M	♎	🌒		− +	Fettverträglichkeit
20. D	♎	🌒		− +	Kohlehydrate
21. M	♏	🌒		− +	Kohlehydrate
22. D	♏	🌓		− +	Kohlehydrate
23. F	♏	🌓		− +	Eiweißverdauung
24. S	♐	🌔			
25. S	♐	🌔			
26. M	♑	🌕			
27. D 12.20	♑	🌕			
28. M	♑	🌖			
29. D	♒	🌖		+ −	
30. F	♒	🌖		+ −	Fettverträglichkeit
31. S	♓	🌖			Kohlehydrate

August 1999 — Vergiß uns nicht

Datum/Tag	Tierkreiszeichen	Mondphase	Partnerschaft ♀ ♂	m	w	Notizen: persönliche Notizen zu Partnerschaft, Gesundheit, Geburtstagen, Aszendenten und Liebe
1. S	Fische	🌒		+	−	Kohlehydrate
2. M	Widder	🌒		+	−	Eiweißverdauung
3. D	Widder	🌒		+	−	Eiweißverdauung
4. M	Stier	🌒		+	−	Salzhaushalt
5. D	Stier	🌒		+	−	Salzhaushalt
6. F	Zwillinge	🌒		+	−	Fettverträglichkeit
7. S	Zwillinge	🌒		+	−	Fettverträglichkeit
8. S	Zwillinge	🌒		+	−	Fettverträglichkeit
9. M	Skorpion	🌒				
10. D	Skorpion	🌒				
11. M 12.10	Löwe	☀ Vollmond				
12. D	Löwe	🌘				
13. F	Jungfrau	🌘				
14. S	Jungfrau	🌘		−	+	Salzhaushalt
15. S	Waage	🌘		−	+	Fettverträglichkeit

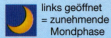 links geöffnet = zunehmende Mondphase

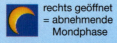 rechts geöffnet = abnehmende Mondphase

 Vollmond

 Neumond

Vergiß uns nicht — August 1999

Kapitel 7 - Der Mondkalender

Datum/Tag	Tierkreiszeichen	Mondphase	Partnerschaft ♀ ♂	m w	Notizen: persönliche Notizen zu Partnerschaft, Gesundheit, Geburtstagen, Aszendenten und Liebe
16. M	♎	🌙		− +	Fettverträglichkeit
17. D	♏	🌙		− +	Kohlehydrate
18. M	♏	🌙		− +	Kohlehydrate
19. D	♏	🌙		− +	Eiweißverdauung
20. F	♐	🌙		− +	Eiweißverdauung
21. S	♐	🌙		− +	Eiweißverdauung
22. S	♑	🌙		− +	Salzhaushalt
23. M	♑	🌙		− +	Salzhaushalt
24. D	♑	🌙		− +	Salzhaushalt
25. M	♒	🌙			
26. D	♒	🌙			
27. F 00.46	♓	🌕			
28. S	♓	🌙			
29. S	♈	🌙			
30. M	♈	🌙		+ −	Eiweißverdauung
31. D	♈	🌙		+ −	Eiweißverdauung

September 1999   Vergiß uns nicht

Datum/Tag	Tierkreiszeichen	Mond-phase	Partner-schaft ♀ ♂	m w	Notizen: persönliche Notizen zu Partnerschaft, Gesundheit, Geburtstagen, Aszendenten und Liebe
1. M		🌙		+ −	Salzhaushalt
2. D		🌙		+ −	Salzhaushalt
3. F		🌙		+ −	Fettverträglichkeit
4. S		🌙		+ −	Fettverträglichkeit
5. S		🌙		+ −	Kohlehydrate
6. M		🌙		+ −	Kohlehydrate
7. D		🌙			
8. M		🌙			
9. D 23.03		☀			
10. F		🌙			
11. S		🌙			
12. S		🌙		− +	Fettverträglichkeit
13. M		🌙		− +	Fettverträglichkeit
14. D		🌙		− +	Kohlehydrate
15. M		🌙		− +	Kohlehydrate

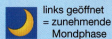 links geöffnet = zunehmende Mondphase
 rechts geöffnet = abnehmende Mondphase
 Vollmond
 Neumond

Vergiß uns nicht — September 1999

Datum/Tag	Tierkreiszeichen	Mondphase	Partnerschaft ♀ ♂	m w	Notizen: persönliche Notizen zu Partnerschaft, Gesundheit, Geburtstagen, Aszendenten und Liebe
16. D	♐	🌒		− +	Eiweißverdauung
17. F	♐	🌒		− +	Eiweißverdauung
18. S	♐	🌒		− +	Eiweißverdauung
19. S	♑	🌒		− +	Salzhaushalt
20. M	♑	🌓		− +	Salzhaushalt
21. D	♒	🌔		− +	Fettverträglichkeit
22. M	♒	🌔		− +	Fettverträglichkeit
23. D	♒	🌔			
24. F	♓	🌕			
25. S 11.46	♓	🌕			
26. S	♈	🌖			
27. M	♈	🌖			
28. D	♉	🌗		+ −	Salzhaushalt
29. M	♉	🌗		+ −	Salzhaushalt
30. D	♊	🌗		+ −	Fettverträglichkeit

Oktober 1999   Vergiß uns nicht

Datum/Tag	Tierkreiszeichen	Mondphase	Partnerschaft ♀ ♂	m w	Notizen: persönliche Notizen zu Partnerschaft, Gesundheit, Geburtstagen, Aszendenten und Liebe
1. F	♊	🌒		+ −	Fettverträglichkeit
2. S	♏	🌒		+ −	Kohlehydrate
3. S	♏	🌒		+ −	Kohlehydrate
4. M	♌	🌒		+ −	Eiweißverdauung
5. D	♌	🌒		+ −	Eiweißverdauung
6. M	♍	🌒		+ −	Salzhaushalt
7. D	♍	🌒			
8. F	♍	🌒			
9. S 12.38	♎	☀			
10. S	♎	🌘			
11. M	♏	🌘			
12. D	♏	🌘		− +	Kohlehydrate
13. M	♏	🌘		− +	Kohlehydrate
14. D	♐	🌘		− +	Eiweißverdauung
15. F	♐	🌘		− +	Eiweißverdauung

 links geöffnet = zunehmende Mondphase
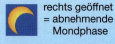 rechts geöffnet = abnehmende Mondphase
 Vollmond
 Neumond

Vergiß uns nicht — Oktober 1999

Datum/Tag	Tierkreis-zeichen	Mond-phase	Partnerschaft ♀ ♂	m w	Notizen: persönliche Notizen zu Partnerschaft, Gesundheit, Geburtstagen, Aszendenten und Liebe
16. S	Steinbock	🌙		− +	Salzhaushalt
17. S	Steinbock	🌙		− +	Salzhaushalt
18. M	Steinbock	🌙		− +	Salzhaushalt
19. D	Wassermann	🌙		− +	Fettverträglichkeit
20. M	Wassermann	🌙		− +	Fettverträglichkeit
21. D	Fische	🌙		− +	Kohlehydrate
22. F	Fische	🌙			
23. S	Widder	🌙			
24. S 22.01	Widder	🌕			
25. M	Stier	🌙			
26. D	Stier	🌙			
27. M	Zwillinge	🌙		+ −	Fettverträglichkeit
28. D	Zwillinge	🌙		+ −	Fettverträglichkeit
29. F	Skorpion	🌙		+ −	Kohlehydrate
30. S	Skorpion	🌙		+ −	Kohlehydrate
31. S	Löwe	🌙		+ −	Eiweißverdauung

November 1999 — Vergiß uns nicht

Datum/Tag	Tierkreiszeichen	Mondphase	Partnerschaft ♀ ♂	m	w	Notizen: persönliche Notizen zu Partnerschaft, Gesundheit, Geburtstagen, Aszendenten und Liebe
1. M	Löwe	🌘		+	−	Eiweißverdauung
2. D	Löwe	🌘		+	−	Eiweißverdauung
3. M	Jungfrau	🌘		+	−	Salzhaushalt
4. D	Jungfrau	🌘		+	−	Salzhaushalt
5. F	Waage	🌘		+	−	Fettverträglichkeit
6. S	Waage	🌘				
7. S	Skorpion	🌘				
8. M 04.54	Skorpion	☀ (Neumond)				
9. D	Skorpion	🌒				
10. M	Schütze	🌒				
11. D	Schütze	🌒		−	+	Eiweißverdauung
12. F	Steinbock	🌒		−	+	Salzhaushalt
13. S	Steinbock	🌒		−	+	Salzhaushalt
14. S	Steinbock	🌒		−	+	Salzhaushalt
15. M	Wassermann	🌒		−	+	Fettverträglichkeit

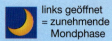 links geöffnet = zunehmende Mondphase

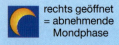 rechts geöffnet = abnehmende Mondphase

 Vollmond

 Neumond

Vergiß uns nicht   November 1999

Datum/Tag	Tierkreiszeichen	Mondphase	Partnerschaft ♀ ♂	m w	Notizen: persönliche Notizen zu Partnerschaft, Gesundheit, Geburtstagen, Aszendenten und Liebe
16. D	♒	🌒		− +	Fettverträglichkeit
17. M	♓	🌒		− +	Kohlehydrate
18. D	♓	🌒		− +	Kohlehydrate
19. F	♓	🌒		− +	Kohlehydrate
20. S	♈	🌓		− +	Eiweißverdauung
21. S	♈	🌔			
22. M	♉	🌔			
23. D 08.05	♉	🌕			
24. M	♊	🌖			
25. D	♊	🌖			
26. F	♏	🌗		+ −	Kohlehydrate
27. S	♏	🌗		+ −	Kohlehydrate
28. S	♌	🌘		+ −	Eiweißverdauung
29. M	♌	🌘		+ −	Eiweißverdauung
30. D	♒	🌘		+ −	Salzhaushalt

Dezember 1999   Vergiß uns nicht

Datum/Tag	Tierkreiszeichen	Mondphase	Partnerschaft ♀ ♂	m w	Notizen: persönliche Notizen zu Partnerschaft, Gesundheit, Geburtstagen, Aszendenten und Liebe
1. M	♒	🌒		+ −	Salzhaushalt
2. D	♎	🌒		+ −	Fettverträglichkeit
3. F	♎	🌒		+ −	Fettverträglichkeit
4. S	♎	🌒		+ −	Fettverträglichkeit
5. S	♏	🌒			
6. M	♏	🌒			
7. D 23.31	♐	☀			
8. M	♐	🌒			
9. D	♐	🌒			
10. F	♑	🌒		− +	Salzhaushalt
11. S	♑	🌒		− +	Salzhaushalt
12. S	♒	🌒		− +	Fettverträglichkeit
13. M	♒	🌒		− +	Fettverträglichkeit
14. D	♒	🌒		− +	Fettverträglichkeit
15. M	♓	🌒		− +	Kohlehydrate

 links geöffnet = zunehmende Mondphase

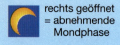 rechts geöffnet = abnehmende Mondphase

 Vollmond

 Neumond

Vergiß uns nicht — Dezember 1999

Datum/Tag	Tierkreiszeichen	Mondphase	Partnerschaft ♀ ♂	m	w	Notizen: persönliche Notizen zu Partnerschaft, Gesundheit, Geburtstagen, Aszendenten und Liebe
16. D	Fische			−	+	Kohlehydrate
17. F	Widder			−	+	Eiweißverdauung
18. S	Widder			−	+	Eiweißverdauung
19. S	Stier			−	+	Salzhaushalt
20. M	Stier					
21. D	Zwillinge					
22. M 18.31	Zwillinge					
23. D	Skorpion					
24. F	Skorpion					
25. S	Löwe			+	−	Eiweißverdauung
26. S	Löwe			+	−	Eiweißverdauung
27. M	Jungfrau			+	−	Salzhaushalt
28. D	Jungfrau			+	−	Salzhaushalt
29. M	Jungfrau			+	−	Salzhaushalt
30. D	Waage			+	−	Fettverträglichkeit
31. F	Waage			+	−	Fettverträglichkeit

Januar 2000   Vergiß uns nicht

Datum/Tag	Tierkreiszeichen	Mondphase	Partnerschaft ♀ ♂	m w	Notizen: persönliche Notizen zu Partnerschaft, Gesundheit, Geburtstagen, Aszendenten und Liebe
1. S	♏	🌒		+ −	Kohlehydrate
2. S	♏	🌒		+ −	Kohlehydrate
3. M	♐	🌒		+ −	Eiweißverdauung
4. D	♐	🌒			
5. M	♐	🌒			
6. D 19.12	♑	●			
7. F	♑	🌘			
8. S	♒	🌘			
9. S	♒	🌘		− +	Fettverträglichkeit
10. M	♒	🌘		− +	Fettverträglichkeit
11. D	♓	🌘		− +	Kohlehydrate
12. M	♓	🌘		− +	Kohlehydrate
13. D	♈	🌘		− +	Eiweißverdauung
14. F	♈	🌘		− +	Eiweißverdauung
15. S	♈	🌘		− +	Eiweißverdauung

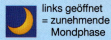 links geöffnet = zunehmende Mondphase

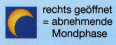 rechts geöffnet = abnehmende Mondphase

 Vollmond

 Neumond

Vergiß uns nicht — Januar 2000

Datum/Tag	Tierkreiszeichen	Mondphase	Partnerschaft ♀ ♂	m	w	Notizen: persönliche Notizen zu Partnerschaft, Gesundheit, Geburtstagen, Aszendenten und Liebe
16. S	Stier	🌒		−	+	Salzhaushalt
17. M	Stier	🌒		−	+	Salzhaushalt
18. D	Zwillinge	🌒		−	+	Fettverträglichkeit
19. M	Zwillinge	🌒				
20. D	Skorpion	🌒				
21. F 05.41	Skorpion	🌕				
22. S	Löwe	🌖				
23. S	Löwe	🌖				
24. M	Wassermann	🌖		+	−	Salzhaushalt
25. D	Wassermann	🌖		+	−	Salzhaushalt
26. M	Waage	🌗		+	−	Fettverträglichkeit
27. D	Waage	🌗		+	−	Fettverträglichkeit
28. F	Skorpion	🌘		+	−	Kohlehydrate
29. S	Skorpion	🌘		+	−	Kohlehydrate
30. S	Skorpion	🌘		+	−	Kohlehydrate
31. M	Schütze	🌘		+	−	Eiweißverdauung

Februar 2000　　　　　　　　　　Vergiß uns nicht

Datum/Tag	Tierkreiszeichen	Mondphase	Partnerschaft ♀ ♂	m w	Notizen: persönliche Notizen zu Partnerschaft, Gesundheit, Geburtstagen, Aszendenten und Liebe
1. D	♐	🌙		+ −	Eiweißverdauung
2. M	♑	🌙		+ −	Salzhaushalt
3. D	♑	🌙			
4. F	♑	🌙			
5. S 14.00	♒	☀			
6. S	♒	🌙			
7. M	♓	🌙			
8. D	♓	🌙		− +	Kohlehydrate
9. M	♓	🌙		− +	Kohlehydrate
10. D	♈	🌙		− +	Eiweißverdauung
11. F	♈	🌙		− +	Eiweißverdauung
12. S	♉	🌙		− +	Salzhaushalt
13. S	♉	🌙		− +	Salzhaushalt
14. M	♊	🌙		− +	Fettverträglichkeit
15. D	♊	🌙		− +	Fettverträglichkeit

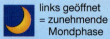 links geöffnet = zunehmende Mondphase
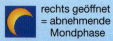 rechts geöffnet = abnehmende Mondphase
 Vollmond
 Neumond

Vergiß uns nicht — Februar 2000

Datum/Tag	Tierkreiszeichen	Mondphase	Partnerschaft ♀ ♂	m	w	Notizen: persönliche Notizen zu Partnerschaft, Gesundheit, Geburtstagen, Aszendenten und Liebe
16. M	Skorpion			−	+	Kohlehydrate
17. D	Skorpion					
18. F	Löwe					
19. S 17.28	Löwe					
20. S	Jungfrau					
21. M	Jungfrau					
22. D	Waage			+	−	Fettverträglichkeit
23. M	Waage			+	−	Fettverträglichkeit
24. D	Waage			+	−	Fettverträglichkeit
25. F	Skorpion			+	−	Kohlehydrate
26. S	Skorpion			+	−	Kohlehydrate
27. S	Schütze			+	−	Eiweißverdauung
28. M	Schütze			+	−	Eiweißverdauung
29. D	Schütze			+	−	Eiweißverdauung

März 2000

Vergiß uns nicht

Datum/Tag	Tierkreiszeichen	Mondphase	Partnerschaft ♀ ♂	m w	Notizen: persönliche Notizen zu Partnerschaft, Gesundheit, Geburtstagen, Aszendenten und Liebe
1. M	🐐	🌙		+ −	Salzhaushalt
2. D	🐐	🌙		+ −	Salzhaushalt
3. F	♒	🌙		+ −	Fettverträglichkeit
4. S	♒	🌙			
5. S	♓	🌙			
6. M 06.13	♓	☀			
7. D	♓	🌙			
8. M	♈	🌙			
9. D	♈	🌙		− +	Eiweißverdauung
10. F	♉	🌙		− +	Salzhaushalt
11. S	♉	🌙		− +	Salzhaushalt
12. S	♊	🌙		− +	Fettverträglichkeit
13. M	♊	🌙		− +	Fettverträglichkeit
14. D	♏	🌙		− +	Kohlehydrate
15. M	♏	🌙		− +	Kohlehydrate

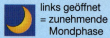 links geöffnet = zunehmende Mondphase

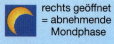 rechts geöffnet = abnehmende Mondphase

 Vollmond

 Neumond

Vergiß uns nicht   März 2000

Datum/Tag	Tierkreiszeichen	Mondphase	Partnerschaft ♀ ♂	m w	Notizen: persönliche Notizen zu Partnerschaft, Gesundheit, Geburtstagen, Aszendenten und Liebe
16. D	Löwe			− +	Eiweißverdauung
17. F	Löwe			− +	Eiweißverdauung
18. S	Löwe				
19. S	Jungfrau				
20. M 05.46	Jungfrau				
21. D	Waage				
22. M	Waage				
23. D	Skorpion			+ −	Kohlehydrate
24. F	Skorpion			+ −	Kohlehydrate
25. S	Schütze			+ −	Eiweißverdauung
26. S	Schütze			+ −	Eiweißverdauung
27. M	Schütze			+ −	Eiweißverdauung
28. D	Steinbock			+ −	Salzhaushalt
29. M	Steinbock			+ −	Salzhaushalt
30. D	Wassermann			+ −	Fettverträglichkeit
31. F	Wassermann			+ −	Fettverträglichkeit

April 2000 — Vergiß uns nicht

Datum/Tag	Tierkreiszeichen	Mondphase	Partnerschaft ♀ ♂	m w	Notizen: persönliche Notizen zu Partnerschaft, Gesundheit, Geburtstagen, Aszendenten und Liebe
1. S	Wassermann	zunehmend		+ −	Fettverträglichkeit
2. S	Fische	zunehmend			
3. M	Fische	zunehmend			
4. D 19.08	Widder	Vollmond			
5. M	Widder	abnehmend			
6. D	Stier	abnehmend			
7. F	Stier	abnehmend		− +	Salzhaushalt
8. S	Zwillinge	abnehmend		− +	Fettverträglichkeit
9. S	Zwillinge	abnehmend		− +	Fettverträglichkeit
10. M	Zwillinge	abnehmend		− +	Fettverträglichkeit
11. D	Skorpion	abnehmend		− +	Kohlehydrate
12. M	Skorpion	abnehmend		− +	Kohlehydrate
13. D	Löwe	abnehmend		− +	Eiweißverdauung
14. F	Löwe	abnehmend		− +	Eiweißverdauung
15. S	Jungfrau	abnehmend		− +	Salzhaushalt

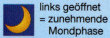 links geöffnet = zunehmende Mondphase

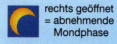 rechts geöffnet = abnehmende Mondphase

 Vollmond

 Neumond

Vergiß uns nicht   April 2000

Datum/Tag	Tierkreiszeichen	Mondphase	Partnerschaft ♀ ♂	m w	Notizen: persönliche Notizen zu Partnerschaft, Gesundheit, Geburtstagen, Aszendenten und Liebe
16.	Jungfrau				
17.	Waage				
18. 18.44	Waage				
19.	Skorpion				
20.	Skorpion				
21.	Skorpion		+ −	Kohlehydrate
22.	Schütze			+ −	Eiweißverdauung
23.	Schütze			+ −	Eiweißverdauung
24.	Steinbock			+ −	Salzhaushalt
25.	Steinbock			+ −	Salzhaushalt
26.	Steinbock			+ −	Salzhaushalt
27.	Wassermann			+ −	Fettverträglichkeit
28.	Wassermann			+ −	Fettverträglichkeit
29.	Fische			+ −	Kohlehydrate
30.	Fische			+ −	Kohlehydrate

Mai 2000　　　　　　　　　　　　　　　　　Vergiß uns nicht

Datum/Tag	Tierkreiszeichen	Mondphase	Partnerschaft ♀　♂	m w	Notizen: persönliche Notizen zu Partnerschaft, Gesundheit, Geburtstagen, Aszendenten und Liebe
1. M	♓	🌒		+ −	Kohlenhydrate
2. D	♈	🌒			
3. M	♈	🌒			
4. D 05.11	♉	☀			
5. F	♉	🌒			
6. S	♊	🌒			
7. S	♊	🌒		− +	Fettverträglichkeit
8. M	♏	🌒		− +	Kohlenhydrate
9. D	♏	🌒		− +	Kohlenhydrate
10. M	♌	🌒		− +	Eiweißverdauung
11. D	♌	🌒		− +	Eiweißverdauung
12. F	♍	🌒		− +	Salzhaushalt
13. S	♍	🌒		− +	Salzhaushalt
14. S	♎	🌒		− +	Fettverträglichkeit
15. M	♎	🌒		− +	Fettverträglichkeit

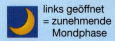 links geöffnet = zunehmende Mondphase　　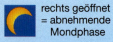 rechts geöffnet = abnehmende Mondphase　　 Vollmond　　 Neumond

Vergiß uns nicht   Mai 2000

Datum/Tag	Tierkreiszeichen	Mondphase	Partnerschaft ♀ ♂	m w	Notizen: persönliche Notizen zu Partnerschaft, Gesundheit, Geburtstagen, Aszendenten und Liebe
16. D	♎				
17. M	♏				
18. D 08.37	♏				
19. F	♐				
20. S	♐				
21. S	♐			− +	Eiweißverdauung
22. M	♑			− +	Salzhaushalt
23. D	♑			− +	Salzhaushalt
24. M	♒			− +	Fettverträglichkeit
25. D	♒			− +	Fettverträglichkeit
26. F	♒			− +	Fettverträglichkeit
27. S	♓			− +	Kohlehydrate
28. S	♓			− +	Kohlehydrate
29. M	♈			− +	Eiweißverdauung
30. D	♈			− +	Eiweißverdauung
31. M	♉				

Juni 2000   Vergiß uns nicht

Datum/Tag	Tierkreiszeichen	Mondphase	Partnerschaft ♀ ♂	m w	Notizen: persönliche Notizen zu Partnerschaft, Gesundheit, Geburtstagen, Aszendenten und Liebe
1. D					
2. F 13.13					
3. S					
4. S					
5. M				+ −	Kohlehydrate
6. D				+ −	Eiweißverdauung
7. M				+ −	Eiweißverdauung
8. D				+ −	Salzhaushalt
9. F				+ −	Salzhaushalt
10. S				+ −	Fettverträglichkeit
11. S				+ −	Fettverträglichkeit
12. M				+ −	Fettverträglichkeit
13. D				+ −	Kohlehydrate
14. M					
15. D					

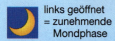 links geöffnet = zunehmende Mondphase
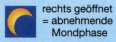 rechts geöffnet = abnehmende Mondphase
 Vollmond
 Neumond

Vergiß uns nicht
Juni 2000

Datum/Tag	Tierkreiszeichen	Mondphase	Partnerschaft ♀ ♂	m w	Notizen: persönliche Notizen zu Partnerschaft, Gesundheit, Geburtstagen, Aszendenten und Liebe
16. F 23.27					
17. S					
18. S					
19. M				− +	Salzhaushalt
20. D				− +	Fettverträglichkeit
21. M				− +	Fettverträglichkeit
22. D				− +	Fettverträglichkeit
23. F				− +	Kohlehydrate
24. S				− +	Kohlehydrate
25. S				− +	Eiweißverdauung
26. M				− +	Eiweißverdauung
27. D				− +	Eiweißverdauung
28. M				− +	Salzhaushalt
29. D					
30. F					

Juli 2000 — Vergiß uns nicht

Datum/Tag	Tierkreiszeichen	Mondphase	Partnerschaft ♀ ♂	m w	Notizen: persönliche Notizen zu Partnerschaft, Gesundheit, Geburtstagen, Aszendenten und Liebe
1. S 20.18	👬	🌕			
2. S	🦂	🌒			
3. M	🦂	🌒			
4. D	🦁	🌒		+ −	Eiweißverdauung
5. M	🦁	🌒		+ −	Eiweißverdauung
6. D	♍	🌒		+ −	Salzhaushalt
7. F	♍	🌒		+ −	Salzhaushalt
8. S	⚖️	🌒		+ −	Fettverträglichkeit
9. S	⚖️	🌓		+ −	Fettverträglichkeit
10. M	🦂	🌓		+ −	Kohlehydrate
11. D	🦂	🌓		+ −	Kohlehydrate
12. M	🦂	🌔		+ −	Kohlehydrate
13. D	♐	🌔		+ −	Eiweißverdauung
14. F	♐	🌔			
15. S	♑	🌔			

 links geöffnet = zunehmende Mondphase

 rechts geöffnet = abnehmende Mondphase

 Vollmond

 Neumond

Vergiß uns nicht

Juli 2000

Datum/Tag	Tierkreiszeichen	Mondphase	Partnerschaft ♀ ♂	m w	Notizen: persönliche Notizen zu Partnerschaft, Gesundheit, Geburtstagen, Aszendenten und Liebe
16. S 14.53					
17. M					
18. D					
19. M				− +	Fettverträglichkeit
20. D				− +	Kohlehydrate
21. F				− +	Kohlehydrate
22. S				− +	Kohlehydrate
23. S				− +	Eiweißverdauung
24. M				− +	Eiweißverdauung
25. D				− +	Salzhaushalt
26. M				− +	Salzhaushalt
27. D				− +	Fettverträglichkeit
28. F				− +	Fettverträglichkeit
29. S					
30. S					
31. M 03.25					

August 2000　　　　　　　　　Vergiß uns nicht

Datum/Tag	Tierkreiszeichen	Mondphase	Partnerschaft ♀ ♂	m w	Notizen: persönliche Notizen zu Partnerschaft, Gesundheit, Geburtstagen, Aszendenten und Liebe
1. D	♌	🌙			
2. M		🌙			
3. D		🌙		+ −	Salzhaushalt
4. F	♎	🌙		+ −	Fettverträglichkeit
5. S	♎	🌙		+ −	Fettverträglichkeit
6. S	♏	🌙		+ −	Kohlehydrate
7. M	♏	🌙		+ −	Kohlehydrate
8. D	♏	🌙		+ −	Kohlehydrate
9. M	♐	🌙		+ −	Eiweißverdauung
10. D	♐	🌙		+ −	Eiweißverdauung
11. F	♑	🌙		+ −	Salzhaushalt
12. S	♑	🌙		+ −	Salzhaushalt
13. S	♑	🌙			
14. M	♒	🌙			
15. D 06.09	♒	🌕			

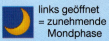 links geöffnet = zunehmende Mondphase
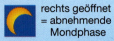 rechts geöffnet = abnehmende Mondphase
 Vollmond
 Neumond

Vergiß uns nicht   August 2000

Datum/Tag	Tierkreiszeichen	Mondphase	Partnerschaft ♀ ♂	m w	Notizen: persönliche Notizen zu Partnerschaft, Gesundheit, Geburtstagen, Aszendenten und Liebe
16. M	Fische				
17. D	Fische				
18. F	Fische			− +	Kohlehydrate
19. S	Widder			− +	Eiweißverdauung
20. S	Widder			− +	Eiweißverdauung
21. M	Stier			− +	Salzhaushalt
22. D	Stier			− +	Salzhaushalt
23. M	Zwillinge			− +	Fettverträglichkeit
24. D	Zwillinge			− +	Fettverträglichkeit
25. F	Skorpion			− +	Kohlehydrate
26. S	Skorpion			− +	Kohlehydrate
27. S	Löwe				
28. M	Löwe				
29. D 11.22	Jungfrau				
30. M	Jungfrau				
31. D	Jungfrau				

September 2000   Vergiß uns nicht

Datum/Tag	Tierkreiszeichen	Mondphase	Partnerschaft ♀ ♂	m w	Notizen: persönliche Notizen zu Partnerschaft, Gesundheit, Geburtstagen, Aszendenten und Liebe
1. F	♎	🌒		+ −	Fettverträglichkeit
2. S	♎	🌒		+ −	Fettverträglichkeit
3. S	♏	🌒		+ −	Kohlehydrate
4. M	♏	🌒		+ −	Kohlehydrate
5. D	♐	🌒		+ −	Eiweißverdauung
6. M	♐	🌒		+ −	Eiweißverdauung
7. D	♐	🌒		+ −	Eiweißverdauung
8. F	♑	🌒		+ −	Salzhaushalt
9. S	♑	🌒		+ −	Salzhaushalt
10. S	♒	🌓		+ −	Fettverträglichkeit
11. M	♒	🌔			
12. D	♒	🌔			
13. M 20.34	♓	🌕			
14. D	♓	🌕			
15. F	♈	🌕			

 links geöffnet = zunehmende Mondphase   rechts geöffnet = abnehmende Mondphase   Vollmond   Neumond

# Kapitel 7 - Der Mondkalender

Vergiß uns nicht   September 2000

Datum/Tag	Tierkreis-zeichen	Mondphase	Partnerschaft ♀ ♂	m w	Notizen: persönliche Notizen zu Partnerschaft, Gesundheit, Geburtstagen, Aszendenten und Liebe
16. S	♌	🌒		− +	Eiweißverdauung
17. S	♉	🌒		− +	Salzhaushalt
18. M	♉	🌒		− +	Salzhaushalt
19. D	♉	🌒		− +	Salzhaushalt
20. M	♊	🌒		− +	Fettverträglichkeit
21. D	♊	🌒		− +	Fettverträglichkeit
22. F	♏	🌒		− +	Kohlehydrate
23. S	♏	🌒		− +	Kohlehydrate
24. S	♌	🌒		− +	Eiweißverdauung
25. M	♌	🌒			
26. D	♍	🌒			
27. M 20.53	♍	🌕			
28. D	♎	🌘			
29. F	♎	🌘			
30. S	♏	🌘		+ −	Kohlehydrate

Oktober 2000   Vergiß uns nicht

Datum/Tag	Tierkreiszeichen	Mondphase	Partnerschaft ♀ ♂	m w	Notizen: persönliche Notizen zu Partnerschaft, Gesundheit, Geburtstagen, Aszendenten und Liebe
1. S				+ −	Kohlehydrate
2. M				+ −	Eiweißverdauung
3. D				+ −	Eiweißverdauung
4. M				+ −	Eiweißverdauung
5. D				+ −	Salzhaushalt
6. F				+ −	Salzhaushalt
7. S				+ −	Fettverträglichkeit
8. S				+ −	Fettverträglichkeit
9. M				+ −	Fettverträglichkeit
10. D				+ −	Kohlehydrate
11. M					
12. D					
13. F 09.48					
14. S					
15. S					

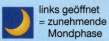 links geöffnet = zunehmende Mondphase
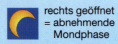 rechts geöffnet = abnehmende Mondphase
 Vollmond
 Neumond

Vergiß uns nicht — Oktober 2000

Datum/Tag	Tierkreiszeichen	Mondphase	Partnerschaft ♀ ♂	m w	Notizen: persönliche Notizen zu Partnerschaft, Gesundheit, Geburtstagen, Aszendenten und Liebe
16. M	Stier	🌔		− +	Salzhaushalt
17. D	Zwillinge	🌔		− +	Fettverträglichkeit
18. M	Zwillinge	🌔		− +	Fettverträglichkeit
19. D	Krebs	🌔		− +	Kohlehydrate
20. F	Krebs	🌔		− +	Kohlehydrate
21. S	Löwe	🌔		− +	Eiweißverdauung
22. S	Löwe	🌔		− +	Eiweißverdauung
23. M	Jungfrau	🌒		− +	Salzhaushalt
24. D	Jungfrau	🌒		− +	Salzhaushalt
25. M	Waage	🌒			
26. D	Waage	🌒			
27. F 09.01	Waage	●			
28. S	Skorpion	🌘			
29. S	Skorpion	🌘			
30. M	Schütze	🌘		+ −	Eiweißverdauung
31. D	Schütze	🌘		+ −	Eiweißverdauung

November 2000   Vergiß uns nicht

Datum/Tag	Tierkreiszeichen	Mondphase	Partnerschaft ♀ ♂	m w	Notizen: persönliche Notizen zu Partnerschaft, Gesundheit, Geburtstagen, Aszendenten und Liebe
1. M	♑	🌙		+ −	Salzhaushalt
2. D	♑	🌙		+ −	Salzhaushalt
3. F	♑	🌙		+ −	Salzhaushalt
4. S	♒	🌙		+ −	Fettverträglichkeit
5. S	♒	🌙		+ −	Fettverträglichkeit
6. M	♓	🌙		+ −	Kohlehydrate
7. D	♓	🌙		+ −	Kohlehydrate
8. M	♓	🌙		+ −	Kohlehydrate
9. D	♈	🌙			
10. F	♈	🌙			
11. S 22.14	♉	🌕			
12. S	♉	🌖			
13. M	♊	🌖			
14. D	♊	🌖		− +	Fettverträglichkeit
15. M	♏	🌖		− +	Kohlehydrate

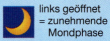 links geöffnet = zunehmende Mondphase
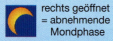 rechts geöffnet = abnehmende Mondphase
 Vollmond
 Neumond

Vergiß uns nicht — November 2000

Datum/Tag	Tierkreiszeichen	Mondphase	Partnerschaft ♀ ♂	m w	Notizen: persönliche Notizen zu Partnerschaft, Gesundheit, Geburtstagen, Aszendenten und Liebe
16. D	Skorpion	🌘		− +	Kohlehydrate
17. F	Löwe	🌘		− +	Eiweißverdauung
18. S	Löwe	🌘		− +	Eiweißverdauung
19. S	Jungfrau	🌘		− +	Salzhaushalt
20. M	Jungfrau	🌘		− +	Salzhaushalt
21. D	Jungfrau	🌘		− +	Salzhaushalt
22. M	Waage	🌘		− +	Fettverträglichkeit
23. D	Waage	🌘		− +	Fettverträglichkeit
24. F	Skorpion	🌘			
25. S	Skorpion	🌘			
26. S 00.11	Schütze	●			
27. M	Schütze	🌒			
28. D	Schütze	🌒			
29. M	Steinbock	🌒		+ −	Salzhaushalt
30. D	Steinbock	🌒		+ −	Salzhaushalt

Dezember 2000   Vergiß uns nicht

Datum/Tag	Tierkreiszeichen	Mondphase	Partnerschaft ♀ ♂	m w	Notizen: persönliche Notizen zu Partnerschaft, Gesundheit, Geburtstagen, Aszendenten und Liebe
1. F	♒	🌒		+ −	Fettverträglichkeit
2. S	♒	🌒		+ −	Fettverträglichkeit
3. S	♒	🌒		+ −	Fettverträglichkeit
4. M	♓	🌒		+ −	Kohlehydrate
5. D	♓	🌒		+ −	Kohlehydrate
6. M	♈	🌒		+ −	Eiweißverdauung
7. D	♈	🌒		+ −	Eiweißverdauung
8. F	♉	🌓		+ −	Salzhaushalt
9. S	♉	🌔			
10. S	♉	🌔			
11. M 10.00	♊	🌕			
12. D	♊	🌖			
13. M	♏	🌖			
14. D	♏	🌖		− +	Kohlehydrate
15. F	♌	🌖		− +	Eiweißverdauung

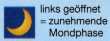 links geöffnet = zunehmende Mondphase

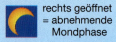 rechts geöffnet = abnehmende Mondphase

 Vollmond

 Neumond

Vergiß uns nicht   Dezember 2000

Datum/Tag	Tierkreiszeichen	Mondphase	Partnerschaft ♀ ♂	m w	Notizen: persönliche Notizen zu Partnerschaft, Gesundheit, Geburtstagen, Aszendenten und Liebe
16. S	♌	🌒		- +	Eiweißverdauung
17. S	♍	🌒		- +	Salzhaushalt
18. M	♍	🌒		- +	Salzhaushalt
19. D	♎	🌒		- +	Fettverträglichkeit
20. M	♎	🌒		- +	Fettverträglichkeit
21. D	♏	🌒		- +	Kohlehydrate
22. F	♏	🌒		- +	Kohlehydrate
23. S	♐	🌑			
24. S	♐	🌑			
25. M 18.22	♐	🌕			
26. D	♑	🌘			
27. M	♑	🌘			
28. D	♒	🌘		+ -	Fettverträglichkeit
29. F	♒	🌘		+ -	Fettverträglichkeit
30. S	♒	🌘		+ -	Fettverträglichkeit
31. S	♓	🌘		+ -	Kohlehydrate

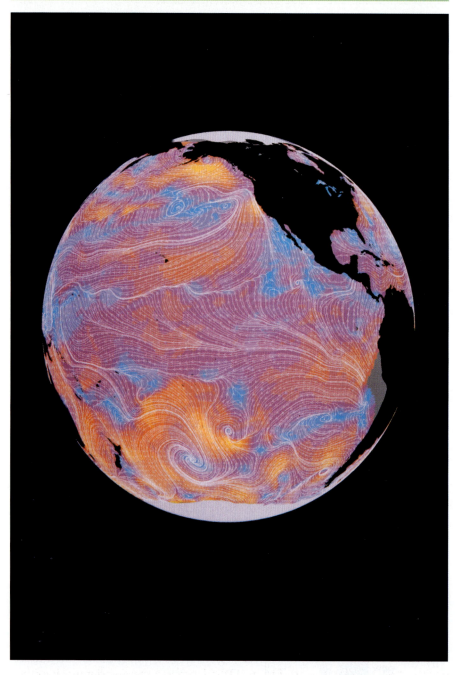

Die biorhythmischen Energiefelder (Feldlinien) unserer Erde.

Kapitel 8

Ihr Biorhythmus

Der Biorhythmus ist an für sich nichts außergewöhnliches, sondern bestimmt Aufbau, Verlauf und Zerfall aller Dinge auf der Erde, im Sternensystem und im Kreislauf des Universums. Die Dinge geschehen, ob wir wollen oder nicht, und der Biorhythmus bewirkt im Miteinander unseres Körpers und der Seele das, was die universellen Energieströme in Verbindung mit den kosmischen Kräften in der Natur und im Universum auch tun. Bestimmte, harmonisch aufeinander abgestimmte Regelmäßigkeiten bestimmen Geburt, Wachstum, Aufbau und Zerfall aller Dinge und somit eine geistige, seelische und körperliche Evolution im gemeinsamen Geschehen aller Rhythmen des Universums. Alle Dinge in unserem irdischen Gefüge unterliegen einem persönlichen Rhythmus, welcher gleichzeitig wieder an die Rhythmen aller anderen Lebewesen, Energieströme und Begebenheiten angeschlossen ist, woraus sich alle irdischen Lebewesen gemeinsam mit der Erde, der Natur, den Elementen und uns Menschen nach einem gemeinsamen, übergeordneten Sinn entfalten. Dies läßt sich daran erkennen, daß alle natürlichen Dinge zu jeder Zeit in Harmonie bestehen. Leider haben wir modernen Menschen uns von diesen natürlichen Rhythmen geistig entfremdet. Körperlich und seelisch leiden wir jedoch zunehmend an dieser geistigen menschlichen Entwicklung. Doch nicht nur unsere Seele und unser Körper leidet an der zunehmenden geistigen Entfremdung durch Logik, Wissenschaft und materiellen Fortschritt, sondern auch die irdische Natur.

Der Biorhythmus bewirkt demnach unsere Aktivitäten wie ein roter Faden durch unser Leben. Er bewirkt minütlich, stündlich, täglich und monatlich über Jahre hinweg unsere Launen, Gedanken und unser Befinden. Ob wir uns gut fühlen oder niedergeschlagen, ob uns heute gar nichts gelingt oder leicht von der Hand geht, oder daß an bestimmten Tagen alles wie am Schnürchen läuft oder uns Dinge in den Schoß fallen, sind Eigenschaften, welche durch den Biorhythmus in Verbindung mit Raum, Zeit, Mond und dem ganzen Universum ausgelöst werden. Der Biorhythmus gibt mehr oder weniger Auskunft über die Entwicklung, das Befinden und das Wachstum jedes einzelnen von uns, indem er in unseren Energiezentren die natürlichen und kosmischen Kräfte in eine für uns lesbare Sprache verwandelt und mehr oder weniger auch anwendet. Die Ruhephasen der Organe, unser Kreislauf, das Auf und Ab unseres Lebens, Herzschlag, Tod und Wiedergeburt werden demnach mitbestimmt durch die Planeten in uns ausgelöst. Wie Mond und Sterne die Gezeiten der Meere verursachen, steuern sie in einem Rhythmus nicht nur die vielen kosmischen Gezeiten beispielsweise in Form von Flugbahnen anderer Planeten, sondern auch den Rhythmus aller menschlichen, körperlichen und seelischen Lebensvorgänge. Dieser Rhythmus ist für jeden von uns zu verschiedenen Zeitpunkten mehr oder weniger intensiv, da wir alle von unzähligen kosmischen und schöpferischen Komponenten individuell in unserer Persönlichkeit ständig neu geformt werden. So kommt es, daß der Biorhythmus nicht nur von unserer täglichen Ernährung, der Natur und dem Wetter beeinflußt wird, sondern viel mehr von den schöpferischen Energieströmen, von den einzelnen Tierkreiszeichen, Planeten, Aszendenten und dem was wir unterbewußt und bewußt tun. Menschen unterliegen, im Gegensatz zu Pflanzen, keinem Jahreszyklus, welcher in Jahreszeiten unterteilt ist, sondern primär einem 28 Tage Rhythmus, der in 24 Stunden untergliedert ist.

Der Biorhythmus beginnt für jeden ab der Geburt. Er manifestiert sich mit der ersten darauffolgenden Vollmond- oder Neumondphase und steuert von da an unser gesamtes Leben, unsere Launen, Gefühle und Gedanken in einem harmonischen Auf und Ab. So kommt es auch, daß Zwillinge, welche scheinbar gleich zu sein scheinen, sich doch so unterschiedlich entwickeln. Leider tun wir Menschen uns jedoch mit dem Biorhythmus etwas schwer, denn wir haben uns von der Natur, den Heilsteinen, Düften, Kräutern und Planeten durch wissenschaftliche und logische Denkweise und Bearbeitung der Dinge bereits so weit entfremdet, daß uns unsere Sinne und Gefühle den natürlichen Rhythmen gegenüber nahezu verloren gegangen sind. Wir sehen uns nicht mehr als Teil der Natur, sondern maßen uns eine Vorherrschaftsstellung an, welche uns sogar das Recht einzuräumen scheint, über Natur, Tiere und Pflanzen richten zu dürfen. Viel zu schnell haben wir vergessen, daß wir nicht als Menschen »geboren« wurden, sondern uns in einer gemeinsamen Evolution mit der Natur unter der Harmonie und Hilfe der Planeten und Sterne erst dazu entwickeln konnten. Anstatt jedoch die natürlichen Rhythmen zu akzeptieren, halten wir uns lieber selbst in der Schublade einer kleinen, engen, kalten, dummen und lebensabweisenden, selbsterschaffenen Welt aus Logik, Habgier und Wissenschaft gefangen. Wir haben dabei längst verlernt, auf die Sterne, Mond, Turalingam´s, Moqui-Marbles, Heilsteine, Glückssteine, Therapiesteine, Düfte, Kräuter, Natur, Tiere und Pflanzen zu hören, und versuchen stattdessen, die in uns aufschmerzenden Lücken mit Geld, Chemie, Wissenschaft, Genforschung und Fortschritt zu stopfen. Anstatt unseren Gefühlen, Gedanken und Intuitionen, gehorchen wir viel lieber Politik, Kirche und Wissenschaft und machen unsere Gesundheit davon abhängig, was die Kasse zahlt oder nicht. Diese Institutionen verstehen es jedoch, unsere längst allgemein spürbaren Zivilisationsleiden zusätzlich zu untermauern, indem sie uns die richtige

Pille und eine passende Begründung für die systematische Vergiftung unserer Körper und der Umwelt verschreiben.

Immer mehr Menschen erkennen das Ungleichgewicht und fühlen sich heute wieder mehr denn je zu den natürlichen Kräften und Rhythmen hingezogen. Zum Glück verspüren zum Beginn des 21. Jahrhunderts nun auch Wissenschaftler und zahlreiche Politiker die Unausgewogenheiten ihrer Lebensführung durch starke Leiden am eigenen Körper und Psyche.

Wissenschaftlich ist sogar erwiesen, daß sich die Zahl aller Leiden jedes Einzelnen von uns im Gegensatz zu den Leiden der Menschen noch vor 200 Jahren, im Laufe des Lebens verhundertfacht hat. Bei jedem von uns kommen also im Leben 100mal mehr Krankheiten, Ängste, Leiden und Geschwüre zum Ausbruch, als noch zu Zeiten unserer Urgroßväter, welche noch keine moderne Medizin, trockene Wohnung, Waschmaschine und Genforschung hatten. Der Biorhythmus ist keine Erfindung von unseren Wissenschaftlern, welche sich deshalb genauso schwer mit ihm tun, wie damit, endlich einsehen zu müssen, daß sie bisher zwar alles Leben auf dieser Welt zerstören, insgesamt jedoch nicht dazu in der Lage sind, nur einen einzigen Wurm zum Leben erwecken zu können. Der Biorhythmus beruht ebenfalls auf Jahrtausende alten Erkenntnissen der Menschheit, wie das Wissen über die heilenden Kräfte der Steine, Düfte und Kräuter auch. Die Tierkreiszeichen oder das Indianische Medizinrad, und besonders die Weisheit der Ureinwohner Australiens, deuten in ihren Überlieferungen auf die Erkenntnis hin, daß alles um uns herum in Verbindung mit uns und den Sternen in einem harmonischen Zusammenhang besteht. Früher waren die Menschen den natürlichen Rhythmen noch verbundener und richteten ihr Leben automatisch danach aus. Mit Beginn der Industriellen Revolution wurden diese Überlieferungen jedoch systematisch in Vergessenheit gebracht, weil man für Produktion und Fortschritt kalkulierbare Arbeiter brauchte welche, ebenso wie Maschinen, ihre Aufgaben ohne Leiden und Emotionen erledigten.»Was hat da ein Biorhythmus verloren?« Der Zyklus der Frau wurde gerade noch geduldet, weil er deutlich sichtbar und somit nicht wegzureden war, jedoch diskret und am liebsten so, daß sich jede Frau ohnehin dafür entschuldigen und schämen muß. Anmerken lassen sollte sie sich nichts, denn der weibliche Zyklus galt bei vielen Wissenschaftlern, ebenso wie der Biorhythmus, eigentlich nur noch als störendes Überbleibsel aus der Steinzeit.

Und dies ist er auch! Der Zyklus wird durch die Planeten, den Mond und unsere Natur unwiderruflich verursacht und wir alle leben heute noch genauso wie in der Urzeit nach dem ständigen Auf und Ab natürlicher Begebenheiten und Energieströme. Gesundheit, Liebe, Launen, Lust oder Freuden hängen ebenso mit der Gemeinsamkeit des Universums zusammen, wie die Zyklen der Menschen auch, wobei nicht nur Frauen ihre Tage haben, sondern auch Männer. Der Biorhythmus ist ein innerer Zyklus der Menschen, an dem wir alle, wie an einem roten Faden, von den schöpferischen, kosmischen, irdischen und universellen Energieströmen in Gemeinsamkeit mit unseren Wünschen, dann in die Richtung einer persönlichen Selbstverwirklichung gesteuert werden, wenn wir uns dafür öffnen, bewußt dazu beitragen und die natürlichen Dinge wieder zulassen.

Mit Hilfe dieses Buches finden Sie innere Blockaden welche den energetischen Kreislauf ihres Biorhythmus verwerfen besonders deutlich heraus. Nehmen Sie die Ihrem Tierkreiszeichen zugeordneten Glückssteine oder Therapiesteine, welche in diesem Buch genau beschrieben sind, und lindern Sie auch in Verbindung mit Heilsteinen, Essenzen und Elixieren Ihre Blockaden und Krankheiten. Umso früher Sie auch Ihren persönlichen Biorhythmus in Verbindung mit den Mondphasen kennen, umso früher ersparen Sie sich viele Sorgen, Ärger, Geschwüre, Krankheiten, Trennungen und Ängste. Gegen den Biorhythmus zu leben ist genauso töricht, wie gegen die anderen natürlichen Rhythmen und Zyklen leben zu wollen und verbraucht immens viel Energie. Sich aus der Harmonie des Gesamten herauslösen zu wollen, endet in der Vielzahl aller uns bekannten körperlichen, psychosomatischen und geistigen Krankheiten, Schmerzen und seelische Leiden.

Die drei hauptbiorhythmischen Energieströme

Im Biorhythmus spiegeln sich die verschiedenen Aktivitäten unseres Körpers wider. Er steuert die Funktionen unserer Organe, welche zu bestimmten Zeiten aktiv oder ruhend sind, reinigt unsere Energiezentren und hebt unsere seelischen Empfinden mondbedingt in Form von Gefühlen, Bedürfnissen und Träumen in unser Bewußtsein. So werden die schöpferischen Energien für uns vorstellbar, greifbar und sichtbar. Und wenn nicht Habgier und Dummheit unsere Augen verschließen, erkennen wir sogar schon an bestimmten Lebensgewohnheiten intuitiv die innere Sprache aus unserem Rhythmus. Der Biorhythmus setzt sich aus vielen verschiedenen Rhythmen zusammen, welche wir in drei Hauptrhythmen einteilen. Natürlich zupfen noch unendlich viele andere Rhythmen und Zyklen an unserem Leben, dennoch sind die drei folgenden Rhythmen die ausschlaggebendsten, welche einen Großteil unseres Biorhythmus ausmachen.

Körperlicher, geistiger und seelischer Rhythmus

Jeder dieser Rhythmen besteht, wie die Phasen des Mondes, aus einer für uns zunehmenden bzw. abnehmenden Phase. So dauert der **körperliche Rhythmus** beispielsweise 23 Tage, wovon 11,5 Tage zunehmend bzw. in einer ansteigenden Phase und 11,5 Tage in einer abnehmenden Phase verlaufen. An den Wendepunkten nach 11,5 und 23 Tagen wechselt der Rhythmus sehr sporadisch von einer Phase in die andere.

Der seelische Rhythmus dauert ca. 28 Tage (eine Mondphase), wovon 14 zunehmend und 14 abnehmend sind. Am 14. und am 28. Tag wechselt dieser Rhythmus ebenfalls sehr sporadisch von einer Phase in die andere.

Der geistige Rhythmus dauert ca. 33 Tage, wovon 16,5 zunehmend und 16,5 abnehmend sind. Die Wendepunkte dieses Rhythmus werden jedoch nur selten so abrupt empfunden, wie jene der anderen beiden Rhythmen, sondern gehen wesentlich sanfter von einer Phase in die andere über.

An ihrem Gipfelpunkt bzw. tiefsten Wendepunkt verändern sich die Rhythmen oft von einer Minute auf die andere ins Gegenseitige, was wir beispielsweise als Schleier vor Augen, Konzentrationsschwäche, Ungeduld, Depressionen, Gereiztheit, Wetterfühligkeit, Aggression, Schmerzen, Migräne, Zerrungen oder Ängste empfinden. Die Wechseltage des Biorhythmus stellen also ebenfalls wie die verschiedenen Mondphasen für uns alle eine besondere Umstellung dar, welche wir deshalb, weil wir uns von Natur, Mond und Sternen entfremdet haben, als Belastung empfinden. Umso größer die körperlichen und seelischen Blockaden sind, die häufig über viele Stunden, Tage oder gar Jahre anhalten können, um so mehr haben Sie sich selbst durch Ihre unflexible Lebenshaltung, Erziehung, Denkweise, Gewohnheit, Ernährung, Umweltzerstörung, Habgier oder durch gentechnisch vergiftete Lebensmittel vom eigentlichen kosmischen bzw. überirdischen Geschehen entfremdet und umso dringender sollten Sie insbesondere Heilsteine, Therapiesteine, Essenzen, Moqui-Marbles, Turalingam's, ätherische Öle, Kräuter und Kristalle verwenden, um Ihre seelischen Strukturen nochmals harmonisieren zu können, um sich somit selbst vor dem Verfall zu bewahren. Denn körperliche Schmerzen sind, ebenso wie Ängste, aus seelischen Zerrungen und Blockaden hervorgegangene Unausgewogenheiten im Biorhythmus oder Mondzyklus.

Wichtig ist jedoch, daß Sie auch in Bezug auf den Biorhythmus klar erkennen, daß nicht die verschiedenen Zyklen des Biorhythmus Schuld an Ihren Schmerzen und Leiden sind, sondern die Blockaden, die Ihre inneren Energieströme blockieren. Umso stärker die Blockaden sind, umso mehr werden die kosmischen Energieströme in ihren seelischen Strukturen gebrochen und umso mehr treten parallel dazu Leiden, Ängste und Schmerzen in den körperlichen, organischen und psychischen Raum vor. Denn gebrochene Energieströme verursachen immer Unzufriedenheit, Unwohlbefinden, Krankheiten, Schmerzen, Allergien, Geschwüre, Lieblosigkeit und die täglich wachsende Anzahl psychosomatischer Unausgewogenheiten und Störungen, wobei Krämpfe, Immunschwäche, sexuelle Unlust, andauerndes Zittern, kalte Hände und Füße, Sehschwäche, Schwindelanfälle, Schuppen, Herzrhythmusstörungen, Verdauungsstörungen, Verstopfung, trockene Haut, sprödes, trockenes, fettiges oder störrisches Haar, Akne, brüchige Fingernägel, Risse in Lippen und Mundwinkeln, Lippenbläschen, Haarausfall, Konzentrationsstörungen und Völlegefühl nur einige wenige typische Anzeichen dafür sind, daß Sie sich seit längerem mit Ihrem Lebenswandel von Mondzyklen und Biorhythmen entfremdet haben.

1. **Der körperliche Rhythmus** dauert ca. 23 Tage und bestimmt Aktivität, Verdauung, Stoffwechsel, Wachstum und Regeneration unserer Organe, Zellen, Drüsen, Knochen und Geweben. Der körperliche Rhythmus hängt überwiegend mit den zunehmenden und abnehmenden Mondphasen zusammen und wird auch maßgeblich von anderen Tierkreiszeichen gesteuert. Ihm unterliegen unter anderem primär die Fettverdauung, Eiweißverdauung, der Vitamin-, Mineralien-, Salz- und Wasserhaushalt und die Versorgung des gesamten Organismus mit Eiweiß, Sauerstoff, Kohlenhydraten, Vitaminen, Enzymen und Spurenelementen. Seelische Unausgewogenheiten projizieren sich durch sogenannte psychosomatische Leiden beispielsweise als Schmerzen, Allergien, Migräne, Asthma, Menstruationsstörungen, Neurodermitis und viele Leiden mehr durch den körperlichen Rhythmus auf die Organe, Potenz, Haare, Drüsen, Haut etc.

2. **Der seelische Rhythmus** dauert ca. 28 Tage und beinhaltet den Kreislauf unserer inneren Energieströme in Verbindung zur Schöpfung und zu den kosmischen bzw. universellen Kräften. Ihm obliegt zusätzlich die seelische Reinigung unserer Psyche und der Chakras von verbrauchten Emotionen und Gedanken und die Versorgung unseres Seins mit ausreichend männlicher, weiblicher und kosmischer Lebensenergie.

3. **Der geistige Rhythmus** dauert ca. 33 Tage und stellt eine Verknüpfung zwischen dem Körper und der Psyche dar. Der körperliche Rhythmus ist besonders stark auf universelle Energie, insbesondere Mondenergie, angewiesen und hängt daher stärker von den einzelnen Mondphasen ab. Unser Körper benötigt im körperlichen Rhythmus wesentlich mehr Energie vom Mond, um alle Organe ausreichend reinigen, wachsen lassen und regenerieren zu können. Dafür benötigt der geistige Rhythmus weniger Energie, um seinen Teil zum Ganzen beitragen zu können. Deshalb wiederholt sich der körperliche Rhythmus schon alle 23 Tage, während der geistige Rhythmus sich erst nach 33 Tagen wiederholt. In ihrem Mittel liegen diese beiden Rhythmen wiederum, ebenso wie der seelische Rhythmus, in einer Mondphase von 28 Tagen (33 Tage + 23 Tage = 56 Tage : 2 = 28 Tage, also ebenfalls einer gesamten Mondphase).

Leider tun sich viele Menschen trotzdem schwer, an die Kraft der Sterne und Steine zu glauben, oder nach natürlichen Rhythmen zu leben. Zugegeben, es ist heute vielleicht oft viel leichter gesagt: »stelle Dein Leben um« oder »orientiere Dich mehr an der Natur und den Sternen«, als getan. Wenn am Monatsende die Miete fällig ist, werden viele gute Rhythmen doch schnell wieder vergessen, weil wir gegen unseren Rhythmus in die Nachtschicht müssen. Wir können und sollen uns ja auch nicht von heute auf morgen umstellen, weil wir die Verwerfungen in unseren Energiezentren, welche durch einseitige wissenschaftliche Erziehung und langjährigen Lebenstrott hervorgerufen wurden, nur sehr schwer von heute auf morgen ändern können. Es tut jedoch schon gut, sich den natürlichen Kräften im kleinen bewußter zu werden, sich ihnen mehr hinzugeben und durch Therapiesteine, Moqui-Marbles, Heilsteine, Essenzen, Elixiere, ätherische Öle, Kräuter und Kristalle den übergeordneten Rhythmen wieder mehr anzupassen. Dieser kleine, unmittelbar daraus resultierende »Lichtblick« bewirkt bereits ein höheres Maß an Entspannung, Reinigung, Liebe, Zufriedenheit, Positivität und Gesundheit. Er befreit Sie vielleicht gerade jetzt noch von der Blockade, welche in Ihnen morgen das Magengeschwür oder den Herzinfarkt ausgelöst hätte. Ebenso befreien bereits kleine Anpassungen im Leben mit Hilfe von Heilsteinen und Therapiesteinen an unseren Biorhythmus von vielen Unzufriedenheiten, Hemmungen, Vorurteilen, Schmerzen und Ängsten. Denn ein Großteil unserer Blockaden wird zwar durch unsere moderne, zivilisierte, schnellebige, vergiftete Umwelt ausgelöst. Jedoch nicht nur unsere Umwelt ist für zahlreiche Blockaden mitverantwortlich, sondern viel mehr auch die Gedanken, welche wir in uns selbst erzeugen. Unsere eigene Denkweise engt uns somit nicht nur ein, sondern hält uns innerlich in einer sterilen, mechanischen Scheinwelt gefangen, welche mit den wahren Bedürfnissen unseres Körpers und unserer Seele kaum noch etwas gemeinsam haben. Natürlich ist auch gesunde Ernährung wichtig für unser Wohlbefinden, aber alles Müsli und noch so viele Ballaststoffe werden Ihnen genauso wenig die Verdauung verbessern, wie Sie nachts am Strand nicht braun werden, solange Ihre Energiezentren und Ihr Biorhythmus blockiert oder vor lauter Streß, Angst und Sorgen verzerrt ist.

Es liegt also an Ihrem Lebenswandel, Ihrer inneren Einstellung, der Anpassung Ihrem Rhythmus gegenüber und auch daran, wie gut die kosmischen Kräfte mit Hilfe von Steinen und Düften durch Ihre Seele hindurch in Sie eindringen können, um körperlich, geistig und psychisch allen alltäglichen Anforderungen gewachsen zu sein und nicht nur an den Ballaststoffen. Denn sicherlich kennen Sie alle auch jene Menschen, welche ausgelassen leben, rauchen, trinken und für die Sport und Fitneß ein Fremdwort ist. Oft sind es genau jene Menschen, welche bis ins sehr hohe Alter gesund und aktiv bleiben und häufig sogar die meisten schulmedizinischen Wissenschaftler oder Gesundheitsfanatiker vor Rätsel stellen und sie überleben. Dies kommt daher, weil die betroffenen Menschen im Einklang mit sich selbst und den natürlichen Rhythmen sind, zufrieden und voller Lebensfreude. Sie kennen ihren Rhythmus, akzeptieren Natur, Steine, Mond und Sterne und tragen somit die Sonne im Herzen. Sie achten ihre Rhythmen und schwimmen nicht andauernd, wie die meisten modernen Menschen, zugunsten materieller und technischer Auflagen gegen ihre inneren Energieströme an. Dies soll jedoch nicht bedeuten, daß genau jene Menschen nicht mehr am aktiven Leben teilhaben oder gar ein Mönchsdasein führen, sondern im Gegenteil, im Gegensatz zu uns meisten Menschen siechen sie nicht ein Leben lang lauwarm in einem vorgegebenen Alltagstrott vor sich hin, sondern genießen bewußt die Höhen und Tiefen ihrer Rhythmen. Sie sind es, welche neue Impulse verbreiten, neue Denkweisen bestärken oder auch neue modische Akzente setzen. Im Grunde genommen sind die wahren Größen unserer Welt nicht diejenigen, welche sich Karriere, Macht und Reichtum erarbeitet haben, sondern jene, welche ihre Rhythmen kennen, ihre Phantasie gebrauchen und auch genau wissen, wo ihre Stärken, inneren Bedürfnisse, Höhen, Tiefen und Grenzen liegen und diese auch respektieren. Andere wiederum ernähren sich gesund, haben jedoch im Leben übersehen, daß ihre Seele Ausgleich braucht. Weil sie sich nicht im Rhythmus, Harmonie und Gleichgewicht befinden, und somit auch keinen Platz für Liebe und Geborgenheit in sich machen, werden Sie auch niemals zu Liebe, Gesundheit, Zufriedenheit und Glück finden, sondern ein Leben lang die gegenteiligen Dinge, in Form aller uns bekannten und bisher noch unbekannten Leiden, Schmerzen und Ängste, in Verbindung mit vorzeitigem Tod, erfahren. Dabei sind es gerade blockierte Menschen die verstärkt versuchen die entstandenen Lücken und Mangelempfinden durch Medikamente, berufliche und materielle Ablenkung, viel Sport und ballaststoffreiche Ernährung zu überdecken. Dabei versäumen sie es jedoch, ehrlich zu sich selbst zu sein. Weil dies für sie nicht ganz einfach ist, wählen sie häufig den einfacheren, widerstandsloseren Weg. Dieser besteht meist darin, daß blockierte Menschen versuchen, ihr schlechtes Gewissen und ihre bereits deutlichen Krankheitssymptome mit Hilfe von Tabletten und künstlicher Chemie überdecken zu wollen, während die Ursachen weiterhin aus dem Rhythmus geraten. Im materiellen Leben sind sie jedoch »clever« und handeln genau anders herum. Hier löschen Sie, wenn es brennt, das Feuer, und schalten nicht, wie bei sich selbst, beispielsweise durch Tabletten, die Sirene ab!

Warum versuchen wir dann, wenn es um unseren eigenen Körper geht, lieber die warnenden Symptome auszuschalten oder zu betäuben, als nach der Ursache zu suchen?

Hierin liegen die Ursachen vieler unserer Leiden. Hinzu kommt, daß es ein scheinbares Grundbedürfnis von uns modernen Menschen zu sein scheint, um jeden Preis Zeit gewinnen zu wollen. Alles im Leben braucht seine Zeit und unterliegt einem natürlichen Biorhythmus von Aufbau und Verfall, wie wir Menschen auch. Die Zeit ist nur im Raum des Universums umkehrbar und dehnbar. Wir Menschen haben jedoch zu diesen Hemisphären keinen Zutritt. Für uns läuft die Zeit unveränderlich und jede Sekunde ist, wenn wir die nächste erreichen, bereits Vergangenheit. Allerdings lassen sich die Abläufe in Zeit ausdrücken. So braucht eben ein Flug nach Hong Kong ca. 12 Stunden. Möchten wir diesen beschleunigen, so benötigen wir überproportional mehr Energie, welche gleichzeitig zu einer höheren Belastung des Flugzeuges und der Passagiere führt. Diese Energie verspüren wir alle als zunehmende Gegenenergie, umso mehr wir beginnen, gegen die Zeit arbeiten zu wollen und dabei den Geschehnissen und Entwicklungen nicht mehr ihre gebührende Zeit einräumen. Dies läßt sich noch deutlicher beim Auto erkennen. Ein Pkw mit 100 PS fährt rund 200 km/h schnell. Demnach würde ein Pkw mit 300 PS rund 600 km/h schnell fahren müssen. Tut er aber nicht. Die überproportionale Energie einerseits reicht jedoch lediglich maximal nur für eine weitere Beschleunigung von weiteren ca. 50 km/h aus, weil eine stärkere Gegenenergie das Kfz bremst. Diese Gegenenergie wird zur Mauer und diese ist letztendlich die Ursache dafür, daß wir alle mehr oder weniger leiden, krank sind und voller Schmerzen, weil wir in unserem hektischen Dasein andauernd mit dem Kopf gegen die Mauer der natürlichen Gegenenergien prallen. Denn Zeit gewinnen zu wollen zehrt am Rhythmus, bringt Sorgen, Ängste und Streß mit sich, der sehr aggressiv im Inneren unseres Befindens vorgeht. Hinzu kommt, daß wir Menschen, wie alle Lebewesen der Natur, mit einer eigens für uns ausgelegten Denk- und Lebensgeschwindigkeit ausgestattet wurden. Bewegen wir uns in dieser, uns zugedachten Geschwindigkeit, finden Geist, Psyche, Seele, Organe und Körper immer zum richtigen Zeitpunkt in die Hoch- und Tiefphasen ihrer Rhythmen. Wir modernen Menschen bewegen, denken und handeln jedoch nicht mehr in einer uns aus natürlicher Sicht vorgegebenen Geschwindigkeit, sondern in derer von Computern, Autos, Flugzeugen und anderen Instrumenten. Unfälle sind ebenso an der Tagesordnung, wie ein zunehmendes Wachstum lähmender Blockaden und alle anderen damit verbundenen Folgen, welche dadurch ausgelöst werden, daß wir die Technik nicht auf uns anpassen, sondern umgekehrt, wir versuchen, nach der Geschwindigkeit von Computern zu leben. Die Zeit in der uns bevorstehenden Informationsgesellschaft wird noch schneller werden, jedoch nur für die, welche immer noch dazu bereit sind, sich selbst zugunsten von technischen Drehgeschwindigkeiten irgendwelcher Apparate aufzuopfern. Bitte glauben Sie nicht, daß Sie, indem Sie vielleicht kurzweilig mit der technischen Geschwindigkeit mithalten, jemals zu Glück, Liebe, Zufriedenheit und Gesundheit finden werden. Fragen Sie mal Ihre Eltern, die sich ein Leben lang für dieselbe Illusion abgerackert haben und für die nun auch in Deutschland erstmals, wie auch aller anderen Orts in der zivilisierten Welt, slumähnliche Sterbehäuser gebaut werden, weil sie sich in ihrem Leben von allen spirituellen Verbindungen gelöst haben um nun erstaunt feststellen zu müssen daß sie betrogen wurden und obendrein die versprochene Rente kaum noch zum Überleben reicht. Übrigens lachen die Urvölker über unser Gezappele zugunsten von emotionslosen Werten und Profit ebenso wie wir darüber, daß sie noch keine Computer in ihren Zelten haben. Allerdings mit dem Unterschied, daß die besagten Völker bewußt ihr Leben leben und nicht wie wir nach den Piepstönen, Sirenen und Betriebsanleitungen unserer Stechuhren, Computer und Apparate. Alpträume, Herzinfarkte, Krebs, Zysten, Asthma, Migräne, Neurodermitis und Magengeschwüre sind nur einige wenige Symptome, welche sich einstellen, wenn wir den natürlichen Biorhythmus verlassen und darüberhinaus zusätzlich auch noch über einen längeren Zeitraum hinweg unter Zeitdruck stehen.

Wichtig ist abschließend zu erkennen, daß der Biorhythmus ein Zyklus ist, welcher die Gesamtheit der Natur, der schöpferischen Kräfte, Mondphasen und der Sterne des Universums in uns vereint und für jeden von uns in einer persönlichen Struktur zum Ausdruck bringt. Er steuert also jeden von uns ab der Geburt fortlaufend zum Lebenstakt, welcher wie eine innere Uhr unsere Launen, Gefühle, Tugenden, Bedürfnisse, Gedanken, Charakter und Wünsche steuert. Gerät diese Uhr aus dem Gleichgewicht, sorgen schon geringe Abweichungen für Ängste, Sorgen, Hemmungen und Streßsymptome, welche wiederum alle uns bekannten körperlichen und seelischen Leiden, Krankheiten und Schmerzen hervorrufen.

Im kleinen ist der Biorhythmus eigentlich das, was Mond und Sterne auf ihren Bahnen im Großen vollziehen. Allerdings steht er mit diesen im Zusammenhang. Wie die Mond- bzw. Planetenphasen in zunehmende, volle, abnehmende oder Neuphasen einteilbar sind, vollzieht sich unser Biorhythmus genau nach diesen Gesetzen für jeden Einzelnen von uns im Kleinen persönlich und individuell. Die Phasen unterscheiden sich jedoch in ihrer Intensität von den Planetenphasen, welche abgerundeter sind. Dies kommt daher, weil wir Menschen einem schnelleren »Verfall« unterliegen als die Sterne oder Steine und somit die Natur uns eine unserem Leben angepaßte Reifezeit vorgibt, welche sich in den einzelnen Phasen auswirkt. Wie bei den Mondphasen steigen unsere Biorhythmus-Phasen langsam bis zur Hochphase an. Dann fallen sie fast senkrecht innerhalb weniger Stunden ab, um dann langsam bis an die Tiefphase unseres Rhythmus zu gelangen. Von dort kehrt unser Zyklus vom unteren Wendepunkt innerhalb weniger Stunden stark nach oben zum Ausgangspunkt zurück, von wo aus ein neuer Zyklus beginnt. Dies läßt sich mit dem sporadischen Hin und Her von Ebbe und Flut vergleichen wobei sich die Veränderungen des Meeresspiegels, ebenfalls wie unser Biorhythmus, durch die Mondphasen in relativ kurzer Zeit vollziehen. Diesbezüglich wird auch verständlich, daß nicht die Höhen und Tiefen der Rhythmuskurven ausschlaggebend für die Veränderungen und Launen in unserem Befinden sind, sondern eher die Wendepunkte der einzelnen Rhythmen selbst:

Der körperliche Rhythmus **(K)** ändert seine Phase alle 11,5 Tage, der seelische Rhythmus **(S)** alle 14 Tage und der geistige Rhythmus **(G)** alle 16,5 Tage.

Frauen kennen dieses Wechselspiel noch besser aus ihrer Periode, jedoch sind die einzelnen Phasen der Menstruation selbst mehr den sanfteren Mondphasen unterworfen.

Die Berechnung des Biorhythmus

Im folgenden finden Sie die einfachste Berechnungsmethode für den augenblicklichen Stand Ihres Biorhythmus.

So gehen Sie vor:

1. **M**ultiplizieren Sie Ihr Lebensalter mit 365 Tagen.
2. **A**nschließend berechnen Sie die Differenz zwischen Ihrem Geburtstag und dem heutigen Berechnungstag. Bedenken Sie, daß die Monate teilweise 30 und 31 Tage haben. Der 1. Tag wird nicht mitgezählt, der letzte Tag wird mitgezählt.
3. **A**ddieren Sie nun die Schalttage aus den Schaltjahren hinzu. Schaltjahre sind immer durch 4 teilbar. War Ihr Geburtsjahr ein Schaltjahr, so müssen Sie nur dann für dieses Jahr einen Tag dazurechnen, wenn Ihr Geburtstag vor dem 29. Februar ist.

Ist das Berechnungsjahr ein Schaltjahr, so müssen Sie nur dann einen Tag zum Ergebnis dazuaddieren, wenn Ihr Berechnungstag nach dem 29. Februar liegt.

Diese Tageszahlen ergeben nun die Grunddaten für die Berechnungen Ihres Biorhythmus. Nehmen Sie den Taschenrechner und teilen Sie die Gesamtzahl Ihrer Tage durch die Tage der einzelnen Rhythmen. Wir bezeichnen den körperlichen Rhythmus mit **K**, den seelischen Rhythmus mit **S** und den geistigen Rhythmus mit **G**.

Beispielrechnung: Berechnungstag 4.12.97		
Ihr Geburtstag	20.07.65	
Datum der Berechnung:	04.12.97	
Anzahl der vollen Jahre ab dem 20.07.65 bis 20.07.97 =	32 x 365	= 11.680 Tage
Zuzüglich die Tage zwischen Geburtstag und dem heutigen Berechnungstag 20.07. bis 04.12. lt. Kalender	= 137 Tage	+ 137 Tage
Zuzüglich die Tage aus den Schaltjahren	= 8 Tage	+ 8 Tage
Gesamt-Tage in Ihrem Leben		= 11.825 Tage

Lt. unserem Beispiel: K: 11.825 : 23 = 514,130
S: 11.825 : 28 = 422,321
G: 11.825 : 33 = 358,333

Die Zahl, die vor dem Komma steht, interessiert in unseren Folgeberechnungen nicht weiter, und wird durch eine »0«, (Null) ersetzt. Sie gibt lediglich an, wie oft Sie bisher in Ihrem Leben den jeweiligen Rhythmus durchlebt haben. Die Zahl hinter dem Komma gibt Ihnen an, in welcher Phase des Rhythmus Sie sich im Augenblick befinden. Die drei Zahlen nach dem Komma sind also die für Sie ausschlaggebenden Zahlen. Multiplizieren Sie die Zahlen nach dem Komma mit der Gesamtdauer der einzelnen Rhythmen, so erhalten Sie die Zahl der Tage, die seit dem Beginn des Rhythmus vom Anfangspunkt aus vergangen sind und somit den Zeitpunkt, indem Sie sich innerhalb Ihres Rhythmus augenblicklich befinden. Runden Sie in der folgenden Berechnung auf volle Tage auf oder ab.

Lt. unserem Beispiel: K: 0,130 x 23 = 2,99 = 3 Tage
S: 0,321 x 28 = 8,98 = 9 Tage
G: 0,333 x 33 = 10,98 = 11 Tage

Zu K: Körperlicher Rhythmus

Nach unserem Beispiel sind also seit Beginn des körperlichen Rhythmus bisher 3 Tage vergangen. Da der körperliche Rhythmus insgesamt 23 Tage hat, und somit in der aufsteigenden Phase 11,5 Tage, befinden wir uns augenblicklich im Beginn der aufsteigenden Phase. Der Wechseltag steht in ca. 8,5 Tagen bevor. Dann folgen 11,5 abfallende Tage.

Zu S: Seelischer Rhythmus

Nach unserem Beispiel sind also seit Beginn des seelischen Rhythmus bisher rund 9 Tage vergangen. Da der seelische Rhythmus in aufsteigender Phase 14 Tage hat, befinden wir uns ebenfalls knapp über der Hälfte dieser aufsteigenden Phase. Der Wechseltag steht in 5 Tagen bevor. Dann folgen 14 abfallende Tage.

Zu G: Geistiger Rhythmus

Nach unserem Beispiel sind also seit Beginn des geistigen Rhythmus bisher rund 11 Tage vergangen. Da der geistige Rhythmus in aufsteigender Phase 16,5 Tage hat, befinden wir uns knapp über der Hälfte dieser Phase. Der Wechseltag steht in 5,5 Tagen bevor. Dann folgen 16,5 abfallende Tage.

Tragen Sie die zuvor errechneten Tage in ihrem Kalender **am Berechnungstag** ein. z.B. die Zahl 3 für Ihren körperlichen Rhythmus, die Zahl 9 für den seelischen Rhythmus und die Zahl 11 für Ihren geistigen Rhythmus. Diese Zahlen geben Ihnen, wie bereits erwähnt, die Phase an, in der Sie sich in Ihrem augenblicklichen Biorhythmus befinden, bzw. wieviele Tage seit Beginn Ihres Rhythmus vergangen sind.

Beginnen Sie täglich die Tage nach der Dauer der einzelnen Rhythmen zu addieren und beginnen Sie nach dem letzten Rhythmustag wieder mit 1. Ob Sie richtig gerechnet haben können Sie feststellen, wenn die Wechseltage Ihres seelischen Rhythmus stets auf dem Wochentag Ihres Geburtstags fallen. War Ihr Geburtstag an einem Dienstag, so müssen die Wechseltage des seelischen Rhythmus für Sie ebenfalls immer Dienstags sein. Befinden sich diese an anderen Tagen, so sollten Sie Ihren Biorhythmus nochmals neu berechnen oder untersuchen, ob Sie eventuelle Schalttage vergessen haben oder zu großzügig auf- oder abgerundet haben.

Anhand Ihrer Aufzeichnungen im folgenden Kalender können Sie nun leicht ablesen, wann sich für Sie kritische Wechseltage aneinander häufen oder Ihnen bevorstehen. Diese Phasen lassen sich in Verbindung mit eigenen Notizen und dem Wissen über Mondphasen, Organtätigkeit, Heilsteinen, Therapiesteinen und Blockaden sehr genau und detailliert mit anderen Lebensphasen und Zyklen kombinieren. Bitte lesen Sie nun in den vorangegangenen Beschreibungen über den Mond und die Glückssteine bzw. Therapiesteine Ihre Stärken, Blockaden und Schwächen zum Auf und Ab Ihres Körpers und der Seele nach.

Beispiel zur Ermittlung Ihres persönlichen Biorhythmus, Berechnungstag 04.12.:

Tragen Sie an diesem Tag die errechneten Tage Ihrer einzelnen Rhythmusphasen ein, die seit dem letzten Wendepunkt vergangen sind. Im körperlichen Rhythmus ist das nach unserem Beispiel der 3. Tag, im seelischen der 9. und im geistigen Rhythmus sind seit Beginn bisher 11 Tage vergangen. Von diesem Berechnungstag aus zählen Sie dann die noch verbleibenden Tage der einzelnen Rhythmusphasen dazu. Z.B. hat der körperliche Rhythmus in der aufsteigenden Phase 11 Tage. Nach unserem Beispiel befinden Sie sich im 3. Tag dieser Phase und laut Kalender steht Ihnen also am 12. Dezember, sprich am 11. Tag oder genauer ausgedrückt, in 8 Tagen ein Wechseltag bevor. Dies verhält sich genauso in den anderen Rhythmen.

Kalenderbeispiel nach unserem Beispiel:

		Dezember 1997		
1	Mo			
2	Di	körp.	seel.	geist.
3	Mi	K	S	G
4	Do	3.	9.	11.
5	Fr	4.	10.	12.
6	Sa	5.	11.	13.
7	So	6.	12.	14.
8	Mo	7.	13.	15.
9	Di	8.	14.	16.
10	Mi	9.	15.	17.
11	Do	10.	16.	18.
12	Fr	11.	17.	19.
13	Sa	12.	18.	20.
14	So	13.	19.	21.
15	Mo	14.	20.	22.
16	Di	15.	21.	23.
17	Mi	16.	22.	24.
18	Do	17.	23.	25.
19	Fr	18.	24.	26.
20	Sa	19.	25.	27.
21	So	20.	26.	28.
22	Mo	21.	27.	29.
23	Di	22.	28.	30.
24	Mi	23.	1.	31.
25	Do	1.	2.	32.
26	Fr	2.	3.	33.
27	Sa	3.	4.	1.
28	So	4.	5.	2.
29	Mo	5.	6.	3.
30	Di	6.	7.	4.
31	Mi	7.	8.	5.

		Januar 1998		
1	Do	K	S	G
2	Fr	9.	10.	7.
3	Sa	10.	11.	8.
4	So	11.	12.	9.
5	Mo	12.	13.	10.
6	Di	13.	14.	11.
7	Mi	14.	15.	12.
8	Do	15.	16.	13.
9	Fr	16.	17.	14.
10	Sa	17.	18.	15.
11	So	18.	19.	16.
12	Mo	19.	20.	17.
13	Di	20.	21.	18.
14	Mi	21.	22.	19.
15	Do	22.	23.	20.
16	Fr	23.	24.	21.
17	Sa	1.	25.	22.
18	So	2.	26.	23.
19	Mo	3.	27.	24.
20	Di	4.	28.	25.
21	Mi	5.	1.	26.
22	Do	6.	2.	27.
23	Fr	7.	3.	28.
24	Sa	8.	4.	29.
25	So	9.	5.	30.
26	Mo	10.	6.	31.
27	Di	11.	7.	32.
28	Mi	12.	8.	33.
29	Do	13.	9.	1.
30	Fr	14.	10.	2.
31	Sa	15.	11.	3.

Erläuterung:

Anhand unseres Beispiels können Sie im Kalender nun leicht feststellen, daß uns zwischen dem 9. und dem 12. Dezember, sowie zwischen dem 23. und 26. Dezember kritische Wechseltage bevorstehen. Hinzu kommt, daß am 9. Dezember bzw. am 23. und 24. Dezember kurz aufeinanderfolgende Wechseltage sind. An diesen Tagen sollten Sie besonders auf die Mondphasen achten und auf Ihre Heilsteine, Therapiesteine, Moqui-Marbles, Turalingam's, Düfte und Kräuter zurückgreifen und vertrauen.

Ganz anders sieht dies aus unserem Beispiel heraus im Januar aus. Hier sind die Wechseltage harmonisch über den gesamten Monat verteilt. Tragen Sie auch den Biorhythmus Ihres Partners, von Freunden und Ihrer Kinder in Ihren Mondkalender ein und Sie werden sehen, daß sich für Sie so manches erklärt.

Tip:

Haben Sie einmal Ihren persönlichen Biorhythmus richtig errechnet und stimmen die Wechseltage Ihres seelischen Rhythmus auch mit dem Wochentag Ihres Geburtstages überein, können Sie sich weitere Berechnungen ersparen. Es genügt, wenn Sie von den einzelnen Wechseltagen an beginnend, einfach die einzelnen Rhythmusphasen im Kalender dazuzählen.

Zählen Sie demnach zum körperlichen Rhythmus am 11. und 23. Tag immer 11,5 Tage hinzu, so erhalten Sie die fortlaufenden Wechselphasen des körperlichen Rhythmus.

Dies verhält sich ebenso im seelischen Rhythmus mit 14 Tagen und im geistigen Rhythmus mit 16,5 Tagen.

Die Wechseltage sind in Bezug auf den Biorhythmus die kritischen Tage und daher sehr wichtige Tage in Bezug auf Ihr Wohlbefinden.

Kapitel 8 - Ihr Biorhytmus

Kapitel 9

Die Organuhr

Im Rhythmus Ihrer Organe

Ebenso wie alles in unserem Universum bestimmten Rhythmen und Zyklen unterliegt, unterliegen wir Menschen ebenfalls wie alle Lebewesen, bestimmten Zyklen, welche sich bis in die Strukturen unserer Organe verfeinern. Letztendlich passiert in den Gezeiten des Makrokosmos im Universum zwischen Sonne, Mond und Sterne nichts anderes, als in jeder Körperzelle im Organismus unseres Mikrokosmos auch. Unsere Organe unterliegen demnach ebenso wie unsere Psyche und unsere seelischen Strukturen bestimmten Regelmäßigkeiten, welche, grob dargestellt, mit den Rhythmen von Tag und Nacht oder Ebbe und Flut vergleichbar sind. Ebenso wie wir Menschen beispielsweise die Tageszeiten, Gezeiten der Meere oder die Umlaufbahn der Erde um die Sonne nicht verändern können, können wir auch die Rhythmen unserer Organe nicht verändern, ohne Schaden zu erleiden. Nun werden Sie vielleicht behaupten wollen, daß es doch kein Problem sei, einmal einfach nachts zu arbeiten und tagsüber zu schlafen. Unsere organischen Strukturen sind dehnbar, jedoch verzeihen sie uns den dauerhaften Raubbau durch Streß, Chemie, Fortschritt, Wissenschaft, unnatürliche Lebensweise, Umweltzerstörung, Genforschung oder Atomversuche nicht. Er steckt zwar über viele Jahre einseitige Dauerbelastungen weg und vermittelt uns daher den Eindruck von Unsterblichkeit. Eines Tages reißen jedoch die Energiebahnen auf, verhärten, sind überdehnt oder blockieren. Dies spüren wir alle an plötzlich auftretenden Schmerzen, Ängsten, Krebsgeschwüren, Zysten, Verdauungsstörungen, Allergien, Sorgen, Wechseljahr-Beschwerden,Wetterfühligkeit, Kinderlosigkeit, Kreislaufproblemen und vielen Leiden mehr.

Leider neigen wir modernen Menschen jedoch dazu, unseren Zyklus, Rhythmus oder unser natürliches Gefüge so stark überdehnen zu wollen, daß erst Herzinfarkte und Schlaganfälle uns wieder in den Grundsatz verweisen, daß wir weder übergeordnete Wesen, noch Maschinen sind, sondern einfach nur Teile der Natur unseres Planeten. Leider bedarf es jedoch für diese Erkenntnis bei vielen modernen Menschen erst einer massiven körperlichen bzw. seelischen Warnung, die wir als Schmerzen, Ängste, Krebsgeschwüre, Trennungen, Allergien, Blockaden oder Herzinfarkte und Krankheiten erleben, um wachgerüttelt zu werden. Die meisten unter uns modernen Menschen haben sich jedoch in unserer Gesellschaft dem Fortschritt in Form von Karriere,

Reichtum, Bequemlichkeit, Habgier, Wissenschaft und Chemie so sehr verschrieben, daß nur wenige erkennen, daß der wahre Fortschritt und Lebensinhalt für uns Menschen in Liebe, Zuwendung, Zärtlichkeit, Fürsorge, Verständnis, Zufriedenheit, Gesundheit, Glück und spiritueller Reife besteht und dazu bereit sind, ihr Leben wieder mehr nach den eigenen Rhythmen auszuleben, als nach den Wachstumswünschen von Politik und Industrie.

Um dies verstehen und erkennen zu können, entsenden die kosmischen und natürlichen Energieströme keine Atombomben auf uns Menschen, sondern sie lassen sich uns selbst ausbremsen indem sie sich zunehmend aus unseren körperlichen und seelischen Strukturen zurückziehen und uns Menschen uns somit zunehmend mit uns selbst alleine lassen. Das Resultat daraus kennen wir alle. Ängste, Sorgen, Schmerzen, Trennungen, Brutalität, Unmenschlichkeit, Habgier, genvergiftete Lebensmittel und Umweltzerstörung sind nur einige wenige böse Streiche unserer modernen Gesellschaft.

Augenblicklich stirbt allein an Krebs jährlich eine mittlere Großstadt in Deutschland aus und kaum ein moderner Mensch kann sich noch wirklich als zufrieden, glücklich oder gesund bezeichnen. Wir werden mit diesem Buch oder »Das große Lexikon der Heilsteine, Düfte und Kräuter« von Methusalem nicht die Menschheit verändern können. Sie erhalten jedoch mit Hilfe dieser Literatur mehr Einsicht und Verständnis für sich selbst als Bindeglied des gesamten universellen Geschehens und somit mehr Aufmerksamkeit und Wissen darüber, Ihren persönlichen Rhythmen und natürlichen Kräften und denen Ihrer Mitmenschen wieder mehr Vertrauen und Aufmerksamkeit entgegenbringen zu können. Denn es liegt nicht an der Menschheit, der Industrie, Kirche oder Politik, ob Sie beispielsweise mit Hilfe von Steinen ein neues Bewußtsein annehmen und durch eine neue Denkweise mehr Rücksicht auf Ihre Gesundheit nehmen oder nicht, sondern es liegt ganz allein an Ihnen, ob Sie dazu bereit sind, Ihr Leben zu verändern.

Mit Hilfe des Mondkalenders und der genauen Beschreibungen typisch verbreiteter Blockaden in diesem Buch können Sie sehr genau zu Ihren persönlichen Strukturen und Energiebahnen vordringen, um somit für sich daraus mehr Erkenntnis für Wohlbefinden, Harmonie, Liebe und Gesundheit ziehen zu können. Sie erkennen dann, weshalb der nächtliche Tiefschlaf zwischen 0.30 Uhr und 3.00 Uhr so wichtig für den Körper ist, weshalb Kleinkinder vor 19.00 Uhr besser einschlafen als danach und weshalb ein kurzes 10-Minuten-Nickerchen zwischen 10.45 Uhr und 11.30 Uhr bzw. zwischen 14.00 Uhr und 15.00 Uhr viel erholsamer ist, als ein Mittagsschlaf zur vorgeschriebenen Mittagspause, warum die meisten Herzinfarkte zwischen 6.00 und 11.00 Uhr passieren, weshalb Asthmaanfälle meist gegen 4.00 Uhr morgens auftreten oder weshalb Sex morgens um 8.00 Uhr so schön ist.

Allerdings erkennen Sie auch anhand von typischen Leiden und Erkrankungen, wie beispielsweise **Verdauungsstörungen, Stoffwechselerkrankungen, zu hohen oder zu niedrigen Blutdruck, Nervenentzündungen, Krämpfen in Muskeln und Gliedmaßen, Immunschwäche, andauerndem Zittern, sexueller Unlust, Sehschwäche, Haarausfall, Kopfschmerzen, Migräne, Akne, trockener Haut, spröden Haaren, Schuppen, Senilität, starken Schwindelgefühlen, brüchigen Fingernägeln, Herzrhythmusstörungen, Risse in den Lippen oder Mundwinkeln, Lippenbläschchen, Atembeschwerden und häufigem Völlegefühl erste deutliche Warnsignale**, welche bereits den seelischen Unruheherd ursächlicher Blockaden verlassen haben und nun dabei sind, Ihren Körper zu zersetzen.

Anhand der folgenden Beschreibungen, welche sich auf den organischen Bereich bezogen nicht anders verhalten, als unser gesamter Biorhythmus zu den Mondphasen, erkennen Sie, wie auch unsere Organe innerhalb von 24 Stunden bestimmte Hochphasen, Tiefphasen bzw. steigende und abnehmende Phasen durchleben.

Umso mehr Sie sich an den natürlichen Heilmitteln orientieren und sich mit Hilfe der Heilsteine, Therapiesteine (Glückssteine), ätherischen Öle, Essenzen, Elixiere und Kräuter wieder in die Zyklen Ihrer natürlichen Rhythmen zurückbringen, umso mehr werden Sie von Schmerzen, Ängsten und Qualen befreit. Probieren Sie aus, woran sich die Urvölker auch heute noch orientieren.

Den einzelnen Organen alle aus göttlicher Sicht zugedachten Funktionen zuordnen zu wollen, würde nicht nur den Rahmen dieses Buches sprengen, sondern alles menschlich faßbare bei weitem überdehnen. Dies soll auch nicht unsere Aufgabe sein weil dies wiederum Statistische Spekulationen, Analysen und eine wissenschaftliche Vorgehensweise erfordern würde. Also jene Eigenschaften, von denen wir uns zugunsten von Liebe, Gesundheit, Natürlichkeit und Wohlbefinden wieder mehr befreien wollen. Darüberhinaus gibt es im Rahmen der schulmedizinischen Literatur bisher unzählige Versuche darüber, welche im Buchhandel erhältlich sind. Wenn Sie jedoch ehrlich zu sich selbst sind, werden Sie anhand der aufgeführten Organphasen, Blockaden und Mondphasen sehr schnell, auch ohne Arzt sein zu müssen, erkennen, ob Sie sich mit Ihren Gewohnheiten annähernd in natürlichen Zyklen bewegen, oder nicht. Tatsächlich wird es dem einen oder anderen schwer fallen, langjährige Lebensgewohnheiten anpassen oder verändern zu können. Umso mehr Sie sich jedoch über Biorhythmus, universelle Energieströme und Mondphasen bewußt werden, und beginnen, ihren Alltag danach auszurichten, umso ruhiger, gesünder, schöner, zufriedener und älter werden Sie. Denn die Natur und alle natürlichen Energieströme steuern und bereiten unser Leben und nicht Chemie, Wissenschaft und Fortschritt - die haben die Welt zerstört und zerstören auch uns, ob Sie glauben, oder nicht!

Der Tagesrhythmus der Organe

Im folgenden finden Sie Anhaltspunkte zu den Tagesrhythmen Ihrer Organe. Erst genaue Beobachtungen und Notizen über Ihre eigenen Erfahrungen führen jedoch zum Geheimnis Ihrer persönlichen Rhythmen. Ergänzen Sie Ihre Notizen über Verdauung, Krankheiten, Schmerzen und anderen, sich wiederholenden körperlichen Störungen und Unausgewogenheiten unter »Notizen« im Mondkalender hinzu.

Beachten Sie bitte, daß wir Ihnen von Haus aus einige Notizen bezüglich körperlichem Befinden und Verdauung im Rhythmus der Mondphasen spezifisch auf Ihr Geschlecht eingetragen haben. Finden Sie heraus, in wie weit diese Eintragungen mit dem tatsächlichen Auf und Ab Ihrer inneren Empfinden übereinstimmen und ergänzen Sie diese Anhaltspunkte zusätzlich durch weitere persönliche Notizen, um noch bewußter und genauer in den Rhythmus Ihrer persönlichen Zyklen gelangen zu können.

Organuhr

Organ	Hochphase ca.	Tiefphase	Hochphase	Tiefphase
Aufmerksamkeit, Konzentration	6.00 - 11.00	11.00 - 14.00	14.00 - 17.00	17.00 - 6.00
Bauchspeicheldrüse, Milz	8.00 - 11.00	11.00 - 13.00	13.00 - 20.00	20.00 - 8.00
Dickdarm	5.00 - 8.00	8.00 - 13.00	13.00 - 20.00	20.00 - 5.00
Dünndarm	9.00 - 14.00	14.00 - 17.00	17.00 - 21.00	21.00 - 9.00
Entschlackung	6.00 - 10.00	10.00 - 13.00	13.00 - 17.00	17.00 - 6.00
Erotik Sexualität	6.00 - 9.00	9.00 - 16.00	16.00 - 23.00	23.00 - 6.00
Gallenblase	8.00 - 11.00	11.00 - 13.00	13.00 - 20.00	20.00 - 8.00
Harnblase	8.00 - 11.00	11.00 - 13.00	13.00 - 20.00	20.00 - 8.00
Herz	6.00 - 11.00	11.00 - 13.00	13.00 - 21.00	21.00 - 6.00
Kreislauf	6.00 - 11.00	11.00 - 13.00	13.00 - 21.00	21.00 - 6.00
Leber	5.00 - 8.00	8.00 - 13.00	13.00 - 20.00	20.00 - 5.00
Lernbereitschaft	6.00 - 11.00	11.00 - 14.00	14.00 - 17.00	17.00 - 6.00
Lunge	4.00 - 11.00	11.00 - 13.00	13.00 - 21.00	21.00 - 4.00
Magen	9.00 - 14.00	14.00 - 17.00	17.00 - 21.00	21.00 - 9.00
Muskulatur	6.00 - 10.00	10.00 - 13.00	13.00 - 17.00	17.00 - 6.00
Nieren	6.00 - 10.00	10.00 - 13.00	13.00 - 17.00	17.00 - 6.00
Regeneration	ca. 23.00 - 6.00			

In oben aufgeführter Tabelle haben wir Ihnen die wechselnden Hoch- und Tiefphasen primärer körperlicher Organe aufgeführt. Mit Hilfe dieser Zeiten können Sie anhand Ihres Biorhythmus noch detaillierter auf bestimmte Eßgewohnheiten und Lebensgewohnheiten eingehen. Sie werden, wenn Sie ehrlich zu sich selbst sind, recht schnell herausfinden, weshalb Sie beispielsweise andauernd Verdauungsstörungen oder Blähungen haben, weshalb Sie häufig unausgeschlafen sind, weshalb Ihnen zuvor Gelerntes einfach nicht in den Kopf gehen will oder weshalb Sie andauernd unter Akne, trockener spröder Haut, Völlegefühl, brüchigen Fingernägeln, Verdauungsproblemen, sprödem Haar, Schuppen oder sexueller Unlust leiden.

Kapitel 10 - Träume, Alpträume und Visionen

Kapitel 10

Träume, Alpträume und Visionen

Träume

Träume sind Energiewirbel, welche durch das gemeinsame Verschmelzen seelischer und geistiger Energieströme in unseren Chakras hervorgerufen werden. Unsere Chakras sind wiederum Energiezentren, welche unsere seelischen Strukturen mit den geistigen und psychischen Energieströmen verbinden und somit die Grenzen zwischen den seelisch-spirituellen und geistig-physischen Dimensionen zwischen dem Hier und Jetzt und dem Jenseits auflösen. Die hierbei emporquellenden energetischen Impulse, Reibungen und emotionalen Wirbel erzeugen Träume und visionelle Traumbilder, die in unseren Chakras zu unterbewußten Informationen aus spirituellen, universellen und sogar unbekannten Quellen führen und von unserer Seele verarbeitet werden. Denn unseren seelischen Funktionen unterliegen völlig andere Aufgaben, als unseren geistigen, psychischen und körperlichen Ebenen. Dies läßt sich wie mit kalten und warmen Luftmassen beim Gewitter vergleichen. Diese beiden energetischen Ebenen treffen in unseren Chakras aufeinander und vermischen sich zu einem gemeinsamen Prinzip aus Leben, Liebe, Wachstum und Gesundheit. Da diese verschiedenen Ebenen durch ihre unterschiedlichen Aktivitäten auch verschiedene Energieanteile projizieren und verarbeiten, bauen sich zwischen den beiden Ebenen Spannungsfelder auf. Diese Spannungsfelder werden von unseren Chakras ausgeglichen und unsere Chakras sind auch dafür verantwortlich, daß alle spirituellen Impulse und Energieströme in uns zu einer einzigen, einheitlichen, vollkommenen, reifen Persönlichkeit mit einem individuellen Charakter verschmelzen können, woraus jedes einzelne Lebewesen in seiner ganz persönlichen Note und Art hervorgeht. Diese Verschmelzung findet nicht nur tagsüber, beispielsweise durch Tagträumerei, geistige Abwesenheit, Visionen, Vorstellungskraft und Phantasien statt, sondern bevorzugt nachts, wenn der Körper ruht, was wir beispielsweise durch träumen empfinden. Wie bereits erwähnt, fließen die verschiedenen Energieströme seelischer und geistiger Ebenen in unseren Chakras ineinander und erzeugen hierbei nicht nur in unseren Chakras Liebe, Vitalität oder Mentalität, sondern erfüllen auch unsere psychischen Räume, Drüsen und Organe mit den eigens hierfür zugedachten spirituellen Energien, woraus sich wiederum Zufriedenheit, Intuition und körperliches, geistiges und zelluläres Wachstum ergibt. Die Seele erfährt durch diesen Energieaustausch in den Chakras alles Wissenswerte von Geist und Körper und unsere geistigen Strukturen erhalten somit alle notwendigen Impulse und Informationen aus dem seelischen Geschehen. Beide Energieströme fließen in unseren Chakras zusammen und vermischen sich dort zu bewußten und unterbewußten Bildern, die wir als Träume und Phantasien empfinden. Die hierbei frei werdenden Energien lassen sich im Großen wie mit Blitz und Donner vergleichen und erzeugen im Kleinen visionelle Bilder, welche wir je nach Intensität entweder nur unterbewußt oder sogar bewußt wahrnehmen, sehen und erleben können. Die Träumerei selbst stellt demnach eine Verbindung zwischen unserer hiesigen, materiellen Welt mit einer gegenüberliegenden spirituellen Dimension im Jenseits dar, in der wir uns immer zu der Zeit befinden, wenn wir nicht wach sind, sondern schlafen. Der Traum selbst ist wiederum eine Dimension, die weder räumlich noch zeitlich begrenzt ist und so lange anhält, solange die beiden Energiefelder ineinanderströmen und benötigen, um zu einer gemeinsamen seelisch-geistigen Oberfläche zu verschmelzen. Im Prinzip sind Träume mit den Strudeln zweier Flüsse vergleichbar, die ineinanderfließen oder mit den Funken, die zwischen zwei unterschiedlich aufgeladenen Materialien überspringen. Diese Phänomene sind uns allen von unserer Kleidung oder, wie bereits erwähnt, von Gewittern her bekannt.

Solange sich seelische Energien in geistige Bewußtseinszustände erschöpfen, werden visionelle Bilder erzeugt, welche wir unterbewußt nicht nur seelisch als Traum, Vision, Botschaft oder Angst empfinden, sondern auch körperlich als Muskelzucken, Streß, Erschöpfung, starkes Schwitzen und auch mit unseren Augen während des Träumens aufmerksam mitverfolgen können. Denn seelische Impulse übertragen sich auf die Eindrücke unserer Sinne, wie beispielsweise sehen, riechen oder fühlen auch, und reagieren wiederum auf unsere inneren, intuitiven, körperlichen, persönlichen oder geistigen Bedürfnisse. Träume sind demnach eine spiegelbildliche Wiedergabe unserer tatsächlichen inwendigen und auswendigen Harmonie und bringen uns meist unterbewußt und in seltenen Fällen auch bewußt auf eine Ebene, welche einerseits mit den seelischen, spirituellen Mysterien des Jenseits ebenso verbunden ist, wie mit der augenblicklichen Situation unseres hiesigen Daseins.

Träume sind daher als Barometer unserer inneren Gefühle und Strukturen anzusehen, die uns die Möglichkeit verleihen, bewußt hinter die spirituellen Grenzen in das Jenseits blicken zu können. Denn sie werden umso heftiger und deutlicher, umso größer die Spannungsunterschiede der beiden verschiedenen ineinanderfließenden geistigen und seelischen Energieströme werden. Die seelische Ebene beschäftigt sich mit Liebe, Mentalität, schöpferischen Kräften, Heilung und bezieht ihre Energie direkt aus den kosmischen, schöpferischen und universellen Energieströmen. Die geistige Ebene ist im Gegensatz dazu größtenteils für das irdische Überleben verantwortlich und integriert neben dem Verstand alle überlebensbedingten, bewußten, vegetativen und sexuellen Sinne und Empfindungen in den Chakras zu den seelischen Empfindungen hinzu, woraus sich für jeden einzelnen Menschen ein individuelles und ganz persönliches Maß an Liebe, Angst, Mut, Willen, Vernunft, Glaubenskraft, Humor, Geschmack, Charakter und Persönlichkeit ergibt.

Leider haben wir modernen Menschen uns selbst von der einst natürlichen Harmonie geistiger, schöpferischer, kosmischer und seelischer Kräfte so weit entfremdet, und uns stattdessen mit künstlichen, chemischen, technischen oder logisch-wissenschaftlichen Anforderungen und Denkmustern zugemauert, daß neben den seelischen Impulsen ganz besonders unsere geistigen Impulse nicht mehr ausreichend zirkulieren können, sondern neben einem überzüchteten, überbetonten, analytischen Verstand eher ein verkümmertes Dasein führen. Dies ruft ein Ungleichgewicht hervor, das unsere Chakras zunehmend überlastet und daran hindert, die beiden verworfenen Energieebenen noch ausreichend regulieren zu können. Die hierbei frei werdenden Energien verlassen unsere Chakras nicht mehr als wohltuende spirituelle Botschaften aus Liebe, Intuitionen, Vernunft, Vertrauen oder als aphrodisierende Gefühle und harmonievolle positive Träume und Gedankenströme, sondern beginnen, wie rostige Nägel, aneinander zu reiben und dadurch unseren Organismus durch überquellenden inneren Druck zu belasten. Wird dieser stetig steigende Dauerdruck nicht durch Therapiesteine und andere Naturheilmittel gelindert, werden unsere psychischen, seelischen und nachfolgend auch die organischen Räume von gewaltigen emotionalen Strudeln in Form von Blockaden heimgesucht. Diese empfinden wir nicht nur als inneren Druck, Unzufriedenheit, Nervosität, Migräne, Burn-Out's oder Menstruationsstörungen in Verbindung mit bohrenden, kreisenden oder schmerzlichen Gedanken, Ängsten, Schlafstörungen und Alpträumen, sondern längst mehrfach als alltägliche, zivilisationsbedingte Schmerzen und Leiden.

Diese Überspannungen bewirken letztendlich in unseren Chakras einen Gegendruck, welcher sich wiederum negativ auf unsere seelischen und geistigen Ebenen auswirkt und somit ähnliche Funktionen hervorruft wie gärender Apfelsaft in einer verschlossenen Flasche. Dieser psychosomatische Druck führt wiederum zu weiteren Blockaden und überträgt sich in unser gesamtes Tagesgeschehen, wobei er sich auch tagsüber nicht mehr steuern oder abschalten läßt. Kann dieser Überdruck, welcher primär aus einseitiger Überbewertung geistig-logischer Denkmuster, in Verbindung mit Umweltzerstörung, materieller Lebensführung, Fortschritt, Habgier, wissenschaftlicher Synthetisierung und genvergifteten Lebensmitteln hervorgeht, durch die Chakras nicht mehr ausreichend reguliert werden, entstehen nicht nur Alpträume, sondern auch schwerste körperliche, seelische und geistige Leiden, die neben Verzerrungen und Blockaden letztendlich zu Verwirrtheit und Schizophrenie führen, welche eine aus einseitiger Überlastung unserer Chakras hervorgegangene Spaltung geistiger und seelischer Energieebenen ist und darauf hinweist, daß diese beiden Bewußtseinszustände in unseren Chakras nicht mehr ausreichend miteinander zu einer Persönlichkeit verschmelzen können, sondern mehr oder weniger getrennt voneinander existieren. Im Prinzip spiegelt sich im Inneren unserer Chakras spiegelbildlich genau das zerstörerische Verhalten wider, das wir in unseren alltäglichen Begebenheiten nicht nur der Natur durch Zerstörung, sondern auch unseren Mitmenschen und uns selbst durch zunehmendes Unverständnis, Habgier, Haß und Gewalt entgegenbringen.

Alpträume

Träumen ist, wie bereits erwähnt, ein spirituelles, natürliches Phänomen, das uns nicht nur nachts zuteil wird, sondern auch tagsüber, weil unsere Chakras ununterbrochen damit beschäftigt sind, seelische Energien mit geistigen Impulsen zu einem inwendigen, mentalen, spirituellen, organischen, hormonellen und visionellen Energiestrom zu vereinen, woran sich alle anderen unterbewußten und bewußten Lebensvorgänge, wie an einem roten Faden, anreihen können. Hiervon leiten sich wiederum die Impulse für Vertrauen, Zufriedenheit, Gesundheit, Liebe und Glück ab. Träume befassen sich meist mit unserem alltäglichen seelischen und geistigen Befinden, aber auch mit unbekannten Begebenheiten aus naher Zukunft, der Vergangenheit, Partnerschaft oder Kindheit und lassen sich meist auf die tatsächliche Situation in unserem derzeitigen Leben interpretieren.

Alpträume hingegen sind klare Anzeichen dafür, daß sich große, einseitige Spannungsunterschiede zwischen unseren seelischen und geistigen Ebenen hervorgetan haben, welche von unseren Chakras seit längerem nicht mehr reguliert, verarbeitet und ausgeglichen werden können, sondern sich in Form von negativ empfundenen Gefühlszuständen in unsere verschiedenen Bewußtseinsebenen hineinbohren. Im Grunde genommen sind Alpträume Verhärtungen häufig wiederkehrender Gedankenströme und unbefriedigter innerer Bedürfnisse die wir nicht verarbeitet haben oder worauf wir nicht ausreichend eingegangen sind. Sie wiederholen sich daher ständig unter steigender Intensität und verursachen eine steigende innere Unruhe, um so unsere bewußte Aufmerksamkeit auf sich lenken zu können.

Alpträume lassen sich mit Viren oder funktionellen Störungen im organischen Bereich vergleichen und wiederholen sich unter zunehmendem Negativempfinden oft in wechselnden Fassaden und verschiedenen Gesichtern. Häufig wiederkehrende Träume oder gar Alpträume deuten demnach auf zunehmende innere Verhärtungen, Überlastungen und Blockaden hin, welche durch unsere materielle und künstliche Lebensart ausgelöst wurden und nun dabei sind, körperliche, geistige und seelische Strukturen zu beeinträchtigen, zu lähmen oder gänzlich zu blockieren.

Allerdings hat uns die Natur hierfür, um Streßsituationen ausreichend verarbeiten zu können, Werkzeuge in die Hand gegeben, die wir bewußt gebrauchen sollen, um körperliche, geistige und seelische Schäden durch Gefahren vorzeitig erkennen, heilen und ausgleichen zu können. So gab sie uns unsere objektiven Sinnesorgane, wie beispielsweise Sehen, Hören, Riechen, Schmecken oder Fühlen, um uns in den irdischen Dimensionen besser zurechtfinden zu können und unsere subjektiven Sinne, wie beispielsweise die Vernunft, Phantasie, Glaubensenergie, Intuition, innere Wahrnehmung, innere Stimme, Liebe und Vertrauen, um uns mit den spirituellen Phänomenen und Botschaften der Mysterien auseinandersetzen zu können. Leider haben wir uns aus dieser Harmonie herausgelöst und die Fähigkeit, auf unsere subjektiven Sinne eingehen, vertrauen und hören zu können, zwar nicht gänzlich verloren, jedoch schon fast bis ins Unbrauchbare verdrängt. Hinzu kommt, daß Phantasie, Gefühle, Tagträumerei und die Bekenntnis zum Mystischen in unserer modernen Zeit sogar mit Spinnerei und Zeitverschwendung gleichgesetzt wird. Wir modernen Menschen tun heute so, als ob unsere schulwissenschaftliche Denkweise längst alles erfaßt und entschlüsselt hat. Um diesem Irrglauben gerecht werden zu können, mußten wir Menschen zuvor alles Natürliche zerschlagen, zerstören, verdrängen und möglichst unter den Teppich kehren, um nur noch das als wahr propagieren zu können, was faßbar, riechbar, sichtbar oder zumindest aus unserer selbst erfundenen wissenschaftlich-analytischen Sichtweise heraus logisch beweisbar zu sein scheint, um die Dinge für uns akzeptabel und wertvoll zu machen. Wir haben uns innerlich alle zunehmend von einem übermächtigen Verstand abhängig gemacht, der lediglich dazu in der Lage ist, abstrakte Dinge miteinander verknüpfen zu können, Geld zu zählen und Maschinen zu verstehen. Um die spirituelle Welt der Liebe, Vernunft, Gesundheit, Romantik und Natur verstehen zu können, bedarf es jedoch Glaubenskraft, Gefühle, Intuition, Verständnis, Vertrauen und Toleranz allen anderen natürlichen Geschöpfen und unerklärlichen Mysterien gegenüber und keinen logischen Verstand. Denn nichts in der Natur ist logisch oder gar zweimal vorhanden, sondern immer einmalig und obliegt einer übergeordneten Ordnung, welche das Große und Ganze steuert, zueinander führt, miteinander vereint und entfaltet. Ob wir Menschen die Mysterien für uns akzeptieren oder nicht, oder ob wir an die Spiritualität von Steinen, Mond und Sternen glauben oder an die Einheitsformeln unserer engen, stumpfsinnigen Wissenschaft, wir bleiben trotzdem spirituelle Wesen, welche sich durch fühlen, lieben oder träumen von Maschinen unterscheiden und sich insgeheim nach den Dingen sehnen, die sich unserer wissenschaftlichen Erkenntnis ohnehin entziehen, weil wir innerlich aus ihnen bestehen, von ihnen gesteuert werden und abhängig sind. Ob wir dies auch als richtig oder gar logisch empfinden, interessiert weder Sonne, Kristalle, Mond oder Sterne. Leider haben wir durch unsere wissenschaftliche Vorgehensweise nicht nur die Natur zerstört, sondern zunehmend auch uns selbst aus den natürlichen Rhythmen verzerrt und dadurch die mächtige Seite der seelischen Impulse verdrängt und verkümmern lassen. Wir orientieren uns nicht mehr an den natürlichen, seelischen und spirituellen Botschaften unseres Unterbewußtseins oder unserer Seele, welche mit Hilfe der Kraft des Mondes Botschaften für unser persönliches Wachstum beispielsweise in Form von Träumen in unser Bewußtsein projizieren, sondern leider nur noch an materiellen Dingen, an denen wir zunehmend verkümmern und ausbrennen.

Diese Verdrängung unterbewußter und intuitiver Energien zugunsten von Logik und Verstand ist nicht zuletzt für den körperlichen Verfall aller modernen Menschen mit verantwortlich. Denn es ist töricht, zwanghaft nur an das glauben zu wollen, was wir logisch beschreiben, sehen oder anfassen können und einfach so zu tun, als ob Liebe, Intuition, Gefühle, Vertrauen, Glaube, Natur, Seele oder Träume gar nicht vorhanden wären, während sie zu 99% unser Dasein bestimmen und steuern.

Häufig wiederkehrende Träume oder gar Alpträume sind demnach nichts anderes als Sinneswahrnehmungen und Signale unseres Unterbewußtseins, welche uns auf den Raubbau an unseren geistigen, seelischen und körperlichen Kräften durch maßlose Vergiftung, Zerstörung und Selbstvergewaltigung aufmerksam machen wollen. Umso hartnäckiger und umfangreicher innere Blockaden in uns sind, umso mehr reiben sich die unterschiedlichen Energieströme in unseren Chakras aneinander auf und umso mehr werden wir beispielsweise durch Alpträume klare Signale in unser Bewußtsein projiziert bekommen, an die wir uns erinnern können.

Häufig wiederkehrende Träume deuten bereits schon auf augenbliche innere Verwerfungen hin. Größte Gefahr droht für uns jedoch spätestens dann, wenn unsere unterbewußten Energiebahnen damit beginnen, mit Hilfe der Mondenergie regelmäßig Träume in unser Bewußtsein zu projizieren, damit wir uns an Geträumtes deutlich erinnern können. Alpträume und andere Angstträume, Wiederholungsträume, visionelle Zukunftsträume und Heilträume, an deren Inhalt wir uns deutlich erinnern können, sind demnach als klare Warnsignale und Botschaften unserer unterbewußten Strukturen an unseren Verstand zu werten und unbedingt auch als solche zu deuten. Denn sie sind häufig die letzten Vorboten vor starken körperlichen Krankheiten, Leiden, seelischen Verzerrungen und sogar dem vorzeitigen Tod.

Bevor wir auf das Deuten Ihrer Träume näher eingehen, möchten wir zum Verständnis hierzu noch Folgendes erwähnen:

Die Menschen befassen sich mit den Botschaften von Träumen ebenso wie mit den Mondphasen, Tierkreiszeichen und Heilsteinen bereits seit vielen Zehntausenden von Jahren, also viel länger, als wir modernen Menschen uns mit Schulmedizin, Technik und Wissenschaft befassen. Besonders die Überlieferungen der Ureinwohner Australiens, Indianer, Chinesen und Tibetaner reichen weit bis in die Steinzeit zurück. Erste Steintafeln darüber, daß wir Menschen einen falschen Weg eingeschlagen haben, indem wir Fortschritt nicht mehr in Liebe, Gesundheit und Zufriedenheit definieren, sondern zunehmend nur noch in Macht, Karriere und Reichtum, ergeben sich bereits aus vorbiblischen, über 4.000 Jahre alten, in Stein gemeißelten Texten über Kristalle, Mond und Sterne. Weitere Werke, wie z.B. das assyrische Traumbuch oder die Weisheit der Urzeit der Ureinwohner Australiens, beinhalten mehrere, mit Keilschrift beritzte Steintafeln, die weit vor unserer Zeitrechnung erstellt wurden. Hieraus ergeben sich Informationen darüber, daß die modernen weißen Menschen den Raubbau an sich selbst und der Natur erst so richtig seit ca. rund 4.000 Jahren betreiben, also im Vergleich zur gesamten Evolution seit nicht mal einer Sekunde, genaugenommen soll Jesus vor rund 2.000 Jahren schon zu mehr Nächstenliebe, Vernunft und Menschlichkeit aufgerufen haben, wofür er bekanntlich ans Kreuz genagelt wurde. Aussagen darüber, daß es den Menschen in vorigen Generationen auch nicht viel besser ging, als uns heute, treffen demnach nur in so weit zu, solange wir nicht hinter die Kulissen der Ursprünge unserer böswilligen menschlichen Gesinnung selbst blicken und weiterhin so tun, als ob wir in den letzten 2.000 bis 3.000 Jahren entstanden sind. Denn genau genommen stellen die letzten 3.000 Jahre eine Rückentwicklung der modernen Menschen an einem absteigenden Ast dar, dessen Endpunkt voraussichtlich in einer der nächsten Generationen erreicht sein wird. Denn wir modernen Menschen haben uns zwar technisch, chemisch oder wissenschaftlich aus einer selbst erfundenen Sichtweise heraus vorwärts entwickelt. Aus der Sicht anderer natürlicher Geschöpfe, insbesondere der Urvölker, sind wir längst zum Schlußlicht der Evolution geworden, was sich in uns allen nicht nur durch gesellschaftlichen Verfall, sondern auch durch persönliches Leid bemerkbar macht. Wir modernen Menschen werden jedoch die Natur nur bis zu einem bestimmten Grad und niemals ganz zerstören können, weil sich unsere grausame menschliche Gesinnung nun zunehmend in uns allen selbst widerspiegelt und zu entfalten beginnt. Dies läßt sich ebenso mit anderen Rhythmen vergleichen. Nehmen beispielsweise in der Natur Mäusebussarde überhand wird die natürliche Evolutionskette der Mäuse so stark dezimiert, daß sich nicht mehr ausreichend Mäuse fortpflanzen können. Nimmt somit die Population der Mäuse ab, sterben wiederum zahlreiche Bussarde weil ihnen und vor allem ihren Nachkommen die Nahrung fehlt. Weniger Bussarde bewirken wiederum, daß sich Mäuse wieder stärker vermehren können, was ebenfalls wieder für die Vermehrung der Bussarde sorgt, um die Population der Mäuse nicht überhand nehmen zu lassen. So reguliert sich die Natur mit Hilfe einfachster, jedoch hochsensibler Rhythmen und auch wir Menschen stehen kurz vor einem Wendepunkt welcher bedingt durch Krankheiten, Seuchen und den selbstproduzierten »Dreck« in unseren Lebensmitteln und Nahrungsketten bewirkt, daß wir uns selbst regulieren und sogar »dezimieren« bevor wir die irdische Natur zersört haben. Zunehmend werden wir zur eigenen Endlagerstätte für das hohe Maß unserer Zerstörung und habgierigen Gesinnung, das längst nicht mehr von unserer Umwelt gefiltert und absorbiert werden kann, sondern in uns verbleibt und die Ursache dafür ist, daß wir bereits jetzt schon 100 Mal mehr leiden und erkranken, als noch die Generationen vor 100 Jahren.

Wir modernen Menschen befinden uns dennoch, ebenso wie alle Lebewesen und auch die Sterne, in einem rhythmischen Auf und Ab aller Organe, geistigen und seelischen Strukturen, welche von paarigen Beziehungen gesteuert werden und nicht nur auf der Evolution der letzten paar Tausend Jahre beruhen, sondern in ihrer Entwicklung bis zur Entstehung der Universen zurückreichen. Die Geschlechter finden in männlichen und weiblichen Energien zur Einheit und der Alltag wird nicht nur von Tag und Nacht oder unserem Biorhythmus und von bestimmten Mondphasen bestimmt, sondern auch von verschiedenen Bewußtseinszuständen, wie z.B. dem bewußten Leben, Träumen, objektiven Wahrnehmungen, subjektiven Empfindungen oder Wachen und Schlafen.

Während wir schlafen, befinden wir uns in einer anderen Dimension, die nicht durch materielle Dinge bestimmt wird, wie jene, in der wir uns zu Wachzeiten bewegen, sondern von Visionen, Gedanken, Emotionen und Gefühlen. Natürlich haben wir auch zu Wach-Zeiten Gefühle, genauso wie wir in unseren Traumbildern auch laufen oder reden können. Diese Verschmelzungen werden durch unterbewußte und bewußte Energieströme durch die Mondkräfte in den Chakras ausgelöst und bewirken, daß wir in den beiden Dimensionen trotzdem immer als eine geistig-seelische Persönlichkeit aus und ein gehen können und uns auch hüben wie drüben zurechtfinden können. Wir sind demnach im Traum genauso wir selbst, wie in der hiesigen Realität, auch dann, wenn uns die visionellen Traumbilder in eine andere Rolle oder Persönlichkeit schlüpfen lassen. Dies geschieht übrigens auch im Wachzustand. Wer kann schon von sich behaupten oder genau abgrenzen, wer, wie oder was er wirklich ist, denn wir Menschen geben uns häufig auch in der hiesigen Dimension durch Blockaden nach außen hin ganz anders, als wir innerlich sind.

Träume sind demnach subjektive Wahrnehmungszustände und Projektionen unserer Persönlichkeit, welche uns teilweise bewußt mit der spirituellen Energie des gesamten Jenseits verbinden. Die hiesige Realität beruht wiederum auf objektiven Bewußtseinseinheiten, welche vom Verstand, vom Geist und von körperlichen Fähigkeiten begrenzt werden. In beiden Ebenen halten wir uns unter natürlichen Voraussetzungen etwa gleich lang auf. Das heißt, daß wir aktiv bewußt und konzentriert nur genauso lange durchhalten, wie wir auch schlafen und träumen. Denn in unserem irdischen Dasein können wir niemals auf mehr Energie zurückgreifen, als uns zuvor von unseren Chakras durch seelisch-geistige Verschmelzung in die verschiedenen Bewußtseinszustände hinein transformiert wurde. Einfacher ausgedrückt schlafen wir ca. 8 Stunden und wachen 8 Stunden, worauf sich auch unsere Konzentration erstreckt. Nach diesen 8 Stunden wird es für die meisten von uns kritisch, wir lassen nach und bewegen uns auf Tiefpunkte zu, welche in den Mondphasen, Biorhythmen und den Texten über die Organuhr in diesem Buch genau beschrieben sind. Die letzten Stunden verbleiben für Muse und Tagträumerei, welche bereits schon wieder Verschmelzungen und Übergriffe der beiden verschiedenen Bewußtseinsebenen darstellen. Hinzu kommt, daß Träume an keine einheitliche Zeit gebunden sind. Denn nur unser logischer Verstand reagiert auf zeitliche Abmachungen und kann diese auch nachvollziehen. In Wirklichkeit rotieren alle Dinge in verschiedenen Zeiten. In manchen Ebenen läuft die Zeit sogar rückwärts und deshalb gelangen wir durch träumen wahlweise in die Zukunft oder die Vergangenheit. Oft werden wir mit Orten konfrontiert, an denen wir zuvor noch niemals waren oder in unserer Gegenwart erst noch hin gelangen werden. Dies resultiert daraus, daß sich unsere Seele

Kapitel 10 - Träume, Alpträume und Visionen

während des Träumens im Jenseits an Orte aus früheren Leben zurückbegeben kann oder uns mittels träumen bewußt oder unterbewußt sogar ein Stück weit ihres Weges in die Zukunft mitnimmt, was Träume wiederum so mystisch und wertvoll für uns macht. Wir empfinden dies dann beispielsweise als Deja-Vu-Erlebnisse, Seelenwanderung oder sprichwörtlich als Zeit, die wie im Traum vergangen ist. Oft verbindet unsere Seele unsere inneren Bewußtseinszustände im Traum auch mit anderen Seelen bzw. Personen, wie im irdischen Geschehen auch, die dann beispielsweise den gleichen Traum träumen, was oft dazu führt, daß sich längst aus den Augen verlorene Menschen plötzlich nach vielen Jahren in unerklärlichen, zufällig scheinenden Situationen wiederfinden, treffen, aneinander denken oder sich unabhängig vom anderen aneinander erinnern und aus heiterem Himmel anrufen. Träume sind, und das wußten die Indianer und die Ureinwohner Australiens, ebenso wie die alten Griechen, Ägypter, Majas und Römer, Fenster zu anderen Dimensionen unseres Seins, in denen die Zeit nicht mehr linear verläuft, wie in unserem alltäglichen Leben, sondern räumlich, beispielsweise rückwärts, übereinander, seitlich oder wie auch immer. Noch etwas Gravierendes unterscheidet die Traumzeit von der Wachzeit. In Träumereien, egal ob sie nun nachts oder während kurzer Tagträume stattfinden, wird alles, was wir träumerisch wahrnehmen oder tun, nicht nur physisch, geistig und seelisch integriert und verarbeitet, sondern auch in Spiritualität, Wachstum, Liebe, Reife und Weisheit verwandelt, woraus eine kollektive Verbindung zu allen Lebewesen und Mitmenschen unserer irdischen Natur hergestellt wird. Im Gegensatz dazu werden alle Dinge, die wir objektiv, also nur einseitig durch den Verstand im Wachzustand bewerten, in materielle Dinge verwandelt, welche von Riechen, Sehen oder Fühlen abhängig sind und dann, wenn sie nicht ausreichend durch seelische Impulse, Gefühle, Gewissen, Achtung und Liebe in unseren Chakras kompensiert werden zu Aggressionen, Wut, Zerstörung, Gewalt und Haß führen, was wiederum negativ auf uns selbst, unsere Umgebung, Umwelt und Angehörigen zurückfällt. Oder anders ausgedrückt: Nur wer auch zu anderem Glück beiträgt, wird selbst glücklich werden und wer das Schwert zieht, wird durch das Schwert sterben.

Der Mond in unseren Träumen

Der Mond steuert in unseren Chakras den Austausch unterbewußter seelischer und bewußter geistiger Energien und stellt somit eine Integration zwischen kosmischen und irdischen Eigenschaften her, die nicht nur das gesamte natürliche Gefüge auf unserem Planeten hervorgebracht haben sondern in unseren Chakras die Entstehung von Charakter, Persönlichkeit, Liebe, und Gesundheit überhaupt erst möglich machen. Der Mond stimuliert diesbezüglich auch das Unterbewußtsein dazu, spirituelle Botschaften, Informationen und Visionen in Form von Deja-Vu-Erlebnissen, Träumen und intuitiven inneren Stimmen in unser Bewußtsein weiterzuleiten. Er verhilft uns zu mehr Ausgeglichenheit und persönlichem Wachstum und integriert Einsichten und Weisheiten in unser Bewußtsein, die uns zuvor unbekannt waren und uns dabei unterstützen, besser mit den augenblicklichen Ereignissen unseres alltäglichen Lebens umgehen zu können.

So deuten Sie Ihre Träume

Bedenken Sie, daß häufig wiederkehrende Träume und Alpträume, an deren Inhalt Sie sich erinnern können, Schlüssel zu Ihrem Unterbewußtsein, und somit zu sich selbst, sind. Allerdings sollten Sie sich nur auf den Inhalt jener Träume konzentrieren, an die sie sich klar und deutlich erinnern können, um sich mit ihnen zu beschäftigen. Denn diese wurden Ihnen eigens zur bewußten Verarbeitung als deutliche Botschaft oder als Warnsignal in Ihr Bewußtsein transformiert, damit Sie sich daran erinnern können um sich mit ihnen zu beschäftigen. Dies soll jedoch nicht heißen, daß Träume, die schnell wieder vergessen sind, keine Botschaften enthalten können. Im Gegenteil, Träume beinhalten immer eine spirituelle Botschaft, die uns auch dann zuteil wird, wenn wir uns nicht bewußt an sie erinnern können. Dies verhält sich genauso wie mit dem Sehen im hiesigen Dasein wenn Sie Ihre Blicke schweifen lassen, ohne nach einem bestimmten Punkt Ausschau zu halten. Alle Informationen die Sie sehen, dringen trotzdem in Ihr Unterbewußtsein ein und werden dort ebenso verarbeitet, wie Traumbilder auch. Wiederkehrende Träume, die schnell vergessen sind, sollten Sie deshalb nicht mit aller Gewalt versuchen in Ihr Bewußtsein zurückholen zu wollen, sondern aufmerksam beachten und für sich feststellen daß Sie augenblicklich an inneren Verwerfungen zu leiden beginnen, die Sie unausgewogen stimmen und Ihnen durch häufig wiederkehrende Träume, quasi wie durch saures Aufstoßen, signalisieren sollen, daß sich für Sie etwas anbahnt oder innere Blockaden dabei sind, sich ausdehnen zu wollen. Es ist also höchste Zeit, um mit Hilfe von Heilsteinen, Therapiesteinen, Moqui-Marbles, Turalingam´s, Düften und Kräutern Ihre Chakras zu unterstützen und somit wieder für mehr innere Ruhe, Harmonie und Augleich zu sorgen, bevor sich heranwachsende Blockaden verhärten und Ihre Persönlichkeit schmerzlich verzerren.

Bei sich regelmäßig hartnäckig wiederholenden, angstvollen Alpträumen ist dies anders. Sie gehen bereits aus verhärteten Blockaden hervor und projizieren sich hartnäckig in Ihr Bewußtsein, um von Ihnen als klare Warnung anerkannt, respektiert und auch als solche verstanden und verarbeitet zu werden. Diese Träume sind sehr bedeutungsvoll für uns weil ihre Botschaften sehr deutlich darauf abzielen, bestimmte Dinge im materiellen Leben unserer hiesigen Existenz so schnell wie möglich ändern, abzustellen oder zu unterlassen. Geschieht dies nicht, verwandeln sich die phantastisch-suggestiven Traumbilder zu realen Gedankenschüben und organischen Emotionen, um so noch intensiver in unser einseitig unausgewogenes Dasein eingreifen zu können. Deuten wir unsere Traumbilder nicht mit Hilfe von Turalingam's, Moqui-Marbles, Düften, Kristallen und Kräutern und unseren inneren Stimmen, um unsere persönliche Situation im augenblicklichen Geschehen mit uns selbst oder in der Beziehung zur Natur und anderen Mitmenschen herausfinden zu können, werden aus visionellen Bildern sehr schnell materielle, organische, hormonelle, psychische und schmerzliche Verzerrungen, welche in Form von schlimmen Krankheiten oder gar Schicksalsschlägen zur Realität werden, weil unsere Seele hierin einen letzten Ausweg für sich sieht, um überleben zu können. Denn unsere Seele ist unsterblich und hat eine bestimmte, übergeordnete Aufgabe im Körper aller Lebewesen zu erfüllen. Unsere Seele wird sich demnach nicht durch unseren kleinen, menschlichen Verstand verdrängen, beeinträchtigen oder gar zerstören lassen, sondern klare Signale setzen, auf die wir eingehen können, solange sie dies noch mit Hilfe von Traumbildern tut. Erst dann, wenn Traumbilder sich zu materiellen Bildern verhärtet haben, wie beispielsweise in Form von Herzinfarkten, Magengeschwüren, Schlaganfällen oder Allergien, weil wir modernen Menschen ja nur noch auf das hören oder darauf reagieren, was wir sehen, fühlen oder anfassen können, ist es für viele zu spät.

Um an die Visionen und Botschaften jener Träume zu gelangen, an die wir uns erinnern können, sind wiederum nur wenige Kenntnisse erforderlich. Ein primärer Schlüssel hierzu ist unsere innere Stimme, welche durch Intuition zu uns spricht, und uns dann, wenn wir sie ernst nehmen und auf sie eingehend reagieren, mit den Botschaften unserer Träume bewußt vertraut macht. Denn sobald Träume so weit in unser Bewußtsein vorgedrungen sind, daß wir uns deutlich an sie erinnern können, liegt gleichzeitig auch eine intuitive Deutung und Beantwortung für sie in unserem Unterbewußtsein bereit, welche wir am besten mit Hilfe von Turalingam's, Moqui-Marbles, Dream-Catchern und Kristallen erkennen können. Denn Alpträume, Heilträume, vorausschauende Träume oder Zukunftsträume sind aus Blockaden und seelischen Impulsen hervorgegangene, unverdaute Energiepotenziale, welche mit Hilfe von Mondkräften aus den Chakras heraus in unser Bewußtsein »aufgestoßen« werden. Sie sind demnach mit der Ursache, der Blockade oder der inneren Verwerfung unmittelbar verbunden und projizieren deren negative Energien in Bildern, Erkenntnissen, Botschaften oder Gleichnissen in unser Bewußtsein.

Die Kunst des Deutens von Träumen liegt demnach nicht, wie häufig in schulwissenschaftlich-psychologischer Literatur geschildert, darin, Fachmann sein zu müssen, um aus bestimmten einzelnen Traumbildern und Symbolen, welche anscheinend mit bestimmten Eigenschaften assoziiert sein sollen, bestimmte Dinge herauslesen zu können, sondern in der Fähigkeit eines jeden Menschen selbst, wie wahr und klar er mit Hilfe von Heilsteinen, Kristallen, Düften und Kräutern den Weg seines Traumes zur Ursache, der Blockade, zurückverfolgen kann. Auch Dream-Catcher, die bevorzugt von indianischen Völkern in Verbindung mit Turalingam's, Moqui-Marbles und zahlreichen anderen Heilsteinen verwendet werden, leisten diesbezüglich treue Dienste. Es ist also Unsinn, seine Träume nach bestimmten Traumsymbolen, wie beispielsweise nach dem weißen Pferd deuten zu wollen, um daraus mangelnde Liebe oder sexuelle Vernachlässigung herbeileiten zu wollen. Diese analytische, weit verbreitete Vorgehensweise, trifft allenfalls auf technische Abläufe in Maschinen oder Computer zu und nicht für natürliche Wesen und verhält sich genauso töricht, wie wenn Wissenschaftler glauben, daß wenn Mann und Frau zusammenkommen, sich hieraus automatisch Liebe und sexuelle Bedürfnisse ergeben. Wir alle wissen viel besser, wie unvorhersehbar, unbeschreiblich, spirituell und mystisch allein die Liebe ist und weder etwas mit Statistik noch mit logischen chemischen Formeln oder gar Willen zu tun hat, sondern lediglich mit den göttlichen Energien von Schöpfung, Mond und Sternen. Traumbilder beinhalten Botschaften, die nicht an Zeiten, Symbole oder Orte gebunden sind, sondern an Eigenschaften, die im Traum erlebt wurden und die Kernaussage des Traumes darstellen. Wenn Sie das Drumherum, wie beispielsweise Feuer, Symbole oder bestimmte Orte in Ihren intuitiven Selbsthinterfragungen zunächst einmal beiseite rücken, werden Sie auf einmal mit Dingen konfrontiert werden, wie z.B. damit, fast erdrückt worden zu sein, erschöpft zu sein, für etwas blind zu sein, entblößt zu sein, wehrlos zu sein, nicht vom Fleck zu kommen und unzähligen weiteren, in nur kurzen Worten beschreibbaren Eigenschaften. Vergleichen Sie diese Eigenschaften nun ehrlich mit Ihren inneren Stimmen, ihrer augenblicklichen Situation und mit den in diesem Buch genau beschriebenen Blockaden. Sie gelangen dann dank Ihrer

Träume an Ihre persönlichen inneren Unruheherde und können sich mit Hilfe von Steinen, Kristallen, Mondrhythmen und anderen Naturheilmitteln noch schützen, bevor sich die negativen Empfinden aus Alpträumen, welche bereits von so starker emotionaler Energie begleitet werden, daß sie uns oft schreiend und schweißgebadet aufschrecken lassen, herauslösen und sich tatsächlich in körperliche und funktionelle Störungen und Leiden verwandeln.

Ebenso verhält sich dies auch bei Heilträumen und vorausweisenden Träumen. Vergleichen Sie die Inhalte Ihrer Träume mit Ihrer inneren Stimme und hinterfragen Sie ehrlich, was Sie augenblicklich oder seit längerem verfolgt, bedrückt, quält oder bedroht und Sie lernen ebenso wie die Indianer, Tibetaner oder die Ureinwohner Australiens, in der Zukunft oder der Vergangenheit ein Stück weit ein- und ausgehen zu können.

Wichtig:

Machen Sie sich stichwortartige Notizen über den Kern des Geschehens häufig wiederkehrender Träume oder Alpträume in diesem Mondkalender. Bedenken Sie hierbei ebenfalls, daß weder der Mond noch die Sterne ihre Alpträume verursachen, sondern daß hierfür innere Verwerfungen und Blockaden, welche wir in diesem Buch bereits deutlich beschrieben haben, verantwortlich sind. Empfinden Sie Träume niemals als lästig, auch dann nicht, wenn Sie Ihnen noch so furchtsam erscheinen, sondern bedenken Sie immer, daß nicht der Traum lästig ist, sondern die Ursache oder die Blockade die ihn erzeugt und der eventuell daran anschließende Schlaganfall, der Sie, weil Sie nicht auf die Botschaften Ihrer Träume gehört haben, nun lähmt oder an einen lästigen Rollstuhl fesselt.

Lassen Sie sich niemals von anderen Menschen Ihre Träume deuten, denn dies wäre genauso unsinnig, wie wenn Sie einen fremden Menschen stellvertretend zum Liebhaber Ihres Partners machen wollen. Hinzu kommt, daß jeder einzelne Mensch völlig unterschiedliche Traumbilder in sein Bewußtsein transformiert bekommt, welche niemals von anderen Menschen verstanden, gedeutet, oder gar entschlüsselt werden können, außer von einem selbst. Hinzu kommt zusätzlich, daß Frauen entgegengesetzt empfinden, denken, fühlen und handeln als Männer. Es ist viel mehr Ihre eigene Aufgabe, sich selbst um die Botschaften ihrer Träume genauso zu bemühen, sie zu hinterfragen und intuitiv im eigenen Inneren nach deren vorhandenen Antworten zu suchen, wie nach den Blockaden als Ursachen Ihrer körperlichen Leiden und partnerschaftlichen Problemen auch. Niemand kann Ihnen hierbei helfen, außer ausgesuchte Therapiesteine und Sie selbst. Denn Intuition und Träume sprechen immer nur in einer Sprache zu Ihnen, die nur Sie selbst verstehen können und bedienen sich einer Symbolik, die nur von Ihnen erkannt und entschlüsselt werden kann. Denn Träume finden nicht irgendwo statt, sondern in Ihnen selbst und in den eigens dafür entwickelten Strukturen und sind daher so einmalig und persönlich wie Ihr Fingerabdruck oder genetischer Code, mit dem niemand etwas anfangen kann und worin auch niemand etwas verloren hat, außer Sie selbst in Verbindung mit Ihren Heilsteinen, Kristallen, Mond und Sternen. Es ist daher notwendig, Träume niemals verdrängen zu wollen, sondern sie unbedingt ehrlich danach zu hinterfragen, was sie uns sagen wollen, was wir tun oder verändern sollen und auch danach zu handeln. Intuitiv erkennen Sie die Botschaft Ihres Traumes dann, wenn Sie wirklich ehrlich zu sich selbst sind, sehr schnell. Sie erahnen oder spüren an einem innerlichen Kribbeln im Bauch, das durch zunehmende Rotation Ihrer intuitiven inneren Stimmen ausgelöst wird, ob Sie auf dem richtigen Weg sind. So können Sie Kommendes voraussagen, erhalten Antworten und Informationen aus unterbewußten oder unbekannten Quellen und finden zu Lösungen Ihrer persönlichen Probleme und Blockaden, die Ihnen zuvor unlösbar schienen und Sie über viele Jahre hin gequält und belastet haben. Achten Sie auch besonders darauf, welche Entscheidung Sie im Traum getroffen haben und auch darauf, ob Ihnen Umgebungen und Personen bekannt waren, ob Sie selbst beteiligt waren oder ob Ihnen alles fremd und unbekannt erschien. Nehmen Sie sich beispielsweise Turalingam´s, Moqui-Marbles, Dream-Catcher und andere energievolle Therapiesteine zur Hilfe und verfolgen Sie in Gedanken die Botschaft Ihres Traumes wie einen Film vom Ende beginnend zurück. Achten Sie neben dem eigentlichen Inhalt auch auf deutliche Botschaften und Schlüsselereignisse und halten Sie diese in Ihrem Gedächtnis fest. Meist werden Sie schon am darauffolgenden Tag oder nur wenig später mit einer Situation konfrontiert werden, die Ihnen auf einmal bekannt vorkommt. Aus dem zuvor Geträumten wissen Sie nun, wie Sie sich zu verhalten haben, wie Ihre Entscheidung aussieht und worin die Lösung, der Sinn oder die Botschaft dieser Situation besteht.

Leider setzen sich die meisten modernen Menschen leichtfertig über ihre Träume hinweg und handeln trotz unangenehmen Gefühlen im Bauch genau entgegengesetzt, meist nach dem Verstand. Anstatt auf unsere inneren Stimmen hören wir modernen Menschen lieber auf die schreienden Stimmen irgendwelcher Wissenschaftler, Päpste oder Politiker und benötigen nicht zuletzt deshalb Gesetze, um uns in unserer entzauberten, sterilen, künstlichen und lebensverachtenden Umwelt überhaupt noch zurechtfinden zu können. Würden wir im Gegenzug dazu wieder vermehrt auf die intuitiven Stimmen unseres Unterbewußtseins oder auf die spirituellen Impulse aus dem Jenseits hören, gäbe es auf unserer Welt weder Vergasung, Vergewaltigung und Umweltzerstörung, weil alle natürlichen Lebewesen, die sich an den kollektiven schöpferischen Energieströmen orientieren, keine Bedürfnisse hierfür empfinden. Denn Menschen, die sich nicht nur an einem einzigen Sinnesorgan, wie beispielsweise wir modernen Menschen nur am Verstand, orientieren, sondern darüberhinaus auch dazu in der Lage sind, auf die gesamte gegebene Palette geistiger, seelischer und spiritueller Möglichkeiten zurückgreifen zu können, empfinden in sich selbst wahre Liebe, Zufriedenheit und Gesundheit und sind nicht darauf angewiesen, sich diese Dinge zu erkaufen, erzwingen oder erpressen zu müssen. Menschen, die Liebe und Zufriedenheit in sich empfinden, benötigen keine Gesetze oder Gebote, um Gutes zu tun, sondern entnehmen das Gute aus der Tiefe der Empfinden des eigenen Herzens. Sie werden niemals dazu tendieren, aus Habgier und niedrigsten Beweggründen heraus Tiere quälen, morden, vergasen, betrügen oder die Umwelt und letztendlich sich selbst zerstören zu wollen, weil ausgewogenen Menschen, wie allen anderen natürlichen Geschöpfen auch, der Drang hierzu fehlt.

So finden Sie zu den Botschaften Ihrer Träume

Setzen Sie sich bequem an einen Ihnen angetanen Platz, nehmen Sie Ihre persönlichen Heilsteine und Therapiesteine zur Hand und verfeinern Sie die Raumluft mit wohltuenden, eigens hierfür kreierten Duftkompositionen von Vivian Gardier oder trinken Sie eine wohlschmeckende Tasse Traumzeit-Tee der chinesischen Mönche »7 Weise« (Informationen hierzu finden Sie in den Bezugsquellen am Ende dieses Buches).

Beginnen Sie nun, Ihren Gedanken freien Lauf zu lassen. Achten Sie darauf, daß Sie sich nicht im Streß befinden und versuchen Sie auch nicht, sich unbedingt mit willentlichem Nachdruck an vergessene Traumbilder erinnern zu wollen. Denn dieser Druck führt dazu, daß Ihre Gedanken den feinen Energiestrahl, der zu Ihren Traumquellen führt, verlassen und sich in unzähligen psychosomatischen Strukturen verfangen, was Sie wiederum als innere Unruhe, Nervosität, Schwitzen oder Aufregung empfinden. Hinzu kommt, daß der Verstand mit Hilfe von Therapiesteinen, Moqui-Marbles, Turalingam´s oder Düften unbedingt beruhigt werden sollte, weil er durch seine übermächtige Funktion keine klaren, unterbewußten Gedankenströme zuläßt, sondern alles kritisch und analytisch zu hinterfragen beginnt und somit die zarten, wertvollen Botschaften verzerrt, unterdrückt und somit unbrauchbar macht. Im Gegenteil, Traumbilder, die durch unseren Verstand manipuliert wurden, führen zu Unglück und Leid. Sobald Sie sich entspannt haben, sollten Sie damit beginnen, Ihre Gedanken sanft in Ihr Inneres hineinzirkulieren zu lassen. Moqui-Marbles und Turalingam´s sind hierbei durch ihre sanften Kräfte besonders hilfreich und bewirken auch daß wir uns an anderen, auftauchenden Gedanken nicht verheddern, sondern weiter gehen können, ohne sie nach ihrem Inhalt beurteilen zu wollen, um so unsere mentale Reise in die Tiefe unserer unterbewußten Ebenen, bis in die Chakras, fortsetzen zu können, um nun direkt mit dem Göttlichen, Seelischen, Geistigen, Spirituellen, Schöpferischen und Kosmischen bewußt Kontakt aufnehmen zu können. Dieser Zustand, der alten Überlieferungen zufolge als himmlisch, Nirwana, Schlaraffenland oder Göttlich bezeichnet wird, läßt sich anfangs nur wenige Sekunden lang halten. Stellen Sie Ihrem Geist oder Ihrer Seele nun Fragen, die Sie intuitiv beantwortet haben möchten. Fragen Sie nach inneren Blockaden, Beschwerden, Ängsten, Schmerzen oder nach Liebe, Partnerschaft und Gesundheit und empfangen Sie so Antworten, Erkenntnisse zur Selbstheilung, Zufriedenheit und Glück. Geben Sie nicht gleich auf, wenn Sie augenblicklich keine Antworten erhalten, sondern danken Sie Ihren intuitiven Ebenen trotzdem für die Ihnen zuteil gewordene spirituelle Bewußtseinserweiterung und ziehen Sie sich wieder genauso behutsam aus Ihren Chakras zurück, wie Sie eingedrungen sind. Versuchen Sie es zu einem späteren Zeitpunkt wieder, denn Antworten auf Ihre offenen Fragen werden Ihnen immer nur zu dem Zeitpunkt bewußt zuteil werden, an dem Ihre Persönlichkeit auch reif genug dafür ist, um sie erkennen und verstehen zu können. Werden Sie sich auch bewußt darüber, daß Träume seelische Verpflichtungen beinhalten, wie beispielsweise Verträge oder Pflichten im irdischen Geschehen auch. Nur weil wir modernen Menschen für uns beschlossen haben, nur auf das zu hören oder zu vertrauen, was wir anfassen, erklären oder bezahlen können, müssen die schöpferischen Strukturen nicht genauso einseitig und dumm handeln. Nehmen Sie demnach Ihre Träume ebenso ernst, wie die Mondphasen oder wie Ihre alltäglichen materiellen Verpflichtungen, denen Sie im irdischen Geschehen nacheifern. Lindern Sie mit Hilfe von ausgesuchten Therapiesteinen Ihre Unsicherheiten und aktivieren Sie Ihre intuitiven Stimmen für den bewußten Zugang hinter die Kulissen Ihrer vegetativen Bedürfnisse und Empfinden. Gehen Sie nicht gestreßt und ohne Ihre Therapiesteine oder beispielsweise direkt nach mehrstündigem Fernsehen schlafen. Meiden Sie synthetische Heilmittel, Tabletten oder Drogen, weil sie Ihr Bewußtsein daran hindern, unterbewußte Impulse durch träumen, Botschaften und Signale aufnehmen und festhalten zu können. So gehen Ihnen wertvolle Informationen Ihrer Seele verloren und lassen Sie direkt auf größere Schäden, Schmerzen, Geschwüre und Leiden zusteuern.

Tagträumerei und Phantasie

Die Tagträumerei wurde, im Gegensatz zur nächtlichen Träumerei, nahezu verpönt und als unrealistisches Hirngespinst ohne Bedeutung beschimpft. Dabei verbringen wir wiederum über die Hälfte unserer täglichen Wachzeit in täglichen Träumen, Visionen und phantasievollen Vorstellungen. Jeder Gedanke, den wir hegen, um unsere alltäglichen Bedürfnisse, Pflichten und Anforderungen bewältigen zu können, bedarf zunächst einem Impuls, einer Vision oder gar einem Tagtraum, um innere Vorstellungen in die Realität und die Tat umsetzen zu können. Denn alles beginnt in Licht, Resonanz, Hoffnung, Glauben, Gedanken und Phantasie und das Bild, das wir in Tagträumen von uns selbst und unserer Umgebung haben, formt unser Verhalten, Denken und nicht zuletzt unser Handeln und Fühlen. Doch leider haben wir den Umgang mit unseren Tagträumen ebenso verlernt, wie das sinngemäße Interpretieren von nächtlichen Träumen, inneren Stimmen, Mondphasen oder Biorhythmen auch. Deshalb sind unsere Sinne für die Botschaften, welche wir aus Tagträumen für unser augenblickliches Leben und Handeln herleiten können, ebenso verkümmert, wie die hierfür notwendige Phantasie. Tagträume sind uns heute schon fast peinlich und wir modernen Menschen schämen uns nahezu für unsere insgeheimen Phantasien, welche uns spiegelbildlich unsere innigsten Intimitäten und Bedürfnisse in unser Bewußtsein projizieren. Von klein auf bekamen wir gesagt, daß Tagträumerei Realitätsflucht sei und nicht zu modernen, erfolgreichen Menschen passe, welche mit beiden Beinen und Ellenbogen fest in der hiesigen Realität stehen wollen. Dabei haben genau jene Menschen den Kontakt zu Liebe und Gesundheit verloren, welche von sich behaupten, nicht irgendwelchen Phantasien nachzuhängen, sondern nur daran festhalten, was geschrieben steht oder aus schulwissenschaftlicher Sicht als logisch oder erwiesen erscheint.

Wir modernen Menschen verdrängen daher möglichst den Inhalt unserer Tagträume, und vergeuden möglichst keine Zeit, um an deren Visionen gelangen zu können. Doch nicht das Stöbern in anderer Menschen Phantasie entsprungener Literatur oder gar das zitieren irgendwelcher Größen aus der geschichtlichen Vergangenheit bringt Weisheit und Reife, sondern nur der Weg über die augenblickliche, eigene innere Welt, die wir beispielsweise durch Tagträumerei, Vorstellungskraft oder Meditation erreichen können, öffnet den Weg in die Gegenwart und führt über die feinen Energiestrahlen der Phantasie zu unseren inneren Strukturen, zu den Quellen von Liebe und Gesundheit und auch ein Stück weit in die Zukunft, um praktische Lösungen und Erkenntnisse für alltägliche Anforderungen oder bevorstehende Arbeitsabläufe erhalten und herbei führen zu können. Denn niemand weiß worin Ihre Probleme bestehen, worin Ihre Wünsche liegen und was für Sie gut ist, außer Sie selbst. Tagträume befassen sich, im Gegensatz zu den mächtigen nächtlichen Träumen, weniger mit unserer seelischen Position in Verbindung zu den universellen Dimensionen des Jenseits, sondern viel mehr mit unserer augenblicklichen spirituellen und mentalen Wahrnehmungsfähigkeit der geistig-psychischen Ebenen hiesiger Realität, die unserem Unterbewußtsein entspringen und unsere Aufmerksamkeit bewußt auf unser wahres Innenleben lenken. Hierbei verschmelzen die Bilder, die wir durch unsere äußeren Sinnesorgane aufnehmen mit denen unserer inneren Wünsche, Gefühle, Bedürfnisse und Gedanken zu weiterreichenden Phantasien und Ideen woraus sich neue Bilder und Visionen ergeben, mittels denen wir die Wirklichkeit verarbeiten, Vorstellungen mit der Lebenswirklichkeit in Einklang bringen und neu erschaffene Kreativität für den Alltag nutzbar machen können. Nur so gelangen Sie an die Visionen die Sie nicht nur inspirieren, sondern Ihnen auch deutlich Perspektiven, Sinn, Ideen und Wege aufzeigen um sich weiterentwickeln und verwirklichen zu können.

Im Kleinen sind Tagträume, weniger wie nächtliche Träume, Fenster zum Jenseits, sondern vielmehr zu uns selbst, welche uns unverblümt mit dem, was wir wirklich sind, empfinden, wünschen oder zu leisten vermögen, verbinden und hieraus Willen und Wege bereiten, um Visionen, Vorstellungen und Perspektiven auch wirklich in die Tat umsetzen zu können. Menschen, welche sich diese Fenster verschlossen halten, sind kaum noch dazu in der Lage, ihr Leben, ohne dabei Nutzlosigkeit oder Langeweile zu empfinden, selbständig entfalten und verantwortlich gestalten zu können. Sie sind auf die Vorgaben und Phantasien anderer Menschen angewiesen, welche ihnen deren Visionen z.B. durch Befehle, clever erzeugte Bedürfnisse, Werbung, Fernsehen, Religionen, politische Verordnungen, wissenschaftliches Allerlei oder Mode vorkauen. Hinzu kommt, daß Menschen, welche die hiesige Realität nicht mit einer weiter reichenden persönlichen Phantasiewelt vermischen und vergleichen können, auch nicht dazu in der Lage sind, für sich verschiedene Lebenswege durchspielen zu können und deshalb Ihr Leben lang darauf angewiesen sind, mehr oder weniger bewußt oder unterbewußt letztendlich das zu tun, was Industrie, Unterhaltungselektronik oder Politik ihnen vorschreibt. Ohne eigene Tagträumerei und visionelle Bilder sind sie der augenblicklichen externen Umwelt nahezu vollständig ausgeliefert und erbringen somit nicht nur selbst den Beitrag zum eigenen geistigen, seelischen und organischen Verfall, sondern tragen insgesamt auch zum Trott unserer sterbenden, gefühllosen, kalten, sturen, trägen, modernen Zivilisation bei. Denn Menschen, welche dazu im Stande sind, eigene kollektive Denkmuster der Logik oder der althergebrachten Tradition und Moral mit Hilfe ihrer Phantasie kontrolliert verlassen zu können, sind nicht mehr länger Gefangene von »man« und Gesellschaft, sondern erwachsen zur eigenständigen Persönlichkeit, welche dazu im Stande ist, die Hürden des augenblicklichen Geschehens selbstbewußt, positiv und zielsicher bewältigen zu können. Jene Menschen können mit Hilfe ihrer Phantasie beispielsweise in ihren Tagträumen für alle alltäglichen Begebenheiten, sowie auch für futuristische Anforderungen immer mehrere eigene Alternativen entwerfen, durchspielen und somit entweder Probleme als ihr eigener Held im Jenseits lösen, oder in der hiesigen Welt Dinge verwirklichen, zu denen andere nicht fähig sind, und somit für sich selbst entscheiden, in welche Richtung sich für sie ihr Leben verwirklicht. Durch diese Phantasiesprünge wird uns auch ein Schlüssel gegeben, den wir innerlich als Hoffnung und Glauben empfinden und der beispielsweise maßgeblich genauso an der Heilungswilligkeit und am Heilungsvorgang beteiligt ist, wie die schöpferischen Heilungsenergien selbst. Innere Phantasien erbringen demnach in Verbindung mit Hoffnung und Glauben jenen Teil, den wir bewußt zum Heilungsvorgang beitragen können und auch müssen, um uns mit der göttlichen Heilung selbst wiedervereinen zu können.

Tagträume sind, wie bereits erwähnt, Fenster zu uns selbst. Sie geben uns die Möglichkeit, uns von einer äußeren materiellen Welt abkapseln zu können, um uns mit den inneren Dimensionen unserer Persönlichkeit, Gefühle und Charaktere befassen zu können. Übrigens nichts Außergewöhnliches, sondern ein Phänomen, das aus den Urtiefen aller menschlichen und geistigen Überlieferungen hervorgeht. Denn in jedem von uns selbst liegen die Möglichkeiten zu Liebe, Glück und Gesundheit verborgen. Niemand ist benachteiligt, solange er nicht darauf verzichtet, auf innere Stimmen, seelische Impulse und seine eigenen Gefühle zu achten, welche er durch Gedanken, Träume, Phantasie und Visionen immer zum richtigen Augenblick ins Bewußtsein projiziert bekommt. Und hierin liegt auch ein Geheimnis urzeitlichen Wissens verborgen, welches wir Ihnen in diesem Buch in verschiedenen Kapiteln näherbringen möchten. Denn wir gelangen an die wahren Reichtümer des Lebens und des Seins nur, wenn wir uns der Hilfe der in diesem Buch beschriebenen, natürlichen Energien bedienen, um zu ihnen über deren feinfaserige Energieströme, wozu auch die Phantasie und Tagträumerei zählt, vordringen zu können. Wir modernen Menschen müssen allerdings wieder verstehen lernen, daß alle unsere alltäglichen Aktivitäten aus einer Verschmelzung seelischer, spiritueller und materieller Energieströme, zugleich, hervorgehen. Umso mehr wir uns einseitig von den anderen, uns gegebenen energetischen Ebenen, wie z.B. dem Glauben, der Vernunft, dem Gewissen oder der Intuition, zugunsten von Schulwissen und einseitigem, logischem Verstand abwenden, umso mehr verlieren wir nicht nur die Fähigkeit zu Liebe, Verständnis und Gesundheit, sondern werden zu Sklaven äußerer Mächte. Wir modernen Menschen verlieren somit zunehmend die spirituelle und geistige Selbständigkeit und gehorchen letztendlich darauf, was Maschinen, Apparate, Mode, Computer oder Gesellschaft in Form althergebrachter Moralvorstellungen von uns verlangen. Wir leben nicht mehr, sondern werden mangels eigener Phantasie gelebt, durchs Leben gehetzt und von Staat, Kirche und Wissenschaft manipuliert. Wir alle fühlen zwar inwendig, an kratzenden Blockaden, Geschwüren und Ängsten, daß unsere inneren Empfinden bewußt benachteiligt, verdrängt und aus dem Lot geraten sind, doch nur sehr wenige bekennen sich zurück zu den einfachen Energien, welche uns von Natur aus, beispielsweise durch die Mondphasen, Heilsteine oder weisheitlichen Überlieferungen gegeben werden, weil viele glauben, ohnehin nichts mehr an uns oder dem System verändern zu können und daher nicht mehr dazu in der Lage sind, in veränderten Bewußtseinszuständen die Samen unserer eigenen Zukunft mittels Visionen, Träumen, Ideen, Vorstellungen oder Perspektiven säen und in Form von Taten auch ernten zu können. Übrigens liegt in dieser Ursache auch die zunehmende Unfähigkeit jedes einzelnen verborgen, nicht mehr dazu in der Lage zu sein, seine inneren Vorstellungen mit der Lebenswirklichkeit in Einklang bringen zu können um aus eigener Kraft heraus dazu fähig zu sein Entscheidungen treffen zu können und auch die volle Verantwortung dafür übernehmen zu können. Statt dessen wird nicht nur im alltäglichen Geschehen, sondern besonders in der Partnerschaft vieles beschuldigt oder verdrängt. Die Menschen sprechen nicht mehr über ihre Probleme - sie funktionieren nur noch - und treiben oft über Jahrzehnte motivationslos, sinnlos und perspektivlos, wie Marionetten an den Fäden anderer, ungelebt durch ihr Leben, solange bis es dann gar nicht mehr geht und tiefliegende Blockaden aufbrechen. Dann erwachen Betroffene oft vor einem Trümmerhaufen ihrer Gesundheit oder Partnerschaft. Statt sich darüber mittels ihrer Phantasie vorzeitig auseinander zu setzen, neigen die meisten mangels Vorstellungskraft und Tagträumerei jedoch eher dazu Gott und der bösen Welt und vor allem dem Partner die Schuld für die eigene Unzufriedenheit geben zu wollen. Dabei übersehen die meisten, daß sie nicht das System oder andere Menschen verändern oder bekehren sollen, sondern beispielsweise mit Hilfe ihrer Phantasie nur sich selbst in das Licht einer neuen Auffassung und Denkweise zu begeben brauchen, woraus sich wiederum ihr Befinden im augenblicklichen Geschehen positiv verändern läßt. Lassen Sie andere Menschen da, wo sie sind und kümmern Sie sich um Ihre eigenen Probleme und Bedürfnisse. Das sei doch egoistisch, werden Sie nun denken, ist es aber nicht. Denn sich um eigene Bedürfnisse und Belange zu bemühen, seinen eigenen Körper und die eigene Seele wieder in die Rhythmen der natürlichen Energieströme zu integrieren, ist niemals Egoismus, sondern Selbstverwirklichung. Im Gegensatz dazu interpretieren wir durch unser augenblickliches, zivilisiertes Verhalten, eigentlich wahren Egoismus pur. Denn wahrer, feindlicher Egoismus entspringt nicht phantasievollen, tagträumerischen, spirituell fühlenden, liebenden Menschen, sondern phantasielosen, hörigen, eifersüchtigen, neidischen Menschen, welche glauben, ihr Verhalten anderen Menschen bevormundend, beispielsweise durch Profitgier oder Gewalt aufzwingen zu können, um daraus persönliche Vorteile zu ziehen. Wenn Sie diese weisheitliche Sichtweise einmal durchdenken und auf das weltliche Geschehen ausdehnen, werden Sie feststellen, daß unsere zivilisierte, moderne, vermännlichte Gesinnung, welche die Natur zerstört, Atombomben zündet und Retortenkinder züchtet, Frauen und Kinder foltert, diskriminiert und Kriege führt, nur dadurch möglich ist, weil die beteiligten einzelnen Individuen nicht mehr dazu in der Lage sind, selbständig in sich selbst über Gut und Böse urteilen zu können und deshalb egoistisch und kritiklos das tun, was entweder materiellen Erfolg verspricht oder kranken Hirnen anderer Menschen entsprungen ist. Denn Menschen, welche dazu in der Lage sind, inwendige Gefühle, Gewissen, Achtung, Toleranz, Liebe und Glauben in die Anforderungen externer Bedürfnisse hinein interpretieren zu können, um hieraus eigene kreative, weisheitliche Empfindungen und neue gewissenvolle Wege kreieren zu können, würden sich beispielsweise weigern, in Tierversuchslaboren auf den Befehl anderer hin Hunden und Katzen bei lebendigem Leib die Beine abzusägen und sie würden sich aus ethischer und moralischer Verantwortung heraus auch weigern, länger als Handlanger irgendwelcher politischer, religiöser, wissenschaftlicher oder industrieller Machthaber auf die Auslöser von Waffen, Atombomben, Genspritzen oder Motorsägen zu drücken, um all das Leid, dem wir zunehmend alle unterliegen überhaupt erst in Bewegung zu setzen. Denn Menschen, welche mit Hilfe ihrer tagträumerischen Phantasie nur ein Stück weit Einsicht in das, was sie auslösen, bewirken und tun, nehmen, wenden sich von den Grausamkeiten, welche wir egoistisch ausgedrückt sogar als rechtens und human bezeichnen ab, weil ihr Gewissen sie daran hindern würde.

Tagträume sind demnach keine nutzlosen Hirngespinste, sondern bewußte Zugänge zu den heiligen Energiepotenzialen in uns selbst. Tagträume werden zu inneren Waagschalen, welche beispielsweise mit Hilfe unserer Phantasie Gegenwelten entwerfen, die uns nicht nur für den Augenblick oder nach einer Enttäuschung Erleichterung verschaffen, sondern welche uns auch die Möglichkeit geben, uns innerlich auszugleichen, Aggressionen abbauen, Hoffnungen wecken und neue Zukunftswege und Perspektiven ersinnen zu können. In Tagträumen können wir die energetischen Impulse unserer Chakras mit unseren verschiedenen Bewußtseinszuständen, unserer Aura und Umwelt vermischen, Gestalt annehmen lassen und mit Hilfe von Phantasie unser gesamtes Erleben außerhalb vom gegenwärtigen Raum und Zeit kontrolliert in unseren Alltag integrieren. Denn Tagträume sind Mischungen aus praktischem und visionellem, zukunftsorientiertem Verhalten und somit andauernd der Beginn für neue Lebensplanung, kommende Schritte und sogar ferne Ziele.

Allerdings sind auch bei Tagträumen, ebenso wie bei allen anderen esoterischen und natürlichen Gesetzesmäßigkeiten einige wenige Dinge zu beachten:

Tagträume sind mit Drehbüchern für die einzelnen Schritte unserer Lebensplanung vergleichbar und nur wer in ihnen seine Wünsche und Ideen erkennt und widerspiegelt wird zu jedem Augenblick im hiesigen Geschehen mit ausreichenden Möglichkeiten, Weisheiten, Ideen, Erkenntnissen und Antworten versorgt werden. Denn nicht andere sondern nur jeder für sich weiß im Grunde genommen sehr genau was er will, sich wünscht oder für ihn gut ist. Allerdings kann er dies bewußt nur dann erkennen wenn ihn innerlich keine Blockaden behindern die ihn unter Druck setzen oder die zulassen, daß er von außen, von der Gesellschaft, manipuliert und unterdrückt wird, sondern nur wenn er dazu in der Lage ist seine eigene Phantasie und Vorstellungskraft zu gebrauchen. Allerdings sind Phantasie und Tagträume nur dann von positiver Kraft, wenn sie nicht als Sitz von Blockaden für Realitätsflucht mißbraucht werden. Tagträume sollten daher mit Hilfe von eigens dafür ausgesuchten Turalingam's, Feensteinen, Oloiden oder Regenbogenfluorit-Oktaedern in ihrer Energie gezähmt werden. Sie behalten dann trotz vermehrter, phantasievoller Tagträumerei mit Hilfe dieser Steine immer genügend Halt in der hiesigen Realität und gelangen noch bewußter an die spirituellen Botschaften und Weisheiten Ihrer Phantasien, woraus sich durch die seelische Verbundenheit mit allen Lebewesen auf unserem Planeten auch ohne Tierversuche und andauernde wissenschaftliche Forschung weitläufigere positive Energieströme, Ideen und Gedanken herleiten lassen.

Die zuvor erwähnten Transformationssteine weisen uns in Verbindung mit Blue-Moon oder Moqui-Marbles auch ehrlicher auf uneingestandene innere, emotionale Verhärtungen in unserem Leben hin, welche wir als Blockaden bezeichnen und helfen uns dabei, diese mit Hilfe eigens dafür beschriebener Therapiesteine nicht weiter verdrängen, sondern endlich erkennen, wahrnehmen und lindern zu können. Besonders Blue-Moon schützt vor typischen Konflikten verschiedener, innig verlaufender Phantasieströme, was beispielsweise typische innere Uneinigkeiten darüber auslöst, ob Sie sich nun lieber für emotionalen Halt in einer Familie entscheiden sollen oder doch weiter ein ungebundenes, abenteuerliches Leben führen wollen. Hier liegen sich zwei nicht zu Ende gedachte Energieströme gegenüber, welche verdrängt werden und oft über viele Jahre hinweg Unzufriedenheit und Aggressionen auslösen.

Kapitel 10 - Träume, Alpträume und Visionen

Blue-Moon verhilft in Verbindung mit Turalingam's dazu, daß wir ungelöste Energiestrahlen besser zu Ende denken können, um somit zur inneren Ruhe zu finden. Denn unverarbeitete oder gar verdrängte Phantasien werden zu hartnäckigen Sehnsüchten und nagenden Gedanken, welche zunehmend als Boten unbefriedigter innerer Wünsche und Bedürfnisse zu quellen beginnen und somit zum Schub für egoistisches, aggressives, bevormundendes oder haßerfülltes Handeln, oder sogar zur Vergewaltigung anderer im alltäglichen Geschehen führen können.

Allerdings ist hierfür etwas erforderlich, nämlich Toleranz den eigenen Tagträumen gegenüber und Übung. Genehmigen Sie sich Zeit für Ihre Träume und tasten Sie diese mit Ihrer augenblicklichen Realität, Ihren Eheproblemen, Krankheiten oder mit bevorstehenden Anforderungen der Zukunft ab. Spielen Sie bewußt mehrere Problemlösungen durch und entscheiden Sie sich für einen Weg aus der Mitte Ihres Herzens oder dem Bauch heraus, denn dieser Weg ist nur sehr selten ein falscher Weg. Bedenken Sie, daß alle Wege, welche vom logischen Verstand heraus beschritten werden, niemals wirklich Probleme lösen, ohne gleichzeitig auch Neue zu erschaffen. Vertrauen Sie auf Ihre Gefühle, egal was Sie tun und verwenden Sie Ihren Verstand niemals unabhängig von Ihrem Gewissen, Achtung, Vernunft, Liebe oder Vertrauen. Umso mehr Sie mit Hilfe der aufgeführten Therapiesteine Ihre Phantasien von Blockaden befreien, umso mehr werden Sie über die augenblickliche Gegenwart heraus sogar in die Zukunft gelangen und dort Dinge erfahren, welche Sie von der hiesigen materiellen Welt unabhängiger und somit selbstständiger machen.

Üben Sie täglich bzw. gönnen Sie sich täglich Zeit für sich selbst. Glauben Sie nicht, daß Ihnen schon beim ersten Mal der bewußte Zugang zum Sinn Ihres Daseins gelingt, sondern geben Sie sich schon mit kleinsten Erkenntnissen zufrieden. Lassen Sie den logischen Verstand beiseite, denn er täuscht falsche Bilder vor, erzeugt Habgier, signalisiert Glück wo keines ist, möchte Liebe erkaufen und entwickelt Taktik, Erwartungen und Anforderungen. Alles Dinge, welche im materiellen Geschehen den Zugang zu Zufriedenheit und wahrer Liebe verhindern. Die meisten unter uns werden jedoch anfangs, weil sie mehr oder weniger auf die Unterhaltung von außen angewiesen sind, auf das bewußte Erfassen von Tagträumen und die anderen in diesem Buch beschriebenen Eigenschaften und Rhythmen sehr unbeholfen, eventuell mit unangenehmen inneren Gefühlen, wie z.B. Einsamkeit, Langeweile, Mißtrauen oder gar Unbehaglichkeit reagieren. Mit der Zeit gelangen Sie jedoch immer tiefer in Ihre spirituelle Gegenwelt und erreichen einen wohltuenden, entspannenden Augenblick von Ruhe und Ausgleich. Von diesem Augenblick an eröffnen sich für Sie neue Lebenswege, welche Sie jedoch für sich selbst entdecken müssen und der philosophische Satz, welcher beschreibt, daß nicht das Ziel das eigentliche Ziel ist, sondern der Weg dorthin, gewinnt für Sie an Lebens-Bedeutung. Denn alle Beschreibungen anderer Menschen können nur das widergeben, was die selbst dabei erlebt haben. Ihre Aufgabe ist es jedoch nicht, sich daran zu orientieren, was andere erlebt haben, sondern von einem gewissen Zeitpunkt ab zu ihrem eigenen Weg zu finden und auch zu gehen. Natürlich gibt es noch unzählige weitere offene Fragen - aber keine Frage ist wirklich offen, wenn Sie sich in den Strom der großen Dinge begeben und die Antworten so akzeptieren, wie sie Ihnen andauernd in Form von Liebe, Leben, Träumen, Mystik, Spiritualität, Intuition und Visionen gegeben werden.

Setzen Sie sich an einen ruhigen Ort oder überlassen Sie sich in Ihren Pausen Ihren frei werdenden Träumen und Gedanken. Bitten Sie die zuvor beschriebenen Transformationssteine, insbesondere Turalingam's, Moqui-Marbles und Blue-Moon in Verbindung mit anderen auserwählten Therapiesteinen um mehr Verständnis für die magischen und heiligen Bedeutungen oder Visionen Ihres Innersten und Sie werden sehen, wie Sie aus dem Nichts heraus mit Antworten, Ideen, Lösungen und sogar mit Heilung betraut werden. Am Anfang fällt Ihnen dies vielleicht schwer und Sie sind kaum dazu in der Lage, einzelne Visionen aus Ihren Tagträumen aufgreifen und für sich nutzen und durchspielen zu können. Mit ein wenig Übung gelingt Ihnen der Zugang zu allen möglichen Phantasieströmen dieser Welt die andauernd, sinnbildlich ausgedrückt, wie in unendlich vielen »Pusteblumensamen« an Ihnen vorbeitreiben. Suchen Sie sich in Gedanken einen dieser Samen aus, hängen sich an ihn und fliegen Sie in Gedanken mit. Sie werden überrascht sein, wie viele nützliche Informationen, Bekanntschaften und Erkenntnisse für Sie und Ihr weiteres Leben in diesem »Samen« steckt und wie er Sie weiterbringt. Daß Sie sich hierbei nicht mit Ihrem Körper in die Lüfte schwingen, heißt nicht, daß Sie dies geistig oder seelisch nicht doch können. Im Gegenteil, Sie können es! Fliegen Sie in Ihrer Phantasie zu allen möglichen Orten und Herzen dieser Welt, halten Sie für sich die Zeit an und finden Sie zu dem was Mönche, Buddhisten, Jesus Christus, Tibetaner, Indianer oder die Ureinwohner Australiens z.B. durch Meditation erreicht haben, nämlich zur Erleuchtung, Liebe, Gesundheit und Glück. Mit der Zeit verlassen Sie sogar mehr und mehr die Vergangenheit und gelangen in die Gegenwart und sogar in die bevorstehende Zukunft. Hier angelangt erkennen Sie auf einmal die wahren Wege, worunter sich auch Ihr eigener Weg befindet. Von nun ab stehen Sie in Ihrem eigenen Leben und sind erwachsen geworden. Sie haben Zugang zu jener Dimension, wovon Märchen und Sagen durch Liebe, Romantik, Freude, Humor und Güte ebenso berichten, wie Erfinder, Wahrsager, Philosophen und sogar die großen Wissenschaftler unserer Zeit.

Kapitel 11 - Wissenswertes aus der Astronomie

Die 9 Planeten unseres Sonnensystemes.
Rechts im Bild befindet sich die Sonne. Im Größenvergleich zu ihr folgen dann die 4 inneren Planeten Merkur, Venus, Erde und Mars sowie die 5 äußeren Planeten Jupiter, Saturn, Uranus, Neptun und Pluto.

Kapitel 11

Wissenswertes aus der Astronomie

Unser Sonnensystem

In folgendem Kapitel möchten wir Sie ausführlich mit einigen interessanten astronomischen Informationen über unser Sonnensystem und die Sterne vertraut machen. Wir verzichten auch hier bewußt auf häufig so zahlreich zitierte wissenschaftliche Definitionen, die ohnehin kein Mensch versteht und konzentrieren uns auf einige wenige nützliche Details, die wir mit unserem Denken in Bezug auf das Große und Ganze auch nachvollziehen können.

Unser Sonnensystem befindet sich im Milchstraßensystem, welches wiederum eines unter unzähligen weiteren Systemen und Galaxien ist. Vermutlich geht der Kosmos aus einem einzigen System hervor. Zahlreiche weisheitliche Überlieferungen, unter anderem auch jene der Majas, Inkas, Ägypter, Indianer und der Ureinwohner Australiens gehen in ihren Annahmen jedoch davon aus, daß unser Sonnensystem, ebenso wie unsere irdische Natur, eines unter vielen ist, dessen Sterne durch kosmische, schöpferische und spirituelle Energieströme von der hiesigen Sonne geboren wurden. Der Weltraum fand sicherlich, ebenso wie das erste Leben auf unserer Erde, seinen Ursprung in irgendeinem Beginn. Seitdem haben sich die unzähligen Planeten und Sonnen ebenso vielfältig durch Vermehrung und Geburt weiterentwickelt, wie alle Lebewesen in der irdischen Natur auch. Unsere Galaxie, worin unser Sonnensystem einem Sandkorn am Strand gleicht, dreht sich um irgendeinen weit entfernten Mittelpunkt, wie die Erde um die Sonne. Allerdings benötigt unsere Milchstraße hierfür nicht 365 Tage, sondern 230 Millionen Jahre. Unser Sonnensystem fegt hierbei mit einer Geschwindigkeit von ca. 790.000 Kilometern pro Stunde durch den Weltraum und wir fliegen mit. Unzählige Asteroiden, Sterne, Monde und Planeten, welche von einer schöpferischen und emotionalen Energie bzw. übergeordneten, spirituellen Intelligenz aus Liebe, Vertrauen, Wachstum und Geburt gesteuert und getragen werden, durchfluten seitdem in einem, allen Geschöpfen verständlichen Prinzip, die kleinsten Zellen aller Lebewesen genauso, wie Sonne, Mond und Sterne.

Die Sonne ist der Mittelpunkt unseres Sonnensystems von denen es im Universum unzählige gibt. Die Zahl der Sterne unseres Milchstraßensystems zu dem auch wir gehören, zählt ca. 100 Mrd. Sterne. Im Universum sind weitere Milliarden solcher Systeme sichtbar mit jeweils weit mehr als 100 Mrd. mal 100 Mrd. Sternen. Bis in den uns sichtbaren Bereich zählen wir also sprichwörtlich mehr »Sterne wie Sand am Meer«. Der nächste Nachbar unseres Sonnensystems ist das Alpha-Centaury-System, welches »nur« 4 Lichtjahre von uns entfernt ist. (1 Lichtjahr = ca. 10.000 Milliarden oder rund 10 Billionen km). Dies würde bedeuten, daß Raumschiffe, wenn sie mit Lichtgeschwindigkeit, sprich mit ca. 300.000 km **pro Sekunde**, fliegen könnten, in nur 4 Jahren bei unserem nächsten Nachbarn ankommen würden. Da bisherige Raumschiffe aber maximal nur mit ca. 30.000 km **pro Stunde** fliegen können, würden sie 150.000 Jahre benötigen, um unseren nächsten Nachbarn erreichen zu können. Wollten wir Centaury mit dem Auto erreichen, würden wir bei einer durchschnittlichen Geschwindigkeit von 150 km pro Stunde rund 30 Mio. Jahre für unseren Abstecher benötigen um unsere Nachbarn besuchen zu können. Andere Systeme sind Millionen und Abermillionen von Lichtjahren entfernt. Das fernste Objekt, das wir an klaren Nachthimmeln noch als schwache Lichtflecken mit dem bloßen Auge wahrnehmen können, ist der Andromedaspiralnebel. Er ist ca. 2,2 Mio. Lichtjahre von uns entfernt. Dies bedeutet, daß sich sein Licht, das wir augenblicklich von ihm sehen, vor rund 2,2 Mio. Jahren auf den Weg durch das All gemacht hat um heute von uns gesehen werden zu können. Die entferntesten Objekte am nächtlichen Sternenhimmel, welche nur noch durch aufwendigste Teleskoptechnik sichtbar werden, sind ca. 13 Milliarden Lichtjahre von der Erde entfernt.

Alle neun Planeten unseres Sonnensystemes umkreisen in harmonievollen Bahnen die Sonne. Merkur, Venus, Erde und Mars gehören in unserem Sonnensystem zu den sogenannten inneren Planeten. Sie umkreisen die Sonne vor dem Asteroidengürtel, welcher das Innere unseres Sonnensystems von den äußeren Gasriesen, Jupiter, Saturn, Uranus und Neptun abgrenzt. Die inneren Planeten bestehen überwiegend aus Gesteinen und relativ großen metallischen Kernen, während die äußeren Planeten im Gegensatz hierzu überwiegend aus Gasen und kleinen Kernen bestehen.

Da die Planeten die Sonne nicht in kreisrunden Bahnen umkreisen, sondern eher in Ovalen (Ekliptik) werden die einzelnen Gezeiten und Jahreszeiten auf den Planeten nicht nur durch deren Drehung um sich selbst verursacht, sondern auch davon, wie nah oder entfernt sie sich augenblicklich der Sonne gegenüber befinden. Der sonnennächste Punkt eines Planeten wird in der Astronomie sowie in der Astrologie als Perihel bezeichnet und der sonnenentfernteste Umkehrpunkt als Aphel. Unser Sonnensystem steht allerdings nicht still, sondern rast mit einer Geschwindigkeit von ca. 790.000 km pro

Stunde durch das All. Leben, in Form von Tieren und Pflanzen, existiert in unserem Sonnensystem wahrscheinlich nur auf unserer Erde. Würden wir in unserem Bewußtsein weitere Dimensionen des Lebens zulassen, könnten wir sehr schnell feststellen, daß Leben auch in unzähligen weiteren Formen und Arten existieren kann, nämlich z.b. in Form von Kristallen, Winden, Lüften und Gesteinen. Diese Formen von Leben beleben nämlich unzählige weitere Planeten und Asteoriden des Weltraums.

Die Sonne

Die Sonne hat einen Durchmesser von ca. 1,4 Mio. km und ist somit in ihrer Masse über 330.000 Mal größer als die Erde. Die Schwerkraft auf der Sonnenoberfläche ist 27 mal höher als der Druck und die Anziehungskraft in unserer Atmosphäre. Die Strahlungswärme an der Sonnenoberfläche beträgt rund 6.000° C, im Inneren liegt diese bei ca. 16 Mio.°C. Dort bewirken Kernreaktionen eine andauernde Verwandlung von Wasserstoff zu Helium. Dabei werden in jeder Sekunde ca. 650 Mio. Tonnen Wasserstoff in 645 Mio. Tonnen Helium umgewandelt. Die verbleibenden 5 Mio. Tonnen werden in Form von Wärmeenergie gleichmäßig über die glühende Oberfläche der Sonne in das gesamte Universum gestrahlt. Vergleichbar ist die Verwandlung von Energie im Inneren der Sonne mit einer gleichzeitigen Explosion von ca. 1000 Mrd. Atombomben in einer Sekunde. Die Sonne verstrahlt hierbei pro Sekunde soviel Energie in den gesamten Weltraum, wie wir auf der Erde in 100 Jahren von ihr erhalten. Der Druck im Inneren der Sonne liegt bei ca. 1 Mrd. Atmosphären und ist somit so groß, daß er den Sonnenkern, welcher normalerweise mindestens die halbe Sonnengröße betragen würde, in nur 1,5% seines Gesamtvolumens zusammenpreßt. Hierdurch entsteht die notwendige Kernwärme von ca. 16 Mio. °C, welche die Kernexplosionen durch Kettenreaktionen in Gang hält und somit die Umwandlung von Wasserstoff zu Helium überhaupt erst möglich macht. Im Großen geschieht hier unter gigantischen Ausmaßen genau dasselbe, wie im Inneren aller Lebewesen beispielsweise durch die Verbrennung von Stickstoff oder Sauerstoff auch. Die hierbei frei werdende Energie bewirkt ebenfalls Wärme, Wachstum, Entwicklung und eine gemeinsame seelische Verbundenheit mit allen Geschöpfen des Universums. Trotz der riesigen Energiemengen, die ständig von der Sonne ausgestrahlt werden, reicht der Energievorrat vermutlich noch für weitere 10 Mrd. Jahre aus. Wir spüren die Energie der Sonne nicht nur durch Wärme und Licht, sondern auch durch einen von schöpferischen und mystischen Kräften erfüllten Sonnenwind und durch ein gigantisches Magnetfeld. Durch den Sonnenwind erreichen uns neben lebensnotwendigen UV-Strahlen auch unzählige andere Energie-Teilchen, welche in unserem Organismus beispielsweise Vitalität und Wachstum auslösen.

Kapitel 11 - Wissenswertes aus der Astronomie

Die versprühte Energie der Sonne benötigt ca. 8 Minuten, um bis auf die Erdoberfläche gelangen zu können. Allerdings wird diese zuvor noch an der Sonnenoberfläche durch große Flecken daran gehindert, gleichmäßig abstrahlen zu können. Diese Flecken wurden bereits schon 600 v. Chr. beobachtet und erwiesen sich als riesige magnetische Energiefelder. Manche von ihnen sind 10mal größer als die Erde. Ursachen für diese Flecken sind vermutlich gigantische Energiewirbel, welche die Sonne in unregelmäßigen Bahnen umkreisen. Diese drehen sich häufig im Inneren der Sonnenatmosphäre schneller als außen und erzeugen somit, wie ein Dynamo am Fahrrad auch, ein immenses Magnetfeld. Diese riesigen magnetischen Felder beginnen sich unabhängig voneinander in dichten Bündeln zu verheddern. Alle 7 Jahre reißen diese gigantischen Energiebündel auseinander und setzen hierbei explosionsartig gewaltige Energiemengen frei. Hierbei reißen sie große Mengen Millionen Grad heißer Wasserstoffgase und andere Energien aus dem Inneren der Sonne empor, welche grell leuchtend bis weit über 200.000 km in die Atmosphäre hinausgeschleudert werden (Protuberanzen). Diese 7jährigen Sonnenzyklen sind auch für zahlreiche natürliche Veränderungen und Phänomene im irdischen Geschehen, wie z.B. für die Entwicklung aller Lebewesen, El Niño oder für das Klima verantwortlich und bestimmen gemeinsam mit den Transsaturnischen Planeten in Etappen die Reifheit, Weisheit und das seelische Wachstum aller Lebewesen. Jeder Mensch kann feststellen, daß sich in Abschnitten von ca. 7 Jahren größere Veränderungen ergeben, welche nicht nur materielle Folgen haben, sondern vor allem auch spirituelle. Denn in 7-Jahres-Abschnitten vollziehen sich die geistigen, psychischen und seelischen Reifephasen ab der Geburt, denen auch die körperliche Entwicklung angepaßt wird. So entwickeln sich beispielsweise Kinder um das 7. Lebensjahr herum zu eigenständigeren Persönlichkeiten, um das 14. Lebensjahr herum entwickelt sich in der Phase der Pubertät die geschlechtliche Reife, woraus auch die Bedürfnisse zur partnerschaftlichen Liebe hervorgehen, welche in ihrer Intensität erstmals die mütterliche oder elterliche Liebe übersteigt. Ab dem 21. Lebensjahr beginnt die Zeit der reifen Eigenständigkeit, woraus beispielsweise wiederum die Bedürfnisse hervorgehen, selbst Eltern werden zu wollen. Diese 7-Jahres-Zyklen ziehen sich mit Hilfe der Mondphasen und Biorhythmen durchs Leben und bewirken beispielsweise auch, daß wir in diesen Phasen gänzlich anders denken und empfinden, als in den Phasen zuvor oder auch, daß ältere Menschen ab einer bestimmten Phase den Tod nicht mehr fürchten. Deutlich sichtbar und meßbar sind diese Magnetfelder auch im Empfangsbereich von Rundfunk- und Fernsehanstalten, schwankenden Meereshöhen, Wetter- und Klimaerwärmungen und vielen weiteren, bisher ungelösten, Naturereignissen. Auch die Polarlichter der Erde werden von Magnetfeldern der Sonne beeinflußt und eine extrem große Fleckentätigkeit zwischen dem 16. und 17. Jahrhundert bewirkte vermutlich auch die »kleine Eiszeit«. Anhand von Jahresringen alter Bäume läßt sich entnehmen, daß während dieser Zeit aufgrund der niedrigen Temperaturen nur ein geringes Wachstum in der Natur möglich war. Schneefälle und frostige Temperaturen waren auch in den Sommermonaten keine Ausnahme.

Alles Leben hängt von Licht und Wärme ab und daher sind die Sonnen der einzelnen Universen ebenso wichtige Bestandteile, wie unsere Sonne für die Planeten unseres Sonnensystems, für unsere Erde, die Natur und uns Menschen auch. Wir alle sind vom kosmischen Licht der Sonne abhängig und nehmen dies durch unsere Haut, die Sinne und unsere spirituellen Sinnesorgane ebenso auf, wie durch unsere Seele und die Chakras.

Das sonare Magnetfeld dringt unmittelbar über den Solarplexus bzw. das Sonnengeflecht in unser vegetatives Nervensystem ein und durchweht unser inneres »Universum« bis zu den entlegensten Zellen unseres Körpers ebenso wie den Weltraum bis weit hinter Saturn und Pluto. Dank unserer Atmosphäre und dem harmonischen Zusammenspiel des gesamten Universums erhalten wir auf der Erde den größten Teil der Energien der Sonne nur in einem ausgewogenen und sehr positiven Verhältnis. Erst dann, wenn wir uns über längere Zeit ungeschützt ihrem Licht aussetzen und weiterhin die Ozonschicht zerstören, werden wir ein weiteres Unglück herbeirufen, bei dem uns auch die Sterne nicht mehr helfen können.

Die 4 inneren Planeten
Der Merkur

Merkur zählt mit der Venus zu den heißen Planeten und beide haben zusätzlich auch gemeinsam, daß sie keine Monde besitzen. Lange Zeit war Merkur für die Beobachter auf der Erde kaum sichtbar, weil er im grellen Sonnenlicht Mitteleuropas jährlich nur für ca. 15 - 20 Stunden zu sehen ist. Im Frühling erscheint er nur kurz, für wenige Minuten vor Sonnenaufgang und im Herbst nur kurz vor Sonnenuntergang am Horizont. Während die hellen Planeten Venus, Mars, Jupiter und Saturn schon sehr früh bekannt waren, weil sie teilweise mit dem bloßen Auge sichtbar sind, entzog sich der lichtschwache Merkur hinter dem grellen Sonnenlicht meist über das ganze Jahr dem Zublick. Merkur dreht sich zwar nur sehr langsam in ca. 59 Tagen um sich selbst, rast jedoch in einem mittleren Abstand von 58 Mio. km, wie ein Blitz, in nur 88 Tagen um die riesige Sonne. Dabei legt er in 1 Sekunde 50 km oder 180.000 km in einer Stunde zurück. Deshalb wurde Merkur in der antiken Sagenwelt auch als geflügelter Götterbote bezeichnet. Dieser immensen Umlaufgeschwindigkeit verdankt Merkur auch, daß er nicht von der Sonne eingefangen werden kann. Denn er benötigt die hierbei entstehenden extremen Fliehkräfte, um auf seiner Umlaufbahn um die Sonne verbleiben zu können. Hinzu kommt, daß Merkur trotz seiner geringen Größe eine so große Dichte hat, wie unsere dreimal größere Erde oder die Venus auch. Diese Dichte erhält Merkur durch einen metallenen Kern, welcher wiederum dafür sorgt, daß Merkur trotz geringer Größe genug Gewicht, Drall und Flexibilität behält, um gegen die immensen Anziehungskräfte, Gezeitenkräfte, Winde und Temperaturen der Sonne ankommen zu können. Natürlich sind auch alle anderen Sterne am Wohlergehen Merkurs mitbeteiligt, besonders, so unglaublich es klingt, der winzig kleine Pluto am anderen Ende unseres Sonnensystems. Erster und letzter Planet haben nicht nur in ihrer Größe einiges gemeinsam, sondern auch in ihren schweifenden Umlaufbahnen um die Sonne. So z.B. erzeugt Merkur in seiner Rotation um die Sonne ein so starkes Energiefeld das ausreicht, um auch alle anderen Planeten beeinflussen zu können und letztendlich sogar dem weit entfernten Pluto dazu verhilft, sich in unserem Sonnensystem überhaupt noch zurechtfinden und festhalten zu können. Merkur ist mit ca. 4.900 km im Durchmesser etwa nur 1/3 so groß wie die Erde und nur geringfügig größer als Pluto. Er nimmt von der Sonne ca. 10mal mehr Energie auf als unsere Erde. Die tägliche Oberflächentemperatur liegt deshalb bei ca. Plus 430°C, während die nächtlichen Tiefstwerte oft auf Minus 180°C absinken. Da Merkur keine eigene Atmosphäre besitzt, besteht auch keine Möglichkeit der Temperaturspeicherung, wie auf der Erde. Meeresströmungen, große Luft- und Landmassen, sorgen in unserer Atmosphäre für ein gemäßigtes Klima. Besonders die Meeresströme, wie z.B. Golfstrom oder der Humboldstrom, werden von den Planeten und Gezeiten geleitet und bewirken ebenfalls konstante Klima- und Temperaturverhältnisse.

Merkur trägt im universellen Gefüge mit seinen spirituellen Energien dazu bei, daß Lebewesen ein Bewußtsein entwickeln können, woraus sich unter Berücksichtigung aller anderen Kräfte nicht nur logisches Denken, Sprache, Verständigung, Analyse und Verstand herleiten lassen, sondern viel mehr auch Vernunft, Vertrauen, Zufriedenheit und Glück. Auf den feinen Energiebahnen Merkurs können sich beispielsweise unsere Gedanken zum denken und glauben aneinanderreihen, woraus Ideen, Visionen und Träume erwachsen können und natürlich auch ein Bewußtsein über eigenes Tun und Handeln.

Die Venus
Morgen - und Abendstern

Die Venus hat einen Durchmesser von rund 12.100 km und ist somit nur geringfügig kleiner als unsere Erde (12.756 km). Die Venus ist uns allen entweder als strahlend heller Morgenstern oder Abendstern bekannt. Sie gelangt in ihrer Umlaufbahn um die Sonne direkt zwischen Sonne und Erde und zeigt ihre - schon mit einem einfachen Fernglas gut sichtbaren - zu - und abnehmenden Phasen die wir auch von unserem Mond her kennen. Die Venus umkreist in einem mittleren Abstand von ca. 108 Mio. km in ca. 224 Tagen die Sonne und dreht sich dabei nur alle 243 Tage um sich selbst. Eine Tag- und Nachtphase dauert demnach auf der Venus, nicht wie bei uns auf der Erde 24 Stunden, sondern rund 8 Monate. Die Venus dreht sich jedoch nicht nur sehr langsam um ihre eigene Achse, sondern zusätzlich auch in Rückwärtsrichtung. Auf der Venus geht die Sonne daher im Westen auf und im Osten unter. Maßgeblich an den Kräften der Venus für unsere Erde ist auch, daß die Venus uns immer dann, wenn sie uns am nächsten steht, auch mit derselben Seite begegnet. Wie es möglich ist, daß die Venus uns an diesen Tagen immer ihr selbes Gesicht zeigt, ist der Wissenschaft in Anbetracht der vielen Kräfte und Bahnveränderungen ebenso ein Rätsel wie die Raum- und Zeitveränderungen, welche durch die Rückwärtsdrehung der Venus verursacht werden. Denn auf der Venus verlaufen alle Energien entgegengesetzt.

Die Venus besitzt eine dichte Wolkendecke aus Kohlendioxid und anderen Gasen, welche ihr einen außergewöhnlich hellen Schein verleihen. Ihre mittlere Oberflächentemperatur liegt bei ca. 480°C und der Druck auf der Venus-Oberfläche ist 90mal höher als jener auf der Erde. Spirituell betrachtet birgt die Venus Kräfte und Geheimnisse in sich, welche bereits die früheren Astronomen und Astrologen vor ebensolche Rätsel stellte, wie die heutige Wissenschaft auch. Nicht nur die Römer erkannten in der Venus die Göttin der Liebe, der Harmonie, der Sexualität und Schönheit, sondern alle Urvölker wußten um die Existenz einer mystischen Quelle purer Mütterlichkeit, Weiblichkeit und Romantik. Die besonderen Energien der Venus bestehen jedoch mit Sicherheit darin, daß sie für die weiblichen Energieströme im irdischen Gefüge verantwortlich sind. Die Venus ist sozusagen die Blüte der Weiblichkeit, deren Blütenstaub sich über den gesamten Kosmos ausdehnt und sich natürlich auch in allen Lebewesen und Menschen widerspiegelt. Gemeinsam mit den männlichen Energien des Mars entsteht das innere Bedürfnis zur partnerschaftlichen Bindung aller Geschöpfe. Durch die entgegengesetzten Energieströme der Venus, welche sich im Gegensatz zu den Kräften des Mars in eine völlig andere Dimension ausdehnen, entsteht auch die Verschiedenheit zwischen Mann und Frau, welche wiederum bedingt durch die Kräfte des Mondes und die Mondphasen durch Liebe miteinander vereint werden.

Kapitel 11 - Wissenswertes aus der Astronomie

Der Rückwärtslauf der Venus bremst nicht nur Raum und Zeit, sondern federt auch ausgleichend überstarke Energieflüsse der Sonne und anderer Planeten ab. Sie bewirkt somit, daß viele universelle Energien uns sanft und trotzdem gehaltvoll erreichen können. Sie wirkt also besonders auf das irdische Geschehen mit sehr sanften Kräften ein, was wiederum viel Ausgleich, Ruhe, Friede und Freude in der Natur und in allen Lebewesen bewirkt. Alle Entwicklungen beruhen auf Veränderung, und nur ganz wenige Kräfte wirken so beruhigend auf uns, wie die weiblichen Kräfte der mütterlichen Venus. So entstehen in der Entwicklung eines jeden Lebewesens Zeiten der Ruhe, des Rastens, der Ausgeglichenheit und des Nachdenkens. Die Venus weckt jedoch auch unsere innere Mitte, besonders an jenen Tagen, wenn sie uns sehr nahe steht. Erotik, Lust auf Liebe, sich verlieben und den Wunsch nach Geborgenheit, Friede, Romantik und beständige Gemeinsamkeit werden von der Venus dann für jeden von uns stark in den Vordergrund geschoben. Nicht nur wir Menschen, sondern auch die Tiere und die Natur verhält sich unter der Venus friedvoller und harmonischer. Viele Menschen haben in den Tagen bevor die Venus kommt oft starke Träume und typische Deja-Vu-Erlebnisse, welche ihnen den bevorstehenden Ausgleich, den die Venus mit sich bringt, andeutet. Die Zeit läuft, wie bereits erwähnt, auf der Venus »rückwärts«. Sie bewegt sich in all ihrem Tun und Handeln nicht wie die Erde und die anderen Planeten, sondern genau entgegengesetzt. Das heißt, das die weiblichen Energien der Venus insgesamt für viel Ausgleich zwischen den Kräften verantwortlich sind und daher in uns nicht unbedingt energiebringend, sondern eher absorbierend, regenerierend und reinigend wirken. Die Venus lindert überschäumende, typisch männliche Energieströme, welche leider oft zu Gewalt, Krieg und Macht ausarten können, weil die Schöpfung den weiblichen Energien der Venus die Erhaltung und die Geburt aller Lebewesen anvertraut hat. Die Venus rotiert sehr langsam und hat ein sehr kleines Magnetfeld. Diesem geringen Magnetfeld verdanken wir jedoch genau das, was für uns Menschen, die Natur und für die Sterne so wichtig ist, nämlich die Verwandlung von negativen Energieströmen in positive Energiezustände. Die Venus benötigt daher, um ihr eigenes Magnetfeld stärken zu können, Energien von anderen Sternen und entlastet diese somit von jenen Energien, die zu übermäßigen Erdbeben, Vulkanausbrüchen, oder aber auch zu Haß und Gewalt unter den Lebewesen führen können. Diese Energie sammelt sich in der Atmosphäre der Venus an und wird in ihrem grellen Schein sichtbar. So kommt auch der überdurchschnittlich hohe Druck der Venus-Atmosphäre zustande. Die hohe Dichte ihrer Atmosphäre bewirkt beispielsweise auch, daß ein horizontaler Lichtstrahl nicht geradlinig, sondern im Zickzackkurs durch die Atmosphäre der Venus verlaufen würde. Licht, und auch Gedanken werden so von der rückwärts rotierenden Venus durch immens hohe Druckverhältnisse und absorbierende Energien »gebogen«, ähnlich der Luftspiegelung bei einer Fata Morgana, welche auch andere Dimensionen und räumliche Veränderungen bewirken. Die Venus spüren wir daher in herzlichem Empfinden, Nächstenliebe, einem sogenannten 7. Sinn, Friedfertigkeit, Deja-Vu-Erlebnissen und in mütterlicher bzw. partnerschaftlicher Liebe sehr stark.

Die Erde

Die Erde kreist zwischen der Venus und dem Mars als größter der vier inneren Planeten (Merkur, Venus, Erde, Mars) nahezu kreisförmig in 365,26 Tagen, mit einer Geschwindigkeit von ca. 107.000 km pro Stunde, um die Sonne und dreht sich dabei in Äquatornähe mit rund 1.600 km pro Stunde in 23 Stunden, 56 Minuten und 4 Sekunden um sich selbst. Die Erde hat einen Durchmesser von 12.756 km und ihr mittlerer Abstand zur Sonne beträgt ca. 150 Mio. km. Dadurch, daß die Erdachse um ca. 23 Grad geneigt durch die Erde verläuft und somit die Erde schräg zur Sonne steht, entstehen die verschiedenen Jahreszeiten, so daß alle Orte auf der Erde im Wechsel Frühling, Sommer, Herbst oder Winter erleben. Eine weitere Besonderheit unserer Erde, im Gegensatz zu anderen Planeten unseres Sonnensystems, liegt darin, daß sie biologisches Leben, Ozeane, ein starkes Magnetfeld, einen relativ großen Mond und eine sauerstoffreiche, isolierende Lufthülle besitzt.

Mit Abkühlung der Erde vor Millionen von Jahren kondensierte der Wasserdampf und ließ so die Ozeane entstehen. Diese wiederum entzogen der Atmosphäre Kohlendioxid und Ammoniak. Das Licht der Sonne zersetzte weitere lebensbedrohliche Gase zu unschädlichem Wasserdampf, Sauerstoff und Stickstoff. Unter diesen Voraussetzungen konnten sich in den Ozeanen, nach dem Entstehen der irdischen Elemente, Wasser, Luft, Erde und Feuer selbst, erste organische Lebewesen entwickeln. Mit zunehmender Evolution von Pflanzen nahm auch der Sauerstoffgehalt in der irdischen Atmosphäre weiter zu und begann, in hunderten von Millionen von Jahren zu einer schützenden Ozonschicht um unseren Planeten heranzuwachsen, welche die lebensabweisenden UV-Strahlen der Sonne milderte, filterte und somit eine Erwärmung der irdischen Atmosphäre und auch ein Leben außerhalb der Ozeane ermöglichte. Ohne die schützende Lufthülle um uns herum hätten wir tägliche Temperaturschwankungen von ca. minus 100°C und mehreren Hundert Grad plus. Unserer Lufthülle, den Wolken, den Meeren, Elementen und den universellen Kräften der Sterne verdanken wir ein erträgliches Temperaturverhältnis von durchschnittlich ca. 22°C, während die durchschnittlichen Temperaturen auf der Venus bei ca. 225°C plus und auf dem Mars bei ca. 23°C unter den Nullpunkt liegen. Im Laufe weiterer Millionen Jahre verdrängte der aus den Urmeeren emporsteigende Sauerstoff den überwiegenden Kohlendioxidanteil in der Atmosphäre. Dieses Kohlendioxid setzte sich auf der Erdoberfläche ab und reicherte sich dort zu riesigen Kalksteingebirgen und Riffen an. Diesem Umstand und einer Vielzahl weiterer kosmischer Konstellationen verdanken wir das harmonische Zusammenspiel aller Planeten unseres Sonnensystems, welches sich auf unserer Erde zu einem wunderbaren, einzigartigen, lebensfreundlichen Ort vereint. Der Mond und die Planeten steuern hierbei nicht nur die Umlaufbahn der Erde um die Sonne oder bewirken Ebbe und Flut, sondern sind auch für alle irdischen Ereignisse, Gefühle und Empfinden mitverantwortlich. Sie verändern nicht nur täglich unser Wetter, sondern beeinflussen auch das Klima und die Emotionen aller Elemente und Lebensvorgänge unseres Planeten, ob wir es glauben, oder nicht. Jupiter und Saturn beispielsweise, welche zu den äußeren Planeten unseres Sonnensystems zählen, haben je 400mal mehr Masse als unsere Erde und zählen zu den Hauptverursachern vieler irdischer, menschlicher und psychischer Veränderungen auf unserem Planeten, denen nicht nur Wetter und Klima unterliegen, sondern sogar die Richtung der Erdumlaufbahn um die Sonne selbst. Aus den Veränderungen des Universums durch kosmische Kräfte resultiert nicht nur, daß jedes Lebewesen einem übergeordneten Prinzip aus Liebe und Wachstum gehorcht, dem wiederum auch unsere irdische Natur unterliegt, sondern auch, daß sich unsere irdische Umgebung ständig verändert, und weiterentwickelt, indem ihr Klima genauso schwankt, wie unsere täglichen Launen. Während einige Schwankungen in der irdischen Natur, den Jahreszeiten, den Gezeiten der Meere oder unserer Erde in der Umlaufbahn um die Sonne durch weisheitliche Überlieferungen über Tausende von Jahre halbwegs vorhersagbar sind, sind wir für die täglichen Schwankungen, welche uns in Form von Mondphasen und Biorhythmen steuern und beeinflussen, durch persönliche Notizen in unseren Mondkalendern selbst mitverantwortlich. Wir sind demnach Dank dem weisheitlichen Wissen durch dieses Buch wieder in der Lage, unsere Rhythmen, Höhen, Tiefen und Launen, wie eine Mini-Wettervorhersage, bis zu einem gewissen Grad, für uns selbst vorhersagen zu können. Insgesamt läßt sich anhand dieser Beschreibungen auch leichter erkennen, mit welchen immensen universellen und kosmischen Kräften wir es in Wirklichkeit zu tun haben. Wenn diese unsichtbaren Kräfte es schaffen, unsere Erde aus den »Angeln« heben zu können, können wir uns vielleicht leichter vorstellen, welche Mächte die schöpferischen Kräfte über die Pflanzen, Natur, Lebewesen und besonders auch über uns »kleine Lichter« haben, ob wir dies wollen oder nicht.

Für die Sterne ist es jedoch unwichtig, ob wir an deren Kräfte glauben oder diese für uns bewiesen haben, denn sie wirken und balancieren Raum und Zeit, Klima und Wetter, Ebbe und Flut auch ohne Zutun von uns Menschen, indem sie ständig aktiv in unsere Entscheidungen und Schicksale eingreifen. Die Sterne unterliegen gegenseitig hunderten von Millionen von verschiedenen Kräften und hinterlassen dabei auch auf jedem anderen Stern und besonders in jedem von uns ihre persönlichen Züge und Charaktereigenschaften. Jeder Mensch ist genauso anders wie jede neue Flut, jeder Sturm oder jeder neuer Tag und ganz besonders wie jeder neue Augenblick.

Der Mars

Von der Sonne aus gesehen ist der Mars nach Merkur, Venus und der Erde der 4. und somit der letzte der inneren Planeten. Der Mars kreist in einer ellipsenförmigen Bahn in 687 Tagen um die Sonne und dreht sich dabei in 24,6 Stunden um sich selbst. Der Durchmesser des Mars beträgt ca. 6.800 km und ist somit etwa halb so groß wie die Venus oder die Erde. Der mittlere Abstand zur Sonne beträgt ca. 227,9 Mio. km, wobei sich der Mars in seiner Umlaufbahn der Erde auf 55 Mio. km nähert und sich dann wieder auf über 370 Mio. km von ihr entfernt. Die durchschnittliche Temperatur auf dem Mars liegt bei ca. -23°C und seine dünne Restatmosphäre besteht primär aus Kohlendioxid und anderen Gasen. Wie die Erde ist der Mars ein Wasserplanet, welcher sein Wasser auch heute noch in Form von Eis im Dauerfrostboden speichert. Vermutlich war die Atmosphäre des Mars einst viel dichter und sauerstoffreicher, was vermuten läßt, daß die Temperaturen einmal ähnlich wie auf der Erde lagen. Zu dieser Zeit flossen auch gewaltige Flüsse über die Marsoberfläche, welche den heutigen ausgetrockneten Betten nach zu urteilen, gigantische Ausmaße hatten. Einige von ihnen waren 15 bis 30 km breit, bis zu 1000 m tief und viele hundert km lang. Das Mars´sche Flußsystem war viel größer als die uns bekannten irdischen Flüsse. Der Amazonas zählt beispielsweise mit seinen Nebenflüssen zu den größten Flüssen und Wasserreservoiren der Erde und hätte dennoch pro Sekunde über 100.000 Mal mehr Wasser führen müssen, um die gewaltigen Flußsysteme des Mars füllen zu können. Gegenwärtig verhindern die niedrigen Temperaturen in der Marsatmosphäre, daß Wasser in flüssiger Form vorkommen kann. Es ist daher, wie im Dauerfrostboden Sibiriens, Kanadas oder Alaskas auch, eingefroren. Dies hat der Mars wahrscheinlich dem Riesenplaneten, Jupiter, zu verdanken. Denn dieser bringt mit seiner gigantischen Größe und seinem energiereichen Magnetfeld so manches in unserem Planetensystem in eine neue Ordnung. Wir spüren den Jupiter nicht nur bei uns auf der Erde durch Klimaveränderungen und andere spirituelle Ereignisse, sondern verdanken ihm auch zu einem Großteil unsere Erdbahn und deren Orientierung, Neigung und Lage. Der zehnmal kleinere Mars steht dem »Riesen« Jupiter viel näher und wird dadurch von ihm in seiner Umlaufbahn um die Sonne wesentlich stärker beeinflußt. Die periodischen Schwankungen von Temperaturen und Klima sind daher auf dem Mars 1.000 Mal stärker als bei uns auf der Erde, was sich nicht zuletzt in abenteuerlichen Bahnabweichungen des Mars um die Sonne bemerkbar macht. So kam auch, daß die Temperatur auf dem Mars vor einigen Mio. Jahren bei durchschnittlich angenehmen 15 bis 20°C + lagen. Wasser ist geflossen und vielleicht war unter diesen Voraussetzungen sogar biologisches Leben auf dem Mars vorhanden. Vermutlich werden diese Perioden in regelmäßigen Abständen von einigen Millionen Jahren wiederkehren, das Eis würde wieder schmelzen, ebenso wie die Gletscher und Pole bei uns auf der Erde auch. Vielleicht eine neue Chance für Lebewesen auf dem Mars. Ein weiterer Hinweis dafür, daß die Marsatmosphäre einmal sehr irdisch war, ist die Tatsache, daß nur sehr große Meteoriten bis zur Marsoberfläche vordringen konnten, während kleinere vollständig in seiner schützenden Atmosphäre verglühten. Die meisten Krater haben einen Durchmesser von mindestens 250 km, wobei kleinere Krater äußerst selten zu finden sind. Natürlich wurden kleinere Krater auch durch starke Staubstürme, wie sie auf dem Mars üblich sind, schneller verweht, aber es kann trotzdem davon ausgegangen werden, daß die einstige Atmosphäre des Mars vor einigen Hundert Mio. Jahren viel dichter, stärker und schützender war, als unsere heutige irdische Atmosphäre. Dies hätte nicht nur ein beständiges, gemäßigtes Klima oder Regen, sondern auch eine gleichmäßige Erwärmung der Marsatmosphäre ermöglicht. Der Mars birgt jedoch noch andere »Wunder« auf sich, welche in unserem gesamten Universum ihresgleichen suchen, wie z.B. den rund 27 km hohen und 700 km breiten Riesenvulkan Olympus, welcher mehr als 3mal so hoch ist, wie der Mount Everest. Dieser riesige Berg ist der größte, uns bisher bekannte Berg im Sonnensystem und sein Kraterloch hat einen Durchmesser von ca. 80 km. Aber auch die riesigen Canyons des Mars, welche ebenfalls durch Wassererosion, ähnlich des Grand Canyon, entstanden sind, nehmen gigantische Ausmaße ein. Sie sind bis zu 4.000 m tief und oft bis zu 5.000 km lang. In irdischen Maßen ausgedrückt, würden einige von ihnen von New York nach San Francisco quer durch Amerika oder von Moskau bis Paris quer durch Europa verlaufen. Der Mars besteht größtenteils aus Eisen und Eisenoxyd, welches ihm auch seine rote Farbe verleiht. Ähnlich wie der rote Boden großer Teile Australiens, ist der Mars durch diese Mineralien rot gefärbt. Dem hohen Eisengehalt verdankt der Mars auch seine große Stabilität in der Oberfläche, denn diese könnte sonst als Fundament die gewaltigen Berge und Vulkanmassive nicht tragen. Sie würden in sich zusammensacken. Dank seiner roten Farbe fiel der Mars den Astronomen schon sehr früh ins Auge. Die Römer tauften ihn nach ihrem rotgekleideten Kriegsgott, Mars und entdeckten ebenfalls die auffällige Bahn des Mars am Sternenhimmel. Denn er steht manchmal still, dreht eine Schleife, kehrt seine Bewegungsrichtung um, um dann seine Bahn um die Sonne fortzusetzen. Hierbei hat neben allen anderen Planeten auch die Erde ihre Hände im Spiel. Sie kreist schneller um die Sonne als der 1,5 Mal weiter entfernte Mars. Wenn die Erde den Mars auf der Innenbahn überholt, macht dieser einmal im Jahr eine Rückwärtsschleife, um so die Kräfte der Erde ausgleichen zu können. Diese ist dann um so deutlicher und größer, um so näher sich die beiden Planeten kommen. Durch diese Schleifen werden die immensen Kräfte ausbalanciert, ähnlich einer physischen Bewegung, welche wir tun, wenn wir ein Tablett tragen und dabei angestoßen werden. Wir machen eine ausgleichende, schwungvolle Bewegung, ähnlich der Schleife des Mars.

Der Mars hat zwei kleine Monde, welche erst vor 100 Jahren entdeckt wurden. Vermutlich handelt es sich hierbei um eingefangene Asteroiden. Allerdings vermuteten die Astronomen und auch Kepler (1571 - 1630) schon längst bevor die Monde entdeckt wurden, daß ausgleichende Monde um den Mars vorhanden sein müßten, da seine Bahn völlig anders verlief, als sie nach weisheitlichem Wissen vorhersagbar war. Erst viel später, mit Entdeckung der beiden Marsmonde, wurden die Ursachen für die ausgleichenden Kräfte um den Mars gefunden. Johannes Kepler vermutete sogar schon von Anfang an, daß es zwei Monde sein müßten, welche die Marsbahn ausgleichen. Insgesamt seien laut Kepler auch deshalb zwei Monde notwendig, weil die Venus keinen hat und die Erde einen. Um das Gleichgewicht des Mars zwischen der Erde und dem »Riesen« Jupiter halten zu können, seien mindestens zwei Monde notwendig. Dies hat sich ja dann auch bestätigt. Als passende Begleiter des Kriegsgottes »Mars« wurden diese auf Phobos und Deimos getauft, was soviel heißt wie Furcht und Schrecken. Die beiden Marsmonde gleichen zwei sehr unregelmäßig geformten Asteroiden, wobei einer davon, nämlich Phobos, in nur 7,6 Stunden, 3mal um den Mars rast. Beide Monde rotieren gebunden, das heißt, sie drehen sich genau in derselben Zeit um sich selbst, wie sie für ihren Umlauf um den Mars benötigen. Wie unser Mond der Erde, wenden die Marsmonde dem Mars deshalb immer ihr selbes Gesicht zu.

Aus spiritueller Sicht gesehen ist der Mars ein kleines Energiebündel, das sich unserer Erde sehr stark nähert und sich dann von ihr wieder weit entfernt. Diese verschiedenen Kräfte und auch die Rotationsschleife des Mars bestimmen viele Veränderungen auf der Erde. Die primären Energien des Mars lassen sich in typischen männlichen Kräften und Eigenschaften definieren. Denn der Mars durchflutet unser gesamtes Universum, und somit auch unsere irdische Natur, und auch uns Menschen, mit einer »chaotischen« Energie, welche wir als Männlichkeit bezeichnen. Er ist beispielsweise für typisches männliches Aussehen und Verhalten verantwortlich und bewirkt durch seine völlig entgegengesetzte Rotation gegenüber der Venus auch, daß Männer anders empfinden, denken oder fühlen als Frauen, sprich eine andere Sprache zu sprechen scheinen. Der Mond verbindet diesbezüglich die männlichen Energieströme des Mars harmonisch mit den weiblichen Kräften der Venus zu einem Hochgefühl aus Liebe und Gemeinsamkeit und bewirkt darüberhinaus auch, daß weibliche und männliche Energieströme auf unserer Erde nur in einer partnerschaftlichen Gemeinsamkeit zu wahrem Frieden, Liebe, Zufriedenheit und Harmonie finden können. Gleichzeitig mildert der Mars durch seine kämpferischen Kräfte für uns auf der Erde auch die starken Kräfte des Jupiter und des Saturn. Er wird deshalb nicht zu Unrecht seit Urzeiten als mutiger Krieger verehrt, woran die Männlichkeit lange Zeit gemessen wurde.

Mars und Venus leuchten die männlichen und weiblichen, bzw. Yin- und Yang-Energien zur Erde.

Die beiden äußeren Riesen-Planeten
Der Jupiter

Jupiter kreist in einem mittleren Abstand von ca. 779 Mio. km um die Sonne und dreht sich dabei in 9 Stunden und 50 Minuten um sich selbst. Er benötigt für seinen Weg um die Sonne knapp 12 Jahre und hat 318 mal mehr Masse als die Erde. Jupiter ist nach der Sonne mit 142.800 km im Durchmesser der größte Planet in unserem System. Die Erde ist mit 12.700 km im Durchmesser im Vergleich zu Jupiter verschwindend klein. Im Gegensatz zu den inneren Planeten Merkur, Venus, Erde und Mars, welche überwiegend aus Gesteinen bestehen und in ihrer Atmosphäre Kohlendioxid, Wasser, Stickstoff und Sauerstoff haben, bestehen die Atmosphären der äußeren Riesenplaneten Jupiter, Saturn, Uranus und Neptun überwiegend aus Wasserstoff, Helium und Metan. Jupiter hat ein gigantisches Magnetfeld. Die Anziehungskraft auf seiner Oberfläche ist 2,6 mal stärker als die auf der Erde. Irdische Geschöpfe würden aus eigener Kraft heraus nicht aufstehen können, sondern am Boden kleben bleiben, wie Briefmarken. Die Durchschnittstemperatur in der Jupiteratmosphäre liegt in seiner Atmosphäre bei ca. Minus 150°C, während sie auf seiner Oberfläche ca. 20°C Plus beträgt. Die Größe des Jupiter umfaßt ca. 75% der Gesamtmassen aller Planeten unseres Sonnensystems. Er erscheint als einer der hellen Sterne am Nachthimmel und sein starkes Strahlungsfeld reicht bis zur Erde. Durch die gewaltige Masse des Riesenplaneten und die schnelle Rotation von rund 10 Stunden um sich selbst entsteht ein Magnetfeld, welches nicht nur in unserem Sonnensystem viele Planetenbahnen ermöglicht oder verändert, sondern sogar eine ausgleichende Kraft für die anderen Planeten der Sonne gegenüber verursacht. Anders herum geht die Sonne mit den Riesenkräften des Jupiters eine Beziehung ein, welche, wie so viele Dinge aus der Natur, notwendig ist, damit wir auf der Erde leben können. Würde die Sonne mit den anderen Planeten das starke Magnetfeld Jupiters nicht regulieren, wäre auch unsere Erde vermutlich schon bald einer der zahlreichen Monde Jupiters. Im Gegensatz dazu gibt Jupiter den anderen Planeten soviel Kraft, damit diese in relativ ruhigen Bahnen um die Sonne kreisen können. Die Masse des Jupiters ist so groß, daß Druck und innere Temperaturen von ca. 30.000° C dazu führen können, Kernfusionen auszulösen. Dank der Sterne ist dies jedoch nicht geschehen, da Jupiter sonst selbst zur Sonne geworden wäre, und somit kein Leben in unserem Sonnensystem entstanden wäre. Druck und Temperatur liegen bei Jupiter so hoch, daß seine Oberfläche aus einer zähfließenden Masse besteht, welche weder flüssig noch gasförmig ist. Seine innere Temperatur lag vor Milliarden von Jahren bei ca. 50.000 Grad und beträgt heute noch beachtliche 30.000° C. Jupiter strahlt also durch Abkühlung

Kapitel 11 - Wissenswertes aus der Astronomie

noch doppelt so viel Hitze ins All ab, wie der durch die Sonne erhält. Typisch für Jupiter ist ein großer roter Fleck in Höhe des Äquators. Dieser Fleck ist größer als unsere Erde und wandert in einer Geschwindigkeit von 1 km pro Sekunde nach Osten oder Westen. Er dreht sich wie ein gigantischer Wirbel innerhalb von 1 Woche gegen den Uhrzeigersinn um sich selbst und wirbelt dabei Strukturen mit den Ausmaßen irdischer Erdteile in die Atmosphäre des Jupiters empor. Ebenso ist der Jupiter mit weißen Ovalen überzogen, welche ähnlich dem roten Fleck, wirbelnde Eigenschaften haben. Diese Flecken dienen dem Jupiter zusätzlich zu seinen 16 Monden zum Ausgleich seines eigenen Magnetfeldes, welches ihn aus dem Gleichgewicht reißen würde. Wie Bleistücke, die Unwucht eines Autoreifens regulieren, so regulieren die Flecken mit Hilfe der vielen Monde das Gleichgewicht des Jupiters in seiner Laufbahn. Hinzu kommt, daß Jupiter seine gigantische magnetische Kraft nicht nur seiner Größe und schnellen Rotation um die eigene Achse verdankt, sondern zusätzlich einem »Dynamo«, welcher durch eine metallische Schicht aus flüssigem Wasserstoff zusätzlich Energie induziert, welche im Inneren des Planeten durch thermische Bewegungen elektrische Ströme erzeugt. Hierdurch kommt es, daß Jupiter das stärkste Magnetfeld aller Planeten besitzt. Jupiter verändert und reguliert nicht nur die einzelnen Laufbahnen der Planeten um die Sonne, sondern auch unser Verhalten, Denken und Handeln und unter anderem natürlich auch das Klima. Das Magnetfeld Jupiters durchdringt den gesamten Weltraum und hinterläßt dabei einen im Sonnenwind wehenden hellen Magnetosphärenschweif, welcher bis zum Saturn reicht, der von Jupiter nochmal genauso weit entfernt ist wie Jupiter von der Sonne selbst. Die magnetischen Felder des Jupiters sind im gesamten Sonnensystem anzutreffen und wir erkennen seine Energie an der meßbaren 10stündigen Periode dieser Kräfte, welche mit der Rotationsdauer Jupiters übereinstimmen. Um 1610 wurden die ersten vier Jupitermonde entdeckt. Heute weiß man, daß das Planetensystem Jupiters mindestens 16 Monde und zahlreiche Asteroiden, ovale und regulierende Flecken besitzt, welche die Kräfte des Planeten bändigen, ordnen und lenken. Trotzdem ist die Kraft Jupiters so stark, daß er seine Monde ständig durch die Gezeitenwirkung verformt und, wie ein Bäcker, seinen Teig preßt und knetet. Was wir auf der Erde als Ebbe und Flut sehen, empfinden die Monde um Jupiter Millionen Mal stärker als strecken, zerren und stauchen. Innerlich heizen sich diese hierbei durch Druck, Reibung und Energie auf und beginnen von innen zu schmelzen. Das dadurch entstehende Magma drückt an die Oberfläche und ergießt sich in gewaltigen Vulkanausbrüchen, wie sie für Jupitermonde typisch und auch nachgewiesen sind. Diese Gezeitenkräfte führen sogar oft dazu, daß Monde und Planeten zerplatzen und als staubiger Inhalt in einem Ringsystem um die Planeten enden. Dieses ist bei Jupiter, im Gegensatz zum Saturn, jedoch sehr selten passiert. Andere Monde entledigen sich ihrer angestauten inneren Energie nicht durch Vulkane, sondern durch elektrische Entladungen. So fließt beispielsweise ein elektrischer Strom von ca. 10 Mio. Ampere vom Jupitermond Io über eine magnetische Feldlinie zum Jupiter und zurück. Ein anderer Jupitermond, Metis, entzieht sich der riesigen Kräfte Jupiters durch eine immens hohe Umlaufgeschwindigkeit von ca. 113.000 km in der Stunde.

Die Erde steht im Laufe eines Jahres einmal in Jupiternähe und in Jupiterferne. Diese Abstände regulieren und verändern die Gezeiten, Wetter, Klima und uns Menschen häufig stärker als der Mond und andere Planeten. Jupiter hat nicht nur astronomisch, sondern auch astrologisch gesehen starke Wirkungen auf uns. Er prägt unsere Persönlichkeit maßgeblich und legt somit auch Grundmerkmale für die verschiedenen Charaktere fest.

Der Saturn

Saturn ist 95 mal größer als die Erde und umkreist in einem mittleren Abstand von ca. 1,42 Mrd. km, in 29 Jahren, die Sonne. Sein Durchmesser liegt bei ca. 120.000 km und Saturn dreht sich in ca. 10 Stunden und 14 Minuten um sich selbst. Der Riesenplanet hebt sich durch sein markantes Ringsystem und über 20 Monde von allen anderen Planeten unseres Sonnensystemes ab. Die unzähligen Ringe des Saturns haben einen Durchmesser von wenigen Kilometern bis zu ca. 270.000 km, das heißt, einige würden ungefähr von der Erde zum Mond reichen. Der gewaltige Ring um Saturn besteht aus unzähligen, teilweise bis eisberggroßen Asteoriden, Eisklumpen und Meteoriden, welche sozusagen durch die immensen Anziehungskräfte des Saturn erst gar nicht in die Nähe der inneren Planeten vordringen konnten, sondern wie durch einen Staubsauger von Saturn in dessen eigene Atmosphäre aufgenommen wurden. Im Laufe von Millionen von Jahren entstand hierdurch ein immenses Ringsystem aus Asteoriden, welche allesamt in einer Geschwindigkeit von ca. 2.000 km in der Stunde um den Saturn rasen. Dieses immense Ringsystem dreht sich innen schneller als außen und erzeugt hierbei elektromagnetische Energiefelder, welche sich sporadisch, mittels millionenfach stärkerer Blitze als auf der Erde üblich, in der Saturnoberfläche entladen. Im Ring selbst herrscht auf den ersten Blick ein wirres Chaos aus Überdruck, Unterdruck, Energiefeldern, schwarzen Löchern und Monden, das erst bei genauerem Hinsehen eine intergalaktische Ordnung erkennen läßt. Denn kein Planet besitzt eine so vielfältige und intelligente Aura, wie der Saturn, welche mit unserer irdischen Natur vergleichbar ist. Dies läßt sich beispielsweise anhand einiger Monde von Saturn beschreiben, welche viel größer sind, als ihr eigentlicher Bahnabstand untereinander. Sie müßten eigentlich zusammenstoßen! Dies tun sie jedoch nicht, weil alle Monde, Asteroiden und Kometen im Saturnring eine harmonievolle Einheit bilden, unter dessen Einfluß sie sich sogar untereinander, wie Ameisen, aus dem Weg gehen, indem sie völlig neue Bahnen einnehmen, sobald sie in die Nähe gegenseitiger Magnetfelder geraten. Im Ring von Saturn herrscht also ein übergeordnetes, geordnetes Chaos, wie in unserer irdischen Natur auch, dessen Kräfte so groß sind, daß auch wir auf der Erde die andauernden Veränderungen des Saturnringes eigentlich viel mehr spüren, als die Kräfte von Saturn selbst. Hinzu kommt, daß Saturn sich auf seiner Umlaufbahn um die Sonne nicht festhalten könnte, wenn er nicht, ähnlich wie Jupiter, von zahlreichen rötlichen Feldern, Ovalen und ausgleichenden Energiewolken versorgt werden würde. Denn diese erzeugen durch ihre Größe und Rotation jene ausgleichenden Gegenenergien zum Ring, die wiederum so stark sind, daß sie den Ausgleich ihres Mutterplaneten herleiten und dessen Umlaufbahn um die Sonne ausbalancieren können. Saturn ist mit einer Dichte von nur 0,7 Gramm pro Kubik-Zentimeter leichter als Wasser. Er würde theoretisch schwimmen wie ein Milky-Way in Milch und zählt unter den Planeten zu den Leichtesten. Ähnlich wie Jupiter gibt Saturn doppelt so viel Wärme in den Raum ab, wie er durch die Sonne aufnimmt. Diese Energie erzeugt er jedoch nicht, wie beispielsweise sein Nachbar, Jupiter, durch immense innere Druckverhältnisse, sondern durch Reibungshitze, die ähnlich dem Eindringen außerirdischer Asteroiden in die irdische Atmosphäre durch Reibung erzeugt wird. Denn das Ringsystem des Saturn bewegt sich nicht parallel mit dem Mutterplaneten, sondern in verschiedenen Richtungen, wodurch eine immense Reibungshitze erzeugt wird.

Die Balance-Akte und Energieveränderungen zwischen Saturn und seinem ausgeprägten Ringsystem übertragen sich nicht nur auf alle anderen Planeten unseres Systems, sondern auch durch die Chakras in alle irdischen Geschöpfe und uns Menschen. Denn Saturn ist mit seinen feinfaserigen Energieströmen weniger für die Persönlichkeit eines Menschen, als viel mehr für die Höhen und Tiefen unzähliger Charaktereigenschaften verantwortlich. Die Energien von Saturn steuern die von Jupiter erschaffene Persönlichkeit in unzähligen Charakterstufen zu dem, was jeder Mensch empfindet, denkt, lenkt und fühlt. Verwerfen typische, bereits in diesem Buch deutlich beschriebene Blockaden den Zugang der feinen Energieströme Saturns in unseren Chakras, werden wir zum Spielball unzähliger materieller und spiritueller Visionen, welche uns den Hang zur Realität, Menschlichkeit und Nächstenliebe verlieren lassen und uns sogar gänzlich aus den Angeln zu heben scheinen.

Die Transsaturnischen Planeten
Uranus, Neptun und Pluto

Die drei, vermutlich äußersten, Planeten unseres Sonnensystems bilden eine energievolle Einheit für unser gesamtes System und werden daher als die Transsaturnischen Planeten bezeichnet. Denn gerade diese Planeten bestimmen trotz relativ geringer Größe sogar die Magnetfelder und die Umlaufbahnen der Riesenplaneten Jupiter und Saturn und stellen so für unser Sonnensystem ein abrundendes »Ende« dar, welches die Energie unserer Planeten so zirkulieren läßt, daß diese in unserem System eine geschlossene Einheit bilden können. Dank der Transsaturnischen Planeten geht in unserem Sonnensystem kaum Energie verloren und die Sterne verlaufen untereinander, wie auch unsere Erde, auf geordneten, harmonievollen Bahnen. Auch hier wird wieder deutlich, daß es die kleinen Dinge sind, welche Großes bewirken. Dies kann im Fall von Pluto besonders gravierend nachvollzogen werden, denn dieser winzige Stern ist ebenso an der Funktion und Ordnung unseres gesamten Sonnensystems mitbeteiligt, wie die Sonne oder die Riesenplaneten auch. Denn er ist es, welcher wie ein Stück Blei am Wagenrad des Pkw unser gesamtes System vor Unwucht bewahrt. Der winzige Pluto am anderen Ende unseres Sonnensystems sorgt demnach dafür, daß alle Planeten auf relativ festen Bahnen verlaufen können. Wäre dies nicht so, wäre beispielsweise die Erde längst dahin abgedriftet, wo heute der Mars ist und die irdische Natur wäre wahrscheinlich anders oder niemals so entstanden, wie wir sie kennen. Allerdings gehen die weisheitlichen Überlieferungen der Urvölker, im Gegensatz zur Wissenschaft, von der einfachen Tatsache aus, daß sich alle Planeten unseres Sonnensystemes und somit auch unsere Erde, von der Sonne selbst herausgelöst haben und sich somit, wie Kinder von ihren Eltern, zunehmend abnabeln, indem sie sich von der Sonne entfernen. Demnach hatte der Mars vor Milliarden von Jahren die Position der Erde, und die Erde jene der Venus. Dies würde auch das erdähnliche Aussehen der Marsoberfläche erklären und würde bedeuten, daß sich alle Planeten unseres Systems einmal auf unserer irdischen Umlaufbahn befanden und somit Leben, wie wir es kennen, beherbergten. Erst nach weiterem abdriften, mit dem Verlassen der einzelnen Planeten der inneren Galaxis durch den Asteroidengürtel, blähten sich viele Planeten auf, bzw. wurden durch die intergalaktischen Verhältnisse, wie sie nach dem Asteroidengürtel zu finden sind, in ihrer Beschaffenheit und Atmosphäre stark verändert und sogar neu geformt. Der Asteroidengürtel trennt die inneren Planeten Merkur, Venus, Erde und Mars durch unzählige Asteroiden, ähnlich wie der Ring um Saturn, von den äußeren Planeten und bewirkt auch, daß eine äußerlich vorherrschende, unbeschreibliche Energie, die nur außerhalb des Asteroidengürtels anzutreffen ist, nicht zu unserer Erde oder den anderen inneren Planeten vordringen kann. Diese Energie muß jedoch so anders und energievoll sein, daß alle Astronomen nach ihr suchen. Was Wissenschaftler jedoch in schwarzen Löchern oder Quarksen zu beschreiben versuchen, erklären die Urvölker anhand weisheitlicher Überlieferungen lediglich mit der Existenz einer übergeordneten Macht, welche im Gegensatz zur Sonne, unmittelbar nach dem Asteroidengürtel herrscht.

Uranus

Uranus zählt mit 51.800 km im Durchmesser ebenfalls zu den Riesenplaneten und ist immerhin fast 15 mal größer als die Erde. Uranus kreist in einem mittleren Abstand von ca. 2,8 Milliarden km um die Sonne und benötigt hierfür rund 84 Jahre. Dabei dreht er sich ziemlich genau in 11 Stunden um sich selbst, jedoch in entgegengesetzter Richtung, wie die Venus auch! Die Gravitationskräfte und Gezeitenwirkungen auf die anderen Planeten sind daher besonders ausgleichend und regulierend. Würden Venus und Uranus nicht entgegengesetzt dem Uhrzeigersinn rotieren, hätte sich unser gesamtes Sonnensystem vermutlich längst so weit auseinanderbewegt, daß auch auf unserer Erde kein Leben möglich wäre, weil wir heute entweder noch zu nah an der Sonne wären oder uns bereits in Höhe der Marsumlaufbahn befinden würden. Uranus besteht überwiegend aus Gas und der metallene Kern dieses sanften Riesen ist vermutlich so klein, daß sich die Pole voneinander verschieben konnten. Die Pole von Uranus liegen daher nicht mehr auf einer Längsachse, sondern verlaufen völlig abweichend voneinander beispielsweise so, als wenn der Nordpol der Erde im Norden liegen würde und der Südpol in Brasilien. Uranus scheint auf die Seite gekippt zu sein, denn ihr Äquator verläuft aus diesem Phänomen heraus schräg, von oben nach unten, völlig entgegengesetzt zur Umlaufbahn. Dies ist sehr außergewöhnlich, weil alle anderen Planeten eine Neigung ihrer Achse von 3 bis ca. 28° aufweisen, während jene von Uranus bei 82° liegt. Diese Seitenlage bewirkt, daß Uranus ihre südliche, bzw. nördliche Halbkugel während eines Viertels ihrer Gesamtumlaufzeit der Sonne zuwendet. Die einzelnen Jahreszeiten betragen also auf Uranus 21 Jahre. Jedoch ist nicht nur Uranus in seiner Rotationsachse gekippt, sondern ebenfalls seine zarten Ringe und auch die 5 Monde. Dies beweist, daß Uranus erst spät nachdem umkippte, als unsere Erde und die Sterne entstanden sind. Dies geschah vermutlich, als Uranus sich einen Riesenkometen als Mond einfing, der sie bis heute in entgegengesetzter Richtung umkreist und somit von ihr durch die immensen Gezeitenkräfte gebremst wird. Vermutlich hat Uranus hierdurch nicht nur unserer Erde, sondern unserem gesamten Sonnensystem eine der größten, intergalaktischen Bedrohungen genommen, die je von einem Kometen ausgingen. Die Energie dafür, diesen Riesenkometen einzufangen und somit für alle anderen Planeten unschädlich zu machen, hat sie vermutlich an den Rand ihrer eigenen Kräfte gebracht und gekippt. Uranus besitzt darüberhinaus ein sehr starkes Energiefeld, das sogar die Kräfte Jupiters staucht. Dieses Magnetfeld erzeugt an den Polen grelle, bläuliche Leuchterscheinungen, die mit dem Teleskop deutlich sichtbar wahrgenommen werden können.

Neptun

Neptun wurde erst sehr spät entdeckt. Nach ihm wurde jedoch schon seit Beginn der Astrologie und Astronomie »gefahndet«, weil die Planetenbahnen aller neun Planeten für die Astronomen schon zu damaligen Zeiten sichtbare, unerklärliche Abweichungen aufwiesen, welche nur durch weitere Planeten verursacht werden konnten. Heute wissen wir, daß es sich hierbei nicht um Störungen handelt, sondern um abrundende Voraussetzungen, welche das Große und Ganze überhaupt erst ermöglichen. Neptun ist mit ca. 49.500 km im Durchmesser nur geringfügig kleiner als Uranus und dennoch in seiner Masse rund 17 mal größer als die Erde. Neptun kreist in einem mittleren Abstand von ca. 4,5 Mrd. km, in auffällig schleifigen Bahnen in ca. 164 Jahren um die Sonne, und dreht sich dabei in ca. 16 Stunden um sich selbst. Er hat also seit seiner Entdeckung 1846 noch nicht einmal einen vollen Umlauf hinter sich. Neptun besitzt acht Monde, von denen einer entgegengesetzt um ihn kreist. Die Kräfte Neptuns sind ebenfalls sehr ausgleichend und harmonisierend für unser gesamtes System. Trotz der Entdeckung Neptuns und Uranus waren sich alle Astrologen und Astronomen immer noch dahingehend einig, daß nochmal eine Kraft in unserem Sonnensystem herrschen müsse, welche die Planetenbahnen insgesamt in einem sehr feinfühligen Verhältnis abrundet. Nach langem Forschen gelang es erst 1930 Pluto zu entdecken. Dieser ist nicht viel größer als Merkur und mit ca. 5.000 km im Durchmesser nur etwas mehr als 1/3 so groß wie die Erde.

Pluto

Die Planetenbahn Plutos verläuft in einem mittleren Abstand von ca. 5,9 Mrd. km um die Sonne. Er ist also 40 mal weiter von der Sonne entfernt, als die Erde und benötigt für eine Umdrehung um die Sonne, nicht wie die Erde 365 Tage, sondern 248 Jahre. Er dreht sich dabei auf einer sehr schwungvollen und schleifigen Umlaufbahn in ca. 6 Tagen um sich selbst. Die Planetenbahn Plutos ist dabei oft so exzentrisch, daß er andere Bahnen kreuzt. Im Augenblick verläuft er auf der Neptunbahn sogar vor Neptun her und steht unserer Erde und der Sonne somit 50 Mio. km näher als Neptun selbst. Ab dem Jahr 2000 wird sich Pluto vermutlich wieder auf den Weg ins All machen, um in 124 Jahren zu seinem sonnenentferntesten Punkt (Aphel) auf seiner Umlaufbahn um die Sonne gelangen zu können. Nach weiteren 124 Jahren wird er dann wieder dort sein, wo er heute ist. Während Pluto auch andere Bahnen kreuzt um deren Planeten auszugleichen, kreuzt er die Bahn Neptuns regelmäßig. Viele Astrologen vermuten in der Liebe Plutos zu Neptun einen verlorenen Mond, welcher regelmäßig nach Hause zurückkehrt. Da Pluto nicht nur die Bahnen von Uranus und Neptun reguliert, sondern auch in unserem gesamten System seine Spuren hinterläßt, fragen sich Wissenschaftler und Astrologen gleichermaßen, woher dieser kleine Planet die Energie dafür nimmt. Denn er bringt durch seine geringe Dichte nur ca. 0,3 % der Erdmasse auf die Waage und rein physikalisch müßte er mindestens 100 mal schwerer sein, um solche immensen Kräfte bewirken zu können. Deshalb gehen nun die Wissenschaftler, jetzt, nachdem sie den ausgleichenden, lang gesuchten Stern, endlich gefunden haben, der manischen Frage nach, woher er denn komme, wie er zu seiner außergewöhnlichen Bahn gelange und woher dieser kleine Stern die Kräfte nehme, um sogar die Riesenplaneten Uranus und Neptun beeinflussen zu können. Auch hier läuft sich die Wissenschaft in ihrem bedauerlichen Drang zu Theorien, Gesetzen und Formeln tot, weil sie nicht an die unsichtbaren Energien der Liebe, Fürsorge, Geborgenheit und Verbundenheit glaubt. Eigentlich läßt sich dies sehr kurz anhand dem Beispiel der Hummel vergleichen und auch abschließen, die aus rein wissenschaftlicher Sicht überhaupt nicht fliegen kann. Sie tut es aber trotzdem, ob die Wissenschaft hierfür eine Erklärung hat oder nicht und genauso verhält sich dies nicht nur mit allen anderen Mysterien und spirituellen Energien, sondern auch mit dem Pluto. So lange die Wissenschaft glaubt, daß Leben nur innerhalb von männlich-menschlich faßbaren Rhythmen stattfinden kann, wird sie nie den wahren Gefühlen, Empfindungen und Emotionen unserer Natur und den Sternen lauschen können. Dies ist den Sternen jedoch egal, denn sie haben ihre Aufgaben, ihre Vorlieben und ihre Verbindungen. Unser Sternensystem gleicht daher nicht nur einer großen Familie, sondern viel mehr einem großen Lebewesen, worin einzelne Planeten, wie die Organe in uns Menschen, bestimmte Funktionen erfüllen.

Schwarze Löcher und die 7-Jahres-Rhythmen der Transsaturnischen Planeten

Uranus wurde erst 1781 entdeckt, Neptun 1846 und Pluto gar erst 1930. Trotzdem wußten die Astrologen aufgrund von Bahnveränderungen der Planeten schon vor knapp 2000 Jahren, daß weitere Kräfte als die bis dahin bekannten vorhanden sein mußten. Auch heute sind sich die Astronomen und Astrologen wiederum einig, daß noch weitere Kräfte im Spiel sein müssen, welche bisher noch nicht entdeckt sind, die jedoch als Ausgleich zur Sonne die einzelnen Planetenbahnen zusätzlich stärken. So müßten viele Sterne wegen ihrer Größe und eigenen Energie andere Sterne viel mehr beeinflussen, als sie es eigentlich tun. Vermutlich steht hinter der sehr sanften Kraft kein Planet, sondern ein energiereiches schwarzes Loch, welches als Gegenspieler zur Sonne deren Kräfte ausgleicht und zusätzlich alle »Organe« unseres Sonnensystems, nämlich die Sterne, steuert und harmonisiert. Schwarze Löcher sind Energiebündel, deren Anziehungskräfte so groß sind, daß nicht einmal mehr Licht ihnen entkommt. 1 kg Gestein würde in einem schwarzen Loch ca. 1000 Mio. Tonnen wiegen. Zusätzlich ist der Rhythmus der transsaturnischen Planeten nicht nur bemerkenswert, sondern spiegelt sich auch in unserem biologischen Lebensrhythmus bzw. in den fein abgestuften Mondphasen und im Biorhythmus wider. So benötigt Uranus beispielsweise 7 Jahre um ein Sternzeichen zu durchlaufen. Wir kennen alle den 7-Jahres-Rhythmus, welcher bereits in der Bibel in Form von 7 mageren und 7 fetten Jahren erwähnt wird. Alle 7 Jahre verändern wir uns maßgeblich. Dies beginnt mit der Einschulung, der Pubertät mit 14, der früheren Volljährigkeit mit 21 und weiteren Lebensabschnitten. Diese Phasen setzen sich für jeden einzelnen von uns mehr oder weniger wie ein roter Faden durchs Leben fort und bewirken beispielsweise mit 42 Jahren die Midlife-Crises oder nach weiteren 7 Jahren die Menopause. Tatsachen, worauf die Wissenschaft bis heute keine Antwort findet. Wollen wir auch gar nicht! Wenn wir mit Hilfe dieses Buches Sonne, Mond und Sterne besser kennenlernen, und uns mit Hilfe von Steinen, welche für uns im Kleinen eigentlich nichts anderes sind als die Monde im Großen für die Sterne, werden wir uns von unseren Blockaden befreien können und uns somit wieder wohler fühlen. Und schön ist doch, zu glauben, zu wissen und sehen zu können daß es funktioniert, warum die Hummel fliegt, ist doch egal.

Kapitel 12 - Von Asteroiden, Meteoriten und Kometen

Der Halley'sche Komet auf seinem Weg durch Raum und Zeit.

Kapitel 12

Von Asteroiden, Meteoriten und Kometen

Asteroiden, Meteoriten und Kometen sind sozusagen die Hormone oder Spurenelemente unseres Universums. Sie bringen das Leben von einem Stern zum anderen, bewegen Flugbahnen und bewirken leider auch so manches Schicksal eines Planeten. Die Ureinwohner Australiens, Tibets, Chinas und Amerikas gehen in ihren weisheitlichen Überlieferungen aus der Urzeit sogar davon aus, daß Asteoride und Meteorite das organische Leben von einem Stern des Universums zum anderen transportieren. Alle Sterne werden deshalb mehr oder weniger in regelmäßigen Abständen von Meteoriten heimgesucht. Diese rasen durch Raum und Zeit und sind aus Beobachtungen und Überlieferungen heraus nahezu allen Völkern bekannt. Ihre Leuchtspuren und Einschläge wurden als »göttlicher Wink« oder aber auch als die Strafe der kosmischen Kräfte selbst verstanden und somit schon zu Urzeiten in Höhlen und auf Steintafeln dokumentiert. Die Urvölker befassen sich seit Jahrtausenden mit den Sternen als hormonelle Boten der Schöpfung und fertigten deshalb umfangreiche Berichte über Meteorite und Kometen als Götterboten und Heiler an, welche in ihren Eigenschaften unbedingt dem Wissen der Nachwelt erhalten bleiben sollten. Die Indianer Nordamerikas, Eskimos und die Aborigines Australiens begegneten Meteoriten daher mit größter Ehrfurcht und verwenden diese auch heute noch für zahlreiche heilende, spirituelle und rituelle Handlungen. Die Urvölker kannten zuvor schon viel besser als wir die astrologischen Eigenschaften der Sterne, welche die Indianer beispielsweise in ihr »Medizinrad« einarbeiteten. Die Chinesen verehrten Meteorite ähnlich wie die Indianer und tauschten mit ihnen als Objekte spirtueller Obrigkeit sogar ihre geheimsten Gedanken und Gefühle aus. Die Chinesen glaubten, daß Meteorite Geschwister der Erde oder des Mondes seien, und sahen es als ihre große Chance an, der Mutter Erde in Form von aufrichtiger Gastfreundschaft und besonderer Verehrung den Meteoriten gegenüber ihren innigen Dank über Ernten, Liebe und Gesundheit übermitteln und dadurch besonders deutlich zum Ausdruck bringen zu können. Ein Stück aus einem Meteoriten herauszubrechen oder in deren Gegenwart anderen Lebewesen, Pflanzen oder Menschen etwas Böses anzutun, galt als größte Sünde, welche nicht ungestraft bleiben sollte. Nach den Überlieferungen der meisten Urvölker ließen sich die Götter in Meteoriten zur Erde bringen, um dort die wahren Worte der Menschen hören zu können.

Meteorite, Boten fremder Welten

Der älteste neuzeitlich dokumentierte Meteoritenfall war am 7. November 1492 bei Ensisheim im Elsaß. Dort ging nach heftigen Detonationen und lautem Knall ein 130 kg schwerer Steinmeteorit zur Erde nieder. Hiervon ist noch ein ca. 56 kg schweres Reststück übrig, das auch heute noch im dortigen Museum zu bewundern ist. Weitere berühmte Meteorite befinden sich im Smithsonian-Institut zu Washington und in einigen wenigen ausgesuchten Museen dieser Welt. Eine bewundernswert schöne Auswahl von kleinen und großen Meteoriten finden Sie in den Räumlichkeiten von Methusalem in Neu-Ulm, wo auch einer der Größten und Schönsten zu sehen ist. »Don-Gera« ist ein wunderschöner Eisen-Meteorit mit rund 150 kg Gewicht. Seine ursprüngliche Masse wurde auf über 10.000 kg geschätzt. Während Meteorite von wenigen Gramm bis ca. 15 kg Gewicht öfter zu sehen sind, gehört der Riesenmeteorit »Don-Gera« zu den Größten seiner Art. Er ist bei Methusalem öffentlich zugänglich und fühlbar. »Don-Gera« flog mit einer Geschwindigkeit von ca. 40 km/Sek. (144.000 km/Stunde) in Namibia zur Erde und hinterließ einen Krater von rund 50m Durchmesser und ca. 20m Tiefe. Ein anderer, ca. 12,5 kg schwerer Eisenmeteorit durchschlug am 9. Oktober 1992 in New York den Kofferraum eines geparkten Autos und verschwand mehrere Meter tief im Erdreich.

Erst sehr spät entdeckten die alten Ägypter, Griechen und Römer nach den urzeitlichen Überlieferungen der Indianer, Tibetaner, Chinesen und Ureinwohnern Australiens wieder, daß noch unzählige weitere kleine Flugkörper neben den Planeten unseres Sonnensystems die Flugbahnen der Erde und des Mondes kreuzen. Hierbei handelt es sich um Asteroiden und Kometen, welche einerseits mit dem bloßen Auge zu erkennen sind und andererseits nur durch aufwendige Bahnberechnungen, beispielsweise mit Hilfe sich wiederholender Klimaveränderungen oder durch bestimmte Verhalten von Tieren und Pflanzen nachgewiesen werden können. Erst um 1800 entdeckte ein sizilianischer Astronom den ersten Asteroiden, wobei er glaubte, einen weiteren Kometen entdeckt zu haben. Er taufte diesen nach der römischen Fruchtbarkeitsgöttin Ceres. Später fand man jedoch heraus, daß es sich bei Ceres mit über 1000 km in Durchmesser um den größten, bis dato bekannten Asteroiden handelte. Inzwischen sind den Astronomen durch moderne Teleskoptechnik sogar mehrere Tausend solcher Asteroiden bekannt, welche unser Sonnensystem in schwungvollen Bahnen durchkreuzen. Viele von ihnen haben sehr ausgleichende Funktionen und werden daher oft von so manchen Planeten als Monde eingefangen. Andere wiederum können den einzelnen Planeten ebenso zum Verhängnis werden, wie einst der große Meteorit, welcher durch seinen Einschlag vor ca. 65 Mio. Jahren die Erde nicht nur in deren Achse verschoben hat, sondern auch deren Pole und somit das gesamte natürliche Geschehen in gänzlich neue Bahnen lenkte. Klimaveränderungen, neue Eiszeiten und über 70% aller Tiere und Pflanzen, unter anderem auch die Dinosaurier, welche über 150 Mio. Jahre die Erde bewohnten, starben durch diesen Einschlag aus. Allerdings hatte dieser Meteoriteneinschlag nicht nur verheerende Auswirkungen auf die damalige Evolution, sondern ebenfalls auch auf die gesamte zukünftige Entwicklung unseres Planeten. Vielleicht bestand hierin sogar der übergeordnete Sinn dieses Einschlages. Denn die Erde war damals mit Reptilien übervölkert, welche durch ihre Art maßlos in das natürliche Gleichgewicht der Natur eingegriffen haben. Anders als wir modernen Menschen, welche im Prinzip noch viel mehr Schaden anrichten, haben die einstigen Riesenechsen die Erde nicht verdreckt, zerbombt, zerstört und alles natürlich Gewachsene aus Habgier heraus in künstliches Geld verwandelt und abgeschossen, sondern aus unbändigem Appetit heraus aufgegessen. Erst mit dem Einschlag des damaligen Riesenmeteoriten konnte die gesamte Natur wieder zu einem neuen Gleichgewicht zurückgeführt werden und somit wieder zu einer ursprünglichen Ordnung finden, aus deren Urmasse heraus wir modernen Menschen uns überhaupt erst entwickeln konnten. Der damalige Meteorit hatte lediglich einen Durchmesser von ca. 10 km. Im Gegensatz zu Ceres, welcher über 1000 km groß ist, war dieser Meteorit verschwindend klein. Würde Ceres auf die Erde fallen, würde diese wahrscheinlich in viele Stücke zerbrechen. Auch die Einschläge in Arizona, dem Nördlinger Ries, Steinheimer Becken oder die Krater in Australien sind Zeugen einst niedergegangener Riesen-Asteroiden auf unserer Erde. Asteroiden sind kleine »Sterne«, welche sich auf unregelmäßigen Bahnen bewegen und sich somit den Gezeiten und Magnetfeldern der Planeten anpassen. Manche haben sogar Monde und andere wiederum werden selbst zu Monden, wie vermutlich die beiden Marsmonde Phobos und Deimos. Diese wurden vom Mars eingefangen, um so, ähnlich wie die Erde durch den Mond, eine stabilere Balance auf seiner schleifigen Bahn um die Sonne erhalten zu können.

Von Asteroiden und Kometen

Im Gegensatz zu Kometen, welche überwiegend aus Eis bestehen, bestehen Asteroiden aus Gesteinen, Gesteinsgläsern, Kohlenstoff oder vielfältigen metallischen Eisen-Nickel-Verbindungen. Wir bezeichnen sie als Asteroide, solange diese sich auf einer intergalaktischen Umlaufbahn im Weltraum befinden. Dringen diese in das Magnetfeld und in die Atmosphäre unserer Erde ein, bezeichnen wir sie als **Meteoride**. Nur wenige von ihnen dringen bis auf die

Kapitel 12 - Von Asteroiden, Meteoriten und Kometen

Erdoberfläche vor und werden dann mit dem Einschlag auf der Erdoberfläche als **Meteorite** bezeichnet. Meteoride beginnen, wenn sie in die Lufthülle unserer Atmosphäre eindringen, zu glühen und sogar zu verdampfen. Deren Geschwindigkeit ist demnach so hoch, daß der pure Luftwiderstand einen Gegendruck erzeugt, der so stark ist, daß er sich bei diesen hohen Geschwindigkeiten wie ein Bremsdruck auswirkt und außerirdische Gegenstände, ähnlich wie Bremsen die Bremsscheiben eines Pkw´s auch, zum Glühen bringt. Haben diese Meteoride weniger als 10 kg Gewicht, besteht kaum die Chance, auch nur als kleinster Meteorit auf der Erdoberfläche landen zu können, weil sie meist vollständig verglühen. Mittelgroße Meteoride mit ca. 100 kg Rohgewicht und mehr kommen noch öfter als wenige Gramm schwere Meteorite auf der Erdoberfläche an. Sie rasen mit einer Geschwindigkeit von ca. 40 km/Sek. (144.000 km/h) auf die Erde zu und werden durch die Luft bis auf wenige Stundenkilometer abgebremst. Dabei entsteht ein enormer Gegendruck und eine Reibungshitze, welche den Meteoriden erglühen, aufleuchten und auch verglühen läßt. Viele Meteoride enden daher in der irdischen Atmosphäre als sichtbare Sternschnuppen in grell leuchtenden Feuerschweifen. Meteoride von mehreren Tonnen Gewicht haben am ehesten die Chance, die Erdoberfläche als ansehnlicher Rest zu erreichen. Diese Meteoride sind dann groß genug, um die äußere Reibungshitze durch innerliche Minus-Temperaturen von ca. - 230°C nachkühlen zu können. Durch den immensen Temperaturunterschied von innerlich rund Minus 200°C. und äußerlichen Plus 1200°C entsteht die samtige Kondensationshaut, welche durch äußerliches aufkochen bei gleichzeitiger, größter innerer Kälte verursacht wird. Während des Einschlages entstehen hierdurch Krater von mehreren 100 m im Durchmesser und Tiefe. Noch größere Meteoride, welche mehrere Mio. Tonnen Masse haben, verdampfen sogar in Bruchteilen von Sekunden vollständig, noch vor dem Einschlag, über der Erdoberfläche und setzen hierbei in einer Sekunde eine Energie von vielen Tausend gleichzeitig gezündeten Atombomben frei. Meteorite dieser Größe erzeugen bei 40 km/in der Sekunde bzw. 144.000 km pro Stunde einen Einschlagsdruck von ca. 60 Mio. Bar. Die hierbei entstehende Temperatur von über 40.000°C verwandelt den Meteoriten innerhalb von Sekundenbruchteilen kurz vor dem Einschlag in einen glühenden Feuerball, der nahezu restlos sich selbst und seine naheliegende Umgebung verdampft. Diese explodierenden Feuerbälle sind in ihren Wirkungen nicht weniger verheerend, als die Einschläge von Eisen- oder Stein-Meteoriten selbst. Sie bewahren allerdings unsere Erde durch das göttliche Phänomen des vorzeitig vollständigen Verdampfens solcher Riesenmeteorite vor so immensen Erschütterungen, die unsere Erde vermutlich in Stücke reißen würden. Das Nördlinger Ries geht auf einen solchen Einschlag zurück, ebenso wie der Einschlag des Meteoriten in der sibirischen Taiga am 30. Juni 1908. Dieser raste mit ca. 150.000 Stundenkilometern auf die Erde zu und war, Gott sei Dank, noch rechzeitig wenige Meter über der Erdoberfläche vollständig verdampft. Der dabei entstandene, ohrenbetäubende Donnerknall war weit über 1000 km hörbar. Druck und Hitze zerstörten in 20 km Umkreis nahezu alles Leben und verwüsteten über 3000 km² Wald. Die immense Druckwelle des Meteoriten war noch in über 60 km entfernten Ortschaften so stark, daß Häuser Risse bekamen und Fensterscheiben zerbrachen. Reisende der Transsibirischen Eisenbahn berichteten damals, daß sie am Horizont einen gigantischen Feuerball, grell wie die Sonne selbst, auf sich zurasen sahen, dem ein plötzlicher, ohrenbetäubender Donnerschlag folgte.

Die Erde durchläuft auf ihrer Umlaufbahn um die Sonne zahlreiche Asteroiden-Haufen und den Asteroidengürtel was zahlreiche Sternschnuppen und Meteoridenschauer verursacht. In der Mitte des Bildes sind Teile des Asteroidengürtels deutlich sichtbar.

Asteroidenwolken, tanzende Kobolde und andere Bewohner des Universums

Neben vielen Riesen-Asteroiden, welche teilweise schon Sterncharakter haben, wird unser Sonnensystem zusätzlich von unzähligen kleinen Asteroiden-Wolken »bewohnt«, welche unser Universum, wie die verschiedenen Lebewesen unserer Erde, besiedeln. Manche von ihnen bestehen aus Tausenden von kleinen Asteroiden und andere wiederum sind Überreste vergangener Sterne, oder sogar Reste von Kometen und deren Schweife. Wir bezeichnen diese *Asteroiden-Haufen*, je nachdem in welchem Sternbild oder Tierkreiszeichen sie beheimatet sind, beispielsweise als Tauriden im Tierkreiszeichen des Stieres, als Leonide, wenn sie im Sternzeichen des Löwen liegen, als *Geminiden*, wenn sie im Sternzeichen der Zwillinge liegen oder als *Perseiden*, wenn sie im Sternzeichen des Perseus liegen. Andere wiederum bevölkern in riesigen Wolken den *Asteroidengürtel*, welcher ungefähr zwischen Mars und Jupiter liegt. Der Asteroidengürtel führt unzählige Meteoride und Asteroide, welche in ihrer Gesamtheit sogar mit der Masse von Jupiter vergleichbar sind. Der Asteroidengürtel trennt die inneren Planeten von den äußeren Planeten und hält vermutlich auch eine immense, bisher unbekannte Energie vor den inneren Umlaufbahnen fern, welche wahrscheinlich dafür verantwortlich ist, daß steinerne Planeten in gasförmige Riesen verwandelt werden. Die Trojaner-Gruppen gehören hierbei zu den Größten und sind nach weisheitlichen Überlieferungen der Ureinwohner Australiens sogar grabliche Ruhestätten zahlreicher vergangener Sterne, Asteroiden und Planeten, von denen zahlreiche mystische, spirituelle Energien, Weltraumwinde und sogar dem *Wetterleuchten* ähnliche Lichtimpulse ausgehen. Auch die Erde durchläuft in verschiedenen Abständen größere Asteroidenansammlungen, wobei viele dieser kleinen »Sterne« in unser irdisches Magnetfeld gelangen. Diese werden dann von der Erdmasse angezogen und verursachen in der irdischen Atmosphäre leuchtende *Sternschnuppen*, welche verstärkt zu bestimmten Jahreszeiten auftreten. Einige dieser Asteroiden-Völker sind sogar so dicht, daß sie nicht mehr einzeln wahrgenommen werden, sondern in ihrer Gesamtheit so stark leuchten, als ob sie ein großer Stern wären. Diese Haufen bestehen oft sogar aus so winzig kleinen Asteroiden und Kometen, so, daß durch ihre geringe Größe während des Eindringens in die irdische Atmosphäre nicht einmal Sternschnuppen verursacht werden. Stattdessen sinken sie, wenn sie in unsere Atmosphäre gelangen, langsam zur Erde nieder und verursachen dabei im Frühjahr, kurz nach Sonnenuntergang, oder im Herbst, kurz nach Sonnenaufgang, merkwürdige Leuchtfarben am Himmel. Diese werden als *Zodiakal-Lichter* oder *Polarlichter* bezeichnet und entstehen, ähnlich wie Regenbogen, durch die verschiedenen Lichtbrechungen und

Reflektionszonen dieser dichten Asteroidenwolken. Manche unter ihnen bilden wunderbare Lichtsäulen und tanzende Lichtkreise aus bunten, blauen, violetten, orangenen oder dunkelroten Himmelslichtern, welche manchmal, für Bruchteile von Sekunden zu sogennanten *Elfen* oder *Kobolden* aufleuchten. In klaren Nächten dringen Teile dieser Asteroiden-Wolken teilweise mehrfach in unsere Erdatmosphäre ein und verursachen als sogenannte Meteoridenschauer phantastische Lichterscheinungen, welche den Eindruck tanzender Elfen und tummelnder Kobolde vermitteln, und so zum unvergessenen Erlebnis werden. Der Eindruck dieses Naturschauspiels trifft wie kaum ein anderes unser Herz. Wir erfreuen uns dem Licht und fühlen dabei häufig unterbewußt, daß viele der kleinen Sterne, je heller und bunter sie für uns leuchten, zwar materiell nicht überleben werden, jedoch tief in den Herzen jener Menschen, die sie mit ihren Blicken einfangen, einen wohlersehnten Ruhepunkt finden, von dem aus sie all ihre göttliche Energie in Form von Liebe, Güte und Gesundheit versprühen können. Bereits die Urvölker erkannten, daß der Anblick einer leuchtenden Sternschnuppe tief zu Herzen geht und dort für immer verbleibt. So leben die vielen Asteroiden, Kometen und Sterne auch in unzähligen irdischen Geschöpfen weiter und verursachen ein Glücksgefühl aus Harmonie, Weisheit, Zufriedenheit und Erleuchtung. Anstatt das Licht und die Wärme der Sternschnuppen bewußt in uns aufzunehmen, um so das Gute und das Göttliche in uns weiter tragen zu können, begnügen wir modernen Menschen uns leider nur noch mit dem Überbleibsel dieser weisheitlichen Überlieferung, nämlich mit dem Wunsch, welcher, wenn er geistig in der Zeit des Leuchtens zu Ende formuliert wird, in Erfüllung gehen soll. Die Perseiden verursachen beispielsweise jährlich zwischen dem 25. Juli und dem 18. August die intensivsten Sternschnuppen-Schwärme. Aber auch die Tauriden-Schwärme, welche von der Erde vom 20. Oktober an bis ca. 20. November durchlaufen werden, die Leonide, welche vom 14. bis 18. November, und die Geminide, welche vom 9. bis 15. Dezember von der Erde auf ihrem Weg durch den Weltraum um die Sonne durchwandert werden, hinterlassen unzählige Leuchtspuren und Sternschnuppen in der Atmosphäre.

Kapitel 12 - Von Asteroiden, Meteoriten und Kometen 603

 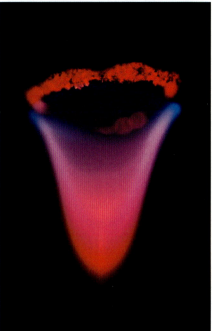

Tanzende Kobolde und Zodiakallichter am Nachthimmel.

Einen echten Außerirdischen bei sich zu tragen und zu fühlen, gehört zu den schönsten Erlebnissen unserer Zeit, was in unserem Herzen direkt mit Liebe und Geborgenheit verbunden wird. Die meisten modernen Menschen werden jedoch leider aufgrund zuvor genannter Leiden und Blockaden niemals einen Stern im Herzen oder bei sich tragen können. Hinzu kommt, daß Außerirdische zu den begehrtesten und seltensten Begleitern und Heilern unserer Zeit gehören. Auch der pure Anblick eines leuchtenden Kometen vermittelt bereits Glück, Erleuchtung und ein hohes Maß an innerer Freude, wenn man diese Energie mit Hilfe von Heilsteinen und anderen irdischen Helfern in sich aufzunehmen weiß. Gönnen Sie sich dieses Gefühl und warten Sie, bis Ihr Stern Ihnen in einer klaren Sommernacht vom Himmel fällt. Fangen Sie ihn mit Ihrem Herzen auf und er wird Ihnen viel mehr geben als Sie im Stande sind, nehmen und glauben zu können.

Was unterscheidet Meteorite von irdischen Gesteinen?

Wie bereits erwähnt, unterscheiden sich Asteroiden von Kometen dahingehend, daß Asteroiden aus fester Materie bestehen und Kometen aus überwiegend staubigen, gefrorenen und gasförmigen Stoffen. Asteroiden leuchten daher nicht so hell wie Kometen. Sie sind deshalb am Nachthimmel genauso schwer zu erkennen wie Eisberge im Meer, was 1912 der Titanic zum Verhängnis wurde. Deshalb blieben Asteroiden im Gegensatz zu Kometen lange Zeit unentdeckt. Asteroiden sind entweder Teile von vergangenen Sternen oder sogar selbst kleine Sterne und haben meist einen Gesteins-Gläsernen oder metallenen Kern, wie die meisten aller Planeten. Auch unsere Erde besteht, aufgrund kosmischer Instruktionen, ebenso wie alle Lebewesen auch, aus Schale und Kern. Bis zu unseren Wissenschaftlern hat sich dies jedoch leider noch nicht herumgesprochen. Sie suchen daher seit Jahren den Beweis dafür, indem sie versuchen, durch Tiefenbohrungen ins Innere unserer Erde vordringen zu können. Die tiefsten Bohrungen enden jedoch in ca. 12 km Tiefe, während unsere Erde bis zu ihrem Mittelpunkt ca. 6.380 km mißt. Aus dieser Tatsache heraus wird unseren Wissenschaftlern vermutlich für immer verborgen bleiben, was die Urvölker längst wissen, nämlich die Erkenntnis darüber, daß auch unsere Erde einen metallenen Kern besitzt, was sie, ebenso wie alle anderen Planeten des Universums, von Kometen unterscheidet. Allerdings unterliegen die Bestandteile der einzelnen Planeten in anderen Atmosphären auch veränderten Gesetzesmäßigkeiten und diese wiederum prägen die Begebenheiten jedes einzelnen Sternes ebenso unterschiedlich und charakteristisch, wie ein Fingerabdruck. Deshalb lassen sich Meteorite beispielsweise auch sehr leicht von irdischen Gesteinen unterscheiden. Nicht nur ihre samtige Oberfläche, welche durch Aufschmelzung und Reibung beim Eindringen in unsere Atmosphäre entstanden ist, deutet auf einen Meteoriten hin, sondern auch die typischen Vertiefungen, welche durch glühend heiße Luftwirbel während des Fluges durch unsere Atmosphäre entstehen, weisen deutlich auf »Außerirdische« hin. Durch den Luftwiderstand wird ein Meteorit nicht nur glühend heiß und sogar kochend, sondern gleichzeitig zu bizarren kugel- und kegelförmigen Gebilden verformt. Moldavite und Tektite beispielsweise, welche zu den Glasmeteoriten gehören, sind durch ihre außerordentlichen Strukturen und Formenvielfalt besonders sehenswerte Begleiter und Heiler aus anderen Welten. Im Gegensatz zu Kometen, welche überwiegend aus Eis, Staub und gasförmigen Stoffen bestehen, bestehen Asteroide, wie bereits erwähnt, aus Stein, Eisen, Gesteinsglas oder verschiedenen mineralienreichen Kohlenstoff-Verbindungen. In manchen Meteoriten werden

Kapitel 12 - Von Asteroiden, Meteoriten und Kometen

sogar nahezu alle Elemente nachgewiesen, die wir auch auf unserer Erde kennen. Dies beweist, daß auch andere Sterne aus dem bestehen, woraus unsere Erde ist und deshalb vermutlich nicht nur von einer Mutter oder einem »Gott« abstammen, sondern auch Leben beherbergen. Meteorite sind nicht nur rein äußerlich, sondern besonders auch durch ihr Innenleben sehr leicht von allen irdischen Gesteinen zu unterscheiden. Denn nicht nur die fremdartigen Stoffe selbst, sondern noch viel mehr deren kristalline Strukturen und Verbindungen, stellen die Hauptunterscheidungsmerkmale aller Meteorite gegenüber irdischen Gesteinen dar und lassen, auch ohne aufwendige Untersuchungen, sehr leicht auf Außerirdische schließen. Eisenmeteorite gehören neben den Glasmeteoriten zu den begehrtesten Außerirdischen und unterscheiden sich rein äußerlich durch ihre samtige Oberfläche und ihr hohes spezifisches Gewicht von Glas- und Steinmeteoriten. Sie bestehen meist überwiegend aus einer mystischen Eisen-Nickel-Verbindung, wie sie auf der Erde weder natürlich anzutreffen, noch künstlich herzustellen ist. Das Nickel ist zudem in einer so harmonischen Art in Kristallen mit dem Eisen verbunden, daß es auch nicht die aggressiven Eigenschaften irdischer chemisch verursachter Nickelverbindungen aufweist. Hinzu kommt, daß alle Eisenmeteorite, im Gegensatz zu irdischen Metallen, ein typisches kristallines Muster aufweisen, das »Außerirdische« deutlich von irdischen Metallen unterscheidet, nämlich den ***Widmannstätt'schen Figuren***. Diese für Eisenmeteorite charakteristischen Strukturen wurden nach ihrem Entdecker, dem österreichischen Forscher Alois Beck von Widmannstätten (1753-1849) benannt. Diese typischen »Figuren« gibt es in irdischen Metallen nicht und lassen sich auch nicht künstlich erzeugen. Sie identifizieren daher unverwechselbar einen Eisenmeteoriten. Manche Eisenmeteorite enthalten zusätzlich Olivine, Quarze und viele weitere, auch uns bekannte, Mineralien. Neben den Eisenmeteoriten zählen Glasmeteoriten zu den begehrtesten Boten anderer Welten, welche nicht nur durch ihre bizarre Oberflächenstruktur auf sich aufmerksam machen, sondern auch durch ihre schwarze, orange-gelbe oder dunkelgrüne, durchsichtige Farbe, wie beispielsweise jene der Moldavite. Tektite, deren Name aus dem griechischen »Tektos« stammt, was soviel wie geschmolzen bedeutet, sind im Gegensatz zu Stein- und Eisenmeteorite ebenfalls Glasmeteorite. Während Tektite meist sehr sanft geformte Körper aus Kugeln, Kegeln oder Tropfen mit samtiger Oberfläche aus Schmelzgruben und typischen Fliesstrukturen aufweisen, sind Moldavite und libysche Glasmeteorite durchsichtige, grüne oder goldgelbe Meteorite, welche eine sehr narbige und bizarre Oberfläche aufweisen. Tektite, insbesondere Moldavite, beinhalten im Inneren winzig kleine Gasbläschen, welche Unterdruck aufweisen. Dies ist der Beweis dafür, daß diese in einer anderen Atmosphäre und nicht unter irdischen Druckverhältnissen entstanden sein können. Wir auf der Erde können nur Blasen in ein Glas aus Überdruck bekommen. Unterdruck würde diese Blasen entziehen.

Ebenfalls wie sich die modernen Wissenschaftler lange dagegen gesträubt haben, anzuerkennen daß Stein-, Glas- oder Eisenmeteorite Überreste außerirdischer Asteroiden und Boten fremder Welten sind, tun sich dieselben Wissenschaftler auch heute noch genauso schwer damit, Tektite bzw. Moldavite ebenfalls als außerirdische Gesteine anerkennen zu wollen. Viele unter ihnen gehen sogar in ihren Behauptungen so weit, daß sie versuchen, diese Meteoritenart doch noch irgendwie als irdisches Gestein einzustufen. Moldavite und Tektite, welche wir als Glasmeteorite bezeichnen, sind zwar nicht ganz so selbständige »Sterne«, wie Eisenmeteorite selbst, denn Eisenmeteorite verlieren häufig auf ihrem langen Weg durch Raum und Zeit ihre Schale und verbleiben somit häufig lediglich als der Kern des Sternes, der sie einmal waren. Ihre Kruste hat sich durch Hitze, Kälte, Kollidierung mit anderen Asteroiden, oder durch komplizierte Ausweichmanöver auf andere Flugbahnen von ihnen abgelöst. So wurden viele Asteroide von ihrem Kern getrennt und flogen von irgendwann ab unabhängig voneinander durch Raum und Zeit. Diese äußeren Schichten der Sterne, welche ebenso wie unsere Erdkruste, sehr mineralienreich sind, verschmolzen sich, ähnlich wie Obsidiane, die nichts anderes als irdische Gesteinsgläser sind, zu farbenfrohen und bizarren Gebilden. Viele von ihnen schlossen sich anderen Asteroiden an und andere wiederum platzten erst von ihrem »Mutterstern« ab, als dieser in unsere irdische Atmosphäre eindrang und zu glühen begann. Diese Krusten anderer Sterne, Asteroiden oder Meteoriden fielen daher häufig in zusammenhängenden Streufeldern als sogenannte Tektite oder Glasmeteorite zur Erde nieder, wo sie deshalb teilweise in Nestern gefunden werden. Diese Glasmeteorite sind zwar dennoch rar und selten, im Gegensatz zu Eisenmeteoriten jedoch viel häufiger, weil jedes Lebewesen, ebenso wie jeder Stern, nur ein Herz oder einen Kern besitzt. Unsere Erde hat rund 40.000 km Umfang und Millionen Mal mehr Krusten-Volumen als ihr Kern. Hinzu kommt, daß Stern-Kerne durch ihr höheres spezifisches Eisen-Gewicht schneller abdriften und deshalb in gänzlich veränderte Umlaufbahnen geraten, während ihr Krustenmaterial oft gemeinsam über Millionen von Jahren, auf derselben Bahn vereint, verläuft. Daher kommt es, daß bekannte Tektit-Fundstellen sich konzentrieren. Bemerkenswert schöne Tektite werden beispielsweise in Thailand, Libyen, China und Australien gefunden und die einzigartigen grünen Glasmeteorite, welche wir als Moldavite bezeichnen, werden in der Nähe von Budweis um die Auen der Moldau in Süd-Böhmen gefunden. Moldavite sind vermutlich Teile aus der Kruste jenes Meteoriten, welcher vor rund 15.000 Jahren bei Nördlingen niederfiel und dort das *Nördlinger Ries* formte. Hierbei handelte es sich vermutlich um einen intakten kleinen Stern, welcher aus Mantel und Kern bestand und der mitsamt seinen Begleitern, die sich diesem Riesenmeteoriten angeschlossen hatten, zur Erde fiel. Ob diese den Asteroiden nun im Abstand umkreisten, begleiteten oder während des Eindringens in unsere Atmosphäre aus seiner Kruste herausplatzten ist sekundär. Wichtig ist zu erkennen, daß es sich bei Moldaviten, ebenso wie bei schwarzen Tektiten und anderen Glasmeteoriten, um außerirdische Gesteine handelt, und nicht etwa, wie aus eng umrissener wissenschaftlicher Sicht heraus oft behauptet, um emporgeschleudertes, irdisches Gesteinsmaterial aus unserer Erdkruste. Denn dafür sind diese Steine zu außerirdisch in Form, Struktur und Beschaffenheit. Neben den Eisen- und Glasmeteoriten gibt es auch Steinmeteorite, welche jedoch leider nach dem Aufprall auf der Erde meist vollständig zerplatzen. Viele von ihnen sind ebenfalls Bruchstücke aus Planetenkrusten weit entfernter, intakter Sterne. Manche von ihnen wurden vielleicht durch immense Vulkanausbrüche in den Weltraum geschleudert und beinhalten oft eine Vielzahl von Informationen, welche uns große Auskunft über die Beschaffenheit anderer Sterne geben. Stein-Meteorite, welche als Chondrite bezeichnet werden, enthalten verstärkt sogar die kompletten Grundbausteine des Lebens, inklusive dem Wasser. Sie beinhalten neben allen irdischen Elementen sogar die für uns modernen Menschen nicht mehr wahrnehmbare Information und Instruktion der Schöpfung selbst, woraus die »Baupläne« für alle Arten von Leben, wie aus einem Samen hervorgehen und somit die Evolution selbst in einer kleinsten gemeinsamen Sprache von einem Planeten zum anderen befördern. Kohlige Chondrite, Eisenmeteorite und Tektite beinhalten oft alle Bestandteile urpsrünglicher Materie des gesamten Sonnensystems. Aus diesem genetischen und organischen Baumaterial bestehen alle Lebewesen, die Natur, Pflanzen, unsere Umwelt und nicht zuletzt Sonne, Mond und Sterne. Kohlenstoff, Stickstoff, Sauerstoff und Eiweißbausteine sind neben den schöpferischen Energien, universellen Kräften, seelischen Impulsen und der Liebe die Grundsubstanzen, woraus alle irdischen Lebewesen hervorgehen. Zusätzlich enthalten viele Meteorite auch noch die Samen des Wassers selbst, welche sie beim Erwärmen durch Verdampfen in andere Atmosphären einbringen. Es waren also doch andere Sterne, welche durch Meteorite die Elemente Wasser, Luft, Feuer und Erde und somit die Voraussetzungen für organisches Leben zur Erde sandten. Und es beweist auch, daß es noch auf vielen anderen Sternen Leben gibt, zumindest auf dem, von dem aus alles begann, denn irgendwo kam es her und nach irgendwo wird es eines Tages von unserem Planeten aus auch wieder verschwinden.

Seitdem wir modernen Menschen uns beginnen, wieder verstärkt zu den natürlichen Dingen zurückzubesinnen, erfreuen sich Meteorite und Tektite ebenso zunehmender Beliebtheit wie Kristalle, Mineralien, Kräuter und ätherische Öle unserer irdischen Natur auch. Meteorite sind jedoch nicht auf unserem Planeten entstanden und leider verschwinden 90% von statistisch gesehen einem Meteoriten, welcher pro Quadratkilometer alle Tausend Jahre zur Erde fällt, in den Meeren, welche ca. 75% unserer Erdoberfläche bedecken. Weitere fallen in unzugänglichen Sumpfgebieten, Wäldern, Gebirgszügen und in abgelegenen Polargebieten zur Erde. Nur sehr selten und mit viel Glück läßt sich in Wüsten- und Eisregionen unserer Erde der eine oder andere Eisen- oder Stein-Meteorit finden, denn diese sind, im Gegensatz zu Tektiten und Moldaviten, welche häufiger und konzentrierter in größeren Vorkommen gefunden werden, absolute Einzelgänger. Die meisten Eisen-Meteorite sind darüberhinaus zusätzlich von Erdreich bedeckt, vergraben und nicht sichtbar. Nur an wenigen Stellen lassen sich überhaupt Meteorite finden. Hierbei handelt es sich überwiegend um Gebiete, welche sich in den letzten Jahrmillionen kaum verändert haben. Dazu zählen die Stein- und Eiswüsten unserer Erde. Einige Gletscher geben uns heute Meteorite frei, welche sie für Tausende von Jahre in sich eingeschlossen und transportiert haben. Zahlreiche Meteoritensammler, Museen, Wissenschaftler und Naturheiler begehren nun die wenigen, noch vorhandenen Meteorite gleichermaßen und beginnen eine wahre Jagd auf die wenigen Außerirdischen unserer Zeit. Zudem bergen Meteorite und Tektite ein hohes Maß an heilenden und ausgleichenden Kräften in sich, das seinesgleichen sucht. Sie sind also nicht nur schon dadurch ein »Schatz«, weil sie nicht von unserer Erde stammen, sondern noch viel mehr, weil sie uns zusätzlich in vielen Lebenslagen von selbstauferlegten Blockaden, antizyklischem Verhalten den Mondphasen gegenüber und organisch-seelisch bedingtem Verfall bewahren. Während Steinmeteorite und Tektite nur selten faustgroß und größer sind, können Eisenmeteorite, welche ja ursprünglich Kerne von Sternen und Planeten waren, oft bis mehrere Tonnen groß sein. Der größte bisher gefundene Eisen-Meteorit wiegt ca. 60 Tonnen und wurde 1920 in der Wüste von Namibia entdeckt. Ein weiterer Riesenmeteorit von rund 30 Tonnen Gewicht wurde 1894 vom Polarforscher Peary in der arktischen Eiswüste gefunden. Der bei Methusalem in Neu-Ulm ausgestellte Eisenmeteorit »Don Gera« zählt zu den 10 größten Meteoriten und weist neben seiner sanften Oberfläche bemerkenswert schöne Kreisel auf, welche durch das Zirkulieren glühender Luftwirbel während des Eindringens in unsere Atmosphäre entstanden sind. Er zählt mit Sicherheit zu den schönsten Außerirdischen unserer Zeit.

Halley und andere Kometen

Wie bereits erwähnt, unterscheiden wir außerirdische Flugkörper einerseits in feste Asteroide und andererseits in Kometen. Kometen bestehen, im Gegensatz zu Asteroiden, überwiegend aus Eis, gefrorenen Gasen und beinhalten meist kosmischen Staub. Häufig befinden sich in ihren Schweifen, welche oft über 100 Millionen km lang sein können, wiederum kleine Asteroiden oder gar

Teile von Sternen, welche uns als Tektite bekannt sind. Kometen gleichen eher schmutzigen Riesenschneebällen oder gigantischen Eisklumpen und haben, im Gegensatz zu Asteroiden, viel geringere spezifische Gewichte und keinen festen, metallenen oder steinernen Kern. Sie bewegen sich daher meist auf sehr langgestreckten, elliptischen Bahnen um die Sonne. Dabei wechseln Kometen in unregelmäßigen Abständen ihren Kurs. Sie werden von den Kräften vieler Planeten und Asteroiden gleichermaßen in ihrer Umlaufbahn um die Sonne gestört, angezogen oder sogar aus unserem Sonnensystem herauskatapultiert. Im Gegensatz zu Asteoriden unterscheiden sich Kometen am Himmel durch ihren hellen sichtbaren Schweif, wonach wir diese auch als Schweifsterne bezeichnen. Sie bestehen aus einer Aura und einem typischen Schweif, den sie hinter sich herziehen. Dies macht Kometen im Gegensatz zu Asteroiden für unser Auge leichter erkennbar und ist auch die Tatsache dafür, daß Kometen schon sehr viel früher erkannt und dokumentiert wurden als Asteroide. Je nachdem, ob Kometen sich gerade von der Sonne weg oder auf sie zubewegen, ändert sich die Richtung des Schweifs. Nähern sich Kometen heißen Planeten oder gar der Sonne, so erwärmen sie sich und Eis, Gase und Wasser beginnen zu schmelzen, aufzukochen oder gar zu verdampfen. Hieraus bildet sich die typische, sich aufblähende Atmosphäre um den Kometen, welche dann zum Schweif wird. Diese gewaltige Wolke fängt Licht ein, reflektiert dies auch wider, und bewirkt somit, daß Kometen-Schweife, wie Katzenaugen, hell zu leuchten beginnen. Dieser Schweif kann bei großen Kometen mehrere hundert Mio. km lang sein und ist auch der Hauptgrund dafür, daß wir diese, trotz riesiger Entfernung, mit bloßem Auge am Himmel erkennen können. Durch ihren Schweif verlieren Kometen jedoch über Jahrmillionen an Materie und werden somit kleiner. Halley beispielsweise verliert pro Sekunde ca. 3.000 kg an Gewicht und andere Kometen, welche oft über Generationen beobachtet wurden, haben sich bereits aufgelöst oder sind durch Bahnabweichungen in andere Hemisphären oder Sonnensysteme verschwunden. Dabei hinterlassen Kometen im All, wie Flugzeuge auch, Kondensstreifen aus Staub, Eis und anderer feinkörniger Materie. Durchläuft unsere Erde einen solchen Kometenschweif, so wird dies in einer großen Anzahl von Sternschnuppen, ähnlich den Meteoridenschauern, sichtbar. Unsere Erde durchläuft beispielsweise jedes Jahr im August die Perseiden, welche eigentlich Schweifbahnen vergangener Kometen sind. Einige Riesenkometen erzeugen in sich sogar so viel Druck, daß sie einen asteroidenähnlichen Kern, jedoch nicht aus Eisen oder Stein, sondern aus Eis besitzen. Diese Kometenkerne sind in ihren Auswirkungen bei Einschlägen auf andere Planeten nicht weniger verheerend als Eisen- oder Stein-Meteorite selbst. Der Einschlag in der sibirischen Taiga 1908 ist vermutlich auf einen kometigen Eis-Kern mit Asteroiden-Charakter zurückzuführen. Da Kometen keinen metallenen Kern besitzen der sich an den intergalaktischen Magnetfeldern und Umlaufbahnen der kosmischen Kräfte orientiert um somit, wie Planeten oder Asteroiden auf geordneten Bahnen verlaufen zu können, kommen sie auch nie auf derselben Bahn zurück, auf der sie berechnet werden oder unser Sichtfeld verlassen haben. Kometen beschreiten aus diesem Grund auf ihrem Weg durch unser Sonnensystem oft abenteuerliche Bahnen. Manche von ihnen verdampfen in der Nähe der Sonne, andere wiederum stoßen mit Planeten zusammen und andere wiederum sind so riesig, daß sie selbst sogar Planetenbahnen der Riesenplaneten Jupiter oder Saturn mühelos beeinflussen und verändern können. Rund 100 aller uns bisher bekannten Kometen verlaufen dennoch auf relativ stabilen Bahnen in weniger als 200 Jahren um die Sonne. Andere wiederum benötigen über 5 Mio. Jahre und verringern ihre Geschwindigkeit von 500.000 km pro Stunde auf 1 km/h. Haben sie ihren äußersten Punkt um die Sonne *(Aphel)* überwunden, so beginnen sie mit zunehmender Geschwindigkeit wieder am sonnennächsten Punkt vorbei *(Perihel)*, zum anderen Ende unseres Universums zu rasen und umgekehrt.

Der Halley´sche Komet gehört neben Hale Bopp, zu den bekanntesten Kometen, welcher der Erde alle 76 Jahre am nächsten kommt. Bereits 239 v. Chr. wurde über diesen Kometen, welcher mit dem bloßen Auge deutlich zu sehen ist, berichtet. Jedoch weiß man erst seit 1705 durch den englischen Astronomen Edmund Halley, daß es sich bei den einzelnen Aufzeichnungen um ein und denselben wiederkehrenden Kometen, nämlich um den Halley´schen Kometen handelt. Sein Lichtschweif und seine große Leuchtkraft faszinierte die Menschen seit Urzeiten. Um 1301 wurde sein Erscheinen von einem florentinischen Maler nachträglich als Stern von Bethlehem in die Geburtszenarien von Jesus Christus eingemalt. Letztmals war Halley im Winter 85/86 in größter Erdnähe deutlich sichtbar.

Das Nördlinger Ries

Neben vielen bereits erwähnten Einschlägen in USA, Kanada und Australien zählt der Meteoriteneinschlag vor ca. 15 Mio. Jahren im Nördlinger Ries wohl zu den spektakulärsten Einschlägen auf unserer Erde. Klima-Veränderungen, Erdkrusten-Verschiebungen, Landschaftsveränderungen, Erosion, Wind und Wetter bewirken jedoch, daß die Einschlagstellen von Meteoriten auf unserer Erdoberfläche, im Gegensatz zum Mond oder anderen Planeten, schnell verheilen und verwachsen. Nur in Gebieten, die sich in den letzten Mio. Jahren kaum verändert haben, wie z.B. den Wüsten in Arizona und Australien, sind die Krater noch deutlich zu sehen und kaum abgetragen. Insgesamt sind allein

Kapitel 12 - Von Asteroiden, Meteoriten und Kometen

in Europa über 40 Krater nachgewiesen, welche sich auf Einschläge von Riesenmeteoriten zurückführen lassen. Das Nördlinger Ries zählt mit zu den spektakulärsten Einschlägen eines über 1 km großen Steinmeteoriten auf der Schwäbischen Alb bei Nördlingen. Dieser verwüstete im Umkreis von 50 km alles Leben und setzte während des Aufpralls auf die Erdoberfläche in einer Sekunde eine Energie von ca. 250 gleichzeitig gezündeten Atombomben frei. Dieser Meteorit raste mit ca. 100.000 km/h auf die Erde zu und bohrte sich über 1.000m tief in den felsigen Boden der Schwäbischen Alb. Dabei preßte er sich selbst und den Untergrund auf über die Hälfte seines ursprünglichen Volumens zusammen. Die dabei freigewordene Hitze von rund 40.000°C. ließ alles im Umkreis von 20 km verdampfen und in einer Explosion in einem riesigen glühenden Feuerball verpuffen. Verdampfungen und Verschmelzungen reichten bis weit über 4000m in den Boden hinab. Hundert Tonnen schwere Gesteinsblöcke wurden bis in über 60 km entfernte Landschaften geschleudert. Erst in den 60er Jahren unseres Jahrhunderts wurde das Nördlinger Ries als Impaktkrater eines Meteoriteneinschlags erkannt und erforscht. Der heutige, ca. 100m tiefe und 25 km breite Krater hatte einst eine Tiefe von ca. 1000m. Aufgeschmolzene und umgewandelte Gesteine, welche als »Schwabengesteine« bezeichnet werden, sind noch typische Zeugen des einst niedergegangenen Stein-Meteoriten.

Der Canyon-Diabolo Krater in Arizona, USA mißt ca. 1 Kilometer im Durchmesser und ist über 200 Meter tief. Er wurde vor ca. 50.000 Jahren durch den Einschlag eines ca. 10 Meter großen und 30 Tonnen schweren Eisenmeteoriten erschaffen.

Das Ende der Dinosaurier

Vermutlich waren die Veränderungen auf der Erde, welche das plötzliche Aussterben vieler Tier- und Pflanzenarten mit sich brachte, ebenfalls auf den Niedergang eines Meteoriten zurückzuführen. Lange Zeit blieb dies jedoch Theorie und erst jetzt wurde hierfür mit sehr großer Sicherheit der Beweis gefunden. Ein Meteorit, welcher die Flora und Fauna der Erde so verändert hatte, müßte mindestens 10 km Durchmesser gehabt haben und einen Krater von mindestens 150 km Länge verursacht haben. Dieser Krater wurde nach langem Suchen kürzlich im Golf von Mexiko gefunden. Der Chicculub-Krater weist ein Alter von ca. 65 Mio. Jahren auf und war bei seiner Entstehung ca. 170 km weit und 50 - 60 km tief. Dieser Krater gehört zu den größten bisher bekannten Einschlägen aller inneren Planeten, Merkur, Venus, Erde und Mars. Er ist auf jedem Atlas in seinen Rundungen sehr deutlich als Golf von Mexiko erkennbar und hatte verheerende Auswirkungen auf alle Lebewesen unserer Erde. Er bescherte eine neue Zeitepoche, welche wir heute als Abgrenzung von der Reptilien- und Saurierbeherrschten über 45 Mio. Jahre andauernden Kreidezeit zur darauffolgenden Zeit der Säugetiere, dem Tertiär beschreiben. 3/4 aller Lebewesen und Pflanzen wurden vernichtet. Riesige Staub- und Aschewolken verdunkelten den Himmel und blockierten die Sonne, Brände verwüsteten die Wälder und geotektonische Verwerfungen sorgten für gewaltige Erdbeben und Vulkanausbrüche, welche ihrerseits zusätzlich die Atmosphäre vergifteten und verrußten. Gewässer und Meere kochten teilweise auf und vernichteten zusätzlich weitere Lebensräume. Eine lehmige Grenzschicht in den Gesteinsschichten der Erdoberfläche beinhaltet jene Ruß- und Staubteile und auch eine tausendfache metallische Konzentration von Iridium, einem Metall, das auf irdischen Oberflächengesteinen kaum vorkommt, jedoch ein großer Bestandteil kosmischer Körper und Meteoriten ist. Zusätzlich enthält diese Schicht eine Vielzahl von gestauchten Quarzkristallen, welche Deformationen aufweisen, wie sie nur durch plötzlichen höchsten Druck entstehen konnten, der nicht auf der Erde vorkommt oder künstlich herstellbar ist. Diese deformierten Kristalle deuten also ebenfalls auf einen Meteoritenimparkt hin, welcher die Veränderungen auf der Erde bewirkte und somit vermutlich das Leben in seiner heutigen Form überhaupt erst ermöglichte.

Ayer's Rock, ca. 348 Meter hoch, ca. 22 km Umfang im roten Herzen Zentralaustraliens. Die Ureinwohner nennen diesen mystischen Riesenfelsen »Uluru«, heiliger Nabel der Mutter Erde.

Die mütterliche Gastfreundschaft der Erde
Ein Auszug aus der Australischen »Weisheit der Urzeit« von Methusalem

Als die Erde sich aus den gasigen Wolken des Universums herauslöste suchte sie sich im Weltraum einen Platz um reifen zu können. Die kosmischen Kräfte wiesen ihr eine Umlaufbahn um die Sonne zu, welche sie nachts nicht zu sehr auskühlte und tagsüber nicht verbrannte. Als sich unsere Erde von ihrer langen Reise erholte, wehten und tanzten die Elemente in stürmischen Winden wild auf ihrer Oberfläche. Während die Sonne die Erde mit Vitalität versorgte, schöpfte sie mit der Hilfe des Mondes Kraft um aus ihrer zähen Masse, Gesteine, Berge und Täler formen zu können. Um die Verbindung zur Schöpfung und zu den universellen Kräften des Kosmos nicht zu verlieren, schuf sie sich einen Nabel, den Ayers Rock, durch den sie von nun ab ununterbrochen mit den universellen Kräften der Schöpfung, den Sternen und dem Mond kommunizierte. Sie setzte diesen Nabel an einen Platz welcher so herrlich war, daß sie ihn nicht mehr verändern wollte. Nachdem die Erde alle Felsen und Gesteine miteinander verbunden hatte, verspürte sie, daß es zunehmend staubiger in ihrer Atmosphäre wurde. Die Steine rieben durch die Winde aneinander, und so entstanden Sandstürme, welche oft bis weit in die Atmosphäre emporwirbelten. Die Erde erkannte, daß die Steine zwar in Ruhe miteinander verkehrten und einander achteten, sie fühlte jedoch, daß ihr und den Steinen etwas fehlte. Sie langweilten sich von Tag zu Tag mehr und die Edelsteine und Kristalle hörten auf zu wachsen. Da beschloß die Mutter Erde den Gesteinen eine Freude zu machen und ließ es regnen. Über Tausende von Jahren ergossen sich Wassermassen aus dem Himmel. Die Winde erfreuten sich der Wolken, die Lüfte waren glücklich darüber durch die Wassertropfen vom Staub gereinigt zu werden und die Steine verspürten, wie das Wasser in sie eindrang und sich mit ihnen vereinte. So konnten die Kristalle wieder wachsen und von allen Felsen löste das Wasser feine Körner ab, welche sich in den Tälern zu einer feinen, mineralienreichen, fruchtbaren Bodenkruste anreicherten.

Darin sammelte sich das Wasser und bildete Flüsse, Seen und Meere. Im Grund, unter der Erdoberfläche, bildete es ein verzweigtes System, welches die Erde zu durchbluten scheinte. Über Jahrmillionen kommunizierte die Erde mit den Wassern, Lüften, Feuern und Erden und alle Elemente lebten harmonisch und zufrieden miteinander. Die Sonne verdunstete das Wasser und löste Gase aus den vielen Mineralien und Gesteinen. So bildete sich um die Erde herum eine schützende Aura aus Luft gegen Kälte und Strahlen aus dem Weltraum. Innerhalb der Atmosphäre spielten Wind und Wetter mit den Gewässern und Steinen. Aus dem Spiel wurde eine Gewohnheit und aus der Gewohnheit ein harmonischer Kreislauf bei dem auch das Feuer eine Rolle spielte. Allerdings weniger als irdisches oder vulkanisches Feuer, sondern mehr als Wärmeenergie der Sonne selbst. Sie verdunstete das Wasser, und die Lüfte und Winde trieben die Regenwolken zu den felsigen Bergen. Dort regnete das Wasser hernieder und bahnte sich durch Gesteine und Gebirge den Weg zurück zum Ozean. Mit jedem Tropfen rieb es ein wenig mehr von den Steinen ab, so daß die Böden in den Tälern dichter, sandiger und fruchtbarer wurden. In langen oberirdischen und unterirdischen Flußsystemen floß das Wasser zurück zum Meer und das Spiel begann von neuem. So standen alle Elemente mit allen Dingen in Verbindung. Es gab keinen Streit, sondern nur Harmonie und das Spiel der Elemente auf der Erde.

Die kosmischen Kräfte hatten viel Spaß mit der Erde und gemeinsam erfreuten sie sich dem harmonischen Treiben aus Vulkanen, Gebirgen, Winden, Wellen und Wasserfällen. Eines Tages fragten die kosmischen Kräfte die Erde, ob sie ihr nicht einige Pflanzen zur Beherbergung schicken dürften. Diese stammen von einem alten Planeten, fern der Sonne, welcher seinen Bewohnern dazu verhelfen wolle, auf einem anderen Planeten überleben zu können. Die Pflanzen würden sich auf der Erde sehr wohlfühlen und sich auch an den harmonischen Kreislauf der irdischen Elemente anpassen. Über viele Jahrtausende vielen nun zahlreiche Meteorite zur Erde, in deren Kerben und Hohlräumen sich der kosmische Staub des Lebens befand. Die Erde freute sich über ihre neuen Bewohner und alle Elemente hießen sie herzlich willkommen. In kurzer Zeit entwickelten sich die Pflanzen zu einer ebenso großen Vielfalt wie die Lüfte, Gewässer, Steine und Mineralien auch. Sie paßten sich allen Lebensräumen an. Viele von ihnen siedelten sich unter Wasser, im Sumpf oder an Land an. Weder die felsigen, trockenen Wüsten noch die eisigen Pole waren ihnen unwirtlich genug um der Natur nicht ihre Dankbarkeit zu erweisen. So erblühten sie an allen Teilen der Erde und erfüllten die Lüfte mit wohlriechenden Düften. Sie verwandelten Mineralien und Spurenelemente, die sie aus dem Boden aufsaugten in zauberhafte Blüten, nahmen das Wasser in sich auf und belebten somit die Felsen und Gesteine. Sie hielten mit ihren Wurzeln den Boden fest und speicherten das Wasser in allen Gebieten der Erde. So wuchsen dichte grüne Wälder heran und die Erde erblühte und duftete. Die Pflanzen wurden sehr schnell beliebt und alle lebten mit der Mutter Erde in einer harmonischen Beziehung.

Eines Tages fragten die kosmischen und universellen Energien erneut an und erzählten der Mutter Erde von einem anderen, weit entfernten Stern, welcher zu alt sei, um alle seine Tiere noch ernähren zu können. Er hatte nicht mehr die Kraft, um sich auf seiner Umlaufbahn um dessen Sonne festzuhalten, um den Lebewesen auf seiner Oberfläche noch ausreichend Wärme garantieren zu können. Er läßt durch den Kosmos anfragen, ob nicht noch Platz für seine Geschöpfe auf der Erde sei. Es seien so viele verschiedene Lebewesen wie die Elemente, Mineralien und Pflanzen selbst. Sie würden sich in das Bild des natürlichen Lebens einfügen und der Mutter Erde und all den anderen Geschöpfen viel Freude bereiten.

Mutter Erde willigte ebenfalls ein und wieder fielen viele kleine und große Meteorite in Gewässer, Meere und an deren Strände und besonders um den Nabel der Welt, den Ayers Rock, in Australien, zu Boden. Die Lebewesen entwickelten sich rasch zu einer unzähligen Vielfalt. Die Erde betraute alle Elemente, Lüfte und Pflanzen mit spezifischen Eigenschaften und unterstellte sie in einem harmonischen Kreislauf der gesamten Natur. Das einzigste womit sie alle in Verbindung standen, waren die seelischen und kosmischen Energien, welche durch alle Lebewesen gleichzeitig zirkulieren. Weil die Mutter Erde voraussah, daß alle Lebewesen, solange sie nur auf einer Lebensgrundlage gründen, schnell alle natürlichen Resourcen aufgebraucht hätten, beschloß sie in Absprache mit der Natur, einen neuen Kreislauf zu kreieren, in dem einer mit dem anderen durch einen organischen, bzw. körperlichen Stoffwechsel so verbunden ist, daß jede Art Lebewesen mit jedem Atemzug nicht mehr nimmt, als sie gleichzeitig auch gibt. Verschiedene Stoffwechsel, welche letztendlich aus dem Kreislauf einer einzigen einfachen, einheitlichen Lebensbedingung hervorgehen, bildeten die Grundlagen für die Lebensvorgänge aller Steine, Pflanzen und Tiere. Nur wenn dieser Stoffwechsel, der in jeder Zelle, in jedem Organ oder Gedanken aller Dinge harmonisch abläuft, rhythmisch und ungestört bleibt, entwickelt sich daraus eine gesunde Natur und auch ein gesundes Maß aller Lebewesen. Durch diesen Stoffwechsel werden nicht nur alle körperlichen Organe ständig erneuert, sondern er vermittelt allen Lebewesen auch die erforderliche irdische Energie, welche in Verbindung mit kosmischen, seelischen und universellen Kräften zum Leben wird. Die Erde entschied beispielsweise, daß die neuen Lebewesen den Sauerstoffanteil aus der Luft verbrauchen sollten, weil alle Pflanzen den Stickstoff für ihren Stoffwechsel bereits seit dem sie auf der Erde sind gebrauchen. So kamen sich beide nie ins Gehege und die Luft konnte niemals geschädigt oder aufgebraucht werden, weil die Pflanzen genauso viel Sauerstoff ausatmeten, wie die Tiere zum Einatmen benötigen, und die Tiere atmen den Stickstoff aus, welcher wiederum für die Pflanzen lebensnotwendig ist. Das Wasser und die Mineralien

Kapitel 12 - Von Asteroiden, Meteoriten und Kometen

zirkulieren mondbedingt zwar in allen Lebewesen gleich, in sich verlaufen deren Ströme jedoch geschlechtsspezifisch in unterschiedlichen, harmonischen, sich ausgleichenden Rhythmen. Die Mutter Erde hat den Kreislauf so gewandelt, daß weder Wasser, Luft oder Mineralien in der Natur verloren gehen können. Alle Dinge befanden sich in einem harmonischen Kreislauf. Die Tiere, die Pflanzen, Gewässer, Lüfte und Gesteine bildeten harmonische Beziehungen untereinander. Niemals wurde etwas ausgebeutet oder zerstört.

Mit zunehmender Vielfalt wurde es der Mutter Erde jedoch schwer, alle Lebewesen im Gleichgewicht halten zu können. Sie war ein wenig gestreßt damit, die Seelen aller verstorbenen Lebewesen in einer täglich wachsenden Flut zur Geburt neuen Körpern zuteilen zu können. Manchmal kam sie dabei durcheinander, was das Aussterben so mancher Tier- und Pflanzenart bewirkte. Da beschloß die Erde ein Lebewesen aus der Natur hervorzuheben, und mit dem Sinn zu betrauen, sie, wie ein Gärtner, bei der Arbeit in der Natur zu unterstützen, damit sie sich wieder gewissenhafter der Empfängnis und der Verteilung von Seelen unter Absprache der kosmischen Kräfte zuwenden konnte. Diese Lebewesen sollten ihr behilflich sein und schauen, ob die Natur gedeihe. Sie sollten ihr helfen, die Gewässer und Wälder von absterbenden Pflanzen zu befreien, sich bestimmter Tier- und Pflanzenarten annehmen, welche sie pflegen und beschützen sollten, ohne sie jedoch zu bedrohen, zu verändern, zu zerstören oder mehr von ihnen zu nehmen, als sie selbst zum Leben benötigen. Damit diese Lebewesen die Dinge vorausschauender und gewissenhafter erledigen konnten, hat ihnen die Mutter Erde zu ihrer Seele den Verstand gegeben. Seitdem entwickelten sich die Menschen auf der Erde. Es gab weder Hunger noch Krankheit, Habgier oder Eifersucht. Die Menschen lebten glücklich und harmonisch gemeinsam mit allen Geschöpfen der Natur in einer engen Verbundenheit mit den universellen Energieströmen.

Als die Mutter Erde jedoch wieder einmal mit der Vielfalt ihrer riesigen Familie überlastet war, ließ sie die Menschen eine kurze Zeit aus den Augen und vertraute ihnen, um sich auf die Schöpfung konzentrieren zu können. Leider nutzten einige Menschen das Vertrauen augenblicklich aus. Einige von ihnen waren achtlos und undankbar, und gebrauchten ihren Verstand um Tiere, Pflanzen und die Natur hinterhältig zu täuschen und maßlos auszubeuten. So schnitzten sie aus Ästen, Zweigen und Steinen Speere und Messer. Sie lockten Tiere in Fallen und begannen respektlos mit der Natur umzugehen. Sie schlachteten mehr Tiere als sie brauchten und töteten Anfangs zum Spaß, und später aus Habgier und Gewinnsucht ganze Herden. Sie verloren ihre Achtung zu allen Lebewesen und sinnten ständig nach Fortschritt. Aus ihrem schlechten Gewissen heraus brachen die Menschen den Kontakt zu allen Tieren, Pflanzen und Steinen ab, erkoren sie zu ihren Untertanen und Feinden und verschwiegen ihren Kindern die Wahrheit über den Mißtrauensbruch gegenüber der Mutter Erde, indem sie für ihre Kinder und Enkelkinder eine neue Schöpfungsgeschichte erfanden. Diese beginnt nicht da, wo der wahre Anfang aller Dinge ist, sondern beim modernen Menschen selbst, bei Mohammed oder Adam und Eva. Die Mutter Erde hörte die Hilferufe der Natur sehr deutlich und bereute ihre Unaufmerksamkeit. Leider war die »Seuche« schon zu weit fortgeschritten als daß sie hätte noch ohne Schaden für alle anderen Lebewesen einschreiten können.

Weil die Mutter Erde jedoch auch die Stärken und Schwächen aller Lebewesen kennt, verteilt sie heute vermehrt die heilenden Steine und Düfte unter den leidenden und kranken Menschen. Sie weiß, daß Vernichtung und Gewalt nicht der wahre Lebensinhalt aller Menschen ist, und glaubt mit allen anderen Lebewesen, daß sich ihre Peiniger mit Hilfe der Weisheit der Urzeit besinnen werden und somit bald wieder zum Kreislauf der Schöpfung zurückfinden.

Der blaue Komet

Auch die universellen Mächte erkannten die zunehmende Not der Erde und besannen sich der einstigen Hilfsbereitschaft, über die sie zu Urzeiten sehr glücklich waren. Gemeinsam beschlossen sie, der Erde einen hilfreichen Gesandten der Schöpfung zur Hilfe zu schicken, welcher die Menschen, die in ihrer Denkweise und Gesinnung den gemeinsamen Pfad der Liebe verlassen hatten, wieder mit Glück zu bestäuben. Denn wahres Glück erfüllt sich für die gesamte Natur erst dann, wenn auch wir Menschen mit den Rhythmen der Natur im Einklang leben und aus vollem Herzen heraus Liebevolles und Gutes tun. Orientieren wir modernen Menschen uns hierbei wieder an den einstigen Werten, welche uns von der Mutter Erde bildlich ausgedrückt in Form einer »Gärtnerrolle« zugedacht wurden, erfüllt sich für uns ein angenehmes, liebevolles, sinnvolles und zufriedenes Leben. Allerdings nur dann, wenn wir diese Rolle auch bewußt wahrnehmen. Denn Glück erfüllt uns mit einer Belohnung durch innere Hochgefühle nur dann, wenn wir uns um dieses auch wirklich verdient gemacht und es erarbeitet haben, sprich Liebevolles und Gutes tun und Böses verhindern. Um die modernen Menschen von ihrem selbstauferlegten Leidensweg noch rechtzeitig abbringen zu können, sandten die kosmischen Energien einen blauen Kometen zur Erde, welcher voller Glück steckte, was er über der Erde verstäuben sollte. Als der blaue Komet über die Erde leuchtete, versprühte er das Glück, das in zahlreichen Gebieten zur Erde fiel. Leider reichte seine Energie nicht aus, um die ganze Erde umrunden zu können. Er fiel daher geschwächt zur Erde nieder und deshalb konnten zahlreiche Völker nicht mit den neuen Samen spritueller Freude bestäubt werden, was in Europa und Vorderasien zu einer weiteren Entgleisung menschlicher Gesinnung führte. Allerdings fiel der blaue Komet nicht irgendwo zu Boden, sondern mitten in eine funkelnde Kristallhöhle in Zentralaustralien. Die Ureinwohner Australiens verfolgten den deutlich sichtbaren blauen Schweif am Himmel und fanden deshalb auch sehr schnell einen kleinen Krater. Als sie nach dem blauen Meteoriten zu graben begannen, eröffnete sich ihnen schon nach wenigen Metern eine märchenhafte Welt aus lauter Kristallen, Glanz und funkelnden Farben. Der blaue Komet hatte sein restliches Glück an all die schönen Kristallspitzen und Kiesel in der Höhle versprüht, die nun allesamt in leuchtenden Regenbogenfarben funkeln. Die Ureinwohner Australiens fühlten die wohltuenden Energien dieser Kristalle und erhielten durch ihre Turalingam´s auch eine mystische Botschaft vermittelt. Deutlich fühlten sie eine seltsame Mischung aus irdischer Geborgenheit und himmlischer Liebe und verehrten diese Steine im Gegensatz zu ihren Turalingam´s nicht als die Kinder der Mutter Erde, sondern als Symbole sichtbaren Glücks auf Erden.

Die Ureinwohner Australiens gehorchten den Stimmen ihrer Turalingam´s und erkannten die Notwendigkeit, die neu entstandenen Steine gerecht unter den Urvölkern und besonders unter den modernen Menschen zu verteilen, um somit alle Menschen wieder vermehrt an Liebe, Glauben und wahrem Glück teilhaben lassen zu können. Da dieser phantastische neue Stein ein Stück Erde und ein Stück spirituelles Bewußtsein aus den universellen Weiten des Weltraums zugleich ist, tauften die Ureinwohner Australiens diesen energievollen Stein, auch wegen seiner mondspezifischen Kräfte, auf »**Blue-Moon**«.

Blue-Moon, der blaue Komet

Wie bereits erwähnt, reichte der blaue Kometenschweif nicht aus, um alle Menschen auf der Erde gleichermaßen mit Glück bestäuben zu können. Die benachteiligten Menschen bemerkten eine zunehmende innere Leere, und begannen von nun ab, nach dem Glück zu suchen. Hierbei übersahen sie, daß die Natur, die Liebe, das Leben und die Gesundheit selbst das allergrößte Glück ist und begannen deshalb ihre Aufmerksamkeit zunehmend auf materielle Glücksbringer zu lenken, die einfacher zu beziehen, käuflich und ohne große Anstrengungen erreichbar waren. Hieraus entwickelte sich im Laufe der Zeit eine völlig neue Definition von Glück, welche in den heimlichen Lehrplänen unserer habgierigen Industriegesellschaft vom eigentlichen Glücklichsein als Mischung aus Glauben, Liebe, Gesundheit und Zufriedenheit zu dem verkümmert wurde, was wir uns durch Geld leisten können. Glück wurde daher eher in einem Lotto-Gewinn, einem neuen Auto, in einem besonderen Kick während des Bungee-Jumpings oder im Sekundenglück eines Orgasmus definiert. Wirklich glücklich scheinen wir aus unserer modernen Gesinnung heraus nur noch dann zu sein, wenn unsere Maschinen nicht quietschen, die Börsenbarometer nach oben tendieren und wir auf irgendwelchen Karriereleitern durchs Leben hetzen können. Wäre diese uns über Jahrzehnte beigebrachte Art, Glück empfinden bzw. glücklich sein zu können richtig, müßten wir doch in den letzten 50 Jahren immer zufriedener und glücklicher geworden sein. Wir leben alle in relativem Wohlstand, sind gebildet und können uns doch nahezu alles leisten, was wir wollen und was uns glücklich macht. Wenn da nicht Eines wäre, nämlich dieses furchtbare Unheil, Leid und Unglück zwischen den falschen Zeilen unserer modernen Politik. Nach und nach besinnen wir uns zunehmend verstärkt zu irgendwelchen natürlichen Werten zurück und verspüren täglich immer deutlicher, daß etwas nicht mehr stimmt.

Die Urvölker scheinen etwas zu haben, was sie mit dem Glück verbindet und ihre Denkweise in eine Richtung lenkt, die unmittelbar mit Liebe und Glück verbunden ist und deshalb nicht andauernd in den materiellen Strudel abzielt, unbedingt das haben zu müssen, was wir wollen, sondern immer nur das zu wollen, was die Ureinwohner von der hiesigen Natur bekommen können, ohne mehr nehmen zu müssen, als sie wirklich benötigen.

Um diesen spirituellen Energiestrom in sich selbst mit Hilfe der Glaubensenergie und der Liebe zirkulieren lassen zu können, verwenden die Urvölker neben Moqui-Marbles, Turalingam´s und zahlreichen anderen heilenden Steinen vor allem den Blue-Moon.

Dieser bewirkt, daß wir modernen Menschen uns wieder verstärkt dem augenblicklichen Glück in uns selbst und um uns herum bewußter werden können, um nicht länger irgendeinem Phantom nachjagen zu müssen, von dem wir hoffen oder glauben, daß es uns irgendwann einmal glücklich oder zufrieden machen wird. Denn Glück ist kein Lebensziel, sondern ein Zustand im augenblicklichen Bewußtsein, das uns von dem Augenblick an zuteil wird, wenn wir uns in natürlichen Rhythmen bewegen. Umso mehr wir uns von diesen natürlichen Rhythmen entfremden und uns stattdessen lieber wissenschaftlichen, logischen, mathematischen oder technischen Rhythmen unterwerfen, umso mehr wird das Glück zu einem weit entfernten Lebensziel, das wir glauben mit Hilfe von Wissen, Reichtum, Macht und Erfolg erreichen zu können. Deshalb jagen wir modernen Menschen auch viel mehr diesen materiellen Werten bis in den weitentfernten Weltraum nach, weil es aus unserer eng umrissenen Denkweise heraus logisch erscheint, daß wenn unsere Maschinen funktionieren, Gene zu vollkommenen Menschen verschnitten werden, Marsoberflächen zu neuen Lebensräumen kreiert werden, oder tolle Noten unsere Zeugnisse zieren, hiermit auch automatisch Glück verbunden ist oder am Ende einer Karriereleiter immer auch das Glück sitzt. Natürlich sitzt da ein kurzfristiges Glück, das jedoch kein wahres Glück ist, sondern ein angestrebtes, dem meist sofort ein tiefer Fall, ein anschließendes schwarzes Loch, Unglück, Unzufriedenheit, Einsamkeit, Streß, enttäuschte Erwartungen, Langeweile und innere Leere folgen. Ein Phänomen, dem die scheinbar Glücklichsten unserer Gesellschaft, nämlich reiche, prominente, schöne und erfolgreiche Menschen nicht selten durch Selbstmord und Drogenkonsum ihr sinnlos scheinendes Leben opferten. Denn wahres Glück werden wir an den Endpunkten materieller Erfüllung genauso wenig finden, wie in den chemischen Formeln unserer modernen Ernährung oder in den Genen unserer Vorfahren.

Denn wahres Glück ist ein zyklisch verlaufender, göttlicher Energiestrom, den wir modernen Menschen uns durch eine neue Denkweise erst wieder erarbeiten müssen. Blue Moon unterstützt diesen Weg und verhilft auch zur Erkenntnis darüber, daß persönliches Lebensglück nicht nur Schicksal oder gar Zufall ist, sondern eine positive Energie, die ebenso von jedem Menschen selbst aktiviert werden muß, wie logisches Denken auch.

Die mystischen Kräfte kosmischer Steine

Blue-Moon, der blaue Komet

Blue-Moon lindert Blockaden, welche uns innerlich daran hindern, den Zugang zum wahren Glück erkennen zu können. Querschnittgelähmte, hoffnungslos Kranke oder zutiefst unglückliche Menschen beispielsweise haben mit Hilfe dieses Steines trotz schwerstem Schicksal zu einem erneuten Glücksgefühl gefunden, das sie glücklich macht und nicht, wie wir alle oft annehmen, für den Rest ihres Lebens unglücklich. Blue Moon eröffnet unser inneres Auge wieder für die wahren Werte des Lebens und macht uns auch wieder für das kleine Glück empfänglich, dem wir andauernd in Form eines Lächelns, eines Sonnenstrahles, eines Regenbogens, einer Blüte und unzähligen weiteren kleinen Dingen, am Wegesrand unseres alltäglichen Lebens, begegnen. Blue-Moon befreit Betroffene vom inneren Druck andauernd in immer kürzerer Zeit mehr haben und erreichen zu wollen oder dauernd irgendwelchen zukünftigen Phantomen oder verpaßten Chancen nachjagen zu wollen, wodurch wir am Empfinden augenblicklichen Glücks behindert werden. Blue-Moon öffnet seinem Träger vorzeitig die Augen für die Fatamorganen die uns allen von Kirche, Wirtschaft, Wissenschaft, Sekten und Politik eingeredet und versprochen werden um nicht selbst irgendwann z.B. vor den verschlossenen Toren des Traumschlosses »Rente« schmerzlich erwachen zu müssen, sondern um sein Leben noch rechtzeitig durch eigene Gedanken und Initiativen steuern und verändern zu können. Blue-Moon verhilft auch verbissenen, verbitterten und enttäuschten Menschen wieder zu mehr Selbstachtung und Lebensfreude zurück und bewirkt auch wieder locker lassen, loslassen und sich entspannen zu können, um überhaupt wieder Zeit dafür zu finden, sich den eigenen inneren Werten, Gedanken, Gefühlen, Träumen und Lebensaufgaben bewußter hingeben zu können. Blue-Moon lindert auch Blockaden, die häufig maßgeblich am Unglück beteiligt sind, weil sie eine zwanghafte innere Zurückgezogenheit, Kontaktscheue, Ängste, Komplexe und Einsamkeit verursachen. Blue-Moon verhilft zu mehr Offenheit und Sinn gegenüber sozialen Beziehungen, ohne gleich Everybody´s Darling sein zu müssen und lindert den Hang zu sturen Erwartungshaltungen, Ärger, Melancholie, Depressionen, Ängsten und Pessimismus. Blue-Moon verhilft auch dazu, daß betroffene Menschen wieder positivere Gefühle, mehr Liebe, Vertrauen und mehr Freude über einen längeren Zeitraum empfinden und speichern können, um somit wieder zu ihrer persönlichen Glücksformel zurückfinden zu können. (Hierzu kann der Mondkalender zur Ermittlung Ihrer persönlichen Glücksrhythmen durch persönliche Notizen genauso verwendet werden, wie zum ermitteln Ihrer persönlichen Mondphasen auch.) Die hartnäckige Blockade des Hoffens auf bessere Zeiten oder darauf, irgendwann einmal glücklich oder zufrieden sein zu können, ist ebenfalls eine weit verbreitete Blockade, welche durch unsere materielle Denkweise in Verbindung damit ausgelöst wird, daß wir unsere spirituelle Welt in eine bezahlbare Logik drängen wollen. Hieraus

Kapitel 12 - Von Asteroiden, Meteoriten und Kometen

resultiert durch zunehmende Zukunftsfixiertheit auch, daß wir das alltägliche Geschehen nur noch sehr oberflächlich und schnellebig überfliegen, um mittels irgendwelcher Tunnelvisionen irgendeinem weit entfernten Glück näher kommen zu können. Ein zunehmend beklemmendes Gefühl darüber, daß die Zeit zu schnell vergeht und davonrast, ist ein deutliches Phänomen aus dieser Blockade. In Verbindung mit Turalingam´s oder Moqui-Marbles verhilft Blue-Moon auch verstärkt zum bewußten Zugang jener Quellen zurück, von denen alle Lebewesen stammen und worin wir uns alle auch am glücklichsten fühlen, nämlich in unseren partnerschaftlichen und familiären Beziehungen. Denn Liebe, Freundschaft, Kameradschaft, Kollegialität und Geselligkeit sind neben unserer inneren Einstellung, Liebe und Glaube die wahren materiellen Fundamente des Glücks und der Gesundheit und nicht Besitz, Reichtum, Macht und Karriere.

Blue-Moon lindert auch Blockaden die sich durch ein introvertiertes Verhalten, geringes Selbstbewußtsein und chronische Unsicherheit bemerkbar machen. Die typische Folge aus dieser Blockade ist, daß Betroffene sich andauernd als Beschuldigte irgendwelcher Gespräche und sogar als typisches Mobbing-Opfer wiederfinden. Besonders am Arbeitsplatz werden Betroffene bedingt durch diese Blockade von stetig steigenden Problemen, Hemmungen, inneren Ängsten und Unsicherheiten darüber geplagt etwas falsch zu machen, zu versagen oder als Mensch völlig wertlos und ungeeignet für diesen Job zu sein. Blue-Moon lindert diese vielverbreitete Blockade und verleiht mehr Ausgeglichenheit und Selbstbewußtsein. Er lindert starke innere Unruhen, Selbstzweifel, Nervosität und den andauernden Drang all seine Probleme verdrängen zu wollen. Blue-Moon verleiht einerseits mehr Gelassenheit um besser mit seinen Problemen umgehen und darüber reden zu können und andererseits mehr Entschlossenheit und Kraft um typischen Mobbern endlich entschieden entgegentreten zu können um ihnen endlich die längst notwendige emotionale und verbale Abfuhr erteilen zu können. In Mobbing-Angelegenheiten sollte Blue-Moon immer offen und deutlich sichtbar getragen werden. Er vermittelt Mobbern klare emotionale Schranken, und signalisiert ihnen, daß sie von ihrem Träger als minderbemittelte, arme, hinterhältige Wesen entlarvt wurden. Blue-Moon stärkt die persönliche Aura seines Trägers und spiegelt in einen Mobber genau jene Gefühle, Ängste und Alpträume zurück die er auf Sie projizieren wollte. Dies wirkt sich positiv auf Ihre eigenen Selbstwertgefühle aus und lindert auch die typischen Leiden die mit dieser Blockade verbunden sind, wie z.B. Schlafstörungen, Alpträume, Magenbeschwerden, nervöse Herzprobleme, arge Beklemmung, schmerzartige Druckgefühle im Kopf und unzählige weitere psychosomatische und sogenannte psychovegetative Krankheiten, Schmerzen und Leiden.

Essenz-Nr. 16 Glücksstein / Therapiestein-Nr. 160

Wie pflege ich einen Blue-Moon?
Blue Moon ist mit Original-Zertifikat nur bei Methusalem erhältlich. Er sollte monatlich unter fließendem, lauwarmem Wasser gereinigt und entladen werden. Blue Moon regeneriert seine Kräfte am besten inmitten einer Bergkristall-Gruppe.

Eisenmeteorit

Eisenmeteorite: Rechts im Bild sind die typischen Widmannstätt'schen Figuren deutlich sichtbar.

Eisenmeteorite gehören seit Gedenken der Menschheit zu den heiligsten Steinen nahezu aller Völker. Ihr Wert wurde in einem Vielfachen des Goldes beziffert, weil die Menschen verspürten, daß die immensen Energien dieser außerirdischen Steine nicht einmal in Gold aufzuwiegen sind. Eisenmeteorite stellten schon immer eine mystische Verbindung vom Himmel zur Erde her und bewirkten somit den ungestörten Austausch seelischer Energien mit dem universellen Kosmos und umgekehrt.

Eisenmeteorite tragen zu einem verstärkten inneren Energiefluß bei, der die Lebensgeister weckt und sich in unseren inneren Energiebahnen zwischen Geist, Körper, Psyche und Seele wie ein mentales Reinigungsmittel auswirkt, das vor unzähligen Ablagerungen und psychosomatischen Verkalkungen schützt und befreit. Diese emotionalen Ablagerungen gehen aus verhärteten Blockaden hervor und sind neben den eigentlichen Blockaden die häufigsten Ursachen für zahlreiche funktionelle Störungen, Verspannungen, Herz-Kreislauf-Probleme, Verdauungsstörungen, quälende innere Ängste, Krebs und unzählige undefinierbare Schmerzen und Schlafstörungen. Altersschwachsinn, vorzeitiges Altern, heftige Wechseljahrbeschwerden, Erektions- und Potenzstörungen, Konzentrationsstörungen und Gedächtnisverlust finden ebenfalls in emotionalen Ablagerungen ihren Ursprung. Eisenmeteorite aktivieren den emotionalen Stoffwechsel der Chakras und bewirken somit auch eine bessere innere Reinigung zwischen Geist, Psyche und Seele, was sich nicht nur in mehr Wohlbefinden, sondern auch in der Partnerschaft und im Biorhythmus bemerkbar macht. Dies trifft besonders auch für Menschen zu, welche durch Ablehnung, Mißbrauch, Vergewaltigung und emotionale Vernachlässigung in der Jugend oder Kindheit bis ins fortgeschrittene Alter hinein eine chronische Blockade vor sich herschieben, welche ihnen andauernd ein Gefühl aus unerwünscht sein, innerer Wertlosigkeit und nicht gemocht zu werden vermittelt. Hinzu drängen aus dieser Blockade heraus häufig panische Ängste vor Isolation, verbunden mit Selbstmitleid und innerlich erwirkten eingebildeten Krankheiten, andauernden Wehwehchen und Schmerzen in den Vordergrund. In Verhärtung dieser Blockade fürchten sich Betroffene massiv vor dem Älterwerden, vor altersbedingten körperlichen Veränderungen, grauen Haaren, schlaffer Haut, etwas versäumt zu haben und vor allem vor dem Tod. Panikartig beginnen Betroffene aus dieser Blockade heraus auf einmal all ihre geistig-seelischen Bedürfnisse zu vernachlässigen und sich einen materiellen Lebensrhythmus aufzuzwingen, der einen jugendlichen Eindruck vermitteln soll. Werden diese typischen, weit verbreiteten Blockaden nicht gelindert oder geheilt, verhärten sich die zuvor genannten Eigenschaften oft zu massiven Ängsten und verdrehen sich sogar zu Todessehnsüchten. Plötzlich schwappt das innere Gleichgewicht um und Betroffene verlieren plötzlich unter heftigen Depressionen, Melancholie und Minderwertigkeitsgefühlen den Sinn fürs Leben. Eisenmeteorite lindern diese üble Blockade und bewirken vor allem, daß Betroffene wieder einen umfassenden Überblick über ihr Leben erhalten. Eisenmeteorit-Essenz befreit von geistig seelischem Ballast, ermöglicht wieder den Umgang mit den eigenen wahren Gefühlen und Wünschen, reinigt die Chakras von emotionalem Müll und ermöglicht wieder einen besseren Zugang zur Seele, um somit wieder die wichtigen Zusammenhänge des Lebens erkennen zu können. So gelingt nicht nur, daß Betroffene wieder mehr Kontakt zu den universellen Energien selbst aufnehmen können, sondern auch, daß sie aus Überwindung eigener Selbstisolation heraus wieder mehr Kontakt zu ihrem Partner, Familienangehörigen und Mitmenschen herstellen können. Eisenmeteorite verschaffen, erleichtern und verhelfen zu einem wirklichen Neubeginn auf emotionaler Beziehungsebene, schaffen einen tiefsinnigeren Zugang zu den eigenen inneren Gefühlen und Bedürfnissen und verhelfen auch wieder dazu, mehr Vertrauen, Herzenswärme, Mitgefühl und inneren Frieden finden und geben zu können um sich wirklich auf Gespräche und Sorgen des Partners einlassen zu können. Eisenmeteorite eignen sich als treue Helfer für alle Arten von Neubeginn, besonders in der Partnerschaft. Sie verhelfen zu einem wirklich entschlossenen Neubeginn, und verhelfen dazu daß Betroffene nicht schon nach kurzer Zeit wieder in den selben alten Trott zurück verfallen. Eisenmeteorite wurden daher schon von den Indianern ähnlich wie Friedenspfeifen verehrt und gehören zu den begehrtesten Meditationssteinen.

Essenz-Nr. 13   **Therapiestein-Nr. 130**

Spezifische Heilwirkungen auf Organe und Körper: Auszug aus dem Großen Lexikon der Heilsteine, Düfte und Kräuter von Methusalem.
Drüsenleiden, Tumore, Bluterkrankungen, Computerstrahlen, Erdstrahlen, Wasserstrahlen, Geschlechtskrankheiten, Aids, Allergien, Nesselfieber, Nesselausschlag, Nesselsucht, vorzeitiges Altern.

Wie pflege ich einen Meteorit?
Meteoriten sind starke Energiebündel, welche wir nicht so einfach auf- und entladen können. Dafür ist ihr Fell zu dick und die Zeit in unserem Leben würde nicht ausreichen, um einem Meteorit nur annähernd die Kraft entziehen zu können. Pflegen Sie Ihren Meteorit jedoch durch häufiges Streicheln und Sie werden sehen, daß er für Sie zunehmend zu leuchten beginnt.

Moldavit

Kapitel 12 - Von Asteroiden, Meteoriten und Kometen

Moldavite lindern Blockaden jener Menschen, die im Grunde genommen erkannt haben, daß sie von zahlreichen Blockaden in ihrer Lebenshaltung eingeschränkt werden, jedoch in ihren Bemühungen von innen heraus durch den Verstand oder den negativen Energiefluß anderer Menschen immer wieder massiv daran gehindert werden sich ihre wirklichen Blockaden eingestehen, angehen, verarbeiten und lösen zu können. Denn Betroffene fürchten sich bedingt durch Blockaden sehr massiv davor, in die Tiefen ihrer Psyche und Seele vordringen zu können und verharren stattdessen oft über viele Jahre in vorgefertigten Schemen, Mustern und Lebensgewohnheiten. Auch dann noch, wenn sie eigentlich längst wissen, daß grundlegende Veränderungen notwendig sind, lindern sie ihre Schmerzen und Probleme doch lieber durch Alkohol oder Tabletten und halten sich selbst und Angehörige über viele Jahre damit hin, auf eine günstige Gelegenheit zu warten, die natürlich nie eintrifft. Statt sich endlich ehrlich mit den eigenen Blockaden zu befassen, nehmen Betroffene lieber Gott und die Welt zum Vorwand, nur um nicht in die Verlegenheit zu kommen, eigene Schwächen erkennen oder sogar zugeben zu müssen. Sie werden somit zu Opfern eigener Sturheit, Dickköpfigkeit und Gewohnheit, nur, um aus Unsicherheit und Bequemlichkeit heraus ihre festgefahrenen emotionalen und materiellen Lebenswege nicht verlassen zu müssen. So kommt es, daß Betroffene über Jahrzehnte trotz großer unterschwelliger Unzufriedenheit und Gereiztheit ihre Leiden und Probleme mehr schlecht als recht angehen, umgehen, verdrängen, verleugnen weit von sich weisen und mittels Übertreibungen oder gar Lügen mehr oder weniger um den heißen Brei herumlenken, ohne eine wirkliche Lösung aus ihrer eigenen Mitte heraus herbeiführen zu wollen. Moldavit bewirkt, daß diese Blockade, welche typischerweise huckepack mit unzähligen anderen Blockaden einhergeht und sozusagen die Blockade der Blockade ist, noch aufgelöst wird, bevor der Leidensdruck so groß wird, daß organische Funktionen aussetzen oder die Partnerschaft zerbricht. Moldavit verleiht den Mut und auch die notwendige Entschlußkraft, Entbehrungskraft, Konsequenz und inneres Durchhaltungsvermögen dafür, sich mit all seinen Blockaden bewußter beschäftigen zu können, und zwar noch bevor sie verhärten und somit zu massiven Stolpersteinen aus Krankheiten, Allergien, Ängsten und Leiden werden, um uns somit aus gesundheitlichen Konsequenzen heraus zum Handeln zu zwingen.

Moldavit verhilft auch wieder dazu, innere Verwerfungen oder Unzufriedenheiten in mehr Selbstvertrauen zu verwandeln, woraus eine innere Fröhlichkeit erwächst, die sich auch äußerlich in einem lieblicheren, zufriedeneren und schöneren Aussehen, mehr Lebensfreude und Scham widerspiegelt. Denn natürliche Schönheit kommt von innen und Menschen, welche sich häßlich, abstoßend, minderwertig und unzufrieden fühlen, oder aus dieser

Blockade heraus ihren Körper und ihr Aussehen nicht als etwas einmalig natürlich-schönes betrachten, tendieren nicht nur dazu, sich andauernd an irgendwelchen industriellen Schönheitsidealen messen zu wollen, oder von einem Schönheitschirurgen zum anderen zu hetzen, sondern auch häßlich zu werden. Betroffene Menschen erhalten bedingt durch diese Blockade einen typischen beklommenen, verbitterten, verbissenen Gesichtsausdruck und leiden verstärkt an typischen vorzeitigen Alterserscheinungen.

Essenz-Nr. 14   **Glücksstein-/Therapiestein-Nr. 140**

Spezifische Heilwirkungen auf Organe und Körper: Auszug aus dem Großen Lexikon der Heilsteine, Düfte und Kräuter von Methusalem.
Infektionen, Herz-, Kreislauf- und Krebserkrankungen, Lepra, Cholera, Gelbsucht, Genickstarre, Kinderlähmung, Kopfgrippe, Röteln, Metastasen, Hautkrebs.

Wie pflege ich einen Moldavit?
Einmal im Monat sollte der Moldavit unter fließendem, lauwarmem Wasser gereinigt und entladen werden. Wie wir wissen, liebt der Moldavit das Aufladen an der Sonne.

Tektit

Besonders die Ureinwohner Australiens schätzen diesen Stein auch heute noch als Abwehrstein gegen Schwarze Magie und Böse Geister. Die Aborigines hüten den Tektit zusammen mit Ihren Turalingam´s und dem Blue-Moon und halten sich mit diesem »Schatz« für unverwundbar. »Tektitreiches Land schenke eine reiche Ernte und bewahre alle seine Lebewesen vor Erkrankungen und Seuchen«.

Tektite lindern Blockaden, welche Betroffene daran hindern, mit eigenen und aber auch mit fremden Gefühlen umgehen zu können. Diese Blockaden drücken sich bei Betroffenen nicht nur durch eine sehr berechnende und um den eigenen Vorteil bedachte Vorgehensweise gegenüber Mitmenschen aus, sondern auch durch eine weit über herkömmlichen Egoismus hinausgehende Gefühlskälte. Betroffene neigen aus dieser Blockade heraus dazu, sich sehr distanziert und bedeckt halten zu wollen, indem sie einerseits jedes Wort auf die Goldwaage legen, um darin irgendetwas negatives erkennen zu können und um sich andererseits sehr ablehnend-feindselig durch bissige, aggressive oder zynische Bemerkungen einen Freiraum verschaffen zu können, um sich so vor Enttäuschungen und Verletzungen zu beschützen und um anderen gegenüber keine Freude, Lust oder gar Liebe, Nähe, Wärme, Zuwendung oder gar Zärtlichkeit zum Ausdruck bringen zu müssen.

Tektit oder Tektit-Essenz vermittelt nicht nur wieder mehr Herzenswärme, Mitgefühl und Offenheit, sondern gibt auch wieder die Kraft, mehr aus sich herausgehen zu können, um in harmonischer Weise wieder Kontakt zu anderen Menschen herstellen zu können. Tektit fördert auch die innere psychisch-seelische Ausgewogenheit bezüglich jenen Energien, die für die weicheren Seiten verantwortlich sind und vermittelt somit wieder die Fähigkeit, mehr Gefühle zeigen, weinen, lachen und auch wieder mehr Liebe, Zärtlichkeit, Freude und Lust empfinden und ausdrücken zu können.

Tektit ist daher besonders auch für Menschen ratsam, die durch diese Blockade im inneren Vertrauen gegenüber dem Lebenssinn und den eigenen Kräften verworfen werden. Der Glaube selbst ist ein innerer Arzt, welcher direkt über die seelischen Funktionen hinaus mit den schöpferischen Heilungsquellen verbunden ist. Ist die persönliche Glaubensenergie blockiert oder fehlt das Vertrauen in die Selbstheilungskräfte, in Hoffnung, Liebe und Glück oder in die natürlichen Heilungskräfte der Steine, des Mondes oder der Sterne, geht der ursächliche Zusammenhang als Sinn einer Krankheit für Wachstum und Reife in Form einer Warnung verloren und bewirkt somit, daß ein qualvoller Leidensweg seinen Ursprung findet und beginnt. Denn die Glaubensenergie eröffnet den Zugang zu allen natürlichen Heilungsenergien. Werden diese Energieströme blockiert, verworfen oder gar als mystische, lächerliche Spinnerei abgetan, geht nicht nur die innere Motivation zur Genesung selbst verloren, sondern das gesamte emotionale Immunsystem wird so zerrüttet und geschwächt, daß weder Liebe noch Glück oder Zufriedenheit empfunden werden können und sich stattdessen ein Leid und eine Krankheit, Angst oder Depression an die andere reiht. Menschen, welche andauernd von irgendwelchen Krankheiten, Wehwehchen, Schmerzen und Leiden betroffen sind, oder sogar ohne nennbare Ursache chronisch krank sind, leiden meist an dieser Blockade und sollten daher den Tektit regelmäßig bei sich tragen bzw. dessen Essenz trinken. Tektit eignet sich auch sehr gut, um die inneren Widerstände gegenüber dem Anpassen eigener Lebenswege an ursprüngliche Mondrhythmen besser überwinden zu können. Denn die Rückführung des Körpers und der Seele zu den persönlichen Mond- und Biorhythmen ist immer mit materieller Entbehrung des Lebensstandards verbunden. Solange jedoch Blockaden die persönliche Denkweise nur einseitig mit Hilfe des logischen Verstandes zu Habgier und Gewinnsucht verarbeiten, weil die Wege durch unsere Herzen, die Seele, Geist und unsere Chakras blockiert sind, werden wir blockadenbedingt auch nur die vorgefertigten materiellen Antworten erhalten können, die wir zuvor bedingt durch unsere materielle Schulbildung, schon von klein auf, auswendig lernen mußten. Und solange wird materielle Entbehrung auch einen tiefen, kaum zu überwindenden, Verlust bedeuten. Allerdings werden wir so nie erleben können, wie schön die gleichzeitig mit der materiellen Entbehrung verbundenen, emporkeimenden spirituellen, zufriedenen, liebevollen und gesünderen Energieströme uns zu erfüllen beginnen. Tektite versorgen die feinen Energiebahnen und Zellen unserer Chakras mit neuer Energie und bewirken somit, daß wir alle dadurch eine neue Denkweise erreichen können, weil in uns wieder alle Wege zur Problembewältigung geöffnet werden und wir somit nicht länger nur nach logischen Antworten suchen, sondern auch wieder dazu in der Lage sind, vernünftige Antworten, an denen nicht nur der logische Verstand mit seinen zahlreichen Gesetzen beteiligt ist, sondern auch Liebe, Vernunft, Vertrauen, Glauben, Achtung und Verständnis zu ersinnen.

Essenz-Nr. 15   **Glücksstein-/Therapiestein-Nr. 150**

Spezifische Heilwirkungen auf Organe und Körper: Auszug aus dem großen Lexikon der Heilsteine, Düfte und Kräuter von Methusalem.
Schlafstörungen, Einschlafschwierigkeiten, Schlaflosigkeit, Abgeschlagenheit, Lustlosigkeit, Muskelzucken, Zittern, Herzrhythmusstörungen.

Wie pflege ich einen Tektit?
Tektite sind Energiespender, die sehr liebevoll behandelt werden möchten. Es genügt, wenn Sie Ihren Tektit einmal im Monat unter fließendem, lauwarmem Wasser reinigen.

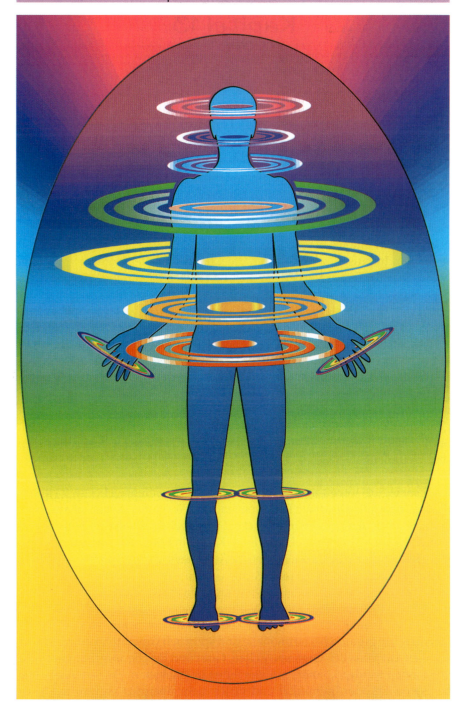

Kapitel 13

Die Chakras

Chakras sind, wie bereits in Kapitel 10 der Träume und Visionen deutlich erwähnt, Energiezentren, worin schöpferische und kosmische Kräfte in Vitalität, Wachstum, Liebe, Lebendigkeit und Energie verwandelt werden und umgekehrt. Im Gegensatz zu pflanzlichen Lebewesen, die ihre Chakras deutlich, äußerlich gut sichtbar, in Form von Blüten und Blättern tragen, tragen die meisten anderen Lebewesen, wozu auch wir Menschen und die Steine oder Kristalle gehören, ihre Chakras innerlich. Unsere Energieströme werden demnach nicht wie bei Pflanzen von externen Energiezentren in Form von Blättern transformiert und ins Innere transportiert, sondern umgekehrt, mit Hilfe von seelischen Impulsen, welche durch die Chakras geleitet werden, von innen heraus nach außen in Körper, Psyche und Geist. Deshalb sind wir Menschen beispielsweise auch darauf angewiesen, daß unsere Seele nicht blockiert oder verworfen ist, weil sie eine übergeordnete Funktion dabei einnimmt, kosmische und schöpferische Kräfte aufnehmen und an unsere Chakras weiterzuleiten. Natürlich gelangt universelle Energie nicht nur durch unsere Seele hindurch zu den Energiezentren, sondern auch auf direktem Weg, wie z.B. durch den Solarplexus, die Sinne oder die Haut. Dies verhält sich jedoch ähnlich wie der Sauerstoff, der zwar auch durch unsere Haut aufgenommen wird, jedoch niemals ausreichen würde, wenn wir ihn nicht primär durch die Lungenorgane einatmen würden. Die Funktion unserer Lunge für die Atmung und den Stoffwechsel läßt sich mit den Funktionen unserer Seele für das Aufnehmen und Weiterleiten von schöpferischen Energien vergleichen.

Insgesamt gibt es unzählige Chakras und Energiezentren, wobei die 7 Hauptchakras eine übergeordnete Rolle spielen. Das Wort Chakra stammt aus weisheitlichen Überlieferungen urvölklicher Sprachgebräuche und bedeutet soviel wie „Energiewirbel", die schöpferische Kräfte in lebensnotwendige und spirituelle Empfinden, Emotionen und Gefühle verwandeln. Denn unser Organismus kann pure, schöpferische Kräfte ebenso wenig aufnehmen und verarbeiten, wie er keine unverdaute Nahrung aufnehmen kann. In den Chakras geschieht daher auf geistig-seelischer Ebene spiegelbildlich genau das, was in unserer Verdauung auf körperlicher Ebene stattfindet. Schöpferische Energien werden in organische, hormonelle und spirituell verwertbare Impulse verwandelt, die von allen Organen, Zellen, Geist und Psyche aufgenommen und verstanden werden können, um von ihnen in Wachstum, Zufriedenheit, Liebe, Sexualität oder Immunität und vieles mehr übersetzt zu werden. Es ist unmöglich, den einzelnen Chakras all ihre Funktionen oder organischen Verknüpfungen deuten zu wollen, weil sie untereinander, geistig und körperlich, so vielfältig verknüpft sind, daß alle Computer unserer Erde nicht ausreichen würden, um deren Vielfalt in 1000 Jahren weder nachrechnen, noch hieraus Gefühle, Liebe oder Phantasie entstehen lassen zu können. Allerdings ist bekannt, daß sich bestimmte Krankheitsbilder, geistige Prinzipien und emotionale Zustände auf bestimmte Hauptchakras zuordnen lassen. Die einzigste und sicherste Methode, um für sich selbst herausfinden zu können, von welchem Chakra aus ein Leid ausgesandt wird, ist allerdings nicht das schematische Vorgehen nach verallgemeinerten Regeln, sondern Ihre ureigenste Intuition, die Sie mittels innerer Gefühle sehr deutlich und bewußt an den Herd Ihrer Leiden führt. Denn im Grunde genommen wissen Sie für sich, wenn Sie ehrlich zu sich selbst sind, sehr genau was Sie sich wünschen, was Sie bedrückt oder worin die Unruheherde Ihrer Leiden bestehen. Diese Unruheherde gehen meist von typischen Blockaden aus, die sich entweder in den Chakras selbst oder auf unzähligen geistigen, psychischen und seelischen Energiebahnen eingenistet haben. Umso deutlicher Sie auf Ihre inneren Empfindungen hören, umso schneller können Sie für sich selbst herausfinden, in welchem Chakra sich in Ihrem Inneren Blockaden zu seelischen Metastasen verhärtet haben. Deutliche Hinweise hierzu geben Ihnen die Weisheiten der in diesem Buch beschriebenen Kapitel und natürlich auch das Wissen über die Symptome typischer Blockaden.

Chakras verwandeln nicht nur schöpferische und seelische Energien in körperliche oder irdische Empfinden, sondern auch umgekehrt, irdische Kräfte in seelische Energien, die wiederum von jedem Lebewesen mittels Ihrer Seele durch Aura und Karma in den universellen Raum des Großen und Ganzen zurückgegeben werden. Hieraus wird auch bewußt, weshalb wir Menschen auf ausgesuchte Heilsteine so positiv reagieren. Denn sie dringen wie kein anderes natürliches Heilmittel mittels ihrer feinstofflichen Energien besonders gut ins Innere unserer Chakras und unserer Seele ein und befreien uns von Blockaden, um so die lebensnotwendigen Energieströme wieder ungehindert zirkulieren lassen zu können, woraus sich wiederum mehr Liebe, Heilung, Zufriedenheit und Gesundheit herleiten läßt.

Neben den feinstofflichen Energien heilender Steine empfiehlt es sich daher immer auch, die einzelnen Chakras mit farblich zugeordneten Heilsteinen und Therapiesteinen zu aktivieren, um so die Edelsteintherapie noch wirksamer machen zu können. Nach Farben ausgewählte Heilsteine fördern die spirituelle Entwicklung und eignen sich daher sehr gut als zusätzliche, heilungsunterstützende Helfer, um Ihre Chakras noch aufnahmefähiger für die heilenden Kräfte ausgewählter Therapiesteine zum Lindern von Blockaden machen zu können.

Chakra-Scheiben, welche nach einer weisheitlichen Form aus energievollen Therapiesteinen und farbigen Edelsteinen geschliffen werden, bringen in Verbindung mit ausgesuchten Heil- und Therapiesteinen alle Chakras in ein harmonievolles Gleichgewicht, was wiederum die Grundvoraussetzung ist, um innen liegende Blockaden erkennen und somit heil und gesund werden zu können. Chakra-Scheiben eignen sich darüber hinaus auch sehr gut zum Einstieg in die Edelstein-Therapie, besonders dann, wenn Sie oder Ihr Heilpraktiker oder Arzt sich noch nicht ganz sicher sind, worunter Sie leiden und worin Ihre Blockaden bestehen. Sie öffnen, entkrampfen und reinigen die gewünschten Chakras, entspannen psychische, geistige und körperliche Widerstände auf emotionaler Ebene. Sie vermitteln, besonders in Verbindung mit Blue Moon, Turalingam´s oder Moqui-Marbles ein klareres Bild über sich selbst und den eigenen augenblicklichen Zustand. Sie weisen deutlicher darauf hin, worin sich innen liegende Blockaden nach außen hin, in Form von funktionellen Störungen, Ängsten, Kloß im Hals, Kopfdruck, flauen Magen oder rostige Nägel im Bauch und unzähligen weiteren seelischen und organischen Leiden widerspiegeln.

Wir unterscheiden die sieben Hauptchakras und die Nebenchakras. Für Ihr Verständnis haben wir die Eigenschaften der Chakras genau beschrieben und Ihnen auch gleichzeitig die Grundsteine für die Chakras aufgeführt. Dies heißt jedoch nicht, daß Sie nur diese Steine für die jeweiligen Chakras verwenden können, sondern bedeutet, daß diese Heilsteine durch ihre farbige Eigenschaft besonders gut in bestimmte Chakras eindringen. Natürlich sollen Sie auch mit allen anderen Heilsteinen, welche nicht in der Farbe des gewünschten Chakras schwingen, Ihre Heilsteintherapie fortsetzen. Das heißt, daß Sie jederzeit mit einem Rosenquarz auch über alle anderen Körperstellen und Chakras zu den gewünschten Blockaden gelangen. Daß wir empfehlen, den Rosenquarz auf das Herzchakra aufzulegen, bedeutet, daß er über dieses am besten eindringt, und soll nicht heißen,daß dieser über die anderen Chakras nicht eindringt.

Die 7 Hauptchakras
1. Chakra:

Das erste Chakra wird auch Wurzelchakra oder Basiszentrum genannt. Es erdet uns mit den irdischen Elementen der Natur, Wasser, Luft, Feuer und Erde und projiziert die Art von Energie, die wir alltäglich benötigen, um das Überleben sowie das allmorgendliche Erwachen bewerkstelligen zu können. Das erste Chakra steuert in Abstimmung mit den kosmischen Kräften die Phasen der einzelnen Lebensabschnitte von der Geburt über das Trotzalter, die Pubertät, Wechseljahre bis hin zum Tod. Es nimmt primär auch die beiden verschiedenen kosmischen Energieanteile männlicher und weiblicher Kräfte auf und ist somit nicht nur für das eigene Geschlecht mitverantwortlich, sondern stimmt in Verbindung mit der Seele und der Natur auch die Population aller Lebewesen durch Männlichkeit oder Weiblichkeit ab. Es stärkt die Lebensenergie, die sexuellen Energien und den Drang zur Fortpflanzung, Familienplanung und die instinktiven Grundbedürfnisse eines jeden Menschen, wie z. B. das Urvertrauen, Urängste, Existenzängste (Angst vor Feuer, Hunger, Gefahr oder dem Tod), Gemeinsamkeit, familiären Zusammenhalt und die rein mütterliche bzw. geschwisterliche Liebe. Das erste Chakra bzw. Wurzel- oder Sexualchakra ist mit allen anderen Chakras sehr stark verbunden und dies ist auch der Grund dafür, weshalb sich Unausgewogenheiten und Blockaden, auch anderer Chakras, meist immer auch sehr schnell in Verbindung mit sexueller Unlust bemerkbar machen. Dieses Chakra liegt im Gesäßbereich und ist nach vorne und unten geöffnet. Es ist direkt mit der Nebennierenrinde und den Keimdrüsen (Eierstöcke und Hoden) verbunden. Über dieses Chakra werden die Ausbildung und Funktion der Geschlechtsorgane gesteuert und Regelstörungen, Fehlgeburten, vorzeitige Pubertät, Unterleibserkrankungen und Geschlechtskrankheiten geheilt. Über die Nebennierenrinde wird das Hormon Cortison gebildet und somit wird der Natrium- und Kaliumstoffwechsel sowie der Eiweißstoffwechsel und der Wasser-Kohlehydrat-Haushalt gesteuert. Das Cortison ist Gegenspieler des Insulins und wirkt entzündungshemmend und antiallergisch. Überhöhter Blutdruck, zu hoher Blutzuckerspiegel und Fettleibigkeit bei schlankbleibenden Armen und Beinen (Cushingsches Syndrom) werden vorgebeugt und geheilt. Weitere Organe und Gliedmaßen, welche wir dem unmittelbaren Einfluß des Basiszentrums zuordnen, sind: Dickdarm, Mastdarm, der untere Teil vom Dünndarm, Enddarm, Prostata, Eierstöcke, Hoden, Harnleiter, Harnblase, Gebärmutter, das Becken, Steißbein, Blut und Zellaufbau. In der Schwangerschaft unterliegen Fruchthalter, Eiblase, Mutterkuchen, Nabelschnur und die Leibesfrucht ebenfalls diesem Chakra.

Das erste Chakra unterliegt der Farbe rot. Als Grundsteine dringen durch dieses Chakra alle roten Heilsteine und Therapiesteine besonders gut ein, z.B.:

☐ **Blutachat,** ☐ **Rote Carneole,** ☐ **Rote Turmaline,** ☐ **Granat,** ☐ **Rubin,** ☐ **Roter Jaspis,** ☐ **Rote Koralle,** ☐ **Versteinertes Mammutholz,** ☐ **Katzenauge,** ☐ **Feueropal.**

Bezugs-Nr. für die Therapiestein-Essenz des 1. Chakras: **CH-1-100**

2. Chakra:

Das zweite Chakra wird auch als Milz-, Sakral- oder Kreuzchakra bezeichnet und liegt unmittelbar unter dem Bauchnabel. Im Gegensatz zum ersten Chakra entwickelt dieses Chakra eine Vielzahl von subjektiven, höheren Gefühlen, Emotionen, Bedürfnissen und Wünschen, die sich allesamt immer auch durch mit ihnen verbundene positive oder negative Empfinden im Unterleib, wie z. B. Völlegefühlen, Verdauungsstörungen, Schmetterlingen oder rostigen Nägeln im Bauch, bemerkbar machen. Im Gegensatz zum ersten Chakra, welches viel mehr für die sexuelle Triebhaftigkeit und die sexuelle Begierde verantwortlich ist, werden im zweiten Chakra sexuelle Wünsche und Erotik pur erzeugt. Aber auch unzählige, sich von den Urängsten abhebende Ängste, Eifersucht, Haß, Wut, Mißtrauen, aber auch Vertrauen zum Partner, der Wunsch nach Geborgenheit, menschlicher Nähe und Partnerschaft und auch die partnerschaftliche Liebe selbst, welche sich während der Pubertät aus der mütterlichen oder familiären Liebe herauslöst und zur stärksten Emotion aller Menschen entwickelt, wird größtenteils durch das zweite Chakra erzeugt. Deshalb empfinden verlassene oder betrogene Menschen den Schmerz von Liebeskummer oder Eifersucht zunächst immer als sehr kratzende und mürbende Gefühle im Unterleib. Wir verspüren dieses Chakra an einem leichten Kribbeln im Bauch. Die Freude vor einem guten Essen, Ehrgeiz und Erfolg machen sich durch dieses Chakra bemerkbar. Es vermittelt schöpferische Eigenschaften und ist auch für das Erwachsenwerden mitverantwortlich. Hauptsächlich ist dieses Chakra mit den Drüsen des Nebennierenmarks verbunden. Das Nebennierenmark ist für den Adrenalinhaushalt verantwortlich und reguliert beispielsweise den Blutdruck, Blutzucker und bewahrt die Leber vor Unterversorgung mit Hormonen und Mineralien.

Menschen mit zu hohem oder zu niedrigem Blutdruck sollten daher zu Herz- und Kreislauf-Heilsteinen zusätzlich auch orangene Edelsteine verwenden, da diese besonders intensiv in das zweite Chakra eindringen. Das zweite Chakra schwingt sehr ähnlich in der Frequenz des ersten Chakras und ist mit diesem auch über besonders viele Nervenfasern direkt verbunden. So ist beispielsweise bekannt, daß über das zweite Chakra auch Nervenfasern und Informationen hin zur Nebenniere, Keimdrüse, Eierstöcke, Prostata und Hoden transportiert werden. Das zweite Chakra unterliegt der Farbe orange. Als Grundsteine dringen in dieses Chakra alle orangefarbenen Heilsteine und Therapiesteine besonders gut ein, wie z.B.:

☐ Orangene Carneole, ☐ Orangencalcit, ☐ Aprikosenachat, ☐ Naturcitrin, ☐ Goldtopas, orange, ☐ orangener Feueropal, ☐ Opalit.

Bezugs-Nr. für die Therapiestein-Essenz des 2. Chakras: CH-2-200

3. Chakra:

Das dritte Chakra wird auch als Sonnengeflechts-Chakra oder Solarplexus-Chakra bezeichnet und liegt über dem Bauchnabel zwischen den Rippenden direkt über dem Solarplexus. Dieses Chakra ist für die Entfaltung unserer Persönlichkeit verantwortlich. Von hier aus werden die bewußten Ziele und Veränderungen durch Gefühle und Bedürfnisse hervorgerufen. Durch dieses Chakra erhalten wir mehr Kraft zur Verwirklichung unserer Lebenswünsche und Schutz vor falschen Freunden und falschen Versprechungen. Es sammelt für uns Lebenserfahrungen und bewahrt vor unüberlegten Handlungen.

Durch dieses Chakra wird größtenteils die gesamte Identität, Individualität und Persönlichkeit mit Selbstwertgefühlen, Selbstvertrauen, Selbstverantwortung, Würde, Achtung, Zufriedenheit und Glück bestärkt und mit unzähligen weiteren charakterlichen Eigenschaften versehen. Dieses Chakra ist nicht nur für Selbstverwirklichung mitverantwortlich, sondern auch für Selbstbewußtsein, Durchsetzungsvermögen, Kreativität, Spontaneität, Spiritualität, Fröhlichkeit, Humor, Weitsichtigkeit, Intuition, Hoffnung, Glauben, Aufrichtigkeit und Würde. Es verwandelt, ähnlich wie die äußeren Chakras der Pflanzen durch ihre Blätter, Sonnenlicht in Vitalität und andere unzählige, positive Energieströme, wovon unsere gesamte Persönlichkeit profitiert und abhängig ist. Ist dieses Chakra blockiert, bzw. wird es durch Blockaden anderer Chakras in starke Mitleidenschaft gezogen, drückt sich dies meist sehr schnell durch innere Niedergeschlagenheit, Melancholie, Depressionen aller Art, Einsamkeit, Introvertiertheit, Wertlosigkeit, Kontaktängste, Hemmungen, Hoffnungslosigkeit, starren Verhaltensmustern und die Unfähigkeit, sich selbst achten und lieben zu können, aus. Hinzu kommt, daß dieses Chakra eine unmittelbare Verbindung zwischen dem 6. Chakra, worin der logische Verstand zirkuliert, mit den intuitiven und herzlichen Gefühlen der unteren Chakren herstellt, was dazu beiträgt, daß sich jeder Mensch zu einem ganzheitlichen Wesen entwickeln kann. Blockaden in diesem Chakra sind maßgeblich dafür verantwortlich, daß die meisten modernen Menschen überwiegend nur materiell, sprich mit ihrem logischen Verstand, den Alltag ihres Lebens bewältigen wollen. Dieses Chakra ist nach vorne geöffnet und direkt mit den Inselzellen der Bauchspeicheldrüse verbunden. Durch diese wird der gesamte Zucker-Kohlenhydrat-Stoffwechsel in unserem Körperhaushalt durch Ausscheiden der Hormone Insulin und Glukagon reguliert. Zuckerkrankheit, Unterfunktionen der Stoffwechselorgane, Niedergeschlagenheit, sowie Unwohlbefinden und Lustlosigkeit werden direkt durch das dritte Chakra gelindert und geheilt. Dieses Chakra ist zuständig für das gesamte Verdauungssystem, wie z.B. Magen, Milz, Leber, Galle und Bauchhöhle und endet direkt im vegetativen Nervensystem. Darüberhinaus kräftigt dieses Chakra die Knochen und die Muskulatur des unteren Rückens. Das dritte Chakra ist der Sonne zugeordnet und hat die Farbe goldgelb und gelb. Als Grundsteine dringen in dieses Chakra alle goldenen und gelben Heilsteine und Therapiesteine besonders gut ein, wie z.B.:

☐ **Pyritsonne,** ☐ **Goldtopas gelb,** ☐ **Apachengold,** ☐ **Sonnenstein,**
☐ **Bernstein,** ☐ **Fluorit gelb,** ☐ **Schwefel.**

Bezugs-Nr. für die Therapiestein-Essenz des 3. Chakras: **CH-3-300**

4. Chakra:

Das vierte Chakra wird auch als Herzchakra bezeichnet und befindet sich auf der Mitte der Brust in der Höhe des Herzens. Dieses Chakra ist ebenfalls nach vorne geöffnet. Durch das Herzchakra werden unsere Bedürfnisse an Liebe, Geborgenheit und Zusammengehörigkeit gekräftigt. Es beflügelt uns zu mehr Poesie, Tugend, Treue, Romantik und Lebensfreude, besonders in der Partnerschaft. Im Herzchakra werden überwiegend die Empfinden dafür erzeugt, wahre, bedingungslose Liebe nehmen und geben zu können. Die reine Liebe selbst findet durch dieses Chakra hindurch den Zugang zu allen anderen geistigen, körperlichen und seelischen Räumen und erfüllt unser gesamtes Dasein mit einem überschwelligen Glücksgefühl, das wir oft als rosarote Brille oder auf Wolke 7 schwebend empfinden. Auch Nächstenliebe und mütterliche Liebe zu allen anderen Lebewesen, Menschen und Geschöpfen der irdischen Natur wird uns Menschen durch dieses Chakra hindurch anvertraut und bewußt zuteil um alles irdische und schöpferische mit dem notwendigen Respekt behandeln und erhalten zu können. Weil »Gott« nicht überall sein konnte bestimmte er einen heiligen Platz in allen Geschöpfen den wir als »unsere Herzen« empfinden. Vom Herzen ausgehende, reine und wahre Liebe wird im Gegensatz zu materieller Liebe, die aus Blockaden, Schuldgefühlen oder Anforderungen hervorgeht, niemals weniger. Im Gegenteil, sie teilt sich nicht zwischen den Menschen, Kindern und der Natur, sondern sie vermehrt und vervielfältigt sich. Wird dieses Chakra von Blockaden heimgesucht, äußert sich dies meist sehr deutlich darin, daß Betroffene meist sofort damit beginnen, die Liebe mit Erwartungen, Anforderungen und Bedingungen eingrenzen zu wollen, was in typische Trennungsmechanismen, Liebeskummer, Weltschmerz, Bitterkeit, Kritiksucht, Reizbarkeit, Mißtrauen, Eifersucht und den nagenden Gefühlen, nicht ausreichend verstanden, geachtet oder geliebt zu werden, führt.

Das vierte Chakra ist mit der Thymusdrüse in der Brust hinter dem Brustbein und mit der Nebenschilddrüse verbunden. Durch dieses Chakra werden über diese Drüsen die Entwicklung des Immunsystems und die Regulierung des Kalzium- und Phosphor-Stoffwechsels für den Organismus gesteuert. Die Stabilität der Knochen, der Knochenhaushalt und das gesamte Muskelgewebe im Körper wird durch dieses Chakra geregelt. Unter besonderem Einfluß des vierten Chakras stehen natürlich auch das Herz, der untere Lungenbereich, Blut und das gesamte Blut-Kreislauf-System sowie Lungenfell, Herzbeutel, Herzkammern. Das vierte Chakra oder Herzchakra hat die Farbe grün und rosa. Als Grundsteine dringen in dieses Chakra grüne und rosane Heilsteine und Therapiesteine besonders gut ein, wie z.B.:

☐ grüner Turmalin, ☐ Moosachat, ☐ Malachit, ☐ Rosenquarz,
☐ Rhodochrosit, ☐ rosa Andenopal, ☐ grüner Andenopal, ☐ Smaragd,
☐ Kunzit, ☐ Hiddenit, ☐ Aventurin.

Bezugs-Nr. für die Therapiestein-Essenz des 4. Chakras: CH-4-400

5. Chakra:

Das fünfte Chakra befindet sich am unteren Teil des Halses auf der Kehle in Höhe der Schilddrüse. Es wird auch als Hals-, Kehl- oder Kommunikations-Chakra bezeichnet. Dieses Chakra ist nach oben, unten und vorne geöffnet und direkt mit dem Rückenmark und dem extrapyramidalen Nervensystem zwischen Kleinhirn und Wirbelsäule verbunden. Durch dieses Chakra werden unsere Gefühle und Gedanken zum Ausdruck gebracht. Es ist auch mitverantwortlich für die kreativen Gedanken unseres Geistes, welche in Form von Mimik und Sprache klar und deutlich vermittelt werden. Durch dieses Chakra wird eine heutzutage kaum noch beachtete Kommunikationsform mit der Wortwahl und der Sprache kombiniert und abgestimmt, nämlich die Körpersprache, welche sich in Form von Gestik und Sympathie oder auch Antipathie durch die Aura hindurch auf andere überträgt. Denn wahre Gefühle und innere Empfinden werden viel ehrlicher durch die Körpersprache zum Ausdruck gebracht, als durch die verbale Sprache selbst. Denn Worte können nur sehr schwer den wahren Sinn innerer Empfindungen wiedergeben, lügen oder sie täuschen sogar gänzlich darüber hinweg. Diese ureigenste Kommunikationsform ist auch heute noch bei Kindern, die noch nichts von Falschheit wissen, oder von wissenschaftlichem Müll zugeschüttet wurden, sehr ausgeprägt und deutlich vorhanden. Denn Kinder reagieren noch unverfälscht aus dem inneren Gefühl heraus und gebrauchen, um sich untereinander verständigen zu können, ehrliche, intuitive, unterbewußte und instinktive Gesten und Signale, die durch das fünfte Chakra in deutlich sichtbare, unverwechselbare Ur-Gesten einer sogenannten Körpersprache verwandelt werden, die alle Emotionen ausdrücken kann. Hieraus resultiert auch, daß sich meist alle Kinder, egal welcher Nation oder Hautfarbe sie sind, von klein auf weltweit mittels einer einheitlichen Körpersprache verständigen können. Dies läßt sich im Urlaub besonders deutlich beobachten, wenn Ihre Kinder sich im Handumdrehen mit Einheimischen anfreunden, ohne sich mit ihnen mittels ihrer Sprache zu verständigen. Die Körpersprache lügt nicht, weil sie nicht, wie die verbale Sprache, vom Verstand gesteuert wird, sondern aus dem Bauch heraus geschieht. Sie wird deshalb nicht bewußt eingesetzt, wie der Gebrauch irgendwelcher interessant klingender Worte, sondern unterbewußt durch das fünfte Chakra hindurch zum Ausdruck gebracht. Die Hauptprobleme unserer Zeit liegen somit auch darin, daß die natürlichen Eigenschaften des fünften Chakras zugunsten von Sprache und Formeln verdrängt wurden und wir deshalb nur noch darauf angewiesen sind, was andere uns sagen. Erwachsene sagen jedoch mit Worten oft etwas ganz anderes, als mit ihrer Mimik oder was sie meinen und das schafft nicht nur Unfrieden und Mißverständnisse, sondern irritiert auch Kinder am Verhalten ihrer Eltern. Hieraus resultiert auch der ewige Konflikt zwischen Vernunft, Vertrauen und Verstand, der meistens durch unsere vorherrschende Denkweise zugunsten des Verstandes entschieden wird und somit Strafgesetze, Gutachten, Gutachten von Gutachten, Lügendetektoren, Denunziantentum, logische Formeln und Statistiken erforderlich macht. Denn sich einzigartig und allein auf das verlassen zu müssen, was andere sagen, oder mittels PC, Zeitung oder Literatur aufgeschrieben haben, wird niemals die Wahrheit erbringen können, die man erhält, wenn man, wie die Urvölker oder unsere Kinder auch, erlernt, erkennen zu können, was ein Gegenüber wirklich sagt. Gesellschaftliche Unsicherheit, Hörigkeit und vor allem das weitverbreitete Mobbing sind die unmittelbaren Folgen, die aus Blockaden des fünften Chakras hervorgehen. Dieses Chakra ist deshalb nicht nur für die Sprache oder dafür verantwortlich, wie ein Mensch sich ausdrückt, wiedergibt oder artikuliert, sondern erzeugt in blockiertem Zustand starke Kommunikationsprobleme, Stottern, Lispeln, Erstickungsgefühle, Lampenfieber und den so typischen Kloß im Hals. Dieses Chakra ist unmittelbar mit der Schilddrüse verbunden. Durst, Appetit und ganz besonders die

Leitfähigkeit der Neven und Körperzellen wird durch dieses Chakra gesteuert. Dem fünften Chakra unterliegt der gesamte obere Lungenbereich, wie z.B. Bronchien, Luftröhre, Speiseröhre, Hals, Nackenmuskulatur, Halswirbelsäule, Kiefernbereich und die Ohren. Das Hören und Schmecken und der gesamte Stimmapparat werden durch dieses Chakra gesteuert. Als Grundsteine dringen in dieses Chakra alle hellblauen und grünlich-blauen Heilsteine und Therapiesteine besonders gut ein, wie z.B.:

☐ Chalcedon, ☐ Andenopal blau, ☐ Larimar, ☐ Aquamarin, ☐ blauer Topas, ☐ Coelestin, ☐ Aqua Aura, ☐ Türkis.

Bezugs-Nr. für die Therapiestein-Essenz des 5. Chakras: CH-5-500

6. Chakra:

Das sechste Chakra wird auch als Stirnchakra oder drittes Auge bezeichnet und befindet sich über der Nasenwurzel zwischen den Augenbrauen auf der Stirn. Dieses Chakra ist nach vorne geöffnet und unmittelbar mit den Hinterlappen der Hirnanhangdrüse (Hypophyse) und dem Kleinhirn verbunden. Das Gleichgewicht im Stoffwechsel der Organe und die Koordination der Feinmotorik für die Muskulatur werden durch dieses Chakra geregelt. Unser Gesicht, Augen und Nase, sowie die Sinne Hören, Riechen und Sehen werden ebenfalls durch dieses Chakra gesteuert. Darüberhinaus dringen Einflüsse durch das sechste Chakra besonders tief in das zentrale Nervensystem vor. Die Lachmuskulatur, sowie die Durchblutung des Gesichts und des Kopfes unterliegen ebenfalls diesem Chakra. Dieses Chakra ist überwiegend damit betraut, die subjektiven Gefühle, die in den anderen Chakras erzeugt werden, oder die von außen durch die Sinne in uns eindringen, mittels dem Verstand eingrenzen und erkennen zu können, um sie uns so bildlich vor Augen zu führen. Dieses Chakra läßt uns unzählige natürliche Vorgänge erkennen, wiedererkennen, nachvollziehen und verhilft uns auch dazu, daß wir uns in der Natur und der augenblicklichen Umgebung im Hier und Jetzt zurechtfinden können. Das sechste Chakra erzeugt Intelligenz, logisches Denkvermögen, berechnende Kreativität und bewirkt auch, daß wir aus allen alltäglichen Anforderungen lernen, um hieraus wiederum neue Schlüsse ziehen und reifen zu können. Leider ist das sechste Chakra nicht nur voller Blockaden, sondern deshalb, weil es das einzigste Chakra ist, was wir Menschen willentlich und bewußt manipulieren, steuern, trainieren und beeinflussen können, so durch schulisches, abstraktes, auswendig gelerntes Wissen und durch unsinniges logisches Denken übertrainiert, daß es die anderen Chakras zunehmend zu dominieren oder zu überwuchern beginnt und uns deshalb für die liebevollen, spirituellen und mystischen Emotionen und Empfinden aller anderen Chakras blind macht. Dies zerstört nicht nur die Fähigkeit, sich partnerschaftlich liebevoll und verständnisvoll auseinandersetzen zu können, sondern zerstört auch alles Natürliche und Schöpferische, indem dieses Chakra permanent darauf aus ist, möglichst alles mit einem Hauch aus Logik überziehen zu wollen, der uns augenblicklich immer mehr von Gesundheit, Glück und den tatsächlichen Inhalten unseres Lebens entfremdet. Umso blockierter dieses Chakra ist, umso mehr verfangen sich Betroffene in sturen, veralteten wissenschaftlichen Denkmustern oder logisch begründbaren Denkschubladen und Dogmen, verlieren den Hang zur Liebe und zur Spiritualität und werden zunehmend von Habgier, Haß, Zerstörung, Kriegslust, Rassenhaß und Gewalt in Verbindung mit Krebsgeschwüren, Migräne, undefinierbaren Schmerzen, Ängsten und einem permanent steigenden Drang nach Fortschritt in Wirtschaft, Gentechnologie und Wissenschaft befallen. Durch das Stirnchakra dringen die Kräfte dunkelblauer Steine besonders schwingungsvoll und tief ein, wie z.B.

☐ Sodalith, ☐ Tansanit, ☐ Lapislazuli, ☐ Azurit-Malachit, ☐ blauer Saphir.

Bezugs-Nr. für die Therapiestein-Essenz des 6. Chakras: CH-6-600

7. Chakra:

Das siebte Chakra befindet sich unmittelbar über unserem Scheitel und dringt von oben nach unten geöffnet in uns ein. Das Kronen- oder Scheitelchakra ist vermutlich das einzigste Chakra, was zwar noch zu den persönlichen Chakren gezählt wird, obwohl es eigentlich schon ein Teil unserer Aura ist. Dieses Chakra ist nur noch sehr oberflächlich mit dem materiellen Tempel unseres Körpers verbunden und übernimmt bereits übergeordnete Funktionen im Unterbewußtsein, die wir beispielsweise in Form von Reinkarnation, Deja-Vu-Erlebnissen, Erleuchtungsempfinden, mystischen Begebenheiten, Gedankenübertagungen, Visionen, kollektiven Wissens oder als göttliche Eingebungen wahrnehmen können. Das 7. Chakra verbindet uns mit unserem höheren Selbst und bringt uns das Bewußtsein darüber, worin der Sinn unseres Lebens besteht und was für eine Aufgabe jeder einzelne Mensch im jetzigen Leben zu erfüllen hat. Das 7. Chakra errichtet in allen Lebewesen ein persönliches Gerüst, womit sich innere Zufriedenheit mit den Anforderungen natürlicher Begebenheiten, Liebe und Selbstverwirklichung vereinen läßt. Über das 7. Chakra tauschen sich die kosmischen und schöpferischen Kräfte mit unseren seelischen Impulsen aus, wodurch der Kontakt zum Universellen und das Gefühl zur Nächstenliebe und zur seelischen Verbundenheit mit sich selbst, der Natur und allen anderen Lebewesen des Universums hergestellt wird. Die hierbei entstehenden Energiewirbel übertragen sich in alle anderen Chakras, was wir wiederum als Intuition, Träume, Alpträume, Weisungen, Empfänglichkeit von Übersinnlichem oder telepathischen Fähigkeiten empfinden können. Ist das siebte Chakra blockiert, geht nicht nur der persönliche Sinn des Lebens verloren, sondern auch die Liebe, Eigenständigkeit, Vernunft und das Urvertrauen, was dazu führt, daß Perspektivlosigkeit, Kriminalität, Gewalt, Mordlust und das Beherrschtwerden von anderen Menschen vorrangig wird. Der ethische Weisheitsverlust, der durch Blockaden im 7. Chakra ausgelöst wird, treibt betroffene Menschen bevorzugt dazu an, alles wissenschaftlich hinterfragen zu wollen, für alles den Sinn oder einen logischen Beweis zu suchen, rechtens dabei zu empfinden, wenn Sie töten und die Natur zerstören, die Gashähne in KZ´s aufzudrehen, auf die Auslöser heutiger Waffen und Genspritzen drücken oder mit dem Baseball-Schläger Hunderttausenden von unschuldigen Robben und deren Babys den Schädel zu zertrümmern oder gar bei lebendigem Leib das Fell abzuziehen. Diese Menschen leben unter uns, heute noch genauso wie vor 50 Jahren und sie sind es, die Mord, Gewalt, Vergewaltigung und Leid tatsächlich über die Welt bringen. Denn alle Befehle, Philosophien und Machtbedürfnisse großer Konzerne, Politiker, Kirchen oder Sekten werden nicht durch den Glauben daran zum Problem, sondern erst durch all diejenigen die dazu bereit sind nach Befehlen zu handeln und auf anderer Verlangen hin zu töten. »Denn es gäbe keine Kriege wenn keiner hin gehen würde«. Das siebte Chakra ist mit der Hypopyhse und den Vorderlappen der Hirnanhangdrüse verbunden. Dieses Chakra steuert über die Funktion der Hirnanhangdrüse die körperliche und geistige Entwicklung des Menschen und den Ernährungs- bzw. Temperaturhaushalt des Körpers. Durch dieses Chakra wird auch das gesunde Wachstum der Organe gesteuert. Es beugt Mißbildungen und Fehlverhalten vor und ist direkt mit dem Großhirn verbunden. Das Stirnchakra läßt sich am besten mit schwingungsvollen dunkelblauen und violetten Steinen öffnen, wie z.B.

☐ Dunkelvioletter Amethyst, ☐ violetter Fluorit, ☐ Sugilith, ☐ Azurit, ☐ Blue-Moon, ☐ Turalingam's, ☐ Charoit, aber auch ☐ Bergkristall, ☐ Diamant, ☐ Gold.

Bezugs-Nr. für die Therapiestein-Essenz des 7. Chakras: CH-7-700

Chakra-Fragebogen?

Informationen über Chakra-Essenzen und Ihren persönlichen Chakra-Fragebogen erhalten Sie unter »Bezugsquellen« am Ende dieses Buches.

Kapitel 14

Der Meditationskreis

Berührung mit der Unendlichkeit

Bevor Sie nun dazu übergehen, Ihr Denken, Fühlen und Handeln bewußt neu zu ordnen, möchten wir Ihnen zum Geleit an dieser Stelle noch ein weisheitliches Symbol vorstellen. Es diente bereits allen Völkern zuvor in Verbindung mit Steinen, Mond und Sternen als Schwelle, um die geistige, seelische und körperliche Ebene bewußt in einem harmonischen Gleichgewicht halten zu können, um das Leben in jedem Augenblick mit all seinen Höhen und Tiefen als positiven Teil eines sinnvollen, übergeordneten Ganzen erkennen und genießen zu können. Wenn Sie dieses Buch bis hierher gelesen haben, werden Sie alles Schöpferische und Mystische ebenso wenig verstehen können wie zuvor, Sie werden es jedoch auch nicht mehr länger krampfhaft beweisen und hinterfragen wollen, weil Sie endlich herausgefunden haben, daß Weisheit nicht aus Wissen besteht, sondern aus der Akzeptanz dessen, was wir nicht wissen. Somit werden Sie Ihrer ganz persönlichen Weisheit ein wesentliches Stück näher sein, denn sicherlich haben auch Sie neue Wege und Gedanken erklommen, die Sie persönlich ein großes Stück weiter zu Liebe, Zufriedenheit und auch Gesundheit führen werden.

Erst jetzt werden Sie auch den wahren Sinn hinter der Symbolik jenes Zeichens erkennen können, das vereinfacht ausgedrückt, alles Irdische, Mondbedingte und Schöpferische aller Lebewesen, Steine, Gedanken und Sterne in einem gemeinsamen Kreislauf beschreibt, worin alles geschieht, beginnt und zu Ende geht, um neu geboren werden zu können. Dieser Kreislauf vollzieht sich im Kleinsten bereits in jeder Zelle und vereinigt sich mit Hilfe der schöpferischen Kräfte zu Organen, Lebewesen, Menschen, Liebe, Mond und Sternen und beschreibt auch, daß der Tod für ihre Seele kein Ende, sondern der Übergang zu einem neuen Anfang in einem anderen Körper ist.

Alles Erschaffene und Erdachte beruht letztendlich im Kleinen wie im Großen auf einem gemeinsamen Nenner, der aus weiblichen und männlichen Kräften, Liebe, Energie und Licht besteht. Nichts ist demnach rein männlich oder nur rein weiblich, sachlich, lieblos oder energielos, sondern alles ist immer ein größerer oder kleinerer gemeinsamer Teil aus allen universellen Energien.

Vielleicht verstehen Sie nun auch, weshalb alle Urvölker und Philosophen in ihren Überlieferungen und Erzählungen immer wieder dieses Zeichen verwenden und über Zehntausende von Jahren überlieferten. Erst unsere moderne Wissenschaft wagte es, mit Hilfe der sogenannten Atomphysik, Chemie oder Genforschung, diesen weisheitlichen Mechanismus nicht nur hinterfragen, sondern auch spalten, zerteilen und zerstören zu wollen. Die Atombombe ist ebenso ein Resultat hieraus, wie die Zerstörung der Natur, das zunehmende Leid der modernen Menschen, gezüchtete Menschenohren auf Mäusen oder die künstlichen Kinder die in wenigen Jahren per Katalog abrufbar sein werden. - Grauenvoll -

Integrieren Sie diese vereinfachte Symbolik räumlich in all Ihre Gedanken, Ihr Tun und Handeln und lernen Sie die eckige und schachtelige Denkweise unserer Zeit in ein rundes und harmonievolles Ganzes zu integrieren. Bedenken Sie im Kleinen wie im Großen immer die Verbindung zum Ganzen und finden Sie mit der Hilfe von Steinen, Pflanzen und Kristallen zurück zur Gegenwart, um endlich wieder Ihren persönlichen Glücksstrahl erreichen zu können.

Zum Verständnis beginnen wir mit dem Verlauf der beiden gegensätzlichen männlichen und weiblichen Energieströme. Die unzähligen persönlichen Rhythmen und Zyklen werden hierin vereinfacht als eine Lebenslinie dargestellt. Dieser Energieverlauf läßt sich stellvertretend für alle persönlichen Höhen und Tiefen in allen mondbedingten, täglichen, biorhythmischen und lebenszyklischen Phasen in seiner einfachen Vollkommenheit verwenden. Egal ob wir damit den Mond, das Jahr, die typischen 7- Jahres - Zyklen oder das Leben selbst darstellen, alles verläuft in den selben Rhythmen und Phasen.

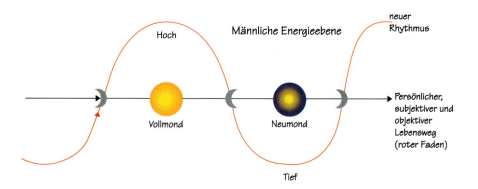

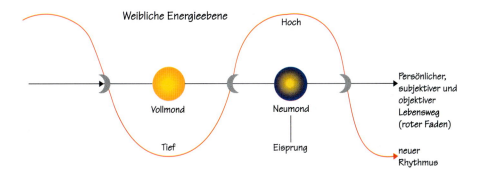

Persönlich gesehen kann jeder für sich anhand des umfangreich beschriebenen Wissens über Mondphasen, Blockaden und Biorhythmen selbst herausfinden, in welchem Teil des persönlichen Rhythmus er sich augenblicklich befindet. Egal was er studiert hat, wieviel er zu wissen glaubt oder was wir modernen Menschen für erwiesen halten, niemand wird an den Energieströmen des Großen und Ganzen vorbeikommen können. Um uns dies bewußt machen zu können, ist die Erkenntnis erforderlich, daß wir uns alle in einem Kreislauf befinden, welcher nicht geradlinig verläuft, sondern in elliptischen Bahnen. Übertragen wir die beiden zuvor gezeichneten Grafiken auf eine räumliche Kugel, erhalten wir das bekannteste, allessagenste esoterische Symbol. Auf der Rückseite verläuft die entgegengesetzte Linie des anderen Geschlechts.

Nur schematisch gesehen verlaufen die beiden verschiedenen männlichen und weiblichen Energieströme entgegengesetzt. Räumlich gesehen verbinden sie sich fließend zu einem Samen unwiderruflicher Einheit, wovon jegliches Wachstum in Form aller erdenklichen und undenkbaren Formen, Mysterien, Gefühlen, Launen und Gedanken ausgeht, Die kleinen Symbole in den einzelnen Teilen bedeuten nicht nur, daß in jedem Mann immer auch weibliche Energien vorherrschen und umgekehrt in jeder Frau auch männliche, sondern noch viel mehr, daß sich die Gesetzmäßigkeiten des Großen und Ganzen immer, überall und zu jeder Zeit im Großen ebenso verhalten und wiederholen, wie im kleinsten Raum jeder Zelle auch.

Männliche Seite YIN	Weibliche Seite YANG

Bevor wir dieses Buch beenden, möchten wir Sie mit der Frage darüber, weshalb die Fruchtbarkeit der Frau bzw. der Eisprung nicht mit der männlichen Hoch-Phase übereinstimmt, nicht länger alleine lassen. Eine Tatsache, die wahrscheinlich nicht nur Ihnen aufgefallen ist, sondern aus schulwissenschaftlicher Sicht als das größte Gegenargument an der Wahrheit der Weisheit, Esoterik, Naturmedizin und am esoterischen Energiekreis selbst angeführt wird, weil die moderne Wissenschaft mit Hilfe sturer logischer Rhythmen davon ausgeht, daß die weibliche Fruchtbarkeit mit der Hochform des Mannes übereinzustimmen habe, um so die Fortpflanzung sichern zu können. Die weiblichen Kräfte definieren dies jedoch nicht aus männlicher Sicht, sondern aus der Tatsache heraus, daß es Frauen sind, die schwanger werden und anschließend ein Leben lang für ihr Kind da sind, und nicht Männer. Nur durch den versetzten Mechanismus des weiblichen Eisprungs auf die seelische Tiefphase im männlichen Zyklus, ist es Frauen möglich, ihre Schwangerschaft naturbedingt zu einem größtmöglichen Teil selbst mitbestimmen zu können. Nur so können sich Frauen der männlichen Bedrängnis zu deren Hochphase genußvoll hingeben, um sich selbst im eigenen, gleichzeitigen seelischen Tief die notwendige Fürsorge und Zärtlichkeit holen zu können, ohne davon gleich schwanger werden zu müssen. So bedacht nicht nur Sinn, sondern sogar ein Teil der Weisheit selbst, welcher in seiner mystischen Anordnung nur erkannt und verstanden werden kann, wenn nicht wissenschaftliche Formeln oder gar Logik zugrunde gelegt werden, sondern lediglich runde Gedankenströme, welche sich an Liebe, Glauben, Vertrauen, Achtung, Toleranz und Romantik in Verbindung mit den esoterischen Gesetzesmäßigkeiten über Geben und Nehmen orientieren.

Kapitel 15

Funktionelle Störungen

Übersicht über häufige funktionelle Störungen

In folgender Übersicht haben wir Ihnen häufige funktionelle Störungen aufgeführt, welche direkt aus Blockaden hervorgehen und auf eine antizyklische Lebensweise hingegen der Mondphasen, des Biorhythmus und der inneren Organuhr hinweisen. Diese Übersicht erhebt natürlich keinen Anspruch auf Vollständigkeit, sondern soll Ihnen lediglich die Augen dafür öffnen, in wie weit Sie schon in den Leidenskreislauf unserer Zivilisationsgesellschaft eingebrochen sind. Bitte lesen Sie sich diesbezüglich unbedingt auch die genauen Beschreibungen über Heilsteine im Großen Lexikon der Heilsteine, Düfte und Kräuter von Methusalem durch. Kreuzen Sie für sich zutreffende funktionelle Störungen an und werden Sie sich darüber bewußt. Sinnen Sie diesbezüglich jedoch nicht über die einzelne Störung nach, sondern bedenken Sie, daß in Ihnen zahlreiche Blockaden verborgen liegen, welche die Ursachen der Störungen sind. Und diese gilt es mit Hilfe dieses Buches herauszufinden und zu beheben. Sobald Sie mit Hilfe zutreffender Heilsteine, Düfte und Kräuter Ihre Blockaden gelindert haben, werden automatisch auch die funktionellen Störungen als Warnsignale ausbleiben.

Im Kopf:
☐ bohrende Kopfschmerzen, ☐ einseitige Kopfschmerzen, ☐ Gedächtnisschwäche, ☐ Kopfdruck, ☐ Migräne, ☐ Schwindelgefühle, ☐ Spannungskopfschmerzen, ☐ veränderliche Kopfschmerzen bei ruckartigen Kopfbewegungen.

In den Augen:
☐ Augendruck, ☐ Augenflimmern, ☐ brennende Augen, ☐ grauer Star, ☐ schlechtes Erkennen von Farben, ☐ Schleier vor Augen, ☐ Sehschwäche, ☐ Sehstörungen, ☐ tränende Augen, ☐ verschwommenes Sehen, ☐ zurechtrücken von Bildern.

Hals-Nase-Ohren:
☐ Bläschen an Lippen, Zunge und Gaumen, ☐ entzündete, rissige und vertrocknete Nasenschleimhäute ☐ Gehörsturz, ☐ Kloßgefühl im Hals, ☐ Lispeln, ☐ Ohrengeräusche, ☐ Ohrenklingeln, ☐ Ohrenkrankheiten, ☐ Ohrensausen, ☐ rissige trockene Lippen und Mundwinkel, ☐ Schwerhörigkeit, ☐ Stottern, triefende Nase, ☐ Zahnausfall, ☐ Zähneknirschen, ☐ Zahnverfall.

Magen, Darm, Verdauung, Stoffwechsel:
☐ Appetitlosigkeit, ☐ Blähungen, ☐ Darmkrämpfe, ☐ Druck auf der Brust, ☐ Druck im Magen-Darm-Bereich, ☐ Durchfall, ☐ Energiemangel, ☐ Erbrechen, ☐ Heißhungeranfälle auf Süßes, Fettes oder Saures, ☐ Koliken und Krämpfe, ☐ Kropfbildung, ☐ Leberleiden ☐ Luftschlucken, ☐ Magenschmerzen, ☐ mangelnde Enzymtätigkeit, ☐ mangelnde Verwertung bzw. Verdauung von Kohlenhydraten, Vitaminen, Fetten oder Eiweißstoffen, ☐ Nierenbeschwerden, ☐ Probleme im Wasserhaushalt bzw. Hormonhaushalt, ☐ Schluckstörungen, ☐ Sodbrennen, ☐ Speiseunverträglichkeit, ☐ Übelkeit, ☐ Über- bzw. Unterfunktion der Drüsen, insbesondere der Bauchspeicheldrüse, ☐ unangenehmes Aufstoßen, ☐ Verdauungsstörungen, ☐ Verstopfung, ☐ Völlegefühl, ☐ Zuckerkrankheit, ☐ zu hohe oder zu niedrige Blutzucker- und Blutfettwerte, ☐ Gries- und Steinbildung, ☐ Hämorrhoiden, ☐ Fäulnisdispepsien.

Atmung:
☐ asthmatische Beschwerden, ☐ Atemnot, ☐ dünne hechelnde Atmung, ☐ häufig auftretende Beklemmungsgefühle in Hals und Brust, ☐ starkes Schnaufen nach geringsten Anstrengungen, ☐ unregelmäßige Atmung, verstärkte Schleimbildung in Bronchien und Atemwegen, ☐ zugeschnürte Atmung.

Herz-Kreislauf:
☐ blaue Äderchen, ☐ Durchblutungsstörungen, ☐ Gefäßkrankheiten, geschwollene Lymphknoten unter den Achseln, ☐ Glühen, ☐ häufige Schwindelgefühle nach dem Aufstehen oder Erwachen, ☐ Herzflimmern, Herzrhythmusstörungen, Herzschmerzen, ☐ Herzschwäche, ☐ innerliche Leere, ☐ innerlicher hoher Druck, ☐ kalte Füße, ☐ Krampfadern, ☐ Ohnmacht, ☐ Pulsjagen, ☐ Schwächeanfälle, ☐ schwarz vor Augen, ☐ Schweißausbrüche, ☐ Schwindelgefühle, ☐ sofort blaue Flecken, ☐ stechende Schmerzen in der Brust, ☐ Taubheitsgefühle in Gliedmaßen, ☐ unregelmäßiger Herzschlag, ☐ zu niedriger oder zu hoher Blutdruck.

Haut:

☐ Ausschläge, ☐ fahle, blasse Haut, ☐ faltige schwammige Haut, ☐ Haarausfall, ☐ Heuschnupfen, ☐ juckende Hautschwellungen, ☐ kahle Stellen (Glatzenbildung), ☐ nachlassendes Haarwachstum, ☐ Pickel und Akne, ☐ Pigmentstörungen (graues Haar), ☐ plötzliches Erröten, ☐ rissige Lippen, ☐ rissige, unschöne oder spröde Haut durch Unterversorgung von Kollagen, Östrogen, Vitaminen und Spurenelementen, Schuppen, Schuppenflechte, ☐ schwammige oder runzlige Haut, ☐ trockene, fettige oder spröde Haut, Haare und Fingernägel, ☐ Überempfindlichkeit gegenüber Pollen, ☐ unangenehmes Schwitzen.

Muskulatur, Knochen:

☐ Arthritis, ☐ Bindegewebsschwäche, ☐ brüchige Knochen und Zähne, ☐ Fehlhaltungen, ☐ Gelenkschmerzen, ☐ Gleichgewichtsstörungen, ☐ häufige Krämpfe in Beinen, Waden und Gliedmaßen, ☐ häufiges Kribbeln bzw. Einschlafen von Armen und Beinen, ☐ Knorpelverlust, ☐ Lähmungen, ☐ Lähmungserscheinungen, ☐ Muskelkrämpfe, ☐ Muskelschwäche, ☐ Muskelschwund, ☐ Muskelverspannungen besonders im Nackenbereich, ☐ Muskelzucken, ☐ Osteoporose, ☐ schlaffes Bindegewebe, ☐ Schreikrämpfe, ☐ Taubheitsgefühle in Armen und Beinen, ☐ Ticks, ☐ unsicherer Gang, ☐ Wachstumsstörungen besonders bei Kindern, ☐ Zittern, ☐ Zwergenwuchs.

Frauen:

☐ Ausbleiben bzw. Unregelmäßigkeiten in der Regel, beispielsweise durch zu kurze oder zu lange Abstände, ☐ Erektionsstörungen, ☐ Fehlgeburt, Figurprobleme, ☐ Frust im Bett, ☐ Harndrang, ☐ Harnträufeln, ☐ Juckreiz in der Scheide, ☐ kein Eisprung, ☐ Kinderlosigkeit, ☐ Menstruationsstörungen, ☐ Myome, ☐ Pille-Unverträglichkeit, ☐ PMS (Prämenstruelles Syndrom), ☐ Regelbeschwerden weit vor der eigentlichen Regel, ☐ Schwangerschaftsprobleme, ☐ sexuelle Unlust, ☐ starke Krämpfe oder Übelkeit zu Beginn der Regel, ☐ Thrombose, ☐ Trockenheit trotz erotischer Gefühle, ☐ Unterleibsschmerzen, ☐ verfrühte, verspätete oder ausbleibende Regel, ☐ vermehrter Haarwuchs an Lippen, Brust, Bauchnabel oder Schenkeln, ☐ Wassereinlagerungen, ☐ Zysten.

Wetterfühligkeit:

☐ Herz-Kreislauf-Probleme, ☐ Kopfdruck ☐ Niedergeschlagenheit, ☐ Depressionen, ☐ Migräne, ☐ Gliederschmerzen, ☐ launisch.

Männer:
☐ Egoismus, ☐ Erektionsstörungen trotz erotischer Gefühle, ☐ Harnträufeln, ☐ Hartherzigkeit, ☐ Hemmungen oder Schmerzen beim Wasserlassen in öffentlichen Toiletten, ☐ Juckreiz, ☐ keine oder zu geringe Produktion von Spermien, ☐ sexuelle Unlust, ☐ Verständnislosigkeit.

Allgemeinerscheinungen:
☐ Alkoholsucht, ☐ allgemeiner Frust, ☐ Angstzustände, ☐ Blutungen, ☐ Gier nach Süßem, ☐ Herzklopfen, ☐ Heißhunger oder Appetitlosigkeit, Hitzewallungen, ☐ Immunschwäche, ☐ innere Ängste, ☐ Lidzucken, mangelnde Belastbarkeit, ☐ mangelnde Heilung und Regeneration, ☐ mangelnde Streßbewältigung, ☐ Müdigkeit, ☐ Mundtrockenheit, ☐ Nervosität, ☐ Niedergeschlagenheit, ☐ Pessimismus, ☐ Potenzstörungen, ☐ Probleme dabei, Zeit und Entfernungen richtig einschätzen zu können, ☐ Rot- und Blaßwerden, ☐ Schlaflosigkeit, ☐ Schlafstörungen, ☐ Tablettensucht, ☐ Unruhe, ☐ Vergeßlichkeit, ☐ verzögerte Wundheilung und Genesung, ☐ Weinanfälle, ☐ zittern.

Die zuvor aufgeführten funktionellen Störungen deuten, wie bereits erwähnt, darauf hin, daß Sie sich mit ihrem augenblicklichen Verhalten nicht mehr im Gleichgewicht mit körperlichen, seelischen und psychischen Strukturen befinden. Bitte nehmen Sie unbedingt Ihre Heilsteine, Therapiesteine, Moqui-Marbles, Düfte und Turalingam's zur Hand und studieren Sie lieber einmal mehr als einmal zu wenig dieses Buch oder das Große Lexikon der Heilsteine, Düfte und Kräuter von Methusalem. Denn funktionelle Störungen sind Vorboten und klare Warnungen unserer Seele an unseren Verstand. Werden sie nicht gelindert oder geheilt und nach deren auslösenden Blockade hinterfragt, sondern womöglich durch Tabletten oder chemische Medikamente betäubt, führen sie in ihrem nächsten Schritt unweigerlich zu starken organischen Schmerzen, Geschwüren, Krebs, Krankheiten und Leiden. Bitte nehmen Sie funktionelle Störungen daher immer ernst und sehen Sie diese nicht als Last, sondern als Chance an, um noch rechtzeitig umschwenken zu können. Denn jetzt können Sie mit Hilfe von Heilsteinen, Therapiesteinen, Düften und Kristallen noch alles für sich tun. Sobald Sie aufgrund eines Herzinfarktes oder Schlaganfalles gelähmt sind, hilft Ihnen kein Arzt mehr und für Steine und Sterne wird es ebenfalls sehr schwierig, sie wieder rehabilitieren zu können.

Sie sind für sich selbst verantwortlich

Wenn einige der zuvor genannten Symptome häufig, chronisch oder in regelmäßigen Abständen auftreten, schieben Sie dies bitte nicht auf das Wetter, den Streß oder etwa auf die Hormone, denn die eigentlichen Ursachen liegen größtenteils in den in diesem Buch beschriebenen Blockaden verborgen, welche uns gegenüber den natürlichen Rhythmen, Mondphasen und Zyklen verwerfen. Weder das Wetter, der Mond noch der »böse« Nachbar ist demnach Schuld an Ihrem Leid, sondern nur Sie selbst tragen ganz alleine hierfür die Verantwortung. An Ihrer eigenen Verbundenheit zu den kosmischen, schöpferischen und universellen Energien liegt es wiederum, wie gesund, zufrieden, glücklich bzw. wie gut oder wie schlecht Sie mit den alltäglichen Lebensumständen umgehen können. Hinzu kommt, daß nicht nur unsere Seele sich den körpereigenen Enzymen, Hormonen und Spurenelementen bedient, um die schöpferischen Impulse in eine geistig, körperlich und psychisch verständliche Sprache umwandeln zu können, sondern auch Blockaden. Aus dieser Tatsache heraus wird auch verständlich, weshalb wir Menschen alle zunehmend in ähnlichen Krankheitsbildern, typischen Unzufriedenheiten und denselben Ängsten verfallen. Denn jede Energiebahn, welche wir bewußt durch unsere moderne, materielle Lebensführung vom universellen, spirituellen und seelischen Geschehen entfremden oder gar abschneiden, wird automatisch zum Tummelfeld für die negativen Energien, welche aus Blockaden hervorgehen und die Gegenspieler der schöpferischen Kräfte, seelischen Impulse und der Liebe sind. Umso mehr Energiebahnen und Chakras von negativen Impulsen beherrscht werden, umso verschlossener, ängstlicher, aggressiver, negativer, habgieriger und rücksichtsloser gegenüber sich selbst, Ihrem Partner, Mitmenschen und der Natur werden Sie. Dann werden aus Schmetterlingen im Bauch schnell rostige Nägel, aus Liebe wird Haß, aus Gesundheit und Wohlbefinden wird Krankheit und aus Zufriedenheit wird Habgier.

Kapitel 16 und 17

Alphabetischer Index

Kapitel 16: Körperliche Krankheiten
Kapitel 17: Seelische Blockaden

Die Übersichten auf folgenden Seiten sollen Ihnen ein annäherndes Inhaltsverzeichnis über die in diesem Buch aufgeführten Blockaden sein. Um sich leichter zurechtfinden zu können, haben wir Ihnen zum einen in **Kapitel 16** auszugsweise aus dem »**Großen Lexikon der Heilsteine, Düfte und Kräuter**« eine umfangreiche Übersicht über körperliche Krankheiten, Geschwüre und Leiden aufgeführt und zum anderen in **Kapitel 17** die bisher umfangreichste Übersicht über seelische Blockaden geschaffen. Bitte lesen Sie sich zu körperlichen Leiden und Krankheiten unbedingt die vollständigen Ausführungen im »Großen Lexikon der Heilsteine, Düfte und Kräuter« von Methusalem durch.

Dies gilt auch für die in diesem Buch ausführlich beschriebenen seelischen Blockaden. Bitte lesen Sie sich die einzelnen Blockaden genau durch und finden Sie so für sich heraus, welche Blockaden auszugsweise, teilweise oder sogar voll auf Sie zutreffen, damit Sie für Ihre Edelstein-Therapie möglichst die zutreffendsten Therapiesteine, Essenzen und Elixiere verwenden können.

Wichtig:

Beachten Sie nochmals, wie bereits mehrfach erwähnt, daß sich die in diesem Buch geschilderten Überlieferungen, Untersuchungen und Erkenntnisse über Krankheiten und seelische Blockaden nur auf sorgfältig ausgesuchte Heilsteine von Methusalem beziehen. Wie an anderen Stellen dieses Buches bereits erwähnt, sind alle Steine ebenso wenig zum lindern von Blockaden geeignet, wie nicht alle Pflanzen gleichzeitig auch Heilpflanzen sind. Um Ihren Blockaden mit Hilfe der in diesem Buch beschriebenen Edelstein-Therapie erfolgreich begegnen zu können, empfehlen wir Ihnen, nur Heilsteine und Therapiesteine von Methusalem zu beziehen. Diese wurden der Natur nicht nur nach weisheitlichen Bedingungen entnommen, sondern sowohl von Methusalem, Vivian Gardier, den chinesischen Mönchen »7 Weise« oder Stammesangehörigen der Indianer oder der Aborigines Australiens geprüft und mit einem Original-Zertifikat von Methusalem versehen. Natürlich haben auch Steine, die nicht von Methusalem, sondern aus dem Steinladen um die Ecke stammen, heilende Wirkungen wie Nebenwirkungen. Diese sollten Sie sich jedoch unbedingt von Ihrem Heilpraktiker genauer beschreiben, bestätigen oder erläutern lassen.

Kapitel 16
Alphabetische Übersicht der Heilwirkungen der Steine auf Ihren Körper

Quelle: Das Große Lexikon der Heilsteine, Düfte und Kräuter

Kreuzen Sie für sich zutreffende Leiden an, um so eine bessere Übersicht für sich und die von Ihnen benötigten Heilsteine zu erhalten.

Noch besser gelingt Ihnen dies mit Hilfe des Chakra-Fragebogens von Methusalem. Info hierzu finden Sie unter Bezugsquellen am Ende dieses Buches.

Ab — körperliche Krankheiten — Bl

☐ Abgeschlagenheit	Tektit, 628	☐ Arthritis	Bernstein, 155, Fluorit, 264, Granat, rot, 339, Kunzit, rosa, 307, Turmalin, grün, 193, Turmalin, rot, 203, Turmalin, schwarz, 224, Versteinertes Mammutholz, 353
☐ Ablagerungen	Türkis, 245, 314		
☐ Adernverkalkung	Rubin, 133	☐ Arthrose	Bernstein, 155, Fluorit, 264, Versteinertes Mammutholz, 353
☐ Aids	Eisenmeteorit, 624, Regenbogenobsidian, 355, Sugilith, 253, Turalingam's, 276	☐ Asthma	Aquamarin 237, 238, Malachit, 234, 351, Sonnenstein, 141 Falkenauge, 248, Rhodonit, 146
☐ Akne	Aventurin 171, Peridot, 169, Rhodochrosit, 150, 328, Schneeflockenobsidian, 195	☐ Atembeschwerden	Andenopal blau, 347, Blutachat, 337, Falkenauge, 248, Andenopal, grün, 333, Goldtopas, 159/185, Feuerachat, 323
☐ Allergiebereitschaft	Blutachat, 337, Andenopal, rosa, 331	☐ Augenverletzungen	Falkenauge, 248
☐ Allergien	Bernstein, 155, Eisenmeteorit, 624, Atlantisstein, 317	☐ Bandscheiben	Bergkristall, 178, Diamant 174
☐ Altern, vorzeitiges	Eisenmeteorit, 624	☐ Bauchspeicheldrüse	Mondstein, 256, Regenbogenobsidian, 355
☐ Alterserscheinungen der Haut	Turalingam's, 276	☐ Bindehautgewebe	Turalingam's, 276
☐ Amputationen	Moqui-Marbles, 267	☐ Blähungen	Roter Jaspis, 139, Turmalin, rot, 203, Wassersaphir, 240
☐ Anämie	Opal, 259, Rosenquarz, 144, Rote Koralle, 325, Rubin, 133, Smaragd, 165	☐ Blasenbeschwerden	Roter Jaspis, 139
☐ Angina Pectoris	Bergkristall, 178, Chrysopras, 163, Lapislazuli, 212, Topas, blau, 191	☐ Blinddarmentzündung	Citrin, 157, 187
		☐ Blutarmut	Granat, rot, 339, Rote Koralle, 325
☐ Arteriosklerose	Schneeflockenobsidian, 195, Sonnenstein, 141	☐ Blutdruck, niedrig	Goldtopas, 159, 185, Schneeflockenobsidian, 195
☐ Arterienverkalkung	Aquamarin 237, 238, Chalcedon, 218, Chrysopras, 163, Opal, 259, Smaragd, 165, Turmalin, rot, 203, Versteinertes Mammutholz, 353		

körperliche Krankheiten

Bl – Fl

☐ Bluterkrankungen	Aquamarin 237, 238, Carneol, 152, 207, Eisenmeteorit, 624, Laplslazull, 212, Rosenquarz, 144, Rote Koralle, 325, Turmalin, rot, 203		☐ Darmstörungen	Apachentränen, 345
			☐ Darmträgheit	Achat, 148, Apachentränen, 345, Carneol, 152, 207
☐ Bluterneuerung	Regenbogenobsidian, 355		☐ Darmverengungen	Wassersaphir, 240
☐ Bluthochdruck	Bergkristall, 178, Chrysopras, 163, Jade, 199, Kunzit, rosa, 307, Lapislazuli, 212, Malachit, 234, 351, Rote Koralle, 325, Rubin, 133, Saphir, blau, 220, Sodalith, 216, Sonnenstein, 141, Wassersaphir, 240		☐ Darmverschluß	Achat, 148, Carneol, 152, 207, Wassersaphir, 240
			☐ Diabetes	Citrin, 157, 187, Mondstein, 256, Moosachat, 232, 335, Rhodochrosit, 150, 328, Sodalith, 216
			☐ Drüsenerkrankungen	Citrin, 157, 187, Diamant 174
☐ Blutreinigung	Mondstein, 256, Rosenquarz, 144, Turalingam's, 276		☐ Drüsenleiden	Eisenmeteorit, 624
☐ Blutstauungen	Carneol, 152, 207, Hämatit, 205, Onyx / Sardonyx, 227		☐ Durchblutungsstörungen	Chrysopras, 163, Hiddenit, 309, Rote Koralle, 325, Sonnenstein, 141
☐ Blutgerinnsel	Moqui-Marbles, 267		☐ Eierstöcke	Chrysopras, 163
☐ Blutvergiftung	Carneol, 152, 207, Turmalin, grün, 193		☐ Eileiter	Chrysopras, 163
☐ Blutzucker	Carneol, 152, 207		☐ Ekzeme	Achat, 148, Bernstein, 155, Carneol, 152, 207, Lapislazuli, 212, Peridot, 169, Saphir, blau, 220, Turalingam's, 276
☐ Brandwunden	Chrysokoll, 167, 337			
☐ Brechreiz	Edeltopas, 176, Roter Jaspis, 139		☐ Entschlackung	Bergkristall, 178, Fluorit, 264, Roter Jaspis, 139, Malachit, 234, 351, Rauchquarz, 197, Rhodochrosit, 150, 328
☐ brennende Füße und Hände	Hiddenit, 309			
			☐ Entzündungen	Goldtopas, 159, 185, Onyx / Sardonyx, 227
☐ Bronchialerkrankungen	Chalcedon, 218, Sonnenstein, 141		☐ Entzündung d. Atemwege	Türkis, 245, 314
☐ Bronchien	Rhodonit, 146		☐ Entzündung im Mund	Bernstein, 155
☐ Bronchitis	Aquamarin 237, 238, Goldtopas, 159, 185		☐ Epilepsie	Amethyst, 262, 341, Diamant 174, Hiddenit, 309, Tigerauge, 182
☐ Cholera	Moldavit, 626		☐ Erbrechen, häufiges	Wassersaphir, 240
☐ Computerstrahlung	Eisenmeteorit, 624, Rosenquarz, 144		☐ Erdstrahlen	Eisenmeteorit, 624, Rosenquarz, 144, Hämatit, 205
☐ Corona Sklerose	Hiddenit, 309		☐ Erkältungskrankheiten	Apatit blau, 243, Aquamarin 237, 238, Goldtopas, 159, 185
☐ Darm	Bergkristall, 178, Moosachat, 232, 335, Regenbogenobsidian, 355, Rhodochrosit, 150, 328		☐ Falten	Rhodochrosit, 150, 328, Turalingam's, 276
☐ Darmerkrankungen	Achat, 148, Carneol, 152, 207, Roter Jaspis, 139		☐ Fehlgeburt	Chrysokoll, 167, 337, Moqui-Marbles, 267
☐ Darmkatarrh	Wassersaphir, 240		☐ Flechten	Bernstein, 155, Carneol, 152, 207, Peridot, 169, Schneeflockenobsidian, 195
☐ Darmkrebs	Wassersaphir, 240			

Kapitel 16 – Alphabetischer Index (körperliche Krankheiten)

Fr — körperliche Krankheiten — He

Fruchtbarkeit	Moqui-Marbles, 267, Rosenquarz, 144	Grippale Infekte	Apatit blau, 243
Fruchtverlust	Moqui-Marbles, 267	Grippe	Bernstein, 155, Malachit, 234, 351, Schneeflockenobsidian, 195, Turmalin, grün, 193
Furunkel	Granat, rot, 339		
Gallenblase	Regenbogenobsidian, 355	Gürtelrose	Peridot, 169, Turmalin, schwarz, 224
Gallensteine	Azurit, -Malachit, 229, 349, Diamant 174	Haarausfall	Aventurin 171, Saphir, blau, 220
Gehirn	Rhodonit, 146	Haarspliss	Aventurin 171, Saphir, blau, 220
Gehirnerkrankungen	Granat, rot, 339, Sugilith, 253	Haarsprödigkeit	Peridot, 169
Gehirnerschütterungen	Sugilith, 253	Haarwuchs	Citrin, 157, 187, Andenopal rosa, 331
		Halserkrankungen	Türkis, 245, 314
Gelbsucht	Moldavit, 626		
Gelenkergüsse	Achat, 148	Hämorrhoiden	Opal, 259, Smaragd, 165, Topas, blau, 191, Turmalin, rot, 203
Gelenkerkrankungen	Larimar, 317, Sonnenstein, 141, Versteinertes Mammutholz, 353	Haut, Hautallergie	Aquamarin, 237, 238, Carneol, 152, 207, Rhodochrosit, 150, 328
Gelenkrheumatismus	Atlantisstein, 317	Hautausschläge	Amethyst, 262, 341, Andenopal blau, 347, Aventurin, 171, Andenopal grün, 333, Turalingam, 276
Genickstarre	Moldavit, 626	Hautfalten; Sprödigkeit	Opal, 259, Smaragd, 165, Turalingam's, 276
Gereiztheit	Tektit, 628	Hautkrankheiten	Achat, 148, Bergkristall, 178, Bernstein, 155, Carneol, 152, 207, Feuerachat, 323, Turalingam's, 276, Lapislazuli, 212
Geschlechtskrankheit	Eisenmeteorit, 624, Peridot, 169, Rosenquarz, 144		
Geschlechtsorgane	Rhodochrosit, 150, 328	Hautkrebs	Apachentränen, 345, Moldavit, 626, Rhodochrosit, 150, 328
Geschwüre	Citrin, 157, 187, Roter Jaspis, 139, Malachit, 234, 351, Moqui-Marbles, 267, Regenbogenobsidian, 355, Saphir, blau, 220	Hautreizungen	Amethyst, 262, 341, Andenopal blau, 347, Andenopal grün, 333
		Heiserkeit	Apatit blau, 243
Gicht	Bernstein, 155, Diamant 174, Edeltopas, 176, Hiddenit, 309, Kunzit, rosa, 307, Labradorit, 321, Saphir, blau, 220, Sonnenstein, 141, Versteinertes Mammutholz, 353	Herpes	Amethyst, 262, 341, Peridot, 169, Schneeflockenobsidian, 195
		Herz	Rhodochrosit, 150, 328
		Herzbeschwerden	Amazonit, 250 Blue-Moon, 620, 622, Goldtopas, 159, 185
Gleichgewichtsstörung	Diamant 174, Turmalin, grün, 193	Herzerkrankungen	Feueropal, 319, Moldavit, 626, Rosenquarz, 144, Rubin, 133, Turmalin, schwarz, 224
Gliederschmerzen	Aquamarin 237, 238, Bergkristall, 178, Diamant 174, Lapislazuli, 212, Larimar, 317, Saphir, blau, 220, Turalingam's, 276	Herzinfarkt	Apachentränen, 345, Chrysopras, 163, Lapislazuli, 212, Opal, 259, Rosenquarz, 144, Smaragd, 165, Sugilith, 253, Turmalin, grün, 193, Versteinertes Mammutholz, 353
Glotzaugen	Goldtopas, 159, 185		

He   körperliche Krankheiten   Ly

☐ Herzinnenhautentzündungen	Feueropal, 319, Goldtopas, 159, 185	☐ Knochenfestigung	Rhodonit, 146, Versteinertes Mammutholz, 353
☐ Herzklappenfehler	Feueropal, 319	☐ Knochenmark	Atlantisstein, 317, Sugilith, 253
☐ Herzmuskel, Rhythmus	Chrysopras, 163, Goldtopas, 159, 185, Tektit, 628	☐ Knochenschwund	Versteinertes Mammutholz, 353
☐ Heuschnupfen	Bernstein, 155, Andenopal blau, 347, Andenopal grün, 333	☐ Knochensprödigkeit	Diamant 174, Atlantisstein, 317
☐ Hexenschuß	Atlantisstein, 317	☐ Knochenweichheit	Azurit, 312, Larimar, 317, Türkis, 245, 314
☐ Hirnhautentzündung	Achat, 148, Carneol, 152, 207, Diamant 174	☐ Knorpelverletzungen	Achat, 148, Carneol, 152, 207
☐ Hirnschläge	Moqui-Marbles, 267	☐ Kopfgrippe	Moldavit, 626
☐ Hoden	Chrysopras, 163	☐ Kopfschmerzen	Amazonit, 250, Bergkristall, 178, Diamant 174, Falkenauge, 248, Fluorit, 264, Lapislazuli, 212, Tansanit, 210, Tigerauge, 182
☐ Hormonhaushalt	Feuerachat, 323		
☐ Hornhaut	Falkenauge, 248		
☐ Husten	Apatit blau, 243	☐ Krampfadern	Chalcedon, 218, Chrysokoll, 167, 337, Feuerachat, 323, Hämatit, 205, Onyx / Sardonyx, 227, Opal, 259, Smaragd, 165, Topas, blau, 191, Versteinertes Mammutholz, 353, Wassersaphir, 240
☐ Hysterie	Amethyst, 262, 341		
☐ Infektionen d. Atemwege	Türkis, 245, 314		
☐ Infektionserkankungen	Moldavit, 626, Rote Koralle, 325	☐ Krämpfe	Amazonit, 250, Aquamarin 237, 238, Hiddenit, 309
☐ Insektenstiche	Amethyst, 262, 341	☐ Krebs	Moldavit, 626, Regenbogenobsidian, 355, Sugilith, 253, Turalingam's, 276
☐ Ischias	Atlantisstein, 317	☐ Kreislauf	Azurit, 312, Feueropal, 319, Rote Koralle, 325, Turalingam's, 276
☐ Kalte Füße	Carneol, 152, 207, Onyx, 227, Schneeflockenobsidian, 195		
☐ Karies	Fluorit, 264, Türkis, 245, 314, Versteinertes Mammutholz, 353	☐ Kreislaufschwäche	Feueropal, 319, Goldtopas, 159, 185, Moldavit, 626
☐ Kehlkopfleiden	Andenopal blau, 347, Andenopal grün, 333	☐ Kropf	Goldtopas, 159, 185, Topas, blau, 191
☐ Kinderlähmung	Moldavit, 626	☐ Kurzsichtigkeit	Falkenauge, 248
☐ Kindstod, plötzlicher	Feuerachat, 323	☐ Lähmungserscheinung	Aquamarin 237, 238, Silber / Goldobsidian, 344, Sugilith, 253
☐ Kniegelenkentzündung	Achat, 148, Carneol, 152, 207, Tigerauge, 182	☐ Leber	Carneol, 152, 207, Regenbogenobsidian, 355
☐ Knochenbau	Chrysokoll, 167, 337	☐ Lebererkrankungen	Azurit-Malachit, 229, 349, Smaragd, 165, Opal, 259
☐ Knocheneiterungen	Larimar, 317, Versteinertes Mammutholz, 353	☐ Lepra	Moldavit, 626
☐ Koma	Moqui-Marbles, 267	☐ Leukämie	Bergkristall, 178, Diamant 174, Granat, rot, 339, Opal, 259, Rosenquarz, 144, Smaragd, 165
☐ Knochenerkrankungen	Bernstein, 155, Diamant 174, Fluorit, 264, Labradorit, 321, Sonnenstein, 141	☐ Lymphdrüse	Mondstein, 256

Kapitel 16 - Alphabetischer Index (körperliche Krankheiten)

Ma — körperliche Krankheiten — Sc

☐ Magen	Apachentränen, 345, Bergkristall, 178, Blue-Moon, 619, 621, Regenbogenobsidian, 355, Rhodochrosit, 150, 328		☐ Nierensteine	Achat, 148, Azurit-Malachit, 229, 349, Carneol, 152, 207, Diamant 174, Jade, 199
			☐ Ödeme	Wassersaphir, 240
☐ Magenerkrankungen	Citrin, 157, 187, Diamant 174, Roter Jaspis, 139		☐ Ohnmacht	Moqui-Marbles, 267
			☐ Osteoporose	Fluorit, 264
☐ Magengeschwür	Apachentränen, 345, Azurit-Malachit, 229, 349		☐ Parkinson	Silber / Goldobsidian, 344
☐ Magenkrämpfe	Apachentränen, 345		☐ Pickel	Amethyst, 262, 341, Aquamarin 237, 238, Aventurin 171, Bernstein, 155, Carneol, 152, 207, Opal, 259, Peridot, 169, Rhodochrosit, 150, 328, Schneeflockenobsidian, 195, Smaragd, 165
Magenkrebs	Wassersaphir, 240			
☐ Magenschleimhautentzündung	Apachentränen, 345, Turalingam's, 276			
			☐ Pollenallergien	Bernstein, 155
☐ Magersucht	Türkis, 245, 314		☐ Prostata	Chrysopras, 163
☐ Meniskus	Achat, 148, Carneol, 152, 207		☐ Pusteln	Bernstein, 155
☐ Menstruationsbeschwerden	Mondstein, 256, Rote Koralle, 325, Rubin, 133, Turmalin, rot, 203		☐ Rachitis	Versteinertes Mammutholz, 353
			☐ Rheuma	Bernstein, 155, Chrysokoll, 167, 337, Granat, rot, 339, Labradorit, 321, Malachit, 234, 351, Rosenquarz, 144, Versteinertes Mammutholz, 353
☐ Metastasen	Moldavit, 626			
☐ Migräne	Amazonit, 250, Amethyst, 262, 341, Falkenauge, 248, Fluorit, 264, Tansanit, 210, Tigerauge, 182, Turalingam's, 276			
			☐ Riesenwuchs	Goldtopas, 159, 185
☐ Milchschorf	Feuerachat, 323		☐ Röteln	Moldavit, 626, Rote Koralle, 325
☐ Milz	Mondstein, 256, Regenbogenobsidian, 355		☐ Rückenmark	Rhodonit, 146
☐ Müdigkeitserscheinung	Rubin, 133		☐ Rückenquetschungen	Sugilith, 253
☐ Multiple Sklerose	Lapislazuli, 212, Rosenquarz, 144, Turmalin, grün, 193		☐ Rückenschmerzen	Aventurin 171, Bergkristall, 178, Chrysokoll, 167, 337, Diamant 174
Mundfäulnis	Carneol, 152, 207, Fluorit, 264			
☐ Muskelerkrankungen	Bernstein, 155, Rauchquarz, 197, Tektit, 628		☐ Runzeln	Turalingam's, 276
			☐ Sängerknötchen	Andenopal blau, 347, Andenopal grün, 333
☐ Nasenbluten	Roter Jaspis, 139, Carneol, 152, 207		☐ Schilddrüse	Bernstein, 155, Chrysokoll, 167, 337, Kunzit, rosa, 307, Jade, 199, Mondstein, 256
☐ Nervensystem	Amazonit, 250, Apatit blau, 243, Rhodonit, 146			
☐ Nesselausschlag	Eisenmeteorit, 624		☐ Schlaflosigkeit	Carneol, 152, 207, Goldtopas, 159, 185, Tektit, 628
☐ Nieren	Carneol, 152, 207, Moosachat, 232, 335, Rauchquarz, 197, Rhodochrosit, 150, 328		☐ Schlafstörungen	Blue-Moon, 620, 622, Rosenquarz, 144, Smaragd, 165, Sonnenstein, 141, Tektit, 628
			☐ Schlafsucht	Rubin, 133
☐ Nierenentzündungen	Achat, 148, Carneol, 152, 207		☐ Schlaganfall	Chrysopras, 163, Diamant 174, Lapislazuli, 212, Moqui-Marbles, 267, Sonnenstein, 141, Sugilith, 253, Turmalin, grün, 193
☐ Nierenkoliken	Achat, 148, Carneol, 152, 207, Jade, 199			

Sc körperliche Krankheiten Zu

	körperliche Krankheiten		
☐ Schleimhautreizungen	Blutachat, 337	☐ Unterleibsbeschwerden	Bergkristall, 178, Citrin, 157, 187
☐ Schrumpfleber	Goldtopas, 159, 185, Onyx 227	☐ Unfruchtbarkeit	Rote Koralle, 325
☐ Schuppen	Aventurin 171, Bernstein, 155, Citrin, 157, 187	☐ Verdauung	Apachentränen, 345, Apatit blau, 243, Citrin, 157, 187, Opal, 259, Smaragd, 165
☐ Schuppenflechte	Amethyst, 262, 341, Aventurin 171, Citrin, 157, 187, Saphir, 220	☐ Verdauungsprobleme	Bergkristall, 178, Carneol, 152, 207, Roter Jaspis, 139, Rhodochrosit, 150, Saphir, blau, 220, Wassersaphir, 240
☐ Schwächeanfälle	Feueropal, 319		
☐ Schwangerschafts-Wassersucht	Chrysokoll, 167, 337	☐ Verkalkungen	Türkis, 245, 314
☐ Schwerhörigkeit	Rhodonit, 146, Tansanit, 210	☐ Verkrampfungen	Kunzit, rosa, 307
☐ Schwindelanfälle	Feueropal, 319	☐ Verspannungen	Amazonit, 250, Amethyst, 262, 341, Kunzit, rosa, 307
☐ Sehschwäche	Achat, 148, Carneol, 152, 207	☐ Verstopfung	Achat, 148, Carneol, 152, 207
☐ Sodbrennen	Saphir, blau, 220, Wassersaphir, 240	☐ Virusinfektionen	Andenopal rosa, 331
☐ Sonnenbrand	Apachentränen, 345	☐ Vitalität	Citrin, 157, 187, Jade, 199, Rhodochrosit, 150, 328, Rosenquarz, 144, Turalingam's, 276
☐ Speiseröhre	Regenbogenobsidian, 355	☐ Völlegefühl	Roter Jaspis, 139, Iolith, 240
☐ Stimmritzenkrämpfe	Andenopal blau, 347, Andenopal grün, 333	☐ Wasserstrahlen	Eisenmeteorit, 624, Rosenquarz, 144, Hämatit, 205
☐ Stimmverlust	Andenopal blau, 347, Andenopal grün, 333	☐ Wetterfühligkeit	Onyx / Sardonyx, 227, Peridot, 169, Turmalin, schwarz, 224
☐ Stoffwechsel aktivierend	Rhodonit, 146, Turalingam's, 276	☐ Widerstandskraft	Turalingam's, 276
☐ Stoffwechselerkrankungen	Sonnenstein, 141	☐ Windpocken	Peridot, 169, Schneeflockenobsidian, 195
☐ Strahlenschäden	Azurit, -Malachit, 229, 349	☐ Wirbelsäule	Azurit, 312, Chrysokoll, 167, 337, Granat, rot, 339, Labradorit, 321
☐ Suchterkrankungen	Kunzit, rosa, 307	☐ Wundheilung	Azurit, 312
☐ Syphillis	Granat, rot, 339	☐ Zahnen	Bernstein, 155
☐ Thrombose	Rosenquarz, 144, Rubin, 133, Topas, blau, 191, Versteinertes Mammutholz, 353	☐ Zahnfleischbluten	Carneol, 152, 207
		☐ Zahnfleischentzündung	Fluorit, 264
☐ Thymusdrüse	Peridot, 169	☐ Zahnhälse, empfindliche	Versteinertes Mammutholz, 353
☐ Tripper	Granat, rot, 339	☐ Zittern	Aquamarin 237, 238, Silber / Goldobsidian, 344, Tektit, 628, Turmalin, schwarz, 224
☐ Tumore	Eisenmeteorit, 624		
☐ Übergewicht	Apatit blau, 243, Chrysokoll, 167, 337, Roter Jaspis, 139, Rubin, 133	☐ Zuckerkrankheit	Citrin, 157, 187

Kapitel 17
Alphabetische Übersicht über seelische Blockaden als Ursache für unzählige körperliche und psychosomatische Leiden

Lesen Sie sich hierzu bitte unbedingt die vollständigen Blockaden-Beschreibungen und Texte im Inneren dieses Buches durch.

Kreuzen Sie für sich zutreffende Blockaden an, um so eine bessere Übersicht für sich und die von Ihnen benötigten Therapiesteine zu erhalten.

Noch besser gelingt Ihnen dies mit Hilfe des Chakra-Fragebogens von Methusalem. Info hierzu finden Sie unter Bezugsquellen am Ende dieses Buches.

Ab	seelische Blockaden	Ab
abergläubisch	☐ Apatit blau, 243, Mondstein, 256	
abfinden		
- findet sich zu leicht mit allem ab	☐ Falkenauge, 248	
- kann sich mit nichts abfinden	☐ Achat, 148, Rosenquarz, 144	
abgestumpft		
- den eigenen inneren Empfinden gegenüber	☐ Opal, 259	
- gefühlskalt den Leiden anderer gegenüber	☐ Tektit, 628	
Abgrenzung		
- durch übermäßige Kritik und Intoleranz	☐ Türkis, 245, 314	
- durch völlige Identifikation mit dem Partner	☐ Feueropal, 319	
- kann sich nicht abgrenzen, nicht nein sagen	☐ Tigerauge, 182	
- kann die Grenzen anderer nicht einschätzen	☐ Tektit, 628	
- grenzt sich innerlich durch äußere Ideale ab	☐ Turmalin, grün, 193	
- durch Überheblichkeit, will alles alleine machen	☐ Saphir, blau, 220	
abhängig		
- von der Meinung und von Ratschlägen anderer	☐ Amethyst, 262, 341, Opal, 259	
- aus dem Verlangen nach Anerkennung	☐ Bernstein, 155, Iolith, 240	
- weil man nicht nein sagen kann	☐ Tigerauge, 182	
- aus dem Verlangen nach Zuwendung	☐ Carneol, orange, 152	
- aus Schuldgefühlen	☐ Naturcitrin, 187	
- aus Ängsten	☐ Turmalin, schwarz, 224	
- macht Andere von sich abhängig	☐ Carneol, orange, 152	
- weil die eigene Persönlichkeit aufgegeben wird	☐ Feueropal, 319	
- aus Unselbständigkeit heraus	☐ Opal, 259	
- von äußeren Reizen, Mode, Werbung	☐ Opal, 259	
- von alten Gewohnheiten, altmodischem Denken	☐ Moldavit, 626	
- von Tabletten, Drogen etc.	☐ Amethyst, 262, 341	

Ab   seelische Blockaden   Ab

ablehnen
- kann keine Bitte ablehnen — ☐ Tigerauge, 182
- lehnt seinen Körper ab — ☐ Schneeflockenobsidian, 195
- lehnt sich selbst ab — ☐ Bernstein, 155, Iolith, 240
- lehnt alles Fremde und Neue erst mal ab — ☐ Türkis, 245, 314
- lehnt eigene Entscheidungen ab — ☐ Opal, 259
- fühlt sich abgelehnt, ist neidisch und eifersüchtig — ☐ Sugilith, 253

Ablehnung, anderer Menschen
- aus Enttäuschung oder Verbitterung heraus — ☐ Rosenquarz, 144, Achat, 148
- aufgrund schlechter Erfahrungen — ☐ Bergkristall, 178
- durch Kontaktängste — ☐ Saphir, blau, 220
- aus Vorurteilen — ☐ Türkis, 245, 314
- sobald Andere anders denken — ☐ Sonnenstein, 141

ablenkbar
- will innerliche Sorgen unterdrücken — ☐ Lapislazuli, 212, Sodalith, 216
- hat Angst, etwas zu verpassen — ☐ Aquamarin, 237, 238
- weil er sich für alles interessiert, nicht konzentriert — ☐ Goldtopas, gelb, 159
- lenkt maskenhaft von eigenen Sorgen ab — ☐ Lapislazuli, 212
- durch Tagträumerei und Realitätsflucht — ☐ Chrysopras, 163, Smaragd, 165
- läßt sich leicht vom Wesentlichen ablenken — ☐ Edeltopas, 176
- will nur das machen, was ihm gerade Spaß macht — ☐ Aquamarin, 237, 238
- läßt sich leicht von seinen Vorhaben abbringen — ☐ Jade, 199
- kommt nicht zum Punkt, vom 100. ins 1.000ste — ☐ Goldtopas, gelb, 159

ablösen
- von althergebrachten Gewohnheiten — ☐ Moldavit, 626
- kann nicht loslassen — ☐ Carneol, orange, 152
- um sich besser auf Neues einstellen zu können — ☐ Jade, 199
- bei überstarker Bindung an eigene Kinder — ☐ Turmalin, rot, 203

abschalten, kann nicht
- wirkt wie »aufgezogen« — ☐ Chalcedon, 218
- weil die Gedanken immer um eine Sache kreisen — ☐ Roter Jaspis, 139
- aus innerer Unruhe und Überdrehtheit heraus — ☐ Silberobsidian, 344, Fluorit, 264
- wegen Ungeduld, Streß, Zeitdruck und Hektik — ☐ Sonnenstein, 141

Abscheu, übertriebene
- vor Schmutz, Schweiß, Bakterien — ☐ Schneeflockenobsidian, 195
- vor Körper und Sexualität — ☐ Blue-Moon, 619, 621
- bei übermäßiger Reinlichkeit — ☐ Schneeflockenobsidian, 195

abschweifen
- flüchtet andauernd in Tagträumerei — ☐ Chrysopras, 163, Smaragd, 165

abseits stehen
- wegen innerer Hemmungen und Zurückhaltung — ☐ Saphir, blau, 220

absichern
- sichert sich vor jeder Entscheidung doppelt ab — ☐ Amethyst, 262, 341, Opal, 259

Abstand
- klammert, kann keine Distanz wahren — ☐ Feueropal, 319

Kapitel 17 - Alphabetischer Index (seelische Blockaden)

Ab — seelische Blockaden — Al

Abstand
- kann sich innerlich nicht abgrenzen, hysterisch — ☐ Fluorit, 264
- durch andauernde Kritik und Feindseligkeit — ☐ Tektit, 628
- durch innere Hemmungen und Distanziertheit — ☐ Saphir, blau, 220

Abwehrkräfte, stärkend
- bei Erschöpfung und Kraftlosigkeit — ☐ Rubin, 133
- stärkt die Selbstheilungskräfte — ☐ Tektit, 628

abwesend, wirkt geistig
- beschäftigt sich dauernd mit demselben Thema — ☐ Roter Jaspis, 139
- träumt vor sich hin — ☐ Chrysopras, 163, Smaragd, 165
- ist gedanklich in der Vergangenheit — ☐ Hämatit, 205

ärgerlich, leicht
- weil andere nicht seiner Meinung sind — ☐ Chalcedon, 218
- weil Anordnungen nicht sofort erfüllt werden — ☐ Citrin, 157
- weil alles nicht schnell genug geht — ☐ Sonnenstein, 141
- über fremde Lebensgewohnheiten — ☐ Türkis, 245, 314
- über Kleinigkeiten — ☐ Rosenquarz, 144, Achat, 148

aggressiv
- wird schnell wütend — ☐ Goldtopas, or., 185, Sugilith, 253
- wird gewalttätig — ☐ Goldtopas, or., 185, Sugilith, 253
- aus Verbitterung — ☐ Rosenquarz, 144, Achat, 148
- aus Ungeduld — ☐ Sonnenstein, 141
- vermeidet jegliche Aggressionen aus Angst — ☐ Tigerauge, 182
- flieht vor Aggressionen in eine Scheinwelt — ☐ Chrysopras, 163, Smaragd, 165
- durch Haß, Neid und Zorn — ☐ Sugilith, 253
- ist chronisch aggressiv und dauernd genervt — ☐ Sonnenstein, 141
- ist andauernd bissig und kaltschnäuzig — ☐ Tektit, 628
- durch dominante und tyrannische Forderungen — ☐ Citrin, 157

Ahnungen
- hat dunkle, ängstliche Vorahnungen — ☐ Apatit blau, 243, Mondstein, 256
- befürchtet immer sofort das Schlimmste — ☐ Rhodochrosit, 150, 328

akzeptieren, kann nicht
- kann sich selbst nicht akzeptieren bzw. leiden — ☐ Sugilith, 253, Iolith, 240
- nicht andere Meinungen, Ansichten anerkennen — ☐ Türkis, 245, 314, Citrin, 157
- kann sein Schicksal nicht akzeptieren — ☐ Rosenquarz, 144, Achat, 148
- glaubt immer, andere missionieren zu müssen — ☐ Turmalin, grün, 193

albern
- ist ständig überdreht — ☐ Lapislazuli, 212, Sodalith, 216
- benimmt sich wie ein Kleinkind oder Clown — ☐ Azurit-Malachit, 229, 349

Alleinsein, möchte
- weil andere mit ihm nicht mithalten können — ☐ Sonnenstein, 141
- weil man überheblich ist und sich selbst genügt — ☐ Saphir, blau, 220
- um in seiner eigenen Welt zu sein — ☐ Chrysopras, 163, Smaragd, 165
- aus Erschöpfung — ☐ Rubin, 133
- weil ihm Kontakt zu anstrengend erscheint — ☐ Saphir, blau, 220

Alleinsein, kann nicht
- will seine Sorgen vergessen — ☐ Lapislazuli, 212, Sodalith, 216

Al   seelische Blockaden   An

Alleinsein, kann nicht
- braucht »Publikum« — ☐ Azurit-Malachit, 229, 349
- hat plötzliche Ängste — ☐ Apatit blau, 243, Mondstein, 256
- kann mit sich selbst nicht alleine sein — ☐ Lapislazuli, 212
- weil er ein ausgeprägter Familienmensch ist — ☐ Carneol, orange, 152
- weil er ständig jemanden um sich herum braucht — ☐ Azurit-Malachit, 229, 349
- durch starke Angst vor dem Alleinsein — ☐ Turmalin, schwarz, 224, Onyx, 227

Alltag
- kann sich auf alltägliches nicht konzentrieren — ☐ Chrysopras, 163, Smaragd, 165
- schiebt andauernd seine Aufgaben vor sich her — ☐ Chrysopras, 163, Smaragd, 165
- fühlt sich durch Routine unterfordert und leer — ☐ Edeltopas, 176
- ist überlastet und total erschöpft — ☐ Rubin, 133

Alpträume
- durch traumatische Erlebnisse — ☐ Bergkristall, 178
- durch nagende Schuldgefühle — ☐ Naturcitrin, 187
- ohne erkennbare Ursache — ☐ Apatit blau, 243, Mondstein, 256
- mit Neigung zu Zorn und Wutausbrüchen — ☐ Fluorit, 264
- durch dunkle Vorahnungen und diffuse Ängste — ☐ Apatit blau, 243
- bei panischen Ängsten in der Nacht — ☐ Mondstein, 256

altern
- kann sich mit dem Alter nicht abfinden — ☐ Türkis, 245, 314
- hat große Angst vor dem altern — ☐ Moldavit, 626
- versucht andauernd sein Alter zu vertuschen — ☐ Moldavit, 626
- findet nicht zum wahren Sinn seines Lebens — ☐ Eisenmeteorit, 624
- jammert andauernd über sein Alter — ☐ Rosenquarz, 144
- sehnt sich ständig nach der Jugend — ☐ Hämatit, 205

altklug
- redet andauernd unpäßlich und altklug daher — ☐ Azurit-Malachit, 229, 349

analysieren
- weiß immer schon alles im Voraus (Pessimist) — ☐ Rhodochrosit, 150, 328
- sichert sich am liebsten bis ins kleinste Detail ab — ☐ Turmalin, schwarz, 224, Onyx, 227

Anerkennung, Verlangen nach
- innerhalb der Familie — ☐ Carneol, orange, 152
- zur Stärkung des Selbstvertrauens — ☐ Bernstein, 155, Iolith, 240
- immer hilfsbereit, zwecks Anerkennung — ☐ Tigerauge, 182
- läßt sich ausnutzen, um anerkannt zu sein — ☐ Tigerauge, 182
- kann seine eigenen Fähigkeiten nicht anerkennen — ☐ Bernstein, 155

Anfälle
- aus Angst vor Unbekanntem oder Vorahnungen — ☐ Apatit blau, 243
- aus Angst vor Hysterie und Panik — ☐ Fluorit, 264
- wegen Schock und größter, seelischer Not — ☐ Bergkristall, 178

Anforderungen, zu hohe
- zweifelt eigene Entscheidungen grundsätzlich an — ☐ Opal, 259
- bei Überforderung und Überlastung — ☐ Carneol, rot, 207
- stellt an sich selbst zu hohe, unerfüllbare Anforder. — ☐ Turmalin, grün, 193

Anführer
- will andere tyrannisieren und dirigieren — ☐ Citrin, 157

An   seelische Blockaden   An

angeben
- um zu beweisen, daß man gut ist — ☐ Bernstein, 155, Iolith, 240
- um sich interessanter zu machen — ☐ Azurit-Malachit, 229, 349
- Macho-Gehabe, hört sich selbst gerne reden — ☐ Apachentränen, 345
- will zeigen, daß er der Stärkste, Beste ist — ☐ Apachentränen, 345
- sieht sich in allem immer gleich provoziert — ☐ Apachentränen, 345

angepaßt, zu sehr
- aus Angst vor Konflikten — ☐ Lapislazuli, 212, Sodalith, 216
- weil man nicht nein sagen kann — ☐ Tigerauge, 182
- weil man sich unterlegen fühlt — ☐ Bernstein, 155, Iolith, 240
- vorübergehend, in Trennungssituationen — ☐ Jade, 199

angepaßt, zu wenig
- aus Sturheit und Überheblichkeit heraus — ☐ Citrin, 157
- aus Überzeugung; aus falschem Stolz heraus — ☐ Chalcedon, 218 Saphir, blau, 220

angespannt, fühlt sich
- durch innere Hast und Hektik — ☐ Sonnenstein, 141
- durch Perfektionszwang — ☐ Turmalin, grün, 193
- durch Übereifrigkeit und innere Pflichtgefühle — ☐ Chalcedon, 218
- möchte immer der »Chef« sein — ☐ Citrin, 157
- weil er sein wahres Gesicht verbergen will — ☐ Lapislazuli, 212, Sodalith, 216
- weil man um jeden Preis durchhalten will — ☐ Amazonit, 250

Angst
- vor Armut, Existenzangst — ☐ Turmalin, schwarz, 224
- gerät schnell in Angst und Schrecken — ☐ Mondstein, 256
- vor konkreten Situationen, z.B. dem Tod — ☐ Turmalin, schwarz, 224
- feuchte Hände, kreidebleich, blankes Entsetzen — ☐ Mondstein, 256
- vor Lärm — ☐ Turmalin, schwarz, 224
- vor Ansteckung und Bakterien — ☐ Schneeflockenobsidian, 195
- kann Geschehenes, z.B. Unfall nicht verarbeiten — ☐ Mondstein, 256
- davor anderen Menschen weh tun zu können — ☐ Tigerauge, 182
- davor sich selbst oder anderen etwas anzutun — ☐ Fluorit, 264
- schreckt nachts aus Alpträumen auf — ☐ Mondstein, 256
- davor, Gefühle zu zeigen — ☐ Lapislazuli, 212, Sodalith, 216
- anderen nicht gerecht werden zu können — ☐ Naturcitrin, 187
- ohne erkennbare Ursache — ☐ Apatit blau, 243, Mondstein, 256
- davor daß etwas Schreckliches passieren wird — ☐ Apatit blau, 243, Mondstein, 256
- den Verstand zu verlieren — ☐ Fluorit, 264
- etwas löst ungeheure Angst in mir aus — ☐ Mondstein, 256
- davor durchschaut zu werden — ☐ Lapislazuli, 212, Sodalith, 216
- Erwartungsangst, dem nicht gerecht zu werden — ☐ Bernstein, 155, Iolith, 240
- feuchte Hände, Atembeschwerden aus Angst — ☐ Mondstein, 256
- vor Fehlern oder Blamage — ☐ Bernstein, 155, Iolith, 240
- davor, sich die Blöße zu geben — ☐ Citrin, 157
- vor Dunkelheit — ☐ Apatit blau, 243, Mondstein, 256
- Todesangst oder Panik — ☐ Mondstein, 256
- sich anderen anzuvertrauen, abgelehnt zu werden — ☐ Lapislazuli, 212, Sodalith, 216
- um andere, besonders um Angehörige — ☐ Turmalin, rot, 203
- durch psychischen Schock — ☐ Bergkristall, 178
- ständig ängstliche Gedanken — ☐ Roter Jaspis, 139

An seelische Blockaden An

Angst
- vor Alleinsein und Einsamkeit — ☐ Azurit-Malachit, 229, 349
- vor eigenen Gefühlen und Problemen — ☐ Fluorit, 264
- vor falschen Entscheidungen — ☐ Amethyst, 262, 341, Opal, 259
- vor Konflikten — ☐ Lapislazuli, 212, Sodalith, 216
- vor zu engem Kontakt — ☐ Saphir, blau, 220
- vor Kurzschlußhandlungen — ☐ Fluorit, 264
- vor Mißerfolg und Versagen — ☐ Bernstein, 155, Iolith, 240
- vor Überforderung — ☐ Rhodonit, 146
- vor Strafe — ☐ Edeltopas, 176 Naturcitrin, 187
- vorm Versagen durch wenig Selbstvertrauen — ☐ Bernstein, 155, Iolith, 240
- vor Verlust — ☐ Carneol, orange, 152
- davor durchzudrehen oder verrückt zu werden — ☐ Fluorit, 264
- vor der Begegnung mit dem eigenen Ich — ☐ Lapislazuli, 212
- irrationale Ängste vor irgendwelchem »Diffusem« — ☐ Apatit blau, 243
- vor Durchdrehen oder anderen etwas anzutun — ☐ Fluorit, 264
- vor der Wirklichkeit, Flucht in eine Traumwelt — ☐ Chrysopras, 163, Smaragd, 165
- vor Schmutz und Ansteckung bei Waschzwang — ☐ Schneeflockenobsidian, 195
- durch traumatische Kindheitserinnerungen — ☐ Eisenmeteorit, 624
- davor, ins Irrenhaus zu müssen; hysterisch — ☐ Fluorit, 264
- vor banalen, alltäglichen Dingen — ☐ Turmalin, schwarz, 224, Onyx, 227
- vor dem älter werden und dem Tod — ☐ Moldavit, 626
- davor, daß geliebten Mitmenschen etwas zustößt — ☐ Turmalin, rot, 203
- ängstigt sich übermäßig vor allem; Fahrstuhl etc. — ☐ Turmalin, schwarz, 224, Onyx, 227
- plötzliche, panische Todesangst — ☐ Mondstein, 256
- kommt vor Angst immer gleich ins Schwitzen — ☐ Turmalin, schwarz, 224, Onyx, 227
- die Kontrolle zu verlieren — ☐ Fluorit, 264
- hat immer sofort vor irgendetwas Angst — ☐ Turmalin, schwarz, 224, Onyx, 227

annehmen, kann nicht
- kann eigene Probleme nicht annehmen — ☐ Lapislazuli, 212
- Fehler und Ansichten anderer nicht akzeptieren — ☐ Türkis, 245, 314
- die eigene Persönlichkeit nicht akzeptieren — ☐ Feueropal, 319
- für mehr gegenseitiges Verständnis — ☐ Sugilith, 253
- kann sich selbst nicht vergeben, Selbstanklage — ☐ Naturcitrin, 187
- sein Äußeres annehmen, fühlt sich häßlich — ☐ Moldavit, 626

Anpassung
- paßt sich zu sehr an alle und alles an — ☐ Tigerauge, 182
- verlangt, daß sich andere andauernd ihm anpassen — ☐ Turmalin, grün, 193

Anspannung
- bei hohem inneren Druck, durch Selbstkontrolle — ☐ Fluorit, 264
- durch krampfhaftes Wollen, bei Hyperaktivität — ☐ Silberobsidian, 344, 344
- durch innere Aufgezogenheit, Ungeduld u. Streß — ☐ Sonnenstein, 141
- weil er alles 200%ig und besser machen will — ☐ Chalcedon, 218

Ansprüche
- stellt an sich zu hohe ästhetische Anforderungen — ☐ Türkis, 245, 314
- kümmert sich um alles, erwartet Dank und mehr — ☐ Carneol, orange, 152
- hat starre Prinzipien und zu hohe Ideale an sich — ☐ Turmalin, grün, 193
- erwartet rücksichtslos Erfüllung seiner Wünsche — ☐ Citrin, 157

Kapitel 17 - Alphabetischer Index (seelische Blockaden)

An   seelische Blockaden   Ar

Anstrengung
- will viel verdienen und nichts dafür tun — ☐ Chrysopras, 163, Smaragd, 165
- überfordert sich durch viele gleichzeitige Dinge — ☐ Carneol, rot, 207
- gibt alles, Arbeitstier, Kämpfer, gibt nicht auf — ☐ Amazonit, 250
- durch körperl. und seel. Erschöpfung, Burn-Out — ☐ Rubin, 133
- möchte am liebsten alles gleichzeitig machen — ☐ Chalcedon, 218
- macht alles gleichzeitig, verzettelt sich — ☐ Goldtopas, gelb, 159

Antriebsschwäche, antriebslos
- aus Motivationsmangel — ☐ Edeltopas, 176
- aus Resignation — ☐ Peridot, 169
- aus Erschöpfung — ☐ Rubin, 133
- weil man traurig oder deprimiert ist — ☐ Malachit, 234, 351
- wegen Träumerei und Abgehobenheit — ☐ Chrysopras, 163, Smaragd, 165
- weil man über Vergangenes grübelt — ☐ Hämatit, 205
- aus Kummer, Mutlosigkeit, Niedergeschlagenheit — ☐ Labradorit, 321
- aus dem Gefühl heraus, im Sumpf festzustecken — ☐ Moldavit, 626
- durch geistige Abwesenheit und Tagträumerei — ☐ Chrysopras, 163, Smaragd, 165
- aus Hoffnungslosigkeit und Verzweiflung — ☐ Falkenauge, 248
- aus chronischen Anlaufschwierigkeiten heraus — ☐ Edeltopas, 176
- durch Depressionen »wie aus heiterem Himmel« — ☐ Moosachat, 232, 335
- durch allgemeine Erschöpfung und Kraftlosigkeit — ☐ Rubin, 133

Apathie
- vegetiert mehr als er lebt — ☐ Moqui-Marbles, 267
- verliert den Bezug zur Gegenwart — ☐ Chrysopras, 163, Smaragd, 165
- hat sich vor Jahren schon mit allem abgefunden — ☐ Chrysokoll, 167, 327
- verfängt sich in Gespinsten und Phantasien — ☐ Chrysopras, 163, Smaragd, 165
- glaubt, sein Leben gelebt zu haben — ☐ Moqui-Marbles, 267
- aus melancholischer Auswegslosigkeit heraus — ☐ Falkenauge, 248
- glaubt, daß die Eltern an allem Schuld sind — ☐ Chrysokoll, 167, 327
- durch bedrückende Gefühle und Depressionen — ☐ Malachit, 234, 35
- fühlt sich matt, hat an nichts mehr Freude — ☐ Moqui-Marbles, 267
- hat keine Kraft mehr um etwas Positives zu sehen — ☐ Chrysokoll, 167, 327
- hat innerlich resigniert, kapituliert, sich aufgegeben — ☐ Moqui-Marbles, 267

Ärger, ärgern
- ärgert gerne andere; Zyniker — ☐ Sugilith, 253
- ärgert sich ewig über sich und eigene Fehler — ☐ Iolith, 240, Naturcitrin, 187
- ärgert sich ewig über sein Schicksal — ☐ Rosenquarz, 144, Achat, 148
- ärgert sich über andere und deren Gewohnheiten — ☐ Türkis, 245, 314
- versucht, seinen Ärger zu überspielen — ☐ Lapislazuli, 212
- ärgert und beschwert sich über Fehler anderer — ☐ Türkis, 245, 314
- unterdrückt seinen Ärger, kann nicht nein sagen — ☐ Tigerauge, 182
- schlichtet Ärger, Neid und Eifersucht — ☐ Sugilith, 253

Arroganz, arrogant
- wirkt so, weil man zurückhaltend ist — ☐ Saphir, blau, 220
- aus Unsicherheit heraus — ☐ Bernstein, 155, Iolith, 240
- hält andere Menschen für unfähig, für dumm — ☐ Citrin, 157
- aus Intoleranz heraus — ☐ Türkis, 245, 314
- ewiger Nörgler, weiß und kann alles besser — ☐ Türkis, 245, 314
- durch zynische u. überhebliche Umgangsformen — ☐ Versteinertes Mammutholz, 353

Ar seelische Blockaden Au

Arroganz, arrogant
- will immer nur seinen Willen durchsetzen — ☐ Citrin, 157
- ist zu stolz, distanziert sich, ist überheblich — ☐ Saphir, blau, 220

Asket
- gibt sich unnahbar — ☐ Blue-Moon, 619, 621
- verfolgt göttliche Ideale bis zum bitteren Ende — ☐ Turmalin, grün, 193
- unterwirft sich asketisch anderen, oder der Mode — ☐ Kunzit, rosa, 307

Asthma
- durch bedrückende, panische Angstzustände — ☐ Mondstein, 256
- lindert Todesangst, fördert Selbstheilungskräfte — ☐ Tektit, 628
- durch Schock oder traumatische Ereignisse — ☐ Bergkristall, 178,

aufbrausend, schnell
- generell — ☐ Goldtopas, orange, 185
- aus Ungeduld heraus — ☐ Sonnenstein, 141
- wenn andere nicht so funktionieren, wie man will — ☐ Citrin, 157
- steht ständig unter Druck, will aus d. Haut fahren — ☐ Fluorit, 264
- möchte anderen gerne eine reinwürgen — ☐ Sugilith, 253
- wenn andere langsamer sind — ☐ Sonnenstein, 141
- gegenüber den Eltern — ☐ Andenopal, blau, 347
- wenn man plötzlich unter Streß gerät — ☐ Apachentränen, 345

aufdringlich
- ist aufdringlich in seiner Hilfsbereitschaft — ☐ Carneol, orange, 152
- hängt permanent seine Lebensgeschichte ein — ☐ Azurit-Malachit, 229, 349
- möchte andauernd missionarisch belehren — ☐ Chalcedon, 218

aufgeben
- weil man schnell das Interesse verliert — ☐ Goldtopas, gelb, 159
- weil man nicht mehr kann, totale Resignation — ☐ Rubin, 133, Moqui-Marbles, 267
- neigt zur Selbstaufgabe — ☐ Peridot, 169, Falkenauge, 248
- es fällt schwer aufzugeben, kann nicht aufgeben — ☐ Amazonit, 250
- wegen vorzeitiger Entmutigung — ☐ Rhodonit, 146
- läßt sich aus Willensschwäche unterdrücken — ☐ Tigerauge, 182
- wegen Pessimismus und mangelnder Ausdauer — ☐ Rhodochrosit, 150, 328
- gibt schon vorher auf und erwartet Fehlschläge — ☐ Bernstein, 155
- stärkt das Durchhaltevermögen — ☐ Granat, rot, 339

aufgeregt
- ist schnell aufgeregt und aggressiv — ☐ Goldtopas, orange, 185
- regt sich andauernd über andere auf — ☐ Türkis, 245, 314
- weil ihm alles nicht schnell genug geht — ☐ Sonnenstein, 141
- aus Angst — ☐ Turmalin, schwarz, 224
- ist aufgeregt mit Panikgefühlen — ☐ Mondstein, 256
- beim Versuch, andere zu überzeugen — ☐ Chalcedon, 218
- unterdrückt seine Aufregung — ☐ Lapislazuli, 212, Sodalith, 216
- regt sich selten auf, bleibt ungerührt — ☐ Saphir, blau, 220

aufgeweckter, macht
- stärkt die Teilnahme am Hier und Jetzt — ☐ Chrysopras, 163, Smaragd, 165
- bei Burn Out und geistiger Antriebsschwäche — ☐ Edeltopas, 176

Au seelische Blockaden Au

aufgeweckter, macht
- verleiht mehr Frische und Ausdauer für den Tag ☐ Andenopal, grün, 333
- gegenüber Neuem, läßt auch besser abschalten ☐ Roter Jaspis, 139

Aufmerksamkeit, verlangt nach
- innerhalb der Familie ☐ Carneol, orange, 152
- braucht »Publikum« ☐ Azurit-Malachit, 229, 349
- scheint blind für eigene Fehler zu sein ☐ Topas, blau, 191

Aufmerksamkeit, verlangt nach
- erwartet Dankbarkeit, kümmert sich um alles ☐ Carneol, orange, 152
- fordert dauernd die Aufmerksamkeit anderer ☐ Azurit-Malachit, 229, 349
- kämpft, streitet und manipuliert andere ☐ Moosachat, 232, 335

Aufnahmefähigkeit
- kann nicht aus Fehlern oder Erfahrungen lernen ☐ Topas, blau, 191

aufopfernd
- opfert sich für andere auf, ist zu gutmütig ☐ Tigerauge, 182
- aufopfernd für Angehörige, macht sich abhängig ☐ Feueropal, 319
- ist übertrieben hilfsbereit, kann nicht nein sagen ☐ Tigerauge, 182
- tut alles für andere, um unentbehrlich zu sein ☐ Carneol, orange, 152
- opfert sich für Mutter oder Vater auf ☐ Andenopal, blau, 347
- arbeitet sich aus Pflichterfüllung auf ☐ Amazonit, 250
- aus Schuldgefühlen, hat Angst zu versagen ☐ Naturcitrin, 187
- will andere andauernd belehren oder beschützen ☐ Turmalin, rot, 203

aufrichtig
- lügt chronisch oder grundlos ☐ Feuerachat, 323
- mehr Aufrichtigkeit gegenüber sich selbst ☐ Andenopal, blau, 347

aufschieben
- neigt dazu, seine Arbeiten immer aufzuschieben ☐ Edeltopas, 176
- neigt dazu, Entscheidungen vor sich herzuschieben ☐ Amethyst, 262, 341, Opal, 259

aufstehen
- Morgenmuffel, leidet unter Antriebsschwäche ☐ Edeltopas, 176
- träumt den ganzen Tag abwesend vor sich hin ☐ Chrysopras, 163, Smaragd, 165
- vertreibt geistige Müdigkeit und Melancholie ☐ Andenopal, grün, 333
- fällt schwer, weil man ausgepowert u. erschöpft ist ☐ Rubin, 133

Ausdauer
- gibt mehr, lindert eine pessimistische Einstellung ☐ Rhodochrosit, 150, 328
- macht Mut, gibt Kraft für Auseinandersetzungen ☐ Blutachat, 337
- macht anderen was vor, kann's nicht einhalten ☐ Feuerachat, 323
- hält durch bis zur totalen Erschöpfung ☐ Amazonit, 250
- keine Ausdauer, macht alles nur nach Lust, Laune ☐ Aquamarin, 237, 238
- will alles gleichzeitig machen, verliert die Übersicht ☐ Goldtopas, gelb, 159

Ausdrucksweise
- stößt andere durch falschen Ton vor den Kopf ☐ Versteinertes Mammutholz, 353
- verschafft liebevollere Umgangsformen ☐ Versteinertes Mammutholz, 353
- ist andauernd bissig, schnippisch u. kaltschnäutzig ☐ Tektit, 628
- ist sehr oberflächlich und hört nicht zu ☐ Versteinertes Mammutholz, 353
- traut sich nicht, etwas zu sagen; Selbstvertrauen ☐ Bernstein, 155, Iolith, 240

Au   seelische Blockaden   Au

Ausdrucksweise
- ist abweisend, zynisch und feindselig — ☐ Tektit, 628

Auseinandersetzung
- überspielt Ärger mit Witz u. falscher Fröhlichkeit — ☐ Lapislazuli, 212, Sodalith, 216
- vermeidet A., weil er immer beliebt sein will — ☐ Hiddenit, 309, Tigerauge, 182
- kann sich nur mit materiellen Dingen befassen — ☐ Atlantisstein, 317
- ist konfliktscheu und flieht vor Problemen — ☐ Blutachat, 337
- ist aggressiv und sucht die Konfrontation — ☐ Apachentränen, 345
- empfindet andere als lästig, macht alles allein — ☐ Saphir, blau, 220
- flüchtet in Selbstmitleid oder Heulerei — ☐ Blutachat, 337
- hat's nie gelernt, alles wurde ihm nachgetragen — ☐ Blutachat, 337
- fürchtet jegliche Art der Auseinandersetzung — ☐ Blutachat, 337
- schiebt Unangenehmes bis zuletzt auf — ☐ Blutachat, 337

ausgelaugt, fühlt sich
- kann sich über nichts mehr freuen — ☐ Rubin, 133
- weil man zu hilfsbereit und gutmütig ist — ☐ Tigerauge, 182, Hiddenit, 309
- fühlt sich zu müde zu allem — ☐ Rubin, 133
- gibt trotz Erschöpfung nicht auf, Workaholic — ☐ Amazonit, 250
- alles ist zu viel, will nur noch schlafen — ☐ Rubin, 133
- weil man zu engagiert ist — ☐ Chalcedon, 218
- richtet zu große Anforderung an sich selbst — ☐ Naturcitrin, 187
- weil man alles 150%ig machen möchte — ☐ Turmalin, grün, 193
- fühlt sich niedergeschlagen, bedrückt, kraftlos — ☐ Labradorit, 321
- übernimmt die Pflichten anderer mit — ☐ Amazonit, 250
- durch Krankheit, Erschöpfung, Überanstrengung — ☐ Rubin, 133
- bei Burn Out und totaler Erschöpfung — ☐ Tektit, 629
- total erschöpft, am Ende seiner Kräfte — ☐ Rubin, 133

ausgeliefert, fühlt sich
- ungerecht behandelt; durch Selbstmitleid — ☐ Rosenquarz, 144, Achat, 148

ausgleichend
- beruhigend und ausgleichend auf die Seele — ☐ Silberobsidian, 344
- bei hoher Nervenbelastung, Verbissenheit — ☐ Andenopal, rosa, 331

ausnutzen
- läßt sich leicht von anderen ausnutzen — ☐ Tigerauge, 182
- fühlt sich andauernd ausgenutzt — ☐ Carneol, orange, 152

Außenseiter
- macht alles allein, lebt abseits — ☐ Saphir, blau, 220

Ausweglosigkeit
- durch emotionale Bedrückung, Überlastung — ☐ Labradorit, 321
- sieht sich im Lebensabschnitt gefangen, sinnlos — ☐ Granat, rot, 339
- glaubt, wahnsinnig zu werden u. durchzudrehen — ☐ Fluorit, 264
- findet alles an sich ausweglos, hoffnungslos — ☐ Falkenauge, 248
- durch Isolation, Angst vor Unfähigkeit — ☐ Eisenmeteorit, 624
- durch tiefe Verzweiflung, seine Grenzen erreicht — ☐ Tansanit, 210
- sieht keinen Sinn mehr im Leben, Resignation — ☐ Chrysokoll, 167, 327
- weiß nicht mehr, wie es weitergehen soll — ☐ Moqui-Marbles, 267

Kapitel 17 - Alphabetischer Index (seelische Blockaden)

Au seelische Blockaden Be

autoritär
- aufgrund missionarischer Überzeugung — ☐ Chalcedon, 218
- läßt keinen Widerspruch zu — ☐ Citrin, 157
- läßt sich unterdrücken, ausnutzen — ☐ Hiddenit, 309, Tigerauge, 182
- hörig, unfähig, eigene Entscheidungen zu treffen — ☐ Opal, 259
- kann sich bei seinen Eltern nicht durchsetzen — ☐ Andenopal, blau, 347
- Macho-Gehabe, andauernd kampflustig — ☐ Apachentränen, 345
- zwängt anderen tyrannisch seinen Willen auf — ☐ Citrin, 157
- schützt vor bevormundenden Einflüssen — ☐ Jade, 199

bagatellisieren, neigt zum
- der eigenen Probleme vor anderen — ☐ Lapislazuli, 212, Sodalith, 216
- der eigenen Leistungen — ☐ Bernstein, 155, Iolith, 240

bedrückt
- verbirgt sein wahres Ich hinter einer Maske — ☐ Lapislazuli, 212, Sodalith, 216
- leidet an inneren Sorgen und Qualen — ☐ Lapislazuli, 212, Sodalith, 216
- durch ungelöste emotionale Konflikte — ☐ Labradorit, 321
- weil andere seinen guten Rat nicht annehmen — ☐ Carneol, orange, 152
- weil er sich nur mit seinen Problemen befaßt — ☐ Azurit-Malachit, 229, 349
- durch übermäßiges sich sorgen um Angehörige — ☐ Turmalin, rot, 203
- durch negative Gedanken, kann nicht abschalten — ☐ Roter Jaspis, 139

Bedürfnisse
- vernachlässigt sich zugunsten anderer — ☐ Hiddenit, 309, Tigerauge, 182
- lebt streng nach fremden Prinzipien, Vorschriften — ☐ Turmalin, grün, 193

beeinflussen, will andere
- durch besondere Fürsorglichkeit — ☐ Carneol, orange, 152
- durch sein autoritäres Auftreten — ☐ Citrin, 157
- mit missionarischem Eifer — ☐ Chalcedon, 218

beeinflußbar, fühlt sich, ist, wird
- gerät durch andere leicht auf die schiefe Bahn — ☐ Jade, 199
- zu schwach, »nein« sagen zu können — ☐ Tigerauge, 182
- läßt sich leicht verunsichern — ☐ Jade, 199
- traut seiner eigenen Meinung nicht — ☐ Amethyst, 262, 341, Opal, 259
- glaubt den Durchbruch nie zu schaffen — ☐ Jade, 199
- weil man sich unfähig fühlt, hat's nicht verdient — ☐ Bernstein, 155, Iolith, 240
- schafft es nicht, sich abzunabeln, loszulassen — ☐ Jade, 199
- lebt zu wenig im Augenblick — ☐ Chrysopras, 163, Smaragd, 165
- weiß, daß es ihm schadet, tut's aber trotzdem — ☐ Jade, 199
- weil man für jede Ablenkung dankbar ist — ☐ Lapislazuli, 212, Sodalith, 216
- wenn man sich emotional lösen muß — ☐ Jade, 199
- mangels Willenskraft, um anerkannt zu sein — ☐ Hiddenit, 309, Tigerauge, 182
- immer kommt irgendwas dazwischen — ☐ Jade, 199
- ist von der Meinung anderer stark beeinflußbar — ☐ Opal, 259
- hat sich längst entschlossen, wartet dennoch ab — ☐ Jade, 199
- läßt sich andauernd Unfähigkeit einreden — ☐ Bernstein, 155
- durch dominante Bezugspersonen, Dr.-Titel — ☐ Jade, 199
- läßt sich schnell von Ideen anderer überzeugen — ☐ Jade, 199
- läßt sich durch Skeptiker verunsichern — ☐ Jade, 199
- hat innerlich doch noch nicht abgeschlossen — ☐ Jade, 199

Be seelische Blockaden Be

beeinflußbar, fühlt sich, ist, wird
- kann sich von alten Gewohnheiten nicht trennen ☐ Jade, 199
- ist trotz Trennung noch vom Ex-Partner gebannt ☐ Jade, 199
- leidet unter dem Schatten der Vergangenheit ☐ Jade, 199

Befürchtungen
- überspielt innere Furcht durch Heiterkeit ☐ Lapislazuli, 212, Sodalith, 216
- hat dunkle Ahnungen und Befürchtungen ☐ Apatit blau, 243
- befürchtet immer im Voraus das Schlechteste ☐ Rhodonit, 146
- Angst, nie mehr gesund zu werden, hoffnungslos ☐ Falkenauge, 248

Begeisterung
- um längst fällige Dinge erledigen zu können ☐ Moldavit, 626
- für neue Wege, loslassen alter Gewohnheiten ☐ Moldavit, 626
- lindert Fanatismus ☐ Turmalin, grün, 193
- mehr; z.B. bei starken Stimmungsschwankungen ☐ Aquamarin, 237, 238
- bei übermäßiger Beg., vernachlässigt alles andere ☐ Chalcedon, 218

beherrscht
- andere durch dauerndes Kümmern u. Bemuttern ☐ Carneol, orange, 152
- unbeherrscht durch Aggressionen und Jähzorn ☐ Sugilith, 253
- mischt sich andauernd in fremde Dinge ein ☐ Sonnenstein, 141
- ist hart gegen sich und andere; hat sture Prinzipien ☐ Turmalin, grün, 193
- andere durch offene Dominanz u. Unterdrückung ☐ Citrin, 157

beklagen
- über scheinbare Ungerechtigkeiten anderer ☐ Rosenquarz, 144, Achat, 148
- über fehlende Dankbarkeit dafür was man getan hat ☐ Carneol, orange, 152

belastbar, fühlt sich nicht, ist nicht
- weil man seelisch und körperlich erschöpft ist ☐ Rubin, 133
- weil die geistige Spannkraft fehlt ☐ Edeltopas, 176
- weil man verzweifelt ist ☐ Tansanit, 210
- geht Konflikten kategorisch aus dem Weg ☐ Blutachat, 337
- spielt den Unermüdlichen trotz Erschöpfung ☐ Amazonit, 250
- ist emotional ausgebrannt und erschöpft ☐ Rubin, 133
- bei schwersten Schicksalsschlägen ☐ Granat, rot, 339
- an der Grenze des Belastbaren, ist verzweifelt ☐ Roter Jaspis, 139

beleidigt, ist leicht
- weil man Dank vermißt ☐ Carneol, orange, 152
- weil man sich zurückgesetzt fühlt ☐ Rosenquarz, 144, Achat, 148

benachteiligt, fühlt sich
- hat Angst, er kommt zu kurz, ist geizig ☐ Rhodochrosit, 150, 328
- vom Schicksal, jammert, nörgelt u. klagt ständig ☐ Rosenquarz, 144, Achat, 148

berechnend
- schaut nur auf seinen Vorteil ☐ Azurit-Malachit, 229, 349
- manipuliert andere zu seinem Vorteil ☐ Carneol, orange, 152

Berufsentscheidung
- ist unentschlossen, kann sich nicht entscheiden ☐ Goldtopas, gelb, 159
- kommt nicht vorwärts, hat Angst vor Neuem ☐ Jade, grün 199

Be — seelische Blockaden — Be

beruhigend
- für jene, die alles gleichzeitig machen wollen — ☐ Sonnenstein, 141
- bei viel Hektik und Chaos; gibt Überblick — ☐ Azurit, 312
- bei Schlafstörungen, Nerven liegen blank — ☐ Andenopal, rosa, 331
- nach Schock und schlimmen Erlebnissen — ☐ Bergkristall, 178

beschäftigen
- kann sich nicht alleine beschäftigen — ☐ Azurit-Malachit, 229, 349
- beschäftigt sich am liebsten alleine — ☐ Saphir, blau, 220
- ist beschäftigt, um sich abzulenken — ☐ Lapislazuli, 212, Sodalith, 216
- ist ständig immer beschäftigt, hat nie Zeit — ☐ Sonnenstein, 141

Bescheidenheit
- ist überkritisch und will trotzdem das Beste — ☐ Türkis, 245, 314
- weil er sich selbst zu wenig zutraut — ☐ Bernstein, 155
- ist äußerst genügsam, geizt mit sich selbst — ☐ Bernstein, 155, Naturcitrin, 187
- ist egozentrisch, maßlos, hemmungslos — ☐ Andenopal, blau, 347

beschmutzt, fühlt sich — ☐ Schneeflockenobsidian, 195

beschuldigt andere
- hat nie Schuld, sucht Schuld immer bei anderen — ☐ Rhodochrosit, 150, 328
- übernimmt keine Verantwortung für sich selbst — ☐ Rosenquarz, 144, Achat, 148

Besitzdenken
- glaubt, Partner sei sein Eigentum — ☐ Rhodochrosit, 150, 328
- kann ohne den Partner nicht sein, nicht Leben — ☐ Rhodochrosit, 150, 328
- Angst vor allein sein, Trennungsängste — ☐ Rhodochrosit, 150, 328
- macht Liebe von Erwartungen abhängig — ☐ Rhodochrosit, 150, 328
- glaubt, Liebe kaufen oder bestimmen zu können — ☐ Rhodochrosit, 150, 328
- glaubt, durch Seminare zur Liebe zu finden — ☐ Andenopal, rosa, 331
- glaubt an die 10 Tips zur Liebe; zum Orgasmus — ☐ Andenopal, rosa, 331
- kämpft um Liebe, Zuwendung, Aufmerksamkeit — ☐ Moosachat, 232, 335
- behandelt Partner wie Statue oder Gegenstand — ☐ Blutachat, 337

besitzergreifend
- identifiziert sich völlig mit anderen; Abhängigkeit — ☐ Feueropal, 319
- fordert uneingeschränkte Aufmerksamkeit — ☐ Carneol, orange, 152
- spielt andauernd den Macho und Helden — ☐ Carneol, orange, 152
- braucht immer einen Zuhörer, redet nur von sich — ☐ Azurit-Malachit, 229, 349
- lädt auf anderen seinen emotionalen Müll ab — ☐ Azurit-Malachit, 229, 349
- kann sich von nichts trennen, hebt jeden Müll auf — ☐ Rhodochrosit, 150, 328

besorgt sein
- um das Verhalten Angehöriger — ☐ Carneol, orange, 152
- extreme Angst um Angehörige — ☐ Turmalin, rot, 203
- um das eigene Wohl — ☐ Turmalin, grün, 193
- daß man zu »kurz« kommt — ☐ Azurit-Malachit, 229, 349
- um Kleinigkeiten — ☐ Schneeflockenobsidian, 195

besser wissen
- ist von seinen Ideen überzeugt — ☐ Chalcedon, 218
- ist sehr genau, hält andere für unfähig — ☐ Citrin, 157
- will vor anderen angeben — ☐ Azurit-Malachit, 229, 349
- weiß das Beste für Angehörige — ☐ Carneol, orange, 152

Be seelische Blockaden Ch

bestätigen, will sich — ☐ Bernstein, 155, Iolith, 240

Bett, findet abends nicht ins
- zu aufgewühlt, kommt nicht zur Ruhe — ☐ Chalcedon, 218

bettnässen
- für mehr Gefühl der inneren Funktionen — ☐ Schneeflockenobsidian, 195
- durch übergroße innere Sorgen — ☐ Amethyst, 262, 341
- durch zu wenig Vertrauen und Selbstvertrauen — ☐ Bernstein, 155
- aus Angst vor schlechten Noten oder den Eltern — ☐ Turmalin, schwarz, 224, Onyx, 227
- durch Schuldgefühle oder schlechtes Gewissen — ☐ Naturcitrin, 187

Beweglichkeit
- geistig träge, kann sich nicht auf Neues einlassen — ☐ Hämatit, 205
- geistig träge, hängt an der Vergangenheit — ☐ Hämatit, 205
- denkt nur materiell, kann nicht spirituell fühlen — ☐ Türkis, 245, 314, Atlantisstein, 317
- ist durch starre Prinzipien völlig unbeweglich — ☐ Turmalin, grün, 193

Beziehungsprobleme
- Probleme, den Partner verstehen zu können — ☐ Moquis, 267, Turalingam´s, 276
- mehr Verständnis für die Bedürfnisse d. Partners — ☐ Mondstein, 256, Moqui-Marbles, 267
- verhilft dazu, sich dem Partner öffnen zu können — ☐ Lapislazuli, 212, Sodalith, 216
- bei Überidentifikation mit dem Partner; engt ihn ein — ☐ Feueropal, 319
- bei Liebeskummer, Trennung; auch durch Tod — ☐ Feueropal, 319
- verletzt andauernd durch seine Ausdrucksweise — ☐ Versteinertes Mammutholz, 353
- will den anderen zu stark an sich binden — ☐ Carneol, orange, 152
- bei Haß, Neid, Eifersucht; gibt mehr Liebe — ☐ Sugilith, 253
- geizt, kann weder materiell noch emotional teilen — ☐ Rhodochrosit, 150, 328
- Angst vor Intimität u. Nähe; nach sex. Mißbrauch — ☐ Rote Koralle, 325
- kann kein Vertrauen zum Partner aufbauen — ☐ Saphir, blau, 220

Biorhythmus — ☐ Mondstein, 256

bitten
- kann keine Bitte abschlagen — ☐ Tigerauge, 182
- möchte um nichts bitten, um nicht danken zu müssen — ☐ Saphir, blau, 220

blockiert
- fühlt sich wie blockiert — ☐ Bergkristall, 178
- durch seelische Verletzungen, Schock — ☐ Bergkristall, 178

Burn-Out
- total am Ende seiner Kräfte, wie ausgewrungen — ☐ Rubin, 133
- zu müde, um noch irgendwas tun zu können — ☐ Rubin, 133
- will nur noch schlafen; keine Lebensenergie mehr — ☐ Rubin, 133
- körperlich und geistig total ausgelaugt, erschöpft — ☐ Rubin, 133

Chaos
- inneres, das hinter einer Maske verborgen wird — ☐ Lapislazuli, 212, Sodalith, 216
- kurz davor, durchzudrehen, hysterisch — ☐ Fluorit, 264
- anderer überträgt sich hektisch auf einen selbst — ☐ Azurit, 312

cholerisch
- schimpft sofort — ☐ Goldtopas, or., 185, Sugilith, 253
- streitsüchtig, reagiert rücksichtslos, aufbrausend — ☐ Apachentränen, 345

De　　　　　　seelische Blockaden　　　　　　De

Demut
- ist Obrigkeitshörig, bestaunt demütig andere　　☐ Türkis, 245, 314
- hat starke Schuldgefühle, klagt sich selbst an　　☐ Naturcitrin, 187
- ist aus fehlendem Respekt andauernd aggressiv　　☐ Apachentränen, 345

depressiv
- bei Schwierigkeiten und Rückschlägen　　☐ Rhodochrosit, 150, 328
- weil man glaubt, nicht gut genug zu sein　　☐ Naturcitrin, 187
- wegen unerklärlicher Ängste　　☐ Apatit blau, 243, Mondstein, 256
- weil einem das Leben sinnlos erscheint　　☐ Goldtopas, gelb, 159
- weil man sich nicht entscheiden kann　　☐ Amethyst, 262, 341, Opal, 259
- weil man völlig ratlos ist　　☐ Amethyst, 262, 341, Opal, 259
- weil man sich immer unterlegen fühlt　　☐ Bernstein, 155, Iolith, 240
- traurige Erinnerungen lassen einen nicht los　　☐ Hämatit, 205
- fühlt sich abgelehnt, einsam, verlassen　　☐ Azurit-Malachit, 229, 349
- weil man sich total erschöpft fühlt　　☐ Rubin, 133
- weil man sich nicht genug geliebt fühlt　　☐ Carneol, orange, 152
- resigniert, ohne Interesse　　☐ Peridot, 169
- mit Verbitterung　　☐ Rosenquarz, 144, Achat, 148
- mit Verzweiflungsgefühlen　　☐ Tansanit, 210
- durch noch nicht verarbeiteten Kummer　　☐ Bergkristall, 178
- durch Schuldgefühle　　☐ Regenbogenobsidian, 355
- durch unterdrückte Aggressionen　　☐ Goldtopas, or., 185, Sugilith, 253
- durch Sorgen um Angehörige　　☐ Turmalin, rot, 203
- durch Verlust von Nahestehenden　　☐ Bergkristall, 178
- wie in einer schwarzen Wolke　　☐ Moosachat, 232, 335
- ohne erkennbaren Grund　　☐ Chrysopras, 163
- durch ungelöste emotionale Konflikte　　☐ Labradorit, 321
- gibt schon im Voraus negativ und enttäuscht auf　　☐ Rhodochrosit, 150, 328
- hoffnungslos durch chronische Schmerzen　　☐ Falkenauge, 248
- erwartet den Mißerfolg, versucht's erst gar nicht　　☐ Bernstein, 155
- kann nicht über den Tellerrand hinausblicken　　☐ Eisenmeteorit, 624
- durch dunkle Wolken, ohne erkennbare Ursache　　☐ Moosachat, 232, 335
- kann sich selbst nicht leiden oder verzeihen　　☐ Naturcitrin, 187
- durch tiefe Verzweiflung und seelische Not　　☐ Tansanit, 210
- durch nicht abstellbare, quälende Gedanken　　☐ Roter Jaspis, 139
- durch Unsicherheit über den eigenen Lebensweg　　☐ Goldtopas, gelb, 159
- hat den Lebenssinn verloren, kann, will nicht mehr　　☐ Moqui-Marbles, 267
- fühlt sich andauernd betrogen und benachteiligt　　☐ Rosenquarz, 144, Achat, 148
- sporadisch, ohne erkennbare Ursache　　☐ Moosachat, 232, 335
- empfindet plötzlich starke innere Traurigkeit　　☐ Malachit, 234, 351

desinteressiert
- weil man lieber vor sich hin träumt　　☐ Chrysopras, 163, Smaragd, 165
- weil man zum Grübeln neigt　　☐ Hämatit, 205
- weil man erschöpft ist　　☐ Rubin, 133
- kreist im Gedankenkarussell　　☐ Roter jaspis, 139

destruktiv
- weil er glaubt, daß nur andere Schuld haben　　☐ Rosenquarz, 144, Achat, 148

De seelische Blockaden Du

destruktiv
- mit Verbitterung — ☐ Rosenquarz, 144, Achat, 148
- durch ständige Schuldgefühle — ☐ Naturcitrin, 187
- mit Selbstmordgedanken — ☐ Fluorit, 264

dickköpfig
- hat immer das letzte Wort, weiß alles besser — ☐ Türkis, 245, 314, Atlantisstein, 317
- will tyrannisch seinen Willen durchsetzen — ☐ Citrin, 157

dienen
- übertrieben hilfsbereit, läßt sich ausbeuten — ☐ Hiddenit, 309, Tigerauge, 182
- um andere emotional beeinflussen zu können — ☐ Carneol, orange, 152

diplomatisch, ist wenig oder nicht
- aus Ungeduld — ☐ Sonnenstein, 141
- weil man zu direkt ist; Holzfällermentalität — ☐ Turmalin, grün, 193
- weil man sich immer im Recht glaubt — ☐ Citrin, 157

Distanz
- greift in anderer Menschen Intimsphäre ein — ☐ Feueropal, 319
- weil er sich niemandem anvertrauen kann — ☐ Saphir, blau, 220
- duldet nicht, wenn sich andere einmischen — ☐ Saphir, blau, 220
- will andere mit seinen Problemen nicht belasten — ☐ Saphir, blau, 220
- will alles alleine machen, braucht keine Hilfe — ☐ Saphir, blau, 220
- fühlt sich anderen gegenüber überlegen — ☐ Saphir, blau, 220
- möchte sich von allem am liebsten zurückziehen — ☐ Saphir, blau, 220

diszipliniert
- ist diszipliniert sich selbst gegenüber — ☐ Turmalin, grün, 193
- verlangt absolute Disziplin von anderen — ☐ Citrin, 157
- ist zu wenig diszipliniert — ☐ Chrysopras, 163, Smaragd, 165

dunkle Seite
- versteckt wahres Ich hinter einer Maske — ☐ Lapislazuli, 212, Sodalith, 216
- überspielt seine Probleme vor anderen — ☐ Lapislazuli, 212, Sodalith, 216
- sein Innerstes geht niemanden etwas an — ☐ Lapislazuli, 212, Sodalith, 216

durchdrehen
- hat Angst davor, durchzudrehen, evtl. hysterisch — ☐ Fluorit, 264
- fühlt sich kurz vor dem Durchdrehen — ☐ Fluorit, 264

Durchhaltevermögen, zu wenig
- weil man zu sprunghaft ist — ☐ Aquamarin, 237, 238
- verliert zu schnell das Interesse — ☐ Goldtopas, gelb, 159
- gibt bei Mißerfolgen sofort auf; Pessimist — ☐ Rhodonit, 146
- gibt bei geringsten Widerständen sofort auf — ☐ Rhodochrosit, 150, 328
- aus Furcht vor Konflikten, steckt Kopf in den Sand — ☐ Blutachat, 337
- launisch, kann nichts zu Ende bringen — ☐ Aquamarin, 237, 238
- aus Sinnlosigkeit, hat keine Kraft mehr — ☐ Chrysokoll, 167, 327

Durchhaltevermögen, zu viel
- weil man Angst hat, Schwäche zu zeigen — ☐ Amazonit, 250
- durch fanatisches Engagement — ☐ Chalcedon, 218
- weil man an seinen Prinzipien festhält — ☐ Turmalin, grün, 193
- weil man seine Macht beweisen möchte — ☐ Citrin, 157
- kann nicht aufgeben, arbeitet bis zum Umfallen — ☐ Amazonit, 250

Du　　　　seelische Blockaden　　　　Eg

durchsetzen, fällt schwer
- traut der eigenen Meinung nicht — ☐ Amethyst, 262, 341, Opal, 259
- weil man keine Konflikte mag — ☐ Lapislazuli, 212, Sodalith, 216
- man fühlt sich immer unterlegen — ☐ Bernstein, 155, Iolith, 240
- will andere nicht verletzen, kann nicht nein sagen — ☐ Tigerauge, 182
- verhilft zur längst fälligen Veränderung — ☐ Moldavit, 627
- nimmt die Angst vor Neuem — ☐ Jade, 199 grün
- kann nicht nein sagen, läßt sich ausnutzen — ☐ Hiddenit, 309, Tigerauge, 182
- kann sich überhaupt nicht durchsetzen — ☐ Hiddenit, 309, Tigerauge, 182
- mangels Selbstvertrauen, glaubt nicht an sich — ☐ Bernstein, 155
- scheut Konflikte, gibt lieber vorher klein bei — ☐ Blutachat, 337
- bestärkt gegen dominante Einflüsse — ☐ Jade, grün 199

durchsetzen, will sich
- ohne wenn und aber — ☐ Citrin, 157
- vorsichtig und subtil — ☐ Carneol, orange, 152
- ist ungehalten, tyrannisch und rücksichstlos — ☐ Citrin, 157
- ist aggressiv, streitet, schreit, kämpft sich durch — ☐ Apachentränen, 345

egoistisch, zu stark
- versteckt sich hinter guter Miene — ☐ Carneol, orange, 152
- mit dem Gefühl, zu kurz zu kommen — ☐ Rosenquarz, 144, Achat, 148
- denkt nur an sich und das eigene Image — ☐ Azurit-Malachit, 229, 349
- zu sehr auf die eigenen Ideen fixiert — ☐ Chalcedon, 218
- zu selbstgerecht, ohne Selbstzweifel — ☐ Citrin, 157
- nörgelt an allem herum, nur er selbst hat recht — ☐ Türkis, 245, 314, Larimar, 317
- setzt andere emotional unter Druck — ☐ Regenbogenobsidian, 355
- kann nicht allein sein, braucht ständig Zuhörer — ☐ Azurit-Malachit, 229, 349
- ist zu berechnend, gefühlskalt, erfolgsorientiert — ☐ Tektit, 628
- ist egozentrisch und aggressiv — ☐ Andenopal, blau, 347
- vereinnahmt andere für sich — ☐ Feueropal, 319
- akzeptiert überkritisch und intolerant nur sich — ☐ Türkis, 245, 314, Larimar, 317
- streitet um alles, will sich immer durchsetzen — ☐ Apachenträne, 345, Citrin, 157

egoistisch, zu wenig
- aus mangelndem Willen — ☐ Tigerauge, 182
- durch zu geringe Selbsteinschätzung — ☐ Bernstein, 155, Iolith, 240
- tut sich selbst leid; macht andere verantwortlich — ☐ Rosenquarz, 144, Achat, 148

egozentrisch
- erwartet von anderen die volle Zuwendung — ☐ Carneol, orange, 152
- kann das Alleinsein nicht ausstehen — ☐ Azurit-Malachit, 229, 349
- selbstmitleidig, wenn er nicht kriegt was er will — ☐ Carneol, orange, 152
- braucht viel Publikum — ☐ Azurit-Malachit, 229, 349
- redet anderen gerne ein schlechtes Gewissen ein — ☐ Carneol, orange, 152
- will mit jedem über seine Probleme sprechen — ☐ Azurit-Malachit, 229, 349
- hat ständig was zu bemängeln, richtig zu stellen — ☐ Carneol, orange, 152
- nimmt sich sehr wichtig; nur seine Probleme zählen — ☐ Azurit-Malachit, 229, 349
- will nur wissen, was für ihn dabei herausschaut — ☐ Carneol, orange, 152
- reißt Gespräche an sich, lenkt alles auf sich — ☐ Azurit-Malachit, 229, 349
- kann nicht vergeben und vergessen — ☐ Carneol, orange, 152
- übertreibt andauernd in seinen Schilderungen — ☐ Carneol, orange, 152

Eg seelische Blockaden Ei

egozentrisch
- ist maßlos enttäuscht über Undankbarkeit anderer ☐ Carneol, orange, 152
- redet nur von sich, kümmert sich nicht um andere ☐ Azurit-Malachit, 229, 349

ehrgeizig, zu sehr
- mit starken Autoritätsansprüchen ☐ Citrin, 157
- will alles perfekt machen ☐ Turmalin, grün, 193
- möchte andere missionarisch bekehren ☐ Chalcedon, 218
- will ständig beweisen, daß man gut ist ☐ Bernstein, 155, Iolith, 240
- kämpft nur um gesellschaftliche Anerkennung ☐ Azurit-Malachit, 229, 349
- krankhaft, rackert bis zur Erschöpfung ☐ Amazonit, 250
- will andauernd nur das Beste für andere ☐ Carneol, orange, 152
- will andere auf den richtigen Weg bringen ☐ Carneol, orange, 152
- hat nur ein Ziel im Kopf, will hoch hinaus ☐ Amethyst, 262, 341
- will alles perfekt und schnell machen ☐ Sonnenstein, 141
- stellt höchste Anforderungen an sich und andere ☐ Turmalin, grün, 193
- macht 200%ig, wovon er gerade begeistert ist ☐ Chalcedon, 218
- läßt nur den eigenen Willen gelten; Ja-Aber-Typ ☐ Citrin, 157
- fängt 100 Dinge gleichzeitig an, findet kein Ende ☐ Goldtopas, gelb, 159

ehrgeizig, zu wenig
- lebt lieber in seinen »Luftschlössern« ☐ Chrysopras, 163, Smaragd, 165
- hat resigniert ☐ Peridot, 169
- glaubt sowieso nicht an einen Erfolg ☐ Bernstein, 155, Iolith, 240

Ehrlichkeit
- ist nicht ehrlich zu sich selbst, lebt hinter Maske ☐ Lapislazuli, 212, Sodalith, 216
- flieht vor der Realität in Sekten, Drogen, Literatur ☐ Opal, 259
- kann sich nicht richtig einschätzen, ist launisch ☐ Feuerachat, 323

eifersüchtig
- verdächtigt und beschuldigt andere leichtfertig ☐ Sugilith, 253
- grundlos, durch chronisches Mißtrauen ☐ Chrysokoll, 167, 327, Blutachat 337
- ist frustriert und unglücklich, weiß nicht warum ☐ Sugilith, 253
- mit aggressiven Gefühlen ☐ Goldtopas, or., 185, Sugilith, 253
- mit Verbitterung ☐ Rosenquarz, 144, Achat, 148
- verlangt permanente Zuwendung vom Partner ☐ Carneol, orange, 152
- aus mangelndem Vertrauen oder Selbstvertrauen ☐ Sugilith, 253
- durch starke Verlustängste ☐ Feueropal, 319
- besitzergreifend, möchte andere für sich allein ☐ Carneol, orange, 152
- bei starker innerer Eifersucht, Neid oder Haß ☐ Sugilith, 253
- auf das Aussehen, Leben und Tun anderer ☐ Rosenquarz, 144, Achat, 148
- mißtrauisch, schadenfreudig, neidisch ☐ Sugilith, 253

eigensinnig
- fühlt sich immer im Recht ☐ Citrin, 157
- kann seine sturen Prinzipien nicht aufgeben ☐ Turmalin, grün, 193
- kann seine Arbeit nicht aufgeben ☐ Amazonit, 250

Einfühlungsvermögen
- kritisiert dauernd, sieht nur die Fehler anderer ☐ Türkis, 245, 314, Atlantisstein, 317
- vergreift sich oft im Ton, ist verletzend ☐ Versteinertes Mammutholz, 353
- hört nicht zu, befaßt sich nur mit seinem Problem ☐ Azurit-Malachit, 229, 349
- ist verkrampft, verhärtet, voller Komplexe ☐ Tektit, 628

Kapitel 17 - Alphabetischer Index (seelische Blockaden)

Ei   seelische Blockaden   Ei

Einfühlungsvermögen
- zuviel E., ist ständig immer nur um andere besorgt ☐ Turmalin, rot, 203

eingebildet, siehe arrogant

einsam, fühlt sich
- weil Freunde sich nicht melden ☐ Azurit-Malachit, 229, 349
- weil sich die Kinder nicht melden ☐ Carneol, orange, 152
- zieht sich aus Erschöpfung zurück ☐ Rubin, 133
- glaubt anderen nicht zu genügen ☐ Naturcitrin, 187
- erzählt jedem die Story seines Lebens ☐ Azurit-Malachit, 229, 349

einsam, wird
- kann andere nicht um Hilfe bitten ☐ Saphir, blau, 220
- aus Ungeduld anderen gegenüber ☐ Sonnenstein, 141
- weil man sich oft egoistisch verhält ☐ Azurit-Malachit, 229, 349
- zieht sich bevorzugt allein zurück ☐ Saphir, blau, 220
- weil Ordnung und Sauberkeit zu wichtig ist ☐ Schneeflockenobsidian, 195
- weil man häufig depressiv ist ☐ Moosachat, 232, 335
- geht am liebsten allem aus dem Weg ☐ Saphir, blau, 220
- weil man oft gereizt und aggressiv ist ☐ Goldtopas, or., 185, Sugilith, 253
- aus Neid und Verbitterung ☐ Rosenquarz, 144, Achat, 148
- will andere mit seinen Problemen nicht belasten ☐ Saphir, blau, 220
- weil er sich niemandem anvertraut ☐ Lapislazuli, 212
- weil er an allem rummeckert und kritisiert ☐ Türkis, 245, 314, Atlantisstein, 317
- macht am liebsten alles mit sich selbst ab ☐ Saphir, blau, 220
- weil er nostalgisch an der Vergangenheit hängt ☐ Hämatit, 205
- findet aus seiner Isolation nicht mehr heraus ☐ Eisenmeteorit, 624
- weil er alles logisch und materiell regeln will ☐ Rhodochrosit, 150, 328
- aus Furcht vor Intimität, Nähe, Sexualität ☐ Rote Koralle, 325
- distanziert sich, ist gern allein, hält sich für besser ☐ Saphir, blau, 220
- flüchtet in Selbstmitleid; die anderen sind Schuld ☐ Rosenquarz, 144, Achat, 148
- versucht alles immer allein zu machen ☐ Saphir, blau, 220

einseitige Sichtweise
- lernt nichts dazu, macht immer dieselben Fehler ☐ Chalcedon, 218
- betet dogmatisch das an, was andere sagen ☐ Topas, blau, 191
- kann die Dinge nur von seiner Seite sehen ☐ Türkis, 245, 314, Atlantisstein, 317
- läßt über Tellerrand hinausblicken; depressiv ☐ Türkis, 245, 314, Atlantisstein, 317
- weil man weder Sinn noch Zusammenhang erkennt ☐ Malachit, 234, 351
- läßt trotz großem Leid wieder positives erkennen ☐ Eisenmeteorit, 624
- wirklichkeitsfremd, lebt in materieller Scheinwelt ☐ Amethyst, 262, 341
- Tunnelvision, glaubt nur daran was andere sagen ☐ Amethyst, 262, 341

Einzelgänger
- ist eigenbrötlerisch und gern allein ☐ Saphir, blau, 220
- aus Verbitterung ☐ Rosenquarz, 144, Achat, 148
- empfindet andere als belästigend, anstrengend ☐ Saphir, blau, 220

Eitelkeit, neigt zur ☐ Azurit-Malachit, 229, 349
- redet nur von sich, braucht viel Aufmerksamkeit ☐ Azurit-Malachit, 229, 349
- totaler Schönheitskult, macht jede Mode mit ☐ Moldavit, 626
- würde sich für die Mode unters Messer legen ☐ Moldavit, 626, Blue-Moon, 619, 621
- hält sich für unwiderstehlich, ist selbstherrlich ☐ Andenopal, blau, 347

En　　　　　seelische Blockaden　　　　　En

Ekel
- durch starke innere Reinigungsbedürfnisse ☐ Schneeflockenobsidian, 195
- ist überempfindlich gegen Unordnung ☐ Schneeflockenobsidian, 195
- Pedant, will alles musterhaft genau machen ☐ Schneeflockenobsidian, 195
- ekelt sich übertrieben vor Schmutz und Schweiß ☐ Schneeflockenobsidian, 195
- ekelt sich vor sich selbst und vor Sexualität ☐ Blue-Moon, 619, 621
- alles um mich muß seine Ordnung haben ☐ Schneeflockenobsidian, 195
- fühlt sich peinlich, sündig, befleckt, unrein ☐ Schneeflockenobsidian, 195
- läßt sich von Kleinigkeiten irritieren ☐ Schneeflockenobsidian, 195

elend, fühlt sich, siehe Erschöpfung

Eltern:
Lesen Sie sich hierzu bitte die ausführlichen Beschreibungen in Kapitel 4 durch

emotionale Unausgeglichenheit
- Trübsinn, Depressionen, Pessimismus ☐ Granat, rot, 339
- durch innere Gefühlsblockaden, Hemmungen ☐ Granat, rot, 339
- Gefühl von Nutzlosigkeit, Wertlosigkeit ☐ Granat, rot, 339
- verdrängt innere Emotionen ☐ Amethyst, 262, 341
- verkrampfte Emotionen durch inneren Druck ☐ Amethyst, 262, 341
- emotional verklemmt ☐ Silberobsidian, 344
- kann Emotionales nicht mehr verarbeiten ☐ Silberobsidian, 344
- neigt zur extremen Ruhelosigkeit, Hysterie ☐ Silberobsidian, 344
- saugt verdrängte Emotionen über Jahre auf ☐ Apachentränen, 345
- ist mit seelischem Unrat zum Platzen überfüllt ☐ Apachentränen, 345
- stärkt emotionales Abwehrsystem ☐ Moquis, 267, Malachit, 234, 351
- emotionale Erpressung, setzt andere unter Druck ☐ Regenbogenobsidian, 355
- läßt sich emotional erpressen, Schuldgefühle ☐ Blue-Moon, 619, 621
- wird leicht zum Mobbing-Opfer ☐ Blue-Moon, 619, 621
- versucht durch Tränen ans Ziel zu kommen ☐ Blue-Moon, 619, 621
- gibt sich sofort traurig, kindlich, weggestoßen ☐ Regenbogenobsidian, 355

empfindlich, sensibel
- gegen Kritik ☐ Bernstein, 155, Iolith, 240
- gegen kleinsten Lärm und Geräusche ☐ Apatit bl., 243, Mondstein, 256
- gegen Streit ☐ Lapislazuli, 212, Sodalith, 216
- wegen Kleinigkeiten ☐ Schneeflockenobsidian, 195
- gegenüber Mystischem, hat dunkle Ahnungen ☐ Apatit blau, 243
- reagiert sehr sensibel auf andere, Helfersyndrom ☐ Hiddenit, 309, Tigerauge, 182
- hat ständig das Gefühl, daß was in der Luft liegt ☐ Silberobsidian, 344
- übersensibel für geistige Kräfte, hypnotisierbar ☐ Andenopal, rosa, 331
- Überidentifikation mit anderen, heult mit ☐ Turmalin, rot, 203

Energie
- vermittelt mehr Elan und Energie ☐ Moldavit, 626
- ist antriebsschwach, ausgebrannt, nicht motiviert ☐ Edeltopas, 176
- zur Überwindung krankmachender Gewohnheiten ☐ Andenopal, grün, 333
- hat zuviel, arbeitet bis zum Umfallen, manisch ☐ Amazonit, 250
- gibt keine Schwächen zu, totale Pflichtgefühle ☐ Amazonit, 250
- bei seel. und körperl. Erschöpfung, Burn-Out ☐ Rubin, 133

Entgiftung
- fühlt sich innerlich unrein, seelische Reinigung ☐ Blue-Moon, 619, 621

En   seelische Blockaden   En

Entgiftung
- fühlt sich innerlich unrein, für seelische Reinigung ☐ Blue-Moon, 619, 621
- ist durch äußeres sinnlich benebelt ☐ Blue-Moon, 619, 621
- läßt schädliche Gewohnheiten überwinden ☐ Andenopal, grün, 333
- reinigt von alten emotionalen Ablagerungen ☐ Eisenmeteorit, 624
- stärkt die Selbstheilungskräfte ☐ Moqui-Marbles, 267, Tektit, 628

entmutigt, schnell
- sobald Schwierigkeiten auftauchen ☐ Rhodochrosit, 150, 328
- immer dann, wenn er vor Prüfungen steht ☐ Carneol, rot, 207
- durch Schicksalsschläge ☐ Rosenquarz, 144, Achat, 148
- durch emotionale Konflikte ☐ Labradorit, 321
- wenn viele Dinge auf einmal kommen ☐ Carneol, rot, 207
- pessimistisch, läßt sich leicht entmutigen ☐ Rhodochrosit, 150, 328
- hat alles ausprobiert, glaubt, nichts geht mehr ☐ Falkenauge, 248
- zu weinig Selbstvertrauen, erwartet Fehlschläge ☐ Bernstein, 155, Iolith, 240
- durch starke Schuldgefühle, klagt sich selbst an ☐ Naturcitrin, 187
- verzweifelt, weiß nicht, wie es weitergehen soll ☐ Tansanit, 210

entscheiden, kann sich schwer
- sucht aber keinen Rat ☐ Aquamarin, 237, 238
- durch Angst vor Fehlern, verläßt sich blind auf andere ☐ Amethyst, 262, 341, Opal, 259
- bei emotionalen Trennungen ☐ Jade, 199
- weil die innere »Richtung« fehlt ☐ Goldtopas, gelb, 159
- verschafft mehr Entschlußkraft ☐ Moldavit, 626
- traut sich keine Entscheidung zu, fragt immer andere ☐ Opal, 259
- sehr launisch, kann sich für nichts entscheiden ☐ Aquamarin, 237, 238
- aus Angst vor Neuem, kommt nicht weiter ☐ Jade, grün 199
- kann den eigenen Lebensweg nicht finden ☐ Goldtopas, gelb, 159

Entschlossenheit
- um alte Gewohnheiten zu durchbrechen ☐ Moldavit, 626
- um innere Zweifel überwinden zu können ☐ Opal, 259
- um entschlossener eigene Ziele anzugehen ☐ Falkenauge, 248
- für mehr Vertrauen in die eigene Kreativität ☐ Bernstein, 155, Iolith, 240
- um sich den Anforderungen d. Lebens zu stellen ☐ Blutachat, 337
- um seinen Lebensweg endlich gehen zu können ☐ Goldtopas, gelb, 159

entschuldigen, fällt schwer
- weil man nur sich im Recht glaubt ☐ Citrin, 157
- auch dann nicht, wenn er den Fehler selbst erkennt ☐ Rosenquarz, 144, Achat, 148

entsetzt, ist leicht ☐ Mondstein, 256

entspannen, fällt schwer
- durch Engagement, zu viele Aktivitäten ☐ Chalcedon, 218
- durch große innere Unruhe, quälende Sorgen ☐ Sonnenstein, 141, Lapislazuli, 212
- durch starke Selbstdisziplin ☐ Turmalin, grün, 193
- durch zu starken Durchsetzungswillen ☐ Citrin, 157
- wegen insgeheimer innerer Sorgen ☐ Lapislazuli, 212, Sodalith, 216
- durch Hyperaktivität, die auf den Magen schlägt ☐ Silberobsidian, 344
- durch verdrängte Emotionen, Verkrampftheit ☐ Amethyst, 262, 341
- kann nicht abschalten, ist andauernd im Streß ☐ Sonnenstein, 141

Kapitel 17 - Alphabetischer Index (seelische Blockaden)

En seelische Blockaden Er

entspannen, fällt schwer
- will seine Ziele krampfhaft vorantreiben ☐ Andenopal, rosa, 331
- durch ungesunden Lebenswandel; Suchtverhalten ☐ Andenopal, grün, 333
- ist durch übermäßige Begeisterung gestreßt ☐ Chalcedon, 218
- läßt sich durch Äußeres leicht aus der Ruhe bringen ☐ Azurit, 312

enttäuscht
- wenn der erwartete Dank ausbleibt ☐ Carneol, orange, 152
- weil man mehr vom Leben erwartet hat ☐ Rosenquarz, 144, Achat, 148
- durch Mißerfolge - durch Schicksalsschläge ☐ Rhodonit, 146
- fühlt sich nutzlos, ungeliebt, wertlos ☐ Granat, rot, 339

Erfolgszwang
- setzt sich unter Druck, will alles perfekt machen ☐ Sonnenstein, 141
- setzt sich sexuell unter starken Druck ☐ Rote Koralle, 325
- will anderen seinen Willen aufzwängen ☐ Citrin, 157

ermüdet
- ermüdet andere mit Fragen ☐ Amethyst, 262, 341, Opal, 259

Ernährungsfehler (psychosomatisch)
- emotionale Belastungen schlagen auf den Magen ☐ Silberobsidian, 344
- befindet sich in einem Teufelskreis ☐ Topas, blau, 191
- hat immer Angst davor, daß d. Essen schlecht sei ☐ Schneeflockenobsidian, 195
- überschwellige Angst vor Bakterien ☐ Schneeflockenobsidian, 195
- ist nervös, nimmt sich keine Zeit zum Essen ☐ Sonnenstein, 141
- ißt aus Frust, mangelnder Geborgenheit oder Liebe ☐ Andenopal, blau, 347
- durch chaotischen Lebenswandel ☐ Andenopal, grün, 333
- ernährt sich mangelhaft, ungesund, oberflächlich ☐ Rubin, 133
- hat hohe Ideale, himmelt irgendwelche Stars an ☐ Turmalin, grün, 193
- ist apathisch, hat kein Interesse mehr am Leben ☐ Moquis, 267, Chrysokoll, 167, 327

Ernsthaftigkeit
- humorlos, hat starre Prinzipien, keine Freude ☐ Turmalin, grün, 193

erröten, leicht ☐ Turmalin, schwarz, 224

Erschöpfung
- zu müde um noch irgendwas tun zu können ☐ Rubin, 133
- arbeitet nur noch aus Pflichtgefühlen heraus ☐ Amazonit, 250
- fühlt sich am Ende seiner Kräfte, ist ausgebrannt ☐ Rubin, 133
- ohne Kaffee oder Tabletten geht gar nichts mehr ☐ Edeltopas, 176
- ignoriert seine inneren Ruheimpulse ☐ Amazonit, 250
- fühlt sich körperlich und geistig erschöpft ☐ Rubin, 133
- bei allgemeinen Erschöpfungszuständen ☐ Aventurin, 171
- läßt sich nie unterkriegen, will bewundert werden ☐ Amazonit, 250
- alles ist zuviel ☐ Rubin, 133
- wird oft erst abends munter ☐ Edeltopas, 176
- durch lange Krankheit oder Streß ☐ Rubin, 133
- ist durch Alltagsroutine chronisch erschöpft ☐ Edeltopas, 176
- durch übertriebenes Engagement ☐ Chalcedon, 218
- durch Überforderung im Dienst für andere ☐ Tigerauge, 182
- ist sichtlich überfordert, nimmt aber keine Hilfe an ☐ Amazonit, 250
- weil alles 150%ig sein muß ☐ Turmalin, grün, 193

Kapitel 17 - Alphabetischer Index (seelische Blockaden)

Er seelische Blockaden Fe

Erschöpfung
- durch besondere Aufgaben oder Streß — ☐ Carneol, rot, 207
- führt zu Depressionen — ☐ Moosachat, 232, 335
- macht hoffnungslos — ☐ Falkenauge, 248
- macht beeinflußbar — ☐ Jade, 199
- erzeugt Angst — ☐ Turmalin, schwarz, 224
- will alles gleichzeitig machen, überfordert sich selbst — ☐ Carneol, rot, 207
- schon ohne sich angestrengt zu haben, antriebslos — ☐ Edeltopas, 176, Rubin, 133
- durch geistige Überbeanspruchung — ☐ Andenopal, rosa, 331
- setzt sich selbst unter Druck, gibt sein Letztes — ☐ Sonnenstein, 141, Amazonit, 250
- verzweifelt, ist an seinen Grenzen angelangt — ☐ Tansanit, 210
- ist übermäßig begeistert von etwas; Fanatiker — ☐ Chalcedon, 218
- hat den Lebenswillen verloren — ☐ Moquis, 267, Chrysokoll, 167, 327
- fühlt sich ausgepowert, kraftlos — ☐ Edeltopas, 176
- gibt trotz allem nicht auf, kämpft tapfer weiter — ☐ Amazonit, 250
- ist völlig ausgelaugt, erschöpft, klagt aber nie — ☐ Amazonit, 250
- total erschöpft, ausgelaugt, ausgebrannt — ☐ Rubin, 133

Erwartungshaltung
- opfert sich für andere auf, erwartet jedoch viel Dank — ☐ Carneol, orange, 152
- erwartet immer sofort das Schlimmste — ☐ Rhodochrosit, 150, 328
- kein Selbstvertrauen, erwartet Mißerfolg — ☐ Bernstein, 155, Iolith, 240
- erwartet nichts mehr vom Leben, alles ist sinnlos — ☐ Moquis, 267, Blue-Moon, 619, 621
- erwartet von anderen es zu tun; sich anzupassen — ☐ Rosenquarz, 144, Achat, 148
- wünscht sich's von den Augen abgelesen — ☐ Blutachat, 337

Erziehung:
Lesen Sie sich hierzu bitte die ausführlichen Beschreibungen in Kapitel 4 durch

Eßsucht
- erstickt innere Sorgen durch übermäßiges Essen — ☐ Lapislazuli, 212
- um sich vor Eßanfällen beschützen zu können — ☐ Moldavit, 626
- schlägt sich den Magen so voll, bis er krank ist — ☐ Topas, blau, 191
- ißt immer bis zum Umfallen oder bis ihm schlecht ist — ☐ Türkis, 245, 314, Atlantisstein, 317
- zwanghaftes Essen durch mangelnde Liebe — ☐ Andenopal, blau, 347
- ernährt sich ungesund, weil er viel Streß hat — ☐ Andenopal, grün, 333

fanatisch
- in Bezug auf Sauberkeit und Ordnung — ☐ Schneeflockenobsidian, 195
- in Bezug auf die eigene Lebensweise — ☐ Turmalin, grün, 193
- in Bezug auf Ideale und Ideen — ☐ Chalcedon, 218
- in der Einhaltung von Vorschriften — ☐ Citrin, 157
- hält fanatisch an einzelnen Themen fest — ☐ Chalcedon, 218
- nimmt für etwas zu große Risiken in Kauf — ☐ Chalcedon, 218
- predigt, drängelt so lange, bis andere ja sagen — ☐ Chalcedon, 218
- muß immer Recht haben, reißt andere mit — ☐ Chalcedon, 218

Fassade, lebt hinter einer — ☐ Lapislazuli, 212, Sodalith, 216

Fehler
- kritisiert nur andere, hat keine eigenen Fehler — ☐ Türkis, 245, 314
- wiederholt immer wieder dieselben Fehler — ☐ Topas, blau, 191
- bereut ein Leben lang frühere Fehler — ☐ Hämatit, 205
- Schuldgefühle, kann sich selbst nicht verzeihen — ☐ Naturcitrin, 187

Fe — seelische Blockaden — Fr

Feindseligkeit
- kein Verständnis, voller Haß, Neid, Eifersucht — ☐ Sugilith, 253
- feindselig, bissig und kalt aus innerer Gesinnung — ☐ Tektit, 628
- gegenüber den Eltern — ☐ Andenopal, blau, 347
- Macho-Gehabe, streitsüchtig, kampflustig — ☐ Apachentränen, 345

Fernsehen
- süchtig, will nur noch fernsehen — ☐ Opal, 259
- kann nichts anderes mehr tun außer fernsehen — ☐ Edeltopas, 176

festklammern
- klammert am Partner, kann nicht loslassen — ☐ Feueropal, 319, Carneol, or., 152
- an alten Gewohnheiten, geht kein neues Risiko ein — ☐ Moldavit, 626
- aus Angst vor Unvorhergesehenem, zwanghaft — ☐ Fluorit, 264
- hängt in der Vergangenheit, sehnt sich zurück — ☐ Hämatit, 205
- klammert sich an Besitz und Reichtum, ist geizig — ☐ Rhodochrosit, 150, 328

flatterhaft, ist unzuverlässig und
— ☐ Aquamarin, 237, 238

flexibel, zu sehr
- wechselt zu schnell seine Meinung; Fähnchen im Wind — ☐ Aquamarin, 237, 238
- weil man seiner eigenen Meinung nicht traut — ☐ Amethyst, 262, 341, Opal, 259

flexibel, zu wenig
- kann nicht auf- oder nachgeben — ☐ Amazonit, 250
- hat starre Regeln, lebt nach zu festen Prinzipien — ☐ Turmalin, grün, 193
- ist bei bestimmten Ideen zu einseitig — ☐ Chalcedon, 218
- neigt zum Dogmatismus — ☐ Citrin, 157
- denkt nur logisch oder materiell, unflexibel — ☐ Türkis, 245, 314, Atlantisstein, 317
- kann nicht flexibel auf Neues eingehen — ☐ Amazonit, 250
- bleibt sturen Prinzipien treu, hat altmodische Ideale — ☐ Turmalin, grün, 193

fliehen
- vor den eigenen Problemen in Drogen, abhängig — ☐ Lapislazuli, 212, Sodalith, 216
- vor der Realität, Wirklichkeitsflucht — ☐ Chrysopras, 163, Smaragd, 165
- flieht in eine geistige Traumwelt, ist abwesend — ☐ Chrysopras, 163, Smaragd, 165
- benebelt sich mit Drogen, hat keine Perspektiven — ☐ Andenopal, grün, 333, Tektit, 628
- vor Problemen und Konflikten — ☐ Blutachat, 337
- aus der eigenen körperlichen Rolle — ☐ Blue-Moon, 619, 621

fragen, »Löcher in den Bauch«
— ☐ Amethyst, 262, 341, Opal, 259

Freunde, findet schwer
- weil man zu flatterhaft ist — ☐ Aquamarin, 237, 238
- weil man den Ton angeben will — ☐ Citrin, 157
- weil man andere ständig »missionieren« will — ☐ Chalcedon, 218
- weil man zu viel kritisiert — ☐ Türkis, 245, 314
- weil man nur über sich spricht — ☐ Azurit-Malachit, 229, 349
- weil man kontaktscheu ist — ☐ Saphir, blau, 220
- weil man zu schüchtern ist — ☐ Bernstein, 155, Iolith, 240,

freudlos, fühlt sich
- durch Selbstvorwürfe, Schuldgefühle — ☐ Naturcitrin, 187
- durch ständige Sorge um andere — ☐ Turmalin, rot, 203
- durch strenge Selbstdisziplin — ☐ Turmalin, grün, 193
- sieht keinen Lebenssinn — ☐ Goldtopas, gelb, 159

Fr seelische Blockaden Ge

freudlos, fühlt sich
- durch depressive Verstimmungen — ☐ Malachit, 234, 351
- weiß nicht warum — ☐ Peridot, 169
- durch Niedergeschlagenheit, emotionale Krisen — ☐ Labradorit, 321
- gibt wieder mehr Optimismus und Lebensfreude — ☐ Turmalin, grün, 193
- lindert Depressionen, bringt mehr Lebensfreude — ☐ Moosachat, 232, 335

Freundschaft, keine
- weil man zu distanziert, stolz, oder überheblich ist — ☐ Saphir, blau, 220
- läßt niemanden an sich heran, mauert sich ein — ☐ Lapislazuli, 212

Fröhlichkeit, mehr
- spielt fröhlichen Clown, verdrängt seine Sorgen — ☐ Lapislazuli, 212, Sodalith, 216
- lindert Kummer, Liebeskummer — ☐ Feueropal, 319
- niedergeschlagen, kein Vertrauen mehr zu sich — ☐ Labradorit, 321
- lindert »dunkle-Wolken-Depressionen« — ☐ Malachit, 234, 351

frustriert
- Pessimist, gibt bei geringstem Anlaß sofort auf — ☐ Rhodochrosit, 150, 328
- darüber, daß andere anders sind, kann´s nicht sehen — ☐ Sonnenstein, 141
- über unerledigte Arbeit, kann nichts liegenlassen — ☐ Amazonit, 250
- über den eigenen Lebensweg — ☐ Goldtopas, gelb, 159

Furcht
- kommt aus Furcht immer gleich ins Schwitzen — ☐ Turmalin, schwarz, 224, Onyx, 227
- gerät schnell in panische Zustände — ☐ Mondstein, 256
- wird leicht rot und vor anderen verlegen — ☐ Turmalin, schwarz, 224, Onyx, 227
- der Schrecken steckt immer noch in den Knochen — ☐ Mondstein, 256
- Furcht vor dem Fahrstuhl, vielen Menschen etc. — ☐ Turmalin, schwarz, 224, Onyx, 227
- ist aus Furcht immer gleich wie gelähmt — ☐ Mondstein, 256
- ist sehr schüchtern, zurückhaltend, empfindlich — ☐ Turmalin, schwarz, 224, Onyx, 227
- fürchtet sich vor neuen Situationen — ☐ Turmalin, schwarz, 224, Onyx, 227
- beginnt plötzlich zu nuscheln, stottern, kichern — ☐ Turmalin, schwarz, 224, Onyx, 227
- schiebt Unangenehmes lange vor sich her — ☐ Turmalin, schwarz, 224, Onyx, 227
- fürchtet sich immer vor irgendetwas — ☐ Turmalin, schwarz, 224, Onyx, 227
- fürchtet sich andauernd um andere — ☐ Turmalin, rot, 203

Gedächtnisschwäche
- weil es einen nicht interessiert — ☐ Moosachat, 232, 335
- durch Sorgen — ☐ Chrysopras, 163

Gedanken
- grübelt ewig nach, was er hätte sagen können — ☐ Roter Jaspis, 139
- weilen oft in der Vergangenheit — ☐ Hämatit, 205
- selbstzerstörerische Gewohnheiten u. Gedanken — ☐ Andenopal, grün, 333
- ewig nagt eine Sorge oder Ereignis am Gemüt — ☐ Roter Jaspis, 139
- sind träge — ☐ Edeltopas, 176
- kann schlecht einschlafen, ist nachts hellwach — ☐ Roter Jaspis, 139
- sind sprunghaft — ☐ Aquamarin, 237, 238
- man denkt wieder und wieder über Fehler nach — ☐ Roter Jaspis, 139
- sind negativ oder aggressiv — ☐ Goldtopas, or. 185, Sugilith, 253
- wird unaufhörlich kreisende Gedanken nicht los — ☐ Roter Jaspis, 139
- unfähig, sich in andere hineinzudenken — ☐ Türkis, 245, 314
- tritt gedanklich auf der Stelle — ☐ Roter Jaspis, 139

Kapitel 17 - Alphabetischer Index (seelische Blockaden)

Ge   **seelische Blockaden**   *Ge*

Gedanken
- verbitterte über das Leben — ☐ Rosenquarz, 144, Achat, 148
- hat immer die selben Probleme, findet keine Lösung — ☐ Roter Jaspis, 139
- man denkt negativ über sich selbst — ☐ Bernstein, 155, Iolith, 240
- führt häufig Selbstgespräche — ☐ Roter Jaspis, 139
- man denkt negativ über die Zukunft — ☐ Rosenquarz, 144
- wegen quälenden Gedanken schlaflose Nächte — ☐ Roter Jaspis, 139
- man hat träumerische Gedanken — ☐ Chrysopras, 163, Smaragd, 165
- laufend drängt Unerwünschtes ins Bewußtsein — ☐ Roter Jaspis, 139
- quälende innere Gedanken und Sorgen — ☐ Lapislazuli, 212, Sodalith, 216
- kann bohrende Gedanken nicht abstellen — ☐ Roter Jaspis, 139
- kann über sein Innerstes nicht reden — ☐ Lapislazuli, 212, Sodalith, 216
- findet gedanklich keinen Sinn im Leben — ☐ Feuerachat, 323
- sorgt sich in Gedanken immer nur um andere — ☐ Turmalin, rot, 203
- wird von kreisenden Gedanken verfolgt — ☐ Roter Jaspis, 139
- Esoterik ist in seinen Gedanken Unsinn, unlogisch — ☐ Feuerachat, 323
- hört nicht mehr, daß er angesprochen wird — ☐ Roter Jaspis, 139
- glaubt nur, was logisch und wissenschaftlich ist — ☐ Feuerachat, 323

Gedankenkarussell, zwanghaft
- durch Verbitterung — ☐ Rosenquarz, 144, Achat, 148
- durch Erinnerungen — ☐ Hämatit, 205
- durch Sorgen — ☐ Turmalin, rot, 203
- durch panische Angst — ☐ Mondstein, 256
- durch Schuldgefühle; oder aus Liebeskummer — ☐ Naturcitrin, 187 Bergkristall, 178
- führt zur Unaufmerksamkeit, Oberflächlichkeit — ☐ Topas blau, 191

Geduld
- ungeduldig, ungehalten, will alles selbst machen — ☐ Sonnenstein, 141

Gegenwart, lebt nicht
- flieht vor der Wirklichkeit, sucht dauernd neuen Kick — ☐ Opal, 259
- schwelgt nur in Erinnerungen — ☐ Hämatit, 205
- Tagträumer, flüchtet vor Konflikten in seine Welt — ☐ Chrysopras, 163, Smaragd, 165
- lebt in Vergangenheit, verweigert Neues — ☐ Hämatit, 205
- empfindet das Leben als sinnlos, leer, als Qual — ☐ Moquis, 267, Blue-Moon, 619, 621
- glorifiziert die Vergangenheit — ☐ Hämatit, 205
- sehnt sich nach früher zurück; in die Gute alte Zeit — ☐ Hämatit, 205

gehässig, ist boshaft und — ☐ Goldtopas, or. 185, Sugilith, 253

gehorchen
- gehorcht nur sich selbst — ☐ Citrin, 157
- hält sich nicht an Abmachungen — ☐ Aquamarin, 237, 238

geizig
- kann nicht teilen, ewige Angst vor Armut — ☐ Rhodochrosit, 150, 328

Gelassenheit, Mangel an
- aus Ungeduld und innerer Hektik — ☐ Sonnenstein, 141, Fluorit, 264
- durch unflexibles Verhalten — ☐ Turmalin, grün, 193
- aus Angst, wahnsinnig zu werden — ☐ Turmalin, 224, Fluorit, 264
- durch Kritiksucht — ☐ Türkis, 245, 314
- durch missionarischen Übereifer — ☐ Chalcedon, 218

Ge seelische Blockaden Gi

Gelassenheit, Mangel an
- kann sich nicht mit seinem wahren Ich befassen ☐ Lapislazuli, 212
- emotionale Krisen gehen einem extrem zu Herzen ☐ Labradorit, 321
- durch innere Anspannungen, Sorgen, Komplexe ☐ Silberobsidian, 344
- steht ständig unter Strom, kontrolliert sich selbst ☐ Fluorit, 264
- verzettelt sich, macht sich selbst Probleme ☐ Regenbogenobsidian, 355
- setzt sich unter Druck, muß immer was tun ☐ Andenopal, rosa, 331
- läßt Ursachen bekannter Ängste cooler angehen ☐ Turmalin, 224, Onyx, 227
- sorgt sich übertrieben um andere, kein Vertrauen ☐ Turmalin, rot, 203
- nach Schock, traumatischen Erlebnissen ☐ Moquis, 267, Diamant, 174

Gereiztheit
- ist leicht gereizt und aggressiv ☐ Goldtopas, or. 185, Sugilith, 253
- ist gereizt durch Ungeduld ☐ Sonnenstein, 141
- überkritisch, intolerant, ist sehr leicht gereizt ☐ Türkis, 245, 314
- unterschwellig aggressiv durch Ärger ☐ Sugilith, 253
- reagiert sofort ungeduldig, aufbrausend ☐ Sonnenstein, 141
- durch zu hohen Ehrgeiz, zu viele Ziele ☐ Andenopal, rosa, 331
- beißend, aggressiv und bösartig im Ausdruck ☐ Tektit, 628

gewalttätig
- steht ständig unter Strom, Amokläufer ☐ Fluorit, 264
- durch gestaute Aggressionen, Mißgunst, Ärger ☐ Sugilith, 253
- ist Eltern gegenüber haßerfüllt und aggressiv ☐ Andenopal, blau, 347
- zwingt anderen seinen Willen auf, ist jähzornig ☐ Citrin, 157

gewissenhaft
- stellt sehr hohe Ansprüche an sich ☐ Turmalin, grün, 193
- ist zu gewissenhaft, wenn es um Ordnung geht ☐ Schneeflockenobsidian, 195
- verliert schnell Überblick, wird unzuverlässig ☐ Carneol, rot, 207

Gewissen, hat schnell ein schlechtes
☐ Chrysopras, 163, Naturcitrin, 187

Gewohnheiten
- verfällt andauernd in alte Gewohnheiten zurück ☐ Moldavit, 626
- schiebt Altes andauernd vor sich her ☐ Moldavit, 626
- wiederholt immer gleiche Fehler, lernt nichts dazu ☐ Topas blau, 191
- kann sich nicht von alten Gewohnheiten loslösen ☐ Andenopal, grün, 333
- lindert die Angst vor einem Neubeginn ☐ Jade, grün, 199

Gier
- Gier nach Materiellem und Besitz, Geiz ☐ Blue-Moon, 619, 621

Glaube
- sehr sensibel, glaubt sofort an Bedrohung ☐ Apatit, blau, 243
- ist doch alles dasselbe, »alle Männer sind gleich« ☐ Labradorit, 321
- hat Hoffnung und Glauben aufgegeben ☐ Falkenauge, 248
- glaubt nicht, aus eigener Kraft gesund zu werden ☐ Tektit, 628
- ist verzweifelt, glaubt an nichts mehr ☐ Tansanit, 210
- hat resigniert und den Sinn fürs Leben verloren ☐ Moquis, 267, Blue-Moon, 619, 621

Gleichgewicht, Mangel an innerem
☐ Aquamarin, 237, 238
- mehr gegenüber der eigenen Seele, Intuition ☐ Opal, 259
- mehr Ausgewogenheit im Lebenswandel ☐ Andenopal, grün, 333
- ist unentschlossen, launisch ☐ Aquamarin, 237, 238

Gl seelische Blockaden Ha

gleichgültig, verhält sich
- hat resigniert, aufgegeben, ist enttäuscht — ☐ Peridot, 169
- aus Hoffnungslosigkeit — ☐ Falkenauge, 248
- wegen depressiver Verstimmung — ☐ Moosachat, 232, 335
- aus Erschöpfung — ☐ Rubin, 133
- weil man gedanklich zu weit in der Zukunft ist — ☐ Chrysopras, 163, Smaragd, 165
- weil man gedanklich in der Vergangenheit verweilt — ☐ Hämatit, 205
- aus Verbitterung — ☐ Rosenquarz, 144, Achat, 148
- gegenüber Problemen und Sorgen anderer — ☐ Azurit-Malachit, 234, 351
- gegenüber allem — ☐ Moquis, 267, Blue-Moon, 619, 621
- zeigt wenig Antrieb für Neues — ☐ Chrysopras, 163, Smaragd, 165
- reagiert »egal« auf gute od. schlechte Nachrichten — ☐ Chrysopras, 163, Smaragd, 165

grausam
- will andere seelisch und körperlich verletzen — ☐ Goldtopas, or., 185, Sugilith, 253
- zu anderen, um Machtanspruch durchzusetzen — ☐ Citrin, 157
- setzt kaltherzig nur seine Interessen durch — ☐ Citrin, 157

Grenzen
- kann keine eigenen Grenzen setzen — ☐ Hiddenit, 309
- läßt sich ausnützen, kann sich nicht abgrenzen — ☐ Hiddenit, 309, Tigerauge, 182
- ist anderen gegenüber distanzlos, taktlos — ☐ Tektit, 628
- läßt Grenzen für einen Neubeginn durchschreiten — ☐ Jade, grün, 199

Groll
- grollt innerlich dem Glück anderer — ☐ Rosenquarz, 144, Achat, 148
- warum soll es anderen besser gehen als mir? — ☐ Rosenquarz, 144, Achat, 148
- Schuld an meinem Pech sind andere, Eltern etc. — ☐ Rosenquarz, 144, Achat, 148
- glaubt, vom Pech verfolgt zu werden — ☐ Rosenquarz, 144, Achat, 148
- glaubt, daß niemand so viel Pech hat wie er — ☐ Rosenquarz, 144, Achat, 148
- wird schnell zum Miesmacher u. Spielverderber — ☐ Rosenquarz, 144, Achat, 148
- grollt innerlich vor sich hin — ☐ Rosenquarz, 144, Achat, 148
- gibt nur widerwillig zu, daß es wieder besser geht — ☐ Rosenquarz, 144, Achat, 148

grübeln, neigt zum Grübeln — ☐ Hämatit, 205

gutmütig, läßt sich ausnutzen — ☐ Tigerauge, 182

Habsucht — ☐ Sugilith, 253

Haltung
- verdrängt Inneres, will immer Haltung bewahren — ☐ Lapislazuli, 212, Sodalith, 216
- konfliktscheu, willensschwach — ☐ Hiddenit, 309, Tigerauge, 182
- Verspannungen durch verdrängte Gefühle — ☐ Lapislazuli, 212, Amethyst, 262, 341
- schlechte Haltung durch zu wenig Selbstbewußtsein — ☐ Bernstein, 155, Iolith, 240
- unaufrichtig, richtet Fähnchen immer in den Wind — ☐ Feuerachat, 323
- macht sich selbst durch Schuldgefühle klein — ☐ Naturcitrin, 187
- ist stur, starr und unbeweglich; Dogmatiker — ☐ Turmalin, grün, 193
- unentschlossen, stark launisch, ungehalten — ☐ Aquamarin, 237, 238
- will immer seinen Willen durchsetzen — ☐ Citrin, 157

harmoniebedürftig
- möchte anderen nicht weh tun — ☐ Tigerauge, 182
- fühlt sich bei Streit körperlich u. seelisch sehr unwohl — ☐ Lapislazuli, 212, Sodalith, 216
- immer fröhlich, verbirgt sein wahres Gesicht — ☐ Lapislazuli, 212, Sodalith, 216

Ha seelische Blockaden He

harmoniebedürftig
- gibt nach, um die Harmonie nicht zu gefährden — ☐ Feueropal, 319
- läßt sich um den lieben Frieden willen ausnutzen — ☐ Hiddenit, 309, Tigerauge, 182
- möchte nicht aus der Rolle fallen, schämt sich — ☐ Opal, 259

Haßgefühle
- mit Schadenfreude — ☐ Sugilith, 253
- mit Wut — ☐ Goldtopas, or., 185, Sugilith, 253
- mit Verbitterung — ☐ Rosenquarz, 144, Achat, 148
- fürchtet andauernd, hintergangen zu werden — ☐ Sugilith, 253
- haßt sich selbst oder jegliche Unregelmäßigkeiten — ☐ Schneeflockenobsidian, 195
- tut mehr hassen als lieben — ☐ Sugilith, 253
- Schuldgefühle, haßt sich selbst, klagt sich an — ☐ Naturcitrin, 187
- fühlt sich schnell gekränkt, verdächtigt andere — ☐ Sugilith, 253
- Selbstmitleid, übernimmt keine Verantw. für sich — ☐ Rosenquarz, 144, Achat, 148
- Eifersucht, Mißtrauen, Rachegefühle — ☐ Sugilith, 253
- ist unzufrieden, frustriert, weiß nicht warum — ☐ Sugilith, 253

häßlich
- findet sich selbst häßlich, unrein, abstoßend — ☐ Schneeflockenobsidian, 195

Heilungskräfte, aktivierend
- bei totaler körperl. oder seelischer Erschöpfung — ☐ Rubin, 133
- verbindet wieder mit der Schöpfung — ☐ Blue-Moon, 620, 622, Tektit, 629

Heimweh, leidet an
- zieht sich in eigene Traumwelt zurück — ☐ Hämatit, 205
- sehnt sich nach Ordnung in der Vergangenheit — ☐ Chrysopras, 163, Smaragd, 165
- sehnt sich nach Vergangenem — ☐ Hämatit, 205
- schwärmt von der Guten alten Zeit — ☐ Hämatit, 205
- wünscht sich in die Jugend zurück — ☐ Hämatit, 205
- bedauert ewig, daß alles so kam, wie es kam — ☐ Hämatit, 205

hektisch
- um nichts zu verpassen — ☐ Aquamarin, 237, 238
- reagiert hektisch durch Ungeduld, aufbrausend — ☐ Sonnenstein, 141
- reagiert hektisch aus Angst oder Unsicherheit — ☐ Turmalin, schw., 224, Apatit, bl., 243
- läßt sich leicht aus der Ruhe bringen — ☐ Azurit, 312

Helfersyndrom
- ist übermäßig hilfsbereit, wird ausgebeutet, ausgenutzt — ☐ Hiddenit, 309, Tigerauge, 182
- kümmert sich um alles, mischt sich überall ein — ☐ Carneol, orange, 152
- möchte anderen immer alles ersparen — ☐ Turmalin, rot, 203

Hemmungen
- dabei Kontakte finden und knüpfen zu können — ☐ Saphir, blau, 220
- durch Minderwertigkeitsgefühle — ☐ Bernstein, 155, Iolith, 240

herrschsüchtig
- allgemein — ☐ Citrin, 157
- im Familienkreis — ☐ Carneol, orange, 152
- will unbedingt seinen Willen durchsetzen — ☐ Citrin, 157
- setzt sich rücksichtslos über andere hinweg — ☐ Citrin, 157

He seelische Blockaden Hy

herrschsüchtig
- versucht immer die Führung zu übernehmen ☐ Citrin, 157
- kann nicht zuhören, diskutiert nicht, hat Recht ☐ Citrin, 157
- neigt zu Grausamkeit, eiserner Disziplin, Gewalt ☐ Citrin, 157

hilfsbereit
- kann anderen keine Bitte abschlagen ☐ Tigerauge, 182
- fühlt sich immer für andere mitverantwortlich ☐ Carneol, orange, 152, Amazonit, 250
- drängt anderen seine Hilfe auf, will gebraucht werden ☐ Carneol, orange, 152

hoffnungslos
- da müßte schon ein Wunder geschehen ☐ Falkenauge, 248
- hat den Boden unter den Füßen verloren ☐ Tansanit, 210
- durch Mißerfolg ☐ Rhodonit, 146
- hat keine Zukunftsperspektiven mehr ☐ Falkenauge, 248
- schlimmer kann es nicht mehr kommen ☐ Tansanit, 210
- durch depressive Verstimmungen ☐ Malachit, 234, 351
- innerlich müde, wagt nicht mehr zu hoffen ☐ Falkenauge, 248
- glaubt, von Gott und der Welt verlassen zu sein ☐ Tansanit, 210
- durch Resignation ☐ Peridot, 169
- will immer von anderen überredet werden ☐ Falkenauge, 248
- weiß nicht mehr, wie er weitermachen soll ☐ Tansanit, 210
- mit Verbitterung ☐ Rosenquarz, 144, Achat, 148
- mit Verzweiflung ☐ Tansanit, 210
- mit Schuldgefühlen ☐ Naturcitrin, 187
- durch Erschöpfung ☐ Rubin, 133
- wie soll ich das nur aushalten oder durchstehen ☐ Tansanit, 210
- durch plötzliche Überforderung, Streß ☐ Carneol, rot, 207
- ist durch ein langes Leid hoffnungslos geworden ☐ Falkenauge, 248
- sieht nur noch das eine, denkt an Selbstmord ☐ Eisenmeteorit, 624
- durch Depressionen ohne erkennbare Ursache ☐ Moosachat, 232, 335
- glaubt, nie mehr wieder gesund, glücklich zu werden ☐ Tektit, 628
- durch Überarbeitung, Mehrfachbelastung ☐ Tansanit, 210
- hat resigniert, erwartet gar nichts mehr vom Leben ☐ Blue-Moon, 619, 621, Moquis, 267
- ich habe bereits alles versucht, ohne Erfolg ☐ Falkenauge, 248
- glaubt, daß es für ihn keine Hilfe mehr gibt ☐ Tansanit, 210

humorlos
- ist zwanghaft lustig durch innere Sorgen ☐ Lapislazuli, 212, Sodalith, 216
- bringt trotz hoher Belastung mehr Gelassenheit ☐ Labradorit, 321

hypersensibel
- hört das Gras wachsen, legt alles a. d. Goldwaage ☐ Apatit blau, 243, Mondstein, 256

hysterisch
- neigt zu Wut-, Temperamentsausbrüchen ☐ Fluorit, 264
- neigt zu panischen Ängsten ☐ Mondstein, 256
- schlägt plötzlich seinen Kopf an die Wand ☐ Fluorit, 264
- neigt zu hysterischem Weinen ☐ Carneol orange, 152
- durch extreme emotionale Belastungen ☐ Silberobsidian, 344
- ist zwanghaft; Angst davor durchzudrehen ☐ Fluorit, 264
- Wahnideen ☐ Fluorit, 264

Id seelische Blockaden Kä

Idealismus
- ist überkritisch, sucht nach Vollkommenheit — ☐ Labradorit, 321
- verwechselt Träume und Wirklichkeit — ☐ Chrysopras, 163, Smaragd, 165
- nimmt sich viel vor, überfordert sich jedoch selbst — ☐ Carneol, rot, 207
- will alles gleichzeitig, perfekt u. schnell machen — ☐ Sonnenstein, 141
- streng, unnachgiebig, altmodisch, obrigkeitstreu — ☐ Turmalin, grün, 193
- ist leicht begeisterungsfähig bis zum Fanatismus — ☐ Chalcedon, 218

Ideen
- geistig träge, macht immer nur was andere sagen — ☐ Türkis, 245, 314, Atlantisstein, 317
- hat zu viele Ideen und Flausen im Kopf — ☐ Sonnenstein, 141
- innerlich gestreßt durch zu viele Ideen — ☐ Chalcedon, 218

Illusionen, Perspektiven
- sucht sein Glück nur in der äußeren Welt — ☐ Opal, 259
- meidet sein Inneres, flüchtet lieber in Drogen etc. — ☐ Chrysopras, 163, Smaragd, 165

impulsiv, ist zu — ☐ Sonnenstein, 141, Chalcedon, 218

inkonsequent
- bleibt nicht bei seiner Entscheidung — ☐ Aquamarin, 237, 238
- hat kein klares Konzept — ☐ Goldtopas, gelb, 159
- gibt bei Schwierigkeiten schnell auf — ☐ Rhodochrosit, 150, 328

intolerant
- man hat immer an allem etwas auszusetzen — ☐ Türkis, 245, 314
- kann und weiß immer alles besser — ☐ Citrin, 157
- man hält Langsamere für ungeschickt und dumm — ☐ Sonnenstein, 141
- man erwartet von anderen die selbe Begeisterung — ☐ Chalcedon, 218
- gegenüber den Fehlern und Schwächen anderer — ☐ Türkis, 245, 314
- aufbrausend gegenüber dem Stil anderer — ☐ Sonnenstein, 141
- Moral und Sitte sind einzuhalten, streng zu sich — ☐ Turmalin, grün, 193
- gegenüber Interessen, Willen anderer — ☐ Citrin, 157
- duldet keine Abweichung von seinen Prinzipien — ☐ Turmalin, grün, 193
- ist allem gegenüber negativ und kritisch eingestellt — ☐ Türkis, 245, 314
- reagiert sehr kleinlich, pedantisch, unnachgiebig — ☐ Türkis, 245, 314
- ist innerlich stark angespannt und verhärtet — ☐ Türkis, 245, 314
- isoliert sich durch seine andauernde Kritik selbst — ☐ Türkis, 245, 314

Intuition
- stärkt Intuition und Selbstvertrauen — ☐ Feuerachat, 323, Moquis, 267
- gibt mehr Vertrauen in die eigenen Gefühle — ☐ Moosachat, 232, 335

jähzornig
- man wird schnell wütend — ☐ Goldtopas, or., 185, Sugilith, 253
- unkontrollierte Wutausbrüche — ☐ Fluorit, 264
- man wird unter Umständen gewalttätig — ☐ Chrysokoll, 167, 327, Sugilith, 253
- setzt sich mittels Jähzorn durch — ☐ Apachentränen, 345
- wenn seine Wünsche nicht erfüllt werden — ☐ Citrin, 157

Kämpfer
- mutet sich immer zu viel zu — ☐ Amazonit, 250
- macht trotzdem weiter, gibt nicht auf oder nach — ☐ Amazonit, 250
- ist völlig ausgelaugt, abgerackert, klagt aber nie — ☐ Amazonit, 250
- arbeitet nur noch aus Pflichtgefühlen heraus — ☐ Amazonit, 250
- trägt die Bürde anderer mit, ignoriert sich selbst — ☐ Amazonit, 250
- ist nicht bereit zu kämpfen, flüchtet lieber — ☐ Blutachat, 337

Ki seelische Blockaden Ki

Kind, mein
- lebt in seiner eigener Welt, führt Selbstgespräche ☐ Smaragd, 165
- leidet an unverarbeitetem Schock oder Kummer ☐ Tigerauge, 182
- leidet sehr lange an Umzug oder Schulwechsel ☐ Jade, 199
- leidet unter Kindermigräne, Neurodermitis ☐ Rubin, 133
- leidet unter starker Prüfungs- u. Versagensängsten ☐ Sternrubin, 137
- lernt nicht für sich, sondern für andere oder Geld ☐ Topas, blau, 191
- lernt nicht, wie man Konflikte angeht ☐ Citrin, 157
- lernt übereifrig, ist trotz guter Noten unzufrieden ☐ Citrin, 157
- liebt seine Kuscheltiere mehr als alles andere ☐ Edeltopas, 176
- macht jede Mutprobe mit ☐ Goldtopas, orange, 185
- macht müden, schwachen, kränklichen Eindruck ☐ Achat, 148
- neigt zu Halluzinationen, Kriminalität ☐ Peridot, 169
- neigt zu Ticks, wie z.B. andauerndem Schnalzen ☐ Chalcedon, 218
- plappert nur nach, was Fremde sagen ☐ Turmalin, grün, 193
- phlegmatisch, schiebt mürrisch alles vor sich her ☐ Edeltopas, 176
- ist ein Raufbold, grob, ignoriert berechtigten Tadel ☐ Citrin, 157
- reagiert peinlich berührt auf seine pubertäre Phase ☐ Sternrubin, 137
- redet um seine Sorgen herum, verschließt sich ☐ Rubin, 133
- ist leicht reizbar, unkameradschaftlich, nervös ☐ Sonnenstein, 141
- schlägt, kratzt, beißt sich selbst ☐ Diamant, 174
- ist schnell beleidigt, eifersüchtig auf andere ☐ Carneol, orange, 152
- ist schnell wütend, wenn nicht gleich alles gelingt ☐ Rhodochrosit, 150, 328
- ist schreckhaft, verschlossen, grenzt sich ab ☐ Rubin, 133
- ist sehr dickköpfig und jähzornig ☐ Aventurin, 171
- ist sehr launisch, quengelig, aggressiv ☐ Achat, 148
- ist verträumt, unkonzentriert, wenig interessiert ☐ Chrysopras, 163
- ist sehr einseitig auf Vater oder Mutter fixiert ☐ Turmalin, rot, 203
- ist sehr schüchtern, verängstigt, unterwürfig ☐ Bernstein, 155
- hat trotz fortgeschrittenem Alter sehr starkes Heimweh ☐ Hämatit, 205
- ist sehr wehleidig, dickköpfig, uneinsichtig ☐ Rosenquarz, 144
- gerät in Panik, wenn es allein gelassen wird ☐ Turmalin, rot, 203
- hat starke Lern- u. Konzentrationsschwierigkeiten ☐ Topas, blau, 191
- stiehlt, kann Dein und Mein nicht unterscheiden ☐ Chrysokoll, 167, 327
- sucht immer nach Ausreden und Ausflüchten ☐ Rosenquarz, 144
- sucht sich schlechte, kriminelle Vorbilder ☐ Bernstein, 155
- tut brav, was man ihm sagt, keine Eigeninitiative ☐ Peridot, 169
- ist gleich überbetont bockig, beklemmt od. traurig ☐ Tansanit, 210
- ist übertrieben ängstlich gegenüber anderen ☐ Schneeflockenobsidian, 195
- ist ungeduldig, zerreißt wütend seine eig. Bilder ☐ Rhodochrosit, 150, 328
- stiehlt, kann Dein und Mein nicht unterscheiden ☐ Chrysokoll, 167, 327
- unterdrückte Wünsche bringen Ekzeme hervor ☐ Sternrubin, 137
- wird extrem von der Pubertät ergriffen ☐ Rubin, 133
- Wutanfälle, wenn ihm etwas gegen d. Willen geht ☐ Sonnenstein, 141
- zieht sich bevorzugt desorientiert zurück ☐ Achat, 148
- zurückgeblieben, wirkt unselbständig ☐ Sternrubin, 137
- starke Kontaktängste, Hemmungen ☐ Saphir, blau, 220
- für Kindergarten- u. Schulanfänger ☐ Jade, 199

Kapitel 17 - Alphabetischer Index (seelische Blockaden)

Ki — seelische Blockaden — Ki

Kind, mein
- bei streßbedingter innerer Prüfungsangst — ☐ Carneol, rot, 207
- kapselt sich in seiner eigene Welt ab — ☐ Saphir, blau, 220
- übertriebene Ängste vor Gewittern, Tieren, etc. — ☐ Turmalin, schwarz, 224
- hat kein Vertrauen in seine eigene Fähigkeiten — ☐ Bernstein, 155
- hat starke Hemmungen vor Alltäglichem — ☐ Turmalin, schwarz, 224
- ist unruhig, schreckhaft, Schlafwandler — ☐ Turmalin, schwarz, 224
- ist sehr scheu, ängstlich, unbeholfen ohne Mutter — ☐ Onyx, 227, Sardonyx, 227
- hat Schuldgefühle, Selbstmordgedanken — ☐ Aquamarin, 237, 238
- will nur bei Licht oder mit offener Tür schlafen — ☐ Onyx, 227, Sardonyx, 227
- hat wenig Mitgefühl für andere oder Tiere — ☐ Azurit-Malachit, 229, 349
- fühlt sich einsam, unsicher, ungeliebt — ☐ Aquamarin, 237, 238
- hat starke Verlustängste und viele andere Ängste — ☐ Azurit-Malachit, 229, 349
- muß mit Samthandschuhen angefaßt werden — ☐ Moosachat, 232, 335
- hat Sprachstör., Lese-Rechtschreibschwächen — ☐ Iolith, 240
- ist übersensibel, weint sofort los — ☐ Moosachat, 232, 335
- ist sehr ernst, freudlos, lacht wenig, spielt nicht — ☐ Malachit, 234, 351
- ist unzuverlässig, labil, schwindelt und lügt — ☐ Aquamarin, 237, 238
- will ständig im Mittelpunkt stehen — ☐ Azurit-Malachit, 229, 349
- schwänzt die Schule, verpaßt den Anschluß — ☐ Aquamarin, 237, 238
- ist sehr launisch, oft wie umgekrempelt — ☐ Iolith, 240
- hat Angst vor Dunkelheit oder allein i. d. Wohnung — ☐ Apatit, blau, 243
- ist vorlaut, nörgelt an allem Neuen herum — ☐ Türkis, 245, 314
- ist launisch, hat plötzliche Wutausbrüche — ☐ Falkenauge, 248
- ist eigenbrödlerisch, weiß immer alles besser — ☐ Amazonit, 250
- ist aggressiv, zornig, jähzornig, tyrannisiert andere — ☐ Sugilith, 253
- scheint sehr mitgenommen, kann nicht abschalten — ☐ Roter Jaspis, 139
- ist sehr trotzig und eifersüchtig — ☐ Sugilith, 253
- Weinkrämpfe, ängstliches Anklammern — ☐ Mondstein, 256
- ist unsicher, wiederholt ständig dieselben Fragen — ☐ Opal, 259
- ist ein stiller, kontaktarmer Außenseiter — ☐ Saphir, blau, 220
- unsicher, streicht Richtiges durch, machts falsch — ☐ Opal, 259
- ist apathisch und gleichgültig — ☐ Moquis, 267, Blue-Moon, 619, 621
- jammert viel, bemitleidet sich andauernd selbst — ☐ Rosenquarz, 144, Achat, 148
- wird hingezogen zu Banden, Sekten u. Radikalen — ☐ Opal, 259
- leidet unter starken Schmerzen beim Zahnen — ☐ Bernstein, 155
- zitiert, glaubt und tut naiv, nur was Fremde sagen — ☐ Opal, 259
- kann nicht Gutes von Schlechtem unterscheiden — ☐ Amethyst, 262, 341
- macht Druck um Zuwendung zu erzwingen — ☐ Carneol, orange, 152
- hat starke Lernschwierigkeiten, Prüfungsängste — ☐ Amethyst, 262, 341
- kann nicht gerecht handeln oder urteilen — ☐ Amethyst, 262, 341
- leidet unter Nägelkauen, stottern, Ticks — ☐ Fluorit, 264
- schreit und weint häufig ohne erkennbare Ursache — ☐ Apatit, blau, 243
- ist fernsehsüchtig — ☐ Opal, 259
- sucht immer Hilfe bei irgendwelchen Erwachsenen — ☐ Hiddenit, 309, Tigerauge, 182
- ist hysterisch, läßt sich nur schwer beruhigen — ☐ Fluorit, 264
- ist sehr eifersüchtig auf andere Geschwister — ☐ Sugilith, 253

Ki　　　　seelische Blockaden　　　　Ko

Kind, mein
- wünscht sich wieder alles so wie früher — ☐ Hämatit, 205
- ist extrem ungeduldig und aufbrausend — ☐ Sonnenstein, 141
- leidet ständig unter einem schlechten Gewissen — ☐ Naturcitrin, 187
- neigt zu ständiger Konfrontation mit den Eltern — ☐ Andenopal, blau, 347
- unflexibel, stur neuen Lebensphasen gegenüber — ☐ Jade, 199

Klagen, zu wenig
- tut immer so, als wäre alles in bester Ordnung — ☐ Lapislazuli, 212, Sodalith, 216
- würde nie darauf kommen, über sein Leid zu klagen — ☐ Peridot, 169

Klagen, zu viel
- bemitleidet sich laut und deutlich selbst — ☐ Carneol, orange, 152
- jammert und klagt bevorzugt vor Publikum — ☐ Azurit-Malachit, 229, 349
- ist verbittert über Ungerechtigkeit der bösen Welt — ☐ Rosenquarz, 144, Achat, 148

Klassenkasper — ☐ Lapislazuli, 212, Sodalith, 216

kleinlich
- in Bezug auf Sauberkeit und Ordnung — ☐ Schneeflockenobsidian, 195
- in Schuldfragen, sieht nur die Fehler anderer — ☐ Naturcitrin, 187 Citrin, 157

konfliktscheu
- hat nie gelernt, Konflikte zu lösen u. auszutragen — ☐ Lapislazuli, 212, Sodalith, 216
- kann seine Meinung nicht vertreten — ☐ Amethyst, 262, 341, Opal, 259
- hat Angst, den anderen zu verletzen — ☐ Tigerauge, 182
- glaubt, der andere ist sowieso im Recht — ☐ Naturcitrin, 187
- hält sich selbst nicht für kompetent genug — ☐ Bernstein, 155, Iolith, 240
- überspielt sie durch zwanghafte Fröhlichkeit — ☐ Lapislazuli, 212
- will durch Geschrei dominieren — ☐ Versteinertes Mammutholz, 353
- liegt mit anderen immer irgendwie im Clinch — ☐ Sugilith, 253
- kann seiner Linie nicht treu sein — ☐ Aquamarin, 237, 238
- mit sich selbst, durch innere Unzufriedenheit — ☐ Blue-Moon, 619, 621, Moquis, 267

Kontaktschwierigkeiten
- erwartet sowieso nur einen Mißerfolg — ☐ Rhodonit, Rhodochrosit, 150, 328
- durch Angst vor Ablehnung — ☐ Bernstein, 155, Iolith, 240
- durch Aggressionen — ☐ Goldtopas, or., 185, Sugilith, 253
- durch schlechte Erfahrungen — ☐ Bergkristall, 178
- Angst vor Ansteckung, Verunreinigung — ☐ Schneeflockenobsidian, 195
- durch depressive Verstimmungen — ☐ Moosachat, 232, 335
- durch permanente Vorurteile — ☐ Türkis, 245, 314
- durch verbitterte Ausstrahlung — ☐ Rosenquarz, 144, Achat, 148
- überspielt seine Kontaktängste — ☐ Lapislazuli, 212, Sodalith, 216
- wegen einer inneren Barriere, wie zugemauert — ☐ Saphir, blau, 220
- ist ängstlich, innerlich verschlossen, kontaktarm — ☐ Eisenmeteorit, 624
- weil er über eigene Probleme nicht reden kann — ☐ Eisenmeteorit, 624
- hilft Distanz und Ausgrenzung zu überwinden — ☐ Tektit, 628
- zu stolz; arrogant; macht lieber alles gleich selbst — ☐ Saphir, blau, 220

konzentrieren, kann sich nicht
- weil Gedanken in die Vergangenheit schweifen — ☐ Hämatit, 205, Chrysopras, 163
- durch Tagträumerei, ist nicht bei der Sache — ☐ Chrysopras, 163, Smaragd, 165
- auf augenblickliches konzentrieren — ☐ Sonnenstein, 141

Ko seelische Blockaden La

konzentrieren, kann sich nicht
- Gedanken springen vom 100. ins 1000. — ☐ Aquamarin, 237, 238
- durch Erschöpfung — ☐ Rubin, 133
- durch plötzliche, sorgenvolle Gedanken — ☐ Lapislazuli, 212, Sodalith, 216
- nimmt zu viele Dinge gleichzeitig wahr, hin und her — ☐ Aquamarin, 237, 238
- weil Gedanken ständig um ein Thema kreisen — ☐ Roter Jaspis, 139
- weil man an zu vieles gleichzeitig denkt — ☐ Goldtopas, gelb, 159
- weil man sich über jede kleine Ablenkung freut — ☐ Lapislazuli, 212, Sodalith, 216
- sobald er aus seinen Gewohnheiten gerissen wird — ☐ Azurit, 312
- hüpft oberflächlich von Thema zu Thema — ☐ Aquamarin, 237, 238

Kreativität
- ist phantasielos, ausgetrocknet, ausgebrannt — ☐ Opal, 259
- ist von äußeren Reizen, Mode etc. abhängig — ☐ Opal, 259
- vertraut sich nicht, glaubt zuerst, daß es nicht geht — ☐ Bernstein, 155, Iolith, 240

Kritik
- aus verletztem Selbstwertgefühl heraus — ☐ Bernstein, 155, Iolith, 240
- empfindet Kritik immer gleich als persönliche Ablehnung — ☐ Carneol, orange, 152
- verletzt andere mit seinem Ton — ☐ Versteinertes Mammutholz, 353
- kann nicht ertragen, daß andere anders denken — ☐ Sonnenstein, 141
- überkritisch zu sich selbst, beschuldigt immer sich — ☐ Naturcitrin, 187
- kritisiert sich selbst, wenn er Ziele nicht erreicht — ☐ Turmalin, grün, 193
- reagiert sehr kleinlich, pedantisch, unnachgiebig — ☐ Türkis, 245, 314
- isoliert sich durch seine Kritiksucht selbst — ☐ Türkis, 245, 314
- urteilt andauernd über andere negativ hinweg — ☐ Türkis, 245, 314

kritisieren
- kritisiert immer nur andere Menschen — ☐ Türkis, 245, 314, Carneol, or., 152
- kritisiert nur sich selbst — ☐ Bernstein, 155, Iolith, 240
- kritisiert ständig eigene Leistungen vor anderen — ☐ Naturcitrin, 187
- streng u. kritisch in Beurteilung seiner Lebensart — ☐ Turmalin, grün, 193

Kummer
- leidet an inneren Qualen, die keiner wissen darf — ☐ Lapislazuli, 212, Sodalith, 216
- bei Liebeskummer und Herzschmerzen — ☐ Feueropal, 319
- durch emotionale Krisen, Niedergeschlagenheit — ☐ Labradorit, 321
- sehnt sich vor Kummer in Vergangenheit zurück — ☐ Hämatit, 205
- Angst und Sorgen um geliebte Menschen — ☐ Turmalin, rot, 203
- durch seelische Erschütterung, Schock — ☐ Moqui-Marbles, 267, Diamant, 174
- durch Resignation und bei Burn-Out — ☐ Blue-Moon, 619, 621, Moquis, 267

Labilität
- weil ihm das innere Gleichgewicht fehlt — ☐ Aquamarin, 237, 238
- weil man immer nur anderen Ratschlägen folgt — ☐ Amethyst, 262, 341, Opal, 259
- durch psychischen Schock — ☐ Bergkristall, 178
- zu schnelle Aufgabe bei Mißerfolg — ☐ Rhodonit, 146, Rhodochrosit, 150, 328
- immer wenn man vor Ungewissem, Neuem steht — ☐ Jade, 199
- ist unklar was man eigentlich will — ☐ Goldtopas, gelb, 159

Lampenfieber
- durch mangelndes Selbstvertrauen — ☐ Chalcedon, 218, Diamant, 174
- verhilft dazu, überzeugend aufzutreten — ☐ Bernstein, 155, Iolith, 240
- bei plötzlichen Versagensängsten; Prüfungsängsten — ☐ Turmalin, schwarz, 224, Onyx, 227

La   seelische Blockaden   Le

langsam, erledigt seine Aufgaben
- weil man nicht motiviert ist — ☐ Edeltopas, 176
- weil man zu müde ist — ☐ Rubin, 133
- weil es immer die gleiche Routine ist, hat die Nase voll — ☐ Edeltopas, 176
- weil man depressiv ist — ☐ Malachit, 234, 351
- weil einem alles gleichgültig ist — ☐ Peridot, 169
- weil man sich leicht ablenken läßt — ☐ Lapislazuli, 212, Sodalith, 216
- weil man zu genau ist — ☐ Turmalin, grün, 193
- weil man immer zu viele Dinge gleichzeitig beginnt — ☐ Schneeflockenobsidian, 195

Lärm, verträgt keinen — ☐ Turmalin, schwarz, 224

launisch — ☐ Aquamarin, 237, 238
- Stimmung wechselt von einer Sekunde z. anderen — ☐ Rosenquarz, 144, Achat, 148
- ist sofort immer gleich beleidigt — ☐ Chrysopras, 163, Malachit, 234, 351
- hat oft grundlos schlechte Laune — ☐ Moosachat, 232, 335

Lebensfreude, Mangel an
- aus Erschöpfung — ☐ Rubin, 133
- wegen depressiver Verstimmungen — ☐ Moosachat, 232, 335
- wegen ständiger Schuldgefühle — ☐ Naturcitrin, 187
- aufgrund eiserner Selbstdisziplin — ☐ Turmalin, grün, 193
- läßt keine Freude in sein Herz dringen — ☐ Peridot, 169
- verhilft aus festgefahrenen Prinzipien heraus — ☐ Turmalin, grün, 193
- bringt mehr innere Heiterkeit, Freude u. Zuversicht — ☐ Labradorit, 321

Lebenskraft
- mehr, um sich den Problemen stellen zu können — ☐ Labradorit, 321
- bei Erschöpfung und Kraftlosigkeit — ☐ Rubin, 133
- hat innerlich aufgegeben, läßt sich gehen — ☐ Moquis, 267, Chrysokoll, 167, 327

leichtgläubig — ☐ Amethyst, 262, 341, Opal, 259

leichtsinnig
- achtet nicht auf sich, seine Gesundheit, Sachen — ☐ Topas, blau, 191

Leistungsdruck
- durch eigene, zu hohe Ansprüche, überfordert sich — ☐ Amazonit, 250, Turmalin, grün, 193
- setzt andere unter Leistungsdruck, verlangt zu viel — ☐ Citrin, 157

Lernschwäche
- aus Mangel an Motivation — ☐ Edeltopas, 176, Peridot, 169
- durch Angst vor Mißerfolg — ☐ Rhodonit, 146
- durch Mangel an Selbstvertrauen — ☐ Bernstein, 155, Iolith, 240
- durch Verträumtsein — ☐ Chrysopras, 163, Smaragd, 165
- durch Grübelei — ☐ Hämatit, 205
- wiederholt immer die selben Fehler, lernt nicht dazu — ☐ Topas, blau, 191
- schiebt seine Probleme lange ungelöst vor sich her — ☐ Edeltopas, 176

Lethargie
- Stagnation in alten Verhaltensmustern — ☐ Moldavit, 626
- gegenwartsscheu, verzieht sich in eine Traumwelt — ☐ Chrysopras, 163, Smaragd, 165
- aus Hoffnungslosigkeit über den eigenen Zustand — ☐ Falkenauge, 248
- fühlt sich überfordert und erschlagen — ☐ Edeltopas, 176
- hat den Sinn fürs Schöne und fürs Leben verloren — ☐ Moquis, 267, Blue-Moon, 619, 621

Li   seelische Blockaden   Lü

Liebe
- lernt erkennen, daß Liebe nur in Freiheit gedeiht — ☐ Feueropal, 319
- erleichtert Liebeskummer — ☐ Feueropal, 319
- lindert klammerhaftes Verhalten — ☐ Feueropal, 319
- glaubt, Liebe kaufen zu können — ☐ Regenbogenobsidian, 355

liebebedürftig
- hat sehr starkes Verlangen nach Nähe, Zuneigung — ☐ Azurit-Malachit, 229, 349
- gibt sich sexuell ohne Lust hin, für Nähe — ☐ Rote Koralle, 325
- opfert sich auf, um geliebt zu werden — ☐ Carneol, orange, 152
- neigt zu Neid, Eifersucht, Angst, Haß — ☐ Sugilith, 253
- fühlt sich immer gleich ungeliebt und ungeborgen — ☐ Andenopal, blau, 347
- sehnsüchtig, abhängig von Liebe u. Nähe anderer — ☐ Rote Koralle, 325

liebenswert, findet sich nicht
- glaubt, keine Liebe verdient zu haben — ☐ Bernstein, 155, Iolith, 240
- trennt strikt Liebe und Sexualität — ☐ Naturcitrin, 187
- verdrängt Liebe, Intimität und Nähe — ☐ Rote Koralle, 325 Saphir, blau, 220

Liebeskummer
- wird überspielt, tut so, als ob nichts sei — ☐ Lapislazuli, 212, Sodalith, 216
- mit Besitzansprüchen — ☐ Carneol, orange, 152
- kann an nichts anderes mehr denken, nicht schlafen — ☐ Roter Jaspis, 139
- durch Eifersucht, Verlustangst — ☐ Goldtopas, or., 185, Sugilith, 253
- untergräbt das Selbstwertgefühl — ☐ Bernstein, 155, Iolith, 240
- stürzt einen in tiefe Verzweiflung — ☐ Tansanit, 210, Feueropal, 319
- drückt sehr stark auf's Gemüt — ☐ Rhodochrosit, 150, 328
- führt zu innerem Groll oder Verbitterung — ☐ Rosenquarz, 144, Achat, 148
- bei Trennungsschock — ☐ Blue-Moon, 619, 621, Moquis, 267
- fühlt sich ungerecht behandelt, wie weggeworfen — ☐ Rosenquarz, 144, Achat, 148

loslassen, kann nicht
- seine Erinnerungen — ☐ Hämatit, 205
- einen bestimmten Gedanken — ☐ Roter Jaspis, 139
- seine Angehörigen — ☐ Carneol, orange, 152
- seine Gefühle — ☐ Fluorit, 264
- seine Ängste um Angehörige — ☐ Turmalin, rot, 203
- hängt am Rockzipfel anderer, nicht eigenständig — ☐ Feueropal, 319
- durch festgefahrene Lebensanschauung — ☐ Moldavit, 626
- um andere ihren eigenen Weg gehen zu lassen — ☐ Carneol, orange, 152
- von Drogen, ist hörig — ☐ Amethyst, 262, 341, Andenopal, 238
- weil er Schuldgefühle hat — ☐ Naturcitrin, 187
- wird von traumatischen Erlebnissen eingefangen — ☐ Rote Koralle, 325

lügen
- hat Schwierigkeiten bei der Wahrheitsfindung — ☐ Feuerachat, 323
- neigt zum chronischen Schwindeln — ☐ Lapislazuli, 212, Sodalith, 216
- Wahrheit erscheint ihm zu uninteressant — ☐ Feuerachat, 323
- aus Angst vor Strafe — ☐ Naturcitrin, 187
- lügt, übertreibt grundlos, um besser dazustehen — ☐ Feuerachat, 323
- um Konflikten auszuweichen — ☐ Lapislazuli, 212, Sodalith, 216
- lügt um nicht in die Pflicht genommen zu werden — ☐ Feuerachat, 323
- um sich selbst interessanter zu machen — ☐ Azurit-Malachit, 229, 349

Lü seelische Blockaden Ma

lügen
- baut sich eine Welt aus Märchen und Lügen auf ☐ Feuerachat, 323
- lügt, weil er nicht nein sagen kann ☐ Feuerachat, 323
- kann nicht zu sich selbst stehen, lügt lieber ☐ Feuerachat, 323

Luftschlösser, baut gerne ☐ Chrysopras, 163, Smaragd, 165

Lustlosigkeit
- durch Überforderung ☐ Carneol, rot, 207
- schiebt Unangenehmes vor sich her ☐ Edeltopas, 176

machtstrebend
- setzt sich über die Meinung anderer hinweg ☐ Citrin, 157
- will andere durch bemuttern dominieren ☐ Carneol, orange, 152
- alles muß nach seiner Pfeife tanzen, Tyrann ☐ Citrin, 157
- sehr aggressiv und egozentrisch ☐ Andenopal, blau, 347
- macht anderen Angst oder schlechtes Gewissen ☐ Citrin, 157
- er ist immer der Größte und Beste, streitsüchtig ☐ Apachenträne, 345
- will anderen tyrannisch seinen Willen aufzwängen ☐ Citrin, 157

machtstrebend
- will andauernd doch nur das Beste für andere ☐ Citrin, 157
- diskutiert nicht, hat Recht ☐ Citrin, 157

Magersucht
- durch dogmatische Einstellung aus der Kindheit ☐ Turmalin, grün, 193
- hat keine Lust mehr auf das Leben und überhaupt ☐ Moquis, 267, Chrysokoll, 167

Managersyndrom
- ist ehrgeizig, überaktiv, Streß schlägt auf Magen ☐ Silberobsidian, 344
- ist durch unterdrückte Emotionen verkrampft ☐ Amethyst, 262, 341
- hat das Gefühl, überfordert zu sein ☐ Carneol, rot, 207
- ist gestreßt, wenn nicht alles gleich funktioniert ☐ Sonnenstein, 141
- übertrieben pflichtbewußt, arbeitet sich selbst auf ☐ Amazonit, 250
- will alles päpstlicher machen als der Papst ☐ Chalcedon, 218

Märtyrer-Verhalten
- Helfersyndrom, mißachtet eigene Bedürfnisse ☐ Hiddenit, 309, Tigerauge, 182
- verfällt regelmäßig in tiefes Selbstmitleid ☐ Hiddenit, 309
- wenn sich Mitmenschen undankbar zeigen ☐ Carneol, orange, 152
- weil er sich vom Leben ungerecht behandelt fühlt ☐ Granat, rot, 339
- unterdrückt und kasteit sich selbst ☐ Turmalin, grün, 193
- übernimmt keine Verantwortung, starkes Selbstmitleid ☐ Rosenquarz, 144, Achat, 148

maskenhaft
- verbirgt inneren Qualen hinter einer fröhlicher Maske ☐ Lapislazuli, 212, Sodalith, 216
- spielt anderen falsche Tatsachen vor; lügt ☐ Feuerachat, 323
- kennt sich selbst nicht, kann sich nicht leiden ☐ Feuerachat, 323
- drückt sich vor unangenehmen Dingen ☐ Lapislazuli, 212, Sodalith, 216
- macht Kompromisse um des lieben Frieden willens ☐ Lapislazuli, 212
- ist betont überhöflich in seinen Umgangsformen ☐ Lapislazuli, 212, Sodalith, 216
- gibt sich als immer strahlender Clown, Strahlemann ☐ Lapislazuli, 212

materialistisch
- kann nur akzeptieren, was sichtbar, meßbar ist ☐ Türkis, 245, 314, Larimar, 317
- habgierig, geizig, nur Geld und Karriere zählt ☐ Rhodochrosit, 150, 328

Me   seelische Blockaden   Mi

melancholisch
- hat ein Gefühl von starker innerer seelischer Trauer ☐ Moosachat, 232, 335
- durch Mißerfolge ☐ Rhodochrosit, 150, 328
- sporadische kommende und gehende Traurigkeit ☐ Malachit, 234, 351
- durch unverdiente Schicksalsschläge ☐ Rosenquarz, 144, Achat, 148
- findet keine Ursache für seine Traurigkeit ☐ Moosachat, 232, 335
- durch traurige Erinnerungen ☐ Hämatit, 205
- durch depressive Verstimmungen ☐ Smaragd, 165
- fühlt sich niedergedrückt, weiß aber nicht warum ☐ Malachit, 234, 351

menschenscheu
- aufgrund von Ängsten, fühlt sich bedroht ☐ Apatit, bl., 243, Mondstein, 256
- weil man zu wenig Selbstvertrauen besitzt ☐ Bernstein, 155, Iolith, 240
- man fühlt sich alleine besser ☐ Saphir, blau, 220

Midlife-Crisis
- hat Angst vor älter werden, fühlt sich weniger wert ☐ Eisenmeteorit, 624
- übersieht, daß das Leben zu jeder Zeit schön ist ☐ Eisenmeteorit, 624
- fühlt sich vom Leben betrogen, enttäuscht ☐ Rhodochrosit, 150, 328
- wird ohne erkennbare Ursache depressiv ☐ Malachit, 234, 351
- wird verstärkt launisch, ungehalten, pessimistisch ☐ Aquamarin, 237, 238
- wird einsam durch Arroganz, Macho-Verhalten ☐ Apachentränen, 345
- lindert Ängste vor dem neuen Lebensabschnitt ☐ Jade, 199
- festigt Bewußtsein für neuen Lebensweg ☐ Goldtopas, gelb, 159

Minderwertigkeitsgefühl
- fühlt sich in Aussehen u. Leistung anderen unterlegen ☐ Bernstein, 155, Iolith, 240
- durch Schuldgefühle ☐ Naturcitrin, 187
- ist vorher davon überzeugt, es nicht zu schaffen ☐ Bernstein, 155, Iolith, 240
- durch das innere Gefühl unrein zu sein ☐ Schneeflockenobsidian, 195
- bewundert andere, traut sich selbst aber nichts zu ☐ Bernstein, 155, Iolith, 240
- wird kompensiert, überspielt durch Angeberei ☐ Azurit-Malachit, 229, 349
- wird kompensiert durch Ehrgeiz ☐ Bernstein, 155, Iolith, 240
- ist dadurch zu gutmütig, übermäßig hilfsbereit ☐ Tigerauge, 182
- fühlt sich anderen immer unterlegen ☐ Bernstein, 155, Iolith, 240
- als Folge unerfüllter Ansprüche ☐ Amethyst, 262, 341
- führt zu Kontaktstörungen ☐ Saphir, blau, 220
- überspielt und verdrängt innere Minderw.-Gefühle ☐ Lapislazuli, 212, Sodalith, 216
- fühlt seinen Körper häßlich, deshalb minderwertig ☐ Blue-Moon, 619, 621
- fühlt sich anderen gegenüber unzulänglich ☐ Blue-Moon, 619, 621
- kein Selbstvertrauen, erwartet Fehlschläge ☐ Bernstein, 155, Iolith, 240
- klagt sich selbst an, kann keine Fehler verzeihen ☐ Naturcitrin, 187
- fühlt sich nutzlos, als Versager ☐ Bernstein, 155, Iolith, 240

missioniert
- andere, wenn er selbst von was überzeugt ist ☐ Chalcedon, 218
- reitet so lange auf etwas rum, bis andere ja sagen ☐ Chalcedon, 218
- opfert sich für eine »gute Sache« auf ☐ Chalcedon, 218
- Ungerechtigkeiten bringen ihn auf die Palme ☐ Chalcedon, 218
- will andere aus seiner Sicht zum Glück zwingen ☐ Chalcedon, 218

Mißtrauen
- ist allgemein schnell mißtrauisch ☐ Goldtopas, or., 185, Sugilith, 253
- gegenüber seinen eigenen Instinkten, Gefühlen ☐ Amethyst, 262, 341, Opal, 259

Mi seelische Blockaden Mü

Mißtrauen
- vermutet hinter allem immer gleich Lug und Betrug ☐ Sugilith, 253
- ist mißtrauisch aus Angst ☐ Turmalin, schwarz, 224
- fühlt sich von and. sofort belogen, herabgesetzt ☐ Sugilith, 253
- wegen schlechter Erfahrungen ☐ Bergkristall, 178
- kein Verständnis für wahre menschliche Gefühle ☐ Sugilith, 253
- aufgrund einer skeptischen Lebenseinstellung ☐ Rhodonit, 146
- traut anderen immer Schlechtes zu, voller Vorurteile ☐ Rosenquarz, 144, Achat, 148
- dem alltäglichen Leben gegenüber ☐ Apatit, blau, 243, Mondstein, 256
- durch Neid, Habgier und Eifersucht ☐ Sugilith, 253, Blue-Moon, 619, 621
- unsicher, kann sich nicht abgrenzen, schamhaft ☐ Tektit, 628
- anderen gegenüber aggressiv, oft sarkastisch ☐ Tektit, 628
- Selbstmitleid, mißtraut allem Neuen ☐ Rosenquarz, 144, Achat, 148
- fürchtet andauernd, hintergangen zu werden ☐ Sugilith, 253

Mitgefühl, zu wenig
- ist überkritisch u. verletzend in seiner Wortwahl ☐ Versteinertes Mammutholz, 353
- hat kein Verständnis für andere ☐ Sugilith, 253
- benebelt, gefühlskalt; andere interessieren nicht ☐ Tektit, 628

Mitgefühl, zu viel
- überängstlich, sorgt sich übertrieben um andere ☐ Turmalin, rot, 203
- kann nicht nein sagen, deshalb übertr. hilfsbereit ☐ Hiddenit, 309, Tigerauge, 182

Mitleid
- ist ohne Mitleid für andere Menschen ☐ Citrin, 157
- neigt zu starkem Selbstmitleid ☐ Carneol, orange, 152
- hat übertriebenes Mitleid mit anderen ☐ Turmalin, rot, 203

Mittelpunkt
- möchte möglichst gleich im Mittelpunkt stehen ☐ Azurit-Malachit, 229, 349
- fühlt sich als Mittelpunkt dem alle gehorchen müssen ☐ Carneol, orange, 152

Mobbing ☐ Peridot, 169
- löst bewußt Schuldgefühle u. Mißverständn. aus ☐ Regenbogenobsidian, 355
- durch üble Nachrede ☐ Blue-Moon, 619, 621

Moral
- kennt kaum Moral und Ehrlichkeit ☐ Feuerachat, 323
- ist wechselhaft, launisch, lügt, übertreibt ☐ Feuerachat, 323
- dauernde Schuldgefühle, redet nur von Moral ☐ Naturcitrin, 187
- ewiger Dogmatiker und Moralapostel ☐ Turmalin, grün, 193

Morgenmuffel
- bei fehlender Motivation für seine Aufgaben ☐ Edeltopas, 176
- gibt mehr Frische, Lust und Stehvermögen ☐ Andenopal, grün, 238

Motivation
- um längst nötige Veränderungen anzupacken ☐ Moldavit, 626
- um endlich sein Leben in die Hand zu nehmen ☐ Falkenauge, 248
- um den Anfang für Neues zu machen ☐ Edeltopas, 176
- um sich von Krankmachendem zu lösen ☐ Andenopal, grün, 238
- mehr Mut, um sich endlich durchsetzen zu können ☐ Blutachat, 337
- für mehr Zielstrebigkeit und Entschlossenheit ☐ Goldtopas, gelb, 159

Mücke
- macht aus einer Mücke einen Elefanten ☐ Schneeflockenobsidian, 195

Mü seelische Blockaden Ne

Müdigkeit
- inneres Katergefühl, kopflastig, erschöpft	☐ Edeltopas, 176
- fühlt sich völlig ausgelaugt und erschöpft	☐ Rubin, 133
- ist vorübergehend überfordert, ausgepowert	☐ Carneol, rot, 207
- fühlt sich kraftlos, ausgelaugt	☐ Edeltopas, 176
- ist durch andauernde leere Versprechungen müde	☐ Falkenauge, 248
- geistig müde durch anspruchslose Tätigkeit	☐ Edeltopas, 176
- ist körperlich u. seelisch total erschöpft, Burn Out	☐ Rubin, 133, Edeltopas, 176
- fehlende Spannkraft, Schwung, Lebenslust	☐ Edeltopas, 176
- geist. Müdigkeit, will nur schlafen, Schlafsyndrom	☐ Rubin, 133
- glaubt, daß ohne Kaffee, Tabletten gar nichts geht	☐ Edeltopas, 176
- fühlt sich müde, träge, hat zu nichts mehr Lust	☐ Rubin, 133
- meint, morgens schon kaputter zu sein als abends	☐ Edeltopas, 176

mutlos
- durch diffuse Ängste und dunkle Vorahnungen	☐ Apatit, blau, 243
- aus Enttäuschung heraus	☐ Rhodochrosit, 150, 328
- macht wieder fröhlicher und zuversichtlicher	☐ Labradorit, 321
- möchte so gerne glauben, daß es besser wird	☐ Rhodochrosit, 150, 328
- um Positives und neue Perspektiven zu sehen	☐ Eisenmeteorit, 624
- man kann gar nicht vorsichtig genug sein	☐ Rhodonit, 146
- um sich seinen alltägli. Ängsten stellen zu können	☐ Turmalin, schwarz, 224, Onyx, 227
- meldet in jeder Situation starke Zweifel an	☐ Rhodochrosit, 150, 328
- um seine Interessen noch wahren zu können	☐ Blutachat, 337
- Rückschläge hauen ihn völlig um	☐ Rhodochrosit, 150, 328
- um bei Mutlosigkeit besser durchhalten zu können	☐ Granat, rot, 339
- ist immer irgendwie skeptisch, pessimistisch, deprimiert	☐ Rhodonit, 146

Mutter:
Lesen Sie sich hierzu bitte die ausführlichen Beschreibungen in Kapitel 4 durch

Mutterprobleme
- als Mutter zu nachgiebig	☐ Tigerauge, 182
- als Mutter zu überfürsorglich, »Glucke«	☐ Carneol, orange, 152
- als Mutter zu besorgt und überängstlich	☐ Turmalin, rot, 203
- kann sich nicht durchsetzen, abgrenzen	☐ Hiddenit, 309, Tigerauge, 182
- läßt Kinder nicht ihre eigenen Erfahrungen machen	☐ Carneol, orange, 152

nachtragend
	☐ Hämatit, 205, Rosenquarz, 144,

Nägelkauen
	☐ Chalcedon, 218, Diamant, 174
- aus innerer Unruhe, die man nicht zeigen möchte	☐ Lapislazuli, 212, Sodalith, 216
- zwanghaft, kann damit nicht mehr aufhören	☐ Fluorit, 264
- durch Schuldgefühle und schlechtes Gewissen	☐ Naturcitrin, 187

negativ eingestellt
- ist grundsätzlich erstmal gegen alles	☐ Rhodochrosit, 150, 328
- ist gegen sich selbst, traut sich nichts zu	☐ Bernstein, 155, Iolith, 240
- gegen andere Menschen, durch Vorurteile	☐ Achat, 148, Türkis, 245, 314
- ist oft vorübergehend melancholisch	☐ Goldtopas, or., 185, Sugilith, 253
- sieht immer sofort nur das Schlechte, überkritisch	☐ Türkis, 245, 314
- gibt zu schnell auf, totaler Pessimist	☐ Rhodochrosit, 150, 328
- kann weder Liebe, Freude noch Glück empfinden	☐ Blue-Moon, 619, 621, Sugilith, 253
- durch Selbstanklage und dauernde Schuldgefühle	☐ Naturcitrin, 187
- da immer andere Schuld am eigenen Leid haben	☐ Rosenquarz, 144, Achat, 148

Ne seelische Blockaden No

neidisch
- klagt ständig darüber, was and. mehr als er haben ☐ Sugilith, 253
- mißgünstig und verbittert ☐ Goldtopas, or., 185, Sugilith, 253
- wittert hinter allem Lug und Betrug ☐ Rosenquarz, 144, Achat, 148
- eifersüchtig, geizig auf das, was andere haben ☐ Sugilith, 253
- haßerfüllt, mißtrauisch, eifersüchtig, schadenfroh ☐ Rhodochrosit, 150, 328
- fühlt sich schnell gekränkt, setzt sich selbst herab ☐ Sugilith, 253

Nervenzusammenbruch
- befürchtet Nervenzusammenbruch ☐ Fluorit, 264
- das Gefühl, kurz davor zu stehen ☐ Fluorit, 264
- infolge zu großer Verantwortung, es erschlägt ihn ☐ Carneol, rot, 207
- infolge von Dauerstreß ☐ Carneol, rot, 207
- als Folge seelischer Belastung ☐ Bergkristall, 178
- durch absolute Verzweiflung ☐ Tansanit, 210

nervös
- aus chronischer Unsicherheit und Angst heraus ☐ Turmalin, schwarz, 224, Onyx, 227
- durch verdrängte, versteckte innere Sorgen ☐ Lapislazuli, 212, Sodalith, 216
- durch Lampenfieber, Platzangst ☐ Turmalin, schwarz, 224, Onyx, 227
- durch Eile und innere Ungeduld ☐ Sonnenstein, 141
- durch mangelndes Selbstvertrauen ☐ Bernstein, 155, Iolith, 240
- bei großen Menschenansammlungen ☐ Saphir, blau, 220
- vorübergehend durch zu großen Streß ☐ Carneol, rot, 207
- durch innere Sorgen, ungelöste Probleme ☐ Turmalin, rot, 203
- wird durch innere Unruhe angetrieben ☐ Lapislazuli, 212
- durch emotionale Verspannungen, hyperaktiv ☐ Silberobsidian, 344
- durch Furcht vor durchdrehen ☐ Fluorit, 264
- gerät leicht unter Streß, wird kopflos, konfus ☐ Sonnenstein, 141
- wird unter erhöhtem Leistungsdruck leicht kopflos ☐ Azurit, 312
- will alles willentlich, logisch mit dem Verstand lösen ☐ Andenopal, rosa, 331
- durch starkes Rauchen, Trinken, Tabletten ☐ Andenopal, grün, 238
- in unvorhergesehenen Situationen ☐ Turmalin, schwarz, 224, Onyx, 227

Niedergeschlagenheit
- seit Jahren in Trauer gefangen, ewiger Schmerz ☐ Moosachat, 232, 335
- aus Liebeskummer, emotionale Sorgen ☐ Feueropal, 319, Labradorit, 321
- findet keine Zusammenhänge im Leben mehr ☐ Malachit, 234, 351
- durch Enttäuschung über unerfüllte Erwartungen ☐ Rhodochrosit, 150, 328
- wird unerwartet von tiefer Traurigkeit überrollt ☐ Moosachat, 232, 335
- durch Hoffnungslosigkeit über seinen Zustand ☐ Falkenauge, 248
- fühlt sich vollkommen blockiert, verstoßen ☐ Malachit, 234, 351
- durch Rückschläge, die ihn fast aus der Bahn werfen ☐ Rhodochrosit, 150, 328
- plötzlich, wie aus heiterem Himmel ☐ Moosachat, 232, 335
- fühlt sich schuldig, macht sich selbst Vorwürfe ☐ Naturcitrin, 187
- durch Ratlosigkeit über den eigenen Lebensweg ☐ Goldtopas, gelb, 159
- scheint seinen Pessimismus zu genießen ☐ Rhodochrosit, 150, 328
- fühlt sich vom normalen Leben ausgeschlossen ☐ Malachit, 234, 351

nostalgisch
- sehnt sich zurück in die Vergangenheit ☐ Hämatit, 205
- hängt an allem, sammelt alles, besonders Altes ☐ Hämatit, 205
- schwelgt in Erinnerungen, spielt mit Eisenbahn ☐ Hämatit, 205
- früher war alles schöner u. besser, gute alte Zeit ☐ Hämatit, 205

Nö seelische Blockaden Pa

nörgelt, pedantisch an allem herum	☐ Türkis, 245, 314

oberflächlich
- im gesellschaftlichen Umgang, hört nicht richtig zu	☐ Azurit-Malachit, 229, 349
- durch ständige Eile und Hektik, Streß	☐ Sonnenstein, 141
- wirkt so, weil man keine Nähe zuläßt	☐ Saphir, blau, 220
- weil er sich hinter einer »Fassade« versteckt	☐ Lapislazuli, 212, Sodalith, 216
- aus Furcht, emotional in die eigene Tiefe zu gehen	☐ Lapislazuli, 212, Sodalith, 216
- drückt sich oberfl. u. lieblos aus, schafft Distanz	☐ Versteinertes Mammutholz, 353
- ist gedanklich immer woanders, nicht bei der Sache	☐ Topas, blau, 191
- interessiert sich nur für sich, schlechter Zuhörer	☐ Azurit-Malachit, 229, 349
- aus Ungeduld, alles soll möglichst schnell gehen	☐ Sonnenstein, 141

offen, zu wenig
- aus Angst vor Schwäche	☐ Lapislazuli, 212, Sodalith, 216
- ist sich selbst genug, überzeugter Single	☐ Saphir, blau, 220

Opfer
- fühlt sich immer als armes Opfer	☐ Rosenquarz, 144, Achat, 148
- opfert sich ungebeten für andere auf	☐ Carneol, orange, 152
- weil man sich ausnutzen läßt	☐ Tigerauge, 182

optimistisch, zu sehr
- trotz Enttäuschungen, ein optimistischer Träumer	☐ Chrysopras, 163, Smaragd, 165

ordnungsliebend, ist zu
- alles um mich herum muß seine Ordnung haben	☐ Schneeflockenobsidian, 195
- kann Unordnung, überhaupt nicht dulden	☐ Schneeflockenobsidian, 195
- neigt zu großer Selbstdisziplin	☐ Turmalin, grün, 193
- übertrieben modisch, wie aus dem Ei gepellt	☐ Schneeflockenobsidian, 195
- im Umgang mit anderen, Pünktlichkeitsfanatiker	☐ Citrin, 157
- durch übertriebene Sauberkeitszwänge	☐ Schneeflockenobsidian, 195

ordnungsliebend, zu wenig
- hat den Überblick verloren, lebt im Chaos	☐ Carneol, rot, 207

orientierungslos
- hat sein Lebensziel noch nicht gefunden	☐ Goldtopas, gelb, 159
- will allem gleichzeitig gerecht werden	☐ Aquamarin, 237, 238

Panik
- gerät schnell in Ausnahmesituationen	☐ Mondstein, 256
- gerät innerlich oft grundlos in Panik	☐ Apatit, blau, 243, Mondstein, 256
- das Herz scheint vor Entsetzen stehen zu bleiben	☐ Mondstein, 256
- gerät durch Streß sofort in Panik	☐ Carneol, rot, 207
- hört nichts mehr, sieht nichts mehr	☐ Mondstein, 256
- gerät durch zu viele Sorgen in Panik	☐ Turmalin, rot, 203
- panische Alpträume, Herz klopft bis zum Hals	☐ Mondstein, 256
- ist in Gefahr, in Panik auszurasten	☐ Fluorit, 264
- durch seelische Erschütterungen	☐ Bergkristall, 178
- nach Unfällen, bei Todesangst	☐ Mondstein, 256
- sporadische unvorhergesehene Panik-Attacken	☐ Granat, rot, 339
- gerät häufig in panische Zustände	☐ Mondstein, 256

paranoid
- hat Vorahnungen und schlimme Gedanken	☐ Apatit, blau, 243
- durch Ängste und Zwänge	☐ Schneeflockenobsidian, 195

Pe seelische Blockaden Ph

Pech, fühlt sich dauernd vom Pech verfolgt	☐ Rosenquarz, 144, Achat, 148

pedantisch / perfektionistisch
- bei Sauberkeit und Ordnung	☐ Schneeflockenobsidian, 195
- wegen eigener, fester Ideale u. Prinzipien	☐ Turmalin, grün, 193
- muß immer wie aus dem Ei gepellt aussehen	☐ Schneeflockenobsidian, 195
- unterwirft sein Leben dem, was andere sagen	☐ Turmalin, grün, 193
- um möglichst Kritik zu vermeiden	☐ Bernstein, 155, Iolith, 240
- lebt nach strengen Prinzipien und Zwängen	☐ Turmalin, grün, 193
- aus dem Gefühl heraus, möglichst Recht zu haben	☐ Citrin, 157
- keinen Sinn für übergeordnete Zusammenhänge	☐ Schneeflockenobsidian, 195
- hält hartnäckig an irgendwelchen Dingen fest	☐ Turmalin, grün, 193
- aus Angst vor schlechtem Gewissen	☐ Naturcitrin, 187
- zwanghaft, aus übertriebenem Ehrgeiz	☐ Amazonit, 250
- strikter Antialkoholiker, Nichtraucher, Vegetarier	☐ Turmalin, grün, 193
- durch Intoleranz, ist überkritisch	☐ Türkis, 245, 314
- ist pingelig und übertrieben ordnungsliebend	☐ Schneeflockenobsidian, 195
- klebt unflexibel an einmal gesteckten Zielen	☐ Turmalin, grün, 193
- will alles musterhaft und genau machen	☐ Schneeflockenobsidian, 195
- will alles richtig machen; Knigge-Typ	☐ Turmalin, grün, 193

pessimistisch
- sieht immer schwarz, gibt schnell auf	☐ Rhodochrosit, 150, 328
- vorübergehend durch Überforderung	☐ Carneol, rot, 207
- in bezug auf tägliche Pflichten	☐ Edeltopas, 176
- aus einem Gefühl der Unfähigkeit heraus	☐ Bernstein, 155, Iolith, 240
- verbittert, erwartet sofort eine neue Ungerechtigkeit	☐ Rosenquarz, 144, Achat, 148
- ist pessimistisch, hat unklare Ängste	☐ Apatit, blau, 243, Mondstein, 256
- hat konkrete Ängste	☐ Turmalin, schwarz, 224
- vorübergehend durch Erschöpfung	☐ Rubin, 133
- ist hoffnungslos	☐ Falkenauge, 248
- ist negativ, sieht immer zuerst das Schlechteste	☐ Türkis, 245, 314
- mißtrauisch, ahnt schon vorher den Fehler anderer	☐ Rhodonit, 146
- durch jahrelange Krankheiten oder Schmerzen	☐ Falkenauge, 248
- fühlt sich von vielen Schwierigkeiten überwältigt	☐ Granat, rot, 339
- durch vorangegangene Enttäuschungen	☐ Rhodochrosit, 150, 328
- hat resigniert, Leben erscheint sinnlos und leer	☐ Moquis, 267, Blue-Moon, 619, 621
- meldet in jeder Situation Zweifel an	☐ Rhodochrosit, 150, 328
- Selbstmitleid; immer nur ich habe Pech	☐ Rosenquarz, 144, Achat, 148
- scheint seinen Pessimismus noch zu genießen	☐ Rhodonit, 146

Pflanzen:
Lesen Sie sich hierzu bitte die ausführlichen Beschreibungen in Kapitel 4 durch

Pflichtbewußtsein
- fühlt sich dauernd verpflichtet, anderen zu helfen	☐ Hiddenit, 309
- opfert sich auf, würde nie eigene Schwächen zugeben	☐ Amazonit, 250
- verfolgt seine Prinzipien bis zum Umfallen	☐ Turmalin grün, 193

Phantasie
- regt Intuition und eigene Phantasie an	☐ Opal, 259
- macht fremden Phantasien gegenüber freier	☐ Chrysopras, 163, Smaragd, 165

phlegmatisch, siehe Antriebsschwäche

Pr seelische Blockaden Re

Prestigedenken, schämt sich für sein kleines Auto	☐ Amethyst, 262, 341

prüde
- tut unberührt, Sexualität ist Schweinerei ☐ Blue-Moon, 620, 622

Prüfungsängste
- bei allgemeiner Prüfungsangst ☐ Turmalin, schwarz, 224, Onyx, 227
- läßt harte Prüfungen im Leben besser bestehen ☐ Granat, rot, 339
- bei Black Out und panischer Prüfungsangst ☐ Mondstein, 256
- hat keine Ausdauer, gibt zu schnell auf ☐ Rhodochrosit, 150, 328
- weiß nicht, wo er anfangen soll, ist überfordert ☐ Carneol, rot, 207
- lindert Prüfungsangst, bzw. Prüfungsstreß ☐ Sonnenstein, 141
- weil man sich dem Stoff nicht gewachsen fühlt ☐ Bernstein, 155, Iolith, 240

Putzfimmel ☐ Rauchquarz, 197

quengelig
- wenn etwas nicht schnell genug geht ☐ Sonnenstein, 141
- wenn er nicht Mittelpunkt aller Aufmerksamkeit ist ☐ Azurit-Malachit, 229, 349

rachsüchtig
- ganz allgemein, will mit allen noch abrechnen ☐ Goldtopas, or., 185, Sugilith, 253
- ist nachtragend, wünscht anderen Schlimmes ☐ Rosenquarz, 144, Achat, 148

Rastlosigkeit
- fühlt sich durch innere Unruhe angetrieben ☐ Lapislazuli, 212
- hetzt von Rat zu Rat, von Seminar zu Seminar ☐ Opal, 259
- innerlich nervös, ungeduldig; genervter Typ ☐ Sonnenstein, 141
- ist durch einseitige Überlastung überreizt ☐ Andenopal, rosa, 331
- durch manischen, unstrukturierten Lebenswandel ☐ Andenopal, grün, 238
- bringt nichts zu Ende, macht alles je nach Laune ☐ Aquamarin, 237, 238
- durch kreisende Gedanken, kann nicht abschalten ☐ Tansanit, 210
- Unentschlossenheit, will alles auf einmal machen ☐ Goldtopas, gelb, 159

ratlos, sucht Rat ☐ Amethyst, 262, 341, Opal, 259

Raucherentwöhnung
- hat es oft probiert, doch wieder angefangen ☐ Topas, blau, 191, Tektit, 629
- hilft, sich von Krankmachendem zu befreien ☐ Andenopal, grün, 238
- stärkt Willenskraft und Zielstrebigkeit ☐ Goldtopas, gelb, 159

rechthaberisch ☐ Citrin, 157

reden
- redet, um sich beliebt zu machen ☐ Lapislazuli, 212, Sodalith, 216
- redet und plappert wirres Zeug aus Unsicherheit ☐ Amethyst, 262, 341, Opal, 259
- redet aus Geltungssucht, hört sich gerne reden ☐ Azurit-Malachit, 229, 349
- redet dauernd nur über sich und eigene Probleme ☐ Azurit-Malachit, 229, 349
- redet zu schnell, überschlägt und verhaspelt sich ☐ Sonnenstein, 141, Chalcedon, 218
- redet zu laut, zu schrill ☐ Sonnenstein, 141, Chalcedon, 218
- um Nervosität zu überspielen ☐ Turmalin, schwarz, 224
- redet unaufhörlich über seine Ideen ☐ Chalcedon, 218
- redet mit missionarischem Eifer ☐ Chalcedon, 218
- Angst, vor anderen oder vielen Leuten zu reden ☐ Bernstein, 155, Iolith, 240

| Re | seelische Blockaden | Ru |

reisen
- lindert Reisekrankheit, Jet-Lag, Zeitumstellung ☐ Aquamarin, 237, 238
- hilft, sich besser auf anderes Klima einzustellen ☐ Jade, 199

Reizbarkeit
- schnell gereizt, wenn es nicht so läuft wie man will ☐ Sonnenstein, 141
- ist ungeduldig und sehr undiplomatisch ☐ Sonnenstein, 141
- nimmt anderen Wort aus dem Mund, die Arbeit ab ☐ Sonnenstein, 141

reserviert, wirkt unnahbar ☐ Saphir, blau, 220

Resignation
- hat keine Kraft mehr für einen neuen Anfang ☐ Falkenauge, 248
- spürt keine rechte Lebensfreude mehr ☐ Peridot, 169
- hat jede Hoffnung auf Veränderung aufgegeben ☐ Falkenauge, 248
- durch mangelndes Selbstvertrauen ☐ Bernstein, 155, Iolith, 240
- hat innerlich aufgegeben, hofft auf Wunder, betet ☐ Falkenauge, 248
- durch das Gefühl völliger Erschöpfung ☐ Rubin, 133
- ich habe schon an Selbstmord gedacht ☐ Falkenauge, 248
- durch schwere seelische Erschütterungen ☐ Bergkristall, 178
- mit Trauer um die »gute alte Zeit« ☐ Hämatit, 205
- mit dem Gefühl v. Depressionen, Todessehnsüchten ☐ Malachit, 234, 351
- durch Überforderung ☐ Edeltopas, 176
- hat das Gefühl, immer zu kurz zu kommen ☐ Hiddenit, 309, Tigerauge, 182
- gibt voreilig und zu schnell auf, resigniert ☐ Rhodochrosit, 150, 328
- wegen langandauernden Krankheiten ☐ Falkenauge, 248
- durch Ausweglosigkeit und Verzweiflung ☐ Tansanit, 210
- tut nichts mehr, um sein Leben zu verändern ☐ Moquis, 267, Blue-Moon, 619, 621
- es hat doch alles keinen Zweck mehr ☐ Falkenauge, 248

Reue
- neigt zu übertriebenen Schuldgefühlen ☐ Naturcitrin, 187
- zeigt keine Reue ☐ Rosenquarz, 144, Achat, 148

Rollenvorstellungen
- hat sture Erwartungen und feste Lebensvorstellungen ☐ Rote Koralle, 325
- hat enge Bilder und Anford. an sich und andere ☐ Rote Koralle, 325
- möchte am liebsten aus seiner Haut fahren ☐ Rote Koralle, 325
- ist sehr gehemmt, schamhaft, festgefahren ☐ Rote Koralle, 325
- Liebe und Sexualität sind zwei Paar Stiefel ☐ Rote Koralle, 325

rücksichtslos, gegen andere
- läßt seiner Aggressivität freien Lauf ☐ Goldtopas, or., 185, Sugilith, 253
- läßt anderen wenig Zeit, aufdringlich, besitzergr. ☐ Sonnenstein, 141
- beim Durchsetzen seiner eigenen Ziele ☐ Citrin, 157

rücksichtslos, gegen sich
- achtet nicht auf eigene körperliche Bedürfnisse ☐ Turmalin, grün, 193
- zwingt sich auch b. Erschöpfung weiterzumachen ☐ Amazonit, 250
- gönnt sich keine Ruhephasen, keinen Urlaub ☐ Sonnenstein, 141

ruhelos
- ist ständig innerlich auf dem Sprung ☐ Sonnenstein, 141
- durch verborgene Sorgen ☐ Lapislazuli, 212, Sodalith, 216
- wälzt sich nachts im Bett und kann nicht schlafen ☐ Roter Jaspis, 139

Ru seelische Blockaden Sc

ruhelos
- verleiht mehr Ruhe für innere Bedürfnisse — ☐ Opal, 259
- besänftigt bei starken emotionalen Problemen — ☐ Silberobsidian, 344
- um sich selbst nicht länger zu vernachlässigen — ☐ Amethyst, 262, 341
- mehr Ruhe bei vorübergehender Überlastung — ☐ Carneol, rot, 207, Azurit, 312
- kann Unaufhaltsames nicht geschehen lassen — ☐ Andenopal, rosa, 331
- durch chaotischen, nervösen Lebenswandel — ☐ Andenopal, grün, 238

Sauberkeit, neurotisch
☐ Schneeflockenobsidian, 195

schadenfroh
☐ Rosenquarz, 144, Achat, 148

schämt sich
- für sein Aussehens — ☐ Bernstein, 155, Iolith, 240
- für seine Leistungen — ☐ Naturcitrin, 187
- für seine Gefühle — ☐ Lapislazuli, 212, Sodalith, 216
- fühlt sich innerlich unrein und befleckt — ☐ Schneeflockenobsidian, 195
- voller innerer Schuldgefühle und Komplexe — ☐ Naturcitrin, 187

Schicksalsergebenheit, zu wenig
- hadert mit dem Schicksal — ☐ Rosenquarz, 144, Achat, 148
- kann eigene Grenzen, Schwächen n. akzeptieren — ☐ Amazonit, 250
- kann aus Verzweiflung sein Schicksal nicht annehmen — ☐ Tansanit, 210

Schicksalsergebenheit, zu viel
- dafür kann ich nichts, andere sind Schuld; der war's — ☐ Rosenquarz, 144, Achat, 148
- versucht nicht, was zu ändern, bringt ja eh nichts — ☐ Peridot, 169
- man bekommt vom Leben nichts geschenkt — ☐ Rosenquarz, 144, Achat, 148
- glaubt nicht, selbst noch was ändern zu können — ☐ Falkenauge, 248
- macht andere für sich verantwortlich, Vorwürfe — ☐ Rosenquarz, 144, Achat, 148
- was soll ich armes Würstchen schon tun? — ☐ Rosenquarz, 144, Achat, 148
- ich hab immer Pech, immer trifft es mich — ☐ Rosenquarz, 144, Achat, 148

Schlafstörungen
- durch Schuldgefühle — ☐ Naturcitrin, 187
- durch unklare Ängste — ☐ Apatit, blau, 243, Mondstein, 256
- durch konkrete Ängste — ☐ Turmalin, schwarz, 224
- durch die Angst vor der Dunkelheit — ☐ Apatit, blau, 243, Mondstein, 256
- durch Gefühle von Wut und Ärger — ☐ Goldtopas, or., 185, Sugilith, 253
- durch Unruhe und Nervosität — ☐ Chrysopras, 163, Sonnenstein, 141
- durch Gefühle von innerem Groll und Verbitterung — ☐ Rosenquarz, 144, Achat, 148
- wenn geliebte Angehörige nicht zu Hause sind — ☐ Turmalin, rot, 203
- durch innere Unruhe und quälende innere Sorgen — ☐ Lapislazuli, 212
- durch Angst und Furcht vor dunklen Mächten — ☐ Apatit, blau, 243
- ist emotional überfordert, überlastet — ☐ Silberobsidian, 344
- kann Alltägliches nicht loslassen — ☐ Andenopal, rosa, 331
- ist zu verspannt, nervös, gestreßt — ☐ Sonnenstein, 141
- zu angespannt, um Schlaf od. Ruhe zu finden — ☐ Amethyst, 262, 341
- durch chaotischen Lebensstil, findet keinen Rhythmus — ☐ Andenopal, grün, 238
- fürchtet den Schlaf durch panische Alpträume — ☐ Mondstein, 256

Schocksituationen
- Folgen von — ☐ Bergkristall, 178
- durch Todesangst und Panik — ☐ Mondstein, 256

Kapitel 17 - Alphabetischer Index (seelische Blockaden)

Sc — seelische Blockaden — Sc

Schocksituationen
- Unangenehmes stößt immer wieder bitter auf — ☐ Bergkristall, 178, Diamant, 174
- um die inneren Heilungskräfte zu aktivieren — ☐ Moqui-Marbles, 267, Tektit, 628
- durch Trauma; auch wenn es lange her ist — ☐ Bergkristall, 178, Diamant, 174
- nach emotionalem und sexuellem Mißbrauch — ☐ Rote Koralle, 325
- hat innere Erschütterungen noch nicht verkraftet — ☐ Bergkristall, 178, Diamant, 174
- lindert Ängste und innere Schockzustände — ☐ rosa Kunzit, 307
- träumt immer noch von bestimmten Ereignissen — ☐ Bergkristall, 178, Diamant, 174
- für Notfälle — ☐ rosa Kunzit, 307, Moqui-Marbles, 267
- Respektlosigkeit verschlägt ihm die Sprache — ☐ Bergkristall, 178, Diamant, 174
- andauernd fühlt er sich an Schlimmes erinnert — ☐ Bergkristall, 178, Diamant, 174
- bekommt Gänsehaut, wenn er nur dran denkt — ☐ Bergkristall, 178, Diamant, 174

Schüchternheit
- durch Zurückhaltung aus Angst vor Ablehnung — ☐ Bernstein, 155, Iolith, 240
- mangelndes Selbstvertrauen, Angst zu scheitern — ☐ Turmalin, schwarz, 224, Onyx, 227
- in unvorhergesehenen Situationen — ☐ Turmalin, schwarz, 224, Onyx, 227
- wird leicht rot und verlegen, Schweißausbrüche — ☐ Turmalin, schwarz, 224, Onyx, 227

Schuldgefühle
- durch depressive Verstimmungen — ☐ Moosachat, 232, 335
- sucht die Schuld nur bei sich — ☐ Naturcitrin, 187
- sucht die Schuld nur bei anderen — ☐ Rosenquarz, 144, Achat, 148
- Schuldgefühle machen ihn depressiv — ☐ Malachit, 234, 351
- Schuldgefühle die Angst erzeugen — ☐ Turmalin, schwarz, 224
- Schuldgefühle machen ihn leicht beeinflußbar — ☐ Jade, 199
- bekommt viele Sorgen durch Schuldgefühle — ☐ Turmalin, rot, 203
- erzeugen ein »Gedankenkarussell« — ☐ Roter Jaspis, 139
- hat immer etwas, was er sich nicht verzeiht — ☐ Naturcitrin, 187
- versucht, anderen Schuld einzureden — ☐ Regenbogenobsidian, 355
- hat immer das Gefühl, sich entschuldigen zu müssen — ☐ Naturcitrin, 187
- versucht ständig Mitleid anderer zu erregen — ☐ Carneol, orange, 152
- bürdet sich anderer Menschen Schicksal auf — ☐ Naturcitrin, 187
- läßt sich leicht Schuldgefühle machen — ☐ Regenbogenobsidian, 355
- es fällt ihm schwer, Geschenke anzunehmen — ☐ Naturcitrin, 187
- wird krank, wenn sich andere nicht um ihn bemühen — ☐ Regenbogenobsidian, 355
- hat immer gleich ein schlechtes Gewissen — ☐ Naturcitrin, 187
- fühlt sich schuldig, wenn er Nein oder absagen muß — ☐ Hiddenit, 309, Tigerauge, 182
- fühlt sich wertlos, minderwertig — ☐ Naturcitrin, 187
- kennt weder Schuld noch Moral oder Gewissen — ☐ Feuerachat, 323
- dauernde Selbstanklage u. schlechtes Gewissen — ☐ Naturcitrin, 187
- redet nur davon, was andere einem schulden — ☐ Carneol, orange, 152
- fühlt sich für die Fehler anderer verantwortlich — ☐ Naturcitrin, 187

Schulschwierigkeiten
- Klassenkasper, fehlender nötiger Ernst — ☐ Lapislazuli, 212
- wiederholt dauernd dieselben Fehler — ☐ Topas, blau, 191
- ständig geistig abwesend, Tagträumer — ☐ Chrysopras, 163, Smaragd, 165
- steht extrem unter Druck, alles richtig zu machen — ☐ Amethyst, 262, 341
- durch Klassen-, bzw. Lehrerwechsel, ist überfordert — ☐ Carneol, rot, 207
- fördert ein harmonisches Selbstvertrauen — ☐ Bernstein, 155, Iolith, 240
- lindert Schulstreß und Schulangst — ☐ Turmalin, schwarz, 224, Onyx, 227
- für Außenseiter, die sich von anderen abgrenzen — ☐ Saphir, blau, 220

Kapitel 17 - Alphabetischer Index (seelische Blockaden)

Sc — seelische Blockaden — Se

Schusseligkeit, durch
- Gedankenlosigkeit — ☐ Chrysopras, 163, Smaragd, 165
- Hektik — ☐ Sonnenstein, 141

Schwangerschaft und Geburt
- lindert Ängste vor Komplikationen und Geburt — ☐ Turmalin, schwarz, 224, Onyx, 227
- stärkt Mutter-Kind-Beziehung — ☐ Andenopal, blau, 347
- lindert Zweifel, Schwangerschaft anzuerkennen — ☐ Feuerachat, 323
- lindert Streß und Schmerzen während der Geburt — ☐ Moquis, 267, Blue-Moon, 619, 621
- bei totaler Erschöpfung — ☐ Rubin, 133
- lebt überbesorgt in Angst ums Kind — ☐ Turmalin, rot, 203
- bei starken Stimmungsschwankungen, launisch — ☐ Aquamarin, 237, 238
- kräftigt den Neubeginn aller in der Familie — ☐ Jade, 199

schwarzmalen
- neigt dazu, immer das Schlechteste zu erwarten — ☐ Rhodonit, 146, Rhodochrosit, 150, 328, Rosenquarz, 144, Achat, 148

Schwerfälligkeit
- hilft aus eingefahrenen Gewohnheiten heraus — ☐ Smaragd, 165
- ☐ Moldavit, 626
- benötigt lange Anlaufzeit um weiter zu machen — ☐ Edeltopas, 176
- kann nur logisch denken, schwerfällig, unflexibel — ☐ Türkis, 245, 314, Atlantisstein, 317

Schwermütigkeit
- ☐ Moosachat, 232, 335
- Niedergeschlagenheit, die sich aufs Gemüt legt — ☐ Labradorit, 321
- durch Hoffnungslosigkeit über langes Leiden — ☐ Falkenauge, 248
- ist stark auf sein Leid fixiert, melancholisch — ☐ Eisenmeteorit, 624
- die plötzlich ohne erkennbare Ursache kommt — ☐ Moosachat, 232, 335
- hat resigniert, das Leben erscheint sinnlos — ☐ Moqui-Marbles, 267, Blue-Moon, 621

schwernehmen, nimmt alles zu schwer
- ☐ Turmalin, grün, 193

Schwierigkeiten
- immer dasselbe, zieht keine Konsequenzen — ☐ Topas, blau, 191
- fühlt sich durch kleinste Anford. gleich entmutigt — ☐ Rhodochrosit, 150, 328
- gibt trotz größten Schwierigkeiten nie auf, Dickkopf — ☐ Carneol, orange, 152

Selbstaufgabe
- übertrieben hilfsbereit, läßt sich ausnutzen — ☐ Hiddenit, 309
- verleugnet Namen, Herkunft, Identität, Alter — ☐ Andenopal, blau, 347
- hat sich aufgegeben, sein Leben scheint ihm sinnlos — ☐ Moquis, 267, Blue-Moon, 619, 621

Selbstaufopferung
- durch Willensschwäche — ☐ Tigerauge, 182
- um Dankbarkeit und Anerkennung zu erhaschen — ☐ Carneol, orange, 152

Selbstbeherrschung
- erlaubt sich keine Fehler, will perfekt sein — ☐ Turmalin, grün, 193
- beißt trotz größter Probleme die Zähne zusammen — ☐ Amazonit, 250
- wirkt trotzdem nach außen ganz locker — ☐ Lapislazuli, 212, Sodalith, 216

Selbstbestätigung, sucht
- ☐ Amethyst, 262, 341

Se — seelische Blockaden — Se

Selbstbewußtsein
- läßt sich ausnutzen und unterdrücken — ☐ Hiddenit, 309, Tigerauge, 182
- kann sich nicht entscheiden, ewiger Zweifler — ☐ Opal, 259
- findet sich selbst abstoßend, ekelhaft — ☐ Schneeflockenobsidian, 195
- unternimmt aus Angst vor Kritik lieber nichts — ☐ Bernstein, 155, Iolith, 240
- übertriebene Selbstanklage, Schuldgefühle — ☐ Naturcitrin, 187
- Selbstverleugnung, besonders vor den Eltern — ☐ Andenopal, blau, 347

Selbstgefälligkeit
- verlangt von anderen, Prinzipien einzuhalten — ☐ Turmalin, grün, 193
- orientiert sich nur daran, was seine Eltern sagen — ☐ Andenopal, blau, 347

selbstgerecht
- empfindet sich als Vorbild für andere — ☐ Turmalin, grün, 193
- kennt keine Selbstzweifel — ☐ Citrin, 157
- zu naiv, sich selbst beurteilen zu können — ☐ Azurit-Malachit, 229, 349
- sucht die Schuld immer beim anderen — ☐ Rosenquarz, 144, Achat, 148

selbstlos, eigener Wille fehlt — ☐ Tigerauge, 182

Selbstmitleid
- tut sich selbst leid, beklagt sich — ☐ Carneol, or., 152, Smaragd, 165
- fühlt sich nicht genügend beachtet — ☐ Azurit-Malachit, 229, 349
- fühlt sich nicht genügend geliebt — ☐ Carneol, orange, 152
- wenn ihm Dankbarkeit anderer zu gering erscheint — ☐ Carneol, orange, 152
- alles dreht sich nur um sich, bemitleidet sich — ☐ Azurit-Malachit, 229, 349
- jammert über Gott und Welt, tut sich selbst so leid — ☐ Rosenquarz, 144, Achat, 148
- selbstmitleidig, wenn er nicht kriegt was er will — ☐ Carneol, orange, 152
- keiner liebt mich - Depressionen — ☐ Carneol, orange, 152

selbstmordgefährdet
- aus emotionalem Überdruck — ☐ Fluorit, 264
- ist gefährdet d. Verzweiflung, hat abgeschlossen — ☐ Tansanit, 210
- aus Todessehnsucht od. bei Einnahme v. Drogen — ☐ Chrysopras, 163, Smaragd, 165
- durch depressive Verstimmungen — ☐ Malachit, 234, 351
- aus totaler Hoffnungslosigkeit, sieht keine Zukunft — ☐ Falkenauge, 248

Selbstsucht
- klammert sich berechnend an andere — ☐ Feueropal, 319
- kümmert sich bedrängend um andere — ☐ Carneol, orange, 152
- redet nur von sich und seinen Problemen — ☐ Azurit-Malachit, 229, 349
- kann weder Liebe noch Verständnis zeigen — ☐ Sugilith, 253
- selbstsüchtige, egozentrische Persönlichkeit — ☐ Andenopal, blau, 347
- Macho-Gehabe, aggressiver Ellenbogentaktiker — ☐ Apachentränen, 345

Selbstverleugnung
- verbirgt sein wahres Wesen hinter einer Maske — ☐ Lapislazuli, 212, Sodalith, 216
- verdrängt seine eigenen Bedürfnisse — ☐ Tigerauge, 182
- stellt sich unter den Scheffel, fühlt sich unterlegen — ☐ Bernstein, 155, Iolith, 240
- sehr streng mit sich, verbietet sich selbst alles — ☐ Turmalin, grün, 193
- strenge Prinzipien, strebt nach Perfektion — ☐ Turmalin, grün, 193
- für seine Karriere braucht er keinen Schlaf — ☐ Turmalin, grün, 193
- strenge und starre Ansichten, hart zu sich selbst — ☐ Turmalin, grün, 193
- setzt höchste Maßstäbe, und lebt auch danach — ☐ Turmalin, grün, 193
- erkennt nicht, nach welchen Zwängen er lebt — ☐ Turmalin, grün, 193

| Se | seelische Blockaden | Se |

Selbstvertrauen, zu gering
- fühlt sich immer unterlegen ☐ Bernstein, 155, Iolith, 240
- in Umbruchsituationen ☐ Jade, 199
- traut sich nicht zu, was er woanders bewundert ☐ Bernstein, 155, Iolith, 240
- hat plötzlich kein Selbstvertrauen mehr ☐ Carneol, rot, 207
- ist davon überzeugt, es nicht zu schaffen ☐ Bernstein, 155, Iolith, 240
- hat überhaupt kein Selbstvertrauen ☐ Sugilith, 253
- schiebt Krankheit vor, um nicht zu müssen ☐ Bernstein, 155, Iolith, 240
- führt zu Resignation ☐ Peridot, 169
- falsche Bescheidenheit, fühlt sich als Versager ☐ Bernstein, 155, Iolith, 240
- ist deshalb leicht beeinflußbar ☐ Jade, 199
- hat sein S. durch seelische Störungen verloren ☐ Bergkristall, 178
- Ängste durch geringes Selbstvertrauen ☐ Turmalin, schwarz, 224
- weiß schon im Voraus, daß er es nicht schafft ☐ Bernstein, 155, Iolith, 240

Selbstverwirklichung
- stärkt Durchsetzungsvermögen und Willenskraft ☐ Hiddenit, 309, Tigerauge, 182
- fördert Ehrlichkeit, um sich selbst einzuschätzen ☐ Feuerachat, 323
- gibt Vertrauen in die eigene Kraft, Intuition ☐ Tektit, 628
- bei innerer Zerissenheit, Schizophrenie ☐ Andenopal, blau, 347
- lindert Angst vor Neuem ☐ Jade, 199
- Ziellosigkeit, unentschlossen was man eigentlich will ☐ Goldtopas, gelb, 159

Selbstvorwürfe, leidet unter
- gibt sich für alles selbst die Schuld ☐ Naturcitrin, 187
- läßt sich schnell schlechtes Gewissen einreden ☐ Naturcitrin, 187
- hat das Gefühl, mehr leisten zu müssen als andere ☐ Naturcitrin, 187
- glaubt, sich für alles entschuldigen zu müssen ☐ Naturcitrin, 187
- kann nicht verzeihen, lastet sich ewig was an ☐ Naturcitrin, 187
- fühlt sich innerlich schuldig, als Feigling, Versager ☐ Naturcitrin, 187
- gönnt sich wenig, steckt sofort zurück ☐ Naturcitrin, 187

Selbstzweifel
- was würden andere an seiner Stelle machen? ☐ Opal, 259
- legt übertrieben Wert auf die Meinung anderer ☐ Opal, 259
- will alles wissenschaftlich wissen und erklären ☐ Opal, 259
- sucht die Bestätigung in Prestige, bei Autoritäten ☐ Opal, 259
- ahmt Verhaltensweisen anderer nach ☐ Opal, 259
- streicht Richtiges durch, schreibt falsches hin ☐ Opal, 259

Sexualstörungen
- durch Ekelgefühle, übertriebene Schamhaftigkeit ☐ Schneeflockenobsidian, 195
- durch Angst vor Ansteckung, vor Blamage ☐ Turmalin, schwarz, 224
- durch Angst vorm Versagen ☐ Bernstein, 155, Iolith, 240
- durch Angst, etwas Unrechtes od. Falsches zu tun ☐ Naturcitrin, 187
- durch mangelnde Hingabefähigkeit ☐ Lapislazuli, 212, Sodalith, 216
- durch Angst, Kontrolle über Gefühle zu verlieren ☐ Fluorit, 264
- durch schlechte Erfahrungen ☐ Bergkristall, 178
- glaubt, dies mit Potenz-Pillen lindern zu können ☐ Regenbogenobsidian, 355

sexuelle Hörigkeit
- aus Sehnsucht nach Liebe und Nähe ☐ Rote Koralle, 325
- sucht nur seine sexuelle Befriedigung ☐ Rote Koralle, 325
- entweder Liebe oder Sex, beides geht nicht ☐ Rote Koralle, 325

skeptisch
- hält immer das Schlechteste für möglich — ☐ Rhodochrosit, 150, 328
- traut anderen Menschen viel weniger zu als sich — ☐ Citrin, 157
- durch Rückschläge, die ihn total umhauen — ☐ Rhodonit, 146
- ist skeptisch, wenn er gelobt wird — ☐ Bernstein, 155, Iolith, 240
- ist grundsätzlich skeptisch, zweifelt zunächst alles an — ☐ Rhodochrosit, 150, 328

Skrupellosigkeit
- geht über Leichen — ☐ Apachentränen, 345
- will anderen seinen Willen aufzwängen — ☐ Citrin, 157

Sorgen
- zerbricht sich seinen Kopf für die Sorgen anderer — ☐ Turmalin, rot, 203
- fühlt sich von seinen Sorgen erdrückt — ☐ Lapislazuli, 212, Sodalith, 216
- anderer Schicksal nimmt ihn total mit — ☐ Turmalin, rot, 203
- versteckt seine Sorgen hinter einer Maske — ☐ Lapislazuli, 212, Sodalith, 216
- leidet mehr als der Betroffene selbst — ☐ Turmalin, rot, 203
- verliert den Zugang zu seinen eigenen Kräften — ☐ Labradorit, 321
- denkt gleich, daß das Schlimmste passiert ist — ☐ Turmalin, rot, 203
- ist darüber auf ewig traurig und enttäuscht — ☐ Rhodonit, 146
- sorgt sich viel mehr um andere, als um sich selbst — ☐ Turmalin, rot, 203
- darüber, was Schlimmes hätte passieren können — ☐ Turmalin, rot, 203
- ermahnt ständig zur Vorsicht, warnt unermüdlich — ☐ Turmalin, rot, 203

Spielsucht
— ☐ Amethyst, 262, 341

Spontaneität
- spontaner, um alte Gewohnheiten zu durchbrechen — ☐ Moldavit, 626
- macht spontaner durch mehr Selbstvertrauen — ☐ Bernstein, 155, Iolith, 240
- befreit von festgefahrenen Denkmustern — ☐ Turmalin, grün, 193

sprunghaft
- wirkt sprunghaft, weil er häufig die Meinung ändert — ☐ Aquamarin, 237, 238
- ist ungeduldig und leicht erregbar, reizbar — ☐ Sonnenstein, 141
- läßt sich andauernd aus der Ruhe bringen — ☐ Azurit, 312
- leidet unter extremen Stimmungsschwankungen — ☐ Aquamarin, 237, 238
- Meinung und Stimmung wechseln hin und her — ☐ Aquamarin, 237, 238
- ist gedanklich hin- und hergerissen — ☐ Aquamarin, 237, 238
- hüpft von einem Extrem ins andere — ☐ Aquamarin, 237, 238
- unkonzentriert, bleibt nicht beim Thema — ☐ Aquamarin, 237, 238

Stärke
- hilft, nein sagen zu können — ☐ Hiddenit, 309, Tigerauge, 182
- um sich Problemen des Lebens besser zu stellen — ☐ Blutachat, 337
- für die, die nicht aufgeben od. nachgeben können — ☐ Amazonit, 250
- bei totalem Burn-Out — ☐ Rubin, 133
- sieht sich vor einem Berg ungelöster Probleme — ☐ Granat rot, 339
- gibt mehr innere Kraft, Ruhe und Harmonie — ☐ Andenopal, blau, 347
- schützt v. Bevormundung u. Manipulation anderer — ☐ Jade, 199

Starrheit
- unflexibel sich selbst gegenüber — ☐ Turmalin, grün, 193
- in Beurteilung anderen gegenüber voller Vorurteile — ☐ Türkis, 245, 314
- ist geistig starr, lebt stur nach »man« und Mode — ☐ Turmalin, grün, 193

Kapitel 17 - Alphabetischer Index (seelische Blockaden)

Starrheit
- in seinen Anforderungen an andere Menschen — ☐ Citrin, 157
- lebt in Zwängen und immer nach Vorschrift — ☐ Turmalin, grün, 193
- ist unnachgiebig in seinen Handlungen und Zielen — ☐ Amazonit, 250
- befolgt nur das, was Wissenschaftler sagen — ☐ Turmalin, grün, 193
- durch verdrängte oder vernachlässigte Gefühle — ☐ Amethyst, 262, 341
- unterdrückt seine Bedürfnisse, hart zu sich selbst — ☐ Turmalin, grün, 193
- unbeweglich im Denken, sehr materiell eingestellt — ☐ Türkis, 245, 314, Atlantisstein, 317
- lebt nach starren Ansichten und festen Prinzipien — ☐ Turmalin, grün, 193
- redet nach dem Mund der Eltern oder anderer — ☐ Turmalin, grün, 193

Stimmung
- ist zwanghaft fröhlich, peinlich berührt — ☐ Lapislazuli, 212
- ist trotz guter Stimmung griesgrämig — ☐ Silberobsidian, 344
- ist immer pessimistisch, negativ, enttäuscht — ☐ Rhodonit, 146
- plötzliche depressive Stimmungsschwankungen — ☐ Moosachat, 232, 335
- himmelhoch jauchzend - zu Tode betrübt — ☐ Aquamarin, 237, 238

stolz
- innerlich nur stolz auf sich, keine Wir-Gefühle — ☐ Saphir, blau, 220
- möchte für alles besonders bewundert werden — ☐ Azurit-Malachit, 229, 349
- intolerant, kritisiert andauernd andere — ☐ Türkis, 245, 314
- überheblich, selbstgefällig, macht alles allein — ☐ Saphir, blau, 220, Andenopal, 347
- versucht immer allein zurechtzukommen — ☐ Saphir, blau, 220
- kann andere nicht um Hilfe bitten, machts selbst — ☐ Saphir, blau, 220
- duldet nicht, daß andere sich einmischen — ☐ Saphir, blau, 220
- will andere nicht mit seinen Problemen belasten — ☐ Saphir, blau, 220
- zieht sich am liebsten allein zurück — ☐ Saphir, blau, 220
- ist distanziert, wirkt arrogant, von oben herab — ☐ Saphir, blau, 220
- liebt es, wenn alle bei ihm um Rat suchen — ☐ Saphir, blau, 220

streng
- ist streng mit sich selbst — ☐ Turmalin, grün, 193
- ist streng in der Beurteilung anderer — ☐ Türkis, 245, 314, Citrin, 157
- kreidet sofort Mängel und Fehler anderer an — ☐ Türkis, 245, 314
- erwartet, daß sein Rat befolgt wird — ☐ Carneol, orange, 152
- ist hartherzig sich selbst und anderen gegenüber — ☐ Turmalin, grün, 193
- will andere missionarisch überzeugen — ☐ Chalcedon, 218

Streß
- setzt sich durch Übereifer selbst unter Streß — ☐ Chalcedon, 218
- weil man immer seine Fassade wahren muß — ☐ Lapislazuli, 212, Sodalith, 216
- durch Druck von anderen — ☐ Rosa Kunzit, 307
- will andere überzeugen, ob sie wollen oder nicht — ☐ Chalcedon, 218
- durch unterdrückte Gefühle — ☐ Fluorit, 264
- ist innerlich überdreht, findet keine Ruhe mehr — ☐ Chalcedon, 218
- durch Überforderung — ☐ Carneol, rot, 207
- kann nichts auf sich sitzen, beruhen lassen — ☐ Chalcedon, 218
- durch eigene Hektik und Ungeduld — ☐ Sonnenstein, 141
- durch alle möglichen Ängste — ☐ Turmalin, schwarz, 224
- durch Unfähigkeit, eigene Grenzen zu akzeptieren — ☐ Amazonit, 250
- innerlich aufgedreht, impulsiv, immer im Einsatz — ☐ Chalcedon, 218
- durch emotionale Anspannung und innere Unruhe — ☐ Silberobsidian, 344

St	seelische Blockaden	To

Streß
- verdrängt durch Ehrgeiz seine inneren Gefühle — ☐ Amethyst, 262, 341
- tut zu viel für andere, um sie zum Glück zu zwingen — ☐ Chalcedon, 218
- ist extrem angespannt und gestreßt — ☐ Sonnenstein, 141
- reitet gestreßt ewig auf einem Thema herum — ☐ Chalcedon, 218
- läßt sich durch die Anwesenheit anderer stressen — ☐ Azurit, 312
- ist übertrieben pflichtbewußt, Arbeitstier — ☐ Amazonit, 250
- streßt sich durch eigene Begeisterungsfähigkeit — ☐ Chalcedon, 218
- findet weder Maß noch Ziel, ist übereifrig — ☐ Chalcedon, 218
- durch zu hoch gesteckte Ziele an sich selbst — ☐ Rosa Kunzit, 307

stur, siehe Starrheit

Sucht
- will seine Probleme ertränken; Alkohol etc. — ☐ Lapislazuli, 212, Amethyst, 262, 341
- Flucht vor Realität, sucht b. Sekten u. Drogen Halt — ☐ Opal, 259
- beruhigt und harmonisiert nach dem Entzug — ☐ Silberobsidian, 344
- um sich geistig abzulenken — ☐ Fluorit, 264
- hilft, aus dem Teufelskreis der Sucht heraus — ☐ Topas, blau, 191
- lindert Versagensängste während des Entzugs — ☐ Bernstein, 155, Iolith, 240
- bei innerer Überdrehtheit, Schlaflosigkeit — ☐ Andenopal rosa, 331
- hilft die Ursache der Sucht zu erkennen — ☐ Andenopal, grün, 238
- fördert inneren Widerstand — ☐ Tektit, 628
- lindert krankhafte Sehnsucht — ☐ Tektit, 628
- nimmt die Angst vor dem Leben nach der Sucht — ☐ Jade, 199
- macht konsequent für den neuen Weg, Abschnitt — ☐ Goldtopas, gelb, 159

Tagträumer
- flieht vor Problemen in seine Luftschlösser — ☐ Chrysopras, 163, Smaragd, 165
- ist unkonzentriert und geistig abwesend — ☐ Chrysopras, 163, Smaragd, 165
- sehnt sich zurück in die gute alte Zeit — ☐ Hämatit, 205

teilen
- hilft sich anderen offen und ehrlich mitzuteilen — ☐ Versteinertes Mammutholz, 353
- gibt sein letztes Hemd, läßt sich ausnutzen — ☐ Hiddenit, 309, Tigerauge, 182
- ermöglicht wahre Liebe ohne Erwartungen — ☐ Carneol, orange, 152
- macht großzügiger, um von Herzen geben zu können — ☐ Sugilith, 253
- macht großzügiger um teilen zu können, lindert Habgier — ☐ Rhodochrosit, 150, 328
- macht alles allein, um nicht teilen zu müssen — ☐ Saphir, blau, 220

Terrorgefühle
- plötzlich eskalierende Angstgefühle — ☐ Mondstein, 256
- gerät schnell in Angst und Panik — ☐ Mondstein, 256
- das Herz bleibt einem fast stehen — ☐ Mondstein, 256
- das löst ungeheure Angst in mir aus — ☐ Mondstein, 256
- bekommt vor Panik feuchte Hände, Pickel etc. — ☐ Mondstein, 256

tiefe Traurigkeit — ☐ Moosachat, 232, 335

Tiere: Lesen Sie sich hierzu die ausführlichen Beschreibungen in Kapitel 4 durch

Tod
- bei Weltschmerz und Liebeskummer — ☐ Feueropal, 319
- kommt über den Tod eines Geliebten nicht hinweg — ☐ Labradorit, 321
- fürchtet sich übermäßig vorm altern und dem Tod — ☐ Eisenmeteorit, 624

To   seelische Blockaden   Tr

Tod
- verleugnet sein Alter, sehnt sich nach früher zurück ☐ Hämatit, 205
- für Mütter, die ein Kind verloren haben ☐ Andenopal, blau, 347
- macht Mut, um sich mit dem Tod zu befassen ☐ Blutachat, 337
- schenkt Kraft bei schwerer Krankheit ☐ Granat rot, 339
- leidet unter Todesängsten und Panik ☐ Mondstein, 256
- ist ewig schockiert über Tod eines anderen ☐ Diamant, 174, Bergkristall, 178
- hilft, den Verlust geliebter Menschen zu verarbeiten ☐ Andenopal, blau, 347
- bei totaler Verzweiflung, selbstmordgefährdet ☐ Tansanit, 210
- hilft loslassen zu können ☐ Jade, 199

tolerant, zu wenig, siehe intolerant

tolerant, zu sehr
- aus Angst, Zuwendung zu verlieren ☐ Tigerauge, 182
- aus innerer Interessenlosigkeit heraus ☐ Peridot, 169
- tut nur tolerant, um sich beliebt zu machen ☐ Lapislazuli, 212, Sodalith, 216
- ist eigentlich intolerant, tut aber verständnisvoll ☐ Türkis, 245, 314

träge
- fühlt sich geistig träge ☐ Edeltopas, 176
- fühlt sich körperlich träge ☐ Rubin, 133
- hilft alte Gewohnheiten zu durchbrechen ☐ Moldavit, 626
- macht immer dieselben Fehler, lernt nicht dazu ☐ Topas, blau, 191
- durch Interessenlosigkeit und Ungeduld ☐ Sonnenstein, 141, Chrysopras, 163
- benötigt andere zum mitdenken, sucht ewig Rat ☐ Türkis, 245, 314, Atlantisstein, 317
- durch emotionale Abhängigkeit, Sucht ☐ Andenopal, grün, 238
- weil alles sinnlos erscheint; ist apathisch ☐ Moquis, 267, Chrysokoll, 167, 327

Trauer
- hilft über den Tod eines geliebten Menschen hinweg ☐ Bergkristall, 178
- zerfließt vor Selbstmitleid ☐ Carneol, orange, 152
- kann nicht richtig trauern, fragt ewig nach Warum ☐ Hämatit, 205
- trauert schon ewig mit deutlicher Verbitterung ☐ Rosenquarz, 144, Achat, 148
- durch Trennung od. Verlust des geliebten Partners ☐ Feueropal, 319, Diamant, 174
- Kummer, Liebeskummer, Niedergeschlagenheit ☐ Labradorit, 321
- trauert ewig nostalgisch um die Vergangenheit ☐ Hämatit, 205
- hat total den Boden unter den Füßen verloren ☐ Tansanit, 210

Träume
- Angst in der Dunkelheit, Furcht vor Bösem ☐ Apatit, blau, 243
- Angst vor wiederkehrenden Alpträumen ☐ Mondstein, 256
- Traumdeutung und Erinnerung ☐ Turalingam's 276, Moqui-Marbles, 267

trennen, kann sich schwer
- aus Angst, dem anderen weh zu tun ☐ Tigerauge, 182
- aus Angst vor dem Alleinsein ☐ Turmalin, schwarz, 224
- aus Schuldgefühlen ☐ Naturcitrin, 187
- aus Neigung den anderen als Besitz zu betrachten ☐ Carneol, orange, 152
- aus Rachsucht ☐ Goldtopas, or., 185, Sugilith, 253
- weil andere ihn tadeln könnten ☐ Bernstein, 155, Iolith, 240
- weil andere einen davon abhalten ☐ Jade, 199
- aus Angst, einen Fehler zu machen ☐ Amethyst, 262, 341, Opal, 259
- unfähig, Vergangenes abzuschließen, loszulassen ☐ Hämatit, 205

Tr seelische Blockaden Üb

Trennungsangst
	☐ Sugilith, 253

Trost
- braucht immer Trost	☐ Carneol, orange, 152
- lehnt Trost total ab	☐ Saphir, blau, 220
- mit sentimentalem Zeug hat er nichts am Hut	☐ Saphir, blau, 220

Trotzphase
	☐ Mischung, siehe Kapitel 4

tyrannisch
- im Umgang mit anderen Menschen	☐ Citrin, 157
- subtil, im Umgang mit der Familie	☐ Carneol, orange, 152

überaktiv
- ist manisch, überdreht, extrem unruhig	☐ Silberobsidian 344
- kann sich für nichts Zeit lassen, totaler Hektiker	☐ Sonnenstein, 141
- rutscht von einer Pflicht in die andere, Arbeitstier	☐ Amazonit, 250
- will Tausend Sachen auf einmal machen	☐ Chalcedon, 218

überarbeitet
- durch eigenen Perfektionismus	☐ Turmalin, grün, 193,
- überarbeitet, weil man Grenzen nicht akzeptiert	☐ Schneeflockenobsidian, 195
- durch ständige Hetze	☐ Amazonit, 250
- durch übereifrigen Einsatz	☐ Sonnenstein, 141
- fühlt sich, siehe Erschöpfung	☐ Chalcedon, 218

überempfindlich
- gegen die Lieblosigkeit bzw. Ablenung von anderen	☐ Azurit-Malachit, 229, 349
- gegenüber Kritik durch andere	☐ Iolith, 240, Naturcitrin, 187
- springt sofort für andere ein, wenn sie nur pfeifen	☐ Hiddenit, 309, Tigerauge, 182
- gegenüber Bakterien, panische Angst vor Ansteckung	☐ Schneeflockenobsidian, 195
- gegenüber Einflüssen von anderen	☐ Andenopal rosa, 331
- hat schnell schlechtes Gewissen, Schuldgefühle	☐ Naturcitrin, 187

überfordert, fühlt sich
- durch seine Aufgaben	☐ Carneol, rot, 207
- durch eine ständige Routinearbeit, evtl. Fließband	☐ Edeltopas, 176
- durch mangelndes Zutrauen zur eigenen Leistung	☐ Bernstein, 155, Iolith, 240
- durch zuviel Arbeit für andere	☐ Tigerauge, 182
- weil man nicht rechtzeitig nein gesagt hat	☐ Tigerauge, 182
- läßt sich ausbeuten, kann nicht nein sagen	☐ Hiddenit, 309, Tigerauge, 182
- durch zu viel Verantwortung	☐ Carneol, rot, 207
- durch die Pflichten des Alltags	☐ Edeltopas, 176
- weil er immer alles bevorzugt an sich reißt	☐ Sonnenstein, 141
- durch eigene oder Fremde Hektik und Unordnung	☐ Azurit, 312
- hängt krampfhaft irgendeinem Ziel nach	☐ Andenopal rosa, 331
- ist erschöpft, überanstrengt, ausgebrannt	☐ Rubin, 133

übergangen, fühlt sich schnell
- wenn er nicht um jeden Rat gefragt wird	☐ Carneol, orange, 152
- reagiert gleich verletzt, oft verbittert	☐ Rosenquarz, 144, Achat, 148
- wenn man nicht zu jeder Party eingeladen wird	☐ Azurit-Malachit, 229, 349

überreden
- leicht zu überreden, siehe beeinflußbar
- will andere überreden, siehe beeinflussen

Um seelische Blockaden Un

umständlich, zu Beginn einer Arbeit	☐ Schneeflockenobsidian, 195
unattraktiv, fühlt sich	☐ Bernstein, 155, Iolith, 240
Unaufmerksamkeit	
- lernt nicht aus eigenen Fehlern und Erfahrungen	☐ Topas, blau, 191
- träumt mit offenen Augen vor sich hin	☐ Chrysopras, 163, Smaragd, 165
- lernt nichts dazu, ist unaufmerksam	☐ Topas, blau, 191
- ist unachtsam, blaue Flecken, gebrochene Arme	☐ Chrysopras, 163, Smaragd, 165
- ist gedanklich oberflächlich, nicht bei der Sache	☐ Topas, blau, 191
- was da gerade passiert, interessiert mich nicht	☐ Chrysopras, 163, Smaragd, 165
- gedankenverloren, zerstreut, selten ganz da	☐ Chrysopras, 163, Smaragd, 165
- wirkt leicht verwirrt, verträumt, verschlafen	☐ Chrysopras, 163, Smaragd, 165
- vermittelt den Eindruck eines Hinterwäldlers	☐ Chrysopras, 163, Smaragd, 165
- verwechselt Phantasie und Realität	☐ Smaragd, 165, Chrysopras, 163
unausgeglichen	
- aus Mangel an innerer Balance	☐ Aquamarin, 237, 238
- während persönlicher Umbruchphasen	☐ Jade, 199
- durch Unklarheit gegenüber eig. Lebenssituation	☐ Goldtopas, gelb, 159
- innerlich unausgeglichen, sprunghaft, launisch	☐ Aquamarin, 237, 238
- schwankt ständig hin und her	☐ Aquamarin, 237, 238
- unausgeglichen, unzuverlässig, phlegmatisch	☐ Aquamarin, 237, 238
- kommt sehr leicht aus der Bahn	☐ Aquamarin, 237, 238
- innerlich hin und her gerissen	☐ Aquamarin, 237, 238
- verliert schnell sein inneres Gleichgewicht	☐ Aquamarin, 237, 238
- kommt sehr leicht aus der Bahn	☐ Aquamarin, 237, 238
- ist innerlich hin und her gerissen	☐ Aquamarin, 237, 238
- verliert schnell sein inneres Gleichgewicht	☐ Aquamarin, 237, 238
unausstehlich	
- findet sich selbst unausstehlich	☐ Bernstein, 155, Iolith, 240
- findet andere unausstehlich	☐ Türkis, 245, 314
unbeholfen	
- wirkt auf andere hölzern	☐ Bernstein, 155, Iolith, 240
- ist unpraktisch, ewiger Theoretiker	☐ Chrysopras, 163, Smaragd, 165
unberechenbar	
- weil man ständig seine Meinungen ändert	☐ Aquamarin, 237, 238
unberechenbare Stimmungsschwankungen	☐ Moosachat, 232, 335
unbeständig	
- durch Entscheidungsprobleme	☐ Aquamarin, 237, 238
- bei Neuanfängen, soll ich oder soll ich nicht?	☐ Jade, 199
- aufgrund eines unklaren Lebenskonzepts	☐ Goldtopas, gelb, 159
Unbeweglichkeit	
- durch festgefahrene Prinzipien	☐ Moldavit, 626
- kann nicht frei denken, Dogmatiker	☐ Türkis, 245, 314, Atlantisstein, 317
- durch Unflexibilität, Moral und starre Prinzipien	☐ Turmalin, grün, 193
undankbar	
- findet andere Menschen immer gleich undankbar	☐ Carneol, orange, 152
- ist undankbar anderen gegenüber	☐ Rosenquarz, 144, Achat, 148

Un seelische Blockaden Un

unehrlich
- wirkt unehrlich ☐ Lapislazuli, 212, Sodalith, 216
- neigt zum Lügen, siehe lügen

Uneigennützigkeit
- hilfloser Helfer; läßt sich ausnützen, ist allein ☐ Hiddenit, 309, Tigerauge, 182
- kann keinen Dank annehmen ☐ Carneol, orange, 152
- ist geizig, macht nur etwas zum eigenen Vorteil ☐ Rhodochrosit, 150, 328
- reagiert übertrieben aggressiv, kein Benehmen ☐ Apachentränen, 345

Unentschlossenheit
- aus innerer Ruhelosigkeit, Rastlosigkeit heraus ☐ Aquamarin, 237, 238
- ist sprunghaft, innerlich unausgeglichen ☐ Aquamarin, 237, 238
- Stimmung wechselt launisch hin und her ☐ Aquamarin, 237, 238
- kommt sehr leicht aus dem Konzept ☐ Aquamarin, 237, 238
- ist immer hin- und hergerissen ☐ Aquamarin, 237, 238
- himmelhoch jauchzend - zu Tode betrübt ☐ Aquamarin, 237, 238
- wirkt auf andere launisch und unzuverlässig ☐ Aquamarin, 237, 238
- schwankt immer zwischen 2 Extremen hin und her ☐ Aquamarin, 237, 238
- ißt wie blöd, dann tagelang wieder gar nichts ☐ Aquamarin, 237, 238

unfähig
- hält alle anderen für unfähig ☐ Citrin, 157, Sonnenstein, 141
- fühlt sich weniger fähig als andere ☐ Bernstein, 155, Iolith, 240
- fühlt sich unfähig, anderen gerecht zu werden ☐ Naturcitrin, 187
- fühlt sich unfähig, nein zu sagen ☐ Tigerauge, 182
- fühlt sich unfähig, einen Schlußstrich zu ziehen ☐ Hämatit, 205
- unfähig, engen Kontakt mit anderen zu pflegen ☐ Saphir, blau, 220

ungeduldig
- es geht ihm nie schnell genug, fällt ständig ins Wort ☐ Sonnenstein, 141
- wenn andere nicht auf seine Forderungen eingehen ☐ Citrin, 157
- trifft oft hitzige, unüberlegte Entscheidungen ☐ Sonnenstein, 141
- wenn andere sich nicht gleich überzeugen lassen ☐ Chrysokoll, 167, 327
- treibt and. zu Eile an, wird kribbelig, aufbrausend ☐ Sonnenstein, 141
- ist immer schon zwei Schritte voraus ☐ Topas, blau, 191
- macht am liebsten gleich alles selbst ☐ Sonnenstein, 141
- ehrgeizig, vernachlässigt seine eigenen Gefühle ☐ Amethyst, 262, 341
- Zappelphilipp, ungeduldig und nervös ☐ Sonnenstein, 141
- weil er sich fanatisch an etwas festbeißt ☐ Chalcedon, 218
- es oder andere machen ihn wahnsinnig ☐ Sonnenstein, 141
- ist zappelig, fuchtelt nervös umher, sitzt nie still ☐ Sonnenstein, 141

ungeliebt
- fühlt sich gleich vernachlässigt und ungeliebt ☐ Sugilith, 253
- durch Neid, Mißgunst und ewige Eifersucht ☐ Sugilith, 253
- mangelnde Mutterliebe; kann keine Liebe zeigen ☐ Andenopal, blau, 347

ungerecht
- fühlt sich immer gleich von allen ungerecht behandelt ☐ Rosenquarz, 144, Achat, 148
- ist zu anderen Menschen ungerecht ☐ Citrin, 157

Un seelische Blockaden Un

unnahbar, wirkt
- innerlich distanziert, zugemauert; keine Wir-Gefühle ☐ Saphir, blau, 220
- innerlich unsicher, ist unbeholfen; mauert sich ein ☐ Bernstein, 155, Iolith, 240

unnatürlich, wirkt gekünstelt ☐ Lapislazuli, 212, Sodalith, 216

unpraktisch, hat zwei linke Hände ☐ Chrysopras, 163, Smaragd, 165

Unordnung
- übertriebener Haß hingegen jeglicher Unordnung ☐ Schneeflockenobsidian, 195
- verlangt überall die totale Ordnung ☐ Citrin, 157
- durch geistige Abwesenheit, wird schlampig ☐ Chrysopras, 163, Smaragd, 165
- durch mangelndes Interesse an der Umgebung ☐ Peridot, 169

unruhig
- innerlich, durch heimliche innere Sorgen ☐ Lapislazuli, 212, Sodalith, 216
- durch Ungeduld und innere Hektik ☐ Sonnenstein, 141
- innerlich, durch das Bemühen, es allen recht zu machen ☐ Amethyst, 262, 341, Opal, 259
- durch ein schlechtes Gewissen ☐ Naturcitrin, 187
- wenn man nicht genügend Beachtung findet ☐ Azurit-Malachit, 229, 349

unschlüssig
- aus Angst, etwas falsches sagen, machen zu können ☐ Iolith, 240
- weil er sich selbst und seiner Intuition nicht vertraut ☐ Amethyst, 262, 341, Opal, 259
- handelt hingegen inneren schlechten Gefühlen ☐ Amethyst, 262, 341, Opal, 259
- aus ewiger Angst davor, daß es wieder schiefgeht ☐ Rhodonit, 146
- weil man zu viele Möglichkeiten sieht ☐ Goldtopas, gelb, 159
- weil man zwischen zwei Sachen entscheiden muß ☐ Aquamarin, 237, 238
- weil man zu viele Möglichkeiten sieht ☐ Goldtopas, gelb, 159
- wenn man sich zwischen 2 Dingen entscheiden muß ☐ Aquamarin, 237, 238

unselbständig
- fragt dauernd andere, wie er es machen soll ☐ Amethyst, 262, 341, Opal, 259
- traut sich nicht, schickt andere, die für ihn fragen ☐ Bernstein, 155, Iolith, 240

Unsicherheit
- Entscheidung für sich treffen zu können ☐ Amethyst, 262, 341, Opal, 259
- vor emotionalen Entscheidungen, Trennungen, etc. ☐ Jade, 199
- darüber, ob die Entscheidung richtig war ☐ Aquamarin, 237, 238
- aus Ängstlichkeit ☐ Turmalin, schwarz, 224
- aus schlechtem Gewissen ☐ Naturcitrin, 187
- darüber, seine Arbeit noch bewältigen zu können ☐ Edeltopas, 176
- darüber, die Verantwortung noch tragen zu können ☐ Carneol, rot, 207
- über den eigenen Lebensweg ☐ Goldtopas, gelb, 159
- darüber, ob man alles richtig macht ☐ Bernstein, 155, Iolith, 240
- darüber, ob man genügend anerkannt wird ☐ Azurit-Malachit, 229, 349
- durch negative Erfahrungen ☐ Bergkristall, 178
- durch Mangel an Glauben und Vertrauen ☐ Rhodonit, 146
- durch mangelndes Zutrauen zur inneren Stimme ☐ Amethyst, 262, 341, Opal, 259
- durch mangelndes Selbstvertrauen ☐ Bernstein, 155, Iolith, 240
- durch Energielosigkeit ☐ Edeltopas, 176, Rubin, 133
- wird überspielt ☐ Lapislazuli, 212, Sodalith, 216
- wird nicht zugegeben ☐ Citrin, 157
- aus Angst vor Unbekanntem, diffuse Ängste ☐ Apatit, blau, 243
- gibt beim kleinsten Widerstand sofort auf ☐ Rhodochrosit, 150, 328

Kapitel 17 - Alphabetischer Index (seelische Blockaden)

Un — seelische Blockaden — Un

Unsicherheit
- große Furcht vor einer bekannten Ursache — ☐ Turmalin, schwarz, 224, Onyx, 227
- Kontaktängste, unsicher über Nähe oder Distanz — ☐ Tektit, 628
- fühlt sich äußerlich abstoßend und häßlich — ☐ Moldavit, 626
- ist zwischen zwei Sachen hin und hergerissen — ☐ Aquamarin, 237, 238
- hilft Angst vor Neuem zu überwinden — ☐ Jade, 199
- darüber, ob der augenblickliche Weg der richtige ist — ☐ Goldtopas, gelb, 159

unterdrückt
- fühlt sich, weil man sich nicht klar abgrenzen kann — ☐ Tigerauge, 182
- sich selbst, weil man zu viele Zugeständnisse macht — ☐ Bernstein, 155, Iolith, 240
- andere, weil man alles besser weiß, Machtgehabe — ☐ Citrin, 157
- andere, weil man nur das Beste für sie will — ☐ Carneol, orange, 152
- unterdrückt seine Gefühle — ☐ Fluorit, 264
- unterdrückt quälende Gedanken — ☐ Lapislazuli, 212, Sodalith, 216

unterfordert, man ist körperlich träge
☐ Edeltopas, 176

unterlegen, fühlt sich anderen
☐ Bernstein, 155, Iolith, 240

unterordnen
- ist unfähig sich rücksichtsvoll einfügen zu können — ☐ Citrin, 157

Unterwürfigkeit
- aus Unsicherheit und Angst heraus — ☐ Turmalin, schwarz, 224
- läßt sich von anderen bereitwillig unterjochen — ☐ Hiddenit, 309, Tigerauge, 182
- unterwirft sich asketisch anderen Menschen — ☐ Rosa Kunzit, 307
- kritiklos, ist willensschwach; setzt sich nie durch — ☐ Tigerauge, 182
- unterwirft sich jeglicher Mode — ☐ Rosa Kunzit, 307
- ist Aschenputtel oder seel. Fußabtreter für andere — ☐ Hiddenit, 309, Tigerauge, 182
- den selbstauferlegten Zielen, Sklave seiner selbst — ☐ Rosa Kunzit, 307
- aus chronischen Schuldgefühlen heraus — ☐ Naturcitrin, 187
- glaubt allen anderen mehr als sich selbst — ☐ Rosa Kunzit, 307
- macht das was er selbst eigentlich gar nicht will — ☐ Hiddenit, 309, Tigerauge, 182
- aus Resignation dem Leben gegenüber heraus — ☐ Peridot, 169
- weil er unbedingt Lob und Anerkennung braucht — ☐ Hiddenit, 309, Tigerauge, 182
- erwartet von anderen Unterwürfigkeit, Gehorsam — ☐ Citrin, 157
- ist fügsam, willig, viel mehr Sklave als Helfer — ☐ Hiddenit, 309, Tigerauge, 182
- durch innere Befürchtungen, Ängste, Panik — ☐ Rosa Kunzit, 307
- ist immer mehr für andere da als für sich selbst — ☐ Hiddenit, 309, Tigerauge, 182

unversöhnlich
- ist verbittert und nachtragend — ☐ Rosenquarz, 144, Achat, 148
- wegen geschehenem Unrecht — ☐ Hämatit, 205

unverstanden
- fühlt sich — ☐ Carneol, orange, 152, Azurit-Malachit, 229, 349

unzufrieden
- weil er sich nicht festlegen kann — ☐ Goldtopas, gelb, 159
- mit sich selbst — ☐ Bernstein, 155, Iolith, 240
- weil er nicht weiß was er tun soll — ☐ Goldtopas, gelb, 159
- ohne erkennbaren Grund — ☐ Moosachat, 232, 335
- mit seinem Leben — ☐ Goldtopas, gelb, 159
- durch Mißerfolge — ☐ Rhodochrosit, 150, 328

Un	seelische Blockaden	Ve

unzufrieden
- weil er berühmt werden will, weiß jedoch nicht wie	☐ Goldtopas, gelb, 159
- seiner Umwelt gegenüber	☐ Türkis, 245, 314
- fängt ständig Neues an ohne Altes beendet zu haben	☐ Goldtopas, gelb, 159
- mit dem, was man bekommt oder selber hat	☐ Carneol, orange, 152
- weil er nicht zu sich selbst finden kann	☐ Goldtopas, gelb, 159
- weil er sich immer von anderen gebremst sieht	☐ Goldtopas, gelb, 159
- wenn die eigene Leistung nicht 150%ig ist	☐ Turmalin, grün, 193
- sieht 1000 Möglichkeiten, wo soll er anfangen	☐ Goldtopas, gelb, 159
- auch wenn man objektiv Gutes leistet	☐ Naturcitrin, 187
- Workaholic, ist gelangweilt wenn's nichts zu tun gibt	☐ Goldtopas, gelb, 159
- mit Gott und der Welt, hat an allem was zu nörgeln	☐ Türkis, 245, 314
- wenn sich andere nicht übermäßig dankbar zeigen	☐ Carneol, orange, 152
- wenn sich andere nicht an seine Ratschläge halten	☐ Carneol, orange, 152

Unzulänglichkeit
- glaubt den Dingen nicht mehr gewachsen zu sein	☐ Carneol, rot, 207
- stellt sich selbst ins Aus	☐ Bernstein, 155, Iolith, 240
- das Gefühl, überfordert und überrollt zu werden	☐ Carneol, rot, 207
- fühlt sich minderbemittelt; äußerlich häßlich	☐ Moldavit, 626
- weiß nicht, wo man anfangen soll	☐ Carneol, rot, 207
- fühlt sich körperlich und sexuell unattraktiv	☐ Rote Koralle, 325
- macht sich unentbehrlich, kann nicht mehr	☐ Carneol, rot, 207
- weil man sich vor anderen unfähig fühlt	☐ Andenopal, blau, 347
- wollte andere nicht hängen lassen, Mitläufe	☐ Carneol, rot, 207
- fühlt sich körperlich und sexuell unattraktiv	☐ Rote Koralle, 325
- macht sich unentbehrlich, kann nicht mehr	☐ Carneol, rot, 207
- weil man sich vor anderen unfähig fühlt	☐ Andenopal, blau, 347
- will andere nicht hängen lassen, Mitläufer	☐ Carneol, rot, 207

unzuverlässig
- ändert dauernd seine Meinung	☐ Aquamarin, 237, 238

Urteilsvermögen
- neigt zu voreiligen Entschlüssen bzw. Vorurteile	☐ Türkis, 245, 314
- ist eingeschränkt durch eigene feste Meinung	☐ Chalcedon, 218
- ist eingeschränkt durch engstirniges Denken	☐ Citrin, 157
- kann nur mittels Logik urteilen, zeigt keine Gefühle	☐ Türkis, 245, 314
- fragt immer erst bei anderen um Rat	☐ Opal, 259
- macht sich und anderen etwas vor	☐ Feuerachat, 323
- ist ständig hin und hergerissen	☐ Aquamarin, 237, 238

Urvertrauen
	☐ Sugilith, 253

Vater: Lesen Sie sich hierzu bitte die ausführlichen Beschreibungen in Kapitel 4 durch

verärgert
- ist schnell verärgert	☐ Goldtopas, or., 185, Sugilith, 253
- mit Verbitterung und Groll	☐ Rosenquarz, 144, Achat, 148

Verantwortung
- lehnt Verantwortung für andere gänzlich ab	☐ Saphir, blau, 220
- fühlt sich für jeden Fehler verantwortlich	☐ Naturcitrin, 187
- fühlt sich übertrieben verantwortlich für andere	☐ Amazonit, 250
- will sich bei anderen unentbehrlich machen	☐ Carneol, rot, 207

Ve	seelische Blockaden	Ve

Verantwortung
- fühlt sich dadurch überfordert und erschlagen ☐ Carneol, rot, 207
- kann in Beziehungen keine Verantw. übernehmen ☐ Eisenmeteorit, 624
- kämpft und opfert sich bis zur Erschöpfung auf ☐ Amazonit, 250
- fühlt sich auch für Fehler anderer verantwortlich ☐ Naturcitrin, 187
- trägt keine Verantwortung für sich, ist wehleidig ☐ Rosenquarz, 144, Achat, 148
- wächst einem über den Kopf ☐ Carneol, rot, 207
- weiß nicht mehr, wo man anfangen soll ☐ Carneol, rot, 207

vergeßlich
- weil man vieles verdrängt ☐ Lapislazuli, 212, Sodalith, 216
- weil man eine Lernschwäche hat ☐ Topas, blau, 191
- weil man nicht richtig zuhört, ist oberflächlich ☐ Azurit-Malachit, 229, 349
- weil es einen nicht interessiert ☐ Azurit-Malachit, 229, 349

vergiftet, man fühlt sich ☐ Schneeflockenobsidian, 195

verkrampft, ist
- durch dauernde Hektik ☐ Sonnenstein, 141
- aus Angst ☐ Turmalin, schwarz, 224
- durch die Unfähigkeit nachgeben zu können ☐ Amazonit, 250
- durch Übereifer ☐ Chalcedon, 218
- durch Anstrengung, mit der man durchsetzen will ☐ Citrin, 157
- weil man alles perfekt machen will ☐ Turmalin, grün, 193

verlassen
- fühlt sich immer gleich im Stich gelassen ☐ Rosenquarz, 144, Achat, 148
- fühlt sich von aller Welt verlassen ☐ Bergkristall, 178

verletzt
- durch fehlende Dankbarkeit, Zuwendung ☐ Carneol, orange, 152
- fühlt sich durch seelische Verletzung blockiert ☐ Bergkristall, 178
- verletzt sich oft körperlich ☐ Topas, blau, 191

Verletzung, seelische
- durch Demütigung ☐ Azurit-Malachit, 229, 349
- macht ihn verbittert ☐ Rosenquarz, 144, Achat, 148
- durch Verlust ☐ Carneol, orange, 152
- führt zu Kontaktstörungen ☐ Saphir, blau, 220
- führt zur Resignation ☐ Peridot, 169
- macht depressiv ☐ Malachit, 234, 351
- untergräbt das Selbstvertrauen ☐ Bernstein, 155, Iolith, 240
- macht völlig verzweifelt ☐ Tansanit, 210
- erzeugt Ängstlichkeit ☐ Turmalin, schwarz, 224
- kann nicht vergessen, verzeihen ☐ Hämatit, 205
- kann an nichts anderes mehr denken ☐ Roter Jaspis, 139

verloren, fühlt sich total ☐ Tansanit, 210, Falkenauge, 248

Verlust eines Menschen
- die Verarbeitung des Verlustes wird erleichtert ☐ Hämatit, 205
- hat chronisches, psychisches Trauma ausgelöst ☐ Bergkristall, 178
- erzeugt Verbitterung ☐ Rosenquarz, 144, Achat, 148
- führt zum Einbruch des Selbstvertrauens ☐ Bernstein, 155, Iolith, 240
- macht unglücklich ☐ Rhodonit, 146
- ist die Ursache für unzählige weitere Leiden ☐ Bergkristall, 178

Ve　　　　　　seelische Blockaden　　　　　　Ve

Verlustängste
- macht sich emotional vom Partner abhängig　☐ Feueropal, 319
- kann ohne den anderen nicht mehr leben　☐ Feueropal, 319
- kann andere nicht eigene Wege gehen lassen　☐ Carneol, orange, 152
- Kinder klammern sich an Eltern; oder umgekehrt　☐ Andenopal, blau, 347
- Angst vor Verlust und Mangel; ist geizig　☐ Rhodochrosit, 150, 328

vernachlässigt
- fühlt sich vernachlässigt　☐ Carneol, orange, 152
- andere, weil man nur an sich denkt　☐ Azurit-Malachit, 229, 349

verrückt zu werden, Angst davor　☐ Fluorit, 264

versagen
- Angst zu versagen, siehe Angst
- fühlt sich als Versager　☐ Naturcitrin, 187

Verschlossenheit
- kann sich anderen gegenüber nicht öffnen　☐ Rote Koralle, 325

Verständnis
- intolerant, hat kein Verständnis für die Fehler anderer　☐ Türkis, 245, 314, Sugilith, 253
- kein Verständnis hingegen eigenen Erfahrungen　☐ Topas, blau, 191
- übersieht den Sinn des Lebens　☐ Eisenmeteorit, 624
- kein Verständnis gegenüber Mystik, Spiritualität　☐ Türkis, 245, 314, Atlantisstein, 317

Vertrauen
- kein Vertrauen zu sich selbst　☐ Opal, 259
- mißtraut grundsätzlich allem, innerlich verspannt　☐ Fluorit, 264
- sucht ständig Expertenrat, rennt von Arzt zu Arzt　☐ Opal, 259
- hat Vertrauen an die Schöpfung verloren　☐ Falkenauge, 248
- kein Vertrauen in die eigenen Fähigkeiten　☐ Bernstein, 155, Iolith, 240
- kein Vertrauen den Eltern gegenüber　☐ Andenopal, blau, 347
- hat Hoffnung und Vertrauen längst aufgegeben　☐ Granat rot, 339
- kein Vertrauen mehr in seine Selbstheilungskräfte　☐ Tektit, 628
- kein Vertrauen in die eigene Meinung　☐ Opal, 259

Verträumtheit
- ist gedankenverloren, selten ganz da　☐ Chrysopras, 163, Smaragd, 165
- hat unrealistische, abgehobene Vorstellungen　☐ Chrysopras, 163, Smaragd, 165
- glaubt, daß geträumtes wirklich so passiert ist　☐ Chrysopras, 163, Smaragd, 165

verunreinigt, fühlt sich
- durch Umwelt, Nahrung oder Kontakt mit anderen　☐ Schneeflockenobsidian, 195

verunsichert, fühlt sich
- bei Entscheidungen, sucht Rat immer bei anderen　☐ Amethyst, 262, 341, Opal, 259
- wenn einen jemand beobachtet oder anblickt　☐ Bernstein, 155, Iolith, 240
- bei Entscheidungen, sucht aber keinen Rat　☐ Aquamarin, 237, 238
- würde am liebsten doch alles beim alten lassen　☐ Jade, 199

verzagt
- ist grundsätzlich schnell verzagt　☐ Bernstein, 155, Iolith, 240
- bei Mißerfolgen　☐ Rhodochrosit, 150, 328

verzichten
- zu schnell auf Dinge die einem zustehen　☐ Tigerauge, 182
- um des lieben Friedens willens　☐ Lapislazuli, 212, Sodalith, 216

Ve — seelische Blockaden — Vo

verzichten
- weil einem alles zu viel ist — ☐ Rubin, 133
- freiwillig aus Prinzip — ☐ Turmalin, grün, 193
- weil man sich unterlegen fühlt — ☐ Bernstein, 155, Iolith, 240

verzweifelt
- deprimiert, resigniert, ist innerlich müde — ☐ Falkenauge, 248
- glaubt, es nicht mehr aushalten zu können — ☐ Tansanit, 210
- glaubt, daß doch alles keinen Zweck mehr hat — ☐ Falkenauge, 248
- glaubt, daß es für ihn keine Hoffnung mehr gibt — ☐ Tansanit, 210
- befürchtet etwas schreckliches tun zu können — ☐ Fluorit, 264
- weiß nicht mehr, wie es weitergehen soll — ☐ Tansanit, 210
- glaubt durchzudrehen oder verrückt zu werden — ☐ Fluorit, 264
- durch Streßgefühle, Dauerstreß — ☐ Carneol, rot, 207
- weil er sich immer vergessen, alleingelassen fühlt — ☐ Tansanit, 210
- droht oft: wenn mir erst der Kragen platzt, dann ... — ☐ Fluorit, 264
- weil man glaubt, immer nur Fehler zu machen — ☐ Naturcitrin, 187
- verzweifelt, wie soll ich das nur durchstehen? — ☐ Tansanit, 210
- durch seelische Erschütterung — ☐ Bergkristall, 178
- durch Kummer und unverarbeitete emotionale Krisen — ☐ Labradorit, 321
- über den eigenen Gesundheitszustand — ☐ Falkenauge, 248
- weiß, daß endlich etwas geschehen muß, nur was? — ☐ Tansanit, 210
- durch Schock und Trauma — ☐ Diamant, 174
- wenn man glaubt, daß nichts mehr geht — ☐ Tansanit, 210
- ringt um seine Selbstbeherrschung — ☐ Fluorit, 264
- kämpft tapfer ohne Hoffnung gegen Mauern an — ☐ Amazonit, 250
- weil er den Boden unter den Füßen verloren hat — ☐ Tansanit, 210
- steht kurz vor dem Nervenzusammenbruch — ☐ Fluorit, 264
- hat keine Kraft mehr, um nochmal anfangen zu können — ☐ Falkenauge, 248
- gibt trotzdem nicht auf, angeschlagener Kämpfer — ☐ Amazonit, 250
- glaubt an der Grenze des ertragbaren zu sein — ☐ Tansanit, 210

vorgeschobene Sorglosigkeit — ☐ Sodalith, 216

Vorurteile
- alle Männer/Frauen sind gleich — ☐ Rote Koralle, 325
- lindert innere Verhärtungen durch Trauma — ☐ Rote Koralle, 325
- glaubt nur durch »Besonderes« beliebt zu sein — ☐ Rote Koralle, 325

Vorwürfe, macht anderen
- aus mangelndem Verständnis heraus — ☐ Türkis, 245, 314
- wenn seine guten Ratschläge nicht befolgt werden — ☐ Carneol, orange, 152
- daß man scheinbar nicht genug geliebt wird — ☐ Carneol, orange, 152
- aus innerem Groll — ☐ Rosenquarz, 144, Achat, 148
- dafür, daß sie anders sind — ☐ Sonnenstein, 141

Vorwürfe, macht sich selbst
- aus einem schlechten Gewissen heraus — ☐ Naturcitrin, 187
- aus übertriebenem Drang nach Disziplin u. Perfektion — ☐ Turmalin, grün, 193

Wä   seelische Blockaden   Ze

Wärme
- ist kaltherzig und rauh im Umgang mit anderen — ☐ Sugilith, 253
- kaltschnäuzige, rauhe Ausdrucksweise — ☐ Versteinertes Mammutholz, 353
- gibt sich cool, gefühlskalt und unnahbar — ☐ Tektit, 628
- will Liebe strikt von Sexualität trennen — ☐ Rote Koralle, 325

Weinkrämpfe
☐ Peridot, 169

Weltschmerz
☐ Peridot, 169

Weltverbesserer, ewiger
☐ Chalcedon, 218

wertlos
- aus fehlendem Selbstvertrauen heraus — ☐ Bernstein, 155, Iolith, 240
- weil man glaubt, es sich nicht verdient zu haben — ☐ Naturcitrin, 187
- findet andere, wenn sie anderer Ansichten sind — ☐ Türkis, 245, 314

Willensschwäche
- läßt sich schnell entmutigen — ☐ Rhodochrosit, 150, 328
- läßt sich leicht zu etwas Gegenteiligem überreden — ☐ Hiddenit, 309, Tigerauge, 182
- aus Angst vor Kritik, davor ausgelacht zu werden — ☐ Bernstein, 155, Iolith, 240
- orientiert sich stark nach Lob, sucht Anerkennung — ☐ Hiddenit, 309, Tigerauge, 182
- steht unter der Fuchtel anderer — ☐ Hiddenit, 309, Tigerauge, 182
- ist seelisch überlastet und erschüttert, total konfus — ☐ Bergkristall, 178
- weil er die Hoffnung total aufgegeben hat — ☐ Falkenauge, 248, Moldavit, 626
- tritt nicht für seine Interessen ein, gibt mehr als er hat — ☐ Hiddenit, 309, Tigerauge, 182
- äußert den eigenen Willen nicht aus Unsicherheit — ☐ Turmalin, schwarz, 224
- kann nicht nein sagen, mehr Sklave als Helfer — ☐ Hiddenit, 309, Tigerauge, 182
- kann sich nicht trennen oder loslassen — ☐ Andenopal, grün, 238
- reagiert viel mehr auf fremde Wünsche — ☐ Hiddenit, 309, Tigerauge, 182
- kann sich mit eigenen Problemen nicht befassen — ☐ Blutachat, 337
- alle sagen, man sei zu gutmütig — ☐ Hiddenit, 309, Tigerauge, 182
- hat nie Zeit für sich, opfert sich für andere auf — ☐ Hiddenit, 309, Tigerauge, 182

Winterdepressionen
☐ Aventurin, 171

Wut
- wird leicht wütend und aggressiv — ☐ Goldtopas, or., 185, Sugilith, 253
- wird sofort wütend, wenn man widerspricht — ☐ Citrin, 157
- neigt zu unkontrollierten Wutausbrüchen — ☐ Fluorit, 264
- unterdrückt sie, um nicht unbeliebt zu werden — ☐ Hiddenit, 309
- steigert sich leicht in Wut und Zorn — ☐ Silberobsidian, 344
- ist voller angestauter, zurückgehaltener Wut — ☐ Fluorit, 264, Sugilith, 253
- sehr ungeduldig und impulsiv, leicht wütend — ☐ Sonnenstein, 141
- scheint von Natur aus wütend und streitlustig zu sein — ☐ Apachentränen, 345
- voller Selbstmitleid, Groll und Bitterkeit — ☐ Rosenquarz, 144, Achat, 148

Zerrissenheit, innere
- ist dadurch unfähig sich zu entscheiden — ☐ Amethyst, 262, 341, Opal, 259
- tut deshalb oft Dinge die man eigentlich nicht will — ☐ Tigerauge, 182
- findet zu keiner befriedigenden Lebensaufgabe — ☐ Goldtopas, gelb, 159
- durch Untreue, Krankheit, Unfall oder Tod — ☐ Rosa Kunzit, 307, Moqui-Marbles, 267
- ist launisch und unentschlossen — ☐ Aquamarin, 237, 238
- durch seel. Streß, Schmerzen, Dauerspannungen — ☐ Rosa Kunzit, 307
- weiß nicht, was er eigentlich will — ☐ Goldtopas, gelb, 159
- durch seelisches Durcheinander oder Schock — ☐ Rosa Kunzit, 307

Ze — seelische Blockaden — Zw

Zerstreutheit
- ist gedanklich immer woanders ☐ Chrysopras, 163
- reagiert abwesend, auch bei augenblicklichen Arbeiten ☐ Topas, blau, 191
- ist launisch, wechselt andauernd seine Meinung ☐ Smaragd, 165, Chrysopras, 163
  ☐ Aquamarin, 237, 238

Ziellosigkeit
- studiert mal hier mal da, fängt dies oder das an ☐ Goldtopas, gelb, 159
- weil man zu schnell aufgibt, hat keinen Erfolg ☐ Rhodochrosit, 150, 328
- kann sich deshalb nicht entscheiden ☐ Goldtopas, gelb, 159
- hat keine Klarheit, darüber wie es weitergehen soll ☐ Goldtopas, gelb, 159
- reagiert wie ein Halm im Wind auf alle Einflüsse ☐ Aquamarin, 237, 238
- hat viel ausprobiert, aber nichts ist das Richtige ☐ Goldtopas, gelb, 159
- ist nicht bereit, sich verändern zu wollen ☐ Moldavit, 626
- sieht vor lauter Wald die Bäume nicht mehr ☐ Goldtopas, gelb, 159
- kann schlechte Gewohnheiten nicht lassen ☐ Andenopal, grün, 238
- vielseitig begabt, kann sich nicht entscheiden ☐ Goldtopas, gelb, 159
- weiß nicht, was er beruflich tun möchte ☐ Goldtopas, gelb, 159
- will immer wieder was Neues anfangen ☐ Goldtopas, gelb, 159
- will sich weder beruflich noch privat festlegen ☐ Goldtopas, gelb, 159

zuhören
- kann nicht, weil man zu sehr beschäftigt ist ☐ Chalcedon, 218
- kann nicht, wenn der andere zu langsam spricht ☐ Sonnenstein, 141
- kann wahren Sinn hinter Worten nicht verstehen ☐ Versteinertes Mammutholz, 353
- nimmt sich keine Zeit für andere ☐ Sonnenstein, 141
- sehr oberflächlich, fragt dasselbe, vergißt Namen ☐ Feuerachat, 323

Zukunftsangst
☐ Peridot, 169

Zuneigung
- kann seine Zuneigung schlecht zeigen ☐ Saphir, blau, 220
- verlangt ständig nach Zuneigung ☐ Azurit-Malachit, 229, 349

zurückhaltend
- ist zurückhaltend aus Unsicherheit heraus ☐ Bernstein, 155, Iolith, 240
- aus Ängsten ☐ Turmalin, schwarz, 224
- aus innerer Distanz, wegen Hemmungen ☐ Saphir, blau, 220
- aus Angst vor Peinlichkeiten, ausgelacht zu werden ☐ Turmalin, schwarz, 224, Onyx, 227
- verleugnet sich selbst, falsche Bescheidenheit ☐ Andenopal, blau, 347
- empfindet Gespräche mit anderen als lästig, peinlich ☐ Saphir, blau, 220

Zusammenarbeit
- will immer der Beste sein, Hahn im Korb ☐ Apachentränen, 345
- hat kein Einfühlungsvermögen, Ellenbogenmentalität ☐ Apachentränen, 345

Zwänge
☐ Rauchquarz, 197
- zwanghaftes, nervöses Hin- und Hergehen ☐ Fluorit, 264
- wirft sich auf die Erde, schlägt Kopf auf Boden ☐ Fluorit, 264
- ist von Sachen, Ruf und Prestige abhängig ☐ Rosa Kunzit, 307
- Sachzwänge, erst die Sache dann Gesundheit ☐ Rosa Kunzit, 307
- wer schön sein will muß leiden ☐ Rosa Kunzit, 307

zwanghaftes Mißtrauen
☐ Rauchquarz, 197

Zw seelische Blockaden Zw

Zwangsgedanken
- ängstliche, kreisende
- aus Furcht vor dunklen Mächten
- vermeidet zwanghaft ihm unangenehme Situationen
- Wasch- und andere Zwänge
- beschäftigt sich zwanghaft mit sich selbst
- sorgt sich zwanghaft um andere

☐ Onyx, 227, Sardonyx, 227
☐ Apatit, blau, 243
☐ Fluorit, 264
☐ Schneeflockenobsidian, 195
☐ Azurit-Malachit, 229, 349
☐ Turmalin, rot, 203

zweifelt
- immer gleich an sich selbst
- grundsätzlich alles erstmal an
- an sich, hält eigene Leistungen für ungenügend
- an der eigenen Meinung
- an der Zukunft
- daran, die tägliche Arbeit schaffen zu können
- daran, die Verantwortung länger tragen zu können
- zweifelt immer an den Fähigkeiten anderer
- bezweifelt ständig andere Entscheidungen
- zweifelt daran je wieder gesund werden zu können
- zweifelt am Gelingen eigener Dinge
- zweifelt an seinen eigenen Kräften
- daran, daß andere auf sich selbst achten können
- an seinem augenblicklichen Lebensweg
- erwartet immer gleich das Schlechteste
- zweifelt seine eigenen Entscheidungen an

☐ Bernstein, 155, Iolith, 240
☐ Rhodochrosit, 150, 328
☐ Naturcitrin, 187
☐ Amethyst, 262, 341, Opal, 259
☐ Rhodonit, 146
☐ Edeltopas, 176
☐ Carneol, rot, 207
☐ Citrin, 157
☐ Opal, 259, Aquamarin, 237, 238
☐ Falkenauge, 248, Tektit, 628
☐ Bernstein, 155, Iolith, 240
☐ Granat rot, 339
☐ Turmalin, rot, 203
☐ Goldtopas, gelb, 159
☐ Rhodochrosit, 150, 328
☐ Aquamarin, 237, 238

Nachwort

Wenn Ihnen dieses Buch ein praktischer Ratgeber zu mehr Wohlbefinden, Liebe und Gesundheit sein kann und Sie die natürlichen Heilmittel, insbesondere Kristalle, Mond und Sterne aus neuer Sicht für sich entdeckt haben, hat dieses umfangreiche Nachschlagewerk seinen Sinn mehr als erfüllt. Wir würden uns dennoch freuen, wenn Sie auch in den weiteren Werken von Methusalem zu mehr Gesundheit, Liebe und Naturverbundenheit zurückfinden würden. Denn es ist höchste Zeit für eine erneute Reformation, einen neuen Weg.

Alles Liebe und Gute von Methusalem und seinem Team

Schreiben Sie uns

Wenn auch Ihnen mit Hilfe von »Kristalle, Mond und Sterne« eine Fülle neuer Tatsachen, Einblicke, Erkenntnisse und Möglichkeiten zuteil geworden sind, die dazu beigetragen haben, Ihrem persönlichen Glück, Ihrer Gesundheit, Zufriedenheit und dem Ihrer Angehörigen näher gekommen zu sein, würden wir uns freuen, wenn auch Sie dies nicht für sich behalten würden, sondern dies ebenso, wie zuvor unzählige geheilte Menschen in diesem Buch auch, weiteren Menschen zugänglich machen würden. Teilen Sie uns Ihre Erfahrungen mit und sorgen Sie so dafür, daß unzählige weitere kranke oder unzufriedene Menschen, ebenfalls wie Sie auch, durch dieses Buch nicht nur Teil einer neuen Erkenntnis werden, sondern auch Teil einer neuen Einigkeit und Gemeinsamkeit, aus deren Masse sich nicht nur eine neue Weltanschauung erhebt, sondern woraus auch eine neue Wertigkeit im Umgang mit Gesundheit, Liebe, Partnerschaft und unserer Umwelt hervorgehen kann. Tragen Sie mit Ihren persönlichen Erfahrungen bewußt zu neuen Erkenntnissen bei und tauschen Sie sich mit anderen Entdeckerinnen, Geheilten und Entdeckern aus oder zelebrieren Sie gemeinsam mit Freunden und Gleichgesinnten einen »Energiekreis«, worin Sie Ihre insgeheimen Sorgen, Geheimnisse und Erkenntnisse austauschen. Organisieren bzw. gründen Sie doch einfach jetzt eine Übungsrunde, da wo Sie leben und sich wohl fühlen, um mit Hilfe von Steinen, Elixieren, Mond und Sternen neue Wege beschreiten zu können.

Sie werden überrascht sein, wie viele andere nur auf den Anstoß von Ihnen warten. Hören und sehen Sie sich in Ihrem Verwandten- und Bekanntenkreis doch einmal aufmerksam um und Sie werden nicht nur sehr deutlich erkennen, daß es im Prinzip allen so geht wie Ihnen und daß alle insgeheim nach einem Ausweg suchen, der Sie wieder zufrieden, gesund und glücklich macht.

Werden Sie aktiv!

Doch wer überwacht das große Potential natürlicher Heilmittel?

Mittlerweile hat sich herumgesprochen, daß natürliche Heilmittel wirklich heilende Eigenschaften ohne Nebenwirkungen nur dann haben, wenn sie vertrauensvoll nach den Überlieferungen der Menschen verwendet werden. Nur reine und ausgesuchte, energievolle Therapiesteine, Heilsteine, Düfte und Kräuter stellen für unseren Körper und die Seele jene Energie und Kraft zur Verfügung, die uns psychisch, körperlich und geistig harmonisiert, zufrieden, glücklich und gesund macht und heil werden läßt. Hierfür ist jedoch nicht nur Vertrauen in höchstem Maße erforderlich, sondern auch ein hohes Maß an Sachkenntnis. Was früher von Medizinfrauen, Medizinmännern, Schamaninnen, Schamanen, Sufis oder Mönchen vertrauensvoll gehandhabt wurde, wird heute aus ethischer Verpflichtung und aus Gewissen heraus von Methusalem immer noch als selbstverständlich angesehen. Langjährige Erfahrungen durch Jahrtausende alte Überlieferungen in Verbindung mit den Erkenntnissen Tausender geheilter Menschen in allen Teilen der Welt, die uns ganz offen mitgeteilt haben, worunter sie, bevor sie dieses Buch gelesen haben, oft über Jahrzehnte, gelitten haben, lassen die Erkenntnis zu, daß unsere von Wissenschaftlern ins Abergläubische oder sogar Rechtsradikale verdrängten phänomenologischen Beschreibungen letztendlich doch repräsentativer sind, als alle wissenschaftlichen Untersuchungen, Auseinandersetzungen und Meinungsumfragen zusammen.

Der Überbegriff Heilsteine für alle Edelsteine wäre jedoch ebenso töricht, wie die Behauptung, daß alle Insekten für Rosen gut seien. Nur Schmetterlinge oder Bienen beispielsweise bilden eine harmonische Einheit mit der Rose, woraus beide Lebewesen sich gegenseitig helfen und unterstützen, um glücklich und zufrieden zu werden und um erblühen zu können. Genauso verhält sich dies auch mit Steinen. Nur die Energien bestimmter Heilsteine lindern unsere menschlichen Leiden und um diese herausfinden zu können, sind wir auf die Überlieferungen der Urvölker ebenso angewiesen, wie auf unsere inneren seelischen Empfinden als Quellen von Inspiration, Gesundheit und Liebe, sowie auf einen Chakra-Fragebogen, der uns, ähnlich wie zuvor das Wissen der Schamanen oder der Mondkalender, als spirituelles Werkzeug dient, um unsere inneren Blockaden besser erkennen zu können, sowie auf jemanden, der uns Heilsteine, Düfte und Kräuter mit verläßlichen Wirkungen verschafft. Denn unsere modernen analytischen, wissenschaftlichen Methoden sind hierbei ebenso fehl am Platze, wie die Gene in unseren Nahrungsmitteln oder die Atomversuche in den Südseeparadiesen.

Bezugsquellen

Die zu den Erkenntnissen dieses Buches geführt haben

Wenn Sie nun glauben, daß wir Ihnen an dieser Stelle unzählige Bücher aufzählen, die wiederum auf unzähligen widersprüchlichen oder bereits widerlegten Analysen, Statistiken und wissenschaftlichen Studien beruhen, irren Sie sich.

Denn unsere Erkenntnisse stammen zum einen aus den Herzen Tausender geheilter, zufriedener und gesünderer Menschen, die herausgefunden haben, daß Leben, Liebe und Gesundheit die wahren Werte sind, die sich in keine wissenschaftlichen Denkmuster hineinpressen lassen und zum anderen aus dem Munde der Urvölker selbst. Diese haben ihre Erkenntnisse nur begrenzt aufgeschrieben und zumeist ebenso mündlich weitergegeben, wie die meisten unter uns. Unsere Quellen sind daher nicht die Labore unserer Zeit, sondern Orte, an denen Menschen zusammentreffen, um sich miteinander auszutauschen, um die Natur zu treffen oder sich einander zu begegnen. Hierzu zählt der Stammtisch ebenso, wie das Straßenfest oder die Begegnung mit den Ureinwohnern Australiens am Ayers Rock. Und wenn Sie sich ebenso umhören und umsehen, wie wir dies über Jahrzehnte getan haben, werden Sie um sich herum sehr schnell feststellen können, daß Ihre Leiden oftmals mit denen Ihres Nachbarn einhergehen bzw. daß Ihr Kollege eigentlich vor denselben Problemen steht, wie Sie. Nicht die wissenschaftliche Rückversicherung bestätigt uns die einzige Wahrheit, sondern Sie alle haben zu den wahren Erkenntnissen dieses Buches beigetragen, deren Beschreibungen letztendlich repräsentativer sind, als alle wissenschaftlichen Analysen zusammen.

Wichtig:

Beachten Sie nochmals, wie bereits mehrfach erwähnt, daß sich die in diesem Buch genannten Wirkungen und Erkenntnisse über Krankheiten und seelische Blockaden nur auf sorgfältig ausgesuchte Heilsteine von Methusalem beziehen. Wie an anderen Stellen dieses Buches bereits erwähnt, sind alle Steine ebenso wenig zum lindern von Blockaden geeignet, wie nicht alle Pflanzen gleichzeitig auch Heilpflanzen sind. Um Ihren Blockaden mit Hilfe der in diesem Buch beschriebenen Edelstein-Therapie erfolgreich begegnen zu können, empfehlen wir Ihnen, nur Heilsteine und Therapiesteine von Methusalem zu beziehen. Diese wurden der Natur nicht nur nach weisheitlichen Bedingungen entnommen, sondern sowohl von Methusalem, Vivian Gardier, den chinesischen Mönchen »7 Weise« oder Stammesangehörigen der Indianer oder

der Aborigines Australiens geprüft und mit einem Original-Zertifikat von Methusalem versehen. Natürlich haben auch Steine, die nicht von Methusalem, sondern aus dem Steinladen um die Ecke stammen, heilende Wirkungen wie Nebenwirkungen. Diese sollten Sie sich jedoch unbedingt vom Händler oder Ihrem Heilpraktiker genauer beschreiben, bestätigen oder erläutern lassen.

Bezugsquellen
Von Steinen, Düften, Kräutern und Literatur

Reine Heilsteine und Kristalle von **Methusalem** werden größtenteils aus den Händen der Urvölker, insbesondere Tibetaner, Indianer, Majas, Aborigines und anderen Stämmen bezogen, welche die Heilsteine und Kristalle aus tiefer Gesinnung heraus gänzlich ohne Gewalt, Sprengung und Zerstörung der Natur entnehmen.

Denn heilende Steine sind, ebenso wie reine ätherische Öle, rar und deshalb nicht in Massen erhältlich. Leider haben unsachgemäß entnommene Steine ihre heilenden Energien verloren. Eine Sprengung beispielsweise zerstört das Energiefeld heilender Steine ebenso, wie atomare Strahlung unsere Körperzellen.

Daher empfehlen wir Ihnen, Heilsteine, Heilstein-Essenzen, Therapiesteine, ätherische Öle und Kräuter, die Sie in Bezug auf die in diesem Buch oder dem Großen Lexikon der Heilsteine, Düfte und Kräuter beschriebenen Erkenntnisse anwenden möchten, ebenfalls von Methusalem in Neu-Ulm zu beziehen, bzw. im gutsortierten Fachhandel, Drogerie, Buchladen oder Apotheke nach Heilsteinen, Elixieren, Düften und Kräutern von Methusalem mit Zertifikat zu fragen. Informationen darüber, wo Sie in Ihrer Nähe einen Heilpraktiker, Apotheker oder Steinladen finden, der zertifizierte Naturheilmittel von Methusalem führt, erhalten Sie durch Einsendung einer der beiliegenden Postkarten direkt bei Methusalem. Wir machen uns für die Natur stark und gehen in Bezug auf unsere Verantwortung gegenüber Ihnen, den Urvölkern und der Natur keinerlei Kompromisse ein.

Deshalb genießen wir von Methusalem auch das aufrichtige Vertrauen der Aroma-Therapeutin Vivian Gardier, sowie das der chinesischen Teebauern und Mönche »7 Weise« und zahlreicher Urvölker, wie z.B. den Ureinwohnern Australiens und der Indianer des amerikanischen Westens. Sie vertrauen uns eine sorgfältige Verteilung ihrer Heilsteine, ätherischen Öle, Kräuter, Tees und insbesondere auch Turalingam´s und Moqui-Marbles an. »Unser Tod ist auch Euer Untergang« prophezeien die Ureinwohner Australiens. Sie stehen noch ebenfalls, wie die Tibetaner oder Indianer unverändert mit der Weisheit in Verbindung und kennen die Symptome, welche auftreten, wenn Körper, Geist und Seele aus dem harmonischen Gleichgewicht der schöpferischen Verbundenheit herausgelöst werden. Die Ureinwohner kennen somit das Schicksal von uns modernen Menschen. Ihre Weisheit steht stellvertretend für die Gesinnung aller Urvölker, Natur, Tiere und Pflanzen unserer Erde. Bitte unterstützen auch Sie die uns allen bevorstehende, bitter notwendige Reformation. Denn der sich augenblicklich noch in den Köpfen, Organen und Herzen befindliche neue Weg ist dabei, sich zu einer neuen Denkweise und Weltanschauung zu formieren. Dieser neue Weg begleitet uns nicht nur ins nächste Jahrtausend, sondern ist wahrscheinlich die letzte Chance, um unseren Planeten und uns selbst vor dem Untergang zu bewahren. Denn die letzten Schlachten werden nicht durch Atombomben zwischen den Völkern ausgetragen werden, sondern durch Blockaden im Innersten unserer körperlichen, geistigen und seelischen Räume. Bitte unterstützen auch Sie das Umdenken von Methusalem und das vieler leidgeprüfter Menschen, welche die Urvölker und die Natur nicht weiter zerstören und ausbeuten möchten. Nur mit deren Hilfe gelangen wir wieder zurück zum wirklich heilenden Potenzial natürlicher Mittel, womit die Menschen in den letzten Hunderttausend Jahren wahre Heilung erreicht haben. Im Gegensatz dazu beträgt die Zeit der modernen Wissenschaft nicht einmal eine Sekunde. Trotzdem glaubt Wissenschaft, Politik und Pharma-Industrie immer noch, daß wir modernen Menschen beispielsweise ohne chemische Medizin aufgeschmissen seien. Fakt ist jedoch, daß die Menschheit bereits mindestens Hunderttausend Jahre ohne künstliche Hormone, gentechnisch veränderte Organe, Röntgenstrahlen und künstliche Arzneimittel mit Hilfe von Heilsteinen, Düften und Kräutern viel mehr recht als schlecht überlebt hat, während die schulwissenschaftliche Vorgehensweise im Bruchteil einer Sekunde das Leben auf unserer Erde zu einem unwürdigen, habgierigen, schmerzhaften Dasein, weit entfernt von Liebe, Gesundheit und Zufriedenheit, entfremdet hat.

Wir von Methusalem garantieren Ihnen ein Höchstmaß an Reinheit und Unverfälschtheit der bei Methusalem erhältlichen Naturheilmittel. Dies bekommen Sie zu jedem Edelstein bzw. Therapie- und Heilstein schriftlich. Dies trifft natürlich auch für echte Turalingam´s, Moqui-Marbles, Blue-Moon, Feensteine, Oloiden und Taghuam-Maris-Paare zu. Sie erhalten diese nur bei Methusalem und im ausgesuchten, vertrauensvollen Fachhandel mit dem dazugehörigen Original-Zertifikat von Methusalem, gegebenenfalls sogar mit amtlicher Registrierungsnummer.

Sie erhalten bei **Methusalem** in Neu-Ulm und bei ausgesuchten Vertragspartnern nur ausgesuchte Edel- bzw. Heilsteine, die den Beschreibungen in diesem Buch bzw. jenen des Großen Lexikons der Heilsteine, Düfte und Kräuter gerecht werden und deren Energien von Natur aus auch für unseren menschlichen Organismus bekömmlich und zugänglich sind. Denn es bringt nichts, irgendwelche Heilsteine noch so stark für sich wirken lassen zu wollen, wenn deren Energieströme von Natur aus beispielsweise dem Erblühen der Blumen zugedacht wurden. Da sich die über Hunderttausend Jahre überlieferten Wirkungen bestimmter Steine, Düfte und Kristalle wieder zunehmend auch in unserer modernen Gesellschaft als die wahren Heiler bestätigen, erleichtern wir Ihnen durch ein Original-Zertifikat von **Methusalem** Ihre Auswahl.

(Informationen über Ihren nächstgelegenen Vertragspartner, Heilpraktiker, Reformhaus, Buchladen, Therapeuten, Therapiesteinladen oder Apotheker mit »Methusalem-Sortiment« erhalten Sie postwendend. Fordern Sie diese Informationen mit Hilfe der am Ende dieses Buches befindlichen Postkarten an)

Bezugsquellen für Therapiesteine, Heilstein-Essenzen und Elixiere

Sie können die aufgeführten Heilstein-Essenzen und Therapiesteine anhand beiliegender Postkarte direkt bei Methusalem oder im legitimierten Fachhandel unter Verwendung der in diesem Buch beschriebenen Blockaden- und Therapiestein-Nummern anfordern. Bitte unterscheiden Sie zwischen Essenz-Nummer für eine Edelstein-Essenz zum Einnehmen oder Einreiben und der Therapiestein/Heilstein-Nummer für einen Therapiestein zum Auflegen und Tragen. Gerne sind wir Ihnen auch beim Errechnen, Auspendeln und Zusammenstellen Ihrer persönlichen Chakra-Ketten, Stellar-Ketten und Heilstein-Elixiere nach dem Befund Ihres persönlichen Chakra-Fragebogens behilflich.

Lieber Leser,

wir freuen uns, daß Sie sich für »Kristalle, Mond & Sterne« entschieden haben. Sicherlich wird Ihnen dieses Werk auch weiterhin bei Ihren Streifzügen durch die Welt der Steine, Düfte, Kräuter und mystischen Energieströme ein treuer Begleiter bleiben. Trotzdem möchten wir Sie, so kurz vor dem Schluß, mit offenen Wünschen und Fragen nicht alleine lassen. Wir haben Ihnen daher mehrere Services eingerichtet, um Ihre Edelstein-Therapie besser abrunden zu können.

1. Chakra-Essenzen:

Chakra-Essenzen zum Öffnen Ihrer Chakras können Sie unter folgenden Bezugsnummern direkt per Postkarte bei Methusalem anfordern.

1. Chakra: Essenz-Nr. CH-1-100   5. Chakra: Essenz-Nr. CH-5-500
2. Chakra: Essenz-Nr. CH-2-200   6. Chakra: Essenz-Nr. CH-6-600
3. Chakra: Essenz-Nr. CH-3-300   7. Chakra: Essenz-Nr. CH-7-700
4. Chakra: Essenz-Nr. CH-4-400

Verwenden Sie für Ihre Bestellungen beiliegende Postkarte, kreuzen Sie Ihre gewünschte Essenz an.

2. Therapiesteine und Essenzen daraus

Fordern Sie hierzu gratis die Broschüre „Rote Erde" - Essenzen, Elixiere und Glückssteine von Methusalem an.

3. Chakra-Fragebogen

Mit diesem umfangreichen Buch sind in Verbindung mit dem Großen Lexikon der Heilsteine, Düfte und Kräuter auch die Antworten für unseren Chakra-Fragebogen gegeben. Um Ihre Blockaden und Leiden in ursächlichen Zusammenhang mit Verwerfungen in bestimmten Chakras bringen zu können, haben wir Ihnen einen umfangreichen Chakra-Fragebogen ausgearbeitet. Dieser erleichtert Ihnen zusätzlich den Umgang mit Therapiesteinen und ermöglicht Ihnen, sich besser in Ihrer inneren Welt zurechtfinden zu können. Der über 32 Seiten starke, farbige Chakra-Fragebogen kann bei Methusalem gegen eine Schutzgebühr von DM 10,- zzgl. DM 3.- Rückporto angefordert werden.

4. Geschenk-Service

Wenn Ihnen „Kristalle, Mond & Sterne" gefällt und Sie hiermit auch anderen Menschen eine Freude machen möchten, dann bieten wir Ihnen gerne einen Geschenk-Service an. Sie teilen uns den Namen, Adresse und Geburtsdatum des Empfängers bzw. zu Beschenkenden mit und wir versenden das Buch rechtzeitig, inklusive eines Gratis-Taschenmondkalenders an den Empfänger. Rechnung über das Buch zuzüglich Porto gehen Ihnen zu.

5. Astro-Service

Gerne würden Sie sich in vielfältiger Literatur mehr mit Ihren Sternen beschäftigen. Allerdings fehlen Ihnen hierzu wichtige Daten, wie z. B. Ihr persönlicher Aszendent, Dekade oder das sich in Ihrer Opposition befindliche Sternzeichen. Natürlich können Sie diese Daten sehr leicht diesem Buch entnehmen. Fehlt Ihnen hierfür die Zeit oder möchten Sie jemand anderen damit erfreuen, übernehmen wir gerne für Sie die umfangreichen Berechnungen Ihrer persönlichen Daten. Hierbei berücksichtigen wir für Sie auch die wichtigen Aspekte aus dem Indianischen Mond-Medizinrad. Sie erhalten diese auf einer schmucken Pergamentrolle, schön, mit Schleifchen verpackt. Von nun ab kennen Sie alle Ihre astrologischen Grunddaten, um sich in allen Horoskopen zurechtfinden zu können. Dieser für Sie persönliche Service ist zeitaufwendig und sehr recheninstensiv. Wir können Ihnen diesen daher nicht umsonst anbieten. Dafür erheben wir keine weiteren Berechnungen für die schöne Pergamentrolle bzw. Geschenkverpackung.

Bitte geben Sie uns bei Interesse folgende Daten an:

1. Ihren genauen Geburtsort, Geburtstag, Jahr und Ihre genaue Geburtsminute
2. Ihre genaue Adresse, eventuell auch Ihre Telefon-Nr. für evtl. Rückfragen

Für diesen Service berechnen wir inklusive Geschenkrolle und Porto eine Selbstkostenpauschale DM 49,80 / gegen Vorauskasse. Dies gilt auch dann, wenn Sie Ihre persönlichen, astrologischen Aspekte in einem farbigen Mond-Taschenkalender eingetragen haben möchten. Natürlich können Sie hierfür auch den Geschenk-Service für Andere in Anspruch nehmen. Bedenken Sie, daß es sich hierbei nicht um ein Horoskop handelt, sondern um eine Information Ihrer persönlichen, astrologischen Aspekte um Horoskope überhaupt erst lesen und besser verstehen zu können.

6. Mond und Biorhythmus

Wie Sie in diesem Buch erfahren haben, bedeuten die Wendepunkte des Mondes und des Biorhythmus ständige Höhen und Tiefen im alltäglichen Befinden. Um schon im Voraus zu wissen, wann kritische Tage für Sie bevorstehen, ist neben dem Mondkalender auch ein Kalender über Ihren Biorhythmus ratsam. Beides bieten wir Ihnen in einem. In einem farbigen Taschen-Mondkalender berechnen wir Ihnen für ein Kalenderjahr im Voraus zusätzlich die kritischen Wendepunkte Ihrer persönlichen seelischen, geistigen und körperlicher Rhythmen, und tragen Ihnen diese fortlaufend im Kalender ein.

Sie können dann anhand Ihrer persönlichen Daten weit im Voraus selbst bestimmen, wann bestimmte Ereignisse oder Aktivitäten für Sie zum Erfolg oder zum Reinfall werden. Für diesen aufwendigen, nur für Sie zutreffenden, persönlichen Service berechnen wir inklusive farbigem Taschen-Mondkalender eine Selbstkosten-Pauschale von DM 79,80 / Vorauskasse.

Bitte geben Sie uns bei Interesse folgende Daten an:

1. Ihr genaues Geburtsdatum, den Wochentag an dem Sie geboren wurden
2. Ihren genauen Geburtsort, eventuell das Geburtsland
3. Ihre genaue Adresse, eventuell auch Ihre Telefon-Nr. für evtl. Rückfragen

Weitere Werke aus dem Methusalem-Verlag:

Das Große Lexikon der Heilsteine, Düfte und Kräuter von Methusalem. Dieses einmalige, umfangreiche Nachschlagewerk beschreibt alle Heilsteine für die Naturheilkunde, Esoterik und Edelstein-Therapie und bietet gleichzeitig eine umfangreiche Übersicht nahezu aller Düfte und Kräuter. Bestseller seit 1995.
ISBN-Nr. 3-9804431-0-8   **Preis: DM 39,80**
ISBN-Nr. 3-9804431-9-1   **Festeinband: Preis: DM 49,80**

1. 3-jähriger Taschen-Mondkalender inklusive Mond & Biorhythmus
Taschenkalender zur Anwendung und Ermittlung des Mondkalenders und Ihres persönlichen Biorhythmus, inklusive 3-jährigem Mondkalender, immerwährendem Kalender, Erinnerungsbuch für Geburtstage, Sternzeichen und Gedanken.
ISBN-Nr. 3-9804431-3-2   **Preis: DM 19,80**

2. 3-jähriger Taschen-Mondkalender inklusive der Mond-Diät
Taschenkalender für den täglichen Gebrauch in Bezug auf Gesundheit und Ernährung inklusive farbiger Übersichten über die einzelnen Säulen der Grundnahrungsmittel nach der Mond-Diät. Mit 3-jährigem Mondkalender und viel Platz für persönliche Adressen und Notizen.
ISBN-Nr. 3-9806192-1-4   **Preis: DM 19,80**

3. Taschen-Mondkalender inkl. Astrologie und Aszendentenberechnung
Taschenkalender für den täglichen Gebrauch in Bezug auf Astrologie, persönliche Aspekte und zur Berechnung Ihres persönlichen Aszendenten. Inklusive 3-jährigem Mondkalender und viel Platz für persönliche Adressen und Notizen.
ISBN-Nr. 3-9806192-2-2   Preis: DM 19,80

4. 3-jähriger Taschen-Mondkalender mit allem Wissenswerten über Astronomie und die Planeten unseres Sonnensystems
Inklusive 3-jährigem Mondkalender, jährlicher Vorausschau über die einzelnen Sterne und Sternbilder am Nachthimmel und viel Platz für persönliche Adressen und Notizen.
ISBN-Nr. 3-9806192-3-0   Preis: DM 19,80

5. 3-jähriger Taschen-Mondkalender, mit allem Wissenswerten über Asteroiden, Meteoriten und Kometen.
Inklusive 3-jährigem Mondkalender und viel Platz für persönliche Adressen und Notizen.
ISBN-Nr. 3-9806192-4-9   Preis: DM 19,80

6. 3-jähriger Taschen-Mondkalender, der Mond in der Partnerschaft
3-jähriger Taschen-Mondkalender zur einfachen Umsetzung der Mondenergien in der Partnerschaft. Mit viel Platz für persönliche Adressen und Notizen.
ISBN-Nr. 3-9804431-6-7   Preis: DM 19,80

7. 3jähriger Taschen-Mondkalender, inklusive geschlechtsspezifischer Ernährungsangaben über Fettverträglichkeit, Kohlenhydrat- und Vitaminhaushalt
ISBN-Nr. 3-9806192-5-7   Preis: DM 12,90

Schätze der Natur, mit dem Mond im Rhythmus
Großformatiger (A3) Edelsteinkalender inkl. Tierkreiszeichen und Mondkalender für 1999, traumhaft schöne Bilder.
ISBN-Nr. 3-9804431-8-3   Preis: DM 29,80

Sterne, Liebe, Temperamente
Dieses umfangreiche Nachschlagewerk befindet sich in Druckvorbereitung. Es befaßt sich ergänzend zu »Kristalle, Mond & Sterne« mit allen weiteren Kräften bekannter und bisher vielseits noch unbekannter Therapiesteine. Dieses farbige, großformatige Werk wird in Kürze erhältlich sein.
ISBN-Nr. 3-9804431-7-5   Preis ca. DM 39,80

Turalingam's®,
heilende Boten von den Ureinwohnern Australiens, gibt es nur bei *Methusalem*®

»*Die Weisheit der Urzeit*«

Die Ureinwohner Australiens passen nicht in unsere Zeit. Wir glauben sie seien Wilde, weil wir sie weder unter Indianern noch unter anderen menschlichen Völkern einordnen wollen. Deshalb blieb die Weisheit dem Denken der modernen Menschen lange Zeit verborgen. Beinahe wäre sie ganz untergegangen, wenn wir nicht zum Ende des 20. Jahrhunderts mehr oder weniger alle selbst in die Zwickmühle von Unzufriedenheit, Angst, Krankheit und Verfall geraten wären. Denn die Werte der Urvölker, insbesondere der Aborigines entsprechen nicht den Werten der modernen Industrie-Wegwerf-Gesellschaft von heute. Die Ureinwohner kennen jedoch unser Schicksal, denn sie stehen mit der Schöpfung und den universellen Energien in Verbindung. Ihre Weisheit steht stellvertretend für die Gesinnung aller Urvölker unserer Erde. Im Namen von Leben, Liebe, Zufriedenheit, Achtung, Natur und Gesundheit klagen sie nicht nur unsere Gesinnung an, sondern bieten uns durch ihre Turalingam`s auch ihre Hilfe an.

Bestseller!
Über 1 Million Leser!

Das Große Lexikon der Heilsteine, Düfte, und Kräuter

ISBN 3-9804431-0-8   DM 39,80

Vivian Gardier®
Naturreine ätherische Öle

Wir von *Methusalem*® beschäftigen uns seit Jahren intensivst mit den heilenden Eigenschaften von Kristallen, Steinen, ätherischen Ölen und Kräutern. Dabei sind wir in unseren Studien nicht nur auf die Vielfältigkeit der natürlichen Heilmittel gestoßen, sondern auch auf ein gravierendes Problem. Die natürlichen Heilmittel, welche wir für uns und unsere Patienten verwenden, mußten möglichst rein und unverfälscht sein, um ihre wahren Wirkungen einschätzen zu können.

Deshalb haben wir uns nicht auf Aussagen oder Versprechen verlassen, sondern selbst nachgeprüft, ob die uns angebotenen Produkte aufgrund ihrer Reinheit überhaupt unseren hohen Anforderungen und den heilenden Eigenschaften entsprechen. Nach vielen Jahren unserer Unzufriedenheit sind wir auf die französische Naturmedizinerin **Vivian Gardier®, geb. Gaultier** gestoßen.

Sie hat ihr Leben und ihr Herz den Wirkungen naturreiner ätherischer Öle verschrieben.

Bevor **Vivian Gardier**® in Australien heiratete und sich dort niederließ um eine der qualitativsten Öldistillen zu betreiben, war sie über viele Jahre bei den Naturvölkern zu Hause, um deren Bräuche und die Wirkungen der Heilpflanzen genauestens zu entdecken. So lernte sie über Jahre in Nord- und Südamerika die indianische Medizin genauso kennen wie die überlieferten Heilmethoden der Chinesen, Tibetaner und Australier auch. **Vivian Gardier**® verbindet heute Anbau und Kontrolle mit den Erkenntnissen moderner Wissenschaft und überlieferten Heilwegen wie kaum eine andere Ärztin.

Vivian Gardier® befaßt sich heute weniger mit dem direkten Verkauf ihrer Produkte, als viel mehr mit dem Anbau und der sorgfältigen Destillation hochwertiger ätherischer Öle für die Weiterverarbeitung in anspruchs- vollster Kosmetik und Med[izin].

Denn wie bei Kräutern kö[nnen] unreine und gepansch[te] ätherische Öle ung[e-] wünschte Nebenwirkunge[n] hervorrufen. Reine Sorte[n] jedoch treffen die Heilanze[i-] ge sehr genau und lasse[n] sich auch ohne Bedenke[n] durch unsere Anleitung [in] Verbindung mit Tee's un[d] Heilsteinen verwenden. S[o-] bald jedoch grobe Verarbe[i-] tung den Charakter der Kr[i-] stalle verwerfen, oder un[-] sachgemäße Destillatio[n] die Öle verändern und Dür[-] gemittel die Kräuter vergi[f-] ten, verlieren sie oft sofo[rt] die gewünschten natür[li-] chen Wirkungen.

Ätherische Öle von **Vivian Gardier**® sind be[i] *Methusalem*® erhältlich.

BESTELLKARTE FÜR Bücher, Kalender, Farbkatalog

Stück	Artikel	Preis DM
	Das Große Lexikon der Heilsteine, Düfte und Kräuter	39,80
	1. Mondkalender, Mond und Biorh.	19,80
	2. Mondkalender, Mond-Diät	19,80
	3. Mondkalender, Astrologie	19,80
	4. Mondkalender, Astronomie	19,80
	5. Mondkalender, Kometen	19,80
	6. Mondkal., Mond & Partnerschaft	19,80
	7. Mondkalender	12,90

Stück	Artikel	Preis DM
	Schätze der Natur großformatiger Kalender	29,80
	Sterne, Liebe, Temperamente ca.	39,80
	Kristalle, Mond & Sterne	49,80
	Farbkatalog	gratis
	»Rote Erde«, Essenzen, Elixiere	gratis
	Sommer, Sonne, Sand und Meer	gratis

Kundennummer: ○ Neukunde

Datum   Unterschrift   Geb.-Datum u. Telefonnummer bitte angeben

Ja, ich bestelle die oben aufgeführten Produkte zzgl. Porto. Ab DM 100,– portofrei im Inland. Gratisbroschüren werden portofrei zugesandt. Die Lieferung erfolgt gegen Rechnung. Ausland per Vorauskasse/Nachnahme.

BESTELLKARTE – GESCHENKSERVICE

Stück	Artikel	Preis DM
	Das Große Lexikon der Heilsteine, Düfte und Kräuter	39,80
	1. Mondkalender, Mond und Biorh.	19,80
	2. Mondkalender, Mond-Diät	19,80
	3. Mondkalender, Astrologie	19,80
	4. Mondkalender, Astronomie	19,80
	5. Mondkalender, Kometen	19,80
	6. Mondkalender, Mond & Partn.	19,80
	7. Mondkalender	12,90

Stück	Artikel	Preis DM
	Schätze der Natur großformatiger Kalender	29,80
	Sterne, Liebe, Temperamente ca.	39,80
	Kristalle, Mond & Sterne	49,80
	Farbkatalog	gratis
	»Rote Erde«, Essenzen, Elixiere	gratis
	Sommer, Sonne, Sand und Meer	gratis

Bitte senden Sie die angekreuzten Artikel an folgende Adresse, die Rechnung geht an mich. Meine Adresse steht im umseitigen Absenderfeld.

Name   Vorname   Geburts-Datum (bitte für Glücksstein angeben)

Straße   PLZ   Wohnort

Datum   Unterschrift   Geb.-Datum u. Telefonnummer bitte angeben

Ja, ich bestelle die oben aufgeführten Produkte zzgl. Porto. Ab DM 100,– portofrei im Inland. Gratisbroschüren werden portofrei zugesandt. Die Lieferung erfolgt gegen Rechnung. Ausland per Vorauskasse/Nachnahme.

Absender:

_____

(Straße und Hausnummer oder Postfach)

_____

(Postleitzahl) (Ort)

Geburtsdatum: _____

Tel.-Nr. für evtl. Rückfragen: _____

Gratis: Zu jeder Buchbestellung erhalten Sie gratis ein Lesezeichen mit Mondkalender. Zum Lexikon erhalten Sie gratis Ihren persönlichen Glücksstein. Bitte geben Sie deshalb Ihr Geburtsdatum an.

Entgelt zahlt Empfänger

Antwort

Methusalem
Max-Eyth-Straße 39

89231 Neu-Ulm

Absender / Rechnungsanschrift:

_____

(Straße und Hausnummer oder Postfach)

_____

(Postleitzahl) (Ort)

Geburtsdatum: _____

Tel.-Nr. für evtl. Rückfragen: _____

Gratis: Zu jeder Buchbestellung erhält der Beschenkte gratis ein Lesezeichen mit Mondkalender. Zum Lexikon seinen persönlichen Glücksstein.
(**Bitte geben Sie deshalb das Geburtsdatum an**).

Entgelt zahlt Empfänger

Antwort

Methusalem
Max-Eyth-Straße 39

89231 Neu-Ulm

INFO METHUSALEM-SERVICES

tück	Artikel	Preis DM	Stück	Artikel	Preis DM
	*1. Astro-Service	49,80		5. Chakra-Fragebogen zzgl. DM 3.- für Rückporto	10,00
	*2. Ihr persönlicher Biorhythmus	79,80		6. Auswertung Ihres Chakra-Fragebogens	98,00
	*3. Berechnung Ihrer persönlichen, astrologischen Sternen-Kette	98,00		7. Erstellen einer persönlichen-Chakra-Kette nach dem Befund Ihres Chakra-Fragebogens	ab 298,00
	4. inklusive einer Kette mit Ihren persönlichen Glücks-Steinen, angeordnet nach Ihren astrologischen Aspekten, ausgependelt auf Harmonie	298,00		8. Erstellen eines persönlichen Heilstein-Elixiers nach dem Befund Ihres Chakra-Fragebogens, inkl. dem Elixier. Erstbestellung / Berechnung Folgebestellung:	98,00 29,80

zu 1., 2. und 3.: Dieser persönliche Service ist nur gegen Vorauskasse möglich. Zu 4.: Bitte lassen Sie ich hierzu ein detailliertes Angebot unterbreiten. Geben Sie uns hierzu bitte die umseitig gewünschten)aten an. Den Betrag überweisen Sie uns bitte auf folgendes Konto:
ypo-Bank Ulm   BLZ 630 204 50   Kto. 274 028 3246 oder senden Sie uns einen Scheck zu.

)atum   Unterschrift   Geb.-Datum u. Telefonnummer bitte angeben

---

CHAKRA-ESSENZEN, ELIXIERE, TEE
Beispiele: Fordern Sie unser Gesamtprogramm an.

Stück	Artikel	Preis DM	Stück	Artikel	Preis DM
	Therapiestein-Elixiere für:			Chakra-Essenzen:	
	1. unruhige Kinder 100.336	29,80		1. Chakra-Best.-Nr. CH-1-100	29,80
	2. Trotzalter, Pubertät 100.337	29,80		2. Chakra-Best.-Nr. CH-2-200	29,80
	3. Lernschwierigkeiten 100.342	29,80		3. Chakra-Best.-Nr. CH-3-300	29,80
	4. Tiere 100.222	29,80		4. Chakra-Best.-Nr. CH-4-400	29,80
	5. Pflanzen, Setzlinge 100.110, 0,5 l	9,80		5. Chakra-Best.-Nr. CH-5-500	29,80
	Mond-Tee, 100 g	16,90		6. Chakra-Best.-Nr. CH-6-600	29,80
	Reinigungstee, 100 g	16,90		7. Chakra-Best.-Nr. CH-7-700	29,80
	Wechseljahretee, 100 g	16,90		Bergkristall-Essenz für Elixiere, 0,5 l	9,80

o Kundennummer: o Neukunde   o Wünsche, Anregungen

)atum   Unterschrift   Geb.-Datum u. Telefonnummer bitte angeben

Ja, ich bestelle die oben aufgeführten Produkte zzgl. Porto. Ab DM 100,– portofrei im Inland. Gratisbroschüren werden portofrei zugesandt. Die Lieferung erfolgt gegen Rechnung. Ausland per Vorauskasse/Nachnahme.

Absender:

_____

(Straße und Hausnummer oder Postfach)

_____

(Postleitzahl) (Ort)

Angaben für Astro- / Biorhythmus-Service:

1. Geburtsdatum / Jahr: _____
2. Geburtsort: _____ Land: _____
3. Genaue Geburtsminute: _____
4. Wochentag Ihrer Geburt: _____
Tel.-Nr. für evtl. Rückfragen: _____

Antwort

Methusalem

Max-Eyth-Straße 39

89231 Neu-Ulm

Entgelt
zahlt
Empfänge

Absender:

_____

(Straße und Hausnummer oder Postfach)

_____

(Postleitzahl) (Ort)

Geburtsdatum: _____

Tel.-Nr. für evtl. Rückfragen: _____

Antwort

Methusalem

Max-Eyth-Straße 39

89231 Neu-Ulm

Entgelt
zahlt
Empfänger